T0200313

Xpert.press

Die Reihe **Xpert.press** vermittelt Professionals
in den Bereichen Softwareentwicklung,
Internettechnologie und IT-Management aktuell
und kompetent relevantes Fachwissen über
Technologien und Produkte zur Entwicklung
und Anwendung moderner Informationstechnologien.

Richard Kaiser

C++ mit dem
Borland C++Builder 2007

Einführung in den C++-Standard
und die objektorientierte
Windows-Programmierung

2. überarbeitete Auflage
Mit CD-ROM

 Springer

Prof. Richard Kaiser

Schwärzlocher Str. 53
72070 Tübingen
www.rkaiser.de

ISBN 978-3-540-69575-2   e-ISBN 978-3-540-69773-2

DOI 10.1007/978-3-540-69773-2

ISSN 1439-5428

Bibliografische Information der Deutschen Nationalbibliothek
Die Deutsche Nationalbibliothek verzeichnet diese Publikation in der Deutschen
Nationalbibliografie; detaillierte bibliografische Daten sind im Internet über
http://dnb.d-nb.de abrufbar.

© 2002, 2008 Springer-Verlag Berlin Heidelberg

Einbandgestaltung: KünkelLopka Werbeagentur, Heidelberg

Gedruckt auf säurefreiem Papier

9 8 7 6 5 4 3 2 1

springer.com

Für Ruth

Geleitwort

Das Programmieren unter C++ gilt als die Königsklasse der objektorientierten Applikations-Entwicklung: Anwender nutzen C++, um universell einsetzbare, modulare Programme zu erstellen. Wer diese Sprache beherrscht, profitiert von einem beispiellosen Funktionsumfang und von der Option, plattformunabhängig zu arbeiten. Das war anfangs nur hochgradig versierten Profis vorbehalten. Sie allein waren in der Lage, der Komplexität des C++-Quellcodes Herr zu werden.

Längst aber stehen die Vorzüge von C++ auch all jenen zur Verfügung, die nur gelegentlich oder schlicht und ergreifend aus Freude am Tüfteln Applikationen erstellen. Einen wesentlichen Beitrag zur „Demokratisierung" der objektorientierten Programmierung leisten integrierte RAD-Systeme (Rapid Application Development) wie der C++Builder von Borland.

Ganz gleich ob Profi oder Einsteiger: Die C++-Version der erfolgreichen Object Pascal-Lösung *Borland Delphi* bietet Programmierern eine visuelle Entwicklungsumgebung, mit der sie einfach und rasch objektorientierte Windows-Applikationen schreiben können. Der C++Builder verfügt über eine umfangreiche Palette an fertigen Komponenten und erleichtert seit der Version 5 auch die Entwicklung von Web-Applikationen. Wer grafische Benutzeroberflächen bauen will, stellt diese einfach mit wenigen Handgriffen per Maus zusammen. Das ist die Basis für ein schnelles, effizientes und komfortables Arbeiten. Kurzum: Mit dem C++-Builder wird die Applikations-Entwicklung von der langwierigen Fleißaufgabe zur zielorientierten Kopfarbeit.

Das vorliegende Buch ist eine systematische Einführung in die Arbeit mit C++ und dem Borland C++Builder. Ausführlich und praxisnah schildert Richard Kaiser die Konzepte und Elemente der Programmiersprache und der Entwicklungsumgebung. Mit zahlreichen Beispielen und Übungsaufgaben erschließt er auch Lesern ohne Vorkenntnisse die Logik objektorientierten Programmierens.

Borland wünscht allen Nutzern dieses hervorragenden Lehrbuchs und Nachschlagewerks viel Spaß und Erfolg bei der Arbeit mit dem C++Builder.

Jason Vokes
European Product Line Manager – RAD Products and InterBase

Vorwort zur 2. Auflage

Nach nunmehr fünf Jahren liegt jetzt die zweite Auflage des „Builder-Buches" vor. In dieser Zeit habe ich zahlreiche Vorlesungen und Industrieseminare auf der Basis der ersten Auflage gehalten. Dabei ergaben sich immer wieder Ansatzpunkte für Verbesserungen, Fehlerkorrekturen, Präzisierungen, Erweiterungen und Straffungen des Textes. Das Ergebnis ist eine komplette Überarbeitung der ersten Auflage.

Folgende Themen wurden für die zweite Auflage zusätzlich aufgenommen bzw. grundlegend erweitert:

– Änderungen gegenüber dem C++Builder 5
– systematische Tests und Unit Tests (Abschnitt 3.5)
– Programmierlogik und die Programmverifikation (Abschnitt 3.7)
– Objektorientierte Analyse und Design (Kapitel 6)

Die meisten Ausführungen gelten für den **C++Builder 2007** ebenso wie für den C++Builder 2006 oder noch ältere Versionen (C++Builder 5 und 6). Dabei ist es auch unerheblich, dass **Borland** den C++Builder inzwischen in eine eigene Firma mit dem Namen **CodeGear** ausgelagert hat. Da sich auch die meisten Screenshots und Verweise (z.B. unter *Projekt|Optionen*) bei den verschiedenen Versionen nur wenig unterscheiden, wurden nur die wichtigsten auf den kurz vor der Fertigstellung des Buches erschienenen C++Builder 2007 angepasst.

Tübingen, im August 2007   Richard Kaiser

Vorwort zur 1. Auflage

Dieses Buch entstand ursprünglich aus dem Wunsch, in meinen Vorlesungen über C++ nicht nur Textfensterprogramme, sondern Programme für eine grafische Benutzeroberfläche zu entwickeln. Mit dem C++Builder von Borland stand 1997 erstmals ein Entwicklungssystem zur Verfügung, das so einfach zu bedienen war, dass man es auch in Anfängervorlesungen einsetzen kann, ohne dabei Gefahr zu laufen, dass die Studenten nur noch mit dem Entwicklungssystem kämpfen und gar nicht mehr zum Programmieren kommen.

Angesichts der damals anstehenden Verabschiedung des ANSI/ISO-Standards von C++ lag es nahe, in diesem einführenden Lehrbuch auch gleich den gesamten Sprachumfang des Standards umfassend darzustellen. Mir war allerdings nicht klar, auf welche Arbeit ich mich damit eingelassen hatte. Ich hatte weder vor, vier Jahre an diesem Buch zu schreiben, noch einen Wälzer mit 1100 Seiten zu produzieren.

Als ich dann die Möglichkeit bekam, Kurse für erfahrene Praktiker aus der Industrie zu halten, wurde ich mit einer Fülle von Anregungen aus ihrer täglichen Arbeit konfrontiert. Diese gaben dem Buch enorme Impulse.

Die Programmiersprache C++ wurde als Obermenge der Programmiersprache C entworfen. Dieser Entscheidung verdankt C++ sicher seine weite Verbreitung. Sie hat aber auch dazu geführt, dass oft weiterhin wie in C programmiert wird und lediglich ein C++-Compiler anstelle eines C-Compilers verwendet wird. Dabei werden viele Vorteile von C++ verschenkt. Um nur einige zu nennen:

– In C++ werden die fehleranfälligen Zeiger viel seltener als in C benötigt.
– Die Stringklassen lassen sich wesentlich einfacher und risikoloser als die nullterminierten Strings von C verwenden.
– Die Containerklassen der C++-Standardbibliothek haben viele Vorteile gegenüber Arrays, selbstdefinierten verketteten Listen oder Bäumen.
– Exception-Handling bietet eine einfache Möglichkeit, auf Fehler zu reagieren.
– Objektorientierte Programmierung ermöglicht übersichtlichere Programme.
– Templates sind die Basis für eine außerordentlich vielseitige Standardbibliothek.

Ich habe versucht, bei allen Konzepten nicht nur die Sprachelemente und ihre Syntax zu beschreiben, sondern auch Kriterien dafür anzugeben, wann und wie man sie sinnvoll einsetzen kann. Deshalb wurde z.B. mit der objektorientierten Programmierung eine Einführung in die objektorientierte Analyse und das objektorientierte Design verbunden. Ohne die Beachtung von Design-Regeln schreibt man leicht Klassen, die der Compiler zwar übersetzen kann, die aber kaum hilfreich sind.

Man hört immer wieder die Meinung, dass C++ viel zu schwierig ist, um es als einführende Programmiersprache einzusetzen. Dieses Buch soll ein in mehreren Jahren erprobtes Gegenargument zu dieser Meinung sein. Damit will ich aber die Komplexität von C++ überhaupt nicht abstreiten.

Zahlreiche Übungsaufgaben geben dem Leser die Möglichkeit, die Inhalte praktisch anzuwenden und so zu vertiefen. Da man Programmieren nur lernt, indem man es tut, möchte ich ausdrücklich dazu ermuntern, zumindest einen Teil der Aufgaben zu lösen und sich dann selbst neue Aufgaben zu stellen. Der Schwierigkeitsgrad der Aufgaben reicht von einfachen Wiederholungen des Textes bis zu kleinen Projektchen, die ein gewisses Maß an selbständiger Arbeit erfordern. Die Lösungen der meisten Aufgaben findet man auf der beiliegenden CD und auf meiner Internetseite *http://www.rkaiser.de.*

Anregungen, Korrekturhinweise und Verbesserungsvorschläge sind willkommen. Meine EMail-Adresse finden Sie auf meiner Internetseite.

Bei allen meinen Schulungskunden und ganz besonders bei Herrn Welsner und der Alcatel University der Alcatel SEL AG Stuttgart bedanke ich mich für die Möglichkeit, dieses Manuskript in zahlreichen Kursen mit erfahrenen Praktikern weiterzuentwickeln. Ohne die vielen Anregungen aus diesen Kursen hätte es weder diesen Praxisbezug noch diesen Umfang erreicht. Peter Schwalm hat große Teile des Manuskripts gelesen und es in vielen Diskussionen über diffizile Fragen mitgestaltet. Mein Sohn Alexander hat als perfekter Systembetreuer dafür gesorgt, dass die Rechner immer liefen und optimal installiert waren.

Die Unterstützung von Dr. Hans Wössner und seinem Team vom Springer-Verlag hätte nicht besser sein können. Seine Hilfsbereitschaft und seine überragende fachliche Kompetenz waren immer wieder beeindruckend. „Meiner" Lektorin Ruth Abraham verdankt dieses Buch eine in sich geschlossene Form, die ich allein nicht geschafft hätte. Die technische Herstellung war bei Gabi Fischer in erfahrenen guten Händen. Herrn Engesser danke ich für die gute Zusammenarbeit beim Abschluss des Projekts.

Tübingen, im Oktober 2001   Richard Kaiser

Inhalt

Θ Angesichts des Umfangs dieses Buches habe ich einige Abschnitte mit dem Zeichen Θ in der Überschrift als „weniger wichtig" gekennzeichnet. Damit will ich dem Anfänger eine kleine Orientierung durch die Fülle des Stoffes geben. Diese Kennzeichnung bedeutet aber keineswegs, dass dieser Teil unwichtig ist – vielleicht sind gerade diese Inhalte für Sie besonders relevant.

1 Die Entwicklungsumgebung

Der C++Builder besteht aus verschiedenen Werkzeugen (Tools), die einen Programmierer bei der Entwicklung von Software unterstützen. Eine solche Zusammenstellung von Werkzeugen zur Softwareentwicklung bezeichnet man auch als Programmier- oder **Entwicklungsumgebung**.

Einfache Entwicklungsumgebungen bestehen nur aus einem Editor und einem Compiler. Für eine effiziente Entwicklung von komplexeren Anwendungen (dazu gehören viele Windows-Anwendungen) sind aber oft weitere Werkzeuge notwendig. Wenn diese wie im C++Builder in einem einzigen Programm integriert sind, spricht man auch von einer **integrierten Entwicklungsumgebung** (engl.: „integrated development environment", **IDE)**.

In diesem Kapitel wird zunächst an einfachen Beispielen gezeigt, wie man mit dem C++Builder Windows-Programme mit einer grafischen Benutzeroberfläche entwickeln kann. Anschließend (ab Abschnitt 1.3) werden dann die wichtigsten Werkzeuge des C++Builders ausführlicher vorgestellt. Für viele einfache Anwendungen (wie z.B. die Übungsaufgaben) reichen die Abschnitte bis 1.7. Die folgenden Abschnitte sind nur für anspruchsvollere oder spezielle Anwendungen notwendig. Sie sind deshalb mit dem Zeichen Θ (siehe Seite xxiii) gekennzeichnet und können übergangen werden. Weitere Elemente der Entwicklungsumgebung werden später beschrieben, wenn sie dann auch eingesetzt werden können.

1.1 Visuelle Programmierung: Ein erstes kleines Programm

Im C++Builder kann man mit *Datei|Neu* Projekte für verschiedene Arten von Anwendungen anlegen. Ein Projekt für ein Windowsprogramm mit einer grafischen Benutzeroberfläche erhält man mit *VCL-Formularanwendunganwendung – C++Builder*. Anschließend wird die Entwicklungsumgebung mit einigen ihrer Tools angezeigt:

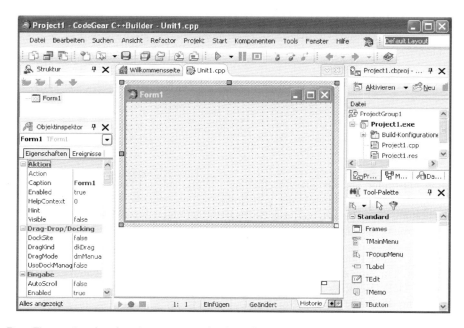

Das **Formular** ist der Ausgangspunkt für alle Windows-Anwendungen, die mit dem C++Builder entwickelt werden. Es entspricht dem Fenster, das beim Start der Anwendung angezeigt wird:

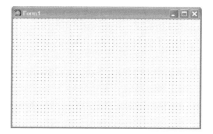

Ein Formular kann mit den in der **Tool-Palette** verfügbaren **Steuerelementen (Controls)** gestaltet werden. Die Tool-Palette zeigt praktisch alle der unter Windows üblichen Steuerelemente an, wenn das Formular angezeigt wird. Sie sind auf verschiedene Gruppen (*Standard*, *Zusätzlich* usw.) verteilt, die über die Icons + und − auf- und zugeklappt werden können. Ein Teil dieser Komponenten (wie z.B. ein Button) entspricht Steuerelementen, die im laufenden Programm angezeigt werden. Andere, wie der *Timer* von der Seite *System*, sind im laufenden Programm nicht sichtbar.

Um eine Komponente aus der Tool-Palette auf das Formular zu setzen, klickt man sie zuerst mit der Maus an (sie wird dann als markiert dargestellt). Anschließend klickt man mit dem Mauszeiger auf die Stelle im Formular, an die die linke obere Ecke der Komponente kommen soll.

Beispiel: Nachdem man ein Label (die Komponente mit dem Namen *TLabel*), ein Edit-Fenster (Name *TEdit*) und einen Button (Name *TButton*, mit der Aufschrift *OK*) auf das Formular gesetzt hat, sieht es etwa folgendermaßen aus:

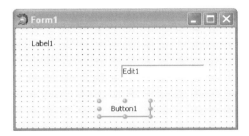

Durch diese Spielereien haben Sie **schon ein richtiges Windows-Programm** erstellt – zwar kein besonders nützliches, aber immerhin. Sie können es folgendermaßen starten:

— mit *Start|Start* von der Menüleiste, oder
— mit *F9* von einem beliebigen Fenster im C++Builder oder
— durch den Aufruf der vom Compiler erzeugten Exe-Datei.

Dieses Programm hat schon viele Eigenschaften, die man von einem Windows-Programm erwartet: Man kann es mit der Maus verschieben, vergrößern, verkleinern und schließen.

Bemerkenswert an diesem Programm ist vor allem der im Vergleich zu einem nichtvisuellen Entwicklungssystem **geringe Aufwand**, mit dem es erstellt wurde. So braucht Petzold in seinem Klassiker „Programmierung unter Windows" (Petzold 1992, S. 33) ca. 80 Zeilen nichttriviale C-Anweisungen, um den Text „Hello Windows" wie in einem Label in ein Fenster zu schreiben. Und in jeder dieser 80 Zeilen kann man einiges falsch machen.

Vergessen Sie nicht, Ihr **Programm** zu **beenden**, bevor Sie es weiterbearbeiten. Sie können den Compiler nicht erneut starten, solange das Programm noch läuft.

Diese Art der Programmierung bezeichnet man als **visuelle Programmierung**. Während man bei der konventionellen Programmierung ein Programm ausschließlich durch das Schreiben von Anweisungen (Text) in einer Programmiersprache entwickelt, wird es bei der visuellen Programmierung ganz oder teilweise aus vorgefertigten grafischen Komponenten zusammengesetzt.

Mit dem C++Builder kann die Benutzeroberfläche eines Programms visuell gestaltet werden. Damit sieht man bereits beim Entwurf des Programms, wie es später zur Laufzeit aussehen wird. Die Anweisungen, die als Reaktionen auf Benutzereingaben (Mausklicks usw.) erfolgen sollen, werden dagegen konventionell in der Programmiersprache **C++** geschrieben.

Die zuletzt auf einem Formular (bzw. im Pull-down-Menü des Objektinspektors) angeklickte Komponente wird als die **aktuell ausgewählte Komponente** bezeichnet. Man erkennt sie an den 8 kleinen blauen Punkten an ihrem Rand. An ihnen kann man mit der Maus ziehen und so die Größe der Komponente verändern. Ein **Formular** wird dadurch zur **aktuell ausgewählten Komponente**, indem man mit der Maus eine freie Stelle im Formular anklickt.

Beispiel: Im letzten Beispiel ist *Button1* die aktuell ausgewählte Komponente.

Der **Objektinspektor** zeigt die Eigenschaften (properties) der aktuell ausgewählten Komponente an. In der linken Spalte stehen die **Namen** und in der rechten die **Werte** der Eigenschaften. Mit der Taste *F1* erhält man eine Beschreibung der Eigenschaft.

Den Wert einer Eigenschaft kann man über die rechte Spalte verändern. Bei manchen Eigenschaften kann man den neuen Wert über die Tastatur eintippen. Bei anderen wird nach dem Anklicken der rechten Spalten ein kleines Dreieck für ein Pull-down-Menü angezeigt, über das ein Wert ausgewählt werden kann. Oder es wird ein Symbol mit drei Punkten „…" angezeigt, über das man Werte eingeben kann.

Beispiel: Bei der Eigenschaft *Caption* kann man mit der Tastatur einen Text eingeben. Bei einem Button ist dieser Text die Aufschrift auf dem Button (z.B. „OK"), und bei einem Formular die Titelzeile (z.B. „Mein erstes C++-Programm").
Bei der Eigenschaft *Color* (z.B. bei einer Edit-Komponente) kann man über ein Pull-down-Menü die **Hintergrundfarbe** auswählen (z.B. ein wunderschönes *clLime*). Bei der Eigenschaft *Cursor* kann man über ein Pull-down-Menü die Form des Cursors auswählen, die zur Laufzeit angezeigt wird, wenn der Cursor über dem Steuerelement ist.
Klickt man die rechte Spalte der Eigenschaft *Font* und dann das Symbol „…" an, kann man die **Schriftart** der Eigenschaft *Caption* auswählen.

Eine Komponente auf dem Formular wird nicht nur an ihre Eigenschaften im Objektinspektor angepasst, sondern auch umgekehrt: Wenn man die Größe einer

Komponente durch Ziehen an den Ziehquadraten verändert, werden die Werte der entsprechenden Eigenschaften (*Left*, *Top*, *Height* oder *Width*) im Objektinspektor automatisch aktualisiert.

1.2 Erste Schritte in C++

Als nächstes soll das Programm aus dem letzten Abschnitt so erweitert werden, dass als Reaktion auf Benutzereingaben (z.B. beim Anklicken eines Buttons) Anweisungen ausgeführt werden.

Windows-Programme können Benutzereingaben in Form von Mausklicks oder Tastatureingaben entgegennehmen. Im Unterschied zu einfachen Konsolen-Programmen (z.B. DOS-Programmen) muss man in einem Windows-Programm aber keine speziellen Funktionen (wie *Readln* in Pascal oder *scanf* in C) aufrufen, die auf solche Eingaben warten. Stattdessen werden alle Eingaben von Windows zentral entgegengenommen und als sogenannte Botschaften (Messages) an das entsprechende Programm weitergegeben. Dadurch wird in diesem Programm ein sogenanntes **Ereignis** ausgelöst.

Die Ereignisse, die für die aktuell ausgewählte Komponente eintreten können, zeigt der Objektinspektor an, wenn man das **Register Ereignisse** anklickt.

Die Abbildung rechts zeigt einige Ereignisse für einen Button. Dabei steht *OnClick* für das Ereignis, das beim Anklicken des Buttons eintritt. Offensichtlich kann ein Button nicht nur auf das Anklicken reagieren, sondern auch noch auf zahlreiche andere Ereignisse.

Einem solchen Ereignis kann eine Funktion zugeordnet werden, die dann aufgerufen wird, wenn das Ereignis eintritt. Diese Funktion wird auch als **Ereignisbehandlungsroutine** (engl. **event handler**) bezeichnet. Sie wird vom C++Builder durch einen Doppelklick auf die rechte Spalte des Ereignisses erzeugt und im **Quelltexteditor** angezeigt. Der Cursor steht dann am Anfang der Funktion.

Vorläufig soll unser Programm allerdings nur auf das Anklicken eines Buttons reagieren. Die bei diesem Ereignis aufgerufene Funktion erhält man am einfachsten durch einen Doppelklick auf den Button im Formular. Dadurch erzeugt der C++Builder die folgende Funktion:

Zwischen die geschweiften Klammern „{" und „}" schreibt man dann die **Anwei-sungen**, die ausgeführt werden sollen, wenn das Ereignis *OnClick* eintritt.

Welche Anweisungen hier möglich sind und wie diese aufgebaut werden müssen, ist der Hauptgegenstand dieses Buches und wird ab Kapitel 3 ausführlich beschrieben. Im Rahmen dieses einführenden Kapitels sollen nur einige wenige Anweisungen vorgestellt werden und diese auch nur so weit, wie das zum Grundverständnis des C++Builders notwendig ist. Falls Ihnen Begriffe wie „Variablen" usw. neu sind, lesen Sie trotzdem weiter – aus dem Zusammenhang erhalten Sie sicherlich eine intuitive Vorstellung, die zunächst ausreicht. Später werden diese Begriffe dann genauer erklärt.

Eine beim Programmieren häufig verwendete Anweisung ist die **Zuweisung** (mit dem Operator „="), mit der man einer Variablen einen Wert zuweisen kann. Als Variablen sollen zunächst nur solche Eigenschaften von Komponenten verwendet werden, die auch im Objektinspektor angezeigt werden. Diesen Variablen können dann die Werte zugewiesen werden, die auch im Objektinspektor in der rechten Spalte der Eigenschaften vorgesehen sind.

In der Abbildung rechts sieht man einige zulässige Werte für die Eigenschaft *Color* (Abschnitt *Visuell*). Sie werden nach dem Aufklappen des Pull-down-Menüs angezeigt.

Schreibt man jetzt die Anweisung

```
Edit1->Color = clLime;
```

zwischen die geschweiften Klammern

```
void __fastcall TForm1::Button1Click(TObject *Sender)
{
Edit1->Color = clLime;
}
```

erhält die Eigenschaft *Color* von *Edit1* beim Anklicken von *Button1* während der Ausführung des Programms den Wert *clLime*, der für die Farbe Limonengrün steht. Wenn Sie das Programm jetzt mit *F9* starten und dann *Button1* anklicken, erhält das Edit-Fenster tatsächlich diese Farbe.

Auch wenn dieses Programm noch nicht viel sinnvoller ist als das erste, haben Sie doch gesehen, wie mit dem C++Builder Windows-Anwendungen entwickelt werden. Dieser **Entwicklungsprozess** besteht immer aus den folgenden Aktivitäten:

1. Man gestaltet die Benutzeroberfläche, indem man Komponenten aus der Tool-Palette auf das Formular setzt (drag and drop) und ihre Eigenschaften im Objektinspektor oder das Layout mit der Maus anpasst (visuelle Programmierung).
2. Man schreibt in C++ die Anweisungen, die als Reaktion auf Benutzereingaben erfolgen sollen (nichtvisuelle Programmierung).
3. Man startet das Programm und testet, ob es sich auch wirklich so verhält, wie es sich verhalten soll.

Der Zeitraum der Programmentwicklung (Aktivitäten 1. und 2.) wird auch als **Entwurfszeit** bezeichnet. Im Unterschied dazu bezeichnet man die Zeit, während der ein Programm läuft, als **Laufzeit** eines Programms.

1.3 Der Quelltexteditor

Der Quelltexteditor (kurz: **Editor**) ist das Werkzeug, mit dem die Quelltexte geschrieben werden. Er ist in die Entwicklungsumgebung integriert und kann auf verschiedene Arten aufgerufen werden, wie z.B.

- durch Anklicken eines Registers, wie z.B. ⊟ Unit1.cpp oder Unit1.cpp Unit1.h
- über *Ansicht|Units* oder *F12*
- durch einen Doppelklick auf die rechte Spalte eines Ereignisses im Objektinspektor. Der Cursor befindet sich dann in der Ereignisbehandlungsroutine für dieses Ereignis.
- durch einen Doppelklick auf eine Komponente in einem Formular. Der Cursor befindet sich dann in einer bestimmten Ereignisbehandlungsroutine dieser Komponente.

Da die letzten beiden Arten den Cursor in eine bestimmte Ereignisbehandlungsroutine platzieren, bieten sie eine einfache Möglichkeit, diese Funktion zu finden, ohne sie im Editor suchen zu müssen.

Der Editor enthält über Tastenkombinationen zahlreiche Funktionen, mit denen sich nahezu alle Aufgaben effektiv durchführen lassen, die beim Schreiben von Programmen auftreten. In der ersten der nächsten beiden Tabellen sind einige der Funktionen zusammengestellt, die man auch in vielen anderen Editoren findet.

Tastenkürzel	Aktion oder Befehl
Strg+F	wie *Suchen|Suchen*
F3	wie *Suchen|Suche wiederholen*
Strg+R	wie *Suchen|Ersetzen*
Strg+S	wie *Datei|Speichern*
Strg+Entf	löscht das Wort ab der Cursorposition
Strg+Y	löscht die gesamte Zeile
Strg+Rücktaste	löscht das Wort links vom Cursor
Strg+Umschalt+Y	löscht die Zeile ab dem Cursor bis zum Ende
Alt+Rücktaste oder *Strg+Z*	wie *Bearbeiten|Rückgängig*. Damit können Editor-Aktionen rückgängig gemacht werden
Alt+Umschalt+ Rücktaste oder *Strg+Umschalt+Z*	wie *Bearbeiten|Wiederherstellen*
Pos1 bzw. *Ende*	an den Anfang bzw. das Ende der Zeile springen
Strg+Pos1 bzw. *Strg+Ende*	an den Anfang bzw. das Ende der Datei springen
Strg+ ← bzw. *Strg+ →*	um ein Wort nach links bzw. rechts springen
Strg+Bild ↑ bzw. *Strg+Bild ↓*	an den Anfang bzw. das Ende der Seite springen
Strg+ ↑ bzw. *Strg+ ↓*	Text um eine Zeile nach oben bzw. unten verschieben; die Position des Cursors im Text bleibt gleich
Einfg	schaltet zwischen Einfügen und Überschreiben um

Dazu kommen noch die üblichen **Tastenkombinationen unter Windows,** wie Markieren eines Textteils mit gedrückter Umschalt-Taste und gleichzeitigem Bewegen des Cursors bzw. der Maus bei gedrückter linker Maustaste. Ein markierter Bereich kann mit *Strg+X* ausgeschnitten, mit *Strg+C* in die Zwischenablage kopiert und mit *Entf* gelöscht werden. *Strg+V* fügt den Inhalt der Zwischenablage ein.

Die nächste Tabelle enthält Funktionen, die vor allem beim Programmieren nützlich sind, und die man in einer allgemeinen Textverarbeitung nur selten findet. Einige dieser Optionen werden auch in einer Symbolleiste (*Ansicht\|Symbolleisten*) angezeigt:

Tastenkürzel	Aktion oder Befehl
F9 oder ▷	kompilieren und starten, wie *Start|Start*
Strg+F9	kompilieren, aber nicht starten
Strg+F2 oder ▣	Laufendes Programm beenden, wie *Start|Programm abbrechen*. Damit können oft auch Programme beendet werden, die mit ✕ nicht beendet werden können. Versuchen Sie immer zuerst diese Option wenn Sie meinen, Sie müssten den C++Builder mit dem Windows Task Manager beenden.
F1 bzw. *Strg+F1*	wie *Hilfe|Borland-Hilfe*, oft kontextsensitiv
Strg+Enter	falls der Text unter dem Cursor einen Dateinamen darstellt, wird diese Datei geöffnet
Strg+Umschalt+I bzw. *Strg+Umschalt+U*	rückt den als Block markierten Text eine Spalte nach links bzw. rechts (z.B. zum Aus- und Einrücken von {}-Blöcken)
Alt+[bzw. *Alt+]* bei einer amerikanischen Tastatur und *Strg+Q+Ü* bei einer deutschen	setzt den Cursor vor die zugehörige Klammer, wenn er vor einer Klammer (z.B. (), {}, [ ] oder <>) steht
Strg+#	einen markierten Block mit // auskommentieren bzw. die Auskommentierung entfernen
rechte Maustaste, *Umgeben*	einen markierten Block in einen /*...*/-Kommentar oder eine Anweisung einfügen
rechte Maustaste, *Einblenden/Ausblenden*	ganze Funktionen, Klassen usw. auf- oder zuklappen
F11	wie *Ansicht|Objektinspektor*
F12	wie *Ansicht|Umschalten Formular/Unit*
Alt+0	zeigt Liste offenen Fenster, wie *Ansicht|Fensterliste*
*Alt+*Maus bewegen bzw. *Alt+Umschalt+* Pfeiltaste (←, →, ↑ oder ↓)	zum Markieren von Spalten , z.B. /// <summary> /// Clean up any /// </summary> /// <param name=
Strg+K+n (n eine Ziffer)	setzt oder löscht die Positionsmarke n (wie die Positionsmarken-Befehle im Kontextmenü)
Strg+n	springt zur Positionsmarke n
Strg+Tab bzw. *Strg+Umschalt+Tab*	zeigt das nächste bzw. das vorherige Editor-Fenster an

Eine ausführlichere Beschreibung der Tastaturbelegung findet man in der Online-Hilfe (*Hilfe\|Borland Hilfe*) unter *Hilfe\|Inhalt\|Borland Hilfe\|Developer Studio 2006 (Allgemein)\|Referenz\|Tastenzuordnungen\|Standard-Tastaturvorlage*.

Die folgenden Programmierhilfen beruhen auf einer Analyse des aktuellen Programms. Sie werden zusammen mit einigen weiteren sowohl unter dem Oberbegriff **Code Insight** als auch unter dem Oberbegriff **Programmierhilfe** zusammengefasst:

- **Code-Vervollständigung**: Nachdem man den Namen einer Komponente (genauer: eines Klassenobjekts bzw. eines Zeigers auf ein Klassenobjekt) und den zugehörigen Operator („." oder „->") eingetippt hat, wird eine Liste mit allen Elementen der Klasse angezeigt. Aus dieser Liste kann man mit der Enter-Taste ein Element auswählen.
- **Code-Parameter**: Zeigt nach dem Eintippen eines Funktionsnamens und einer öffnenden Klammer die Parameter der Funktion an
- **Symbolinformation durch Kurzhinweis**: Wenn man mit der Maus über einen Namen für ein zuvor definiertes Symbol fährt, werden Informationen über die Deklaration angezeigt.
- Wenn die Option *Tools|Optionen|Editor-Optionen|Programmierhilfe|Quelltext Template Vervollständigung* aktiviert ist, wird nach dem Eintippen eines Wortes aus der mit *Ansicht|Templates* angezeigten Liste und einem Tab- bzw. Leerzeichen der Code entsprechend vervollständigt.

Beispiel: Wenn das Formular eine Edit-Komponente *Edit1* enthält, wird nach dem Eintippen von „Edit1->" eine Liste mit allen Elementen von *Edit1* angezeigt:

Tippt man weitere Buchstaben ein, werden nur die Elemente mit diesen Anfangsbuchstaben angezeigt.

Falls Sie einen langsamen Rechner und große Programme haben, können diese Programmierhilfen den C++Builder unangenehm langsam machen. Dann kann man sie unter *Tools|Optionen|Editor-Optionen|Programmierhilfe* abschalten.

Der linke Rand im Editor enthält Zeilennummern und grüne und gelbe Linien. Sie bedeuten, dass der Text in der aktuellen Sitzung geschrieben bzw. noch nicht gespeichert ist. Vor ausführbaren Anweisungen stehen blaue Punkte.

Wenn man einen Block markiert, der mindestens einen Bezeichner mehrfach enthält, wird das **Sync-Bearbeitungsmodus** Symbol angezeigt. Klickt man es an, werden alle solchen Bezeichner hervorgehoben. Klickt man dann einen dieser hervorgehobenen Bezeichner an, werden Änderungen an diesem Bezeichner auch mit allen anderen durchgeführt.

Unter *Tools|Optionen|Editor-Optionen* gibt es zahlreiche Möglichkeiten, den Editor individuell anzupassen. Insbesondere kann die Tastaturbelegung von einigen verbreiteten Editoren eingestellt werden.

Falls in den Editoroptionen *Sicherungsdateien erstellen* markiert ist, speichert der Editor die letzten 10 (bzw. die unter *Anzahl Dateisicherungen* eingetragene Anzahl) Versionen. Diese können dann im History-Fenster angezeigt und miteinander verglichen werden.

Aufgabe 1.3

Schreiben Sie einen kleinen Text im Editor und probieren Sie die Tastenkombinationen aus, die Sie nicht schon kennen. Insbesondere sollten Sie zumindest einmal gesehen haben, wie man

a) Änderungen rückgängig machen kann,
b) rückgängig gemachte Änderungen wiederherstellen kann,
c) einen markierten Block ein- und ausrücken kann,
d) nach dem Eintippen von „Memo1->" aus der Liste der Elemente „Lines" auswählen kann und dann nach dem Eintippen von „->" auch noch „Add". Wenn der Cursor dann hinter der Klammer „(" steht, sollte der Parametertyp *AnsiString* angezeigt werden. Sie brauchen im Moment noch nicht zu verstehen, was das alles bedeutet. Sie benötigen aber ein Formular mit einem Memo *Memo1* und müssen das alles in einer Funktion wie *Button1Click* eingeben.
e) mit *Strg+#* einen Block auskommentieren und dies wieder rückgängig machen kann,
f) mit *F11* zwischen den verschiedenen Fenstern wechseln kann und
g) mit *Strg+Eingabe* eine Datei „c:\test.txt" öffnen kann, wenn sich der Cursor über diesem Text befindet. Dazu müssen Sie zuvor eine Datei mit diesem Namen anlegen, z.B. mit *notepad*.

1.4 Kontextmenüs und Symbolleisten (Toolbars)

Einige der häufiger gebrauchten Menüoptionen stehen auch über Kontextmenüs und Symbolleisten zur Verfügung. Damit kann man diese Optionen etwas schneller auswählen als über ein Menü.

Eine Symbolleiste (Toolbar) ist eine Leiste mit grafischen Symbolen (Icons), die unterhalb der Menüleiste angezeigt wird. Diese Symbole stehen für Programmoptionen, die auch über die Menüleiste verfügbar sind. Durch das Anklicken eines Symbols kann man sie mit einem einzigen Mausklick auswählen. Das ist etwas schneller als die Auswahl über ein Menü, die mindestes zwei Mausklicks erfordert. Symbolleisten können außerdem zur Übersichtlichkeit beitragen, da sie Optionen zusammenfassen, die inhaltlich zusammengehören.

Der C++Builder enthält einige vordefinierte Symbolleisten. Mit *Ansicht|Symbolleisten* kann man diejenigen auswählen, die man gerade braucht, sowie eigene Symbolleisten konfigurieren. Einige Optionen der *Standard* Symbolleiste wurden schon im Zusammenhang mit dem Editor vorgestellt:

Standard Toolbar   Debug Toolbar

Falls Ihnen die relativ kleinen Symbole nicht viel sagen, lassen Sie den Mauszeiger kurz auf einer Schaltfläche stehen. Dann wird die entsprechende Option in einem kleinen Fenster beschrieben.

Die Symbolleisten können über *Ansicht|Symbolleisten|Anpassen* angepasst werden: Die unter *Anweisungen* angebotenen Optionen kann man auf eine Symbolleiste ziehen, und durch Ziehen an einer Option auf einer Symbolleiste kann man sie von der Symbolleiste entfernen. Falls man eine Option versehentlich entfernt, kann man die Symbolleiste mit *Zurücksetzen* wieder in den ursprünglichen Zustand versetzen.

Über die rechte Maustaste erhält man in den meisten Fenstern des C++Builders ein sogenanntes **Kontextmenü** (auch die Bezeichnung „**lokales Menü**" ist verbreitet), das eine Reihe gebräuchlicher Optionen für dieses Fenster anbietet.

Beispiele: Links das Kontextmenü in einem Formular und rechts das im Editor:

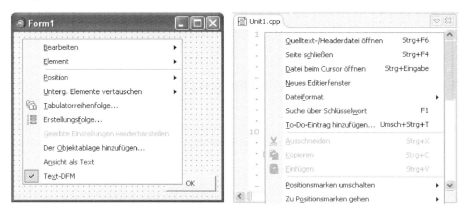

Über die Option „Ansicht als Text" kann man ein Formular auch als Text darstellen. Da nur die Abweichungen von den Voreinstellungen angezeigt werden,
erhält man damit leicht einen Überblick über die geänderten Eigenschaften.

1.5 Projekte, Projektdateien und Projektoptionen

Es empfiehlt sich, ein **Projekt** oder zumindest die gerade bearbeiteten Dateien
regelmäßig zu **speichern**. Man kann nie ausschließen, dass sich Windows auf-
hängt oder ein Stromausfall die Arbeit seit dem letzten Speichern zunichte macht.

Das ist z.B. mit *Datei|Alles speichern* bzw. 🖨 möglich. Falls dieses Symbol oder
die entsprechende Menüoption nicht aktiviert ist, wurden seit dem letzten
Speichern keine Dateien verändert.

Da man aber meist nur dann an das Speichern denkt, wenn es schon zu spät ist,
empfiehlt sich die Verwendung der unter *Tools|Optionen|Umgebungsoptionen*
angebotenen „Optionen für Autospeichern":

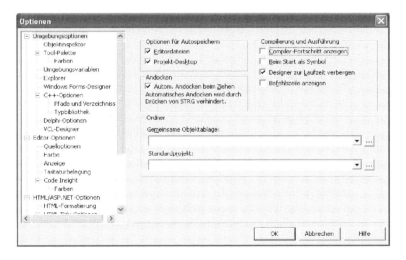

Markiert man hier „Editordateien", werden vor jedem Start des Programms (z.B.
mit *F9*) alle zum Projekt gehörenden Dateien gespeichert. Markiert man außerdem
noch die Option „Projekt-Desktop", werden beim nächsten Start des C++Builders
wieder alle die Dateien geöffnet, die beim letzten Beenden geöffnet waren.

In diesem Zusammenhang wird außerdem empfohlen, unter *Tools|Editor-Optio-
nen|Editor* die Option „Rückgängig nach Speichern" zu markieren. Sonst können
nach dem Speichern keine Änderungen mit *Bearbeiten|Rückgängig* wieder rück-
gängig gemacht machen.

Beim erstmaligen Speichern fragt der C++Builder zuerst nach einem Namen für alle zum Projekt gehörenden Units und dann nach einem Namen für das Projekt.

– Für jedes Formular erzeugt der C++Builder einige Dateien, deren Namen sich aus dem für die **Unit** eingegebenen Namen und den folgenden Endungen zusammensetzt:

.cpp	In diese Datei schreibt der C++Builder die Ereignisbehandlungsroutinen wie *Button1Click*. Sie wird vom Programmierer durch weitere Anweisungen ergänzt.
.h	Eine Header-Datei mit der Klassendefinition des Formulars.
.obj	Eine sogenannte Object-Datei, die vom Compiler aus der cpp- und h-Datei erzeugt wird.
.dfm	Diese Textdatei enthält eine Beschreibung des Formulars mit allen visuellen Komponenten und ihren Eigenschaften, die z.B. im Objektinspektor gesetzt wurden. Aus diesen Informationen wird das Formular beim Start des Programms erzeugt.

– Der für das **Projekt** eingegebene Name wird für Dateien mit diesen Endungen verwendet:

.cpp	Das sogenannte **Hauptprogramm** mit der *WinMain* Funktion, das automatisch vom C++Builder angelegt und verwaltet wird. Es sollte normalerweise nicht manuell verändert werden.
.bdsproj	Die Projekt-Datei mit den Projekteinstellungen.
.res	Die sogenannte Ressourcen-Datei.
.obj	Die vom Compiler aus dem Hauptprogramm erzeugte Object-Datei.
.exe	Das vom **Linker** aus den Object-Dateien des Projekts und den „lib"-Bibliotheken erzeugte **ausführbare Programm**.
	Der Linker ist wie der Compiler ein in die Entwicklungsumgebung integriertes Programm, das automatisch mit *Start|Start* aufgerufen wird. Bei vielen C++Builder-Projekten braucht man allerdings nicht einmal zu wissen, dass der Linker überhaupt existiert. Normalerweise ist es kein Fehler, wenn man sich vorstellt, dass das ausführbare Programm allein vom Compiler erzeugt wird.

– In Abhängigkeit von der Build Konfiguration (*Projekt\|Build-Konfigurationen*) werden einige dieser Dateien beim C++Builder 2006 in den Unterverzeichnissen *Debug_Build* oder *Release_Build* bzw. *Debug* und *Release* im C++Builder 2007 angelegt.

– Für Projekt-Verzeichnisse sollten Pfade mit den Zeichen „–" oder „+" vermieden werden (wie z.B. „c:\C++-Programme"). Solche Namen können seltsame Fehlermeldungen des Linkers verursachen, die keinen Hinweis auf die Ursache geben.

Angesichts der relativ großen Anzahl von Dateien, die zu einem Projekt gehören, liegt es nahe, jedes Projekt in einem eigenen Verzeichnis zu speichern. Das ist bei größeren Projekten mit mehreren Units auch meist empfehlenswert.

Falls man aber viele kleinere Projekte hat (wie z.b. die später folgenden Aufgaben), ist es meist einfacher, mehrere Projekte in einem gemeinsamen Verzeichnis zu speichern. Dazu kann man folgendermaßen vorgehen:

– Da sowohl zum Projektnamen als auch zum Namen der Unit eine Datei mit der Endung „.cpp" angelegt wird, müssen für **das Projekt und die Units verschiedene Namen** gewählt werden.
– Damit man alle Dateien eines Projekts dann auch einfach im Windows Explorer kopieren kann (um z.b. auf einem anderen Rechner daran weiterzuarbeiten), wählt man **am einfachsten** Namen, die mit derselben Zeichenfolge beginnen. Damit die Namen des Projekts und der Unit verschieden sind, reicht es aus, wenn sie sich im letzten Buchstaben unterscheiden (z.b. durch ein zusätzliches „U" für die Unit). Diese Konventionen wurden auch für die meisten Lösungen auf der Buch-CD gewählt.

Zum Speichern von Dateien gibt es außerdem noch die folgenden Optionen:

– *Datei\Projekt speichern unter* speichert die Dateien mit dem Projektnamen unter einem neuen Namen. Diese Option bedeutet nicht, dass alle Dateien eines Projekts gespeichert werden. Wenn man mit dieser Option ein komplettes Projekt kopieren will, um auf einem anderen Rechner daran weiterzuarbeiten, wird man feststellen, dass die Dateien mit den Units fehlen.
– *Datei\Speichern* bzw. *Strg+S* bzw. speichert die derzeit im Editor angezeigte Unit einschließlich der zugehörigen Header- und Formulardatei.

Beim Aufruf von *Projekt\Projekt compilieren* (*Strg+F9*) bzw. *Start\Start* (*F9*) übersetzt der Compiler alle seit dem letzten Aufruf geänderten Quelltextdateien usw. neu. Dann wird der Linker aufgerufen, der aus den dabei erzeugten Object-Dateien eine ausführbare Exe-Datei erzeugt.

Dabei werden jedes Mal Dateien mit den Endungen „.tds" und „.obj" neu erzeugt, die recht groß werden können. Diese Dateien **kann man löschen** (im C++Builder 2007 mit *Projekt\Bereinigen*). Bei einer Kopie des Projekts sind sie nicht notwendig. Im C++Builder 2006 sind sie in den Unterverzeichnissen *Debug_Build* und *Release_Build*. In älteren Versionen des C++Builders befinden sie sich im Projektverzeichnis.

Unter *Projekt\Optionen* kann man zahlreiche Einstellungen für den Compiler, den Linker, die Anwendung usw. vornehmen. Die voreingestellten Werte sollte man aber nur dann ändern, wenn man sich über deren Konsequenzen im Klaren ist. Die wichtigsten Konfigurationen sind die **Debug-** und **Release Konfiguration**, die beide aus einem Satz von Optionen bestehen. **Eigene Konfigurationen** kann man mit *Projekt|Build-Konfiguration|Neu* bzw. *Kopieren* anlegen. Für jede solche Konfiguration kann man dann eigene Projektoptionen setzen. Damit kann man einfach zwischen verschiedenen Konfigurationen umschalten, ohne die Standard-Konfigurationen verändern zu müssen.

Anmerkungen für Delphi-Programmierer: Der Projekt-Datei mit der Endung „cpp" entspricht in Delphi die „dpr"-Datei des Projekts. Der Header-Datei und der cpp-Datei einer Unit entsprechen in Delphi der Interface-Teil der Implementationsteil einer ".pas"-Unit.

1.6 Einige Tipps zur Arbeit mit Projekten

Die Arbeit mit dem C++Builder ist meist einfach, wenn man alles richtig macht. Es gibt allerdings einige typische Fehler, über die Anfänger immer wieder stolpern. Die ersten fünf der folgenden Tipps sollen helfen, diese Fehler zu vermeiden. Die übrigen sind einfach oft nützlich.

1) Ein **neues Projekt** wird mit *Datei|Neu|VCL-Formularanwendung* angelegt und nicht mit *Datei|Neu|Formular*.

   Mit *Datei|Neu|Formular* wird dem aktuellen Projekt ein neues Formular hinzugefügt. Dieses Formular kann man wie das Hauptformular (das erste Formular) des Projekts gestalten, so dass man diesen Fehler zunächst gar nicht bemerkt. Es wird aber beim Start des Programms nicht automatisch angezeigt. Das hat dann die verzweifelte Frage zur Folge „Wo ist mein neues Programm, bei mir startet immer nur das alte".

2) Es ist meist empfehlenswert, unter *Tools|Optionen|Umgebungsoptionen|Optionen für Autospeichern* die Option „**Projekt-Desktop**" zu **markieren**. Dann wird beim nächsten Start des C++Builders automatisch das Projekt geöffnet, das beim letzten Beenden des C++Builders geöffnet war. Alle Fenster sind genau so angeordnet wie beim letzten Mal, und der Cursor blinkt an derselben Stelle. So kann man sofort da weiterarbeiten, wo man aufgehört hat.

   Falls man *Autospeichern Projekt Desktop* markiert hat, sollte man aber beim Beenden des C++Builders keinen übertriebenen Ordnungssinn an den Tag legen und den Schreibtisch aufräumen, indem man alle Fenster mit den Formularen und Quelltextdateien schließt. Dann werden sie nämlich beim nächsten Start des C++Builders nicht angezeigt, was zu dem entsetzten Aufschrei „Meine Dateien sind weg" führen kann. Mit *Ansicht|Formulare* werden sie wieder angezeigt.

3) Zum **Öffnen** eines früher angelegten **Projekts** werden vor allem die Optionen *Datei|Zuletzt verwendet* und *Datei|Projekt öffnen* empfohlen. Die erste zeigt im

oberen Teil des Untermenüs die zuletzt geöffneten Projekte an, und mit der zweiten kann man auf den Laufwerken nach einem Projekt suchen.

Mit *Datei|Öffnen* kann man dagegen sowohl Projekte als auch andere Dateien öffnen. Da in der Voreinstellung viele verschiedene Dateitypen angezeigt werden und die Symbole für Projekte und andere Dateitypen leicht verwechselt werden können, wird mit dieser Option gelegentlich auch eine Unit anstelle der Projektdatei geöffnet. Das hat dann wie unter 1). zur Folge, dass sich Änderungen in der Unit nach dem Kompilieren nicht auf das laufende Programm auswirken.

4) Solange man noch nicht weiß, welche Ereignisse es gibt und wann diese eintreten (siehe z.B. Abschnitt 2.6), sollte man nur Ereignisbehandlungsroutinen verwenden, die wie

```
void __fastcall TForm1::Button1Click(TObject *Sender)
{
}
```

auf das **Anklicken** eines **Buttons** reagieren. Eine Funktion wie

```
void __fastcall TForm1::Edit1Change(TObject *Sender)
{
}
```

die man durch einen Doppelklick auf ein Eingabefeld *Edit1* erhält, wird zur Laufzeit des Programms bei jeder Änderung des Textes im Edit-Fenster aufgerufen. Das ist aber meist nicht beabsichtigt.

5) Um eine vom **C++Builder erzeugte Funktion** zu löschen, sollte man sie **nicht manuell löschen**. Vielmehr muss man nur den Text **zwischen den geschweiften Klammern { } löschen. Dann entfernt der C++Builder die Funktion automatisch beim nächsten Kompilieren.**

Die Nichtbeachtung dieser Regel kann eine Menge Ärger nach sich ziehen. Falls z.B. versehentlich durch einen Doppelklick auf ein Edit-Fenster die Funktion

```
void __fastcall TForm1::Edit1Change(TObject *Sender)
{
}
```

erzeugt wurde und (nachdem man festgestellt hat, dass sie nicht den beabsichtigten Effekt hat) diese dann manuell aus dem Quelltext gelöscht wird, erhält man die Fehlermeldung

```
LinkerFehler Unresolved external 'TForm1::Edit1Change(..
```

Nach einem solchen Fehler macht man am einfachsten alle bisherigen Eingaben mit *Alt+Rücktaste* wieder rückgängig, bis die Funktion wieder angezeigt wird, oder man fängt das gesamte Projekt nochmals neu an. Falls das nicht möglich oder zu aufwendig ist, kann man auch in der Header-Datei zur Unit (die man mit *Strg+F6* im Editor erhält) die folgende Zeile durch die beiden Zeichen „//" auskommentieren:

```
// void __fastcall Edit1Change(TObject *Sender);
```

Ansonsten wird aber von jeder Änderung dieser Datei abgeraten, solange man sich über ihre Bedeutung nicht klar ist.

6) Nach dem Anklicken des *Historie*-Registers im Editor kann man sich die Unterschiede des aktuellen Textes und einer der 10 letzten Versionen anzeigen lassen. Diese werden beim Speichern automatisch im versteckten Unterverzeichnis __*history* angelegt.

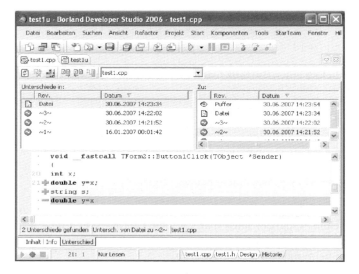

7) Das manchmal doch recht lästige **automatische Andocken** von Fenstern kann man durch Markieren von „Andocken" unter *Tools|Optionen|Umgebungsoptionen* unterbinden.

8) Mit *Ansicht|Desktops* kann man eine Desktop-Einstellung mit einer bestimmten Auswahl und Anordnung von IDE-Fenstern speichern und laden. Während der Laufzeit eines Programms im Debugger wird der mit *Ansicht|Desktops|Debug-Desktop einstellen* gesetzte Debug-Desktop angezeigt. Nach dem Ende des Debuggers wird der zuvor verwendete Desktop wieder angezeigt. Den Desktop der Voreinstellung erhält man mit [Default Layout ▼].

9) Falls Sie schon mit früheren Versionen des C++Builders gearbeitet haben und Ihnen der ältere Desktop besser gefällt, können Sie diesen mit den folgenden beiden Einstellungen herstellen:

  – *Ansicht|Desktops|Classic Undocked* und die Markierung bei
  – *Tools|Optionen|VCL Designer|Eingebetteter Designer* entfernen

10) Mit *To-Do-Eintrag hinzufügen* kann man der **To-Do-Liste** einen Eintrag hinzufügen und damit einige Merkzettel sparen:

Dieser Eintrag wird dann an der aktuellen Cursor-Position als Kommentar
(siehe Abschnitt 3.16) in den Quelltext eingefügt:

```
/* TODO 1 -oRichard Kaiser -cüberlebensnotwendig : Noch
etwas zum Essen einkaufen */
/* TODO 2 -oRichard Kaiser -cnotwendig fürs Gehalt :
Anweisungen für Button1 schreiben */
```

Die Einträge der To-Do-Liste werden dann mit *Ansicht|To-Do-Liste* angezeigt:

11) Dieser Tipp ist nur dann von Bedeutung, wenn man ein Projekt mit **verschiedenen Versionen des C++Builders** bearbeiten will (z.B. an der Uni mit dem
   C++Builder 5 und zuhause mit dem C++Builder 2006).

   Eine neuere Version des C++Builders kann die Projektdateien einer älteren
   Version lesen und konvertiert sie in das Format der neueren Version. Da das
   aber dann von der älteren Version nicht mehr gelesen werden kann, kann man
   das Projekt anschließend nicht mehr mit der älteren Version bearbeiten.

   Falls die Anweisungen in den Units von beiden Versionen des C++Builders
   übersetzt werden können (das ist oft möglich), kann man dieses Problem
   dadurch umgehen, dass man für jede Version des C++Builders ein eigenes
   Projekt anlegt und in beiden Projekten dieselben Units verwendet. Dazu kann
   man folgendermaßen vorgehen:

1. Für das zuerst angelegte Projekt wählt man mit *Datei|Projekt speichern unter* einen Namen, der z.B. die Versionsnummer des C++Builders als letztes Zeichen enthält (z.b. *AufgP5* beim C++Builder 5).
2. Für die andere Version des C++Builders legt man mit *Datei|Neu|VCL-Formularanwendung* ein neues Projekt mit einem entsprechenden Namen an. Aus diesem Projekt entfernt man dann die vom C++Builder automatisch erzeugte Unit mit *Projekt|Aus dem Projekt entfernen* und nimmt anschließend mit *Projekt|Dem Projekt hinzufügen* die Unit aus dem zuerst angelegten Projekt in dieses Projekt auf.

1.7 Die Online-Hilfe

Da sich kaum jemand die vielen Einzelheiten des C++Builders und von C++ merken kann, ist es für eine effektive Arbeit unerlässlich, die Online-Hilfe nutzen zu können.

Am einfachsten ist oft die kontextbezogene Hilfe mit *F1*: In den meisten Fenstern der Entwicklungsumgebung erhält man mit *F1* Informationen, wie z.B.

– im Editor zum Wort unter dem Cursor
– im Objektinspektor zur angewählten Eigenschaft
– auf einem Formular zum angeklickten Steuerelement, usw.

Das Borland Developer Studio verwendet den Microsoft Document Explorer zur Anzeige der Online-Hilfe. Er wird mit *Hilfe|Borland-Hilfe* gestartet und bietet über sein *Hilfe*-Menü zahlreiche Optionen zur Anzeige von Informationen.

Falls man das Wort kennt, zu dem man weitere Informationen sucht, kann man mit *Hilfe|Index* die Online-Hilfe dazu aufrufen. Beachten Sie, dass die Namen der meisten **VCL-Klassen mit** dem Buchstaben „T" **beginnen**, d.h. dass Sie die Informationen zu einem Button, Label usw. unter *TButton, TLabel* usw. finden.

Oft kennt man aber den entsprechenden Indexeintrag nicht. Für diesen Fall bietet das *Hilfe* Menü einige Optionen an, mit denen man dann hoffentlich weiterkommt.

Über *Hilfe|Inhalt* kann man in thematisch geordneten Büchern, Anleitungen, Referenzen usw. suchen. Die Online-Hilfe zu den **C- und C++-Standardbiblio-theken**, auf die später öfter verwiesen wird, findet man unter *Dinkumware*:

 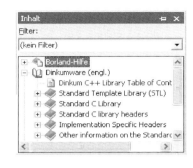

Unter *Inhalt\Borland Hilfe\Developer Studio 2006 für Win32\Referenz\VCL für Win32 (C++)* findet man die Beschreibung der **VCL-Klassen**. Diese Informationen werden in Abschnitt 2.1 noch ausführlicher beschrieben.

Die Microsoft Dokumentation zu Win32 findet man sowohl unter *Inhalt\Microsoft Platform SDK*, als auch in einer anderen Gliederung nach einem Klick auf *Inhalt\Microsoft Platform SDK* im rechten Fenster (Windows Server 2003 Family) unter *Contents*. Hier findet man auch die **Win32-API** unter *Windows API*.

Einige weitere Optionen des Document Explorers:

– ⇔ bzw. *Hilfe\Inhalt synchronisieren* synchronisiert das Inhaltsverzeichnis mit der angezeigten Seite.
– Mit einem Filter kann man die angezeigten Suchergebnisse reduzieren.
– *Hilfe\Suchen* (Volltextsuche) zeigt Seiten an, die den Suchbegriff enthalten.
– Mit „Zu Favoriten hinzufügen" im Kontextmenü einer Hilfeseite kann man **Lesezeichen** setzen.

Einen Teil dieser Informationen findet man auch in den beiden pdf-Dateien im Help-Verzeichnis, die auf der Willkommensseite (*Ansicht\Willkommens-Seite*) als Benutzerhandbuch und Sprachreferenz angeboten werden. Auf dieser Seite findet man unter *Dokumentation\Anleitungen* auch einige nützliche Anleitungen (z.B. unter *Anleitung\Einführung* oder *Anleitungen\Anleitungen für Win32*).

Die Online-Hilfe des C++Builders 2006 hat einige Schwächen. Deshalb hat Borland auch noch die Online-Hilfe zum C++Builder 6 unter *http://dn.codegear.com/-article/34064* zur Verfügung gestellt. Im C++Builder 2007 ist die Online-Hilfe besser.

Der Zugriff auf spezielle Inhalte der Online-Hilfe ist in nahezu jeder Version des C++Builders anders. Für die Leser, die mit einer älteren Version arbeiten, hier deshalb kurz die wichtigsten Zugriffspfade:

Win32-API: *Hilfe|Windows SDK* (C++Builder 5/6)
C++ Standardbibliothek: *Hilfe|STLport-Hilfe* (C++Builder 6)
                         *Start|Programme|Borland C++Builder 5|Hilfe|-
                         Standard C++ Bibliothek* (C++Builder 5)
Weitere Hilfedateien: *Start|Programme|Borland C++Builder 5/6|Hilfe*

Aufgabe 1.7

Mit diesen Übungen sollen Sie lediglich die Möglichkeiten der Online-Hilfe kennen lernen. Sie brauchen die angezeigten Informationen nicht zu verstehen.

a) Rufen Sie mit *F1* die Online-Hilfe auf
   – für das Wort „int" im Editor
   – für ein Edit-Feld auf einem Formular; und
   – im Objektinspektor für die Eigenschaft *Text* eines Edit-Feld.
b) Suchen Sie in *Inhalt* unter *Borland Hilfe|Developer Studio 2006 für Win32|-Referenz|C++-Referenz|C++-Sprachreferenz|Sprachstruktur|Deklarationssyntax|Grundlegende Typen|"* nach einer Übersicht über „Grundlegende Typen".

1.8 Projektgruppen und die Projektverwaltung Θ

Die Projektverwaltung (*Ansicht|Projektverwaltung*) bietet zahlreiche Optionen zur Verwaltung und Konfiguration von Projekten. Sie zeigt alle Dateien an, die zu einem Projekt gehören, und enthält verschiedene Kontextmenüs, je nachdem, ob man ein Projekt, eine Quelltextdatei usw. anklickt.

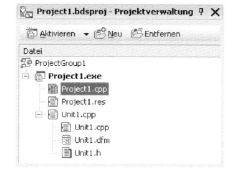

Das Kontextmenü eines Projekts enthält unter anderem diese beiden Optionen:

– Mit *Hinzufügen* (wie *Projekt|Dem Projekt hinzufügen*) kann man einem Projekt eine Datei hinzufügen. Der C++Builder bietet hier die folgenden Dateitypen an:

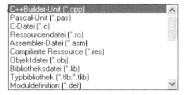

Falls diese Datei eine

– **Quelltextdatei** ist (z.B. mit der Endung .cpp, .pas, .c), wird sie beim Kompilieren des Projekts mitkompiliert und die dabei erzeugte Object-Datei zum Projekt gelinkt.
– **Bibliothek** ist (z.B. mit der Endung .lib, obj), wird sie zum Projekt gelinkt.

Diese Option darf nicht mit einer *#include*-Anweisung (siehe Abschnitt 3.22.1) verwechselt werden: Eine Quelltextdatei oder eine Bibliothek wird normalerweise einem Projekt hinzugefügt, während die zugehörige Header-Datei mit einer *#include*-Anweisung in eine der Quelltextdateien des Projekts aufgenommen wird.

– Unter *Build-Ereignisse* kann man Anweisungen festlegen, die vor oder nach dem Kompilieren bzw. vor dem Linken ausgeführt werden sollen. Diese Anweisungen können Befehle für die Eingabeaufforderung sein.

Falls man an verschiedenen Projekten arbeitet, die von einander abhängig sind, ist es meist bequemer, sie alle gemeinsam zu öffnen, zu kompilieren und zu schließen. Das ist mit einer sogenannten **Projektgruppe** möglich.

Eine Projektgruppe fasst ein oder mehrere Projekte zusammen. Sie wird entweder mit *Datei|Neu|Weitere|Andere Dateien|Projektgruppe* angelegt, oder indem man in der Projektverwaltung eines Projekts die Projektgruppe über das Kontextmenü speichert. Über das Kontextmenü kann man ihr ein existierendes oder ein neues Projekt hinzufügen bzw. Projekte aus ihr entfernen.

Das Projekt, das mit dem nächsten *Start|Start (F9)* erzeugt und ausgeführt wird, heißt das **aktive Projekt**. Man kann es in der Projektverwaltung mit einem Doppelklick oder mit *Aktivieren* aus dem Kontextmenü festlegen. Die nächsten beiden Optionen des *Projekt* Menüs erzeugen das aktive Projekt:

– *Projekt erzeugen* berücksichtigt alle Dateien, unabhängig davon, ob sie geändert wurden oder nicht.
– *Projekt compilieren* berücksichtigt alle Dateien, die seit dem letzten Kompilieren verändert wurden. Diese Option ist normalerweise ausreichend, obwohl es auch Situationen gibt, in denen *Projekt erzeugen* notwendig ist.

Mit den folgenden Optionen des *Projekt* Menüs werden alle Projekte einer Projektgruppe erzeugt:

– *Alle Projekte erstellen*: wie *Projekt erzeugen* für alle Projekte
– *Alle Projekte aktualisieren*: wie *Projekt compilieren* für alle Projekte

Aufgabe 1.8

Erzeugen Sie eine Projektgruppe mit dem Namen „MeineProjektgruppe" und eine VCL Formularanwendung „MeinProjekt1". Es ist nicht notwendig, irgendwelche Komponenten auf das Formular zu setzen. Damit man die Anwendungen später unterscheiden kann, soll die Eigenschaft *Caption* des Formulars auf „Projekt 1" gesetzt werden. Verschaffen Sie sich mit dem Windows-Explorer nach jeder der folgenden Teilaufgaben einen Überblick über die in den verschiedenen Verzeichnissen erzeugten Dateien.

a) Führen Sie *Start|Start* (*F9*) aus.
b) Ändern Sie die Konfiguration von *Debug* zu *Release* und führen Sie *Start|Start* (*F9*) aus.
c) Fügen Sie *MeineProjektgruppe* mit der Projektverwaltung (*Ansicht|Projektverwaltung*) ein weiteres Projekt mit dem Namen *MeinProjekt2* hinzu. Setzen Sie die Eigenschaft *Caption* des Formulars auf „Projekt 2".
d) Wechseln Sie zwischen den aktiven Projekten und führen Sie danach jeweils *Start|Start* (*F9*) aus. Danach wie d).

1.9 Hilfsmittel zur Gestaltung von Formularen Θ

Für die Gestaltung von Formularen stehen über das Menü *Bearbeiten*, das Kontextmenü im Formular sowie die Symbolleisten **Ausrichten** und **Abstand** zahlreiche Optionen zur Verfügung.

Symbolleiste *Ausrichten*   Symbolleiste *Abstand*

Die meisten dieser Optionen können auf eine Gruppe von markierten Steuerelementen angewandt werden. Dazu klickt man auf eine freie Stelle im Formular und fasst sie durch Ziehen mit der gedrückten linken Maustaste zusammen.

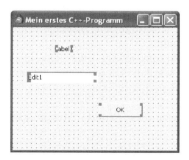

Die Reihenfolge, in der die Steuerelemente des Formulars während der Ausführung des Programms mit der Tab-Taste angesprungen werden (Tab-Ordnung), kann man über die entsprechende Option im Kontextmenü des Formulars mit den Pfeiltasten einstellen:

Aufgabe 1.9

Setzen Sie einige Komponenten (z.B. zwei Buttons und ein Label) in unregelmäßiger Anordnung auf ein Formular. Bringen Sie sie vor jeder neuen Teilaufgabe wieder in eine unregelmäßige Anordnung.

a) Ordnen Sie alle Komponenten an einer gemeinsamen linken Linie aus.
b) Geben Sie allen Komponenten dieselbe Breite.
c) Verändern Sie die Tabulator-Ordnung.

1.10 Packages und eigenständig ausführbare Programme Θ

Viele Programme, die mit dem C++Builder entwickelt werden, verwenden gemeinsame Funktionen und Komponenten wie z.B. ein Formular oder einen Button. Wenn man ihren Code in jede Exe-Datei aufnimmt, wird sie relativ groß. Deswegen fasst man häufig benutzte Komponenten oder Funktionen oft in Bibliotheken (meist sogenannte DLLs) zusammen. Der C++Builder verwendet spezielle DLLs, die als **Packages** bezeichnet werden.

Wenn unter *Projekt|Optionen|Packages* die Option „Mit Laufzeit-Packages aktualisieren" markiert ist, verwendet das vom C++Builder erzeugte Programm die angegebenen Laufzeit-Packages.

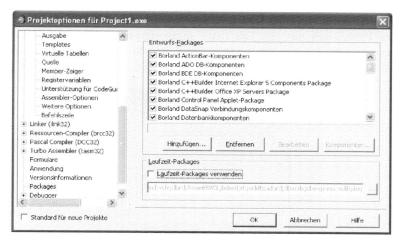

In der Voreinstellung ist diese Option markiert. Ein einfaches Programm mit einem Button ist dann ca. 20 KB groß, im Unterschied zu etwa 200 KB ohne Packages.

Damit man ein Programm auf einem Rechner ausführen kann, auf dem der C++-Builder nicht installiert ist, erzeugt man es meist am einfachsten so, dass es keine Packages und keine DLLs für die dynamische RTL (CC3270MT.DLL und BorlndMM.DLL) verwendet. Dann reicht zum Start des Programms die Exe-Datei aus, und man braucht die relativ großen DLLs nicht (z.B. 1,6 MB für die immer benötigte VCL100.BPL). Auf einem Rechner mit dem C++Builder sind die Packages vorhanden, da sie bei der Installation des C++Builders in das System-Verzeichnis von Windows kopiert werden.

Fassen wir zusammen:

– Wenn man ein Programm nur auf dem Rechner ausführen will, auf dem man es entwickelt, kann man mit Packages Speicherplatz sparen. Das ist die Vorein-stellung. Sie ist für die zahlreichen Übungsaufgaben in diesem Buch normaler-weise am besten.
– Wenn man ein Programm dagegen auf einem Rechner ausführen will, auf dem der C++Builder nicht installiert ist, muss man entweder alle notwendigen Bib-liotheken zur Verfügung stellen und dabei darauf achten, dass man keine ver-gisst. Oder man erstellt das Programm ohne Laufzeit-Packages und ohne dy-namische Laufzeitbibliothek, indem man die nächsten beiden Optionen **nicht markiert:**

1. *Projekt|Optionen|Packages|**Mit Laufzeit-Packages aktualisieren*** und
2. *Projekt|Optionen|Linker|Linken|**Dynamische RTL verwenden***

1.11 Win32-API und Konsolen-Anwendungen Θ

Mit dem C++Builder kann man nicht nur Windows-Programme schreiben, sondern auch sogenannte Konsolen-Anwendungen und Windows-Programme auf der Basis der Win32 API. Obwohl auf solche Programme in diesem Buch nicht weiter eingegangen wird, soll hier kurz skizziert werden, wie man solche Anwendungen entwickelt.

1.11.1 Konsolen-Anwendungen Θ

Eine Konsolen-Anwendung verwendet wie ein DOS-Programm ein Textfenster für Ein- und Ausgaben. Im Unterschied zu einem Programm für eine grafische Benutzeroberfläche erfolgen Ein- und Ausgaben vor allem zeichenweise über die Tastatur und den Bildschirm. Solche Programme werden meist von der Kommandozeile aus gestartet. Obwohl eine Konsolen-Anwendung wie ein DOS-Programm aussieht, ist es nur unter Win32 und nicht unter MS-DOS lauffähig.

Mit dem C++Builder erhält man ein Projekt für eine solche Anwendung mit *Datei|Neu|Weitere|C++Builder-Projekte|Konsolenanwendung*. Daraufhin wird eine Datei „Unit.cpp" angelegt, die eine Funktion mit dem Namen *main* enthält:

```
int main(int argc, char* argv[])
{
    return 0;
}
```

Sie wird beim Start eines Konsolen-Programms aufgerufen. Die Anweisungen, die vom Programm ausgeführt werden sollen, werden dann vor *return* eingefügt.

Ein- und Ausgaben erfolgen bei einem Konsolen-Programm vor allem über die in <iostream> vordefinierten Streams

> *cin*   // for input from the keyboard
> *cout*   // for output to the screen

mit den Ein- und Ausgabe-Operatoren „<<" und „>>":

```
#include <iostream> // für cin und cout notwendig
using namespace std;
int main(int argc, char* argv[])
{
  int x,y;
  cout<<"x="; // der Anwender soll einen Wert eingeben
  cin>>x;     // den Wert einlesen
  cout<<"y=";
  cin>>y;
  cout<<"x+y="<<(x+y);
  return 0;
}
```

Dieses einfache Beispiel zeigt bereits einen wesentlichen Unterschied zu den bisher entwickelten Programmen für eine grafische Benutzeroberfläche wie Windows. Hier erfolgen alle Ein- und Ausgaben sequenziell: Ein Wert für y kann erst eingegeben werden, nachdem ein Wert für x eingegeben wurde. Damit ein Anwender Fehleingaben korrigieren kann, sind relativ aufwendige Programmkonstruktionen notwendig, die durch weitere sequenzielle Eingaben realisiert werden müssen. Sowohl die Programmierung als auch die Bedienung von Konsolenprogrammen ist oft ziemlich aufwendig. Im Unterschied dazu kann ein Programm für eine grafische Benutzeroberfläche mehrere Eingabefelder gleichzeitig anzeigen. Mit der Maus kann dann jedes direkt adressiert werden.

Zur Formatierung der Ausgabe kann man die Manipulatoren und Funktionen verwenden, die in Abschnitt 4.3.5 vorgestellt werden:

```
for (int i=0; i<10; i++)
    cout <<setw(10)<<i<<setw(10)<<i*i<<endl;
```

Funktionen wie *printf* aus der Programmiersprache C können auch verwendet werden:

```
for (int i=0; i<10; i++)
    printf("%d    %d \n",i,i*i);
```

Ein Windows-Programm besitzt im Unterschied zu einem Textfenster-Programm keine vordefinierten Streams zur Ein- und Ausgabe. Verwendet man *cin* oder *cout* in einem Windows-Programm, bleibt das deshalb ohne sichtbares Ergebnis.

Aufgabe 1.11

Schreiben Sie eine einfache Konsolen-Anwendung, die „Hello world" am Bildschirm ausgibt.

1.11.2 Der Start des Compilers von der Kommandozeile Θ

Der Compiler des C++Builders kann unter dem Namen *bcc32* auch von einer Kommandozeile aus gestartet werden:

```
c:\CBuilder\bin\bcc32 test.cpp -DTEST -IC:\MyIncludes
```

Die zahlreichen Parameter erhält man mit der Option –h (z.B. –D für Präprozessor-Makros und –I für *#include*-Suchpfade).

1.11.3 Win32-API Anwendungen Θ

Mit dem C++Builder kann man auch Windows-Anwendungen auf der Basis der Win32 API (Application Programmers Interface) entwickeln. Die erste Version dieser Bibliothek wurde ca. 1992 mit Windows NT veröffentlicht und basiert auf der Programmiersprache C. Wer damit auch heute noch programmieren will, sei auf die alten Ausgaben der Bücher von Charles Petzold „Programming Windows" verwiesen.

Normalerweise gibt es heutzutage keinen Grund, neue Projekte auf dieser Basis zu beginnen. Es ist aber gelegentlich notwendig, alte Projekte, die auf dieser Bibliothek basieren, weiterzuentwickeln. Das ist mit dem C++Builder – zumindest **im Prinzip** – möglich: Man muss lediglich das Hauptprogramm eines C++Builder-Programms (z.B. Project1.cpp) durch das Programm mit der *WinMain*-Funktion ersetzen. Da moderne C/C++-Compiler aber sehr viel schärfere Prüfungen als ältere Compiler durchführen, ist die Wahrscheinlichkeit groß, dass alte Programme nicht mehr akzeptiert werden, obwohl sie von älteren Compilern anstandslos kompiliert werden.

1.12 Windows-Programme und Units Θ

Ein C++-**Windowsprogramm** unterscheidet sich von einem C++-**Konsolenprogramm** unter anderem dadurch, dass bei seinem Start die Funktion *WinMain* und nicht *main* aufgerufen wird. Sie befindet sich in einer Datei, die der C++Builder für jedes Projekt anlegt. Ihr Name setzt sich aus dem Namen, der für das beim Speichern Projekt gewählt wird, und der Namenserweiterung „.cpp" zusammen mit.

Zum Beispiel hat der C++Builder nach dem Speichern eines Projekts unter dem Namen „Project1" die folgende Datei „Project1.cpp" erzeugt:

```
#include <vcl.h>
#pragma hdrstop
//-------------------------------------------------------
USEFORM("Unit1.cpp", Form1);
//-------------------------------------------------------
```

```
WINAPI WinMain(HINSTANCE, HINSTANCE, LPSTR, int)
{
   try
   {
      Application->Initialize();
      Application->CreateForm(__classid(TForm1), &Form1);
      Application->Run();
   }
   catch (Exception &exception)
   {
      Application->ShowException(&exception);
   }
   catch (...)
   {
      try
      {
         throw Exception("");
      }
      catch (Exception &exception)
      {
         Application->ShowException(&exception);
      }
   }
   return 0;
}
```

Beim Start des Programms werden dann die folgenden Anweisungen der Reihe nach ausgeführt:

- Zuerst wird *Application->Initialize* aufgerufen.
- Durch den Aufruf von *Application->CreateForm* wird das **Formular** *Form1* so **erzeugt**, wie es mit der Entwicklungsumgebung gestaltet wurde.
- Der Aufruf von *Application->Run* integriert das Programm in das Botschaftensystem von Windows: Es kann dann **auf die Ereignisse reagieren**, für die entsprechende Ereignisbehandlungsroutinen definiert sind. Das sind entweder **vom C++Builder vordefinierte Funktionen** oder aber **Funktionen** wie *Button1Click*, **die in den Units** definiert wurden.

Das Programm läuft dann so lange, bis es durch ein entsprechendes Ereignis beendet wird (z.B. durch Anklicken der Option *Schließen* im Systemmenü oder durch die Tastenkombination *Alt-F4*). Diese beiden Reaktionen gehören zu den vom C++Builder vordefinierten Reaktionen.

Normalerweise hat ein Programmierer, der mit dem C++Builder arbeitet, allerdings nichts in der Datei mit der Funktion *WinMain* verloren. Diese Datei wird vom C++Builder erzeugt und verwaltet und sollte normalerweise nicht verändert werden. Stattdessen betätigt man sich bei der Arbeit mit dem C++Builder meist in einer **Unit**. Dabei kann es sich um eine Unit handeln, die vom C++Builder für ein Formular erzeugt wurde, oder eine, die der Programmierer selbst angelegt hat.

2 Komponenten für die Benutzeroberfläche

Dieses Kapitel gibt einen Überblick über die wichtigsten **Komponenten**, die in der Tool-Palette **für die Benutzeroberfläche** von Programmen zur Verfügung gestellt werden. Die meisten von ihnen entsprechen **Steuerelementen** (Bedienelementen), die man in vielen Windows-Programmen findet: Sie zeigen dem Anwender Informationen an oder nehmen Anweisungen und Informationen von ihm entgegen.

Angesichts der großen Anzahl von Eigenschaften, Methoden und Ereignissen der Komponenten ist keine Vollständigkeit beabsichtigt: Die Dateien der Online-Hilfe haben einen Umfang von vielen Megabytes und sollen hier nicht wiederholt werden. Bei der Auswahl der vorgestellten Elemente wurde darauf geachtet, dass sie für viele Anwendungen nützlich und auch für andere Elemente typisch sind.

Zusammen mit den Komponenten und ihren Elementen werden auch Konzepte wie Datentypen, Anweisungen, Funktionen und Klassen vorgestellt. So gibt dieses Kapitel gleichzeitig auch einen kleinen Überblick über die Themen, die ab Kapitel 3 ausführlich behandelt werden.

Weitere Komponenten der Tool-Palette werden in Kapitel 10 behandelt. Viele dieser Komponenten sind nicht schwieriger als die hier vorgestellten und können auch ohne ein Studium der Kapitel 3 bis 9 verwendet werden.

2.1 Die Online-Hilfe zu den Komponenten

Da in diesem Kapitel nicht alle Elemente der Komponenten ausführlich behandelt werden, soll zuerst gezeigt werden, wie man mit der Online-Hilfe weitere Informationen zu den einzelnen Komponenten bekommen kann.

Die Komponenten der Tool-Palette sind in der Online-Hilfe unter ihrem Datentyp eingetragen. Diese Namen beginnen meist mit einem vorangestellten „T" (also z.B. „TEdit" für die Edit-Komponente). Über *Hilfe|Borland Hilfe* erhält man dann unter *Hilfe|Index* eine Seite, die etwa folgendermaßen aufgebaut ist.

Alle Seiten zu den Komponenten der Tool Palette enthalten Verweise auf Seiten mit Eigenschaften, Methoden und Ereignissen

– Über **Eigenschaften** werden alle Eigenschaften der Komponente angezeigt.

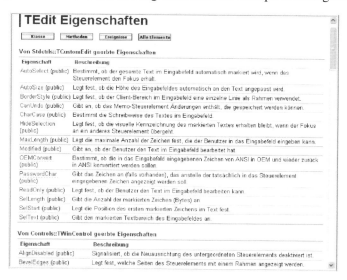

Sie sind in Gruppen mit Überschriften wie „Von … geerbte Eigenschaften" zusammengefasst. Diese Anordnung spiegelt ein Charakteristikum der objekt-orientierten Programmierung wider: Klassen können von sogenannten Basis-klassen abgeleitet werden. Sie enthalten dann alle Elemente (Eigenschaften, Methoden und Ereignisse) der Basisklassen. Solche geerbten Elemente sind keineswegs weniger wichtig als die Elemente der ausgewählten Klasse, selbst wenn sie weit unten in der Liste und der Vererbungshierarchie stehen. Wenn Sie nach einem Element suchen, dürfen Sie deshalb nicht erwarten, es gleich am Anfang der Liste zu finden. So findet sich z.B. die Eigenschaft *Color* relativ weit unten im Abschnitt „Von Controls::TControl geerbte Eigenschaften".

Die meisten Elemente findet man hier direkt. Manche sind aber auch hinter anderen versteckt (wie z.B. *Text* unter *WindowText*). Diese Seite erhält man auch, indem man die Eigenschaft *Text* im **Objektinspektor** anklickt und dann die Taste *F1* drückt.

In vielen Anwendungen sind nur die als *public* gekennzeichneten Elemente von Bedeutung. Die *protected* Elemente (z.B. einer Edit-Komponente) können in einer Funktion wie *Button1Click* nicht angesprochen werden.

Klickt man ein Element an, erhält man weitere Informationen:

– Auch die **Methoden** sind nach ihrer Ableitungshierarchie angeordnet.

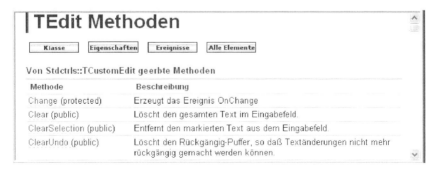

– Nach dem Anklicken von **Ereignisse** werden die Ereignisse angezeigt.

Die soeben beschriebene Vorgehensweise (zuerst die Seite mit der Klasse und dann auf den Seiten mit den Eigenschaften, Methoden oder Ereignissen nach einem Element einer Komponente zu suchen) mag auf den ersten Blick etwas umständlich erscheinen, da man nach dem Element auch direkt im Index suchen kann. Allerdings erhält man so oft sehr viele Treffer, da derselbe Name in verschiedenen Zusammenhängen verwendet wird, und hat dann Schwierigkeiten, den richtigen auszuwählen.

Beispiel: Gibt man „Text Eigenschaft" im *Index* ein, erhält man viele Treffer, selbst wenn man als Filter „Sprache C++" wählt. Dabei ist es meist nicht offensichtlich, welcher dieser Treffer der gesuchte ist:

Deshalb ist die Suche über den Namen der Klasse oft doch einfacher.

Bei Eigenschaften und Ereignissen, die im Objektinspektor angezeigt werden, kann man diese auch im **Objektinspektor** anklicken und dann *F1* drücken. Da im Objektinspektor aber nicht alle Eigenschaften und keine Methoden angezeigt werden, steht diese Möglichkeit nicht für alle Elemente zur Verfügung.

Im C++Builder 6 konnte man die Online-Hilfe außerdem mit der *F1*-Taste folgendermaßen aufrufen, nachdem man

– im Editor den Namen einer Komponente angeklickt hat, oder
– eine Komponente in der Tool-Palette oder auf dem Formular angeklickt hat.

Diese Möglichkeiten waren sehr hilfreich und werden nur in der Hoffnung erwähnt, dass sie in zukünftigen Versionen des C++Builders wieder verfügbar sind.

Aufgabe:

Zeigen Sie mit jeder der in diesem Abschnitt beschriebenen Vorgehensweisen die Online-Hilfe an zu

- der Eigenschaft *Caption* eines Formulars,
- der Eigenschaft *Cursor* in einem Label und einem Button.

2.2 Namen

Wenn man Komponenten aus der Tool-Palette auf ein Formular setzt, werden ihre Namen vom C++Builder der Reihe nach durchnummeriert: Das erste Edit-Fenster erhält den Namen *Edit1*, das zweite *Edit2* usw. Entsprechend auch für andere Komponententypen: Label erhalten die Namen *Label1*, *Label2* usw.

Über diese Namen können dann nicht nur die Komponenten als Ganzes, sondern auch ihre Eigenschaften und Methoden angesprochen werden:

1. In einer Funktion, die wie *Button1Click* zu einem Formular gehört, spricht man eine Methode oder Eigenschaft *x* einer Komponente *k* des Formulars mit *k->x* an.

   Beispiel: In der Funktion *Button1Click* ist *Edit1->Color* die Eigenschaft *Color* der Komponente *Edit1* dieses Formulars:

   ```
   void __fastcall TForm1::Button1Click(TObject
                                                 *Sender)
   {
   Edit1->Color=clGreen;
   }
   ```

   Die Höhe *Height* eines Labels *Label2* spricht man mit *Label2->Height* an.

2. In einer Funktion, die zu einem Formular *f* gehört, spricht man eine Methode oder Eigenschaft *x* des Formulars einfach mit *x* an oder mit *this->x* an.

   Beispiele: In der nächsten Funktion ist *Color* die Farbe des Formulars und nicht etwa die des Buttons. Durch den Aufruf der Methode *Close* wird das Formular geschlossen und nicht der Button.

   ```
   void __fastcall TForm1::Button1Click(TObject
                                                 *Sender)
   {
   Color=clGreen; // oder this->Color=clGreen
   Close();       // oder this->Close();
   }
   ```

Die Bedeutung von x und *this->x* ist hier gleich. Die Schreibweise *this->x* hat lediglich den Vorteil, dass die Programmierhilfe (Code Insight) nach dem Eintippen von „this->" die Elemente des Formulars auflistet.

3. In einer Funktion, die nicht zu einem Formular *f* gehört, spricht man die Eigenschaft oder Methode *x* einer Komponente *k* des Formulars *f* mit *f->k->x* an.

   Beispiel: Eine solche Funktion kann zu einem anderen Formular oder zu keinem Formular gehören. Die Breite *Width* des Labels *Label3* von *Form1* spricht man dann so an:

   ```
   void f()
   {
   Form1->Label3->Width=17;
   }
   ```

Die Anmerkungen nach „//" (siehe 2.) sind übrigens ein sogenannter **Kommentar** (siehe Abschnitt 3.16). Ein solcher Text zwischen „//" und dem Zeilenende wird vom Compiler nicht übersetzt und dient vor allem der Erläuterung des Quelltextes.

In diesem Zusammenhang stellt sich die Frage, welche Funktionen zu einem Formular gehören. Die Antwort ergibt sich einfach aus ihrer ersten Zeile: Enthält diese „TForm1::", gehört sie zum Formular *Form1*. Deshalb gehört in den letzten Beispielen die Funktion *Button1Click* zum Formular *Form1*, nicht jedoch die Funktion *f*.

Die vom C++Builder vergebenen Namen können allerdings leicht zu Unklarheiten führen: Steht in *Edit1* der Vorname und in *Edit2* der Nachname, oder war es gerade umgekehrt? Um solche Unklarheiten zu vermeiden, sollte man den Komponenten aussagekräftige Namen geben wie z.B. *Vorname* oder *Nachname*.

Eine solche **Namensänderung** muss **immer im Objektinspektor** durchgeführt werden, indem man den neuen Namen als Wert der Eigenschaft *Name* einträgt. Zulässig sind alle Namen, die mit einem Buchstaben „A..Z" oder einem Unterstrichzeichen „_" beginnen und von Buchstaben, Ziffern oder Unterstrichzeichen gefolgt werden. Groß- und Kleinbuchstaben werden dabei unterschieden, und Umlaute sind nicht zulässig.

Beispiele: Vorname   // zulässig
          123vier   // nicht zulässig, beginnt nicht mit einem Buchstaben
          Preis_in_$ // nicht zulässig wegen $
          Zähler   // nicht zulässig wegen Umlaut

Der C++Builder ersetzt den Namen dann in allen Dateien des Projekts (z.B. der Unit des Formulars) an all den Stellen, an denen er den Namen eingefügt hat.

– Falls man diese Dateien nicht kennt, sollte man eine solche Namensänderung nie direkt im Quelltext durchführen; die Folge sind nur mühsam zu behebende Programmfehler.

– An den Stellen, an denen der Name manuell eingefügt wurde, wird er aber nicht geändert. Hier muss er dann auch manuell geändert werden.

Aufgaben 2.2

1. Schreiben Sie ein Programm, das ein Fenster mit folgenden Elementen anzeigt:

Verwenden Sie dazu die Komponenten *Label*, *Edit* und *Button* aus dem Abschnitt *Standard* der Tool Palette.

2. Ersetzen Sie alle vom C++Builder vergebenen Namen durch aussagekräftige Namen. Da in diesem Beispiel sowohl ein Label als auch ein Edit-Fenster für den Vornamen, Nachnamen usw. verwendet wird, kann es sinnvoll sein, den Typ der Komponente im Namen zu berücksichtigen, z.B. *LVorname* und *LNachname* für die Label und *EVorname* und *ENachname* für die Edit-Fenster.

3. Als Reaktion auf ein Anklicken des Buttons *Eingabe löschen* soll jedes Eingabefeld mit der Methode *Clear* gelöscht werden. Für den Button *Daten speichern* soll keine weitere Reaktion vorgesehen werden. Beim Anklicken des Buttons *Programm beenden* soll das Formular durch den Aufruf der Methode *Close* geschlossen werden.

4. Alle Labels sollen in derselben Spaltenposition beginnen, ebenso die TextBoxen. Die Buttons sollen gleich groß sein und denselben Abstand haben.

2.3 Labels, Datentypen und Compiler-Fehlermeldungen

Der **Datentyp** einer Eigenschaft legt fest,

– welche Werte sie annehmen kann und
– welche Operationen mit ihr möglich sind.

In diesem Abschnitt werden einige der wichtigsten Datentypen am Beispiel einiger Eigenschaften eines Labels vorgestellt. Da sich viele dieser Eigenschaften und Datentypen auch bei anderen Komponenten finden, sind diese Ausführungen aber nicht auf Label beschränkt.

🔲 TLabel   Mit einem Label kann man Text auf einem Formular anzeigen. Der angezeigte Text ist der Wert der Eigenschaft *Caption*, die sowohl während der Entwurfszeit im Objektinspektor als auch während der Laufzeit gesetzt werden kann. Anders als bei der Edit-Komponente kann ein Programmbenutzer den auf einem Label angezeigten Text nicht ändern.

Eine Eigenschaft kann einen Text als Wert haben, wenn sie den Datentyp ***Ansi-String*** hat. Der Datentyp einer Eigenschaft steht in der Online-Hilfe vor dem Namen der Eigenschaft:

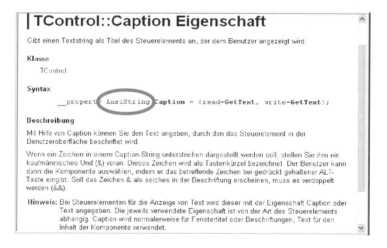

Da ein String beliebige Zeichen enthalten kann, muss er durch ein besonderes Zeichen begrenzt werden. Dieses Begrenzungszeichen ist in C++ das Anführungszeichen:

```
Label1->Caption="Anführungszeichen begrenzen einen String";
```

Der **Datentyp** *int* ist ein weiterer Datentyp, der häufig vorkommt. Er kann im C++Builder ganzzahlige Werte zwischen -2147483648 und 2147483647

($-2^{31}..2^{31}-1$) darstellen und wird z.B. bei den folgenden Eigenschaften für die **Position und Größe einer Komponente** verwendet:

Left   // Abstand zum linken Rand des Formulars in Pixeln
Top   // Abstand zum oberen Rand des Formular
Width // Breite der Komponente
Height// Höhe der Komponente

Alle diese Werte sind in Pixeln angegeben. **Pixel** (Picture Element) sind die Bildpunkte auf dem Bildschirm, aus denen sich das Bild zusammensetzt. Ihre Anzahl ergibt sich aus den Möglichkeiten der Grafikkarte und des Bildschirms und kann unter Windows eingestellt werden. Üblich sind die Auflösungen 1024×768 mit 1024 horizontalen und 768 vertikalen Bildpunkten, 1280×1024 oder 1600×1280.

Will man einer Eigenschaft des Datentyps *int* einen Wert zuweisen, gibt man ihn einfach nach dem Zuweisungsoperator „=" an. Man muss ihn nicht wie bei einem *AnsiString* durch Anführungszeichen begrenzen:

```
void __fastcall TForm1::Button1Click(TObject *Sender)
{
Label1->Left=10;
Label1->Top=20;
Label1->Width=30;
Label1->Height=40;
}
```

Vergessen Sie nicht, die einzelnen Anweisungen durch Semikolons abzuschließen. Der Compiler beschimpft Sie sonst mit der Fehlermeldung „In Anweisung fehlt ;".

Der Datentyp *int* ist ein **arithmetischer Datentyp**. Das heißt, dass man mit Ausdrücken dieses Datentyps auch rechnen kann. Die nächste Anweisung verringert die Breite von *Label1* um ein Pixel:

```
Label1->Width=Label1->Width-1;
```

Bei der Ausführung einer solchen Anweisung wird zuerst der Wert auf der rechten Seite des Zuweisungsoperators berechnet. Dieser Wert wird dann der linken Seite zugewiesen. Wenn also *Label1->Width* vor der ersten Ausführung den Wert 17 hatte, hat es danach den Wert 16, nach der zweiten Ausführung den Wert 15 usw. Führt man diese Anweisung beim Anklicken eines Buttons aus,

```
void __fastcall TForm1::Button1Click(TObject *Sender)
{
Label1->Width=Label1->Width-1;
}
```

wird das Label (und damit der angezeigte Text) mit jedem Anklicken des Buttons um ein Pixel schmaler. Damit dieser Effekt auch sichtbar wird, muss allerdings vorher die Eigenschaft *Color* auf einen Wert wie *clYellow* und *AutoSize* auf den

Wert *false* gesetzt werden. Falls Sie bisher nicht wussten wie breit ein Pixel ist, können Sie sich mit dieser Funktion eine Vorstellung davon verschaffen.

Neben den Datentypen *AnsiString* und *int* kommen **Aufzählungstypen** bei Eigenschaften von Komponenten häufig vor. Eine Eigenschaft mit einem solchen Datentyp kann einen Wert aus einer vordefinierten Liste annehmen, die im Objektinspektor nach dem Aufklappen des Pulldown-Menüs und in der Online-Hilfe nach **enum** angezeigt wird. Ein Beispiel ist die Eigenschaft *Align*, mit der man die Ausrichtung einer Komponente festlegen kann. Dieser Eigenschaft kann man Werte des Aufzählungstyps *TAlign* zuweisen:

Diese Werte können z.B. wie in der nächsten Funktion verwendet werden. Insbesondere müssen Werte eines Aufzählungstyps im Unterschied zu einem String nicht durch Anführungszeichen begrenzt werden.

```
void __fastcall TForm1::Button1Click(TObject *Sender)
{
Label1->Align=alClient;
}
```

Der Datentyp **bool** hat Ähnlichkeiten mit einem Aufzählungstyp. Er kann die beiden Werte *true* und *false* annehmen. Beispielsweise kann man mit der booleschen Eigenschaft *Visible* die Sichtbarkeit einer visuellen Komponente mit *false* aus- und mit *true* anschalten:

TControl::Visible Eigenschaft

Bestimmt, ob die Komponente auf dem Bildschirm angezeigt wird

Klasse

TControl

Syntax

[C++] __property bool **Visible** = {read=FVisible, write=FVisible};

Beschreibung

Mit der Eigenschaft Visible können Sie die Gültigkeit des Steuerelements zur Laufzeit steuern. Wenn Visible true ist, wird das Steuerelement angezeigt. Hat die Eigenschaft den Wert false, ist es nicht zu sehen. Durch den Aufruf der Methode Show wird Visible auf true, durch den Aufruf von Hide auf false gesetzt.

Beispiel: Beim Aufruf dieser Funktion wird das Label *Label1* unsichtbar:

```
void __fastcall TForm1::Button1Click(TObject
                                            *Sender)
{
Label1->Visible=false;
}
```

Bei allen Anweisungen muss man die Sprachregeln von C++ genau einhalten. So muss man z.B. als Begrenzungszeichen für einen String das Zeichen " (*Umschalt+2*) verwenden und nicht eines der ähnlich aussehenden Akzentzeichen ` oder ´ bzw. das Hochkomma ' (*Umschalt+#*). Jedes dieser Zeichen führt bei der Übersetzung des Programms zu einer **Fehlermeldung des Compilers** „Ungültiges char-Zeichen '"':

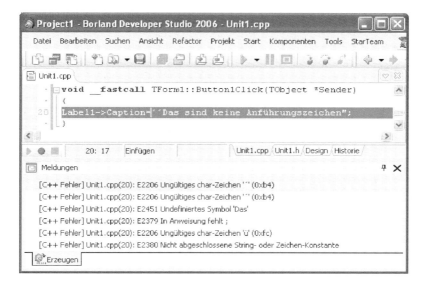

Eine solche Fehlermeldung bedeutet, dass der Compiler die rot unterlegte Anweisung nicht verstehen kann, weil sie die Sprachregeln von C++ nicht einhält. Wie dieses Beispiel zeigt, kann ein einziger Fehler eine Reihe von Folgefehlern

nach sich ziehen. Durch einen Doppelklick auf eine Fehlermeldung wird die Zeile angezeigt, die den Fehler verursacht hat.

Zu einer solchen Fehlermeldung kann man weitere Informationen erhalten, indem man sie im Fenster „Meldungen" anklickt und dann die Taste *F1* drückt:

Nach einer solchen Fehlermeldung des Compilers müssen Sie den Fehler im Quelltext beheben. Das kann vor allem für Anfänger eine mühselige Angelegenheit sein, insbesondere wenn die Fehlermeldung nicht so präzise auf den Fehler hinweist wie in diesem Beispiel. Da Fehler Folgefehler nach sich ziehen können, sollte man immer den Fehler zur ersten Fehlermeldung zuerst beheben.

Manchmal sind die **Fehlerdiagnosen** des Compilers sogar eher **irreführend** als hilfreich und schlagen eine falsche Therapie vor. Auch wenn Ihnen das kaum nützt: Betrachten Sie es als kleinen Trost, dass die Fehlermeldungen in anderen Programmiersprachen (z.B. in C) oft noch viel irreführender sind und schon so manchen Anfänger völlig zur Verzweiflung gebracht haben.

Aufgabe 2.3

Schreiben Sie ein Programm, das nach dem Start dieses Fenster anzeigt:

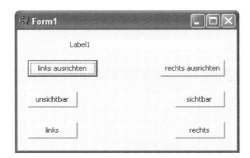

Für die folgenden Ereignisbehandlungsroutinen müssen Sie sich in der Online-Hilfe über einige Eigenschaften informieren, die bisher noch nicht vorgestellt wurden.

Beim Anklicken der Buttons mit der Aufschrift

— *ausrichten* soll der Text im Label mit Hilfe der Eigenschaft *Alignment* (siehe
   Online-Hilfe, nicht mit *Align* verwechseln) links bzw. rechts ausgerichtet
   werden.
   Damit das Label sichtbar ist, soll seine Farbe z.B. auf Gelb gesetzt werden.
   Damit die Größe des Labels nicht der Breite des Textes angepasst wird, soll
   Autosize (siehe Online-Hilfe) auf *false* gesetzt werden.
— *sichtbar/unsichtbar* soll das Label sichtbar bzw. unsichtbar gemacht werden,
— *links/rechts* soll das Label so verschoben werden, dass sein linker bzw. rechter
   Rand auf dem linken bzw. rechten Rand des Formulars liegt. Damit der rechte
   Rand des Labels genau auf den rechten Rand des Formulars gesetzt wird, ver-
   wenden Sie die Eigenschaft *ClientWidth* (siehe Online-Hilfe) eines Formulars.

2.4 Funktionen, Methoden und die Komponente *TEdit*

TEdit   Eine **Edit-Komponente** kann wie ein Label einen Text des Datentyps
AnsiString anzeigen. Der angezeigte Text ist der Wert der Eigenschaft *Text*, der
wie die Eigenschaft *Caption* bei einem Label im Objektinspektor oder im Programm gesetzt werden kann:

```
Edit1->Text="Hallo";
```

Im Unterschied zu einem Label kann ein Anwender in eine Edit-Komponente auch
während der Laufzeit des Programms Text eingeben. Die Eigenschaft *Text* enthält
immer den aktuell angezeigten Text und ändert sich mit jeder Eingabe des Anwen-
ders. Dieser Text kann in einem Programm verwendet werden, indem man die
Eigenschaft *Text* z.B. auf der rechten Seite einer Zuweisung einsetzt:

```
Label1->Caption = Edit1->Text;
```

Eine Edit-Komponente wird oft als **Eingabefeld** zur Dateneingabe verwendet. Sie
übernimmt in einem Windows-Programm oft Aufgaben, die in einem C++-
Konsolenprogramm von *cin>>* ... und *cout<<* ... und in einem C-Programm von
printf und *scanf* übernommen werden.

Die Edit-Komponente liefert eine Eingabe immer als *AnsiString*. Da man oft auch
Werte eines anderen Datentyps (z.B. Zahlen) einlesen oder ausgeben will, werden
jetzt einige der zahlreichen **Konvertierungsfunktionen** vorgestellt, mit denen
man einen *AnsiString* in einen anderen Datentyp umwandeln kann und umgekehrt.
In diesem Zusammenhang werden dann auch einige Unterschiede zwischen verschiedenen Arten von Funktionen (globale Funktionen und Methoden) gezeigt.

Für die Umwandlung von *int*-Werten stehen die beiden **globalen Funktionen**
StrToInt und *IntToStr* zur Verfügung, die in der Online-Hilfe etwa folgendermaßen
beschrieben werden:

*int **StrToInt**(AnsiString S);*

> Wenn der als Argument übergebenen String eine ganze Zahl darstellt, ist der Funktionswert diese Zahl als *int*-Wert. Stellt der String keine Zahl dar, erfolgt eine Fehlermeldung.

*AnsiString **IntToStr**(int Value);*

> Der Funktionswert ist ein String, der die als Argument übergebene Zahl darstellt.

Das Schema, nach dem hier die Funktionen *StrToInt* und *IntToStr* beschrieben sind, wird in C++ üblicherweise zur Beschreibung von Funktionen verwendet. Es wird auch als **Funktionsdeklaration**, Funktions-Prototyp, Funktions-Header oder einfach **Header** bezeichnet. Die einzelnen Elemente bedeuten:

-   Der Bezeichner vor den Klammern ist der **Name der Funktion** (hier *StrToInt* und *IntToStr*). Mit diesem Namen wird die Funktion aufgerufen.
-   Der Datentyp vor dem Namen der Funktion ist der **Datentyp des Funktionswertes** oder der **Rückgabetyp** (hier *int* bzw. *AnsiString*). Ein Funktionsaufruf ist ein Ausdruck dieses Datentyps. Wenn der Rückgabetyp *void* ist, kann dieser Funktionswert nicht in einem Ausdruck, z.B. auf der rechten Seite einer Zuweisung, verwendet werden. Die Funktion kann dann nur aufgerufen werden.
-   Der Teil zwischen den Klammern nach dem Funktionsnamen ist die **Parameterliste**. Beim Aufruf einer Funktion muss normalerweise für jeden Parameter ein Argument des Datentyps aus der Parameterliste eingesetzt werden. Falls die Parameterliste leer ist oder nur aus *void* besteht, darf beim Aufruf der Funktion kein Argument angegeben werden.
    Der Unterschied zwischen den Begriffen „**Parameter**" und „**Argument**" ist im C++-Standard folgendermaßen definiert: „Parameter" wird bei einer Funktionsdeklaration verwendet und „Argument" bei einem Funktionsaufruf.
-   Manche Funktionsbeschreibungen enthalten Angaben wie **__fastcall**, **extern** oder **virtual**. Diese Angaben haben keine Auswirkungen darauf, wie die Funktion aufgerufen werden kann und werden später erklärt.

Deshalb kann man die **Funktionen** *StrToInt* und *IntToStr* folgendermaßen **aufrufen**: Nach dem Namen der Funktion *StrToInt* wird in Klammern der umzuwandelnde String angegeben. Dieser Ausdruck hat den Datentyp *int*. Entsprechend wird nach dem Namen *IntToStr* in Klammern ein *int*-Ausdruck angegeben, der in einen String umgewandelt werden soll. Dieser Ausdruck hat den Datentyp *AnsiString*.

Beispiel: In einem Formular mit zwei Edit-Fenstern haben die beiden Ausdrücke

> *StrToInt(Edit1->Text)* und
> *StrToInt(Edit2->Text)*

den Datentyp *int*. Mit ihnen man im Unterschied zu den Strings *Edit1->Text* und *Edit2->Text* auch rechnen:

```
StrToInt(Edit1->Text) + StrToInt(Edit2->Text)
```

ist die Summe der Zahlen in den beiden Edit-Fenstern. Diese Summe kann man nun in einem weiteren Edit-Fenster *Edit3* ausgeben, wenn man sie in einen *AnsiString* umwandelt. Da man Funktionsaufrufe beliebig verschachteln kann, hat man mit

```
Edit3->Text=IntToStr(StrToInt(Edit1->Text) +
                     StrToInt(Edit2->Text));
```

bereits ein einfaches Programm zur Addition von Zahlen geschrieben, wenn man diese Anweisung beim Anklicken eines Buttons ausführt:

```
void __fastcall TForm1::Button1Click(TObject
                                           *Sender)
{
Edit3->Text=IntToStr(StrToInt(Edit1->Text) +
StrToInt(Edit2->Text));
}
```

Eine Funktion, die zu einer Komponente gehört, wird auch als **Methode** bezeichnet. Sie wird aufgerufen, indem man ihren Namen nach dem Namen der Komponente und dem Pfeiloperator -> angibt. Darauf folgen in runden Klammern die Argumente.

Beispiel: Die Methode *Clear* der Komponente *TEdit*

> *virtual void* **Clear**(); // aus der Online-Hilfe zu *TEdit*

wurde schon in Abschnitt 2.1 vorgestellt. Sie wird über eine Komponente der Klasse *TEdit* (z.B. *Edit1*) aufgerufen:

```
Edit1->Clear();
```

Da die Parameterliste in ihrer Deklaration leer ist, wird sie ohne Argumente aufgerufen.

Wenn eine Funktion **Parameter** hat, muss bei ihrem Aufruf normalerweise für jeden Parameter ein Argument übergeben werden. Der Datentyp des Arguments ist im einfachsten Fall der des Parameters.

Beispiel: Mit der für viele Komponenten definierten Methode

> *virtual void* **SetBounds**(*int ALeft, int ATop, int AWidth,int AHeight*);

kann man die Eigenschaften *Left*, *Top*, *Width* und *Height* der Komponente mit einer einzigen Anweisung setzen. Die Größe und Position eines Edit-Fensters *Edit1* kann deshalb so gesetzt werden:

```
Edit1->SetBounds(0,0,100,20);
```

Manche Funktionen können mit unzulässigen Argumenten aufgerufen werden. So kann man z.B. die Funktion *StrToInt* mit einem String aufrufen, der wie in

```
StrToInt("Eins"); // das geht schief
```

nicht in eine Zahl umgewandelt werden kann. Dann erhält man die **Fehlermeldung:**

Eine solche Meldung enthält eine Beschreibung der Fehlerursache, hier „'Eins' ist kein gültiger Integerwert". Durch Anklicken des Buttons *Fortsetzen* kann man das Programm fortsetzen.

Aufgaben 2.4

1. Schreiben Sie ein einfaches Rechenprogramm, mit dem man zwei Ganzzahlen addieren kann. Durch Anklicken des *Löschen*-Buttons sollen sämtliche Eingabefelder gelöscht werden.

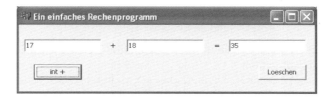

Offensichtlich produziert dieses Programm falsche Ergebnisse, wenn die Summe außerhalb des Bereichs $-2147483648 \,..\, 2147483647$ $(-2^{31}\,..\,2^{31}-1)$ liegt:

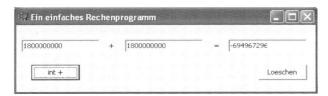

Die Ursache für diese Fehler werden wir später kennen lernen.

2. Ergänzen Sie das Programm aus Aufgabe 1 um einen Button, mit dem auch Zahlen mit Nachkommastellen wie z.B. 3,1415 addiert werden können. Verwenden Sie dazu die Funktionen

    long double **StrToFloat***(AnsiString S);*
    AnsiString **FloatToStr***(long double Value);*
    // weitere Informationen dazu in der Online-Hilfe

    Der Datentyp *long double* ist einer der Datentypen, die in C++ Zahlen mit Nachkommastellen darstellen können. Solche Datentypen haben einen wesentlich größeren Wertebereich als der Ganzzahldatentyp *int*. Deshalb treten Bereichsüberschreitungen nicht so schnell auf.

3. Ergänzen Sie das Programm aus Aufgabe 2 um Buttons für die Grundrechenarten +, –, * und /. Die Aufschrift auf den Buttons soll im Objektinspektor über die Eigenschaft **Font** auf 14 Punkt und fett (Font|Style *fsBold*) gesetzt werden. Die jeweils gewählte Rechenart soll in einem Label zwischen den beiden Operanden angezeigt werden:

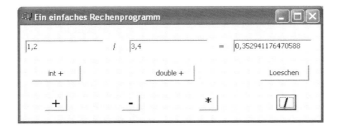

4. Geben Sie im laufenden Programm im ersten Eingabefeld einen Wert ein, der nicht in eine Zahl umgewandelt werden kann, und setzen Sie das Programm anschließend fort.

2.5 Memos, ListBoxen, ComboBoxen und die Klasse *TStrings*

Eine wichtige Kategorie von Datentypen sind **Klassen**. Im Unterschied zu elementaren Datentypen wie *int* können Klassen Eigenschaften, Daten, Methoden und

Ereignisse enthalten. Klassen sind die Grundlage der sogenannten **objektorien-tierten Programmierung**. Dabei werden Programme aus Bausteinen (Klassen) zusammengesetzt, die wiederum Elemente eines Klassentyps enthalten können.

Wir haben Klassen bisher schon als Datentypen der Komponenten der Tool-Palette kennen gelernt: Alle Komponenten der Tool-Palette haben einen Datentyp, der eine Klasse ist. Die Bibliotheken des C++Builders enthalten zahlreiche weitere Klassen, die oft als Eigenschaften dieser Komponenten verwendet werden. Im Folgenden wird vor allem gezeigt,

– wie man Elemente von Eigenschaften eines Klassentyps anspricht, und
– dass Klassen oft viele Gemeinsamkeiten mit anderen Klassen haben.

TMemo   In einem **Memo** kann man wie in einer Edit-Komponente Text aus- und eingeben. Im Unterschied zu einer Edit-Komponente kann ein Memo aber nicht nur einzeilige, sondern auch mehrzeilige Texte enthalten. Der im Memo angezeigte Text ist der Wert seiner Eigenschaft *Text*:

```
Memo1->Text="Dieser Text ist breiter als das Memo";
```

Dieser Text wird dann in Abhängigkeit von der Größe des Memos und der Schrift-art (über die Eigenschaft *Font*) in Zeilen aufgeteilt. Die einzelnen Zeilen können über die Eigenschaft *Lines->Strings*[0] (die erste Zeile), *Lines->Strings*[1] usw. angesprochen werden:

```
Edit1->Text = Memo1->Lines->Strings[0];
```

Die Eigenschaft **Lines** hat den Datentyp **TStrings***:

   __property TStrings* **Lines** ...;

Der Datentyp *TStrings* ist eine **Klasse**, die unter anderem die folgenden Elemente enthält:

   *virtual int **Add**(AnsiString S); // fügt das Argument für S am Ende ein*
   *virtual void **Insert**(int Index, AnsiString S); // fügt das Argument für S an der*
                                                   Position *index* ein

Ein Element einer Eigenschaft eines Klassentyps wird wie das Element einer Kom-ponente angesprochen: Nach dem Namen der Eigenschaft (z.B. *Memo1->Lines*) gibt man den Pfeiloperator „–>" und den Namen des Elements (z.B. der Methode *Add*) an.

Beispiel: Ein Aufruf von *Add* fügt das Argument am Ende des Memos als neue Zeile ein:

```
Memo1->Lines->Add("Neue Zeile am Ende von Memo1");
```

Ein Aufruf von *Insert* mit dem Argument 0 für *Index* fügt eine Zeile am Anfang des Memos ein:

```
Memo1->Lines->Insert(0,"Neue Zeile vorne");
```

Memos und die Methode *Add* werden oft zur Anzeige der Ergebnisse eines Programms verwendet.

Die Eigenschaft *Count* von *Lines* enthält die Anzahl der Zeilen des Memos:

　__property int **Count***;*

Mit der zu *TStrings* gehörenden Methode

　virtual void **LoadFromFile***(AnsiString FileName);*

kann man einen Text, der als Datei vorliegt, in ein Memo einlesen. Diese Datei sollte keine Steuerzeichen enthalten (wie z.B. *.doc-Dokumente, die mit Microsoft Word erzeugt wurden) und darf maximal 32 KB groß sein. Der Text eines Memos kann mit

　virtual void **SaveToFile***(AnsiString FileName);*

als Datei gespeichert werden.

Beispiel:　Bei Strings, die das Zeichen „\" enthalten, ist zu beachten, dass dieses Zeichen in C++ eine besondere Bedeutung hat (Escape-Sequenz). Deswegen muss es immer doppelt angegeben werden, wenn es wie bei einem Pfadnamen in einem String enthalten sein soll:

```
void __fastcall TForm1::Button1Click(
                            TObject *Sender)
{
Memo1->Lines->LoadFromFile("c:\\config.sys");
}
```

Da man ein Memo wie einen Editor verwenden und den Text verändern kann, sollte man den Namen „c:\config.sys" nicht als *FileName* beim Speichern verwenden. Nach einer Veränderung dieser Datei könnte sonst der nächste Start Ihres Rechners mit einer unangenehmen Überraschung verbunden sein.

Die Strings in eine Eigenschaft des Typs *TStrings* können nicht zur Laufzeit mit Funktionen wie *Add* eingegeben werden, sondern auch zur Entwurfszeit nach einem Doppelklick auf die Eigenschaft im Objektinspektor. Dann öffnet sich der **String-Listen-Editor**, mit dem man die Zeilen einfach eintragen kann. Damit kann man auch den Standardtext „Memo1" aus einem Memo entfernen.

▦ **TListBox**   Eine **ListBox** zeigt wie ein Memo Textzeilen an. Diese können
                 aber im Unterschied zu einem Memo vom Anwender nicht verän-
dert werden. ListBoxen werden vor allem dazu verwendet, eine Liste von Optionen
anzuzeigen, aus denen der Anwender eine auswählen kann.

Die angezeigten Zeilen sind die Zeilen der Eigenschaft *Items*, die ebenfalls den
Datentyp *TStrings* hat. Deshalb hat die Eigenschaft *Items* einer ListBox dieselben
Elemente (Eigenschaften, Methoden und Ereignisse) wie die Eigenschaft *Lines*
eines Memos.

Beispiel: Die Beispiele mit *Memo1->Lines* lassen sich auf eine ListBox *ListBox1*
            übertragen, indem man *Memo1->Lines* durch *ListBox1->Items* ersetzt.

▭ **TComboBox**   Eine **ComboBox** besteht im Wesentlichen aus einer ListBox und
                  einem Eingabefeld. Die ListBox wird nach dem Anklicken des
rechten Dreiecks aufgeklappt. Aus ihr kann ein Eintrag ausgewählt werden, der
dann in das Eingabefeld übernommen wird und da editiert werden kann.

Die Zeilen der ComboBox sind wie bei einer ListBox der Wert der Eigenschaft
Items vom Typ *TStrings*. Der Text im Eingabefeld der ComboBox wird durch die
Eigenschaft *Text* des Datentyps *AnsiString* dargestellt.

Beispiel: Den Text *ComboBox1->Text* im Eingabefeld der ComboBox kann man
            wie die Eigenschaft *Text* einer Edit-Komponente verwenden, und die
            TStrings-Eigenschaft *ComboBox1->Items* wie die einer ListBox:

Da sich die mit einer Eigenschaft zulässigen Operationen allein aus ihrem **Datentyp** ergeben, kann man zwei verschiedene Eigenschaften desselben Datentyps auf
dieselbe Art verwenden. Ist dieser Datentyp eine Klasse, haben beide Eigenschaften dieselben Elemente (Eigenschaften, Methode und Ereignisse), die
ebenfalls auf dieselbe Art verwendet werden können. Wenn eine Eigenschaft, die
Sie noch nicht kennen, denselben Datentyp hat wie eine Ihnen schon bekannte
Eigenschaft, können Sie die neue Eigenschaft genauso verwenden wie die bereits
bekannte, ohne dass Sie irgendwelche Besonderheiten lernen müssen.

Beispiel: Wenn Sie die Klasse *TStrings* aus der Arbeit mit der Eigenschaft *Lines*
            der Memo-Komponente kennen, können Sie mit einer Eigenschaft
            dieses Typs in jeder anderen Komponente genauso arbeiten. Wenn Sie
            also z.B. in der Online-Hilfe sehen, dass die Eigenschaft *Text* einer
            TSendMail-Komponente den Datentyp *TStrings* hat, können Sie mit
            dieser Komponente genauso arbeiten.

            Das gilt nicht nur für die Operationen mit einer Komponente im Pro-
            gramm, sondern auch für die Operationen im Objekt Inspektor: Nach
            dem Anklicken einer Eigenschaft des Typs *TStrings* im Objekt Inspek-
            tor wird der String-Listen-Editor geöffnet.

Oft stellt eine Klasse Gemeinsamkeiten verschiedener Klassen dar. Dann enthält sie die gemeinsamen Elemente der spezielleren Klassen. In der objektorientierten Programmierung werden solche Gemeinsamkeiten durch **Vererbung** zum Ausdruck gebracht. Vererbung bedeutet, dass eine abgeleitete Klasse (die Klasse, die erbt) alle Elemente einer Basisklasse übernimmt. Die Online-Hilfe zeigt die Vererbungshierarchie für jede Klasse im Abschnitt „Hierarchie" an.

Beispiel: Die Klasse *TComboBox* erbt von der Klasse *TCustomComboBox*, diese wiederum von *TCustomCombo* usw.:

Die Klasse *TComboBox* enthält deshalb alle Elemente von *TCustom-ListControl*. Da eine *TListBox* ebenfalls von *TCustomListControl* erbt, kann man die gemeinsamen Elemente einer ListBox und einer Combo-Box auf dieselbe Art verwenden.

TCustomListControl erbt wiederum von *TControl*. Diese Klasse enthält die gemeinsamen Eigenschaften, Methoden und Ereignisse aller Steuer-elemente (Controls). Dazu gehören z.B. Eigenschaften wie *Visible*, die schon in Abschnitt 2.3 vorgestellt wurde.

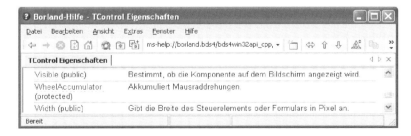

Deshalb gilt alles, was für die Eigenschaft *Visible* in Abschnitt 2.3 gesagt wurde, auch für die Eigenschaft *Visible* jeder anderen Klasse, die diese Eigenschaft von der Klasse *TControl* erbt.

Die Klasse **TObject** ist die Basisklasse aller Komponenten.

Eine abgeleitete Klasse enthält meist noch zusätzliche Elemente, die die Unterschiede zur Basisklasse ausmachen. Einige zusätzliche Elemente einer **ListBox**, die nicht in der Basisklasse *TWinControl* enthalten sind:

> Falls ein Benutzer einen Eintrag ausgewählt hat, steht der Index dieses Eintrags unter der *int*-Eigenschaft *ItemIndex* zur Verfügung (0 für den ersten Eintrag). Falls kein Eintrag ausgewählt wurde, hat *ItemIndex* den Wert -1. Der ausgewählte Eintrag ist deshalb

```
ListBox1->Items->Strings[ListBox1->ItemIndex]
```

> Ob ein Eintrag ausgewählt wurde, kann man auch mit der booleschen Eigenschaft **Selected** prüfen.

> Setzt man die boolesche Eigenschaft **Sorted** auf *true*, werden die Einträge alphanumerisch sortiert angezeigt.

Dieser Abschnitt sollte insbesondere auch zeigen, dass die zahlreichen Komponenten doch nicht so unüberschaubar viele verschiedene Eigenschaften und Methoden haben, wie man das auf den ersten Blick vielleicht befürchtet. In der **objektorientierten Programmierung** werden Programme aus Bausteinen (Klassen) zusammengesetzt. Mit einer geschickt konstruierten Klassenbibliothek kann man aus relativ wenigen Klassen Programme für eine Vielzahl von Anwendungen entwickeln. Die Wiederverwendung der Klassen erleichtert den Überblick und den Umgang mit den Komponenten beträchtlich.

Anmerkungen für Delphi-Programmierer: In Delphi kann man die einzelnen Zeilen eines Memos auch ohne die *TStrings*-Eigenschaft ansprechen:

```
Edit1.Text := Memo1.Lines[0]; // Delphi
Edit1->Text = Memo1->Lines->Strings[0]; // C++Builder
```

Aufgabe 2.5

Schreiben Sie ein Programm mit einem Memo, einer ListBox, einer ComboBox, einem Edit-Fenster, zwei Buttons und zwei Labels:

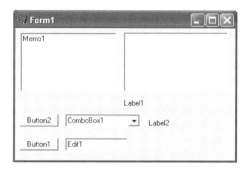

a) Beim Anklicken von *Button1* soll der aktuelle Text des Edit-Fensters als neue Zeile zu jeder der drei *TStrings*-Listen hinzugefügt werden.

b) Wenn ein *ListBox*-Eintrag angeklickt wird, soll er auf Label1 angezeigt werden.

c) Beim Anklicken von *Button2* soll der in der ComboBox ausgewählte Text auf dem *Label2* angezeigt werden.

2.6 Buttons und Ereignisse

OK TButton   Ein Button ermöglicht einem Anwender, die Ausführung von Anweisungen zu starten. Durch einen einfachen Mausklick auf den Button werden die für das Ereignis *OnClick* definierten Anweisungen ausgeführt.

Buttons werden oft in **Dialogfenstern** (wie z.B. *Datei|Öffnen* oder *Datei|Speichern unter*) verwendet, über die ein Programm Informationen mit einem Benutzer austauscht. Solche Fenster enthalten meist einen „Abbrechen"-Button, mit dem das Fensters ohne weitere Aktionen geschlossen werden kann, und einen „OK"-Button, mit dem die Eingaben bestätigt und weitere Anweisungen ausgelöst werden.

Ein Button kann auf die folgenden Ereignisse reagieren:

Ereignis	Ereignis tritt ein
OnClick	wenn der Anwender die Komponente mit der Maus anklickt (d.h. die linke Maustaste drückt und wieder loslässt), oder wenn der Button den Fokus hat (siehe Abschnitt 2.6.2) und die Leertaste, *Return*- oder *Enter*-Taste gedrückt wird.
OnMouseDown *OnMouseUp*	wenn eine Maustaste gedrückt bzw. wieder losgelassen wird, während der Mauszeiger über der Komponente ist.
OnMouseMove	wenn der Mauszeiger über die Komponente bewegt wird.
OnKeyPress	wenn eine Taste auf der Tastatur gedrückt wird, während die Komponente den Fokus hat.

Ereignis	Ereignis tritt ein
	Dieses Ereignis tritt im Unterschied zu den nächsten beiden nicht ein, wenn eine Taste gedrückt wird, die keinem ASCII-Zeichen entspricht, wie z.B. eine Funktionstaste (F1 usw.), die Strg-Taste, die Umschalttaste (für Großschreibung) usw.
OnKeyUp *OnKeyDown*	wenn eine beliebige Taste auf der Tastatur gedrückt wird, während die Komponente den Fokus hat. Diese Ereignisse treten auch dann ein, wenn man die Alt-, AltGr-, Shift-, Strg- oder Funktionstasten allein oder zusammen mit anderen Tasten drückt.
OnEnter	wenn die Komponente den Fokus erhält.
OnExit	wenn die Komponente den Fokus verliert.
OnStartDrag *OnDragOver* *OnDragDrop*	wenn der Anwender – damit beginnt, das Objekt zu ziehen, – über die Komponente zieht, – ein gezogenes Objekt abgelegt

Diese Ereignisse werden von der Klasse *TWinControl* geerbt. Da diese Klasse eine gemeinsame Basisklasse zahlreicher Steuerelemente ist, stehen sie nicht nur für einen Button, sondern auch für zahlreiche andere Komponenten zur Verfügung.

2.6.1 Parameter der Ereignisbehandlungsroutinen

Die Ereignisse, die für die auf dem Formular ausgewählte Komponente eintreten können, werden im Objektinspektor nach dem Anklicken des **Registers Ereignisse** angezeigt.

Mit einem Doppelklick auf die rechte Spalte eines Ereignisses erzeugt der C++Builder die Funktion (Ereignisbehandlungsroutine, engl. „event handler"), die bei diesem Ereignis aufgerufen wird. Sie wird dann im **Quelltexteditor** angezeigt, wobei der Cursor am Anfang der Funktion steht.

Für das Ereignis *OnKeyPress* von *Button1* erhält man diese Ereignisbehandlungsroutine:

```
void __fastcall TForm1::Button1KeyPress(TObject *Sender,
                                        char &Key)
{
}
```

An eine Ereignisbehandlungsroutine werden über die **Parameter** (zwischen den runden Klammern) Daten übergeben, die in Zusammenhang mit dem Ereignis zur Verfügung stehen. Vor jedem Parameter steht sein Datentyp.

Beispiel: In der Funktion *Button1KeyPress* hat der Parameter *Sender* (den wir allerdings vorläufig nicht verwenden) den Datentyp *TObject** und der Parameter *Key* den Datentyp *char*.

Der Parameter *Key* von *Button1KeyPress* enthält das Zeichen der Taste, die auf der Tastatur gedrückt wurde und so das Ereignis *OnKeyPress* ausgelöst hat. Dieses Zeichen kann in der Funktion unter dem Namen *Key* verwendet werden:

```
void __fastcall TForm1::Button1KeyPress(
                        TObject *Sender, char &Key)
{ // gibt das Zeichen Key in Edit1->Text aus
Edit1->Text=Key;
}
```

Bei den Ereignissen **OnKeyDown** und **OnKeyUp** werden die Werte der Zeichen im Parameter *Key* als sogenannte virtuelle Tastencodes übergeben. Ihre Bedeutung findet man in der Online-Hilfe des C++Builders unter dem Stichwort „virtual-key codes" (beim C++Builder 6 unter „virtuelle Tastencodes").

Um Anweisungen beim **Erzeugen** eines Formulars auszuführen, hat man in der Version 1 des C++Builders die *OnCreate* Ereignisbehandlungsroutine verwendet. Für neuere Versionen empfiehlt die Online-Hilfe, stattdessen den Konstruktor des Formulars zu verwenden. Diese Funktion findet man am Anfang einer Unit. Setzt man hier irgendwelche Eigenschaften, hat das im Wesentlichen denselben Effekt wie wenn man sie im Objektinspektor setzt.

```
__fastcall TForm1::TForm1(TComponent* Owner)
    : TForm(Owner)
{
Edit1->Color=clRed;
}
```

Beim **Schließen** eines Formulars (sowohl nach dem Aufruf der Methode *Close* als auch nach dem Anklicken des Schließen-Buttons ⊠) wird die Ereignis **OnClose** ausgelöst, in dessen Ereignisbehandlungsroutine man z.B. fragen kann, ob man Änderungen speichern will. Um das Schließen des Formulars abzubrechen, setzt man den zweiten Parameter *Action* in der Ereignisbehandlungsroutine auf *caNone*.

2.6.2 Der Fokus und die Tabulatorreihenfolge

Ereignisse, die durch die Maus ausgelöst werden (z.B. *OnClick* oder *OnMouse-Move*), werden immer dem Steuerelement zugeordnet, über dem sich der Mauszeiger gerade befindet. Bei Tastaturereignissen (wie z.B. *OnKeyPress*) ist diese Zuordnung nicht möglich. Sie werden dem Steuerelement zugeordnet, das gerade den **Fokus** hat. Ein Steuerelement erhält z.B. durch Anklicken oder durch wiederholtes Drücken der Tab-Taste den Fokus. In jedem Formular hat immer nur ein Steuerelement den Fokus. Es wird auch als das gerade **aktive** Steuerelement bezeichnet. Ein Button, der den Fokus hat, wird durch einen schwarzen Rand optisch hervorgehoben.

Wurde während der Laufzeit eines Programms noch kein Steuerelement als aktives Steuerelement ausgewählt, hat das erste in der **Tabulatorreihenfolge** den Fokus. Die Tabulatorreihenfolge ist die Reihenfolge, in der die einzelnen Steuerelemente durch Drücken der Tab-Taste den Fokus erhalten. Falls diese Reihenfolge nicht explizit (zum Beispiel über die Eigenschaft *TabOrder* bzw. über das Kontextmenü) gesetzt wurde, entspricht sie der Reihenfolge, in der die Steuerelemente während der Entwurfszeit auf das Formular gesetzt wurden.

Von der Aktivierung über die Tab-Taste sind die Steuerelemente ausgenommen,

– die deaktiviert sind (die Eigenschaft *Enabled* hat den Wert *false*),
– die nicht sichtbar sind (die Eigenschaft *Visible* hat den Wert *false*),
– bei denen die Eigenschaft *TabStop* den Wert *false* hat.

2.6.3 BitButtons und einige weitere Eigenschaften von Buttons

TBitBtn Falls man einen mit einem Bild verzierten Button möchte, muss man einen **BitBtn** (Bitmap-Button, aus der Kategorie „Zusätzlich" der Tool-Palette) verwenden. Er unterscheidet sich von einem Button im Wesentlichen nur durch die zusätzliche Grafik und kann wie ein gewöhnlicher Button verwendet werden. Über die Eigenschaft *Kind* kann einige gebräuchliche Kombinationen von Grafik/Text-Kombinationen auswählen wie

Weitere Bitmaps können während der Entwurfszeit durch einen Doppelklick auf die rechte Spalte der Eigenschaft *Glyph* im Objektinspektor ausgewählt werden oder während der Laufzeit des Programms mit der Methode *LoadFromFile*:

```
void __fastcall TForm1::Button1Click(TObject *Sender)
{
BitBtn1->Glyph->LoadFromFile("C:\\Programme\\Gemeinsame
Dateien\\Borland Shared\\Images\\Buttons\\alarm.bmp");
}
```

Das Verzeichnis „C:\Programme\Gemeinsame Dateien\Borland Shared\Images\-Buttons" enthält zahlreiche Bitmaps, die oft für Buttons verwendet werden.

Bei manchen Formularen soll das Drücken der ESC-Taste bzw. der *Return*- oder *Enter*-Taste denselben Effekt wie das Anklicken eines Abbrechen-Buttons oder OK-Buttons haben (wie z.B. bei einem Datei-Öffnen Dialog). Das erreicht man über die Eigenschaften *Default* und *Cancel* eines Buttons:

–   Wenn **Default** den Wert *true* hat, tritt bei diesem Button das Ereignis *OnClick*
    auf, wenn die *Return-* oder *Enter*-Taste gedrückt wird, auch ohne dass der
    Button den Fokus hat. Ein solcher Button wird auch als **Accept-Button**
    bezeichnet.
–   Wenn **Cancel** den Wert *true* hat, tritt bei diesem Button das Ereignis *OnClick*
    auf, wenn die *ESC-Taste* gedrückt wird. Ein solcher Button wird auch als
    Cancel-Button bezeichnet.

Aufgabe 2.6

Schreiben Sie ein Programm, das etwa folgendermaßen aussieht:

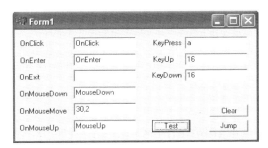

a) Wenn für den „Test"-Button eines der Ereignisse *OnClick*, *OnEnter* usw.
    eintritt, soll ein Text in das zugehörige Edit-Fenster geschrieben werden. Für
    die Ereignisse, für die hier keine weiteren Anforderungen gestellt werden,
    reicht ein einfacher Text, der das Ereignis identifiziert (z.B. „OnClick").

    Bei den Key-Ereignissen soll der Wert des Parameters *Key* angezeigt werden.
    Beachten Sie dabei, dass dieser Parameter bei der Funktion

```
void __fastcall TForm1::Button1KeyPress(TObject *Sender,
                                        char &Key)
```

    den Datentyp *char* hat und der Eigenschaft *Text* des Edit-Fensters direkt zuge-
    wiesen werden kann, während er bei den Funktionen *KeyDown* und *KeyUp* den
    Datentyp *WORD* hat:

```
void __fastcall TForm1::Button1KeyDown(TObject *Sender,
                 WORD &Key, TShiftState Shift)
```

    Dieser Datentyp kann mit *IntToStr* in einen String umgewandelt und dann der
    Eigenschaft *Text* des Edit-Fensters zugewiesen werden.

    Beim Ereignis *MouseMove* sollen die Mauskoordinaten angezeigt werden, die
    als Parameter X und Y übergeben werden. Diese können mit *IntToStr* in einen
    String umgewandelt und mit + zu einem String zusammengefügt werden. Als
    Trennzeichen soll dazwischen noch mit + ein String "," eingefügt werden.

b) Mit dem Button *Clear* sollen alle Anzeigen gelöscht werden können.

c) Beobachten Sie, welche Ereignisse eintreten, wenn der Test-Button
   - angeklickt wird
   - den Fokus hat und eine Taste auf der Tastatur gedrückt wird
   - den Fokus hat und eine Funktionstaste (z.B. F1, Strg, Alt) gedrückt wird
   - mit der Tab-Taste den Fokus bekommt.

d) Die Tabulatorreihenfolge der Edit-Fenster soll ihrer Reihenfolge auf dem Formular entsprechen (zuerst links von oben nach unten, dann rechts).

e) Der Text der Titelzeile „Events" des Formulars soll im Konstruktor des Formulars zugewiesen werden.

f) Der „Jump"-Button soll immer an eine andere Position springen (z.B. an die gegenüberliegende Seite des Formulars), wenn er vom Mauszeiger berührt wird. Dazu ist keine *if*-Anweisung notwendig. Falls er angeklickt wird, soll seine Aufschrift auf „getroffen" geändert werden.

2.7 CheckBoxen, RadioButtons und einfache *if*-Anweisungen

X TCheckBox   Eine **CheckBox** besteht im Wesentlichen aus einer Aufschrift (Eigenschaft *Caption*) und einem Markierungsfeld, dessen Markierung ein Anwender durch einen Mausklick oder mit der Leertaste (wenn sie den Fokus hat) setzen oder aufheben kann. Ihre boolesche Eigenschaft *Checked* ist *true*, wenn sie markiert ist, und sonst *false*. Falls sich auf einem Formular oder in einem Container (siehe Abschnitt 2.8) mehrere CheckBoxen befinden, können diese unabhängig voneinander markiert werden.

● TRadioButton   Ein **RadioButton** hat viele Gemeinsamkeiten mit einer Check-Box. Er besitzt ebenfalls eine Aufschrift (Eigenschaft *Caption*) und ein Markierungsfeld (Eigenschaft *Checked*), das mit der Maus markiert werden kann. Der entscheidende Unterschied zu CheckBoxen zeigt sich, sobald ein Formular oder ein Container mehr als einen RadioButton enthält: Wie bei den Sender-Stationstasten eines Radios kann immer nur einer der RadioButtons markiert sein. Markiert man einen anderen, wird bei dem bisher markierten die Markierung aufgehoben. Befindet sich nur ein einziger RadioButton auf einem Formular, kann dessen Markierung nicht zurückgenommen werden.

Beispiel: CheckBoxen und RadioButtons unter *Tools|Optionen|Tool-Palette*:

CheckBoxen und RadioButtons werden vor allem dazu verwendet, einem Anwender Optionen zur Auswahl anzubieten. Falls **mehrere** Optionen **gleichzeitig**
ausgewählt werden können, verwendet man eine CheckBox. RadioButtons verwendet man dagegen bei Optionen, die sich **gegenseitig ausschließen**. Ein einziger
RadioButton auf einem Formular macht im Unterschied zu einer einzigen
CheckBox wenig Sinn.

Sie werden außerdem zur Anzeige von Daten mit zwei Werten (z.B. „schreib-
geschützt ja/nein") verwendet. Falls die Daten nur angezeigt werden sollen, ohne
veränderbar zu sein, setzt man die boolesche Eigenschaft *Enabled* auf *false*. Der
zugehörige Text wird dann grau dargestellt.

Die Auswahl der Optionen soll meist den Programmablauf steuern. Falls eine Option markiert ist, sollen z.B. beim Anklicken eines Buttons bestimmte Anweisungen ausgeführt werden, und andernfalls andere. Anders als bei einem Button werden beim Anklicken einer CheckBox meist keine Anweisungen ausgeführt, obwohl
das mit entsprechenden Anweisungen beim Ereignis *OnClick* auch durchaus
möglich ist.

Zur Steuerung des Programmablaufs steht die *if*-**Anweisung** zur Verfügung. Bei
ihr gibt man nach *if* in runden Klammern einen booleschen Ausdruck an:

```
if (RadioButton1->Checked) Label1->Caption="Glückwunsch";
else Label1->Caption = "Pech gehabt";
```

Bei der Ausführung dieser *if*-Anweisung wird zuerst geprüft, ob *RadioButton1->*
Checked den Wert *true* hat. Trifft dies zu, wird die folgende Anweisung ausgeführt
und andernfalls die auf *else* folgende. Bei einer *if*-Anweisung ohne *else*-Zweig
wird nichts gemacht, wenn die Bedingung nicht erfüllt ist.

Falls mehrere Anweisungen in Abhängigkeit von einer Bedingung ausgeführt werden sollen, fasst man diese mit geschweiften Klammern { } zusammen. Prüfungen
auf Gleichheit erfolgen mit dem Operator „==" (der nicht mit dem Zuweisungsoperator „=" verwechselt werden darf) und liefern ebenfalls einen booleschen
Wert:

```
if (Edit1->Text == "xyz")
  {
    Label1->Caption="Na so was! ";
    Label2->Caption="Sie haben das Passwort erraten. ";
  }
```

Aufgabe 2.7

Schreiben Sie ein Programm mit drei CheckBoxen, zwei RadioButtons und zwei gewöhnlichen Buttons:

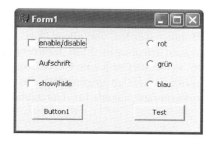

Beim Anklicken des Buttons *Test* sollen in Abhängigkeit von den Markierungen der CheckBoxen und der RadioButtons folgende Aktionen stattfinden:

a) Die Markierung der CheckBox *enable/disable* soll entscheiden, ob bei der zweiten CheckBox, dem ersten RadioButton sowie bei *Button1* die Eigenschaft *Enabled* auf *true* oder *false* gesetzt wird.

b) Die Markierung der CheckBox *Aufschrift* soll entscheiden, welchen von zwei beliebigen Texten *Button1* als Aufschrift erhält.

c) Die Markierung der CheckBox *show/hide* soll entscheiden, ob *Button1* angezeigt wird oder nicht.

d) Die Markierung der RadioButtons soll die Hintergrundfarbe der ersten Check-Box festlegen.

e) Beim Anklicken des ersten RadioButtons soll die Hintergrundfarbe der ersten CheckBox auf rot gesetzt werden.

2.8 Die Container GroupBox, Panel und PageControl

TGroupBox   Mit einer **GroupBox** kann man Komponenten auf einem Formular durch einen Rahmen und eine Überschrift (Eigenschaft *Caption*) optisch zu einer Gruppe zusammenfassen. Eine solche Zusammenfassung von Komponenten, die inhaltlich zusammengehören, ermöglicht vor allem die **übersichtliche Gestaltung** von Formularen.

Beispiel: GroupBoxen unter *Suchen|Suchen*:

Die Zugehörigkeit einer Komponente zu einer GroupBox erreicht man am einfachsten, indem man zuerst die GroupBox auf das Formular und dann die Komponente direkt aus der Tool-Palette auf die GroupBox setzt. Dann wird die Komponente automatisch der GroupBox zugeordnet.

Um eine Komponente, die sich bereits auf dem Formular befindet, nachträglich einer GroupBox zuzuordnen, reicht es nicht aus, sie mit der Maus in die GroupBox zu verschieben. Stattdessen muss man eine der folgenden beiden Vorgehensweisen verwenden:

a) Indem man die Komponente in der Struktur-Anzeige (*Ansicht|Struktur*) auf eine GroupBox zieht.

Die Struktur-Anzeige zeigt die Komponenten eines Formulars in ihrer hierarchischen Ordnung an. Hier kann man auch verdeckte Elemente für den Objektinspektor auswählen, verschieben usw.

b) Die unter a) beschriebene Vorgehensweise steht erst seit der Version 6 des C++Builders zur Verfügung. In älteren Versionen muss man die Komponenten zuerst markieren, indem man auf dem Formular einen Punkt anklickt und dann bei gedrückter linker Maustaste ein Rechteck um sie zieht. Dann kann man die so markierten Komponenten mit *Bearbeiten|Kopieren* (bzw. *Ausschneiden, Strg+X*) und *Bearbeiten|Einfügen (Strg+V)* in die GroupBox kopieren.

TPanel Ähnlich wie mit einer GroupBox kann man auch mit einem **Panel** Komponenten gruppieren. Im Unterschied zu einer GroupBox verfügt ein Panel über keine Beschriftung. Stattdessen hat es die Eigenschaften *BevelInner* und *BevelOuter*, mit denen ein innerer und äußerer Randbereich so gestaltet werden kann, dass ein dreidimensionaler Eindruck entsteht, oder dass es überhaupt keinen Rand hat. Diese können die folgenden Werte annehmen:

bvNone   // kein Effekt der Schräge
bvLowered   // der Rand wirkt abgesenkt
bvRaised   // der Rand wirkt erhöht

Die Voreinstellungen für ein Panel sind *bvNone* für *BevelInner* und *bvRaised* für *BevelOuter*, so dass das Panel leicht erhöht wirkt. Setzt man beide auf *bvNone*, ist kein Rand erkennbar. So können Komponenten in einer Gruppe zusammengefasst (und damit gemeinsam verschoben) werden, auch ohne dass die Gruppe als solche erkennbar ist.

TRadioGroup   Eine **RadioGroup** ist eine GroupBox, die RadioButtons enthalten kann. Sie besitzt die Eigenschaft *Items* des schon bei Memos und ListBoxen vorgestellten Typs *TStrings*: Jedem String von *Items* entspricht ein RadioButton der RadioGroup mit der Aufschrift des Strings. Diese Strings können nach einem Doppelklick auf die Eigenschaft *Items* im Objektinspektor einfach eintragen werden.

TPageControl   Ein **PageControl** (Tool-Palette Kategorie „Win32") stellt Registerkarten dar, die auch als Seiten bezeichnet werden. Die einzelnen Register sind Komponenten des Datentyps ***TTabSheet***, dessen Eigenschaft *Caption* die Aufschrift auf der Registerlasche ist. Solche Seiten können beliebige Steuerelemente enthalten.

Beispiel: Windows verwendet ein PageControl für die Systemeigenschaften:

Ein PageControl soll oft das gesamte Formular ausfüllen. Das erreicht man, indem man die Eigenschaft *Align* auf *alClient* setzt. Neue Seiten fügt man während der Entwurfszeit über die Option *Neue Seite* im Kontextmenü hinzu.

Komponenten, die andere Komponenten enthalten können, nennt man auch **Container-Komponenten**. Von den bisher vorgestellten Komponenten sind Formulare, GroupBox, Panel und RadioGroup solche Container-Komponenten. Die Zugehörigkeit zu einer Container-Komponenten wirkt sich nicht nur optisch aus:

–   **Verschiebt** man eine Container-Komponente, werden alle ihre Komponenten mit verschoben (d.h. ihre Position innerhalb des Containers bleibt unverändert). Das kann die Gestaltung von Formularen zur Entwurfszeit erleichtern.

– Bei RadioButtons wirkt sich die gegenseitige Deaktivierung nur auf die RadioButtons in derselben Container-Komponente aus. Das Anklicken eines RadioButtons in einer GroupBox wirkt sich nicht auf die RadioButtons in einer anderen Gruppe aus. So können mehrere Gruppen von sich **gegenseitig ausschließenden Auswahloptionen** auf einem Formular untergebracht werden.
– Die Eigenschaften für die **Position** einer Komponente (*Left* und *Top*) beziehen sich immer auf den Container, in dem sie enthalten sind.
– Die Eigenschaften *Enabled* und *Visible* des Containers wirken sich auf diese Eigenschaften der Elemente aus.

Aufgabe 2.8

Ein Formular soll ein PageControl mit drei Registerkarten enthalten, das das ganze Formular ausfüllt. Die Registerkarten sollen den einzelnen Teilaufgaben dieser Aufgabe entsprechen und die Aufschriften „a)“, „b)“ und „c)“ haben.

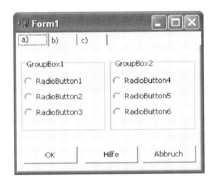

a) Die Seite „a)“ soll zwei Gruppen von sich gegenseitig ausschließenden Optionen enthalten.
   Die Buttons *OK*, *Hilfe* und *Abbruch* zu einer Gruppe zusammengefasst werden, die optisch nicht erkennbar ist.
   Reaktionen auf das Anklicken der Buttons brauchen nicht definiert werden.
b) Die Seite „b)“ soll nur einen Button enthalten.
c) Die Seite „c)“ soll leer sein.
d) Verwenden Sie die Struktur-Anzeige, um einen Button von Seite „b)“ auf Seite „c)“ zu verschieben.

2.9 Hauptmenüs und Kontextmenüs

Unter Windows werden einem Anwender die verfügbaren Befehle und Optionen oft in Form von Menüs angeboten. Ein **Menü** wird nach dem Anklicken eines Eintrags in der **Menüleiste** (unterhalb der Titelzeile des Programms, typische Einträge „Datei", „Bearbeiten" usw.) aufgeklappt und enthält **Menüeinträge** wie z.B. „Neu", „Öffnen" usw. Gut gestaltete Menüs sind übersichtlich gegliedert und ermöglichen dem Anwender, eine gewünschte Funktion schnell zu finden.

2.9.1 Hauptmenüs und der Menüdesigner

TMainMenu Die Komponente **MainMenu** (Tool-Palette Kategorie „Standard") stellt ein Hauptmenü zur Verfügung, das unter der Titelzeile des Formulars angezeigt wird.

Ein *MainMenu* wird wie jede andere Komponente ausgewählt, d.h. zuerst in der Tool-Palette angeklickt und dann durch einen Klick auf das Formular gesetzt. Dabei ist die Position im Formular ohne Bedeutung: Zur Laufzeit wird das Menü immer unterhalb der Titelzeile des Formulars angezeigt.

Durch einen Doppelklick auf das Menü im Formular wird dann der **Menüdesigner** aufgerufen, mit dem man das Menü gestalten kann. Dazu trägt man in die blauen Felder die Menüeinträge so ein, wie man sie im laufenden Programm haben möchte. Mit den Pfeiltasten oder der Maus kann man die Menüeinträge anwählen.

Während man diese Einträge macht, kann man im Objektinspektor sehen, dass jeder Menüeintrag den Datentyp T*MenuItem* hat. Der im Menü angezeigte Text ist der Wert der Eigenschaft *Caption*.

Die folgenden Optionen werden in vielen Menüs verwendet:

-   Durch das Zeichen & („kaufmännisches Und", *Umschalt-6*) vor einem Buchstaben der *Caption* wird dieser Buchstabe zu einer **Zugriffstaste**. Er wird dann im Menü unterstrichen angezeigt. Die entsprechende Option kann dann zur Laufzeit durch Drücken der *Alt*-Taste mit diesem Buchstaben aktiviert werden.
-   Über die Eigenschaft **ShortCut** kann man im Objektinspektor Tastenkürzel definieren, die eine Menüoption auch ohne die *Alt*-Taste aktivieren.
-   Die *Caption* „-" wird im Menü als **Trennlinie** dargestellt.
-   **Verschachtelte Untermenüs** erhält man über das Kontextmenü des Menüdesigners (mit der rechten Maustaste einen Menüeintrag anklicken) mit der Option *Untermenü erstellen* bzw. über *Strg+Rechtspfeil*.

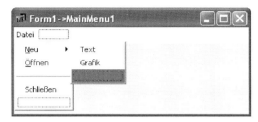

Durch einen Doppelklick auf einen Menüeintrag im Menüdesigner (bzw. auf das Ereignis *OnClick* der Menüoption im Objektinspektor) erzeugt der C++Builder die Ereignisbehandlungsroutine für das Ereignis *OnClick* dieses Menüeintrags. Diese Funktion wird zur Laufzeit beim Anklicken dieses Eintrags aufgerufen:

```
void __fastcall TForm1::ffnen1Click(TObject *Sender)
{

}
```

Während der Name einer Ereignisbehandlungsroutine bei allen bisherigen Komponenten aus ihrem Namen abgeleitet wurde (z.B. *Button1Click*), wird er bei einer Menüoption aus dem Wert der Eigenschaft *Caption* erzeugt. Da die *Caption* kein zulässiger C++-Name sein muss, werden unzulässige Zeichen (Umlaute, Leerzeichen usw.) entfernt. Deshalb fehlt im Namen „ffnen1Click" das „Ö".

Zwischen die geschweiften Klammern schreibt man dann die Anweisungen, die beim Anklicken des Menüeintrags ausgeführt werden sollen. Das sind oft Aufrufe von Standarddialogen, die im nächsten Abschnitt vorgestellt werden.

2.9.2 Kontextmenüs

Ein Kontextmenü ist ein Menü, das einem Steuerelement zugeordnet ist und angezeigt wird, wenn man das Steuerelement mit der rechten Maustaste anklickt. Kontextmenüs werden auch als „lokale Menüs" bezeichnet.

TPopupMenu Kontextmenüs werden über die Komponente **PopupMenu** zur Verfügung stellt. Ein PopupMenu wird wie ein MainMenu auf ein Formular gesetzt und mit dem Menüdesigner gestaltet.

Die Zuordnung eines Kontextmenüs zu der Komponente, bei der es angezeigt werden soll, erfolgt über die Eigenschaft *PopupMenu* der Komponente. Jede Komponente, der ein Kontextmenü zugeordnet werden kann, hat diese Eigenschaft. Die Zuordnung kann im Objektinspektor erfolgen: Im Pulldown-Menü der Eigenschaft *PopupMenu* kann man alle bisher auf das Formular gesetzten Kontextmenüs auswählen. In der Abbildung rechts wird also dem Formular *Form1* das Kontextmenü *PopupMenu1* zugeordnet.

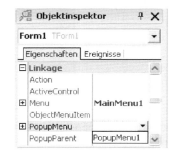

Die Eigenschaft *PopupMenu* kann nicht nur während der Entwurfszeit im Objektinspektor, sondern auch während der Laufzeit des Programms zugewiesen werden:

```
if (CheckBox1->Checked) Form1->PopupMenu = PopupMenu1;
else Form1->PopupMenu = PopupMenu2;
```

Kontextmenüs bieten oft dieselben Funktionen wie Hauptmenüs an. Dann muss die entsprechende Ereignisbehandlungsroutine kein zweites Mal geschrieben werden, sondern kann im Objektinspektor ausgewählt werden (siehe Abbildung rechts).

2.9.3 Die Verwaltung von Bildern mit ImageList Θ

Mit einer **ImageList** können Menüeinträgen Grafiken zugeordnet werden, die dann links von den Menüeinträgen angezeigt werden.

TImageList Eine **ImageList** (Tool-Palette Kategorie „Win32") verwendet man zur Speicherung von Bildern, die von anderen Komponenten (MainMenu, PopupMenu, ToolBar, ListView, TreeView usw.) angezeigt werden. Sie ist zur Laufzeit nicht sichtbar.

Nachdem man eine ImageList auf ein Formular gesetzt hat, wird durch einen Doppelklick auf ihr Symbol der Editor für die Bilderliste aufgerufen:

Mit dem Button „Hinzufügen" kann man Bilder in die ImageList laden. Zahlreiche unter Windows gebräuchliche Bilder findet man im Verzeichnis „C:\Programme\Gemeinsame Dateien\Borland Shared\Images\Buttons".

Die Zuordnung der ImageList zu einem Menü erfolgt dann über die Eigenschaft *Images* des Menüs (am einfachsten im Pulldown-Menü auswählen). Den einzelnen Menüeinträgen werden dann die Bilder aus der Bilderliste über die Eigenschaft *ImageIndex* (die Nummer des Bildes) zugeordnet. Diese können ebenfalls im Objektinspektor über ein Pulldown-Menü ausgewählt werden.

2.9.4 Menüvorlagen speichern und laden Θ

Im Kontextmenü des Menüdesigners kann man mit der Option „Als Template speichern" ein Menü als Vorlage speichern und anderen Programmen zur Verfügung stellen. Der C++Builder verwendet dazu die Datei *bds.dmt* im *bin*-Verzeichnis.

2.10 Standarddialoge

Die Kategorie *Dialoge* der Tool-Palette enthält Komponenten für die **Standarddialoge** unter Windows: („common dialog boxes").

Diese Dialoge werden von Windows zur Verfügung gestellt, damit häufig wieder-
kehrende Aufgaben wie die Eingabe eines Dateinamens in verschiedenen Anwendungen auf dieselbe Art erfolgen können.

Beispiel: Durch einen *OpenDialog* erhält man das üblicherweise zum Öffnen von
           Dateien verwendete Dialogfenster:

Ein OpenDialog wird im Unterschied zu vielen anderen Steuerelementen (z.B.
Buttons) nicht automatisch nach dem Start des Programms angezeigt, sondern erst
durch einen Aufruf seiner Methode *Execute*:

   *virtual bool **Execute**();*

Diese Funktion gibt *false* zurück, wenn der Dialog abgebrochen wurde (z.B. mit
dem „Abbrechen" Button oder der ESC-Taste). Nach einer Bestätigung (z.B. mit
dem Button „Öffnen" oder der ENTER-Taste) ist der Funktionswert dagegen *true*.
Dann stehen die Benutzereingaben als Werte von Eigenschaften zur Verfügung.
Der ausgewählte Dateiname ist der Wert der Eigenschaft *FileName*:

   *__property AnsiString **FileName**;*

Beispiel: Einen OpenDialog ruft man meist nach dem Anklicken der Menüoption
           Datei|Öffnen auf. Die Benutzereingaben werden nur nach einer
           Bestätigung des Dialogs verwendet:

```
void __fastcall TForm1::Oeffnen1Click(TObject
                                        *Sender)
{
if (OpenDialog1->Execute())
  { // der Dialog wurde bestätigt
    Memo1->Lines->
           LoadFromFile(OpenDialog1->FileName);
  }
}
```

Die Standarddialoge können vor ihrem Aufruf über zahlreiche Eigenschaften konfiguriert werden. Bei einem Open- und SaveDialog sind das unter anderem:

   *__property AnsiString **Filter**;* // Maske für Dateinamen
   *__property AnsiString **InitialDir**;* // Das beim Aufruf angezeigte Verzeichnis

Bei der Eigenschaft *Filter* gibt man keinen, einen oder mehrere Filter an. Jeder Filter besteht aus Text, der im Dialog nach „Dateityp" angezeigt wird, einem senkrechten Strich „|" (*Alt Gr* <) und einem oder mehreren Mustern für die Dateinamen (z.B. „*.txt"), die durch Semikolons „;"getrennt werden. Mehrere Filter können getrennt durch senkrechte Striche „|" angegeben werden. Diese können dann im Pull-down-Menü nach „Dateityp" ausgewählt werden.

Bei einem SaveDialog kann man mit der Eigenschaft

   __*property AnsiString* **DefaultExt**

eine Zeichenfolge (maximal drei Zeichen, ohne einen Punkt „.") festlegen, die automatisch an den Dateinamen angefügt wird.

Beispiel: Den OpenDialog vom Anfang dieses Abschnitts erhält man mit den folgenden Zuweisungen vor dem Aufruf von *Execute*:

```
OpenDialog1->InitialDir = "c:\\CBuilder";
OpenDialog1->Filter = "C++ Dateien|*.CPP;*.H";
```

Die Standarddialoge der Kategorie „Dialoge" der Tool-Palette:

OpenDialog	Zeigt Dateien aus einem Verzeichnis an und ermöglicht, eine auszuwählen oder einzugeben (Eigenschaft *FileName*), die geöffnet werden soll.
SaveDialog	Um den Namen auszuwählen oder einzugeben, unter dem eine Datei gespeichert werden soll. Viele Gemeinsamkeiten mit OpenDialog, z.B. die Eigenschaften *FileName*, *InitialDir*, *Filter* usw.
OpenPictureDialog *SavePictureDialog*	Wie ein Open- bzw. SaveDialog, mit einem Filter für die üblichen Grafikformate und einer Bildvorschau.
OpenTextFileDialog *SaveTextFileDialog*	Wie ein Open- bzw. SaveDialog, aber mit einer auswählbaren Textkodierung.
FontDialog	Zeigt die verfügbaren Schriftarten und ihre Attribute an und ermöglicht, eine auszuwählen. Will man die ausgewählte Schriftart (Eigenschaft *Font*) einem Steuerelement zuweisen, sollte man die Methode *Assign* verwenden. Beispiel: `Memo1->Font->Assign(FontDialog1->Font)`
ColorDialog	Zeigt die verfügbaren Farben an und ermöglicht, eine auszuwählen (Eigenschaft *Color*).
PrintDialog	Zur Auswahl eines Druckers, der Anzahl der Exemplare usw.
PrinterSetupDialog	Zur Einrichtung von Druckern.
FindDialog	Zum Suchen von Text.
ReplaceDialog	Zum Suchen und Ersetzen von Text.

Alle Standarddialoge werden wie ein OpenDialog durch den Aufruf der Methode

    *virtual bool **Execute**();*

angezeigt. Der Funktionswert ist *false*, wenn der Dialog abgebrochen wurde, und andernfalls *true*. Im letzteren Fall findet man die Benutzereingaben aus dem Dialogfenster in entsprechenden Eigenschaften der Dialogkomponente.

2.10.1 Einfache Meldungen mit *ShowMessage*

Die Funktion

    *void **ShowMessage**(AnsiString Msg);*

zeigt ein einfaches Fenster mit der als Argument übergebenen Meldung an (siehe auch Abschnitt 10.2.3).

Aufgabe 2.10

Schreiben Sie ein Programm mit einem Hauptmenü, das die unten aufgeführten Optionen enthält. Falls die geforderten Anweisungen bisher nicht vorgestellt wurden, informieren Sie sich in der Online-Hilfe darüber (z.B. *SelectAll*). Das Formular soll außerdem ein Memo enthalten, das den gesamten Client-Bereich des Formulars ausfüllt (Eigenschaft *Align=alClient*).

– *Datei\Öffnen*: Falls ein Dateiname ausgewählt wird, soll diese Datei mit der Methode *LoadFromFile* in das Memo eingelesen werden. In dem OpenDialog sollen nur die Dateien mit der Endung „.txt" angezeigt werden.
– *Datei\Speichern*: Falls ein Dateiname ausgewählt wird, soll der Text aus dem Memo mit der Methode *SaveToFile* von *Memo1->Lines* unter diesem Namen gespeichert werden. Diese Option soll außerdem mit dem ShortCut „Strg+S" verfügbar sein.
– Nach einem Trennstrich.
– *Datei\Schließen*: Beendet die Anwendung

– *Bearbeiten\Suchen*: Ein *FindDialog* ohne jede weitere Aktion.
– *Bearbeiten\Suchen und Ersetzen*: Ein *ReplaceDialog* ohne jede weitere Aktion.
– Nach einem Trennstrich:
– *Bearbeiten\Alles Markieren*: Ein Aufruf von *Memo1->SelectAll*.
– *Bearbeiten\Ausschneiden*: Ein Aufruf von *Memo1->CutToClipboard*.
– *Bearbeiten\Kopieren*: Ein Aufruf von *Memo1->CopyToClipboard*.

– *Drucken\Drucken*. Ein *PrintDialog* ohne weitere Aktion. Mit den bisher vorgestellten Sprachelementen ist es noch nicht möglich, den Inhalt des Memos auszudrucken.
– *Drucken\Drucker einrichten*: Ein *PrinterSetupDialog* ohne weitere Aktion.

Durch Drücken der rechten Maustaste im Memo soll ein Kontextmenü mit den Optionen *Farben* und *Schriftart* aufgerufen werden:

— Popup-Menü|*Farben*: Die ausgewählte Farbe (Eigenschaft *Color* des *Color-Dialogs*) soll der Eigenschaft *Brush->Color* des Memos zugewiesen werden.

— Popup-Menü|*Schriftart*: Die ausgewählte Schriftart (Eigenschaft *Font* des *FontDialogs*) soll der Eigenschaft *Font* des Memos zugewiesen werden.

3 Elementare Datentypen und Anweisungen

Nachdem in den letzten beiden Kapiteln gezeigt wurde, wie man mit der Entwicklungsumgebung des C++Builders arbeitet, beginnen wir in diesem Kapitel mit der Vorstellung der Sprachelemente von C++.

Zunächst werden die Syntaxregeln dargestellt, mit denen die Sprachelemente im C++-Standard (C++03) beschrieben werden. Darauf folgen elementare Konzepte wie Variablen, fundamentale Datentypen, Anweisungen, Zeiger, Konstanten usw. Programmieren ist allerdings mehr, als nur Anweisungen zu schreiben, die der Compiler ohne Fehlermeldung akzeptiert. Deswegen werden zusammen mit den Sprachelementen auch systematische Tests und Techniken zur Programmverifikation vorgestellt und mit Aufgaben geübt.

Die meisten dieser Konzepte und Datentypen findet man auch schon in der Programmiersprache C. Deshalb ist dieses Kapitel auch eine umfassende und detaillierte Einführung in C. Da aber nicht jeder Programmierer alle diese Details benötigt, sind zahlreiche Abschnitte (vor allem gegen Ende des Kapitels) in der Überschrift mit dem Zeichen Θ gekennzeichnet. Diese Abschnitte können bei einem ersten Einstieg ausgelassen werden.

3.1 Syntaxregeln

In diesem Abschnitt wird an einigen Beispielen gezeigt, wie die Sprachelemente im C++-Standard beschrieben werden. Diese Darstellung wird auch im Rest dieses Buches verwendet. Der C++Builder stellt die Syntax in der Online-Hilfe etwas anders dar als der C++-Standard.

Ein Sprachelement wird oft durch weitere Sprachelemente definiert, die dann nach einem Doppelpunkt in den folgenden Zeilen angegeben werden. Die Syntaxregel

translation-unit:
    declaration-seq *opt*

definiert eine Übersetzungseinheit („translation-unit") als eine Folge von Deklarationen („declaration-seq"). Wegen „opt" kann diese Folge auch leer sein.

Werden nach dem zu definierenden Begriff mehrere Zeilen angegeben, sind sie als Alternative zu verstehen.

> *declaration-seq:*
>   *declaration*
>   *declaration-seq declaration*

Aus der mittleren dieser drei Zeilen folgt deshalb, dass eine „declaration-seq" eine „declaration" sein kann. Wenn in einer dieser Zeilen der zu definierende Begriff verwendet wird, kann man für ihn eine Definition einsetzen, die sich aus dieser Syntaxregel ergibt. Verwendet man hier in der letzten Zeile, dass eine „declaration-seq" eine „declaration" sein kann, erhält man eine „declaration-seq" aus zwei Deklarationen. Diese Schritte kann man beliebig oft wiederholen (Rekursion). Deshalb besteht eine „declaration-seq" aus einer oder mehreren Deklarationen.

Ein Deklaration ist eine Blockdeklaration oder eine Funktionsdefinition usw:

> *declaration:*
>   *block-declaration*
>   *function-definition*
>   *template-declaration*
>   *explicit-instantiation*
>   *explicit-specialization*
>   *linkage-specification*
>   *namespace-definition*

Eine Blockdeklaration kann eine sogenannte „einfache Deklaration" sein:

> *block-declaration:*
>   *simple-declaration*
>   *asm-definition*
>   *namespace-alias-definition*
>   *using-declaration*
>   *using-directive*

> *simple-declaration:*
>   *decl-specifier-seq* opt *init-declarator-list* opt *;*

Offensichtlich können die Syntaxregeln recht verschachtelt sein. Will man herausfinden, wie man ein Sprachelement einsetzen kann, erfordert das oft eine ganze Reihe von Zwischenschritten. Die Suche ist erst dann beendet, wenn man ein sogenanntes **terminales Symbol** gefunden hat. Terminale Symbole sind in den Syntaxregeln in Schreibmaschinenschrift gedruckt und müssen im Programm genauso wie in der Syntaxregel verwendet werden.

Über einige weitere Zwischenschritte ergibt sich, dass eine *decl-specifier-seq* ein *simple-type-specifier* sein kann:

simple-type-specifier:
    `::`opt *nested-name-specifier* opt *type-name*
    `char`
    `wchar_t`
    `bool`
    `short`
    `int`
    `long`
    `signed`
    `unsigned`
    `float`
    `double`
    `void`

Deshalb kann eine Deklaration z.B. mit einem der Typnamen *int*, *short*, *char* usw. beginnen. Nach einigen Zwischenschritten kann man ebenso feststellen, dass eine „init-declarator-list" aus einem oder mehreren **Bezeichnern (identifier)** bestehen kann, die durch Kommas getrennt werden. Diese Syntaxregel gilt in C++ für alle Namen, die ein Programmierer für Variablen, Funktionen, Datentypen usw. wählt.

identifier:
    nondigit
    identifier nondigit
    identifier digit

nondigit : one of
    universal-character-name
    `_ a b c d e f g h i j k l m n o p q r s t u v w x y z`
    `A B C D E F G H I J K L M N O P Q R S T U V W X Y Z`

digit : one of
    `0 1 2 3 4 5 6 7 8 9`

Hier bedeutet „one of", dass die folgenden Symbole alternativ verwendet werden können. Die Konstruktion mit „one of" entspricht einer langen Liste von Alternativen, die aus Platzgründen in eine Zeile geschrieben wurden.

Ein Bezeichner muss deshalb mit einem Buchstaben des ASCII-Zeichensatzes, dem Unterstrichzeichen „_" oder einem *universal-character-name* (dazu gehören auch länderspezifische Buchstaben wie Umlaute, Buchstaben mit Akzent-Zeichen, arabische und asiatische Buchstaben usw.) beginnen und kann von weiteren solchen Zeichen sowie den Ziffern 0..9 gefolgt werden. Im C++Builder sind allerdings keine Zeichen der Kategorie *universal-character-name* zulässig. Diese Regel wurde schon in Abschnitt 2.2 vorgestellt.

Allerdings informieren die Syntaxregeln nur über die notwendigen Voraussetzungen dafür, dass der Compiler ein Programm übersetzen kann. Oft gibt es weitere Regeln, die nicht in den Syntaxregeln enthalten sind. Für Bezeichner sind das beispielsweise:

– Der C++Builder berücksichtigt bei einem *identifier* „nur" die ersten **250 Zeichen**. Namen, die sich erst ab dem 251. Zeichen unterscheiden, werden als identisch betrachtet. Dieser Wert kann unter *Projekt|Optionen|C++Compiler|-Quelle* reduziert, aber nicht erhöht werden.
– Innerhalb eines Blocks (siehe Abschnitt 3.17.2) müssen die Namen eindeutig sein.
– Groß- und Kleinbuchstaben werden in Bezeichnern unterschieden. Die beiden Bezeichner *summe* und *Summe* sind also nicht identisch.
– Bezeichner sollten nicht mit einem „_" beginnen. Solche Namen sind üblicherweise für Bibliotheken reserviert und können zu Namenskonflikten führen.
– Ein **Schlüsselwort** (das ist ein Wort, das für den Compiler eine feste Bedeutung hat) darf nicht als Bezeichner verwendet werden. Im C++-Standard sind die folgenden Schlüsselworte definiert:

```
asm          do            inline       short        typeid
auto         double        int          signed       typename
bool         dynamic_cast  long         sizeof       union
break        else          mutable      static       unsigned
case         enum          namespace    static_cast  using
catch        explicit      new          struct       virtual
char         extern        operator     switch       void
class        false         private      template     volatile
const        float         protected    this         wchar_t
const_cast   for           public       throw        while
continue     friend        register     true
default      goto          reinterpret_cast    try
delete       if            return       typedef
```

Aufgabe 3.1

Geben Sie drei Beispiele für Ziffernfolgen an, die nach den Syntaxregeln für ein *decimal-literal* gebildet werden können, sowie drei Beispiele, die diese Regeln nicht einhalten. Formulieren Sie diese Syntaxregel außerdem verbal.

decimal-literal:
    nonzero-digit
    decimal-literal digit

nonzero-digit: one of
    1 2 3 4 5 6 7 8 9

digit: one of
    0 1 2 3 4 5 6 7 8 9

3.2 Variablen und Bezeichner

Wie in jeder anderen Programmiersprache kann man auch in C++ Speicherplätze im **Hauptspeicher** zur Speicherung von Daten verwenden. Dieser Hauptspeicher wird auch als **RAM** (Random Access Memory) bezeichnet. Die meisten PCs besitzen heute 512 oder 1024 MB (Megabytes) Hauptspeicher, wobei 1 MB ca. 1 Million (genau: 2^{20}=1048576) Speicherzellen (Bytes) sind. Ein Byte ist die grundlegende Speichereinheit und umfasst 8 Bits, die zwei Werte (0 und 1) annehmen können. Deshalb kann ein Byte 256 (=2^8) verschiedene Werte darstellen. Die Bytes sind der Reihe nach durchnummeriert, und diese Nummer eines Bytes wird auch als seine **Adresse** bezeichnet.

Damit sich der Programmierer nun nicht für alle seine Daten die Adressen der jeweiligen Speicherplätze merken muss, bieten höhere Programmiersprachen die Möglichkeit, Speicherplätze unter einem Namen anzusprechen. Ein solcher Name für Speicherplätze wird als **Variable** bezeichnet, da sich die in diesen Speicherplätzen dargestellten Daten während der Laufzeit eines Programms ändern können. Die durch eine Variable dargestellten Daten werden als **Wert** der Variablen bezeichnet. Zu einer Variablen gehört außer ihrem Namen und Wert auch noch ihre **Adresse** und ihr **Datentyp**: Der Datentyp legt fest, wie viele Bytes die Variable ab ihrer Adresse im Hauptspeicher belegt, und wie das Bitmuster dieser Bytes interpretiert wird. Siehe dazu auch Bauer/Wössner (1982, Kap. 5).

Für jede in einem Programm verwendete Variable werden dann während der Kompilation des Programms die Adressen der Speicherplätze durch den Compiler berechnet. Der Programmierer braucht sich also nicht um diese Adressen zu kümmern, sondern kann sie unter dem Namen ansprechen, den er für die Variable gewählt hat.

Alle Variablen eines C++-Programms müssen vor ihrer Verwendung definiert werden. Eine solche **Definition** enthält den **Namen der Variablen**, ihren **Datentyp** und eventuell noch weitere Angaben. Durch den Datentyp wird festgelegt,

— wie viel **Speicherplatz** der Compiler für die Variable reservieren muss,
— welche **Werte** sie annehmen kann, und
— welche **Operationen** mit ihr möglich sind.

Eine Definition wird im einfachsten Fall durch die Syntaxregel für eine **einfache Deklaration** beschrieben, die schon im letzten Abschnitt vorgestellt wurde. Solche Deklarationen sind nach folgendem Schema aufgebaut:

```
T var1, var2, ...;
```

Hier steht T für einen Datentyp, wie z.B. den vordefinierten Datentyp *int*, mit dem man ganzzahlige Werte darstellen kann. Die Namen der Variablen sind *var1*, *var2* usw. und müssen alle verschieden sein.

Beispiel: Durch

```
int a,b,d;
```

werden drei Variablen *a*, *b* und *d* des Datentyps *int* definiert. Diese Definition mit mehreren durch Kommas getrennten Bezeichnern und einem Datentyp wie *int* ist gleichwertig mit einer Reihe von Variablendefinitionen, bei denen jeweils nur eine Variable definiert wird:

```
int a;
int b;
int d;
```

Variablen können **global** oder **lokal** definiert werden. Eine globale Variable erhält man durch eine Definition, die außerhalb einer Funktion erfolgt. Sie kann dann ab ihrer Definition in jeder Funktion verwendet werden, die keine lokale Variable mit demselben Namen definiert:

```
int i; // Definition der globalen Variablen i

__fastcall TForm1::TForm1(TComponent* Owner)
     : TForm(Owner)
{
i=0;
}

void __fastcall TForm1::Button1Click(TObject *Sender)
{
i++;
Edit1->Text=IntToStr(i);
};
```

Hier wird der Variablen i der Wert 0 zugewiesen, wenn das Formular nach dem Start des Programms durch seinen Konstruktor erzeugt wird. Der Wert von i wird bei jedem Anklicken von *Button1* um 1 erhöht und in *Edit1* angezeigt.

Da Programme mit globalen Variablen leicht unübersichtlich werden, sollte man globale Variable vermeiden. Das ist allerdings ohne die Sprachelemente der objektorientierten Programmierung (siehe Kapitel 6) nicht immer möglich. Deshalb werden sie bis zu diesem Kapitel trotzdem gelegentlich verwendet.

Definiert man eine Variable dagegen innerhalb einer Funktion, erhält man eine **lokale Variable**. Eine solche Variable kann nur in dieser Funktion verwendet werden. Falls man in verschiedenen Funktionen lokale Variablen mit demselben Namen definiert, sind das verschiedene Variablen.

```
void __fastcall TForm1::Button1Click(TObject *Sender)
{
int k;
};

void __fastcall TForm1::Button2Click(TObject *Sender)
{ // Die in Button1Click definierte Variable ist hier
  // nicht bekannt.
k=2; // Fehler: Undefiniertes Symbol 'k'
};
```

Eine lokale Variable kann denselben Namen haben wie eine globale. Das sind dann verschiedene Variablen.

Variablen können bei ihrer Definition initialisiert werden. Dazu gibt man nach dem Namen der Variablen ein Gleichheitszeichen und den Wert an, den sie bei der Definition erhalten soll:

```
int a=17, b=18, d=19;
```

Ohne eine explizite Initialisierung werden alle globalen Variablen eines fundamentalen Datentyps beim Start des Programms mit dem Wert 0 initialisiert. Lokale Variablen werden dagegen nicht initialisiert: Ihr Wert ergibt sich aus dem Bitmuster, das bei der Reservierung des Speicherplatzes zufällig an den entsprechenden Speicherzellen steht. Den Wert einer solchen lokalen Variablen bezeichnet man auch als **unbestimmt**.

```
int i;    // global, wird mit 0 initialisiert

void __fastcall TForm1::Button1Click(TObject *Sender)
{
int j; // lokal, der Wert von j ist unbestimmt.
int k=0;
Edit1->Text=IntToStr(i+j+k); // unbestimmtes Ergebnis
}
```

Nicht alle Programmiersprachen verlangen wie C++, dass eine Variable vor ihrer Verwendung ausdrücklich definiert wird. So ist dies in vielen Versionen der Programmiersprache BASIC nicht notwendig. Dort wird eine Variable einfach durch ihre Verwendung deklariert (implizite Deklaration). Im letzten Beispiel würde das heißen, dass man die Zeile

```
int i;
```

weglassen kann. Viele Anfänger betrachten es deshalb als **Schikane** von C++, dass eine solche Deklaration verlangt wird.

Die implizite Deklaration von BASIC birgt indessen ein großes Gefahrenpotenzial: Bei einem Schreibfehler kann der Compiler nicht feststellen, dass es sich um einen solchen handelt – die falsch geschriebene Variable ist für den Compiler eine neue Variable. Vor allem bei größeren Programmen kann die Suche nach solchen Fehlern sehr mühselig und zeitraubend sein.

Diese Vorschrift, alle Variablen vor ihrer Verwendung angeben zu müssen, bietet also einen gewissen **Schutz vor Schreibfehlern** beim Programmieren. Wenn der Compiler nicht definierte Bezeichner entdeckt (Fehler: „Undefiniertes Symbol"), kann das an einem Schreibfehler im Bezeichner liegen oder auch an einer fehlenden Definition.

Auch die schon im letzten Kapitel verwendeten Komponenten des C++Builders sowie deren Eigenschaften sind Variablen. Da sie vom C++Builder automatisch definiert werden, wenn man sie auf ein Formular setzt, konnten wir sie verwenden, ohne dass wir ihre Definition in das Programm schreiben mussten.

Anmerkung für Pascal-Programmierer: In Pascal werden Variablen in einem Variablenvereinbarungsteil definiert, der mit dem Schlüsselwort *var* beginnt.

Aufgabe 3.2

1. Begründen Sie für jede dieser Definitionen, ob sie zulässig ist oder nicht:

```
int Preis_in_$, x kleiner y, Zinssatz_in_%, x/y, this,
    Einwohner_von_Tübingen, àáãÃéÉêÊ;
```

2. Welche Werte werden beim Anklicken von *Button1* ausgegeben?

```
int i=0;
int j;

void __fastcall TForm1::Button1Click(TObject *Sender)
{
int k=1;
Memo1->Lines->Add(IntToStr(i));
Memo1->Lines->Add(IntToStr(j));
Memo1->Lines->Add(IntToStr(k));
int i;
Memo1->Lines->Add(IntToStr(i));
}
```

3.3 Ganzzahldatentypen

Variablen, deren Datentyp ein Ganzzahldatentyp ist, können ganzzahlige Werte darstellen. Je nach Datentyp können dies ausschließlich positive Werte oder positive und negative Werte sein. Der Bereich der darstellbaren Werte hängt dabei davon ab, wie viele Bytes der Compiler für eine Variable des Datentyps reserviert und wie er diese interpretiert.

In C++ gibt es die folgenden Ganzzahldatentypen:

Datentyp	Wertebereich im C++Builder	Datenformat
signed char *char* (Voreinstellung)	–128 .. 127	8 bit mit Vorzeichen
unsigned char	0 .. 255	8 bit ohne Vorzeichen
short int	–32768 .. 32767	16 bit mit Vorzeichen

Datentyp	Wertebereich im C++Builder	Datenformat
short *signed short* *signed short int*		
unsigned short int *unsigned short* **wchar_t**	0 .. 65535	16 bit ohne Vorzeichen
int *signed* *signed int* **long int** *long* *signed long* *signed long int*	–2,147,483,648.. 2,147,483,647	32 bit mit Vorzeichen
unsigned int *unsigned* **unsigned long int** *unsigned long*	0 .. 4,294,967,295	32 bit ohne Vorzeichen
long long (siehe Abschnitt 3.3.8)	–9223372036854775808 ..9223372036854775807	64 bit mit Vorzeichen
unsigned long long (siehe Abschnitt 3.3.8)	0 .. 18446744073709551615	64 bit ohne Vorzeichen
bool	*true, false*	

Wie diese Tabelle zeigt, gibt es für die meisten Datenformate verschiedene Namen. Ein fett gedruckter Name steht dabei für denselben Datentyp wie die darauf folgenden nicht fett gedruckten Namen. So sind z.B. *char*, *signed char* und *unsigned char* drei verschiedene Datentypen. Dagegen sind *signed* und *signed int* alternative Namen für den Datentyp *int*. Dass diese Namen unterschiedliche Datentypen sind, ist aber außer in Zusammenhang mit überladenen Funktionen kaum von Bedeutung.

Manche Bibliotheken (z.B. die Funktionen der Windows-API) verwenden oft eigene Namen für die Ganzzahldatentypen. So werden in „include\Windef.h" unter anderem die folgenden Synonyme für Ganzzahldatentypen definiert (für eine Beschreibung von *typedef* siehe Abschnitt 3.13):

```
typedef unsigned long    DWORD;
typedef int              BOOL;
typedef unsigned char    BYTE;
typedef unsigned short   WORD;
typedef int              INT;
typedef unsigned int     UINT;
```

Der C++-Standard legt explizit nicht fest, welchen **Wertebereich** ein bestimmter Ganzzahldatentyp darstellen können muss. Es wird lediglich verlangt, dass der Wertebereich eines Datentyps, der in der Liste

signed char, *signed short*, *int*, *long int*

rechts von einem anderen steht, nicht kleiner ist als der eines Datentyps links davon. Deswegen können verschiedene Compiler verschiedene Formate für den Datentyp *int* verwenden: Bei Compilern für 16-bit-Systeme werden häufig 16 Bits für den Datentyp *int* verwendet und bei Compilern für 32-bit-Systeme 32 Bits. Außerdem gilt:

– Wenn T für einen der Datentypen *char*, *int*, *short* oder *long* steht, dann belegen Variablen der Datentypen *T*, *signed T* und *unsigned T* dieselbe Anzahl von Bytes.
– Bei allen Datentypen außer *char* sind die Datentypen *T* und *signed T* gleich.
– *char*, *signed char* und *unsigned char* sind drei verschiedene Datentypen, die alle jeweils ein Byte belegen. Der Datentyp *char* hat entweder das Datenformat von *signed char* oder das von *unsigned char*. Welches der beiden Datenformate verwendet wird, kann bei verschiedenen Compilern verschieden sein. In Abschnitt 3.3.6 wird gezeigt, wie diese Voreinstellung geändert werden kann.

Die Datentypen *signed char*, *short int*, *int*, *long int* usw. werden unter dem Oberbegriff **Ganzzahldatentyp mit Vorzeichen** zusammengefasst. Ein **Ganzzahldatentyp ohne Vorzeichen** ist einer der Datentypen *unsigned char*, *unsigned short int*, *unsigned int*, *unsigned long* usw. Die Ganzzahldatentypen mit und ohne Vorzeichen sind zusammen mit den Datentypen *bool*, *char* und *wchar_t* die **Ganzzahldatentypen**.

Der Standard für die Programmiersprache C verlangt, dass die Wertebereiche in einer Datei dokumentiert werden, die man mit „#include <limits.h>" erhält". Da der C-Standard auch weitgehend in den C++-Standard übernommen wurde, gilt das auch für C++. Bei dem folgenden Auszug aus „include\limits.h" wurde das Layout etwas überarbeitet:

```
#define CHAR_BIT     8 // number of bits in a char
#define SCHAR_MIN   (-128) // minimum signed char value
#define SCHAR_MAX    127   // maximum signed char value
#define UCHAR_MAX    255   // maximum unsigned char value
#define SHRT_MIN (-32767-1)// minimum signed short value
#define SHRT_MAX   32767    // maximum signed short value
#define USHRT_MAX 65535U   // maximum unsigned short value
#define LONG_MIN (-2147483647L-1)//minimum signed long ..
#define LONG_MAX 2147483647L // maximum signed long value
#define ULONG_MAX 4294967295UL//maximum unsigned long ..
#define INT_MIN LONG_MIN   // minimum signed int value
#define INT_MAX LONG_MAX   // maximum signed int value
```

Beispiel: Die Konstanten aus dieser Datei können nach

```
#include <limits.h>
```

verwendet werden:

```
Memo1->Lines->Add("int: "+IntToStr(INT_MIN)+".."+
                                IntToStr(INT_MAX));
```

In Standard-C++ sind diese und weitere Grenzen außerdem im Klassen-Template *numeric_limits* definiert. Es steht zur Verfügung nach

```
#include <limits>
using namespace std;
```

Auch wenn bisher noch nichts über Klassen und Templates gesagt wurde, soll mit den folgenden Beispielen gezeigt werden, wie man auf die Informationen in diesen Klassen zugreifen kann:

```
int i1 = numeric_limits<int>::min(); //-2147483648
int i2 = numeric_limits<int>::max(); // 2147483647
```

Natürlich erhält man hier keine anderen Werte als mit den Konstanten aus „limits.h". Und die etwas längeren Namen wirken zusammen mit der für Anfänger vermutlich ungewohnten Syntax auf den ersten Blick vielleicht etwas abschreckend. Allerdings sind hier alle Namen nach einem durchgängigen Schema aufgebaut, im Unterschied zu den teilweise etwas kryptischen Abkürzungen in „limits.h". Die minimalen und maximalen Werte für den Datentyp *char* erhält man, indem man im letzten Beispiel einfach nur *int* durch *char* ersetzt:

```
int i3 = numeric_limits<char>::min(); //-128
int i4 = numeric_limits<char>::max(); // 127
```

Weitere Informationen zu dieser Klasse findet man in der Online-Hilfe.

3.3.1 Die interne Darstellung von Ganzzahlwerten

Die meisten Prozessoren verwenden für die interne Darstellung von Werten eines **Ganzzahldatentyps ohne Vorzeichen** das Binärsystem. Dabei entspricht jedem Wert im Wertebereich ein eindeutiges Bitmuster.

Beispiel: Das Bitmuster für Werte des Datentyps *unsigned char* (8 Bits):

Zahl z_{10}	Binärdarstellung mit 8 Bits
0	0000 0000
1	0000 0001
2	0000 0010
3	0000 0011
...	...
254	1111 1110
255	1111 1111

Zwischen den einzelnen Bits $b_7b_6b_5b_4b_3b_2b_1b_0$ und der durch sie im Dezimalsystem dargestellten Zahl z_{10} besteht dabei die folgende Beziehung:

$$z_{10} = b_7*2^7 + b_6*2^6 + b_5*2^5 + b_4*2^4 + b_3*2^3 + b_2*2^2 + b_1*2^1 + b_0*2^0$$

Beispiel: 25_{10} $= 0*2^7 + 0*2^6 + 0*2^5 + 1*2^4 + 1*2^3 + 0*2^2 + 0*2^1 + 1*2^0$
$= 00011001_2$

Hier ist die jeweilige Basis durch einen tiefer gestellten Index dargestellt: 25_{10} ist eine Zahl im Dezimalsystem, 00011001_2 eine im Binärsystem.

Bei der Darstellung einer Zahl z durch Ziffern $..z_3z_2z_1z_0$ im **Dezimalsystem** wird ebenfalls ein Stellenwertsystem verwendet, nur mit dem Unterschied, dass als Basis die Zahl 10 und nicht die Zahl 2 verwendet wird. Als Ziffern stehen die Zahlen 0 .. 9 zur Verfügung:

$$z = ... z_3*10^3 + z_2*10^2 + z_1*10^1 + z_0*10^0 \text{ // } z_i: 0 .. 9$$

Beispiel: $25_{10} = 2*10^1 + 5*10^0$

Offensichtlich kann eine ganze Zahl in einem beliebigen **Zahlensystem zur Basis B** mit B Ziffern 0 .. B–1 dargestellt werden:

$$z = ... z_3*B^3 + z_2*B^2 + z_1*B^1 + z_0*B^0 \text{ // } z_i: 0 .. B{-}1$$

Beispiel: $17_{10} = 1*3^2 + 2*3^1 + 2*3^0 = 122_3$
$17_{10} = 2*7^1 + 3*7^0 = 23_7$

Zur übersichtlicheren Darstellung von Binärzahlen wird oft das **Hexadezimalsystem** (zur Basis 16) verwendet. Die 16 Ziffern im Hexadezimalsystem werden mit 0, 1, ..., 9, A, B, C, D, E, F bezeichnet:

dezimal	dual	hexadezimal	dezimal	dual	hexadezimal
0	0000	0	8	1000	8
1	0001	1	9	1001	9
2	0010	2	10	1010	A
3	0011	3	11	1011	B
4	0100	4	12	1100	C
5	0101	5	13	1101	D
6	0110	6	14	1110	E
7	0111	7	15	1111	F

Im Hexadezimalsystem können die 8 Bits eines Bytes zu 2 hexadezimalen Ziffern zusammengefasst werden, indem man die vordere und hintere Gruppe von 4 Bits einzeln als Hexadezimalziffer darstellt:

Beispiel: $25_{10} = 0001\ 1001_2 = 19_{16}$

In C++ wird ein hexadezimaler Wert dadurch gekennzeichnet, dass man vor den hexadezimalen Ziffern die Zeichenfolge „0x" angibt:

```
int i=0x19; // gleichwertig mit i=25;
```

Bei **Datentypen mit Vorzeichen** werden mit n Bits die positiven Zahlen von 0 .. $2^{n-1}-1$ ebenfalls im Binärsystem dargestellt. Für negative Zahlen wird dagegen das sogenannte **Zweierkomplement** verwendet. Das Zweierkomplement beruht darauf, dass man zu einer Zahl, die im Speicher mit n Bits dargestellt wird, die Zahl $10...0_2$ aus n Nullen und einer führenden 1 addieren kann, ohne dass sich diese Addition auf das Ergebnis auswirkt, da die 1 wegen der begrenzten Bitbreite ignoriert wird. Stellt man so die negative Zahl

```
- 000110012
```

durch

```
(1000000002 - 000110012)
```

dar, wird die Addition der negativen Zahl (Subtraktion) auf eine Addition des Zweierkomplements zurückgeführt. Das Zweierkomplement erhält man direkt durch die Subtraktion:

```
1000000002
-000110012
 111001112
```

Einfacher erhält man es aus der Binärdarstellung, indem man jede 1 durch eine 0 und jede 0 durch eine 1 ersetzt (Einerkomplement) und zum Ergebnis 1 addiert.

```
Beispiel:    2510              =    000110012
             Einerkomplement:      11100110
             + 1.......      .             1
             Zweierkomplement:     11100111
```

Damit hat die Zahl –25 die Darstellung 11100111

Im Zweierkomplement zeigt also eine 1 im höchstwertigen Bit an, dass die Zahl negativ ist. Insbesondere wird die Zahl –1 im Zweierkomplement immer durch so viele Einsen dargestellt, wie Bits für die Darstellung der Zahl vorgesehen sind:

```
–1 mit 8 Bits:     1111 1111
–1 mit 16 Bits:    1111 1111 1111 1111
–1 mit 32 Bits:    1111 1111 1111 1111 1111 1111 1111 1111
```

Berechnet man von einer negativen Zahl, die im Zweierkomplement dargestellt ist, wieder das Zweierkomplement, erhält man die entsprechende positive Zahl.

Beispiel: 1. -25_{10} = 11100111_2
```
                Einerkomplement:        00011000
                + 1                             1
                Zweierkomplement:       00011001
```

Das ist gerade die Zahl 25 im Binärsystem.

2. Dem maximalen negativen Wert 100 .. 00_2 entspricht kein positiver Wert. Das Zweierkomplement ist wieder derselbe Wert.

Wegen dieser verschiedenen Darstellungsformate kann dasselbe Bitmuster zwei verschiedene Werte darstellen – je nachdem, welches Datenformat verwendet wird. Zum Beispiel stellt das Bitmuster 11100111 für einen 8-bit-Datentyp ohne Vorzeichen den Wert 231 dar, während es für einen 8-bit-Datentyp mit Vorzeichen den Wert –25 darstellt.

3.3.2 Ganzzahlliterale und ihr Datentyp

Eine Zeichenfolge, die einen Wert darstellt, bezeichnet man als **Konstante** oder als **Literal**. Beispielsweise ist die Zahl „20" in

```
    i = 20;
```

ein solches Literal. In C++ gibt es die folgenden Ganzzahlliterale:

> *integer-literal:*
>   *decimal-literal integer-suffix* opt
>   *octal-literal integer-suffix* opt
>   *hexadecimal-literal integer-suffix* opt

Die ersten Zeichen (von links) eines Literals entscheiden darüber, um welche Art von Literal es sich handelt:

– Eine Folge von Dezimalziffern, die mit einer von Null verschiedenen Ziffer beginnt, ist ein Dezimalliteral (zur Basis 10):

> *decimal-literal:*
>   *nonzero-digit*
>   *decimal-literal digit*
>
> *nonzero-digit:* one of
>   1 2 3 4 5 6 7 8 9
>
> *digit:* one of
>   0 1 2 3 4 5 6 7 8 9

– Eine Folge von Oktalziffern, die mit 0 (Null, nicht der Buchstabe „O") beginnt, ist ein Oktalliteral (Basis 8).

octal-literal:
    0
    octal-literal octal-digit

octal-digit: one of
    0 1 2 3 4 5 6 7

- Ein Folge von Hexadezimalziffern, die mit der Zeichenfolge „0x" oder „0X" (Null, nicht dem Buchstaben „O") beginnt, ist ein hexadezimales Literal:

hexadecimal-literal:
    0x *hexadecimal-digit*
    0X *hexadecimal-digit*
    hexadecimal-literal hexadecimal-digit

hexadecimal-digit: one of
    0 1 2 3 4 5 6 7 8 9
    a b c d e f
    A B C D E F

Beispiele: `int i=017; // dezimal 15`
            `int j=0xf; // dezimal 15`

Jedes **Literal** hat einen **Datentyp**. Dieser ergibt sich nach dem C++-Standard aus seinem Wert, seiner Form und einem optionalen Suffix. Ohne ein Suffix ist der Datentyp

- eines Dezimalliterals der erste der Datentypen *int* oder *long int*, der den Wert darstellen kann.
- eines Oktal- oder Hexadezimalliterals der erste der Datentypen *int*, *unsigned int*, *long int* oder *unsigned long int*, der den Wert darstellen kann.

Falls der Wert nicht in einem dieser Datentypen dargestellt werden kann, ist sein Datentyp nicht durch den C++-Standard definiert.

Der Datentyp eines Ganzzahlliterals kann durch ein **Suffix** beeinflusst werden:

integer-suffix:
    unsigned-suffix long-suffix opt
    long-suffix unsigned-suffix opt

unsigned-suffix: one of
    u U

long-suffix: one of
    l L

Durch das Suffix „u" oder „U" erhält das Literal den Datentyp *unsigned int* oder *unsigned long int* und durch „l" oder „L" den Datentyp *long int* oder *unsigned long int*. Werden diese beiden Suffixe kombiniert (ul, lu, uL, Lu, Ul, lU, UL, oder LU), hat das Literal immer den Datentyp *unsigned long int*.

Beispiel: Da im C++Builder der Wertebereich von *int* und *long int* gleich ist, haben Dezimalliterale mit Werten im Bereich *INT_MIN .. INT_MAX* den Datentyp *int*. Die Datentypen der folgenden Literale sind als Kommentar angegeben:

```
13    // Datentyp int, Wert 13 (dezimal)
013   // Datentyp int, Wert 11 (dezimal)
0x13  // Datentyp int, Wert 19 (dezimal)
17u   // Datentyp unsigned int, Wert 17 (dezimal)
0xflu // Datentyp unsigned long, Wert 15 (dezimal)
```

Der Datentyp eines Dezimalliterals außerhalb des Wertebereichs von *long int* ist im C++Standard nicht definiert. Im C++Builder ist der Datentyp von INT_MAX+1 *unsigned long*:

```
2147483648 // INT_MAX+1
// Datentyp im C++Builder: unsigned long
```

Aufgaben 3.3.2

1. Stellen Sie mit 8 Bits

   a) die Zahl 37 im Binärsystem dar
   b) die Zahl -37 im Zweierkomplement dar
   c) die Zahlen 37 und -37 im Hexadezimalsystem dar.

   Führen Sie die folgenden Berechnungen im Binärsystem durch und geben Sie das Ergebnis im Dezimalsystem an:

   d) $37 - 25$ // berechnen Sie 37 + (-25)
   e) $25 - 37$ // berechnen Sie 25 + (-37)

2. Welchen Wert stellt das Bitmusters ab_{16} im Dezimalsystem dar, wenn es

   a) im Zweierkomplement interpretiert wird?
   b) im Binärsystem interpretiert wird?

3. Welche Werte werden durch die folgenden Anweisungen ausgegeben:

```
Memo1->Lines->Add(IntToStr(030)); // Vorwahl Berlin
Memo1->Lines->Add(IntToStr(017+15));
Memo1->Lines->Add(IntToStr(0x12+10));
```

3.3.3 Zuweisungen und Standardkonversionen bei Ganzzahlausdrücken

Standardkonversionen sind Konversionen für die vordefinierten Datentypen, die der Compiler implizit (d.h. automatisch) durchführt. Sie sind im C++-Standard definiert sind und werden z.B. in den folgenden Situationen durchgeführt:

— Wenn ein Ausdruck als Operand eines Operators verwendet wird (siehe Abschnitt 3.3.4). So wird z.B. bei der Zuweisung v=a der Ausdruck a in den Datentyp von v konvertiert.
— Wenn beim Aufruf einer Funktion für einen Parameter eines Datentyps T1 ein Argument eines anderen Datentyps T2 eingesetzt wird.

Insbesondere sind Standardkonversionen für alle Ganzzahldatentypen definiert. Deshalb können in einer Zuweisung

   v=a

beliebige Ganzzahldatentypen von a und v kombiniert werden. Falls dabei die **Datentypen** von v und a **identisch** sind, wird durch die Zuweisung einfach das Bitmuster von a an die Adresse von v kopiert, so dass der Wert von v mit dem von a identisch ist. Sind die beiden **Datentypen** dagegen **verschieden**, wird der Datentyp der rechten Seite durch eine der folgenden Konversion in den Datentyp der linken Seite konvertiert:

1. Ausdrücke der Datentypen *bool, char, signed char, unsigned char, short int* oder *unsigned short int* werden in den Datentyp *int* konvertiert.
2. Bei der Konversion einer Zahl a in einen n bit breiten Ganzzahldatentyp ohne Vorzeichen besteht das Ergebnis gerade aus den letzten n Bits von a.
3. Bei der Konversion in einen Ganzzahldatentyp mit Vorzeichen wird der Wert nicht verändert, wenn er im Ziel-Datentyp exakt dargestellt werden kann. Andernfalls ist das Ergebnis nicht durch den C++-Standard festgelegt.

Die erste Konversion betrifft nur Konversionen „kleinerer" Datentypen als *int* in den Datentyp *int* und wird auch als **ganzzahlige Typangleichung (integral promotion)** bezeichnet. Die letzten heißen auch **ganzzahlige Typumwandlungen (integral conversion)**.

Beispiel: Gemäß der Regeln 2. und 3. werden die folgenden Zuweisungen alle vom C++Builder übersetzt. Obwohl keiner der zugewiesenen Werte im Wertebereich des Datentyps der linken Seite liegt, gibt der C++Builder mit dem voreingestellten Warnlevel zum Teil keine Warnung aus.

```
int a=-257;
char v1=a; // Warnung: Bei Konvertierung können
    // signifikante Ziffern verloren gehen, v1==-1
unsigned int v2=a;// keine Warnung, v2==4294967039
unsigned int b=2147483648; // INT_MAX+1
char v3=b; // Warnung: Bei Konvertierung können
    // signifikante Ziffern verloren gehen, v3==0
int v4=b; // keine Warnung, v4==-2147483648
```

Eine Konversion, bei der der Zieldatentyp alle Werte des konvertierten Datentyps darstellen kann, wird als **sichere Konversion** bezeichnet. Die ganzzahligen Tpyangleichungen und die folgenden Konversionen sind sichere Konversionen:

unsigned char → *unsigned short*   → *unsigned int*   → *unsigned long*
signed char   → *short*   → *int*   → *long*

Da im C++Builder

sizeof(char)=1 < sizeof(short)=2 < sizeof(int)=sizeof(long)=4

gilt, sind hier außerdem noch diese Konversionen sicher:

unsigned char → *short*
unsigned short → *int*

Falls die beteiligten Datentypen unterschiedlich breit sind wie in

```
int  v;  // 32 bit breit
char a;  //  8 bit breit
...
v=a;     // char wird in int konvertiert
```

wird das Bitmuster folgendermaßen angepasst:

– Bei einem positiven Wert von a werden die überzähligen linken Bits von v mit
  Nullen aufgefüllt:

```
a=1; // a = 0000 0001 binär
v=a; // v = 0000 0000 0000 0000 0000 0000 0000 0001
```

– Bei einem negativen Wert von a werden die überzähligen linken Bits mit
  Einsen aufgefüllt.

```
-1 mit  8 Bits:    binär 1111 1111, hexadezimal FF
-1 mit 32 Bits:    hex.: FFFFFFFF
```

Diese Anpassung des Bitmusters wird als **Vorzeichenerweiterung** bezeichnet.
Das erweiterte Bitmuster stellt dann im Zweierkomplement denselben Wert dar
wie das ursprüngliche.

Da Ganzzahlliterale einen Ganzzahldatentyp haben, können sie in einen beliebigen
anderen Ganzzahltyp konvertiert werden. Falls der Wert des Literals nicht im
Wertebereich des anderen Datentyps liegt, können die impliziten Konversionen zu
überraschenden Ergebnissen führen.

Beispiel: Die folgenden Zuweisungen werden vom C++Builder ohne Fehlermel-
           dungen oder Warnungen übersetzt:

```
// #define INT_MAX  2147483647
int k = 2147483648; // =INT_MAX+1
Memo1->Lines->Add(IntToStr(k)); // -2147483648
int m = 12345678901234567890;   //
Memo1->Lines->Add(IntToStr(m)); // m=-350287150
```

Hier ist das an k und m zugewiesene Literal zu groß für den Datentyp *int*. Die ausgegebenen Werte entsprechen vermutlich nicht unbedingt den Erwartungen:

Offensichtlich können harmlos aussehende Zuweisungen zu Ergebnissen führen, die auf den ersten Blick überraschend sind. Nicht immer wird durch eine Warnung auf ein solches Risiko hingewiesen. Bei einem umfangreichen Programm mit vielen Warnungen werden diese auch leicht übersehen.

Die Verantwortung für die gelegentlich überraschenden Folgen der impliziten Konversionen liegt deshalb letztendlich immer beim Programmierer: Er muss bei der Wahl der Datentypen stets darauf achten, dass sie nur zu sicheren Konversionen führen. Das erreicht man **am einfachsten** dadurch, dass man als Ganzzahldatentyp **immer denselben Datentyp** verwendet. Da der Datentyp eines Dezimalliterals meist *int* ist, liegt es nahe, immer diesen Datentyp zu wählen.

Diese Empfehlung steht im Unterschied zu einer anderen Empfehlung, die man relativ oft findet, nämlich **Datentypen minimal** zu **wählen**. Danach sollte man einen Datentyp immer möglichst klein wählen, aber dennoch groß genug, damit er alle erforderlichen Werte darstellen kann. Das führt zu einem minimalen Verbrauch an Hauptspeicher, erfordert allerdings eine gewisse Sorgfalt bei impliziten Konversionen.

Beispiel: Für eine Variable, die einen Kalendertag im Bereich 1..31 darstellen soll, ist der Datentyp *char* oder *unsigned char* ausreichend. Da beide Datentypen sicher in den Datentyp *int* konvertiert werden können, spricht auch nichts gegen diese Datentypen.

Für eine Variable, die eine ganzzahlige positive Entfernung darstellen soll, ist auf den ersten Blick der Datentyp *unsigned int* nahe liegend. Da die Konversion dieses Datentyps in *int* nicht sicher ist, sollte stattdessen *int* bevorzugt werden.

Am einfachsten ist es, wenn man für alle diese Variablen den Datentyp *int* verwendet.

3.3.4 Operatoren und die „üblichen arithmetischen Konversionen"

Für Ganzzahloperanden sind unter anderem die folgenden **binären Operatoren** definiert. Sie führen zu einem Ergebnis, das wieder einen Ganzzahldatentyp hat:

+   Addition
−   Subtraktion
*   Multiplikation
/   Division, z.B. 7/4=1
%   Rest bei der ganzzahligen Division, z.B. 7%4 = 3

Für y ≠ 0 gilt immer:

(x / y)*y + (x % y) = x.

Das Ergebnis einer %-Operation mit nicht negativen Operanden ist immer positiv. Falls einer der Operanden negativ ist, ist das Vorzeichen des Ergebnisses im C++-Standard nicht festgelegt.

Im C++-Standard ist explizit nicht festgelegt, wie sich ein Programm verhalten muss, wenn bei der Auswertung eines Ausdrucks ein Überlauf oder eine unzulässige Operation (wie z.B. eine Division durch 0) stattfindet. Die meisten Compiler (wie auch der C++Builder) ignorieren einen Überlauf und rechnen modulo 2^n. Bei einer Division durch 0 wird eine Exception (siehe Abschnitt 3.19.2 und Kapitel 7) ausgelöst.

Beispiele: Das Vorzeichen von x/y ergibt sich nach den üblichen Regeln:

```
i =  17 / -3;    // i == -5
j = -17 /  3;    // j == -5
k = -17 / -3;    // k == 5
```

Im C++Builder hat x%y immer das Vorzeichen von x:

```
i =  17 % -3;    // i == 2
j = -17 %  3;    // j == -2
k = -17 % -3;    // k == -2
```

Mit dem %-Operator kann man z.B. feststellen, ob eine Ganzzahl ein Vielfaches einer anderen Ganzzahl ist.

```
if ((i%2)==0)// nur für gerade Werte von i erfüllt
```

In Zusammenhang mit den binären Operatoren stellt sich die Frage, welchen Datentyp das Ergebnis hat, wenn der Datentyp der beiden Operanden verschieden ist wie z.B. in

```
short s;
char c;

... = c + s;
```

C++ geht dabei in zwei Stufen vor, die auch als die **üblichen arithmetischen Konversionen** bezeichnet werden. Sie konvertieren die Operanden in einen

gemeinsamen Datentyp, der dann auch der Datentyp des Ausdrucks ist. Für Ganzzahldatentypen sind sie folgendermaßen definiert:

- In einem ersten Schritt werden alle Ausdrücke der Datentypen *char*, *signed char*, *unsigned char*, *short int* oder *unsigned short int* durch eine **ganzzahlige Typangleichung** (siehe Seite 89) in den Datentyp *int* konvertiert.
- Falls der Ausdruck nach dieser Konvertierung noch verschiedene Datentypen enthält, ist der gemeinsame Datentyp der erste in der Reihe

    unsigned long int, long int, unsigned int

  wenn einer der Operanden diesen Datentyp hat. Der gemeinsame Datentyp von *long int* und *unsigned int* ist im C++Builder *unsigned long int*.

Beispiele:

1. Nach den Definitionen

    ```
    char ca=65; // 'A'
    char cb=0;
    ```

    wird der Datentyp der Operanden von ca+cb durch ganzzahlige Typangleichungen in *int* konvertiert. Da die Funktion *Memo1->Lines->Add* Argumente des Datentyps *int* als Zahlen und Argumente des Datentyps *char* als Zeichen ausgibt, erhält man durch die folgenden beiden Anweisungen die jeweils als Kommentar angegebenen Ausgaben:

    ```
    Memo1->Lines->Add(ca);    // A
    Memo1->Lines->Add(ca+cb); // 65
    ```

2. Für eine Variable u des Datentyps *unsigned int* hat der Ausdruck *u–1* ebenfalls den Datentyp *unsigned int*. Deshalb hat dieser Ausdruck mit u=0 den Wert 4294967295 und nicht den Wert −1. In

    ```
    unsigned int u=0;
    int i=1/(u-1);
    ```

    erhält man so den Wert i=0 und nicht etwa den Wert i=−1.

    Dieses Beispiel zeigt insbesondere, dass sich der Datentyp eines Ausdrucks allein aus dem Datentyp der Operanden ergibt. Falls der Ausdruck einer Variablen zugewiesen wird, beeinflusst der Datentyp, an den die Zuweisung erfolgt, den Datentyp des Ausdrucks nicht.

3. Auch die Operanden der **Vergleichs- oder Gleichheitsoperatoren** werden mit den **üblichen arithmetischen Konversionen** in einen gemeinsamen Datentyp konvertiert. Deshalb werden nach der Definition

    ```
    unsigned int ui=1;
    ```

die beiden Operanden in der Bedingung (ui > –1) in den gemeinsamen Daten-
typ *unsigned int* konvertiert. Dadurch wird das Bitmuster 0xFFFFFFFF des *int*-
Werts –1 als *unsigned int*-Wert interpretiert. Da kein Wert größer als dieser
Wert sein kann, wird durch

```
if (ui>-1) Edit1->Text="1 > -1";
else Edit1->Text="1 <= -1";
```

„1 <= –1" ausgegeben, obwohl man auf den ersten Blick wohl „1 > –1"
erwarten würde. Der Compiler gibt dazu die folgenden Warnungen aus:

```
Bedingung ist immer falsch
Vergleich von signed- und unsigned-Werten
```

Neben den binären gibt es die **unären Operatoren** + und –. „+" ändert den Wert
des Operanden nicht. „–" sollte nur auf Datentypen mit Vorzeichen angewandt
werden. Man muss aber beachten, dass aufgrund der Asymmetrie der Wertebereiche
che dieser Datentypen für den kleinsten Wert *min* nicht –(–*min*) = *min* sein kann:

```
short i= -32768; // Wertebereich von short: -32768..32767
i = -i;// i = -32768
```

Für Operanden eines Ganzzahldatentyps sind die **bitweisen Operatoren &**
(*bitand*), | (*bitor*) und ^ (*xor*) definiert. Nach den üblichen arithmetischen Konver-
sionen der Operanden werden ihre einzelnen Bits gemäß der folgenden Tabelle
verknüpft. Der Operator ~ negiert die einzelnen Bits und erzeugt so das Einerkomplement: , , , ,

p	q	p & q	p | q	p ^ q	~p
1	1	1	1	0	0
1	0	0	1	1	0
0	1	0	1	1	1
0	0	0	0	0	1

Diese Operatoren werden oft dazu verwendet, einzelne Bits bei Ganzzahldatentypen ohne Vorzeichen zu setzen oder zu löschen.

Beispiel: Durch

```
unsigned int m=3, n=0x0000ffff, i, j;
i=i|m;
j=j&n;
```

werden die niedrigstwertigen beiden Bits von i gesetzt, unabhängig
davon, welchen Wert i zuvor hatte. Die obersten 16 Bits von j werden
auf 0 gesetzt, und die unteren 16 Bits bleiben unverändert:

Durch die **Inkrement- und Dekrementoperatoren**

++, − −

wird der Wert des Operanden um 1 erhöht bzw. reduziert. Beide können als Prä-
fix- und als Postfixoperator verwendet werden. Bei den Postfixoperatoren ist der
Wert des Ausdrucks der Wert des Operanden vor der Erhöhung bzw. Reduzierung:

```
int i=0, j=0, k;
k=i++; // k=0, i=1
k=j--; // k=0, j=-1
```

Dagegen ist bei den Präfixoperatoren der Wert des Ausdrucks der Wert des
Operanden nach der Erhöhung bzw. Reduzierung:

```
int i=0, j=0, k;
k=++i; // k=1, i=1
k=--j; // k=-1, j=-1
```

Wenn man einen solchen Ausdruck wie in

```
i++; ++i;  bzw.
i--; --i;
```

nur auswertet und seinen Wert keiner Variablen zuweist, ist das Ergebnis des
Präfix- und Postfixoperators gleichwertig. Die Präfixoperatoren sind aber bei manchen Datentypen ein klein wenig schneller. Bei fundamentalen Datentypen (wie
z.B. *int*) besteht meist kein Laufzeitunterschied. (siehe Abschnitt 3.20.3)

Beispiel: Diese beiden *for*-Anweisungen (siehe Abschnitt 3.4.2) haben denselben
Effekt.

```
for (int i=0; i<n; i++) ...
for (int i=0; i<n; ++i) ...
```

Mit dem Operator *sizeof* kann man die Anzahl der Bytes bestimmen, die ein Ausdruck bzw. eine Variable eines Datentyps belegen. Der Operand ist entweder ein
Ausdruck oder ein Datentyp, der in Klammern angegeben wird::

```
sizeof unary-expression
sizeof ( type-id )
```

Das Ergebnis ist eine Konstante des Datentyps *size_t*. Dieser Datentyp steht nach
#include <stddef.h> zur Verfügung. Bei den meisten Compilern ist das ein anderer
Name für *unsigned int*.

Beispiel:
```
int sc=sizeof(char);  // 1
int sh=sizeof(short); // 2
int si=sizeof(int);   // 4
short s;
int vs=sizeof(s);     // 2
int v0=sizeof(s+0);   // 4, ganzzahlige Typangleichung
```

Anmerkung für Delphi-Programmierer: Die Ganzzahldatentypen im C++Builder sind dieselben wie in Delphi. In „include\sysmac.h" findet man die folgenden Deklarationen:

```
typedef int Integer;           // -2147483648..2147484647
typedef char Char;             // 0..255
typedef wchar_t WideChar;      //
typedef signed char Shortint;  // -128..127
typedef short Smallint;        // -32768..32767
typedef unsigned char Byte;    // 0..255
typedef unsigned short Word;   // 0..65535
typedef Char AnsiChar;         //
typedef signed long Longint;   // -2147483648..2147484647
typedef unsigned long Cardinal;// 0..2147484647
```

Durch sie wird z.B. der Name *Integer* als Synonym für den Datentyp *int* definiert. Damit kann man die Datentypen von Delphi auch im C++Builder verwenden. Allerdings ist das meist nicht empfehlenswert, da die Programme dann nicht mehr portabel sind und von einem Programmierer, der Delphi nicht kennt, auch nicht verstanden werden.

Im C++Builder gibt es keine Möglichkeit, ähnlich wie in Delphi mit einem **Compilerbefehl** ein **Overflow Checking (Überlaufprüfung)** durchzuführen.

Aufgaben 3.3.4

1. Welchen Wert haben die Variablen b, c, d, e und f nach den Zuweisungen

    ```
    unsigned char b = 255;
    unsigned char c = 0;
    int i = 1234567898;

    b = b + 1;
    c = c - 1;
    int d = i/100;
    int e = i%100;
    int f = i+i;
    ```

2. Beschreiben Sie für beliebige positive Werte von i und j (beide Ganzzahldatentypen) das Ergebnis von

    ```
    (i/j)*(j/i)
    ```

3. a) Wann ist der Datentyp eines binären Ausdrucks mit ganzzahligen Operanden derselbe wie der der Operanden?
    b) Kann die Addition des Wertes 0 irgendeinen Effekt auf einen ganzzahligen Wert haben?

4. Beschreiben Sie für einen ganzzahligen Operanden x das Ergebnis von

a) `int a=x^x;`
b) `int b=x&1;`

5. Welche Voraussetzungen müssen für das Bitmuster der *int*-Werte x und y gelten, damit die folgenden drei Ausdrücke gleich sind?

   `x|y, x+y, x^y`

6. Was wäre das Ergebnis der Bedingungen in den folgenden *if*-Anweisungen, wenn die Operanden nicht in den gemeinsamen Datentyp *int* konvertiert würden, sondern stattdessen als *unsigned char* verglichen würden?

   `unsigned char c = 255, x = 17, y = 18;`

   a) `if (c==-1) ...`
   b) `if (x-y > 0) ...`
   c) `if (x>y) ...`

3.3.5 Der Datentyp *bool*

Der Datentyp **bool** ist ein vordefinierter Ganzzahldatentyp, der die Werte *true* und *false* annehmen kann. Diese Werte sind die booleschen Literale :

boolean-literal:
    `false`
    `true`

Damit sind nach der Definition

    `bool b;`

diese Zuweisungen möglich:

    `b = true;`
    `b = false;`

Diesen Datentyp erhält man aber nicht nur bei entsprechend definierten Variablen. Vielmehr hat in C++ jeder Ausdruck, der mit einem der **Vergleichs- oder Gleichheitsoperatoren** <, <= (für ≤), >, >= (für ≥), == (für =) und != (für ≠) gebildet wird, den Datentyp *bool* und damit einen der beiden Werte *true* oder *false*. Wenn also in einem Programm

    `if (x<17) ...`

geschrieben wird, ist „x<17" ein boolescher Ausdruck, der entweder den Wert *true* oder *false* hat.

Ein boolescher Ausdruck kann einer booleschen Variablen zugewiesen werden:

```
bool b = (x<17);
```

Hier erhält b den Wert *true*, falls der Wert von x kleiner als 17 ist, und andernfalls den Wert *false*. Diese Zuweisung ist einfacher als

```
if (x<17) b = true;
else b = false;
```

Eine boolesche Variable kann direkt in einer *if*-Anweisung verwendet werden:

```
if (b) ...
```

Dabei ist es nicht notwendig, sie mit dem Wert *true* zu vergleichen:

```
if (b==true) ... // umständlich
```

Für boolesche Ausdrücke sind die binären **logischen Operatoren &&** bzw. *and* und || bzw. *or* sowie der unäre logische Operator ! bzw. *not* definiert. Zur Verfügbarkeit von *and*, *or* und *not* wird auf Abschnitt 3.20.19 verwiesen. Das Ergebnis dieser Operationen ergibt sich aus der Tabelle: , logisches, logisches, logisches

p	q	p **&&** q, p **and** q	p || q, p **or** q	!p, **not** p
true	*true*	*true*	*true*	*false*
true	*false*	*false*	*true*	*false*
false	*true*	*false*	*true*	*true*
false	*false*	*false*	*false*	*true*

Deshalb kann man in einer *if*-Anweisung boolesche Ausdrücke verknüpfen oder negieren.

Beispiel: Traditionellerweise verwendet man für die booleschen Operationen die Operatoren &&, || und !:

```
        if ((x >= 0) && (x <= 17)) ...
        if (!b) ...
```

Falls die alternativen Zeichen *and*, *or* und *not* verfügbar sind (siehe Abschnitt 3.20.19), kann man mit ihnen das Risiko vermindern, && und & oder || und | zu verwechseln:

```
        if ((x >= 0) and (x <= 17)) ...
        if (not b) ...
```

Bei einer solchen Verknüpfung können die Klammern auch ausgelassen werden:

```
if (x>=0 && x<=17) ...
```

Da die Prioritäten der einzelnen Operatoren aber durch ein recht umfangreiches Regelwerk beschrieben werden, besteht die Gefahr von Missverständnissen. Deshalb empfiehlt es sich immer, alle binären Ausdrücke zu klammern.

Die Bedeutung des **umgangssprachlichen „und" bzw. „oder"** kann von der von && bzw. || (die auch als „**logisches und**" bzw. „**oder**" bezeichnet werden) abweichen. Es empfiehlt sich deshalb, bei jeder solchen Verknüpfung noch einmal kurz nachzudenken, ob man jetzt wirklich ein && oder ein || braucht.

Beispiel: Die umgangssprachliche Aussage „Ich besuche dich heute oder morgen." wird meist als falsch betrachtet, wenn ich die angesprochene Person heute und morgen besuche. Das „oder" hat hier die Bedeutung eines „ausschließenden oder" (xor). Verknüpft man dagegen die beiden Einzelaussagen

> p = „Ich besuche dich heute."
> q = „Ich besuche dich morgen."

mit ||, ist p||q auch dann wahr, wenn beide Aussagen p und q wahr sind.

Allerdings muss das „logische und" bzw. „oder" nicht vom umgangssprachlichen abweichen. Es gibt viele Beispiele, wo sie gleich sind.

Der Datentyp *bool* sollte insbesondere nicht mit dem Bezeichner *BOOL* verwechselt werden, der in „include\Windef.h" als Synonym für den Datentyp *int* definiert wird. Dort werden auch die Konstanten *TRUE* und *FALSE* als Ganzzahlkonstanten definiert (für eine Beschreibung von *typedef* und *#define* siehe Abschnitt 3.13 und 3.22.2):

```
typedef int   BOOL; //BOOL ist derselbe Datentyp wie int
#define FALSE 0 // Der Präprozessor ersetzt FALSE durch 0
#define TRUE  1 // Der Präprozessor ersetzt TRUE durch 1
```

Die Bezeichnungen *BOOL*, *TRUE* und *FALSE* werden insbesondere von den Funktionen der Windows-API ausgiebig verwendet. Alle diese Funktionen verwenden nur die Sprachelemente der Programmiersprache C und nicht die Erweiterungen von C++ gegenüber C.

Zwischen dem Datentyp *bool* und den anderen Ganzzahldatentypen sind **implizite Standardkonversionen** definiert. Durch eine **ganzzahlige Typangleichung** wird der Wert *true* in 1 und der Wert *false* in 0 konvertiert. Der Wert 0 wird in *false* und jeder andere Wert wird in *true* konvertiert. Diese Konversionen finden z.B. dann statt, wenn einer Ganzzahlvariablen ein *bool*-Wert zugewiesen wird oder umgekehrt:

```
int i=true;   // i=1;
int j=false;  // j=0
bool b=0;     // b=false
bool d=17;    // d=true
```

Durch diese Standardkonversionen wird insbesondere die Kompatibilität zur Programmiersprache C hergestellt, in der es den Datentyp *bool* nicht gibt. In C wird der Wert 0 als *false* und jeder andere Wert als *true* interpretiert.

Diese Konversionen werden oft dazu verwendet, für einen Ausdruck i die Bedingung „i==0" kürzer zu formulieren, indem man sie durch „!i" ersetzt:

```
if (!(i%2))  // gleichwertig mit "if (i%2==0)"
```

Wegen dieser Konversionen kann der Compiler allerdings den folgenden subtilen **Schreibfehler**, der leicht vorkommen kann, nicht entdecken:

```
if (x=10)  // Schreibfehler: gemeint ist "if (x==10)"
```

Da in C++ eine Zuweisung wie „x=10" ein Ausdruck ist, der den Wert der rechten Seite hat (hier also 10), ist die Bedingung unabhängig vom Wert von x immer erfüllt, da der Wert 10 als *true* interpretiert wird. Als Folge dieses Schreibfehlers erhält x auch noch den Wert 10.

Kombiniert man einen booleschen Ausdruck und einen Ganzzahlausdruck mit einem binären Operator, wird der Wert des booleschen Ausdrucks durch eine **ganzzahlige Typangleichung** immer in einen Ganzzahltyp konvertiert.

Beispiele: In

```
if (0<=x<=10) ..
```

wird zuerst der linke Teilausdruck „0<=x" als boolescher Ausdruck ausgewertet. Das Ergebnis wird dann in einen der Werte 0 oder 1 konvertiert und mit 10 verglichen. Deshalb hat der gesamte Ausdruck immer den Wert *true*, unabhängig vom Wert von x.

Die folgenden Anweisungen werden ohne Warnung übersetzt:

```
bool b=17;
if (b==17) Edit1->Text="b==17";
else Edit1->Text="b!=17";
```

In der ersten Anweisung wird 17 in den Wert *true* konvertiert. Dieser Wert wird dann in (b==17) in den Wert 1 konvertiert. Deswegen hat der Ausdruck (b==17) immer den Wert *false*.

Die logischen Operatoren && und || sind kommutativ, d.h. für boolesche Ausdrücke p und q haben

p&&q und q&&p, sowie
p‖q und q‖p

jeweils dasselbe Ergebnis. Allerdings müssen bei einem solchen Ausdruck nicht immer alle Operanden ausgewertet werden, um sein Ergebnis zu bestimmen: Sobald in einem mit && verknüpften Ausdruck einer der Operanden *false* ist, kann das Gesamtergebnis nicht mehr *true* werden. Ebenso kann das Ergebnis nicht mehr *false* werden, falls einer der Operanden bei einem mit ‖ verknüpften Ausdruck *true* ist. Dann ist die Auswertung der restlichen Bedingungen des Gesamtausdrucks nicht mehr notwendig.

Wenn ein Compiler einen solchen Fall erkennt und dann die Auswertung des Gesamtausdrucks abbricht, bezeichnet man dies als **short-circuit evaluation** (Kurzschlussverfahren) im Unterschied zu einer „complete evaluation" (vollständige Auswertung). Nach dem C++-Standard werden boolesche Ausdrücke immer mit *short-circuit evaluation* ausgewertet. Deshalb führt der Ausdruck

```
(i%k==0) && (k>0)
```

mit k==0 zu einem Laufzeitfehler (Division durch 0), während der logisch gleichwertige Ausdruck

```
(k>0) && (i%k==0)
```

nicht zu einer Division durch Null führt. Obwohl die beiden Ausdrücke dasselbe Ergebnis haben, werden sie unterschiedlich ausgewertet. Deshalb kann man boolesche Ausdrücke so aufbauen, dass „Schutzbedingungen" links von den geschützten Bedingungen stehen. So kann man eine extra Prüfung sparen wie in

```
if (k>0)
  if ((k>0) && (i%k==0))
```

Der Datentyp *bool* wird vom C++Builder ausgiebig verwendet. Praktisch jede Komponente hat zahlreiche boolesche Eigenschaften. Im Objektinspektor erkennt man sie daran, dass man für ihre Werte *true* oder *false* auswählen kann.

Anmerkung für Pascal-Programmierer: Der Datentyp *bool* von C++ entspricht weitgehend dem Datentyp *Boolean* von Pascal. Allerdings ist letzterer ein eigenständiger Datentyp und kein Ganzzahldatentyp.

3.3.6 Die *char*-Datentypen und der ASCII- und ANSI-Zeichensatz

Eine Variable des Datentyps *char* (für character, Zeichen) kann ein einzelnes Zeichen des dem System zugrunde liegenden Zeichensatzes darstellen.

Alle diese Zeichensätze sind eine Obermenge des **ASCII-Zeichensatzes**, in dem die Zeichen mit den Nummern 0 bis 127 standardisiert sind. Von diesen sind die

Zeichen mit den Nummern 32 bis 126 druckbare Zeichen. Die Zeichen 0 .. 31 werden oft als Steuerzeichen (z.B. zur Datenfernübertragung und Druckersteuerung) verwendet.

Die Zeichen Nr. 32 (Leerzeichen) bis 126 im ASCII-Zeichensatz:

	0	1	2	3	4	5	6	7	8	9
30			!	"	#	$	%	&	'	
40	(	)	*	+	,	–	.	/	0	1
50	2	3	4	5	6	7	8	9	:	;
60	<	=	>	?	@	A	B	C	D	E
70	F	G	H	I	J	K	L	M	N	O
80	P	Q	R	S	T	U	V	W	X	Y
90	Z	[	\	]	^	_	`	a	b	c
100	d	e	f	g	h	i	j	k	l	m
110	n	o	p	q	r	s	t	u	v	w
120	x	y	z	{	|	}	~			

Einige Steuerzeichen:

```
 8: BS    // Backspace - ein Zeichen zurück
10: LF    // Linefeed - Zeilenvorschub
12: FF    // Formfeed - Blattvorschub
13: CR    // Carriage Return - Wagenrücklauf
27: ESC   // Escape - Altdeutsch: Fluchtsymbol
```

Die Zeichen 128 .. 255 können unter verschieden Systemen (MS-DOS, Windows usw.) eine verschiedene Bedeutung haben.

Beispiele: Unter Windows wird der **ANSI-Zeichensatz** verwendet:

	0	1	2	3	4	5	6	7	8	9
120	x	y	z	{	|	}	~		€	
130	‚	ƒ	„	…	†	‡	^	‰	Š	‹
140	Œ		Ž			'	'	"	"	•
150	–	—	~	™	š	›	œ		ž	Ÿ
160		¡	¢	£	¤	¥	¦	§	¨	©
170	ª	«	¬	-	®	¯	°	±	²	³
180	´	µ	¶	·	¸	¹	º	»	¼	½
190	¾	¿	À	Á	Â	Ã	Ä	Å	Æ	Ç
200	È	É	Ê	Ë	Ì	Í	Î	Ï	Ð	Ñ
210	Ò	Ó	Ô	Õ	Ö	×	Ø	Ù	Ú	Û
220	Ü	Ý	Þ	ß	à	á	â	ã	ä	å
230	æ	ç	è	é	ê	ë	ì	í	î	ï
240	ð	ñ	ò	ó	ô	õ	ö	÷	ø	ù
250	ú	û	ü	ý	þ	ÿ				

In allen Zeichensätzen wird ein **Zeichen** durch seine **Nummer im Zeichensatz dargestellt**. Das Zeichen 'A' wird also durch die Zahl 65_{10} dargestellt. Das Zeichen mit der Nummer 0 (dessen Bitmuster ausschließlich aus Nullen besteht), wird auch als **Nullzeichen** bezeichnet.

Ein **Zeichenliteral** wird durch einfache Hochkommas begrenzt und enthält im einfachsten Fall ein Zeichen des zugrunde liegenden Zeichensatzes:

character-literal:
    ' c-char-sequence'
    L*' c-char-sequence'*

c-char-sequence:
    c-char
    c-char-sequence c-char

c-char:
    any member of the source character set except
        the single-quote ' , backslash \\, or new-line character
    escape-sequence
    universal-character-name

Da der Datentyp *char* ein Ganzzahldatentyp ist, kann man einer Variablen des Datentyps *char* auch einen Ganzzahlwert zuweisen.

Beispiele:
```
char c = 'A';
c = 'ä';
c = 27; // ESC
c = 65; // 'A'
char NullZeichen=0;
```

Einige spezielle Zeichen können als **Escape-Sequenz** dargestellt werden:

escape-sequence:
    simple-escape-sequence
    octal-escape-sequence
    hexadecimal-escape-sequence

simple-escape-sequence: one of
    \\' \\" \\? \\\\
    \\a \\b \\f \\n \\r \\t \\v

Die einfachen Escape-Sequenzen bedeuten im Einzelnen:

	Wert (dez.)	Symbol	Bedeutung
\\a	7	BEL	Alarmton
\\b	8	BS	Backspace
\\t	9	HT	horizontaler Tabulator
\\n	10	LF	Zeilenvorschub
\\v	11	VT	vertikaler Tabulator
\\f	12	FF	Seitenvorschub
\\r	13	CR	Wagenrücklauf (Carriage Return)
\\"	34	"	doppeltes Anführungszeichen
\\'	39	'	einfaches Anführungszeichen (Apostroph)
\\?	63	?	Fragezeichen

| \\ | 92 | \ | Backslash (umgekehrter Schrägstrich) |

Beispiele: `char c = '\'';`
          `c = '\n'; // newline-Zeichen`

Obwohl eine Escape-Sequenz aus zwei oder mehr Zeichen besteht, stellt sie ein einzelnes Zeichen mit dem Wert aus der Spalte *Wert* dar.

Neben den einfachen Escape-Sequenzen gibt es auch noch oktale und hexadezimale Escape-Sequenzen, die aber nur selten verwendet werden:

octal-escape-sequence:
   \ *octal-digit*
   \ *octal-digit octal-digit*
   \ *octal-digit octal-digit octal-digit*

hexadecimal-escape-sequence:
   \x *hexadecimal-digit*
   hexadecimal-escape-sequence hexadecimal-digit

Mit einer oktalen oder hexadezimalen Escape-Sequenz kann man ein Zeichen durch seinen oktalen oder hexadezimalen Wert angeben:

```
char FF='\x0C';
```

Obwohl *char* und *int* beide Ganzzahldatentypen sind, handelt es sich um verschiedene Datentypen. Manche Funktionen behandeln Argumente der verschiedenen Datentypen unterschiedlich. Die Funktion *Memo1->Lines->Add* gibt z.B.: *int*-Argumente als Zahlen und *char*-Argumente als Zeichen aus:

```
Memo1->Lines->Add(65);  // gibt "65" aus
Memo1->Lines->Add('A'); // gibt "A" aus
```

Da *char*-Werte durch ihre Nummern im verwendeten Zeichensatz dargestellt werden, können sie wie Zahlen mit einem der Vergleichsoperatoren <, <= (für ≤), >, >= (für ≥), == und != (für ≠) verglichen werden:

```
if ((c >= 'A') && (c <= 'Z')) ...
```

Da im ASCII-Zeichensatz jeweils Ziffern, Groß- und Kleinbuchstaben in der üblichen Reihenfolge aufeinander folgen, wird durch diese Abfrage also geprüft, ob das Zeichen c ein Großbuchstabe ist oder nicht.

Es gibt drei *char*-Datentypen: *char*, *signed char* und *unsigned char*. Nach dem C++-Standard sind das drei verschiedene Datentypen, die jeweils 1 Byte belegen (*sizeof*). Der Datentyp *char* muss entweder dieselbe Darstellung wie *signed char* oder *unsigned char* verwenden. Es ist aber explizit offen gelassen, welche von beiden.

Der C++Builder verwendet ebenso wie z.B. Microsoft Visual C++ als **Vorein-stellung** den Datentyp *signed char*. Mit der Compiler-Option „-K" (z.B. über „#pragma option -K" oder *Projekt|Optionen|C/C++ Compiler|Weitere Optionen|Vorzeichenlosen Standardzeichentyp setzen*) kann das Datenformat von *char* auf das von *unsigned char* gesetzt werden.

Diese Wahl erscheint zumindest auf den ersten Blick überraschend: So sind in den Tabellen mit dem ASCII- oder ANSI-Zeichensatz die einzelnen Zeichen meist von 0 bis 255 durchnummeriert und nicht von −128 bis 127. Eine Zuweisung wie in

```
char c= -28; // 'ä'
```

wirkt auf den Blick meist irritierend. Außerdem erhält man z.B. in

```
for (char c=0;c<255;c++)// Warnung: Vergleichskonstante
          // außerhalb des Bereichs; Ergebnis: Endlosschleife
```

die als Kommentar angegebene Warnung und bei der Ausführung der *for*-Anweisung eine Endlosschleife.

Die C/C++-**Standardbibliotheken** enthalten zahlreiche Funktionen für den Datentyp *char*. Die Header der folgenden Funktionen stehen nach „#include <ctype.h>" zur Verfügung.

Die Funktion *toupper* wandelt ein Argument, das einen Kleinbuchstaben ('a'.. 'z') im ASCII-Zeichensatz darstellt, in den entsprechenden Großbuchstaben um. Andere Argumente werden unverändert zurückgegeben. Entsprechend wandelt *tolower* eine Zahl, die einen Großbuchstaben darstellt, in den entsprechenden Kleinbuchstaben um:

```
#include <ctype.h>
int toupper(int ch); // c=toupper('a') ergibt c='A'
int tolower(int ch);
```

Da die Buchstaben sowohl im Bereich der Groß- als auch der Kleinbuchstaben in derselben Reihenfolge aufeinander folgen, entspricht die Funktion *tolower* der Anweisung:

```
if ((c >= 'A') && (c <= 'Z'))
    c = c -'A' + 'a';
```

Da die deutschen Umlaute ä, ö usw. nicht zum ASCII-Zeichensatz gehören, werden sie bei diesen Funktionen nicht berücksichtigt.

Mit weiteren Funktionen kann man prüfen, zu welcher Gruppe ein Zeichen gehört. Alle diese Funktionen haben den Funktionswert 0, wenn das übergebene Zeichen nicht zu der Gruppe gehört, und andernfalls den Wert 1. Für eine genauere Beschreibung der jeweiligen Gruppe wird auf die Online-Hilfe verwiesen:

```
int isalpha (int __c);  // Buchstabe
int isupper (int __c);  // Großbuchstabe
int islower (int __c);  // Kleinbuchstabe
int isdigit (int __c);  // Ziffer
int isalnum (int __c);  // alphanumerisch
int isspace (int __c);  // Whitespace (blank, tab usw.)
int isxdigit(int __c);  // Hexadezimalziffer
int iscntrl (int __c);  // Steuerzeichen
```

In Abschnitt 3.13 werden in Zusammenhang mit den Stringklassen einige Funktionen vorgestellt, die mit dem **ANSI**- und nicht nur mit dem ASCII-**Zeichensatz** arbeiten. Damit können Strings auch unter Berücksichtigung der nationalen Sonderzeichen verglichen bzw. in Groß- oder Kleinbuchstaben umgewandelt werden.

Alle bisher dargestellten Zeichensätze verwenden ein Byte zur Darstellung eines Zeichens. Die damit möglichen 256 verschiedenen Zeichen sind jedoch für Sprachen mit einer größeren Anzahl verschiedener Zeichen (vor allem asiatische und arabische) nicht ausreichend. Verwendet man mehr als ein Byte für ein Zeichen, bezeichnet man es als **Multibyte-Zeichen** oder „**wide char**". C++ unterstützt solche Zeichen durch den Datentyp *wchar_t*.

Windows (und damit auch der C++Builder) verwendet für *wchar_t* den sogenannten **Unicode Standard**, in dem ein Zeichen durch zwei Bytes dargestellt wird. Unicode umfasst praktisch alle Zeichen aller verschiedenen nationalen Schriftarten, einschließlich technischer und typografischer Sonderzeichen. Unicode-Zeichen im Bereich 0 .. 255 sind mit denen des ANSI-Zeichensatzes identisch. Ein Literal erhält den Datentyp *wchar_t*, wenn es mit dem Zeichen „L" beginnt:

```
wchar_t w=L'A';
```

Anmerkung für Pascal-Programmierer: Im Unterschied zu C++ ist der Datentyp *Char* in Object Pascal kein Ganzzahldatentyp. Die in C zulässige Zuweisung

c = 65;

ist in Pascal nicht zulässig. Eine Zuweisung zwischen Ganzzahl- und *Char*-Ausdrücken ist nur mit Konvertierungsfunktionen wie *ord* und *chr* möglich.

Aufgaben 3.3.6

1. *c* soll eine Variable des Datentyps *char* sein. Weisen Sie einer booleschen Variablen

   a) *Grossbuchstabe* genau dann den Wert *true* zu, wenn *c* ein Großbuchstabe ist.

   b) *Buchstabe* genau dann den Wert *true* zu, wenn *c* ein Buchstabe ist.

c) *alphanumerisch* genau dann den Wert *true* zu, wenn *c* ein Buchstabe oder eine Ziffer ist.

2. Schaltjahre

   Die Umlaufzeit der Erde um die Sonne bezeichnet man als ein Jahr. Ein Tag ist der Zeitraum, in dem sich die Erde einmal um ihre Achse dreht (Abstand zwischen zwei Mittagen).

   Misst man ein Jahr als den Zeitraum zwischen den sogenannten Frühlingspunkten, an denen ein Tag und eine Nacht genau gleich lang sind, war am 1.1.1900 ein Jahr 365 Tage, 5 Stunden, 48 Minuten und 46,0 Sekunden oder 365,24220 Tage lang. Dass ein Jahr in einem Jahrtausend 5,6 Sekunden kürzer wird, soll im Folgenden nicht berücksichtigt werden.

   Der von Julius Cäsar 46 v. Chr. festgelegte **Julianische Kalender** ging von durchschnittlich 365,25 Tagen pro Jahr aus. Dieser Fehler ist bis in das 16. Jahrhundert auf ca. 10 Tage angewachsen.

   Papst Gregor XIII. hat im Jahr 1582 den auch heute noch gültigen **Gregorianischen Kalender** eingeführt, nach dem ein Jahr durchschnittlich 365,2425 Tage lang ist. Dabei wurden die Nachkommastellen folgendermaßen durch Schaltjahre berücksichtigt: Jede durch 4 teilbare Jahreszahl ist ein Schaltjahr, außer den durch 100 teilbaren, wenn diese nicht durch 400 teilbar sind. Bei diesem Verfahren summiert sich der Fehler in 3300 Jahren auf einen Tag auf.

   Weisen Sie einer booleschen Variablen *Schaltjahr* den Wert eines booleschen Ausdrucks zu, so dass *Schaltjahr* den Wert *true* erhält, wenn die Variable *Jahr* (Datentyp *int*) nach dem Gregorianischen Kalender ein Schaltjahr ist, und andernfalls den Wert *false*.

3. Die Ganzzahlvariablen t1, m1 und j1 sowie t2, m2 und j2 sollen zwei Kalenderdaten bezeichnen (z.B. t1=17, m1=12, j1=2003). Eine boolesche Variable *vorher* soll den Wert *true* erhalten, wenn das Datum (t1, m1, j1) zeitlich vor dem Datum (t2, m2, j2) liegt, und andernfalls den Wert *false*.

4. Die logischen Operatoren sehen ähnlich aus wie die bitweisen und werden deshalb leicht verwechselt, so dass z.B. x&y anstelle von x&&y geschrieben wird. Wie unterscheiden sich die Werte dieser Ausdrücke für Operanden des Datentyps *bool* und *int*?

5. Bei einem Lösungsversuch habe ich einmal den folgenden Ausdruck gesehen (dabei war x eine *int*-variable):

   ```
   if (x==!0) ... // gemeint war if (x!=0) ...
   ```

   Wird dieser Ausdruck vom Compiler akzeptiert? Falls ja, was bedeutet er?

6. Ein Formular soll ein *MainMenu* mit verschiedenen Unterpunkten (*MenuItems*) und eine *GroupBox* mit einigen Komponenten enthalten. Durch das Anklicken eines Buttons sollen die Eigenschaften

    a) *Enabled* (für einen Unterpunkt des Menüs)
    b) *Visible* (der GroupBox)

    von *true* auf *false* und von *false* auf *true* umgeschaltet werden.

3.3.7 Der Datentyp __int64

Neben den im C++-Standard definierten Ganzzahldatentypen gibt es im C++-Builder auch noch den 64-bit Ganzzahldatentyp *__int64*. Er steht außerdem unter den Namen *LONG64* und *int64_t* zur Verfügung:

```
__int64 i=123;
```

Dieser Datentyp stellt ein Ganzzahlformat der Gleitkommaeinheit (floating point unit, FPU) des Prozessors dar. Mit dem Suffix „i64" erhalten Literale den Datentyp *__int64*:

```
__int64 j = 1234567890123456789i64;
Memo1->Lines->Add(IntToStr(j));
```

3.3.8 C++0x-Erweiterungen für Ganzzahldatentypen Θ

Als diese Zeilen geschrieben wurden (2007), gehörten die folgenden Sprachelemente noch nicht zum C++-Standard. Sie werden aber bereits von der aktuellen Version des Compilers unterstützt und voraussichtlich in die nächste Version des Standards übernommen

1. Die Ganzzahldatentypen werden um die 64-bit Datentypen **long long** und **unsigned long long** ergänzt. <limits.h> wird um Grenzen für diese Datentypen ergänzt. Die Regeln für die impliziten Konversionen werden erweitert.

2. Nach „#include <stdint.h>" kann man Namen für die Ganzzahldatentypen verwenden, die ihre Breite festlegen. Die Namen für die Ganzzahldatentypen mit Vorzeichen sind *int8_t*, *int16_t*, *int32_t* und *int64_t*, und die für die Datentypen ohne Vorzeichen *uint8_t*, *uint16_t*, *uint32_t* und *uint64_t*. Hier geben die Zahlen im Namen die Breite der Darstellung (in Bits) an.

3.4 Kontrollstrukturen und Funktionen

In diesem Abschnitt werden die wichtigsten Kontrollstrukturen vorgestellt, mit denen man Anweisungen wiederholen und in Abhängigkeit von Bedingungen ausführen kann. Weitere Anweisungen werden in Abschnitt 3.18 behandelt. Eine ausführliche Behandlung von Funktionen folgt in Kapitel 5.

3.4.1 Die *if*- und die Verbundanweisung

Mit einer *if*-**Anweisung** kann man in Abhängigkeit von einer Bedingung steuern, ob eine Anweisung ausgeführt wird oder nicht:

```
if ( condition ) statement
if ( condition ) statement else statement
```

Der **Ausdruck** *condition* wird oft durch den Vergleich von zwei Ausdrücken mit einem der Operatoren ==, !=, <, <=, >, >= gebildet und stellt umgangssprachlich eine Bedingung dar. Die Anweisung nach *(condition)* wird auch als **then-Zweig** bezeichnet und die Anweisung nach *else* (sofern vorhanden) als **else-Zweig**.

In der ersten Form (ohne *else*) wird die Anweisung nur dann ausgeführt, wenn *condition* den Wert *true* hat. In der zweiten Form (mit *else*) wird erste Anweisung ausgeführt, falls die Bedingung erfüllt ist, und andernfalls die zweite. Die *if*-Anweisung ohne *else* kann als Spezialfall einer *if-else*-Anweisung aufgefasst werden, bei der im *else*-Zweig keine Anweisung steht.

Beispiel: Durch

```
if (x < 1) a = 1;
else a = 2;
```

wird die Anweisung „a = 1" ausgeführt, wenn die Bedingung x < 1 erfüllt ist, und andernfalls die Anweisung „a = 2".

Verwendet man als Bedingung eine boolesche Variable, muss diese nicht auf Gleichheit mit dem Wert *true* geprüft werden:

```
if (Schaltjahr) MaxTag=29;//siehe Aufgabe 3.3.6,2.
else MaxTag=28;
```

Da bei einer *if*-Anweisung ohne *else*-Zweig keine Anweisung ausgeführt wird, wenn die zugehörige Bedingung nicht erfüllt ist, haben die nächsten Anweisungen denselben Effekt wie die letzte:

```
MaxTag = 28;
if (Schaltjahr) MaxTag = 29;
```

Mit dem Operator „==" prüft man die Gleichheit der beiden Operanden und mit „!=" deren Ungleichheit. Dabei muss man darauf achten, dass man den Operator „==" nicht mit dem Zuweisungsoperator „=" verwechselt. Eine solche Verwechslung wird vom Compiler nicht als Fehler bemängelt, sondern lediglich mit der Warnung „Möglicherweise inkorrekte Zuweisung" honoriert.

Die *condition* in einer *if*-Anweisung kann außerdem ein Ausdruck eines Datentyps sein, der in *bool* konvertiert werden kann, oder eine Definition, die mit einer Initialisierung verbunden ist:

condition:
  expression
  type-specifier-seq declarator = *assignment-expression*

Der Wert von *condition* ist dann der in den Datentyp *bool* konvertierte Wert des Ausdrucks bzw. des Zuweisungsausdrucks.

Sollen mehrere Anweisungen in Abhängigkeit von einer Bedingung ausgeführt werden, müssen sie durch eine **Verbundanweisung** mit { und } zusammengefasst werden. Eine Verbundanweisung wird auch als **Block** bezeichnet. In ihr können auch Variable definiert werden, die dann in diesem Block **lokal** sind (siehe Abschnitt 3.17.2).

compound-statement:
  { *statement-seq* opt }

Beispiel:
```
if (n > 0)
    {
      double Mittelwert = Summe/n;
      Edit1->Text= "Mittelwert = "
                      +FloatToStr(Mittelwert);
    }
  else
    Edit1->Text = "Fehler: n="+IntToStr(n)+"<=0 ";
```

Verwendet man in einer *if*-Anweisung wieder eine *if*-Anweisung, erhält man eine **verschachtelte** *if*-Anweisung.

– Bei einer *if*-Anweisung im *then*-Zweig

```
if (b1) if (b2) s;
```

wird die Anweisung s genau dann ausgeführt, wenn b1 *and* b2 den Wert *true* hat. Wenn der *then*-Zweig einer *if*-Anweisung eine *if-else*-Anweisung ist, lässt sich aus den bisherigen Ausführungen nicht ableiten, ob sich der *else*-Zweig in

```
if (b1) if (b2) S1; else S2;
```

auf b1 oder b2 bezieht. Diese Zweideutigkeit ist generell so geregelt, dass ein *else*-Zweig immer zu der letzten Bedingung ohne *else*-Zweig gehört. Deshalb ist die letzte Anweisung gleichwertig mit

```
if (b1)
    {
      if (b2) S1;
      else S2;
    }
```

– Mit einer *if*-Anweisung in einem *else*-Zweig ist eine **Mehrfachauswahl** möglich:

```
if (x<0)
   {
     a = -1;
 ..}
else if (x>0) a = 1;
else a = 0;
```

Bei einer Mehrfachauswahl ist es oft empfehlenswert, im letzten Zweig keine *if*-Anweisung zu verwenden. Bei der rechten *if*-Anweisung

```
if (b1) S1;              if (b1) S1;
else if (b2) S2;         else if (b2) S2;
else if (b3) S3;         else if (b3) S3;
                         else Fehlermeldung
```

ist gewährleistet, dass immer eine der Anweisungen S1, S2, S3 oder *Fehlermeldung* ausgeführt wird. Die linke kann dagegen verlassen werden, ohne dass eine Anweisung ausgeführt wird. Auch wenn die Anforderungen an ein Programm (Pflichtenheft) klar besagen, dass nur die Bedingungen b1, b2 und b3 auftreten können, empfiehlt es sich oft, in einem zusätzlichen *else*-Zweig einen Fehler zu signalisieren, falls keine dieser Bedingungen erfüllt ist.

Falls diese Meldung nie kommt, ist das ein beruhigendes Gefühl. Und wenn sie kommt, kann man den Fehler meist schneller finden als ohne eine solche Meldung.

Kernighan und Ritchie (1988, S. 23) empfehlen, bei einer Mehrfachauswahl die *else*-Zweige immer in derselben Spalte wie das erste *if* beginnen zu lassen. Diese Schreibweise wird auch von Stroustrup durchgängig verwendet. Von der folgenden Schreibweise wird abgeraten:

```
if (x<0) // gleichwertig zum letzten Beispiel, aber
   ...    // nicht empfehlenswert
else
   if (x>0) ...;
   else
    if ...
```

Aufgaben 3.4.1

1. Welche der folgenden *if*-Anweisungen sind nach den Definitionen

```
int x, Punkte, i, j;
bool b;
```

syntaktisch und inhaltlich korrekt?

```
a) if (x=17) Edit1->Text = "Volltreffer";
b) if (i>=1 && i<=10) Edit1->Text = "Volltreffer";
c) if b && (i=j*x) Edit1->Text = "Volltreffer";
d) if (Punkte >= 0) Edit1->Text = "Extremes Pech";
   else if (Punkte >= 20) Edit1->Text ="Ziemliches Pech";
   else if (Punkte >= 40) Edit1->Text =
                                    "Ein wenig Glück gehabt";
```

2. In Abhängigkeit vom Wert einer Variablen *Bewegungsart* (Datentyp *char*, zulässige Werte '+' oder '–') soll der Wert der Variablen *Betrag* zur Variablen *Kontostand* addiert oder von dieser subtrahiert werden.

3. In Abhängigkeit vom Wert der beiden Variablen *Lagergruppe* und *Material-gruppe* (beide Datentyp *char*) sollen gemäß der folgenden Tabelle die Werte der Variablen *LA_Summe, LB_Summe* usw. um den Wert der Variablen *Summe* erhöht werden:

Lager-gruppe	Material-gruppe	Verarbeitung
'A'	'A'	*LA_Summe* und *MA_Summe* um *Summe* erhöhen
'A'	'B'	*LA_Summe* und *MB_Summe* um *Summe* erhöhen
'A'	'X'	*LA_Summe* und *MX_Summe* um *Summe* erhöhen
'B'	'B'	*LB_Summe* und *MB_Summe* um *Summe* erhöhen
'B'	'D'	*LB_Summe* und *MD_Summe* um *Summe* erhöhen

Falls *Lagergruppe* den Wert 'A' hat, aber *Materialgruppe* nicht einen der Werte 'A', 'B' oder 'X', soll die Meldung

„Unzulässige Materialgruppe in Lager A"

ausgegeben werden; entsprechend für *Lagergruppe* = 'B'.

Falls *Lagergruppe* weder den Wert 'A' noch den Wert 'B' hat, soll die Meldung

„Unzulässige Lagergruppe"

erfolgen. In jedem dieser unzulässigen Fälle soll keine Summation durchge-führt werden.

4. **Datumsvergleich**

Die Ganzzahlvariablen t1, m1 und j1 sowie t2, m2 und j2 sollen zwei Kalen-derdaten bezeichnen (z.B. t1=17, m1=5, j1=2005). Eine boolesche Variable *vorher* soll den Wert *true* erhalten, wenn das Datum (t1, m1, j1) zeitlich vor dem Datum (t2, m2, j2) liegt, und andernfalls den Wert *false*.

Diese Aufgabe wurde schon in Aufgabe 3.3.6, 3. allein mit booleschen Variablen behandelt. Sie kann aber auch mit *if*-Anweisungen bearbeitet werden, was oft als einfacher angesehen wird.

Falls die Jahreszahlen in j1 und j2 verschieden sind, gibt der boolesche Ausdruck

```
j1 < j2
```

an, ob das erste Datum zeitlich vor dem zweiten liegt:

```
if (j1 != j2) vorher = (j1 < j2)
```

Wenn dagegen die Jahreszahlen gleich und die Monate verschieden sind, entscheiden die Monate über die zeitliche Anordnung der beiden Kalenderdaten. Sind sowohl die Jahre als auch die Monate gleich, entscheidet der Tag.

Wie muss die Lösung geändert werden, wenn eine boolesche Variable *vorher_oder_gleich* genau dann den Wert *true* erhalten soll, wenn das erste Datum vor dem zweiten liegt oder gleich dem zweiten ist?

3.4.2 Wiederholungsanweisungen

Wiederholungsanweisungen gehören wie die Auswahlanweisungen zu den Kontrollstrukturen. Während man mit einer Auswahlanweisung steuern kann, **ob** eine bestimmte Anweisung (oft eine Verbundanweisung) ausgeführt werden soll oder nicht, steuert man mit einer Wiederholungsanweisung, **wie oft** eine bestimmte Anweisung ausgeführt werden soll.

Wiederholungsanweisungen werden auch als **Schleifen** bezeichnet. Dieser Ausdruck kommt aus der Steinzeit der Programmierung, als den Rechnern die Programme noch mit Lochstreifen eingegeben wurden: Um Anweisungen wiederholt auszuführen, wurde der Lochstreifen zu einer Schleife zusammengeklebt.

In C++ gibt es die folgenden drei Wiederholungsanweisungen:

iteration-statement:
    while (*condition*) *statement*
    do *statement* while (*expression*) ;
    for (*for-init-statement condition* *opt* ; *expression* *opt*) *statement*

Die Bedingung, die die Ausführung einer Schleife kontrolliert, wird auch als **Schleifenbedingung** bezeichnet. Die Anweisung heißt auch **Schleifenkörper**.

In diesem Abschnitt werden die *for-* und die *while*-Anweisung vorgestellt. Die *do*-Anweisung folgt dann in Abschnitt 3.19.4.

Bei der Ausführung der ***for*-Anweisung** wird zuerst das *for-init-statement* ein einziges Mal ausgeführt. Dann wird geprüft, ob die Bedingung *condition* erfüllt ist (also den Wert *true* hat): Solange dies zutrifft, wird die Anweisung *statement* ausgeführt und der Ausdruck *expression* ausgewertet (in dieser Reihenfolge). Sobald die Bedingung nicht mehr erfüllt ist, wird die *for*-Anweisung beendet.

Zunächst sollen nur solche *for*-Anweisungen betrachtet werden, bei denen

> *for-init-statement* eine Zuweisung wie i=1 oder i=10 ist, die eine Laufvariable eines Ganzzahltyps initialisiert. Die Laufvariable kann im *for-init-statement* definiert werden: Dann ist sie nur in der *for*-Anweisung verfügbar.
> *condition* eine Bedingung darstellt, in der der Wert der Laufvariablen mit einem Grenzwert verglichen wird, wie z.B. i < 10 oder i >= 1
> *expression* den Wert der Laufvariablen inkrementiert oder dekrementiert, wie z.B. i++, i=i+2, i--, i=i–3

Beispiele: Die Kommentare beziehen sich auf die Ausführung des Schleifenkörpers:

```
int s=0;
for (int i=1;i<1;i++) s=s+i; // wird nie ausgeführt
for (int i=1;i<=1;i++)s=s+i; // wird mit i=1 ausgeführt
for (int i=2;i>0;i--) s=s+i; // wird mit i=2 und i=1
                             // ausgeführt
```

Dekrementiert man in *expression* den Wert der Laufvariablen, kann man eine Folge von Werten von oben nach unten durchlaufen:

```
int s=0;
for (int i=10;i>=0;i--)
  {
    s = s + i;
    Memo1->Lines->Add(IntToStr(s));
  };
```

Nach *for(...)* darf normalerweise kein Semikolon stehen: Setzt man es trotzdem, stellt es die sogenannte „leere Anweisung" dar, die denselben Effekt wie keine Anweisung hat. Durch die *for*-Schleife wird dann diese leere Anweisung wiederholt, und die darauf folgende Anweisung wird nur einmal ausgeführt:

```
s=0;
for (i=1;i<10;i++); // <-- ; meist ein Fehler
  {            // die for-Anweisung wird mit i==10 beendet
    s = s + i;
    Memo1->Lines->Add(IntToStr(s));
  }; // Add wird einmal mit i=10 und s=10 ausgeführt
```

Die **while-Schleife** ist wie die *for*-Schleife eine Wiederholungsanweisung:

> while (*condition*) *statement*

Bei der Ausführung einer *while*-Schleife wird zunächst die Bedingung *condition* geprüft. Wenn sie den Wert *true* hat, wird anschließend die Anweisung *statement* ausgeführt und danach erneut *condition* geprüft. Diese Abfolge wird so lange wiederholt, bis *condition* den Wert *false* hat. Falls die Bedingung bei der ersten Ausführung des Schleifenkörpers nicht erfüllt ist, wird der Schleifenkörper nie ausgeführt.

Beispiele: Die folgenden Schleifen geben beide die Zahlen 1 bis n aus, falls n größer oder gleich 1 ist. Falls n kleiner als 1 ist, werden keine Werte ausgegeben.

```
int i = 0;
while (i < n) // Datentyp von n: int
  {
    i++;
    Memo1->Lines->Add(IntToStr(i));
  }

int i = 1;
while (i <= n)
  {
    Memo1->Lines->Add(IntToStr(i));
    i++;
  }
```

Bei der ersten Schleife wird i mit einem Wert initialisiert, der um 1 geringer ist als der Wert, mit dem der Schleifenkörper erstmals ausgeführt wird. Nach dem Verlassen der Schleife ist der Wert von i gleich dem Wert, mit dem die Verarbeitungsanweisung zuletzt ausgeführt wurde. Bei der zweiten Schleife wird i mit dem Wert initialisiert, mit dem die Verarbeitung erstmals ausgeführt werden soll. Nach dem Verlassen der Schleife ist der Wert von i um 1 höher als der, mit dem der Schleifenkörper zuletzt ausgeführt wurde.

Beim Entwurf einer Schleife muss man stets darauf zu achten, dass sie nach einer endlichen Anzahl von Wiederholungen auch wieder verlassen wird. Wenn beispielsweise vor der Ausführung von

```
while (i != n)
   i++;        // i und n: ein Ganzzahldatentyp
// ...        // keine weiteren Veränderungen von i und n
```

i == 5 und n == 0 gilt, wird die Abbruchbedingung i == 0 nie eintreten und deshalb die Schleife auch nie verlassen, da i in der Schleife immer weiter erhöht wird. Eine solche Schleife wird deshalb als **Endlosschleife** bezeichnet.

Genau genommen wird diese Endlosschleife aber doch nicht endlos durchlaufen: Da i einen Ganzzahldatentyp hat, wird i so lange erhöht, bis es den maximal darstellbaren positiven Wert erreicht hat. Danach bewirkt eine weitere Addition von 1 einen negativen Wert von i, über den man dann doch wieder bei n ankommt. Trotzdem ist das meist ziemlich sicher nicht das, was man eigentlich wollte, und es dauert auch fast endlos.

Bei den früher üblichen DOS-Programmen oder den 16-bit-Programmen für Windows konnte eine Endlosschleife das ganze System blockieren. Diese Gefahr besteht bei einem Programm, das unter der Entwicklungsumgebung des C++Builders läuft, nicht, da man es kann jederzeit mit *Start|Programm abbrechen* (*Strg+F2*) abbrechen kann. Es ist nicht notwendig, den C++Builder mit dem Windows Task-Manager abzubrechen.

Schleifen, die etwas länger dauern, können ähnlich lästige Nebeneffekte haben wie Endlosschleifen, da sie manche Funktionen von Windows bis zu ihrem Ende blockieren. So wird z.B. in der folgenden Schleife der aktuelle Wert von i nicht im Fenster *Edit1* angezeigt, solange die Schleife ausgeführt wird. Erst nach dem Ende der Schleife wird dann der Wert 10000 angezeigt.

```
void __fastcall TForm1::Button1Click(TObject *Sender)
{
for (int i=0; i<=10000; i++)
  Edit1->Text = IntToStr(i);
}
```

Das liegt daran, dass alle Steuerelemente (insbesondere auch alle Edit-Fenster) von Windows verwaltet werden. Deshalb wird durch eine Zuweisung an *Edit1->Text* der String nicht direkt in das Edit-Fenster geschrieben. Stattdessen wird dadurch an Windows eine Botschaft mit der Aufforderung gesendet, den String in das Fenster zu schreiben. Windows bearbeitet diese Botschaft allerdings erst dann, wenn die Ausführung der Funktion *Button1Click* beendet ist. Deshalb wird die Anzeige in *Edit1* auch erst nach dem Ende der Schleife aktualisiert.

Die Funktion *Application->ProcessMessages* bewirkt, dass Windows alle anstehenden Botschaften bearbeitet. Deshalb erreicht man durch einen Aufruf dieser Funktion, dass alle Meldungen angezeigt werden und nicht nur der letzte:

```
void __fastcall TForm1::Button1Click(TObject *Sender)
{
for (int i=0; i<=10000; i++)
  {
    Edit1->Text = IntToStr(i);
    Application->ProcessMessages();   // <---
  }
}
```

Da der Aufruf von *ProcessMessages* ein Programm ziemlich bremsen kann, sollte man diese Funktion bei praktischen Anwendungen aber nicht allzu oft aufrufen.

3.4.3 Funktionen und der Datentyp *void*

Eine **Funktion** wird im einfachsten Fall nach dem folgenden Schema definiert:

T F (*parameter-declaration-list*) *compound-statement*

Hier steht T für den Datentyp des Funktionswertes (der auch als Rückgabetyp bezeichnet wird), F für den Namen der Funktion und *compound-statement* für eine Verbundanweisung. Die Verbundanweisung besteht aus den Anweisungen, die beim Aufruf der Funktion ausgeführt werden und enthält oft eine oder mehrere *return*-Anweisungen:

```
return expression opt ;
```

Durch die *return*-Anweisung wird die Funktion verlassen. Gibt man nach *return* noch einen Ausdruck an, ist sein Wert der **Funktionswert (Rückgabewert)**. Ohne ein *return* in der Verbundanweisung wird die Funktion nach der letzten Anweisung verlassen. Danach wird die nächste Anweisung nach dem Aufruf der Funktion ausgeführt.

Eine Funktion darf nicht im Anweisungsteil einer anderen Funktion definiert werden. Anfänger schreiben manchmal eine Funktion in die Funktion *Button1Click* und wundern sich dann, wieso sich der Compiler weigert, das zu übersetzen:

```
void __fastcall TForm1::Button1Click(TObject *Sender)
{
   int f()
   { // Fehler in Deklarationssyntax
   }
}
```

Der **Name der Funktion** kann ein beliebiger Bezeichner sein. Allerdings muss er sich von den Namen aller Komponenten auf dem Formular unterscheiden. Wenn z.B. ein Button den Namen *Speichern* hat und eine Funktion mit demselben Namen definiert wird, führt der Aufruf dieser Funktion zu einem Compilerfehler.

In einer Parameterdeklaration kann man einen oder mehrere Parameter einschließlich ihres Datentyps angeben. Falls der Datentyp des Parameters kein Referenztyp (siehe Abschnitte 3.4.4 und 3.18) ist, bezeichnet man ihn auch als **Werteparameter**. Ein Werteparameter ist eine lokale Variable in der Funktion, die beim Aufruf der Funktion mit dem entsprechenden Argument initialisiert wird.

.

Eine Funktion wird dann dadurch aufgerufen, dass man ihren Namen angibt und in runden Klammern für jeden Parameter ein Argument. Falls die Funktion ohne Parameter definiert wurde, gibt man nur ein Klammerpaar ohne Argumente an. Durch den Funktionsaufruf wird jeder Parameter mit dem entsprechenden Argument initialisiert und dann die Verbundanweisung aus der Funktionsdefinition ausgeführt. Der Funktionswert ist dann ein Ausdruck des Datentyps, der bei der Definition der Funktion als Rückgabetyp angegeben wurde.

Beispiel: Durch

```
int Quadratsumme(int a, int b)
{
int s=0;
for (int i=a; i<=b; i++)
  s=s+i*i;
return s;
}
```

wird eine Funktion definiert, deren Funktionswert die Summe der Quadrate von a bis b ist. Diese Funktion kann dann wie in der nächsten Anweisung aufgerufen werden, die die Summe der ersten 10 Quadratzahlen ausgibt:

```
Memo1->Lines->Add(IntToStr(Quadratsumme(1,10)));
```

Wenn man durch eine Funktion nur eine Anweisungsfolge unter einem Namen zusammenfassen und keinen Wert zurückgeben will, kann man das mit dem Datentyp *void* als Rückgabetyp explizit zum Ausdruck bringen. Dieser Datentyp ist gerade dadurch charakterisiert, dass er keine Werte darstellen kann. Es ist insbesondere nicht möglich, eine Variable des Datentyps *void* zu definieren oder einen Ausdruck dieses Datentyps auf der rechten Seite einer Zuweisung zu verwenden:

```
void x; // Fehler: Größe von 'x' unbekannt oder Null
```

Beispiel: Durch den Rückgabetyp *void* wird explizit zum Ausdruck gebracht, dass die Funktion

```
void ZeigeQuadratsummen(int a, int b)
{
for (int i=a; i<=b; i++)
  Form1->Memo1->Lines->Add(IntToStr(a)+".."
    +IntToStr(i)+": "+IntToStr(Quadratsumme(a,i)));
}
```

lediglich aufgerufen werden kann und dass sie keinen Wert zurückgibt:

```
ZeigeQuadratsummen(1,10);
```

Es ist nicht möglich, sie auf der rechten Seite einer Zuweisung zu verwenden:

```
x=ZeigeQuadratsummen(1,10);  //Fehler: Kein
                             // zulässiger Typ
```

Auch die vom C++Builder erzeugten Eventhandler sind Funktionen, die keinen Funktionswert zurückgeben:

```
void __fastcall TForm1::Button1Click(TObject *Sender)
{
}
```

Die Angaben _*fastcall* und *TForm1::* passen zwar nicht in das bisher beschriebene Schema. Aber durch _*fastcall* wird nur die interne Art der Parameterübergabe gesteuert und „TForm1:" bringt zum Ausdruck, dass das Ereignis zur Formularklasse *TForm1* gehört.

Eine solche Funktion wird automatisch aufgerufen, wenn das entsprechende Ereignis eintritt. Da der Parameter *Sender* meist nicht verwendet wird, kann man sie auch mit einem Argument wie *Form1* aufrufen. Ein solcher Aufruf hat dann denselben Effekt wie das entsprechende Ereignis:

```
void f()
{
Form1->Button1Click(Form1); // Wie wenn Button1 angeklickt
}                            // wird
```

Jede Funktion mit einem anderen Rückgabetyp als *void* sollte für jedes Argument einen Wert zurückgeben, da der Funktionswert sonst unbestimmt ist.

Beispiel: Der Funktionswert der Funktion f ist für das Argument 0 unbestimmt:

```
int f(int x)
{
if (x>0) return x;
else if (x<0) return -x; //besser: else return -x;
}//Warnung: Funktion sollte einen Wert zurückgeben
```

Die Umsetzung dieser Anforderung ist aber nicht immer einfach. Bei manchen Funktionen ist der Wertebereich der Parameter größer als der der zulässigen Argumente. Dann muss man auch für unzulässige Argumente einen Wert zurückgeben (am besten einen, der auf den Fehler hinweist), oder eine Exception (siehe Abschnitt 3.19.2 und Kapitel 7) auslösen.

Beispiel: Wenn ein Wochentag durch einen *int*-Wert im Bereich 1 (Montag) bis 7 kodiert wird, dann gibt es keinen *int*-Datentyp, der nur diese Werte und keine anderen darstellen kann. In einer Funktion für solche Argumente muss man dann auch für unzulässige Argumente wie 17 einen Wert zurückgeben.

```
AnsiString ArbeitenOderWochenende(int t)
{
if ((t>0) && (t<6))
  return "viel zu früh aufstehen";
else if ((t==6) || (t==7)) return "Ausschlafen";
else return "Unzulässiges Argument";
}
```

In C++ kann man **Funktionen überladen**, d.h. verschiedene Funktionen mit demselben Namen definieren. Diese Funktionen müssen dann Parameter mit unterschiedlichen Datentypen haben. Beim Aufruf einer solchen Funktion entscheidet der Compiler dann anhand des Datentyps der Argumente, welche Funktion er aufruft. Die Regeln, nach denen der Compiler die aufgerufene Funktion auswählt, werden in Abschnitt 5.7 noch genauer beschrieben. Die einfachste Regel ist die, dass die Funktion mit derselben Anzahl und demselben Datentyp der Argumente aufgerufen wird.

Beispiel: Nach der Definition der überladenen Funktionen

```
int abs(int x)              long abs(long x)
{                           {
if (x<0) return x;          if (x<0) return x;
else return -x;             else return -x;
}                           }
```

werden durch die folgenden Aufrufe die als Kommentar angegebenen Funktionen aufgerufen:

```
abs(17);  // abs(int)
abs(17L); // abs(long)
```

Die Funktionen *IntToStr* sind für die Parametertypen *int* und *__int64* überladen. Sie sind Beispiele dafür, wie man denselben Funktionsnamen für verschiedene Funktionen verwenden kann, die inhaltlich dasselbe machen, aber dazu für verschiedene Parametertypen unterschiedliche Anweisungen benötigen.

3.4.4 Werte- und Referenzparameter

Nach dem Datentyp eines Parameters kann man das Zeichen & angeben. Dadurch wird der Datentyp des Parameters zu einem sogenannten **Referenztyp**. Ein Referenztyp bewirkt, dass die Anweisungen der Funktion beim Aufruf direkt mit den Argumenten ausgeführt werden. Deshalb werden bei einem Aufruf von

```
void vertausche (int& a, int& b)
{
int h=a;
a=b;
b=h;
}
```

die Werte der beiden als Argument übergebenen Variablen vertauscht:

```
int x=1, y=2;
vertausche(x,y);
// x=2; y=1
```

Hätte man das Zeichen & in der Funktionsdefinition ausgelassen, wären die Parameter **Werteparameter** (siehe Seite 117). Werteparameter unterscheiden sich von Referenzparametern dadurch, dass sie lokale Variable in der Funktion sind, die beim Aufruf mit den Argumenten initialisiert werden. Dann wären die Werte von x und y nicht vertauscht worden, da alle Anweisungen mit den Parametern in der Funktion mit den lokalen Variablen durchgeführt werden, die zu den Parametern gehören. Die Operationen mit diesen lokalen Variablen wirken sich aber nicht auf die entsprechenden Argumente aus.

Eine ausführlichere Darstellung von Werte- und Referenzparametern folgt in Abschnitt 3.18.

Anmerkung für Pascal-Programmierer: Den Referenzparametern von C++ entsprechen in Pascal die Variablenparameter.

3.4.5 Die Verwendung von Bibliotheken und Namensbereichen

Nach dem C++-Standard gehören zahlreiche **Bibliotheken** mit **vordefinierten Funktionen** und Datentypen zu C++. Außerdem gehören zu den meisten Compilern noch weitere Bibliotheken. Alle diese Bibliotheken stehen nach einer *#include*-Anweisung (siehe Abschnitt 3.22.1) zur Verfügung. Eine solche *#include*-Anweisung muss auf der äußersten Programmebene angegeben werden, d.h. außerhalb einer Funktion, Klasse oder eines *namespace*.

Für die **C++-Standardbibliotheken** verwendet man einen Header-Namen ohne „.h" wie z.B.

```
#include <cstdlib>
```

Die Elemente der C++-Bibliothek sind im Namensbereich (siehe Abschnitt 3.21) *std* enthalten. Um eine Funktion oder Klasse f aus einer solchen Bibliothek zu verwenden,

— schreibt man entweder jedes Mal *std::* vor f wie in

```
std::f()
```

oder man erspart sich die Notwendigkeit, jedes Mal „std::" zu schreiben

— mit einer *using*-**Anweisung**

```
#include <cstdlib>
using namespace std;
```

— oder mit einer sogenannten *using*-**Deklaration**

```
#include <cstdlib>
using std::f;
```

vor dem ersten Zugriff auf die Bibliotheksfunktion. Eine einzige *using*-Direktive reicht für alle C++-Standardbibliotheken aus. Bei kleinen Projekten (wie z.B. den Übungsaufgaben in diesem Buch) ist eine *using*-Anweisung meist am einfachsten. Bei großen Projekten sind allerdings Namenskonflikte eher wahrscheinlich. Dann sollte man eine der beiden anderen Alternativen bevorzugen.

Die meisten **Bibliotheken** des **C-Standards** gehören ebenfalls zu C++. Sie stehen nach einer *#include*-Anweisung mit einem Header-Namen mit der Erweiterung „.h"

```
#include <stdlib.h>
```

zur Verfügung. Für sie ist keine *using*-Direktive oder –Deklaration notwendig.

Zu den meisten **C-Standardbibliotheken** gibt es **auf C++ angepasste** Versionen, deren Name mit dem Buchstaben „c" beginnt und von dem Namen der C-Bibliothek ohne die Endung „.h" gefolgt wird.

Beispiele: Den C-Standardbibliotheken in der linken Spalte entsprechen die C++-Bibliotheken der rechten Spalte:

```
#include <stdlib.h>      #include <cstdlib>
#include <math.h>        #include <cmath>
```

Verschiedene Bibliotheken können ähnliche Namen haben. Mit der ersten der nächsten beiden *#include*-Anweisungen erhält man die Stringklasse der C++-Standardbibliothek (siehe Abschnitt 4.1) und mit der zweiten die C-Funktionen für nullterminierte Strings (siehe Abschnitt 3.12.14):

```
#include <string>    // C++ Stringklasse
#include <string.h> // nullterminierte Strings
```

Obwohl oft kein Unterschied zwischen einer C-Bibliothek und ihrer C++-Version besteht, gibt es gelegentlich doch kleine Unterschiede. Deswegen wird empfohlen, die **C++-Versionen** zu **verwenden**.

In den folgenden Beispielen werden diese Bibliotheken zusammen mit einer *using*-Deklaration wie in der linken Spalte verwendet. Die anderen beiden Varianten sind genauso möglich:

```
#include <cmath>         #include <cmath>       #include <math.h>
using namespace std; using std::sin;    // kein using notw.
```

3.4.6 Zufallszahlen

Nach

```
#include <cstdlib>
using namespace std;
```

steht die Funktion

  *int **rand**();*

aus der C Standardbibliothek zur Verfügung, die einen Zufallswert im Bereich 0 .. RAND_MAX (0x7FFFU bei den meisten Compilern) zurückgibt. Die Arbeitsweise dieser Funktion kann man sich folgendermaßen vorstellen:

– Vor dem ersten Aufruf wird eine globale Variable mit 1 initialisiert:

```
int seed=1; // eine globale Variable
```

– Bei jedem Aufruf wird aus dieser globalen Variablen ein neuer Wert berechnet und dieser dann als Funktionswert zurückgegeben:

```
int rand()
{ // siehe Park/Miller (1988)
const int64_t a=16807;//für 64-bit Multiplikation a*seed
seed = (a*seed)%2147483647; // 2^31-1, Mersenne-Primzahl
return seed;
}
```

Deshalb erhält man nach jedem Start des Programms immer dieselbe Folge von Zufallszahlen. Ein solcher Zufallszahlengenerator wird deshalb auch als **Pseudozufallszahlengenerator** bezeichnet.

Mit der Funktion

*void **srand** (unsigned __seed);*

kann man den Startwert *seed* auf den als Argument übergebenen Wert setzen. Diese Funktion ruft man oft mit einem zeitabhängigen Wert auf.

Neben diesen beiden im C Standard definierten Funktionen gibt es im C++Builder noch die Funktion

*int **random**(int num);*

die einen Zufallswert im Bereich 0..*num* als Funktionswert hat. Im Unterschied zu *rand* sind hier größere Werte als 32767 möglich. Mit

*void **randomize**(void);*

kann der Zufallszahlengenerator auf einen Wert initialisiert werden, der von der aktuellen Uhrzeit abhängt. Damit erhält man nach praktisch jedem Aufruf von *randomize* eine neue Folge von Zufallszahlen.

Aufgaben 3.4.6

1. Schreiben Sie

a) eine Funktion *Quersumme*, die für einen als Argument übergebenen Ganz-zahlwert die **Quersumme** als Funktionswert zurückgibt (z.B. Quersum-me(123)=6, Quersumme(100)=1)

b) eine Funktion *zeigeQuersumme*, die für alle Werte, die zwischen zwei als Parametern übergebenen Grenzen liegen, die Quersumme in einem Memo ausgibt.

2. Die **Fibonacci-Zahlen** 0, 1, 1, 2, 3, 5, 8 usw. sind durch $f_0 = 0$, $f_1 = 1$, $f_i = f_{i-1} + f_{i-2}$ für $i = 2, 3, 4, ...$ definiert, d.h. jede Zahl, außer den ersten beiden, ist die Summe der beiden vorangehenden.

Diese Zahlenfolge geht auf eine Additionsübung des italienischen Mathemati-kers Fibonacci im Jahr 1202 zurück. Dabei bezeichnet f_n die Anzahl der Ha-senpaare nach n Monaten, wenn jedes Hasenpaar jeden Monat ein neues Paar Junge bekommt, das nach einem Monat ebenfalls ein Paar Junge bekommt. In diesem einfachen Modell sind alle Hasen unsterblich.

a) Schreiben Sie eine Funktion, die den n-ten Wert der Fibonacci-Folge be-rechnet. Dabei soll n als Parameter übergeben werden.

b) Schreiben Sie eine Funktion, die die ersten n Werte der Fibonacci-Folge in einem Memo ausgibt. Rufen Sie diese Funktion mit n=50 auf.

3. Welche Werte werden durch die *for*-Schleife ausgegeben

```
int n=StrToInt(Edit1->Text);
for (unsigned int u=0; u<=n-1; u++)
  Memo1->Lines->Add(IntToStr(u));
```

a) mit n=0?

b) mit n=1?

c) Welche Ausgabe erhält man mit n=0, wenn man in der *for*-Schleife die Bedingung u<=n-1 durch u<n ersetzt?

4. Eine positive ganze Zahl n ist eine **Primzahl**, wenn sie genau zwei verschie-dene Teiler hat (nämlich 1 und n) und keine weiteren. Beispielsweise sind 2, 3 und 5 Primzahlen, aber 1, 4 und 6 sind keine.

a) Schreiben Sie eine boolesche Funktion *istPrim*, die für einen als Parameter übergebenen Ganzzahlwert n den Wert *true* zurückgibt, wenn n eine Prim-zahl ist, und andernfalls den Wert *false*. Prüfen Sie dazu in einer Schleife alle möglichen Teiler von n.

b) Schreiben Sie eine Funktion *zeigePrimzahlen*, die für einen als Parameter übergebenen Wert n alle Primzahlen ausgibt, die <= n sind.

c) Nach einer Vermutung des Mathematiker **Goldbach** kann jede gerade ganze Zahl >2 als Summe von zwei Primzahlen dargestellt werden. Obwohl diese Vermutung schon vor über 200 Jahren aufgestellt und für zahlreiche Werte überprüft wurde, konnte sie bis jetzt noch nicht bewiesen werden. Schreiben Sie eine Funktion *zeigeGoldbachPaare*, die für einen als

Parameter übergebenen Wert n alle Paare von Primzahlen mit der Summe n in einem Memo ausgibt. Die Anzahl dieser Paare ist z.B. 6 für n=100 und 28 für n=1000.

5. Drei Zahlen a, b und c, für die $a^2 + b^2 = c^2$ gilt (z.B. 3, 4 und 5), heißen **Pythagoräisches Zahlentripel**. Geben Sie alle solchen Zahlentripel für a und b <= n (ein Parameter) in einem Memo aus. Probieren Sie dazu für alle Kombinationen von a und b alle möglichen Werte von c aus, ob die Bedingung gilt. Für n=50 gibt es 26 solche Tripel.

6. Beim sogenannten **3n+1-Problem** wird ausgehend von einer positiven ganzen Zahl n nach dem folgenden Verfahren eine Zahlenfolge bestimmt:

    Für n=1 wird das Verfahren abgebrochen.
    Falls n ungerade ist, ersetzt man n durch (3n+1).
    Falls n gerade ist, ersetzt man n durch n/2.

    So erhält man z.B. für n=5 die Zahlenfolge   5, 16, 8, 4, 2, 1. Nach einer Vermutung der Mathematiker Ulam und Collatz konvergiert diese Folge immer. Obwohl diese Vermutung inzwischen für alle Zahlen $<7*10^{11}$ überprüft wurde, konnte sie bisher nicht allgemein bewiesen werden.

    Schreiben Sie eine Funktion *f3nPlus1*, die für einen als Parameter übergebenen Wert n die Anzahl der Schritte als Funktionswert zurückgibt, bis das Verfahren abbricht. Zum Testen soll über einen zweiten Parameter gesteuert werden können, ob alle Werte dieser Zahlenfolge in einem Memo-Fenster ausgegeben werden oder nicht.

7. Schreiben Sie eine Funktion *zeigeZufallszahlen*, die n mit *rand* und n mit *random* erzeugte Zufallszahlen im Bereich 1 .. 49 in einem Memo ausgibt. Vergleichen Sie die Ergebnisse, wenn Sie das Programm mehrfach

    a) mit demselben Startwert für die Zufallszahlen starten
    b) mit verschiedenen Startwerten für die Zufallszahlen starten.

8. **Die Gauß'sche Osterformel**

    Auf dem Konzil von Nicäa (325 n. Chr.) wurde festgelegt, dass der Ostersonntag der erste Sonntag nach dem ersten Vollmond im Frühling ist. Nach Knuth (1973, Bd. 1) war die Berechnung des Ostersonntags die einzige wichtige Anwendung der Arithmetik im Mittelalter.

    Gauß hat die Arbeit der mit dieser Berechnung beschäftigten Mönche durch den folgenden Algorithmus rationalisiert. Die hier dargestellte Version gilt allerdings nur bis zum Jahr 2299. Ein allgemeineres Verfahren findet man bei Knuth.

M und N seien durch die folgende Tabelle gegeben:

Jahr	M	N
1583–1699	22	2
1700–1799	23	3
1800–1899	23	4
1900–2099	24	5
2100–2199	24	6
2200–2299	25	0

A, B, C seien die Reste der Divisionen der Jahreszahl durch 19, 4 bzw. 7, D der Rest der Division von (19A + M) durch 30 und E der Rest der Division von (2B + 4C + 6D + N) durch 7.

Dann ist der Ostersonntag gleich dem (22 + D + E)-ten März oder gleich dem (D + E – 9)-ten April, falls die folgenden Grenzfälle berücksichtigt werden:

1. Ergibt sich der 26. April, so setze man stets den 19. April.
2. Ergibt sich der 25. April und gilt D = 28, E = 6 und A > 10, so fällt der Ostersonntag auf den 18. April.

Der Pfingstsonntag ist dann der siebte Sonntag nach Ostern.

Schreiben Sie ein Programm, das den Oster- und Pfingstsonntag berechnet. Testen Sie das Programm mit den folgenden Werten:

```
1970 Ostern: 29. März    Pfingsten: 17. Mai
1971 Ostern: 11. April   Pfingsten: 30. Mai
1972 Ostern:  2. April   Pfingsten: 21. Mai
1973 Ostern: 22. April   Pfingsten: 10. Juni
1974 Ostern: 14. April   Pfingsten:  2. Juni
1975 Ostern: 30. März    Pfingsten: 18. Mai
1976 Ostern: 18. April   Pfingsten:  6. Juni
1977 Ostern: 10. April   Pfingsten: 29. Mai
1978 Ostern: 26. März    Pfingsten: 14. Mai
1979 Ostern: 15. April   Pfingsten:  3. Juni
1980 Ostern:  6. April   Pfingsten: 25. Mai
```

Eine schön ausgedruckte Liste mit den so berechneten Osterdaten ist auch gut als Ostergeschenk geeignet (jedes Jahr ein anderes Jahrhundert). Weniger guten Freunden kann man eine Liste mit dem Datum von Weihnachten schenken (auch jedes Jahr ein anderes Jahrhundert).

9. Haben Sie darauf geachtet, dass alle ihre Funktionen zur Lösung dieser Aufgaben für jedes Argument im Wertebereich der Funktionsparameter einen definierten Wert zurückgeben?

3.5 Tests und der integrierte Debugger

Letztendlich ist das entscheidende Kriterium für die Korrektheit eines Programms immer das Ergebnis, das man bei seiner Ausführung erhält. Deshalb sollte man jede Funktion oder Anweisungsfolge **immer testen**, indem man sie mit bestimmten Werten ausführt und dann die Ergebnisse prüft. Ein Test setzt eine **präzise und vollständige Beschreibung** der Anforderungen an ein Programm voraus, die für jede Konstellation von Eingangswerten eine eindeutige Prüfung ermöglicht. Eine solche Beschreibung wird auch als **Spezifikation** bezeichnet.

In diesem Abschnitt werden die Grundbegriffe des sogenannten „White-Box"-Testens vorgestellt. Dabei analysiert man den Quelltext und versucht, für die zu testenden Anweisungen die Testwerte so zu konstruieren, dass möglichst alle Fehler entdeckt werden. Da ein solcher Test nur die Anweisungen testet, die in einem Programm enthalten sind, kann man so natürlich keine Fehler entdecken, die sich aufgrund von Anforderungen ergeben, die vergessen wurden. Solche Fehler versucht man mit sogenannten „Black-Box"-Tests zu finden, die völlig unabhängig vom Quelltext nur anhand der Spezifikation durchgeführt werden. Für eine ausführliche Darstellung zum Thema Testen wird auf Liggesmeyer (2002), Beizer (1990) und Kaner (1999) verwiesen.

In Abschnitt 3.5.4 wird dann der integrierte Debugger vorgestellt, der die Suche nach Fehlern erleichtert.

3.5.1 Systematisches Testen

Damit bei einem Test möglichst viele Fehler entdeckt werden, ist eine gewisse Systematik notwendig. Wenn man die Testwerte willkürlich wählt, ist die Gefahr groß, dass Fehler übersehen werden.

Die Werte, mit denen ein einzelner Test durchgeführt wird, bezeichnet man auch als **Testfall**. Ein **Test** besteht aus einem oder mehreren Testfällen. Dafür wird im Folgenden diese **Schreibweise** verwendet:

$\{x=0, y=1; s=1\}$ für einen Test mit den Werten $x=0$, $y=1$, bei dem die Variable s den Wert 1 erhalten soll.

$\{x=0, y=1; s=1 \mid x=2, y=2; s=3\}$ für die beiden Tests $\{x=0, y=1; s=1\}$ und $\{x=2, y=2; s=1\}$, usw.

Falls nur die Testwerte dargestellt werden sollen, aber nicht das Ergebnis, werden die Angaben nach dem Semikolon ausgelassen. Falls die Zuordnung der Werte zu den Variablen unmissverständlich ist, werden die Namen der Variablen wie in $\{0, 1; 1 \mid 2, 2; 3\}$ ausgelassen.

Die **Mindestanforderung** an systematisch konstruierte Tests ergibt sich daraus, dass jede Anweisung eines Programms falsch sein kann. Deshalb sollte man die Testfälle so wählen, dass **jede Anweisung mindestens einmal** ausgeführt wird.

Anweisungsfolgen mit *if*-Anweisungen sollte man mit solchen Werten testen, dass jede Bedingung sowohl den Wert *true* und *false* erhält. Dadurch wird jeder Zweig mindestens einmal ausgeführt, weshalb man dieses Kriterium auch als **Zweigüberdeckung** (engl. „**branch coverage**") bezeichnet. Da erfahrungsgemäß bei den Bedingungen leicht Fehler gemacht werden (z.B. „if (x<0) ..." anstelle von „if (x<=0) ..."), wird oft empfohlen, jede Bedingung mit den Randwerten zu testen.

Beispiele: Für eine Zweigüberdeckung der Anweisungsfolge

```
if (x>0) S1; // A)
S2; // S1 und S2 irgendwelche Anweisungen
```

sind zwei Tests notwendig, z.B. {x=0| x=1}. Für die Anweisungsfolge

```
if (x<0) S1; // B)
else S2;
if (y<0) T1;
else T2;
```

erhält man mit den beiden Tests {x=−1, y=−1|x=0, y=0} eine Zweigüberdeckung. Sie führen zur Ausführung von „S1; T1;" und „S2; T2;".

Für eine Anweisungsfolge ohne Schleifen und Verzweigungen erreicht man mit einem einzigen Test eine Zweigüberdeckung.

Falls sich eine Bedingung aus Teilbedingungen zusammensetzt, die mit *and* oder *or* verknüpft werden, verlangt man oft, dass jede Teilbedingung mit Werten getestet wird, die das Ergebnis *true* und *false* haben. Dieses Kriterium wird als **Bedingungsüberdeckung** (engl. „**condition coverage**") bezeichnet.

Beispiel: Mit den Tests {x=−1|x=0|x=10} erhält man eine Bedingungsüberdeckung für

```
if ((x>=0) && (x<10)) S;
```

Mit den Tests {x=−1|x=0|x=9|x=10} erhält man eine Bedingungsüberdeckung und einen Test aller Randwerte.

Alle bisher vorgestellten Testkriterien sind intuitiv nahe liegende Minimalanforderungen an Tests. Sie berücksichtigen aber alle nicht, dass manche Fehler nur bei bestimmten Kombinationen von Anweisungen (Programmpfaden) auftreten und bei anderen nicht. So werden z.B. die Pfade „S1; T2" und „S2; T1" in der Anweisungsfolge B) mit der angegebenen Bedingungsüberdeckung nicht getestet. Falls diese Pfade zu Fehlern führen, werden sie nicht entdeckt. Deshalb sollte ein Test immer zur Ausführung aller Programmpfade führen. Dieses Kriterium wird als **Pfadüberdeckung** (engl. „**path coverage**") bezeichnet.

Beispiel: Für die Anweisungsfolge B) des vorletzten Beispiels sind für eine Pfadüberdeckung 4 Tests notwendig, z.B.

$\{x=-1, y=-1|x=0, y=0|x=-1, y=0|x=0, y=-1\}$

Bei einem Programm mit n aufeinander folgenden *if*-Anweisungen sind für eine Pfadüberdeckung 2^n Tests notwendig.

Die Schleife

```
for (int i=0; i<n; i++)
  S; // irgendeine Anweisung
```

kann zu den n Programmpfaden führen:

```
; // für n<=0 keine Anweisung
S; // für n=1
S; S; // für n=2
usw.
```

Die Schleife

```
for (int i=0; i<n; i++)
  if (x<0) S1
  else S2;
```

kann zu den folgenden 2^n Pfaden führen:

n<=0: ein Pfad „;" (keine Anweisung)
n=1: die 2 Pfade „S1;" oder „S2;",
n=2: die 4 Pfade „S1;S1;", „S1;S2;", „S2;S1;", „S2;S2;"
n=3: die 8 Pfade „S1;S1;S1", „S1;S1;S2", „S1;S2;S1", „S1;S2;S2;",
„S2;S1;S1", „S2;S1;S2", „S2;S2;S1", „S2;S2;S2;"

Dieses Beispiel zeigt, dass das Pfadüberdeckungskriterium oft zu einer so großen Anzahl von Testfällen führt, dass es praktisch nicht mehr durchführbar ist. Hier kommt man an die Grenze des Testens.

Die Aufgaben eines Programms werden oft in Teilaufgaben aufgeteilt, die von **Funktionen** gelöst werden. Die Funktionen sollen dann mit den Argumenten ein bestimmtes Ergebnis erzielen. Deswegen ist es meist empfehlenswert, **ganze Funktionen** als Gegenstand des Testens zu betrachten, und nicht einzelne Anweisungen. Zum Testen einer Funktion wählt man für die Testfälle Argumente, die beim Aufruf der Funktion zu einer Pfad- oder Bedingungsüberdeckung für ihre Anweisungen führen.

Da diese Kriterien bei **Funktionen mit Schleifen** aber oft zu aufwendig sind, sollte man sie mindestens mit solchen Argumenten testen, dass jede Schleife

– nie durchgeführt wird,
– genau einmal durchgeführt wird,
– mehr als einmal durchgeführt wird, und

– mit einer typischen Anzahl von Wiederholungen durchgeführt wird.

Beispiel: Für die Funktionen (*pwr* soll für n>=0 x^n und sonst −1 zurückgeben)

```
int QS(int n)               int pwr(int x, int n)
{ // wie Quadratsumme       {
int s=0;                    int p=1;
for (int i=1; i<=n; i++)    if (n<0) p=-1;
  s=s+i*i;                  while (n>0)
return s;                     {
}                               if (n%2==1) p = p*x;
                                n = n/2;
                                x = x*x;
                              }
                            return p;
                            }
```

wird dieses Kriterium durch die folgenden Tests erfüllt, wenn für *pwr* außerdem noch 3 und 4 Wiederholungen typisch sein sollen:

{n=0; QS=0 | n=1;QS=1 | n=2;QS=5}

{x=2,n= −1; pwr= −1| x=2,n=0;pwr=1 | x=2,n=1;pwr=2}
{x=2,n= 2; pwr= −1| x=2,n=5;pwr=32 | x=2,n=8;pwr=128}

Die ersten drei Testfälle für *pwr* ergeben sich aus der ersten *if*-Anweisung. Von diesen testen die mit n=0 und n=1 auch 0 und 1 Wiederholungen der Schleife. Für 3 und 4 Wiederholungen sind Werte von n im Bereich 4≤n≤7 und 8≤n≤15 notwendig.

Das sind aber nur Mindestanforderungen. **Oft** sind **weitere Tests** notwendig. Beispielsweise würde mit diesen drei Tests bei der Funktion *Fibonacci* (Aufgabe 3.4.5, 2.) der Überlauf für größere Argumente als 46 nicht entdeckt. Deshalb benötigt man für die Wahl guter Testfälle auch ein Verständnis der Aufgabe und ein Gefühl für die möglichen Probleme.

Mindestens genauso wichtig wie eine systematische Vorgehensweise ist aber die **mentale Einstellung**: Beim Entwurf von Testdaten sollte man sich immer das Ziel setzen, Fehler zu finden. Ein Test, der nur zeigen soll, dass ein Programm funktioniert und der alle kritischen Fälle auslässt, ist wertlos. Nehmen Sie sich bei einem Test immer vor, das Programm zu knacken. Stellen Sie sich dazu doch einfach vor, es wäre von einem Kollegen geschrieben, den Sie überhaupt nicht leiden können, und dem Sie es schon immer mal zeigen wollten.

Größere Programme können umfangreiche Tests erfordern. Nach Cem Kaner (http://www.testingeducation.org/course_notes/hoffman_doug/test_automation/-auto8.pdf) hat Windows NT (Version 4) 6 Millionen Zeilen Quelltext und 12 Millionen Zeilen Testanweisungen.

Aufgaben 3.5.1

1. Entwerfen Sie für die Funktionen in a) bis f) systematische Tests. Geben Sie für jeden Testfall das erwartete Ergebnis an. Die Tests mit diesen Testdaten werden dann in Aufgabe 3.5.2 durchgeführt und sind hier nicht notwendig.

a)
```cpp
int Quersumme(int n)  // (Aufgabe 3.4.6, 1.)
{
if (n<0) n=-n; // berücksichtige negative n
int s=0;
while (n>0)
   {
     s = s+n%10;
     n = n/10;
   }
return s;
}
```

b)
```cpp
int Fibonacci(int n)  // (Aufgabe 3.4.6, 2.)
{
int f=0,x=0,y=1;
for (int i=0; i<n; i++)
   {
     x=y;
     y=f;
     f=x+y;
   }
return f;
}
```

c)
```cpp
bool istprim(int n)// (Aufgabe 3.4.6, 4.)
{
if (n<2) return false;
else if (n==2) return true;
else
   {
     for (int i=2; i*i<=n; i++)
       if (n%i==0) return false;
     return true;
   }
}
```

d)
```cpp
int Goldbach(int n)  // (Aufgabe 3.4.6, 4.)
{
if ((n<4) || (n%2==1)) return -1;
else
   {
     int k=0;
     for (int i=2; i<=n/2; i++)
       if (prim(i) && prim(n-i)) k++;
     return k;
   }
}
```

e) ```
int zeigePythagTripel(int n) // (Aufgabe 3.4.6, 5.)
{
int nt=0; // Anzahl der gefundenen Tripel
for (int a=1; a<n; a++)
   for (int b=a; b<n; b++)
      for (int c=b; c*c<=a*a+b*b; c++)
         if (a*a+b*b==c*c)
            {
            Form1->Memo1->Lines->Add("a="+IntToStr(a)+
               " b="+IntToStr(b)+" c= "+ IntToStr(c));
            nt++;
            }
return nt;
}
```

f) ```
int f3nplus1(int n)  // (Aufgabe 3.4.6, 6.)
{
if (n<=1) return 0;
int m=0;
while (n!=1)
   {
   m++;
   if (n%2==1) n=3*n+1;
   else n=n/2;
   }
return m;
}
```

g) Wie viele Tests sind für einen vollständigen Pfadtest bei den Funktionen in a) bis d) notwendig, wenn der Datentyp *int* Werte im Bereich - 2,147,483,648 ... 2,147,483,647 annehmen kann?

3.5.2 Testprotokolle und Testfunktionen für automatisierte Tests

Tests sollten **immer dokumentiert** werden, damit man auch noch später überprüfen kann, ob das Programm wirklich umfassend getestet wurde. Außerdem spart man den Aufwand für die Suche nach Testfällen, wenn nach einer Programmänderung ein erneuter Test notwendig wird.

Dazu sollte man die Testprotokolle aber nicht nur auf ein Blatt Papier schreiben und in einem Ordner abheften. **Testfunktionen**, die Tests durchführen, sind eine bessere Dokumentation. Ein einfacher Aufruf ermöglicht die spätere Wiederholung der Tests mit einem minimalen Zeitaufwand.

Mit einer Testfunktion wie der Folgenden kann man testen, ob eine Funktion die gewünschten Funktionswerte hat:

```
bool test_Quadratsumme0()
{ // teste die Testfälle {0,-1;0|0,0;0|0,1;1}
bool result = true;
if (Quadratsumme(0, -1)!= 0) result=false;
if (Quadratsumme(0, 0) != 0) result=false;
if (Quadratsumme(0, 1) != 1) result=false;
return result;
}
```

Diese Funktion kann dann folgendermaßen aufgerufen werden:

```
if (test_Quadratsumme0())
  Form1->Memo1->Lines->Add("All tests passed");
else
  Form1->Memo1->Lines->Add("Tests failed");
```

Damit man die nicht erfolgreichen Tests leicht feststellen kann, kann man einen einzelnen Test auch mit einer Hilfsfunktion durchführen, die den Fehler anzeigt:

```
bool assertEqual_int(int f, int s, AnsiString msg)
{ // teste einen Testfall
if (f!=s)
  {
    Form1->Memo1->Lines->Add("Test failed: "+msg+"=="+
                    IntToStr(f)+", expected: "+IntToStr(s));
    return false;
  }
else return true;
}
```

Die Testfunktion von oben ersetzt man dann durch diese Funktion:

```
bool test_Quadratsumme()
{// ein einfacher Test für die Funktion Quadratsumme
bool result = true;
if (!assertEqual_int(Quadratsumme(0, -1),0,
                    "Quadratsumme(0,-1)")) result=false;
if (!assertEqual_int(Quadratsumme(0,  0),0,
                    "Quadratsumme(0,0)")) result=false;
if (!assertEqual_int(Quadratsumme(0,  1),1,
                    "Quadratsumme(0,1)")) result=false;
return result;
}
```

Wenn alle Testfunktionen wie hier das Ergebnis der Tests als Funktionswert zurückgeben, kann man mit einer Funktion wie *TestAll* prüfen, ob alle Tests erfolgreich waren:

```
bool test_All()
{
bool result = true;
if (!test_Quadratsumme()) result=false;
if (!test_AnotherFunction()) result=false;
// ...
return result;
}
```

Da der Aufruf einer solchen Testfunktion auch bei einem umfangreichen Programm oft nur den Bruchteil einer Sekunde dauert, kann man so ohne großen Aufwand alle Tests bei jedem Start eines Programms wiederholen. Mit manuellen Tests ist das meist nicht machbar. Mit den beiden Anweisungen *#ifdef _DEBUG* und *#endif* erreicht man, dass diese Tests bei einer Release Version (*Projekt|-Optionen|Konfigurationen, Release Build* aktivieren) nicht durchgeführt werden.

```
__fastcall TForm1::TForm1(TComponent* Owner)
      : TForm(Owner)
{ // Konstruktor, wird bei jedem Programmstart aufgerufen
#ifdef _DEBUG
if (test_All())
  Form1->Memo1->Lines->Add("All tests passed");
else
  Form1->Memo1->Lines->Add("Tests failed");
#endif
}
```

Solche automatischen Testfunktionen setzen allerdings voraus, dass man alle zu testenden Funktionen so schreibt, dass man sie mit automatischen Testfunktionen testen kann. Das erreicht man oft dadurch, dass man das Ergebnis einer Funktion als Wert zurückgibt, und nicht nur am Bildschirm ausgibt.

Beispiel: Wenn die Funktion *Quadratsumme* das Ergebnis am Bildschirm ausgeben würde, müsste ein automatischer Test die ausgegebenen Werte mit den Sollwerten vergleichen. Das ist aber nicht ganz so einfach.

```
void Quadratsumme(int n)
{
int s=0;
for (int i=1; i<=n; i++)
  s=s+i*i;
Form1->Memo1->Lines->Add(IntToStr(s));
}
```

Es gibt einige Bibliotheken, die ähnliche und leistungsfähigere Funktionen wie *assertEqual_int* zur Verfügung stellen. So sind z.B. die Funktion *BOOST_-CHECK_EQUAL(left, right)* der Boost Test Bibliothek (http://www.boost.org) oder *Assert::AreEqual* von NUnit (http://NUnit.org) ähnlich aufgebaut wie die Funktion *assertEqual_int*. Auf der beiliegenden Buch-CD sind in Testutils.h im Verzeichnis *\Loesungen_CB2006\CppUtils* einige Funktionen wie

*bool **assertEqual**(int f, int s, AnsiString msg)*
*bool **assertEqual**(bool f, bool s, AnsiString msg)*
*bool **assertEqual**(double f, double s, AnsiString msg, int digits=10)*
*bool **assertEqual**(AnsiString f, AnsiString s, AnsiString msg)*

enthalten, mit denen man für die wichtigsten Datentypen die Gleichheit der Argumente für f und s testen kann. Diese Funktionen sind für die meisten Übungsaufgaben ausreichend. Sie können diese nach einer *#include*-Anweisung wie der folgenden verwenden:

```
#include "\Loesungen_CB2006\CppUtils\TestUtils.h"
```

Tests sind nicht nur nützlich um zu prüfen, ob eine zuvor geschriebene Funktion die gewünschten Ergebnisse hat. Der Entwurf von Testfällen und Testfunktionen kann zu einem besseren Verständnis für das Problem beitragen und dadurch bei der Suche nach einer Lösung hilfreich sein. Kent Beck (1999) empfiehlt unter dem Stichwort „**Test-First Programming**", zuerst Testfälle und Testfunktionen zu entwerfen, und zwar noch bevor man mit der Programmierung der Lösung beginnt. Ausgehend von einfachen Testfällen werden dann erste einfache Lösungsvarianten entworfen, die nur diese einfachen Testfälle erfüllen. Diese Schritte werden dann mit verfeinerten Testdaten so lange wiederholt, bis man eine hinreichend allgemeingültige Lösung hat.

Aufgaben 3.5.2

1. Schreiben Sie Testfunktionen für die Testfälle aus Aufgabe 3.5.1,1. Eine weitere Testfunktion *test_3_4* soll genau dann den Wert *true* zurückgeben, wenn alle diese Tests erfolgreich waren. Nehmen Sie diese Funktionen in das Projekts mit Ihren Lösungen der Aufgabe 3.4.6 und rufen Sie *test_3_4* als Reaktion auf einen Buttonklick auf. Falls alle Tests erfolgreich waren, soll eine entsprechende Meldung ausgegeben werden.

   Sie können die TestUtils-Funktionen von der Buch-CD verwenden.

   Falls Sie diese Aufgaben im Rahmen einer Gruppe (z.B. in einer Vorlesung) bearbeiten, kann es zur Qualität Ihrer Tests beitragen, wenn Sie nicht Ihre eigenen Funktionen testen, sondern die eines anderen Teilnehmers. Tauschen Sie dazu Ihre Lösungen aus und testen Sie sich gegenseitig.

2. Geben Sie einige Beispiele für Funktionen an, die nicht oder zumindest nicht so einfach, wie in Aufgabe 1 automatisch getestet werden können.

3.5.3 Tests mit DUnit im C++Builder 2007

DUnit ist ein Open Source Framework für Unit-Tests, das ähnlich wie JUnit für Java aufgebaut ist und die Ergebnisse der Tests grafisch darstellt. Es ist ab der Version 2007 in den C++Builder integriert.

Im Folgenden wird Schritt für Schritt gezeigt, wie man damit ein Testprojekt anlegen kann.

1. Zunächst wird vorausgesetzt, dass ein Projekt mit dem Namen **MyProject** geöffnet ist. Zu diesem Projekt soll eine Unit mit dem Namen **MyUnit** gehören, in deren Header-Datei (nicht in der C++-Datei) die Klasse

   ```
   class C {
      public:
         int g(int x){return 17;}
   };
   ```

   und die folgenden beiden zu testenden Funktionen definiert sind:

   ```
   int f1(int x){return x+1;}
   int f2(int x){return x+2;}
   ```

   Die Klasse ist notwendig, weil DUnit nur auf das Testen von Klassen ausgelegt ist. Zur Vereinfachung sollen hier zunächst die Definitionen und nicht nur die Prototypen der Funktionen in die Header-Datei aufgenommen werden.

2. Legen Sie mit *Datei|Neu|Weitere|Unit-Test* ein Testprojekt an. Daraufhin wird ein „Test Projekt Experte" gestartet, der für das Testprojekt einen Namen vorschlägt, der sich aus dem Namen des bereits geöffneten Projekts (hier also „*MyProject*") und „*Tests*" zusammensetzt. Im Folgenden wird davon ausgegangen, dass das Testprojekt den Namen **MyProjectTests** hat und im nächsten Schritt als **Test-Runner** *GUI* gewählt wurde.

3. Dem Testprojekt wird dann mit *Datei|Neu|Weitere|Unit-Test* ein **Testfall** hinzugefügt. Die Frage des „Test Fall Experten" nach der Quelltextdatei wird mit „MyUnit.h" beantwortet. Dann wird nach der Fertigstellung eine Datei *TestMyUnit.cpp* angelegt und in das Testprojekt *MyProjectTests* aufgenommen, die unter anderem die Funktion

   ```
   void __fastcall TTestC::Testg()
   {
      // int g(int x)
   }
   ```

   enthält. Diese Funktion ergänzt man dann manuell durch Testfunktionen wie

```
void __fastcall TTestC::Testg()
{
// int g(int x)
CheckEquals(f1(1), 2, "Test 1");
CheckEquals(f2(2), 4, "Test 2");
}
```

Die unter 2. angelegte Datei mit den zu testenden Funktionen wird in *TestMy-Unit.cpp* mit einer *#include*-Anweisung aufgenommen:

```
#include "MyUnit.h"
```

4. Nach dem Start des Projekts *MyProjectTests* und dem Anklicken des Run-Buttons wird das Ergebnis der Tests grafisch dargestellt:

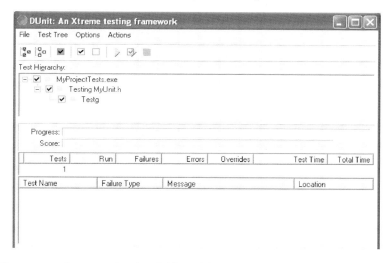

Hier entsprechen rote Punkte fehlgeschlagenen und grüne erfolgreichen Tests, die mit Funktionen wie *CheckEquals* erzeugt wurden.

In DUnit gibt es neben *CheckEquals* zahlreiche weitere Funktionen, mit denen man das Ergebnis eines Programms prüfen kann (siehe z.B. die Header-Datei TestFramework.hpp). Für die meisten Übungsaufgaben in diesem Buch reicht aber die Prüfung auf Gleichheit aus.

*void **Check**(bool condition, AnsiString msg = "");*
*void **CheckTrue**(bool condition, AnsiString msg = "");*
*void **CheckFalse**(bool condition, AnsiString msg = "");*
*void **CheckEquals**(Extended expected, Extended actual, AnsiString msg = "");*
*void **CheckEquals**(Extended expected, Extended actual, Extended delta,*
AnsiString msg = "");
*void **CheckEquals**(int expected, int actual, AnsiString msg = "");*
*void **CheckEquals**(AnsiString expected, AnsiString actual, AnsiString msg= "");*

Für die Tests der Übungsaufgaben werden allerdings im Folgenden nicht die DUnit-Funktionen verwendet, sondern einige einfache Funktionen wie die aus Abschnitt 3.5.2.

3.5.4 Der integrierte Debugger

Da bisher noch niemand das fehlerfreie Programmieren erfunden hat, kommt es immer wieder vor, dass sich ein Programm einfach nicht so verhält, wie man sich das gedacht hat. Ein Fehler, der die Ursache für ein falsches Programmergebnis ist (eine Abweichung von der Spezifikation), wird auch als **Bug** (Wanze) bezeichnet, und die Suche nach solchen Fehlern sowie deren Behebung als **Debugging**.

Ein **Debugger** ist ein Werkzeug, das die Suche nach Programmierfehlern erleichtert, indem es z.B. die schrittweise Ausführung eines Programms und die Beobachtung von Variablen während der Laufzeit eines Programms ermöglicht. Da die Suche nach Fehlern oft keineswegs trivial ist, kann man Fehler oft nur so mit vertretbarem Aufwand finden.

Wenn man ein Projekt mit der Build-Konfiguration *Debug-Build (aktiv)* (*Projekt\Optionen\Konfiguration*) kompiliert und dann in der Entwicklungsumgebung mit *F9* oder *Start\Start* startet, wird es vom integrierten Debugger ausgeführt. Dieser bietet insbesondere die folgenden Möglichkeiten:

Haltepunkte (Breakpoints)

Ein Haltepunkt ist eine Zeile im Quelltext, vor deren Ausführung das Programm anhält, wenn man es im Debugger startet. Danach kann man die Werte von Variablen anschauen oder verändern, die nächsten Anweisungen schrittweise mit *F7* oder *F8* ausführen, oder das Programm mit *F9* fortsetzen.

Mit *F5*, oder *Start\Haltepunkt hinzufügen\Quelltexthaltepunkt* oder durch einen Klick auf den linken Rand im Editor wird die Zeile mit dem Cursor zu einem Haltepunkt. Falls diese Zeile vorher als Haltepunkt definiert war, wird er gelöscht. Die Zeile mit dem Haltepunkt wird farbig unterlegt, und am linken Rand wird ein Kreis angezeigt.

Mit *F4* oder *Start\Bis Cursorposition ausführen* führt der Debugger das Programm bis zu der Zeile aus, in der sich der Cursor befindet.

Mit *Ansicht\Debug-Fenster\Haltepunkte* werden alle derzeit gesetzten Haltepunkte und ihre Eigenschaften angezeigt:

Hier können Bedingungen und Durchlaufzähler eingetragen werden. Damit kann das Anhalten an einem Haltepunkt von Bedingungen abhängig gemacht werden. Beispielsweise wird dann in einer Schleife nicht jedes Mal angehalten, sondern erst ab einem bestimmten Wert des Schleifenzählers. Über *Eigenschaften* kann man weitere Eigenschaften eines Haltepunkts setzen.

Schrittweise Programmausführung:

Mit *F7* oder *Start|Einzelne Anweisung* und *F8* oder *Start|Gesamte Routine* führt der Debugger die nächste Anweisung aus und unterbricht anschließend die Programmausführung. *F7* und *F8* unterscheiden sich nur bei Funktionsaufrufen: Falls die nächste Anweisung ein Funktionsaufruf ist, hält der Debugger mit *F7* bei der ersten Anweisung in der Funktion an. Mit *F8* hält er bei der nächsten Anweisung nach dem Funktionsaufruf an.

Werte von Variablen anzeigen und verändern

Wenn man den Mauszeiger kurz über einer Variablen stehen lässt, wird ihr Wert in einem kleinen Fenster angezeigt:

Mit *Ansicht|Debug-Fenster|Überwachte Ausdrücke* bzw. **Lokale Variablen** kann man sich die aktuellen Werte von Variablen und Ausdrücken während der Programmausführung anzeigen lassen.

In *Lokale Variablen* werden die **Werte aller lokalen Variablen** der aktuell ausgeführten Funktion angezeigt. Falls hier in einer Ereignisbehandlungsroutine die Werte von *this* und *Sender* angezeigt werden und Ihnen diese nichts sagen, ignorieren Sie sie einfach.

In der *Liste überwachter Ausdrücke* kann man nicht nur die Werte von Variablen, sondern auch die von Ausdrücken wie n/10 anzeigen. Dieser Liste kann man einen Ausdruck hinzufügen, indem man ihn im Editor markiert und mit der Maus in die

Liste zieht, oder mit *Strg+F5*, *Start|Ausdruck hinzufügen* oder über das Kontext-
menü. Das Darstellungsformat kann nach einem Doppelklick auf eine Zeile über
die RadioButtons ausgewählt werden:

oder durch eine Formatangabe wie „10m" nach dem Namen der Variablen (wie in
der Liste der überwachten Ausdrücke oben). Hier die wichtigsten dieser Angaben:

Format- angabe	zulässige Datentypen	Ausgabe
,C ,S	Char, String	Zeichen und Strings im Klartext; nicht druckbare Zeichen als Escape-Sequenz
,D	Ganzzahldatentyp	dezimal
,H oder,X	Ganzzahldatentyp	hexadezimal (mit dem Präfix 0x)
,Fn	Gleitkomma- datentyp	Mantisse mit n Stellen (n zwischen 2 und 18), z.B. „3.5375E-3" mit „„F5".
,P	Zeigertyp	hexadezimal (ohne Präfix 0x)
,R	Struct, Klasse, Objekt	Paare aus Feldnamen und zugehörigem Wert, z.B. (X:5;Y:2; Z:10)
,nM	alle	Ab der Adresse des gegebenen Ausdrucks n Bytes. Jedes Byte wird standardmäßig durch zwei hexadezimale Ziffern darge-stellt. Weitere Formate in Kombination mit den Formatangaben C, D, H und S.

Mit *Strg+F7* bzw. über das Kontextmenü im Editor unter *Fehlersuche* kann man
den Wert einer Variablen im Fenster *Auswerten/Ändern* nicht nur anzeigen,
sondern auch ändern, indem man nach *Neuer Wert* einen neuen Wert für die
Variable eingibt:

Diese Möglichkeit ist insbesondere dann nützlich, wenn man beim Debuggen einen Fehler entdeckt hat, der einen falschen Wert einer Variablen zur Folge hat. Diesen Wert kann man hier ändern und dann das Programm fortsetzen, ohne dass man es neu kompilieren und die Debug-Sitzung neu beginnen muss.

Um Meldungen anzuzeigen, die die sonstige Anzeige im Programm nicht stören, kann man die Funktion **OutputDebugString** verwenden. Diese Meldungen werden dann im **Ereignisprotokoll** (*Ansicht\Debug-Fenster\Ereignisprotokoll*) angezeigt.

```
OutputDebugString("Meldung aus Funktion f17");
```

Der Aufruf-Stack

Manchmal will man wissen, über welche Funktionsaufrufe man an die aktuelle Programmstelle gekommen ist. Diese Information erhält man im Fenster *Aufruf-Stack* (mit *Ansicht\Debug-Fenster\Aufruf-Stack* oder *Strg+F3*). Hier wird in der ersten Zeile die zuletzt aufgerufene Funktion mit ihren Argumenten angezeigt. Darunter folgen die zuvor aufgerufenen in der Reihenfolge der Aufrufe. Die letzte Zeile enthält die nach dem Start des Programms zuerst aufgerufene Funktion.

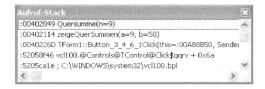

Durch einen Doppelklick auf eine Zeile in diesem Fenster kann man den Cursor an die Stelle im Quelltext positionieren, an der diese Funktion aufgerufen wird.

Kommandozeilenargumente kann man im Debugger mit *Start\Parameter* übergeben.

Einige weitere Anweisungen, die im Umgang mit dem Debugger oft nützlich sind:

– Falls man vor lauter Blättern in den Quelltexten nicht mehr weiß, welche Anweisung als nächste ausgeführt wird, kann man diese mit *Start\Zu Ausführungsposition gehen* finden.
– Mit *Start\Programm Pause* kann die Ausführung eines laufenden Programms unterbrochen werden. Es kann anschließend mit F9 fortgesetzt werden.

– Mit *Strg+F2* oder *Start\Programm zurücksetzen* kann die aktuelle **Debug-Sitzung beendet** werden. Dabei bleiben alle Haltepunkte und alle überwachten Ausdrücke der aktuellen Sitzung erhalten, so dass eine neue Debug-Sitzung mit denselben Haltepunkten usw. aufgenommen werden kann, ohne dass sie neu eingegeben werden müssen.

Damit ein Programm vom Debugger ausgeführt werden kann, muss der Compiler zusätzliche Informationen erzeugen und auch etliche Optimierungen unterlassen. Dadurch wird das Programm langsamer. Deshalb kompiliert man ein Programm, das ausgeliefert werden und mit optimaler Geschwindigkeit laufen soll, nach der Aktivierung als ***Release-Build*** unter *Projekt\Build-Konfigurationen*. Weitere Optionen für den Debugger können unter ***Tools\Debugger-Optionen*** gesetzt werden.

Es wird oft empfohlen, **jede Funktion im Debugger mindestens einmal schrittweise auszuführen**, damit man gesehen hat, ob sie auch wirklich das tut, was sie tun soll. Dabei sollte jede Verzweigung mindestens einmal durchlaufen werden, ebenso jede Schleife für die Randwerte sowie für Werte innerhalb und außerhalb der Grenzbereiche.

Aufgabe 3.5.4

Setzen Sie in Ihrer Lösung der Funktion *ZeigeQuersumme* (Aufgabe 3.4.6, 1) einen Haltepunkt. Starten Sie Ihr Programm, so dass die Anweisung mit dem Haltepunkt ausgeführt wird.

a) Gehen Sie mit einer schrittweisen Programmausführung in die Funktion *Quersumme*. Zeigen Sie die Variablen i und s im Fenster *Überwachte Ausdrücke* bzw. *Lokale Variablen* an und führen Sie die Anweisungen schrittweise aus.
b) Schauen Sie in der Funktion *Quersumme* den Aufrufstack an.
c) Schreiben Sie eine Endlosschleife und unterbrechen Sie das Programm einmal mit *Start\Programm Pause* und einmal mit *Start\Programm zurücksetzen*.

3.6 Gleitkommadatentypen

Offensichtlich ist der Wertebereich der Ganzzahldatentypen für viele Anwendungen nicht ausreichend: Die größte darstellbare Zahl ist 10-stellig, außerdem können keine Zahlen mit Nachkommastellen dargestellt werden.

Diese Einschränkungen sind bei den sogenannten Gleitkommadatentypen wesentlich geringer:

Datentyp	Wertebereich (pos./negativ) im C++Builder	signifikante Stellen (Genauigkeit)	Größe in Bytes
float	$1,18 \times 10^{-38} .. 3,40 \times 10^{38}$	6	4
double	$2,23 \times 10^{-308} .. 1,79 \times 10^{308}$	15	8
long double	$3,37 \times 10^{-4932} .. 1,18 \times 10^{4932}$	18	10

Im C++-Standard sind keine expliziten Wertebereiche für diese Datentypen festgelegt. Es wird lediglich verlangt, dass *double* mindestens so genau ist wie *float* und *long double* mindestens so genau wie *double*. Der Wertebereiche von *float*, *double* und *long double* müssen (in dieser Reihenfolge) Teilmengen voneinander sein. Deshalb können die **Wertebereiche, die Genauigkeit und die Größe bei anderen Compilern verschieden** sein.

Der C++Builder verwendet die zum IEEE 754 Standard konformen Gleitkommaformate der Floating Point Unit (FPU), die in allen Pentium-Prozessoren eingebaut ist. Da andere Prozessoren eventuell andere Formate verwenden, sind Binärdateien mit Gleitkommawerten eventuell nicht portabel.

Die Gleitkommadatentypen werden zusammen mit den Ganzzahldatentypen als **arithmetische Datentypen** bezeichnet. Zusammen mit dem Datentyp *void* fasst man die arithmetischen Datentypen zu den **fundamentalen, vordefinierten** oder **eingebauten Datentypen** zusammen. Diese werden vom jedem C++-Compiler zur Verfügung gestellt und müssen im Unterschied zu den zusammengesetzten Datentypen (siehe Kapitel 4) nicht explizit definiert werden.

3.6.1 Die interne Darstellung von Gleitkommawerten

Gleitkommawerte werden in einem sogenannten **Gleitkommaformat** dargestellt. Ein solches Format verwendet eine vorgegebene **Basis b**, für die in der Praxis nur die Werte 2 (**binäres Gleitkommaformat**) und 10 (**dezimales Gleitkommaformat**) üblich sind. Die **Gleitkommadarstellung** einer (im mathematischen Sinn) reellen Zahl r besteht dann aus 3 ganzzahligen Werten s (für das Vorzeichen), m (für die sogenannte Mantisse, die auch als **Signifikand** bezeichnet wird) und e (dem Exponenten), so dass

$r = s*m*b^e$

gilt oder möglichst gut angenähert wird. Um eine eindeutige Darstellung zu erreichen, wird der Exponent in der Regel so gewählt, dass entweder $0,1 \leq m < 1$ oder $1 \leq m < b$ gilt. *float*, *double* und *long double* verwenden binäre Gleitkommaformate. Datentypen mit dezimalen Gleitkommaformaten werden in Abschnitt 3.6.5 vorgestellt.

Beispiel: Für die Zahl 3,14 im Dezimalsystem (b=10) erhält man die Darstellung

$3,14 = (+1) *0,314 * 10^1$, also s=1, m=0,314 und e=1

Die Zahl 314 hat dieselbe Mantisse und dasselbe Vorzeichen, aber den Exponenten 3:

$$314 = (+1) * 0{,}314 * 10^3, \text{ also s=1, m=0{,}314 und e=3}$$

Da mit diesem Datenformat die Zahl Null nicht dargestellt werden kann, wird dafür meist ein spezielles Bitmuster von s, m und e verwendet.

Als Beispiele für Gleitkommaformate werden die für „Double Real" und „Extended Real" der Floating Point Unit (FPU) von Intel Pentium Prozessoren gezeigt. Diese stehen im C++Builder als *double* und *long double* zur Verfügung. Das Format für *float* ist ähnlich.

double:

| | Exponent e | s |

0 (Positionen der Bits)   51 52   62 63

Dabei ergibt sich der Wert der dargestellten Zahl folgendermaßen aus dem Datenformat:

if $0 < e < 2047$, then $v = (-1)^s * 2^{(e-1023)} * (1.m)$.
if $e = 0$ and $m \neq 0$, then $v = (-1)^s * 2^{(-1022)} * (0.m)$.
if $e = 0$ and $m = 0$, then $v = (-1)^s * 0$.
if $e = 2047$ and $m = 0$, then $v = (-1)^s * \text{Inf}$. // $+\infty$ und $-\infty$
if $e = 2047$ and $m \neq 0$, then v is a NaN. // **n**ot **a** **N**umber – keine Zahl

long double:

| Mantisse m | | Exponent e | s |

0 (Positionen der Bits)   62 63 64   78 79

Hier ergibt sich der Wert der dargestellten Zahl durch:

if $0 <= e < 32767$, then $v = (-1)^s * 2^{(e-16383)} * (i.m)$.
if $e = 32767$ and $m = 0$, then $v = (-1)^s * \text{Inf}$. // $+\infty$ und $-\infty$
if $e = 32767$ and $m \neq 0$, then v is a NaN // **n**ot **a** **N**umber – keine Zahl

Bei der Bestimmung des binären Gleitkommadarstellung einer reellen Zahl r geht man ähnlich wie bei Ganzzahlen vor und sucht Koeffizienten $...b_1b_0b_{-1}b_{-2}...$, so dass

$$r = ... b_1 2^1 + b_0 2^0 + b_{-1} 2^{-1} + b_{-2} 2^{-2} ...$$

gilt. Von diesen Koeffizienten nimmt man ab dem ersten, von Null verschiedenen, so viele für die Mantisse m, wie diese Bits hat. Die Position der ersten Stelle wird dann durch eine Multiplikation mit 2^e berücksichtigt.

Beispiele: $5_{10} = 1*2^2 + 0*2^1 + 1*2^0 = 1{,}01_2*2^2$ (m = 1,01, e = 2)
               $0{,}5_{10} = 1*2^{-1}$ (m = 1,0, e = −1)
               $0{,}1875_{10} = 1*2^{-3} + 1*2^{-4} = 1{,}1_2*2^{-3}$ (m = 1,1, e = −3)

Ein Algorithmus zur Bestimmung der Koeffizienten b_1, b_0, b_{-1}, b_{-2}.usw. soll am Beispiel der Zahl $0{,}1_{10}$ gezeigt werden:

Beispiel: $0{,}1_{10} = 0*2^{-1}$ Rest $0{,}1_{10}$
              $0{,}1_{10} = 0*2^{-2}$ Rest $0{,}1_{10}$
              $0{,}1_{10} = 0*2^{-3}$ Rest $0{,}1_{10}$
              $0{,}1_{10} = 1*2^{-4}$ Rest   // 1/10 − 1/16 = 8/80 − 5/80 = 3/80
              $3/80_{10} = 1*2^{-5}$ Rest   // 3/80 − 1/32 = 1/160 = (1/16)*(1/10)

Offensichtlich wiederholen sich die Ziffern anschließend, d.h. die Ziffernfolge wird ein nichtabbrechender, periodischer Dezimalbruch:

0.1_{10} $= 0{,}0(0011)_2$ // Periode in Klammern
        $= 1{,}(1001)2^{-4}$ // normiert, so dass die Mantisse mit 1 beginnt

Dieses Beispiel zeigt, dass eine Zahl, die in einem bestimmten Zahlensystem eine abbrechende Dezimalbruchentwicklung hat, in einem anderen Zahlensystem ein nichtabbrechender periodischer Dezimalbruch sein kann. Weitere Beispiele aus anderen Zahlensystemen:

$1/3_{10} = 0{,}1_3$ Der im Dezimalsystem periodische Dezimalbruch 1/3 ist im System zur Basis 3 abbrechend.

$1/7_{10} = 0{,}1_7$ Der im Dezimalsystem periodische Dezimalbruch 1/7 ist im System zur Basis 7 abbrechend.

Generell gilt: Ein Bruch z/n lässt sich genau dann als abbrechender Dezimalbruch in einem Zahlensystem zur Basis B darstellen, wenn alle Primfaktoren des Nenners Teiler von B sind.

Deshalb können in einem binären Gleitkommaformat alle die reellen Zahlen r exakt als Gleitkommazahlen dargestellt werden, für die

$r = ... b_1 2^1 + b_0 2^0 + b_{-1} 2^{-1} + b_{-2} 2^{-2} ...$

gilt und bei denen die Mantisse für die Anzahl der Koeffizienten ausreicht. Alle anderen reellen Zahlen werden entweder nur durch Näherungswerte dargestellt (falls die Mantisse nicht breit genug ist) oder können nicht dargestellt werden, weil der Exponent e zu klein (Unterlauf, underflow) oder zu groß (Überlauf, overflow) wird.

Bei einem Gleitkommaformat werden also alle reellen Zahlen, die sich erst ab der letzten Stelle der Mantisse unterscheiden, durch dasselbe Bitmuster dargestellt. Deshalb ist die Darstellung einer reellen Zahl im Gleitkommaformat **nur relativ genau, aber nicht immer exakt**. In diesem Punkt unterscheiden sich Gleitkommadatentypen grundlegend von den Ganzzahldatentypen: Bei einem Ganzzahldatentyp entspricht jedem Bitmuster genau eine Zahl im Wertebereich, und diese Darstellung ist immer exakt. In der Tabelle auf Seite 143 gibt die Anzahl der **signifikanten Stellen** an, wie viele Stellen einer Dezimalzahl im jeweiligen Gleitkommaformat dargestellt werden können.

Allerdings ist eine Gleitkommadarstellung auch nicht besonders ungenau. In vielen Anwendungen wirkt sich diese Ungenauigkeit beim Rechnen mit Gleitkommazahlen überhaupt nicht aus.

Bei der Subtraktion von fast gleichgroßen Gleitkommazahlen hat das Ergebnis jedoch oft wesentlich weniger richtige Stellen als die Ausgangszahlen:

Beispiel: f1 und f2 unterscheiden sich in der 7. Stelle:

```
float f1=1.0000010; // float hat 6 signifikante
float f2=1.0000001;              // Stellen
float f=f1-f2; // f=8.34465026855469E-7
```

Beim Ergebnis f ist bereits die erste Stelle falsch. Ersetzt man hier *float* durch *double* oder *long double*, erhält man bessere Ergebnisse. Aber auch mit *double* oder *long double* oder *long double* kann der Fehler in der Größenordnung von 10% liegen, wenn sich die beiden Operanden nur auf den letzten signifikanten Stellen unterscheiden.

Solche Rundungsfehler können sich im Lauf einer Folge von Rechnungen so weit aufschaukeln, dass das berechnete Ergebnis deutlich vom tatsächlichen abweicht. Es empfiehlt sich deshalb, die Ergebnisse von Rechnungen mit Gleitkommazahlen immer nachzuprüfen (z.B. eine Probe ins Programm aufzunehmen).

Die bisherigen Ausführungen zeigen insbesondere, dass bei der Addition einer kleinen Zahl zu einer großen Zahl die Summe gleich der großen Zahl sein kann, wenn sich die kleine Zahl erst nach der letzten Stelle der Mantisse auf das Ergebnis auswirkt. Damit kann im Unterschied zu den reellen Zahlen der Mathematik

$$a + x = a$$

sein, ohne dass dabei x = 0 ist.

Außerdem kann das Ergebnis des Ausdrucks a + b + c davon abhängen, in welcher Reihenfolge der Compiler die Zwischensummen berechnet. Wie das Beispiel (mit B = 10 und einer Mantisse mit 3 Stellen)

$$a = -123{,}0 \qquad b = 123{,}0 \qquad c = 0{,}456$$

zeigt, gilt $(a + b) + c = 0{,}456 \neq 0 = a + (b + c)$, d.h. das **Assoziativgesetz muss bei der Addition von Gleitkommazahlen nicht gelten**.

3.6.2 Der Datentyp von Gleitkommaliteralen

Gleitkommaliterale können nach den folgenden Regeln gebildet werden:

floating-literal:
　fractional-constant exponent-part ₒₚₜ *floating-suffix* ₒₚₜ
　digit-sequence exponent-part floating-suffix ₒₚₜ

fractional-constant:
　digit-sequence ₒₚₜ . *digit-sequence*
　digit-sequence .

exponent-part:
　e *sign* ₒₚₜ *digit-sequence*
　E *sign* ₒₚₜ *digit-sequence*

sign: one of
　+ -

digit-sequence:
　digit
　digit-sequence digit

floating-suffix: one of
　f l F L

Der Datentyp eines Gleitkommaliterals ist *double*, solange nicht durch ein Suffix „f" oder „F" der Datentyp *float* oder durch „l" oder „L" *long double* definiert wird. Da der Kleinbuchstabe l leicht mit der Ziffer 1 verwechselt wird, empfiehlt es sich, immer das große L für *long double* Literale zu verwenden.

Beispiele: Einige Gleitkommaliterale:

```
double d=.1;  // d1=0.1
float f1=1.234E-38f;  // f1==1.234E-38
float f2=1.234E-50f;  // f2==0
float f3=3.4E38f;     // f3=3.4E38
float f4=3.5E38f;     // f4==INF

double d1=2.5E-308;   // d1==2.5E-308
double d2=1.1E-324;   // d2==0
double d3=1.7E308;    // d3==1.7E308
double d4=1.8E308;    // d4==INF
```

Hier sieht man insbesondere, dass Werte in der Nähe von Null, die außerhalb des darstellbaren Bereichs liegen, auf 0 abgerundet werden. Zu große Werte werden als „INF" (für „infinity", unendlich) dargestellt.

Bei Gleitkommaliteralen **muss** man darauf achten, dass die Nachkommastellen mit einem Punkt und **nicht mit** einem **Komma** getrennt werden. Der Ausdruck

```
double d=3,1415; // falsch
```

ist in C++ syntaktisch zulässig und wird mit dem sogenannten Kommaoperator ausgewertet. Dabei erhält d den Wert 3 und nicht 3.1415, ohne dass eine Warnung oder Fehlermeldung auf den Schreibfehler hinweist.

3.6.3 Standardkonversionen

Wie für die Ganzzahldatentypen (siehe Abschnitt 3.3.3) sind im C++-Standard auch für die Gleitkommadatentypen **Standardkonversionen** definiert, die der Compiler z.B. in den folgenden Situationen implizit (d.h. automatisch) durchführt:

– Bei der Zuweisung v=a eines Ausdrucks a des einen an eine Variable v eines anderen Datentyps.
– Wenn beim Aufruf einer Funktion für einen Parameter des Datentyps T1 ein Argument des Datentyps T2 eingesetzt wird.

In Zusammenhang mit den Gleitkommadatentypen gilt nach dem C++-Standard:

1. Ein Ganzzahlwert wird exakt in einen Gleitkommatyp konvertiert, außer wenn der Ganzzahlwert mehr signifikante Stellen als der Gleitkommatyp hat. In diesem Fall wird der nächste darstellbare Wert darüber oder darunter ausgewählt.

   Beispiel: Ein 32-bit *int*-Wert kann mehr signifikante Stellen haben als *float*:

   ```
   float f=1234567891;// f=1234567936
   ```

2. Bei der Konvertierung eines Gleitkommawertes in einen Ganzzahltyp werden die Nachkommastellen abgeschnitten und nicht, wie man eventuell erwarten könnte, gerundet.

   Beispiele: int i=1.4; int j=1.6;   // i=1, j=1
   ```
              int i=-1.4; int j=-1.6;   // i=-1, j=-1
   ```

   Falls der Gleitkommawert nicht im Wertebereich des Ganzzahltyps liegt, ist das Ergebnis unbestimmt.

   Beispiel: char c=12345.0; // c='9'=57

3. Falls ein Wert eines genaueren in einen ungenaueren Gleitkommatyp konvertiert wird, können Bereichsüberschreitungen auftreten oder signifikante Stellen verloren gehen. Deshalb kann man nach den Zuweisungen

   ```
   double d=0.1;
   float f=d;
   double d1=f;
   ```

nicht erwarten, dass die Bedingung (d==d1) auch erfüllt ist in

```
if (d1==d) Edit1->Text="gleich";
else Edit1->Text="ungleich"; // Ergebnis: "ungleich"
```

4. Falls ein ungenauerer in einen genaueren Gleitkommatyp konvertiert wird, kann der falsche Eindruck einer höheren Genauigkeit entstehen. So konvertiert z.B. die Funktion *FloatToStr* ein *float*-Argument in den Datentyp des Parameters *Extended* (das ist *long double*) und gibt ihn mit ca. 15 Stellen aus. Dabei sind die letzten Stellen bedeutungslos:

```
float f=1.2345678790123456789;
AnsiString s=FloatToStr(f); // 1,23456788063049
```

Mit f=1.23456789 erhält man exakt dasselbe Ergebnis.

Für Operanden eines arithmetischen Datentyps sind zahlreiche **binäre Operatoren** definiert wie z.B.:

+ (Addition), – (Subtraktion), * (Multiplikation), / (Division),
die Vergleichs- oder Gleichheitsoperatoren <, <=, >, >=, ==, !=

Falls bei einem dieser Operatoren der Datentyp der beiden Operanden verschieden ist, werden sie in einen gemeinsamen Datentyp konvertiert, der dann auch bei +, –, * und % der Datentyp des Ausdrucks ist. Diese Konversionen sind im C++-Standard definiert und werden dort als die „**üblichen arithmetischen Konversionen**" (usual arithmetic conversions) bezeichnet. Dabei wird in der folgenden Tabelle die Konversion aus der ersten Zeile von oben verwendet, in der die Operanden den entsprechenden Datentyp haben:

Typ des einen Operanden	Typ des anderen Operanden	Konversion
long double	beliebig	*long double*
double	beliebig	*double*
float	beliebig	*float*
Ganzzahldatentyp	Ganzzahldatentyp	übliche arithmetische Konversionen für Ganzzahldatentypen

Einige Beispiele:

1. In dem Ausdruck

```
1/3
```

haben die beiden Operanden 1 und 3 den Datentyp *int*. Deswegen wird die Division als Ganzzahldivision durchgeführt, wobei der Ausdruck den Datentyp *int* und den Wert 0 erhält.

2. Da Gleitkommaliterale ohne Suffix immer den Datentyp *double* haben, wird eine *float*-Variable f in dem Ausdruck f==0.1 in den Datentyp *double* konvertiert. Deshalb kann man nicht erwarten, dass die Bedingung (f==0.1) in

```
float f=0.1;
if (f==0.1) Edit1->Text = "gleich";
else Edit1->Text = "ungleich"; // Ergebnis: "ungleich"
```

erfüllt ist. Wenn dagegen in einem solchen Ausdruck keine Datentypen gemischt werden, ist die Bedingung d==0.1 erfüllt, weil die *double*-Variable d dasselbe Bitmuster hat wie der *double*-Wert 0.1:

```
double d=0.1;
if (d==0.1) Edit1->Text="gleich";// Ergebnis: "gleich"
else Edit1->Text = "ungleich";
```

Verwendet man auf der rechten Seite einer Zuweisung einen Ausdruck, wird dieser immer zuerst ausgewertet und sein Ergebnis dann der linken Seite zugewiesen. Der Datentyp der rechten Seite ergibt sich dabei allein aus dem Datentyp der beteiligten Operanden und ist unabhängig vom Datentyp der linken Seite. Falls der Datentyp des Ausdrucks nicht dem Datentyp der linken Seite entspricht, wird er durch eine implizite Standardkonversion angepasst.

Diese Art der Ausführung von Zuweisungen gilt für alle Datentypen und wurde auch schon für Ganzzahldatentypen beschrieben. Wie die folgenden Beispiele zeigen, kann das zu Ergebnissen führen, die man auf den ersten Blick vermutlich nicht erwarten würde:

1. Durch die Zuweisung

```
double d=1/3; // d=0
```

erhält d den Wert 0, da der Ausdruck 1/3 den Wert 0 hat. Ebenso wird in

```
int i=2147483647; //INT_MAX-10;
float f=i+i; // f=-22 !!!
```

der Ausdruck i+i als Ganzzahlausdruck ausgewertet, wobei i+i hier nach einem Überlauf den Wert -22 hat. Diese Ergebnisse überraschen insbesondere deswegen oft, weil der Wertebereich von d bzw. f für das Ergebnis ausreicht.

2. In der Zuweisung

```
bool b=1.0/4; // wird ohne Warnung kompiliert
```

hat die rechte Seite den Datentyp *double* und den Wert 0.25. Da dieser Wert nicht Null ist, erhält b den Wert *true*. Weist man diesen Wert einer *int* Variablen zu, erhält sie den Wert 1.

```
double d=b; // d=1;
```

3. Wie schon auf Seite 93 (Beispiel 2) gezeigt wurde, wird mit „unsigned int u=0"
   der Ausdruck „u-1" in den Datentyp *unsigned* konvertiert. Dabei wird -1 binär
   interpretiert, so dass „u-1" den Wert 2^{32}-1 und nicht etwa -1 erhält:

```
unsigned int u=0;
double d=u-1; // d=4294967295
```

4. Da der Datentyp eines Gleitkommaliterals ohne Suffix immer *double* ist, erhält
   man für *ld10* dasselbe Ergebnis, wie wenn man den Datentyp *double* anstelle
   von *long double* gewählt hätte:

```
long double ld11=1.2345678901234567;
long double ld12=1.2345678901234560;
long double ld10=ld11-ld12; // ld10=6.661...E-16
```

   Einen genaueren Wert erhält man mit Literalen des Datentyps *long double*:

```
long double ld21= 1.2345678901234567L;
long double ld22= 1.2345678901234560L;
long double ld20=ld21-ld22; // ld20=6,999E-16
```

Falls bei der Auswertung eines Gleitkommaausdrucks ein Überlauf oder eine
Division durch 0 stattfindet, löst der C++Builder eine Exception aus:

```
float f=1E20;
f=f*f;  // Exception: Gleitkommaüberlauf
int i=0;
f=f/i;  // Exception: Fließkommadivision durch 0
```

Sobald ein zum Vergleich herangezogener Wert das **Ergebnis von Rechenoperationen** ist, muss das Ergebnis dieses Vergleichs nicht mehr dem erwarteten Ergebnis entsprechen, da es durch Rundungsfehler verfälscht sein kann:

Beispiel: Diese Anweisungen geben „ungleich" aus:

```
float f=0;
for (int i=1;i<=2;i++) f=f+0.1;
if (f==0.2f) // muss nicht gelten!
  Edit1->Text="gleich";
else Edit1->Text="ungleich";
```

   Ersetzt man hier *float* durch *double* oder *long double*, erhält man dagegen „gleich". Bei einer 10fachen Summation der Werte 0.1 und einem
   Vergleich mit 1 erhält man für alle drei Gleitkommatypen das Ergebnis
   „ungleich".

Wenn man aber schon nicht feststellen kann, ob zwei Gleitkommawerte gleich
sind, die bei einer exakten Darstellung und Rechnung gleich sein müssten, kann
man auch bei einem Vergleich von zwei annähernd gleich großen Werten mit >,
>=, < und <= nie sicher sein, ob das Ergebnis in die richtige Richtung ausschlägt.

Beispiel: Diese Anweisungen geben die „größer" aus.

```
float f=0.1;
if (f > 0.1) Edit1->Text = "größer";
else Edit1->Text = "nicht größer";
```

Ersetzt man hier *float* durch *double* oder *long double*, erhält man jedoch „nicht größer".

Deshalb sollte man annähernd gleich große **Gleitkommawerte weder mit dem Operator„==" noch mit einem anderen Vergleichsoperator vergleichen.** Das gilt für jede Programmiersprache und nicht nur für den C++Builder oder C++. Siehe auch Abschnitt 3.6.6.

Die Ungenauigkeit von Gleitkommarechnungen ist dann am geringsten, wenn der Datentyp mit der größten Genauigkeit gewählt wird. Außerdem tritt dann ein Unter- oder Überlauf seltener auf. Es empfiehlt sich daher **immer, die Datentypen** *double* **oder** *long double* zu **verwenden**, solange der verfügbare Speicherplatz nicht dagegen spricht. Der Unterschied zwischen 4 Bytes für *float* und 10 Bytes für *long double* fällt aber bei dem unter Win32 fast unbegrenzten Speicher meist nicht ins Gewicht. Da Gleitkommaliterale ohne Suffix immer den Datentyp *double* haben, ist es am einfachsten, immer *double* zu verwenden.

Die nächste Tabelle enthält die Laufzeiten für die Schleife

```
const int n=100000000;
for (int i=1; i<=n; i++)
   s=s+d*i;
```

mit den verschiedenen Gleitkommadatentypen und dem Datentyp *int*:

C++Builder 2006	Release Build (optimiert)
float s=0,d=0.1	1,03 Sek.
double s=0,d=0.1	1,03 Sek.
long double s=0,d=0.1	1,59 Sek.
int s=0,d=1	0,18 Sek.

Offensichtlich spricht die Laufzeit nicht gegen die genaueren Datentypen.

Man sollte solche Laufzeitvergleiche allerdings nicht überbewerten:

– Bei diesem Test wurden sehr viele Zahlen addiert, um überhaupt auf messbare Zeiten zu kommen. In vielen Anwendungen hat man viel weniger Rechnungen, so dass man keine Unterschiede zwischen den verschiedenen Datentypen bemerkt.
– Außerdem können kleinere Änderungen im Programm spürbare Unterschiede zur Folge haben: Bei manchen Datentypen haben die Anweisungen „s+=d"

oder „s=s+0.1" anstelle von „s=s+d" Änderungen von 10% zur Folge, bei anderen keine.

- Falls das Programm auf einem Rechner mit einem anderen Prozessor läuft, können sich ganz andere Laufzeiten ergeben. Da man meist sowieso nicht weiß, auf welchem Prozessor ein Programm später läuft, kann man über seine Laufzeit auch keine genauen Aussagen machen.
- Eine Wiederholung desselben Programms ergibt oft Unterschiede von 10%.

3.6.4 Mathematische Funktionen

Die C++-Standardbibliothek enthält zahlreiche **mathematische Funktionen**, die nach

```
#include <cmath>
#include <cstdlib> // nur wenige mathematische Funktionen
using namespace std;
```

zur Verfügung stehen. Die entsprechende C-Standardbibliothek steht nach

```
#include <math.h>
#include <stdlib.h> // nur wenige mathematische Funktionen
```

zur Verfügung. Da die meisten Bibliotheksfunktionen des C-Standards von 1989 in den C++-Standard übernommen wurden, sind große Teile der C- und der C++-Bibliotheken identisch. Es gibt aber auch Unterschiede, da sowohl die C++-Bibliotheken als auch die C-Bibliotheken seit 1989 unabhängig voneinander erweitert wurden. Obwohl die Verwendung der C-Bibliotheken in C++ sehr verbreitet ist, empfiehlt sich die Verwendung der C++-Bibliotheken, da sie einige Vorteile haben:

```
#include <cmath> // nicht <math.h>
using namespace std;
```

Dann sind unter anderem die folgenden Funktionen mit Parametern der Datentypen *float*, *double* und *long double* verfügbar (überladene Funktionen, siehe Abschnitt 5.7). Der Datentyp des Rückgabewertes ist derselbe wie der des Parameters:

sqrt(x): Quadratwurzel von x
pow(x, y): x^y
sin(x), **cos**(x), **tan**(x): trigonometrische Funktionen Sinus, Cosinus, Tangens. Die Argumente werden im Bogenmaß und nicht in Grad angegeben.
acos(x), **asin**(x): Arcusfunktionen von Sinus, Cosinus, Tangens. Falls das Argument nicht im Bereich [−1,1] liegt, ist ein Domain-Fehler die Folge.
atan(x), **atan2**(y, x): Arcustangens
sinh(x), **cosh**(x), **tanh**(x): Hyperbelfunktionen von Sinus, Cosinus, Tangens
exp(x), **log**(x), **log10**(x): e^x, ln(x) und Logarithmus zur Basis 10

ceil(x): der kleinste Ganzzahlwert >= x (z.B. ceil(4.5)=5, ceil(–4.5)=–4)
floor(x): der größte Ganzzahlwert <= x (z.B. floor(4.5)=4, floor(–4.5)=–5)
fmod(x, y): Gleitkomma-Rest von x/y (z.B. fmod(2.8,1.2)=0.4)

Diese Funktionen stehen auch nach *#include <math.h>* zur Verfügung. Allerdings haben sie dann nur Parameter und Argumente des Typs *double*. Entsprechende Funktionen mit Parametern und Rückgabewerten des Datentyps *long double* erhält man dann mit Namen, an die der Buchstabe „l" angehängt ist wie z.B. in

   *long double **sinl** (long double x); //* Sinus
   *long double **sqrtl** (long double x); //* Quadratwurzel

Ähnliche Namenskonventionen werden auch von einigen stdlib-Funktionen verwendet (allerdings mit dem zusätzlichen Buchstaben am Anfang):

   *int **abs** (int x)*   // stdlib.h
   *long **labs** (long x)*   // stdlib.h
   *double **fabs** (double x)*   // sinnigerweise in math.h

Alle diese Funktionen geben den Betrag des Arguments zurück.

Beispiel:
```
double f1 = abs(-2.3);  // 2, nicht 2.3 !!!
double f2 = fabs(-2.3); // 2.3
double f3 = abs(-157);  // 157
```

In der Datei <math.h> des C++Builders (aber nicht in Standard-C++) findet man außerdem noch einige nützliche Konstanten wie z.B.

```
/* Constants rounded for 21 decimals. */
#define M_E        2.71828182845904523536  // e
#define M_PI       3.14159265358979323846  // π
#define M_1_PI     0.31830988618379067153  // 1/π
```

Wenn die Funktionen aus <math.h> mit unzulässigen Argumenten aufgerufen werden, wird eine globale Variable *errno* auf einen von Null verschiedenen Wert gesetzt, der eine in „include\errno.h" definierte Fehlernummer darstellt. Da diese Variable von keiner Bibliotheksfunktion auf Null zurückgesetzt wird, muss das vor jedem Aufruf einer solchen Funktion gemacht werden. Dann kann man anschließend den Wert prüfen und so feststellen, ob ein Fehler aufgetreten ist. Der C++Builder weist außerdem in einem Meldungsfenster darauf hin, dass ein Fehler aufgetreten ist: Im Unterschied zu einem Gleitkommaüberlauf oder einer Division durch Null wird aber keine Exception ausgelöst.

```
errno=0;
double x1=sqrt(-1.0);
if (errno!=0) ... // etwas ging schief
errno=0;
double x2=log(-1.0);
if (errno!=0) ... // etwas ging schief
```

Neben den Standardbibliotheken gibt es zahlreiche weitere Bibliotheken mit mathematischen Funktionen. In diesem Zusammenhang soll insbesondere auf die frei verfügbare **GNU Scientific Library (GSL)** (http://www.gnu.org/software/gsl/) mit einer Vielzahl von Funktionen aus den verschiedensten Bereichen der Mathematik hingewiesen werden.

3.6.5 Datentypen für exakte und kaufmännische Rechnungen

Da Rechnungen mit den binären Gleitkommadatentypen *float*, *double* und *long double* nicht exakt sind, sind sie für **kaufmännische Rechnungen** oft nicht geeignet.

Beispiel: Addiert man zum Betrag €0,70 eine Steuer von 5%, ergibt das bei einer exakten Rechnung €0,735. Dieser Wert wird auf €0,74 aufgerundet. Bei einer Rechnung mit *double*

```
double tax=0.05;
double amount=0.70;
double result=(1+tax)*amount;
```

erhält man

```
result=0.7349999....;
```

Dieser Wert wird auf €0.73 abgerundet und unterscheidet sich um €0.01 vom richtigen Ergebnis.

Weitere Beispiele dieser Art findet man bei Mike Cowlishaw (z.B. unter http://www2.hursley.ibm.com/decimal/decifaq1.html). Zur Vermeidung solcher Probleme müssen andere Datentypen verwendet werden:

– Ein **Festkommadatentyp mit n Nachkommastellen** stellt eine Zahl mit Nachkommastellen intern durch eine Ganzzahl dar. Von dieser Zahl werden dann die letzten n Stellen als Nachkommastellen interpretiert.

Beispiel: Die Zahl 3.14 wird bei einem Festkommadatentyp mit

   – 2 Nachkommastellen intern durch 314 dargestellt, und mit
   – 4 Nachkommastellen durch 31400.

Festkommadatentypen sind für Geldbeträge oft ausreichend. Wenn man aber Einheiten wie Gramm in Tonnen konvertieren will, sind mehr Stellen notwendig.
In Aufgabe 6.2.6, 5. wird ein einfacher Festkommadatentyp *FixedP64* mit 4 Nachkommastellen geschrieben. Dieser Datentyp steht auf der Buch-CD unter *\Loesungen_CB2006\CppUtils\FixedP64.h* zur Verfügung und ist trotz seiner Einfachheit für viele Anwendungen ausreichend.

– Ein **dezimaler Gleitkommadatentyp** stellt die Werte intern in einem Gleitkommaformat $s*m*10^e$ mit einer ganzzahligen Mantisse m zur Basis 10 dar.
Da keine Rundungsfehler durch eine Konversion zur Basis 2 entstehen, können
alle Werte aus dem Dezimalsystem exakt dargestellt werden, für die die Mantisse breit genug ist.

Beispiel: Einige Dezimalzahlen und ihre Darstellung in einem dezimalen
Gleitkommaformat (nicht normalisiert):

$$25: 25*10^0=11001_2*10^0, \quad \text{also m=11001 und e=0}$$
$$2.5: 25*10^{-1}=11001_2*10^{-1}, \quad \text{also m=11001 und e=-1}$$
$$0.1: 1*10^{-1}=1_2*10^{-1}, \quad \text{also m=1 und e=-1}$$

In Abschnitt 3.6.1 wurde gezeigt, dass die Dezimalzahl 0.1 in einem
binären Gleitkommaformat nicht exakt dargestellt werden kann.

Da die Rechnungen mit einem solchen Datentyp exakt sind, können sie auch
für kaufmännische Rechnungen verwendet werden. Da dieses Format aber derzeit von den meisten Prozessoren noch nicht unterstützt wird, sind die Operationen mit diesem Format langsamer als mit einem binären Gleitkommaformat.

In einen zukünftigen C- und C++-Standard (C0x, C++0x) sollen drei dezimale
Gleitkommadatentypen *decimal32*, *decimal64* und *decimal128* mit 7, 16 und
32 signifikanten Stellen aufgenommen werden (C++ TR 24733). Diese
Datentypen entsprechen dem IEEE 754R Standard. Von Mike Cowlishaw
(http://www2.hursley.ibm.com/decimal/decimal.html) steht eine Bibliothek
decNumber mit solchen Datentypen zur Verfügung.

Aus Gründen der Einfachheit wird in den Beispielen und Aufgaben dieses Buches
gelegentlich wider besseres Wissen der Datentyp *double* für Geldbeträge
verwendet.

Der C++Builder stellt mit **Currency** einen Festkommadatentyp mit 4 Nachkommastellen zur Verfügung. Diese in „include\vcl\syscurr.h" definierte Klasse verwendet
den 64 Bit breiten Ganzzahldatentyps __int64 zur Darstellung des Wertes.

Damit können Werte mit bis ca. 15 Stellen im Bereich –922337203685477,5808
..922337203685477,5807 exakt dargestellt werden. Dieser Bereich ist in den
meisten Währungen für alle Geldbeträge ausreichend, die in einer realen kaufmännischen Anwendung zu erwarten sind. Wegen des zugrunde liegenden Ganzzahldatentyps ist die Addition von Werten des Datentyps *Currency* exakt, ebenso
die Multiplikation von Werten mit 2 Nachkommastellen. Deshalb ist dieser
Datentyp auch **für kaufmännischen Rechnungen geeignet**.

Die Klasse *Currency* hat unter anderem die folgenden Konstruktoren (siehe
Abschnitt 6.1.5):

```
class Currency : public CurrencyBase
```

```
{
// __int64 Val; // wird von CurrencyBase übernommen
...
Currency()              {Val = 0;}
Currency(double val)    {Val = _roundToInt64(10000 * val);}
Currency(int val)       {Val = 10000*(__int64)val;}
Currency(const AnsiString& src);
...
```

Hier sind bei jedem Konstruktor in geschweiften Klammern die Anweisungen angegeben, die bei seinem Aufruf ausgeführt werden. Bei den Konstruktoren mit „double val" bzw. „int val" sieht man so, dass der übergebene Wert mit 10 000 multipliziert wird, wodurch man die 4 Nachkommastellen erhält.

Mit den folgenden Definitionen erhält man Variablen des Datentyps *Currency* mit den als Kommentar angegebenen Werten:

```
Currency c1; // c1=0;
Currency c2=1.23454; // c2=1,2345 (abgerundet)
Currency c3=1.23455; // c3=1,2346 (aufgerundet)
Currency c4=1.23445; // c4=1,2345 (aufgerundet)
Currency c5=1.23446; // c5=1,2346 (aufgerundet)
```

Werte außerhalb des Bereichs für *int* können als *AnsiString* zugewiesen werden:

```
AnsiString s="2147483648";
Currency c6=s; // c6=2147483648,0000
Currency c7=AnsiString("2147483648"); // wie c6
```

Für die Klasse *Currency* sind die üblichen arithmetischen Operatoren und Vergleichsoperatoren definiert. Außerdem kann man mit den Operatoren +, –, * und / auch Ausdrücke des Datentyps *Currency* und *int* bzw. *double* verbinden:

```
c1=1+c1;
```

Eine Umwandlung von Ausdrücken des Datentyps *Currency* in AnsiStrings und umgekehrt ist mit den folgenden globalen Funktionen möglich:

AnsiString **CurrToStr**(*Currency Value*);
Currency **StrToCurr**(*const AnsiString S*);

Bei manchen Compilern (z.B. Borland C++ 3.1) und Datenbanksystemen stehen für kaufmännische Rechnungen binär kodierte Ziffern (**BCD** – binary coded digits) zur Verfügung. Dabei wird jede einzelne Ziffer in einem eigenen Byte kodiert. Im C++Builder gibt es den BCD-Datentyp *bcd*, der nach

```
#include <bcd.h>
```

zur Verfügung steht. In dieser Klasse wird eine Zahl durch eine Mantisse (ein Array mit zwei *long*-Werten) und einen *int*-Exponenten dargestellt. Sie hat einen größeren Wertebereich als die Klasse *Currency*. Außerdem stehen für sie auch trigonometrische Funktionen usw. zur Verfügung.

Aufgaben 3.6.5

1. Welche der folgenden Anweisungen werden vom Compiler ohne Fehler übersetzt? Welche Werte erhalten die Variablen d1, d2, i1, ..., i6?

```
int j=10,k=6;
double x=j,y=3.14,z=10;

double d1 = j/k;
double d2 = x/k;
int i1 = j/k;
int i2 = x/k;
int i3 = 3(j+k);
int i4 = j/k/k;
int i5 = j/(z/y);
int i6 = j/(y-j/k);
```

2. Mit dem folgenden Experiment kann man einen Näherungswert für die Kreiszahl π bestimmen: Man zeichnet bei Regen in ein Quadrat mit der Seitenlänge 2 einen Kreis mit dem Radius 1 und zählt die Regentropfen, die in das Quadrat bzw. in den Kreis fallen. Bezeichnet man diese Anzahlen als k und n, ist der Quotient k/n ein Näherungswert für den Anteil des Kreises an der Fläche des Quadrates, also $\pi/4$.

Dieses Experiment kann man folgendermaßen simulieren: Mit der vordefinierten Funktion *rand()* erhält man eine Zufallszahl zwischen 0 und *RAND_MAX* (0x7FFFU). Transformiert man zwei aufeinander folgende Zufallswerte in den Bereich zwischen 0 und 1, kann man sie als Koordinaten eines Punktes (x,y) im ersten Quadranten betrachten. Dieser Punkt liegt im Einheitskreis, wenn $x^2+y^2<1$ gilt.

Schreiben Sie eine Funktion *RegentropfenPi*, die einen nach dieser „**Regentropfenmethode**" bestimmten Näherungswert für π als Funktionswert zurückgibt. Die Anzahl der Versuche soll als Parameter übergeben werden. Zeigen Sie die Näherungswerte bei 1000 (10000) Wiederholungen in einem Memo-Fenster an.

3. Das Produkt der ersten n (n>0) Zahlen

$$f = 1*2*3* ... *n$$

wird auch als **n!** (n Fakultät) bezeichnet. Schreiben Sie eine Funktion *Fakultaet*, die die Fakultät für einen als Argument übergebenen Wert berechnet. Zeigen Sie die Werte für n=1 bis n=30 in einem Memo-Fenster an.

Die Fakultät tritt z.B. beim sogenannten **Problem des Handlungsreisenden** auf: Wenn ein Handlungsreisender n Städte besuchen soll, hat er für die erste Stadt n Möglichkeiten, für die zweite n–1, für die dritte n–2 usw. Um jetzt die kürzeste Route durch diese n Städte zu finden, müssen (zumindest im Prinzip) alle n! Routen miteinander verglichen werden.

Angenommen, Sie hätten ein Computerprogramm zur Verfügung, das in einer Sekunde 1000000 Routen vergleichen kann. Zeigen Sie die Rechenzeit zur Bestimmung der kürzesten Route für n=15 bis n=30 in einem Memo-Fenster an.

4. Ein **Hypothekendarlehen** über einen Betrag von k Euro mit einem Zinssatz von p% und einer Tilgung von t% sei als Annuitätendarlehen vereinbart. Dabei hat der Schuldner jedes Jahr am Jahresende eine gleich bleibende Rate von (p+t)% zu leisten.

Von dieser konstanten Rate entfallen p% der Restschuld auf die Zinsen. Der Rest ist dann die Tilgung, die wegen der im Laufe der Jahre abnehmenden Restschuld jährlich größer wird.

Schreiben Sie eine Funktion, die die Restschuld, Zinsen und Tilgungsraten für jedes Jahr der Laufzeit des Hypothekendarlehens in einem Memo ausgibt. Die Zinsen und die Tilgungsraten sollen jeweils am Jahresende fällig werden.

5. Die Fläche zwischen der Funktion y=f(x) und der x-Achse im Bereich von a bis b kann näherungsweise durch die Summe der Trapezflächen berechnet werden (**Numerische Integration** mit der Trapezregel):

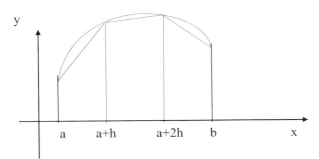

Die Fläche des Trapezes

von a bis a+h ist dabei durch h*(f(a) + f(a+h))/2 gegeben,
die von a+h bis a+2h durch h*(f(a+h) + f(a+2*h))/2 usw.

Unterteilt man das Intervall von a bis b in n Teile, ist h = (b–a)/n.

Schreiben Sie eine Funktion *Trapezsumme*, die einen Näherungswert für π als Fläche des Einheitskreises berechnet, indem sie die Trapezflächen unter der

Funktion sqrt(1–x*x) von 0 bis 1 aufsummiert. Wählen Sie für n verschiedene Werte, z.B. 100, 1000 und 10000.

6. Das **Geburtstagsproblem von Mises**

Die Wahrscheinlichkeit q, dass zwei zufällig ausgewählte Personen an verschiedenen Tagen Geburtstag haben, ist

$$q = 364/365$$

Bei drei Personen ist die Wahrscheinlichkeit, dass alle drei an verschiedenen Tagen Geburtstag haben

$$q = (364*363)/(365*365)$$

Bei n Personen ist diese Wahrscheinlichkeit

$$q = 364*363*...*(364–n+2)/365^{n-1} \text{ (n-1 Faktoren im Zähler und Nenner)}$$

Die Wahrscheinlichkeit, dass von n Personen mindestens zwei am selben Tag Geburtstag haben, ist dann gegeben durch

$$p = 1–q$$

a) Schätzen Sie zuerst, ab wie vielen Personen diese Wahrscheinlichkeit > 50% ist.

b) Schreiben Sie eine Funktion *Mises*, deren Funktionswert diese Wahrscheinlichkeit für n Personen ist. Bestimmen Sie dann den kleinsten Wert von n, für den ihr Funktionswert größer als 0.5 ist. Am einfachsten geben Sie dazu den Funktionswert für verschiedene Werte von n aus.

c) Bei der sogenannten gestreuten Speicherung (Hash-Tabelle) legt man einen Datensatz in einer Tabelle ab, wobei seine Position in der Tabelle aus den Daten berechnet wird. Falls sich dann für zwei verschiedene Datensätze dieselbe Position ergibt, erhält man eine Kollision. Wie viele Tabellenplätze sind notwendig, damit für 23 Datensätze mit zufälligen Positionen die Wahrscheinlichkeit für eine Kollision <50% ist?

7. Schreiben Sie eine Funktion ***RoundToInt***, die ein Gleitkomma-Argument auf den nächst höheren Ganzzahlwert aufrundet, falls seine Nachkommastellen >=0.5 sind, und andernfalls abrundet. Diese Funktion soll auch negative Werte richtig runden (z.B. *RoundToInt(3.64)=4*, *RoundToInt(3.14)=3*, *RoundToInt(–3.14)=-3*, *RoundToInt(-3.64)=–4*)

8. **Steuerformel**

In § 32 des Einkommensteuergesetzes (EStG 2005) ist festgelegt, wie sich die Einkommensteuer aus dem zu versteuernden Einkommen berechnet:

§32 a Einkommensteuertarif

(1) Die tarifliche Einkommensteuer bemisst sich nach dem zu versteuernden Einkommen. Sie beträgt vorbehaltlich der §§ 32b, 34, 34b und 34c jeweils in Euro für zu versteuernde Einkommen

1. *bis 7664 Euro (Grundfreibetrag): 0;*

2. *von 7665 Euro bis 12739 Euro:*
   (883,74*y + 1500)*y

3. *von 12740 Euro bis 52151 Euro:*
   (228,74*z + 2397)*z + 989

4. *von 52152 Euro an: 0,42*x − 7914;*

„y" ist ein Zehntausendstel des 7664 Euro übersteigenden Teils des auf einen vollen Euro-Betrag abgerundeten zu versteuernden Einkommens. „z" ist ein Zehntausendstel des 12739 Euro übersteigenden Teils des auf einen vollen Euro-Betrag abgerundeten zu versteuernden Einkommens. „x" ist das auf einen vollen Euro-Betrag abgerundete zu versteuernde Einkommen. Der sich ergebende Steuerbetrag ist auf den nächsten vollen Euro-Betrag abzurunden.

a) Schreiben Sie eine Funktion *EStGrundtarif2005*, die zu dem als Parameter übergebenen zu versteuernden Einkommen die Einkommensteuer als Funktionswert zurückgibt. Welche Datentypen sind hier angemessen?

Zum Testen können Sie den folgenden Auszug aus der Steuertabelle verwenden:

x	Est	x	Est	x	Est
7 664	0	20 000	2 850	100 000	34 086
7 704	6	40 000	9 223	120 000	42 486
7 740	11	52 092	13 964	140 000	50 886
12 708	981	60 000	17 286	160 000	59 286
12 744	990	80 000	25 686	180 000	67 686

b) In § 32, Absatz 5 des EStG ist festgelegt, wie die Einkommensteuer nach dem Splitting-Verfahren berechnet wird:

(5) Für Ehegatten, die nach den §§ 26, 26b zusammen zur Einkommensteuer veranlagt werden, beträgt die tarifliche Einkommensteuer vorbehaltlich der §§ 32b, 34 und 34b das Zweifache des Steuerbetrags, der sich für die Hälfte Ihres gemeinsam zu versteuernden Einkommens nach den Absätzen (1) bis (3) ergibt (Splitting-Verfahren).

Die Funktion *EStSplittingtarif2005* soll als Funktionswert die nach dem Splitting-Verfahren berechnete Einkommensteuer zurückgeben. Verwenden Sie zur Lösung dieser Aufgabe die Lösung von a).

Zum Testen können Sie den folgenden Auszug aus der Steuertabelle verwenden:

x	Est	x	Est	x	Est
20 000	796	60 000	11 614	100 000	26 192
40 000	5 700	80 000	18 446	120 000	42 972

9. **Reihenfolge der Summation** bei Gleitkommadatentypen

   a) Berechnen Sie die Summe der Zahlen $1/i^2$ von $i=1$ bis n (n=1000000) abwechselnd von unten (for (i=1; i<=n; i++)...) und von oben (for (i=n; i>=1; i--)...). Dabei sollen alle Variablen für Summen und eventuelle Zwischenergebnisse den Datentyp *float* haben. Vergleichen Sie die beiden Summen. Welche ist genauer?

   b) Berechnen Sie die Summe aus a) auch für die anderen Gleitkommaformate *double* und *long double*. Dabei sollen alle Summen und eventuellen Zwischenergebnisse den jeweiligen Gleitkommadatentyp haben.

10. Angenommen, die Ausführung der nächsten Schleife dauert eine Sekunde. Schätzen Sie ihre Laufzeit, wenn der Datentyp *double* durch *float* ersetzt wird.

```
double x = 1e8;
while(x > 0)
  --x;
```

3.6.6 Ein Kriterium für annähernd gleiche Gleitkommazahlen

Die bisherigen Ausführungen haben gezeigt, dass ein Vergleich von binären Gleitkommazahlen mit dem Gleichheitsoperator == nur selten sinnvoll ist. Deshalb soll jetzt ein Kriterium vorgestellt werden, mit dem man entscheiden kann, ob zwei Gleitkommazahlen „genügend nahe" beieinander liegen, damit man sie als gleich betrachten kann. Mit diesem Kriterium kann man dann insbesondere in Testfunktionen prüfen, ob das Ergebnis einer Gleitkommarechnung so nahe beim Sollwert liegt, dass die Differenz durch Ungenauigkeiten der Gleitkommarechnungen erklärt werden kann.

Auf den ersten Blick liegt es nahe, die **Differenz** $|x-y|$ der Werte x und y als Kriterium für die Gleichheit zu wählen. Das nächste Beispiel zeigt aber, dass dieses Kriterium nicht geeignet ist.

Beispiel: Die beiden Zahlenpaare x1 und y1 bzw. x2 und y2 unterscheiden sich beide um eine Einheit auf der 7-ten Stelle:

```
x1= 1.234567      y1= 1.234568      |x1-y1|=0.000001
x2= 1234567       y2= 1234568       |x2-y2|=1
```

Bei einem Gleitkommaformat mit 7 signifikanten Stellen ist das eine
Einheit auf der letzten Stelle, so dass sich x1 und y1 sowie x2 und y2
um den kleinstmöglichen Wert unterscheiden. Die Differenzen |x1–y1|
und |x2–y2| sind aber sehr verschieden.

Die **relativen Differenzen** |x–y|/|x| bzw. |x–y|/|y| sind dagegen in beiden Fällen
gleich und deshalb ein besseres Kriterium:

Beispiel: Die beiden Zahlenpaare aus dem letzten Beispiel unterscheiden sich um
u=1 Einheiten in der p=7-ten Stelle. Für ihre relativen Differenzen gilt:

$$|x1-y1|/|x1| \;=\; |x2-y2|/|x1| \;=\; 8{,}100...*10^{-7} \;<\; u*10^{-p+1}$$
$$|x1-y1|/|y1| \;=\; |x2-y2|/|y2| \;=\; 8{,}099...*10^{-7} \;<\; u*10^{-p+1}$$

Die Beziehung aus diesem Beispiel gilt allgemein: Falls sich zwei Zahlen x und y
um u Einheiten in der p-ten Stelle unterscheiden, gilt

|x-y|/|x| < eps und |x-y|/|y| < eps mit eps=u*10^{-p+1}

Ist y der auf p Stellen gerundete (round to nearest) Wert von x, dann gilt diese
Beziehung mit u=5 und p+1:

|x-y|/|x| < 5*10^{-p} und |x-y|/|y| < 5*10^{-p}

Dieser Ausdruck ist ein nahe liegendes und geeignetes Kriterium für die annähern-
de Gleichheit von zwei Gleitkommazahlen x und y. Er betrachtet x und y als
gleich, wenn sie sich um weniger als 5 Einheiten auf der (p+1)-ten Stelle unterscheiden, und wird durch die Funktion *NearlyEqual* implementiert:

```
#include <cmath> // für fabs und pow
bool NearlyEqual(long double x,long double y,int p)
{ // true, if x and y differ by less then five units in
  // place p+1. p=10 is usually sufficient for double
  // arguments
double eps =1E-10;
if ((0<=p) && (p<=16)) eps=5*pow(0.1,p);
double diff=fabs(x - y);
if (x==0 || y==0) // NearlyEqual(x,0) ==> diff=|x|
  return diff<eps;
else // x!=0 and y!=0
  return (diff/fabs(x) <= eps) && (diff/fabs(y)  <= eps);
}
```

Diese Version von *NearlyEqual* ist ausreichend, falls die Divisionen im letzten
else-Zweig nicht zu einem Programmabbruch infolge eines Über- oder Unterlauf
führen. Da das für die allermeisten Argumente x und y nicht eintritt, wird dieser
Fall am Ende dieses Abschnitts behandelt.

Beispiele: NearlyEqual(9.9, 9.3, 2)==false;   NearlyEqual(9.9, 9.5, 2)==true;
           NearlyEqual(9.9, 9.3, 3)==false;   NearlyEqual(9.9, 9.5, 3)==false;
           NearlyEqual(10.1, 9.7, 2)==true;   NearlyEqual(10.1, 9.5, 2)==false;
           NearlyEqual(0, 0.01, 2)==true;   NearlyEqual(0, 0.01, 3)==false;

Mit *NearlyEqual* kann man dann weitere Funktionen definieren, wie z.B.

```
bool DefinitelyLess(long double x, long double y, int p)
{ // returns true, if x is definitely less then y
return (x<y) && (!NearlyEqual(x,y,p));
}
```

Beim Aufruf dieser Funktionen ist die Wahl des Arguments für p oft nicht einfach. Für manche Rechenoperationen kann man bei n Rechnungen etwa den Verlust von $\log_{10}(n)$ signifikanten Stellen erwarten (also 1 Stelle bei 10 Rechnungen, 2 bei 100, 3 bei 1000 usw., so dass bei 15 signifikanten Stellen das Argument für p 14, 13 oder 12 wäre). Bei anderen können sie aber auch deutlich darüber oder darunter liegen.

Weitere Informationen zu diesem Thema findet man bei Knuth (Vol 2, Abschnitt 4.2.2, Formeln 24 und 34) und Goldberg (1991). Ähnliche Überlegungen liegen der Klasse *close_at_tolerance* aus der Boost-Bibliothek (Version 1.31, http://boost.org/boost/test/floating_point_comparison.hpp) und der Funktion *fcmp* von Belding (http://fcmp.sourceforge.net) zugrunde.

Falls die Division x/y in *NearlyEqual* zu einem Über oder Unterlauf führt wie bei

x1 = 1.0E200   y1=1.0E-200
x2 = 1.0E-200   y2=1.0E 200

kann ein Programmabbruch die Folge sein. Diese beiden Fälle treten ein, wenn mit den maximal bzw. minimal darstellbaren Werten *Max* und *Min* gilt:

x/y > Max bzw. x/y < Min

Sie werden in den ersten beiden Zweigen der *if*-Anweisung von *SafeDivision* abgefangen:

```
double SafeDivision(double x, double y)
{
const double MaxDouble=std::numeric_limits<double>::max();
const double MinDouble=std::numeric_limits<double>::min();
if   (y < 1 && x > y*MaxDouble) // Überlauf bei x/y
  return MaxDouble;
else if (y > 1 && x < y*MinDouble || x == 0) // Unterlauf
  return 0;                                  // bei x/y
else return x/y;
}
```

Ersetzt man den letzten *else*-Zweig in **NearlyEqual** durch

```
else // x!=0 and y!=0
  {
    double d1 = SafeDivision(diff, fabs(y));
    double d2 = SafeDivision(diff, fabs(x));
    return (d1 <= eps) && (d2 <= eps);
  }
```

führt ein Über- oder Unterlauf nicht mehr zu einem Programmabbruch.

Aufgaben 3.6.6

1. Entwerfen Sie für die Funktionen von Aufgabe 3.6.5 systematische Testdaten. Falls das bei einzelnen Funktionen schwierig oder nicht möglich ist, begründen Sie das.

2. Schreiben Sie Testfunktionen für die Testfälle aus Aufgabe 1. Eine weitere Testfunktion *Test_3_6* soll genau dann den Wert *true* zurückgeben, wenn alle diese Tests erfolgreich waren. Nehmen Sie diese Funktionen in die Unit des Projekts mit Ihren Lösungen der Aufgabe 3.6.5 und rufen Sie *Test_3_6* als Reaktion auf einen Buttonklick auf. Geben Sie eine Meldung aus, ob alle Tests erfolgreich waren.

   Sie können die Funktionen

   ```
   bool assertEqual_double(double f, double s, AnsiString
        msg, TCustomMemo* Memo=Form1->Memo1, int digits=10)

   bool assertEqual(double f, double s, AnsiString msg,
        TCustomMemo* Memo=Form1->Memo1, int digits=10)
   ```

   von der Buch-CD mit der folgenden *#include*-Anweisung übernehmen:

   ```
   #include "\Loesungen_CB2006\CppUtils\TestUtils.h"
   ```

3. Auch Funktionen wie *NearlyEqual* und *DefinitelyLess* sollten getestet werden. Entwerfen Sie für diese Funktionen systematische Testdaten und Testfunktionen.

3.7 Ablaufprotokolle und Programmierlogik

Es gibt viele Programme, die für die meisten Werte der beteiligten Variablen das gewünschte Ergebnis haben, aber für bestimme Werte falsche Ergebnisse liefern oder abstürzen. Solche Fehler werden beim Testen oft deshalb übersehen, weil die Anzahl der notwendigen Testfälle so groß ist, dass sie überhaupt nicht mit einem vertretbaren Aufwand durchgeführt werden können. Deshalb sind für einen allgemeingültigen Nachweis der Korrektheit eines Programms Techniken notwendig, die von speziellen Werten der beteiligten Variablen unabhängig sind.

In diesem Kapitel werden einige einfache Techniken vorgestellt, mit denen man das Ergebnis von Anweisungen allgemein untersuchen kann. Diese Ausführungen haben eigentlich nur wenig mit der Programmiersprache C++ zu tun. Aber sie haben mit Programmieren im Allgemeinen und mit Qualitätssicherung beim Programmieren zu tun, und damit doch auch wieder mit C++.

Diese Techniken werden hier unmittelbar nach der Vorstellung der ersten Sprachelemente behandelt, damit von Anfang an ein Bewusstsein für Programmierlogik und Softwarequalität entwickelt wird. Da sie die Sprachelemente außerdem aus einer Sicht beleuchten, die für viele Anfänger (und auch für manchen erfahrenen Praktiker) nicht unbedingt selbstverständlich ist, können sie zu einem tieferen Verständnis der Sprachelemente beitragen.

Bei vielen Programmen (z.B. den Lösungen der Übungsaufgaben aus einem Lehrbuch) ist der Schaden aufgrund eines Programmfehlers nicht besonders hoch. Aber es gibt auch Anwendungen mit hohen Zuverlässigkeitsanforderungen. Würden Sie sich z.B. gerne in ein Flugzeug oder ein Auto mit einem Aufkleber „99,9% safe software inside" setzen?

Empirische Untersuchungen haben gezeigt, dass ausgelieferte (also getestete) Programme oft eine Fehlerrate haben, die zwischen einem und zehn Fehlern pro 1000 Zeilen Quelltext liegt. Da die meisten Beispiele in diesem Buch kürzer als 10 Zeilen sind, mag es als übertrieben erscheinen, derart einfache und offensichtlich richtige Programme so gründlich zu untersuchen. Deshalb geht es in diesem Abschnitt vor allem um die Techniken und weniger um die Korrektheit der Beispiele.

Ich habe bewusst auf eine formal strenge Darstellung verzichtet und versucht, die grundlegenden Ideen möglichst einfach darzustellen. Wer sich intensiver damit beschäftigen will, sei auf Alagic/Arbib 1978, Dijkstra 1976 und Gries 1991 verwiesen, die dieses Thema formaler und strenger als hier behandeln. Wer sich aber nur für die Programmiersprache C++ und nicht für Programmierlogik interessiert, kann dieses Kapitel auch auslassen.

3.7.1 Ablaufprotokolle

Ein **Programm** besteht aus Variablen und Anweisungen. Die **Variablen** stellen einen Wert des Datentyps der Variablen dar, und dieser **Wert** kann durch die **Anweisungen** verändert werden.

Die Auswirkung der Anweisungen auf die Variablen kann man sich auf einfache Weise mit einem **Ablaufprotokoll** veranschaulichen. Dazu stellt man den Wert der Variablen nach jeder Anweisung in einer Tabelle dar, deren Zeilen die Anweisungen und deren Spalten die Variablen enthalten. Jede Zeile eines Ablaufprotokolls ist eine **Momentaufnahme** der Werte der protokollierten Variablen. Ein Ablaufprotokoll wird auch als Schreibtischtest bezeichnet und hat Ähnlichkeiten mit einer schrittweisen Ausführung des Programms im Debugger, bei der die Werte der Variablen beobachtet werden. Während man aber im Debugger immer nur die gerade aktuellen Werte der Variablen sieht, zeigt ein Ablaufprotokoll, wie diese Werte entstehen.

Ein Anfänger gewinnt durch die Erstellung eines Ablaufprotokolls oft ein besseres Verständnis für das Ergebnis von Anweisungen als wenn er nur die Anweisungen in ein Programm schreibt und das dann laufen lässt. Eine einfache Verallgemeinerung dieser Technik (die in Abschnitt 3.7.3 vorgestellte **symbolische Ausführung**) ermöglicht es, das Ergebnis von Anweisungen allgemein nachzuweisen.

Beispiele: 1. Für die Anweisungen

```
int h,x=1,y=2;
h=x;
x=y;
y=h;
```

erhält man das Ablaufprotokoll:

	h	x	y
int h,x=1,y=2	?	1	2
h=x;	1		
x=y;		2	
y=h;			1

2. Für die Anweisungen

```
int x=1,y=2;
x=x+y;
y=x-y;
x=x-y;
```

erhält man das Ablaufprotokoll:

	x	y
int x=1,y=2;	1	2
x=x+y;	3	
y=x-y;		1
x=x-y;	2	

Bei einer *if*-**Anweisung** werden in Abhängigkeit von der Bedingung verschiedene Anweisungen ausgeführt. Wenn sie keinen *else*-Zweig hat, wird keine Anweisung ausgeführt wenn die Bedingung nicht erfüllt ist.

Beispiel: Für die *if*-Anweisung

```
if (n%2==1) n=3*n+1;
else n=n/2;
```

erhält man mit n=17 das Ablaufprotokoll

	n	**n%2==1**
	17	
`if (n%2==1)`		*true*
`  n=3*n+1;`	52	
`else`		
`  n=n/2;`		

Mit n=18 wird der *else*-Zweig ausgeführt:

	n	**n%2==1**
	18	
`if (n%2==1)`		*false*
`  n=3*n+1;`		
`else`		
`  n=n/2;`	9	

Für die *if*-Anweisung

```
if (n<0) n=-n;
```

wird mit n=1 keine Anweisung ausgeführt:

	n	**n<0**
	1	
`if (n<0) n=-n`		*false*

Die Parameter einer Funktion sind lokale Variablen, die beim Aufruf der Funktion mit den Argumenten initialisiert werden. Ein Ablaufprotokoll für eine **Funktion** enthält deshalb neben den übrigen lokalen Variablen auch die Parameter, deren Anfangswert die Argumente sind.

Beispiel: Ein Aufruf *sum(17,18)* der Funktion

```
int sum(int x, int y)
{
int s=x+y;
return s;
}
```

kann deshalb durch dieses Ablaufprotokoll dargestellt werden:

	x	**y**	**s**
	17	18	
`int s=x+y;`			35
`return s;`			

Manchmal ist es übersichtlicher, wenn man den durch *return* zurück-gegebenen Wert in einer extra Spalte darstellt:

	x	y	result
	17	18	
return x+y;			35

3.7.2 Schleifeninvarianten mit Ablaufprotokollen erkennen

Die Anzahl der Zeilen eines Ablaufprotokolls mit einer **Schleife** hängt von der Anzahl der Wiederholungen des Schleifenkörpers ab.

Beispiel: Bei einem Aufruf der Funktion

```
int Quadratsumme(int n)
{
int s=0;
for (int i=1; i<=n; i++)
   s=s+i*i;
return s;
}
```

mit dem Argument n=2 erhält man das Ablaufprotokoll:

	n	s	i	i<n
	2			
int s=0;		0		
for (int i=1;i<=n;i++)				
i=1;			1	
i<=n				true
s=s+i*i;		0+1*1==1		
i++;			2	
i<=n				true
s=s+i*i;		1+2*2==5		
i++;			3	
i<=n				false
return s;				

Für dieselbe *for*-Anweisung erhält man mit einem größeren Wert von n ein entsprechend längeres Ablaufprotokoll.

Ein Ablaufprotokoll kann **Beziehungen zwischen Variablen** aufzeigen, die man ohne ein Ablaufprotokoll leicht übersieht. Dazu protokolliert man am besten nicht nur den Wert der Variablen, sondern die Operationen, die zu den Werten führen. Deswegen wurden im letzten Beispiel in der Spalte für s nicht nur die Werte 0, 1 und 5 protokolliert, sondern außerdem auch die Zwischenschritte „0+1*1=1" und „1+2*2=5".

Beispiel: Im Ablaufprotokoll des letzten Beispiels sieht man, dass nach jeder Ausführung des Schleifenkörpers s=s+i*i und i++ diese Beziehung zwischen i und s besteht:

$$i = 2: \quad s = 0 + 1^2 = 0 + (i\text{-}1)^2$$
$$i = 3: \quad s = 0 + 1^2 + 2^2 = 0 + 1^2 + (i\text{-}1)^2$$

Würde man die Schleife auch noch für weitere Werte von i protokollieren, würde man sehen, dass diese Beziehung auch für diese Werte gilt:

$$i = 4: \quad s = 0 + 1^2 + 2^2 + 3^2 = 0 + 1^2 + 2^2 + (i\text{-}1)^2$$
$$i = 5: \quad s = 0 + 1^2 + 2^2 + 3^2 + 4^2 = 0 + 1^2 + 2^2 + 3^2 + (i\text{-}1)^2$$
usw.

Damit man die verschieden langen Summen durch einen einzigen Ausdruck darstellen kann, verwendet man oft die Schreibweise

$$s = 0 + ... + (i\text{-}1)^2$$

Hier bedeutet „..." einfach nur, dass für i der Reihe nach die Werte bis i eingesetzt werden. Diese Schreibweise wird auch für i=0 oder i<0 verwendet:

$$i = 0: \quad s = 0 = i^2$$

Eine Beziehung, die wie

$$s = 0 + 1^2 + 2^2 + ... + (i\text{-}1)^2$$

nach jeder Schleifenwiederholung gilt, wird auch als **Schleifeninvariante** bezeichnet. Wenn man hier für i den Wert n+1 einsetzt, mit dem die Schleife verlassen wird, erhält man:

$$s = 0 + 1^2 + 2^2 + ... + (n\text{+}1\text{-}1)^2 = 0 + 1^2 + 2^2 + ... + n^2$$

Nach der Ausführung der Schleife hat s also den Wert $0+1+ ...+n^2$.

Schleifeninvarianten bieten also eine einfache Möglichkeit, das **Ergebnis einer Schleife** nachweisen, indem man die **Werte** der beteiligten Variablen nach dem Verlassen der Schleife **einsetzt**. In Abschnitt 3.7.4 wird gezeigt, wie man nachweisen kann, dass eine Beziehung zwischen Variablen für eine beliebige Anzahl von Wiederholungen des Schleifenkörpers gilt und eine Schleifeninvariante ist.

Ablaufprotokolle kann man nicht nur zur Darstellung der Ergebnisse von Anweisungen und der Beziehungen zwischen Variablen verwenden. Sie können auch hilfreich sein, **Algorithmen zur Lösung** von Aufgaben zu **finden**.

Beispiel: Anfängern fällt es oft nicht leicht, die Anweisungen zur Berechnung der Fibonacci-Zahlen zu finden.

$$f_0=0, f_1=1, f_2=f_0+f_1=1, f_3=f_2+f_1=2, f_4=f_3+f_2=3, \text{ usw.}$$

Die ersten drei Ausdrücke legen die Verwendung von drei Variablen und die ersten beiden Zeilen des nächsten Ablaufprotokolls nahe. Die weiteren Zeilen ergeben sich aus den folgenden Ausdrücken:

	x	*y*	*f*
`int f=0,x=0,y=1;`	0	1	0 // f_0
`x=y;`	1		
`y=f;`		0	
`f=x+y;`			1 // f_1
`x=y;`	0		
`y=f;`		1	
`f=x+y;`			1 // f_2

Zu einem solchen Ablaufprotokoll kann man dann leicht Anweisungen finden, die dasselbe Ergebnis haben:

```
int Fibonacci(int n)
{
int f=0,x=0,y=1;
for (int i=0; i<n; i++)
   {
      x=y;
      y=f;
      f=x+y;
   }
return f;
}
```

Aufgaben 3.7.2

1. Erstellen Sie für die Anweisungen der folgenden Funktionen Ablaufprotokolle mit den jeweils angegebenen Argumenten:

a) *Fakultaet(4)* (Aufgabe 3.6.5, 3.)

```
int Fakultaet(int n)
{
int f=1;
for (int i=2; i<=n; i++)
   f = f*i;
return f;
}
```

b) *Mises(3)* (Aufgabe 3.6.5, 6.)

```
double Mises(int n)
{
double q=1;
for (int i=0; i<n-1; i++)
   q = q*(364-i)/365;
return 1-q; // 0 für n<=1
}
```

c) *Fibonacci(4)* (Aufgabe 3.4.5, 2.)

```
int Fibonacci(int n)
{
int f=0,x=0,y=1;
for (int i=0; i<n; i++)
   {
     x=y;
     y=f;
     f=x+y;
   }
return f;
}
```

d) *Quersumme(289)* (Aufgabe 3.4.6, 1.)

```
int Quersumme(int n)
{
if (n<0) n=-n; // falls n < 0
int s=0;
while (n>0)
   {
     s = s+n%10;
     n = n/10;
   }
return s;
}
```

e) *prim(17)* und *prim(18)* (Aufgabe 3.4.6, 4.)

```
bool prim(int n)
{
if (n<2) return false;
else if (n==2) return true;
else
   {
     for (int i=2; i*i<=n; i++)
       if (n%i==0) return false;
     return true;
   }
}
```

2. Formulieren Sie Beziehungen zwischen den beteiligten Variablen, die nach jeder Ausführung des Schleifenkörpers gelten. Setzen Sie in jede dieser Beziehungen den letzten Wert ein, mit dem die Schleife wiederholt wurde

   a) in Aufgabe 1.a).

b) in Aufgabe 1.b).

c) ab der zweiten Ausführung des Schleifenkörpers in Aufgabe 1.c).

d) in Aufgabe 1.d). Stellen Sie dazu den Parameter durch die Folge seiner Ziffern $z_n z_{n-1} \ldots z_2 z_1 z_0$ dar.

e) in Aufgabe 1.e). Sie müssen diese Beziehung nicht durch einen formalen Ausdruck beschreiben, sondern können sie auch umgangssprachlich formulieren.

3. Geben Sie jeweils ein Beispiel für eine Funktion an, für die man (zumindest im Prinzip)

a) kein Ablaufprotokoll erstellen kann.

b) keine Beziehung zwischen ihren Variablen angeben kann.

4. Das Ablaufprotokoll für die Anweisungen

```
int x=1,y=2;
x=x+y;
y=x-y;
x=x-y;
```

hat gezeigt, dass sie die Werte der Variablen x und y vertauschen. Gilt das nur für die Werte x=1 und y=2, oder auch für beliebige Werte von x und y? Falls Sie sich nicht sicher sind, brechen Sie diese Aufgabe ab. Wir kommen später darauf zurück.

3.7.3 Symbolische Ablaufprotokolle

Die meisten Funktionen haben Parameter, für die beim Aufruf beliebige Argumente des Parametertyps übergeben werden können. Um zu testen, ob eine Funktion für alle möglichen Werte der Argumente das gewünschte Ergebnis hat, müsste man sie mit alle möglichen Argumenten aufrufen. Das ist aber meist mit einem Aufwand verbunden, der sich nicht vertreten lässt.

Alle diese Tests lassen sich oft durch ein einziges symbolisches Ablaufprotokoll ersetzen. Dabei verwendet man im Unterschied zu einem gewöhnlichen Ablaufprotokoll keinen konkreten Wert, sondern ein Symbol wie z.B. x_0 oder x0 für den Wert einer Variablen x. Dafür wird die Bezeichnung „symbolisches Ablaufprotokoll" verwendet, obwohl das Adjektiv „symbolisch" für ein Ablaufprotokoll eigentlich nicht angemessen ist. Aber die präziseren Bezeichnungen wie „symbolische Ausführung" (engl. „symbolic execution") oder „Ablaufprotokoll mit symbolischen Werten" sind oft etwas unhandlich. Ein symbolisches Ablaufprotokoll kann auch als **verallgemeinerter Test** betrachtet werden.

Beispiel: 1. Für die Funktion *vertausche* aus Abschnitt 3.4.4 erhält man das symbolische Ablaufprotokoll, das mit Kommentaren in den Quelltext übernommen wurde:

```
void vertausche(int& x, int& y)
{              // h    x    y
               //     x0   y0
int h=x;       // x0
x=y;           //      y0
y=h;           //           x0
} // x==y0 and y==x0
```

Der letzte Kommentar fasst das Ergebnis des Ablaufprotokolls zusammen: Die Variable x hat den ursprünglichen Wert von y und y
den ursprünglichen Wert von x.

Da die Parameter von *vertausche* Referenzparameter sind, werden
beim Aufruf dieser Funktion ihre Anweisungen direkt mit den Argumenten ausgeführt. Deshalb führt der Aufruf dieser Funktion dazu,
dass die Werte ihrer Argumente vertauscht werden, was durch die
folgenden Kommentare zum Ausdruck gebracht werden soll:

```
// a==a0, b==b0
vertausche(a,b);
// a==b0, b==a0
```

Hier wurden die Werte von a und b vor dem Aufruf mit a0 und b0
bezeichnet, um das Ergebnis des Funktionsaufrufs darstellen zu
können.

2. Für die Funktion mit den Anweisungen aus Aufgabe 3.7.2, 4. erhält
   man das symbolische Ablaufprotokoll:

```
void vertausche1(int& x, int& y)
{         // x                y
          // x0               y0
x=x+y; //    x0+y0
y=x-y; //                     (x0+y0)-y0=x0
x=x-y; //    (x0+y0)-x0=y0
} //    x==y0 && y==x0
```

Offensichtlich vertauscht auch diese Funktion die Werte ihrer Argumente, falls die Zwischenergebnisse nicht zu einem Überlauf führen.
Dieses Ergebnis wird ohne ein symbolisches Ablaufprotokoll meist
nicht so leicht gesehen.

Einen allgemeingültigen Nachweis, dass ein Programm oder eine Folge von Anweisungen bestimmte Anforderungen (eine Spezifikation) erfüllt, bezeichnet man
auch als **Programmverifikation**. Eine Programmverifikation unterscheidet sich
von einem **Test** dadurch, dass ein Test das Ergebnis von Anweisungen nur für die
getesteten Werte nachweist. Deshalb kann man mit einem Test nur die Gegenwart
von Fehlern entdecken, aber niemals die Korrektheit eines Programms nachweisen
(Dijkstra, 1972), außer man testet es für alle möglichen Werte. Die letzten beiden
Beispiele zeigen, dass symbolische Ablaufprotokolle eine Technik zur Programm-

verifikation sind, die oft keinen größeren Aufwand erfordert als ein Ablaufprotokoll mit konkreten Werten.

Symbolische Ablaufprotokolle stehen in einer ähnlichen Relation zu einem Test wie die Algebra zur Arithmetik: In der Algebra werden wie bei einer symbolischen Ausführung Symbole für Werte verwendet, während bei einem Test wie in der Arithmetik konkrete Werte verwendet werden.

In diesem Zusammenhang sind die folgenden Begriffe üblich:

– Eine Bedingung P, die vor der Ausführung einer Anweisung S vorausgesetzt wird, bezeichnet man als **Vorbedingung**. Wenn dann nach der Ausführung von S eine Bedingung Q gilt, bezeichnet man diese als **Nachbedingung**. Solche Bedingungen werden oft als Kommentare in einem Programm dokumentiert:

```
// P
S
// Q
```

P, S und Q stehen meist für konkrete Bedingungen oder Anweisungen, wie z.B.

```
// x==x0 and y==y0
x=x+y;
y=x-y;
x=x-y;
// x==y0 and y==x0
```

Hier besagt die Vorbedingung lediglich, dass der Wert von x mit x0 und der von y mit y0 bezeichnet wird.

– Falls eine Nachbedingung unabhängig von irgendwelchen Vorbedingungen (also immer) erzielt wird, verwendet man *true* als Vorbedingung:

```
// true
if (x<0) x=-x;
// x>=0
```

– Wenn P und Q Bedingungen sind und S eine Anweisung ist, dann bedeutet die Schreibweise

```
// P
S
// Q
```

dass nach der Ausführung von S die Nachbedingung Q gilt, wenn vor der Ausführung von S die Vorbedingung P erfüllt war. Es wird keine Aussage über die Nachbedingung gemacht, falls die Vorbedingung nicht erfüllt war.

– Die Schreibweise

```
// P
S
// Q
```

bedeutet dass nach der Ausführung von S die Nachbedingung Q gilt, wenn vor der Ausführung von S die Vorbedingung P erfüllt war. Es wird keine Aussage über die Nachbedingung gemacht, falls die Vorbedingung nicht erfüllt war.

– Eine Bedingung, die sowohl vor als auch nach der Ausführung einer Anweisung gilt, wird als **Invariante** bezeichnet, da sie durch die Anweisung nicht verändert wird. Eine Invariante ist also gleichzeitig Vor- und Nachbedingung.

Im **C++-Standard** sind für zahlreiche Funktionen Vor- und Nachbedingungen (preconditions und postconditions) angegeben. Die Vorbedingungen beschreiben die Voraussetzungen, die beim Aufruf der Funktion erfüllt sein müssen. Die Nachbedingungen beschreiben das Ergebnis der Funktion. Die Unified Modelling Language **UML** (UML 2003) enthält die „Object Constraint Language" **OCL**, mit der man Invarianten, Vorbedingungen und Nachbedingungen formulieren kann.

Mit einem **symbolischen Ablaufprotokoll** kann man nicht nur die Werte von Variablen untersuchen und nachweisen, sondern auch **allgemeine Beziehungen** zwischen Variablen.

Beispiel: Wenn vor der Ausführung der Anweisungen

```
r = r - y;
q = q + 1;
```

die Vorbedingung

$q*y + r = x$, d.h. $q_0*y_0 + r_0 = x_0$

gilt, dann sieht man mit dem symbolischen Ablaufprotokoll

```
            // r              q              y
            // r0             q0             y0
r = r - y;  // r0-y0
q = q + 1;  //                 q0+1
```

dass diese Beziehung auch noch nach der Ausführung dieser Anweisungen gilt:

$$q*y + r \quad = (q_0 + 1)*y_0 + (r_0 - y_0)$$
$$= q_0*y_0 + y_0 + r_0 - y_0$$
$$= q_0*y_0 + r_0 = x_0 = x$$

Solche Beziehungen werden üblicherweise als Kommentar dokumentiert, da ein Leser des Programms allein aus den Anweisungen kaum auf die Idee kommen würde, die Vorbedingung vorauszusetzen und daraus die Nachbedingung abzuleiten.

```
// q*y + r = x
r = r - y;
q = q + 1;
// q*y + r = x
```

Beispiel: Wenn vor der Ausführung der Anweisungen

```
s=s+i*i;
i++;
```

die Vorbedingung

$$s==0+1^2+\ldots+(i-1)^2$$

gilt, dann sieht man mit dem symbolischen Ablaufprotokoll

```
          //:  i        s
          //:  i0       0+1²+...+(i0-1)²
s=s+i*i;  //:           {0+1²+...+(i0-1)²}+i0²
i++;      //:  i0+1
          ///: i==i0+1 ==> i0==i-1
          ///: d.h.  s==0+1²+...+(i-1)²
```

dass diese Beziehung auch noch nach der Ausführung dieser Anweisungen gilt. Dieses Ablaufprotokoll zeigt, dass die Anweisung

```
s=s+i*i;
```

aus der Bedingung

$$s==0+1^2+\ldots+(i-1)^2$$

zunächst die Bedingung

$$s==0+1^2+\ldots+(i-1)^2+i^2$$

herstellt. Da i jedoch anschließend erhöht wird, gilt die ursprüngliche
Bedingung

$$s==0+1^2+\ldots+(i-1)^2$$

anschließend wieder.

Selbstverständlich erwartet niemand von Ihnen, dass Sie allein aus den Anweisungen der letzten Beispiele die gefundenen Beziehungen herleiten, da diese Anweisungen ohne jeden Kontext „vom Himmel gefallen" sind. Wenn man dagegen
ein Programm schreibt, will man ja immer ein bestimmtes Ergebnis erzielen.
Dieses Ergebnis ist die Nachbedingung, und diese versucht man dann, aus den
gegebenen Vorbedingungen herzuleiten.

Noch zwei Beispiele. Dabei sind x und y Ganzzahldatentypen:

1) Der Wert von x sei gerade, d.h. x/2 = $\dfrac{x}{2}$, wobei $\dfrac{x}{2}$ für das Ergebnis der Division von x durch 2 im Bereich der rationalen Zahlen steht. Dann gilt die als Kommentar angegebene Invarianz tatsächlich,

```
// x*y = u*v und x >= 0 und y >= 0
y = y*2;
x = x/2;
// x*y = u*v und x >= 0 und y >= 0
```

wie man mit dem Ablaufprotokoll für jede der drei Bedingungen getrennt sieht:

```
// x*y = u*v und x >= 0 und y >= 0
                    x           y
                    x0          y0
y = y*2;                        2*y0
x = x/2;            x0
                    ──
                    2
```

I) Aus der Vorbedingung folgt die Nachbedingung x*y=u*v:

$$x*y \quad = (\tfrac{x_0}{2})*(2*y_0) \quad \text{// Setze Werte aus dem Ablaufprotokoll ein}$$

$$= x_0*y_0 \qquad \text{// Klammern auflösen und kürzen}$$

$$= u*v \qquad \text{// Vorbedingung einsetzen}$$

II) Aus der Vorbedingung $x_0 >= 0$ folgt $x = \dfrac{x_0}{2} >= 0$

III) Aus der Vorbedingung $y_0 >= 0$ folgt $y = 2*y_0 >= 0$

2) Der Wert von x sei ungerade, d.h. x/2 = $\dfrac{x-1}{2}$, wobei der Bruch wieder für das Ergebnis der Division von x–1 durch 2 im Bereich der rationalen Zahlen steht. Dann gilt auch die folgende Invarianz,

```
// z + x*y = u*v und x >= 0 und y >= 0
z = z + y;
y = y*2;
x = x/2;
// z + x*y = u*v und x >= 0 und y >= 0
```

die man wiederum mit einem Ablaufprotokoll für jede der drei Bedingungen getrennt sieht:

```
// z + x*y = u*v und x >= 0 und y >= 0
             z        x        y
             z_0      x_0      y_0
z = z + y;   z_0+y_0
y = y*2;                       2*y_0
x = x/2;              x_0-1
                      ─────
                        2
// z + x*y = u*v und x >= 0 und y >= 0
```

I) Aus der Vorbedingung folgt die Nachbedingung $z+x*y=u*v$:

$$z + x*y \quad = (z_0 + y_0) + (\frac{x_0-1}{2})*2*y_0 \text{ // Werte aus dem Ablaufprotokoll}$$

$$= z_0 + y_0*x_0 \quad \text{// Klammern auflösen und kürzen}$$

$$= u*v \quad \text{// Vorbedingung verwenden}$$

II) Aus der Vorbedingung $x_0 >= 0$ und x ungerade folgt $x_0 >= 1$ und damit

$$x = \frac{x_0-1}{2} >= 0$$

III) Aus der Vorbedingung $y_0 >= 0$ folgt $y = 2*y_0 >= 0$

Aufgaben 3.7.3

1. Versuchen Sie, aus den Vorbedingungen in a) bis e) die als Nachbedingung angegebenen Beziehungen herzuleiten.

   a) n ganzzahlig und ungerade, p, x, u und v Ganzzahl- oder Gleitkommadatentypen

   ```
   // p*x^n = u^v
   p = p*x;
   n = n/2;
   x = x*x;
   // p*x^n = u^v
   ```

   b) n ganzzahlig und gerade, p, x, u und v Ganzzahl- oder Gleitkommadatentypen

   ```
   // p*x^n = u^v
   n = n/2;
   x = x*x;
   // p*x^n = u^v
   ```

   c) i ganzzahlig, s Gleitkomma- oder Ganzzahldatentyp

```
// s = 1 + 2 + ... + i, d.h. s ist die Summe der
                               // ersten i Zahlen
i = i + 1;
s = s + i;
// s = 1 + 2 + ... + i
```

d) i ganzzahlig, s Gleitkomma- oder Ganzzahldatentyp

```
// s = 1*1 + 2*2 + ... + i*i, d.h. s ist die Summe
                      // der ersten i Quadratzahlen
i = i + 1;
s = s + i*i;
// s = 1*1 + 2*2 + ... + i*i
```

e) i ganzzahlig, s Gleitkomma- oder Ganzzahldatentyp

```
// s = 1*1 + 2*2 + ... + i*i
s = s + i*i;
i = i + 1;
// s = 1*1 + 2*2 + ... + i*i
```

2. Wie immer, wenn man mehrere Verfahren zur Auswahl hat, stellt sich die Frage: „Welches ist besser?". Vergleichen Sie die beiden Funktionen *vertausche* und *vertausche1*.

3.7.4 Schleifeninvarianten, Ablaufprotokolle, vollständige Induktion Θ

In Abschnitt 3.7.2 wurde für die Funktion *Quadratsumme* mit Ablaufprotokollen gezeigt, dass nach der Ausführung des Schleifenkörpers

```
for (int i=1; i<=n; i++)
   s=s+i*i;
```

mit i=1, 2 und 3 zwischen i und s diese Beziehung gilt:

$$s == 0+1+ ...+(i-1)^2$$

Wenn diese Beziehung nach jeder Ausführung des Schleifenkörpers gilt, heißt sie auch **Schleifeninvariante**. Sie gilt dann insbesondere auch nach der letzten Ausführung. Da i dann den Wert n+1 hat, kann man n+1 für i in die Schleifeninvariante einsetzen:

$$s == 0+1+ ...+(i-1)^2 == 0+1+ ...+(n+1-1)^2 == 0+1+ ...+n^2$$

So sieht man, dass s nach der Ausführung der Schleife den Wert $0+1+ ...+n^2$ hat.

Mit dieser einfachen Technik (**den letzten Wert** in eine Schleifeninvariante **einsetzen**) kann man also das Ergebnis einer Schleife erhalten. Oft sind dafür nicht einmal Ablaufprotokolle oder großartige logische Überlegungen notwendig, da man solche Beziehungen mit ein wenig Routine unmittelbar aus der Aufgabenstellung und der Schleife sieht.

Als Nächstes wird nun gezeigt, wie man mit **vollständiger Induktion** nachweisen kann, dass die Beziehung

$$s==0+1+ \ldots +(i-1)^2$$

nicht nur für i=1, 2 und 3 gilt, sondern für alle Werte, die i bei der Ausführung der Schleife annimmt. In diesem Zusammenhang wird die Beziehung, die man nachweisen möchte, auch als **Induktionsbehauptung** bezeichnet.

Ein Nachweis mit vollständiger Induktion besteht aus den vier Teilen IA), IS), SB) und T). Von diesen ist normalerweise nur IS (der zweite) mit etwas Aufwand verbunden. Der Nachweis von IA ist meist einfach, und SB und T sind bei den meisten Aufgaben erfüllt.

IA) Man zeigt, dass die Induktionsbehauptung vor der ersten Ausführung des Schleifenkörpers gilt (**Induktionsanfang**).

IS) Man zeigt, dass die Induktionsbehauptung nach einer Ausführung des Schleifenkörpers gilt, wenn man annimmt, dass sie auch vor seiner Ausführung gültig war (**Induktionsschritt**). Der Induktionsschritt kann oft mit einem symbolischen Ablaufprotokoll geführt werden.

Beachten Sie bitte, dass für den Induktionsschritt nicht nachgewiesen werden muss, dass die Induktionsbehauptung vor einer Ausführung der Schleife gilt. Es reicht aus, die Induktionsbehauptung nur vorauszusetzen.

SB) Durch die Schleifenbedingung dürfen keine Variablen verändert werden, die sich auf die Induktionsbehauptung auswirken.

Diese Voraussetzung ist für alle **Schleifenbedingungen** erfüllt, die nur Werte prüfen. Sie ist aber nicht erfüllt, wenn die Schleifenbedingung eine Zuweisung an die Laufvariable enthält, wie z.B. nach dem Schreibfehler „i=10" anstelle von „i<=10" in

```
for (int i=0; i=10; i++) ...
```

T) Die Schleife muss **terminieren**, d.h. sie darf keine Endlosschleife sein.

Diese Voraussetzung ist bei allen Schleifen erfüllt, die eine ganzzahlige Laufvariable hochzählen (z.B. mit i++) und mit einem der Operatoren < bzw. <= auf eine konstante Obergrenze vergleichen, bzw. herunterzählen und mit einem der Operatoren > bzw. >= auf eine konstante Untergrenze vergleichen.

Wegen IA gilt die Induktionsbehauptung vor der ersten Ausführung der Schleife. Wegen IS gilt sie auch nach der ersten Ausführung. Da sie wegen SB zwischen dem Ende der ersten Ausführung und dem Anfang der zweiten Ausführung nicht verändert wurde, gilt sie auch noch vor der zweiten Ausführung der Schleife. Mit derselben Begründung gilt sie dann auch nach der dritten und nach jeder weiteren Ausführung. Da die Schleife wegen T irgendwann einmal beendet wird, gilt sie auch nach dem Ende der Schleife.

Das Prinzip der vollständigen Induktion kann man mit einer Reihe von aufrecht stehenden Dominosteinen veranschaulichen, bei der ein umfallender Stein immer

den nächsten umwirft. Falls der erste Stein umgestoßen wird, fallen danach alle
weiteren um:

Beispiel: Die **Induktionsbehauptung** für die Funktion *Quadratsumme* von Abschnitt 3.7.1 ist, dass nach der Ausführung des Schleifenkörpers

```
for (int i=1; i<=n; i++)
   s=s+i*i;
```

für beliebige Werte i>=1 diese Beziehung gilt:

```
s==0+1+ ...+(i-1)²
```

Da vor der ersten Ausführung des Schleifenkörpers i=1 und s=0 ist, gilt
die Induktionsbehauptung in diesem Fall. Das ist der **Induktionsanfang**. Damit er auch im Quelltext dokumentiert werden kann, wurde
die *for*-Anweisung auf zwei Zeilen verteilt:

```
// Induktionsbehauptung: s==0+1²+...+(i-1)²
s=0;
for (int i=1;//Induktionsanfang: s==0+1²+...+(i-1)²
   i<=n; i++)
```

SB und T sind ebenfalls erfüllt.

Setzt man voraus, dass die Induktionsbehauptung vor der Ausführung
des Schleifenkörpers gilt, dann zeigt das nächste Ablaufprotokoll, dass
sie auch danach gilt (**Induktionsschritt**). Dieses Ablaufprotokoll war
eines der Beispiele des letzten Abschnitts.

```
            ///: Induktionsbehaupt.: s==0+1²+...+(i-1)²
            //: i        s
            //: i0       0+1²+...+(i0-1)²
s=s+i*i; //:            {0+1²+...+(i0-1)²}+i0²
// i++    //: i0+1
            ///: i==i0+1 ==> i0==i-1
            ///: d.h. s==0+1²+...+(i-1)²
```

Hier wurde der Kommentar // i++ aufgenommen, um das Ergebnis der
Anweisung i++ aus der *for*-Schleife darstellen zu können. Die mit „//:"
gebildeten Kommentare gehören zum Ablaufprotokoll, während die mit
„///:" Folgerungen aus dem Ablaufprotokoll enthalten.

Dieses Beispiel zeigt, dass die Beziehung

$$s==0+1+ \ldots +(i-1)^2$$

tatsächlich eine Schleifeninvariante ist. Deshalb gilt diese Beziehung insbesondere auch nach **der letzten Ausführung** des Schleifenkörpers. Dann hat i den Wert, mit dem der Schleifenkörper das letzte Mal ausgeführt wurde, also i=n+1. Setzt man diesen Wert in die Invariante ein, erhält man als Ergebnis der Schleife

$$s == 0+1+ \ldots +(i-1)^2 == 0+1+ \ldots +(n+1-1)^2 == 0+1+ \ldots +n^2$$

Diese Schritte kann man als Kommentare im Quelltext dokumentieren:

```
int Quadratsumme(int n)
{
int s=0;
// Induktionsbehauptung: s==0+1²+...+(i-1)²
for (int i=1; // Induktionsanfang: s==0+1²+...+(i-1)²
            i<=n; i++)
   {         ///: Induktionsvorauss.: s==0+1²+...+(i-1)²
             //: i        s
             //: i0       0+1²+...+(i0-1)²
   s=s+i*i; //:          {0+1²+...+(i0-1)²}+i0²
   // i++    //: i0+1
             ///: i==i0+1 ==> i0==i-1
        ///: ==> s=={0+1²+...+(i-2)²}+(i-1)² (Ind.schritt)
   }
/// i==n+1 ==> s=={0+1²+...+(n-1)²}+n²
return s;
}
```

Bei einer *while*-Schleife kann man entsprechend vorgehen. Hier ergibt sich der Wert, mit dem der Schleifenkörper das letzte Mal ausgeführt wurde, aus der Negation der Schleifenbedingung.

Beispiel: In Abschnitt 3.7.8 wird gezeigt, dass die *while*-Schleife in der Funktion *mul* die als Kommentar angegebene Invariante hat. Da diese Schleife keine Endlosschleife ist und danach die Negation der Schleifenbedingung gilt (d.h. x==0), gibt *mul* das Produkt ihrer Argumente zurück.

```
int mul(int x, int y)
{ // x==x0, y=y0, x0>=0
int z=0 ;
while (x !=0)
  { // z + x*y = x0*y0
    if (x&1) z = z + y;
    y = y*2;
    x = x/2;
    // z + x*y = x0*y0
  } //x==0 ==> z=x0*y0
return z;
}
```

Die Induktionsbehauptung muss nicht als formaler Ausdruck oder als mathematische Formel dargestellt werden. Oft reicht auch ein umgangssprachlicher Satz aus.

Beispiel: Für die folgende Schleife, die bestimmen soll, ob ein *int*-Wert n eine Primzahl ist, ist die Induktionsbehauptung (IB) als umgangssprachlicher Satz formuliert:

```
for (int i=2; i*i<=n; i++)
    // IB: n ist nicht durch 2, 3, ..., i-1 teilbar
    if (n%i==0) return false;
    // Entweder wird die Funktion verlassen, oder
    // die IB gilt weiterhin mit dem inzwischen
    // erhöhten Wert von i.
```

Nach dem Verlassen dieser Schleife gilt i>n/i. Falls keiner der Werte 1..i ein Teiler von n ist, hat n auch keinen Teiler im Bereich i+1...n.

Fassen wir die notwendigen Schritte zur Verifikation einer Schleife **zusammen**. Sie sind meist viel einfacher, als das auf den ersten Blick erscheint. Oft kann man die Schritte 2. und 3. wie ein einfaches, mechanisches Rechenschema anwenden.

1. Formulieren Sie eine Schleifeninvariante. Mit ein wenig Routine sieht man sie unmittelbar aus der Aufgabenstellung oder aus einem Ablaufprotokoll mit konkreten Werten.
2. Man weist die Schleifeninvariante mit vollständiger Induktion nach. Dazu muss sie vor der ersten Ausführung des Schleifenkörpers gelten (Induktionsanfang). Für den Induktionsschritt ist oft ein symbolisches Ablaufprotokoll hilfreich. (T) und (SB) sind meist erfüllt.
3. Dann setzt man den letzten Wert, mit dem der Schleifenkörper ausgeführt wurde, in die Invariante ein. Daraus ergibt sich das Ergebnis der Schleife.

Aufgaben 3.7.4

1. Beweisen Sie mit vollständiger Induktion, dass die folgenden Funktionen den jeweils angegebenen Funktionswert haben.

   Formulieren Sie dazu jeweils eine Induktionsbehauptung und nehmen Sie in den Quelltext der Lösungen symbolische Ablaufprotokolle auf, die den Induktionsschritt nachweisen. Geben Sie die Induktionsbehauptung für den letzten Wert der Laufvariablen an, mit dem der Schleifenkörper ausgeführt wurde.

   Falls Sie die Induktionsbehauptung nicht unmittelbar aus der Aufgabenstellung erkennen, können Sie sie aus den Lösungen der Aufgabe 3.7.1, 1. ableiten.

   a) Der Funktionswert der Funktion *Fakultaet(n)* (Aufgabe 3.6.5, 3.) ist das Produkt der ersten n Zahlen 1*2* ... *(n-1)*n.

```
int Fakultaet(int n)
{
int f=1;
for (int i=2; i<=n; i++)
  f = f*i;
return f;
}
```

b) Der Funktionswert der Funktion *Mises(n)* (Aufgabe 3.6.5, 6.) ist
    $1 - 364*363*...*(365-n+1)/365^{n-1}$.

```
double Mises(int n)
{
double q=1;
for (int i=0; i<n-1; i++)
  q = q*(364-i)/365;
return 1-q; // 0 für n<=1
}
```

c) Der Funktionswert der Funktion *Quersumme(n)* (Aufgabe 3.4.6, 1.) ist die
    Quersumme der als Argument übergebenen Zahl. Sie können dazu für den
    Parameter die Darstellung $n=z_k z_{k-1}...z_2 z_1 z_0$ verwenden, wobei z_i die i-te
    Ziffer des Parameters ist.

```
int Quersumme(int n)
{// n=z_k z_{k-1}...z_2 z_1 z_0
if (n<0) n=-n; // falls n < 0
int s=0;
while (n>0)
  {
    s = s+n%10;
    n = n/10;
  }
return s;
}
```

d) Der Funktionswert der Funktion *Fibonacci(n)* (Aufgabe 3.4.6, 2.) ist die n-
    te Fibonacci-Zahl f_n ($f_0=0$, $f_1=1$, $f_2=1$ usw., $f_n = f_{n-1} + f_{n-2}$ für n = 2, 3, 4, ...).

```
int Fibonacci(int n)
{
int f=0,x=0,y=1;
for (int i=0; i<n; i++)
  {
    x=y;
    y=f;
    f=x+y;
  }
return f;
}
```

e) Versuchen Sie, den Induktionsbeweis in d) führen, wenn die Anweisungen
    im Schleifenkörper ersetzt werden durch

```
y=f;
x=y;
f=x+y;
```

f) Versuchen Sie, den Induktionsbeweis in d) führen, wenn die Anweisungen in der Funktion ersetzt werden durch

```
int x=0,f=1;
for (int i=0; i<n; i++)
    {
        int y=f;
        f=x+f;
        x=y;
    }
return f;
```

2. Unter welchen Bedingungen werden die folgenden Schleifen nicht zu Endlosschleifen (Datentyp von i und n: *int*, d: *double*):

a)
```
while (n != 0)
    {
        .
        n = n+2;
        .
    }
```

b)
```
while (i > 0)
    {
        .
        i = i/2;
        .
    }
```

c)
```
while (i < n)
    {
        .
        i++;
        .
    }
```

d)
```
double d=0;
while (d != 10)
    d = d + 0.1;
```

e)
```
while (i > 0) n = 2*n;//keine weiteren Zuweisungen an i
```

f) Die Schleife von b), wenn man i > 0 durch i >= 0 ersetzt?

g)
```
while (n!=1)    // siehe Aufgabe 3.4.6, 6.
    if (n%2==1) n=3*n+1;
    else n=n/2;
```

3. Für ganze Zahlen a und b ist a ein Teiler von b, falls es eine Zahl k gibt, so dass a*k = b ist. Der **größte gemeinsame Teiler ggT** von zwei Zahlen n, m ist der größte Teiler, der sowohl n als auch m teilt. Beispiele:

$$ggT(4,30) = 2, ggT(2,7) = 1, ggT(0,5) = 5$$

Aus dieser Definition der Teilbarkeit ergibt sich unmittelbar:

1. ggT(n,m) = ggT(m,n)
2. ggT(n,–m) = ggT(n,m)
3. ggT(n,0) = n

Wegen 2. kann man sich auf $n > 0$ und $m >= 0$ beschränken. Aus

$n = (n/m) * m + n\%m$

folgt

$n - (n/m) * m = n\%m$

Deshalb ist jeder gemeinsame Teiler t von n und m auch ein Teiler von m und $n\%m$ und umgekehrt, da

$t*k_n=n$ und $t*k_m=m$ und $t*k_n - (n/m)*t*k_n = n \%m$

d.h.

$ggT(n,m) = ggT(m,n \% m)$

Dabei ist $n\%m$ kleiner als m.

Beweisen Sie mit einer geeigneten Invariante, dass die Funktion *ggT* den größten gemeinsamen Teiler der Argumente als Funktionswert hat.

```
int ggt(int x, int y)
{ // x==x0,y==y0
while (y != 0)
    {
        int r = x%y;
        x = y;
        y = r;
    }
return x; // ggT(x0,y0)==x;
}
```

3.7.5 Verifikationen, Tests und Bedingungen zur Laufzeit prüfen

In den letzten beiden Abschnitten wurden mit symbolischen Ablaufprotokollen und vollständiger Induktion zwei Techniken zur Programmverifikation vorgestellt. Damit kann man die Korrektheit eines Programms oft umfassender und einfacher als mit Tests nachweisen. Allerdings hat auch eine Programmverifikation ihre Grenzen:

1. Für eine Programmverifikation müssen **Voraussetzungen** erfüllt sein, die in der Praxis nicht immer gegeben sind. Sie setzt z.B. eine **präzise** und **vollständige** Spezifikation voraus, die für jeden zulässigen Wert eine Entscheidung ermöglicht, ob sie erfüllt wird oder nicht.

   Beispiel: Falls die Spezifikation der Aufgabe 3.6.5, 6. in der Form

       a) *Mises(n)* ist die Wahrscheinlichkeit, dass von n Personen mindestens zwei am gleichen Tag Geburtstag haben vorliegt, kann sie nicht verifiziert werden. Die Spezifikation

b) der Funktionswert von *Mises(n)* ist $364*363*...*(364-n+2)/365^{n-1}$

kann dagegen verifiziert werden. Falls die Formel in b) den Wert zu a) berechnet, ist ein Nachweis von b) auch ein Nachweis von a).

Bei Funktionen mit Zufallswerten (wie z.b. *RegentropfenPi*, Aufgabe 3.6.5, 2.) oder unbekannten Ergebnissen (wie z.b. *TrapezSumme*, 3.6.5, 5.) ist eine Verifikation meist schwierig, da man nicht für jedes Argument prüfen kann, ob ihr Funktionswert korrekt ist.

Anforderungen, die nicht durch Variablen- oder Funktionswerte beschrieben werden können wie z.b. Zeitanforderungen, sind oft schwer verifizierbar.

2. Auch wenn die Voraussetzungen für eine Verifikation gegeben sind, kann der Aufwand für ihre Durchführung zu hoch sein.

3. Da eine Verifikation nur nachweist, dass das Ergebnis eines Programms mit seiner Spezifikation übereinstimmt, können Spezifikationsfehler durch eine Verifikation nicht entdeckt werden.

4. Auch wenn Sie überzeugt davon sind, ein Programm erfolgreich verifiziert zu haben, ist das **keine Garantie** dafür, dass das Programm fehlerfrei ist.

   – In der Mathematik kommt es immer mal wieder vor, dass „Beweise" zunächst akzeptiert werden, aber sich später doch als falsch erweisen. Solche Fehler in der Beweisführung können auch Ihnen bei einer Programmverifikation unterlaufen (de Millo, 1979).
   – Die Operationen bei einer Programmverifikation haben meist nicht die Einschränkungen von Datentypen in einer Programmiersprache. Deshalb wird ein Überlauf bei einer Verifikation leicht übersehen.
   – Damit ein Programm auch tatsächlich das Ergebnis hat, das man von seinen Anweisungen erwartet, muss der Compiler aus dem Quelltext auch die richtigen Anweisungen für den Prozessor erzeugen. Zwar sind Compilerfehler oder Fehler in Bibliotheksfunktionen selten. Aber sie können vorkommen.

Deshalb sollte man jede Verifikation **außerdem** auch noch durch **systematische Tests** ergänzen. Eine Kombination dieser beiden Techniken bietet normalerweise eine recht hohe Gewähr für korrekte Programme.

Selbst dann, wenn eine Programmverifikation nicht gelingt, kann **allein schon der Versuch**, Vor- und Nachbedingungen sowie Beziehungen zwischen Variablen allgemeingültig zu formulieren, zum Verständnis des Problems und zu einer Lösungsfindung beitragen. Solche Formulierungen ermöglichen außerdem oft

allgemeine Tests, die im Unterschied zu den in Abschnitt 3.5.1 beschriebenen Testfällen **unabhängig von konkreten Werten** sind.

Beispiel: Angenommen, es wäre Ihnen nur gelungen, die Vor- und Nachbedingung der Funktion *vertausche* zu formulieren, aber nicht, die Nachbedingung aus der Vorbedingung herzuleiten:

```
void vertausche(int& x, int& y)
                { // Vorbedingung:  x==x0 and y==y0
int h=x;
x=y;
y=h;
} // Nachbedingung: x==y0 and y==x0
```

Diese Nachbedingung kann man dann während der Laufzeit zu prüfen:

```
void vertausche(int& x, int& y)
{ // x==x0 and y==y0
int x0=x, y0=y; // Anfangswerte speichern
int h=x;
x=y;
y=h;
if (!((x==y0) && (y==x0)))
 ;//z.B. Fehlermeldung, Exception oder Flag setzen
}
```

Eine solche **Prüfung von Bedingungen zur Laufzeit** ist immer dann möglich, wenn eine Nachbedingung durch Beziehungen zwischen früheren und späteren Werten von Variablen beschrieben wird, und diese Beziehungen in der Programmiersprache ausgedrückt werden können. Falls frühere Werte überschrieben werden, müssen sie zwischengespeichert werden.

– Solche Prüfungen haben gegenüber den in Abschnitt 3.5.1 beschrieben Tests den Vorteil, dass sie nicht nur mit einzelnen Testwerten durchgeführt werden, sondern mit allen Werten, mit denen die Anweisungen ausgeführt werden.
– Sie ermöglichen oft auf einfache Weise **viele Tests mit Zufallswerten**.
– Ihre Anwendbarkeit ist allerdings auf Bedingungen beschränkt, die in C++ formuliert werden können. Dazu gehören keine Schleifeninvarianten mit einer variablen Anzahl von Termen (wie $s==0+1+ \ldots +(i-1)^2$ bei der Funktion *Quadratsumme*) oder umgangssprachlich formulierten Invarianten (wie z.B. bei der Funktion *prim*).

Für die Prüfung von Vor- und Nachbedingungen wird oft das Makro **assert** aus <assert.h> oder <cassert> (siehe Abschnitt 3.22.3) verwendet. Es bewirkt einen Programmabbruch, wenn die angegebene Bedingung nicht erfüllt ist.

Beispiel:
```
int x0=x, y0=y; // Anfangswerte speichern
x = x + y;
y = x - y;
x = x - y;
assert(x==y0 && y==x0);
```

Der Abbruch des Programms nach einem Fehler ist allerdings manchmal zu drakonisch. Wenn man Fehler sammeln und protokollieren will, muss das Programm nach einem Fehler weiter laufen. *\Loesungen_CB2006\CppUtils\State.h* auf der Buch-CD enthält einige Makros (siehe Abschnitt 3.22.2) wie

```
#define STATE_2(s, T1,x1, T2,x2)   \
    struct                         \
    {                              \
        T1 x1;                     \
        T2 x2;                     \
    } s={x1,x2};                   \
```

die das Zwischenspeichern von Variablen erleichtern. Die Funktion *Check-Condition* prüft wie *assert* eine Bedingung. Im Unterschied zu *assert* gibt sie aber eine Meldung am Bildschirm aus und bricht das Programm nicht ab, wenn die Bedingung nicht erfüllt ist:

```
#include "\Loesungen_CB2006\CppUtils\State.h"

void vertausche(int& x, int& y)
{
STATE_2(s, int, x, int, y); // speichert den aktuellen
int h=x;     // Wert von x in s.x und den von y in s.y
x=y;
y=h;
CheckCondition((y==s.x) and (x==s.y), "vertausche");
}
```

Zusammenfassung:

1. Die größte Vertrauen in die Korrektheit eines Programms erhält man mit einer **Programmverifikation** und zusätzlichen **Tests**. Die Tests werden am besten mit Testfunktionen (siehe Abschnitt 3.5.2) durchgeführt.
2. Falls eine Programmverifikation nicht möglich oder zu aufwendig ist, sollte man **allgemeine Bedingungen** während der Laufzeit **prüfen** und zusätzlich systematische **Tests** mit Testfunktionen durchführen.
3. Falls 2. nicht möglich ist, sollte man wie in Abschnitt 3.5.2 vorgehen (Testfälle systematisch entwerfen und diese mit **Testfunktionen** prüfen).

Der Aufwand für solche Maßnahmen ist sicherlich hoch. Aber ihre Unterlassung kann auch teuer werden. Nach einer Untersuchung des amerikanischen National Institute of Standards and Technology (NIST) summierte sich der Schaden von Softwarefehlern im Jahr 2002 auf ca. 60 Mrd. US-Dollar (http://www.nist.gov/-public_affairs/releases/n02-10.htm). In dieser Studie wird geschätzt, dass von diesen Fehlern über ein Drittel durch besseres Testen vermieden werden kann.

Aufgaben 3.7.5

1. Überprüfen Sie mit Zustandsvariablen (wie z.B. von *\Loesungen_CB2006*-
   CppUtils\State.h auf der Buch-CD) die unter a) und b) angegebenen Bedingungen zur Laufzeit, indem Sie diese Funktionen mit vielen zufälligen Werten
   aufrufen.

   a) Die als Kommentar angegebene Invariante der Funktion *mul*.

   ```
   int mul(int x, int y)
   { // x==x0, y==y0, x0>=0
   int z=0 ;
   while (x !=0)
     { // z + x*y == x0*y0
       if (x&1) z = z + y;
       y = y*2;
       x = x/2;
       // z + x*y == x0*y0
     } //x==0 ==> z==x0*y0
   return z;
   }
   ```

   b) Der Rückgabewert ist das Minimum der beiden Argumente a und b.

   ```
   int min2a(int a, int b)
   { // Keine weiteren Vorbedingungen, d.h. true
   int m;
   if (a<b) m=a;
   else m=b;
   return m;
   } // min2a(a,b)==Minimum(a,b)
   ```

2. Bei welchen Funktionen von Aufgabe 3.7.4, 1. a) bis d) kann die Schleifeninvariante während der Laufzeit des Programms überprüft werden?

3.7.6 Funktionsaufrufe und Programmierstil für Funktionen

Wenn die Anweisungen einer Funktion zwischen ihrem **Ergebnis** und ihren Parametern eine bestimmte Beziehung herstellen, dann gilt diese Beziehung nach
einem **Aufruf** der Funktion für das Ergebnis und ihre **Argumente**. Die Nachbedingung eines Funktionsaufrufs ergibt sich also aus der Nachbedingung der Funktion,
indem man die Parameter durch die Argumente ersetzt.

Beispiel: In Abschnitt 3.7.4 wurde gezeigt, dass zwischen dem Parameter n und
dem Rückgabewert s die als Kommentar angegebene Beziehung besteht:

```
int Quadratsumme(int n)
{
...
return s; // s==1²+...+(n-1)²+n²
}
```

Deshalb besteht nach dem nächsten Aufruf zwischen q und k die als Kommentar angegebene Beziehung:

```
int q=Quadratsumme(k);
// q=1²+2²+...+(k-1)²+k²
```

Wie die Funktion *vertausche* von Abschnitt 3.7.3 zeigt, muss das **Ergebnis** einer Funktion nicht ihr Rückgabewert sein. Es kann es auch ein **Referenzparameter** sein.

Den Effekt von Funktionen, die kein Ergebnis zurückgeben (Rückgabetyp *void* und keine Referenzparameter) kann man so allerdings nicht beschreiben, sondern nur durch die Aktionen mit den Parametern.

Funktionsaufrufe gehören zu den am häufigsten verwendeten Anweisungen. Ihre Nachbedingungen kann man also oft einfach angeben, wenn man die Nachbedingungen der Funktionen kennt. Deshalb sollte man für alle **Funktionen**, bei denen das möglich ist, präzise **Nachbedingungen** formulieren. Nachbedingungen von Anweisungen, die nicht als Ganzes eine Funktion bilden, sind dagegen meist nicht so nützlich.

Dann kann man auch entscheiden, ob eine Funktion ihre Spezifikation erfüllt. Dazu muss die **Spezifikation** so **vollständig** und **präzise** sein, dass diese Entscheidung für jedes Argument aus dem Wertebereich der Parameter möglich ist.

Aus diesem einfachen Zusammenhang zwischen einer Funktionsdefinition und ihrem Aufruf ergeben sich einige Empfehlungen, die oft auch als **Programmierstil** bezeichnet werden, da sie zur Verständlichkeit eines Programms beitragen.

1. Der **Name** der Funktion soll ihr **Ergebnis** präzise beschreiben. Dann beschreibt auch der Funktionsaufruf das Ergebnis, da eine Funktion über ihren Namen aufgerufen wird.

   Beispiel: Hätte man für die Funktion *Quadratsumme* einen wenig aussagekräftigen Namen wie z.B. *f17* gewählt, würde das Ergebnis des Funktionsaufrufes trotzdem gelten:

   ```
   int s=f17(k);
   // s=1²+2²+...+(k-1)²+k²
   ```

   Da dieses Ergebnis aber nicht aus dem Programmtext hervorgeht, wäre ein erläuternder Kommentar notwendig. Mit einem aussagekräftigen Namen wird das Ergebnis dagegen schon durch den Aufruf selbst ohne einen zusätzlichen Kommentar beschrieben:

   ```
   int s=Quadratsumme(k);//kein Kommentar notwendig
   ```

Wenn in diesem Buch Funktionen mit Namen wie f, g usw. verwendet werden, dann vor allem, um Sprachelemente zu illustrieren.

2. Aus 1. folgt, dass eine Funktion **eine Aufgabe** haben soll, die man mit **einem aussagekräftigen Namen** beschreiben kann. Falls man keinen passenden Namen für eine Funktion findet, muss das nicht an einer mangelnden Formulierungsgabe liegen. Es kann auch ein Hinweis auf ein **Design-Problem** sein: Oft hat man zu viele verschiedene Aktionen in die Funktion gepackt, die man besser auf andere Funktionen verteilen sollte.

   Beispiel: Bei Funktionen, die einen einzigen Wert zurückgeben (z.B. mathematischen Funktionen) ist die Wahl eines aussagekräftigen Namens oft einfach: *fib(n)* berechnet den n-ten Wert der Fibonacci-Folge, *ggT* den größten gemeinsamen Teiler usw. Falls diese kurzen Namen keine Missverständnisse befürchten lassen, sind sie ausreichend. Sonst sind längere Namen notwendig.

   Bei Funktionen, die keinen oder mehr als einen Wert zurückgeben, ist das oft nicht so einfach. Es soll schon vorgekommen sein, dass ein Programmierer länger nach einem passenden Namen als nach den Anweisungen für eine Funktion gesucht hat.

   Wenn der Name einer Funktion ihr Ergebnis nur unvollständig beschreibt und man sie einige Zeit später verwenden will, aber ihren genauen Inhalt nicht mehr weiß, bleibt nur die zeitraubende Lektüre der Dokumentation oder des Quelltextes. Außerdem gibt der Quelltext dann nicht genau das wieder, was beim Ablauf des Programms passiert.

3. Kein Argument sollte zu einem **Programmfehler** beim Aufruf der Funktion führen, wie z.B. einer Division durch Null, einem Überlauf, einer Endlosschleife oder dem Aufruf einer Funktion, deren Vorbedingung nicht erfüllt ist. Auch die Rückgabe eines unbestimmten Wertes ist meist ein Fehler. Um solche Fehler zu vermeiden, **prüft** man am besten **jede Anweisung** der Funktion einzeln.

   Beispiel: In der Funktion *Quadratsumme1* sind Bedingungen angegeben, die zu einem Fehler führen können. Die erste dieser beiden Bedingungen kann man leicht vor einem Aufruf der Funktion prüfen. Bei Bedingungen wie der zweiten ist das meist nicht so einfach.

```
int Quadratsumme_1(int a, int b)
{
int s=0, i=a;
while (i!=b) // Endlosschleife für a>b
  {
    s=s+i*i; // Überlauf für s+i*i> INT_MAX
    i++;
    if (i==b) return s; // Für a==b unbestimmter
  }                     //            Funktionswert
}//Warnung: Funktion sollte einen Wert zurückg.
```

Der Wertebereich der Parameter einer Funktion ist oft größer als der Bereich, der in der Spezifikation für die Argumente beschrieben ist. Dann sind Aufrufe möglich, für die in der Spezifikation kein Ergebnis verlangt ist.

Beispiel: Die Spezifikation für eine Funktion wie *Fakultaet* setzt oft implizit positive Argumente voraus. Falls man diese Funktion mit einem *int*-Parameter definiert, muss man auch für negative Argumente einen definierten Wert zurückgeben, oder explizit die Vorbedingung n>=0 angeben.

4. Falls eine Funktion nicht alle Fehler abfängt, muss man vor ihrem Aufruf die notwendigen Vorbedingungen prüfen. Das kann aber recht aufwendig sein.

Beispiel: Wenn eine Funktion *StringToInt* eine Folge von Zeichen (z.B. des Datentyps *AnsiString*) in eine Zahl umwandelt, falls ihr Argument eine Zahl darstellt, muss man vor jedem Aufruf dieser Funktion prüfen, ob das Argument eine Zahl darstellt. Diese Prüfung ist aber mit fast genauso viel Arbeit verbunden wie die Umwandlung des Strings.

```
int StringToInt(AnsiString s)
{// Vorbedingung: s stellt eine Zahl dar
...
return n; // das in int konvertierte Argument
}
```

Oft ist es einfacher, die notwendigen Prüfungen in der Funktion vorzunehmen und einen Fehler zu signalisieren, falls die Voraussetzungen nicht erfüllt sind. Dazu gibt es verschiedene Möglichkeiten: Man kann einen speziellen Funktionswert zurückgeben, ein Flag setzen, eine Exception auslösen usw. Anstatt vor dem Aufruf die Vorbedingung zu prüfen, muss dann nach dem Aufruf geprüft werden, ob ein Hinweis auf einen Fehler vorliegt.

Beispiel: Wenn man die Spezifikation der Funktion *StringToInt* so ändert, dass sie entweder den Parameter in eine Zahl umwandelt oder einen Fehler signalisiert, wenn das nicht möglich ist, kann man sie aufrufen, ohne vor dem Aufruf prüfen zu müssen, ob das Argument eine Zahl darstellt.

```
int StringToInt(AnsiString s)
{// Vorbedingung: true
...
if (string_is_convertible) return n;
else signal_error; // irgendein Hinweis
}// Nachbedingung: das in int umgewandelte Arg.
 // oder ein Hinweis auf einen Fehler
```

Funktionen mit **schwächeren Vorbedingungen** sollte man gegenüber solchen mit stärkeren Vorbedingungen **bevorzugen**: Je weniger Voraussetzungen man vor einem Funktionsaufruf prüfen muss, desto weniger kann man falsch machen.

5. Eine Funktion sollte **übersichtlich**, **verständlich** und leicht **testbar** sein. Obwohl diese Kriterien nur schwer quantifizierbar sind, tragen die folgenden Faktoren dazu bei.

   – Empfehlungen für die maximale **Größe** von Funktionen reichen von einer Bildschirm- oder Druckseite bis zu ca. 200 Zeilen. Von längeren Funktionen wird meist abgeraten.
   – Zu tiefe Verschachtelungen sollten vermieden werden: Möglichst keine verschachtelten Schleifen und bei bedingten Anweisungen nicht mehr als 3 Stufen.
   – Ihre Komplexität sollte nicht allzu groß sein. Als Maßzahl dafür wird oft die Anzahl ihrer bedingten Anweisungen und Schleifen verwendet. Dabei trägt jedes *if*, *for*, *while*, *do* und *case* (in einer *switch*-Anweisung) mit dem Wert 1 zu dieser Anzahl bei. Ein *else* erhöht diese Anzahl dagegen nicht.
   – Die **Anzahl der Parameter** sollte nicht allzu groß sein (z.B. ≤ 5). In der Literatur findet man oft Obergrenzen von ca. 7 Parametern, die mit Ergebnissen von psychologischen Untersuchungen begründet werden. Falls eine Funktion mehr Parameter benötigt, sollte man versuchen, solche Parameter zusammenzufassen (z.B. mit *struct* oder *class*, siehe Abschnitt 3.11 und Kapitel 6), die eine logische Einheit bilden.
   – Das Ergebnis einer globalen Funktion sollte sich allein aus den Parametern ergeben. Dann enthält ein Funktionsaufruf alle Faktoren, die sich auf das Ergebnis auswirken. Elementfunktionen von Klassen können auch Datenelemente verwenden.
     Globale Variable sollten aber nicht in das Ergebnis eingehen. Wenn in Beispielen oder Lösungen der Übungsaufgaben globale Variablen verwendet werden, dann nur, weil Klassen und Elementfunktionen (siehe Kapitel 6) bisher noch nicht behandelt wurden.

6. Die Entwicklung eines umfangreichen Anwendungsprogramms unterscheidet sich von den Übungsaufgaben in einem Lehrbuch vor allem durch ihre wesentlich höhere Komplexität.

Diese Komplexität lässt sich meist nur dadurch bewältigen, dass man die Aufgabe in **einfachere Teilprobleme** zerlegt und diese dann in eigenen Funktionen löst. Eine solche Vorgehensweise wird als **schrittweise Verfeinerung** bezeichnet und ist eine der wichtigsten Strategien zur Lösung von Problemen. Sie kommt auch in der schon Julius Cäsar zugeschriebenen Devise „teile und herrsche" zum Ausdruck. Stroustrup (1997, Abschnitt 23.2) fasst das mit den Worten „There is only one basic way of dealing with complexity: divide and conquer" zusammen.

Um diese Strategie anzuwenden, muss man

1. geeignete Teilprobleme finden.

   Das ist keineswegs trivial, da es keine festen Regeln dafür gibt, wie man ein umfangreiches Gesamtproblem optimal (was immer das auch sein mag) in Bausteine zerlegen kann. Es sagt einem nämlich niemand (anders als bei den Aufgaben in einem Lehrbuch), welche Anweisungen man zu einer Funktion zusammenfassen soll.

   Ghezzi (1991, S. 125) bezeichnet das **Design** eines umfangreichen Softwaresystems als kreative Aktivität, die man nicht automatisieren kann. Mit den Worten von Stroustrup (1997, Abschnitt 23.2): „...the selection of the parts and the specification of the interfaces between the parts is where the most experience and taste is required."

2. nachweisen, dass die Funktionen auch zusammenpassen und das Problem gemeinsam lösen.

Ein Nachweis, dass diese Funktionen zusammenpassen, ist oft nur dadurch möglich, dass man eine Bedingung findet, die vor und nach dem Aufruf jeder dieser Funktionen gilt. Eine solche Bedingung ist eine **Invariante** (siehe Abschnitt 3.7.3), die bei den Elementfunktionen einer Klasse auch als **Klasseninvariante** (siehe Abschnitt 6.1.7) bezeichnet wird. Dabei ist die größte Schwierigkeit meist, eine solche gemeinsame Bedingung zu finden. Wenn man sie gefunden hat, ist es meist nicht so schwierig, Funktionen zu schreiben, die diese Bedingung herstellen, und nachzuweisen, dass sie das auch tatsächlich tun.

Da größere Aufgaben leicht den Rahmen eines Lehrbuchs sprengen, bestehen die Lösungen der meisten Lehrbuchaufgaben nur aus einzelnen Funktionen. Dieses Buch enthält einige Ausnahmen, in denen mehrere Funktionen zusammenwirken müssen: Aufgabe 3.10.4, 1. (Array-Container), 3.12.11, 1. (verkettete Listen), 4.2.3, 1. (Datenverwaltung), 5.3.3 (der Parser zur Auswertung von Ausdrücken) sowie die Beispiele zu Klasseninvarianten (Abschnitt 6.1.7). Die Lösung dieser Aufgaben wird meist als schwieriger betrachtet als die Summe der einzelnen Funktionen.

7. Gelegentlich findet man Empfehlungen für **Funktionsnamen** wie diese:

   – Verben oder Kombinationen von Verben mit Substantiven für Funktionen, die für eine Aktion stehen (Rückgabetyp *void*).
   – Adjektive oder mit „ist" beginnende Namen für Funktionen, die einen booleschen Wert zurückgeben.
   – Substantive für Funktionen, die einen Wert zurückgeben.

Solche Regeln sollte man aber nicht überbewerten. Die folgenden Varianten sind oft gleichermaßen aussagekräftig:

Message, DisplayMessage, displayMessage oder *display_message*
prim, IstPrim, istPrim oder *ist_prim*

Wichtiger als solche detaillierten Vorschriften sind oft **einheitliche Namens-** und **Parameterkonventionen**. Sie ermöglichen den Aufruf einer Funktion, ohne dass man jedes Mal mühsam nach der genauen Schreibweise suchen muss. Ähnliche Funktionen sollten **ähnliche Parameterlisten** haben. In diesem Punkt sind die Funktionen der C-Bibliotheken nicht immer vorbildlich: Beispielsweise erwarten *fread* und *fwrite* den FILE-Stream immer als letztes Argument. Bei *fseek* muss er dagegen das erste Argument sein.

Aufgaben 3.7.6

1. Bearbeiten Sie die Teilaufgaben a) bis g) für jede der Aufgaben:

    3.4.6, 1. *Quersumme*   3.4.6, 2. *Fibonacci*
    3.4.6, 4. *prim*

    3.6.5, 2. *RegentropfenPi*   3.6.5, 5. *TrapezSumme*
    3.6.5, 4. *HypothekenRestschuld* 3.6.5, 7. *RoundToInt*

    a) Prüfen Sie, ob die Aufgabenstellung so präzise ist, dass man für jedes in der Aufgabenstellung geforderte Argument entscheiden kann, ob eine Funktion die Aufgabenstellung erfüllt.

    Prüfen Sie für jede Ihrer Funktionen zur Lösung dieser Aufgaben

    b) ob ihr Name ihr Ergebnis einigermaßen klar beschreibt.
    c) ob sie für jedes gemäß der Aufgabenstellung zulässige Argument den geforderten Wert zurückgibt.
    d) ob sie mit Argumenten aufgerufen werden kann, für die ein unbestimmter Wert zurückgegeben wird.
    e) ob sie mit Argumenten aufgerufen werden kann, die zu einem Programmfehler wie z.B. einer Endlosschleife, einer unzulässigen Operation, einem Überlauf usw. führen können. Falls die genaue Bestimmung der Grenzen zu aufwendig ist, reicht ein Hinweis, der das Problem charakterisiert.
    f) ob sie nach den oben angeführten Kriterien **übersichtlich**, **verständlich** und leicht **testbar** ist.

    g) Geben Sie für jede Ihrer Funktionen eine Vorbedingung an, die beim Aufruf erfüllt sein muss, damit sie die in der Aufgabenstellung geforderte Aufgabe erfüllen kann.
    h) Versuchen Sie, die Aufgabenstellung so zu erweitern, dass die Funktion mit möglichst schwachen Vorbedingungen aufgerufen werden kann. Die ursprüngliche Aufgabenstellung soll weiterhin erfüllt werden.

2. Versuchen Sie, einen passenden Namen für die folgende Funktion zu finden:

```
double doit_babe(double i, int *p1, int p2, float p3)
{
int y;
if (p2==1)
   for (int j=0;j<=i;j++) y=y+i;
else if (i==2) y=Mehrwertsteuer(p2,5);
else if (i==3) y=druckeAdressaufkleber(p2);
return y;
};
```

3. Beschreiben Sie für die Funktionen

```
int Plus(int a, int b)     {return a-b; }
int Minus(int a, int b)    {return a*b; }
int Product(int a, int b)  {return a+b; }
```

das Ergebnis des Ausdrucks

```
int x=Plus(1,Product(Minus(3,4),Plus(5,6)));
```

3.7.7 Einfache logische Regeln und Wahrheitstabellen Θ

Beim Programmieren sind immer wieder einige einfache logische Regeln hilfreich. Die wichtigsten sollen hier kurz zusammengefasst werden. Außerdem wird gezeigt, wie weitere Regeln nachgewiesen werden können.

Bei einfachen Bedingungen der Art x *op* y (wobei *op* einer der Vergleichsoperatoren sein soll), ergibt sich die **Negation** aus der folgenden Tabelle:

x op y	Negation
x == y	x != y
x != y	x == y
x > y	x <= y
x < y	x >= y
x <= y	x > y
x >= y	x < y

Bei zusammengesetzten Bedingungen wie *p and q* oder *p or q* (wobei p und q einfache Bedingungen sein sollen), ergibt sich die Negation nach den sogenannten **Regeln von de Morgan**:

		Negation	
p and q	// p && q	(not p) or (not q)	// (!p) || (!q)
p or q	//p || q	(not p) and (not q)	// (!p) && (!q)

Insbesondere ist die oft intuitiv verwendete Negation nach folgendem Schema **falsch**:

not (p and q) == (not p) and (not q) bzw.   // falsch
not (p or q)   == (not p) or (not q)   // falsch

Logische Formeln wie die Regeln von de Morgan kann man mit **Wahrheits-tabellen** nachweisen. Dazu wertet man jeden der beiden booleschen Ausdrücke auf der linken und rechten Seite

not (p and q)   // !(p&&q)

und

(not p) or (not q)   // (!p)||(!q)

für jeden möglichen Wert von p und q einzeln aus. Da sowohl p als auch q nur zwei verschiedene Werte annehmen können, sind 2*2 = 4 Fälle zu überprüfen, die man zweckmäßigerweise in einer Tabelle (der Wahrheitstabelle) darstellt. In den einzelnen Spalten werden Teilausdrücke (meist mit zwei Operanden) ausgewertet, die schrittweise auf den Gesamtausdruck führen. Für jede mögliche Kombination von booleschen Werten der Operanden wird eine Zeile angelegt:

p	q	p && q	!(p && q)	!p	!q	(!p) || (!q)
true	true	true	**false**	false	false	**false**
true	false	false	**true**	false	true	**true**
false	true	false	**true**	true	false	**true**
false	false	false	**true**	true	true	**true**

Entsprechend für not (p or q) = (not p) and (not q) // !(p||q) == (!p)&&(!q)

P	q	p || q	!(p||q)	!p	!q	(!p) && (!q)
true	true	true	**false**	false	false	**false**
true	false	true	**false**	false	true	**false**
false	true	true	**false**	true	false	**false**
false	false	false	**true**	true	true	**true**

Zur Untersuchung von booleschen Ausdrücken mit drei Operanden sind Wahrheitstabellen mit 2*2*2 = 8 Zeilen und für n Operanden mit 2^n Zeilen erforderlich.

Nur als Randbemerkung: Tabellen dieser Art kann man auch durch Anweisungen wie den folgenden erzeugen lassen. Hier wäre es eigentlich nahe liegend, die *for*-Schleifen mit *bool*-Variablen zu durchlaufen. Das ist aber nicht möglich, weil für solche Variablen der Operator ++ nicht definiert ist. Deswegen wurde der Datentyp *int* verwendet.

```
void Wahrheitstabelle()
{ // wegen and, or und not, siehe Abschnitt 3.20.19
for (int p=true;p>=false;p--)  // bool anstelle int
 for (int q=true;q>=false;q--) // geht nicht
  Form1->Memo1->Lines->Add(BoolToStr(p,true)+
    BoolToStr(q,true)+BoolToStr(not(p or q),true)+
    BoolToStr((not p) and (not q),true));
}
```

Aufgaben 3.7.7

1. Überprüfen Sie mit Wahrheitstafeln, ob die folgenden Formeln für alle
   möglichen Werte von p, q und r richtig sind:

   a) p and (q or r) == (p and q) or (p and r) // p&&(q || r)==(p && q)||(p && r)
   b) p or (q and r) == (p or q) and (p or r) // p || (q && r) == (p || q) && (p || r)
   c) (p and q) or r == p and (q or r) // (p && q) || r == p && (q || r)

2. Schreiben Sie für jede der drei Formeln aus Aufgabe 1 eine Funktion, die
   genau dann *true* zurückgibt, wenn die entsprechende Formel richtig ist.

3.7.8 Bedingungen in und nach *if*-Anweisungen und Schleifen Θ

Da der *then*- bzw. *else*-Zweig einer *if*-Anweisung nur ausgeführt wird, wenn die
zugehörige Bedingung den Wert *true* bzw. *false* hat, kann bei der Ausführung
eines *then*-Zweiges die Bedingung und bei der eines *else*-Zweiges ihre Negation
vorausgesetzt werden. Eine Vorbedingung der gesamten *if*-Anweisung kann in
allen Zweigen vorausgesetzt werden.

Beispiel: Da im *else*-Zweig die Negation der *if*-Bedingung gilt, lässt sich

```
            if (x>0) S1;
            else if (x<=0) S2;
```

vereinfachen zu

```
            if (x>0) S1;
            else S2;
```

Hier stehen S1 und S2 für irgendwelche Anweisungen. Gelegentlich
findet man Formulierungen wie

```
            if (x>0); // nichts machen
            else S;   // S nur ausführen, wenn x>0 nicht gilt
```

Hier hat sich der Programmierer offensichtlich gescheut, die Bedingung
x>0 zu negieren. Dasselbe Ergebnis erhält man entweder einfach durch

```
            if (!(x>0)) S; // Negation von x>0
```

oder noch einfacher durch

```
if (x<=0) S; // Negation von x>0
```

Entsprechende Überlegungen gelten auch für Schleifen: Eine *while*-Schleife wird so lange wiederholt, wie die Schleifenbedingung erfüllt ist. Deshalb gilt nach dem Verlassen einer *while*-Schleife die Negation der Schleifenbedingung.

Beispiel: Nach der Ausführung von

```
while ((c != 'j')&&(i >= 0))
  {
    . . .
  }
// c=='j' || i<0
```

kann die als Kommentar angegebene Bedingung vorausgesetzt werden.

Mit den Regeln von de Morgan kann man auch die Negation von verknüpften Bedingungen vereinfachen:

Beispiel: Vor der Ausführung von S2 in

```
if ((1<=i) and (i<=10)) S1;
else S2;
```

kann

```
not((1<=i) and (i<=10))
== (not(1<=i)) or (not(i<=10))
== (1>i) or (i>10)
```

vorausgesetzt werden. Der letzte Ausdruck wird meist als einfacher empfunden als der erste, da er nur eine Verknüpfung „einfacher Bedingungen" ist.

Eine verschachtelte *if*-Anweisung enthält im *else*-Zweig wieder eine *if*-Anweisung. Für die Zweige der zweiten *if*-Anweisung kann deshalb nicht nur die jeweilige Bedingung, sondern außerdem die Vorbedingung der gesamten *if*-Anweisung sowie die Negation der ersten Bedingung vorausgesetzt werden. Für alle weiteren Zweige kann die jeweilige Bedingung und die Vorbedingung sowie die mit *and* verknüpfte Negation aller vorangegangenen *if*-Bedingungen vorausgesetzt werden.

Für eine *if*-Anweisung mit drei Zweigen sind diese Bedingungen jeweils als Kommentar angegeben:

```
// P (Vorbedingung)
if (b1) S1;      // P and b1
else if (b2) S2; // P and (not b1) and b2
else S3;         // P and (not b1) and (not b2)
```

Beispiel: Damit lässt sich

```
if (x<0) a=0;
else if ((x>=0) and (x<1)) a=1;
else if ((x>=1) and (x<2)) a=2;
else if ((x>=2) and (x<3)) a=3;
else a = -1;
```

vereinfachen zu

```
if (x<0) a=0;
else if (x<1) a=1; // die Negation von x < 0
                   // kann vorausgesetzt werden
else if (x<2) a=2;
else if (x<3) a=3;
else a=-1;
```

Frage: Wie sieht Ihre Lösung für die Steuerformel in Aufgabe 3.6.5, 8. aus? – Nur die wenigsten Lösungen, die mir bislang vorgelegt wurden, verwenden die einseitigen Grenzen. Diese einseitigen Grenzen lassen sich aber bei Bedarf (die nächste Steuerreform kommt bestimmt) leichter ändern.

Die Nachbedingung einer **if-Anweisung mit einem else-Zweig** ergibt sich aus den mit *or* verknüpften Nachbedingungen der einzelnen Zweige.

Beispiel: Bei der Anweisung

```
if (a<b) m=a;
else m=b;
```

gilt im *then*-Zweig die Vorbedingung a<b. Da sie nicht verändert wird (weder a noch b werden verändert) und die Zuweisung m=a die Nachbedingung m==a herstellt, gilt nach der Ausführung des *then*-Zweiges die Nachbedingung

(m==a) and (a < b) // d.h. m==Minimum(a,b)

Im *else*-Zweig gilt die Negation der *if*-Bedingung als Vorbedingung. Deshalb gilt nach der Ausführung des *else*-Zweiges die Nachbedingung

(m==b) and (a>=b) // d.h. m==Minimum(a,b)

Da bei einer *if*-Anweisung mit einem *else*-Zweig entweder der *then*- oder der *else*-Zweig ausgeführt wird, hat die gesamte *if*-Anweisung die Nachbedingung m==Minimum(a,b). Diese Überlegungen können durch Kommentare dokumentiert werden:

```
int min2a(int a, int b)
{ // true, d.h. keine Vorbedingungen
if (a<b) m=a;// (a<b) and (m==a), d.h. m==min(a,b)
else m=b;    // (a>=b) and (m==b), d.h. m==min(a,b)
return m;    // m==min(a,b)
} // min2a(a,b)==Minimum(a,b)
```

Bei einer *if*-**Anweisung ohne einen** *else*-**Zweig** wird keine Anweisung ausgeführt, wenn die Bedingung nicht erfüllt ist. Deshalb gilt in diesem Fall eine vor der *if*-Anweisung gültige Bedingung auch noch anschließend.

Beispiel: Wenn vor der Ausführung der *if*-Anweisung in

```
m=a;
// m==a
if (b<m) m=b;
```

die Bedingung b>=a gilt (die Negation von b<m), gilt nach ihrer Ausführung die Vorbedingung m==a weiterhin. Mit der Bedingung b<m gilt dagegen anschließend m==b. Die beiden Möglichkeiten werden in den folgenden Kommentaren zum Ausdruck gebracht:

```
int min2b(int a, int b)
{ // Keine weiteren Vorbedingungen, d.h. true
int m=a;
// m==a
if (b<m) m=b;
// ((b<a) and (m==b)) or ((b>=a) and (m==a)),
return m;                        // d.h. m=min(a,b)
} // min2b(a,b)==Minimum(a,b)
```

Bei vielen *if*-Anweisungen ist die Nachbedingung wie in den letzten beiden Beispielen unabhängig vom ausgeführten Zweig.

Diese Überlegungen lassen sich auf verschachtelte *if*-Anweisungen übertragen und sollen am Beispiel einer *if*-Anweisung mit drei Zweigen dargestellt werden:

```
// P (Vorbedingung)
if (b1) S1;      // (P and b1) S1 Q1
else if (b2) S2; // (P and (not b1) and b2) S2 Q2
else S3;         // (P and (not b1) and (not b2)) S3 Q3
// Q1 or Q2 or Q3
```

Für den Nachweis jeder der Nachbedingungen Q1, Q2 und Q3 kann die jeweils vor S1, S2 und S3 angegebene Vorbedingung vorausgesetzt werden. Die nächste Tabelle ist etwas übersichtlicher als diese Kommentare:

1.	2.	3.
//P and b1	// P and (not b1) and b2	// P and (not b1) and (not b2)
S1	S2	S3
//Q1	// Q2	// Q3

Eine *if*-Anweisung, bei der auch der letzte Zweig nur in Abhängigkeit von einer Bedingung ausgeführt wird, kann ohne die Ausführung einer Anweisung verlassen werden. In diesem Fall gilt die Vorbedingung auch noch nach der Ausführung der *if*-Anweisung.

```
// P
if (b1) S1; // Q1
else if (b2) S2; // Q2
// Q1 or Q2 or (P and (not b1) and (not b2))
```

1.	2.	3.
//P and b1	// P and (not b1) and b2	// P and (not b1) and (not b2)
S1	S2	; // keine Anweisung
//Q1	// Q2	// P and (not b1) and (not b2)

Beispiel: Die *if*-Anweisung in der Lösung der Steuerformel (Aufgabe 3.6.5, 8.)

```
int EstGrundtarif2005(int x)
{
double est;
if (x <= 7664) est = 0;
else if (x <= 12739)
    {
    double y = (x-7664.0)/10000;
    est = (883.74*y+1500)*y;
    }
else if (x <= 52151)
    {
    double z = (x-12739.0)/10000;
    est = (228.74*z + 2397)*z +989;
    }
else est = 0.42*x - 7914;
return est;
};
```

hat die Nachbedingung

$((x <= 7664)$ and $(est == 0))$ or
$((x > 7664)$ and $(x <= 12739)$ and $(y = (x-7664.0)/10000)$ and
$$(est == (883.74*y+1500)*y))\ or$$
$((x > 12739)$ and $(x <= 52151)$ and $(z = (x-12739.0)/10000)$ and
$$(est == (228.74*z + 2397)*z +989))\ or$$
$((x > 52151)$ and $(est == 0.42*x - 7914)$

Da diese Bedingung aber im Wesentlichen eine Wiederholung der *if*-Anweisung ist, bringt es keinen Vorteil, wenn man sie zusätzlich als Kommentar ins Programm aufnimmt.

Wenn man die Spezifikation für die Steuerformel (Aufgabe 3.6.5, 8.) formal (z.B. als Bedingung) formuliert hätte, dann hätte man im Wesentlichen dieselbe Bedingung wie die Nachbedingung erhalten. Der Nachweis, dass die Nachbedingung der Funktion mit der Spezifikation übereinstimmt, wäre dann trivial. Diese Form der Spezifikation ist aber auch nicht einfacher als die *if*-Anweisung, und deshalb auch nicht weniger fehleranfällig. Deshalb zeigt dieses Beispiel auch, dass eine formale Formulierung einer Spezifikation dazu führen kann, dass das Problem der Programmverifikation zur Verifikation der Spezifikation verschoben wird.

Damit eine *if*-Anweisung eine Nachbedingung hat, die **vom ausgeführten Zweig unabhängig** ist, muss jeder einzelne Zweig diese Nachbedingung haben.

```
// P (Vorbedingung)
if (b1) S1;        // (P and b1) S1 Q
else if (b2) S2;   // (P and (not b1) and b2) S2 Q
else S3;           // (P and (not b1) and (not b2)) S3 Q
// Q
```

Beispiel: In den Funktionen *min2a* und *min2b* hat jeder Zweig der *if*-Anweisung die Nachbedingung „m==minimum(a,b)".

Da jeder Zweig in der Funktion *EstGrundtarif2005* die Steuer zum Einkommen x berechnet, hat jeder Zweig die Nachbedingung „est ist die Steuer zum Einkommen x". Diese Bedingung ist in allen Zweigen gleich, und deshalb hat die gesamte if-Anweisung die Nachbedingung „est ist die Steuer zum Einkommen x".

In den bisherigen Beispielen wurde die Nachbedingung immer nur für eine einzelne *if*-Anweisung nachgewiesen, die auch verschachtelt sein konnte. Eine Folge von zwei oder **mehr Anweisungen**, unter denen mindestens eine *if*-**Anweisung** ist, wurde bisher nicht betrachtet. Für eine solche Anweisungsfolge kann man eine Nachbedingung oft dadurch nachweisen, dass man sie für jeden booleschen Wert getrennt untersucht, der sich bei jeder *if*-Anweisung ergeben kann. Bei einer *if*-Anweisung sind das 2 Anweisungsfolgen, bei 2 *if*-Anweisungen 4 Anweisungsfolgen usw. Diese Anweisungsfolgen sind oft einfacher und können z.B. mit **symbolischen Ablaufprotokollen** (siehe Abschnitt 3.7.3) untersucht werden.

Beispiel: Durch die Anweisungsfolge

```
if (x&1) z = z + y;
y = y*2;
x = x/2;
```

werden für gerade Werte von x die Anweisungen

```
y = y*2;
x = x/2;
```

ausgeführt, und für ungerade x die Anweisungen

```
z = z + y;
y = y*2;
x = x/2;
```

In den letzten beiden Beispielen von Abschnitt 3.7.3 wurde aber bereits gezeigt, dass die Beziehung $z + x*y = x_0*y_0$ in beiden Fällen invariant ist. Da diese Beziehung auch beim ersten Eintritt in die Schleife gilt, und nach ihrem Verlassen x==0 gilt, wird dieses Ergebnis durch die folgenden Kommentare zusammengefasst:

```
int mul(int x, int y)
{ // x==x0, y==y0, x0>=0
int z=0 ;
while (x !=0)
  { // z + x*y = x0*y0
    if (x&1) z = z + y;
    y = y*2;
    x = x/2;
    // z + x*y = x0*y0
  }
// x==0 ==> z=x0*y0
return z;
} // mul(x,y)=x*y
```

Hier ergibt sich die Bedingung x==0 am Ende der Schleife aus der Negation der Schleifenbedingung.

Die Funktion *mul* berechnet das Produkt von zwei Zahlen. Ihre Anweisungen sind für binär dargestellte ganze Zahlen einfach und können auch in Hardware implementiert werden:

- Ob eine Zahl ungerade ist oder nicht, erkennt man am niedrigstwertigen Bit (x&1).
- Die Multiplikation mit 2 erreicht man durch eine Linksverschiebung der Bits um eine Stelle.
- Die Division durch 2 erreicht man durch eine Rechtsverschiebung der Bits um eine Stelle.

Dieses Verfahren entspricht dem Staffelschema zur Multiplikation, mit dem in der Grundschule Zahlen im Dezimalsystem multipliziert werden:

```
11*101 // 3*5 im Binärsystem, ohne führende Nullen
11     // trägt 1100 zum Ergebnis bei, 11<<2
 00 // 0 aus 101 trägt nichts zum Ergebnis bei, 0&1 false
   11  // 11<<0
 1111
```

Aufgaben 3.7.8

1. Geben Sie die Vorbedingungen bei der Ausführung von S2 in Form von verknüpften einfachen Bedingungen an:

   a) `if ((x<0) or (x>100)) S1;`
      `else S2;`
   b) `if ((x!=1) and (c=='j')) S1;`
      `else S2;`
   c) `if(!((i<1) and (i>10))) S1;`
      `else S2;`

   Vereinfachen Sie die Anweisung in d):

   d) `if ((x>0) and (x<10)); // nichts machen`
      `else S; // S soll ausgeführt werden, wenn`
      `        // (x>0) and (x<10) nicht gilt`

2. Unter welchen Bedingungen werden S1, S2, S3 und S4 ausgeführt:

   ```
   if ((1<=x) and (x<=10)) S1;
   else if ((5<=x) and (x<=15)) S2;
   else if (x>12) S3;
   else S4;
   ```

3. Begründen oder widerlegen Sie, dass *max3* und *min3* nach der Ausführung eines jeden Zweigs der *if*-Anweisung den maximalen bzw. minimalen Wert der Argumente zurückgeben:

   ```
   int max3(int x, int y, int z)
   {
   int m;
   if ((x>=y) and (x>=z)) m=x;
   else if ((y>=x) and (y>=z)) m=y;
   else m=z;
   return m;
   }

   int min3(int x, int y, int z)
   {
   int m;
   if (x<y)
     {
        if (x<z) m=x;
        else m=z;
     }
   ```

```
else
  {
    if (y<z) m=y;
    else m=z;
  }
return m;
}
```

4. Begründen oder widerlegen Sie, dass die Funktion *Median* immer den mittleren der drei als Parameter übergebenen Werte liefert:

```
int Median(int a, int b, int c)
{
if (a < b)
  if (b < c)
    return b;
  else if (a < c)
    return c;
  else return a;
else if (a < c)
  return a;
else if (b < c)
  return c;
else return b;
}
```

5. Überprüfen Sie, ob die Funktion *pwr* unter der Vorbedingung n>=0 die als Kommentar angegebene Invariante hat. Dabei steht x^n für x^n. Sie können dazu die Ergebnisse der Aufgabe 3.7.3, 1. a) und b) verwenden.

```
double pwr(double x, int n)
{ // n>= 0, x==x0
double p=1;
while (n>0)
  { // p*x^n = x0^n0, ^: Potenzierung
    if (n&1) p = p*x;
    n = n/2;
    x = x*x;
    // p*x^n = x0^n0
  }
return p;
}
```

6. Geben Sie die Nachbedingung der nächsten Anweisung an:

```
if (n%2==1) n=3*n+1;
else n=n/2;
```

3.8 Konstanten

Bei der Definition einer Variablen kann man zusammen mit dem Datentyp das Schlüsselwort *const* angeben. Dadurch wird eine **Konstante** definiert. Eine Konstante kann im Wesentlichen wie eine Variable verwendet werden. Allerdings verweigert der Compiler jede Veränderung ihres Wertes (z.B. in einer Zuweisung). Da eine Konstante nach ihrer Definition nicht mehr verändert werden kann, muss sie bei ihrer Definition initialisiert werden.

Beispiel: Konstanten können nicht nur mit Literalen initialisiert werden

```
const int Min=0, Max=100; // beide konstant
const double Pi=3.14159265358979323846;
const AnsiString as="konstanter String";
```

sondern auch mit konstanten Ausdrücken

```
const int AnzahlBuchstaben = 'Z' - 'A' + 1;
const int maxZeichenProSpalte=4+4+2; //_####.####
const int maxSpalten = 80/maxZeichenProSpalte;
const int maxZeilen = 80-20;
const int maxZeichen = maxSpalten*maxZeilen;
```

und Variablen:

```
int i;
const int c=i;
```

Nach diesen Definitionen führen die folgenden Anweisungen zu einer Fehlermeldung des Compilers:

```
Max++;    // Fehler: const-Objekt kann nicht
Pi=3.41;  //                  modifiziert werden
```

Falls eine Konstante bei ihrer Definition nicht initialisiert wird, erzeugt der Compiler eine Fehlermeldung:

```
const int x;//Fehler:Konstante muss initialisiert
                                      // werden
```

Das Schlüsselwort *const* kann vor oder nach dem Datentyp stehen. Die nächste Definition ist zwar nicht verbreitet, aber gleichwertig mit der von oben:

```
int const Max=100; // gleichwertig zu const int Max=100
```

Bei komplizierteren Definitionen (in Verbindung mit Zeigern, Referenzen usw., siehe Abschnitte 3.12.7 und 3.18) kann die Angabe von *const* nach dem Datentyp zu leichter verständlichen Definitionen führen. Vandevoorde und Josuttis (2003, Abschnitt 1.4) empfehlen deshalb, *const* immer **nach dem Datentyp** anzugeben. Da diese Schreibweise aber von den meisten Lehrbüchern, Standard-Dokumenten und Bibliotheken nicht verwendet wird, wird sie auch in diesem Buch nicht verwendet.

Die erste Gruppe im Beispiel von oben zeigt, wie man einen **Namen für ein Literal** (z.B. 0, 100, 3.14... usw.) definieren kann. Solche Namen bezeichnet man auch als **symbolische Konstanten.** In der zweiten Gruppe werden die symbolischen Konstanten mit Ausdrücken initialisiert, die keine Literale sind. So kann man konstante Ausdrücke vom Compiler berechnen lassen und sich mühsame und eventuell fehlerhafte eigene Rechnungen sparen. Insbesondere sieht man solchen Ausdrücken direkt an, wie ihr Wert zustande kommt. Ein Ausdruck wie *maxSpalten* ist meist aussagekräftiger, als wenn nur die Zahl 8 im Programm steht.

Symbolische **Konstanten** sind insbesondere dann **vorteilhaft**, wenn derselbe Wert an mehreren Stellen in einem Programm benutzt wird. Sobald eine Änderung dieses Wertes notwendig ist, reicht eine einzige Änderung. Verwendet man dagegen Literale, muss jede Stelle im Programm gesucht und geändert werden, an der das Literal vorkommt.

Beispiel: `for (int i=min;i<=max;i++)` ...

Symbolische Konstanten sind aber auch oft sinnvoll, wenn eine Konstante nur ein einziges Mal verwendet wird: Gibt man der symbolischen Konstanten einen aussagekräftigen Namen, kann das die Verständlichkeit beträchtlich erleichtern. Diese Erleichterung kompensiert meist den zusätzlichen Schreibaufwand.

Beispiel: Die Bedeutung einer „magischen Zahl" wie 1024 in

```
for (int i=0; i<1024;i++) ...
```

ist oft nicht unmittelbar klar. Verwendet man dagegen einen aussage-kräftigen Namen für diesen Wert, ergibt sich die Bedeutung sofort:

```
for (int i=0; i<PufferGroesse;i++) ...
```

Der Compiler kann eine Konstante durch ihren Wert ersetzen, wenn dieser zum Zeitpunkt der Kompilation bekannt ist. Für eine solche Konstante muss dann kein Speicherplatz reserviert werden. Der erzeugte Code ist derselbe, wie wenn anstelle der Konstanten ihr Wert im Programm stehen würde.

Beispiel: Der C++Builder erzeugt mit den Konstanten von oben für diese Anwei-sungen denselben Code wie für die als Kommentar angegebenen Anweisungen:

```
int i=max;                // int i=100;
int j=max*(maxZeilen+20); // int j=8000;
```

In der dritten Gruppe im Beispiel oben wird eine Konstante **mit dem Wert einer Variablen initialisiert**. Eine solche Konstante bezeichnet man auch als „konstan-

te Variable", obwohl das eigentlich ein Widerspruch in sich ist, da „variabel" ja gerade für „veränderlich" steht. Um im Folgenden umständliche Formulierungen wie „Variable oder Konstante" zu vermeiden, wird der Begriff Variable auch für Konstanten verwendet, wenn keine Gefahr von Missverständnissen besteht.

Viele Variable, Parameter usw. werden nicht verändert. Dann kann man sie **sowohl mit** als auch **ohne** *const* definieren. Die Verwendung von *const* hat mehrere Vorteile:

- Man sieht man bereits an der Definition, dass sie nicht verändert wird.
- Bei Referenz- oder Zeigerparametern (siehe Abschnitte 3.18.3 und 3.12.7) sieht man, dass bei einem Aufruf das Argument bzw. das dereferenzierte Argument nicht verändert wird. Bei Werteparametern gilt das aber auch ohne *const*, da sich Veränderungen des Parameters nur auf den Parameter (die lokale Variable) und nicht auf das Argument auswirken.
- Der Compiler erzeugt eine Fehlermeldung, wenn man „==" und „=" in einer Bedingung verwechselt.

```
void f(const int x)              void f(int x)
{                                {
if (x=1)... // Fehler            if (x=1)... // kein Fehler
```

Ohne *const* sind entsprechende Aussagen nur nach einer meist aufwendigen Lektüre des Quelltextes möglich. Deshalb wird generell empfohlen, alle Variablen, Parameter usw. als konstant zu definieren, wenn sie nicht verändert werden. Sie werden dann auch als **const-korrekt** bezeichnet.

Der Compiler verhindert jede Veränderung einer Konstanten, die über ihren Namen erfolgt. Eine Veränderung einer Konstanten über ihre Adresse kann aber nach einem *const_cast* (siehe Abschnitt 3.20.20) trotzdem möglich sein.

Syntaktisch ist das Schlüsselwort *const* ein sogenannter **cv-Qualifizierer**,

cv-qualifier:
```
const
volatile
```

der als *type-specifier* in einer Deklaration verwendet werden kann:

type-specifier:
```
simple-type-specifier
class-specifier
enum-specifier
elaborated-type-specifier
cv-qualifier
```

Der cv-Qualifizierer **volatile** („flüchtig") wird vor allem für Variable verwendet, deren Wert sich unabhängig vom Programmablauf (z.B. durch andere Programme oder Interrupts) ändern kann. Für den Compiler ist diese Angabe ein Hinweis, mit dieser Variablen keine Optimierungen vorzunehmen, die aufgrund des Programmablaufs sonst möglich wären. Da die allermeisten Programme keine Variablen verwenden, deren Wert sich unabhängig vom Programmablauf verändert, besteht meist auch kein Grund, Variablen als *volatile* zu deklarieren.

In der Programmiersprache C steht *const* erst seit dem ANSI-Standard von 1989 zur Verfügung. In älteren Compilern konnten Namen für Literale nur mit *#define* (siehe Abschnitt 3.22.2) definiert werden. Da solche Makros aber Nachteile gegenüber mit *const* definierten Konstanten haben, sollten die letzteren bevorzugt werden.

3.9 Syntaxregeln für Deklarationen und Initialisierungen Θ

Schon in Abschnitt 3.1 wurde darauf hingewiesen, dass eine Deklaration eine „einfache Deklaration" (*simple-declaration*) sein kann. Da viele der in den nächsten Abschnitten behandelten Deklarationen zu diesen einfachen Deklarationen gehören, werden ihre Syntaxregeln in diesem Abschnitt zusammengefasst.

> *simple-declaration:*
>   *decl-specifier-seq* opt *init-declarator-list* opt *;*

Eine *decl-specifier-seq* enthält meist genau einen Datentyp (*type-specifier*):

> *decl-specifier-seq:*
>   *decl-specifier-seq* opt *decl-specifier*

> *decl-specifier:*
>   *storage-class-specifier*
>   *type-specifier*
>   *function-specifier*
>   `friend`
>   `typedef`

Beispiel: Alle bisherigen Variablendefinitionen wie

```
int i,j;
```

bestanden aus einem Datentyp und den Namen einer oder mehrerer Variablen.

Dieser Name ist die *declarator-id* (ein Bezeichner) in einem *direct-declarator*. Jeder *declarator* enthält genau einen solchen Namen:

> *init-declarator-list:*
>   *init-declarator*
>   *init-declarator-list* , *init-declarator*

init-declarator:
  declarator initializer opt

declarator:
  direct-declarator
  ptr-operator declarator

direct-declarator:
  declarator-id
  direct-declarator (*parameter-declaration-clause*) *cv-qualifier-seq* opt
                                                         exception-specification opt
  direct-declarator [*constant-expression* opt]
  (*declarator*)

ptr-operator:
  ⋆ *cv-qualifier-seq* opt
  &
  : : opt *nested-name-specifier* ⋆ *cv-qualifier-seq* opt

declarator-id:
  : : opt *id-expression*
  : : opt *nested-name-specifier* opt *type-name*

In den nächsten Abschnitten werden die folgenden Deklarationen behandelt:

1. Ein *declarator* mit einem *ptr-operator* deklariert einen **Zeiger** (Abschnitt 3.12).
2. Die vorletzte Zeile mit eckigen Klammern [] beschreibt die Deklaration von **Arrays** (Abschnitt 3.10).
3. Ein *direct-declarator* mit einer *parameter-declaration-clause* deklariert eine **Funktion** (Abschnitt 3.4.3 und Kapitel 5).

Ein *init-declarator* kann einen *initializer* enthalten. Dieser bewirkt, dass eine Variable mit dem dabei angegebenen Ausdruck initialisiert wird:

initializer:
  = *initializer-clause*
  (*expression-list*)

initializer-clause:
  assignment-expression
  { *initializer-list* , opt }
  { }

initializer-list:
  initializer-clause
  initializer-list , *initializer-clause*

Es ist **generell empfehlenswert**, eine Variable bei ihrer Definition immer zu initialisieren (siehe auch Abschnitt 3.17.4). Das ist nicht nur mit dem Operator = möglich, sondern auch Klammern möglich. Für eine Variable, deren Datentyp keine Klasse ist, besteht kein Unterschied, ob sie mit Klammern oder mit „=" initialisiert wird:

```
int a(1);     // gleichwertig mit int a=1;
double d(1); // gleichwertig mit double d=1;
```

3.10 Arrays und Container

Bisher haben wir alle Variablen einzeln definiert. Das kann aber ziemlich aufwendig werden, wenn man eine größere Anzahl von Variablen benötigt:

```
int x1,x2,x3,x4,x5; /* Die Definition von 1000 Variablen
   wäre eine pädagogisch wertvolle Strafarbeit für Studenten,
          die während der Vorlesung im Internet surfen */
```

Auch die Arbeit mit diesen Variablen ist recht umständlich: Da jede nur unter ihrem Namen angesprochen werden kann, ist es nicht möglich, sie alle in einer Schleife zu durchlaufen.

Diese Nachteile lassen sich vermeiden, wenn die Variablen nicht einzeln, sondern gemeinsam als **Array** definiert werden. Ein Array ist eine Zusammenfassung von Variablen desselben Datentyps unter einem einzigen Namen. Die einzelnen Variablen können über den Namen des Arrays und einen **Index** angesprochen werden und werden auch als Elemente des Arrays bezeichnet. Der Index kann ein Ausdruck und damit insbesondere eine Variable sein.

– Bei einem **gewöhnlichen Array** wird der Speicherplatz für die Elemente vom Compiler reserviert. Die Anzahl der Elemente muss deshalb bereits zum Zeitpunkt der Kompilation bekannt und deshalb eine Konstante sein.
– Bei einem **dynamisch erzeugten Array** (siehe Abschnitt 3.12.6) wird der Speicherplatz für die Elemente während der Laufzeit reserviert. Die Anzahl der Arrayelemente muss hier keine Konstante, sondern kann auch eine Variable sein.

Arrays stehen schon seit langer Zeit in den meisten Programmiersprachen zur Verfügung und sind weit verbreitet. Mit dem Aufkommen der objektorientierten und generischen Programmierung wurden sie um **Containerklassen** ergänzt, die wie ein Array verwendet werden können, aber viele Vorteile haben. Sie enthalten insbesondere zahlreiche Elementfunktionen, die einfache Lösungen von vielen typischen Aufgaben ermöglichen:

– Die Containerklassen *vector* und *deque* der C++-Standardbibliothek (siehe Abschnitt 4.2) reservieren den Speicherplatz für die Elemente automatisch während der Laufzeit des Programms. Es ist nicht notwendig, die Anzahl der Elemente vorher (bei der Kompilation oder beim Anlegen des Containers) festzulegen.

– Die nächste Version des C++-Standards soll eine Containerklasse *array* enthalten, deren Größe wie bei einem gewöhnlichen Array bei der Kompilation bekannt sein muss (siehe Abschnitt 4.6.3).

Diese Containerklassen sind für die meisten Anwendungen besser geeignet als Arrays, da die Arbeit mit ihnen meist einfacher und weniger fehleranfällig ist. Da sie aber auf Arrays beruhen und auch viele Gemeinsamkeiten mit ihnen haben, werden zunächst Arrays ausführlich dargestellt.

3.10.1 Einfache *typedef*-Deklarationen

Viele der folgenden Ausführungen gelten für viele Datentypen. Deswegen wird zunächst kurz gezeigt, wie man mit *typedef* einen **Synonym** für einen Datentyp deklarieren kann. Mehr dazu in Abschnitt 3.14.

Dazu gibt man nach *typedef* zuerst einen Datentyp und dann einen Bezeichner an. Dieser Bezeichner ist dann ein neuer Name für den Datentyp und kann danach wie der Datentyp verwendet werden. Bei jeder Verwendung wird es vom Compiler durch den ursprünglichen Datentyp ersetzt.

Beispiel: Mit den folgenden Deklarationen (aus „Windef.h"):

```
typedef unsigned char BYTE;
typedef unsigned long ULONG;
```

sind diese Variablendefinitionen gleichwertig mit den als Kommentar angegebenen:

```
BYTE b;   // gleichwertig mit "unsigned char b;"
ULONG u;  // gleichwertig mit "unsigned long u;"
```

3.10.2 Eindimensionale Arrays

Ein eindimensionales Array wird nach dem Schema

```
T D  [constant-expression opt ]
```

definiert. Hier ist

– T der Datentyp der Arrayelemente. Das kann ein beliebiger fundamentaler Datentyp (außer *void*), ein Zeigertyp, eine Klasse oder wiederum ein Array sein.
– D der **Name des Arrays** (ein Bezeichner).
– *constant-expression* die **Anzahl der Arrayelemente** (eine Konstante, größer als Null).

Das **Array**

```
T a[n] // T: ein Datentyp, n: eine ganzzahlige Konstante
```

hat die n Elemente

> a[0], ..., a[n–1]

Durch die Definition eines Arrays a mit n Elementen des Datentyps T reserviert
der Compiler einen **zusammenhängenden Speicherbereich** für n Elemente, also
n*sizeof(T) Bytes. Damit der Compiler den erforderlichen Speicherplatz reservieren kann, muss die Anzahl der Arrayelemente zum Zeitpunkt der Kompilation
bekannt und deshalb eine **Konstante** sein. Es ist nicht möglich, die Größe eines
Arrays während der Laufzeit des Programms über eine Variable festzulegen oder
gar zu verändern. Der **Datentyp** von a ist „Array mit n Elementen des Datentyps
T" oder kurz „T[n]" (z.B. „int[10]"). Der Datentyp Array gehört zu den sogenannten zusammengesetzten Datentypen, da ein Array aus Elementen zusammengesetzt
ist.

Beispiele: Alle diese Arraydefinitionen sind zulässig. Der Datentyp des Arrays ist
als Kommentar angegeben:

```
int a[10];             // "int[10]"
double d[20];          // "double[20]"
bool Primzahlen[30];   // "bool[30]"
long double e[40];     // "long double[40]"

const int MaxLines = 17;
AnsiString as[MaxLines]; // "AnsiString[17]"
```

Eine nicht konstante Anzahl von Arrayelementen hat eine Fehlermeldung des Compilers zur Folge:

```
int M = 18;
char line[M]; //Fehler: Konstante erforderlich
```

Bei der Definition eines Arrays muss darauf geachtet werden, dass seine Größe im
Rahmen der zulässigen **Speichergrenzen** liegt. Unter DOS oder 16-bit-Windows
lag die Obergrenze oft bei 64 KB oder weniger, wenn nicht spezielle Speicher-
modelle gewählt wurden. Die Obergrenze von 2 GB für globale Definitionen unter
Win32 und dem C++Builder dürfte meist keine Einschränkung darstellen. Für
lokale Definitionen liegt die Voreinstellung für die Obergrenze bei 1 MB. Sie kann
unter *Projekt|Optionen|Linker* verändert werden.

Beispiel: Die folgende Definition benötigt mehr als 2 GB und führt zu einem
Laufzeitfehler. Der Compiler gibt aber weder eine Warnung noch eine
Fehlermeldung aus:

```
int z[INT_MAX]; // zu groß, Laufzeitfehler
```

Das nächste Array benötigt mehr als 1 MB und kann global definiert
werden. Eine lokale Definition führt zu einem Stack overflow, wenn
man die voreingestellte Größe für den Stack nicht erhöht:

```
int z[300000]; // global möglich, aber nicht lokal
```

Die **Elemente** eines Arrays werden mit dem **Indexoperator []** über ihren **Index** angesprochen: Der Index wird in eckigen Klammern nach dem Namen des Arrays angegeben und muss ein ganzzahliger Ausdruck sein. Jedes Element eines Arrays ist ein Ausdruck des Datentyps, der bei der Definition des Arrays angegeben wurde.

Beispiele: Nach den Definitionen von oben ist

a[9]	ein Ausdruck des Datentyps *int*,
d[0]	ein Ausdruck des Datentyps *double*,
Primzahlen[1]	ein Ausdruck des Datentyps *bool*,
e[2]	ein Ausdruck des Datentyps *long double*,

Um alle n Elemente eines Arrays anzusprechen, verwendet man meist eine *for-**Schleife**, die von 0 bis n–1 läuft:

```
for (int i=0; i<n; i++) a[i]=i;
```

Im C++-Standard ist ausdrücklich festgelegt, dass der Compiler für die Elemente eines Arrays einen **zusammenhängenden Bereich** im Hauptspeicher reserviert, in dem die Elemente **unmittelbar nebeneinander** (ohne Lücken) liegen. Beim Zugriff auf ein Arrayelement wird seine **Speicheradresse** über die Anfangsadresse des Arrays, den Index und die Größe der Elemente nach der folgenden Formel **berechnet**:

&a[i] = &a[0]+i*sizeof(T)   // T ist der Datentyp der Arrayelemente

Da der Index ein beliebiger ganzzahliger Ausdruck sein kann, akzeptiert der Compiler mit einer *int* Variablen i die folgenden Ausdrücke als Indizes:

```
a[i],   a[i*i+19],   d[(a[i]+a[j])/2]
```

Wenn für ein mit n Elementen definiertes Array ein Index angegeben wird, der nicht im Bereich der Grenzen 0..n–1 liegt, werden Speicherbereiche angesprochen, die nicht für das Array reserviert sind. Man muss deshalb **immer darauf achten, dass der Index im Bereich der Grenzen liegt**, die bei der Definition des Arrays angegeben wurde.

Beispiel: In der Version 6 des C++Builders werden die Adressen der Variablen manchmal so vergeben, dass a[6] dieselbe Adresse hat wie *sum*:

```
int OutOfBounds()
{
int sum=0;
int a[3];
for (int i=0; i<=6;i++) a[i]=i; //Fehler für i>=3
return sum;
}
```

Dann erhält *sum* hier den Wert 6, obwohl dieser Variablen nie ein anderer Wert als Null zugewiesen wird. Allerdings trat dieser Effekt bei mir nur sporadisch auf und war nicht jederzeit reproduzierbar.

Nebenbemerkung: Den Index, unter dem man die Variable *sum* ansprechen kann, erhält man mit Zeigerarithmetik:

```
int x=&sum-&a[0];
```

Ein solcher Fehler kann leicht entstehen, wenn man die Arraygrenze verkleinert und vergisst, die Obergrenze in der *for*-Schleife anzupassen. Er ist aber meist nicht leicht zu finden, da das Ergebnis einer solchen Anweisung nicht unmittelbar aus dem Programmtext hervorgeht. Mit etwas Glück wird man durch einen Programmabsturz („Zugriffsverletzung") darauf hingewiesen. Ohne einen solchen Absturz grübelt man eventuell lange, wieso der Wert von *sum* nicht 0 ist.

Die Arbeit mit Arrays soll am Beispiel eines einfachen **Sortierverfahrens** illustriert werden. Um die ersten n Elemente eines Arrays a (z.B. des Datentyps *int*) aufsteigend zu sortieren, kann man folgendermaßen vorgehen:

– Zuerst sucht man im Indexbereich 0..n–1 nach dem Index des kleinsten Elements:

```
min = 0;
for (int j = 1; j<=n-1; j++)
   if (a[j]<a[min]) min = j;
```

Danach vertauscht man a[0] mit a[min], so dass das kleinste Element in Position 0 steht.

– Diese Vorgehensweise wiederholt man für die Indexbereiche 1 .. n–1, 2 .. n–1 bis schließlich n–2 .. n–1. Dadurch wird sukzessive das zweitkleinste Element an die Position 1, das drittkleinste an die Position 2 übertragen usw.

Dieses Sortierverfahren wird als **Sortieren durch Auswahl** bezeichnet und für die ersten n Elemente eines Arrays a durch diese Anweisungen beschrieben:

```
const int max_a = 10;
int a[max_a],
    n=7; // Anzahl der zu sortierenden Elemente
```

```
for (int i=0; i<n-1; i++)
  {
    int x,min = i;
    for (int j=i+1; j<n; j++)
      if (a[j]<a[min]) min = j;
    x = a[i];
    a[i] = a[min];
    a[min] = x;
  }
```

Offensichtlich ergibt sich die Anzahl der Vergleiche „a[j]<a[min]" durch

$$(n-1) + (n-2) + ... + 3 + 2 + 1 = (n-1)*n/2 = n^2/2 - n/2$$

Die Anzahl der Zuweisungen „min=j" ist im Durchschnitt etwa halb so groß wie die Anzahl der Vergleiche. Deswegen ist der Zeitaufwand für das Sortieren eines Arrays eine quadratische Funktion der Elementanzahl: Eine Verdoppelung der Elementanzahl wird zu einem vierfachen Zeitaufwand für das Sortieren führen. Später werden noch andere Sortierverfahren vorgestellt, die ein wesentlich besseres **Zeitverhalten** haben als dieser Auswahlsort.

Ein **Array** kann nicht auf der linken Seite einer Zuweisung stehen. Deshalb kann ein Array a einem anderen Array b nicht mit dem **Zuweisungsoperator** zugewiesen werden, auch wenn beide denselben Datentyp haben.

Beispiel: Nach der Definition

```
int a[10],b[10];
```

wird die nächste Zuweisung vom Compiler abgelehnt:

```
a=b;    // Fehler: L-Wert erwartet
```

Um sämtliche Elemente von b nach a zu übertragen, kann man z.B. alle einzeln kopieren:

```
for (i=0;i<10;i++) a[i]=b[i];
```

Da alle Elemente eines Arrays **unmittelbar nacheinander** (ohne Lücken) **im Hauptspeicher** liegen, kann der von einem Array belegte Speicherbereich auch mit der Funktion *memcpy* kopiert werden:

```
memcpy(b,a,sizeof(a));//Ziel und Quelle nicht verwechseln
```

Diese Funktion ist meist etwas schneller als die entsprechende *for*-Schleife. Sie sollte aber nicht verwendet werden, wenn die Arrayelemente Klassen sind, die Zeiger enthalten.

Mit dem Operator *sizeof* erhält man die Anzahl der von einem Array belegten Bytes:

sizeof(a)

Es ist in der Regel immer empfehlenswert, die **Anzahl der Arrayelemente** bei der
Definition eines gewöhnlichen Arrays über eine **symbolische Konstante** anzugeben, und diese immer dann zu verwenden, wenn man das letzte Element anspricht.
Falls es dann einmal notwendig sein sollte, die Größe des Arrays zu ändern, muss
nur diese Konstante geändert werden.

Beispiel: Obwohl das Programmfragment

```
int a[10], sum=0;
...
for (int i=0; i<=9;i++) sum = sum+a[i];
```

seinen Zweck durchaus korrekt erfüllen kann, ist die folgende Variante
meist vorteilhafter:

```
const int max=10;
int a[max], sum=0;
...
for (int i=0; i<max; i++) sum = sum+a[i];
```

Bei der ersten Variante muss das gesamte Programm nach allen Stellen durchsucht
werden, an denen die Elementanzahl verwendet wird. Das kann bei einem
größeren Programm recht mühsam werden, insbesondere wenn die Konstante nicht
explizit verwendet wird, sondern nur ein abgeleiteter Wert (9 statt 10 in der *for-*
Schleife).

Aber auch dann, wenn die Anzahl der Arrayelemente ganz sicher nie verändert
werden muss, ist die Verwendung symbolischer Konstanten meist vorteilhaft: Mit
einem aussagekräftigen Namen für die Konstante ist die Zeile

```
for (int i=0; i<max; i++) sum = sum+a[i];
```

meist leichter verständlich als

```
for (int i=0; i<10; i++) sum = sum+a[i];
```

Anmerkungen für Pascal-Programmierer: In C++ kann bei der Deklaration eines
Arrays nur die Anzahl der Elemente angegeben werden. Bei einem Array mit N
Elementen liegen die zulässigen Indizes dann im Bereich 0..N−1. Dagegen können
in Pascal beliebige Werte für den Index des ersten und letzten Elements angegeben
werden.

In Pascal kann man mit dem Compilerbefehl {$R+} **Bereichsüberprüfungen
(range checks)** aktivieren. Dann erzeugt der Compiler bei jedem Zugriff auf einen
Unterbereichstyp (dazu gehören auch die Indextypen bei einem Array) zusätzliche
Anweisungen, durch die geprüft wird, ob der angesprochene Index im Bereich des
Indextyps liegt. Falls das nicht zutrifft, wird eine Exception ausgelöst. Damit

lassen sich Zugriffe auf nicht definierte Arrayelemente erkennen. In C++ gibt es keine entsprechende Möglichkeit für Arrays. Die Container-Klassen **vector** und **deque** der Standardbibliothek (siehe Abschnitt 4.2) bieten allerdings mit der Zugriffsfunktion *at* ebenfalls eine Überprüfung auf zulässige Bereiche.

Da man einem Projekt im C++Builder auch Pascal-Units hinzufügen kann, können solche Exceptions auch in einem Programm vorkommen, das mit dem C++Builder entwickelt wurde. Unter *Projekt|Optionen|Pascal* können Bereichsüberprüfungen global aktiviert bzw. deaktiviert werden.

Aufgaben 3.10.2

1. Geben Sie an, welche der mit a) bis g) bezeichneten Anweisungen syntaktisch korrekt sind. Falls ja, beschreiben Sie das Ergebnis dieser Anweisungen.

```
void ArrayTest1()
{
int a[10];
for (int i=1; i<=10;i++) a[i] = 0;    // a)

int b[2], c[2], d[3];
b[0]=0; b[1]=1;
c=b;                                  // b)
int x=b[b[b[0]]];                     // c)
c[0]=0; c[1]=1;
d[0]=0; d[1]=1; d[2]=2;
if (b==c) x++;                        // d)
if (c==d) x++;                        // e)

int s1=sizeof(a);                     // f)
int s2=sizeof(a)/sizeof(a[0]);        // g)
}
```

2. Wenn man die Primzahlen unter den ersten 100 Zahlen bestimmen will, kann man ein Verfahren verwenden, das nach dem griechischen Mathematiker Eratosthenes als **Sieb des Eratosthenes** benannt ist: In einer Liste der Zahlen 1 bis 100 streicht man nacheinander zuerst alle Vielfachen von 2 ab 2, dann alle Vielfachen von 3 ab 3, 5 usw. Die Zahlen, die dabei übrig bleiben, sind dann die Primzahlen.

   Realisieren Sie dieses Verfahren mit einem booleschen Array, dessen Werte zunächst alle auf *true* gesetzt werden sollen. Die Anzahl der Arrayelemente soll mit möglichst geringem Aufwand auf einen anderen Wert als 100 gesetzt werden können.

3. Bei manchen Problemen findet man eine explizite Lösung nur schwierig oder überhaupt nicht. Dann können Simulationen hilfreich sein. Sind diese mit Zufallszahlen verbunden, bezeichnet man sie auch als **Monte-Carlo-Simulationen** (nach dem Spielerparadies).

Schreiben Sie ein Programm zur Simulation des **Geburtstagsproblems von Mises** (siehe Aufgabe 3.6.6). Sie können dazu folgendermaßen vorgehen:

Ein Array mit 365 Elementen soll die Tage eines Jahres darstellen. Mit einem Zufallszahlengenerator (z.B. *rand()*) wird dann für jede der n Personen ein Geburtstagsdatum ermittelt und im Array für die Tage ein Zähler hochgesetzt. Falls nach n Wiederholungen mindestens ein Zähler den Wert 2 oder mehr hat, entspricht das zwei oder mehr Personen, die an einem Tag Geburtstag haben. Diese Vorgehensweise wiederholt man dann mehrfach (z.B. 1000-mal).

4. Beim **Hornerschema** wird der Funktionswert eines Polynoms

$$h = p[n]*x^n + p[n-1]*x^{n-1} + \dots + p[1]*x + p[0]$$

dadurch berechnet, dass die Klammern in

$$h = (\dots((p[n]*x + p[n-1])*x + p[n-2]) \dots + p[1])*x + p[0]$$

von innen nach außen ausmultipliziert werden. Dabei werden nur n+1 Multiplikationen benötigt. Würde man alle Potenzen einzeln ausmultiplizieren, wären es $n*(n-1)/2$.

```
double Horner(double x)
{ // p: Array mit den Koeffizienten des Polynoms
const int n=2; // Der Grad des Polynoms
double p[n+1]={17,0,3}; // Koeffizienten von 17+3*x^2
double s = 0;
for (int i=0; i<n+1; i++)
  s = s*x + p[n-i];
return s; // s==p[n]*x^n + p[n-1]*x^n-1 +...+ p[1]*x+p[0]
}
```

a) Beweisen Sie mit vollständiger Induktion, dass dieser Algorithmus für ein Polynom mit den Koeffizienten p[n], p[n–1], ..., p[0] den Funktionswert berechnet:

$$s = p[n]*x^n + p[n-1]*x^{n-1} + \dots + p[1]*x + p[0]$$

b) Die Sinus-Funktion wird durch die Taylor-Reihenentwicklung

$$\sin(x) = x/1 - x^3/3*2*1 + x^5/5*4*3*2*1 - x^7/7*6*5*4*3*2*1 \dots$$

angenähert. Berechnen Sie den Wert dieses Polynoms mit einer überarbeiteten Version der Funktion *Horner* und vergleichen Sie die Ergebnisse für 0.1, 0.2 usw. bis 3.1 mit der Funktion *sin* aus <cmath>.

3.10.3 Die Initialisierung von Arrays bei ihrer Definition

Ein Array kann bei seiner Definition mit Werten in geschweiften Klammern **initialisiert** werden (siehe die Syntaxregeln für *initializer* in Abschnitt 3.9). Mehrere Werte in einer solchen Liste werden durch Kommas getrennt. Ihre Zuordnung erfolgt dabei von links nach rechts an das erste, zweite usw. Arrayelement. Falls die Liste weniger Ausdrücke enthält als das Array Elemente hat, werden die übrigen Arrayelemente mit dem Wert 0 initialisiert, wenn sie einen fundamentalen Datentyp haben. Falls ihr Datentyp eine Klasse ist, wird ihr sogenannter Standardkonstruktor aufgerufen.

Bei einem Array eines vordefinierten Elementtyps (z.B. *int*) werden ohne eine solche Liste die Elemente eines globalen Arrays mit 0 initialisiert, und die eines lokalen Arrays sind unbestimmt. Bei einem Array mit Elementen eines Klassentyps werden ohne eine solche Liste die Elemente immer mit ihrem Standardkonstruktor initialisiert, unabhängig davon, ob das Array global oder lokal definiert wird.

Beispiel: Nach den Definitionen

```
int a1[3]={1,2}; // a1[0]==1, a1[1]==2, a1[2]==0
int a2[2]={0};   // a2[0]==a2[1]==0
```

haben die Elemente der Arrays die als Kommentar angegebenen Werte. Ohne die Initialisierungsliste wären die Werte bei einem lokalen Array unbestimmt.

Ein **Array** mit Elementen des Datentyps *char* kann sowohl mit einzelnen Zeichen als auch mit einem Stringliteral (siehe Abschnitt 3.12.10) initialisiert werden:

```
char Ziffern1[5]={'0','1','2','3','4'};
char Ziffern2[6]="01234";
```

Allerdings sind diese beiden Initialisierungen nicht gleichwertig: Der Compiler fügt bei einem Stringliteral immer automatisch ein '\0' an, um das Ende des Strings zu kennzeichnen. Deshalb reichen 5 Zeichen bei *Ziffern2* nicht aus. Bei der Initialisierung mit einer Folge von Zeichen wird dagegen der '\0'-Terminator nicht angefügt. Gibt man den String *Ziffern1* aus, werden alle Zeichen bis zum nächsten '\0' (irgendwo im Hauptspeicher) ausgegeben. Durch die folgende Initialisierung erhält a dieselben Elemente wie *Ziffern2*:

```
char a[6]={'0','1','2','3','4','\0'}
```

Ein initialisiertes Array kann auch **ohne eine Elementanzahl** definiert werden. Es enthält dann so viele Elemente, wie Ausdrücke in der Initialisierungsliste angegeben werden:

```
char a1[]={'0','1','2'}; // sizeof(a1)==3
char s1[]="012";         // sizeof(s1)==4
```

Damit besteht *a1* aus 3 und *s1* aus 4 Zeichen (einschließlich '\0'). Ein ohne eine Elementanzahl definiertes Array muss initialisiert werden. Die folgende Definition wird vom Compiler zurückgewiesen:

```
int a[]; // Fehler: Größe von 'a' ist unbekannt oder Null
```

Initialisierte Arrays ermöglichen oft einfache Lösungen für Funktionen, die nur mit relativ wenigen verschiedenen ganzzahligen Argumenten aufgerufen werden. Wenn man diese Werte in ein Array schreibt, kann man sie aus diesem Array zurückgeben.

Beispiel: Da die Funktion *MaxTag* nur für 12 verschiedene Argumente für den Monat einen Wert zurückgeben muss, kann man diese Werte aus einem initialisierten Array lesen:

```
int MaxTag(int Monat, int Jahr)
{
int Max[]={0,31,28,31,30,31,30,31,31,30,31,30,31};
if (1<=Monat && Monat<=12)
  {
    bool Schaltjahr =((Jahr%4 == 0) &&
              (Jahr%100 != 0)) || (Jahr%400 == 0);
    int result=Max[Monat];
    if (Monat==2 && Schaltjahr)
      result=29;
    return result;
  }
else return -1;
}
```

Eine ***const***-Angabe bei einer Arraydefinition bewirkt, dass die Arrayelemente nicht verändert werden können. Deshalb müssen sie bei der Definition initialisiert werden.

```
const int a[10]={0};
a[1]=1; // Fehler: const-Object nicht modifizierbar
```

Den Datentyp eines durch „const T a[n]" definierten Arrays bezeichnet man auch als „const T[n]".

Anmerkungen für Pascal-Programmierer: Wenn Arrays bei ihrer Definition initialisiert werden, prüft der Pascal Compiler, ob die Anzahl der Arrayelemente mit der Anzahl der angegebenen Ausdrücke übereinstimmt. Es ist nicht möglich, die Elementanzahl bei einer Arraydefinition auszulassen.

Aufgaben 3.10.3

1. Welche Werte haben die Elemente dieser Arrays nach ihrer Definition?

```
int ai0[3];
```

```
void InitArrays()
{
int ai1[3];
int ai2[3]={1,2,3};
int ai3[3]={1,2};
}
```

2. Schreiben Sie eine Funktion *Fibonacci1*, die für Argumente i im Bereich 0..9 die i-te Fibonacci-Zahl (0,1,1,2,3,5,8,13,21,34) aus einem Array zurückgibt. Für weitere Argumente (bis 46) soll der jeweils nächste Wert aus den beiden Werten davor berechnet ($f_i = f_{i-1} + f_{i-2}$) und in das Array geschrieben werden. Der zum Argument gehörende Wert soll dann als Funktionswert zurückgegeben werden.

3.10.4 Arrays als Container

Datenstrukturen, mit denen man andere Daten speichern kann, werden auch als **Container** bezeichnet. Im Folgenden werden einige einfache Operationen vorgestellt, mit denen ein Array a zur Speicherung von Daten verwendet werden kann.

Falls die Daten erst während der Laufzeit des Programms anfallen, muss die Anzahl der Arrayelemente, die im Folgenden als *maxElements* bezeichnet wird, so groß gewählt werden, dass sie möglichst ausreicht. Das kann mit einer Verschwendung von Speicherplatz verbunden sein, wenn die anfallenden Datenmengen starken Schwankungen unterworfen sind. Bei einem gewöhnlichen Array muss *maxElements* eine Konstante sein. Bei einem dynamisch erzeugten Array (siehe Abschnitt 3.12.6) kann *maxElements* auch eine Variable sein.

Damit man weiß, wie viel Elemente das Array enthält, definiert man eine Variable, die immer diese Anzahl enthält. Im Folgenden wird sie als *nElements* bezeichnet. Diese Variable wird beim Programmstart auf 0 gesetzt, bei jedem Hinzufügen eines Elements um 1 erhöht und bei jedem Entfernen eines Elements um 1 reduziert. Bei jedem Zugriff auf ein Arrayelement a[i] muss man dann darauf achten, dass i im Bereich der zulässigen Indizes liegt. Der Container enthält dann die folgenden Elemente:

a[0], a[1], ..., a[nElements–1]

Im Folgenden werden drei verschiedene Container auf der Basis von Arrays vorgestellt.

1. Ein nicht sortiertes Array

Bei einem solchen Container kann man die elementaren Operationen Einfügen, Löschen und Suchen folgendermaßen realisieren:

- Neue Daten kann man dem Array a dadurch **hinzufügen**, dass man die neuen Daten *a[nElements]* zuweist und *nElements* um 1 erhöht. Dabei muss man darauf achten, dass *nElements* nicht größer wird als *maxElements-1*.
- Das Element an der Position i kann man dadurch **löschen**, indem man a[i] durch *a[nElements–1]* überschreibt und *nElements* um 1 reduziert. Hier muss man darauf achten, dass *nElements* nicht kleiner wird als 0.
- Wenn man in einem solchen Array nach einem Element mit einem bestimmten Merkmal sucht, muss man alle Elemente des Arrays auf dieses Merkmal prüfen. Diese Vorgehensweise wird auch als **lineares Suchen** bezeichnet, weil alle Arrayelemente der Reihe nach durchsucht werden.

2. Ein sortiertes Array

Bei einem großen Array kann das lineare Suchen relativ zeitaufwendig sein. Diesen Zeitaufwand kann man verringern, wenn man das **Array sortiert**. In einem sortierten Array kann man dann mit der Technik des **binären Suchens** nach einem Element suchen.

Dabei kann man folgendermaßen vorgehen: Der Bereich, in dem sich das gesuchte Arrayelement befinden muss, falls es vorhanden ist, wird durch die Werte von zwei *int*-Variablen L und R beschrieben, die seine linke und rechte Grenze bezeichnen.

1. Am Anfang erhält L den Wert 0 und R den Wert *nElements–1*.

2. Eine weitere *int*-Variable M erhält als Wert den Index des mittleren Array-elements.

    M = (L + R)/2;

    Dann wird überprüft, ob das M-te Arrayelement kleiner als der gesuchte ist.

- Trifft dies zu, wird die weitere Suche auf den Bereich beschränkt, der links durch M+1 begrenzt wird.
- Trifft dies dagegen nicht zu, wird geprüft ob das M-te Arrayelement größer als der gesuchte Wert ist. In diesem Fall wird die weitere Suche auf den Bereich beschränkt, der rechts durch M–1 begrenzt ist.
- Trifft auch diese Bedingung nicht zu, ist das gesuchte Element gefunden.

Die Schritte unter 2. werden wiederholt, bis das gesuchte Element gefunden ist oder sich herausstellt, dass kein Element mit dem gesuchten Wert existiert. Dieser Fall ist dann eingetreten, wenn der Suchbereich leer ist, d.h. L>R gilt.

Da der Suchbereich bei diesem Verfahren schrittweise halbiert wird, bezeichnet man es auch als binäres Suchen. In einem Array mit n Elementen besteht der Suchbereich nach

- einem Schritt aus weniger als n/2 Elementen, nach
- zwei Schritten aus weniger als $(n/2)/2 = n/2^2$ Elementen, und nach
- s Schritten aus weniger als $n/2^s$ Elementen.

Falls man das gesuchte Element nicht schon vorher findet, kann man die Suche spätestens dann abbrechen, wenn der Suchbereich leer ist, d.h. weniger als ein Element enthält. Diese Bedingung tritt spätestens nach

$$n/2^s < 1 \text{ oder } 2^s > n$$

Schritten ein. Da $2^{10} = 1024$ und $2^{20} > 1\,000\,000$ ist, werden Arrays mit 1000 bzw. 1 000 000 Elementen in höchstens 10 bzw. 20 Schritten durchsucht.

Damit haben wir bisher schon drei Algorithmen kennen gelernt, deren Zeitverhalten sich grundlegend unterscheidet:

- Beim binären Suchen ist der Aufwand proportional zum Logarithmus der Elementanzahl.
- Beim linearen Suchen ist der Aufwand proportional zur Anzahl der Elemente.
- Beim Auswahlsort ist der Aufwand proportional zum Quadrat dieser Anzahl.

Wenn man einem sortierten Array neue Elemente **hinzufügen** will, kann man das neue Element nicht einfach am Ende anfügen, da sonst die Sortierfolge anschließend meist nicht mehr erhalten wäre. Damit sie erhalten bleibt, kann man folgendermaßen vorgehen:

1. Zunächst bestimmt man die Position für das neue Element.
2. Dann verschiebt man alle Elemente ab dieser Position um eine Position nach hinten.
3. Dann schreibt man das Element an die frei gewordene Position.

Um ein Element an einer bestimmten Position zu **löschen**, kann man alle Elemente ab dieser Position um eine Position nach vorne verschieben.

Dieser Vergleich zeigt, dass ein sortiertes Array dann effizient ist, wenn oft in ihm gesucht wird, aber nur relativ wenige Elemente eingefügt oder gelöscht werden. Wenn dagegen relativ wenige Suchoperationen stattfinden, aber relativ oft Elemente eingefügt oder gelöscht werden, kann es günstiger sein, mit einem unsortierten Array zu arbeiten.

3. Stack

Die bisher beschriebenen Datenstrukturen sind nicht die einzige Möglichkeit, Daten in einem Array zu verwalten. Für manche Anwendungen ist ein sogenannter **Stack** angemessen.

Ein Stack ist eine Datenstruktur, die sich mit einem **Stapel** zerbrechlicher Teller vergleichen lässt: Man kann immer entweder nur einen neuen Teller obendrauf legen oder den obersten Teller wegnehmen. Andere Operationen (wie einen Teller unterhalb des obersten wegzunehmen) sind verboten, da die darüber liegenden herunterfallen und zerbrechen könnten. Diese beiden zulässigen Operationen werden dabei üblicherweise als **push** (für „obendrauf legen") und **pop** (für „den obersten wegnehmen") bezeichnet.

Ein Stack kann mit einem Array realisiert werden. Das erste Element, das auf den Stack gelegt wird, kommt in Position 0, das zweite in Position 1 usw. Wie die Variable *nElements* oben gibt eine oft als *SPtr* (*Stack Pointer*) bezeichnete Variable die Position des obersten Datensatzes im Array an. Diese Variable wird beim Start des Programms mit dem Wert −1 initialisiert und bei jeder *push*-Operation um Eins erhöht. Bei jedem Entfernen eines Elements mit *pop* wird der Wert um Eins reduziert.

Aufgaben 3.10.4

1. Legen Sie ein neues Projekt an, dessen Formular ein Edit-Fenster, ein Memo und verschiedene Buttons enthält. Ein Array a mit AnsiStrings soll die Texte aufnehmen, die in dem Edit-Fenster eingegeben werden.

   Schreiben Sie die folgenden Funktionen und rufen Sie diese beim Anklicken eines entsprechenden Buttons auf.

   Falls diese Aufgaben im Rahmen einer Gruppe (z.B. einer Vorlesung oder eines Seminars) bearbeitet werden, können einzelne Teilaufgaben auch auf verschiedene Teilnehmer verteilt werden. Die Lösungen der einzelnen Teilaufgaben sollen dann in einem gemeinsamen Projekt zusammen funktionieren.

   Die Teilaufgaben a) bis f) betreffen unsortierte Arrays:

   a) Eine Funktion ***pushBack*** soll die als Parameter übergebenen Daten an die nächste freie Position des Arrays schreiben. Diese Funktion soll beim Anklicken eines Buttons mit der Aufschrift „**Einfügen**" aufgerufen werden und den Text im Edit-Fenster dem Array hinzufügen.
   b) Eine Funktion *showArray* soll die Daten des Arrays im Memo anzeigen. Diese Funktion soll beim Anklicken eines Buttons mit der Aufschrift „**Anzeigen**" aufgerufen werden.
   c) Erstellen Sie für ein Array mit 3 Elementen ein **Ablaufprotokoll** für 4 Aufrufe der Funktion *pushBack* mit den Argumenten „10", „11", „12" und „13". Formulieren Sie eine **Bedingung**, die nach jedem Aufruf dieser Funktion gilt
   d) Eine Funktion *findLinear* soll ab einer als Parameter übergebenen Position nach einem ebenfalls als Parameter übergebenen Wert im Array suchen. Falls ein Arrayelement mit diesem Wert gefunden wird, soll dessen Position zurückgegeben werden, und andernfalls der Wert *nElements*. Diese Funktion soll beim Anklicken eines Buttons mit der Aufschrift „**Linear**

suchen" aufgerufen werden und alle Werte des Arrays ausgegeben, die gleich dem String im Edit-Fenster sind.

e) Eine Funktion *eraseElement* soll das Arrayelement an der als Parameter übergebenen Position löschen. Diese Funktion soll beim Anklicken eines Buttons mit der Aufschrift „**Löschen**" aufgerufen werden und das erste Element im Array löschen, dessen Wert der Text im Edit-Fenster ist.

f) Eine Funktion *Auswahlsort* soll das Array mit dem Auswahlsort sortieren. Diese Funktion soll beim Anklicken eines Buttons mit der Aufschrift „**Sortieren**" aufgerufen werden

Die Aufgaben g) bis i) betreffen sortierte Arrays. Falls das Array vor der Ausführung einer dieser Operationen sortiert war, soll es auch nachher noch sortiert sein.

g) Eine Funktion *findBinary* soll den als Parameter übergebenen Wert binär im Array suchen. Falls er gefunden wird, soll seine Position zurückgegeben werden, und andernfalls der Wert *nElements*. Rufen Sie diese Funktion beim Anklicken eines Buttons mit der Aufschrift „**Binär suchen**" auf und zeigen Sie die Position des Strings im Edit-Fenster im Array im Array an, falls er vorhanden ist.

h) Eine Funktion *insertSorted* soll einen als Parameter übergebenen Wert an der ebenfalls als Parameter übergebenen Position einfügen. Beim Anklicken eines Buttons „**Sortiert Einfügen**" soll der String im Edit-Fenster in das Array eingefügt werden.

i) Kann die Einfügeposition in h) mit *findBinary* gesucht werden?

j) Eine Funktion *eraseSorted* soll das Arrayelement an der als Parameter übergebenen Position löschen. Beim Anklicken eines Buttons „**Sortiert Löschen**" soll das erste Element im Array gelöscht werden, dessen Wert der Text im Edit-Fenster ist.

k) Schreiben Sie für die Funktionen aus a) bis j) Testfunktionen wie in Abschnitt 3.5.2.

2. Schreiben Sie einen **Stack** mit einem Array, dessen Elemente den Datentyp *AnsiString* haben.

   – Beim Anklicken eines Buttons mit der Aufschrift „push" soll der Text eines Edit-Fensters auf den Stack gelegt werden (sofern noch Platz frei ist).
   – Durch Anklicken eines Buttons „pop" soll der oberste String vom Stack entfernt werden, falls dieser ein Element enthält.
   – Durch Anklicken eines Buttons „top" soll der oberste String des Stacks in einem Memo-Fenster angezeigt werden.

Verwenden Sie dazu eine Variable *StackPtr*, die immer den Index des obersten Elements enthält.

Falls der Stack leer ist, sollen die Buttons *pop* und *top* über die Eigenschaft *Enabled* deaktiviert werden. Falls die Kapazität des verwendeten Arrays erschöpft ist, dasselbe für den Button *push*.

3. Im Jahr 1995 haben die beiden Mathematiker Rabinowitz und Wagon einen Algorithmus vorgestellt, mit dem man die **Kreiszahl π** auf beliebig viele Stellen berechnen kann (Rabinowitz/Wagon 1995, außerdem Stewart 1995).

Im Unterschied zu den meisten anderen Algorithmen zur Berechnung von π wird dabei der Näherungswert nicht als Gleitkommazahl berechnet. Vielmehr liefert dieses Verfahren eine Ziffer nach der anderen als Ganzzahl und wird deshalb auch als **Tröpfelverfahren** bezeichnet (weil die Ziffern wie aus einem Wasserhahn tröpfeln). Es beruht auf einer Reihendarstellung von π, die als Darstellung zu einer gemischten Basis betrachtet wird. Diese Darstellung wird dann in das Dezimalsystem umgerechnet.

Um n Stellen von π zu berechnen, definiert man ein Array A mit 10*n/3 *int*-Elemente und initialisiert alle Werte auf 2. Eine Ganzzahlvariable U für die Überträge erhält den Wert 0.

a) Die ersten n=31 Stellen von π erhält man, indem die folgenden Schritte n-mal wiederholt:

> Vom obersten zum zweiten Index des Arrays A (for .. i--) führt man jeweils die folgenden Berechnungen durch, bei denen i jeweils den Index des aktuellen Arrayelements bezeichnet:

> – Berechne die Summe

$$S = U*i+10*A[i];$$

> – Berechne den Quotienten q und den Rest r, der sich bei der Division von S durch 2*i–1 ergibt. Ersetze den bisherigen Wert von A[i] durch r und den bisherigen Übertrag durch q.

Berechne die Summe S aus dem zehnfachen Wert des ersten Elements von A und dem Übertrag. Ersetze das erste Element von A durch den Rest der Division von S durch 10 und S durch den Quotienten dieser Division.

In den folgenden Listen der überwachten Ausdrücke sind die Werte für das Übertragsfeld in einem Array U gespeichert.

Nach dem ersten Durchlauf ergeben sich so die Werte:

Liste überwachter Ausdrücke

```
a: (2, 0, 2, 2, 4, 3, 10, 1, 13, 12, 1, 20, 20, 20, 20, 20, 20)
u: (30, 10, 6, 4, 3, 2, 2, 1, 1, 1, 0, 0, 0, 0, 0, 0, 0)
s: 3
```

Nach dem zweiten Durchlauf:

Liste überwachter Ausdrücke

```
a: (2, 3, 1, 3, 3, 5, 5, 4, 8, 14, 9, 19, 0, 6, 16, 0, 14)
u: (13, 13, 10, 11, 10, 13, 8, 14, 11, 9, 17, 16, 14, 12, 10, 6,
s: 1
```

Nach dem dritten Durchlauf:

Liste überwachter Ausdrücke

```
a: (2, 1, 1, 0, 0, 5, 5, 7, 4, 9, 0, 2, 14, 13, 26, 2, 16)
u: (41, 11, 12, 10, 10, 9, 9, 12, 13, 10, 10, 2, 5, 6, 2, 4, 0)
s: 4
```

usw. Hier sieht man die ersten drei Stellen von π als den jeweiligen Wert von s nach jeweils einem solchen Durchlauf.

b) Das unter a) beschriebene Verfahren funktioniert allerdings nur für die ersten 31 Stellen von π, weil der Wert von S nach dem Durchlauf einer Schleife größer oder gleich 100 werden kann (maximal 109). Dieser Fall tritt erstmals für die 32. Stelle von π ein und muss durch die folgende Erweiterung des Verfahrens berücksichtigt werden.

Die nach jeweils einem Durchlauf gefundenen Ziffern S sind nicht immer die Ziffern von π, sondern müssen zunächst zwischengespeichert werden. In Abhängigkeit vom jeweils aktuellen Wert von S können dann die bisher zwischengespeicherten Werte entweder als gültige Ziffern freigegeben oder müssen um 1 erhöht werden:

– Falls S weder 9 noch 10 ist, können alle bisher zwischengespeicherten Ziffern als gültige Ziffern freigegeben werden. Die aktuelle Ziffer S muss als vorläufige Ziffer gespeichert werden.
– Falls S=9 ist, wird S den zwischengespeicherten Ziffern hinzugefügt.
– Falls S=10 ist, werden alle bisher zwischengespeicherten Ziffern um 1 erhöht, wobei 9 zu 0 wird. Alle so erhöhten Ziffern können als gültige Ziffern freigegeben werden. Als neue Ziffer wird 0 zwischengespeichert.

Nach Rabinowitz und Wagon sind bei diesem Verfahren alle Zwischenergebnisse für die ersten 5000 Stellen von π kleiner als 600 000 000. Damit können mit 32-bit-Binärzahlen mehr als 5000 Stellen berechnet werden.

Auf einem Pentium 200 dauert die Berechnung von 1000 Stellen ca. 2 Sekunden.

Die ersten 99995 Stellen von π findet man im Internet z.B. unter der Adresse http://www.geom.uiuc.edu/~huberty/math5337/groupe/digits.html. Damit Sie Ihre Ergebnisse vergleichen können, davon die ersten 101 Stellen:

```
const AnsiString pi101 = "pi=3"
    +"1415926535897932384626433832795028841971693993751 0"
     "5820974944592307816406286208998628034825342117067 9"
```

3.10.5 Mehrdimensionale Arrays

Für einen Datentyp T wird ein mehrdimensionales Array D nach dem Schema

T D [*constant-expression* opt] . . . [*constant-expression* opt]

definiert, wobei mehrere Paare von eckigen Klammern mit Konstanten aufgeführt werden. Die Anzahl dieser Paare ist dabei im Prinzip unbegrenzt und wird auch als **Dimension** bezeichnet. So wird mit den Konstanten

```
const int m=2, n=3, p=4;
```

durch

```
int a[m][n];
double d[m][n][p];
```

ein zweidimensionales Array a mit m*n Elementen und ein dreidimensionales Array d mit m*n*p Elementen definiert. Ein n-dimensionales Array ist ein eindimensionales Array, dessen Elemente (n–1)-dimensionale Arrays sind. Nach den letzten Definition ist

a ein Array mit m Elementen, die selbst Arrays mit n Elementen sind, und
d ein Array mit m Elementen, die selbst Arrays mit n*p Elementen sind.

Zweidimensionale Arrays werden auch als Tabellen oder Matrizen bezeichnet. Die Anzahl der Elemente in der ersten Dimension sind dann die Zeilen und die der zweiten die Spalten.

Da der Indexoperator [] linksassoziativ ist

a[i][j]=(a[i])[j]

können die Elemente dieser Arrays dann z.B. so angesprochen werden:

```
a[1][2]          // eine Variable des Datentyps int
d[1][2][3]       // eine Variable des Datentyps double
```

Da die Elemente eines eindimensionalen Arrays an unmittelbar **aufeinander folgenden Adressen** im Hauptspeicher abgelegt werden, belegen Arrayelemente, bei denen sich der letzte Index um 1 unterscheidet, benachbarte Speicherplätze. Die Elemente von a liegen deshalb in der Reihenfolge

```
a[0][0]  a[0][1]  a[0][2]  a[1][0]  a[1][1]  a[1][2]
```

nacheinander im Hauptspeicher. Damit ergeben sich nach den Definitionen

```
T a[m][n];       // T irgendein Datentyp
T d[m][n][p];
```

die **Adressen der** einzelnen **Arrayelemente** nach den folgenden Formeln:

```
a[i][j]:         &a+(i*n+j)*sizeof(T)            // ***
d[i][j][k]:      &d+((i*n+j)*p+k)*sizeof(T)      // ***
```

Mehrdimensionale Arrays können bei ihrer Definition initialisiert werden. Dabei kann man durch verschachtelte Paare geschweifter Klammern für jede Dimension eine Liste der Werte vorgeben. Enthält eine solche Liste weniger Elemente als das Array, werden die ersten Elemente der jeweiligen Dimension initialisiert.

Beispiele: Durch die folgenden Initialisierungen erhält das Array die jeweils als Kommentar angegebenen Werte:

```
const int m=2, n=3;
int a[m][n] = {{1,2,3},{4,5,6}};
// a[0][0]=1 a[0][1]=2 a[0][2]=3
// a[1][0]=4 a[1][1]=5 a[1][2]=6

int b[m][n] = {{1},{4}};
// b[0][0]=1 b[0][1]=0 b[0][2]=0
// b[1][0]=4 b[1][1]=0 b[1][2]=0
```

Diese Darstellung mit den geschweiften Klammern wird auch im Debugger verwendet, um die Werte von Arrays anzuzeigen:

Auch ein mehrdimensionales Array kann mit einer Liste von Ausdrücken in einem einfachen Paar geschweifter Klammern initialisiert werden. Dadurch werden die ersten Elemente des Arrays initialisiert:

```
int c[2][3] = {1,4}; // c={{1,4,0},{0,0,0}}
```

Bei der Definition eines initialisierten mehrdimensionalen Arrays kann man die Elementanzahl für die erste Dimension auslassen. Dann werden die Werte der Initialisierungsliste den Arrays zugeordnet, deren Elementanzahl sich aus den Konstanten für die übrigen Dimensionen ergibt:

```
int e[][3]={{1,2,3},{1,2}}; // e={{1,2,3},{1,2,0}}
int f[][3]={1};             // f={{1,0,0}}
int g[][3]={1,2,3,4};       // g={{1,2,3},{4,0,0}}
```

Andere Elementanzahlen als die erste kann man allerdings nicht auslassen. Da in die Berechnung der Adresse eines Arrayelements die Anzahl der Elemente ab der zweiten Dimension eingeht, könnte andernfalls dessen Adresse (siehe die oben mit *** gekennzeichneten Formeln) nicht berechnet werden. Deshalb verweigert der Compiler auch die folgende Definition:

```
int h[][]={{1},{2}};// Fehler: Größe des Typs 'int[]' ist
                    // unbekannt oder Null
```

Aufgaben 3.10.5

1. Geben Sie Anweisungsfolgen an, mit denen man in einem Array die Position der folgenden Elemente findet. Falls es mehrere solche Elemente gibt, soll die Position des zuerst gefundenen bestimmt werden:

   a) in einem zweidimensionalen Array „int a[m][n]" das kleinste Element,
   b) in einem dreidimensionalen Array „int a[m][n][p]" das kleinste Element.

   Testen Sie diese Anweisungsfolgen mit verschiedenen Arrays, die bei ihrer Definition initialisiert werden.

2. Ein zweidimensionales Array d mit n Zeilen und Spalten soll eine **Entfernungstabelle** zwischen n Städten darstellen. Dabei ist der Wert des Elements d[i][j] die Entfernung zwischen den Städten mit den Nummern i und j. Alle Elemente d[i][i] haben den Wert 0, außerdem gilt d[i][j]==d[j][i]:

   ```
   d[][3]={{ 0, 10, 20},
           {10,  0, 15},
           {20, 15,  0}};
   ```

   Eine Fahrtroute durch m dieser Städte soll durch ein Array mit m+1 Elementen dargestellt werden, wobei das erste Element die Anzahl der besuchten Städte enthalten soll. Das Array

   ```
   int r[] = {4, 2, 1, 2, 0};
   ```

   stellt also die Route 2 -> 1 -> 2 -> 0 dar.

a) Schreiben Sie eine Anweisungsfolge, die die Länge der durch r dargestellten Route bestimmt.

b) Ein Array s mit m Zeilen soll m solcher Routen enthalten. Schreiben Sie eine Anweisungsfolge, die die kürzeste dieser Routen bestimmt.

Testen Sie Ihre Anweisungen mit der Entfernungstabelle d.

3. Beim **Eliminationsverfahren von Gauß** zur Lösung eines linearen Gleichungssystems

$$a_{00}*x_0 + a_{01}*x_1 + ... + a_{0,n-1}*x_{n-1} = b_0 \qquad \text{// Zeile 0}$$
$$a_{10}*x_0 + a_{11}*x_1 + ... + a_{1,n-1}*x_{n-1} = b_1 \qquad \text{// Zeile 1}$$
$$...$$
$$a_{n-1,0}*x_0 + a_{n-1,1}*x_1 + ... + a_{n-1,n-1}*x_{n-1} = b_{n-1} \qquad \text{// Zeile n-1}$$

wird für j=1, ..., n–1 das

$-a_{j0}/a_{00}$ -fache der Zeile 0

zur Zeile j addiert. Dadurch werden alle Koeffizienten a_{j0} unterhalb von a_{00} zu 0. Diese Vorgehensweise wiederholt man für die Koeffizienten unterhalb von a_{11}, a_{22} usw. Dadurch erhält man ein Gleichungssystem der Form

$$a'_{00}*x_0 \quad + a'_{01}*x_1 \quad + ... + a'_{0,n-1}*x_{n-1} = b'_0 \qquad \text{// Zeile 0}$$
$$0*x_0 \quad + a'_{11}*x_1 \quad + ... + a'_{1,n-1}*x_{n-1} = b'_1 \qquad \text{// Zeile 1}$$
$$...$$
$$0*x_0 \quad + 0*x_1 \quad + ... + a'_{n-1,n-1}*x_{n-1} = b'_{n-1} \qquad \text{// Zeile n-1}$$

bei dem alle Koeffizienten unterhalb der Diagonale den Wert 0 haben. Dieses Gleichungssystem kann man rückwärts auflösen:

$$x_{n-1} = b'_{n-1}/ a'_{n-1,n-1}$$
$$x_{n-2} = (b'_{n-2} - a'_{n-2,n-1} *x_{n-1})/a'_{n-2,n-2}$$
$$...$$
$$x_0 = (b'_0 - a'_{0,n-1} *x_{n-1} - ... - a'_{01} *x_1)/a'_{0,0}$$

a) Schreiben Sie eine Funktion *GaussElimination*, die ein lineares Gleichungssystem löst. Da im Lauf der zahlreichen Rechenschritte Rundungsfehler das Ergebnis verfälschen können, soll außerdem eine Probe gemacht werden. Testen Sie diese Funktion mit n=3 und den Werten

a[n][n]={{1,2,3},{1,4,6},{2,3,7}}; b[n]={1,2,3}; // x={0,–0.4,0.6}
a[n][n]={{2,3,–5},{4,8,–3},{–6,1,4}}; b[n]={–10,–19,–11}; //x={2,–3,1}

b) Dieses Verfahren funktioniert allerdings nur, wenn keine Division durch Null auftritt. Außerdem sollte zur Minimierung von Rundungsfehlern das zur Division in $-a_{j,i}/a_{i,i}$ verwendete Diagonalelement möglichst groß sein. Wenn das Gleichungssystem lösbar ist, erreicht man beide Ziele, indem man unterhalb der Diagonalen die Zeile mit dem größten Wert in der i-ten Spalte sucht und dann diese Zeile mit der i-ten Zeile vertauscht.

Realisieren Sie diese Vorgehensweise mit zwei Funktionen: In der einen soll nach der Zeile mit dem größten Spaltenwert gesucht werden und in der anderen sollen zwei Zeilen vertauscht werden.

3.10.6 Dynamische Programmierung

Wenn man Arrays zur Speicherung von Teilergebnissen verwendet, spricht man gelegentlich auch von **dynamischer Programmierung** (obwohl dieser Begriff auch noch andere Bedeutungen hat). Diese Technik kann eine effiziente Alternative zu rekursiven Funktionen (siehe Abschnitt 5.3) sein.

Beispiel: Die für $i = 2, 3, 4, \ldots$ durch

$$f_0 = 0, \ f_1 = 1, \ f_i = f_{i-1} + f_{i-2}$$

definierten **Fibonacci-Zahlen** 0, 1, 1, 2, 3, 5, 8 usw. kann man nicht nur wie in Aufgabe 3.4.6 berechnen, sondern auch über ein Array mit den früheren Werten der Folge:

```
int Fibonacci(int n)
{
const int max=50;
int f[max]={0,1};
for (int i=2; i<max; i++)
  f[i]=f[i-1]+f[i-2];
if (0<=n && n<max)
  return f[n];
else return -1;
}
```

Aufgabe 3.10.6

Das sogenannte **Pascal-Dreieck** (nach dem Mathematiker Blaise Pascal) entsteht dadurch, dass man zunächst die Zahl 1 in eine Zeile schreibt. Die nächste Zeile entsteht dann aus der vorhergehenden, indem man die Summe der darüber stehenden bildet, wobei man sich links von der ersten und rechts von der letzten eine Null denkt.

```
                1
             1     1
          1     2     1
       1     3     3     1
    1     4     6     4     1
 1     5    10    10     5     1
              .............
```

Die Zahlen des Pascal-Dreicks sind die Binomialkoeffizienten. Schreiben Sie eine Funktion *binom*, die für die Argumente n und k den k-ten Wert aus der n-ten Zeile des Pascal-Dreiecks zurückgibt. Dabei werden n und k jeweils ab 0 gezählt, d.h. binom(3,1)=3.

3.10.7 Array-Eigenschaften der VCL Θ

Der C++Builder verwendet Arrays bei seinen Komponenten nur relativ selten. Allerdings sind zahlreiche Eigenschaften von Komponenten sogenannte **Array-Eigenschaften**. Das sind zwar keine Arrays, sie werden aber wie Arrays angesprochen. Einige Beispiele:

1. Die Komponenten *TBitmap*, *TForm*, *TImage*, *TPaintBox*, *TPrint* sowie verschiedene andere enthalten eine Komponente ***Canvas*** (siehe Abschnitt 10.13), die eine Zeichenfläche darstellt. Die einzelnen Punkte dieser Zeichenfläche kann man über die Array-Eigenschaft ***Pixels*** ansprechen

    *__property TColor **Pixels**[int X][int Y];*

    wobei x und y die Koordinaten eines Pixels sind. Da die Koordinaten in einem Formular links oben durch (0,0) und rechts unten durch (*ClientWidth*–1, *ClientHeight*–1) gegeben sind, färben die Anweisungen

    ```
    int W=ClientWidth, H=ClientHeight;
    for (int i=0; i<=ClientWidth-1; i++)
      Canvas->Pixels[i][i*(H-1)/(W-1)] = clRed;
    ```

    die Punkte auf der Diagonalen durch das Formular rot. Selbstverständlich wird man eine Gerade normalerweise nicht aus einzelnen Punkten zusammensetzen, sondern als durchgehende Linie zeichnen:

    ```
    Canvas->Pen->Color = clRed;
    Canvas->MoveTo(0,0);
    Canvas->LineTo(ClientWidth-1,ClientHeight-1);
    ```

2. Die Komponente *TStrings*, die unter anderem von einem Memo oder in einer ListBox verwendet wird, enthält die Anzahl der Zeilen in der Eigenschaft *Count* und die einzelnen Zeilen in *Lines ->Strings[i]* (bei einem Memo).

3. Mit der Komponente *TStringGrid* kann man die Daten von ein- oder zweidimensionalen Arrays darstellen. Sie enthält eine Array-Eigenschaft *Cells*. Durch *Cells[i][j]* wird die Zelle in Zeile i und Spalte j angesprochen.

4. Eine VCL Komponente kann eine sogenannte default Arrayeigenschaft enthalten. Eine solche Arrayeigenschaft kann allein unter dem Namen der Komponente und einem Index angesprochen werden. Da z.B. die Klasse *TStrings* eine solche default Arrayeigenschaft *Strings* hat, ist z.B.

    ```
    Memo1->Lines[1]
    ```

eine Abkürzung für

```
Memo1->Lines->Strings[1].
```

3.11 Strukturen und Klassen

Oft ist es sinnvoll, nicht nur wie in einem Array Daten desselben Datentyps zusammenzufassen, sondern auch Daten verschiedener Datentypen. Das ist mit Klassen möglich, die in Kapitel 6 zusammen mit der objektorientierten Programmierung noch ausführlich behandelt werden. In diesem Abschnitt werden nur einige Grundbegriffe in Zusammenhang mit sogenannten **Strukturen** betrachtet.

Eine Klasse ist ein Datentyp, der gemäß dieser Syntaxregeln definiert wird:

> *class-specifier:*
> *class-head* { *member-specification* opt }
>
> *class-head:*
> *class-key identifier* opt *base-clause* opt
> *class-key nested-name-specifier identifier base-clause* opt
>
> *class-key:*
> ```
> class
> struct
> union
> ```

Als *member-specification* werden vorläufig nur Definitionen verwendet, die einer Definition von Variablen entsprechen.

3.11.1 Mit *struct* definierte Klassen

Eine mit dem Schlüsselwert ***struct*** definierte Klasse ist ein **Datentyp**, der auch als **Struktur** bezeichnet wird. Die wie Variablen zwischen den geschweiften Klammern aufgeführten Elemente einer solchen Klasse werden auch als **Datenelemente** bezeichnet.

Beispiel: Der umgangssprachliche Begriff „Kalenderdatum" steht für drei Werte, die einen Tag, einen Monat und ein Jahr bezeichnen. Ein solches Datum kann durch die Klasse *CDatum* mit den Datenelementen *Tag*, *Monat* und *Jahr* dargestellt werden:

```
struct CDatum {
  int Tag;
  int Monat;
  int Jahr;
}; // Das Semikolon ist hier notwendig.
```

Mit diesem Datentyp kann man wie mit einem der vordefinierten Datentypen *int* usw. eine Variable des Datentyps *CDatum* definieren:

```
CDatum d;
```

Gibt man vor dem Semikolon, das eine Klassendefinition abschließt, einen Bezeichner an, ist dieser eine Variable des zugehörigen Klassentyps. Lässt man den Namen der Klasse aus, erhält man eine Variable des Klassentyps. Der Datentyp hat in diesem Fall keinen eigenen Namen.

Beispiel: Die Definition

```
struct CDatum {
  int Tag;
  int Monat;
  int Jahr;
} d; // d ist eine Variable des Datentyps CDatum.
```

ist gleichwertig mit den beiden Definitionen aus dem letzten Beispiel. Durch

```
struct { // Dieser Datentyp hat keinen eigenen
  int Tag;                        // Namen.
  int Monat;
  int Jahr;
} d; // Der Datentyp von d ist anonym
```

wird nur eine Variable des Klassentyps definiert. Dieser hat aber keinen eigenen Namen.

Normalerweise wählt man für eine Klasse einen Namen, der genau dem Konzept entspricht, das sie darstellen soll, wie z.B. *Datum* für ein Kalenderdatum. Da dieser Name aber später noch für eine Variable dieses Typs verwendet werden soll, wurde *CDatum* gewählt. Mit englischen Namen kann man solche Namenskonflikte durch Groß- und Kleinschreibung umgehen (*Date* für die Klasse und *date* für eine Variable des Klassentyps).

Eine Zusammenfassung inhaltlich zusammengehöriger Daten zu einer Klasse kann zur **Verständlichkeit eines Programms** beitragen und ist generell empfehlenswert.

Beispiel: Die Zusammengehörigkeit und Bedeutung der Daten kommt in

```
struct Kreis {
  int x,y,r;
} k1,k2;
```

unmittelbar zum Ausdruck. Findet man dagegen die Definitionen

```
int x1, x2, y1, y2, r1, r2;
```

in einem Programm, das man nicht selbst geschrieben hat, lassen sich nur aus der Verwendung der Variablen Rückschlüsse auf ihre Bedeutung ziehen. Das kann aber bei einem größeren Programm ziemlich aufwendig werden, insbesondere wenn keine zusätzlichen Kommentare die Bedeutung der Daten erklären.

Der etwas höhere Schreibaufwand für Strukturen wird durch die Ersparnis an Kommentaren und die leichtere Verständlichkeit meist kompensiert.

Typische Anwendungen von Strukturen findet man auch in der betriebswirtschaftlichen Datenverarbeitung. Dabei werden oft die einzelnen Zeilen einer Tabelle durch eine Struktur dargestellt, die auch als Datensatz bezeichnet wird. Aus solchen Strukturen werden dann Arrays oder Dateien aufgebaut. Datenbanken sind im Wesentlichen eine mehr oder weniger große Anzahl von Dateien, die alle aus solchen Datensätzen bestehen.

Beispiel: Eine Zeile der Tabelle

Konto-nummer	Konto-inhaber	Datum TT.MM.JJ			Bew.-art	Betrag
1019	Q. König	13	12	2006	–	1234.56
		13	12	2006	–	789.01
		14	12	2006	+	23.45

kann für eine **Kontobewegung** stehen und durch die folgende Struktur dargestellt werden:

```
struct Kontobewegung {
    int KontoNr;
    char NameInhaber[20];
    ...
    double Betrag;   // siehe Abschnitt 3.6.5
};                   //
```

Dieser Datensatz enthält mit dem Datum einen weiteren Datensatz. Will man dieses Datum unter einem eigenständigen Begriff ansprechen, kann man es innerhalb der Struktur ebenfalls als Struktur definieren:

```
struct Kontobewegung {
  int KontoNr;
  char NameInhaber[20];
  struct {
    int Tag;
    int Monat;
    int Jahr;
  } Datum;
  char BewArt;
  double Betrag;
};
```

Die Verschachtelung von Strukturen kann im Prinzip unbegrenzt fortgesetzt werden. Wenn zuvor wie auf Seite 238 ein Name für die Datenstruktur vereinbart wurde, kann auch dieser verwendet werden:

```
struct Kontobewegung {
   int KontoNr;
   char NameInhaber[20];
   CDatum Datum;
   char BewArt;
   double Betrag;
};
```

Eine Variable, deren Datentyp eine Klasse ist, enthält alle Elemente, die bei der Definition der Klasse angegeben wurden. Diese Elemente werden durch den Namen der Variablen angesprochen, auf den ein Punkt und der Name des Elements folgt. Jeder so gebildete Ausdruck ist ein Ausdruck des Datentyps, der bei der Definition des Elements angegeben wurde.

Beispiel: Nach der Definition

```
        Kontobewegung k;
```

kann man die Elemente der Variablen k folgendermaßen ansprechen:

```
      k.KontoNr // ein Ausdruck des Datentyps int
      k.Datum   // ein Ausdruck des Datentyps CDatum
```

Die drei Elemente von *K.Datum* lassen sich einzeln ansprechen durch

```
      k.Datum.Tag    // ein Ausdruck des Datentyps int
      k.Datum.Monat
      k.Datum.Jahr
```

Für den Compiler wird durch **jede Definition einer Klasse** ein **neuer Datentyp** erzeugt. Deshalb werden durch die beiden Klassendefinitionen in

```
   struct { int i;} s1;
   struct { int i;} s2;
```

zwei verschiedene Datentypen erzeugt, obwohl man auch erwarten könnte, dass die Datentypen von *s1* und *s2* gleich sind. Da die Datentypen von *s1* und *s2* verschieden sind, verweigert der Compiler die Übersetzung der Zuweisung

```
   s1=s2; // Fehler: Konvertierung nicht möglich
```

Verwendet man dagegen denselben Klassennamen bei der Definition von Variablen, haben sie denselben Datentyp und können einander zugewiesen werden. Nach der Definition

```
   Kontobewegung k1;
   Kontobewegung k2;
```

wird die folgende Zuweisung vom Compiler akzeptiert:

```
k1=k2;
```

Eine **Klasse, die ein Array enthält** wie z.B.

```
struct A {
  int a[10];
} ca, cb; // sizeof(ca) = 40;
```

umfasst den gesamten Speicherbereich des Arrays. Deshalb wird durch eine Zuweisung von Variablen eines solchen Datentyps auch das gesamte Array kopiert:

```
ca=cb; // kopiert das gesamte Array
```

Bei Variablen, deren Datentyp ein Array ist, verweigert der Compiler eine solche
Zuweisung (siehe Seite 219):

```
int a[10], b[10]; // sizeof(a) = 40;
a=b; // Fehler: L-Wert erwartet
```

Obwohl man Variablen desselben Klassentyps einander wie in

```
k1=k2;
```

zuweisen kann, ist ein **Vergleich von zwei solchen Variablen** mit einem der
Operatoren <, <=, == usw. **nicht möglich**. Der Compiler weigert sich, den booleschen Ausdruck in

```
if (k1==k2) ...//Fehler: 'operator==' nicht implementiert
```

zu übersetzen, wenn für den Datentyp von k1 und k2 der Operator „==" nicht definiert ist. Für Operatoren wie < oder <= ist das unmittelbar einsichtig: Ein byte-
weiser Vergleich der Operanden würde nur in den wenigsten Fällen das gewünschte Ergebnis erzielen, insbesondere wenn Strings enthalten sind. Aber auch
eine Prüfung auf Gleichheit oder Ungleichheit ist nicht möglich, da diese Operatoren nur für Operanden vordefiniert sind, deren Datentyp ein arithmetischer Datentyp, ein Aufzählungstyp oder ein Zeigertyp ist.

Die Ursache für diese Einschränkung liegt darin, dass C++ (wie auch viele andere
Programmiersprachen) jedem Compiler die Freiheit gibt, auf Daten optimal zuzu-
greifen. Beispielsweise gibt es Prozessoren, bei denen 8- oder 16-bit-Operationen
langsamer sind als 32-bit-Operationen. Der C++Builder richtet Datenelemente von
Strukturvariablen auf 32-bit-Grenzen aus. Deshalb belegt die Variable k vom Typ
Kontobewegung 48 Bytes, obwohl die Summe der Elemente nur 45 Bytes ist:

```
int i=sizeof(k); // i=48 mit char[20]
int j=sizeof(int)+sizeof(char[20])+sizeof(CDatum)+
       sizeof(char)+sizeof(Currency); // j=45
```

Deshalb wird ein Vergleich der Speicherbereiche wie in

```
int i=memcmp(&k1,&k2,sizeof k1);
```

nicht immer das gewünschte Ergebnis erzielen.

Die Größe von Variablen eines Strukturtyps durfte bei manchen Compilern und Speichermodellen unter DOS und 16-bit-Windows die **Obergrenze** von ca. 64 KB nicht übersteigen. Unter Win32 und dem C++Builder kann eine global definierte Variable bis zu ca. 2 GB groß sein. Die Größe einer lokal definierten Variablen ist durch den freien Speicherplatz auf dem Stack begrenzt.

Über einen **Zeiger** (siehe Abschnitt 3.12.2) auf eine Variable eines Klassentyps kann man ein Element der Klasse ansprechen, indem man den Zeiger dereferenziert. Da der Operator „." aber eine höhere Priorität als der Dereferenzierungsoperator * hat, muss man den dereferenzierten Zeiger klammern. Ohne Klammer erhält man eine Fehlermeldung:

```
Kontobewegung* pk = new Kontobewegung;
(*pk).KontoNr =17;
*pk.KontoNr=17; // Fehler: Auf linker Seite der Struktur
               // ist . oder .* erforderlich
```

Diese Schreibweise ist allerdings nicht üblich. Stattdessen verwendet man meist den **Pfeiloperator** ->. Der erwartet als linken Operanden einen Zeiger auf eine Variable eines Klassentyps und als rechten Operanden ein Element dieser Klasse. Dann wird der Ausdruck e1->e2 vom Compiler in (*(e1)).e2 umgewandelt.

```
pk->KontoNr=17;
```

Im C++Builder sind alle Komponenten der VCL (*TForm*, *TEdit* usw.) Klassen. Zieht man eine solche Komponente von der Tool-Palette auf ein Formular, wird ein Zeiger (z.B. *Form1*, *Edit1*, *Label1*) auf die Komponente definiert. Zum Zugriff auf die Elemente solcher Variablen verwendet man meist den Pfeiloperator. Die als Kommentar angegebenen Ausdrücke sind gleichwertig, aber deutlich umständlicher:

```
Edit1->Text = "Hallo";    // (*Edit1).Text= "Hallo";
Memo1->Lines->Add("..."); // (*(*Memo1).Lines).Add("...");
```

Eine Variable eines Klassentyps, der wie die bisherigen Strukturen nur Datenelemente enthält, kann bei ihrer Definition **initialisiert** werden. Dabei werden die Werte der Elemente wie bei der Initialisierung eines Arrays zwischen geschweiften Klammern aufgelistet. Falls diese Liste weniger Ausdrücke enthält als die Struktur Elemente, werden die übrigen Elemente mit 0 (Null) initialisiert. Ohne eine solche Liste werden die Elemente globaler Variablen mit 0 initialisiert, während die Elemente lokaler Variablen undefiniert bleiben.

Beispiel:
```
struct Kreis {
    int x,y,r;
} k1 = {0,0,1}; // k1.x=0, k1.y=0, k1.r=1

Kreis k2={};    // k2.x=0, k2.y=0, k2.r=0
Kreis k3;       // lokal undefiniert, global wie k2
```

Wenn eine Struktur weitere Strukturen enthält, kann für jede Struktur eine eigene durch geschweifte Klammern begrenzte Liste angegeben werden. Falls eine dieser Listen weniger Werte hat als die jeweilige Struktur Elemente, erfolgt die Zuordnung im Rahmen der Unterstruktur. Eine verschachtelte Struktur kann aber auch mit einer nicht verschachtelten Liste von Ausdrücken initialisiert werden.

Beispiel:
```
struct T {
    Datum d; // wie oben
    int x,y,r;
};

T a = {{1,2},3};// a.d.Tag=1, a.d.Monat=2, a.x=3
T b = {1,2,3};  // b.d.Tag=1, b.d.Monat=2, b.d.Jahr=3
```

Die Zusammenfassung von Datenfeldern zu einer Struktur lässt sich mit der Zusammenfassung von Anweisungen zu Funktionen vergleichen: In beiden Fällen werden inhaltlich zusammengehörende Elemente unter einem eigenständigen Oberbegriff zusammengefasst.

Strukturen sind wie Arrays Zusammenfassungen von Variablen. Da beide aus mehreren Elementen bestehen können, bezeichnet man sie auch als **strukturierte Datentypen**. Ein Array unterscheidet sich von einer Struktur folgendermaßen:

- Die Elemente einer Struktur können verschiedene Datentypen haben, während alle Elemente eines Arrays denselben Datentyp haben.
- Ein Element einer Struktur wird durch seinen Namen bezeichnet, während ein Element eines Arrays durch einen Ausdruck (den Index) bezeichnet wird.

Im **Debugger** werden die Elemente einer Variablen eines Klassentyps unter *Ansicht|Debug-Fenster|Überwachte Ausdrücke* wie bei einem Initialisierungsausdruck mit geschweiften Klammern zusammengefasst:

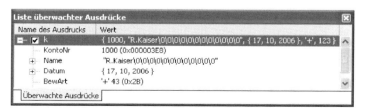

Anmerkung für Pascal-Programmierer: Den Strukturen von C++ entsprechen die Records von Pascal. In C++ gibt es keine Anweisung, die der *with*-Anweisung von Pascal entspricht.

Aufgabe 3.11.1

Ein Datensatz zur Darstellung eines Girokontos soll die Elemente

Adresse, Kontonummer, Kontostand und Kreditlimit

enthalten. Die Adresse soll aus den Elementen

Anrede, Vorname, Nachname, Postleitzahl, Ort, Straße, Hausnummer, Ausland, Vorwahl und Telefonnummer

bestehen. Innerhalb der Adresse sollen zusammengefasst werden:

Vor- und Nachname zu Name,
PLZ bis Hausnummer zu Anschrift und
Vorwahl und Telefonnummer zu Telefon.

Entwerfen Sie ein *struct*, das die Struktur dieses Datensatzes wiedergibt. Geben Sie an, wie die Elemente *Kontonummer*, *Vorname* und *Vorwahl* einer Variablen g dieses Datentyps angesprochen werden können.

3.11.2 Mit *union* definierte Klassen Θ

Das Schlüsselwort *union* kann im Wesentlichen wie *struct* verwendet werden. Während aber alle Datenelemente einer Struktur aufeinander folgende und sich nicht überlappende Speicherbereiche belegen, beginnen die Speicherbereiche aller Elemente einer *union* an der derselben Adresse und überlappen sich also. Die Größe einer Union ergibt sich aus dem Speicherplatzbedarf der größten Variante.

Jedes Element einer *union* kann wie ein Element eines *struct* unter seinem Namen angesprochen werden. Der Compiler interpretiert dann den Speicherbereich, den das Element belegt, mit dem Datentyp des Elements. Die Variable u

```
union {
  double d;
  unsigned char c[sizeof(double)];
} u;
```

hat also die Elemente *u.d* und *u.c*. Der Datentyp von *u.d* ist *double*, und *u.c* ist ein Array mit 8 Elementen des Datentyps *unsigned char*. Da beide Elemente denselben Speicherbereich belegen, wird dieser durch *u.d* als *double* und durch *u.c* als Array interpretiert. Mit der Variablen u kann man also die einzelnen Bytes einer *double*-Variablen ansprechen. Wie in diesem Beispiel werden Unions oft verwendet, denselben Speicherbereich verschieden zu interpretieren.

Damit lassen sich Typprüfungen eines Compilers umgehen. Die folgenden Anweisungen ersetzen das siebte Byte von u.d durch das Bitmuster der Binärdarstellung von 100:

```
u.d=3.14;
u.c[7]=100;    // u.d=7.76617460625548E173
```

Da sich so völlig undurchschaubare Ergebnisse erzielen lassen, sollte man solche
Konstruktionen vermeiden. Es gibt aber auch sinnvolle Anwendungen von Unions.
Dazu zwei Beispiele:

1. Falls die verschiedenen Varianten einer *union* inhaltlich zusammenpassen,
   kann es bequem und risikolos sein, denselben Speicherbereich unter verschiedenen Namen anzusprechen. Der C++Builder verwendet Unions unter anderem
   im Datentyp *TRect*.

   ```
   struct TRect {
      // ...
      union {
         struct {
            POINT TopLeft;
            POINT BottomRight;
         };
         struct {
            int Left;
            int Top;
            int Right;
            int Bottom;
         };
      };
   };
   ```

   Hier ist *POINT* etwa folgendermaßen definiert:

   ```
   struct POINT {
      LONG x;
      LONG y;
   };
   ```

   Bei einer Variablen r des Datentyps *TRect* kann ein Rechteck entweder
   durch die zwei Punkte *r.TopLeft* und *r.BottomRight* (vom Typ *POINT*) oder
   durch die vier Zahlen *r.Left, r.Top* usw. beschrieben werden:

   ```
   TRect r;
   r.Left=17;
   r.Top=18;  // r.TopLeft.x=17, r.TopLeft.y=18

   POINT p={19,20};
   r.BottomRight=p; // r.Right=19, r.Bottom=20
   ```

2. Falls verschiedene Datenelemente nicht gleichzeitig vorkommen können, kann
   man sie in eine Union aufnehmen. Dadurch wird im Vergleich zu einer
   Struktur, die alle Elemente enthält, Speicherplatz gespart.

Diese Situation wäre z.B. bei einer Bank gegeben, die ihre Konten in Firmen-
konten, Privatkonten und Mitarbeiterkonten unterteilt, und diese Konten Daten
enthalten, die für die jeweilige Kontenart spezifisch sind, wie etwa

für Firmenkonten:	Branche Rechtsform Eigenkapital
für Privatkonten:	keine weiteren Daten
für Mitarbeiterkonten:	Abteilung Position

Würde man jetzt alle diese Daten in jedem Datensatz speichern, wäre das eine
Verschwendung von Speicherplatz, da in jedem Datensatz immer nur ein Teil
der Daten notwendig ist und der Rest nicht benutzt wird. Mit einer *union*
können die verschiedenen, sich gegenseitig ausschließenden Varianten auf
denselben Speicherbereich gelegt werden. Damit man erkennen kann, welche
Variante der Union gemeint ist, führt man ein **Erkennungsfeld**, in das man
dann schreibt, welche Variante gültig ist.

Die Struktur *Konto* enthält zunächst Daten, die in allen Kontenarten enthalten
sind (*Kontonr*, *Kontostand* usw.). Im Erkennungsfeld *Kontenart* steht dann,
welche der folgenden Varianten gültig ist:

```
enum Kontenart_t {kaFirma,kaMitarbeiter,kaPrivat};
struct Konto {
   int Kontonr;
   double Kontostand;
   double Kreditlimit;
   Kontenart_t Kontenart; // Erkennungsfeld
   union {
      struct {  // Firmenkonto
         char Branche[20]; // string geht nicht in
         char Rechtsform;                 // union
         double Eigenkapital;
      };
      struct { // Mitarbeiterkonto
      int Abteilung;
      char Position[20];
      };
   };
} k;
```

Zur Bearbeitung solcher Unions bietet sich eine Fallunterscheidung über das
Erkennungsfeld an, z.B. mit einer *if*- oder *switch*-Anweisung. Im jeweiligen
Zweig spricht man dann nur die jeweils definierten Elemente an.

```
if (k.Kontenart==kaFirma)
  {
    strcpy(k.Branche,"Banküberfälle");
    k.Rechtsform='G';
    k.Eigenkapital=-1000;
  }
else if (k.Kontenart==kaMitarbeiter)
  {
    strcpy(k.Position,"Indianer")
    k.Abteilung=17;
  }
else if (k.Kontenart==kaPrivat)
  { // ...
  }
```

Der Datentyp der Elemente einer *union* ist keinen Einschränkungen unterworfen, außer der, dass er keine Klasse mit nichttrivialen Konstruktoren sein darf. Da die Klasse *AnsiString* solche Konstruktoren hat, ist die folgende Definition nicht zulässig:

```
union {      // AnsiString hat nichttriviale Konstruktoren
  AnsiString s;// Fehler: Union-Element ::s ist vom Typ
} u;                       // Klasse mit Konstruktor
```

Da der Compiler zum Zeitpunkt der Kompilation nicht entscheiden kann, welche Variante zur Laufzeit des Programms gültig ist, kann der Feldname jeder einzelnen Variante zum Zeitpunkt der Kompilation angesprochen werden. Deswegen müssen die Namen aller Datenfelder in allen Varianten verschieden sein.

Anmerkung für Pascal-Programmierer: Den Unions entsprechen in Pascal die Records mit Varianten. Die Verwendung eines Erkennungsfelds ist der Normalfall: Es wird nach *case* im Record angegeben. Wenn man es auslassen will, gibt man nur einen Datentyp an.

3.11.3 Die Datentypen *TVarRec* und *Variant* Θ

Die in diesem Abschnitt vorgestellten Datentypen gehören nicht zum C++-Standard, sondern sind Erweiterungen unter Windows bzw. dem C++Builder. Sie sind im Wesentlichen dadurch gekennzeichnet, dass der Compiler den Datentyp einer Variablen in ein Erkennungsfeld einer Union schreibt.

In „include\vcl\systvar.h" ist die Klasse *TVarRec* im Wesentlichen so definiert:

```
struct TVarRec
{
  union {
    Integer      VInteger;    Boolean      VBoolean;
    Char         VChar;       PExtended    VExtended;
    PShortString VString;     Pointer      VPointer;
    PChar        VPChar;      TObject*     VObject;
    TClass       VClass;      WideChar     VWideChar;
```

```
      PWideChar      VPWideChar;   Pointer      VAnsiString;
      PCurrency      VCurrency;    PVariant     VVariant;
    };
    Byte VType;
}
```

Eine Variable v dieses Datentyps kann Werte verschiedener Datentypen darstellen
wie z.B.:

```
v.VInteger:   int   // Integer: ein anderer Name für int
v.VBoolean:   bool  // Boolean: ein anderer Name für bool
v.VChar:      char  // Char ein anderer Name für char
```

Den Datentyp des dargestellten Wertes schreibt der Compiler dann in das Element
VType:

```
TVarRec v=17;    // v.VType=vtInteger=0
v="abc";         // v.VType=vtPChar=6
```

Der Datentyp *TVarRec* wird vor allem für **typvariante offene Arrayparameter**
verwendet, mit denen Parameter eines dieser Datentypen an Funktionen übergeben
werden können. In Delphi werden typvariante offene Arrayparameter in der
formalen Parameterliste durch den Datentyp ***array of const*** bezeichnet. Der C++-
Builder verwendet offene Arrayparameter unter anderem für die folgenden vordefinierten Funktionen, die am Ende von Abschnitt 3.13 vorgestellt werden:

> *AnsiString **Format**(const AnsiString Format, const TVarRec *Args,*
> *const int Args_Size);*
> *void **FmtStr**(AnsiString &Result, const AnsiString Format,*
> *const TVarRec * Args, const int Args_Size);*

Mit dem vordefinierten Makro OPENARRAY kann man im C++Builder Ausdrücke des Datentyps *TVarRec** erzeugen. Die maximale Anzahl der Argumente
ist auf 19 begrenzt. Diese Funktion kann man folgendermaßen verwenden:

```
AnsiString s;
s=Format("%d+%x=%g",OPENARRAY(TVarRec,(17,17,34.0)));
```

Die Funktion *toStr* soll lediglich zeigen, wie man diese Typinformationen in einem
TVarRec auch in eigenen Funktionen verwenden kann.

```
AnsiString toStr(TVarRec t[], int n)
{
if (n!=0) return "Fehler";
char BoolChars[]={'F','T'};
```

```
switch (t[0].VType)
  {
    case vtInteger:   return IntToStr(t[0].VInteger);
    case vtBoolean:   return BoolChars[t[0].VBoolean];
    case vtChar:      return t[0].VChar;
    case vtExtended:  return FloatToStr(*(t[0].VExtended));
    default: return "Fehler";
  }
}
```

Da der Aufruf von Funktionen mit offenen Arrayparametern aber relativ umständlich ist, werden solche Funktionen eher selten verwendet. Der zweite *int*-Parameter in *toStr* ist hier notwendig, weil das OPENARRAY-Makro zwei Argumente erzeugt, von denen das zweite der Index des letzten Elements ist:

```
AnsiString s=toStr(OPENARRAY(TVarRec,(17)));
```

Der Datentyp **Variant**, der von Windows vor allem für „Object Linking and Embedding" (OLE) verwendet wird, ist ähnlich aufgebaut wie *TVarRec*. Eine Variable dieses Datentyps kann Werte verschiedener Datentypen darstellen, wobei die Verwaltung der aktuellen Variante automatisch zur der Laufzeit erfolgt.

Beispiel:
```
Variant v = 1;
v = "String";
v = true;          // boolescher Wert
v = Now();         // aktuelles Datum
```

Obwohl Variablen des Datentyps *Variant* sehr flexibel sind, ist die Verwendung „normaler" typgebundener Variablen meist vorzuziehen, da sie weniger Speicherplatz belegen und oft wesentlich schneller sind (z.B. um den Faktor 10). Der Datentyp *Variant* ist vor allem für Datenbankfelder oder für OLE-Automatisierungsobjekte sinnvoll (z.B. in Abschnitt 10.15).

3.11.4 Bitfelder Θ

Wenn man bei der Definition eines Datenelements in einer Klasse nach seinem Namen und einem Doppelpunkt einen konstanten Ausdruck angibt, ist das Datenelement ein **Bitfeld**:

> *identifier* opt : *constant-expression*

In einem Bitfeld wird nur die in dem konstanten Ausdruck angegebene Anzahl von Bits für das jeweilige Datenelement verwendet. Als Datentypen sind Ganzzahl- oder Aufzählungstypen zulässig. Lässt man den Bezeichner aus, erhält man ein namenloses Bitfeld. Es belegt die angegebene Anzahl von Bits, die aber nicht angesprochen werden können.

Beispiel: In der Struktur S werden die ersten 7 Bits für das Alter reserviert, das nächste Bit für das Geschlecht usw.:

```
struct S {
  unsigned int Alter:7; // 0..127, müsste reichen
  unsigned int Geschlecht:1; // 0: W, 1: M
  unsigned int Geburtstag:5; // 0..31;
  unsigned int Geburtsmonat:4; // 0..15;
  unsigned int Geburtsjahr:12; // 0..2047;
} s; // sizeof(S)=4
```

Eine Variable des Datentyps S belegt 4 Bytes. Wären die Datenfelder keine Bitfelder, würde sie 20 Bytes belegen.

Offensichtlich kann man mit Bitfeldern **Speicherplatz sparen**. Allerdings ist der Zugriff auf ein Bitfeld meist **zeitaufwendiger** als der auf ein Datenfeld, das kein Bitfeld ist. Bei einigen Tests lag der zusätzliche Zeitaufwand bei ca. 300%.

Die einzelnen Bitfelder werden von rechts nach links zugeordnet. Für die Struktur S aus dem letzten Beispiel ergibt sich das folgende Layout:

Feld	Geburtsjahr	Geburtsmonat	Geburtstag	Geschlecht	Alter
Bits	28-17	16-13	12-8	7	6-0

Deshalb erhält man mit der nächsten Zuweisungen für u.i den Wert 256:

```
union U {
  S s;
  int i;
  int test:1;
} u;

u.s.Geburtstag=1; // u.i=2^8
```

Bei der Verwendung von Bitfeldern ist zu beachten, dass ihnen nur Werte im zulässigen Bereich zugewiesen werden. Der Compiler gibt keine Warnung oder Fehlermeldung aus, falls die Werte außerhalb dieses Bereichs liegen:

```
s.Alter=1000; // keine Warnung, s.Alter=1000%128;
u.test=1;     // u.test==-1;
```

Der Wert −1 für *u.test* ergibt sich hier deswegen, weil eine Zahl mit Vorzeichen in n Bits (Zweierkomplement) die Werte $-2^{n-1} .. 2^{n-1}-1$ darstellen kann. Mit einem Bit erhält man so den Bereich −1 .. 0.

Bitfelder werden vor allem in der Systemprogrammierung oder in der hardwarenahen Programmierung eingesetzt, wenn die einzelnen Bits in einem Byte eine bestimmte Bedeutung haben. Win32 verwendet Bitfelder z.B. in der Datenstruktur *DCB*, die die Einstellungen für eine serielle Schnittstelle enthält:

```
typedef struct _DCB {  // Aus Win32.hlp, nur ein Auszug
   DWORD DCBlength;          // sizeof(DCB)
   DWORD BaudRate;           // current baud rate
   DWORD fBinary: 1;         // binary mode, no EOF check
   DWORD fParity: 1;         // enable parity checking
   DWORD fOutxCtsFlow:1;     // CTS output flow control
   DWORD fOutxDsrFlow:1;     // DSR output flow control
   DWORD fDtrControl:2;      // DTR flow control type
   ...
} DCB;
```

Aufgabe 3.11.4

Entwerfen Sie eine Datenstruktur, mit der man die Datenfelder m (Mantisse), e (Exponent) und s (Vorzeichen) einer Gleitkommazahl im Format *double*

Mantisse m	Exponent e	s

0 (Positionen der Bits)   51 52   62 63

direkt ansprechen kann. Schreiben Sie eine Funktion, die das Bitmuster einer als Parameter übergebenen Zahl ausgibt. Zum Test können Sie die Zahl 0.1 (siehe Seite 145) verwenden. Geben Sie das Bitmuster der Zahl 1.0 und der Summe einer zehnfachen Addition von 0.1 aus (siehe auch Seite 151).

3.12 Zeiger, Strings und dynamisch erzeugte Variablen

In den bisherigen Ausführungen wurden Speicherbereiche im Hauptspeicher immer über Variablen und ihre Namen angesprochen.

Beispiel: Durch eine Definition wie

```
int x;
```

ordnet der Compiler der Variablen x einen Speicherbereich zu (4 Bytes bei einem 32-bit System). Dieser Speicherbereich wird unter dem Namen x als *int*-Wert angesprochen.

Es ist aber auch möglich, Speicherbereiche über ihre **Adresse** im Hauptspeicher anzusprechen. Dann bezeichnet man diese Adresse auch als **Zeiger** und sagt, dass der Zeiger auf den Speicherbereich bzw. die Variable zeigt. Ein Zeiger ist also eine Zahl, die eine Adresse im Hauptspeicher bezeichnet. Im Unterschied zu älteren Versionen von C ist ein Zeiger in C++ aber nicht nur eine Zahl, sondern hat auch einen Datentyp. Über diesen Datentyp ergibt sich dann, wie viele Bytes ab der Adresse angesprochen werden, und wie dieser Speicherbereich interpretiert wird.

Da in C++ ein Speicherbereich nur angesprochen werden kann, wenn er einen Datentyp hat (sonst könnte man dem Speicherbereich keine Bedeutung zumessen), muss auch der Speicherbereich, der über einen Zeiger angesprochen wird, einen Datentyp haben. Dieser Typ wird bei der Definition des Zeigers festgelegt. Anstelle des Begriffs „Zeiger" wird auch oft der Begriff **Pointer** verwendet.

Beispiel: Im Hauptspeicher sollen die folgenden Werte stehen:

Adresse	Wert
...	
1007	0000 0011
1006	0000 0101
1005	0000 0001
1004	0100 0001
...	
3	1100 1101
2	0100 1101
1	0101 1101
0	0111 1001

Wenn ein Zeiger mit dem Wert 1004 (der Adresse) auf einen *int*-Wert zeigt, dann zeigt dieser Zeiger auf den Speicherbereich an den Adressen 1004 bis 1007 mit dem Wert $3*256^3+5*256^2+1*256^1+65*256^0 = 50659649$. Zeigt die Adresse 1004 dagegen auf einen *char*-Wert, zeigt sie auf den Wert 'A', da die Zahl 65 im ASCII-Zeichensatz das Zeichen 'A' darstellt.

Viele Programmierer (nicht nur Anfänger) finden den Umgang mit Zeigern schwierig. Falls Ihnen beim ersten Durchlesen nicht alle Zusammenhänge klar werden, lassen Sie sich nicht entmutigen. Lesen Sie einfach erst einmal einige Seiten weiter und versuchen Sie, einige Aufgaben zu lösen. Wiederholen Sie dann die noch unklaren Teile.

Die Arbeit mit Zeigern ist generell fehleranfällig und sollte vermieden werden, wo immer das möglich ist. Deswegen hat C++ zahlreiche Sprachelemente, die in älteren Programmiersprachen wie C auf Zeigern beruhen, durch neue Konzepte ohne Zeiger ergänzt. Einige Beispiele:

–   Stringklassen anstelle von nullterminierten String
–   Referenzparameter anstelle von Zeiger-Parametern
–   Containerklassen anstelle von verketteten Listen, dynamischen Arrays usw.

Deshalb werden Zeiger in C++ viel seltener benötigt als in C und können in vielen Programmen sogar ganz vermieden werden. Falls man aber Bibliotheken benötigt, die Zeiger verwenden, kommt man doch nicht ohne sie aus. Außerdem sind viele Sprachkonzepte intern mit Zeigern implementiert und können nur vor diesem Hintergrund richtig verstanden werden.

3.12.1 Die Definition von Zeigervariablen

Eine **Zeigervariable** ist eine Variable, die einen Zeiger darstellt. Anstelle dieses Begriffs sind auch die Begriffe „Zeiger", „Pointer" oder „Pointer-Variable" verbreitet. Eine Zeigervariable wird dadurch definiert, dass man nach dem Datentyp T als *ptr-operator* (siehe Abschnitt 3.9) einen * angibt:

T * p

Der **Datentyp** von p ist dann „Zeiger auf T" und wird auch mit „T*" abgekürzt.

Beispiel: Durch

```
int * pi;
double* pd;
char* pc;
```

werden die Zeigervariablen *pi*, *pd* und *pc* definiert. Sie haben die Datentypen „Zeiger auf *int*", „Zeiger auf *double*" und „Zeiger auf *char*" bzw. kürzer *int**, *double** und *char**.

Ein Zeiger stellt eine **Hauptspeicheradresse** dar. Wenn der Zeiger p den Datentyp „Zeiger auf T" hat, spricht man mit *p die *sizeof(T)* Bytes ab der Adresse in p als Ausdruck des Datentyps T an. Der Operator * wird auch als **Dereferenzierungsoperator** bezeichnet.

Beispiel: Nach den Definitionen aus dem letzten Beispiel werden die 4 (=*sizeof(int)*)) Bytes ab der Adresse in *pi* mit **pi* als Variable des Datentyps *int* angesprochen. Durch

```
*pi=17;
```

werden diese 4 Bytes mit dem Wert 17 überschrieben.

Falls der Datentyp T eine Klasse (siehe Abschnitt 3.11.1 und Kapitel 6) ist,

```
Kontobewegung* pk = new Kontobewegung;
```

kann man ein Element der Klasse sowohl über den dereferenzierten Zeiger

```
(*pk).KontoNr =17;
```

als auch über den Pfeiloperator ->

```
pk->KontoNr=17;
```

ansprechen. Der Ausdruck e1->e2 wird vom Compiler in (*(e1)).e2 umgewandelt.

Ein Zeiger auf die dereferenzierte Variable wird oft durch einen Pfeil dargestellt:

p ⟶ *p

Mit der Definition einer Zeigervariablen p wird nur der Speicher für die Zeiger-variable selbst reserviert, nicht jedoch der für die Variable *p, auf die er zeigt. Eine Zeigervariable belegt bei einem 32-bit-Betriebssystem immer 4 Bytes.

Eine global definierte Zeigervariable p wird wie jede andere globale Variable mit 0 initialisiert, und eine lokal definierte Zeigervariable hat wie jede andere lokale Variable einen unbestimmten Wert. Deshalb stellt *p den Speicherbereich an der Adresse 0 bzw. an einer undefinierten Adresse dar, wenn p keine Adresse zuge-wiesen wird.

Beispiel: Vergisst man nach der Definition einer Zeigervariablen p, dieser die Adresse eines reservierten Speicherbereichs zuzuweisen, wird durch *p meist ein nicht reservierter Speicherbereich angesprochen:

```
int* pi;
*pi=17;
```

Mit etwas Glück führt die Zuweisung dann zu einer Zugriffsverletzung, die vom Betriebssystem erkannt wird und zu einem Programmabsturz führt. Mit etwas weniger Glück erhält man keine Fehlermeldung und überschreibt Daten, was in ganz anderen Teilen des Programms uner-wartete Folgen haben kann. Die Ursache für solche Fehler ist oft nur schwer zu finden.

Damit unterscheidet sich eine Variable, die über einen Zeiger angesprochen wird, folgendermaßen von einer „gewöhnlichen" Variablen, die durch eine Definition erzeugt wurde:

1. Der Compiler reserviert den Speicher für eine „gewöhnliche" Variable wie

```
int i;
```

automatisch mit ihrer Definition. Dieser Speicherbereich wird automatisch durch den Namen der Variablen angesprochen und ist untrennbar mit diesem Namen verbunden. Es ist nicht möglich, bei der Verwendung solcher Variablen eine Zugriffsverletzung zu bekommen, da sie nie Speicherbereiche ansprechen, die nicht reserviert sind.

2. Mit der Definition eines Zeigers p reserviert der Compiler keinen Speicherbe-reich für die Variable *p. Ein solcher Speicherbereich muss explizit zugewie-sen werden (siehe Abschnitte 3.12.2 und 3.12.4). Da die Definition einer

Zeigervariablen unabhängig von einer solche Zuordnung ist, kann man mit *p nicht reservierte Speicherbereiche ansprechen, was einen Programmabbruch zur Folge haben kann.

Die Adresse dieses Speicherbereichs ist nicht wie unter 1. fest mit dem Namen der Variablen verbunden, sondern der Wert der Variablen p. Nach einer Änderung dieser Adresse stellt *p einen anderen Speicherbereich als vorher dar.

Im Umgang mit Zeigern ist deshalb mehr Vorsicht geboten als mit „gewöhnlichen" Variablen.

Bei der Definition einer Zeigervariablen muss das Zeichen * nicht unmittelbar auf den Datentyp folgen. Die folgenden vier Definitionen sind gleichwertig:

```
int* i;   // Whitespace (z.B. ein Leerzeichen) nach *
int *i;   // Whitespace vor *
int * i;  // Whitespace vor * und nach *
int*i;    // Kein whitespace vor * und nach *
```

Versuchen wir nun, diese vier Definitionen nach demselben Schema wie eine Definition von „gewöhnlichen" Variablen zu interpretieren. Bei einer solchen Definition bedeutet

```
T v;
```

dass eine Variable v definiert wird, die den Datentyp T hat. Für die vier gleichwertigen Definitionen ergeben sich verschiedene Interpretationen, die als Kommentar angegeben sind:

```
int* i; // Definition der Variablen i des Datentyps int*
int *i; // Irreführend: Es wird kein "*i" definiert,
        // obwohl die dereferenzierte Variable *i heißt.
int * i;// Datentyp int oder int* oder was?
int*i;  // Datentyp int oder int* oder was?
```

Offensichtlich passen nur die ersten beiden in dieses Schema. Die erste führt dabei zu einer richtigen und die zweite zu einer falschen Interpretation.

Allerdings passt die erste Schreibweise nur bei der Definitionen einer einzelnen Zeigervariablen in dieses Schema, da sich der * bei einer Definition nur auf die Variable unmittelbar rechts vom * bezieht:

```
int* i,j,k; // definiert int* i, int j, int k
            // und nicht: int* j, int* k
```

Zur Vermeidung solcher Missverständnisse sind zwei Schreibweisen verbreitet:

— C-Programmierer verwenden oft die zweite Schreibweise von oben, obwohl sie nicht in das Schema der Definition von „gewöhnlichen" Variablen passt.

```
int *i,*j,*k; // definiert int* i, int* j, int* k
```

– Stroustrup (1997, Abschnitt 4.9.2) empfiehlt, auf Mehrfachdefinitionen zu verzichten. Er schreibt den * wie in „*int* pi;" immer unmittelbar nach dem Datentyp. Diese Schreibweise wird auch im Folgenden verwendet.

Anmerkungen für Pascal-Programmierer: In Pascal werden zwei Zeigervariablen p und q durch

```
var p,q:^T; // T ein Datentyp
```

definiert. Die dereferenzierten Variablen werden mit p^ und q^ angesprochen.

3.12.2 Der Adressoperator, Zuweisungen und generische Zeiger

Bei allen bisherigen Beispielen wurde einer Zeigervariablen p nie die Adresse einer Variablen zugewiesen. Das ist aber notwendig, wenn man mit der Variablen *p arbeiten will. Variablen können folgendermaßen erzeugt werden:

1. Durch eine Variablendefinition erzeugt der **Compiler** eine Variable.
2. Durch den Aufruf von Funktionen wie *new* können Variable **während der Laufzeit** eines Programms erzeugt werden.

In diesem Abschnitt wird die erste dieser beiden Möglichkeiten betrachtet. Die zweite folgt dann in Abschnitt 3.12.4.

Mit dem Referenzierungs- oder **Adressoperator &** vor dem Namen einer Variablen erhält man ihre Adresse. Wenn die Variable v den Datentyp T hat, hat &v den Datentyp „Zeiger auf T".

Beispiel: Durch die Definitionen

```
int i=17; double d=18; char c='A';
```

wird Speicherplatz für die Variablen i, d und c reserviert. Die Adressen dieser Variablen haben den als Kommentar angegebenen Datentyp:

```
&i // Zeiger auf int
&d // Zeiger auf double
&c // Zeiger auf char
```

Einer Zeigervariablen kann durch eine **Zuweisung** oder **Initialisierung** ein Zeiger desselben Datentyps zugewiesen werden. Dabei wird die Adresse übertragen. Auf die zugehörige dereferenzierte Variable wirkt sich eine Zuweisung der Zeiger nicht aus.

Beispiel: Die Adressen der Variablen

```
int i=17; double d=18; char c='A';
```

werden den Zeigern *pi, pd* und *pc* zugewiesen:

```
int* pi; double* pd;
pi = &i; // pi wird die Adresse von i zugewiesen
pd = &d; // pd wird die Adresse von d zugewiesen
char* pc=&c;// initialisiere pc mit &c
```

Weist man einer Zeigervariablen *p* wie in diesem Beispiel die Adresse einer Variablen v zu, kann der Speicherbereich von v sowohl unter dem Namen v als auch unter dem Namen *p angesprochen werden. Ändert man den Wert einer der beiden Variablen, wird damit automatisch auch der Wert der anderen Variablen verändert, ohne dass das durch eine explizite Anweisung aus dem Quelltext hervorgeht. Dieser Effekt wird als **Aliasing** bezeichnet.

Beispiel: Nach den Zuweisungen des letzten Beispiels stellen *pi und i denselben Speicherbereich mit dem Wert 17 dar. Durch die nächsten Zuweisungen wird sowohl der Wert von *pi* als auch der von i verändert, obwohl keine explizite Zuweisung an i stattfindet.

```
*pi=18;    // i = 18;
*pi=(*pi)+1; // i = 19;
```

Es ist nur selten sinnvoll, denselben Speicherbereich unter zwei verschiedenen Namen anzusprechen: Meist ist es recht verwirrend, wenn sich der Wert einer Variablen verändert, ohne dass ihr explizit ein neuer Wert zugewiesen wurde. Wenn das in diesem Abschnitt trotzdem gemacht wird, dann nur um zu zeigen, dass Zuweisungen, die ja für „gewöhnliche" Variable in gewisser Weise die **einfachsten Anweisungen** sind, bei Zeigern nicht ganz so einfach sein müssen.

Das soll aber nicht heißen, dass Aliasing immer schlecht ist. Wenn eine Funktion einen Parameter eines Zeigertyps hat, kann man über diesen Zeiger die Speicherbereiche ansprechen, deren Adresse als Argument übergeben wird. Ein solches Aliasing ist normalerweise nicht verwirrend. In C, wo es keine Referenzparameter gibt, werden solche Parameter oft verwendet.

Beispiel: Wenn die Funktion

```
void f(int* p) { *p=17; }
```

wie in den nächsten Anweisungen aufgerufen wird, erhält i den Wert 17:

```
int i=18;
f(&i);
```

In C++ kann einer Zeigervariablen nur ein Zeiger desselben Datentyps zugewiesen werden, falls man nicht eine der unten beschriebenen Zeigerkonversionen verwendet.

Beispiel: Nach den Definitionen der letzten Beispiele verweigert der Compiler
die Zuweisung

```
pd=pi; // Fehler: Konvertierung von 'int *'
       // nach 'double *' nicht möglich
```

Wäre diese Zuweisung möglich, wäre *pd die 8 Bytes breite *double*-Variable ab der Adresse in *pi*. Falls *pi* auf eine *int*-Variable i zeigt, würde das Bitmuster von i (Binärdarstellung) als das einer Gleitkommazahl (Mantisse usw.) interpretiert und würde einen sinnlosen Wert darstellen.

Falls ab der Adresse in *pi* nur 4 Bytes für eine *int*-Variable reserviert sind, kann der Zugriff auf *pd zu einer Zugriffsverletzung und zu einem Programmabsturz führen.

Da alle Zeiger eine Hauptspeicheradresse enthalten und deshalb gleich viele Bytes belegen, wäre es rein technisch kein Problem, einer Zeigervariablen *pd* des Datentyps *double** einen Zeiger *pi* des Datentyps *int** zuzuweisen. In C ist das auch möglich. Wie das letzte Beispiel aber zeigt, ist eine solche Zuweisung meist sinnlos. Deshalb werden **Zuweisungen an Zeigervariable** vom Compiler normalerweise als Fehler betrachtet, wenn der zugewiesene Ausdruck nicht denselben Zeigertyp hat. Die einzigen **Ausnahmen** sind unter 1. bis 4. aufgeführt:

1. Einer Zeigervariablen kann unabhängig vom Datentyp der Wert 0 (Null) zugewiesen werden. Da keine Variable die Adresse 0 haben kann, bringt man mit diesem Wert meist zum Ausdruck, dass eine Zeigervariable nicht auf einen reservierten Speicherbereich zeigt. Das Ganzzahlliteral 0 ist der einzige Ganzzahlwert, den man einem Zeiger ohne eine explizite Typkonversion zuweisen kann. Ein solcher Zeiger wird auch als **Nullzeiger** bezeichnet.

Wenn man eine Zeigervariable bei ihrer Definition nicht mit der Adresse eines reservierten Speicherbereichs initialisieren kann, empfiehlt es sich immer, sie mit dem Wert 0 zu initialisieren:

```
int* pi = 0;
```

Hält man diese Konvention konsequent ein, kann man durch eine Abfrage auf den Wert 0 immer feststellen, ob sie auf einen reservierten Speicherbereich zeigt oder nicht:

```
if (pi!=0)
  Memo1->Lines->Add(*pi);
else
  Memo1->Lines->Add("*pi nicht definiert! ");
```

Diese Konvention erweist sich selbst dann als vorteilhaft, man eine solche Prüfung vergisst, da eine Dereferenzierung des Nullzeigers immer zu einer Zugriffsverletzung führt. Bei der Dereferenzierung eines Zeigers mit einem unbestimmten Wert ist dagegen eine Zugriffsverletzung keineswegs sicher, da der Zeiger zufällig auch auf reservierten Speicher zeigen kann.

In C wird anstelle des Literals 0 meist das Makro NULL verwendet. Dafür besteht in C++ keine Notwendigkeit.

2. Mit einer **expliziten Typkonversion** (Typecast, siehe Abschnitt 3.20.20) kann man einer Zeigervariablen einen Zeiger auf einen anderen Datentyp zuweisen. Dabei gibt man den Zieldatentyp in Klammern vor dem zu konvertierenden Ausdruck an. Solche Typkonversionen sind in C++ aber meist weder notwendig noch sinnvoll.

Beispiel: Durch diese Zuweisung erhält *pd* die Adresse in *pi*:

```
pd=(double*)pi; // konvertiert pi in double*
```

Wie oben schon erläutert, stellt dann *pd* den Speicherbereich ab der Adresse in i als bedeutungslosen *double*-Wert dar. Der Zugriff auf *pd* kann zu einer Zugriffsverletzung führen.

3. Der Datentyp *void** wird als **generischer Zeigertyp** bezeichnet. Einem generischen Zeiger kann ein Zeiger auf einen beliebigen Zeigertyp zugewiesen werden. Ein generischer Zeiger zeigt aber auf keinen bestimmten Datentyp. Deshalb ist es nicht möglich, einen generischen Zeiger ohne explizite Typkonversion zu dereferenzieren. Mit einer expliziten Typkonversion kann er aber in einen beliebigen Zeigertyp konvertiert werden.

Beispiel: Nach den Definitionen

```
int*  pi;
void* pv;
```

ist die erste und die dritte der folgenden Zuweisungen möglich:

```
pv = pi;
pi = pv; // Fehler: Konvertierung nicht möglich
pi = (int*)pv; // explizite Typkonversion
```

Die Dereferenzierung eines generischen Zeigers ist ohne explizite Typkonversion nicht möglich:

```
*pi = *pv;       // Fehler: Kein zulässiger Typ
int i = *((int*)pv); // das geht
```

Generische Zeiger werden vor allem in C für Funktionen und Datenstrukturen verwendet, die mit Zeigern auf beliebige Datentypen arbeiten können. In C++ sind sie aber meist weder notwendig noch sinnvoll.

4. Einem Zeiger auf ein Objekt einer Basisklasse kann auch ein Zeiger auf ein Objekt einer abgeleiteten Klasse zugewiesen werden (siehe Abschnitt 6.2.7).

Zeiger desselben Datentyps können mit ==,!=, <, <=, > oder >= verglichen werden. Das Ergebnis ergibt sich aus dem **Vergleich der Adressen**. Unabhängig vom Datentyp ist ein Vergleich mit dem Wert 0 (Null) möglich.

Anmerkungen für Delphi-Programmierer: Der **Adressoperator** in Delphi ist @. Generische Zeiger werden durch den Datentyp *Pointer* bezeichnet.

3.12.3 Ablaufprotokolle für Zeigervariable

Man kann auch das Ergebnis von **Anweisungen mit Zeigervariablen** durch **Ablaufprotokolle** darstellen. Da zu einer Zeigervariablen p auch eine dereferenzierte Variable *p gehört, muss man in ein solches Ablaufprotokoll für jeden Zeiger eine zusätzliche Spalte für die dereferenzierten Werte aufnehmen. Da *p der Wert an der Adresse in p ist, kann sich

- mit einer Änderung von p auch *p ändern, und
- mit einer Änderung von *p auch der Wert aller der Variablen v ändern, die denselben Speicherbereich wie *p belegen.

Deshalb muss man in einem Ablaufprotokoll für Anweisungen mit Zeigern

- bei jeder Änderung eines Zeigers auch den dereferenzierten Wert ändern, und
- bei jeder Änderung eines dereferenzierten Wertes *p auch die Werte aller der Variablen v ändern, für die p==&v gilt.

Da ein Zeiger p eine Hauptspeicheradresse darstellt, die bei der Erstellung eines Ablaufprotokolls nicht bekannt ist (da sie vom Compiler oder zur Laufzeit bestimmt wird), und der Wert dieser Variablen auch meist irrelevant ist, kann man für den Wert einer Zeigervariablen p das Symbol p_0 bzw. p0 verwenden.

Beispiel: Die Anweisungen

```
int a=17,b=18;
int* px=&a;
int* py=&b;
px=py;
*py=19;
a=20;
px=&a;
py=px;
```

kann man in dem Ablaufprotokoll darstellen:

	a	b	px	*px	py	*py
			px0		py0	
`int a=17,b=18;`	17	18				
`int* px=&a;`			&a	17		
`int* py=&b;`					&b	18
`px=py`			&b	18		
`*py=19`		19		19		19
`a=20;`	20					
`px=&a;`			&a	20		
`py=px`					&a	20

Diese Beispiele zeigen insbesondere, dass eine Zuweisung an eine Zeigervariable zur Folge hat, dass sich eine Änderung der einen dereferenzierten Variablen auch auf die andere dereferenzierte Variable auswirkt.

Beispiel: Im C++Builder sind alle Komponenten (z.B. *Edit1*, *Edit2* usw.), die mit den Hilfsmitteln der visuellen Programmierung auf ein Formular gesetzt wurden, Zeiger. Nach einer Zuweisung solcher Komponenten wirkt sich dann z.B. die Änderung des einen Textfeldes auch auf die andere Edit-Komponente aus.

Deshalb erhält durch die Zuweisung von "3" an *Edit2->Text* auch *Edit1->Text* diesen String, so dass dieser Wert zweimal in das Memo geschrieben wird.

```
void __fastcall TForm1::BtnClick(TObject *Sender)
{
                      // E1   E1.Text   E2    E2.Text
                      // a1             a2
Edit1->Text="1";  //           1
Edit2->Text="2";  //                          2
Edit2=Edit1;      //                    a1    1
Edit2->Text="3";  //           3              3
Memo1->Lines->Add(Edit1->Text);  // 3
Memo1->Lines->Add(Edit2->Text);  // 3
}
```

3.12.4 Dynamisch erzeugte Variablen: *new* und *delete*

Mit dem Operator *new* kann man Variablen während der Laufzeit des Programms erzeugen. Dieser Operator versucht, in einem eigens dafür vorgesehenen Speicherbereich (der oft auch als **Heap**, **dynamischer Speicher** oder **freier Speicher** bezeichnet wird) so viele Bytes zu reservieren, wie eine Variable des angegebenen Datentyps benötigt.

new-expression:
    : : *opt* new *new-placement* *opt* *new-type-id* *new-initializer* *opt*
    : : *opt* new *new-placement* *opt* (*type-id*) *new-initializer* *opt*

new-type-id:
    type-specifier-seq new-declarator *opt*

> *new-declarator:*
>   *ptr-operator new-declarator* _{opt}
>   *direct-new-declarator*

Falls der angeforderte Speicher zur Verfügung gestellt werden konnte, liefert *new* seine Adresse zurück. Andernfalls wird eine **Exception** des Typs ***std::bad_alloc*** ausgelöst, die einen Programmabbruch zur Folge hat, wenn sie nicht mit einer *try*-Anweisung abgefangen wird (siehe Abschnitt 3.19.2 und 7.2). Da unter 32-bit-Systemen wie Windows unabhängig vom physisch vorhandenen Hauptspeicher 2 GB virtueller Speicher zur Verfügung stehen, kann man meist davon ausgehen, dass der angeforderte Speicher verfügbar ist.

Variablen, die zur Laufzeit erzeugt werden, bezeichnet man auch als **dynamisch erzeugte Variablen**. Wenn der Unterschied zu vom Compiler erzeugten Variablen (wie „int i;") betont werden soll, werden diese als „gewöhnliche" Variablen bezeichnet. Die folgenden Beispiele zeigen, wie man *new* verwenden kann:

1. Für einen Datentyp T reserviert „new T" so viele Bytes auf dem Heap, wie für eine Variable des Datentyps T notwendig sind. Der Ausdruck „new T" hat den Datentyp „Zeiger auf T". Sein Wert ist die Adresse des reservierten Speicherbereichs und kann einer Variablen des Typs „Zeiger auf T" zugewiesen werden:

```
int* pi;
pi=new int;//reserviert sizeof(int) Bytes und weist pi
           //die Adresse dieses Speicherbereichs zu
*pi=17;// initialisiert den reservierten Speicherbereich
```

Am besten initialisiert man eine Zeigervariable immer gleich bei ihrer Definition:

```
int* pi=new int; // initialisiert pi mit der Adresse
*pi=17;
```

Die explizit geklammerte Version von *new* kann zur Vermeidung von Mehrdeutigkeiten verwendet werden. Für einfache Datentypen sind beide Versionen gleichwertig:

```
pi=new(int); // gleichwertig zu pi=new int;
```

2. In einem *new-expression* kann man nach dem Datentyp einen *new-initializer* angeben:

> *new-initializer:*
>   (*expression-list* _{opt})

Er bewirkt die Initialisierung der mit *new* erzeugten Variablen. Die zulässigen Ausdrücke und ihre Bedeutung hängen vom Datentyp der dynamisch erzeugten Variablen ab.

Für einen fundamentalen Datentyp (wie *int*, *double* usw.) gibt es drei Formen:

a) Der in Klammern angegebene Wert wird zur Initialisierung verwendet:

```
double* pd=new double(1.5); //Initialisierung *pd=1.5
```

b) Gibt man keinen Wert zwischen den Klammen an, wird die Variable mit 0 (Null) initialisiert:

```
double* pd=new double(); //Initialisierung *pd=0
```

c) Ohne einen Initialisierer ist ihr Wert unbestimmt:

```
double* pd=new double;// *pd wird nicht initialisiert
```

Für einen Klassentyp müssen die Ausdrücke Argumente für einen Konstruktor sein (siehe Abschnitt 6.1.5).

3. Gibt man nach einem Datentyp T in eckigen Klammern einen ganzzahligen Ausdruck >= 0 an, wird ein **Array** (siehe Abschnitt 3.10) **dynamisch erzeugt** reserviert.

> *direct-new-declarator:*
>   [*expression*]
>   *direct-new-declarator* [*constant-expression*]

Die Anzahl der Arrayelemente ist durch den ganzzahligen Ausdruck gegeben. Im Unterschied zu einem gewöhnlichen Array (siehe Abschnitt 3.10.2) muss diese Zahl keine Konstante sein:

```
typedef double T; // T irgendein Datentyp, hier double
int n=100;        // nicht notwendig eine Konstante
T* p=new T[n];    // reserviert n*sizeof(T) Bytes
```

Wenn durch einen *new*-Ausdruck ein Array dynamisch erzeugt wird, ist der Wert des Ausdrucks die Adresse des ersten Arrayelements. Die einzelnen Elemente des Arrays können folgendermaßen angesprochen werden:

```
p[0], ..., p[n-1] // n Elemente des Datentyps T
```

Die Elemente eines dynamisch erzeugten Arrays können nicht bei ihrer Definition initialisiert werden.

4. Mit dem nur selten eingesetzten *new-placement* kann man eine Variable an eine bestimmte Adresse platzieren.

> *new-placement:*
>   (*expression-list*)

Damit wird keine Variable wie bei einem gewöhnlichen *new*-Ausdruck auf dem Heap angelegt. Die Adresse wird als Zeiger nach *new* angegeben und ist z.B. die Adresse eines zuvor reservierten Speicherbereichs:

```
int* pi=new int;
double* pd=new(pi) double;// erfordert #include<new.h>
```

Durch die letzte Anweisung kann man den Speicherbereich ab der Adresse von i als *double* ansprechen wie nach

```
double* pd=(double*)pi; // explizite Typkonversion
```

Dieses Beispiel zeigt, dass die meisten Programme keine Anwendungen für ein *new placement* haben. Nützlichere Anwendungen gibt es bei Betriebssystemen, die (anders als Windows) Geräte über physikalische Adressen ansprechen.

5. Variable, deren Datentyp eine Klasse der VCL (siehe Kapitel 8) ist, müssen mit *new* angelegt werden. Dabei muss dem Konstruktor der Eigentümer (z.B. *Form1*) übergeben werden (siehe Abschnitt 8.4).

```
TEdit* pe = new TEdit(Form1);
pe->Parent = Form1;
pe ->SetBounds(10, 20, 100, 30);
pe ->Text = "blablabla";
```

Es ist nicht möglich, VCL-Komponenten vom Compiler erzeugen zu lassen:

```
TEdit e; bzw. TEdit e(Form1); // Fehler
```

Eine gewöhnliche Variable existiert von ihrer Definition bis zum Ende des Bereichs (bei einer lokalen Variablen ist das der Block), in dem sie definiert wurde (siehe Abschnitt 3.17.4). Im Unterschied dazu existiert eine dynamisch erzeugte Variable bis der für sie reservierte Speicher mit dem Operator *delete* wieder freigegeben oder das Programm beendet wird. Man sagt auch, dass eine dynamisch erzeugte Variable durch den Aufruf von *delete* **zerstört** wird.

delete-expression:
 :: *opt* delete *cast-expression*
 :: *opt* delete [ ] *cast-expression*

Die erste dieser beiden Alternativen ist für Variable, die keine Arrays sind, und die zweite für Arrays. Dabei muss *cast-expression* ein Zeiger sein, dessen Wert das Ergebnis eines *new*-Ausdrucks ist. Nach *delete p* ist der Wert von p unbestimmt und der Zugriff auf *p unzulässig. Falls p den Wert 0 hat, ist *delete p* wirkungslos.

Damit man mit dem verfügbaren Speicher sparsam umgeht, sollte man den Operator *delete* immer dann aufrufen, wenn eine mit *new* erzeugte Variable nicht mehr benötigt wird. Unnötig reservierter Speicher wird auch als **Speicherleck (memory leak)** bezeichnet. Ganz generell sollte man diese **Regel** beachten: Jede mit *new* erzeugte Variable sollte mit *delete* auch wieder freigegeben werden. In Abschnitt 3.12.15 wird CodeGuard vorgestellt, das bei der Suche nach Speicherlecks hilfreich sein kann.

Die folgenden Beispiele zeigen, wie die in den letzten Beispielen reservierten Speicherbereiche wieder freigegeben werden.

1. Der Speicher für die unter 1. und 2. erzeugten Variablen wird folgendermaßen wieder freigegeben:

```
delete pi;
delete pd;
```

2. Der Speicher für das unter 3. erzeugte Array wird freigegeben durch

```
delete[] p;
```

3. Es ist möglich, die falsche Form von *delete* zu verwenden, ohne dass der Compiler eine Warnung oder Fehlermeldung ausgibt:

```
delete[] pi; // Arrayform für Nicht-Array
delete p;    // Nicht-Arrayform für Array
```

Im C++-Standard ist explizit festgelegt, dass das Verhalten nach einem solchen falschen Aufruf undefiniert ist.

In Abschnitt 3.12.2 wurde empfohlen, einen Zeiger, der nicht auf reservierten Speicher zeigt, immer auf 0 (Null) zu setzen. Deshalb sollte man einen Zeiger nach *delete* immer auf 0 setzen, z.B. nach Beispiel 1:

```
pi=0;
pd=0;
```

Stroustrup empfiehlt dafür eine Funktion wie *destroy*:

```
void destroy(int*& p)
{//http://www.research.att.com/~bs/bs_faq2.html
delete p; // delete[] für Zeiger auf dynamische Arrays
p = 0;
}
```

In dieser Function wird der Zeiger-Parameter als Referenz übergeben, da sich die Zuweisung von 0 auf das Argument auswirken soll.

Die wichtigsten Unterschiede zwischen dynamisch erzeugten und „gewöhnlichen" (vom Compiler erzeugten) Variablen sind:

1. Eine dynamisch erzeugte Variable hat im Unterschied zu einer gewöhnlichen Variablen **keinen Namen** und kann **nur indirekt** über einen Zeiger angesprochen werden.

Nach einem erfolgreichen Aufruf von *p=new type* enthält der Zeiger p die Adresse der Variablen. Falls p überschrieben und nicht anderweitig gespeichert wird, gibt es keine Möglichkeit mehr, sie anzusprechen, obwohl sie weiterhin existiert und Speicher belegt. Der für sie reservierte Speicher wird erst beim Ende des Programms wieder freigegeben.

Da zum Begriff "Variable" nach den Ausführungen von Abschnitt 3.2 auch ihr Name gehört, ist eine "namenlose Variable" eigentlich widersprüchlich. Im C++-Standard wird „object" als Oberbegriff für namenlose und benannte Variablen verwendet. Ein **Objekt** in diesem Sinn hat wie eine Variable einen Wert, eine Adresse und einen Datentyp, aber keinen Namen. Da der Begriff „Objekt" aber auch oft für Variable eines Klassentyps (siehe Abschnitt 6) verwendet wird, wird zur Vermeidung von Verwechslungen auch der Begriff „namenlose Variable" verwendet.

2. Der Name einer gewöhnlichen Variablen ist untrennbar mit reserviertem Speicher verbunden. Es ist nicht möglich, über einen solchen Namen nicht reservierten Speicher anzusprechen. Im Unterschied dazu existiert ein Zeiger p, über den eine dynamisch erzeugte Variable angesprochen wird, unabhängig von dieser Variablen. Ein Zugriff auf *p ist nur nach *new* und vor *delete* zulässig. Vor *new p* oder nach *delete p* ist der Wert von p unbestimmt und der Zugriff auf *p ein **Fehler**, der einen Programmabbruch zur Folge haben kann:

```
int* pi = new int(17);
delete pi;
...
*pi=18; // Jetzt knallts - oder vielleicht auch nicht?
```

3. Der Speicher für eine gewöhnliche Variable wird **automatisch** freigegeben, wenn der Gültigkeitsbereich der Variablen verlassen wird. Der Speicher für eine dynamisch erzeugte Variable **muss** dagegen mit genau einem Aufruf von *delete* wieder freigegeben werden.

   – Falls *delete* überhaupt nicht aufgerufen wird, kann das eine Verschwendung von Speicher (Speicherleck, memory leak) sein. Falls in einer Schleife immer wieder Speicher reserviert und nicht mehr freigegeben wird, können die swap files immer größer werden und die Leistungsfähigkeit des Systems nachlassen.
   – Ein zweifacher Aufruf von *delete* mit demselben, von Null verschiedenen Zeiger, ist ein Fehler, der einen Programmabsturz zur Folge haben kann.

   Beispiel: Anweisungen wie

```
int* pi = new int(1);
int* pj = new int(2);
```

   zur Reservierung und

```
delete pi;
delete pj;
```

zur Freigabe von Speicher sehen harmlos aus. Wenn dazwischen aber eine ebenso harmlos aussehende Zuweisung stattfindet,

```
pi = pj;
```

haben die beiden *delete* Anweisungen den Wert von *pj* als Operanden. Diese Zuweisung führt also dazu, dass *pj* doppelt und *pi* überhaupt nicht freigegeben wird.

4. In Abschnitt 3.12.2 haben wir gesehen, dass eine **Zuweisung** von Zeigern zu Aliasing führen kann. Bei einer Zuweisung an einen Zeiger auf eine dynamisch erzeugte Variable besteht außerdem noch die Gefahr von **Speicherlecks**. Das kann z.B. mit den folgenden Strategien vermieden werden:

   – Man vermeidet solche Zuweisungen. Diese Strategie wird von der smart pointer Klasse *scoped_ptr* der Boost-Bibliothek (siehe http://boost.org/) verfolgt.

   – Der Speicher für diese Variable wird vorher freigegeben.

   ```
   int* pi = new int(17);
   int* pj = new int(18);
   delete pi; // um ein Speicherleck zu vermeiden
   pi = pj;
   ```

   Da anschließend zwei Zeiger *pi* und *pj* auf die mit *new(18)* erzeugte Variable **pj* zeigen, muss darauf geachtet werden, dass der Speicher für diese Variable nicht freigegeben wird, solange über einen anderen Zeiger noch darauf zugegriffen werden kann. Diese Strategie wird von der smart pointer Klasse *shared_ptr* (siehe Abschnitt 3.12.5) verfolgt.

   – Der Speicher für eine dynamisch erzeugte Variable wird automatisch wieder freigegeben, wenn es keine Referenz mehr auf diese Variable gibt. Das wird als **garbage collection** bezeichnet.
   Garbage collection gehört allerdings noch nicht zum C++-Standard 2003. Es steht aber über die smart pointer Klasse **shared_ptr** der Boost-Bibliothek (siehe Abschnitt 3.12.5) sowie in speziellen Erweiterungen wie z.B. C++/CLI zur Verfügung. Es soll außerdem in den nächsten C++-Standard aufgenommen werden.

5. Der Operand von *delete* muss einen Wert haben, der das Ergebnis eines *new*-Ausdrucks ist. Wendet man *delete* auf einen anderen Ausdruck an, ist das außer bei einem Nullzeiger ein Fehler, der einen Programmabbruch zur Folge haben kann. Insbesondere ist es ein **Fehler**, *delete* auf einen Zeiger anzuwenden,

   a) dem nie ein *new*-Ausdruck zugewiesen wurde.

b) der nach *new* verändert wurde.
c) der auf eine gewöhnliche Variable zeigt.

Beispiele: Der Aufruf von *delete* mit *p1*, *p2* und *p3* ist ein Fehler:

```
int* p1;                 // a)
int* p2 = new int(1);
p2++;                    // b)
int i = 17;
int* p3 = &i;            // c)
```

6. Bei gewöhnlichen Variablen prüft der Compiler bei den meisten Operationen anhand des Datentyps, ob sie zulässig sind oder nicht. Ob für einen Zeiger *delete* aufgerufen werden muss oder nicht aufgerufen werden darf, ergibt sich dagegen nur aus dem bisherigen Ablauf des Programms.

Beispiel: Nach Anweisungen wie den folgenden ist es unmöglich, zu entscheiden, ob *delete p* aufgerufen werden muss oder nicht:

```
int i,x;
int* p;
if (x>0) p=&i;
else p = new int;
```

Diese Beispiele zeigen, dass mit dynamisch erzeugten Variablen **Fehler** möglich sind, die mit „gewöhnlichen" Variablen nicht vorkommen können. Zwar sehen die Anforderungen bei den einfachen Beispielen hier gar nicht so schwierig aus. Falls aber *new* und *delete* in verschiedenen Teilen des Quelltextes stehen und man nicht genau weiß, welche Anweisungen dazwischen ausgeführt werden, können sich leicht Fehler einschleichen, die nicht leicht zu finden sind.

− Deshalb sollte man **„gewöhnliche" Variablen** möglichst immer **vorziehen**.
− Falls sich Zeiger nicht vermeiden lassen, sollte man das Programm immer so **einfach** gestalten, dass möglichst keine Unklarheiten aufkommen können.
− **Smart pointer** (siehe Abschnitt 3.12.5) sind oft eine Alternative, die viele Probleme vermeidet.

Dynamisch erzeugte Variable bieten in der bisher verwendeten Form keine Vorteile gegenüber „gewöhnlichen" Variablen. Trotzdem gibt es Situationen, in denen sie notwendig sind:

− Falls gewisse Informationen erst zur Laufzeit und nicht schon bei der Kompilation verfügbar sind. So muss zum Beispiel
  − bei dynamisch erzeugten Arrays die Größe,
  − bei verketteten Datenstrukturen (wie Listen und Bäume, siehe Abschnitte 3.12.11 und 3.12.12) die Verkettung, und
  − bei einem Zeiger auf ein Objekt einer Basisklasse (siehe Abschnitt 6.4) der Datentyp des Objekts, auf den er zeigt, erst während der Laufzeit festgelegt werden. Aus diesem Grund werden die Elemente von objektorientierten Klassenhierarchien oft dynamisch erzeugt.

– Es gibt Datentypen wie z.B. die Klassen der VCL, mit denen man keine gewöhnlichen Variablen anlegen kann. Wenn man z.b. eine Variable des Typs *TEdit* will, muss man sie dynamisch mit *new* erzeugen.

– Es gibt Betriebssysteme und Compiler, bei denen der für globale und lokale Variablen verfügbare Speicher begrenzt ist (z.b. auf 64 KB bei 16-bit-Systemen wie Windows 3.x oder MS-DOS). Für den Heap steht dagegen mehr Speicher zur Verfügung.

Unter 32-bit-Betriebssystemen stehen für globale und lokale Variablen unabhängig vom physikalisch verfügbaren Hauptspeicher meist 2 GB oder mehr zur Verfügung (siehe Abschnitt 3.17.4). Deshalb besteht heutzutage meist keine Veranlassung, Variablen aus Platzgründen im Heap anzulegen. Allerdings findet man noch Relikte aus alten Zeiten, in denen Variablen nur aus diesem Grund im Heap angelegt werden.

– Sie können zur Reduzierung von Abhängigkeiten bei der Kompilation beitragen (Sutter 2000, Items 26-30).

In der Programmiersprache C gibt es anstelle der Operatoren *new* und *delete* die Funktionen *malloc* bzw. *free*. Sie funktionieren im Prinzip genauso wie *new* und *delete* und können auch in C++ verwendet werden. Da sie aber mit *void**-Zeigern arbeiten, sind sie fehleranfälliger. Deshalb sollte man immer *new* und *delete* gegenüber *malloc* bzw. *free* bevorzugen. Man kann in einem Programm sowohl *malloc*, *new*, *free* und *delete* verwenden. Speicher, der mit *new* reserviert wurde, sollte aber nie mit *free* freigeben werden. Dasselbe gilt auch für *malloc* und *delete*.

Anmerkungen für Delphi-Programmierer: Den Operatoren *new* und *delete* von C++ entsprechen in Delphi die Funktionen *New* und *Dispose*.

Aufgaben 3.12.4

1. Nach den Definitionen

```
int i=5;
int *pi, pj;
char *pc, pd;
```

sollen die folgenden Zuweisungen in einem Programm stehen:

```
a) pi=i;              b) pi=&i;
c) *pi=i;             d) *pi=&i;
e) pi=pj;             f) pc=&pd;
g) pi=pc;             h) pd=*pi;
i) *pi=i**pc;         j) pi=0;
```

Geben Sie an, welche dieser Zuweisungen syntaktisch korrekt sind. Geben Sie außerdem für jeden syntaktisch korrekten Ausdruck den Wert der linken Seite an, wobei die Ergebnisse der zuvor ausgeführten Anweisungen vorausgesetzt werden sollen. Falls die linke Seite ein Zeiger ist, geben Sie den Wert der dereferenzierten Variablen an.

2. Beschreiben Sie das Ergebnis der folgenden Anweisungen:

a)
```
int j=10;
int* p=&j;
*p=17;
Memo1->Lines->Add(IntToStr(j));
Memo1->Lines->Add(IntToStr(*p));
```

b)
```
*new(int)=17;
```

c)
```
int* f_retp()
{
int x=1;
return &x;
}

Memo1->Lines->Add(IntToStr(*f_retp()));
```

d) Vereinfachen Sie die Funktion f:

```
void f()
{
int* pi = new int();
// ...
delete pi;
}
```

3. Beschreiben Sie für die Funktion

```
int f(int a, bool b, bool c, bool d)
{
int* p; int* q; int x=0;
if       (a==1) { p=0; q=0; }
else if  (a==2) { p=new int(17); q=new int(18); }
else if  (a==3) { p=&x; q=&x; }
if (b) p=q;
if (c) x=*p+*q;
if (d) { delete p; delete q; }
return x;
}
```

das Ergebnis der Aufrufe:

a) `f(0,false,true,true);`   d) `f(2,true,true,true);`
b) `f(1,false,false,true);`   e) `f(3,true,true,true);`
c) `f(2,false,true,false);`   f) `f(3,true,true,false);`

4. In der Programmiersprache C gibt es keine Referenzparameter. Wenn man in C in einer Funktion ein Argument verändern will, übergibt man seine Adresse und verändert die dereferenzierte Variable, wie z.B. in der Funktion

```
void ptr_swap(int* x, int* y)
{
int h=*x;
*x=*y;
*y=h;
}
```

Erstellen Sie ein Ablaufprotokoll für diese Funktion und geben Sie ihre Nachbedingung an.

5. Der Begriff „kopieren" wird im Zusammenhang mit Zeigern oft undifferenziert für ähnliche, aber doch verschiedene Sachverhalte verwendet. Für eine ausführliche Diskussion dazu siehe Grogono und Sakkinen (2000).

    a) Schreiben Sie die folgenden drei Funktionen, die diese unterschiedlichen Sachverhalte illustrieren sollen.

       void **assign**(int*& x, int* y) soll den Zeiger y nach x kopieren, aber nicht die Daten, auf die er zeigt.
       void **replace**(int* x, int* y) soll die Daten, auf die x zeigt, durch die Daten überschreiben, auf die y zeigt.
       void **clone**(int*& x, int* y) soll x die Adresse einer neuen dynamischen zuweisen, die auf eine Kopie der Daten *y zeigt.

    b) Welche dieser Funktionen können ein Speicherleck zur Folge haben?

3.12.5 Garbage Collection mit der Smart Pointer Klasse *shared_ptr*

Die Arbeit mit Zeigern auf dynamisch erzeugte Speicherbereiche ist oft fehleranfällig: Obwohl z.B. die beiden Funktionen

```
int* pi;
int* pj;

void initPtr()
{
pi=new int(17);
pj=new int(18);
}

void finitPtr()
{
delete pi;
delete pj;
}
```

auf den ersten Blick korrekt aussehen und die Anforderung erfüllen, dass zu jedem *new* ein *delete* gehört, sind mit ihnen trotzdem z.B. diese Problem möglich:

— Wenn zwischen den Aufrufen der beiden Funktionen eine Zuweisung

```
pi=pj;
```

stattfindet, ist das Ergebnis der zweiten *delete*-Operation undefiniert.

– Falls zwischen diesen beiden Aufrufen eine Exception (siehe Kapitel 7) ausgelöst wird, die erst in einem umgebenden Block abgefangen wird, ist ein Speicherleck die Folge.

Solche Fehler kann man mit **smart Pointern** wie der Klasse *shared_ptr* vermeiden, die auch in der nächsten Version des C++-Standards enthalten sein soll und die eine effiziente Form der **Garbage Collection** (siehe Seite 268) ermöglicht. Sie ist bereits jetzt als Bestandteil der Boost-Bibliothek (siehe Abschnitt 4.6.2) verfügbar nach

```
#include <boost/shared_ptr.hpp>
using boost::shared_ptr;
```

Ein *shared_ptr* ist ein Datentyp, bei dem man nach *shared_ptr* in spitzen Klammern den Datentyp angibt, auf den der Zeiger zeigen soll. Eine Variable dieses Datentyps kann dann im Wesentlichen wie ein gewöhnlicher Zeiger verwendet werden. Im folgenden Beispiel sind nach den *shared_ptr*-Anweisungen entsprechende Anweisungen für gewöhnliche Zeiger als Kommentar angegeben:

```
shared_ptr<int> s1;             // int* p1;
shared_ptr<int> s2(new int(17)); // int* p2=new int(18);
```

Durch die folgenden Anweisungen wird dann der Wert ausgegeben, auf den ein *shared_ptr* zeigt. Beim Zugriff auf einen **nicht** explizit **initialisierten Zeiger** wie s1 wird immer eine **Exception** ausgelöst:

```
Form1->Memo1->Lines->Add("*s1="+IntToStr(*s1)+"
                          *s2="+IntToStr(*s2));
```

Mit der Elementfunktion *reset* kann man einem *shared_ptr* einen neuen Zeiger auf einen dynamischen Speicherbereich zuweisen:

```
s1.reset(new int(19));
```

Mit dem Zuweisungsoperator können *shared_ptr* zugewiesen werden. Dabei wird ein interner Referenzzähler aktualisiert, über den dann entschieden wird, wann der zugehörige Speicherbereich wieder freigegeben wird. Diesen Zähler kann man mit der Elementfunktion *use_count()* abfragen. Dazu besteht allerdings außer für Testzwecke nur selten Veranlassung. Nach der Zuweisung

```
s1=s2;
```

wird durch die folgende Anweisung der Wert 2 ausgegeben:

```
Form1->Memo1->Lines->Add("s1.uc="+IntToStr(s1.use_count()));
```

Der von einem *shared_ptr* verwaltete Speicherbereich wird automatisch wieder freigegeben, wenn der Block verlassen wird, in dem der *shared_ptr* angelegt wurde. Es ist nicht notwendig, ihn mit *delete* wieder freizugeben. Das gilt auch für *shared_ptr* in einem Container (siehe Abschnitt 4.2.9).

In der Voreinstellung gibt ein *shared_ptr* den zugehörigen Speicherbereich wieder mit *delete* frei. Damit aber auch der Speicherbereich für ein Array wieder freigegeben werden kann, kann man bei der Konstruktion eines *shared_ptr* als zweites Argument einen sogenannten **deleter** angeben, der dann vom Destruktor anstelle von *delete* aufgerufen wird:

```
void intArrayDeleter(int* p)
{
delete[] p;
}

shared_ptr<int> s3(new int[100],intArrayDeleter);
```

Die Klasse **auto_ptr** der C++-Standardbibliothek bietet ähnliche Möglichkeiten, hat aber gegenüber *shared_ptr* einige Nachteile. Deshalb sollte normalerweise *shared_ptr* bevorzugt werden.

3.12.6 Dynamische erzeugte eindimensionale Arrays

Ein dynamisch erzeugtes Array a mit n Elementen des Datentyps T wird durch

```
int n=10; // n muss keine Konstante sein
T* a=new T[n]; //
```

angelegt. Dabei wird der Speicherplatz für die Arrayelemente während der Laufzeit des Programms durch vordefinierte Funktionen zur Speicherverwaltung reserviert. Im Unterschied zu einem gewöhnlichen Array b muss die Anzahl der Elemente keine Konstante sein:

```
const int m=10; // m muss eine Konstante sein
T b[m];
```

Ein dynamisch erzeugtes Array mit n Elementen hat wie ein gewöhnliches Array die Elemente

a[0], a[1], ..., a[n-1]

Beim Zugriff auf die Arrayelemente besteht also kein Unterschied zwischen einem gewöhnlichen und einem dynamisch erzeugten Array. Insbesondere muss man immer darauf achten, dass man als Index in a[i] einen zulässigen Wert zwischen 0 $\leq$ i < n verwendet. Dem Vorteil, dass man die Größe nicht schon bei der Kompilation angeben muss, stehen aber auch die Nachteile gegenüber, die schon in Abschnitt 3.12.4 für alle mit *new* erzeugten Variablen beschrieben wurden. Um nur die wichtigsten zu nennen:

- Der mit *new* reservierte Speicherbereich für das Array a muss mit **delete** a[] wieder freigegeben werden.
- Bei einer Zuweisung an einen Zeiger muss man darauf achten, dass der Speicherbereich auf den die linke Seite zeigt, auch wieder freigegeben werden kann.

Außerdem ist es nicht möglich, ein dynamisch erzeugtes Array bei seiner Definition zu initialisieren. Im Unterschied zu einem gewöhnlichen Array b gibt es für dynamisch erzeugte Arrays kein Sprachelement, das denselben Effekt hat wie eine Liste von Initialisierungsausdrücken in geschweiften Klammern:

```
int b[m]={1,2,3};
```

Die Größe eines dynamisch erzeugten Arrays kann nicht direkt geändert werden. Man kann allerdings ein neues dynamisches Array anlegen, in dieses die Elemente des alten Arrays kopieren (maximal so viele, wie das neue Array Elemente hat), und dann den Zeiger auf das neue Array dem des alten Arrays zuweisen.

```
void ReAllocate(T*& a, int n_copy, int n_new)
{
T* pnew=new T[n_new]; // erzeuge das neue Array
if (n_copy>n_new) n_copy= n_new;
for (int i=0; i<n_copy; i++)
  pnew[i]=a[i]; // kopiere das alte Array in das neue
delete [] a;     // Speicher des alten Arrays freigeben
// Wegen dieser Form von delete darf ReAllocate nur
// mit einem Argument aufgerufen werden, das auf ein
// dynamisch erzeugtes Array zeigt.
a=pnew;          // Zeiger auf das neue Arrray zurückgeben.
}
```

Die Klasse **AnsiString** speichert die Zeichen des Strings intern in einem dynamischen Array. Die Elementfunktion **SetLength**. ist im Wesentlichen wie *ReAllocate* aufgebaut:

*AnsiString& __fastcall **SetLength**(int newLength);*

Funktionen zur Verwaltung dynamischer Arrays stehen in vielen Programmiersprachen zur Verfügung. Der C++Builder „erbt" solche Funktionen sowohl von C und als auch von Delphi:

1. Die Funktion **realloc** aus der Standardbibliothek von C verwendet als Parameter generische Zeiger, was zur Folge hat, dass der Compiler keine Typen prüfen kann.

   *void *realloc(void *block, size_t size);*

2. Die dynamischen Arrays von Delphi stehen im C++Builder mit dem Datentyp
   DynamicArray zur Verfügung. Über die Eigenschaft *Length* kann man die Anzahl der Elemente setzen. Beispiele dazu findet man in der Online-Hilfe.

Normalerweise brauchen und sollen Sie (außer in den folgenden Übungsaufgaben)
keine eigenen dynamischen Arrays schreiben. Die **C++-Standardbibliothek** enthält die Containerklasse *vector* (siehe Abschnitt 4.2), die intern auf einem dynamischen Array basiert. Ein *vector* ist aber für die allermeisten Anwendungen besser
geeignet sind als selbstgestrickte dynamische Arrays. Einige grundlegende Eigenschaften dieser Containerklasse ergeben sich direkt aus den zugrundeliegenden
Datenstrukturen. Deshalb ist ein Grundverständnis von dynamischen Arrays
wichtig, auch wenn sie nicht selbst programmiert werden sollen.

Aufgaben 3.12.6

1. Überarbeiten Sie eine Kopie Ihrer Lösung von Aufgabe 3.12.1, 2. (Sieb des
   Eratosthenes) so, dass die Anzahl der Arrayelemente als Parameter übergeben
   wird und das Array dynamisch angelegt wird. Der Aufwand für die Änderung
   soll möglichst gering sein.

2. Implementieren Sie die Funktion *ReAllocate* und testen Sie diese mit einem
   dynamisch erzeugten Array mit zunächst 2 Elementen, dessen Größe immer
   wieder verdoppelt wird. Der Test soll einfach nur darin bestehen, dass nach
   jeder Verdoppelung immer alle Elemente angesprochen werden.

   Beschreiben Sie das Ergebnis der folgenden Anweisungen:

   ```
   a) int* p1;               ReAllocate(p1,0,100);
   b) int* p2=new int;       ReAllocate(p2,0,100);
   c) int x; int* p3=&x;     ReAllocate(p3,0,100);
   d) int* p4=new int[1];    ReAllocate(p4,0,100);
   ```

3.12.7 Arrays, Zeiger und Zeigerarithmetik

Zu einem Zeiger p kann ein ganzzahliger Wert n addiert werden:

```
T* p;  // T ein beliebiger Datentyp
p+n    // n ganzzahlig
```

Das Ergebnis ist ein Zeiger desselben Datentyps. Der Wert von p+n ist aber nicht
die um n erhöhte Adresse p, sondern die Adresse

$p+n*sizeof(T)$

Beispiel: Angenommen, der Zeiger p erhält durch die Definition

```
int* p=new int[10]; // sizeof(int)==4
```

die Adresse 1000. Dann ist p+1 nicht die Adresse 1001, sondern 1004.

Durch p+1 erhält man also nicht die Adresse des nächsten Bytes, sondern die Adresse des nächsten *int*-Wertes, wenn p den Datentyp „Zeiger auf *int*" hat.

Entsprechend kann man von einem Zeiger p auch einen ganzzahligen Wert n oder einen Zeiger q subtrahieren:

- Der Zeiger p–n stellt die Adresse p–n*sizeof(T) dar.
- Bei der **Subtraktion von zwei Zeigern** p und q müssen diese auf Elemente desselben Arrays zeigen. Wenn p auf das i-te und q auf das j-te Element zeigen(p=a+i und q=a+j), ist die Differenz p–q als i–j definiert. Falls sie nicht auf Elemente desselben Arrays zeigen, ist das Ergebnis nicht definiert.
- Die **Addition** von Zeigern ist nicht definiert.

Eine solche **Addition** von **Zeigern** und **ganzzahligen Werten** bzw. **Subtraktion** von Zeigern bezeichnet man als **Zeigerarithmetik**.

Zeigerarithmetik wird vor allem mit Zeigern auf ein Array verwendet und beruht darauf, dass der Compiler den Namen eines Arrays als einen **Zeiger auf das erste Arrayelement** behandelt, wenn der Name des **Arrays** ohne den Indexoperator [] verwendet wird (Ausnahme: Als Argument von *sizeof*). Bisher wurde der Name eines Arrays fast immer nur zusammen mit dem Indexoperator in einem Ausdruck verwendet (z.B. a[i]).

Deshalb ist nach den Definitionen

```
T* p;     // T irgendein Datentyp
T a[10];
```

die folgende Zuweisung möglich:

```
p = a;
```

Dabei erhält p denselben Wert wie durch

```
p = &a[0];
```

Entsprechend erhalten i und j durch die folgenden Anweisungen denselben Wert:

```
T i = a[0];
T j = *a;
```

Damit sind die folgenden Ausdrücke gleichwertig:

*(a+1)	und	a[1]
*(a+2)	und	a[2]
*(a+i)	und	a[i]

Tatsächlich ist a[i] nicht nur gleichwertig mit *(a + i), sondern sogar durch diesen zweiten Ausdruck definiert. Aus dieser Definition ergibt sich die, zumindest auf den ersten Blick, überraschende **Kommutativität der Indizierung**:

```
a[i] == i[a].
```

Aus dieser Definition folgt außerdem, dass auch **für** einen **Zeiger indizierte Ausdrücke** gebildet werden können. Deshalb ist nach der Definition

```
T* p;
```

auch dieser Ausdruck definiert:

```
p[i] // i ein ganzzahliger Ausdruck
```

Bei der Dereferenzierung eines Zeigerarithmetik-Ausdrucks dürfen die Klammern nicht vergessen werden. Da der Operator * stärker bindet als der Operator +, wird der Ausdruck

```
*p+i
```

als (*p)+i ausgewertet und nicht etwa als *(p+i). Falls p auf einen arithmetischen Datentyp zeigt, sind beide Ausdrücke zulässig, so dass der Compiler dann nicht vor einer versehentlich falschen oder vergessenen Klammerung warnen kann.

Deshalb kann man die Elemente eines Arrays sowohl mit Zeigerarithmetik als auch mit dem Indexoperator ansprechen, und es stellt sich die Frage, welche dieser beiden Möglichkeiten vorzuziehen ist. Einige Argumente:

– Der Zugriff auf Arrayelemente mit dem Indexoperator wird meist als einfacher angesehen. Zeigerarithmetik wird dagegen oft als trickreich, undurchsichtig und fehleranfällig beurteilt.
– In vielen (vor allem älteren) Büchern (z.B. Kernighan/Ritchie 1988, Abschnitt 5.3) findet man den Hinweis, dass Zeigerarithmetik oft schneller ist.

Der aus einem C++-Programm erzeugte Assembler-Code zeigt aber, dass das Geschwindigkeitsargument beim C++Builder nicht zutrifft. Der Assembler-Code wird

– bei der Ausführung des Programms im Debugger unter *Ansicht|Debug Fenster| CPU* angezeigt, oder mit
– mit dem Kommandozeilen-Compiler *bcc32* und der Option „–S" erzeugt, z.B.

```
bcc32 -S prog.cpp
```

Die nächste Abbildung zeigt, dass für a[i] und *(a+i) derselbe Assemblercode erzeugt wird:

```
prog.cpp.5: a[i]=17;
004021E5  8B45FC                 mov  eax,[ebp-$04]
004021E8  C74485D411000000  mov  [ebp+eax*4-$2c],$00000011
prog.cpp.6: *(a+i)=17;
004021F0  8B55FC                 mov  edx,[ebp-$04]
004021F3  C74495D411000000  mov  [ebp+edx*4-$2c],$00000011
```

Deswegen gibt es meist keinen Grund, Arrayelemente mit Zeigerarithmetik anzusprechen. Aus den folgenden Gründen sollte man Zeigerarithmetik aber doch kennen:

- Man findet sie in vielen Büchern und real existierenden Programmen.
- Mehrdimensionale Arrays müssen manchmal über Zeiger als Parameter an Funktionen übergeben werden.
- Die Standardbibliothek verwendet für ihre Iteratoren ein ähnliches Konzept.

Wie schon im letzten Abschnitt erwähnt wurde, ist ein **zweidimensionales Array** ein eindimensionales Array, dessen Elemente eindimensionale Arrays sind. Nach der Definition

```
T a[2][3];
```

ist deshalb a ein Zeiger auf das erste Array {a[0][0], a[0][1], a[0][2]}, der die Adresse des ersten Elements enthält:

a == &a[0][0]

Da das Array a aus zwei eindimensionalen Arrays mit drei Elementen besteht, ist a+1 ein Zeiger auf das zweite Array {a[1][0], a[1][1], a[1][2]}. Dieser Zeiger enthält die Adresse

a+1 == &a[1][0]

und nicht, wie man eventuell erwarten könnte, die Adresse &a[0][1]. Deshalb ist

*a   das Array {a[0][0], a[0][1], a[0][2]}
*(a+1) das Array {a[1][0], a[1][1], a[1][2]}

Diese beiden Arrays können auch als Ganzes mit einem einzigen Index angesprochen werden:

a[0]   ist wie *a das Array {a[0][0], a[0][1], a[0][2]}
a[1]   ist wie *(a+1) das Array {a[1][0], a[1][1], a[1][2]}

Indiziert man also ein **zweidimensionales Array** mit nur einem einzigen Index, ist dieser Ausdruck wieder ein Array.

Will man die einzelnen Elemente eines mehrdimensionalen Arrays mittels Zeigerarithmetik ansprechen, muss man die einzelnen Arrays weiter dereferenzieren, bis man die einzelnen Arrayelemente erreicht. Bei einem zweidimensionalen Array sind zwei Sterne notwendig, um die einzelnen Elemente zu erreichen:

> *(a+i)+j   ein Zeiger auf das Arrayelement a[i][j]
> *(*(a+i)+j)   das Arrayelement a[i][j]

Anmerkungen für Pascal-Programmierer: In der Programmiersprache Pascal werden die Indizes mehrdimensionaler Arrays durch Kommas getrennt. Falls diese Schreibweise versehentlich in C++ verwendet wird, erhält man eine auf den ersten Blick eventuell etwas verwirrende Fehlermeldung wie in

```
a[1,2]=17;     // Fehler: L-Wert erwartet
int i=a[1,2]; // Fehler: Konvertierung von 'int*' nach
                // 'int' nicht möglich
```

Sie kommt daher, dass in C++ zwei durch ein Komma getrennte Werte mit dem sogenannten Komma-Operator (siehe Abschnitt 3.20.16) ausgewertet werden. Dabei erhält der Index den Wert des rechten Ausdrucks, so dass a[1,2] als a[2] ausgewertet wird. Dieser Ausdruck ist aber ein Array, dem kein Wert zugewiesen werden kann.

In Pascal stellt der Name eines Arrays den gesamten Speicherbereich dar, den das Array belegt. Dieser Name wird nicht in einen Zeiger auf das erste Element konvertiert. Deshalb kann ein Array einem anderen zugewiesen werden, das denselben Datentyp hat.

Aufgabe 3.12.7

1. Beschreiben Sie nach den Definitionen

   ```
   int a[10]={1,3,5,7}, *p=a;
   ```

   den Wert der folgenden Ausdrücke durch indizierte Ausdrücke des Arrays a:

   ```
   *p                        *p+1
   (*p)+1                    *(p+1)
   *(p+3**p)                *p**p
   ```

2. Überarbeiten Sie die Funktion *Auswahlsort* von Aufgabe 3.10.4 zu einer Funktion *AuswSortPtr*, bei der die Arrayelemente mit Zeigerarithmetik angesprochen werden.

3.12.8 Arrays als Funktionsparameter Θ

Die in diesem Abschnitt vorgestellten Techniken stehen schon in C zur Verfügung und sind deshalb recht verbreitet. Verwendet man die Containerklasse *vector* der C++ Standardbibliothek (siehe Abschnitt 4.2.1) anstelle von Arrays, ist die Parameterübergabe einfacher und erfolgt wie bei allen anderen Parametern eines

Klassentyps, ohne dass man die im Folgenden beschriebenen Besonderheiten beachten muss.

Die in Abschnitt 3.12.7 vorgestellte Regel, dass der Compiler den Namen eines Arrays als Zeiger auf das erste Element behandelt, gilt auch bei der Übergabe eines Arrays als Parameter. Dabei macht es keinen Unterschied, welche der folgenden Schreibweisen man dabei verwendet:

```
int sum1(int a[10])
{
int s=0;
for (int i=0; i<10; i++) s = s + a[i];
return s;
}

int sum2(int a[])
{ // Genau dieselben Anweisungen wie bei sum1
int s=0;
for (int i=0;i<10;i++) s =s + a[i];
return s;
}
```

Da ein Arrayparameter in einen Zeiger auf das erste Element des Arrays konvertiert wird, sind diese beiden Definition gleichwertig mit der von *sum3*:

```
int sum3(int* a)
{ // Genau dieselben Anweisungen wie bei sum1
int s=0;
for (int i=0;i<10;i++) s =s + a[i];
return s;
}
```

Hier werden die Arrayelemente a[i] über den Zeiger a mit dem Indexoperator angesprochen. Wie im letzten Abschnitt dargestellt wurde, sind die Ausdrücke „a[i]" und „*(a+i*sizeof(T))" gleichwertig.

Die Funktionen *sum1*, *sum2* und *sum3* können mit einem *int*-Array einer beliebigen Elementanzahl aufgerufen werden:

```
int a1[5]={1,2,3,4,5};
int s1 = sum1(a1);
int s2 = sum2(a1);
int s3 = sum3(a1);
```

Da bei der Konvertierung die Anzahl der Arrayelemente nicht eingeht, ist die Konstante „10" in der Parameterliste von *sum1* ohne jede Bedeutung. Deswegen werden bei jedem dieser Aufrufe nicht reservierte Speicherbereiche angesprochen.

Wenn man eine Funktion mit verschieden großen Arrays aufrufen will, muss man die Anzahl der Arrayelemente ebenfalls als Parameter übergeben:

```
int sum(int* a, int n)   // n: Anzahl der Arrayelemente
{
int s=0;
for (int i=0;i<n;i++) s =s + a[i];
return s;
}
```

Diese Funktion kann dann folgendermaßen aufgerufen werden:

```
int a[10]={1,2,3,4,5,6,7,8,9,10};
int s = sum(a,10);
```

Bei einem **mehrdimensionalen Array**

```
const int Dim1 = 2, Dim2 = 3;
int a2[Dim1][Dim2] = {{1,2,3},{4,5,6}};
```

geht die Anzahl der Arrayelemente ab der zweiten Dimension in die Berechnung der Adresse a[i][j] ein:

$$a2[i][j] = *(\&a2[0][0] + (Dim2*i + j)*sizeof(int))$$

Deswegen kann bei mehrdimensionalen Arrayparametern die Größenangabe für die zweite und weitere Dimensionen nicht ausgelassen werden. Die Elemente des zweidimensionalen Arrays a2 kann man wie in den folgenden Funktionen aufsummieren:

```
int sum2D1(int a[][Dim2], int n)
// int sum2D1(int (*a)[Dim2], int n) // gleichwertig
{
int s=0;
for (int i=0;i<n;i++)
  for (int j=0;j<Dim2;j++)
  s =s + a[i][j];
return s;
}
```

Für Arrays, die wie *a2* definiert sind, kann man nicht wie bei eindimensionalen Arrays eine einzige Funktion schreiben, der man beliebige zweidimensionale Arrays als Argument übergeben kann.

Anmerkung für Delphi-Programmierer: In Pascal ist es nicht möglich, für einen formalen Parameter des Typs „array[min..max] of T" ein Array mit anderen Grenzen als aktuellen Parameter einzusetzen. Andernfalls könnte der Compiler die Bereichsgrenzen nicht prüfen. Diese gelegentlich recht lästige Einschränkung wurde in Object Pascal mit den offenen Arrayparametern (Syntax: „array of T") aufgelockert: Dabei wird außerdem die Anzahl der Arrayelemente automatisch als Parameter übergeben. In Standard-C++ gibt es keine offenen Arrayparameter, weshalb die Elementanzahl als zusätzlicher Parameter übergeben werden muss.

Das Klassen-Template *vector* aus der Standardbibliothek lässt sich allerdings ähnlich wie ein offener Arrayparameter benutzen (siehe Abschnitt 4.2).

Aufgaben 3.12.8

1. a) Überarbeiten Sie die Funktion *Auswahlsort* von Aufgabe 3.10.4, so dass ein Array von *int*-Werten mit einer beliebigen Anzahl von Argumenten als Parameter übergeben werden kann.

   b) Schreiben Sie eine Funktion *isSorted* die prüft, ob die Elemente eines als Parameter übergebenen in einer sortierten Reihenfolge sind.

   c) Testen Sie die Funktionen aus a) und b) an einigen Arrays
      - mit einem Arrayelement
      - mit zwei Arrayelementen in einer richtigen Anordnung
      - mit zwei Arrayelementen in einer falschen Anordnung
      - mit drei Arrayelementen in allen dabei möglichen Anordnungen.

2. Überarbeiten Sie die Funktion *Horner* von Aufgabe 3.10.2, 4. so, dass ihr das Array mit den Koeffizienten des Polynoms als Parameter übergeben wird.

3. Vergleichen Sie in a) und b) den Wert des Ausdrucks

   ```
   sizeof(a)/sizeof(a[0])
   ```

   a) ```
      int a[10];
      int s=sum(a,sizeof(a)/sizeof(a[0])); // sum wie im Text
      ```

   b) ```
      int sum4(int a[])
      {
      int s=0;
      for (int i=0;i< sizeof(a)/sizeof(a[0]);i++)
        s = s + a[i];
      return s;
      }
      ```

3.12.9 Konstante Zeiger

Bei der Definition einer Zeigervariablen kann man durch eine **const** Angabe erreichen, dass sie (die **Zeigervariable**) oder die **dereferenzierte Variable** nicht veränderbar ist. Welche der beiden konstant ist, ergibt sich aus der Reihenfolge von *const* und *. Die folgenden Beispiele verwenden den Datentyp *int*, gelten aber genauso für andere Datentypen:

- Nach „*int* const p;" ist p ein konstanter **Zeiger**. Dann kann der Wert von p nicht verändert werden.
- Nach den beiden gleichwertigen Schreibweisen „*const int* p;" und „*int const * p;"* ist p ein Zeiger auf „*const int*". Dann kann die **dereferenzierte *int* Variable** *p nicht verändert werden.

Da diese drei Schreibweisen sehr ähnlich aussehen, können sie leicht verwechselt werden. Wenn man die Empfehlung von Abschnitt 3.8 befolgt und *const* nach dem Datentyp schreibt, kann man die Bedeutung einer solchen Definition immer nach dem Schema „lese von rechts nach links" ableiten.

Für einige der folgenden Beispiele wird eine *int*-Variable i vorausgesetzt:

```
int i;
```

1. Nach den beiden gleichwertigen Definitionen

   ```
   const int* p1; // a)
   int const* p1; // b)
   ```

   ist *p1* ein Zeiger auf ein *const int*. Da in b) *const* auf den Datentyp folgt, ergibt sich diese Bedeutung nach dem Schema „lese von rechts nach links". In der weiter verbreiteten Schreibweise a) kann man dieses Schema nicht anwenden. Von den nächsten beiden Zuweisungen ist nur die erste zulässig:

   ```
   p1=&i;
   *p1=17; // Fehler: const-Objekt nicht modifizierbar
   ```

2. Nach

   ```
   int* const p2=&i;
   ```

   ist p2 ein *const* Zeiger auf *int*. Deshalb ist von den nächsten beiden Zuweisungen nur die zweite zulässig:

   ```
   p2=&i; // Fehler: const-Objekt nicht modifizierbar
   *p2=17;
   ```

3. Sollen sowohl p als auch *p konstant sein, muss man *const* zweimal angeben (vor und nach dem Stern). Die nächsten beiden Definitionen sind gleichwertig:

   ```
   const int * const p3=&i;
   int const * const p3=&i;
   ```

   Dann ist keine der nächsten beiden Zuweisungen zulässig:

   ```
   p3=&i;  // Fehler: const-Objekt nicht modifizierbar
   *p3=17; // Fehler: const-Objekt nicht modifizierbar
   ```

4. Falls mehr als eine Zeigervariable in einer einzigen Deklaration definiert wird, ist eventuell nicht unmittelbar klar, was konstant ist und was nicht:

   ```
   int const * const p4=&i, *p5;
   *p5=17; // Fehler: const-Objekt nicht modifizierbar
   p5=&i;  // das geht
   ```

Der Compiler unterbindet eine Zuweisung eines konstanten Zeigers pc an einen nicht konstanten Zeiger p, da sonst über *p auch *pc verändert werden könnte:

```
void f(int* p, const int* pc)
{
p=pc;   // Fehler: Konvertierung 'const int *' nach 'int *'
*p=17;  // Würde *p und den Alias *pc ändern
}
```

Aus diesem Grund ist auch der Aufruf von g in h nicht zulässig:

```
int g(int* p) { }

void h(const int* p)
{
g(p);// Fehler: Konvertierung 'const int *' nach 'int *'
}
```

Konstante Zeiger werden vor allem für Funktionsparameter verwendet, wenn der dereferenzierte Wert in der Funktion nicht verändert wird. Dann dokumentiert bereits die Funktionsdeklaration, dass die Variable, auf die das Argument zeigt, beim Aufruf nicht verändert wird. Es ist generell empfehlenswert, alle Parameter eines Zeigertyps, die nicht verändert werden, als *const* zu definieren (**const-Korrektheit**, siehe auch Abschnitt 3.8).

Beispiel: Wenn der Parameter für die Quelle *src* in

> *char *__strcpy__(char *dest, const char *src);*

nicht konstant wäre, könnte der Compiler nicht entdecken, wenn die Quelle und das Ziel verwechselt werden:

```
char a[100];
const char* msg="Happy birthday";
strcpy(msg,a);//Fehler:Konvertierung nicht möglich
```

Bei Funktionen, die Zeiger zurückgeben, kann man durch einen *const* Rückgabetyp erreichen, dass der dereferenzierte Funktionswert nicht verändert werden kann. Ein solcher Funktionswert kann nur einem konstanten Zeiger zugewiesen werden. Bei Funktion, die keine Zeiger oder Referenzen zurückgeben, ist ein konstanter Rückgabetyp meist nicht sinnvoll.

3.12.10 Stringliterale, nullterminierte Strings und *char**-Zeiger

In der Programmiersprache C haben Zeiger eine wesentlich größere Bedeutung als in vielen anderen Sprachen, da in C einige Sprachkonzepte Zeiger verwenden, die in anderen Sprachen ohne Zeiger auskommen. Dazu gehören z.B. Zeichenketten (Strings), die durch Zeiger auf nullterminierte Strings dargestellt werden.

Ein **Stringliteral** ist eine durch Anführungszeichen begrenzte Zeichenfolge wie

```
"Hallo"
```

Ein Stringliteral hat den **Datentyp** *const char[n+1]* (siehe Abschnitt 3.10.2), wobei n die Länge des Strings ist. Der Compiler reserviert für die Zeichen des Stringliterals einen Speicherbereich, in dem er die Zeichen des Literals ablegt. Nach dem letzten Zeichen fügt er ein **Nullzeichen** '\0' („**Nullterminator**", alle Bits Nullen) an, um das Ende des Strings zu kennzeichnen. Deshalb belegt "Hallo" 6 Bytes und nicht nur 5. Aus dieser Art der Kennzeichnung ergibt sich auch der Name **nullterminierter String**.

Der Speicher für ein Stringliteral wird immer statisch (siehe Abschnitt 3.17.4) wie eine globale Variable angelegt. Deshalb ist die Adresse eines lokalen Stringliterals auch außerhalb einer Funktion gültig, im Unterschied zu einer lokalen Variablen eines anderen Datentyps:

```
const char* Message()        const int* DontDoDat()
{                            {
return "Hello";              int i;
}                            return &i;
                            }
```

Der Compiler konvertiert ein Stringliteral in die Adresse seines ersten Zeichens. Deshalb ist die nächste Zuweisung zulässig:

```
const char* s="Hallo";
```

Dabei erhält die Zeigervariable s die Adresse des ersten Zeichens 'H' des Literals. Eine solche Zuweisung kopiert also nicht alle Zeichen des Strings, obwohl das auf den ersten Blick so aussieht. Ebenso wenig werden durch

```
const char* t=s;
```

die Zeichen des **Strings** t nach s **kopiert**. Vielmehr wird durch eine solche Zuweisung die Adresse in s nach t kopiert.

Im Unterschied zu jedem anderen Zeigertyp akzeptieren C++ Compiler aus historischen Gründen auch Zuweisungen und Initialisierungen von nicht konstanten *char** Zeigervariablen mit Stringliteralen:

```
char* t=".."; // deprecated, char const* t=".." wäre ok
```

Solche Zuweisungen sind in C verbreitet. Im C++-Standard sind sie dagegen als „deprecated" klassifiziert, was bedeutet, dass man sie vermeiden soll. Sie ermöglichen die Veränderung des konstanten Stringliterals, was zu undefiniertem Verhalten führen kann:

```
t[1]='x'; // Programmabsturz möglich (undefined behavior)
```

Dass für Stringliterale Variable des Typs *const char ** verlangt werden ist keine ernsthafte Einschränkung, da sie meist nur als Namen für das Stringliteral verwendet werden. Es besteht fast nie ein Anlass, eine solche Variable zu verändern.

Da die einzelnen Zeichen den Datentyp *char* haben, kann man auch Escape-Sequenzen (siehe Abschnitt 3.3.6) angeben. Dieses Stringliteral enthält zwei Anführungszeichen ":

```
"\"Mach den PC aus\", sagte sie zärtlich.";
```

Durch

```
char* q[]={"Ohh du","freeliche,","Ohhh duu seeeliche"};
```

wird ein Array mit drei Zeigern auf *char* definiert. Diese Zeiger q[0], q[1] und q[2] zeigen aufgrund der Initialisierung auf das jeweils erste Zeichen der Strings.

Der Datentyp ***char**** wird oft als Zeiger auf das erste Zeichen eines nullterminierten Strings interpretiert, obwohl ein solcher Zeiger auch auf ein einzelnes Zeichen zeigen kann, auf das kein Nullterminator folgt. Zur Bearbeitung eines solchen Strings werden dann alle Zeichen ab dieser Adresse bis zum nächsten Nullterminator bearbeitet.

Das soll am Beispiel einer Funktion *my_strcpy* illustriert werden. Sie kopiert alle Zeichen ab der Adresse in t bis zum nächsten Nullterminator einzeln in das *char* Array ab s. Als kleine Anwendung der **Zeigerarithmetik** werden die Zeiger mit +1 um 1 (*sizeof(char)*) erhöht:

```
void my_strcpy(char* s, const char* t) // wie strcpy
{ // kopiert den nullterminierten String t nach s
while ((*t)!='\0') // kürzer: while (*t)
  {
  *s=*t;
  s=s+1;          // Zeigerarithmetik
  t=t+1;          // s++ bzw. t++ geht auch
  }
*s='\0';
}
```

Nur als Randbemerkung: Kernighan und Ritchie (1988, Abschnitt 5.5) schreiben diese Funktion etwas kürzer. Bei ihnen besteht der gesamte Anweisungsteil aus einer leeren Anweisung „;":

```
while (*s++=*t++); // das müssen Sie nicht verstehen
```

Die Verwendung solcher Funktionen ist **nicht ohne Risiko**: Falls ab der Zieladresse weniger Speicher reserviert ist als die Quelle benötigt, wird nicht reservierter Speicher gnadenlos überschrieben, und das Programm kann abstürzen. Der Grund dafür ist einfach, dass nur Zeiger übergeben werden. Und an einem Zeiger kann man nicht erkennen, wie viel Speicher ab der Adresse reserviert ist.

Da der Compiler den Namen eines Arrays als Zeiger auf sein erstes Element interpretiert, kann ein mit einem Stringliteral initialisiertes Array

```
char s[]="abx";
```

wie ein Zeiger auf das erste Zeichen eines nullterminierten Strings verwendet
werden. Deswegen können mit einem solchen Array auch alle Funktionen für
nullterminierte Strings aufgerufen werden, wie z.B.

```
int n=strlen(s);
```

Auch *AnsiString*-Funktionen wie *Memo1->Lines->Add* oder der **Debugger** interpretieren Ausdrücke des Datentyps ***char**** als Zeiger auf das erste Zeichen eines
nullterminierten Strings.

Beispiel: Durch *Memo1->Lines->Add* wird nicht die Adresse in s (der Wert von
s), sondern der nullterminierte String ab dieser Adresse ausgegeben:

```
const char* s="abs";
Memo1->Lines->Add(s);
```

Zeigt man im Debugger einen Ausdruck s des Datentyps *char** an, werden die Zeichen ab *s bis zum nächsten Nullterminator angezeigt. Für
andere Zeigertypen wird dagegen die Adresse angezeigt. Den Speicherbereich ab einer Adresse kann man im Debugger mit der Option *m* anzeigen lassen. Das Watch-Fenster zeigt in der letzten Zeile die 10 Bytes
ab der Adresse in s an. Hier sieht man das Nullzeichen '\0' am Ende des
Strings:

Will man die Adresse in s im Debugger anzeigen, kann man sie einem
generischen Zeiger zuweisen:

```
void* v=s;
```

Aufgaben 3.12.10

1. a) Schreiben Sie eine Funktion, die die Anzahl der Leerzeichen ' ' in einem als
      Parameter übergebenen nullterminierten String (*char**) zurückgibt.
   b) Entwerfen Sie systematische Tests für diese Funktion (siehe Abschnitt
      3.5.1).
   c) Schreiben Sie eine Testfunktion für diese Tests.

2. Auch auf einfache Fragen gibt es oft vielfältig widersprüchliche Antworten. So hat vor einiger Zeit jemand in einer Diskussionsgruppe im Internet gefragt, ob die folgenden Anweisungen

```
char *x;
x = "hello";
```

von erfahrenen Programmierern als korrekt angesehen würden. Er erhielt darauf über 100 Antworten, aus denen die folgenden vier ausgewählt wurden. Diese geben insbesondere auch einen Hinweis auf die Qualität mancher Beiträge in solchen Diskussionsgruppen. Begründen Sie für jede Antwort, ob sie korrekt ist oder nicht.

a) Nein. Da durch diese Anweisungen kein Speicher reserviert wird, überschreibt die Zuweisung einen anderen Speicherbereich.

b) Diese Anweisungen haben eine Zugriffsverletzung zur Folge. Die folgende Anweisung ist viel besser:

```
char* x="hello";
```

c) Antwort auf b):

Welcher Compiler produziert hier eine Zugriffsverletzung? Die beiden Anweisungen sind völlig gleichwertig.

d) Ich würde die Anweisung

```
char x[]="hello";
```

vorziehen, da diese *sizeof(char*)* Bytes Speicherplatz reserviert.

3. Welche der folgenden Bedingungen sind nach der Definition

```
const char * s="blablabla";
```

in den *if*-Anweisungen zulässig, und welchen Wert haben sie?

```
a) if (s==" ") ...
b) if (*s==" ") ...
c) if (*s=='a'+1) ...
d) if (s==' ') ...
```

Beschreiben Sie das Ergebnis der folgenden Anweisungen:

```
e) Form1->Memo1->Lines->Add(s);
   Form1->Memo1->Lines->Add(s+1);
   Form1->Memo1->Lines->Add(s+20);
```

f) ```
   char c='A';
   char a[100];
   strcpy(a,&c);
   ```

4. Welche der Zuweisungen in a) bis j) sind nach diesen Definitionen zulässig:

```
const int i=17 ;
int* p1;                    char* q1;
const int* p2;              const char* q2;
int const* p3;              char const* q3;
int* const p4=p1;           char* const q4=q1;
```

a) `p1=p2;`   f) `q1=q2;`
b) `p1=&i;`   g) `q1="abc";`
c) `p2=p1;`   h) `q2=q1;`
d) `*p3=i;`   i) `*q3='x';`
e) `*p4=18;`   j) `*q4='y';`

5. Für die Suche nach **ähnlichen Strings** gibt es viele Anwendungen: Um Wörter zu finden, deren genaue Schreibweise man nicht kennt, Korrekturvorschläge bei Schreibfehlern zu machen, Plagiate bei studentischen Arbeiten, Mutationen bei DNA-Sequenzen oder Ähnlichkeiten bei Musikstücken zu entdecken. Diese Aufgabe sowie Aufgabe 4.1, 4. befassen sich mit Verfahren zur Identifikation von ähnlichen Strings. Bei Navarro (2001) findet man eine umfangreiche Zusammenfassung zum Thema "Approximate String Matching.

Die sogenannte **Levenshtein-Distanz** (auch **Levenstein-Distanz** oder **Edit-Distanz**) ist eines der wichtigsten Maße für die Ähnlichkeit von zwei Strings s1 und s2. Sie ist die minimale Anzahl der Operationen „ein Zeichen ersetzen", „ein Zeichen einfügen" und „ein Zeichen löschen", die notwendig sind, um den String s1 in s2 umzuwandeln.

Für zwei Strings s1 und s2 der Längen l1 und l2 kann dieses Maß in seiner einfachsten Variante mit einer Matrix d mit (l1+1) Zeilen und (l2+1) Spalten folgendermaßen bestimmt werden:

    a) setze das i-te Element der ersten Zeile auf i
    b) setze das i-te Element der ersten Spalte auf i
    c) berechne die Elemente im Inneren der Matrix zeilenweise durch

$$d[i][j] = \min3(d[i-1][j-1] + cost,\ d[i][j-1]+1,\ d[i-1][j]+1);$$

Dabei ist *min3* das Minimum der drei übergebenen Parameter. Der Wert der *int*-Variablen *cost* ist 0, falls s[i-1]==s[j-1], und sonst 1.

Die Levenshtein-Distanz ist dann der Wert des Elements d[l1][l2]

Beispiel: s1=receieve, s2=retrieve
```

		r	e	c	e	i	e	v	e
	0	1	2	3	4	5	6	7	8
r	1	0	1	2	3	4	5	6	7
e	2	1	0	1	2	3	4	5	6
t	3	2	1	1	2	3	4	5	6
r	4	3	2	2	2	3	3	4	5
i	5	4	3	3	3	2	3	4	5
e	6	5	4	4	4	3	2	3	4
v	7	6	5	5	5	4	3	2	3
e	8	7	6	6	6	5	4	3	2

Der Wert rechts unten ist dann die Levenshtein-Distanz ed, also ed=d[8][8]=2

Da zwei identische Strings die Edit-Distanz ed=0 haben und außerdem $0 \leq d \leq max(l1, j\ l2)$ gilt, erhält man mit

1-ed/max(l1,l2)

ein Maß für die Ähnlichkeit von zwei Strings. Schreiben Sie eine Funktion *StringSimilarityEditDistance*, die diesen Wert als Funktionswert zurückgibt.

Zum Testen können Sie Ihre Ergebnisse mit den folgenden Werten vergleichen. Dabei steht *ed* für *StringSimilarityEditDistance*:

```
double n1=sed("receieve","receieve"); // 1-0/8=1
double n2=sed("receieve","receive");  // 1-1/8=0.875
double n3=sed("receieve","receiver"); // 1-2/8=0.75
double n4=sed("receieve","retrieve"); // 1-2/8=0.75
double n5=sed("receieve","reactive"); // 1-3/8=0,525
```

6. Die Funktion *Checksum* soll eine einfache Prüfsumme für Namen mit weniger als 10 Zeichen berechnen:

```
int Checksum(const char* name)
{
char a[10]; // 10 is enough
strcpy(a,name);
int s=0;
for (int i=0; a[i]!=0; i++) s=s+a[i];
return s;
}
```

Beschreiben Sie das Ergebnis dieses Aufrufs:

```
int c= Checksum("Check me, baby");
```

7. Welche dieser Funktionen sind const-korrekt. Ändern Sie die nicht const-korrekten Funktionen so ab, dass sie const-korrekt sind.

```
void assign_c(int*& x, int* y) { x=y; }
void replace_c(int* x, int* y) { *x=*y; }
void clone_c(int*& x, int* y)   { x=new int(*y); }
```

3.12.11 Verkettete Listen

Wenn man einen Container als sortiertes Array implementiert, muss man nach dem Einfügen oder Löschen von Elementen alle auf das eingefügte bzw. gelöschte Element folgenden Elemente nach hinten oder vorne verschieben, damit die Sortierung erhalten bleibt. Das ist aber bei manchen Anwendungen zu zeitaufwendig.

Diesen Zeitaufwand kann man mit **verketteten Listen** reduzieren. Eine solche Liste besteht aus sogenannten **Knoten**, die Daten und einen Zeiger auf den nächsten Knoten enthalten. Die Knoten einer verketteten Liste werden meist durch einen Datentyp wie *Listnode* dargestellt:

```
typedef AnsiString T;// Datentyp der Nutzdaten

struct Listnode {
  T data;           // die Nutzdaten
  Listnode* next;   // Zeiger auf den nächsten Knoten
};
```

Die Verwendung eines Datentyps in seiner Definition ist nur mit Zeigern oder Referenzen möglich. Ein solcher Datentyp wird auch als rekursiver Datentyp bezeichnet.

Beispiel: Verwendet man einen Datentyp ohne Zeiger oder Referenz in seiner Definition, wird das vom Compiler als Fehler betrachtet:

```
struct Listnode {
  T data;
  Listnode next; // Fehler
};
```

Mit einem Datentyp wie *Listnode* erhält man eine verkettete Liste, indem man mit *new* Variablen dieses Typs erzeugt und in jedem Knoten dem Zeiger *next* die Adresse des nächsten Knotens zuweist:

Ein Zeiger wie *first* zeigt auf den **ersten Knoten** der Liste:

```
ListNode* first; // Zeiger auf den ersten Knoten
```

Den **letzten Knoten der Liste** kennzeichnet man durch einen Zeiger *next* mit dem Wert 0. Grafisch wird dieser Wert oft durch einen schwarzen Punkt dargestellt:

●

Dann hat die **verkettete Liste** einen eindeutigen Anfang und ein eindeutiges Ende:

Als nächstes sollen Anweisungen gesucht werden, mit denen man vor einem Knoten, auf den ein Zeiger n0 zeigt,

einen neuen Knoten einfügen kann, auf den n0 dann zeigt:

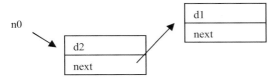

Das ist mit den Anweisungen unter 1. und 2. möglich:

1. Ein Zeiger *tmp* soll auf einen neuen Knoten zeigen, der mit *new* erzeugt wird

    ```
    Listnode* tmp=new Listnode;    // 1.1
    ```

    und dem die Daten durch eine Anweisung wie

    ```
    tmp->data = d2;                // 1.2
    ```

    zugewiesen werden. Dadurch ergibt sich:

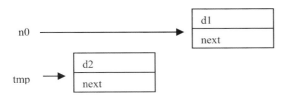

2. Der neue Knoten **tmp* wird dann mit den beiden Anweisungen

    ```
    tmp->next = n0;        // 2.1
    n0 = tmp;              // 2.2
    ```

    in die Liste eingehängt:

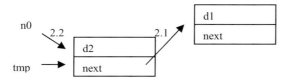

Diese Anweisungen werden mit der Funktion

```
Listnode* newListnode(const T& data, Listnode* next)
{// gibt einen Zeiger auf einen neuen Listenknoten
  // {d₀,nx₀} zurück, wobei d₀ und nx₀ die Argumente für
  // data und next sind.
Listnode* n=new Listnode;    // 1.1
n->data = data;              // 1.2
n->next = next;              // 2.2
return n; // Nachbedingung: Der Rückgabewert zeigt auf
}          //               einen neuen Knoten {d₀,nx₀}
```

durch den Aufruf

```
n0=newListnode(d2,n0);   // 2.1
```

ausgeführt. n0 zeigt danach auf einen neu erzeugten Knoten, dessen Element *next* auf den Knoten zeigt, auf den das Argument für *next* zeigt. Falls das Argument für *next* den Wert 0 hat, zeigt der Funktionswert auf einen Knoten mit *next==0*.

Das Ergebnis der ersten drei Ausführungen der Anweisung

```
first=newListnode(dᵢ,first);
```

mit den Daten d_1, d_2 usw., wobei der Wert von *first* zuerst 0 sein soll, ist in dem folgenden Ablaufprotokoll dargestellt. Dabei sind die Zeiger auf die von *newListnode* erzeugten Knoten mit n_1, n_2 usw. bezeichnet, und ein Knoten, auf den ein solcher Zeiger zeigt, mit ->{d_i,n_j}. Der Ausdruck ->{d_2,n_1} in der Spalte n_2 ist also nichts anderes als eine Kurzschreibweise für

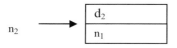

Die Werte in den Spalten n_1, n_2 usw. erhält man einfach durch Einsetzen der Argumente in die Nachbedingung von *newListnode*:

```
                              // first  n₁        n₂        n₃
first=0                             0
first=newListnode(d₁,first); n₁    ->{d₁,0}
first=newListnode(d₂,first); n₂                  ->{d₂,n₁}
first=newListnode(d₃,first); n₃                            ->{d₃,n₂}
```

Dieses Ablaufprotokoll illustriert, wie der erste dieser Aufrufe einen ersten Knoten mit *next==0* erzeugt, auf den *first* dann zeigt, und wie jeder weitere Aufruf einen neuen Knoten am Anfang in die verkettete Liste einhängt, auf die *first* zeigt (vollständige Induktion, siehe Aufgabe 3).

Die Funktionsweise von *newListnode* beruht insbesondere darauf, dass eine mit *new* erzeugte Variable bis zum Aufruf von *delete* existiert. Im Unterschied zu einer gewöhnlichen Variablen wird ihr Speicherplatz nicht mit dem Verlassen des Blocks wieder freigegeben, in dem sie erzeugt wurde.

– Deshalb existiert die Variable **tmp*, die mit

```
Listnode* tmp=new Listnode;
```

erzeugt wurde, auch noch nach dem Verlassen der Funktion *newListnode*.
– Der Zeiger *tmp* ist dagegen eine „gewöhnliche" lokale Variable, deren Speicherplatz mit dem Verlassen des Blocks wieder freigegeben wird. Da der Wert von *tmp* dem Element *next* des Funktionswerts zugewiesen wird, kann man die lokal erzeugte Variable **tmp* über den Funktionswert auch außerhalb der Funktion verwenden, in der sie erzeugt wurde.

Listen, bei denen neue Elemente am Anfang eingehängt werden, bezeichnet man auch als „**Last-in-first-out**"-Listen (**LIFO**), da das zuletzt eingefügte Element am Anfang steht. Eine LIFO-Liste erhält man mit einem Zeiger *first*, der am Anfang den Wert 0 hat, und wiederholte Aufrufe der Funktion *newListnode*:

```
Listnode* first=0;

void LIFOInsert(const T& data)
{
first=newListnode(data,first);
}
```

Um alle Elemente einer **Liste** zu **durchlaufen**, kann man sich mit einer Hilfsvariablen *tmp* vom Anfang bis zum Ende durchhangeln:

```
void showList(Listnode* start)
{ // Gibt alle Daten der Liste ab der Position start aus
Listnode* tmp=start;
while (tmp != 0)
   {
     Form1->Memo1->Lines->Add(tmp->data);
     tmp = tmp->next;
   }
}
```

Da *start* als Werteparameter übergeben wird, kann man auch *start* als Laufvariable verwenden. Wäre *start* ein Referenzparameter, würde das Argument verändert:

```
while (start != 0)
  {
     Form1->Memo1->Lines->Add(start->data);
     start = start->next;
  }
```

Anstelle einer *while*-Schleife kann man auch eine *for*-Schleife verwenden:

```
for (Listnode* tmp= start; tmp != 0; tmp = tmp->next)
   Form1->Memo1->Lines->Add(tmp->data);
```

Durch diese Schleifen werden die Listenelemente in der Reihenfolge ausgegeben, in der sie sich in der Liste befinden. Falls sie durch eine Funktion wie *LIFOInsert* immer am Anfang eingehängt werden, werden sie in der umgekehrten Reihenfolge ausgegeben, in der sie eingehängt wurden.

Einen Zeiger auf den ersten Knoten mit den Daten x erhält man mit der Funktion **findData**. Falls kein solcher Knoten gefunden wird, ist der Funktionswert 0:

```
Listnode* findData(Listnode* start, const T& x)
{
Listnode* found=0;
Listnode* tmp= start;
while (tmp != 0 && found==0)
  {
     if(tmp->data==x) found=tmp;
     tmp = tmp->next;
  }
return found;
}
```

Oft will man die Knoten einer Liste nicht in der umgekehrten Reihenfolge durchlaufen, in der sie eingefügt wurden, sondern in derselben. Das kann man dadurch erreichen, dass man einen neuen Knoten immer **am Ende** der Liste **einhängt**. Damit man sich dann aber nicht bei jedem Einfügen zeitaufwendig bis zum Ende der Liste durchhangeln muss, kann man einen **Zeiger** *last* einführen, der immer **auf das letzte Element** der Liste zeigt:

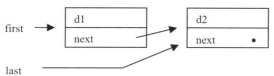

Ein neuer Knoten **tmp* soll dann der letzte Knoten in der Liste sein:

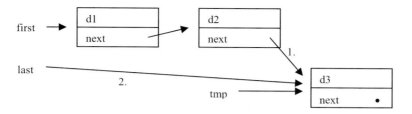

Das wird dadurch erreicht, dass man sein Element *next* auf 0 setzt:

```
Listnode* tmp = newListnode(data,0);
```

In eine nichtleere Liste (*last!=0*) wird der neue Knoten dann durch

```
last->next = tmp;      // 1.
```

nach dem bisherigen letzten Element eingehängt. Falls die Liste dagegen leer ist (*last==0*), ist der neue Knoten der erste in der Liste:

```
first = tmp;
```

Mit

```
last = tmp;            // 2.
```

zeigt *last* dann auf den neuen letzten Knoten. Diese Anweisungen werden durch die folgende Funktion zusammengefasst:

```
Listnode* first = 0;
Listnode* last = 0;

void insertLastListnode(const T& data)
{ // Erzeugt einen neuen Listen-Knoten und fügt diesen
  // nach last ein. last zeigt anschließend auf den
  // letzten und first auf den ersten Knoten der Liste.
Listnode* n=newListnode(data,0); // n->{d₀,0}
if (last==0) first=n;
else last->next=n;     // 1.
last=n;                // 2.
// Nachbedingung: Bezeichnet man den Wert von last vor
//    dem Aufruf dieser Funktion mit l₀, gilt
//    Fall I,  l₀==0: first==n && last==n
//    Fall II, l₀!=0: l₀->next==n && last==n
}
```

Beim ersten Aufruf dieser Funktion gilt *last==0*, was zur Ausführung des *then*-Zweigs der *if*-Anweisung und zu der als Fall I bezeichneten Nachbedingung führt. Bei jedem weiteren Aufruf gilt *last!=0*: Dann wird der *else*-Zweig ausgeführt, und es gilt die als Fall II bezeichnete Nachbedingung.

Das Ergebnis der ersten drei Ausführungen der Anweisung

```
insertLastListnode(dᵢ);
```

mit den Daten d_1, d_2 usw. ist in dem folgenden Ablaufprotokoll dargestellt. Dabei sind die Zeiger auf die in *insertLastListnode* erzeugten Knoten wieder wie im letzten Ablaufprotokoll mit n_1, n_2 usw. bezeichnet, und ein Knoten, auf den ein solcher Zeiger zeigt, mit ->{d_i,n_j}. Die Werte in den Spalten n_1, n_2 usw. erhält man durch Einsetzen der Argumente in die Nachbedingung von *insertLastListnode*:

```
                     // first last n1        n2         n3
     first==0                   0
     last==0                          0
     insertLastLn(d1); n1   n1   ->{d1,0}
     insertLastLn(d2);      n2   ->{d1,n2} ->{d2,0}
     insertLastLn(d3);      n3             ->{d2,n3} ->{d3,0}
```

Das entspricht nach dem ersten Aufruf der Konstellation

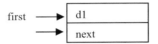

und nach dem zweiten und dritten Aufruf den oben dargestellten Konstellationen. Offensichtlich hängt ein Aufruf von *insertLastListnode* einen neuen Knoten auch in eine Liste mit n Elementen am Ende ein.

Eine Liste, bei der Knoten am Ende eingehängt und am Anfang entnommen werden, bezeichnet man auch als „**First-in-first-out**"-Liste (**FIFO**) oder als **Queue**. FIFO-Listen werden oft zur Simulation von Warteschlangen verwendet. Solche Warteschlangen können sich bilden, wenn Ereignisse in der Reihenfolge ihres Eintreffens bearbeitet werden (Fahrkartenausgabe, Bankschalter, Kasse in einem Supermarkt usw.).

Um den Knoten, auf den ein Zeiger *pn* zeigt, aus einer Liste zu entfernen

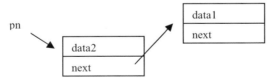

hängt man diesen Knoten einfach mit einer Anweisung wie

```
pn = pn->next;
```

aus der Liste aus:

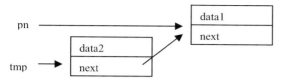

Den vom ausgehängten Knoten belegten Speicher gibt man wie in *eraseListnode* mit *delete* wieder frei. Dazu muss man den Zeiger auf den Knoten vor dem Aushängen speichern:

```
void eraseListnode(Listnode*& pn)
{ // entfernt *p aus der Liste
if (pn!=0)//falls pn==0, nichts machen oder Fehlermeldung
  {
    Listnode* tmp = pn;
    pn = pn->next;
    delete tmp;
  }
}
```

Alle Knoten einer verketteten Liste können durch eine Funktion wie *clearList* ausgehängt und gelöscht werden. Falls ein Zeiger *last* auf das letzte Element zeigen soll, muss *last* auf 0 gesetzt werden.

```
void clearList()
{ // löscht alle Knoten der Liste
while (first!=0) eraseListnode(first);
last=0;
}
```

Dieser Abschnitt sollte nur einen ersten Einblick in den Aufbau und die Arbeit mit verketteten Listen geben. Dabei hat sich insbesondere gezeigt, dass **verkettete Listen** eine Alternative zu **Arrays** sein können, wenn ein Container zur Speicherung von Daten benötigt wird. **Vergleichen** wir zum Schluss die wichtigsten Vor- und Nachteile dieser beiden Alternativen. Diese Vor- und Nachteile gelten dann auch für die in Abschnitt 4.2 vorgestellten Container *vector* und *list* der C++-Standardbibliothek, die mit dynamisch erzeugten Arrays und doppelt verketteten Listen implementiert sind:

– Die Größe eines **gewöhnlichen Arrays** muss zum Zeitpunkt der Kompilation festgelegt werden. Wenn man zu diesem Zeitpunkt aber noch nicht weiß, wie viele Daten zur Laufzeit anfallen, reserviert man eventuell zu viel oder zu wenig.

– Bei einem **dynamisch erzeugten Array** kann man mit Funktionen wie *ReAllocate* (siehe Abschnitt 3.12.6) bei Bedarf auch noch weiteren Speicher reservieren.

Wenn man einen **Zeiger** p auf eine Position in einem dynamischen Array hat und die Speicherbereiche mit einer Funktion wie *ReAllocate* verschoben werden, ist p anschließend **ungültig**. Bei einer verketteten Liste werden die

Elemente dagegen nie verschoben. Ein Zeiger auf einen Listenknoten wird nur ungültig, wenn der Knoten gelöscht wird.

– Für eine mit *new* erzeugte Variable (wie z.b. ein Knoten einer Liste) ist neben dem Speicherplatz für die eigentlichen „Nutzdaten" noch **Speicherplatz für die Adresse** (im Zeiger) notwendig. Speichert man eine Folge von kleinen Datensätzen (z.b. einzelne Zeichen) in einer verketteten Liste, kann das mit einem beträchtlichen Overhead verbunden sein. Die Adresse eines Arrayelements wird dagegen über den Index berechnet und belegt keinen Speicherplatz.

– Der **Zugriff auf das n-te Element** eines Arrays ist einfach über den Index möglich. Da man auf das n-te Element einer verketteten Liste in der Regel keinen direkten Zugriff hat, muss man sich zu diesem meist relativ zeitaufwendig durchhangeln.

– Will man in eine **sortierte Folge von Daten** neue Elemente einfügen bzw. entfernen, ohne die Sortierfolge zu zerstören, muss man in einer verketteten Liste nur die entsprechenden Zeiger umhängen. In einem Array müssen dagegen alle folgenden Elemente verschoben werden.

Offensichtlich kann man nicht generell sagen, dass einer dieser Container besser ist als der andere. Vielmehr muss man die Vor- und Nachteile in jedem Einzelfall abwägen.

Normalerweise brauchen und sollen Sie (außer in den folgenden Übungsaufgaben) keine eigenen verketteten Listen und dynamischen Arrays schreiben. Die Containerklassen *list* und *vector* der **C++-Standardbibliothek** sind für die allermeisten Anwendungen besser geeignet als selbstgestrickte Listen und Arrays. Da sich die wesentlichen Unterschiede zwischen diesen Containerklassen aus den zugrundeliegenden Datenstrukturen ergeben, ist ein Grundverständnis dieser Datenstrukturen wichtig, auch wenn sie nicht selbst geschrieben werden sollen.

Aufgabe 3.12.11

Falls diese Aufgaben im Rahmen einer Gruppe (z.B. einer Vorlesung oder eines Seminars) bearbeitet werden, können einzelne Teilaufgaben auch auf verschiedene Teilnehmer verteilt werden. Die Lösungen der einzelnen Teilaufgaben sollen dann in einem gemeinsamen Projekt zusammen funktionieren.

1. Ein Programm soll Daten aus einem Edit-Fenster in eine verkettete Liste einhängen. Die beiden Zeiger *first* und *last* sollen bei einer leeren Liste den Wert 0 haben und bei einer nicht leeren Liste immer auf den ersten und letzten Knoten der Liste zeigen.

    Schreiben Sie die folgenden Funktionen und rufen Sie diese beim Anklicken eines entsprechenden Buttons auf. Sie können sich dazu an den Beispielen im Text orientieren.

a) *pushFront* soll einen neuen Knoten mit den als Parameter übergebenen Daten am Anfang in die Liste einhängen. Diese Funktion soll beim Anklicken eines Buttons mit der Aufschrift „**Am Anfang Einfügen**" aufgerufen werden und den Text im Edit-Fenster in die Liste einhängen.

b) *showList* soll die Daten der Liste in einem Memo anzeigen. Diese Funktion soll beim Anklicken eines Buttons mit der Aufschrift „**Anzeigen**" aufgerufen werden.

c) Schreiben Sie ein Ablaufprotokoll für 4 Aufrufe der Funktion *pushFront* (z.B. mit den Argumenten"10", "11", "12" und "13"). Geben Sie eine Beziehung an, die nach jedem Aufruf dieser Funktion gilt.

d) *findData* soll einen Zeiger auf den ersten Knoten der Liste zurückgeben, der die als Parameter übergebenen Daten enthält. Falls kein solcher Knoten existiert, soll der Wert 0 zurückgegeben werden. Diese Funktion soll beim Anklicken eines Buttons mit der Aufschrift „**Linear suchen**" aufgerufen werden und alle Strings der Liste ausgegeben, die gleich dem String im Edit-Fenster sind.

e) *pushBack* soll einen neuen Knoten mit den als Parameter übergebenen Daten am Ende der Liste einhängen. Diese Funktion soll beim Anklicken eines Buttons mit der Aufschrift „**Am Ende Einfügen**" aufgerufen werden und den Text im Edit-Fenster in die Liste einhängen.

f) *insertSorted* soll die als Parameter übergebenen Daten so in eine sortierte verkette Liste einhängen, dass die Liste anschließend auch noch sortiert ist. Diese Funktion soll beim Anklicken eines Buttons mit der Aufschrift „**Sortiert Einfügen**" aufgerufen werden und den Text im Edit-Fenster in die Liste einhängen. Schreiben Sie dazu eine Funktion *findBefore*, die die Position des Knotens zurückgibt, an der der neue Knoten eingefügt werden soll.

g) *eraseListnode* soll den ersten Knoten mit den als Parameter übergebenen Daten löschen, falls ein solcher Knoten existiert. Diese Funktion soll beim Anklicken eines Buttons mit der Aufschrift „**Löschen**" aufgerufen werden und den Knoten mit dem Text des Edit-Fensters löschen.

h) *clearList* soll den gesamten von der verketteten Liste belegten Speicherplatz wieder freigeben. Danach sollen *first* und *last* wieder eine leere Liste darstellen. Diese Funktion soll beim Anklicken eines Buttons mit der Aufschrift „**Liste Löschen**" aufgerufen werden

i) Bei welcher dieser Funktionen zeigen *first* und *last* auch nach dem Aufruf auf den ersten und letzten Knoten der Liste, wenn sie vor dem Aufruf auf diese Knoten gezeigt haben?

j) Schreiben Sie für Ihre Lösungen von a) bis g) Testfunktionen (siehe Abschnitt 3.5.2), die wenigstens eine elementare Funktionalität prüfen. Geben Sie die Teile der Aufgabenstellung explizit an, die nicht getestet werden können.

2. Eine **doppelt verkettete Liste** besteht aus Knoten, die nicht nur einen Zeiger *next* auf den nächste Knoten enthalten, sondern außerdem auch noch einen Zeiger *prev* auf den Knoten davor. Eine solche Liste kann man sowohl vorwärts als auch rückwärts durchlaufen. Die doppelt verkettete Liste in dieser

Aufgabe soll durch die beiden Zeiger *firstDll* und *lastDll* dargestellt werden, die immer auf den ersten bzw. letzten Knoten zeigen.

Schreiben Sie die folgenden Funktionen und rufen Sie diese beim Anklicken eines entsprechenden Buttons auf. Sie können sich dazu an der letzten Aufgabe orientieren.

a) Entwerfen Sie eine Datenstruktur **DllListnode**, die einen Knoten einer doppelt verketteten Liste darstellt. Eine Funktion *newDllListnode* soll einen solchen Knoten mit den als Argument übergebenen Zeigern auf die Knoten *next* und *prev* sowie den Daten erzeugen und einen Zeiger auf diesen Knoten zurückgeben.

b) Schreiben Sie eine Funktion **pushFrontDll**, die einen Knoten mit den als Argument übergebenen Daten in eine doppelt verkettete Liste am Anfang einhängt.

c) **showDllForw** soll die Daten der doppelt verketteten Liste in einem Memo anzeigen und dabei mit *firstDll* beginnen.

d) **showDllRev** soll die Daten der doppelt verketteten Liste in einem Memo anzeigen und dabei mit *lastDll* beginnen.

e) Stellen Sie das Ergebnis der ersten drei Aufrufe von **pushFrontDll** in einem Ablaufprotokoll dar.

f) **pushBackDll** soll einen Knoten mit den als Argument übergebenen Daten am Ende in die verkette Liste einhängen.

g) Stellen Sie das Ergebnis der ersten drei Aufrufe von **pushBackDll** in einem Ablaufprotokoll dar

h) **eraseDllListnode** soll den ersten Knoten mit den als Parameter übergebenen Daten löschen, falls ein solcher Knoten existiert.

i) **clearList** soll den gesamten von der verketteten Liste belegten Speicherplatz wieder freigeben. *firstDll* und *lastDll* sollen danach eine leere Liste darstellen.

j) Schreiben Sie für Ihre Lösungen Testfunktionen (siehe Abschnitt 3.5.2), die zumindest eine elementare Funktionalität prüfen. Geben Sie die Teile der Aufgabenstellung explizit an, die nicht getestet werden können.

3. Zeigen Sie mit vollständiger Induktion, dass durch wiederholte Aufrufe von

a) *pushFront* (Aufgabe 1 a) eine einfach verkettete Liste aufgebaut wird, bei der ein neuer Knoten am Anfang eingehängt wird. Vor dem ersten Aufruf soll *first==last==0* sein.

b) *pushBack* (Aufgabe 1 d) eine einfach verkettete Liste aufgebaut wird, bei der ein neuer Knoten am Ende eingehängt wird. Vor dem ersten Aufruf soll *first==last==0* sein.

c) *pushFrontDll* (Aufgabe 2 b) eine doppelt verkettete Liste aufgebaut wird, bei der ein neuer Knoten am Anfang eingehängt wird. Vor dem ersten Aufruf soll *firstDLL==0* sein.

    d) *pushBackDll* (Aufgabe 2 f) eine doppelt verkettete Liste aufgebaut wird,
       bei der ein neuer Knoten am Ende eingehängt wird. Vor dem ersten Aufruf
       soll *firstDLL*==0 sein.

3.12.12 Binärbäume

Baumstrukturen werden aus Knoten aufgebaut, die einen Zeiger auf einen linken
und rechten Teilbaum enthalten:

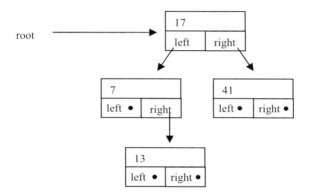

Ein Baumknoten kann durch den Datentyp *Treenode* dargestellt werden:

```
typedef AnsiString T;// Datentyp der Nutzdaten

struct Treenode {
  T data;            // die Nutzdaten
  Treenode* left;
  Treenode* right;
};
```

Der Zeiger auf den obersten Knoten des Baums wird oft als *root* bezeichnet:

```
Treenode* root=0;
```

Die Funktion *newTreenode* erzeugt einen Baumknoten mit den als Argument
übergebenen Daten und Zeigern:

```
Treenode* newTreenode(const T& data, Treenode* left,
                                     Treenode* right)
{ // gibt einen Zeiger auf einen neuen Knoten zurück
Treenode* tmp=new Treenode;
tmp->data = data;
tmp->left = left;
tmp->right = right;
return tmp;
}
```

Baumstrukturen sollen im Folgenden am Beispiel von **binären Suchbäumen**
illustriert werden. Ein **binärer Suchbaum** ist eine Baumstruktur, in der

- ein Knoten einen Schlüsselwert hat, nach dem die Knoten im Baum angeordnet
  werden, sowie eventuell weitere Daten,
- jeder linke Teilbaum eines Knotens nur Schlüsselwerte enthält, die kleiner sind
  als der Schlüsselwert im Knoten, und
- jeder rechte Teilbaum nur Schlüsselwerte, die größer oder gleich dem Schlüsselwert im Knoten sind.

Beispiel: Der Baum von oben ist ein binärer Suchbaum, bei dem *data* als
Schlüsselwert verwendet wird. Hängt man Knoten mit den folgenden
Werten an den jeweils angegebenen Positionen ein, ist der Baum auch
anschließend noch ein binärer Suchbaum:

> 5: an der Position *left* beim Knoten mit dem Wert 7
> 10: an der Position *left* beim Knoten mit dem Wert 13
> 15: an der Position *right* beim Knoten mit dem Wert 13

In einen binären Suchbaum mit der Wurzel *root* können Knoten mit der folgenden
Funktion eingehängt werden:

```
void insertBinTreenode(const T& x)
{
if (root==0) root=newTreenode(x,0,0);
else
   {
     Treenode* i=root;
     Treenode* p;
     while(i!=0)
       {
         p=i;
         if (x<i->data) i=i->left;
         else i=i->right;
       }
     if (x<p->data) p->left=newTreenode(x,0,0);
     else p->right=newTreenode(x,0,0);
   }
}
```

Mit einer Funktion wie *searchBinTree* kann man einen Knoten mit den als
Argument übergebenen Daten finden:

```
Treenode* searchBinTree(const T& x)
{
Treenode* result=0;
if (root!=0)
   {
     Treenode* i=root;
```

```
     while(i!=0 && i->data!=x)
       {
          if (x<i->data) i=i->left;
          else i=i->right;
       }
     if (i!=0 && i->data==x)
        result=i;
  }
  return result;
}
```

Falls in einem Baum der linke und rechte Teilbaum eines Knotens jeweils etwa gleich tief ist, reduziert sich der Suchbereich mit jedem Schritt etwa um die Hälfte, so dass man wie beim binären Suchen logarithmische Suchzeiten erhält. Ein solcher Baum wird auch als **balancierter Baum** bezeichnet. Verbreitete balancierte Bäume sind die sogenannten Rot-Schwarz-Bäume, die oft in der C++-Standardbibliothek verwendet werden, und AVL-Bäume. Bei ihnen werden Knoten immer so eingefügt oder gelöscht, dass der Baum anschließend ausgeglichen ist.

Balancierte Binärbäume werden oft mit **rekursiven Funktionen** bearbeitet, da ihre Rekursionstiefe nicht sehr groß wird (siehe Abschnitt 5.3).

Normalerweise brauchen und sollen Sie (außer in den folgenden Übungsaufgaben) keine eigenen Binärbäume schreiben. Die **C++-Standardbibliothek** enthält die Containerklassen *set*, *map* usw. (siehe Abschnitt 4.4), die intern mit balancierten Binärbäumen (meist Rot-Schwarz-Bäume) implementiert sind, und die für die allermeisten Anwendungen besser geeignet sind als selbstgestrickte Bäume. Da sich die wesentlichen Eigenschaften dieser Containerklassen aus den zugrundeliegenden Datenstrukturen ergeben, ist ein Grundverständnis dieser Datenstrukturen wichtig, auch wenn sie nicht selbst programmiert werden sollen. Für weitere Informationen zu Baumstrukturen wird auf die umfangreiche Literatur verwiesen (z.B. Cormen, 2001).

Aufgabe 3.12.12

1. Eine typische Anwendung von balancierten Binärbäumen ist ein **Informationssystem**, das zu einem eindeutigen Schlüsselbegriff eine zugehörige Information findet, z.B. den Preis zu einer Artikelnummer.

   Bei den folgenden Aufgaben geht es aber nur um einige elementare Operationen und nicht um Performance. Deshalb muss der Baum nicht balanciert sein.

   a) Entwerfen Sie eine Datenstruktur *Treenode*, die einen Knoten eines Baums mit einem Schlüssel *key* und zugehörigen Daten *data* (Datentyp z.B. *AnsiString* für beide) darstellt. Eine Funktion *newTreenode* soll einen solchen Knoten mit den als Argument übergebenen Zeigern auf die Unterbäume *left* und *right* sowie den Daten *key* und *data* erzeugen.

b) Schreiben Sie eine Funktion *insertBinTreenode*, die einen Knoten mit den als Argument übergebenen Daten in einen Binärbaum einhängt. Rufen Sie diese Funktion beim Anklicken eines Buttons mit Argumenten für *key* und *data* auf, die aus zwei Edit-Fenstern übernommen werden. Die Knoten sollen im Baum entsprechend dem Schlüsselbegriff angeordnet werden.

c) Schreiben Sie eine Funktion *searchBinTree*, die einen Zeiger auf einen Knoten mit dem als Argument übergebenen Schlüsselbegriff zurückgibt, wenn ein solcher Knoten gefunden wird, und andernfalls den Wert 0.

d) Schreiben Sie unter Verwendung der Funktion *seachBinTree* eine Funktion

```
bool ValueToKey(KeyType Key,ValueType& Value)
```

Ihr Funktionswert soll *true* sein, wenn zum Argument für *Key* ein Knoten mit diesem Schlüsselwert gefunden wurde. Die zugehörigen Daten sollen dann als Argument für *Value* zurückgegeben werden. Falls kein passender Wert gefunden wird, soll der Funktionswert *false* sein.

e) Schreiben Sie Testfunktionen (siehe Abschnitt 3.5.2), die zumindest eine elementare Funktionalität Ihrer Lösungen prüfen.

Im Zusammenhang mit den assoziativen Containern der Standardbibliothek wird in Abschnitt 4.4 eine einfachere Lösung dieser Aufgabe vorgestellt, die auf balancierten Binärbäumen beruht.

3.12.13 Zeiger als Parameter und Win32 API Funktionen

In der Programmiersprache C gibt es keine Referenzparameter (siehe Abschnitt 3.4.4 und 3.18.2) und auch kein anderes Sprachelement, mit dem man den Wert eines **Arguments** durch eine Funktion **verändern** kann. Um in C mit einer Funktion eine als Argument übergebene Variable zu verändern, übergibt man deshalb als Parameter einen Zeiger auf die Variable. Die Variable wird dann in der Funktionsdefinition durch eine Dereferenzierung des Zeigers angesprochen.

Funktionen mit Zeiger-Parametern schreiben bei ihrem Aufruf meist Werte an die **als Argument** übergebene Adresse. Deshalb muss diese Adresse auf einen reservierten Speicherbereich zeigen.

Beispiel: Mit der Funktion *vertausche* können die Werte von zwei Variablen des Datentyps *int* vertauscht werden:

```
void vertausche(int* x, int* y)
{
int h = *x;
*x = *y;
*y = h;
}
```

Beim Aufruf der Funktion übergibt man dann die Adresse der zu vertauschenden Variablen als Argument:

```
int x=0,y=1;
vertausche(&x,&y);
```

Da viele C++-Programmierer früher in C programmiert haben und C++-Programme oft C-Bibliotheken verwenden, findet man diese Technik auch heute noch in C++-Programmen. Sie bietet dieselben Möglichkeiten wie Referenzparameter. Allerdings sind Referenzparameter aus den folgenden Gründen einfacher:

- Die Parameter müssen in der Funktion nicht dereferenziert werden.
- Beim Aufruf der Funktion muss der Adressoperator & nicht angegeben werden.

Normalerweise besteht in einem C++-Programm keine Notwendigkeit, Parameter eines Zeigertyps zu verwenden. Zu den Ausnahmen gehören Funktionen aus C Bibliotheken, die Parameter eines Zeigertyps haben. Einige solche Funktionen werden jetzt vorgestellt.

Die Funktion

> void *__memset__(void *s, int c, size_t n); // size_t ist unsigned int

der C-Standardbibliothek beschreibt n Bytes ab der Adresse in s mit dem Wert c.

Beispiel: Nach

```
double d;
double* pd=new double;
```

kann die Funktion *memset* z.B. folgendermaßen aufgerufen werden:

```
memset(&d,0,sizeof(d));//übergebe die Adresse von
memset(pd,0,sizeof(*pd));                        // d
```

Wie die Darstellung des Datenformats *double* in Abschnitt 3.6.1 zeigt, ist dieser Aufruf nur eine etwas umständliche Art, eine *double*-Variable auf 0 zu setzen.

Die **Funktionen der Win32-API** (den Systemfunktionen von Windows) sind in C geschrieben. Sie verwenden immer Zeiger, wenn sie die Werte von Argumenten verändern. Für diese Zeigertypen werden oft eigene Namen verwendet. So werden z.B. in „include\Windef.h" unter anderem folgende Synonyme definiert:

```
typedef BOOL near       *PBOOL;
typedef BOOL far        *LPBOOL;
typedef BYTE near       *PBYTE;
typedef BYTE far        *LPBYTE;
typedef int near        *PINT;
typedef int far         *LPINT;
typedef long far        *LPLONG;
typedef DWORD far       *LPDWORD;
```

```
typedef void far              *LPVOID;
typedef CONST void far        *LPCVOID;
```

In „include\winnt.h" findet man unter anderem:

```
typedef char CHAR;
typedef unsigned int UINT;
#ifndef CONST
  #define CONST                 const
#endif
#define SW_SHOW               5
#define MAX_PATH            260
typedef CHAR *LPSTR, *PSTR;
typedef LPSTR PTSTR, LPTSTR;
typedef CONST CHAR *LPCSTR, *PCSTR;
```

Sie werden z.B. von den folgenden Windows API-Funktion verwendet:

1. Mit der Funktion *WinExec* kann man ein Programm starten:

   *UINT **WinExec**(LPCSTR lpCmdLine, // address of command line*
             UINT uCmdShow);   // window style for new application

   Im einfachsten Fall gibt man für *lpCmdLine* den Namen der Exe-Datei an und für *uCmdShow* die vordefinierte Konstante *SW_SHOW*:

   ```
   WinExec("notepad.exe",SW_SHOW);
   ```

   Diese Anweisung startet das Programm „notepad.exe", das sich meist im Windows-Verzeichnis befindet.

2. Die nächste Funktion schreibt die ersten *uSize* Zeichen des aktuellen Windows-Verzeichnisses (z.B. „c:\windows") in den Speicherbereich, dessen Adresse in *lpBuf* übergeben wird.

   *UINT **GetWindowsDirectory**(*
      LPTSTR lpBuf, // address of buffer for Windows directory
      UINT uSize); // size of directory buffer

   Da die maximale Länge eines Verzeichnisses MAX_PATH (eine vordefinierte Konstante) Zeichen sein kann, empfiehlt sich für *uSize* dieser Wert. Diese Funktion kann folgendermaßen aufgerufen werden:

   ```
   char lpBuf[MAX_PATH];
   GetWindowsDirectory(lpBuf,MAX_PATH);
   Memo1->Lines->Add(lpBuf);
   ```

Eine ausführliche Beschreibung dieser (sowie aller weiteren API-Funktionen) findet man in der Win32-SDK Online-Hilfe (siehe Abschnitt 1.7).

Der C++Builder übergibt auch an Ereignisbehandlungsroutinen wie *Button1Click* einen Zeiger auf die VCL-Basisklasse *TObject*, obwohl solche Typen auch als Referenzparameter übergeben werden können:

```
void __fastcall TForm1::Button1Click(TObject *Sender)
{
}
```

Eine solche Funktion kann mit einem Zeiger auf eine Variable eines beliebigen Klassentyps der VCL aufgerufen werden. Ein solcher Aufruf hat dann dasselbe Ergebnis, wie wenn der Button1 angeklickt wird.

```
Button1Click(Button1);
Button1Click(Memo1);
```

Aufgaben 3.12.13

Weitere Informationen zu den Win32 API-Funktionen der nächsten beiden Aufgaben findet man in der Win32-SDK Online-Hilfe (siehe Abschnitt 1.7).

1. Die Win32 API-Funktion

   *DWORD **GetTempPath(***
   DWORD nBufferLength,   // Größe des Puffers (in Zeichen)
   LPTSTR lpBuffer);   // Adresse des Puffers

   schreibt maximal *nBufferLength* Zeichen des nullterminierten Strings mit dem Verzeichnis für temporäre Dateien in den Speicherbereich ab der Adresse, die als *lpBuffer* übergeben wird. Dieses Verzeichnis wird folgendermaßen bestimmt:

   – als der Pfad, der in der Umgebungsvariablen TMP steht
   – falls TMP nicht definiert ist, als der Pfad in TEMP
   – falls weder TMP noch TEMP definiert sind, als das aktuelle Verzeichnis.

   Der Rückgabewert ist 0, falls der Aufruf dieser Funktion fehlschlägt. Andernfalls ist er die Länge des Verzeichnisstrings.

   Schreiben Sie eine Funktion *ShowTempPath*, die das Verzeichnis für temporäre Dateien in einem Memo-Fenster ausgibt. Übergeben Sie für *lpBuffer* ein Array mit MAX_PATH Zeichen. Diese vordefinierte Konstante stellt die maximale Länge eines Pfadnamens dar.

2. Die Win32 API-Funktion

   *DWORD **GetLogicalDriveStrings(***
   DWORD nBufferLength,   // Größe des Puffers (in Zeichen)
   LPTSTR lpBuffer);   // Adresse des Puffers

schreibt maximal *nBufferLength* Zeichen mit den gültigen Laufwerken in ein *char* Array, dessen Adresse für *lpBuffer* übergeben wird. Die Laufwerke werden als eine Folge von nullterminierten Strings in das Array geschrieben. Zwei aufeinander folgende Nullterminatoren kennzeichnen das Ende.

Beispiel: Bezeichnet man den Nullterminator mit <null>, werden bei einem Rechner mit zwei Laufwerken c:\ und d:\ diese Zeichen in das Array geschrieben:

c:\<null>d:\<null><null>

Schreiben Sie eine Funktion *ShowDriveStrings*, die alle gültigen Laufwerke in einem Memo-Fenster anzeigt. Berücksichtigen Sie die in der Online-Hilfe beschriebenen Rückgabewerte von *GetLogicalDriveStrings*.

3.12.14   Bibliotheksfunktionen für nullterminierte Strings Θ

Angesichts der großen Bedeutung der Stringbearbeitung gibt es zahlreiche Bibliotheksfunktionen für nullterminierte Strings, die noch aus den Urzeiten von C stammen. Da sie recht bekannt sind, werden sie auch heute noch oft in C++-Programmen verwendet. Das ist allerdings ein Anachronismus, der vermieden werden sollte: C++ enthält **Stringklassen**, die wesentlich einfacher und sicherer benutzt werden können (siehe Abschnitte 3.13 und 4.1), und die bevorzugt werden sollten. Microsoft Visual C++ 2005 hat diese Funktionen inzwischen als „deprecated" gebannt. Bei jeder Verwendung einer solchen Funktion gibt der Compiler eine Warnung dieser Art aus:

warning C4996: 'sprintf' was declared deprecated

Falls Sie also nie mit C-Programmen zu tun haben werden, lassen Sie dieses Kapitel am besten aus und verwenden die hier vorgestellten Funktionen und Bibliotheken nie. Falls Sie jedoch mit älteren Programmen arbeiten müssen, die diese Konzepte verwenden bleibt Ihnen dieses Kapitel nicht erspart.

Nach *#include <string.h>* sind unter anderem die folgenden Funktionen der C Standardbibliothek für nullterminierte Strings verfügbar. Sie hangeln sich alle wie im Beispiel *my_strcpy* (siehe Abschnitt 3.12.10) von einem als Argument übergebenen Zeiger bis zum nächsten Nullterminator durch. Deshalb dürfen sie nur mit Argumenten aufgerufen werden, bei denen

– die Zeiger für eine Quelle auf einen nullterminierten String zeigen, und
– die Zeiger für einen Zielbereich auf genügend reservierten Speicher zeigen.

Da die Überprüfung dieser Voraussetzungen oft nicht einfach ist oder vergessen werden kann, ist ihre Verwendung nicht ungefährlich.

*size_t **strlen**(const char *s);*

Der Rückgabewert ist die Länge des nullterminierten Strings, auf den s zeigt (ohne den Nullterminator '\0'). Dabei werden ab *s die Zeichen bis zum nächsten Nullterminator gezählt.

*char **strcpy**(char *dest, const char *src);*

Kopiert alle Zeichen ab der Adresse in *src* bis zum nächsten Nullterminator in die Adressen ab *dest* (wie *my_strcpy*).

*char **strcat**(char *dest, const char *src);*

strcat hängt eine Kopie von *src* an das Ende von *dest* an. Das Ergebnis hat die Länge *strlen(dest) + strlen(src)*. Der Rückgabewert ist *dest*.

*int **strcmp**(const char *s1, const char *s2);*

Vergleicht die nullterminierten Strings, auf die s1 und s2 zeigen, zeichenweise als *unsigned char*. Der Vergleich beginnt mit dem ersten Zeichen und wird so lange fortgesetzt, bis sich die beiden Zeichen unterscheiden oder bis das Ende eines der Strings erreicht ist. Falls s1==s2, ist der Rückgabewert 0. Ist s1 < s2, ist der Rückgabewert < 0 und andernfalls > 0.

*char **strstr**(char *s1, const char *s2);*

Diese Funktion durchsucht s1 nach dem ersten Auftreten des Teilstrings s2. Falls s2 in s1 vorkommt, ist der Rückgabewert ein Zeiger auf das erste Auftreten von s2 in s1. Andernfalls wird 0 (Null) zurückgegeben.

Zur **Umwandlung von Strings**, die ein Dezimalliteral des entsprechenden Datentyps darstellen, stehen nach *#include <stdlib.h>* diese Funktionen zur Verfügung:

*int **atoi**(const char *s);*   // „ascii to int"
*long **atol**(const char *s);*   // „ascii to long"
*double **atof**(const char *s);* // „ascii to float", aber Ergebnis *double*

Sie geben den Wert des umgewandelten Arguments zurück, falls es konvertiert werden kann:

```
int i=atoi("123");      // i=123
double d=atof("45.67"); // d=45.67
```

Diese Funktionen brechen die Umwandlung beim ersten Zeichen ab, das nicht zu einem Literal des jeweiligen Datentyps passt:

```
double d=atof("45,67"); // d=45: Komma statt Punkt
```

Dabei kann man nicht feststellen, ob alle Zeichen des Strings umgewandelt wurden oder nicht. Deshalb sollte man diese Funktionen nicht zur Umwandlung von Benutzereingaben verwenden, da solche Strings nicht immer dem erwarteten Schema entsprechen.

Die vielseitigste Funktion zur **Umwandlung** von Ausdrücken verschiedener Datentypen **in einen nullterminierten String** ist (nach *#include <stdio.h>*)

>   int *sprintf(char *buffer, const char *format[, argument, ...]);*

Sie schreibt einen nullterminierten String in das *char* Array, dessen Adresse für *buffer* übergeben wird. Der String ergibt sich aus dem **Formatstring** (dem Argument für *format*) und den weiteren Argumenten. Der Formatstring enthält sowohl Zeichen, die unverändert ausgegeben werden, als auch **Formatangaben**, die festlegen, wie die weiteren Argumente dargestellt werden. Die erste Formatangabe legt das Format für das erste Argument fest, usw. Weitere Funktionen sind ähnlich aufgebaut und schreiben Text in eine Datei (*fprintf*) oder auf die Konsole (*printf*).

Eine **Formatangabe** beginnt immer mit dem Zeichen % und ist nach folgendem Schema aufgebaut:

>   % *[flags] [width] [.prec] [F|N|h|l|L] type_char*

Das %-Zeichen wird (immer in dieser Reihenfolge) gefolgt von:

>   optionalen *flags* (z.B. „–" für eine linksbündige Formatierung)
>   der optionalen Angabe für die minimale Breite *[width]*
>   der optionalen Präzisionsangabe *[.prec]*
>   der optionalen Größenangabe *[F|N|h|l|L]*
>   dem obligatorischen Typkennzeichen *type_char*, das festlegt, wie das zugehörige Argument interpretiert wird. Es kann unter anderem einer dieser Werte sein:

>   d   konvertiert einen Ganzzahlwert in das Dezimalformat
>   x   konvertiert einen Ganzzahlwert in seine Hexadezimaldarstellung
>   e   stellt einen *double*-Wert in einem Exponentialformat „ddd...e+dd" dar
>   f   stellt einen *double*-Wert in einem Festkommaformat „-ddd.ddd..." dar
>   p   stellt einen Zeiger hexadezimal dar
>   c   zur Darstellung von Zeichen (Datentyp *char*)
>   s   zur Darstellung nullterminierter Strings (Datentyp *char**)

Diese Liste ist nicht vollständig. Für weitere Details wird auf die Online-Hilfe verwiesen. Einige Beispiele für die fast unüberschaubare Zahl von Kombinationen:

```
char s[100];
sprintf(s,"%d + %x = %g",17,17,17+17.0);
   // s="17 + 11 = 34"
char const* t="Hallo";
sprintf(s,"%s ihr da dr%cußen: ",t,'a');
   // s="Hallo ihr da draußen: "
```

```
double d=1e5;
sprintf(s,"Bitte    überweisen   Sie    %g    Euro    auf    mein
Konto",d);
   // s="Bitte überweisen Sie 100000 DM auf mein Konto"
char const* u="linksbündig";
sprintf(s,"%-20s:",u);
   // s="linksbündig          : "
```

Die *printf* Funktionen interpretieren den Speicherbereich an der Adresse eines aus-
zugebenden Arguments nach den zugehörigen Angaben im Formatstring, und zwar
unabhängig davon, ob sie zusammenpassen oder nicht. Falls sie nicht zusammenpassen, wird das bei der Kompilation nicht entdeckt und hat falsche Ergebnisse zur
Folge. Deshalb ist bei der Verwendung von *sprintf* Vorsicht geboten.

Beispiel: Wenn man *sprintf* ein *int*-Argument mit einer *double*-Formatangabe
          übergibt, wird das *int*-Bitmuster als Gleitkommawert interpretiert. Falls
          das Ergebnis nicht allzu unplausibel aussieht, wird dieser Fehler vom
          Anwender eventuell nicht einmal bemerkt:

```
int i=17;
sprintf(s,"i=%f",i); // s=="i=0.000000"
```

Falls *sprintf* 8 Bytes (*sizeof(double)*) anspricht, obwohl nur 4 Bytes für i
reserviert sind, kann das Programm abstürzen.

Während der Kompilation erfolgt kein Hinweis auf ein eventuelles
Problem. Im Unterschied dazu ist die Verwendung der Stringklassen
ohne jedes Risiko:

```
AnsiString s = FloatToStr(i);
```

Nullterminierte Strings aus „**wide char**"-Zeichen werden als Zeiger auf *wchar_t*
definiert. Literale beginnen mit dem Zeichen L:

```
wchar_t* w= L"Es gibt keine chinesischen Zeichen auf "
                            "meiner Tastatur";
```

Für solche Strings gibt es im Wesentlichen dieselben Funktionen wie für *char**.
Ihre Namen beginnen mit „wcs" (für „wide character string") anstelle von „str":

*size_t **wcslen**(const wchar_t *s); // wie strlen*
*wchar_t ***wcscpy**(wchar_t *dest, const wchar_t *src); // wie strcpy*
*wchar_t ***wcscat**(wchar_t *dest, const wchar_t *src); // wie strcat*
*int **wcscmp**(const wchar_t *s1, const wchar_t *s2);*
...

Anmerkungen für Delphi-Programmierer: Den Datentypen *char** und *wchar_t**
entsprechen in Delphi die Datentypen *PChar* und *PWideChar*.

Aufgaben 3.12.14

1. Beschreiben Sie das Ergebnis der folgenden Anweisungen:

```
char c='A'; const char* s="yodel doodle doo"; char* t;
```

   a) `int n1=strlen(&c);`
   b) `int n2=strlen(strstr(s,"doo"));`
   c) `int n3=strlen(strstr("doo",s));`
   d) `strcpy(t,s);`

2. Schreiben Sie eine Funktion *char* cloneString(const char* s)*, die einen als Parameter übergebenen nullterminierten String in einen dynamisch erzeugten Speicherbereich kopiert und dessen Adresse zurückgibt.

   a) Beschreiben Sie den Unterschied der beiden Zuweisungen an s1 und s2:

```
char* t="abc";
char* s1=t;
char* s2=cloneString(t);
```

   b) Was müssen Sie nach einem Aufruf von *cloneString* beachten.

3.12.15 Die Erkennung von „Memory leaks" mit CodeGuard Θ

Wenn eine nicht mehr benötigte dynamisch erzeugte Variable nicht wieder freigegeben wird, ist das genau genommen immer ein Programmfehler, auch wenn er nicht so gravierend ist wie ein Programmabsturz und eventuell nicht einmal bemerkt wird. Ein solcher Fehler kann in häufig ausgeführten Programmteilen zur Folge haben, dass die Auslagerungsdatei immer größer und das Programm immer langsamer wird (**memory leak**).

Erfahrungsgemäß werden solche Fehler im Quelltext leicht übersehen. Deshalb wurden Tools wie **CodeGuard** entwickelt, die bei der Suche nach solchen Fehlern helfen. CodeGuard gehört zum C++Builder (auch zur Turbo-Explorer Ausgabe).

Nach einer Aktivierung unter *Projekt|Optionen|C++ Compiler|Unterstützung für CodeGuard* erkennt CodeGuard Speicherlecks, andere Ressourcenlecks und weitere Laufzeitfehler und zeigt sie im Meldungsfenster an. Die Konfiguration erfolgt unter *Tools|CodeGuard-Konfiguration*.

Beispiel: Erzeugt man dynamische Variablen mit

```
int* p1=new int;
int* p2=new int;
```

und gibt diese nicht wieder frei, werden am Ende des Programms Meldungen angezeigt, die insbesondere auch die Nummer der Zeile enthalten, in der die Variablen erzeugt wurden:

Da CodeGuard außer Operationen mit dynamisch reservierten Speicherbereichen auch Zugriffe auf den Stack überprüft, ist es empfehlenswert, CodeGuard während der Entwicklung immer zu aktivieren. Da die Überwachung mit CodeGuard zeitaufwendig ist und die Programme langsamer macht, solle die Überwachung in der Release-Version deaktiviert werden. Für weitere Informationen wird auf die Online-Hilfe verwiesen.

Aufgabe 3.12.15

1. Aktivieren Sie CodeGuard in Ihren Projekten mit den Lösung der Aufgaben des Abschnitts 3.12 und prüfen Sie, ob Fehler entdeckt werden.

2. Schreiben Sie ein Programm mit den folgenden Fehlern und prüfen Sie, ob CodeGuard diese erkennt:

   a) Zugriff auf einen nicht reservierten Speicherbereich
   b) Zugriff auf einen Speicherbereich, der zuvor wieder freigegeben wurde
   c) Freigabe eines mit *new[]* reservierten Arrays mit *delete*

3.12.16 Zeiger auf Zeiger auf Zeiger auf ... Θ

Ein Zeiger kann wiederum auf einen Zeiger zeigen. Dabei erhält man Datentypen mit mehreren Sternen, wie z.B.:

```
int** p; int*** q;
```

Das soll an einigen Beispielen illustriert werden.

1. Nach der Definition

```
int** p=new(int*);//Ein Zeiger auf einen Zeigern auf int
```

ist *p ein „Zeiger auf *int*" und **p ein *int*:

```
int i=17;
*p=&i; // **p==17
```

2. Doppelstern-Zeiger werden oft von C-Funktionen verwendet, die einen Zeiger zurückgeben, wie z.B. den Funktionen

> *double* **strtod***(const char *s, char **endptr);*
> *long* **strtol***(const char *s, char **endptr, int radix);*
> *unsigned long* **strtoul***(const char *s, char **endptr, int radix);*

Sie konvertieren die ersten Zeichen des Stringarguments s in einen Wert des Datentyps *double, long* oder *unsigned long*. Das Argument für *endptr* enthält dann nach dem Aufruf die Adresse des ersten Zeichens, das kein Zeichen des entsprechenden Literals ist. Da diese Funktionen führende whitespace-Zeichen ignorieren, kann man mit sukzessiven Aufrufen mehrere Zahlen aus einem String extrahieren:

```
char* s=" 1.23    4.56xy"; char* q=s; char* p=q;
double d1=strtod(p,&q); // d1==1.23 q=="    4.56xy"
p=q;
double d2=strtod(p,&q); // d2==4.56 q=="xy"
p=q;
double d3=strtod(p,&q); // d3==0 q=="xy"
```

3. In Abschnitt 3.12.17 wird der Bezug von Zeigern auf Zeiger zu mehrdimensionalen Arrays gezeigt.

3.12.17 Dynamisch erzeugte mehrdimensionale Arrays Θ

Die in diesem Abschnitt vorgestellten Techniken stehen auch schon in der Programmiersprache C zur Verfügung. In C++ erhält man sie einfacher und sicherer mit mehrdimensionalen Vektoren (siehe Abschnitt 4.2.5). Da sie aber oft schneller sind als Vektoren, werden sie trotzdem vorgestellt.

Verwendet man in einem *new*-Ausdruck einen *new-declarator* mit eckigen Klammern (siehe Abschnitt 3.12.4) wird ein Array dynamisch erzeugt.

> *direct-new-declarator:*
>   [*expression*]
>   *direct-new-declarator* [*constant-expression*]

Im Unterschied zu gewöhnlichen Arrays kann dabei die **Anzahl der Arrayelemente der ersten Dimension** durch **eine Variable** bestimmt werden und muss keine Konstante sein.

Die folgenden Definitionen reservieren Speicherplatz für Arrays auf dem Heap. Bei jeder dieser Definitionen ist die Elementanzahl der ersten Dimension eine Variable:

```
int Dim1=10;                     // eine Variable
const int Dim2=100, Dim3=200; // Konstanten
int* a1=new int[Dim1];
int (*a2)[Dim2]=new int [Dim1][Dim2];
int (*a3)[Dim2][Dim3]=new int [Dim1][Dim2][Dim3];
```

Die Klammern um *a2 bzw. *a3 sind hier notwendig, da der Compiler sonst die linke Seite der Initialisierung als „Array von *Dim2* Zeigern auf *int*" und die rechte als „Zeiger auf ein Array mit *Dim2* Elementen des Datentyps *int*" interpretiert:

```
int* a2[Dim2]=new int[Dim1][Dim2]; //Fehler:Konvertierung
       // von 'int ( *)[10]' nach 'int *[10]' nicht möglich
```

Der *new*-Ausdruck liefert einen Zeiger auf das erste Element des Arrays. Damit können die so dynamisch erzeugten Arrays z.B. folgendermaßen angesprochen werden:

```
for (int i=0; i<Dim1; i++) a1[j1]=0;

for (int i=0; i<Dim1; i++)
  for (int j=0; j<Dim2; j++)
    a2[i][j]=0;

for (int i=0; i<Dim1; i++)
  for (int j=0; j<Dim2; j++)
    for (int k=0; k<Dim3; k++)
      a3[i][j][k]=0;
```

Die so mit *new[]* reservierten Speicherbereiche müssen mit *delete[]* (und nicht nur mit *delete*) wieder freigegeben werden.

Wenn man ein mehrdimensionales Array dynamisch erzeugen will, bei dem **nicht nur die Elementanzahl der ersten Dimension eine Variable** ist, sondern auch die weiterer Dimensionen, kann man einen Zeiger definieren, der auf ein Array von Zeigern zeigt. Erhält jeder dieser Zeiger dann die Adresse eines dynamisch erzeugten eindimensionalen Arrays, bekommt man ein zweidimensionales Array:

```
int** a2=new int*[Dim1]; // n Adressen mit den Adressen
for (int i=0; i<Dim1; i++)                 // der Zeilen
  a2[i]=new int[Dim2];
```

Nach diesen Anweisungen enthält a2[i] die Adresse eines eindimensionalen Arrays mit *Dim2* Elementen. Da der Indexoperator [] linksassoziativ ist, kann man die Elemente der Zeilen wie die Elemente eines zweidimensionalen Arrays ansprechen:

```
for (int i=0; i<Dim1; i++)
  for (int j=0; j<Dim2; j++)
    a2[i][j]=1; // setze alle Elemente auf 1
```

Obwohl die Elemente eines so dynamisch erzeugten Arrays wie die eines „normalen" zweidimensionalen Arrays

```
int b2[Dim1][Dim2];
```

mit einem doppelten Indexoperator angesprochen werden können und beide Ausdrücke nach demselben Schema ausgewertet werden,

```
a2[i][j]: *((a2+i)+j)
b2[i][j]: *((b2+i)+j)
```

stellen diese Ausdrücke jeweils völlig verschiedene Adressen dar. Im ersten Fall ist a2 ein Zeiger auf einen Zeiger, so dass die Zeigerarithmetik (a2+i) die Adresse a2+i*sizeof(int*) ergibt. Im zweiten Fall ist dagegen b2 ein Array mit *Dim2* Elementen. Deswegen ergibt sich durch b2+i die Adresse b2+i*sizeof(int[Dim2]). Aus diesem Grund ist auch die folgende Zuweisung nicht möglich:

```
a2=b2; // Fehler: Konvertierung von 'int (*)[100]' nach
                  // 'int**' nicht möglich
```

Dynamisch erzeugte Arrays können in dem Ausdruck nach *new* nicht initialisiert werden. Deshalb ist der folgende Ausdruck nicht zulässig:

```
int* a=new int[10]({1,2,3}); // Fehler: Mit 'new' zuge-
// wiesenes Array darf keine Initialisierungswerte besitzen
```

Wenn man den für ein dynamisch erzeugtes Array reservierten Speicherbereich wieder freigeben will, muss man den Operator *delete[]* in der umgekehrten Reihenfolge für die einzelnen Arrays aufrufen, wie sie mit *new* reserviert wurden:

```
for (int i=0; i<Dim1; i++)
  delete[] a2[i];
delete[] a2;
```

Hält man diese Reihenfolge nicht ein wie in

```
delete[] a2;              // falsche Reihenfolge !
for (int i=0; i<Dim1; i++)
  delete[] a2[i];
```

wird zuerst der Zeiger auf das Array mit den Zeigern auf die Zeilen freigegeben. Da der Wert eines Zeigers nach seiner Freigabe unbestimmt ist, operieren die folgenden *delete*-Ausdrücke mit Operanden, deren Wert unbestimmt ist.

Ähnlich wie zweidimensionale Arrays kann man auch **höherdimensionale Arrays** dynamisch erzeugen. Durch die folgenden Anweisungen erhält man ein dreidimensionales Array mit *Dim1*Dim2*Dim3* Elementen des Datentyps T:

```
int*** p=new int**[Dim1];
for (int i=0; i<Dim1; i++)
  {
    p[i]=new int*[Dim2];
    for (int j=0; j<Dim2; j++)
      p[i][j]=new int[Dim3];
  }
```

Allgemein kann man über einen Zeiger mit n Sternen ein n-dimensionales Array ansprechen.

Ein so dynamisch erzeugtes mehrdimensionales Array setzt sich letztendlich aus eindimensionalen Arrays zusammen, deren Adressen wiederum in einem Array enthalten sind. Deshalb kann man für solche Arrays Funktionen schreiben, denen die **Elementanzahl aller Dimensionen als Parameter** übergeben wird. Das ist mit mehrdimensionalen Arrays, die durch eine Definition erzeugt werden, nicht möglich: Übergibt man ein solches Array als Parameter, geht die Elementanzahl ab der zweiten Dimension in die Adressberechnung ein. Die Funktion kann deshalb nicht mit einem Array aufgerufen werden, dessen Elementanzahl ab der zweiten Dimension anders ist als in der Funktionsdefinition.

Die nächste Funktion erzeugt auf diese Weise ein zweidimensionales Array mit n*m Elementen. Der Funktionswert zeigt dabei auf ein Array mit Zeigern, die die Adressen der Zeilen des Arrays enthalten:

```cpp
int** Create2DArray(int Dim1, int Dim2)
{
int** p=new int*[Dim1]; // Dim1 Adressen mit den Adressen
for (int i=0; i<Dim1; i++)                    // der Zeilen
  p[i]=new int[Dim2];
return p;
}
```

Die nächsten Beispiele illustrieren, wie man dynamisch erzeugte zweidimensionale Arrays in einer Funktion ansprechen kann, der man die Anzahl der Elemente in allen Dimensionen als Parameter übergibt:

```cpp
void init2D(int** a, int n, int m)
{
for (int i=0;i<n;i++)
  for (int j=0;j<m;j++)
    a[i][j]=1; // setze alle Elemente auf 1
}

int sum2D4(int** a, int n, int m)
{
int s=0;
for (int i=0;i<n;i++)
  for (int j=0;j<m;j++)
    s =s + a[i][j];
return s;
}
```

Entsprechend kann man Funktionen für dynamisch erzeugte Arrays höherer Dimensionen definieren:

```cpp
int sum3D1(int*** a, int n1, int n2, int n3)
{
int s=0;
for (int i=0; i<n1; i++)
  for (int j=0; j<n2; j++)
    for (int k=0; k<n3; k++)
      s = s + a[i][j][k];
```

```
return s;
}

int sum4D1(int**** a, int n1, int n2, int n3, int n4)
{
int s=0;
for (int i=0; i<n1; i++)
  for (int j=0; j<n2; j++)
    for (int k=0; k<n3; k++)
      for (int l=0; l<n4; l++)
        s = s + a[i][j][k][l];
return s;
}
```

Anmerkungen für Pascal-Programmierer: In Pascal kann man mehrdimensionale Arrays unterschiedlicher Größe nicht so einfach wie in C++ als Parameter übergeben. Offene Arrayparameter stehen nur für eindimensionale und nicht für mehrdimensionalen Arrays zur Verfügung.

3.13 Die Stringklasse *AnsiString*

Wie in Abschnitt 3.12.10 gezeigt wurde, kann die Arbeit mit nullterminierten Strings ziemlich umständlich und fehleranfällig sein. So kann man einen solchen String nicht einfach mit dem Zuweisungsoperator „=" auf einen anderen kopieren, und bei Funktionen wie *strcpy* muss man immer darauf achten, dass die Quelle auf einen nullterminierten String zeigt und im Zielbereich genügend Speicher reserviert ist.

Stringklassen haben gegenüber nullterminierten Strings **viele Vorteile**. Zu den wichtigsten Vorteilen gehört, dass sie bei den meisten Operationen den notwendigen **Speicher automatisch reservieren**. Das vermeidet viele Fehler, die durch eine unzureichende Reservierung von Speicherplatz entstehen. Deshalb ist die Arbeit mit Stringklassen viel einfacher und weniger fehleranfällig.

In diesem Abschnitt wird die Klasse *AnsiString* vorgestellt. Sie entspricht dem Datentyp *String* (den „langen" Strings) von Delphi (ab Version 2) und kann auch unter diesem Namen im C++Builder verwendet werden. Da der Unterschied zwischen einem kleinen 's' und einem großen 'S' leicht übersehen werden kann, wird im Folgenden nur die Bezeichnung *AnsiString* verwendet. Wie wir schon in Kapitel 2 gesehen haben, verwendet der C++Builder bei vielen Komponenten den Datentyp *AnsiString*, um einen Text darzustellen. So haben die Eigenschaften *Text* (bei den Komponenten *Edit*, *Memo* usw.), *Caption* und *Lines[i]* in *TStrings* alle den Datentyp *AnsiString*.

Die Definition dieser Klasse ist in der Datei „include\vcl\dstring.h" enthalten. Da diese Datei bei Windows-Anwendungen über andere Dateien automatisch eingebunden wird, ist meist kein „#include <vcl\dstring.h>" notwendig.

Der C++Builder enthält außerdem noch die folgenden Stringklassen:

— Die Klasse **SmallString<n>** entspricht dem Datentyp *String[n]* von Delphi und enthält im ersten Byte die Länge des Strings. Für die Zeichen wird ein Array mit n Bytes reserviert. Bei der Definition einer solchen Variablen gibt man die Anzahl n in spitzen Klammern an:

```
SmallString<40> sm="123";
```

Diese Klasse wird im Folgenden nicht verwendet.

— Die in Abschnitt 4.1 vorgestellten Klassen **string** und **wstring** der C++-Standardbibliothek.

Am Beispiel der Klasse *AnsiString* werden auch zwei grundlegende Erweiterungen von Klassentypen gegenüber den fundamentalen Datentypen (wie z.B. *int*) vorgestellt:
— Variable eines Klassentyps können bei ihrer **Definition** nicht nur mit dem Operator = wie in „int x=17;" initialisiert werden, sondern auch **mit Argumenten**, die in Klammern nach dem Namen der Variablen angegeben werden.
— Klassen haben **Elementfunktionen**, die mit einer Variablen eines Klassentyps aufgerufen werden können.
Diese Möglichkeiten bestehen bei den meisten Klassen. Deshalb ist dieses Kapitel auch eine Einführung in die Arbeit mit Variablen eines Klassentyps.

3.13.1 Die Definition von Variablen eines Klassentyps

Klassen sind Datentypen und können deshalb zur Definition von Variablen verwendet werden. Eine Variable, deren Datentyp eine Klasse ist, wird auch als Klasseninstanz oder Objekt bezeichnet. Die Stringklasse *AnsiString* kann wie ein fundamentaler Datentyp zur **Definition von Variablen** verwendet werden:

```
AnsiString s;
```

Nach dieser Definition stellt die Stringvariable s einen leeren String dar. Das gilt sowohl für eine global als auch für eine lokal definierte Stringvariable. Im Unterschied dazu wird bei den fundamentalen Datentypen nur eine globale Variable initialisiert, während der Wert einer lokalen Variablen ohne explizite Initialisierung unbestimmt ist.

Wie eine Variable eines fundamentalen Datentyps kann eine Stringvariable bei ihrer Definition mit dem Operator „=" initialisiert werden:

```
AnsiString a="123";
```

Viele Klassen ermöglichen die **Initialisierung** einer Variablen des Klassentyps mit Argumenten, die man bei der Definition der Variablen nach ihrem Namen in Klammern angibt. Variablen der Klasse *AnsiString* können bei ihrer Definitionen z.B. folgendermaßen initialisiert werden:

```
AnsiString a1("456"); // initialisiert a1 mit "456"
AnsiString a2('7');   // initialisiert a2 mit '7'
AnsiString a3(a1);    // initialisiert a3 mit a1
AnsiString a4(17);    // initialisiert a4 mit "17"
AnsiString a5(1.2); // a5="1,2" Landeseinstellung deutsch
```

Solche Initialisierungen werden durch sogenannte **Konstruktoren** ermöglicht. Ein Konstruktor ist eine Elementfunktion mit demselben Namen wie die Klasse. Deswegen findet man die Konstruktoren der Klasse *AnsiString* in der Online-Hilfe und in der Header-Datei „include\vcl\dstring.h" unter den Methoden mit dem Namen *AnsiString*.

In dem folgenden Auszug wurden alle Angaben wie ___fastcall usw. entfernt, die für die Form des Aufrufs unwichtig sind:

```
class AnsiString
{
   ...
   AnsiString(const char* src);
   AnsiString(char src);
   AnsiString(const AnsiString& src);
   AnsiString(int src);
   AnsiString(double src);
   ...
```

Viele Klassen haben wie *AnsiString* mehrere Konstruktoren, die sich im Datentyp der Parameter unterscheiden. Bei der Definition einer Variablen müssen dann Argumente angegeben werden, die zur Parameterliste genau eines Konstruktors passen. Diesen Konstruktor ruft der Compiler dann auf. Falls keine zu genau einem Konstruktor passenden Argumente angegeben werden, ist eine Fehlermeldung des Compilers die Folge.

Die Definitionen von oben sind deshalb wegen den als Kommentar angegebenen Konstruktoren möglich:

```
AnsiString a1("456");// AnsiString(const char* src)
AnsiString a2('7');  // AnsiString(char src);
AnsiString a3(a1);   // AnsiString(const AnsiString& src)
AnsiString a4(17);   // AnsiString(int src)
AnsiString a5(1.2);  // AnsiString(double src);
```

Ein **Zeiger auf eine Variable eines Klassentyps** wird wie ein Zeiger auf eine Variable definiert, deren Datentyp keine Klasse ist. Definiert man eine Variable mit *new*, gibt man die Argumente für den Konstruktor nach *new* und dem Namen des Datentyps an:

```
AnsiString* ps=new AnsiString("456");
```

Allerdings besteht meist keine Notwendigkeit, einen String explizit auf dem Heap anzulegen, da die Zeichen des Strings sowieso immer auf dem Heap angelegt werden. Da der Speicher für einen *AnsiString* automatisch wieder freigegeben wird, besteht dann auch keine Gefahr, den Aufruf von *delete* zu vergessen.

Wenn eine Funktion als einzigen **Parameter** einen *AnsiString* hat, kann sie auch mit einem Argument aufgerufen werden, dessen Datentyp zum Parameter eines Konstruktors von *AnsiString* passt. Der Funktion wird dann die von diesem Konstruktor erzeugte Variable als Argument übergeben. Deshalb kann z.B. die Funktion

> *virtual int __fastcall **Add**(const AnsiString S);* // Klasse TStrings

nicht nur mit Argumenten des Datentyps *AnsiString* aufgerufen werden, sondern auch mit Argumenten des Typs *char*, *char**, *int* usw.:

```
Form1->Memo1->Lines->Add('7');
char* cs="Darf ich dir mein Internet zeigen?";
Form1->Memo1->Lines->Add(cs);
Form1->Memo1->Lines->Add(17);
```

3.13.2 Funktionen der Klasse *AnsiString*

Funktionen, die in einer Klasse definiert sind, werden als **Elementfunktionen** oder Methoden bezeichnet. Die Klasse *AnsiString* enthält unter anderem die folgenden Funktionen, die anschließend noch genauer beschrieben werden.

```
class AnsiString
{
   ...
   void Insert(const AnsiString& str, int index);
   void Delete(int index, int count);
   int Pos(const AnsiString& subStr) const;
   ...
```

Der Aufruf einer Elementfunktion erfolgt dann dadurch, dass man den Namen der Funktion nach dem Namen der Variablen und einem Punkt angibt:

```
AnsiString s1("123");  // s1="123"
s1.Insert("abc",2);    // s1="1abc23"
s1.Delete(3,2);        // s1="1a23"
int i=s1.Pos("a2");    // i=2
int j=s1.Length();     // j=4
```

Mit einem Zeiger auf eine Variable eines Klassentyps verwendet man nach dem Namen des Zeigers den Pfeiloperator „->":

```
int l=ps->Length();
```

Die Klasse *AnsiString* enthält unter anderem die folgenden **Elementfunktionen**. Für ihre zahlreichen weiteren Methoden wird auf die Online-Hilfe verwiesen.

AnsiString **SubString**(*int index, int count*) *const;*

> Der Funktionswert ist eine Kopie des Teilstrings mit *count* Zeichen ab der Position *index*. Ist *index* größer als die Länge des Strings, ist das Ergebnis der leere String. Ist *count* größer als die Anzahl der Zeichen ab der Position *index*, wird nur der Rest des Strings zurückgegeben.

void **Delete**(*int index, int count*);

> Löscht aus dem String *count* Zeichen ab der Position *index*. Falls *index* größer ist als die Länge des Strings, werden keine Zeichen gelöscht. Ist *count* größer als die Anzahl der Zeichen, die der String ab der Position *index* hat, wird der Rest des Strings gelöscht.

void **Insert**(*const AnsiString& str, int index*);

> Fügt *str* an der Position *index* in den String ein.

int **Length**();

> Gibt die Länge des Strings zurück.

Beispiele:
```
AnsiString s="0123456789";
AnsiString s1=s.SubString(2,3);   // s1="123"
int l1=s1.Length();               // l1=3
AnsiString s2=s.Delete(2,5);      // s2="06789"
AnsiString s3=s1.Insert("ab",3);  // s3="12ab3"
```

int **Pos**(*const AnsiString& subStr*) *const;*

> Gibt die Position des ersten Zeichens von *subStr* im aktuellen String zurück. Ist *subStr* nicht in diesem enthalten, ist der Rückgabewert 0.

Beispiele:
```
AnsiString fn="config.sys";,n,e;
int p = fn.Pos(".");
AnsiString n=fn.SubString(1,p-1);         // n="config"
AnsiString e=fn.SubString(p+1,fn.Length());//e="sys"
```

bool **IsDelimiter**(*const AnsiString& delimiters, int index*) *const;*

> Gibt *true* zurück wenn das Zeichen an der Position *index* im String *delimiters* enthalten ist.

AnsiString **LowerCase**() *const;*
AnsiString **UpperCase**() *const;*

Gibt den String in Klein- bzw. Großschreibung zurück. Dabei werden auch Umlaute berücksichtigt.

*AnsiString **TrimLeft**() const;*
*AnsiString **TrimRight**() const;*
*AnsiString **Trim**() const;*

Gibt den String ohne führende bzw. abschließende Leerzeichen zurück.

Beispiele:
```
AnsiString d="http://www.yahoo.com";
bool b1=d.IsDelimiter(":/.",1); // false
bool b2=d.IsDelimiter(":/.",5); // true

AnsiString a="   123   ", at, atl,atr;
at=a.Trim();       // at="123"
atl=a.TrimLeft();  // atl="123   "
atr=a.TrimRight(); // atr="   123"
```

Mit dem **Operator** + können Strings verkettet („aneinander gehängt", „zusammengeklebt") werden. Das Ergebnis ist dann der String, in dem auf die Zeichen des linken Operanden die des rechten folgen. Dabei muss der für das Ergebnis notwendige Speicherplatz nicht vorher reserviert werden, da er von den Elementfunktionen reserviert wird. Insgesamt kann ein String bis ca. 2 GB groß werden.

Beispiel: In der folgenden Funktion werden 1000 Strings mit je 1000 Zeichen zum String *s1M* verkettet. Anstelle des Datentyps *AnsiString* kann auch ein *string* verwendet werden.

```
AnsiString LangerString()
{
AnsiString s10,s1K,s1M;
s10 = "0123456789"; //ein String mit 10 Zeichen
for (int i=1; i<=100; i++) s1K = s1K+s10;
// s1K ist ein String mit 1000 Zeichen
for (int i=1; i<= 1000; i++) s1M = s1M+s1K;
// s1M ist ein String mit 1000000 Zeichen
return s1M;
}
```

Wenn man einen String an einen anderen anfügen will, kann man auch den Operator += verwenden. Dieser Operator ist oft wesentlich schneller als der Operator +. Siehe dazu die Benchmarks am Ende dieses Abschnitts.

Beispiel: Nach

```
s+=x; // x: ein String
```

hat s denselben Wert wie nach der Ausführung von

```
s=s+x;
```

In der Funktion *LangerString* erhält man mit s1k+=s10 und s1M+=s1K anstelle von s1k=s1k+s10 und s1M=s1M+s1K dasselbe Ergebnis.

Mit den **Vergleichsoperatoren** <, <=, >, >=, == und != (für ≠) können Strings miteinander verglichen werden. Das Ergebnis eines solchen Vergleichs ergibt sich dabei aus der lexikografischen Anordnung der einzelnen Zeichen: Dabei werden die einzelnen Zeichen, ausgehend vom ersten, miteinander verglichen. Die ersten Zeichen, in denen sich die beiden unterscheiden, entscheiden dann aufgrund ihrer Anordnung im zugrundeliegenden Zeichensatz über das Ergebnis des Vergleichs. Sind die beiden Strings verschieden lang, wird jedes Zeichen ab der Länge des kürzeren Strings im längeren String höher bewertet.

Beispiel: Für die drei Strings

```
s  = "Halli"; // Datentyp von s, XL und XS:
XL = "Hallo"; // AnsiString oder string
XS = "Hall";
```

sind für jede Stringklasse die folgenden Bedingungen erfüllt:

s < XL: s und XL unterscheiden sich erstmals im 5. Zeichen. Aus 'i' < 'o' folgt das Ergebnis.

XS < XL: XS ist nur 4 Zeichen lang. Bis zu dieser Position sind beide gleich. Deshalb ist der String XL „größer" als XS.

Die Ein-Ausgabeoperatoren << und >> sind für den Datentyp *AnsiString* in der Voreinstellung nicht definiert. Man erhält sie aber, indem man vor *#include* <*vcl.h*> das Makro VCL_IOSTREAM definiert:

```
#define VCL_IOSTREAM // muss vor #include <vcl.h> stehen
```

AnsiStrings verwenden für zwei gleiche Strings intern nur einen einzigen String und sogenannte **Referenzzähler** („reference count"), um Speicherplatz zu sparen. Bei der Veränderung eines dieser Strings wird dann eine Kopie erzeugt und diese geändert. Diese Kopie wurde allerdings bei älteren Versionen des C++Builders bei einer Veränderung mit dem Index-Operator [] nicht erzeugt. Um diesen Fehler zu umgehen, musste man vorher die Funktion *Unique* aufrufen. Ab der Version 5 des C++Builders ist dieser Fehler behoben und der Aufruf von *Unique* nicht notwendig.

3.13.3 Globale *AnsiString*-Funktionen

Neben den Elementfunktionen gibt es noch zahlreiche globale **Funktionen für AnsiStrings**. Sie haben teilweise dieselben oder ähnliche Ergebnisse wie die Elementfunktionen. Ihre Deklaration findet man in „include\vcl\sysutils.hpp".

Die folgenden Funktionen verwenden nur den **ASCII-Zeichensatz** und berücksichtigen die Landeseinstellungen des Betriebssystems nicht:

> *AnsiString* **UpperCase***(const AnsiString S);*   // wandeln S in Groß-
> *AnsiString* **LowerCase***(const AnsiString S);*   // bzw. Kleinschreibung um

> Im Unterschied zu den gleichnamigen Elementfunktionen werden hier nur
> die Buchstaben des ASCII-Zeichensatzes berücksichtigt.

int **CompareStr***(const AnsiString S1, const AnsiString S2);*

> *CompareStr* vergleicht S1 und S2 unter Beachtung von Groß- und Klein-
> schreibung. Der Rückgabewert ist kleiner 0, wenn S1 < S2 gilt, gleich 0,
> wenn S1 = S2 ist und größer 0, wenn S1 > S2 gilt.

int **CompareText***(const AnsiString S1, const AnsiString S2);*

> Wie *CompareStr*, aber ohne Berücksichtigung von Groß- und Kleinschrei-
> bung.

Die nächsten Funktionen verwenden den **ANSI-Zeichensatz** und berücksichtigen
deshalb auch nationale Sonderzeichen. Ansonsten entspricht ihr Ergebnis den
Funktionen, deren Namen ohne „Ansi" beginnen:

> *AnsiString* **AnsiUpperCase***(const AnsiString S);*
> *AnsiString* **AnsiLowerCase***(const AnsiString S);*
> *int* **AnsiCompareStr***(const AnsiString S1, const AnsiString S2);*
> *int* **AnsiCompareText***(const AnsiString S1, const AnsiString S2);*

Das Ergebnis der Funktion *CompareStr* stimmt mit dem der Vergleichsoperatoren
<, <= usw. überein.

Beispiele:

```
AnsiString s="Füschärs Frütz früßt 123 früsche Frösche";
```

Mit den globalen Funktionen erhält man:

```
AnsiString s1=AnsiUpperCase(s);
// s1="FÜSCHÄRS FRÜTZ FRÜßT 123 FRÜSCHE FRÖSCHE"
AnsiString s2=AnsiLowerCase(s);
// s2="füschärs frütz früßt 123 früsche frösche"
```

Dasselbe Ergebnis erhält man auch mit den Elementfunktionen *UpperCase* und
LowerCase:

```
AnsiString s3=s.UpperCase();
// s3="FÜSCHÄRS FRÜTZ FRÜßT 123 FRÜSCHE FRÖSCHE"
AnsiString s4=s.LowerCase();
// s4="füschärs frütz früßt 123 früsche frösche"
```

Mit den globalen Funktionen *UpperCase* bzw. *LowerCase* bleiben die Umlaute dagegen unverändert:

```
AnsiString s5=UpperCase(s);
// s5="FüSCHäRS FRüTZ FRüßT 123 FRüSCHE FRöSCHE"
AnsiString s6=LowerCase(s);
// s6="füschÄrs frÜtz frÜßt 123 frÜsche frÖsche"
```

Beim Vergleich von Strings haben die ASCII- und die ANSI-Funktionen z.B. die folgenden unterschiedlichen Ergebnisse:

```
int i=CompareStr("Ä","B");   // i>0, also "Ä" nach "B"
int j=AnsiCompareStr("Ä","B");// j<0, also "Ä" vor "B"
```

Da der C++Builder bei seinen Komponenten AnsiStrings als Strings verwendet, gibt es zahlreiche **Konvertierungsfunktionen**, um Ganzzahl- oder Gleitkommawerte in AnsiStrings umzuwandeln und umgekehrt. Da bei Konvertierungsfehlern eine Exception ausgelöst wird, lassen sich diese Funktionen bequemer und sicherer benutzen als Funktionen wie *atoi* oder *sprintf*. Neben den bereits in Kapitel 2 vorgestellten Funktionen

*AnsiString **IntToStr**(int Value);*
*int **StrToInt**(const AnsiString S);*
*AnsiString **FloatToStr**(long double Value);*
*long double **StrToFloat**(const AnsiString S);*

gibt es zahlreiche weitere:

*AnsiString **IntToHex**(int Value, int Digits);*

Wandelt *Value* in einen String mit seiner Hexadezimaldarstellung um. Falls *Digits* größer ist als die Anzahl der notwendigen Ziffern, werden links führende Nullen eingefügt. Andernfalls wird *Digits* ignoriert.

*bool **TryStrToInt**(AnsiString S, int & Value);*

Die verschiedenen Varianten der *TryStrTo*-*Funktionen versuchen, das *AnsiString*-Argument in den Datentyp des zweiten Parameters zu konvertieren. Falls das möglich ist, geben sie *true* zurück, und *Value* bekommt den konvertierten Wert. Andernfalls wird *false* zurückgegeben.

*int **StrToIntDef**(AnsiString S, int Default);*

Die verschiedenen Varianten der *StrTo*Def-*Funktionen versuchen, das *AnsiString*-Argument in den Datentyp des Rückgabewerts zu konvertieren. Falls das möglich ist, geben sie den konvertierten Wert zurück, andernfalls wird das Argument für *Default* zurückgegeben.

*AnsiString **FloatToStrF**(long double Value, TFloatFormat Format,*
int Precision, int Digits);
Hier ist *Format* einer der folgenden Werte:

ffGeneral	allgemeines Zahlenformat
ffExponent	Darstellung im Format „–d.ddd...E+dddd"
ffFixed	Darstellung im Festkommaformat „–ddd.ddd..."
ffNumber	Darstellung im Zahlenformat „–d,ddd,ddd.ddd..." wie beim Format *ffFixed*, jedoch mit Tausender-Trennzeichen
ffCurrency	Darstellung im Währungsformat

Die Tausender-Trennzeichen und Währungsformate werden dabei aus den Ländereinstellungen der Systemsteuerung von Windows übernommen.

Beispiele:
```
double r = 1234.456789; int P = 6, D = 4;
AnsiString s1,s2,s3,s4;
s1=FloatToStrF(r,ffGeneral,P,D);  // 1234,46
s2=FloatToStrF(r,ffExponent,P,D); // 1,23446E+3
s3=FloatToStrF(r,ffFixed,P,D);    // 1234,4600
s4=FloatToStrF(r,ffNumber,P,D);   // 1.234,4600
```

*AnsiString **FormatFloat**(const AnsiString Format, long double Value)*

FormatFloat formatiert den durch *Value* gegebenen Gleitkommawert unter Verwendung des in *Format* übergebenen Formatstrings. Im Formatstring können folgende Formatangaben enthalten sein:

0	Platzhalter für Ziffern oder führende Nullen
#	Platzhalter für Ziffern ohne führende Nullen
.	Position des Dezimaltrennzeichens
,	Tausender-Trennzeichen
E+	wissenschaftliche Darstellung
'xx'/„x"	Zeichen in Hochkommas oder in Anführungszeichen werden direkt ausgegeben und beeinflussen die Ausgabe nicht.
;	trennt Abschnitte für positive und negative Zahlen sowie Nullen.

Beispiele:

Format-string	1234	-1234	0.5	0
	1234	-1234	0.5	0
0	1234	-1234	1	0
0.00	1234.00	-1234.00	0.50	0.00
#.##	1234	-1234	.5	
#,##0.00	1,234.00	-1,234.00	0.50	0.00

Die **universelle Konvertierungsfunktion**

> *AnsiString **Format**(const AnsiString Format, const TVarRec * Args,*
> *const int Args_Size);*

verwendet wie die Funktionen *printf* bzw. *sprintf* (siehe Abschnitt 3.12.14) **Formatstrings**. Der zweite Parameter (*Args*) ist ein Zeiger auf ein Array mit *Args_Size* Elementen des Datentyps *TVarRec*. Dieser Datentyp kann Werte verschiedener Datentypen darstellen, da eine Variable des Datentyps *TVarRec* nicht nur den Wert, sondern außerdem auch noch seinen Datentyp enthält. Mit dieser Typangabe kann die Funktion *Format* dann prüfen, ob der Datentyp zur Formatangabe passt. Falls das nicht zutrifft, löst sie eine Exception (siehe Abschnitt 3.19.2 und Kapitel 7) aus. Der Aufbau des Datentyps *TVarRec* ist in Abschnitt 3.11.2 beschrieben.

Der Datentyp *TVarRec* entspricht dem Datentyp *array of const* von Delphi und gehört nicht zum C++-Standard. Mit dem vordefinierten Makro OPENARRAY kann man ein Array mit maximal 19 Elementen des Datentyps *TVarRec* erzeugen. Bis auf die etwas umständliche Syntax mit „OPENARRAY" wird *Format* wie *sprintf* verwendet. Der entscheidende **Unterschied zu *sprintf*** ist, dass falsche Formatangaben nicht unbemerkt bleiben können, da sie eine Exception auslösen. Die folgenden Beispiele illustrieren, wie man diese Funktion verwenden kann:

```
AnsiString s,s1,s2,s3,s4;
s1=Format("%d+%x=%g",OPENARRAY(TVarRec,(17,17,34.0)));
// "17+11=34"
s = "Hallo ihr da ";
s2= Format("%s dr%sußen: ",OPENARRAY(TVarRec,(s,"a")));
// "Hallo ihr da  draußen: "
double e = 1e5;
s = "Bitte überweisen Sie %m auf mein Konto";
s3=Format(s, OPENARRAY(TVarRec,(e)));
// "Bitte überweisen Sie 100.000,00 € auf mein Konto"
s = "linksbündig";
s4= Format("%-20s:",OPENARRAY(TVarRec,(s)));
// "linksbündig         :"
```

Die *AnsiString* Elementfunktion

> *AnsiString& **sprintf**(const char* format, ...);*

kann im Wesentlichen wie die C-Funktion *sprintf* verwendet werden:

```
AnsiString s; int i=17; double d=17;
Form1->Memo1->Lines->Add(s.sprintf("i=%d, d=%f",i,d));
// i=17, d=17.000000
```

Mit dieser Funktion kann man die Ausgabe von mehreren Werten oft einfacher formatieren als mit Funktionen wie *IntToStr* usw.

```
Form1->Memo1->Lines->Add("i="+IntToStr(i)+", d="+
                FloatToStr(d)); // i=17, d=17
```

Da sich falsche Formatangaben wie bei der C-Funktion *sprintf* auswirken, ist beim Aufruf dieser Funktion immer eine gewisse Vorsicht geboten:

```
Form1->Memo1->Lines->Add(s.sprintf("i=%d, d=%f",i,d));
// i=0.000000, d=1076953088
```

Aufgabe 3.13

1. Ein *AnsiString* mit einem Kalenderdatum soll aus Zahlen für den Tag, den Monat und das Jahr bestehen, die durch einen Punkt getrennt sind (z.B. s="1.2.06" oder s="11.12.2005").

   a) Schreiben Sie eine Funktion *StringToDate*, die die drei Zahlen für den Tag, den Monat und das Jahr in *int*-Werte konvertiert und als Funktionswert des Datentyps *Date*

   ```
   struct Date_t {
     int day, month, year;
   };
   ```

   zurückgibt. Falls der String kein Datum darstellt, sollen *day*, *month* und *year* den Wert –1 erhalten.

   b) Schreiben Sie Testfunktionen (siehe Abschnitt 3.5.2) für *StringToDate*.

2. Schreiben Sie ein kleines Programm, mit dem man in einer Textdatei nach einer Telefonnummer suchen kann:

   Beim Start des Programms wird im Konstruktor des Formulars eine Datei (z.B. "c:\test\tel.txt") in ein Memo-Fenster (im Bild nach *Edit*) geladen.

   a) Nach dem Anklicken des Buttons *suchen* sollen alle Zeilen dieses Memo-Fensters mit der Funktion *Pos* daraufhin überprüft werden, ob sie den Teilstring enthalten, der im Edit-Fenster (im Bild rechts von *suchen*) eingegeben wurde. Falls das zutrifft, wird dieser String in das Memo-Fenster nach *Suchergebnisse:* eingefügt.

b) Die Suche unter a) soll unabhängig von der Groß- und Kleinschreibung funktionieren.

c) Da man einen Text in einem Memo-Fenster editieren kann, lassen sich hier auch Telefonnummern neu eintragen, ändern oder löschen. Mit dem Button *speichern* soll die veränderte Liste gespeichert werden können.

d) Nach der gewünschten Telefonnummer soll nicht nur beim Anklicken des Buttons mit der Aufschrift „suchen" gesucht werden, sondern auch dann, wenn im Edit-Fenster die Taste *Enter* bzw. *Return* gedrückt wird. Dazu kann man beim Ereignis *OnKeyPress* des Edit-Fensters die *OnClick*-Funktion des Suchen-Buttons aufrufen. Wenn die Taste *Return* gedrückt wurde, hat der Parameter *Key* in *KeyPressed* den Wert 13.

Mit dem Levenstein-Verfahren von Aufgabe 3.12.10, 5. können auch Namen gefunden werden, deren Schreibweise man nicht genau kennt.

3. Geben Sie die Zinsen für ein Kapital von 100 Euro bei einem Zinssatz von 5 bis 15% mit der Funktion *Format* in einem Memo-Fenster aus. Jede Zeile soll dabei folgendermaßen formatiert sein (Kapital: 8 Stellen, Zinssatz: 4 Stellen, Zins: 7 Stellen, alle mit 2 Nachkommastellen, keine führenden Nullen):

   K = 123456,78 p = 12,34% z = 12345,67

Dabei sollen alle Kommas untereinander stehen. Wählen Sie dazu im Memo-Fenster eine Schriftart, die keine Proportionalschrift ist (z.B. Courier).

4. Schreiben Sie eine Funktion *uintToBinaryAnsiString*, die aus einem nicht negativen ganzzahligen Wert einen String mit den binären Ziffern der Zahl erzeugt.

Sie können dazu folgendermaßen vorgehen: „Kleben" Sie an einen zunächst leeren String die Zeichen „0" oder „1", und zwar je nachdem, ob die Zahl gerade oder ungerade ist. Verschieben Sie dann die Bits der Zahl um eine Position nach rechts, z.B. durch eine Division durch 2. Wiederholen Sie diese Schritte für alle Bits der Zahl.

5. Schreiben Sie eine Funktion *BigIntAdd*, die zwei positive ganze Zahlen addiert, deren Ziffern in einem String dargestellt werden. Die Länge soll lediglich durch die maximale Länge der Strings begrenzt sein. Beispiel:

   BigIntAdd("123","1000000") = "1000123"

a) Definieren Sie diese Funktion für AnsiStrings.

b) Definieren Sie diese Funktion für die Strings aus der Standardbibliothek.

c) Testen Sie diese Funktionen, indem Sie den Wert des Strings "2" immer wieder verdoppeln. Dabei müssen sich dann die folgenden Werte ergeben:

   2^2=4
   2^3=8

$2^4=16$

...

$2^{50}=1125899906842624$

$2^{100}=1267650600228229401496703205376$

6. Übertragen Sie das in der Funktion *mul* von Abschnitt 3.7.8 vorgestellte Multiplikationsverfahren auf die Multiplikation von zwei positiven ganzen Zahlen, deren Ziffern in einem String dargestellt werden. Zur Addition solcher Zahlen kann die Lösung von Aufgabe 5 verwendet werden. Testen Sie diese Funktion mit einer Funktion, die die Fakultät berechnet. Dabei ergibt sich z.B.

$45!=119622220865480194561963161495656771506438373760000000000$

Sie können die Fakultäten der Stringzahlen auch mit denen von *double*-Werten vergleichen.

3.14 Deklarationen mit *typedef* und *typeid*-Ausdrücke

Mit dem Schlüsselwort *typedef* kann ein **Synonym** für einen Datentyp deklariert werden. Dazu gibt man nach *typedef* zuerst einen Datentyp und dann einen Bezeichner an. Dieser Bezeichner ist dann ein neuer Name für den Datentyp und kann wie der Datentyp verwendet werden. Bei jeder Verwendung wird es vom Compiler durch den ursprünglichen Datentyp ersetzt.

Obwohl das Wort „typedef" an „Definition" erinnert, ist eine Deklaration mit *typedef* immer eine Deklaration und nie eine Definition. Insbesondere wird durch ein *typedef* weder eine Variable noch ein neuer Datentyp definiert.

Beispiel: Mit den folgenden Deklarationen (aus „Windef.h"):

```
typedef unsigned char BYTE;
typedef unsigned long ULONG;
typedef ULONG *PULONG;
```

sind diese Variablendefinitionen gleichwertig mit den als Kommentar angegebenen:

```
BYTE b;   // gleichwertig mit "unsigned char b;"
ULONG u;  // gleichwertig mit "unsigned long u;"
PULONG p; // gleichwertig mit "unsigned long *p;"
```

Mit einem *typedef*-Namen für einen Zeigertyp kann man mehrere Zeigervariable mit einer einzigen Definition definieren.

Beispiel: Mit dem *typedef*-Namen PULONG aus dem letzten Beispiel sind nach der nächsten Definition sowohl p1 als auch p2 Zeiger:

```
PULONG p1,p2; // p1 und p2 sind beide Zeiger
```

Nach einer Definition ohne *typedef*-Namen ist nur q1 ein Zeiger:

```
int* q1,q2;; // q1 ist ein Zeiger, q2 nicht
```

Verwendet man bei der Definition einer Variablen einen mit *typedef* deklarierten Namen und *const*, bezieht sich *const* immer auf den deklarierten Namen.

Beispiel: Nach

```
int i;
typedef int* Pint;
const Pint p=&i;
```

ist die Definition von p gleichwertig mit

```
int* const p=&i;
```

und nicht etwa, wie bei einer wörtlichen Ersetzung, mit

```
const int* p=&i;
```

Synonyme für Typnamen sind vor allem in den folgenden Situationen sinnvoll:

1. Wenn man denselben Datentyp mehrfach benötigt und dieser eventuell später einmal einheitlich geändert werden soll, verwendet man anstelle des Datentyps ein mit *typedef* deklariertes Synonym. Für eine Änderung des Datentyps muss man dann nur ein einziges Mal die *typedef* Deklaration ändern.
2. Um lange Namen von Datentypen abzukürzen. Das bietet sich oft in Zusammenhang mit Klassen-Templates an (siehe z.B. Seite 473).
3. Um die Schreibweise von komplizierten Datentypen und Funktionszeigern (siehe Abschnitt 5.2) zu vereinfachen. Deklarationen, die * und [] kombinieren wie

```
int* ap[9]; // wie *(ap[9]): Array mit 9 Zeigern auf int
int (*pa)[9];// Zeiger auf ein Array mit 9 int-Elementen
```

werden von manchen Autoren (z.B. Kernighan/Ritchie 1988, Abschnitt 5.12) als komplizierte Deklarationen bezeichnet. Ihre Bedeutung ergibt sich daraus, dass der Operator [] stärker bindet als *. Deshalb ist *ap* ein „Array mit 9 Zeigern auf *int*" und *pa* ein „Zeiger auf ein Array mit 9 Elementen des Datentyps *int*".

Solche Definitionen lassen sich oft mit **typedef** einfacher und übersichtlicher formulieren. Dabei wird das Synonym an der Stelle aufgeführt, an der bei der Deklaration eines Bezeichners dieses Datentyps dessen Name stehen würde.

Beispiel: Eine Typdeklaration für ein Array des Datentyps „int[9]" erfolgt durch

```
typedef int TIA[9]; // nicht: typedef int[9] TIA
```

obwohl der Datentyp eines solchen Arrays als „int[9]" bezeichnet wird. Nach dieser Deklaration ist die Definition

```
TIA a;
```

gleichwertig mit

```
int a[9];
```

Mit

```
typedef int* Pint;
```

haben *ap* und *pa* nach den Definitionen

```
TIA* pa;//Zeiger auf ein Array mit int-Elementen
Pint ap[9]; // Array mit Zeigern auf int
```

dieselben Datentypen wie oben, wobei die Schreibweise hier oft als einfacher angesehen wird. Bei Datentypen, die noch mehr Operatoren als in diesem Beispiel verwenden, (z.B. Zeiger auf ein Array mit Funktionszeigern), erhält man ohne Zwischenschritte mit *typedef* oft recht unübersichtliche Datentypen.

Oft findet man in Bibliotheken Namen für Datentypen, bei denen nicht klar ist, wofür sie stehen. Dann können **typeid-Ausdrücke** hilfreich sein. Diese stehen zur Verfügung nach

```
#include <typeinfo>
using namespace std;
```

Ein *typeid*-Ausdruck kann mit einem Ausdruck oder einem Datentyp gebildet werden

```
typeid ( expression )
typeid ( type-id )
```

und ist ein Wert des in *<typeinfo>* definierten Klassentyps *type_info*. Dieser besitzt unter anderem die Elementfunktion *name()*, die den Namen des Datentyps als nullterminierten String zurückgibt. Mit einem **typeid**-Ausdruck kann man auch prüfen, ob zwei Datentypen gleich oder verschieden sind:

Beispiele: Diese Anweisungen geben „int" und „int*" aus:

```
if (typeid(123)==typeid(int))
  Memo1->Lines->Add(typeid(123).name());
typedef int* Pint;
if (typeid(int*)==typeid(Pint))
  Memo1->Lines->Add(typeid(int*).name());
```

Anmerkung für Pascal-Programmierer: Eine Deklaration mit *typedef* hat Ähnlichkeiten mit einer Typvereinbarung in einem Typvereinbarungsteil in Pascal. Allerdings wird in Pascal durch eine Typvereinbarung ein neuer Datentyp definiert und nicht nur ein Synonym für den Namen des Datentyps.

Die Datei „CBuilder\include\vcl\sysmac.h" enthält *typedef*-Namen der Delphi Datentypen für den C++Builder. Beispiele dazu siehe Seite 81.

Aufgabe 3.14

In den Header-Dateien von Windows sind unter anderem die Namen *PBOOL*, *LPLONG*, *LPDWORD*, *LPVOID* und *LPCVOID* für Datentypen definiert. Welche Datentypen verbergen sich hinter diesen Namen?

3.15 Aufzählungstypen

Ein Aufzählungstyp (engl. „enumeration type") ist ein selbst definierter Datentyp, der genau die Werte darstellen kann, die bei seiner Definition angegeben werden. Diese werden als Liste von Bezeichnern nach dem Schlüsselwort *enum* aufgeführt und auch als **Enumerator** bezeichnet:

> *enum-specifier:*
>   enum *identifier* ₒₚₜ { *enumerator-list* ₒₚₜ }
>
> *enumerator-list:*
>   *enumerator-definition*
>   *enumerator-list* , *enumerator-definition*
>
> *enumerator-definition:*
>   *enumerator*
>   *enumerator* = *constant-expression*
>
> *enumerator:*
>   *identifier*

Ein Aufzählungstyp ist meist dann sinnvoll, wenn für eine Variable nur eine relativ geringe Anzahl verschiedener Werte möglich ist und die Namen dieser Werte ihre Bedeutung darstellen sollen.

Jeder Aufzählungstyp ist ein eigener Datentyp, der von allen anderen Datentypen verschieden ist. Aufzählungstypen werden zusammen mit den arithmetischen Datentypen und den Zeigertypen als **skalare Datentypen** bezeichnet.

Beispiel: Durch

```
enum {maennlich, weiblich, unklar} x,y;
```

werden die Variablen x und y definiert. Diesen Variablen können z.B. folgendermaßen Werte zugewiesen werden:

```
x = maennlich;
y = weiblich;
```

Gibt man unmittelbar nach *enum* einen Bezeichner an, ist er der **Name des Aufzählungstyps**. Ohne einen solchen Namen wird der Aufzählungstyp auch als **anonymer Aufzählungstyp** bezeichnet. Der Datentyp eines Enumerators ist der Aufzählungstyp, zu dessen Definition er gehört.

Beispiel: Nach der Definition

```
enum TGeschlecht {maennlich, weiblich, unklar};
```

ist *TGeschlecht* ein Datentyp, der in

```
TGeschlecht x;
enum TGeschlecht y; // Schreibweise von C
```

als Datentyp der Variablen x und y verwendet wird. Diese Variablen können dann die Werte annehmen, die in der Definition des Aufzählungstyps aufgelistet wurden:

```
x = unklar;
```

Die Enumeratoren *maennlich* usw. haben den Datentyp *TGeschlecht*.

Der Name eines Enumerators kann in einem Block (siehe Abschnitt 3.17.2) nur einmal vergeben werden.

Beispiel: Nach der Definition

```
enum {Montag, Dienstag, Mittwoch, Donnerstag,
      Freitag, Samstag, Sonntag} Tag;
```

wird die nächste vom Compiler zurückgewiesen, da die Bezeichner *Samstag* und *Sonntag* bereits vergeben sind.

```
enum {Samstag,Sonntag} WochenendUndSonnenschein;
// Fehler: Bezeichner 'Samstag' mehrfach deklariert
```

Damit alle Enumeratoren eindeutig sind, wählt man für sie meist Namen, die den Aufzählungstyp enthalten (oft abgekürzt, z.B. als Präfix).

Beispiel: Mit diesen Präfixen sind die Enumeratoren eindeutig:

```
enum {wtMontag, wtDienstag, wtSamstag, wtSonntag} t;
enum {weSamstag,weSonntag} WochenendUndSonnenschein;
```

Anfänger meinen gelegentlich, dass man einer Variablen eines Aufzählungstyps ihren Wert als String zuweisen kann. Das ist natürlich nicht möglich, da Aufzählungstypen und Strings grundverschiedene Datentypen sind.

Beispiel: Eine Zuweisung der Art

```
Tag = Edit1->Text;//Fehler: Konvertierung von
               // AnsiString nach enum nicht möglich
```

ist nicht möglich. Will man Werte eines Aufzählungstyps aufgrund von Benutzereingaben setzen, müssen sie explizit umgesetzt werden wie in

```
if (Edit1->Text == "Sonntag") Tag = Sonntag;
```

Der C++Builder verwendet Aufzählungstypen ausgiebig: So hat z.b. die Eigenschaft *Align*, die die Ausrichtung einer Komponente in einem Formular definiert, einen Aufzählungstyp als Datentyp:

```
enum TAlign { alNone, alTop, alBottom, alLeft, alRight,
                                          alClient };
```

Der Wert *alNone* ist der voreingestellte Wert und platziert die Komponente an die im Entwurf gesetzte Position. Durch *alTop*, *alBottom*, *alLeft* oder *alRight* wird die Komponente am oberen, unteren, linken oder rechten Rand des Formulars ausgerichtet, wobei die Länge oder Breite gegebenenfalls angepasst wird. Mit *alClient* wird die Komponente an den Client-Bereich eines Formulars angepasst.

Auch die Eigenschaft **BorderStyle** hat einen Aufzählungstyp als Datentyp:

```
__property TFormBorderStyle BorderStyle
```

Sie legt für Formulare das Aussehen und das Verhalten des Rahmens fest. Die einzelnen Werte bedeuten:

bsDialog	Standardrahmen für Dialogfenster, Größe nicht veränderbar
bsSingle	einfache Rahmenlinie, Größe nicht veränderbar
bsNone	keine sichtbare Rahmenlinie, keine Schalter für Symbol und Vollbild, kein Steuermenü, Größe nicht veränderbar
bsSizeable	Standardrahmen, Größe veränderbar
bsToolWindow	wie *bsSingle,* aber mit kleinerer Titelzeile, ohne Icon
bsSizeToolWin	wie *bsSizeable,* aber mit kleinerer Titelzeile, ohne Icon.

Anmerkung für Delphi-Programmierer: Die Aufzählungstypen von C++ entsprechen im Wesentlichen denen von Object Pascal. Allerdings können den Enumeratoren in Pascal nicht ohne explizite Typkonversion in Ganzzahlwerte konvertiert werden.

3.15.1 *enum* Konstanten und Konversionen ⊖

Obwohl der Datentyp eines Enumerators der zugehörige Aufzählungstyp ist, kann er wie eine Ganzzahlkonstante verwendet werden. Ohne eine explizite Initialisierung hat der erste Enumerator in der Liste den Wert 0, und jeder weitere den um 1 erhöhten Wert des Vorgängers.

Beispiel: Die Werte der Enumeratoren aus dem Beispiel oben entsprechen den Werten der folgenden Konstanten:

```
const int maennlich=0;
const int weiblich=1;
const int unklar=2;
```

Ein Enumerator kann bei seiner Definition mit einem ganzzahligen Wert initialisiert werden. So erhalten die Enumeratoren *Montag*, *Dienstag* usw. durch

```
enum TT {Montag, Dienstag=17, Mittwoch=17, Donnerstag,
    Freitag=-2, Samstag, Sonntag=(Dienstag-7)*Mittwoch} Tag;
```

dieselben Werte wie diese Ganzzahlkonstanten

```
const int Montag=0;
const int Dienstag=17;
const int Mittwoch=17;    // gleicher Wert wie Dienstag
const int Donnerstag=18; // Mittwoch+1
const int Freitag=-2;     // negative Werte sind möglich
const int Samstag=-1;
const int Sonntag=170;//Ergebnis des konstanten Ausdrucks
```

Beispiel: In C werden solche Enumeratoren oft für Arraygrenzen verwendet. In C++ besteht dafür aber keine Notwendigkeit:

```
enum {Max=100};//In C++ besser "const int Max=100"
int a[Max];
```

Ein Wert eines Aufzählungstyps wird durch eine ganzzahlige Typangleichung (siehe Abschnitt 3.3.3) in den ersten der Datentypen *int*, *unsigned int*, *long* oder *unsigned long* konvertiert, der alle bei der Initialisierung verwendeten Werte darstellen kann. Deshalb sind Aufzählungstypen nicht typsicher.

Beispiel: Mit den Aufzählungstypen von oben sind diese Ausdrücke zulässig:

```
int i=Montag;    // i=0
if (Tag > 0) ... // Vergleich von enum mit int
if (Tag > maennlich) ...// Vergleich von
                   // verschiedenen Aufzählungstypen
```

Eine Konversion in der umgekehrten Richtung ist nicht möglich. Nach dem C++-Standard können einer Variablen eines Aufzählungstyps nur Werte desselben Aufzählungstyps zugewiesen werden. Insbesondere können keine Ganzzahlwerte zugewiesen werden, obwohl ein Enumerator damit initialisiert werden kann. Der C++Builder akzeptiert eine solche Zuweisung, erzeugt aber eine Warnung.

Beispiel: Nach den Definitionen von oben erzeugen die folgenden Zuweisungen im C++Builder die als Kommentar angegebenen Warnungen:

```
Tag=1;        // Warnung: int wird TT zugewiesen
Tag=unklar;   // Warnung: TG wird TT zugewiesen
```

Aufgaben 3.15

1. Welche der folgenden Definitionen sind zulässig?

   a) ```
      enum Monate{Januar=1, Februar, März, April, Mai, Juni,
          Juli, August, September, Oktober, November, Dezember};
      enum Sommer {Juni, Juli, August};
      ```
   b) ```
      enum Monate {Jan = "Januar", Februar = "Februar"};
      ```
   c) ```
      enum {max=100};
      int a[max];
      ```

2. Schreiben Sie ein Programm mit 6 RadioButtons, das etwa folgendermaßen aussieht:

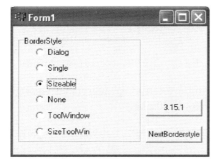

   a) Beim Anklicken des jeweiligen RadioButtons soll die Eigenschaft *Borderstyle* des Formulars auf den entsprechenden Wert gesetzt werden.
   b) Durch sukzessives Anklicken des Buttons mit der Aufschrift *NextBorderstyle* soll die Eigenschaft *BorderStyle* nacheinander alle möglichen Werte annehmen. Nach dem letzten Wert (in der Liste der Aufzählung) soll wieder der erste Wert gesetzt werden.

## 3.16  Kommentare und interne Programmdokumentation

Vor allem bei größeren oder komplexeren Programmen besteht gelegentlich das Bedürfnis, Anweisungen oder Deklarationen durch umgangssprachliche Bemerkungen zu erläutern. Deshalb bieten praktisch alle Programmiersprachen die Mög-
      ```

lichkeit, Kommentare in ein Programm zu schreiben. Ein **Kommentar** ist ein Text, der vom Compiler ignoriert wird und keine Auswirkungen auf das ausführbare Programm hat.

In C++ wird ein Kommentar entweder durch /* und */ oder durch // und das nächste Zeilenende begrenzt:

```
/* das ist ein Kommentar */
// das ist ein Zeilenendkommentar
```

Ausnahmen: Wenn diese Zeichen in einem String oder Kommentar enthalten sind:

```
const char* s="/* kein Kommentar */"
// die /* ganze Zeile */ ist ein Kommentar
/* auch diese Zeile // ist ein Kommentar */
```

Ein mit /* begonnener Kommentar wird durch das nächste Auftreten von */ beendet. Deshalb können solche **Kommentare nicht verschachtelt** werden:

```
/* /* dieser Kommentar endet hier */ und vor dem letzten
   "und" meckert der Compiler. */
```

Insbesondere können mit den Kommentarbegrenzern /* und */ keine Programmteile auskommentiert werden, die selbst solche Kommentare enthalten. Da man aber oft ganze Programmteile auskommentieren will, ohne die Kommentare zu entfernen, verwendet man für Programmerläuterungen meist Zeilenendkommentare:

```
/*
p = 2;    // kleinste Primzahl
...
p = p<<1; // *2, aber schneller
*/
```

Programmteile mit /*...*/-Kommentaren können auch mit Präprozessoranweisungen zur bedingten Kompilation (siehe Abschnitt 3.22.3) auskommentiert werden.

Im C++Builder können auch /*...*/-Kommentare verschachtelt werden, wenn man unter *Projekt|Optionen|Erweiterte Compileroptionen* „Geschachtelte Kommentare" markiert oder die Compileroption -C (Großschreibung beachten) setzt. Solche Optionen kann man im Quelltext nach „#pragma option" angeben:

```
#pragma option -C
/* /* jetzt sind verschachtelte Kommentare möglich */ ohne
dass der Compiler meckert. */
```

Da verschachtelte Kommentare aber im C++-Standard nicht vorgesehen sind, können solche Programme nicht von Compilern übersetzt werden, die diese Option nicht bieten.

Kommentare sind eine Möglichkeit zur **internen Dokumentation** eines Programms. Dabei wird der Quelltext im Quelltext selbst beschrieben und erläutert –

im Unterschied zur externen Dokumentation, die ein Programm für den Anwender beschreibt. Dabei werden vor allem

— Anweisungen erläutert:

```
(1)  i++;      // erhöhe i
(2)  i--;      // erhöhe i
(3)  int j;    // Initialisierung mit 0 nicht vergessen
(4)  i=1;      // 0 anstelle von 1 erhöht den Zähler
               // einmal zu oft !! geändert 31.9.2007
(5)  i=0;      // nach 3.1.1.17, Pflichtenheft
               // Version 4.00.950 vom 24.3.2007
```

— Definitionen von Variablen beschrieben:

```
(6)  long double l,b; // Länge und Breite in Metern
(7)  double z;        // Zinssatz in Prozent
(8)  int Operation;   // 0: Datei löschen,
                      // 1: kopieren, 2: verschieben
```

— Funktionen beschrieben:

```
(9)  void f()
     /* Löscht alle Dateien auf der Festplatte. Den
      *  Anwender besser vorher nochmals fragen, ob er
      *  das wirklich will.
      */
     {
     ...
     }

(10) double Zinsen(double Kapital,
                            double Zinssatz_in_Prozent)
     /*
         Name: Zinsen

         Algorithmus: Zinsformel, siehe Mathematik für
                             Grundschulen, Klasse 3, S. 9
         Eingaben: Kapital und Zinssatz_in_Prozent
                             (aus Eingabemaske Nr. 18)
         Ausgabe: Zins

         Autor: R. Kaiser
         Datum: 32.9.2004
         Tel.: 0123/456789 - aber ich ziehe demnächst um
         E-Mail: rk@nospam.com
         Augenfarbe: blond
         Schuhgröße: Sandalen
     */
     {
     return Kapital*(1 + Zinssatz_in_Prozent);
     }
```

Viele Programme enthalten Kommentare, die

- nicht aussagekräftig und nur eine reine Wiederholung der beschriebenen Anweisung sind wie (1). Solche Kommentare sind überflüssig und belasten den Leser unnötig.
- schlicht und einfach falsch sind wie z.B. (2). Solche Fehler kommen relativ oft vor und entstehen meist dadurch, dass Quelltext geändert bzw. kopiert wird, ohne dass der Kommentar aktualisiert wird.
- besser durch eine einfache Anweisung ersetzt werden können wie z.B. (3). Hier kann man anstelle des Kommentars j besser gleich initialisieren.

Kommentare sollen hilfreiche Erläuterung des Programms sein und **Informationen enthalten, die sich nicht unmittelbar aus dem Programmtext ergeben**. So weist (4) darauf hin, dass der offensichtlich naheliegende Wert 0 falsch ist und der korrigiert wurde. (5) begründet, weshalb das gerade so gemacht wurde.

Obwohl die Kommentare (6), (7) und (8) Informationen enthalten, die sich nicht unmittelbar aus dem Programmtext ergeben, sind sie nur deswegen notwendig, weil die im Kommentar aufgeführten Informationen nicht aus dem Namen der Variablen hervorgehen. Diese Kommentare sind aber eventuell an der Stelle des Programms, an der die Variablen verwendet werden (z.B. eine Bildschirmseite weiter), nicht mehr unmittelbar sichtbar. **Kommentare** sollten deshalb **nur** verwendet werden, **wenn sich deren Inhalt nicht durch geeignete Sprachelemente ausdrücken lässt**. Anstelle der Kommentare sind in (6) und (7) aussagekräftige Variablennamen und in (8) ein Aufzählungstyp als Datentyp sinnvoller:

```
(6) double Laenge_in_Metern, Breite_in_Metern; // Maßein-
    // heiten angeben, falls Missverständnisse möglich sind
(7) double Zinssatz_in_Prozent; // nur "Zins" wäre zu
                                                  ungenau
(8) enum {Datei_loeschen, Datei_kopieren,
                         Datei_verschieben} Operation;
```

Der erhöhte Schreibaufwand für aussagekräftige Variablennamen ist meist wesentlich geringer als der Aufwand durch eine Fehlersuche, weil die Bedeutung von z verwechselt wird: „Zinssatz" („6" bei 6%), „Zinssatz in %" („0,06" bei 6%) oder „Zins" („6 Euro" bei 6% für 100 Euro in einem Jahr).

Das heißt allerdings nicht, dass jeder **Variablenname** mindestens 10 Zeichen lang sein muss. Wenn keine Gefahr für Missverständnisse besteht, können Variablennamen auch nur aus einem Buchstaben bestehen. Stroustrup (1997, Abschnitt 4.9.3) empfiehlt, Namen mit einem großen Gültigkeitsbereich **lang** und beschreibend zu wählen. Ein lokaler Name in einem kleinen Block ist aber oft übersichtlicher, wenn er **kurz** ist.

Funktionsbeschreibungen wie in (10) findet man häufig. Hier stellt sich natürlich die Frage nach dem Sinn einer halbseitigen Beschreibung für einen unmissverständlichen Einzeiler. Oft reicht eine Beschreibung wie in (9) völlig aus.

Obwohl die häufige Verwendung von Kommentaren oft fast mit **Softwarequalität** gleichgesetzt wird (es soll Firmen geben, die für jede Programmzeile einen Kommentar verlangen), wird empfohlen

–   **so wenig Kommentare wie möglich** zu schreiben und anstelle von Kommentaren alle Möglichkeiten der Programmiersprache ausschöpfen, die Kommentare überflüssig machen (z.B. aussagekräftige Namen für Variablen).
–   immer dann, wenn man die Notwendigkeit für einen Kommentar sieht, zuerst zu überlegen, ob man das **Programm** nicht **so formulieren** kann, **dass ein Kommentar überflüssig** wird. Mit Kommentaren kann man undurchsichtige Programmteile erläutern. Solche Programmteile sind aber oft ein Hinweis darauf, dass sie nicht richtig durchdacht sind. Undurchschaubare Programmteile verstecken oft undurchschaubare Fehler.

Eine ausführliche Diskussion zum Thema Kommentare findet man in „Code Complete" (McConnell 2004) und in „The C++ Programming Language" (Stroustrup 1997, Abschnitt 6.4).

Es gibt Programme (z.B. das freie doxygen, http://www.doxygen.org) die speziell aufgebaute Kommentare (z.B. Javadoc-Kommentare) wie

```
/**
 * Lösung von Aufgabe 8.5.1
 * @version 1.0
 * @author R. Kaiser*/
```

aus einem Programm extrahieren und daraus Dokumente in Formaten wie HTML, RTF, PDF usw. erzeugen.

Anmerkung für Delphi-Programmierer: In Delphi können Kommentare durch { und } sowie durch (* und *) begrenzt werden. Sie können verschachtelt werden, indem man mit { und } gebildete Kommentare durch (* und *) auskommentiert und umgekehrt. Wie in C++ sind auch Zeilenendkommentare mit // möglich.

3.17 Globale, lokale und dynamische Variablen

Nachdem wir inzwischen globale, lokale und dynamisch erzeugte Variablen und Konstanten kennen gelernt haben, sollen jetzt ihre Unterschiede und Gemeinsamkeiten noch etwas genauer betrachtet werden. In diesem Zusammenhang werden auch einige zugehörige Anweisungen und Konzepte vorgestellt.

3.17.1 Die Deklarationsanweisung

Durch eine **Deklarationsanweisung** wird ein Name in einem Block eingeführt:

declaration-statement:
  block-declaration

Eine Deklaration muss einen Datentyp enthalten. Aus ihm ergibt sich, wie man den Namen verwenden kann.

Da eine Deklarationsanweisung eine Anweisung ist, kann sie überall da stehen, wo auch eine Anweisung stehen kann. Das war in früheren Versionen von C nicht so (vor C99). Dort durfte auf eine Anweisung keine Deklaration mehr folgen.

Beispiel: Lokale Variablendefinitionen, Funktions- und *typedef*-Deklarationen sind Deklarationsanweisungen:

```
void f(int n)
{
int s=0; // Definition der lokalen Variablen s
typedef char* PChar; // Deklaration von PChar
int g(int i); // Lokale Funktionsdeklaration
for (int i=0; i<n;++i) s=s+g(i); // eine Anweisung
int t=s; // Das war früher in C ein Fehler
```

Die Definition von t war in älteren Versionen von C nicht zulässig, da diese Deklaration nach einer Anweisung kommt.

Es ist **generell empfehlenswert**, den Gültigkeitsbereich aller Variablen usw. so klein wie möglich zu halten. Insbesondere sollte man eine Variable immer erst dann definieren, wenn man sie benötigt, und nicht schon vorher.

- Je kleiner der Gültigkeitsbereich eines Namens ist, desto **übersichtlicher** ist das Programm, da er sich nur in einem kleineren Teil des Programms aus- wirken kann.
- Wenn man in einer langen Funktion alle Variablen am Anfang definiert und dann feststellt, dass diese Funktion fehlerhaft ist, kann jede dieser Variablen zum Fehler beitragen. Bei der Suche nach dem Fehler muss man dann auf alle Variablen achten. Definiert man eine Variable dagegen erst später, kann sie erst ab ihrer Definition zum Fehler beitragen. Deshalb kann man den Bereich für eine **Fehlersuche** mit möglichst späten Definitionen begrenzen.
- Wenn man, wie früher in C, alle Variablen vor den Anweisungen definieren muss, kann man eine Variable nicht mit einem Wert **initialisieren**, der mit Anweisungen bestimmt wurde. In der Funktion f hätte man die Variable t am Anfang definieren müssen. Dort wäre aber noch keine **Initialisierung** mit dem inzwischen berechneten Wert von s möglich gewesen.

3.17.2 Die Verbundanweisung und der lokale Gültigkeitsbereich

Durch eine **Verbundanweisung** (compound-statement) können mehrere Anwei- sungen syntaktisch zu einer einzigen zusammengefasst werden. Bei ihrer Ausführung werden dann diese Anweisungen in der aufgeführten Reihenfolge ausgeführt. Anstelle von einer Verbundanweisung spricht man auch von einem **Block**.

compound-statement:
    { *statement-seq* ₒₚₜ }

Beispiel: Eine Verbundanweisung kann eine eigenständige Anweisung sein:

```
{
    double x = 1E-20;
    double y = x*x;
}
{
    int x = 20000+2000;
};
```

Sie wird allerdings selten so verwendet, sondern vor allem mit *if*-Anweisungen und Schleifen. Außerdem werden in einer Funktionsdefinition die Anweisungen durch eine Verbundanweisung zusammengefasst.

Eine in einem Block definierte Variable wird als **lokale Variable** dieses Blocks bezeichnet. Sie kann nur innerhalb dieses Blocks verwendet werden. Dagegen wird eine Variable, die außerhalb eines Blocks definiert ist, als **globale Variable** bezeichnet. Zwei in verschiedenen Verbundanweisungen definierte lokale Variable mit demselben Namen sind zwei verschiedene Variablen.

Eine Verbundanweisung kann weitere Verbundanweisungen mit lokalen Deklarationen enthalten. Eine solche **Verschachtelung** von Blöcken kann im Prinzip unbegrenzt fortgesetzt werden. Dabei kann ein **Name**, der in einem äußeren Block bereits vergeben wurde, **in einem tiefer verschachtelten Block erneut vergeben werden**. Man sagt dann, dass der äußere Name **verdeckt** wird. Die Bedeutung des Namens im tiefer verschachtelten Block ergibt sich dabei aus der Deklaration im tiefer verschachtelten Block. Eine verdeckter globaler Name kann im tiefer verschachtelten Block mit dem Bereichsoperator „::" (siehe Abschnitt 3.20.1) angesprochen werden.

Der **Gültigkeitsbereich** (engl. **scope**) einer Variablen usw. ist der Bereich im Quelltext eines Programms, in dem sie allein unter ihrem Namen (d.h. ohne einen Bereichsoperator) bekannt ist. Er besteht also ab der Deklaration des Namens aus dem Block, in dem er vereinbart wird, sowie aus allen tiefer verschachtelten Blöcken, in denen derselbe Name nicht erneut vergeben wird. Er endet mit dem Block, in dem die Deklaration erfolgt ist.

Beispiel: In der Funktion f hat der Name i in jedem Block eine andere Bedeutung. Insbesondere wird der Wert der im äußeren Block vereinbarten Variablen i nicht durch Zuweisungen an die Variable i in einem tiefer verschachtelten Block beeinflusst.

```
void f()
{
float i=1.2;           // i: float Variable
  {                    // i: float Variable
    int i;             // i: int Variable
    {                  // i: int Variable
      typedef int i;   // i: Datentyp int
      i j=17;          // i: Datentyp int
    }
    i = 1;             // i: int Variable
  }
  {
    double i;          // i: double Variable
  }
}
```

Diese Funktion soll lediglich das Konzept des Gültigkeitsbereichs illustrieren und nicht als Empfehlung verstanden werden, allen Variablen ohne Grund denselben Namen zu geben.

Schon am Ende von Abschnitt 3.17.1 wurde empfohlen, den Gültigkeitsbereich aller Variablen usw. möglichst klein zu halten. Deshalb sollte man auch alle Deklarationen **so lokal wie möglich** durchführen. Wenn globale anstelle von lokalen Variablen verwendet werden, ist das bei einfachen Programmen oft nur ein **Schönheitsfehler**. Bei größeren Programmen kann das aber ein schwerwiegender **Entwurfsfehler** sein, da die Programme wesentlich schneller unübersichtlich werden. Lokale Variablen haben gegenüber globalen außerdem noch diese Vorteile:

1. Man muss bei der Wahl eines Namens nicht darauf achten, ob er bereits in anderen Funktionen verwendet wird. Wenn die Entwicklung eines größeren Programms auf mehrere Programmierer verteilt wird, müssen sie sich bei globalen Namen absprechen, wer welche Namen verwenden darf. Lokale Namen kann dagegen jeder ohne Absprache verwenden.
2. Der Zeitraum, in dem eine lokale Variable **Speicherplatz** benötigt, ist kürzer.

Anmerkung für Pascal-Programmierer: Die Verbundanweisung wird in Pascal mit *begin* und *end* gebildet.

Aufgabe 3.17.2

Mit dieser Aufgabe soll lediglich das Konzept der Lokalität geübt werden. Der hier verwendete Programmierstil wird nicht zur Nachahmung empfohlen.

a) Geben Sie in der folgenden Funktion nach jeder Anweisung den Datentyp und den Wert aller bisher deklarierten Variablen an.

```
void verschachtelt()
{
int i,j,k=7;
AnsiString s,t;
  {
  char j;
    {
    float i=0,j=i;
      {
      AnsiString i,j,k;
      i = "ckt"; j = "ra"; k = "vert";
      s = s+k+j+i+" ";
      }
    i = 1; j = 2;
    t = FloatToStr(i)+" + "+FloatToStr(j)+
                                " = "+FloatToStr(k);
      {
      AnsiString t,j,k,i=s;
        {
        char t,j,k;
        t = 's'; j = 'i'; k = 't';
        s = AnsiString(' ')+j+t+k+ ' ';
        }
        {
        char t,j,k;
        t = 'a'; j = 'D'; k = 's';
        s = AnsiString(j) + t + k+s;
        }
      t = "nz sch"; j = "ja ga"; k = "ön ";
      s = s+j+t+k+i;
      }
    }
  }
Form1->Memo1->Lines->Add(t);
Form1->Memo1->Lines->Add(s);
}
```

b) Welcher Text wird beim Aufruf dieser Funktion ausgegeben?

3.17.3 Statische lokale Variablen

Definiert man eine lokale Variable mit dem Schlüsselwort *static*, existiert sie wie eine globale Variable während der ganzen Laufzeit des Programms. Sie wird außerdem nur ein einziges Mal initialisiert, und zwar vor der ersten Ausführung der ersten Anweisung im Block. Deshalb behält eine lokale statische Variable in einer Funktion ihren Wert zwischen verschiedenen Aufrufen.

Beispiel: Die Werte von *gl* und *st* werden bei jedem Aufruf von f hochgezählt. Der Wert von *loc* wird dagegen bei jedem Aufruf mit 0 initialisiert.

```
int gl=0; // global
```

```
int f()
{
int loc=0;
static int st=0; // Ab dem zweiten Aufruf von f
gl++;loc++;st++;            // ist st nicht mehr 0
return gl+100*loc+ 10000*st;
}
```

Sukzessive Aufrufe von f geben 10101, 20102, 30103 usw. zurück.

3.17.4 Lebensdauer von Variablen und Speicherklassenspezifizierer Θ

Aus den bisherigen Ausführungen ergibt sich insbesondere, dass Variable eine unterschiedliche **Lebensdauer** haben können. Damit bezeichnet man den Zeitraum während der Laufzeit eines Programms, in dem Speicherplatz für eine Variable reserviert ist. In C++ gibt es diese drei Arten der Lebensdauer:

– Die **statische Lebensdauer** ist die gesamte Laufzeit des Programms.
– Die **automatische Lebensdauer** betrifft lokale Variable. Sie beginnt mit ihrer Definition und endet mit der Ausführung des Blocks, in dem die Variable definiert wurde.
– Die **dynamische Lebensdauer** betrifft dynamisch erzeugte Variablen. Sie beginnt mit *new* und endet mit *delete*.

Falls bei der Definition einer Variablen keiner der **Speicherklassenspezifizierer**

storage-class-specifier:
```
auto
register
static
extern
mutable
```

angegeben wird, hat eine globale Variable eine **statische** und eine lokale Variable eine **automatische Lebensdauer**. Mit einem der ersten drei dieser Spezifizierer (von denen die ersten beiden heutzutage praktisch bedeutungslos sind) kann die Lebensdauer beeinflusst werden:

– Die Angabe *auto* bewirkt eine automatische Lebensdauer und ist nur bei lokalen Variablen oder in einer Parameterliste möglich. Da solche Variablen aber schon per Voreinstellung eine automatische Lebensdauer haben, ist diese Angabe überflüssig und wird meist weggelassen.
– Die Angabe *register* hat dieselbe Bedeutung wie *auto* und ist außerdem eine Empfehlung an den Compiler, die Variable in einem Register des Prozessors anzulegen.
Bei älteren C-Compilern wurde *register* vor allem zur Laufzeitoptimierung verwendet. Bei neueren Compilern, die automatisch optimieren, wird allerdings meist von der Verwendung von *register* abgeraten, da so die Optimierungsstrategien des Compilers beeinträchtigt werden können und das Programm

eventuell sogar langsamer wird. Der C++-Standard lässt ausdrücklich zu, dass der Compiler *register* ignoriert. Beim C++Builder wird *register* durch die Einstellungen „Registervariablen" unter *Projekt|Optionen|Advanced Compiler* beeinflusst und eventuell ignoriert.

– Die Definition einer lokalen Variablen mit *static* hat eine statische Lebensdauer zur Folge (siehe Abschnitt 3.17.3). Bei globalen Definitionen und in Klassen hat *static* noch andere Bedeutungen, die später vorgestellt werden.

Der für die Variablen eines Programms verfügbare Speicher wird in Abhängigkeit von ihrer Lebensdauer in verschiedenen Blöcken verwaltet, die als statischer, automatischer und dynamischer Speicher bezeichnet werden (Stroustrup 1997, Abschnitt C.9).

– Den Speicherplatzbedarf für Variable mit einer **statischen Lebensdauer** (globale und lokale *static* Variablen, Stringliterale) kann der Compiler während der Kompilation berechnen. Dafür wird während der gesamten Laufzeit des Programms ein Speicherbereich reserviert, der auch als **statischer Speicher** bezeichnet wird.

– Der Speicherplatz für Variable mit einer **automatischen Lebensdauer** (lokale Variable und Funktionsargumente) wird nur während eines Funktionsaufrufs benötigt. Da der Compiler aber normalerweise nicht weiß, welche Funktionen während der Laufzeit des Programms aufgerufen werden, kann er den dafür notwendigen Speicher nicht berechnen.

Für solche Variablen wird ein eigener Speicherbereich verwendet, der auch als **Stack** oder **automatischer Speicher** bezeichnet wird. Bei jedem Aufruf einer Funktion wird dann der notwendige Speicher im freien Teil des Stacks reserviert und nach dem Aufruf der Funktion wieder freigegeben. Falls kein Speicher mehr frei ist, ist ein **Stacküberlauf** (stack overflow) die Folge.

– Der Speicherplatz für eine Variable mit einer **dynamischen Lebensdauer** wird nur zwischen *new* und *delete* benötigt. Der Compiler kann den für solche Variablen notwendigen Speicher ebenfalls nicht wissen.

Für solche Variable kann ein dritter Speicherbereich verwendet werden, der als **freier Speicher** (free store) oder **Heap** bezeichnet wird. Jedes *new* wird der notwendige Speicher im freien Speicher reserviert und mit *delete* wieder freigegeben.

Der für ein Programm verfügbare Speicher kann dann auf diese drei Speicherbereiche verteilt werden. Der nicht für den statischen Bereich benötigte Speicher wird vom Stack und Heap gemeinsam genutzt. Der Stack wächst vom einen Ende des freien Bereichs, und der Heap vom anderen Ende:

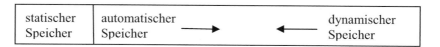

statischer Speicher	automatischer Speicher ⟶	⟵ dynamischer Speicher

Im C++Builder kann man die Größe des Stacks und des Heaps unter *Projekt|-Optionen|Linker* einstellen:

Minimale Stackgröße: 0x00002000 (Voreinstellungen)
Maximale Stackgröße: 0x00100000

Definiert man z.B. ein lokales Array, das größer als der Stack ist

```
void f()
{
int a[0x00100000];
}
```

erhält man beim Aufruf dieser Funktion einen Stacküberlauf. Definiert man das Array dagegen global, erhält man keinen Fehler. Wenn man die Einstellungen für den Stack entsprechend vergrößert, kann auch dieses Array lokal definiert werden.

Mit der Lebensdauer einer Variablen hängt auch der Zeitpunkt ihrer **Initialisierung** zusammen:

— Alle globalen und lokalen statischen Variablen werden nur **ein einziges Mal** initialisiert, und zwar vor ihrer ersten Verwendung (z.B. beim Start des Programms). Wenn sie keinen Initialisierer und einen elementaren Datentyp (z.B. *int, double*) haben, werden sie mit Null initialisiert. Falls ihr Datentyp eine Klasse ist, werden sie mit ihrem Standardkonstruktor initialisiert. Deshalb behält eine lokale statische Variable in einer Funktion ihren Wert zwischen verschiedenen Aufrufen (siehe Abschnitt 3.17.3).
— Lokale nicht statische Variablen eines elementaren Datentyps ohne Initialisierer werden **nicht** initialisiert und haben einen unbestimmten Wert.
— Lokale nicht statische Variablen mit einem Initialisierer werden **bei jeder Ausführung des Block** initialisiert. Falls sie keinen Initialisierer haben und ihr Datentyp eine Klasse ist, werden sie mit ihrem Standardkonstruktor initialisiert.

Aufgabe 3.17.4

1. Geben Sie die Werte von x und y nach den Funktionsaufrufen an.

```
double f(double x, int n)
{
static int count =0;
count=count+n;
int r=1;
for (int i=0; i<count; i++) r=r*x;
return r;
}

int x=f(3,1);
int y=f(4,2);
```

2. Falls eine Funktion nur für relativ wenige Ganzzahlargumente definiert ist und oft aufgerufen wird, kann man eventuell Zeit sparen, wenn man die Funktionswerte beim ersten Aufruf für alle möglichen Argumente berechnet und in einem

statischen Array ablegt. Bei weiteren Aufrufen der Funktion werden dann nur noch die Werte aus dem Array zurückgegeben.

Setzen Sie dieses Verfahren für die ersten 50 Fibonacci Zahlen um (siehe Aufgabe 3.10.6 und 3.4.6, 2.).

3.18 Referenztypen, Werte- und Referenzparameter

Eine **Referenz** ist ein anderer Name für eine Variable oder Konstante.

Man erhält eine Referenz durch eine Definition nach dem Schema (siehe die Syntaxregel für einen *ptr-Operator*, Seite 213)

  T & r

Dabei ist T ein Datentyp, der kein Referenztyp sein darf, und r ein Bezeichner. Der Datentyp der **Referenz** r ist dann ein **Referenztyp**, der auch als „Referenz auf T" oder als „T&" bezeichnet wird.

Um sicherzustellen, dass eine Referenz ein anderer Name für eine Variable oder Konstante ist, muss sie bei ihrer Definition initialisiert werden.

  T & r=v; // die Referenz r wird mit der Variablen oder Konstanten v initialisiert

Die Referenz r ist dann ein anderer Name für die Variable oder Konstante v. Für eine Referenz des Typs T& muss v den Datentyp T oder T& oder den einer von T abgeleiteten Klasse haben. Die Regeln für konstante Referenzen (siehe Abschnitt 3.18.3) sind nicht ganz so streng.

Beispiel: Durch die zweite Zeile wird r ein anderer Name für die Variable i:

```
int i=0;
int& r=i; // r ist eine Referenz auf i. Der
          // Datentyp von r ist "Referenz auf int"
```

Falls eine Referenz nicht initialisiert wird, oder mit einer Variablen oder Konstanten eines anderen Datentyps initialisiert wird, ist das ein Fehler:

```
int& r1; // Fehler: Referenz-Variable 'r1'
         // muss initialisiert sein
double& d=i; // Warnung: Temporäre Größe für die
             // Initialisierung verwendet
```

Referenzen auf Referenzen gibt es nicht. Eine Referenz kann aber mit einer Referenz initialisiert werden:

```
int&& rr1=r; // Fehler
int& rr=r; // rr ist eine weitere Referenz auf i
```

Alle Operationen mit einer Referenz werden mit der Variablen ausgeführt, mit der sie initialisiert wurde.

Beispiel: Mit den Definitionen des letzten Beispiels erhält i in der nächsten Zeile den Wert 17, obwohl das aus dem Text nicht unmittelbar hervorgeht:

```
r=17;       // weist i den Wert 17 zu!
Form1->Memo1->Lines->Add(IntToStr(i)); // 17
```

Offensichtlich kann die Verwendung von zwei verschiedenen Namen für eine Variable (Aliasing, siehe Abschnitt 3.12.2) zu unübersichtlichen Programmen führen. Da es nur selten einen Grund dafür gibt, sollte man auf **eine solche Anwendung** von Referenzvariablen **verzichten**.

Referenztypen sind aber **für Funktionsparameter sinnvoll** (siehe dazu auch Abschnitt 3.4.4). Um die Unterschiede zwischen Werte- und Referenzparametern hervorzuheben, werden zunächst die wichtigsten Aspekte von Werteparametern dargestellt.

3.18.1 Werteparameter

Ein Parameter, dessen Datentyp kein Referenztyp ist, wird auch als **Werteparameter** bezeichnet. Ein Werteparameter ist in der zur Funktionsdefinition gehörenden Verbundanweisung eine lokale Variable, die auf dem **Stack** angelegt und beim Aufruf der Funktion mit dem Wert (daher der Name) des entsprechenden Arguments initialisiert wird. Da die lokale Variable einen anderen Speicherbereich als das Argument belegt, wird das Argument bei einem Aufruf der Funktion nie verändert.

Beispiel: Nach dem Aufruf der Funktion

```
void f(int x) // x ist ein Werteparameter
{
x = 2;
}
```

in

```
y = 3;
f(y);
```

hat die Variable y (wie schon vor dem Aufruf von f) unverändert den Wert 3, da nur der in f lokalen Variablen x der Wert 2 zugewiesen wird, nicht jedoch der globalen Variablen y.

Als **Argument** kann für einen Werteparameter ein beliebiger Ausdruck (eine Konstante, Variable usw.) eingesetzt werden, für den eine **Konversion** in den Datentyp des Parameters definiert ist. Die Funktion f aus dem letzten Beispiel kann deswegen auch mit einem konstanten Gleitkommawert aufgerufen werden:

```
f(1.2)
```

Da Werteparameter auf dem Stack angelegt werden, müssen die Argumente auf den Stack kopiert werden. Da dieses Kopieren bei großen Parametern mit einem gewissen Zeitaufwand verbunden sein kann, sollte man große Werteparameter nur mit Bedacht verwenden.

Konstante Werteparameter sind nur selten sinnvoll. Da sich die Veränderung eines Werteparameters in einer Funktion nur auf die lokale Kopie der Daten auswirkt, hat das Argument nach dem Aufruf der Funktion denselben Wert wie vorher, und zwar unabhängig davon, ob der Parameter mit *const* deklariert wurde oder nicht. Einer der wenigen Vorteile von konstanten Werteparametern ist, dass eine Verwechslung von „=" und „=="wie in „ if (x=17)" durch den Compiler entdeckt wird.

3.18.2 Referenzparameter

Wenn der Datentyp eines Parameters ein Referenztyp ist, wird der Parameter auch als **Referenzparameter** bezeichnet.

Bei einem Referenzparameter bedeutet die **Initialisierung** des Parameters mit einem Argument beim Aufruf der Funktion, dass der Parameter ein anderer Name für das Argument ist. Mit diesem Argument werden dann beim Aufruf der Funktion alle Anweisungen ausgeführt, die in der Funktionsdefinition mit dem Parameter ausgeführt werden. Diese Form der Initialisierung wird vom Compiler dadurch realisiert, dass die Adresse des Arguments auf dem Stack übergeben wird. Über diese Adresse wird dann das Argument angesprochen. Daraus ergeben sich die folgenden Unterschiede zu Werteparametern:

− Das **Argument** für einen **Referenzparameter** kann im Unterschied zu einem Werteparameter in der Funktion **verändert** werden. Ein Referenzparameter wird beim Aufruf der Funktion mit dem entsprechenden Argument initialisiert und ist dann in der Funktion ein anderer Name für das Argument. Alle Anweisungen mit dem Parameter erfolgen dann beim Aufruf mit dem Argument.
− Bei einem nicht konstanten Referenzparameter muss das Argument **denselben Datentyp** wie der Parameter haben und eine **Variable** sein. Bei Klassen kann der Datentyp des Arguments auch eine vom Datentyp des Parameters abgeleitete Klasse sein. Mit anderen Argumenten kann ein Referenzparameter nur initialisiert werden, wenn er konstant ist.
− Funktionsaufrufe mit Referenzparametern sind meist **schneller** als mit Werteparametern, da nur die Adresse des Arguments auf den Stack kopiert wird. Bei einem Werteparameter wird dagegen das ganze Argument kopiert.

Beispiel: Mit der Funktion

```
void f(int& x) // x ist ein Referenzparameter
{
x = 2;
}
```

hat y nach der Ausführung von

```
int y = 3;
f(y);
```

den Wert 2, da die Anweisung x=2 direkt mit der globalen Variablen y und nicht mit einer in f lokalen Variablen x ausgeführt wird. Deswegen werden beim Aufruf der folgenden Funktion *vertausche* auch die Werte der beiden als Argument übergebenen Variablen vertauscht:

```
void vertausche(int& x, int& y)
{
int h = x;
x = y;
y = h;
}
```

Für **verschiedene Referenzparameter** sollte man **nie dasselbe Argument** einsetzen, da man sonst oft überraschende Ergebnisse erhält.

Beispiel: Auf den ersten Blick wird man nach einem Aufruf der Funktion

```
void g(int& a, int& b, int& c)
{
c = a+b;
c = c+a;
}
```

erwarten, dass das Argument für c den Wert a+b+a hat. Das trifft auch zu, wenn man sie mit verschiedenen Argumenten aufruft:

```
int x=1,y=2,z=3;
g(x,y,z); // z = 4
```

Es gilt aber nicht, wenn man für verschiedene Parameter dasselbe Argument einsetzt:

```
int x=1,y=2,z=3;
g(z,x,z); // z = 8 !!!
```

Mit konstanten Referenzparametern können solche Effekte nicht auftreten.

Den Aufruf einer Funktion mit **Referenzparametern** kann man in einem **Ablaufprotokoll** dadurch darstellen, dass man den Namen des Parameters durch den seines Arguments ersetzt.

Beispiel: Für die Anweisungen aus dem letzten Beispiel erhält man so das folgende Ablaufprotokoll. Die jeweiligen Argumente sind als Kommentar angegeben.

			x	y	z
x = 1; y = 2; z = 3 ;			1	2	3
g(x,y,z) // a=x, b=y, c=z					
c = a+b;// z=x+y					1+2
c = c+a; //z=z+x					1+2+1
x = 1; y = 2; z = 3			1	2	3
g(z,x,z) // a=z, b=x, c=z					
c = a+b // z = z+x					3+1
c = c+a; // z = z+z					4+4

Im Unterschied zu den Anforderungen des C++-Standards akzeptiert der C++Builder bis zur Version 2006 für einen nicht konstanten Referenzparameter auch Argumente eines anderen Datentyps sowie Argumente, die keine Variablen sind. Er erzeugt dann aus dem Argument eine temporäre Variable mit dem Datentyp des Parameters und übergibt ihre Adresse an die Funktion. Da alle Operationen in der Funktion mit dieser temporären Variablen ausgeführt werden, wird das Argument durch Operationen in der Funktion nicht verändert. Andere Compiler akzeptieren einen solchen Aufruf nicht und betrachten ihn wie der C++Builder 2007 als **Fehler**.

Beispiel: Der C++Builder akzeptiert auch die folgenden Aufrufe der Funktion f von oben. Dabei wird der Wert des Arguments nicht verändert:

```
const int ci=17;
f(ci);    //Datentyp des Arguments ci: nicht int
// unverändert ci=17;
double d=18;
f(d);     //Datentyp des Arguments d: nicht int
// unverändert d=18;
f(17.0); //Datentyp des Arguments: keine Variable
```

Bei allen diesen Aufrufen erhält man die Warnung, die man immer als Hinweis auf einen schwerwiegenden **Fehler** betrachten sollte:

```
Warnung: Temporäre Größe für Parameter 'x' in Aufruf von
                                  'f(int&)' verwendet
```

3.18.3 Konstante Referenzparameter

Konstante Referenzparameter können in der Funktion nicht verändert werden. Deshalb ist mit einem solchen Parameter wie mit einem Werteparameter sichergestellt und explizit dokumentiert, dass das Argument beim Aufruf der Funktion nicht verändert wird. Da nur die Adresse des Arguments auf den Stack kopiert wird, sind bei großen Parametern **Funktionsaufrufe mit Referenzparametern** deutlich **schneller** als solche mit Werteparametern. Konstante Referenzparameter verbinden also diesen Vorteil von Werteparametern mit der höheren Geschwindigkeit von Referenzparametern.

So wurden z.B. für 500 000 Aufrufe der Funktionen

```
const int Size = 10000; // 1, 100
struct TBig {             // sizeof(TBig)=10000
   char s[Size];
};

int Wertepar(TBig b)
{
return b.s[0];
}

int ConstWertepar(const TBig b)
// dieselben Anweisungen wie WertePar

int Ref(TBig& b) // dieselben Anweisungen wie WertePar

int ConstRef(const TBig& b)
// dieselben Anweisungen wie WertePar

int Ptr(TBig* b)
{
return b->s[0];
}
```

die folgenden Ausführungszeiten gemessen:

C++Builder 2007, Release Build, 500 000 Aufrufe	Size=1	Size=100	Size =10 000
Wertepar, ConstWertepar	0,0036 Sek.	0,019 Sek.	1,48 Sek.
ConstRef, Ref, Ptr	0,0036 Sek.	0,0036 Sek.	0,0036 Sek.

Es empfiehlt sich deshalb, **immer Referenzparameter** und keine Werteparameter zu verwenden, wenn das möglich ist. Aus diesem Grund werden die meisten größeren Parameter bei Bibliotheksfunktionen als Referenzparameter übergeben. Bei kleineren Parametern (bis zu *sizeof(int)*) ist der Vorteil aber meist gering.

Das **Argument** für einen **konstanten Referenzparameter** muss im Unterschied zu dem für einen nicht konstanten Referenzparameter nicht denselben Datentyp wie der Parameter haben und auch keine Variable sein. Der Compiler erzeugt dann aus dem Argument eine temporäre Variable vom Datentyp des Parameters und übergibt ihre Adresse an die Funktion. Falls man eine Funktion mit einem Referenzparameter sowohl mit Argumenten aufrufen will, die eine Variable oder eine

Konstante sind, muss man zwei überladene Versionen der Funktion definieren: Eine mit einem konstanten und eine mit einem nicht konstanten Parameter.

Anmerkung für Pascal-Programmierer: Den Referenzparametern von C++ entsprechen in Pascal die Variablenparameter.

Aufgaben 3.18

Falls Sie die Parameter in Ihren Lösungen der folgenden Aufgaben als Werteparameter übergeben haben, ändern Sie diese zu konstanten Referenzparametern.

 a) *Quersumme* (Aufgabe 3.4.6, 1.)
 b) *RegentropfenPi* (Aufgabe 3.6.5, 2.)
 c) *StringToDate* (Aufgabe 3.13, 1.)

3.19 Weitere Anweisungen

In diesem Abschnitt werden die Anweisungen vorgestellt, die bisher noch nicht behandelt wurden. Damit sind dann alle Anweisungen von C++ vorgestellt:

> *statement:*
> *labeled-statement*
> *expression-statement*
> *compound-statement*
> *selection-statement*
> *iteration-statement*
> *jump-statement*
> *declaration-statement*
> *try-block*

3.19.1 Die Ausdrucksanweisung

In C++ sind viele Anweisungen sogenannte Ausdrucksanweisungen:

> *expression-statement:*
> *expression* _{opt} ;

Eine **Ausdrucksanweisung** besteht aus einem optionalen Ausdruck, der durch ein Semikolon abgeschlossen wird. Wird der Ausdruck ausgelassen, bezeichnet man die Anweisung auch als **Nullanweisung** oder als **leere Anweisung**. Ausdrücke werden ausführlich in Abschnitt 3.20 behandelt.

Beispielsweise ist die Zuweisung eines Ausdrucks x an eine Variable v

```
v = x
```

syntaktisch ein sogenannter Zuweisungsausdruck. Der Wert dieses Zuweisungsausdrucks ist der Wert des Ausdrucks rechts vom Zuweisungsoperator „=", also x.
Dieser Ausdruck kann wiederum auf der rechten Seite einer Zuweisung verwendet
werden. Auf diese Weise können mehrere Zuweisungen in einer einzigen Anweisung erfolgen:

```
i=j=k=0; // z.B. nach der Definition int i, j, k;
```

Wenn ein Ausdruck aus mehreren Teilausdrücken besteht, ist nach dem C++-
Standard **explizit nicht definiert**, **in welcher Reihenfolge** diese **Teilausdrücke
ausgewertet werden**. Deshalb ist in

```
int j=0;
int i = (j+1)*(j = 2); //(0+1)*2=2 oder (2+1)*2=6 ?
```

nicht definiert, ob zuerst (j+1) mit j=0 und dann (j=2) oder zuerst (j=2) und dann
(j+1) berechnet wird. Mit den Versionen 1 und 3 des C++Builders erhält i den
Wert 2. Visual C++ von Microsoft liefert in Version 4 den Wert 6 und in Version
5 den Wert 2. Es ist also durchaus möglich, dass verschiedene Versionen eines
Compilers verschiedene Werte ergeben.

Ausdrücke mit derart unbestimmten Werten lassen sich vermeiden, wenn man jede
Variable, die in einem Ausdruck verändert wird, höchstens einmal verwendet. Der
Wert der folgenden Ausdrücke ist deshalb eindeutig definiert:

```
int j=0,k=0;
int i=(k+1)*(j=2); //(0+1)*2=2
i=j=k=0;
i=j*j;// nicht problematisch, da j nicht verändert wird
```

Jeder durch ein Semikolon abgeschlossene Ausdruck ist eine Ausdrucksanweisung. Deshalb sind die folgenden Anweisungen syntaktisch korrekt:

```
i;      // z.B. nach der Definition int i;
i*i+1;
f;      // für eine Funktion f
x==2;   // Schreibfehler? War hier "x=2;" gemeint?
```

Da der Wert des Ausdrucks e nach der Ausführung von

```
e;
```

verworfen wird, bleiben diese **Anweisungen** aber **ohne irgendwelche Folgen**.
Peter van der Linden (1995, S. 19) berichtet von einem Programm, bei dem der
Schreibfehler „x==2" anstelle von „x=2" einen Schaden von 20 Millionen Dollar
verursacht hat.

Da als **Bedingungen** in Schleifen oder Auswahlanweisungen auch Ausdrücke **eines arithmetischen Datentyps** akzeptiert werden (wobei der Wert 0 in *false* und jeder andere Wert in *true* konvertiert wird), sind Anweisungen wie

```
if (i=j) k=17;
```

syntaktisch korrekt. Viele C/C++-Compiler akzeptieren solche Anweisungen ohne irgendeinen Hinweis darauf, dass hier eventuell ein Schreibfehler vorliegt und eigentlich

```
if (i==j) k=17;
```

gemeint war. Auch mir passieren solche Schreibfehler hin und wieder, obwohl ich schon oft ausdrücklich auf diese Fehlerquelle hingewiesen habe. Der C++Builder gibt hier zwar eine Warnung aus:

```
if (i=j) k=1;//Warnung:Möglicherweise inkorrekte Zuweisung
```

Falls man aber noch andere Warnungen hat, wird diese leicht übersehen.

Dass der Compiler solche Konstruktionen akzeptiert liegt daran, dass sie „im Geist von C" („in the spirit of C") sind und gerne dazu benutzt werden, Programme möglichst kurz zu formulieren. Ein typische Beispiel ist die Funktion *strcpy* von Kernighan/Ritchie (1988, Abschnitt 5.5):

```
void strcpy(char *s, char *t)
{
  while (*s++ = *t++)
    ;
}
```

Hier wurden alle notwendigen Anweisungen so trickreich in die Schleifenbedingung verpackt, dass für den Schleifenkörper eine leere Anweisung ausreicht. Viele C-Programmierer halten solche Konstruktionen für die Krönung der Programmierkunst.

Anmerkungen für Pascal-Programmierer: In Pascal sind Anweisungen und Ausdrücke syntaktisch streng getrennt. Dadurch lassen sich manche Sachverhalte nicht so knapp formulieren wie in C++. Allerdings akzeptiert kein Pascal-Compiler irgendeine der in diesem Abschnitt vorgestellten fehlerträchtigen Zweideutigkeiten.

3.19.2 Exception Handling: *try* und *throw*

Falls eine Funktion ihre Aufgabe nicht erfüllen kann, informiert sie den Aufrufer darüber traditionellerweise (z.B. in C) durch einen speziellen Rückgabewert oder indem sie eine Statusvariable (error flag) setzt. Diese Techniken haben aber Schwächen:

- Niemand kann den Aufrufer zwingen, den Rückgabewert oder die Fehler-flags zu prüfen. Deshalb können Fehler übersehen werden.
- In komplizierten Programmen, in denen viele Fehler vorkommen können, kann die Prüfung aller möglichen Fehler sehr aufwendig werden und zu tief verschachtelten *if*-Anweisungen führen.

Beispiel: Nur wenige Programmierer prüfen den Wert von *errno* nach dem Aufruf einer Funktion aus math.h (wie z.B. *sqrt*).

Exception handling ist eine Alternative ohne diese Schwächen. Es wird ausführlich in Kapitel 7 behandelt. Hier soll nur ein kurzer Überblick präsentiert werden. Die folgenden Beispiele setzen diese *#include*-Anweisung voraus:

```
#include <stdexcept>
using namespace std;
```

Bei einem Fehler (z.B. einer nicht erfüllten Vorbedingung) kann man mit *throw* eine Exception auslösen. Dazu kann man z.B. die in *stdexcept* definierte Klasse *logic_error* verwenden, der man eine Meldung übergeben kann:

```
int f1(int n)
{
if (n<=0)
  throw logic_error("Vorbedingung n>0 nicht erfüllt");
// für die folgenden Anweisungen soll
// die Vorbedingung n>0 notwendig sein
// ...
return n;
}
```

Die Ausführung von **throw** bewirkt, dass das Programm im nächsten umgebenden Exception-Handler fortgesetzt wird, der zu der Exception passt. Falls es keinen solchen Exception-Handler gibt, wird das Programm beendet.

Ein **Exception-Handler** ist ein zu einer *try*-Anweisung gehörender Teil, der mit **catch** beginnt und von einer Verbundanweisung gefolgt wird. Falls bei der Ausführung der auf **try** folgenden Verbundanweisung eine Exception ausgelöst wird, die zum Exception-Handler passt, wird die zum Exception-Handler gehörende Verbundanweisung ausgeführt und die Exception anschließend gelöscht.

Beispiel: Der Aufruf f1(0) löst eine Exception aus, die zum Exception-Handler passt. Deswegen wird als nächste Anweisung nach *throw* die Ausgabeanweisung nach *catch* ausgeführt. Anschließend werden die auf *catch* folgenden weiteren Anweisungen ausgeführt. Die auf f1(0) folgenden Anweisungen werden nicht ausgeführt:

```
try {
      f1(0);
      // weitere Anweisungen
   }
catch(exception& e)
```

```
    {
        Form1->Memo1->Lines->Add(e.what());
    }
// weitere Anweisungen
```

Diese Anweisungen geben „Vorbedingung n>0 nicht erfüllt" aus.

Falls bei der Ausführung der auf *try* folgenden Verbundanweisung keine Exception ausgelöst wird, werden diese Anweisungen der Reihe nach ausgeführt. Danach wird die gesamte *try*-Anweisung verlassen, ohne die Anweisungen im Exception-Handler auszuführen. Der Programmablauf ist derselbe wie ohne eine umgebende *try*-Anweisung.

Beispiel: Da der Aufruf von f1(1) keine Exception auslöst, werden durch

```
    try {
            f1(1);
            // weitere Anweisungen 1.
    }
    catch(exception& e)
        {
            Form1->Memo1->Lines->Add(e.what());
        }
    // weitere Anweisungen 2.
```

die folgenden Anweisungen ausgeführt:

```
f1(1);
// weitere Anweisungen 1.
// weitere Anweisungen 2.
```

Falls eine Funktion eine Exception auslöst und nicht innerhalb einer *try*-Anweisung aufgerufen wird, ist ein Programmabbruch die Folge:

Beispiel: Wenn der Aufruf von f1(0) nicht innerhalb einer *try*-Anweisung erfolgt, bewirkt das einen Programmabbruch:

```
f1(0); // löst eine Exception aus
```

Da der C++Builder alle *ButtonClick*-Funktionen usw. in einer umgebenden *try*-Anweisung aufruft, führt der Aufruf f1(0) im C++Builder aber doch nicht zu einem Programmabbruch.

Ob eine Exception zu einem Exception-Handler passt, ergibt sich aus ihrem Datentyp.

−   In den Beispielen oben wurde darauf hingewiesen, dass eine Exception des Typs *logic_error* zu einer Exception des Typs *exception* passt. Die C++-Standardbibliothek löst aber auch noch andere Exceptions als *logic_error* aus. Alle diese Exceptions passen zum Datentyp *exception* und können deshalb mit dem Exception-Handler von oben abgefangen werden.

– Der C++Builder löst Exceptions aus, die zu *Exception* passen. Diese Exceptions kann man mit dem folgenden Exception-Handler abfangen:

Beispiel:
```
try {
        f2(x);...
}
catch(Exception& e)
  {
    Form1->Memo1->Lines->Add(e.Message);
  }
```

Solche Exceptions werden z.B. auch bei einer Division durch Null und bei einer Zugriffsverletzung ausgelöst.

Beispiel: Der Aufruf der Funktion *f2* mit den Argumenten 0 und 1 löst eine Exception aus, die zu *Exception* passt:

```
int f2(int n )
{
if      (n==0) return 1/n;
else if (n==1)
   {
     int* p=0;
     *p=1; // Zugiffsverletzung
   }
}
```

– Der Exception-Handler *catch(...)* passt zu jeder Exception. In ihm stehen allerdings keine Meldungen wie *e.what()* oder *e.Message* zur Verfügung. Falls man aber nur feststellen will, ob alles gut ging oder nicht, und diese Meldungen sowieso nicht verwenden will, ist dieser Exception-Handler ausreichend:

Beispiel: Nach einer beliebigen Exception wird die Meldung im Exception-Handler ausgegeben:

```
try {
      f1(0);
}
catch(...)
   {
     Form1->Memo1->Lines->Add(
           "Something's wrong in paradise");
   }
```

– Falls man bei Exceptions der Standardbibliothek und des C++Builders ihre jeweils eigenen Meldungen verwenden und außerdem auch noch alle weiteren Exceptions abfangen will, kann man verschiedene Exception-Handler angeben:

```
try {
      // ...
  }
```

```
catch(exception& e) // C++ Standardbibliothek
{
   Form1->Memo1->Lines->Add(e.what());
}
catch(Exception& e) // C++ Builder
{
   Form1->Memo1->Lines->Add(e.Message);
}
catch(...)                // alle weiteren Exceptions
{
      Form1->Memo1->Lines->Add(
            "Something's wrong in paradise");
}
```

Die Anweisungen eines Exception-Handlers werden nur ausgeführt, wenn eine Exception mit *throw* im zugehörigen Block nach *try* ausgelöst wurde. Es gibt keine andere Möglichkeit, Anweisungen nach *catch* auszuführen.

Wenn man

1. alle Funktionen so schreibt, dass sie bei jedem Fehler eine Exception auslösen,
2. und alle Funktionen in einem *try*-Block aufruft,

dann ist die fehlerfreie Ausführung der Funktionsaufrufe gleichbedeutend damit, dass kein Exception-Handler ausgeführt wird. Exception-Handling bietet also eine einfache Möglichkeit, festzustellen, ob ein Fehler aufgetreten ist oder nicht.

In einer Verbundanweisung nach *try* fasst man meist solche Anweisungen zusammen, die gemeinsam ein bestimmtes Ergebnis erzielen sollen. Falls dann eine dieser Anweisungen ihr Teilergebnis nicht beitragen kann, macht es meist keinen Sinn, die darauf folgenden Anweisungen auszuführen. Dann kann man die Ausführung dieser Anweisungen beenden und in einem Exception-Handler darauf hinweisen, dass etwas schief ging.

Im C++Builder (aber nicht in Standard-C++) gibt es außerdem noch die ***try-finally*** Anweisung. Sie enthält anstelle von einem oder mehreren Exception-Handlern einen ___*finally*-Block. Dieser wird immer ausgeführt, unabhängig davon, ob im *try*-Block eine Exception ausgelöst wird oder nicht. In einem ___*finally*-Block gibt man meist Anweisungen an, die Einstellungen im *try*-Block wieder zurücksetzen oder dort reservierte Ressourcen wieder freigeben.

Beispiel: Durch einen Sanduhr-Cursor (Datentyp *TCursor*) zeigt man dem Anwender oft an, dass gerade eine Aktion ausgeführt wird, die etwas länger dauert. Dazu weist man den entsprechenden Wert der Eigenschaft *Cursor* der vordefinierten Komponente *Screen* zu:

```
Screen->Cursor=crHourGlass; // Sanduhr
```

Damit dieser Wert auch dann wieder auf den vorherigen Wert zurückgesetzt wird, wenn eine Exception ausgelöst wird, verwendet man eine *try-__finally* Anweisung:

```
TCursor prevCursor=Screen->Cursor;
try {
    Screen->Cursor=crHourGlass; // Sanduhr
    // ...
    }
__finally
    {
    Screen->Cursor=prevCursor;
    }
```

Aufgaben 3.19.2

1. Lösen Sie in Ihrer Funktion *Fibonacci* (Aufgabe 3.4.6, 2.) eine Exception der Klasse *logic_error* aus, wenn sie mit einem Argumenten n>47 aufgerufen wird, bei dem ihre Vorbedingung nicht erfüllt ist (siehe auch Aufgabe 3.7.6 1.). Übergeben Sie dabei eine entsprechende Meldung. Rufen Sie diese Funktionen dann mit Argumenten, die eine Exception auslösen,

   a) in einer *try*-Anweisung auf. Geben die die Meldung in einem Memo aus.
   b) außerhalb von einer *try*-Anweisung auf.

2. Schreiben Sie eine Funktion, die eine Division durch Null und eine Zugriffsverletzung ausführen. Rufen Sie diese Funktion in einer *try*-Anweisung auf und geben Sie die *Message* in einem Memo aus.

3.19.3 Die *switch*-Anweisung Θ

Die Auswahl einer aus mehreren Anweisungen ist nicht nur mit einer verschachtelten *if*-Anweisung möglich, sondern auch mit einer **switch-Anweisung**. Allerdings müssen die folgenden **Voraussetzungen** erfüllt sein:

1. Die Bedingung, aufgrund der die Auswahl der Anweisung erfolgt, muss dadurch gebildet werden, dass ein Ausdruck auf Gleichheit mit einer Konstanten geprüft wird. Bedingungen mit den Operatoren <, <=, !=, > und >= können also nicht verwendet werden, ebenso wenig wie Bedingungen, bei denen ein Ausdruck nicht mit einer Konstanten verglichen wird.
2. Der Datentyp der zum Vergleich herangezogenen Ausdrücke muss ein Ganzzahl- oder ein Aufzählungstyp sein. Gleitkommadatentypen und Strings können nicht verwendet werden.

Obwohl diese Voraussetzungen auf den ersten Blick recht einschränkend wirken, sind sie in der Praxis häufig erfüllt: Bei vielen Programmen kann ein Großteil der Auswahlanweisungen mit einer *switch*-Anweisung formuliert werden.

```
switch ( condition ) statement
```

Hier muss der Datentyp des Ausdrucks *condition* ein Ganzzahl- oder ein Aufzählungstyp sein. Die Anweisung nach *(condition)* ist meist eine Verbundanweisung. In ihr kann man vor jeder Anweisung eine oder mehrere **case-Marken** angeben:

```
case constant-expression :
```

Dieser konstante Ausdruck muss einen ganzzahligen Datentyp haben. Die Werte aller Konstanten einer *switch*-Anweisung müssen verschieden sein. Außerdem kann vor höchstens einer der Anweisungen eine *default*-**Marke** stehen:

```
default :
```

Bei der Ausführung einer *switch*-Anweisung wird die Anweisung ausgeführt, die auf die *case*-Marke mit dem Wert von *condition* folgt. Gibt es keine *case*-Marke mit diesem Wert, wird die auf *default* folgende Anweisung ausgeführt oder, wenn sie keine *default*-Marke besitzt, ohne die Ausführung einer Anweisung verlassen.

Nach der Ausführung der Anweisung, die auf eine *case*- oder eine *default*-Marke folgt, werden die darauf folgenden Anweisungen ausgeführt, unabhängig davon, ob vor ihnen weitere *case*- oder *default*-Marken stehen. Insbesondere wird eine *switch*-Anweisung nicht mit dem Erreichen der nächsten Marke beendet. Die *switch*-Anweisung verhält sich in dieser Hinsicht wie eine *goto*-Anweisung.

Wie schon am Anfang dieses Abschnitts bemerkt wurde, wird die **switch-Anweisung** oft zur Auswahl einer aus mehreren Anweisungsfolgen verwendet. Diese Anweisungsfolgen werden dann durch verschiedene *case*-Marken begrenzt. Damit die *switch*-Anweisung nach der Ausführung einer solchen Anweisungsfolge verlassen wird, verwendet man eine *break*-Anweisung (siehe auch Abschnitt 3.19.6).

Beispiel: Die *switch*-Anweisung in

```
const char* NoteToString(int Note)
{
switch (Note)
  {
    case 1:return "sehr gut!!!";
      break;
    case 2:return "gut";
      break;
    case 3:return "na ja";
      break;
    case 4:return "schwach";
      break;
    case 5:
    case 6:return "durchgefallen";
      break;
    default: return "Unzulässige Note ";
  }
}
```

hat dasselbe Ergebnis wie die verschachtelte *if*-Anweisung:

```
if       (Note==1) return   "sehr gut!!!";
else if (Note==2) return   "gut";
else if (Note==3) return   "na ja";
else if (Note==4) return   "schwach";
else if ((Note==5) or (Note==6))
                  return   "durchgefallen";
else return "Unzulässige Note ";
```

Wie dieses Beispiel zeigt, können für verschiedene Werte von *condition* (hier die Werte 5 und 6) dieselben Anweisungen ausgeführt werden, indem verschiedene *case*-Marken ohne weitere Anweisungen (insbesondere ohne ein *break*) aufeinander folgen.

In einer *switch*-Anweisung wird eine *case*-Marke angesprungen, auch wenn sie in einer anderen Anweisung enthalten ist.

Beispiel: Die folgenden Anweisungen werden ohne Warnung oder Fehlermeldung kompiliert. Sie setzen s auf 7, da nach der Ausführung von s=s+3 auch noch s=s+4 ausgeführt wird.

```
int x=1,s=0;
switch (x)        // kompletter Schwachsinn
  {
    case 3:s=s+1;
    if (x==2)
      case 0:s=s+2;
    else
      case 1:s=s+3;
    case 2:s=s+4;
      break;
    default: s=-1;
  }
```

Wie dieses Beispiel zeigt, unterscheidet sich die *switch*-Anweisung in ihrem Sprungverhalten nicht von einer *goto*-Anweisung (siehe Abschnitt 3.19.6). Deshalb sind damit auch dieselben undefinierten Ergebnisse wie mit einer *goto*-Anweisung möglich. Es muss wohl nicht besonders darauf hingewiesen werden, dass von solchen Konstruktionen nur dringend abgeraten werden kann.

Da die *switch*-Anweisung nicht verlassen wird, wenn die Anweisungen nach einer *case*-Marke abgearbeitet sind und die nächste erreicht wird, muss man immer darauf achten, dass nicht versehentlich ein *break* vergessen wird. Ohne *break* werden alle folgenden Anweisungen der *switch*-Anweisung ausgeführt, unabhängig davon, ob vor ihnen weitere *case*- oder *default*-Marken stehen.

Beispiel: Durch diese Anweisungen erhält i den Wert 4:

```
int k=1, i=0;
switch (k)
{
  case 1: i=i+1;  // i=1
  case 2: i=i+1;  // i=2
  case 5:
  case 6: i=i+1;  // i=3
  default: i=i+1; // i=4
}
```

Die Ausführungen zur logischen Analyse und zum Nachweis der Nachbedingungen von *if*-Anweisungen von Abschnitt 3.7.8 lassen sich auch auf die *switch*-Anweisung übertragen, da die Bedingungen in *switch*-Anweisungen Abfragen auf Gleichheit sind.

Anmerkungen für Pascal-Programmierer: Der *switch*-Anweisung von C++ entspricht die *case*-Anweisung von Pascal. Da diese verlassen wird, wenn die Anweisungen nach einer *case*-Marke abgearbeitet sind, ist kein *break* notwendig.

Aufgaben 3.19.3

Lösen Sie die folgenden Aufgaben mit *switch*- anstelle von *if*-Anweisungen. Falls eine der Aufgaben nicht lösbar ist, geben Sie den Grund dafür an.

1. Aufgabe 3.4.1, 3 (Material- und Lagergruppe)
2. Aufgabe 3.4.1, 4 (Datumsvergleich)
3. Aufgabe 3.6.5, 8 (Steuerformel)

3.19.4 Die *do*-Anweisung Θ

Die ***do*-Anweisung** ist eine Wiederholungsanweisung

    do *statement* while (*expression*) ;

in der *expression* ein Ausdruck ist, der in den Datentyp *bool* konvertiert werden kann. Dieser Ausdruck ist die **Schleifenbedingung**, und die Anweisungen zwischen *do* und *while* sind der **Schleifenkörper**.

Bei der Ausführung einer *do*-Anweisung wird zunächst der Schleifenkörper ausgeführt. Dann wird die Schleifenbedingung ausgewertet. Ergibt sich dabei der Wert *false*, wird die *do*-Anweisung verlassen. Andernfalls werden diese Schritte wiederholt, bis die Schleifenbedingung den Wert *false* hat.

Beispiel: Die mit einer *while*-Anweisung erzielte Ausführung kann auch mit einer *do*- und einer *if*-Anweisung erreicht werden (linke Spalte), und die einer *do*-Anweisung mit einer *while*-Schleife(rechte Spalte):

```
      while (b) S;                    do S;
                                      while (b);

      if (b)                          S;
        do S;                         while (b) S;
        while (b);
```

Offensichtlich wäre bereits eine der beiden Wiederholungsanweisungen ausreichend. Die zweite Formulierung ist jedoch umständlicher, da die Bedingung b oder die Anweisung S zweimal aufgeführt werden müssen.

Im Allgemeinen sollte man eine *while*-Schleife gegenüber einer *do*-Schleife bevorzugen. Sie hat den Vorteil, dass man bei der Ausführung von S immer die Bedingung b voraussetzen kann. Typische Anwendungen von do-Schleifen sind Konsolenprogramme, die ein Menü anbieten.

```
Beispiel: do { cout<<"Bitte wählen Sie:"<<endl;
               cout<<"Fibonacci(50) berechnen   (1)" <<endl;
               cout<<"Fakultaet(10) berechnen   (2)" <<endl;
               cout<<"Programmende              (q)" <<endl;
               char c;
               cin>>c;
               if (c=='1') cout<<"Fib(50)="<<Fibo(50)<<endl;
               else if (c=='2') cout<<"Fact(10)="<<Fact(10)
                                                        <<endl;
          }
          while (c!='q');
```

Anmerkung für Pascal-Programmierer: Der *do*-Schleife von C++ entspricht die *repeat*-Schleife von Pascal. Dabei ist die Abbruchbedingung der *do*-Schleife die Negation der Abbruchbedingung der *repeat*-Schleife.

3.19.5 Die *for*-Anweisung Θ

Die wichtigsten Aspekte der *for*-Schleife wurden schon in Abschnitt 3.4.2 beschrieben. Hier folgen einige weitere Einzelheiten.

Die *for*-Anweisung

for (*for-init-statement condition* opt *; expression* opt *) statement*

for-init-statement:
    expression-statement
    simple-declaration

ist im Wesentlichen gleichwertig mit der nächsten *while*-Schleife. Sie unterscheiden sich lediglich durch den Gültigkeitsbereich von Variablen, die im *for-init-statement* definiert werden.

```
for-init-statement
while ( condition )
    {
        statement
        expression ;
    }
```

Aus weiteren Syntaxregeln für das *for-init-statement* folgt, dass es immer durch ein Semikolon abgeschlossen wird. Deshalb müssen die beiden runden Klammern zwischen *for* und *statement* immer zwei Semikolons enthalten.

Wenn im *for-init-statement* eine Variable definiert wird, ist ihr Gültigkeitsbereich die auf die *for*-Anweisung folgende Anweisung. In älteren Versionen des Entwurfs für den C++-Standard hat sich dieser Gültigkeitsbereich bis zum Ende des Blocks erstreckt, in dem die *for*-Anweisung stand. Damit auch Programme übersetzt werden können, die nach dieser alten Regel geschrieben sind, kann man im C++Builder unter *Projekt|Optionen|C++|Kompatibilität* den Radiobutton „Nicht auf Schleife beschränkt" markieren.

Sowohl das *for-init-statement* als auch *condition* und *expression* können ausgelassen werden. Die Semikolons sind aber immer notwendig. Fehlt *condition*, wird angenommen, dass dieser Ausdruck *true* ist. Die Schleife ist dann eine Endlosschleife, falls sie nicht durch eine Sprunganweisung (siehe Abschnitt 3.19.6) verlassen wird.

Beispiel: Die folgenden Anweisungen sind syntaktisch korrekte Endlosschleifen:

```
1. for (int i=0;true;i++) { S; }//S eine Anweisung
2. for (int i=0;;i++) { S; }
3. int i=0;
   for (;;i++) { S; }
4. int i=0;
   for (;;) { S; i++;}
```

Bei der *for*-Anweisung wird gelegentlich auch der **Komma-Operator** (siehe Abschnitt 3.20.16) verwendet, um mehrere Ausdrücke am Anfang der Schleife zu initialisieren:

```
double Summe;
int i;
for (i=0,Summe=0;i<10;i++) Summe+=i;
```

Das *for-init-statement* ist gemäß der Syntaxregel von oben entweder eine Ausdrucksanweisung oder eine Definition, aber nie beides. Deshalb ist es in der nächsten *for*-Schleife eine Definition, die auch die *int*-Variable *Summe* definiert:

```
double Summe; // unbestimmter Wert
for (int i=0,Summe=0;i<10;i++) Summe+=i;
```

Die *double*-Variable *Summe* hat nach der Schleife denselben unbestimmten Wert wie vorher.

Kontrolliert man eine Schleife durch einen Gleitkommaausdruck, besteht die Gefahr, dass aufgrund der Ungenauigkeiten der Gleitkommaformate die Anzahl der Wiederholungen nicht den Erwartungen entspricht. Deshalb sollte man eine Schleife **nie durch einen Gleitkommaausdruck** kontrollieren.

Beispiele: In dieser *for*-Schleife wird die Abbruchbedingung f==1 nie erreicht:

```
int i=0;
for (float f=0;f!=1;f+=0.1) i++;
```

Sowohl die *for*-Schleife in

```
int i=0;
for (float f=0;f<=1;f+=0.1) i++; // <= !!
```

als auch die in

```
int i=0;
for (float f=0;f<1;f+=0.1) i++; // < !!
```

wird mit einem Wert von i==10 verlassen. Ersetzt man dagegen in den letzten beiden Schleifen den Wert 0.1 durch 0.25, erhält man bei der ersten Schleife den Wert i==5 und bei der zweiten den Wert i==4.

Außerdem muss darauf geachtet werden, dass eine *for*-Schleife nicht durch unterschiedliche Datentypen versehentlich zu einer Endlosschleife wird wie in

```
for (char c=0;c<=255;c++) // Endlosschleife, da char
          // maximal 127 (signed) und 255 vom Typ int

for (int i=0;i!=1.5;i++) // Endlosschleife: immer i!=1.5

for (int i=0;i<=10;i=i+0.1) // Endlosschleife: immer i==0
```

Derartige Fehler werden vermieden, wenn man

1. für die **Laufvariable** einen Ganzzahldatentyp verwendet,
2. in *condition* die Laufvariable mit einer ganzzahligen Ober- bzw. Untergrenze vergleicht,
3. in *expression* die Laufvariable um einen ganzzahligen Wert erhöht bzw. vermindert und
4. für die Ober- und Untergrenze sowie die Laufvariable denselben Datentyp verwendet.

Beispiel: Die nächsten beiden Schleifen sind nach diesem Schema aufgebaut:

```
for (int i=a;i<b;i++) { S; } // Anfangswert a,
for (int i=a;i>b;i--) { S; } //          Endwert b
```

Anmerkung für Pascal-Programmierer: Die *for*-Schleife von Pascal bietet weniger Möglichkeiten als die von C++. Da die Laufvariable in Pascal ein ordinaler Datentyp sein muss, ist aber die Anzahl der Wiederholungen immer eindeutig definiert. Bei der *for*-Schleife in Pascal ist außerdem sichergestellt, dass sie nie zu einer Endlosschleife werden kann (wenn man nicht gerade die Laufvariable in der Schleife verändert).

3.19.6 Die Sprunganweisungen *goto*, *break* und *continue* Θ

Durch eine Sprunganweisung wird das Programm an einer anderen Stelle fortgesetzt.

> *jump-statement:*
>   break ;
>   continue ;
>   return *expression* opt ;
>   goto *identifier* ;

Bei der *goto*-Anweisung muss der Bezeichner nach *goto* eine Sprungmarke (*label*) sein. Eine solche Sprungmarke wird dadurch definiert, dass man sie zusammen mit einem Doppelpunkt vor eine Anweisung schreibt:

> *labeled-statement:*
>   *identifier* : *statement*
>   case *constant-expression* : *statement*
>   default : *statement*

Die Ausführung einer *goto*-Anweisung bewirkt, dass als nächste Anweisung die Anweisung ausgeführt wird, die auf das angesprungene Label folgt. Solche Sprünge sind nur innerhalb einer Funktion möglich.

Beispiel: Die Funktion *f3nplus1a* entspricht der Assembler-Ausgabe von *f3nplus1* (Aufgabe 3.4.6, 6.). Beide Funktionen führen dieselben Anweisungen aus:

```
int f3nplus1a(int n)         int f3nplus1(int n)
{                            {
if (n<=0) return -1;         if (n<=0) return -1;
int m=0;                     int m=0;
L1:  if (n==1) goto L9;      while (n!=1)
     m++;                    {
L2:  if (n&1) goto L4;         m++;
     n = n/2;                  if (n%2==1) n=3*n+1;
     goto L5;                  else n=n/2;
L4:  n = 3*n+1;             }
L5:  if (n!=1) goto L1;      return m;
```

```
L9: return m;                    };
} // nach "BCC32.EXE -S f3nplus1.cpp"
```

Wie dieses Beispiel zeigt, kann mit *goto*-Anweisungen derselbe Programmablauf wie mit *if*- oder *while*-Anweisungen erzeugt werden. In vielen früheren Programmiersprachen war das *goto* sogar oft (fast) die einzige Kontrollstruktur, da es direkt in eine entsprechende Anweisung des Prozessors übersetzt werden kann. Bei Batch-Programmen (BAT-Dateien) unter MS-DOS ist das heute noch so. Mit diesem *goto* mussten dann fast alle Schleifen, *if*-Anweisungen, Funktionsaufrufe usw. realisiert werden.

Obwohl *f3nplus1a* die Anforderungen der strukturierten Programmierung erfüllt, ist ihr Ablauf für die meisten Leser vermutlich schwerer nachzuvollziehen als der von *f3nplus1*. Das liegt vor allem daran, dass bei Programmen mit *goto*-Anweisungen die Reihenfolge, in der die Anweisungen im Programm stehen, völlig von der abweichen kann, in der sie ausgeführt werden. Deshalb kann man aus dem Programmtext kaum noch ersehen, was beim Ablauf des Programms tatsächlich passiert.

Außerdem kann man mit *goto*-Anweisungen Programme schreiben, deren Auswirkungen nicht definiert (und damit nicht vorhersehbar) sind! Diese Gefahr besteht bei allen anderen bisher behandelten Anweisungen nicht. Zu den undefinierten *goto*-Anweisungen gehört ein Sprung in eine strukturierte Anweisung, insbesondere also **in eine Auswahlanweisung** und **in eine Schleife**. Solche Sprünge werden von den meisten C++-Compilern nicht als Fehler bemängelt:

Beispiel: Ein *goto* zu den Marken *L1*, *L2*, *L3* und *L4* ist undefiniert: :

```
int s=0;
if (x>0) L1: s++;
else     L2: s++;
while (i>0)
   L3: i--;
for (int j=10;j<= 20;j++)
   L4:s++;
```

Offensichtlich kann die *goto*-Anweisung leicht zu Fehlern führen. Diese Fehler vermeidet man am einfachsten dadurch, dass man die *goto*-Anweisung überhaupt nicht verwendet. Das war in den 60er und 70er Jahren das Ziel einer großen Umerziehung, bei der Programmierer, die jahrelang damit arbeiten mussten, zu „strukturierten" Programmierern gemacht wurden. Heute ist das kein Thema mehr, weil mit den inzwischen üblichen Kontrollstrukturen *if-else*, *switch*, *while, do* usw. kaum noch jemand freiwillig *goto*-Anweisungen einsetzt.

Ein Verzicht auf die *goto*-Anweisung bedeutet keine Einschränkung der möglichen Programme. Wie Böhm und Jacopini 1966 gezeigt haben, können alle Programme, die mit *goto*-Anweisungen geschrieben werden können, auch allein mit Schleifen und Auswahlanweisungen geschrieben werden.

Allerdings muss nicht jede Verwendung der *goto*-Anweisung ein fehlerhaftes oder undurchschaubares Programm nach sich ziehen. So kann man aus einer Schleife oder einer Auswahlanweisung springen, ohne dass undefinierte Effekte zu befürchten sind (wenn man an eine zulässige Stelle springt). Allerdings kann nach einem Sprung aus einer *while*-Schleife nicht mehr die Negation der Schleifenbedingung vorausgesetzt werden.

Beispiel: Die Schleife in

```
bool ZeichenIstEnthalten(char x, AnsiString s)
{
bool gefunden = false;
for (int i=1; i<=s.Length();i++)
  if (s[i]==x)
     {
       gefunden = true;
       goto L99;
     }
L99:return gefunden;
}
```

ist nicht weniger übersichtlich als

```
for (int i=1; i<=s.Length() && !gefunden;i++)
```

Nachdem das *goto* „verboten" war, man aber doch manchmal aus einer Schleife springen möchte, wurde die Anweisung ***break*** erfunden. Sie kann nur in einer Schleife oder in einer *switch*-Anweisung verwendet werden und hat dasselbe Ergebnis wie ein *goto* auf die nächste Anweisung nach der aktuell umschließenden Schleife bzw. *switch*-Anweisung. *break* hat bei verschachtelten Schleifen allerdings manchmal den Nachteil, dass nur die innerste verlassen wird, nicht jedoch die gesamte Schleife. In einer solchen Situation kann ein *goto* auf ein Schleifenende überschaubarer sein.

Beispiel: Eine verschachtelte Schleife wird durch *break* nicht verlassen:

```
for (int i=1;i<=s.length();i++)
  for (int j=1; j<=gesuchte_Zeichen.Length();i++)
    if (s[i]==gesuchte_Zeichen[j])
       {
         gefunden = true;
         break; // jetzt wird nur noch die innere
       }             // Schleife verlassen
```

Die Anweisung ***continue*** kann nur in einer Schleife verwendet werden und bewirkt, dass die restlichen Anweisungen des Schleifenkörpers übergangen werden. Anschließend wird die Schleifenbedingung geprüft und der nächste Durchlauf der Schleife durchgeführt. *continue* ist also gleichwertig mit einem Sprung auf das Ende des Schleifenkörpers.

Beispiel: Die Anweisungen in der linken und rechten Spalte sind gleichwertig:

```
int i=0,n=10,k=0;          int i=0,n=10,k=0;
while (i<n)                 while (i<n)
{                          {
  k++;                       k++;
  if (i>3) continue;         if (i>3);
  i++;                       else i++;
}                          }
```

Mit einer *continue*-Anweisung kann man also eine *if*-Anweisung sparen. Diese Ersparnis geht aber auf Kosten der expliziten Programmlogik: Es ist nicht unmittelbar offensichtlich, dass für die Anweisungen nach *continue* die Negation der *if*-Bedingung vorausgesetzt werden kann. Diese Bedingung wirkt sich außerhalb ihrer zugehörigen Anweisung aus. Nach Kernighan/Ritchie (1988, Abschnitt. 3.7) wird *continue* nur selten benötigt. Es wird vor allem dazu verwendet, eine Negation und eine Verschachtelung wie im obigen Beispiel einzusparen.

Langer Rede kurzer Sinn: Die *goto*-Anweisung ist sinnvoll, um eine Schleife (insbesondere eine verschachtelte) zu verlassen. Ansonsten hat sie kaum sinnvolle Anwendungen. Vor allem sollte man den Programmablauf immer durch die üblichen strukturierten Kontrollanweisungen (*if*, *switch*, *while*, *do* und *for*) steuern. Auch auf *break* und *continue* sollte man eher verzichten.

Die einzige Sprunganweisung, auf die man in den wenigsten Programmen verzichten kann, ist die **return-Anweisung**:

```
return expression opt ;
```

Sie kann nur in einer Funktion verwendet werden und beendet ihren Aufruf. Als nächste Anweisung wird die auf den Aufruf folgende Anweisung ausgeführt. Falls nach *return* ein Ausdruck angegeben wird, ist sein Wert der Rückgabewert der Funktion. Er wird durch eine implizite Konversion in den Rückgabetyp der Funktion umgewandelt. Falls der Datentyp des Funktionswerts *void* ist, darf nach *return* kein Ausdruck angegeben werden.

Aufgabe: Hier gibt es (außer nichts zu üben) nichts zu üben.

3.19.7 Assembler-Anweisungen Θ

In ein C++Builder-Programm kann man auch „Assembler"-Anweisungen aufnehmen. Das nächste Beispiel soll nur die Syntax illustrieren und zeigen, wie man gewöhnliche Variable auch in solchen Anweisungen verwenden kann:

```
double rdtsc()
{
unsigned int x=0,y=0;
asm {
  rdtsc//write tsc high-order 32 bits into EDX, low -> EAX
  mov x, eax
  mov y, edx
```

```
    }
long long yl=y;
return (yl<<32) + x;
}
```

Diese Funktion gibt den Wert des „time stamp counters" zurück, der die Anzahl
der Taktzyklen seit dem letzten Start des Prozessors enthält. Die Assembler-
Anweisung *rdtsc* („read time stamp counter") schreibt diesen Wert in die Register
EAX und EDX. Diese Werte werden durch die beiden *mov*-Anweisungen in die
Variaben x und y kopiert und können anschließend als gewöhnliche Variable
verarbeitet werden.

Normalerweise besteht keine Notwendigkeit, Assembler-Anweisungen in einem
C++-Programm zu verwenden. Wenn man aber solche Anweisungen verwendet, ist
besondere Vorsicht geboten, da der Compiler nur wenige Prüfungen durchführt.
Insbesondere muss man selbst darauf achten, dass die Datentypen der C++-
Variablen zu den Datenformaten der Assembler-Anweisungen passen.

3.20 Ausdrücke

In diesem Abschnitt sind sämtliche Syntaxregeln zusammengestellt, die in C++
einen Ausdruck definieren:

> *expression:*
>   *assignment-expression*
>   *expression , assignment-expression*

Die Syntax für einen Ausdruck ist über zahlreiche weitere Syntaxregeln für die
verschiedenen Operatoren definiert. Da sich die Priorität der Operatoren aus der
Reihenfolge ihrer Definition ergibt, werden sie in derselben Reihenfolge wie im
Standard aufgeführt.

Ein Ausdruck stellt meist einen Wert dar und wird aus Operanden (z.B. Variablen,
Konstanten, Funktionswerten) und Operatoren (z.B. +, -, *, /) gebildet. Die
Auswertung eines Ausdrucks erfolgt meist (aber nicht immer) nach den üblichen
Regeln (z.B. Punkt vor Strich).

Jeder Ausdruck hat einen Datentyp, der sich aus dem der beteiligen Operanden,
Operatoren sowie den impliziten Typkonversionen ergibt. Im C++-Standard ist für
jeden Operator beschrieben, welchen Datentyp die Operanden haben können.

In C++ kann man Operatoren überladen. Damit kann ihre Bedeutung für
selbstdefinierte Datentypen definiert werden. So weit in diesem Abschnitt Ergebnisse von Operatoren beschrieben werden, gelten diese Ausführungen nur für die
fundamentalen Datentypen.

3.20.1 Primäre Ausdrücke Θ

Primäre Ausdrücke stehen in der Kette der Syntaxregeln für Ausdrücke am Anfang und haben deshalb die höchste Priorität.

> *primary-expression:*
>   *literal*
>   `this`
>   (*expression*)
>   *id-expression*

1. Ein primärer Ausdruck kann ein **Literal** sein. Das ist ein in einem Programm explizit aufgeführter Wert.

> *literal:*
>   *integer-literal*
>   *character-literal*
>   *floating-literal*
>   *string-literal*
>   *boolean-literal*

   Beispiele: Siehe Abschnitte 3.3.2, 3.3.5, 3.3.6, 3.6.2 und 3.12.10.

2. Das Schlüsselwort *this* kann nur in Elementfunktionen von Klassen verwendet werden und wird in Abschnitt 6.1.4 beschrieben.

3. Da ein **geklammerter Ausdruck**

> (*expression*)

   wieder ein primärer Ausdruck ist, können Ausdrücke beliebig tief verschachtelt werden. Aus dieser Syntaxregel ergibt sich die rekursive Definition von Ausdrücken: Das zu definierende Sprachelement *expression* kann in seinem „elementaren Baustein" *primary expression* vorkommen.

   Ein Ausdruck mit Klammern hat denselben Datentyp und Wert wie der Ausdruck in den Klammern und kann genauso wie dieser verwendet werden. Bei der Auswertung eines geklammerten Ausdrucks wird zuerst der Wert in den Klammern ausgewertet. Damit können Zweideutigkeiten vermieden werden:

   Beispiel: `int i = 2*(3+4);  // i=2*7=14`
   `          (((i)))=17;      // nicht sinnvoll, aber möglich`

4. Ein *id-expression* ist ein *unqualified-id* oder ein *qualified-id*:

> *id-expression:*
>   *unqualified-id*
>   *qualified-id*

Als *unqualified-id* haben wir bis jetzt vor allem **Bezeichner** kennen gelernt, z.B. als Name einer Variablen. Dazu gehören aber auch Operator- und Konversionsfunktionen, Destruktoren oder Templates. Die Bedeutung des Bezeichners muss sich aus einer vorherigen Deklaration ergeben.

unqualified-id:
    identifier
    operator-function-id
    conversion-function-id
    ~ *class-name*
    template-id

Ein *qualified-id* wird vor allem mit dem **Bereichsoperator** :: (die Bezeichnung „Gültigkeitsbereichsauflösungsoperator" für „scope-resolution-operator" möchte ich vermeiden) gebildet.

qualified-id:
    : : *opt nested-name-specifier* template*opt unqualified-id*
    : : *identifier*
    : : *operator-function-id*
    : : *template-id*

Beispiel: Ein global deklarierter Name, der durch eine lokale Deklaration verdeckt ist, kann mit einem „::" vor dem Namen angesprochen werden:

```
int i;  // eine globale Variable

void f(int i)
{
::i =i; // die globale Variable i erhält den
}          // Wert des Parameters i
```

Ein *nested-name-specifier* besteht aus dem Namen einer Klasse oder eines Namensbereichs, auf den nach „::" ein unqualifizierter Bezeichner folgt:

nested-name-specifier:
    class-or-namespace-name :: nested-name-specifier opt
    class-or-namespace-name :: template*opt nested-name-specifier*

class-or-namespace-name:
    class-name
    namespace-name

Beispiel: Der Namensbereich *std* enthält die Klasse *vector*, und ein *vector* enthält eine Klasse *iterator*. Spricht man diese wie in der Definition von v oder i an, ist der jeweilige Name ein *nested-name-specifier*.

```
#include <vector>
std::vector<int> v;
vector<int>::iterator i;
```

3.20.2 Postfix-Ausdrücke Θ

Der Begriff Postfix-Ausdruck kommt daher, dass der Operator rechts vom Ausdruck steht:

> *postfix-expression:*
> > *primary-expression*   // siehe 1.
> > *postfix-expression* [*expression*]   // Arrayelement (siehe Abschnitt 3.10)
> > *postfix-expression* (*expression-list* opt) // Funktionsaufruf
> > *simple-type-specifier* (*expression-list* opt)   // siehe 2.
> > typename : : opt *nested-name-specifier identifier* (*expression-list* opt)
> > typename : : opt *nested-name-specifier* templateopt *template-id*
> > > > > (*expression-list* opt)
> > *postfix-expression* . templateopt : : opt *id-expression*   // siehe 3.
> > *postfix-expression* -> templateopt : : opt *id-expression*
> > *postfix-expression* . *pseudo-destructor-name*   // siehe 4.
> > *postfix-expression* -> *pseudo-destructor-name*
> > *postfix-expression* ++   // siehe 5.
> > *postfix-expression* - -
> > dynamic_cast < *type-id* > (*expression*)   // siehe Abschnitt 3.20.20
> > static_cast < *type-id* > (*expression*)
> > reinterpret_cast < *type-id* > (*expression*)
> > const_cast < *type-id* > (*expression*)
> > typeid (*expression*)   // siehe Abschnitt 3.13
> > typeid (*type-id*)
>
> *expression-list:*
> > *assignment-expression*
> > *expression-list* , *assignment-expression*

1. Jeder **primäre Ausdruck** ist auch ein Postfix-Ausdruck.

2. *simple-type-specifier* (*expression-list* opt)
   typename : : opt *nested-name-specifier identifier* (*expression-list* opt)
   typename : : opt *nested-name-specifier* templateopt *template-id* (*expression-list* opt)

   Ausdrücke dieser Art sind eine **explizite Typkonversion** (Typecast) **in Funktionsschreibweise**, die zusammen mit den anderen expliziten Typkonversionen in Abschnitt 3.20.20 dargestellt wird.

3. Mit dem Punkt- oder Pfeiloperator kann man Klassenelemente (Datenelemente oder Funktionen in Klassen, Strukturen und Unions) ansprechen:

   > *postfix-expression* . templateopt : : opt *id-expression*
   > *postfix-expression* -> templateopt : : opt *id-expression*

   Beim Punktoperator muss der Datentyp des Ausdrucks links vom „." eine Klasse sein und beim Pfeiloperator -> ein Zeiger auf eine Klasse. Der Ausdruck e1->e2 wird in den gleichwertigen Ausdruck (*(e1)).e2 umgewandelt.

4. Für einen skalaren Datentyp ist ein Ausdruck der Art

>   *pseudo-destructor-name:*
>   :: *opt nested-name-specifier opt type-name* :: ~ *type-name*
>   :: *opt nested-name-specifier opt* `template`*opt template-id* :: ~ *type-name*
>   :: *opt nested-name-specifier opt* ~ *type-name*

ein sogenannter Pseudodestruktor. Sein einziger Effekt ist die Auswertung des Ausdrucks vor dem Punkt- oder dem Pfeiloperator:

>   *postfix-expression* . *pseudo-destructor-name*
>   *postfix-expression* -> *pseudo-destructor-name*

Beispiel:
```
int* p;
p->int::~int();
int i;
i.int::~int();
```

Solche Ausdrücke sind nur selten notwendig. Sie ermöglichen aber den Aufruf eines Funktions-Templates (siehe Abschnitt 9.1), das Destruktor-Aufrufe enthält, mit skalaren Typargumenten.

5. Die Inkrement- und Dekrementoperatoren ++ bzw. – – sind für Operanden eines arithmetischen Datentyp oder eines Zeigertyps definiert. Sie erhöhen bzw. vermindern den Wert des Operanden um 1. Der Wert des Ausdrucks ist der Wert des Operanden vor der Veränderung. Siehe auch die Abschnitte 3.3.4 und 3.20.3)

3.20.3 Unäre Ausdrücke Θ

Da der Operator bei den unären Ausdrücken links vom Operanden steht, werden sie auch als Präfix-Ausdrücke bezeichnet:

>   *unary-expression:*
>   *postfix-expression*
>   ++ *cast-expression*
>   – – *cast-expression*
>   *unary-operator cast-expression*
>   `sizeof` *unary-expression*
>   `sizeof` (*type-id*)
>   *new-expression*   // siehe Abschnitt 3.12.4
>   *delete-expression*

1. Ein Postfix-Ausdruck ist auch ein unärer Ausdruck.

2. Die Präfix-Operatoren ++ bzw. – –

>   ++ *cast-expression*
>   – – *cast-expression*

erhöhen bzw. vermindern den Wert des Operanden wie die entsprechenden Postfix-Operatoren um 1. Im Unterschied zu diesen ist der Wert des Ausdrucks aber der des Operanden nach dieser Veränderung (siehe Abschnitt 3.3.4).

Bei Variablen eines Klassentyps sind die Präfix-Operatoren ++ und – –manchmal ein wenig schneller als die Postfix-Operatoren, da sie den ursprünglichen Wert für die Rückgabe nicht zwischenspeichern müssen. Da diese Operatoren für Klassentypen immer individuell implementiert sind, kann man natürlich keine generellen Aussagen über ihre Laufzeit machen. Typischerweise betragen die Unterschiede aber ca. 2% bis 5%. Bei Variablen eines vordefinierten Datentyps (*int*, *double* usw.) ergeben sich mit den beiden Operatoren meist dieselben Laufzeiten.

Ein Präfix-Ausdruck ++x mit einer Variablen x stellt denselben Speicherbereich wie die Variable x dar. Deshalb können Präfix-Operatoren auch auf der linken Seite einer Zuweisung verwendet werden. Da man so aber dasselbe Ergebnis wie ohne den Präfix-Operator erhält, ist das nicht üblich:

```
int x,i=0;
++x=i;          // Dasselbe Ergebnis wie x=i;, also x=0;
```

3. Die unären (einstelligen) Operatoren

    unary-operator: one of
        * & + - ! ~

werden von rechts nach links ausgewertet und haben alle eine höhere Priorität als die teilweise gleichnamigen binären (zweistelligen) Operatoren.

* ist der **Dereferenzierungsoperator** (siehe Abschnitt 3.12.1).

& ist der **Adressoperator** (siehe Abschnitt 3.12.2).

Der unäre **Operator** + kann auf einen Operanden angewandt werden, dessen Datentyp ein arithmetischer Datentyp, ein Aufzählungstyp oder ein Zeigertyp ist. Der Wert des Operanden wird durch diesen Operator nicht verändert. Der Datentyp des Ergebnisses ist der Datentyp des Operanden nach einer eventuellen ganzzahligen Typangleichung.

Der unäre **Operator** – kann auf einen Operanden angewandt werden, dessen Datentyp ein arithmetischer Datentyp oder ein Aufzählungstyp ist. Der Wert des Operanden wird dabei negiert. Bei einem vorzeichenlosen Datentyp wird der Operand von 2^n subtrahiert. Der Datentyp des Ergebnisses ergibt sich wie beim unären +.

Bei der **logischen Negation** mit ! (logisches *not*) wird der Operand zunächst in einen booleschen Wert umgewandelt. Das Ergebnis (vom Typ *bool*) ist dann die Negation des konvertierten Operanden. Eine doppelte Negation ergibt nur für boolesche Operanden den ursprünglichen Wert:

!!a = a // nur für boolesche Werte richtig

Für einen anderen Datentyp muss diese Beziehung nicht gelten, da der Operand in einen der Werte 0 oder 1 konvertiert wird:

!!2 = !(!2) =!0 = 1

Anstelle von ! kann man auch das alternative Symbol *not* verwenden (siehe Abschnitt 3.20.19).

Der **Operator** ~ (bitweises *not*) negiert die einzelnen Bits seines Operanden, der einen Ganzzahl- oder Aufzählungstyp haben muss (siehe Abschnitt 3.3.4). Das Ergebnis ist das **Einerkomplement** des Operanden.

4. Wendet man den Operator *sizeof* auf einen Ausdruck a an, liefert „sizeof a" die Anzahl der Bytes, die der Ausdruck a belegt. Dabei wird der Ausdruck nicht ausgewertet. Mit einem Datentyp in Klammern erhält man die Anzahl der Bytes, die eine Variable dieses Datentyps belegt.

```
Beispiele: int i=sizeof (int); // i=4
           int j=sizeof 1;      // j=4
           int k=sizeof i++;    // k=4, i=4 (nicht 5!)
```

Auf den Operanden von *sizeof* werden die Standardkonversionen nicht angewandt, außer wenn er weitere Ausdrücke enthält, die eine solche Konversion bewirken. Deswegen erhält man für den folgenden Ausdruck den Wert 1:

```
char c;
sizeof(c) // =1;
```

und nicht etwa den Wert 4, der sich nach einer ganzzahligen Typangleichung auf den Datentyp *int* ergeben würde. Wenn der Operand dagegen weitere Operanden enthält, werden diese Konversionen durchgeführt:

```
sizeof(c+0) // =4;
```

Falls der Operand ein Array ist, wird er nicht in einen Zeiger konvertiert, außer er enthält weitere Operanden, die eine solche Konversion bewirken. Damit erhält man für ein Array a mit *sizeof(a)* die gesamte Größe des Arrays und nicht die Größe eines Zeigers, obwohl der Ausdruck a sonst in einen Zeiger auf das erste Element konvertiert wird. Mit *sizeof(a+0)* erhält man dagegen die Größe eines Zeigers:

```
int a[10];
int* p=a; // hier wird a in einen Zeiger konvertiert,
          // in der nächsten Zeile nicht:
int i=sizeof(a);   // i=40, Größe des Arrays
int j=sizeof(a+0); // j=4, Größe eines Zeigers
```

Der Wert von *sizeof* steht auch im Debugger zur Verfügung:

Die Verwendung von *sizeof* empfiehlt sich immer dann, wenn die Größe von Datenstrukturen benötigt wird. Beispielsweise kopiert die Funktion

void ***memcpy**(void *dest, const void *src, size_t n);

n Bytes ab der Adresse von *src* in den Speicherbereich ab der Adresse von *dest*. Damit kann man ein Array kopieren. Gibt man hier die Anzahl der zu kopierenden Bytes als Literal an, besteht (vor allem bei komplexeren Datenstrukturen) die Gefahr, dass man sich verrechnet.

```
int a[10],b[10];
memcpy(&b,&a,40); // int: 4 Bytes
```

Falls man diese Anweisung für eine Plattform kompiliert, bei der *int* nicht 4 Bytes belegt, erhält man nicht mehr das gewünschte Ergebnis. Mit der nächsten Anweisung ist dagegen kein Anpassungsaufwand notwendig.

```
memcpy(&b,&a,sizeof a);
```

3.20.4 Typkonversionen in Typecast-Schreibweise Θ

Die Typkonversionen in Typecast-Schreibweise

cast-expression:
   unary-expression
   (*type-id*) *cast-expression*

werden zusammen mit anderen Typkonversionen in Abschnitt 3.20.20 behandelt.

3.20.5 Zeiger auf Klassenelemente Θ

Die Operatoren „.*" und „->*" werden in Abschnitt 6.4.12 beschrieben.

pm-expression:
   cast-expression
   pm-expression .* *cast-expression*
   pm-expression ->* *cast-expression*

3.20.6 Multiplikative Operatoren Θ

Der Datentyp der Operanden eines multiplikativen Operators * (Multiplikation) oder / (Division) muss ein arithmetischer Datentyp oder ein Aufzählungstyp sein. Für den Operator % (Rest bei der ganzzahligen Division) sind ganzzahlige Ope-

randen oder Operanden eines Aufzählungstyps notwendig. Das Ergebnis dieser
Operatoren wurde bereits in den Abschnitten 3.3.4 und 3.6.3 beschrieben.

> *multiplicative-expression:*
>   *pm-expression*
>   *multiplicative-expression* * *pm-expression*
>   *multiplicative-expression* / *pm-expression*
>   *multiplicative-expression* % *pm-expression*

Die multiplikativen Operatoren sowie die meisten folgenden sind **binäre Operatoren**, bei denen links und rechts vom Operator ein Ausdruck verwendet wird.
Falls der Datentyp der beiden Operanden verschieden ist, werden sie im Rahmen
der **üblichen arithmetischen Konversionen** (siehe Abschnitte 3.3.4 und 3.6.3) in
einen gemeinsamen Datentyp konvertiert, der dann auch der Datentyp des Ergebnisses ist.

3.20.7 Additive Operatoren Θ

Die additiven Operatoren + oder –

> *additive-expression:*
>   *multiplicative-expression*
>   *additive-expression* + *multiplicative-expression*
>   *additive-expression* - *multiplicative-expression*

sind für die folgenden Kombinationen von Datentypen definiert:

– Beide Operanden haben einen arithmetischen Datentyp oder einen Aufzäh-
  lungstyp. Dann ist das Ergebnis die Summe oder Differenz der Operanden.
– Ein Operand ist ein Zeiger und der andere ein Ganzzahldatentyp oder ein
  Aufzählungstyp. Bei der Subtraktion muss der Zeiger der linke Operand sein.
  Dann ist das Ergebnis ein Zeiger, dessen Wert sich nach den Regeln der
  Zeigerarithmetik ergibt.(siehe Abschnitt 3.12.5).
– Beim Operator „–“ können beide Operanden auch Zeiger sein (siehe Abschnitt
  3.12.5).

Da sich die Prioritäten der Operatoren aus der Reihenfolge der Syntaxregeln ergeben und dabei die multiplikativen Operatoren vor den additiven kommen, folgt aus
dieser Reihenfolge die höhere Priorität der multiplikativen Operatoren („Punkt-
vor-Strich"-Regel).

3.20.8 Shift-Operatoren Θ

Mit den **Shift-Operatoren** << und >> kann man die Bits eines Ganzzahloperanden um eine bestimmte Anzahl von Positionen nach links oder rechts verschieben.
Der Datentyp der beiden Operanden muss ein Ganzzahldatentyp oder ein Aufzählungstyp sein.

shift-expression:
   additive-expression
   shift-expression << *additive-expression*
   shift-expression >> *additive-expression*

Der Ausdruck e1<<e2 hat dann das um e2 Positionen nach links verschobene Bitmuster von e1. Die rechts frei werdenden Bits werden mit Nullen aufgefüllt. Entsprechend hat e1>>e2 das um e2 Positionen nach rechts verschobene Bitmuster von e1. Das Ergebnis ist nicht definiert, falls e2 negativ ist oder einen Wert hat, der größer oder gleich der Anzahl der Bits von e1 ist. Beim Operator >> ist es außerdem nicht definiert, falls der Datentyp von e1 ein Datentyp mit Vorzeichen ist und der Wert von e1 negativ ist.

Beispiel: Stellt man eine Ganzzahl mit 8 Bits dar, erhält man:

```
int i=1<<2; // 0000 0001 << 2 = 0000 0100 = 4₁₀
int j=3>>1; // 0000 0011 >> 1 = 0000 0001 = 1₁₀
int is=1;
int sh1=is<<3;    // sh1=8=1*2³
```

Die folgenden Ergebnisse sind undefiniert:

```
int sh2=is<<32;     int sh3=is<<-31;
is=-1;
int sh4=is>>1;
```

In den Fällen, in denen eine Shift-Operation definiert ist, hat sie dasselbe Ergebnis wie eine Multiplikation von e1 mit 2^{e2} bzw. eine Division von e1 durch 2^{e2}. Da die Shift-Operationen meist schneller sind als Multiplikationen oder Divisionen, werden sie auch für Multiplikationen mit bzw. Divisionen durch Zweierpotenzen verwendet. Die meisten Compiler ersetzen jede solche Operation mit einer konstanten Zweierpotenz automatisch durch eine Shift-Operation.

Die Ein- und Ausgabeoperatoren (siehe Abschnitt 4.3.4) sind für Streams überladene Shift-Operatoren.

3.20.9 Vergleichsoperatoren Θ

Der Datentyp der Operanden eines Vergleichsoperators muss ein arithmetischer Datentyp, ein Aufzählungstyp oder ein Zeigertyp sein. Das Ergebnis eines solchen Ausdrucks hat immer den Wert *false* oder *true* (Datentyp *bool*).

relational-expression:
   shift-expression
   relational-expression < *shift-expression*
   relational-expression > *shift-expression*
   relational-expression <= *shift-expression*
   relational-expression >= *shift-expression*

Beim Vergleich von Ausdrücken eines arithmetischen Datentyps oder eines Aufzählungstyps folgt das Ergebnis aus dem Vergleich der Werte dieser Ausdrücke.
Durch eine der „üblichen arithmetischen Konversionen" werden die Operanden in
einen gemeinsamen Datentyp konvertiert.

Ausdrücke der Art

```
if (0<=a<=10) ... // wird mit einem arithmetischen Daten-
                  // typ von a ohne Warnung kompiliert
```

sind syntaktisch zulässig, entsprechen aber vermutlich nicht dem erwarteten Ergebnis. Da die Vergleichsoperatoren linksassoziativ sind, wird zuerst der Teilausdruck (0 <= a) ausgewertet. Das Ergebnis ist einer der booleschen Werte *true* oder
false. Durch eine der „üblichen arithmetischen Konversionen" wird dieser Wert in
einen der Ganzzahlwerte 0 oder 1 umgewandelt. Dieser Wert wird dann mit dem
Operator <= mit dem Wert 10 verglichen, wobei man immer das Ergebnis *true*
erhält. Will man einen Wert mit einer Ober- und Untergrenze vergleichen, muss
man diesen Vergleich z.B. folgendermaßen formulieren:

```
(0<=a)&&(a<=10)
```

3.20.10 Gleichheitsoperatoren Θ

Die Gleichheitsoperatoren sind für dieselben Datentypen der Operanden definiert
wie die Vergleichsoperatoren. Außerdem werden mit den Operanden dieselben
Konversionen wie bei den Vergleichsoperatoren durchgeführt.

>*equality-expression:*
>   *relational-expression*
>   *equality-expression* == *relational-expression*
>   *equality-expression* != *relational-expression*

Ein Gleichheitsausdruck hat den booleschen Wert, der sich aus der Gleichheit (==)
oder Ungleichheit (!=) der Operanden ergibt.

Wie schon mehrfach erwähnt, muss man darauf achten, dass der Gleichheitsoperator nicht mit dem Zuweisungsoperator verwechselt wird:

```
if (i=1)... //Warnung:Möglicherweise inkorrekte Zuweisung
```

Aus denselben Gründen wie bei den Vergleichsoperatoren kann man auch die
Gleichheit von mehr als zwei Ausdrücken nicht mit einem Ausdruck wie dem
folgenden prüfen:

```
if (i==j==10) ... // immer false
```

Bei der Zuweisung von Variablen eines Klassentyps wird der für die Klasse definierte Zuweisungsoperator aufgerufen. Wenn ein solcher Operator nicht explizit definiert ist, werden durch die Zuweisung alle Datenelemente kopiert.

Falls die linke Seite ein Referenztyp ist, erfolgt die Zuweisung an die Variable, auf die die Referenz zeigt. Deshalb wird in den folgenden Anweisungen der Variablen i der Wert 17 zugewiesen:

```
int i;
int& r=i;   // r ist eine Referenz auf i
r=17;
```

Die anderen Zuweisungsoperatoren sind für die vordefinierten arithmetischen Datentypen und Zeiger folgendermaßen definiert: Das Ergebnis des Ausdrucks

  e1 op= e2 // hier steht op für *, /, % usw.

ist gleichwertig mit

  e1 = e1 op e2

außer dass e1 nur einmal ausgewertet wird.

```
Beispiele: int i=1,j=2;
           i+=2;       // wie i=i+2; Ergebnis i=3
           i*=j+2;     // i=i*(j+2); Ergebnis i=3*4=12
           (++i)+=5;   // Ergebnis i=18, nicht unbestimmt
                       // wie ++i=++i + 5
```

Obwohl die beiden Anweisungen

```
s=s+i;
s+=i;
```

dasselbe Ergebnis haben, können ihre Ausführungszeiten verschieden sein. Die zweite Anweisung ist oft schneller, aber nicht immer. Für Operanden eines Klassentyps können die Unterschiede groß sein, während sie bei vordefinierten Datentypen meist gering sind.

Beispiel: Diese Tabelle enthält die Laufzeiten für die n-fache Ausführung der Operationen „s=s+i" und „s+=i":

C++Builder 2006, Release Build		s =s+i	s+=i
int i	// n=100000000	0,19 Sek.	0,19 Sek.
double i	// n=100000000	1,03 Sek.	1,03 Sek.
string I	// n=10000	0,08 Sek.	0,0007 Sek.
AnsiString i	// n=10000	0,04 Sek.	0,0004 Sek.

3.20.16 Der Komma-Operator Θ

Mit dem Komma-Operator sind wir schließlich bei der Definition eines Ausdrucks angelangt. Da dieser Operator der letzte in der Reihenfolge der Definitionen von Operatoren ist, hat er die geringste Priorität.

Der Komma-Operator verknüpft zwei Operanden durch ein Komma:

> *expression:*
> *assignment-expression*
> *expression , assignment-expression*

Bei der Auswertung eines solchen Ausdrucks wird zuerst der linke Ausdruck ausgewertet und sein Wert verworfen. Dann wird der Ausdruck auf der rechten Seite ausgewertet. Dessen Typ und Wert ist dann der Typ und Wert des gesamten Ausdrucks. Da ein solcher Ausdruck von links nach rechts ausgewertet wird, ist

$r=(a, b, c, ..., d)$

gleichwertig mit

a; b; c; ...; r = d;

In einer Argumentliste wird ein Komma nicht als Komma-Operator interpretiert. Will man diesen hier verwenden, muss man ihn in Klammern setzen wie z.B. in

x= f((i=1,i++),(i,j)); // f wird mit zwei Argumenten aufgerufen

Der Komma-Operator ist eine beliebte Quelle für diffizile Schreibfehler. Einige Beispiele:

1. Verwechselt man in einem Gleitkommaliteral den Dezimalpunkt mit einem Komma, ist das ein syntaktisch korrekter Ausdruck, der vom Compiler nicht bemängelt wird:

    ```
    double d=0,1;//0, Schreibfehler: "," statt Dezimalpunkt
    double d=(0,1); // 1
    ```

    Da der Komma-Operator eine geringere Priorität hat als ein Zuweisungsoperator, erhält die *double*-Variable d in der ersten Zuweisung den Wert 0, obwohl der Ausdruck auf der rechten Seite des Zuweisungsoperators den Wert 1 hat. In der zweiten Zuweisung erhält e dagegen den Wert 1.

2. Auf missverständliche Interpretationen des Komma-Operators bei der Initialisierung in *for*-Anweisungen wurde in Abschnitt 3.19.5 hingewiesen.

3. Frühere Pascal-Programmierer indizieren mehrdimensionale Arrays wie

    ```
    int a[10][20];
    ```

gelegentlich in der Schreibweise von Pascal:

```
a[2,3]=0; // a[3]=*(a+3), ein Array
```

Ein solcher Ausdruck ist syntaktisch zulässig, stellt aber nicht ein einzelnes Array-Element dar, sondern ein eindimensionales Array.

3.20.17 L-Werte und R-Werte Θ

Unterscheidet man Ausdrücke unter dem Gesichtspunkt, ob sie veränderbar sind oder nicht, spricht man auch von L-Werten und R-Werten. Ein **L-Wert** ist ein Ausdruck, der einen veränderbaren Speicherbereich bezeichnet. Ein Ausdruck, der kein L-Wert ist, wird auch als **R-Wert** bezeichnet. Diese Begriffe kommen ursprünglich daher, dass ein L-Wert auch auf der linken und ein R-Wert nur auf der rechten Seite einer Zuweisung verwendet werden kann.

Im C++-Standard ist für jeden Operator explizit festgelegt, ob seine Operanden L-Werte sein müssen und ob ein Ausdruck mit diesem Operator ein L-Wert ist. Wenn man einen R-Wert verwendet, wo der Compiler einen L-Wert erwartet, erhält man z.B. eine Fehlermeldung der Art „L-Wert erwartet". Für einen R-Wert kann man immer auch einen L-Wert einsetzen.

Beispiele:

- Eine nicht konstante **Variable** ist ein L-Wert und eine **Konstante** ein R-Wert.
- Ein Stringliteral ist ein L-Wert, obwohl das Ergebnis seiner Veränderung undefiniert ist. Jedes andere **Literal** ist dagegen ein R-Wert.
- Ein **Funktionsaufruf** ist ein R-Wert, wenn der Rückgabetyp kein Referenztyp ist. Andernfalls ist er ein L-Wert.
- Für eine Variable x eines vordefinierten Datentyps ist ein **Ausdruck** wie x+1 ein R-Wert.

Da für die meisten Ausdrücke aber sowieso aus dem Zusammenhang hervorgeht, ob sie ein L-Wert sind, wird dieser Begriff im Folgenden nur selten verwendet.

3.20.18 Die Priorität und Assoziativität der Operatoren Θ

In C++ kann man in einem Ausdruck mehrere Operatoren kombinieren, ohne die Teilausdrücke klammern zu müssen. Die Bedeutung des Ausdrucks ergibt sich dann aus der **Priorität der Operatoren**. Diese Priorität entspricht der Reihenfolge, in der die Syntaxregeln aufeinander aufbauen. Das ist die Reihenfolge, in der sie in diesem Abschnitt aufgeführt wurden. Einige Beispiele:

1. Da die Postfix-Ausdrücke (Abschnitt 3.20.2) vor den additiven Operatoren (Abschnitt 3.20.7) aufgeführt wurden, haben sie die höhere Priorität:

```
2+a[3] // 2+(a[3]), und nicht (2+a)[3]
```

2. Die multiplikativen Operatoren *, / und % haben eine höhere Priorität als die additiven Operatoren + und –. Deshalb werden Ausdrücke mit solchen Operatoren nach der üblichen Regel "Punkt-vor-Strich" aufgelöst:

```
2*3 + 4*5 // (2*3) + (4*5) = 26
```

3. Die Shift-Operatoren haben eine höhere Priorität als die additiven Operatoren:

```
i=j<<7+1 // (j<<7)+1 und nicht i=j<<8
```

Bei Operatoren gleicher Priorität entscheidet ihre **Assoziativität**, ob sie von links nach rechts oder von rechts nach links zusammengefasst werden. Alle binären Operatoren außer den Zuweisungsoperatoren sind linksassoziativ. Auch hierzu einige Beispiele:

1. Multiplikative Operatoren sind als binäre Operatoren linksassoziativ und werden „von links nach rechts" zusammengefasst:

```
20/2*5 // (20/2)*5 und nicht 20/(2*5)
```

2. Die Zuweisungsoperatoren werden von rechts nach links ausgewertet:

```
a=b=c // a=(b=c) und nicht (a=b)=c
```

Die Assoziativität darf nicht mit der Auswertungsreihenfolge von Teilausdrücken verwechselt werden, die in Abschnitt 3.19.1 beschrieben wurde. Aus der Linksassoziativität des Multiplikationsoperators folgt nicht, dass der Teilausdruck (j+1) vor dem Teilausdruck (j=2) ausgewertet wird:

```
int i=(j+1)*(j = 2); // mit j=0 (0+1)*2=2 oder (2+1)*2=6 ?
```

Die folgende Tabelle fasst die Prioritäten und Assoziativitätsregeln aller Operatoren von C++ zusammen. Die am Anfang aufgeführten Operatoren haben die höchste Priorität. Operatoren mit derselben Priorität sind zu einer Gruppe zusammengefasst. Damit diese Tabelle auf einer Seite dargestellt werden kann, wurden gelegentlich mehrere Operatoren in eine Zeile aufgenommen.

Operator	Beschreibung	Assoziativität
:: ()	Bereichsoperator geklammerter Ausdruck	von rechts nach links
[ ] ( ) ( ) . , -> ++, − − *dynamic_cast* *static_cast* *reinterpret_cast* *const_cast* *typeid*	Arrayelement Funktionsaufruf Konversion in Funktionsschreibweise Klassenelement Postfix Inkrement bzw. Dekrement Typkonversion Typkonversion Typkonversion Typkonversion Typinformation	von links nach rechts
++, − − *, & +, − !, *not* ~, *compl* *sizeof* *new* , *delete*	Präfix Inkrement bzw. Dekrement Dereferenzierung, Adressoperator Unäres Plus bzw. Minus Logisches *nicht* Bitweises *nicht* Größe in Bytes dynamische Speicherverwaltung	von rechts nach links
()	Typkonversion, z.B. (double) i	
.*, ->*	Zeiger auf Klassenelement	von links nach rechts
*, / %	Multiplikation bzw. Division Rest bei der Ganzzahldivision	von links nach rechts
+, −	Addition bzw. Subtraktion	von links nach rechts
<<, >>	Links- oder Rechtsverschiebung	von links nach rechts
<, <= >, >=	kleiner als, kleiner oder gleich größer als, größer oder gleich	von links nach rechts
==, !=	gleich, nicht gleich	von links nach rechts
&, *bitand*	Bitweises *und*	von links nach rechts
^, *xor*	Bitweises *exklusives oder*	von links nach rechts
|, *bitor*	Bitweises *oder*	von links nach rechts
&&, *and*	Logisches *und*	von links nach rechts
||, *or*	Logisches *oder*	von links nach rechts
? :	Bedingungsoperator	von rechts nach links
= *=, /=, %=,+=,-=, <<=, >>=, &=, ^=, |=	Zuweisung Kombinierte Zuweisung	von rechts nach links
,	Komma-Operator	von links nach rechts

Obwohl die Priorität und Assoziativität für jeden Operator eindeutig definiert sind, sollte man lediglich additive und multiplikative Operatoren ohne Klammern kombinieren. Die Regeln für die anderen Operatoren entsprechen nicht immer den intuitiven Erwartungen. In der Einleitung zu „The C Programming Language" von Kernighan/Ritchie (1988) findet man die Bemerkung, dass einige Operatoren die falsche Priorität haben.

3.20.19 Alternative Zeichenfolgen Θ

Der C++-Standard sieht für einige Operatoren alternative Zeichenfolgen vor, die leichter zu lesen sind als die Operatorsymbole, und die nicht so leicht verwechselt werden (wie z.B. && und &).

Operator	Alternative	Operator	Alternative	Operator	Alternative
&&	and	|	bitor	^=	xor_eq
||	or	^	xor	!=	not_eq
!	not	&=	and_eq	~	compl
&	bitand	|=	or_eq		

Diese alternativen Symbole sind in der Voreinstellung des C++Builders 2006 nicht verfügbar. Damit man sie verwenden kann, muss man unter

Projekt|Optionen|C++-Compiler|C++-Kompatibilität

die CheckBox *Neue Operatornamen aktivieren* markieren. In älteren Versionen des C++Builders (z.B. C++Builder 6) stehen sie als Makros zur Verfügung nach

```
#include <iso646.h>
```

Aufgaben 3.20.19

1. Welchen Datentyp und Wert haben die Ausdrücke rechts vom Gleichheitszeichen nach der Zeile „//Aufgaben"? Welchen Wert erhält dabei die linke Seite?

```
int i=0;

void Aufg1()
{
int i=2,j=i,k=-6, m=8, n=10000, x=0;
unsigned u=40000u,v=u;

// Aufgaben
int a= k/i/j+n/j;
int b= k/i/j++ + m/j++;
int c= i*4%-k*3;
int d= k/-m-2;
double e= m*n/u/v;
```

```
int f= ++::i%++i;
int g = sizeof 17-2;
}
```

Diese Aufgabe hat ihren Zweck erfüllt, wenn Sie derartige Ausdrücke in Ihren Programmen möglichst vermeiden.

2. Welche Werte werden durch diese Anweisungen ausgegeben:

```
for (int i=0; i<8*sizeof(int); i++)
  Memo1->Lines->Add(IntToStr(i)+": "+IntToStr(1<<i));
```

3. Beschreiben Sie das Ergebnis der Anweisungen in a) bis c) und den Datentyp des Ausdrucks mit dem Bedingungsoperator.

```
double x = 3.14;
int a=1,b=2;
```

a) `int s = a?b:x;`
b) `int s = (x > 0) ? 1 : (x < 0) ? -1 : 0;`
c) ```
   for (int n=0;n<4;n++)
     Form1->Memo1->Lines->Add(IntToStr(n)+" file"+
                             ((n==1)?"":"s")+" found");
   ```

4. Ein C++-Compiler fasst die aufeinander folgenden Zeichen eines Programms so zu Bezeichnern, Schlüsselworten, Literalen und Operatoren zusammen, dass möglichst lange Sequenzen von solchen Zeichenfolgen entstehen.

   Überprüfen Sie, welche der Ausdrücke in den Zuweisungen an die Variable k so interpretiert werden können.

```
int   i,j,k;
i=3;j=1;   k= i+++j;
i=3;j=1;   k= ++i+j++;
i=3;j=1;   k= -i+++j;
i=3;j=1;   k= +i+-j;
i=3;j=1;   k= i--+--j;
```

   Stellen Sie die Priorität der syntaktisch korrekten Ausdrücke durch Klammern dar und geben Sie nach jeder Zeile den Wert der Variablen i, j und k an.

   Auch diese Aufgabe hat ihren Zweck erfüllt, wenn Sie solche Ausdrücke in Ihren Programmen möglichst vermeiden.

5. Im Header <winnt.h> sind unter anderem die folgenden Konstanten definiert:

```
#define FILE_ATTRIBUTE_READONLY          0x00000001
#define FILE_ATTRIBUTE_HIDDEN            0x00000002
#define FILE_ATTRIBUTE_SYSTEM            0x00000004
#define FILE_ATTRIBUTE_DIRECTORY        0x00000010
#define FILE_ATTRIBUTE_ARCHIVE          0x00000020
...
```
```

Diese können in den Windows-API Funktionen

> *BOOL **SetFileAttributes(***
> *LPCTSTR lpFileName,*   *// address of filename*
> *DWORD dwFileAttributes);* *// address of attributes to set*

> *DWORD **GetFileAttributes(***
> *LPCTSTR lpFileName);* *// address of the name of a file or directory*

dazu verwendet werden, die Attribute einer Datei zu setzen bzw. abzufragen. Schreiben Sie mit diesen Funktionen und Konstanten die folgenden Funktionen, denen jeweils der Name einer Datei als Parameter übergeben werden soll. Sie können das Ergebnis dieser Funktionen mit „Eigenschaften" im Windows-Explorer überprüfen. Legen Sie dazu eigene Dateien in einem Verzeichnis „test" an.

a) Eine Funktion *SetToROH* soll die Attribute der Datei auf *ReadOnly* und *Hidden* setzen.
b) Eine Funktion *isSystemFile* soll genau dann denn Wert *true* zurückgeben wenn die Datei das Attribut *System* hat.
c) Eine Funktion *SetFileAttributeToHidden* soll das Attribut der Datei auf *Hidden* setzen, ohne dass die anderen Attribute verändert werden.
d) Die Funktion *RemoveFileAttributeHidden* soll das Attribut *Hidden* der Datei löschen, ohne dass die anderen Attribute verändert werden.

3.20.20 Explizite Typkonversionen Θ

Explizite Typkonversionen sind in der Funktions- und Typecast-Schreibweise (siehe Seite 403) sowie mit den folgenden Operatoren möglich:

```
const_cast < type-id > ( expression )
static_cast < type-id > ( expression )
dynamic_cast < type-id > ( expression )
reinterpret_cast < type-id > ( expression )
```

Diese Operatoren konvertieren den Ausdruck *expression* in den Datentyp *type-id*. Falls *type-id* ein Referenztyp ist, ist das Ergebnis der Konversion ein L-Wert.

Explizite Konversionen sind eine Aufforderung an den Compiler, einen Ausdruck e als Ausdruck eines Datentyps T zu interpretieren, und zwar unabhängig davon, ob e tatsächlich einen solchen Ausdruck darstellt oder nicht. Da ein Programmierer durch die Verwendung einer solchen Konversion die Typprüfungen des Compilers abschaltet, sind solche Konversionen fehleranfällig, und der Programmierer übernimmt die volle Verantwortung für alle ihre Folgen. Stellen Sie sich am besten vor, dass Sie mit ihrem Privatvermögen dafür haften. Deswegen sollten explizite Typkonversionen vermieden werden. In C++ sind sie, im Unterschied zu C, normalerweise auch nicht notwendig.

Die cast-Operatoren von C++ unterscheiden sich durch ihre Anforderungen an die beteiligen Datentypen. Dadurch sind minimale Typprüfungen möglich. Falls man eine Konversion nicht vermeiden kann, sollte man immer eine mit den minimalen Voraussetzungen wählen.

1. Bei einem *const_cast<T>(e)* müssen die Datentypen des Ausdrucks *e* und des Typbezeichners *T* bis auf eine oder mehrere *const*- bzw. *volatile*-Angaben gleich sein. Eine solche Konversion ist im Wesentlichen nur in den folgenden beiden Fällen möglich:

a) Der Ausdruck hat einen **Zeigertyp**. Dann ist der konvertierte Ausdruck der ursprüngliche Zeiger. Beispielsweise sind nach der Definition

```
const int* pi=new int(17); // Zeiger auf const int
```

die folgenden Zuweisungen möglich:

```
*const_cast<int*>(pi)=18;
int* pj=const_cast<int*>(pi);
```

Durch die erste dieser beiden Zuweisungen erhält *pi den Wert 18, und durch die nächste den Wert 19, obwohl *pi oben als *const* definiert wurde:

```
*pj=19; // Ergebnis: *pi==19
```

Ohne eine explizite Typkonversion sind solche Zuweisungen nicht möglich:

```
*pi=18;
int* pj=pi;// Fehler: Konvertierung von 'const int *'
           // nach 'int *' nicht möglich
```

b) Der Ausdruck *e* ist eine **Variable** des Datentyps *T*. Dann bezeichnet

const_cast<T&>(e)

diese Variable:

```
const int i=17;
const_cast<int&>(i)=19; // Ergebnis: i=17
```

Man darf allerdings nicht erwarten, dass eine Zuweisung an das Ergebnis eines *const_cast* den Wert der ursprünglichen Konstanten tatsächlich verändert. Im C++-Standard ist explizit festgelegt, dass das Ergebnis einer solchen Zuweisung undefiniert ist.

Ein *const_cast* wird gelegentlich verwendet, wenn eine Funktion mit einem nicht konstanten Referenz- oder Zeigerparameter von einer Funktion aufgerufen wird, in der dieser Parameter *const* ist:

```
void f(int& i)
{
i=1;
}

void g(const int& i)
{
f(i); // Warnung: Temporäre Größe für Parameter 'i' in
}     //           Aufruf von 'f(int&)' verwendet
```

Obwohl der C++Builder hier nur eine Warnung ausgibt, ist dieser Aufruf ein Fehler, den andere Compiler nicht akzeptieren. Ruft man g wie in den nächsten Anweisungen mit einer Variablen auf, ist ihr Wert danach unverändert:

```
int k=0;
g(k); // k=0
```

Ersetzt man im Aufruf von f den Parameter durch *const_cast<int&>(i)*, wird die Funktion g ohne Warnung übersetzt:

```
void g(const int& i)
{
f(const_cast<int&>(i)); // keine Warnung
}
```

Der Effekt eines Aufrufs von g kann davon abhängen, ob das Argument eine Konstante oder eine Variable ist:

```
int k=0;                  const int k=0;
g(k); // k=1              g(k); // k=0
```

Langer Rede kurzer Sinn: In den meisten Programmen gibt es keine sinnvollen Anwendungen für *const_cast*. Wenn man eine Konstante verändern will, sollte man sie besser als Variable (ohne *const*) definieren. Falls man aber keinen Zugriff auf den Quelltext einer Funktion hat (z.B. bei einer gekauften Bibliothek), die einen Parameter nicht verändert, ohne ihn als *const* zu übergeben, kann ein *const_cast* so lange eine Übergangslösung sein, bis der Lieferant die Bibliothek *const*-korrekt (siehe Seite 211) umgeschrieben hat.

2. Ein **static_cast<T>(e)** ist für einen Datentyp T und einen Ausdruck *e* des Datentyps E in den folgenden Fällen möglich:

   – Wenn diese Definition möglich ist:

   T t(e);

   Das Ergebnis des *static_cast* ist dann der Wert der so definierten Variablen t. Solche Definitionen sind z.B. für beliebige Kombinationen von Ganzzahl- und Gleitkommadatentypen möglich. Ihr Ergebnis entspricht den in Abschnitt 3.3.3 und 3.6.3 beschriebenen **Standardkonversionen**. Mit einem *static_cast* kann man also explizit Standardkonversionen aufrufen.

Beispiel: Wenn eine Operation mit *int*-Operanden mit *double*-Operanden ausgeführt werden soll, kann man das mit einem *static_cast* so deutlich hervorheben, dass es niemand übersehen kann.

```
double s=0;
for (int i=1; i<=10; i++)
  s=s+static_cast<double>(i)/(i+1);
```

— wenn T ein **Aufzählungstyp** und E ein Ganzzahl- oder Aufzählungstyp ist.

Beispiel: Nach den Definitionen

```
enum T {t1, t2} t;
enum U {u1, u2, u3} u;
```

werden die folgenden Zuweisungen vom Compiler akzeptiert:

```
t=static_cast<T>(7);
t=static_cast<T>(u3);
```

Ohne *static_cast* ist das nach dem C++-Standard nicht zulässig. Der C++Builder 6 gibt nur eine Warnung aus:

```
t=7;   // Warnung: int wird T zugewiesen
t=u3;  // Warnung: U wird T zugewiesen
```

Allerdings ist das Ergebnis einer solchen Zuweisung undefiniert, wenn der zugewiesene Wert nicht dem Ganzzahlwert eines Enumerators entspricht.

— Ein Zeiger des Typs *void** kann in einen Zeiger eines beliebigen Typs T konvertiert werden, der dieselben oder mehr *const* oder *volatile* Angaben hat. Wenn ein Zeiger zuerst nach *void** und danach mit einem *static_cast* wieder zurückkonvertiert wird, hat er denselben Wert wie ursprünglich.

Beispiel: Die folgenden Konversionen sind zulässig:

```
int i=17;
void* pv=&i;
int j=*static_cast<int*>(pv); // j=17
```

Die nächste Konversion ist nicht zulässig, da *pvc* mehr *const*-Angaben als *int** hat:

```
const void* pvc=&i;
*static_cast<int*>(pvc); // Fehler
```

— wenn E und T Zeiger auf voneinander abgeleitete Klassen sind. Falls der Zeiger *e* tatsächlich auf ein Objekt des Typs T zeigt, ist dieser Zeiger das Ergebnis des *static_cast*-Ausdrucks. Andernfalls ist das Ergebnis undefiniert. Da *dynamic_cast* solche Beziehungen prüft, sollte diese Konversion gegenüber einem *static_cast* bevorzugt werden (siehe Abschnitt 6.5.2).

Beispiel: *TButton* eine von *TObject* abgeleitete Klasse. Da einer *Button-Click*-Funktion für den Parameter *Sender* ein Zeiger auf den aktuellen *TButton* übergeben wird, kann man die Eigenschaften dieses Buttons über einen *static_cast* ansprechen:

```
void __fastcall TForm1::ButtonClick(TObject
                                      *Sender)
{
static_cast<TButton*>(Sender)->Caption="abc";
}
```

Durch einen *static_cast* wird *const* weder entfernt noch hinzugefügt. Falls das notwendig ist, muss zuerst ein *const_cast* und dann ein *static_cast* ausgeführt werden.

3. Ein **reinterpret_cast** stellt von allen cast-Operatoren die geringsten Anforderungen an seine Operanden. Seine Ergebnisse sind weitgehend compilerspezifisch. Im Allgemeinen ist das Ergebnis von *reinterpret_cast<T>(e)* das Bitmuster von *e* als Ausdruck des Datentyps T.

Ein *reinterpret_cast* ist im Wesentlichen in den folgenden Fällen möglich:

– Ein Zeiger kann in jeden Ganzzahltyp konvertiert werden, der genügend groß ist, um den Wert des Zeigers darzustellen.

Beispiel: Nach der Konversion

```
int* p;
int i=reinterpret_cast<int>(p);
```

stellt i die Adresse des Zeigers als Ganzzahlwert dar. Damit kann z.B. die Adresse einer Variablen ausgegeben werden.

Die nächste Konversion ist nicht möglich, da der Datentyp *short* für einen Zeiger nicht groß genug ist:

```
short s=reinterpret_cast<short>(p); // Fehler
```

– Ein Ganzzahl- oder Aufzählungswert kann in einen Zeiger konvertiert werden. Damit kann man z.B. einen Zeiger auf eine bestimmte Adresse legen.

Beispiel: Die nächste Anweisung schreibt den Wert 17 an die Adresse 0x00FF0000:

```
*reinterpret_cast<int*>(0x00FF0000)=17;
```

Es ist aber meist nicht sinnvoll, Hauptspeicher über eine Adresse anzusprechen, da dieser vom Betriebssystem verwaltet wird. Es gibt allerdings Betriebssysteme, bei denen Hardware-Komponenten des Rechners unter Hauptspeicheradressen angesprochen werden.

– Ein Zeiger auf eine Funktion kann in einen Zeiger auf eine Funktion eines anderen Typs konvertiert werden. Das Ergebnis des Aufrufs einer solchen Funktion ist undefiniert wenn die Funktionstypen verschieden sind.

– Ein Zeiger auf eine Variable kann in einen Zeiger auf eine Variable eines anderen Typs konvertiert werden. Das Ergebnis der Verwendung einer solchen Variablen ist meist undefiniert.

– Eine Variable eines Typs T1 kann in eine Referenz auf nahezu jeden anderen Typ T2 konvertiert werden.

> Beispiel: Dieses Beispiel soll nur zeigen, dass ein *reinterpret_cast* nur geringe Anforderungen stellt. Inhaltlich ist es Unsinn.
>
> ```
> struct D { int x;  char a[7]; };
> double d;
> D sd=reinterpret_cast<D&>(d);
> ```

4. Ein **dynamic_cast** ist nur für Klassen definiert und wird in Abschnitt 6.5.2 behandelt.

5. Das Ergebnis einer expliziten Typkonversionen in **Funktionsschreibweise**

   simple-type-specifier (*expression-list* opt)

   und in der **Typecast-Schreibweise** (die beide auch in C verfügbar sind):

   cast-expression:
     unary-expression
     (*type-id*) *cast-expression*

   ist gleich. Es ist das Ergebnis der ersten passenden Konversion in dieser Liste:

   const_cast
   static_cast
   static_cast gefolgt von einem *const_cast*
   reinterpret_cast
   reinterpret_cast gefolgt von einem *const_cast*

Beispiele:

1. Diese beiden Anweisungen konvertieren den *int*-Wert 1 in den Typ *double*:

   ```
   double x = (double)1/2; // Typecast-Schreibweise
   double y = double(1)/2; // Funktionsschreibweise
   ```

   Die erste passende Konversion in der Liste ist ein *static_cast*, da keiner der beteiligten Datentypen mit *const* deklariert wurde und eine Standardkonversion von *int* in *double* definiert ist. Damit bewirkt „double(1)" eine Standardkonversion von *int* nach *double* (siehe Abschnitt 3.6.3).

2. In Compilern für 16-bit-Systeme ist der Datentyp *int* meist 16 und der
   Datentyp *long* meist 32 bit breit. Damit eine Summe von *int*-Werten nicht
   als 16-bit *int*-Wert berechnet wird,

   ```
   int i=20000;
   long l=i+i; // Bei 16-bit-Systemen l=-25536
   ```

   werden solche Operanden oft in den Datentyp *long* konvertiert:

   ```
   long l=long(i)+i; // l=40000;
   ```

   Mit derselben Begründung wie unter 1. führt das zu einem *static_cast*.

3. Da für *char**-Operanden der Operator + nicht definiert ist, können so

   ```
   const char* c="Darf ich Dir mein Internet zeigen";
   string s=c+"?";//Fehler:Unzulässige Zeigeraddition
   ```

   keine Strings „zusammengeklebt" werden. Für Operanden des Typs *string*
   ist das aber möglich:

   ```
   string s=string(c)+"?";
   ```

   Da die Klasse *string* einen Konstruktor für ein *char**-Argument hat, wird *c*
   durch einen *static_cast* in den Datentyp *string* konvertiert.

4. Ein generischer Zeiger (Datentyp *void**) kann mit in einen Zeiger auf einen
   beliebigen Typ konvertiert werden. Das führt zu einem *reinterpret_cast*:

   ```
   int* pi;
   void* pv=pi;
   pi=(int*)(pv); // Das geht
   ```

Diese Beispiele zeigen, dass eine Typkonversion in Typecast- oder Funktionsschreibweise zu unterschiedlichen Konversionen führen kann. Diese Schreibweisen sind zwar kürzer als die Operatoren *static_cast* usw. Sie haben aber gegenüber diesen Operatoren den Nachteil, dass man

– ihnen nicht unmittelbar ansieht, welche Konversion tatsächlich durchgeführt
  wird
– in einem Editor nicht so einfach nach allen solchen Konversionen suchen kann.

Deswegen empfiehlt es sich, trotz der etwas umständlicheren Schreibweise die
Operatoren von C++ verwenden.

3.21 Namensbereiche

Mit einem **Namensbereich** kann man die **inhaltliche Zusammengehörigkeit** von Deklarationen (Variablen, Funktionen, Datentypen usw.) explizit zum Ausdruck bringen und außerdem **Namenskonflikte vermeiden**.

Beispiel: Angenommen, in einem Teil eines Programms ist der Name *a* für ein Array und der Name *max* für seine Elementanzahl genauso angemessen wie in einem anderen Teil desselben Programms für ein anderes Array mit einer anderen Elementanzahl. In einer Programmiersprache wie C müsste man dann die Namen künstlich unterscheiden, z.B. *a1* und *max1*, und *a2* und *max2*.

In C++ kann man die zusammengehörigen Deklarationen dagegen jeweils in einen eigenen Namensbereich aufnehmen und die Elemente dann innerhalb des Namensbereichs unter ihrem angemessenen Namen ansprechen:

```
namespace N_Artikel {
// Ein sehr einfaches Beispiel
  const int max=100;
  int a[max];
  int n=0;
  bool insert(int x)
  {
  if (n<max-1)
    {
      a[n++]=x;
      return true;
    }
  else return false;
  }
}; // end of namespace N_Artikel

namespace N_Kunden { // dieselben Namen wie in
// N_Artikel, aber mit einer anderen Bedeutung
  int max=200;
  int* a=new int[max];
  int n=0;
  void insert(double x)
  {
  if (n<max-1)
    a[n++]=x;
  else
    { // reallocate
      int* b=new int[2*max];
      // copy a to b ...
      delete[] a;
      a=b;
    };
  }
}; // end of namespace N_Kunden
```

Außerhalb eines Namensbereichs kann man seine Elemente mit den Namen des Namensbereichs, dem Bereichsoperator und den Namen des Elements ansprechen:

```
void DoSomething()
{
N_Artikel::insert(1);
N_Kunden::insert(2);

if (N_Artikel::n>0)
  Form1->Memo1->Lines->Add(
                  N_Artikel::a[N_Artikel::n-1]);
if (N_Kunden::n>0)
  Form1->Memo1->Lines->Add(
                  N_Kunden::a[N_Kunden::n-1]);
}
```

Auf diese Weise lassen sich auch Namenskonflikte zwischen verschiedenen Bibliotheken (z.B. von verschiedenen Herstellern) vermeiden: Falls sie ihre Deklarationen in verschiedene Namensbereiche verpacken, kann man gleichnamige Elemente im Namensbereich über den Namen des Namensbereichs unterscheiden.

Beispiel: Die C++-Standardbibliothek verpackt alle ihre Elemente in den Namensbereich *std*. Wenn man diesen Namen nicht für einen eigenen Namensbereich verwendet (was man nie tun sollte), bekommt man mit den Namen der Standardbibliothek nie Namenskonflikte.

3.21.1 Die Definition von benannten Namensbereichen

Ein benannter Namensbereich wird gemäß der Syntaxregel

> namespace *identifier* { *namespace-body* }

global oder in einem anderen Namensbereich deklariert. Ein *namespace-body* ist dabei eine beliebige Folge von Deklarationen:

> *namespace-body:*
>   *declaration-seq* opt

Beispiel: Die Namen i und f gehören zum Namensbereich N:

```
namespace N {
    int i;
    int f(int i) { return i+1; }
}
```

Die Deklaration eines Namensbereichs hat große syntaktische Ähnlichkeiten mit einer Klassendefinition (siehe Abschnitt 3.11.1 und Kapitel 6): Wenn man im letzten Beispiel „namespace" durch „struct" oder „class" ersetzt, erhält man eine Klassendefinition. Im Unterschied zu einer Klasse ist ein Namensbereich aber kein

Datentyp. Deshalb kann man mit einer Klasse Variablen (Objekte) definieren, aber nicht mit einem Namensbereich.

Ein Namensbereich muss nicht mit einer einzigen *namespace*-Deklaration definiert werden, sondern kann sich aus mehreren solchen Deklarationen in verschiedenen Übersetzungseinheiten zusammensetzen. Alle Namensbereiche mit demselben Namen bilden dann in einem Projekt einen einzigen Namensbereich. Der Compiler kann diesen Effekt dadurch erreichen, dass er einen Namen (z.B. f) aus einem Namensbereich (z.B. N) intern aus diesem Namen und dem des Namensbereichs zusammensetzt (z.B. N::f).

Beispiel: Mit den folgenden Deklarationen gehören die Namen i, f, j und g zum Namensbereich N. Die globale Funktion ::f gehört nicht zu diesem Namensbereich und ist eine andere Funktion als N::f.

Unit1.cpp

```
namespace N {
    int i;
    int f(int i)
    {
    // ...
    }
}

void f()
{
}

namespace N {
    int j;
    int g(int i)
    {
    /* ... */
    }
}
```

Unit1.h

```
namespace N {
    extern int i;
    extern int j;
    int f(int);
    int g(int);
}
```

Da die Deklaration eines Namensbereichs ebenfalls eine Deklaration ist, können Namensbereiche **verschachtelt** werden. Auf die Elemente kann man dann mit einer verschachtelten Qualifizierung zugreifen.

Beispiel:
```
namespace N {
    int i;          // 1.
    namespace A {
        int i;      // 2.
    }
    namespace B {
        int i;      // 3.
    }
} // end of namespace

N::i=17;    // 1.
N::A::i=18; // 2.
N::B::i=19; // 3.
```

Ein Namensbereich kann sowohl Funktionsdefinitionen als auch Prototypen enthalten. Die zu einem Prototyp gehörende Definition kann auch außerhalb des
Namensbereichs stehen. Sie wird dann mit dem Namensbereich und dem Operator
„::" vor dem Namen gekennzeichnet. In der Verbundanweisung einer solchen
Funktionsdefinition können die Elemente des Namensbereichs ohne explizite
Qualifizierung angesprochen werden. Auf diese Weise können die Deklarationen
eines Namensbereichs von den zugehörigen Definitionen getrennt werden.

Beispiel: Es ist normalerweise sinnvoll, die Schnittstellen eines Namensbereichs
            auf eine Header-Datei und eine separate Datei mit der Implementation
            der Funktionen zu verteilen:

            N.h // die Schnittstelle

```
#ifndef NH
#define NH

namespace N {
    int f(int);
    int g(int);
}; // end of namespace N

#endif
```

            N.cpp // die Implementation

```
#include "N.h"

int N::f(int i)
{
return g(i);//N::g, keine explicite Qualifizierung
}                                   // notwendig

int N::g(int i)
{
return i+1;
}
```

In der Funktion f kann die Funktion g ohne explizite Qualifizierung angesprochen werden.

Alle globalen Deklarationen gehören zum so genannten **globalen Namensbereich**. Namen aus diesem Namensbereich kann man mit dem Operator „::" ansprechen, auch wenn die globale Deklaration durch eine lokale verdeckt wird.

Beispiel:
```
int i;
int f(int i)
{
::i=17;     // das globale i
return ++i; // das lokale i
}
```

Auf diese Weise lassen sich auch globale Funktionen verwenden, die gleich heißen wie Klassenelemente .

3.21.2 Die Verwendung von Namen aus Namensbereichen

Wenn ein Name aus einem Namensbereich öfter verwendet wird, ist es etwas mühsam, ihn immer mit dem Namen des Namensbereichs und dem Operator „::" anzusprechen. Mit einer *using*-Deklaration oder einer *using*-Anweisung kann man das vereinfachen.

Eine *using*-**Deklaration** definiert im aktuellen Gültigkeitsbereich ein Synonym für einen Namen aus einem Namensbereich.

using-declaration:
```
using typename opt ::opt nested-name-specifier unqualified-id ;
using :: unqualified-id ;
```

Nach einer *using*-Deklaration kann man den dabei angegebenen Bezeichner ohne weitere Qualifizierung mit dem Bereichsoperator :: verwenden.

Beispiel: Mit dem Namensbereich N aus dem vorletzten Beispiel können die Funktionen f und g auch folgendermaßen aufgerufen werden:

```
void h()
{
using N::f;
using N::g;
f(1);  // N::f(1)
g(1);  // N::g(1)
}
```

Die mit einer *using*-Deklaration in einen Bereich eingeführten Namen dürfen nicht mit anderen Deklarationen kollidieren.

Beispiel: Mit dem Namensbereich N aus den letzten Beispielen erhält man die als Kommentar angegebene Fehlermeldung:

```
void h()
{
int f;
using N::f;//Fehler: Bezeichner 'f' mehrfach
}                                    // deklariert
```

Wird ein Name aus einem Namensbereich nach einer *using*-Deklaration verwendet, werden nur die Elemente des Namensbereichs berücksichtigt, die zum Zeitpunkt der *using*-Deklaration im Namensbereich enthalten sind.

Beispiel:
```
namespace N {
   int f(int);
}

using N::f;

namespace N {
  int f(char);
}

void h()
{
f('c');  // Aufruf von f(int), obwohl f(char)
}  // inzwischen dem Namensbereich hinzugefügt wurde

void g()
{
using N::f;
f('c');  // Aufruf von f(char)
}
```

Mit einer *using*-Anweisung

using-directive:
   using namespace ::opt *nested-name-specifier* opt *namespace-name* ;

kann man sämtliche Namen aus einem Namensbereich so verwenden, als ob sie außerhalb ihres Namensbereichs deklariert worden wären. Genauer: Als ob sie im nächsten umgebenden Namensbereich enthalten wären, der sowohl die *using*-Anweisung als auch den Namensbereich enthält. Im Unterschied dazu wird bei einer *using*-Deklaration ein Name in einen Namensbereich eingeführt.

Beispiel: Verwendet man den Namensbereich

```
namespace N {
   int i;
}
```

wie in der Funktion h mit einer *using*-Anweisung, steht sowohl die lokale Variable i als auch die gleichnamige Variable aus dem Namensbereich N zur Verfügung:

```
void h()
{
int i;
using namespace N;
::i=17; // N::i
}
```

Dagegen erhält man mit

```
void h()
{
int i;
using N::i; // Fehler: Bezeichner 'f' mehrfach
}                            // deklariert
```

beim Kompilieren die als Kommentar angegebene Fehlermeldung.

Wenn man an mehreren Stellen in einem Programm immer wieder dieselbe Gruppe von Deklarationen aus einem Namensbereich braucht, kann man diese in einem eigenen Namensbereich zusammenfassen und dann den ganzen Namensbereich mit einer *using*-Anweisung verwenden:

```
namespace M1 {
using N::f;
using N::g;
}

void h()
{
using namespace M1;
f(1); // N::f(1)
g(2); // N::g(1)
}
```

Ein Namensbereich enthält oft viele Namen. Übernimmt man diese alle mit einer *using*-Deklaration, besteht die Gefahr von **Namenskonflikten**. Diese können folgendermaßen vermieden werden:

1. Falls keine Elemente eines Namensbereichs global benötigt werden, sollte man **lokale** *using*-Anweisungen wie in f2 gegenüber **globalen** wie in f1 bevorzugen:

```
using namespace std;      void f2()
void f1()                 {
{                         using namespace std;
vector<int> v;            vector<int> v;
// ...                    // ...
}                         }
```

Beim Namenbereich std der C++-Standardbibliothek ist diese Gefahr aber nicht sehr groß, da *std* nicht sehr viele globale Namen hat.

2. Header-Dateien für Bibliotheken werden meist nicht nur in eigenen Programmen verwendet, sondern von anderen Entwicklern in Anwendungen, von denen der Entwickler der Bibliothek überhaupt nichts weiß. Er kann deshalb auch nicht wissen, welche Namen der Anwender der Bibliothek verwendet.

Deshalb sollte man **keine *using*-Anweisungen und keine *using*-Deklarationen in Header-Dateien** aufnehmen:

Mylib.h

```
using namespace std; // nicht empfehlenswert
```

Diese sind nicht nur global (siehe 1.), sondern stellen ihre Deklarationen auch allen Übersetzungseinheiten zur Verfügung, die die Header-Datei verwenden. Nach

Myprog.cpp

```
#include "Mylib.h"
```

sind dann alle Namen aus *std* verfügbar, ohne dass das in Myprog.cpp explizit erkennbar wird. Falls man in einer Header-Datei einen Namen aus einem Namensbereich benötigt, sollte man ihn mit dem Namensbereich qualifizieren.

3. Wegen 2. sollte man *using*-Anweisungen und *using*-Deklarationen in die Dateien mit den Definitionen (Implementationsdateien) aufnehmen. Dabei sollte man sie aber nach den *#include*-Anweisungen angeben, damit sie nicht eventuell die Bedeutung von Deklarationen aus den eingebundenen Dateien beeinflussen können.

Mylib.cpp

```
using namespace std; // nicht empfehlenswert
#include "Mylib.h"
```

Mylib.cpp

```
#include "Mylib.h"
using namespace std; // ok
```

3.21.3 Aliasnamen für Namensbereiche

Je kürzer die Namen von Namensbereichen sind, desto größer ist die Wahrscheinlichkeit, dass ein anderer Namensbereich denselben Namen hat. Das kann Namenskonflikte zur Folge haben. Deshalb empfiehlt es sich, für Namensbereiche möglichst lange und aussagekräftige Namen zu wählen. Allerdings ist die Verwendung von langen Namen recht umständlich.

Einen Ausweg aus diesem Dilemma bieten **Aliasnamen** für einen Namensbereich.
Ein solcher Aliasname deklariert ein Synonym für einen Namensbereich. Unter
dem Aliasnamen kann man dann die Elemente des Namensbereichs wie unter dem
eigentlichen Namen ansprechen.

```
namespace-alias-definition:
   namespace identifier = qualified-namespace-specifier ;
```

Beispiel:

```
namespace Meine_ganz_spezielle_Superbibliothek
{
void f(int i) { /* ... */ }
namespace Datenbankfunktionen
  {
  void g(int i) { /* ... */ }
  }
}

namespace S=Meine_ganz_spezielle_Superbibliothek;
namespace DB=Meine_ganz_spezielle_Superbibliothek::
                                    Datenbankfunktionen;
S::f(17);
DB::g(17);
```

Mit Aliasnamen kann man auch leicht eine Version einer Bibliothek durch eine
andere ersetzen:

```
namespace S=Meine_ganz_spezielle_Superbibliothek_Version_2;
```

3.21.4 Unbenannte Namensbereiche

Oft verwendet man Namensbereiche nur, um die Gültigkeit von Deklarationen auf
eine Übersetzungseinheit zu beschränken und so Konflikte mit Namen in anderen
Übersetzungseinheiten zu vermeiden. Dazu wählt man einen in allen Übersetzungseinheiten des Projekts eindeutigen Namen für den Namensbereich.

```
Beispiel: namespace CXAZTTT96227 { // hoffentlich eindeutig
          // ...
        }
```

Mit einem **anonymen** oder **unbenannten Namensbereich** kann man die Suche
nach einem eindeutigen Namen für einen Namensbereich an den Compiler dele-
gieren. Dazu lässt man bei der Deklaration eines Namensbereichs den Namen des
Namensbereichs aus:

```
namespace { namespace-body }
```

Für einen unbenannten Namensbereich erzeugt der Compiler dann einen in allen
Übersetzungseinheiten des Projekts eindeutigen Namen. Bezeichnet man diesen

eindeutigen Namen mit *unique*, wird ein namenloser Namensbereich vom Compiler wie die folgende Konstruktion behandelt:

```
namespace unique { /* empty body */ }
using namespace unique;
namespace unique { namespace-body }
```

Wegen der *using*-Anweisung können dann alle Elemente eines unbenannten Namensbereichs in derselben Übersetzungseinheit direkt angesprochen werden.
Außerhalb von ihr können sie nicht angesprochen werden.

Beispiel:
```
namespace {

      int i=1;
      double x=2;

      void f()
      {
      // ...
      }

} // end of namespace

void g()
{
f();
}
```

Mit einem namenlosen Namensbereich erreicht man, dass seine Elemente außerhalb ihrer Übersetzungseinheit nicht sichtbar sind, auch wenn sie externe Bindung
haben. Sie können dann außerhalb ihrer Übersetzungseinheit genauso wenig angesprochen werden, wie mit *static* definierte Elemente mit interner Bindung (siehe
Abschnitt 3.23.2). Der C++-Standard rät ausdrücklich dazu, unbenannte
Namensbereiche gegenüber *static* zu bevorzugen.

Deshalb kann man mit unbenannten Namensbereichen **Namen verbergen**. Oft soll
eine Übersetzungseinheit ja nur einen Teil ihrer Funktionen bzw. Deklarationen
(die Schnittstelle) zur Verfügung stellen. Weitere Funktionen sind reine Hilfsfunktionen, die lediglich den Zweck haben, die Funktionen der Schnittstelle zu implementieren. Diese Hilfsfunktionen bzw. -deklarationen sollten von einem Anwender
nie aufgerufen werden können.

Dazu fasst man die Hilfsfunktionen in einem unbenannten Namensbereich zusammen. Die Funktionen der Schnittstelle definiert man am besten in einem be-
nannten Namensbereich:

Util.h

```
namespace S { // die Schnittstelle in einem benannten
                                          // Namensbereich
      void f();
}
```

Util.cpp

```
#include "Util.h"
namespace { // die Hilfsfunktionen in einem unbenannten
                                          // Namensbereich

    void Hilfsfunktion1() { /* .. */ }
    void Hilfsfunktion2() { /* .. */ }

    void S::f()
    {
    Hilfsfunktion1();
    Hilfsfunktion2();
    }
}
```

Anmerkung für Delphi-Programmierer: In Object Pascal sind alle Deklarationen im Implementationsteil einer Unit wie in einem unbenannten Namensbereich vor einem Zugriff aus einer anderen Übersetzungseinheit eines Projekts geschützt.

Aufgaben 3.21

1. Definieren Sie eine Funktion f in einen Namensbereich N und rufen Sie diese

   a) mit dem Namen des Namensbereichs, dem Bereichsoperator und ihrem Namen auf.
   b) nach einer *using*-Anweisung auf.
   c) nach einer *using*-Deklaration auf

   Definieren Sie im Namensbereich N einen verschachtelten Namensbereich N1 mit dem Prototyp Funktion g, die außerhalb des Namensbereichs N definiert wird. Rufen Sie die Funktion g

   d) wie in a), b) und c) auf.
   e) über ein alias für den verschachtelten Namensbereich auf.

2. Geben Sie an, welche Funktionen in den mit a), b), c) und d) gekennzeichneten Zeilen gemeint sind:

   ```
   void f(){};
   void g(){};
   ```

```
namespace A {
  void f(){};
  void g(){};
}

namespace B {
  using ::f;   // a)
  using A::g;  // b)
}

void h()
{
using namespace B;
f();           // c)
B::g();        // d)
}
```

3.22 Präprozessoranweisungen

Der Präprozessor war bei den meisten älteren C-Compilern ein eigenständiges Programm, das vor dem eigentlichen C-Compiler aufgerufen werden musste. Er hat aus dem Quellprogramm eine Datei erzeugt, die dann vom eigentlichen C-Compiler bearbeitet wurde. Bei neueren Compilern muss der Präprozessor aber nicht mehr extra aufgerufen werden. Seine Aufgabe kann auch vom Compiler übernommen werden.

Alle Zeilen in einem C/C++-Programm, die mit dem Zeichen "#" (eventuell nach Whitespace-Zeichen) beginnen, sind Präprozessoranweisungen. Mit ihnen kann man z.B. steuern, dass Worte (Makros) im Quelltext durch andere ersetzt werden.

Der Präprozessor ist ein einfaches Textbearbeitungsprogramm, das weitgehend unabhängig von C++ ist:

– Er behandelt den Quelltext lediglich als Folge von Worten, ohne ihre Bedeutung in C++ zu berücksichtigen (z.B. ob ein Name nur lokal ist, oder ob er einen Datentyp, eine Variable oder ein Schlüsselwort darstellt).
– Die wenigen C++-Sprachregeln, die er beachtet sind z.B. Kommentare am Ende von Präprozessoranweisungen und ganzzahlige Ausdrücke nach #if.
– Die Syntax der Präprozessoranweisungen ist völlig unabhängig von der C++-Syntax.

Das Ergebnis der Präprozessorverarbeitung muss ein korrektes C++-Programm sein, damit es vom Compiler übersetzt werden kann.

Den Präprozessor des C++Builders kann mit *cpp32* aufrufen (z.B. von einer Kommandozeile aus). Falls „Unit1.h" nur die Zeile „#include <vcl.h>" enthält, erzeugt

```
c:\CBuilder\bin\cpp32 -Ic:\CBuilder\Include\vcl Unit1.h
```

eine ca. 12 MB große Datei „Unit1.i".

3.22.1 Die *#include*-Anweisung

Mit einer *#include*-Anweisung kann eine Datei eingebunden werden. Das hat den-selben Effekt, wie wenn die *#include*-Anweisung durch den Inhalt der angegebe-nen Datei ersetzt würde. Die eingebundene Datei kann weitere *#include*-Anwei-sungen enthalten, die dann ebenfalls eingefügt werden.

Die *include*-Anweisung kann in einer der folgenden drei Formen auftreten:

1. #include <header_name>

   Beispiele: `#include <c:\CppUtils\U.cpp> // vollständiger Pfad`
   `#include <vcl\vcl.h> // unvollständiger Pfad`
   `#include <vector>`

   Falls *header_name* eine vollständige Pfadangabe ist, sucht der Präprozessor nur nach dieser Datei. Bei einem unvollständigen Pfad sucht er die Datei in all den Verzeichnissen, die unter *Projekt|Optionen|C++ Compiler|Pfade und Definitionen* als *Include-Pfad* eingetragen sind.

2. #include "file_name"

   Beispiel: `#include "Utils.cpp" // zuerst im Projektverz.`
   `#include "c:\CppUtils\Utils.cpp" // nur diese`

   Falls *file_name* eine vollständige Pfadangabe ist, wird nur nach dieser Datei gesucht. Andernfalls wird die Datei in dieser Reihenfolge in den folgenden Verzeichnissen gesucht:

   – im Verzeichnis, das die Datei mit der *#include*-Anweisung enthält
   – im Fall von verschachtelten #includes in den Verzeichnissen, die die Datei einbinden
   – im aktuellen Verzeichnis
   – in den unter 1. beschriebenen Verzeichnissen

3. #include makro_name

   In dieser Form muss *makro_name* ein Makro (siehe Abschnitt 3.22.2) für einen Dateinamen in einer der ersten beiden Formen sein.

Im Unterschied zu einem Stringliteral wird das Zeichen „\" in einer *include*-An-weisung nicht als Beginn einer Escape-Sequenz interpretiert. Deshalb muss man ein „\" Zeichen in einer Pfadangabe nur einmal angeben.

In älteren C- bzw. C++-Versionen war *header_name* immer ein Dateiname. Nach dem aktuellen C++-Standard wird für die header-Namen der Standardbibliothek lediglich verlangt, dass sie diese Datei eindeutig identifizieren. Der nach *include* angegebene Name muss also nicht der Name einer tatsächlich existierenden Datei sein.

Da eine *#include*-Anweisung denselben Effekt hat wie wenn die eingebundene Datei im Quelltext steht, kann eine solche Datei beliebige C++-Anweisungen enthalten, die an der eingebundenen Stelle zulässig sind. Falls eine solche Datei aber auch in mehrere Übersetzungseinheiten eines Projekts eingebunden werden soll, darf sie nur Deklarationen enthalten, die keine Definitionen sind (siehe Abschnitt 3.23.3). Dann werden die Definitionen und die Deklarationen auf zwei verschiedene Dateien verteilt, die meist die Endung „.h" und „.cpp" haben. Siehe dazu Abschnitt 3.23.5.

Beispiel: Im Verzeichnis *\Loesungen_CB2006\CppUtils\CppUtils* der Buch-CD befinden sich einige C++-Dateien mit der Endung „.h", die Definitionen und Deklarationen enthalten und deshalb nur in eine einzige Quelltextdatei eines Projekts aufgenommen werden können.
Die Dateien im Verzeichnis *\Loesungen_CB2006\CppUtils\CppLib* der Buch-CD enthalten dieselben Funktionen usw. Hier sind die Definitionen und Deklarationen auf Header und Implementationsdateien aufgeteilt und können deshalb in mehreren Quelltextdateien desselben Projekts verwendet werden.

3.22.2 Makros Θ

Ein **Makro ohne Parameter** wird nach diesem Schema definiert:

```
# define identifier replacement-list new-line
```

Der *identifier* ist dann ein Makro, das vom Präprozessor bei jedem Auftreten (außer in einem Stringliteral oder in einem Kommentar) ab seiner Definition durch die *replacement-list* ersetzt wird.

Beispiel: Im C++-Standard sind keine Definitionen für mathematische Konstanten wie π, $1/\pi$, e usw. enthalten Bei vielen Compilern enthält „math.h" die folgenden Makros:

```
#define M_E        2.71828182845904523536
#define M_PI       3.14159265358979323846
#define M_1_PI     0.31830988618379067153B
```

Der Präprozessor ersetzt dann die Textzeile

```
double U=2*M_PI*r;
```

durch

```
double U=2*3.14159265358979323846*r;
```

Mit

> \# `undef` identifier new-line

kann ein Makro wieder außer Kraft gesetzt werden. Falls der dabei angegebene Name nicht der eines zuvor definierten Makros ist, wird *undef* ignoriert: Bei einem Schreibfehler erfolgt keine Fehlermeldung oder Warnung.

Bei der Definition eines Makros sind keine speziellen Zeichen wie = oder ein abschließendes Semikolon notwendig. Sind sie jedoch vorhanden, werden sie ebenfalls eingesetzt.

Beispiel: Nach der Definition

```
#define N = -1 // Das Zeichen "=" ist falsch!
```

wird die Zeile

```
i=N;
```

durch

```
i= = -1;
```

ersetzt und vom Compiler mit einer Fehlermeldung bemängelt. Dieser Fehlermeldung sieht man ihre Ursache nicht unbedingt sofort an, da die Zeile „i=N;" korrekt aussieht. Wenn sich die Definition des Makros auf einer anderen Bildschirmseite als die Fehlermeldung befindet, kann die Fehlersuche auch etwas länger dauern.

Makros werden im gesamten Quelltext ersetzt, unabhängig von allen Sichtbarkeitsregeln von C++.

Beispiel: Das global definierte m wird auch in der Funktion f ersetzt und das lokal definierte Makro n auch in der Funktion *test*:

```
#define m 10
int n=100;

void f()
{
int m; // wird durch "int 10;" ersetzt
#define n 10
}

void test()
{
int i;
if (i<n) ... // wird durch "if (i<10);" ersetzt.
}
```

Bei den meisten C-Compilern sind im Unterschied zu C++ keine symbolischen Konstanten als Arraygrenzen zulässig. Für solche Compiler wird ein Name für die Anzahl der Elemente eines Arrays (siehe Abschnitt 3.10) oft als Makros definiert:

```
#define MAX 100
int a[MAX]; // wird durch a[100] ersetzt
```

Angesichts der Fehlermöglichkeiten bei Makros sollte man in C++ symbolische Konstanten mit *const* verwenden.

Damit man Makros leicht als solche erkennen und ihre Besonderheiten beachten kann, werden sie oft in Großbuchstaben geschrieben. Allerdings wird diese Regel weder vom Compiler erzwungen noch in den Standardbibliotheken konsequent eingehalten.

Nach dem C++-Standard sind unter anderem diese Makros definiert:

__LINE__	Nummer der aktuellen Zeile der Quelltextdatei
__FILE__	Name der aktuellen Quelltextdatei
__DATE__	Datum der Übersetzung der aktuellen Quelltextdatei
__TIME__	Uhrzeit der Übersetzung der aktuellen Quelltextdatei.

Im C++Builder stellt der Bezeichner *__FUNC__* in einer Funktion immer den Namen der aktuellen Funktion dar.

Beispiel: Mit einem Makro wie

```
#define TRACE std::cout<<__FILE__<< ", line: " <<\
    __LINE__ <<", function: "<< __FUNC__<<endl;
```

kann man den Namen der aktuellen Quelltextdatei, die Zeilennummer und den Namen der aktuellen Funktion protokollieren. Nimmt man dieses Makro in eine Funktion „void f()" auf, erhält man eine Zeile wie:

```
test.cpp, line: 56, function: void f()
```

In *TRACE* sieht man auch, wie man mit einem „\" am Ende einer Zeile mehrzeilige Makros definieren kann.

Ein **Makro** kann auch **mit Parametern** definiert werden:

> # define *identifier lparen identifier-list opt) replacement-list new-line*

Hier steht *lparen* für eine runde Klammer „(", vor der keine Whitespace-Zeichen kommen dürfen. Mit solchen Whitespace-Zeichen wird das Makro sonst als eines ohne Parameter interpretiert. Der *identifier* ist der Name des Makros, und die Bezeichner zwischen den Klammern sind Parameter.

Beim Aufruf eines Makros wird wie bei einem Funktionsaufruf für jeden Parameter ein Argument eingesetzt. Der Präprozessor ersetzt dann den Parameter durch das Argument. Einige Beispiele:

1. Nach der Definition

```
#define PRODUKT(x,y) x*y
```

wird der nächste Aufruf durch die Zeile „i=2+3*4+5" ersetzt:

```
i= PRODUKT(2+3,4+5); // i=2+3*4+5, nicht i=(2+3)*(4+5)
```

Offensichtlich ist es notwendig, alle Teilausdrücke zu klammern:

```
#define PRODUKT(x,y) (x)*(y)
```

Dann erhält man für den ersten der nächsten beiden Aufrufe das erwartete Ergebnis:

```
i= PRODUKT(2+3,4+5);  // i=(2+3)*(4+5)
i=90/PRODUKT(2+3,4+5) // i=90/(2+3)*(4+5)
```

Da der zweite Ausdruck von links nach rechts ausgewertet wird, erhält man

```
i=90/(2+3)*(4+5)   // i=(90/5)*9
```

was vermutlich nicht dem erwarteten Ergebnis entspricht. Man sollte deshalb alle Parameter in einer Makrodefinition immer vollständig klammern wie in

```
#define PRODUKT(x,y) ((x)*(y))
```

Damit erhält i in "i=90/PRODUKT(2+3,4+5)" den erwarteten Wert 2.

2. Da die Parameter in einem Makroaufruf als Text ersetzt werden, kann sich das Ergebnis eines Makroaufrufs von dem eines entsprechenden Funktionsaufrufs unterscheiden. Mit dem Makro

```
#define SQR(x) ((x)*(x))
```

führt der nächste Aufruf zu der als Kommentar angegebenen Anweisung:

```
int i=1;
i=SQR(i++);      // i=((i++)*(i++))
```

Das Ergebnis dieser Anweisung ist aber undefiniert, da die Reihenfolge, in der Teilausdrücke ausgewertet werden und in der Seiteneffekte bei Teilausdrücken stattfinden, undefiniert ist (siehe Abschnitt 3.19.1). Bei manchen Compilern erhält i den Wert 3, bei anderen Compilern den Wert 2 oder noch andere Werte.

3. Parametrisierte Makros sind im Unterschied zu Funktionen nicht typsicher. Da ein Makroparameter keinen Datentyp hat, kann nicht geprüft werden, ob ein

Argument zu einem Parameter passt. Deswegen kann man auch bei völlig sinnlosen Aufrufen eines Makros keine Fehlermeldung des Präprozessors erwarten. Außerdem wird ein Argument nicht in den Datentyp des Parameters konvertiert, sondern einfach nur ersetzt.

Manche Compiler enthalten in <ctype.h> das Makro

```
#define _toupper(c) ((c) + 'A' - 'a')
```

Mit diesem Makro ist z.B. der folgende Aufruf möglich:

```
const char* s=_toupper("abc"); // keine Warnung
```

Der Zugriff auf s kann dann zu einer Zugriffsverletzung führen.

Auch Windows verwendet immer wieder Makros. So ist z.B.

*COLORREF **PALETTEINDEX**(WORD wPaletteIndex);*

folgendermaßen definiert:

```
#define PALETTEINDEX(i) /
   ((COLORREF) (0x01000000 | (DWORD) (WORD) (i)))
```

4. Parametrisierte Makros können (tatsächlich oder vermeintlich entscheidende) Nano- bis Mikrosekunden schneller sein als Funktionsaufrufe.

Wie diese Beispiele zeigen, ist die Verwendung von Makros mit Parametern nicht ganz risikolos. Da man den Geschwindigkeitsvorteil solcher Makros in C++ auch mit *inline*-Funktionen (siehe Abschnitt 5.6) erhält, besteht in C++ nur selten ein Grund, Funktionen durch parametrisierte Makros zu ersetzen. Generell sollte man alle Aufgaben, die man mit Sprachelementen von C++ lösen kann, auch mit solchen Sprachelementen und nicht mit Makros lösen. Makros sollte man nur dann verwenden, wenn sie Möglichkeiten bieten, die man mit den Sprachelementen von C++ nicht hat.

Bei einem parametrisierten Makro kann man unmittelbar vor einem Parameter das Zeichen # angeben. Dann werden diese beiden durch ein Stringliteral ersetzt, das aus den Buchstaben des Arguments besteht.

Beispiel: Mit

```
#define PRINT1(x) std::cout<<#x<<"='"<<x<<"'\n"
int x=17;
PRINT1(x);
```

erhält man bei einer Konsolenanwendung die Ausgabe

```
x='17'
```

Das Symbol ## kann zwischen zwei Parametern angegeben werden. Es bewirkt, dass die Namen für ihre Argumente zu einem Wort zusammengefügt werden.

Beispiel: Das Makro *CAT* erzeugt den im Kommentar angegebenen Namen:

```
#define CAT(x,y) x##y
int CAT(x,1);  // int x1;
```

Mit parametrisierten Makros kann man nicht nur Funktionen, sondern beliebige Textmuster definieren.

Beispiel: In Abschnitt 3.7.5 wurden Makros wie *STATE_2* verwendet, um Werte von Variablen zwischenzuspeichern:

```
#define STATE_2(s, T1,x1,T2,x2)    \
    struct                         \
    {                              \
        T1  x1;                    \
        T2  x2;                    \
    } s={x1,x2};                   \
```

Obwohl Makros also viele trickreiche Möglichkeiten bieten, sollte man die damit verbunden Risiken nicht vergessen. Stroustrup (1997, Abschnitt 7.8) über Makros: "Don't use them if you don't have to." und "If you must use macros, ... try not to be too clever."

3.22.3   Bedingte Kompilation Θ

Mit den Präprozessoranweisungen für die bedingte Kompilation

```
# if   constant-expression new-line group opt
# elif constant-expression new-line group opt
# else new-line group opt
# endif new-line
```

kann **in Abhängigkeit** vom Wert eines **konstanten Ganzzahlausdrucks** gesteuert werden, ob eine Gruppe von Zeilen in die vom Präprozessor erzeugte Ausgabedatei übernommen und anschließend vom Compiler übersetzt wird oder nicht. Da der Präprozessor vor dem Compiler ausgeführt wird, können die Ganzzahlausdrücke keine Symbole sein, die nur der Compiler kennt (z.B. const int x=17).

Die Logik für die Übernahme von Textzeilen in die Ausgabedatei des Präprozessors folgt dabei der Logik für die Ausführung der Zweige bei einer *if*-Anweisung. Die Bedingungen werden der Reihe nach geprüft, und die erste Gruppe, die auf einen von Null verschiedenen Wert folgt, wird übernommen.

Beispiel: Die Anweisungen in der linken und rechten Spalte sind gleichwertig. Dabei stehen k1, k2 usw. für ganzzahlige konstante Ausdrücke.

```
#if k1                          #if k1
   Zeilengruppe 1                  Zeilengruppe 1
#elif k2                        #else
   Zeilengruppe 2                  #if k2
#elif k3                            Zeilengruppe 2
   Zeilengruppe 3                  #else
#else                               #if k3
   Zeilengruppe 4                     Zeilengruppe 3
#endif                              #else
                                       Zeilengruppe 4
                                    #endif
                                 #endif
                              #endif
```

Der *constant expression* nach *#if* oder *#elif* kann auch ein Makro für ganzzahlige Werte sein, sowie ein Ausdruck, der solche Makros mit Ganzzahl-Literalen vergleicht (mit einem der Operatoren =, !=, <, <=, > oder >=).

Beispiele:

1. Nicht ganzzahlige Ausdrücke nach *#if* sind nicht zulässig:

```
#if 1.2   // Fehler: Konstantenausdruck erforderlich
#if "123" // Fehler: Konstantenausdruck erforderlich
```

2. Mit diesen Präprozessoranweisungen können auch Programmteile ausgeblendet werden, die Kommentare enthalten. Sie sind deshalb eine Alternative zu verschachtelten Kommentaren.

   Zusätzlich bieten sie die Möglichkeit, räumlich getrennte Programmteile mit einem einzigen Makro zu aktivieren bzw. zu deaktivieren. So kann man z.B. mit bedingten Anweisungen wie

```
#if DEBUG
   TRACE
#endif
```

durch die Deaktivierung des Makros DEBUG erreichen, dass für die TRACE Anweisung kein Code erzeugt wird, der den Umfang und die Laufzeit des Programms beeinträchtigt. Diesen Effekt kann man nach Dewhurst (2002, gotcha #27) aber auch mit konstanten Ausdrücken erreichen. Falls eine Bedingung, die der Compiler auswerten kann, nicht erfüllt ist, erzeugt er keinen Code. Deshalb wird durch die folgenden Anweisungen kein Code für einen Aufruf der Funktion *Trace* erzeugt:

```
const bool Debug=false; // zum Debuggen auf true setzen

if (Debug)
   Trace();
```

3. Die meisten Compiler definieren zu ihrer Identifikation Makros mit Ganzzahlkonstanten. Im C++Builder sind die folgenden Makros mit der Versionsnummer des Compilers vordefiniert:

```
__BCPLUSPLUS__    0x590 // C++Builder 2007
__BORLANDC__      0x590 // C++Builder 2007

__BCPLUSPLUS__    0x580 // C++Builder 2006
__BORLANDC__      0x580 // C++Builder 2006
```

Hier steht die letzte Ziffer für die Unterversion, die z.B. bei einem update erhöht. wird. Diese Werte waren bei früheren Versionen entsprechend kleiner (z.B. 0x310 bei Borland C++ 3.1, 0x450 bei Borland C++ 4.5, 0x520 beim C++Builder 1, 0x530 beim C++Builder 3, 0x540 beim C++Builder 4, 0x550 beim C++Builder 5, 0x560 beim C++Builder 5 usw.). Damit kann man Programme schreiben, die mit den verschiedenen Compiler-Versionen übersetzt werden können und die ihre Besonderheiten berücksichtigen:

```
#if __BCPLUSPLUS__ >= 0x590 // C++Builder 2007
 // Anweisungen für C++Builder 2007 und neuere Versionen
#elif __BCPLUSPLUS__ >= 0x580 // C++Builder 2006
 // Anweisungen für C++Builder 2006 und neuere Versionen
#elif __BCPLUSPLUS__ >= 0x560 // C++Builder 6
 // Anweisungen für C++Builder 6
#elif __BCPLUSPLUS__ >= 0x550 // C++Builder 5
// Anweisungen für C++Builder 5
#elif __BCPLUSPLUS__ >= 0x540 // C++Builder 4
 // Anweisungen für C++Builder 4
...
#endif
```

Mit diesen Makros kann man portable Programme schreiben, die Besonderheiten verschiedener Compiler verwenden. Die Funktion *CompilerId* gibt für einige verbreitete Compiler einen String mit dem Namen des Compilers zurück mit dem sie kompiliert wurde:

```
string CompilerId()
{
ostringstream os; // siehe Abschnitt 4.1.3
#if __BCPLUSPLUS__ // Borland Compiler
  int d4=__BCPLUSPLUS__,d3=d4/16, d2=d3/16, d1=d2/16;
  os<<"BCB "<<d2%16<<"."<< d3%16<<"."<<d4%16<<" ";
#elif __COMO__ // http://www.comeaucomputing.com/
  os<<"Comeau C/C++ "<<__COMO_VERSION__<<" ";
#elif __GNUG__ // GNU compiler
  os<<"GCC "<<__GNUC__ <<"."<<__GNUC_MINOR__;
#elif __INTEL_COMPILER // Intel Compiler
  os<<"Intel "<<__INTEL_COMPILER<<" ";
#elif _MSC_VER // Microsoft C/C++
  os<<"MSVC "<<_MSC_VER<<" ";
#else
  os<<"unknown compiler ";
```

```
#endif
return os.str();
}
```

4. Im C++Builder kann man unter *Projekt|Optionen|C++ Compiler|Pfade und Definitionen* unter *Konditionale Definitionen* Makros definieren. Hier trägt der C++Builder z.B. das Makro *_DEBUG* ein, wenn die Build-Konfiguration „Debug Build" aktiviert ist.

Der ganzzahlige konstante Ausdruck in *#if* und *#elif* kann den Operator *defined* in einer der beiden Formen enthalten:

```
defined identifier
defined ( identifier )
```

Dieser Ausdruck hat den Wert 1, falls der Bezeichner zuvor Makro definiert wurde (mit *#define* oder als vordefiniertes Makro), und andernfalls den Wert 0. Mit dem Operator ! vor *defined* kann man die Bedingung negieren:

```
#if defined Makroname
#if !defined Makroname   // if not defined Makroname
```

Diese beiden Präprozessoranweisungen sind gleichwertig mit

```
# ifdef identifier new-line group opt
# ifndef identifier new-line group opt
```

Beispiele:

1. Ein mit dem Wert 0 (Null) definiertes Makro gilt als definiert. Deshalb ist die Bedingung erfüllt, wenn man es nach *#ifdef* verwendet, während sie nach *#if* nicht erfüllt ist. Bei Makros mit dem Wert 0 muss man deshalb darauf achten, dass man *#if* und *#ifdef* nicht verwechselt:

```
#define Makro 0            #define Makro 0
#ifdef Makro               #if Makro
// wird übersetzt          // wird nicht verarbeitet
#endif                     #endif
```

Verwendet man nach *#if* einen Namen, der nicht als Makro definiert wurde, wird der Wert des Ausdrucks als 0 (Null) ausgewertet:

```
#if nicht_definiertes_Makro
// wird nicht verarbeitet
#endif
```

2. Der C++-Standard schreibt vor, dass jeder C++-Compiler das Makro *__cplusplus* definiert, während der C-Standard vorschreibt, dass dieses Makro von keinem C-Compiler definiert werden darf. Damit lassen sich Programme schreiben, die sowohl ein C- als auch ein C++-Compiler übersetzen kann. Die

Dateien im Verzeichnis „CBuilder\include" machen von dieser Möglichkeit ausgiebig Gebrauch:

```
#ifdef __cplusplus // aus include\stdlib.h
#define NULL    0
#else
#define NULL    ((void *)0)
#endif
```

3. In verschiedenen Header-Dateien findet man Definitionen der Art

```
#ifndef TRUE          // aus include\stddefs.h
#  define TRUE  1
#  define FALSE 0
#endif
```

Falls mehrere Dateien diese Datei einbinden, werden diese Makros nur definiert, falls sie nicht schon zuvor definiert wurden. So werden unnötige Mehrfachdefinitionen verhindert.

4. Diese Technik wird auch oft angewandt, um die mehrfache Einbindung derselben Datei zu vermeiden. Alle Dateien im Verzeichnis *include* sind nach dem folgenden Schema aufgebaut:

```
#ifndef __STDLIB_H  // aus stdlib.h
#define __STDLIB_H
// Hier kommen die eigentlichen Deklarationen
#endif /* __STDLIB_H */
```

Hier wird beim ersten Einbinden der Datei ein eindeutiges Makro definiert, das für diese Datei charakteristisch ist. Wenn die Datei dann ein zweites Mal in dieselbe Übersetzungseinheit eingebunden wird (z.B. durch ein *#include* in einer eingebundenen Datei), wird der ganze Block nach *#ifndef* übergangen. Dadurch vermeidet man nicht nur unnötig lange Übersetzungszeiten, sondern auch Mehrfachdefinitionen, die ein Fehler sind. Selbstverständlich funktioniert das nur, wenn die Namen aller so definierten Makros eindeutig sind.

In vielen Compilern (aber nicht in C++Builder 2007) können mehrfache #includes mit

```
#pragma once
```

vermieden werden. Eine Datei, die diese Zeile enthält, wird nur einmal eingebunden, unabhängig davon, in wie vielen *#include*-Anweisungen sie angegeben ist.

Jede Datei, die mit einer *#include*-Anweisung eingebunden soll, sollte so geschrieben werden, dass ihre Inhalte nur einmal eingefügt werden. Während es für einfache Projekte einfach ist, darauf zu achten, dass eine Datei nur einmal eingebunden wird, ist das bei großen Projekten oft unmöglich.

5. In „include\assert.h" ist das Makro *assert* folgendermaßen definiert:

```
#ifdef NDEBUG
#define assert(p)      ((void)0)
#else
#define assert(p)      ((p) ? (void)0 : _assert(#p,
                                   __FILE__, __LINE__))
#endif
```

Es erzeugt eine leere Anweisung, wenn das Makro NDEBUG definiert ist oder wenn die Bedingung p den Wert *false* hat. Wenn es dagegen nicht definiert ist und die Bedingung p nicht erfüllt ist, führt es zum Aufruf der Funktion

*void_**assert**(char * __cond, char * __file, int __line);*

Diese Funktion gibt die Bedingung, den Namen der Quelltextdatei und die Zeilennummer der *assert*-Anweisung aus und beendet das Programm danach.

Beispiel: Wenn die Quelltextdatei *test.cpp* in Zeile 4 die Anweisung

```
assert(a!=0);
```

enthält und die Bedingung a!=0 nicht erfüllt ist, erhält man die Meldung:

Das Makro *assert* wird vor allem zur Prüfung von wichtigen Bedingungen eingesetzt (siehe Abschnitt 3.7.5). Diese Prüfungen kann man einfach außer Kraft setzen, indem man vor „#include assert.h" das Makro NDEBUG definiert:

```
#define NDEBUG
#include <assert.h>
```

Dann wird jeder Aufruf von *assert* durch eine leere Anweisung *(void)0* ersetzt. Das hat denselben Effekt, wie wenn man alle Aufrufe von *assert* aus dem Programm entfernt, ist aber einfacher.

3.22.4 Pragmas Θ

Jeder Compiler bietet spezifische Möglichkeiten, die nicht im C++-Standard festgelegt sind. Solche Erweiterungen sind z.B. notwendig, damit der Compiler besondere Anforderungen eines Betriebssystems oder Prozessors erfüllen kann. Wenn jetzt jeder Compiler diese Erweiterungen auf seine eigene Art einbauen würde, wären die Programme nicht mehr portabel: Eine Erweiterung des Compilers X wäre beim Compiler Y ein Fehler.

Aus diesem Grund wurden *#pragma* Anweisungen in C und C++ aufgenommen:

    #pragma Zeichenfolge

Damit kann das Verhalten eines Compilers auf eine spezifische Art gesteuert werden. Ist die dabei angegebene Zeichenfolge für den aktuellen Compiler nicht definiert, wird das Pragma ohne Fehler- oder Warnmeldung ignoriert. Das hat den Vorteil, dass Pragmas für einen bestimmten Compiler bei einem anderen Compiler keine Fehlermeldungen auslösen. Allerdings führt schon der kleinste Schreibfehler dazu, dass ein Pragma ohne Warnung überlesen wird.

Für die zahlreichen im C++Builder definierten Pragmas wird auf die Online-Hilfe verwiesen. Die folgenden Beispiele sollen lediglich die Syntax illustrieren.

1. Der C++Builder fügt am Anfang einer Unit das Pragma

   ```
   #pragma hdrstop
   ```

   ein. Es beendet die Liste der vorkompilierten Header-Dateien. Durch die Verwendung vorkompilierter Header wird die Kompilierung beschleunigt. Andererseits benötigen diese aber relativ viel Plattenplatz.

   Vorkompilierte Header-Dateien werden in einem Projekt gemeinsam genutzt, wenn alle *.cpp-Dateien des Projekts dieselben *#include*-Anweisungen vor diesem Pragma enthalten. In *.h-Dateien ist es wirkungslos. Deshalb gibt man vor diesem Pragma diejenigen *#include*-Anweisungen an, die in allen *.cpp-Dateien eines Projekts gleich sind, und anschließend die spezifischen:

   ```
   #include <vcl.h>    // gemeinsame header
   #pragma hdrstop

   #include "Unit1.h" // spezifische header
   // ....
   ```

2. Mit dem Pragma „link" können Object-Dateien angegeben werden, die der Linker dann zur Exe-Datei linkt:

   ```
   #pragma link "[path]modulename[.ext]"
   ```

   Dieses Pragma hat im Wesentlichen denselben Effekt, wie wenn man dem Projekt mit *Projekt|Dem Projekt hinzufügen* eine *.obj-Datei hinzufügt.

3. Im C++Builder kann man nach *#pragma option* Kommandozeilen-Optionen im Quelltext angeben. Einige Beispiele:

   Die Kommandozeilenoption „-C" ermöglicht verschachtelte Kommentare:

```
#pragma option -C
/* Das ist ein /* verschachtelter Kommentar */ */
```

Nach den Voreinstellungen bricht der Compiler nach 25 Fehlermeldungen ab. Mit der Option -jn kann man diese Anzahl auf n setzen:

```
#pragma option -j100   // Abbruch nach 100 Fehlern
```

Der Datentyp von *char* ist nach den Voreinstellungen *signed char*. Mit der Option -K kann man diesen Datentyp auf *unsigned char* setzen.

Jeder Compiler ist völlig frei in der Wahl der zulässigen Namen für Pragmas. Da es durchaus möglich ist, dass derselbe Name von verschiedenen Compilern auf völlig verschiedene Art interpretiert wird, kann es empfehlenswert sein, Pragmas nur in compilerabhängigen #ifdef's zu verwenden, wenn ein Programm von verschiedenen Compilern übersetzt wird.

Aufgaben 3.22

Diese Aufgabe erfordert Kenntnisse über Textdateien (siehe Abschnitt 4.3.4).

Schreiben Sie eine kleine Bibliothek mit den folgenden Makros. Da bisher die Unterschiede zwischen Deklarationen und Definitionen noch nicht behandelt wurden, ist es nicht notwendig, diese auf eine „h" und eine „.cpp"-Datei aufzuteilen. Schreiben Sie einfach alles in eine Datei *trace.h*.

a) Die Makros *TRACE1*, *TRACE2*, *TRACE3* sollen ähnlich wie *PRINT1* oder *TRACE* die Namen und Werte von einer, zwei oder drei Variablen in eine Datei ausgeben, sowie den Namen der aktuellen Quelltextdatei, die Zeilennummer des Aufrufs und den Namen der Funktion, in der sie aufgerufen wurden.

b) Die *TRACE*-Makros sollen ihre Ausgaben in die Datei schreiben, die mit einem Makro wie *OPEN_TRACELOG* geöffnet wird:

```
#define OPEN_TRACELOG(filename) std::ofstream
                                       fout_(filename)
```

c) Falls ein Makro *NOTRACE* definiert ist, soll wie bei NDEBUG und *assert* jeder Aufruf eines der *TRACE*-Makros durch eine leere Anweisung ersetzt werden. Außerdem soll dann die für die Dateioperationen notwendige Datei nicht eingebunden werden:

```
#include <fstream>
```

d) Achten Sie darauf, dass ein Programm auch kompiliert werden kann, wenn *trace.h* mehrfach eingebunden wird.

e) Testen Sie diese Makros mit einigen Ihrer Lösungen (z.B. *Quersumme* oder *Fibonacci* aus Aufgabe 3.4.6).

f) Solche TRACE-Makros haben den Vorteil, dass sie keinen Code erzeugen, wenn das Makro NOTRACE definiert ist, und dass man in ihnen die vordefinierten Makros __FILE__ usw. verwenden kann. Sie haben aber den Nachteil, dass man Fehler in solchen Makros oft nur schwer findet, und dass man den Umfang der Protokollierung nicht während der Laufzeit ändern kann.

Nehmen Sie in weitere Versionen der Funktionen aus e) anstelle der Makros C++-Anweisungen auf, die die beteiligten Variablen dann in eine Datei schreiben, wenn eine Variable *TraceLevel* größer als ein einstellbarer Grenzwert ist. Auf diese Weise kann man während der Laufzeit des Programms steuern, wie detailliert das trace-Protokoll sein soll.

3.23 Separate Kompilation und statische Bibliotheken

Oft werden bestimmte Funktionen, Datentypen usw. in mehreren Quelltextdateien benötigt. Dann ist es auf den ersten Blick am einfachsten, sie in jede Datei zu kopieren („copy and paste"). Falls die kopierten Programmteile aber später einmal geändert werden müssen, zeigt sich der Nachteil dieser Vorgehensweise. Da sie mehrfach vorhanden sind, muss man die Änderungen in jeder Kopie durchführen. Das kann mit einer beträchtlichen Arbeit verbunden und auch gefährlich sein: Wer kann schon garantieren, dass zwei Änderungen, die identisch sein sollen, auch wirklich identisch sind?

Deshalb ist es besser, mehrfach verwendete Programmteile in eigenen Dateien zusammenzufassen, damit sie nur ein einziges Mal existieren. In Abschnitt 3.22.1 wurde gezeigt, wie man mit einer *#include*-Anweisung Quelltexte in eine Datei aufnehmen kann. Dann wird dieser Quelltext bei jedem Erstellen des Projekts erneut übersetzt, unabhängig davon, ob er seit dem letzten Erstellen geändert wurde oder nicht.

Solche unnötigen Kompilationen kann man mit **separater Kompilation** vermeiden. Der vom Compiler erzeugte Code wird dann entweder

- in die exe-Datei des Programms aufgenommen (statisch gelinkt), oder
- während der Laufzeit des Programms aufgerufen (dynamisch gelinkt, DLL).

Bei größeren Projekten kann man damit den Zeitaufwand für die Neuerstellung eines Projekts beträchtlich reduzieren. Diese beiden Möglichkeiten werden im Folgenden vorgestellt.

3.23.1 C++-Dateien, Header-Dateien und Object-Dateien

Der Text, den der Präprozessor aus einer Quelltextdatei erzeugt, indem er die Präprozessoranweisungen (Makro-Erweiterungen, *#include*-Anweisungen usw.) ausführt wird auch als **Übersetzungseinheit** bezeichnet dabei.

Ein C++-Compiler übersetzt jede Übersetzungseinheit (translation unit), die zu einem Programm gehört, unabhängig von allen anderen Übersetzungseinheiten. Falls dabei keine Fehler auftreten, wird daraus eine sogenannte **Object-Datei** erzeugt. Aus den Object-Dateien erzeugt dann der **Linker** das ausführbare Programm.

Eine integrierte Entwicklungsumgebung wie der C++Builder stellt Optionen (z.B. *Start|Start*, *Projekt|Projekt erzeugen* oder *Projekt|Projekt compilieren*) zur Verfügung, die alle notwendigen Schritte zum Erstellen einer Anwendung automatisch durchführen. Dazu müssen die **Quelltextdateien** in die **Projektverwaltung** (*Ansicht|Projektverwaltung*) aufgenommen werden. Diese unterscheidet verschiedene Dateitypen (z.B. sogenannte CPP- und Header-Dateien), die unterschiedlich behandelt werden. CPP-Dateien werden auch als C++-Dateien oder **Implementationsdateien** bezeichnet, und Header-Dateien auch als **Interface-Dateien**:

- Die **C++-Dateien** werden kompiliert. Aus den dabei erzeugten **Object-Dateien** (mit der Namensendung „.obj") erzeugt der Linker die exe-Datei.
  Eine C++-Datei, die zu einem Projekt gehört, darf nicht mit einer *#include*-Anweisung in eine Quelltextdatei aufgenommen werden, da ihre Definitionen sonst doppelt vorhanden sind, was zu Fehlermeldungen beim Linken führt.
  Eine C++-Datei, die nicht zu einem Projekt gehört (weil sie z.B. außerhalb der Entwicklungsumgebung geschrieben und nicht in die Projektverwaltungwurde), kann dagegen mit einer *#include*-Anweisung in eine Quelltextdatei aufgenommen werden. Die *#include*-Anweisung bewirkt nicht, dass aus der Datei eine Object-Datei erzeugt wird.
- Die **Header-Dateien** werden dagegen nicht als eigenständige Datei kompiliert, sondern normalerweise immer mit einer *#include*-Anweisung in eine C++-Datei aufgenommen. Insbesondere werden daraus auch **keine Object-Dateien** erzeugt.

Beim Anlegen eines neuen Projekts wird eine C++- und eine Header-Datei (Unit1.cpp und Unit1.h) in das Projekt aufgenommen. Weitere C++- und Header-Dateien können einem Projekt mit

- der Projektverwaltung (*Ansicht|Projektverwaltung*)

hinzugefügt werden. Eine neue C++- oder Header-Datei kann dem Projekt auch mit

- *Datei|Neu|Weitere|C++Builder-Projekte|C++Builder-Dateien|CPP-Datei*
- *Datei|Neu|Weitere|C++Builder-Projekte|C++Builder-Dateien|Header-Datei*

hinzugefügt werden, und eine bereits bestehende mit

— *Projekt\Dem Projekt hinzufügen.*

Mit *Datei\Neu\Unit* wird eine neue C++-Datei und eine neue Header-Datei erzeugt und dem Projekt hinzugefügt.

3.23.2 Bindung Θ

Da der Compiler jede Übersetzungseinheit eines Programms unabhängig von allen anderen kompiliert, kann man in jeder solchen Übersetzungseinheit die Namen für eine Variable, Konstante, Funktion usw. frei wählen. Insbesondere kann man in verschiedenen Übersetzungseinheiten **denselben Namen** verwenden.

Mit der Verwendung desselben Namens in verschieden Übersetzungseinheiten kann man aber ganz unterschiedliche Ziele verfolgen:

— Manchmal will man in den verschiedenen Übersetzungseinheiten eines Programms dieselbe Variable, Konstante oder Funktion ansprechen. So will man z.B. mit dem Namen *sin* meist immer dieselbe Sinusfunktion aufrufen.
— Manchmal will man einen Namen aber auch unabhängig von seiner Bedeutung in einer anderen Übersetzungseinheit verwenden. Wenn z.B. alle Übersetzungseinheiten eine Funktion mit dem Namen *test* enthalten, soll das jedes Mal eine andere Funktion sein.

In C++ entscheidet die sogenannte **Bindung** eines Namens darüber, ob die Variable, Konstante oder Funktion, die er bezeichnet, auch in einer **anderen Übersetzungseinheit** eines Projekts als der verwendet werden kann, in der sie definiert wurde.

— Ein Name mit **externer Bindung** kann in einer anderen Übersetzungseinheit verwendet werden. Solche Namen werden vom Compiler in die Object Dateien übergeben und stehen dann dem **Linker** zur Verfügung.
— Ein Name **ohne Bindung** oder mit **interner Bindung** kann nur in der Übersetzungseinheit verwendet werden, in der er definiert wurde.

Wenn man also eine Variable, Konstante, Funktion usw. in mehreren Übersetzungseinheiten eines Programms verwenden will, muss man sie so definieren dass sie externe Bindung hat. Das sind vor allem die im Folgenden unter 1. beschriebenen Fälle.

Die Bindung eines Namens ergibt sich daraus, ob seine Deklaration lokal oder global ist und ob sie Angaben wie *extern*, *static* und *const* enthält. Eine Deklaration darf höchstens eine der beiden Angaben *extern* und *static* enthält, und *extern* ist nur bei Variablen, Konstanten und Funktionen möglich. In Bezug auf ihre Bindung unterscheiden sich Namen aus einem Namensbereich nicht von globalen Namen.

1. Alle Namen von **global**

   – ohne die Angabe *static* deklarierten Variablen, Referenzen, Funktionen
     oder Funktions-Templates
   – deklarierten Klassen, Aufzählungstypen, Enumeratoren, Klassen-Templates
   – nicht in einem unbenannten Namensbereich enthaltenen Namensbereichen

   haben **externe Bindung**, ebenso wie Elementfunktionen und statische Daten-
   elemente von Klassen mit externer Bindung. Die Angabe *extern* hat in diesen
   Fällen keinen Einfluss auf die Bindung, außer für eine mit *const* definierte
   Variable (siehe auch 4.):

   – Eine mit *const* und *extern* deklarierte Variable hat externe Bindung.

2. Bis auf die unter 5. beschriebene Ausnahme haben alle **lokal** deklarierten
   Namen **keine Bindung**.

3. Ein globaler Name für eine Variable, Konstante, Referenz, Funktion oder ein
   Funktions-Template hat **interne Bindung**, wenn er mit der Angabe *static*
   deklariert wird.

   Im C++-Standard wird **ausdrücklich** davon **abgeraten**, *static* zu verwenden
   um Deklarationen auf eine Übersetzungseinheit zu beschränken. Zu diesem
   Zweck werden stattdessen unbenannte Namensbereiche (siehe Abschnitt
   3.21.4) empfohlen. Die Angabe *static* soll nur innerhalb von Funktionen und
   Klassen verwendet werden (siehe Abschnitte 3.17.3 und 6.2.9).

4. Ein globaler Name für eine Variable, Konstante oder eine Referenz hat **interne
   Bindung**, wenn er mit der Angabe *const* und ohne *extern* deklariert wird.

5. Eine **lokal** mit *extern* deklarierte (nicht definierte) Variable oder Funktion hat
   externe Bindung, falls in einem umgebenden Block derselbe Name mit demselben Datentyp nicht deklariert ist. Falls jedoch in einem umgebenden Block
   eine Deklaration desselben Namens mit demselben Datentyp sichtbar ist, erhält
   der lokale Name die Bindung des Namens aus dem umgebenden Block.

Beispiel: Die Bindung der folgenden Namen ist als Kommentar angegeben. Die
          Namen mit externer Bindung können auch außerhalb ihrer Über-
          setzungseinheit angesprochen werden.

```
double d;          // externe Bindung
extern double e;   // externe Bindung
static int i;      // interne Bindung
const int c=1;     // interne Bindung
extern const int ce=1; // externe Bindung
```

```
static int fs()   // interne Bindung
{
int a;            // keine Bindung
return 1;
}

void f2() // externe Bindung
{ //"I" steht für interne, "E" für externe Bindung
extern int i; // I: wegen dem globalen i
extern int y; // E: da kein globales y
}
```

Aus der **Bindung** eines Namens ergibt sich außerdem, ob eine Variable, Konstante, Funktion, Referenz bzw. ein Datentyp, Template oder Namensbereich in einem **anderen Gültigkeitsbereich derselben Übersetzungseinheit** angesprochen werden kann. Das ist bei einem Namen mit externer oder interner Bindung möglich, aber nicht bei einem Namen ohne Bindung.

Beispiel: Mit der lokalen Deklaration des Prototyps von f in g kann die Funktion f auch in der Funktion g aufgerufen werden, obwohl sie erst anschließend definiert wird:

```
void g()
{
void f(); // Prototyp von f
f();      // Aufruf von f
}

void f(){}  // Definition der Funktion f
```

3.23.3 Deklarationen und Definitionen Θ

Eine Variable, Konstante oder Funktion, deren Name externe Bindung hat, kann auch in einer anderen Übersetzungseinheit eines Projekts verwendet werden als der, in der sie definiert wurde. Sie muss dann in genau einer Übersetzungseinheit des Projekts definiert werden (siehe Abschnitt 3.23.4). Eine **Definition** reserviert für eine Variable Speicherplatz und legt für eine Funktion ihre Anweisungen fest.

Da der Compiler jede Übersetzungseinheit für sich übersetzt, muss man ihm vor der Verwendung eines in einer anderen Übersetzungseinheit definierten Namens mitteilen, wie er dort definiert ist. Das geschieht durch eine **Deklaration, die keine Definition ist**.

Im C++-Standard ist **Deklaration** der Oberbegriff, der auch **Definitionen** umfasst: Jede Definition ist auch eine Deklaration. Diejenigen Deklarationen, die keine Definitionen sind, werden einzeln aufgezählt:

- Variablendeklarationen mit der Angabe *extern* und ohne einen Initialisierer
- Funktionen, bei denen die Verbundanweisung der Funktionsdefinition durch ein Semikolon ersetzt wird. Eine solche Funktionsdeklaration wird auch als

Prototyp bezeichnet. Bei einer Funktion wirkt sich die Angabe *extern* weder auf die Bindung aus noch darauf, ob die Deklaration eine Definition oder nur eine Deklaration ist.
- *typedef*-Deklarationen (siehe Abschnitt 3.14)
- statische Datenelemente von Klassen (siehe Abschnitt 6.2.9)
- *using*-Deklarationen und *using*-Direktiven (siehe Abschnitt 3.21.2).

Bei einem Prototyp für eine Funktion muss man für die Parameter nur den Datentyp angeben. Die Namen der Parameter sind nicht notwendig.

Beispiel: Die beiden Prototypen der Funktion f sind gleichwertig:

```
void f(int);
void f(int i);
```

Die allermeisten Deklarationen von Variablen und Funktionen bis zu diesem Kapitel waren Definitionen. Deklarationen, die keine Definitionen sind, kommen nur bei Programmen vor, die aus mehreren separat kompilierten Übersetzungseinheiten zusammengesetzt werden.

Zwei gleiche Namen aus verschiedenen Übersetzungseinheiten bezeichnen **dieselbe** Variable (bzw. Funktion), wenn beide externe Bindung und denselben Datentyp haben. Bei Funktionen muss der Datentyp der Funktionen gleich sein.

Beispiel: Wenn die folgenden beiden C++-Dateien Datei1.cpp und Datei2.cpp zu einem Projekt gehören (siehe Abschnitt 3.23.1), gelten für die Deklarationen mit den als Kommentar angegebenen Nummern die anschließenden Bemerkungen:

Datei1.cpp

```
int i;                    // 1.
void f(int x) {/*...*/ } // 1.
int j;                    // 2.
int k;                    // 3.
void g() { /* .. */ }     // 3.
extern double y;          // 4.
void h();                 // 4.
```

Datei2.cpp

```
extern int i;             // 1.
void f(int);              // 1.
extern double j;          // 2.
extern int k=1; // 3. Definition wegen Initialis.
void g() { /* .. */ }     // 3.
extern double y;          // 4.
void h();                 // 4.
```

1. Die in „Datei1.cpp" definierte und in „Datei2.cpp" deklarierte Variable i stellt denselben Speicherbereich dar. Auch die Funktion f ist in beiden Dateien dieselbe.
2. Der Linker des C++Builders überprüft nicht, ob die Datentypen in zwei verschiedenen Dateien übereinstimmen. Deswegen werden die Deklarationen von j ohne Warnung oder Fehlermeldung akzeptiert.
3. Der Linker überprüft nicht immer, ob ein Programm doppelte Definitionen enthält. So haben die beiden Definitionen von k eine Warnung des Linkers zur Folge („Public symbol 'k' defined in both module 'Datei1.obj' and 'Datei2.obj'"), nicht jedoch die beiden Definitionen der Funktion g.
4. Falls eine Variable oder Funktion nur deklariert, aber nie definiert wird, führt das beim Linken zu der Fehlermeldung „Ungelöste externe ... referenziert ...".

Im nächsten Abschnitt wird beschrieben, wie man solche Fehler vermeiden kann.

Da auch eine lokal deklarierte Funktion externe Bindung hat, kann man Funktionen aus anderen Übersetzungseinheiten oder Bibliotheken auch nach einer lokalen Deklaration verwenden.

Beispiel: Die in Datei1.cpp definierte Funktion

```
void f(int i) { /* ... */ } // Definition
```

kann in Datei2.cpp auch nach einer lokalen Deklaration verwendet werden:

```
void g()
{
void f(int);// lokale Deklaration
f(17);      // Aufruf von f aus Datei1.cpp
}
```

3.23.4 Die „One Definition Rule" Θ

In einem Programm, das nur aus **einer einzigen Übersetzungseinheit** besteht, muss jede Variable, Funktion, Klasse usw. genau ein einziges Mal definiert werden. Diese Regel lässt sich für Variablen und Funktionen, die keine *inline*-Funktionen sind, auch direkt auf Programme übertragen, die aus **mehreren Übersetzungseinheiten** bestehen. Für Klassen, *inline*-Funktionen, Aufzählungstypen und Templates ist das aber nicht möglich, da solche Definitionen oft auch in verschiedenen Übersetzungseinheiten eines Programms notwendig sind.

Damit solche Definitionen mehrfach möglich sind und in Header-Dateien zusammengefasst werden können, werden sie unter gewissen Voraussetzungen als identisch betrachtet. Diese Regeln werden als **One Definition Rule** bezeichnet und unter ODR-1 bis ODR-4 beschrieben. Aus diesen Regeln ergibt sich, welche Elemente in die Header- und in die C++Dateien aufgenommen werden (siehe Abschnitt 3.23.5).

Die ODR-1 betrifft den schon oben angeführten einfachen Fall von Variablen und nicht *inline*-Funktionen:

ODR-1:   Jede globale Variable und jede Funktion, die keine *inline*-Funktion ist, muss in einem **Programm** genau ein einziges Mal definiert werden.

Damit der Compiler eine Klasse verwenden und eine *inline*-Funktion expandieren kann, muss er ihre Definition kennen. Mit einem Prototyp einer *inline*-Funktion ist keine Expansion möglich.

ODR-2:   Jede *inline*-Funktion und jede Klasse muss in jeder **Übersetzungseinheit** definiert werden, in der sie verwendet wird.

Die nach ODR-2 notwendigen mehrfachen Definitionen (sowie einige weitere) werden dann als eine einzige betrachtet werden, wenn sie im Sinn von ODR-3 identisch sind. Diese Regel ermöglicht die Zusammenfassung von Definitionen in einer Header-Datei, die mit einer *#include*-Anweisung in mehrere Übersetzungseinheiten eines Programms aufgenommen wird (siehe Abschnitt 3.23.5).

ODR-3:   Ein **Programm** kann mehr als eine Definition

> - einer Klasse,
> - eines Aufzählungstyps,
> - einer *inline*-Funktion mit externer Bindung,
> - eines Klassen-Templates,
> - eines nichtstatischen Funktions-Templates,
> - eines statischen Datenelements eines Klassen-Templates,
> - einer Elementfunktion eines Klassen-Templates oder
> - einer Template-Spezialisierung, bei der mindestens ein Template-Parameter nicht spezifiziert ist,

enthalten. Falls alle diese Definitionen

> - in verschiedenen Übersetzungseinheiten enthalten und
> - Zeichen für Zeichen identisch sind,
> - wobei alle Zeichen dieselbe Bedeutung haben,

werden sie als eine einzige betrachtet. Wenn diese Voraussetzungen nicht erfüllt sind, ist das Verhalten des Programms nicht definiert.

Beispiel: Die beiden Definitionen der Klasse C sind zwar Zeichen für Zeichen identisch. Die Bedeutung von T ist jedoch in den beiden Klassen verschieden:

Datei1.cpp   Datei2.cpp

```
typedef double T;              typedef int T;
struct C {                     struct C {
  T i;                           T i;
};                             };
```

Die für Variablen und nicht *inline*-Funktionen in einem Programm erforderliche Einzigkeit einer Definition (ODR-1) ist für die unter ODR-3 aufgeführten Sprachelemente in einer Übersetzungseinheit erforderlich:

ODR-4: Keine **Übersetzungseinheit** darf mehr als eine Definition einer Variablen, einer Funktion, einer Klasse, eines Aufzählungstyps oder eines Templates enthalten.

Da ein C++-Compiler die verschiedenen Übersetzungseinheiten eines Programms unabhängig von den anderen übersetzt, erhält man nur von den wenigsten Compilern einen Hinweis auf eine Verletzung der Regeln ODR-1 und ODR-3. Gemäß dem C++-Standard muss der Compiler auch keine solche Fehlermeldung erzeugen. Auch der C++Builder bringt bei einem solchen Fehler keine Warnung oder Fehlermeldung.

3.23.5 Die Elemente von Header-Dateien und C++-Dateien Θ

Wenn ein Programm aus verschiedenen Übersetzungseinheiten besteht, die gemeinsame Deklarationen verwenden, müssen diese nach der One Definition Rule in allen Dateien gleich sein. Um diese Gleichheit sicherzustellen, fasst man sie üblicherweise in Header-Dateien zusammen (siehe Abschnitt 3.23.1), die dann mit einer #include-Anweisung in die zugehörigen C++-Dateien aufgenommen werden.

Üblicherweise nimmt man in eine **Header-Datei** folgende Deklarationen auf. Die unter 5. – 10. aufgeführten Positionen ergeben sich aus den Regeln ODR-2 und ODR-3. Eine Header-Datei mit solchen Elementen kann mit einer #include-Anweisung in beliebig viele Quelltextdateien eines Projekts übernommen werden.

Deklaration	Beispiel
1. Variablendeklarationen	`extern int i`
2. Funktionsprototypen	`int next(int x);`
3. Konstanten	`const int max=100;`
4. Deklarationen mit *typedef*	`typedef int T;`
5. Klassendeklarationen	`class C;`
6. Klassendefinitionen	`class C{ ... };`
7. Aufzählungstypen	`enum TFarbe {rot, gelb};`
8. Template-Deklarationen	`template<class T> T f(T x);`
9. Template-Definitionen	`template<class T> T f(T x){ }`
10. Inline-Funktionen	`inline int next(int x)` `{return ++i; };`

Deklaration	Beispiel
11. Include-Anweisungen	`#include <cstdio>`
12. Makro-Definitionen	`#define MAX 100`
13. Bedingte Kompilation	`#ifdef ...`
14. Kommentare	`// no comment`
15. Benannte Namensbereiche	`namespace N {...}`

Die folgenden Definitionen nimmt man dagegen in eine **C++-Datei** auf, die separat kompiliert und zum Projekt gelinkt wird. Die ersten beiden Zeilen dieser Tabelle ergeben sich aus der Regel ODR-1:

Deklaration	Beispiel
Funktionsdefinitionen (außer *inline*)	`int next(int i) {return i;}`
Variablendefinitionen	`int i;`
Unbenannte Namensbereiche	`namespace { ... }`
using-Direktiven und *using*-Deklarationen für Namensbereiche (siehe Abschnitt 3.21.2)	`using std::vector;` `using namespace std;`
Exportierte Template-Funktionen	`export template<typename T>` `f(T x) { }`

Die Header-Datei nimmt man dann mit einer *#include*-Anweisung in die C++-Datei auf. Auf diese Weise kann der Compiler die Konsistenz der Deklarationen in diesen beiden Dateien prüfen.

Beispiel: Der C++Builder erzeugt mit *Datei|Neu|Unit* eine C++-Datei und eine Header-Datei, die nach diesem Schema aufgebaut sind. Insbesondere enthält die C++-Datei eine *#include*-Anweisung, mit der die Header-Datei eingebunden wird:

Unit1.h

```
#ifndef Unit1H
#define Unit1H
// hier die eigenen Deklarationen einfügen
#endif
```

Unit1.cpp

```
#include <vcl.h>
#pragma hdrstop
#include "Unit1.h"
// hier die eigenen Definitionen einfügen
```

3.23.6 Object-Dateien und Statische Bibliotheken linken Θ

Eine Object-Datei kann man auch ohne die C++-Datei, aus der sie erzeugt wird, zu einem Projekt linken. Dazu wählt man sie entweder unter

Projekt|Dem Projekt hinzufügen (nach *Dateityp* „Objektdatei (*.obj)")

aus oder man nimmt in eine Übersetzungseinheit eine „#pragma link" Anweisung auf:

```
#pragma link "c:\\cpplib\\utils.obj"  // "\\", nicht "\"
```

Beachten Sie, dass hier ein „\" bei einer Pfadangabe im Unterschied zu einer *#include*-Anweisung doppelt angegeben werden muss. Falls das Verzeichnis unter *Projekt|Optionen|Linker|Pfade und Definitionen|Bibliothekssuchpfad* eingetragen wird, kann es in der „#pragma link" Anweisung ausgelassen werden.

Mit dem Kommandozeilen-Hilfsprogramm *TLib* (aus dem *bin*-Verzeichnis des C++Builders) kann man aus einer oder mehreren Object-Dateien eine **statische Bibliothek** mit der Namensendung „.lib" erzeugen. So wird z.B. mit der folgenden Anweisung die Bibliothek „Utils.lib" erzeugt:

```
CBuilder\bin\tlib Utils +Datei1.obj +Datei2.obj
```

Dieses Hilfsprogramm ist in der Online-Hilfe zum C++Builder 6 beschrieben (siehe Abschnitt 1.7).

Object- und *.lib-Dateien werden auch als **statische Bibliotheken** bezeichnet. Beispielsweise besteht die C-Standardbibliothek aus solchen Bibliotheken: Die Header-Dateien (im Verzeichnis „include") enthalten die Deklarationen, und die zugehörigen Object- oder Bibliotheksdateien befinden sich in im Verzeichnis „lib".

Statische Bibliotheken kann man außerdem mit *Datei|Neu|Weitere|C++Builder-Projekte|Statische Bibliothek* erzeugen.

3.23.7 Der Aufruf von in C geschriebenen Funktionen Θ

Ein C-Compiler übergibt einer Object-Datei als Symbol für eine Funktion meist ihren Namen. Im Unterschied dazu übernimmt ein C++-Compiler auch die Datentypen der Parameter in das Symbol für die Object-Datei, damit überladene Funktionen unterschieden werden können. Bei Elementfunktionen von Klassen wird außerdem der Name der Klasse übernommen.

Damit man in einem C++-Programm auch Object-Dateien verwenden kann, die mit einem C-Compiler erzeugt wurden, kann man durch die Angabe *extern "C"* festlegen, dass der Compiler die Namenskonventionen von C verwenden soll:

```
extern "C" double sin(double __x);
```

Hier bedeutet „C" allerdings nicht, dass die Funktion in der Programmiersprache C geschrieben sein muss. Dieser String bedeutet lediglich, dass die Namen in der Object-Datei nach denselben Konventionen wie in C vergeben sein müssen. Es ist durchaus möglich, dass auch ein Fortran- oder Pascal-Compiler diese Namenskonventionen verwendet. Außerdem können verschiedene C-Compiler unterschiedliche Namen und Formate erzeugen. Deshalb ist auch mit *extern "C"* nicht gewährleistet, dass die mit einem bestimmten Compiler erzeugte Object-Datei vom Linker eines anderen Herstellers verwendet werden kann.

Falls man mehrere Namen aus einer solchen Object-Datei verwenden will, ist es etwas umständlich, vor jedem Namen „extern "C"" anzugeben. Deswegen kann man eine Gruppe solcher Namen in geschweiften Klammern zusammenfassen. So findet man z.B. in „include\math.h":

```
#ifdef __cplusplus
extern "C" {
#endif
double      _RTLENTRY _EXPFUNC sin    (double __x);
long double _RTLENTRY _EXPFUNC sinl   (long double __x);
// usw.
#ifdef __cplusplus
} // extern "C"
#endif /* __cplusplus */
```

Hier wird das von jedem C++-Compiler vordefinierte Makro *__cplusplus* benutzt, um festzustellen, ob diese Datei von einem C- oder C++-Compiler übersetzt wird. Auf diese Weise kann die Header-Datei „math.h" sowohl von einem C- als auch von einem C++-Compiler verwendet werden.

Anmerkung für Delphi-Programmierer: Den Deklarationen einer Header-Datei von C++ entsprechen in Delphi die Deklarationen im Interface-Teil einer Unit. Die zugehörigen Funktionsdefinitionen befinden sich in Delphi im Implementationsteil der Unit. Da der Pascal-Compiler alle Quelltextdateien eines Projekts als eine einzige Übersetzungseinheit behandelt, können Deklarationen aus dem Interface-Teil einer Unit auch in anderen Units verwendet werden.

Aufgabe 3.23

1. Erzeugen Sie mit Kopien Ihrer Lösungen der Aufgaben

    – *Quersumme* (Aufgabe 3.4.6, 1.)
    – *RegentropfenPi* (Aufgabe 3.6.5, 2.)
    – *StringToDate* (Aufgabe 3.13, 1.)

    eine Header-Datei MyLib.h und eine C++-Datei MyLib.cpp, so dass die Header-Datei mit einer *#include*-Anweisung

- in beliebig viele Quelltextdateien
- mehrfach in dieselbe Quelltextdateien

eines Projekts eingebunden werden kann. Diese Bibliothek soll außerdem noch

- eine mit dem Wert 0 initialisierte gemeinsam genutzte Variable
- eine gemeinsam genutzte Konstante mit dem Wert 100

zur Verfügung stellen. Testen Sie diese Bibliotheken, indem Sie diese wie unter a) und b) in einem Projekt *UseLib* verwenden.

a) Nehmen Sie MyLib.cpp mit *Projekt|Dem Projekt hinzufügen* in das Projekt auf und erzeugen Sie ein lauffähiges Programm.
b) Fügen Sie dem Projekt mit *Datei|Neu|Formular* ein zweites Formular hinzu. Dieses Formular braucht nicht angezeigt zu werden und soll lediglich die Header-Datei MyLib.h mit einer *#include*-Anweisung aufnehmen und eine globale Variable mit dem Wert *RegentropfenPi(100)* initialisieren.
c) Nach der erfolgreichen Lösung von a) hat der Compiler aus MyLib.cpp eine Object-Datei mit der Endung MyLib.obj erzeugt. Entfernen Sie die unter a) in das Projekt aufgenommene Datei MyLib.cpp wieder aus dem Projekt und fügen Sie stattdessen die MyLib.obj dem Projekt hinzu.
d) Entfernen Sie die in c) dem Projekt hinzugefügte Object-Datei MyLib.obj wieder aus dem Projekt und verwenden Sie eine „#pragma link" Anweisung, um MyLib.obj zum Projekt zu linken.

3.24 Dynamic Link Libraries (DLLs)

Im letzten Abschnitt wurde gezeigt, wie man Funktionen und Daten mit Object-Dateien und Bibliotheken verschiedenen Programmen zur Verfügung stellen und so mehrfach verwenden kann. Da diese Funktionen bei der Erstellung der Exe-Datei fest in das Programm eingebunden werden, bezeichnet man sie auch als **statisch** gelinkte Bibliotheken. Im Unterschied dazu werden Bibliotheken, deren Funktionen erst während der Laufzeit eines Programms geladen werden, als **dynamisch** gelinkte Bibliotheken (Dynamic Link Libraries, DLLs) bezeichnet. Eine DLL wird nur einmal in den Hauptspeicher geladen, auch wenn mehrere Programme ihre Funktionen verwenden. DLLs sind kein Konzept der Sprache C++, sondern gehören zu Windows. Andere Betriebssysteme bieten ähnliche Konzepte.

DLLs haben gegenüber statisch gelinkten Bibliotheken die folgenden Vor- und Nachteile:

- Bei einer statisch gelinkten Bibliothek nimmt der Linker alle Funktionen in die Exe-Datei auf. Wenn drei verschiedene Programme dieselben Funktionen aus einer Bibliothek verwenden, wird der Code für diese Funktionen in alle drei Exe-Dateien aufgenommen. Werden alle drei Programme gleichzeitig ausgeführt, belegt derselbe Code dreimal Platz im Hauptspeicher. Bei einer DLL können dagegen mehrere Programme denselben Code verwenden.

- Bei der Verwendung statischer Bibliotheken ist die Exe-Datei für die Ausführung eines Programms ausreichend. Ein Programm, das DLLs verwendet, kann erst während der Laufzeit feststellen, ob eine DLL fehlt. Wenn eine beim Start des Programms notwendige DLL nicht vorhanden ist, lässt sich das Programm nicht starten.

- Ändert man Funktionen in einer DLL (ohne die Übergabeparameter, den Rückgabetyp und die Aufrufkonventionen zu ändern), muss lediglich die geänderte DLL ausgewechselt werden, ohne dass die gesamte Anwendung neu erzeugt werden muss.

- Eine DLL kann unabhängig von der Programmiersprache, in der sie geschrieben wurde, von einer in einer anderen Sprache geschriebenen Anwendung verwendet werden, falls beide Sprachen dieselben Namens- und Aufrufkonventionen verwenden.

- Wenn eine DLL versehentlich durch eine gleichnamige mit anderen Funktionen ersetzt wird, kann das die Funktionsfähigkeit aller Programme beeinträchtigen, die diese DLL verwenden. Das kann z.B. die Folge eines fehlerhaften Installationsprogramms sein, das eine neue Version einer DLL durch eine ältere ersetzt.

Obwohl DLLs gegenüber statischen Bibliotheken Vorteile haben können, sollte man angesichts der immer geringer werdenden Kosten für Speicher und Plattenplatz immer abwägen, ob diese Vorteile auch die Nachteile der geringeren Robustheit überwiegen. Da diese Nachteile oft gegen DLLs sprechen, sollte man diese nie ohne triftigen Grund verwenden.

3.24.1 DLLs erzeugen Θ

Mit dem C++Builder kann man nicht nur ausführbare Programme, sondern auch DLLs erzeugen. Ein Projekt für eine DLL legt man am einfachsten mit *Datei|Neu|-Weitere|C++Builder-Projekte|DLL* an. Der C++Builder erzeugt dann etwa die folgende Quelltextdatei:

```
#include <vcl.h>
#pragma hdrstop
//-----------------------------------------------------------
//   Wichtiger Hinweis zur DLL-Speicherverwaltung, falls
//   ... ca. 20 weitere Textzeilen ...
//   MEMMGR.LIB nicht explizit eingebunden werden.
//-----------------------------------------------------------

int WINAPI DllEntryPoint(HINSTANCE hinst,
                          unsigned long reason, void*)
{
    return 1;
}
```

In diese Datei schreibt man dann wie in ein C++-Programm die gewünschten Funktionen, Variablen und Klassen. Die vordefinierte Funktion *DllEntryPoint* muss nicht besonders berücksichtigt werden. Sie ermöglicht aber spezielle Aktionen beim ersten oder bei weiteren Aufrufen der DLL (siehe Win32 Online-Hilfe). Da jede DLL diese Funktion benötigt, darf sie nicht entfernt werden.

Alle Funktionen, Daten und Klassen, die von der DLL anderen Programmen zur Verfügung gestellt werden sollen, werden dann mit

```
__declspec(dllexport)
```

gekennzeichnet. Dieses Attribut ersetzt die schon unter 16-bit-Windows verfügbaren Angaben:

```
__export bzw. _export
```

Beispiel: *__declspec* kann vor oder nach dem Rückgabetyp der Funktion stehen:

```
__declspec(dllexport) int Min(int X, int Y)
{
return X < Y ? X:Y;
}

int __declspec(dllexport) Max(int X, int Y)
{
return X > Y ? X:Y;
}
```

Nicht exportierte DLL Variablen wie *x1* können mit exportierten Funktionen wie *inc_x1* angesprochen werden:

```
int x1=0;

__declspec(dllexport) void inc_x1()
{
x1++;
}

__declspec(dllexport) int ret_x1()
{
return x1;
}
```

Exportierte Funktionen können auch lokale statische Variablen haben:

```
__declspec(dllexport) int inc_x2()
{
static int x2=0;
x2++;
return x2;
}
```

Auch Variablen und Klassen (siehe Kapitel 6) können exportiert werden:

```
__declspec(dllexport) int x3;

class __declspec(dllexport) C {
    int x;
  public:
    C():x(17) {}; // inline function
    int f();
};

int C::f() {return x; }
```

Exportierte Variablen werden in den Adressraum der Anwendung abgebildet. Deshalb hat jede Anwendung, die eine DLL mit Variablen verwendet, ihre eigene Kopie dieser Variablen. Die Anwendungen verwenden die Variablen nicht gemeinsam.

Wenn man das DLL-Projekt kompiliert, erzeugt der Compiler die DLL (mit der Namensendung „.dll") und die sogenannte **Importbibliothek** (mit der Endung „.lib"). Diese Importbibliothek enthält Informationen, die der Linker für den Aufruf von exportierten Funktionen einer DLL benötigt.

Ein Programm kann eine DLL auf zwei Arten verwenden, die in den nächsten beiden Abschnitten vorgestellt werden:

– durch **implizites Laden**: Die DLL wird **beim Start** des Programms automatisch geladen.
– durch **explizites Laden**: Die DLL wird **während der Laufzeit** des Programms durch Aufrufe von speziellen Windows API-Funktionen geladen.

Bei der Entwicklung einer DLL hat man oft zwei Projekte: Eines für die DLL und eines für eine Anwendung, die ihre Funktionen aufruft. Diese beiden Projekte bearbeitet man am einfachsten in einer **Projektgruppe** (siehe Abschnitt 1.8). Dann kann man mit *Projekt|Alle Projekte erstellen* alle Projekte der Projektgruppe neu erstellen. Wählt man die Anwendung als **aktives Projekt** (durch einen Doppelklick in der Projektverwaltung), wird sie mit *Start|Start* (*F9*) ausgeführt.

3.24.2 Implizit geladene DLLs Θ

Damit eine DLL beim Start eines Programms **implizit geladen** wird, fügt man die beim Kompilieren der DLL erzeugte **Importbibliothek** (mit der Endung „.lib") dem Projekt hinzu (mit *Projekt|Dem Projekt hinzufügen*).

Damit man eine Funktion aus einer DLL in einem Programm verwenden kann, muss man sie mit

```
__declspec(dllimport)
```

deklarieren. Dabei muss die importierte Funktion dieselbe Parameterliste, denselben Rückgabetyp und dieselben Aufrufkonventionen wie in der DLL haben.

Beispiel: Die im letzten Beispiel exportierten Funktionen können nach den folgenden Deklarationen verwendet werden. Mit einem Makro, das wie __DLL__ im DLL-Projekt, aber nicht in dem Programm definiert ist, das die DLL verwendet, kann man dieselbe Header-Datei sowohl in die DLL als auch im Programm verwenden. Auf diese Weise ist sichergestellt, dass die DLL und die Anwendung dieselben Deklarationen verwenden.

```
#ifdef __DLL__   // definiert für DLL Projekte
  #define __EXPORT_TYPE __declspec(dllexport)
#else
  #define __EXPORT_TYPE __declspec(dllimport)
#endif

// einige Funktionen:
int __EXPORT_TYPE Max(double X, int Y);
__EXPORT_TYPE int Min(int X, int Y);
__EXPORT_TYPE void inc_x1();
__EXPORT_TYPE int ret_x1();
__EXPORT_TYPE int inc_x2();

__EXPORT_TYPE int x3; // eine Variable

class __EXPORT_TYPE C { // eine Klasse:
  int x;
  public:
  C():x(17) {}; // inline function
  int f();
};
```

Nach einem *#include* dieser Datei und dem Hinzufügen der Importbibliothek zum Projekt können die exportierten Funktionen aufgerufen werden:

```
void __fastcall TForm1::Button1Click(TObject
                                          *Sender)
{
Button1->Caption=Min(5,7);
}
```

Wenn man eine DLL über die Importbibliothek in ein Programm einbindet, wird sie beim Start des Programms geladen. Die DLL wird dann der Reihe nach in den folgenden Verzeichnissen gesucht:

1. im Verzeichnis, von dem die Anwendung gestartet wurde,
2. im aktuellen Verzeichnis,
3. im Windows-System-Verzeichnis, das man mit *GetSystemDirectory* erhält,

4. im Windows-Verzeichnis, das man mit *GetWindowsDirectory* erhält,
5. in den Verzeichnissen der Umgebungsvariablen *Path*.

Wird die DLL beim Start des Programms nicht gefunden, kann das Programm auch nicht ausgeführt werden. Falls sie bereits geladen ist, wird sie kein zweites Mal geladen. Stattdessen wird ihr sogenannter Referenzzähler erhöht. Beim Ende des Programms wird dieser Zähler um 1 reduziert. Wenn er den Wert 0 erreicht, wird der von der DLL belegte Speicher wieder freigegeben.

Alle **Funktionen der Windows-API** stehen über implizit geladene DLLs zur Verfügung. Die Datei „include\windows.h" bindet über eine *#include*-Anweisung die Datei „winbase.h" ein, die unter anderem die folgenden Deklarationen enthält:

> *WINBASEAPI HMODULE WINAPI **LoadLibraryA**(LPCSTR lpLibFileName);*
> *WINBASEAPI BOOL WINAPI **FreeLibrary**(HMODULE hLibModule);*
> *WINBASEAPI FARPROC WINAPI **GetProcAddress**(*
> *   HMODULE hModule, LPCSTR lpProcName);*

Hier ist WINBASEAPI ein Makro, das in „__declspec(dllimport)" aufgelöst wird. Die Funktion *LoadLibraryA* wird über ein Makro auch unter dem Namen *LoadLibrary* zur Verfügung gestellt.

3.24.3 Explizit geladene DLLs Θ

Wird eine Funktion aus einer DLL nicht während der gesamten Laufzeit eines Programms benötigt, kann es sinnvoll sein, sie nur bei Bedarf **explizit** zu **laden**. Das ist möglich mit der Windows-API Funktion

> *HINSTANCE **LoadLibrary**(*
> *   LPCTSTR lpLibFileName);   // address of filename of executable module*

Der Funktionswert von *LoadLibrary* ist das Handle der DLL, wenn sie geladen werden konnte, und andernfalls der Wert 0. Die Adresse einer Funktion der DLL erhält man mit

> *FARPROC **GetProcAddress**(*
> *   HMODULE hModule,   // handle to DLL module*
> *   LPCSTR lpProcName);   // name of function*

Hier gibt man für *hModule* das Handle an, das man als Funktionswert von *Load-Library* erhalten hat, und für *lpProcName* den Namen der Funktion. Den Funktionswert weist man dann einem Funktionszeiger zu, über den die Funktion aufgerufen wird. Für den Datentyp des Funktionszeigers definiert man meist mit *typedef* einen Namen:

```
typedef int __stdcall TMin(int X, int Y);
```

Beim Aufruf von *GetProcAddress* muss man den Namen der Funktion so angeben, wie er in der DLL steht. Bei DLLs, die in C++ geschrieben sind, ist dieser Name meist nicht der Name, der im Quelltext verwendet wird. Versucht man z.B., die Funktion *Min* aus der am Anfang dieses Abschnitts erzeugten DLL wie in den nächsten Anweisungen zu laden, erhält man als Funktionswert von *GetProc-Address* den Wert 0, was bedeutet, dass die Funktion nicht gefunden wurde:

```
typedef int __stdcall TMin(int X, int Y);
HINSTANCE h = LoadLibrary("MeineDLL.dll");
if (h==0) ShowMessage("Kann 'MeineDLL' nicht laden");
else
    TMin* Min=(TMin*)GetProcAddress(h,"Min"); // 0 !
```

Das liegt daran, dass ein C++-Compiler die Namen von Funktionen durch Symbole für die Datentypen der Parameter und den Rückgabetype ergänzt, um überladene Funktionen zu unterscheiden. Diese Ergänzung der Namen kann man mit *extern "C"* unterbinden:

```
extern "C" __declspec(dllexport) int Min(int X, int Y)
{
return X < Y ? X:Y;
}
```

Dann wird der Name nur durch einen Unterstrich „_" ergänzt. Deshalb muss in *GetProcAddress* für die Funktion „Min" der Name „_Min" angegeben werden:

```
TMin* Min=(TMin*)GetProcAddress(h,"_Min");
```

Allerdings können mit *extern "C"* deklarierte Funktionen nicht überladen werden, da dann alle überladenen Funktionen denselben Namen haben.

Wenn eine DLL nicht mehr benötigt wird, ruft man die Funktion *FreeLibrary* mit dem Handle der DLL auf. Dadurch wird der Referenzzähler um 1 reduziert.

> *BOOL **FreeLibrary**(*
> *HMODULE hLibModule);* // handle to loaded library module

3.24.4 Hilfsprogramme zur Identifizierung von Funktionen in DLLs Θ

Man kann auch Funktionen aus einer DLL aufrufen, die nicht mit *extern "C"* deklariert sind, sofern man ihre Namen kennt. Dazu gibt es verschiedene Hilfsprogramme im C++Builder *bin* Verzeichnis, die in der Online-Hilfe zum C++Builder 6 beschrieben sind (siehe Abschnitt 1.7).

in der Online-Hilfe sowie in den Textdateien im Verzeichnis „CBuilder\Examples\WinTools" beschrieben sind.

Mit dem Hilfsprogramm **IMPDEF** kann man die Namen der von einer DLL zur Verfügung gestellten Funktionen anzeigen lassen. Beim Aufruf von IMPDEF (z.B.

in einer DOS-Session) übergibt man als ersten Parameter den Namen einer Datei, die dann mit der Namensendung „.def" angelegt wird. Der zweite Parameter ist der Name der DLL, z.B.:

```
impdef meinedll MEINEDLL.DLL
```

Dadurch erhält man die Datei „meinedll.def" mit dem Inhalt:

```
LIBRARY       MEINEDLL.DLL

EXPORTS
    @C@f$qv                        @6    ; C::f()
    @Max$qdi                       @1    ; Max(double, int)
    @Min$qii                       @2    ; Min(int, int)
    @inc_x1$qv                     @3    ; inc_x1()
    @inc_x2$qv                     @5    ; inc_x2()
    @ret_x1$qv                     @4    ; ret_x1()
    _x3                            @8    ; _x3
```

Hier findet man nach EXPORTS die Liste der intern verwendeten Funktions-namen. Deshalb muss man beim Aufruf von *GetProcAddress* für die Funktion „Min" den Namen „@Min$qii" angeben:

```
void __fastcall TForm1::Button1Click(TObject *Sender)
{
typedef int __stdcall TMin(int X, int Y);
HINSTANCE h = LoadLibrary("MeineDLL.dll");
if (h==0) ShowMessage("'MeineDLL' nicht geladen");
else
  {
    TMin* Min=(TMin*)GetProcAddress(h,"@Min$qii");
    if (Min == 0) ShowMessage("'Min' nicht gefunden");
    else Button1->Caption = Min(3,4);
  }
}
```

Dabei ist zu beachten, dass sich der Name einer Funktion in der DLL ändert, wenn die Datentypen der Parameter oder der Datentyp des Rückgabewertes verändert werden. Ersetzt man z.B. in der Funktion *Min* den Datentyp des ersten Parameters durch *double*, erhält man

```
@Min$qdi      @2    ; Min(double,int) // .def-Datei
```

Die Namen der in einer DLL verfügbaren Funktionen lassen sich auch mit dem Programm **TDUMP** (im Verzeichnis „bin" des C++Builders) anzeigen. Durch den Aufruf „tdump c:\windows\system\kernel32.dll" erhält man unter anderem:

```
Exports from KERNEL32.dll
  680 exported name(s), 780 export address(es)...
    Ordinal RVA       Name
    ------- --------  ----

    ...
    0270    0001bb98  FreeLibrary
```

```
0371      00006c18  GetProcAddress
0494      00007433  LoadLibraryA
```

Da alle diese Funktionen in C geschrieben sind, bekommt man hier keine Hinweise, mit welchen Argumenttypen diese Funktionen aufgerufen werden können.

Mit dem Hilfsprogramm **IMPLIB** kann man von einer vorhandenen DLL eine Importbibliothek (mit der Endung „.lib") erzeugen. Diese kann man dann dem Projekt hinzufügen, das die DLL und ihre Funktionen verwendet. Auf diese Weise kann man auch DLLs verwenden, deren Quelltext nicht verfügbar ist.

Offensichtlich ist es wesentlich umständlicher, eine DLL erst während der Laufzeit des Programms explizit zu laden. Deshalb werden DLLs meist beim Start des Programms implizit geladen.

3.24.5 DLLs mit VCL Komponenten Θ

Eine DLL kann auch Formulare oder andere VCL-Komponenten zur Verfügung stellen. Das soll jetzt an einem Beispiel illustriert werden.

Zunächst legt man mit *Datei|Neu|Weitere|C++Builder-Projekte|DLL* ein DLL-Projekt an und fügt der DLL mit *Datei|Neu|Formular* ein Formular hinzu, auf das Komponenten aus der Tool-Palette gezogen werden. Das Formular wird dann in einer von der DLL exportierten Funktion erzeugt, mit *ShowModal* angezeigt und anschließend wieder freigegeben.

Im folgenden Beispiel wurde dem Formular ein Button und ein Edit-Fenster hinzugefügt:

```
#include <vcl.h>
#pragma hdrstop
#include "UseVCL.h"

#pragma package(smart_init)
#pragma resource "*.dfm"
TForm1 *Form1;

__fastcall TForm1::TForm1(TComponent* Owner)
    : TForm(Owner)
{
}

void __fastcall TForm1::Button1Click(TObject *Sender)
{
Button1->Caption="aaa";
}
```

```
__declspec(dllexport) void Use_VCL(ShortString& s)
{
TForm1* F=new TForm1(0); // erzeugt das visuell gestal-
F->ShowModal();                          // tete Formular
s=F->Edit1->Text;
delete F;
}
```

In Abschnitt 8.4 wird noch genauer beschrieben, wie ein Formular oder andere
Komponenten der VCL mit *new* erzeugt werden können.

Die von der DLL exportierte Funktion kann dann nach ihrer Deklaration mit
__declspec(dllimport) aufgerufen werden:

```
__declspec(dllimport) void Use_VCL(ShortString& s);
```

Falls das Formular in einem Package enthalten ist, muss dieses Package beim Start
des Programms ebenfalls verfügbar sein.

In diesem Beispiel wurde der Datentyp *ShortString* und nicht *AnsiString* verwendet, um den Text aus dem Edit-Fenster zu übergeben. Benutzt eine DLL den
Datentyp *AnsiString*, muss man die Bibliothek MEMMGR.LIB dazu linken (siehe
dazu den vom C++Builder am Anfang einer DLL erzeugten Kommentar). Außerdem muss dann beim Start des Programms die DLL BORLNDMM.DLL vorhanden sein.

3.24.6 Die Verwendung von MS Visual C++ DLLs im C++Builder ϴ

Da DLLs ein Konzept von Windows sind, das unabhängig von der Programmiersprache oder dem Compiler ist, mit dem sie erzeugt wurden, könnte man
eigentlich erwarten, dass es kein Problem ist, mit dem C++Builder Funktionen aus
DLLs aufzurufen, die mit einem anderen Compiler erzeugt wurden. Bei DLLs, die
mit Microsoft Visual C++ (MSVC) entwickelt wurden, ist das aber keineswegs so:

1. Microsoft und Borland verwenden unterschiedliche Formate für die
   Importbibliotheken (das sogenannte COFF- und das OMF-Format, das auch bei
   Object-Dateien verwendet wird). Wenn man die Importbibliothek einer von
   MSVC erzeugten DLL in ein Projekt aufnimmt, erhält man beim Kompilieren
   des Projekts eine Fehlermeldung der Art:

   [Linker Error] 'D:\ MSVCDLL.LIB' contains invalid OMF record, type
   0x21 (possibly COFF)

   Deshalb kann man eine von Visual C++ erzeugte Importbibliothek nicht in ein
   C++Builder-Projekt aufnehmen.

2. Beide Compiler geben verschiedene Namen an den Linker weiter, wenn eine
   Funktion mit der Aufrufkonvention *_cdecl* deklariert wurde. Da *_cdecl* die

Voreinstellung ist, gilt das auch, wenn keine Aufrufkonvention angegeben wird. Bei *_stdcall* gibt es dagegen oft keine Unterschiede.

Im Folgenden wird gezeigt, wie man im C++Builder Funktionen aus MSVC-DLLs aufrufen kann, die mit „extern C" erzeugt wurden. Der Aufruf von Funktionen ohne die Angabe „extern C" oder der Elementfunktionen aus Klassen ist schwieriger oder überhaupt nicht möglich. Siehe dazu die Ausführungen von Harold Howe (2002).

Dazu wird als Beispiel eine DLL *MSVCDLL.dll* verwendet, die mit MSVC erzeugt wurde und die die folgenden Funktionen exportiert:

```
extern "C" {
  _declspec(dllexport) int f(int x)
  {
    return 1;
  }

  _declspec(dllexport) int _cdecl fc(int x)
  {
    return 2;
  }

  _declspec(dllexport) int _stdcall fs(int x)
  {
    return 3;
  }
} // extern "C"
```

Mit dem Hilfsprogramm *tdump*

```
TDUMP -ee -m MsVCDll.dll > MSVCDLL.LST
```

sieht man dann, dass die DLL die folgenden Namen enthält:

```
Turbo Dump  Version 5.0.16.12 Copyright (c) ....
     Display of File MSVCDLL.DLL

EXPORT ord:0003='_fs@4'
EXPORT ord:0001='f'
EXPORT ord:0002='fc'
```

Die oben unter 1. und 2. aufgeführten Probleme kann man dann folgendermaßen beheben:

1. Die Kommandozeilenprogramme *ImpLib* und *coff2omf* findet man im *bin*-Verzeichnis des C++Builders.

   a) Mit *ImpLib* kann man aus einer DLL eine Importbibliothek erzeugen, die man dann einem Projekt hinzufügen kann:

```
ImpLib MSVCDLL1 MsVCDll.dll
```

Dieser Aufruf erzeugt die Importbibliothek MSVCDLL1.lib.

b) Mit der Option „–a" fügt *ImpLib* den Namen der mit *_cdecl* deklarierten Funktionen am Anfang ein „_"-Zeichen hinzu:

```
ImpLib -a MSVCDLL1a MsVCDll.dll
```

c) Mit *coff2omf* kann man Object-Dateien und DLL-Importbibliotheken vom COFF-Format in das OMF-Format umwandeln:

```
coff2omf MsVCDll.lib MsVCDll2
```

Dieser Aufruf erzeugt eine Importbibliothek MsVCDll2.lib im OMF-Format, die man einem C++Builder-Projekt hinzufügen kann.

2. Die Importbibliothek enthält die Namen, unter denen die Funktionen einer DLL aufgerufen werden können. Das müssen nicht die Namen sein, die in der DLL enthalten sein. Mit „tdump –l" kann man sich diese Namen anzeigen lassen.

a) Der Aufruf

```
tdump -l MSVCDLL1.lib
```

zeigt, dass die unter 1. a) erzeugte Importbibliothek MSVCDLL1.lib diese Namen enthält:

```
fs   f   fc
```

b) Die unter 1. b) und c) erzeugten Importbibliotheken MSVCDLL1a.lib und MSVCDLL2.lib enthalten dagegen diese Namen:

```
fs   _f   _fc
```

Da der C++Builder den Namen aller mit *_cdecl* deklarierten Funktionen am Anfang ein „_"-Zeichen hinzufügt, können mit der unter 1. a) beschriebenen Vorgehensweise nur Funktionen aufgerufen werden, die in MSVC mit *_stdcall* deklariert wurden. Wenn man mit *_cdecl* deklarierte Funktionen aufrufen will, muss man wie in 1. b) oder c) vorgehen.

Die in der MSVC-DLL von oben definierten Funktionen können dann im C++Builder aufgerufen werden, nachdem man

– die wie unter 1. erzeugte Importbibliothek dem Projekt hinzugefügt und
– die Funktionen aus der DLL in das C++Builder Projekt importiert hat:

```
extern "C" { // üblicherweise eine Header-Datei
_declspec(dllimport) int f(int x);
_declspec(dllimport) int _cdecl fc(int x);
_declspec(dllimport) int _stdcall fs(int x);
}
```

Aufgabe 3.24

Legen Sie eine Projektgruppe an (z.B. mit dem Namen *DLLProjectGroup*) und fügen Sie ihr die folgenden Projekte hinzu:

a) ein DLL-Projekt *MyDLL*. Die dabei erzeugte DLL soll die folgenden Funktionen zur Verfügung stellen (verwenden Sie Kopien Ihrer Lösungen)

  – *Quersumme* (Aufgabe 3.4.6, 1.)
  – *RegentropfenPi* (Aufgabe 3.6.5, 2)
  – *StringToDate* (Aufgabe 3.13.1)

sowie außerdem noch

  – eine mit dem Wert 0 initialisierte gemeinsam genutzte Variable, die in jeder der DLL-Funktionen um 1 erhöht wird.

b) eine Anwendung *UseDLLImpl*, die diese DLL implizit lädt, ihre Funktionen aufruft und den Wert der DLL-Variablen anzeigt.

4 Einige Klassen der Standardbibliothek

Zum C++-Standard gehört eine umfangreiche Standardbibliothek. Fast die Hälfte der 776 Seiten dieses Standards befasst sich allein mit dieser Bibliothek. Derjenige Teil dieser Bibliothek, der Container und Algorithmen umfasst, wird auch als **Standard Template Library (STL)** bezeichnet.

Die Standardbibliothek enthält zahlreiche Klassen, die man genauso einfach wie die fundamentalen Datentypen verwenden kann. Sie ermöglichen bei vielen Aufgaben einfachere Lösungen als mit entsprechende konventionelle Datenstrukturen und Funktionen. In diesem Kapitel wird gezeigt, wie man typische Aufgaben für

– Strings und bei der
– Verwaltung von Daten in Containern und in Dateien

mit diesen Klassen lösen kann welche Vorteile sie gegenüber konventionellen Sprachelementen wie z.B. Arrays haben. In diesem Zusammenhang werden auch die Containerklassen für

– verkettete Listen und
– assoziative Container (im Wesentlichen Binärbäume)

vorgestellt. Diese Klassen enthalten schnelle Algorithmen und ersparen die Arbeit, solche verkettete Listen und Binärbäume selbst zu schreiben.

Die folgenden Ausführungen sollen nur einen ersten Einblick geben. Für weitere Informationen wird auf die Online-Hilfe verwiesen.

Anmerkungen für Pascal-Programmierer: Templates und die darauf basierende Standardbibliothek sind ein großer Vorteil von C++ gegenüber Pascal. Da Pascal keine Templates kennt, gibt es auch keine vergleichbare Bibliothek.

4.1 Die Stringklassen *string* und *wstring*

Die Stringklassen der C++-**Standardbibliothek** bieten ähnliche Möglichkeiten
(z.B. automatische Speicherverwaltung) wie die in Abschnitt 3.13 vorgestellte
Stringklasse *AnsiString* des C++Builders. Obwohl *AnsiString* für viele C++Builder
Anwendungen ausreichend ist, sind die Stringklassen der Standardbibliothek
notwendig für

– portable Anwendungen und
– für andere Elemente der C++ Standardbibliothek.

Sie enthalten außerdem einige Funktionen, die für manche Aufgaben einfachere
Lösungen als mit *AnsiString* ermöglichen.

Die beiden Stringklassen *string* und *wstring* der C++-**Standardbibliothek** können
nach

```
#include <string>
using namespace std;
```

verwendet werden:

```
string s1="123";
wstring s2=L"123"; // L"..." ist ein wchar_t-Literal
```

Ein *wstring* besteht aus Multibyte-Zeichen des Datentyps *wchar_t*. Da die Klasse
wstring genau wie die Klasse *string* benutzt werden kann und *string* im
europäisch-amerikanischen Sprachraum meist völlig ausreichend ist, wird auf sie
im Folgenden nicht weiter eingegangen.

4.1.1 *AnsiString* und *string*: Gemeinsamkeiten und Unterschiede

Die Stringklassen *string* und *AnsiString* wurden unabhängig voneinander entwickelt. Sie haben viele Gemeinsamkeiten, aber auch viele teilweise sogar recht
diffizile Unterschiede. Die wichtigsten sind in diesem Abschnitt zusammengefasst.

Einige **Konstruktoren** der Klassen *AnsiString* und *string* haben dieselben Parameter. So können z.B. Variablen beider Klassen mit einem nullterminierten String
oder mit einem anderen String der jeweiligen Klasse initialisiert werden:

```
AnsiString a1("456"); // initialisiert a1 mit "456"
string s1("456");     // initialisiert s1 mit "456"
AnsiString a2(a1);    // initialisiert a2 mit a1
string s2(s1);        // initialisiert s2 mit s1
```

Andere Konstruktoren sind dagegen nur für eine der beiden Klassen definiert. Die folgenden Definitionen sind nur mit der Klasse *AnsiString* und nicht mit der Klasse *string* möglich:

```
AnsiString a3('7');   // initialisiert a3 mit "7"
string s3('7'); // Fehler: Keine Übereinstimmung gefunden
AnsiString a4(17);    // initialisiert a4 mit "17"
string s4(17); // Fehler: Keine Übereinstimmung gefunden
```

Die meisten **Namen der Elementfunktionen** von *AnsiString* (Ausnahmen *printf* und *sprintf*) verwenden eine gemischte Groß- und Kleinschreibung, während die von *string* konsequent Kleinbuchstaben verwenden. Mit den Funktionen ***Length()*** bzw. ***length()*** erhält man die Länge des Strings.

```
// a1 und s1 sollen wie oben definiert sein
int i=a1.Length(); // für "AnsiString a1" mit großem "L"
int j=s1.length(); // für "string s1" mit kleinem "l"
```

Aus diesem Beispiel sollte man aber nicht den Schluss ziehen, dass sich die Namen der Elementfunktionen nur in ihrer Groß- und Kleinschreibung unterscheiden. Teilweise haben inhaltlich ähnliche Funktionen in den beiden Klassen ähnliche Namen (wie z.B. *substr* und *SubString*), und teilweise auch völlig verschiedene (wie z.B. *pos* und *find*). Bei manchen Funktionen haben die Parameter eine unterschiedliche Reihenfolge:

```
s1.insert(2,"xy"); // s1="45xy6"
a1.Insert("xy",2); // a1="4xy56"
```

Eine Variable der Klassen *string* oder *AnsiString* stellt eine Folge von Zeichen des Datentyps *char* dar. Das i-te Zeichen erhält man mit dem Ausdruck **[i]** nach dem Namen der Variablen. Bei der Klasse *string* sind die einzelnen Zeichen mit **0..n–1** und bei der Klasse *AnsiString* mit **1..n** nummeriert, wenn der String n Zeichen lang ist:

```
AnsiString a="abc";
string s="123";
for (int i=1;i<=a.Length();i++)// Gibt die einzelnen
  Memo1->Lines->Add(a[i]);      // Zeichen des Strings aus
for (int i=0;i<s.length();i++) // AnsiString: 1..n
  Memo1->Lines->Add(s[i]);      // string: 0..n-1
```

Intern werden die Strings in den Klassen *string* und *AnsiString* als nullterminierter String dargestellt. Die in beiden Klassen definierte Elementfunktion ***c_str()*** liefert einen Zeiger auf diesen nullterminierten String. Mit ihr können Strings auch als Argumente an Funktionen übergeben werden, die nullterminierte Strings erwarten.

Obwohl die Stringklassen *string* und *AnsiString* viele Gemeinsamkeiten haben, können sie einander nicht direkt zugewiesen werden. Keine der folgenden beiden Zuweisungen wird vom Compiler akzeptiert:

```
s=a; // Fehler für AnsiString a und string s;
a=s; // Fehler für AnsiString a und string s;
```

Mit der Funktion *c_str()* ist eine solche Zuweisung möglich:

```
s=a.c_str(); // s erhält den Wert von a
a=s.c_str(); // a erhält den Wert von s
```

Der C++Builder verwendet in seinen Komponenten immer den Datentyp *Ansi-String* und nie *string*. Da man einen *string* nur mit der Funktion *c_str* einem *AnsiString* zuweisen kann, ist die Kombination der Stringklassen etwas umständlich:

```
string s;
Edit1->Text=s.c_str(); // "Edit1->Text=s;" geht nicht
```

Deshalb ist es im C++Builder meist am einfachsten, für Strings den Datentyp *Ansi-String* zu verwenden.

Mit dem **Operator** + können Strings verkettet („aneinander gehängt", „zusammengeklebt") werden. Das Ergebnis ist dann der String, in dem auf die Zeichen des linken Operanden die des rechten folgen.

Beispiel: Die folgende Funktion fügt 1000 Strings mit je 1000 Zeichen mit dem Operator + zu einem einzigen String zusammen:

```
string LangerString()
{// wie auf Seite 325, nur string statt AnsiString
string s10="0123456789",s1K,s1M;//s10: 10 Zeichen
for (int i=1; i<=100; i++)
  s1K = s1K+s10; // s1K: String mit 1000 Zeichen
for (i=1; i<= 1000; i++) s1M = s1M+s1K;
return s1M; // ein String mit 1000000 Zeichen
}
```

Mit

```
s1K += s10; bzw. s1M += s1K;
```

anstelle von

```
s1K = s1K+s10; bzw. s1M = s1M+s1K;
```

erhält man dasselbe Ergebnis.

Die folgende Tabelle enthält die Ausführungszeiten für die Anweisungen unter 1. und 2. mit den Klassen *string* und *AnsiString* des C++Builders.

1.   Ein Aufruf der Funktion *LangerString*. Unter a) wurden die Strings mit s=s+a zusammengefügt. Unter b) wie in a), aber mit einem Aufruf von *reserve* für *string* bzw. *SetLength* für AnsiString, um den notwendigen Speicher im Voraus zu reservieren. Unter c) wie in b), aber mit s+=a anstelle von s=s+a.

```
      string LangerString()  // AnsiString LangerString()
      {
      string s10,s1K,s1M;
      s1K.reserve(1000);     // s1K.SetLength(1000);
      s1M.reserve(1000000);  // s1M.SetLength(1000000);
      // Rest wie oben
```

2. ```
   s="1234567890";
   for (int i=1; i<=10000; i++)
      {                        // AnsiString-Funktionen
        s.insert(2,"ab");      // bzw. s.Insert("ab",2);
        s.erase(2,2);          // bzw. s.Delete(2,2);
        int j=s.find("bla");   // bzw. int j=s.Pos("bla");
      }
   ```

BDS 2007 (Release Build)	string	AnsiString
1. a)	2,74 Sek.	0,75 Sek.
b)	0,0045 Sek.	0,016 Sek.
c)	0,0075 Sek.	0,0045 Sek.
2.	0,0031 Sek.	0,0063 Sek.

Obwohl sich die Laufzeiten der einzelnen Tests deutlich unterscheiden, kann man nicht generell sagen, welche der beiden Stringklassen insgesamt schneller ist.

4.1.2 Einige Elementfunktionen der Klasse *string*

Neben vielen Gemeinsamkeiten (siehe Abschnitt 4.1.1) gibt es zwischen den Klassen *string* und *AnsiString* auch etliche Unterschiede:

- Viele Funktionen der Klasse *string* sind nach einem anderen Konzept aufgebaut als ähnliche Funktionen der Klasse *AnsiString*.
- Die Standardbibliothek enthält nur Elementfunktionen für die Klasse *string* und keine globalen Funktionen, die nur für die Klasse *string* sind. Allerdings können auch viele Algorithmen der Standardbibliothek wie globale Funktionen mit Argumenten des Datentyps *string* aufgerufen werden.
- Da die Klasse *string* intern als Klassen-Template (siehe Abschnitt 9.2) mit dem Namen *basic_string* definiert ist, findet man sie in der Online-Hilfe und in der Header-Datei „include\dinkumware\string" auch unter dem Namen *basic_string*. Hier ist **basic_string** ein anderer Name für **string** und **charT** bzw. **_Elem** ein anderer Name für **char**.
- *size_type* ist ein Ganzzahldatentyp ohne Vorzeichen und *npos* der größte Wert von *size_type*. Diese beiden Bezeichner können nicht direkt verwendet werden, sondern nur in der relativ umständlichen Schreibweise *string::size_type* bzw. *string::npos*. Der Unterschied von *size_type* und *int* wirkt sich nur bei Strings mit mehr als 2^{31}-1 Zeichen aus.

Einige Elementfunktionen der Klasse *string* sind **vielseitiger** als entsprechende Funktionen der Klasse *AnsiString*. Die folgende Liste ist nur ein Teil der ver-
   ```

fügbaren Funktionen. Viele Funktionen haben weitere überladene Varianten mit denselben Namen (siehe Abschnitt 5.7) und verwenden Default-Argumente (siehe Abschnitt 5.5). Für eine umfassende Liste wird auf die Online-Hilfe verwiesen.

Für das **Einfügen und Löschen von Zeichen** stehen folgende Elementfunktionen zur Verfügung:

```
class string
{
    ...
    string& insert(size_type pos, const string& str);
    string& insert(size_type pos, const char* s);
    // fügt ab der Position pos (Index pos-1) str bzw. s ein
    string& insert(size_type pos1, const string& str,
                                   size_type pos2,size_type n);
    // fügt ab Position pos1 (Index pos1-1) max. n Zeichen
                                   // von str ab pos2 ein
    string& insert(size_type pos,const char* s,size_type n);
    string& insert(size_type pos, size_type n, char c);
```

Wie bei den ersten beiden *insert*-Funktionen gibt es für viele *string*-Funktionen überladene Varianten für char* und *string*-Parameter.

Die Elementfunktion ***erase*** entfernt ab der Position *pos* maximal *n* bzw. *length()-pos* Zeichen:

> *basic_string& **erase**(size_type pos = 0, size_type n = npos);*

Beispiel:
```
string s="1234567890", s1=s, s2=s, s3=s;
s.erase(3,2);      // s1="12367890"
s1.erase(3,10);    // s2="123"
s2.erase(3);       // s2="123"
s3.erase();        // s3=""
```

replace ersetzt ab der Position *pos* maximal *n1* **Zeichen** durch den String *str*:

> *basic_string& **replace**(size_type pos, size_type n1, const basic_string& s);*

Beispiel:
```
string s="1234567890", s1=s, s2=s, str="abc";
s.replace(3,2,str);     // s="123abc67890"
s1.replace(3,5,str);    // s1="123abc90"
s2.replace(8,5,str);    // s2="12345678abc"
```

Den **Teilstring** mit maximal n Zeichen ab dem Index *pos* erhält man mit:

> *basic_string **substr**(size_type pos = 0, size_type n = npos) const;*

Hier sind die Werte nach dem Zeichen „=" **Default-Argumente**. Für einen Parameter mit einem Default-Argument muss man beim Aufruf kein Argument angeben. Der Compiler verwendet dann das Default-Argument. Falls beim Aufruf dieser und der folgenden Funktionen nicht *pos<length()* gilt, wird eine Exception ausgelöst.

Beispiel:
```
string s1="1234567";
string s2=s1.substr(3,2); // s2="45";
string s3=s1.substr(3,9); // s3="4567";
string s3=s1.substr(3);   // wie s1.substr(3,npos)
string s3=s1.substr();    // wie s1.substr(0,npos);
```

Die Elementfunktionen **find** suchen nach dem ersten Vorkommen eines **Teilstrings** *str* ab dem Index *pos* und geben seine Position zurück, falls er gefunden wird. Wenn er nicht gefunden wird, ist der Funktionswert ***string::npos***. Die Funktion *find* kann auch ohne Argument für *pos* aufgerufen werden. Dann wird der Teilstring ab der Position 0 gesucht.

*size_type **find**(const basic_string& str, size_type pos = 0);*

Beispiel:
```
s="1234512345";
int i1=s.find("45");      // i1=3
int i2=s.find("45",i1+1); // i2=8
int i3=s.find("ab");      // i3=string::npos
int i4=s.rfind("45");     // i4=8
```

Die Elementfunktion *find_first_of* sucht nach dem ersten Vorkommen eines der Zeichen, das im String *str* enthalten ist. Falls ein solches Zeichen gefunden wird, ist der Funktionswert dessen Index. Wird kein solches Zeichen im String gefunden, ist der Rückgabewert ***string::npos***.

*size_type **find_first_of**(const basic_string& str, size_type pos = 0);*

Entsprechend erhält man mit ***find_first_not_of*** den Index des ersten Zeichens, das nicht im String *str* enthalten ist:

*size_type **find_first_not_of**(const basic_string& str, size_type pos = 0);*

Beispiel:
```
string s="123a4b5";
int i1=s.find_first_of("45");       // i1=4
int i2=s.find_first_of("45",i1);    // i2=6
int i3=s.find_first_not_of("12");   // i3=2
int i4=s.find_last_not_of("ab");    // i4=6
```

Mit diesen Funktionen kann man Zeichenfolgen finden, die aus einer bestimmten Gruppe von Zeichen (z.B. Ziffern) bestehen.

Beispiel: Diese Funktion gibt die erste Folge von Ziffern zurück, die in dem als Argument übergebenen String enthalten ist:

```
string first_digit_substring(string s)
{
string result;
string digits="0123456789";
int p1=s.find_first_of(digits);
if (p1!=string::npos)
  {
    int p2=s.find_first_not_of(digits,p1);
```

```
      if (p2==string::npos)
        p2=s.length();
      result=s.substr(p1,p2-p1);
    }
  return result;
}

string s=first_digit_substring("ab123x;%");//s="123"
```

4.1.3 Stringstreams

Mit den Stringstream-Klassen *istringstream* und *ostringstream* der Standardbibliothek von C++ kann man Werte von Variablen aus einem *string* lesen oder in einen *string* schreiben. Dabei werden die Zeichen des Strings wie die Zeichen eines Streams (siehe Abschnitt 4.3.4) behandelt. Diese beiden Klassen stehen zur Verfügung nach

```
#include <sstream>
using namespace std;
```

Wenn man einen *istringstream* mit einem String initialisiert

```
string s="1.23";
istringstream is(s);
```

kann man Werte von Variablen mit dem Eingabeoperator >> aus dem Stringstream *is* einlesen:

```
double d;
is>>d; // d=1.23
```

Dabei erhalten diese den Wert, den man auch bei einer Eingabe der Zeichen des Strings über die Tastatur erhalten würde:

```
cin>>d;
```

Nach dieser Operation gibt die Elementfunktion

  streampos ***tellg( );*** *// streampos* kann wie ein Ganzzahlwert verwendet werden

die Anzahl der konvertierten Zeichen zurück. Ist dieser Wert gleich der Länge des Strings, konnten alle Zeichen konvertiert werden. Der Rückgabewert −1 bedeutet, dass d kein Wert zugewiesen wurde.

Beispiel: Nach der Ausführung der Anweisungen der Funktion

```
int stringToInt(const string& s)
{
std::istringstream is(s);
int result=0;
is>>result;
int t=is.tellg();
```

```
    return result;
    }
```

haben *result* und *t* jeweils den als Kommentar angegebenen Wert:

```
stringToInt("123");     // result=123,   t=3
stringToInt("123a");    // result=123,   t=3
stringToInt("a123");    // result=0,     t=-1
stringToInt("12 34");   // result=12,    t=2
stringToInt(" -1234");  // result=-1234, t=6
```

Mit einem ***ostringstream*** kann man Werte **in einen String** schreiben. Dazu gibt man die Werte mit dem Ausgabeoperator in einen *ostringstream* aus:

```
ostringstream os;
os<<d;
```

Der so erzeugte String ist der Rückgabewert der Elementfunktion ***str()***:

```
os.str();
```

Er besteht aus den Zeichen, die am Bildschirm ausgegeben würden, wenn man die Werte mit dem Ausgabeoperator in *cout* schreiben würde:

```
cout<<d;
```

Da Stringstreams intern wie Streams verwaltet werden, ist es am einfachsten, für jede Konversion eine neue Stringstream-Variable anzulegen.

Mit den Stringstream-Klassen erhält man typsicher dasselbe Ergebnis wie mit den Funktionen ***sprintf*** oder ***sscanf, atoi, atof*** usw. von C. In älteren Versionen von C++ bieten die *strstream*-Klassen ähnliche Funktion wie die Stringstream-Klassen. Der Standard empfiehlt aber ausdrücklich, diese älteren Klassen nicht mehr zu verwenden.

Aufgaben 4.1

1. Schreiben Sie die Funktionen

> int ***stringToInt***(string s, bool& success);
> double ***stringToDouble***(string s, bool& success);

die einen als Argument übergebenen *string* in einen *int-* oder einen *double-*Wert umwandeln. Der Wert des Arguments für *success* soll angeben, ob die Konversion erfolgreich war. Die Funktionen

> string ***tostring***(int x);
> string ***tostring***(double);

sollen einen *int* und *double*-Wert in einen *string* konvertieren. Testen Sie Ihre Lösungen mit systematischen Testdaten und Testfunktionen wie Abschnitt 3.5.

2. Ein *string* mit einem Kalenderdatum soll aus Zahlen für den Tag, den Monat und das Jahr bestehen, die durch einen Punkt getrennt sind (z.B. s="1.2.06" oder s="11.12.2005").

   a) Schreiben Sie eine Funktion *stringToDate*, die die drei Zahlen für den Tag, den Monat und das Jahr in *int*-Werte konvertiert und als Funktionswert des Datentyps *Date*

   ```
   struct Date_t {
      int day, month, year;
   };
   ```

   zurückgibt. Verwenden Sie dazu nicht die Funktion *erase*. Falls der String kein Datum darstellt, sollen *day*, *month* und *year* den Wert −1 erhalten.

   b) Schreiben Sie Testfunktionen (siehe Abschnitt 3.5.2) für *stringToDate*.

3. Schreiben Sie eine Funktion *tokenize_0*, die alle Teilstrings eines Strings (Datentyp *string*), die durch eines der Zeichen '.', ';', ' ' und '-' getrennt sind, in einem Memo ausgibt. Dabei sollen die Trennzeichen nicht ausgegeben werden. Für die Strings in *test_tokenize* sollte man die als Kommentar angegebene Ausgabe erhalten:

   ```
   void test_tokenize()
   {
   tokenize_0("456 ab.xy");//Ausgabe "456","ab","xy"
   tokenize_0("123");// nur Teilstring, Ausgabe "123"
   tokenize_0("");    // leerer String, keine Ausgabe
   tokenize_0(" ");// nur Trennzeichen, keine Ausgabe
   // Weitere Tests: "456 ab.xy" mit einem Trennzeichen
   // am Anfang, am Ende sowie am Anfang und am Ende.
   }
   ```

   Testen Sie diese Funktion, indem Sie z.B. die Strings "123" bzw. "456 ab.xy" systematisch mit einem Trennzeichen am Anfang, am Ende sowie am Anfang und am Ende kombinieren.

   Anmerkung: In Abschnitt 4.2.3 wird *tokenize_0* zu einer Funktion überarbeitet, die die Teilstrings in einem geeigneten Container zurückgibt.

4. Neben der in Aufgabe 3.12.10, 5. vorgestellten Levenstein-Distanz werden oft auch **N-Gram Verfahren** verwendet, um die Ähnlichkeit von Strings zu messen.

   Die N-gram Methoden beruhen auf der Anzahl der gemeinsamen Teilstrings der Länge N von zwei Strings s1 und s2. Mit N=2 spricht man auch von **Di-**

grammen und mit N=3 von **Trigrammen**. Vor der Bestimmung der gemeinsamen N-gramme werden die Strings in Grossbuchstaben umgewandelt.

Beispiel: Die Strings s1="RECEIEVE" und s2="RECEIVE" haben die Trigramme T(s1) und T(s2):

$$T(s1) = \{"REC", "ECE", "CEI", "EIE", "IEV", "EVE"\}$$
$$T(s2) = \{"REC", "ECE", "CEI", "EIV", "IVE"\}$$

Die gemeinsamen Trigramme der beiden Strings sind

$$T(s1) \cap T(s2)= \{"REC", "ECE", "CEI"\}$$

Die gesamten Trigramme von s1 und s2 sind

$$T(s1) \cup T(s2) = \{"REC", "ECE", "CEI", "EIE", "IEV", "EVE",$$
$$"EIV", "IVE"\}$$

Ein Maß für die Ähnlichkeit von zwei Strings ist dann der Quotient aus der Anzahl der gemeinsamen N-gramme und der Anzahl der gesamten N-gramme:

StringSimilarityNGram(s1,s2)= $|T(s1) \cap T(s2)| / |T(s1) \cup T(s2)|$

Da ein String der Länge n immer (n–N+1) N-gramme hat, und außerdem

$$|T(s1) \cup T(s2)| = |T(s1)| + |T(s2)| - |T(s1) \cap T(s2)|$$

gilt, genügt es für die Berechnung der Ähnlichkeit, die gemeinsamen N-gramme zu zählen:

StringSimilarityNGram(s1,s2)=
    $|T(s1) \cap T(s2)| / (s1.length()–N+1 + s2.length()–N+1 – |T(s1) \cap T(s2)|$

Schreiben Sie eine Funktion *StringSimilarityNGram*, die für zwei als Parameter übergebene Strings des Datentyps *string* ihre Ähnlichkeit auf der Basis der gemeinsamen Trigramme berechnet. Einige Beispiele:

```
double n1=StringSimilarityNGram("receieve","receieve");  // 6/6=1
double n2=StringSimilarityNGram("receieve","receive");   // 3/8=0.375
double n3=StringSimilarityNGram("receieve","receiver");  // 3/9=0.333
double n4=StringSimilarityNGram("receieve","retrieve");  // 2/10=0.2
double n5=StringSimilarityNGram("receieve","reactive");  // 0/12=0
```

Zum Testen können Sie die als Kommentar angegebenen Werte verwenden.

5. Als **Teilfolge** eines Strings s bezeichnet man eine Folge von Zeichen, die dadurch aus s entsteht, dass man Null oder mehr Zeichen aus s entfernt. So sind z.B. "ABB", "BCB" oder "BCBA" Teilfolgen von s1="ABCBDAB", und "BBA", "BCB" oder "BCBA" Teilfolgen von s2="BDCABA". Eine **gemein-**

same Teilfolge von zwei Strings ist dann eine Teilfolge von beiden Strings (z.B. "BCBA" und "BCAB", aber nicht "BCBB"). (Siehe auch Cormen 2001, Abschnitt 15.4, und Crochemore/Lecroq 1996)

Beispiel: Gemeinsame Teilfolgen erhält man z.B. dadurch, dass die beiden Strings so untereinander geschrieben werden, dass gleiche Zeichen übereinander stehen:

```
s1: AB C BDAB ; s1: AB C BDAB
s2: BDCAB A ; s2: BDC   AB A
```

Die Länge der **längsten gemeinsamen Teilfolge** (longest common subsequence, **lcs**) von zwei Strings s1 und s2 kann man über eine Matrix *lc* bestimmen, deren Element *lc[i][j]* die Länge der längsten gemeinsamen Teilfolge des Strings mit den ersten i Zeichen von s1 und des Strings mit den ersten j Zeichen von s2 enthält. Setzt man die Elemente der ersten Zeile und Spalte von lc zunächst auf 0, berechnet man die Elemente im Inneren der Matrix folgendermaßen:

lc[i][j]=lc[i-1][j-1]+1; falls s1[i-1]==s2[j-1]
lc[i][j]=max (lc[i-1][j]; lc[i][j-1]) ; sonst

Diese Anweisungen kann man auch so formulieren:

lc[i][j]=lc[i-1][j-1]+1; falls s1[i-1]==s2[j-1] // Fall 1
lc[i][j]=lc[i-1][j]; falls lc[i-1][j]>=lc[i][j-1] // Fall 2
lc[i][j]=lc[i][j-1]; sonst // Fall 3

Beispiel: s1="ABCBDAB", s2="BDCABA"

		B	D	C	A	B	A
	0	0	o	0	0	0	0
A	0	0 ↑	0 ↑	0 ↑	1 ↖	1 ←	1 ↖
B	0	1 ↖	1 ←	1 ←	1 ↑	2 ↖	2 ←
C	0	1 ↑	1 ↑	2 ↖	2 ←	2 ↑	2 ↑
B	0	1 ↖	1 ↑	2 ↑	2 ↑	3 ↖	3 ←
D	0	1 ↑	2 ↖	2 ↑	2 ↑	3 ↑	3 ↑
A	0	1 ↑	2 ↑	2 ↑	3 ↖	3 ↑	4 ↖
B	0	1 ↖	2 ↑	2 ↑	3 ↑	4 ↖	4 ↑

Die Länge der längsten gemeinsamen Teilfolge ist dann das Element c[l1][l2], wenn l1 die Länge von s1 und l2 die von s2 ist.

a) Schreiben Sie eine Funktion *lcsLength*, die für zwei als Parameter übergebene Strings die Länge des längsten gemeinsamen Teilstrings zurückgibt.

b) Die längste gemeinsame Teilfolge *lcs* von zwei Strings s1 und s2 erhält man dann über eine weitere Matrix b, in die man in jedem der einzelnen Fälle (Fall

1, Fall 2 und Fall 3) von oben einträgt, durch welchen Fall das Element der Matrix *lc* erhalten wurde:

  b[i][j]=Diag; // Fall 1
  b[i][j]=Up; // Fall 2
  b[i][j]=Left; // Fall 3

Die *lcs* erhält man dann ausgehend von einem Matrixelement *lc[m][n]* mit dem Wert *lcsLength*, für das *b[m][n]* den Wert *Diag* hat, indem man rückwärts (**backtracking**) für alle Elemente mit b[i][j]==Diag die Zeichen s[i] an den Anfang der *lcs* anfügt.

Beispiel: Die Matrix oben enthält zwei Elemente (lc[5][7] und lc[6][6]) mit dem Wert *lcsLength* und dem Wert *Diag* in derselben Position der Matrix b. Ausgehend vom ersten Element lc[5][7] erhält man die Teilfolge "BCAB", und ausgehend von lc[6][6] lcs="BCBA" Geht man von diesen

Mit diesem und ähnlichen Algorithmen kann man die Differenz von Dateien, genetischen Sequenzen usw. bestimmen. Das UNIX-Programm „diff" (das auch für Windows verfügbar ist) betrachtet die Zeilen eines Textes als die Elemente und zeigt die Differenzen (eingefügte und gelöschte Zeilen) von zwei Dateien an.

4.2 Sequenzielle Container der Standardbibliothek

Die STL besteht vor allem aus Klassen- und Funktions-Templates (siehe Kapitel 9). „Template" kann man mit „Schablone" oder „Vorlage" übersetzen. Eine solche Schablone definiert das „Layout" für eine Klasse bzw. Funktion und hat einen Datentyp als Parameter. Bei der Definition einer Variablen einer solchen Klasse übergibt man dann einen Datentyp als Argument. Daraus erzeugt der Compiler dann eine Klasse und eine Variable mit dem angegebenen Datentyp. Beim Aufruf eines Funktions-Templates erzeugt er eine Funktion und ruft diese auf.

4.2.1 Die Container-Klasse *vector*

Die aus dem Klassen-Template **vector** erzeugten Klassen gehören zu den sogenannten **Container-Klassen**, da man in Variablen dieser Klassen Daten speichern kann. Weitere Container-Klassen sind *list*, *stack*, *queue* usw. Sie unterscheiden sich von einem *vector* durch ihre interne Organisation und die verfügbaren Elementfunktionen.

Ein *vector* kann wie ein Array verwendet werden. Er unterscheidet sich von einem Array aber dadurch, dass er den Speicherplatz für die Elemente automatisch verwaltet: Falls ein neues Element im *vector* abgelegt wird und der bisher reservierte Speicherplatz nicht ausreicht, wird automatisch neuer Speicherplatz reserviert. Dazu wird intern ein dynamisches Array verwendet. Außerdem enthält ein *vector* im Unterschied zu einem Array zahlreiche Elementfunktionen.

Das Klassen-Template *vector* steht zur Verfügung nach

```
#include <vector>
using std::vector; // oder: using namespace std;
```

Mit einem Klassen-Template definiert man eine Klasse, indem man nach dem Namen des Templates in spitzen Klammern einen Datentyp angibt. Diese Klasse kann man dann wie einen vordefinierten Datentyp zur Definition von Variablen verwenden:

```
vector<int> v1;      // vector<int> ist ein Datentyp
vector<double> v2;
```

Nach diesen beiden Definitionen sind *v1* und *v2* leere Vektoren, die Elemente des Datentyps *int* bzw. *double* aufnehmen können. Mit der Elementfunktion

*void **push_back**(const T& x);* // T ist der Elementtyp des Vektors

kann man einem Vektor Elemente am Ende hinzufügen. Dabei wird der Speicherplatz für das Element automatisch reserviert:

```
for (int i=1; i<=100; i++) // fügt v1 100 Elemente hinzu
   v1.push_back(rand()); //für rand: #include <stdlib.h>
```

Die Anzahl der Elemente eines Vektors erhält man mit der Elementfunktion

*size_type **size**() const;* // *size_type*: ein Ganzzahldatentyp ohne Vorzeichen

Auf die einzelnen Elemente eines Vektors kann man mit dem **Indexoperator []**

```
for (int i=0; i<v1.size(); i++) // oder size_t anstatt int
   Form1->Memo1->Lines->Add(v1[i]);
```

oder mit der Funktion *at* zugreifen:

```
for (int i=0; i<v1.size(); i++) // oder size_t anstatt int
   Form1->Memo1->Lines->Add(v1.at(i));
```

Diese beiden Zugriffsmöglichkeiten unterscheiden sich vor allem beim Zugriff auf Indizes außerhalb des zulässigen Bereichs 0.. *size()–1*.

– Falls man mit [] einen unzulässigen Index verwendet, werden wie bei Arrays Speicherbereiche adressiert, die nicht für den Vektor reserviert sind. Das kann eine Zugriffsverletzung und einen Programmabsturz zur Folge haben, muss es aber nicht.

– Falls man mit *at* einen unzulässigen Index verwendet, wird die **Exception** ***out_of_range*** ausgelöst. Wie die nächste Tabelle zeigt, sind Zugriffe mit *at* jedoch langsamer als solche mit dem Indexoperator.

Der C++-Standard definiert den Datentyp ***size_type*** als Ganzzahldatentyp ohne Vorzeichen. Deshalb hat auch ein Ausdruck wie

```
v1.size()-1
```

diesen vorzeichenlosen Datentyp (siehe Seite 93). Falls *v1.size()* den Wert 0 hat, ist *v1.size()–1* dann nicht etwa –1, sondern der größte vorzeichenlose Ganzzahlwert. Die folgende Schleife ist deshalb mit *v1.size()=0* eine Endlosschleife:

```
for (int i=0; i<=v1.size()-1; i++) // falsch !!!
   Form1->Memo1->Lines->Add(v1[i]);
```

Mit einem Wert von *v1.size()* größer als Null werden die Elemente jedoch wie erwartet durchlaufen. Falls diese Schleife nur mit Vektoren getestet wird, die mindestens ein Element enthalten, bleibt der Fehler eventuell unentdeckt. Der Compiler weist zwar durch die Warnung „Vergleich von signed- und unsigned-Werten" auf dieses Problem hin. Da Warnungen aber oft übersehen werden, sollte man solche Schleifen **immer** mit der Bedingung *<v1.size()* formulieren.

Vektoren haben nicht nur einen **Standardkonstruktor**, der wie bei der Definition von v1 bzw. v2 ohne Argumente aufgerufen werden kann und einen leeren Vektor erzeugt. Mit einem ganzzahligen Argument n≥0 wird ein Vektor mit n Elementen angelegt. Diese Elemente haben für einen vordefinierten Datentyp T den Wert 0, und für einen Klassentyp den von ihrem Standardkonstruktor erzeugten Wert. Mit einem zweiten Argument x, das in den Datentyp der Elemente des Vektors konvertierbar ist, erhalten die Elemente den Wert x.

```
int max=1000;          // muss keine Konstante sein
vector<int> v3(max);   // v3.size()==max
vector<double> v4(max,17);// jedes Element hat den Wert 17
```

Im Unterschied zu gewöhnlichen Arrays muss die Anzahl der Elemente hier keine Konstante sein.

Da für einen Vektor alle Operationen eines Arrays (insbesondere der Indexoperator) zur Verfügung stehen, können alle Anweisungen für ein Array auch mit einem Vektor übersetzt werden.

Beispiel: Bei den folgenden Anweisungen (der Auswahlsort von Abschnitt 3.10.2) wurde lediglich das Array a durch einen Vektor a mit *Max* Elementen ersetzt:

```
// int a[Max];
vector<int> a(Max);
for (int i=0; i<=Max-2; i++)
  {
    int x,Min = i;
    for (int j=i+1; j<=Max-1; j++)
      if (a[j]<a[Min]) Min = j;
    x = a[i]; a[i] = a[Min]; a[Min] = x;
  }
```

Die nächste Tabelle enthält die Laufzeiten für diese Anweisungen mit einem Array und einem Vektor. In der Spalte mit „vector at" wurde auf die Elemente des Vektors mit *at* zugegriffen:

C++Builder 2007, Release Build	Array	vector []	vector at
Auswahlsort n=10000	0,09 Sek.	0,56 Sek.	6,42 Sek.

Es ist allerdings nicht notwendig, für Arrays oder Vektoren eigene Sortierfunktionen zu schreiben. Die Standardbibliothek enthält den vordefinierten Algorithmus *sort*, den man nach *#include <algorithm>* sowohl mit Vektoren und anderen Container-Klassen der STL als auch mit gewöhnlichen Arrays aufrufen kann. Dieser Algorithmus sortiert die Elemente mit dem Operator <. Für einen selbstdefinierten Datentyp muss dieser Operator mit einer Operatorfunktion definiert sein (siehe Abschnitt 5.8)

Offensichtlich ist diese Sortierfunktion deutlich schneller als der Auswahlsort:

C++Builder 2007, Release Build	vector<int>	vector<double>	int a[n]
sort (n=10000)	0,011 Sek.	0,014 Sek.	0,0024 Sek.

Diese Laufzeiten ergaben sich bei folgenden *sort*-Anweisungen:

1. Spalten *vector<int>* und *vector<double>*

```
#include <algorithm> // notwendig für sort
using namespace std;
vector<T> v(max);//T ist der Datentyp der Elemente von v
srand(0);// damit immer dieselben Werte sortiert werden
for (int i=0; i<max; i++) v[i]=rand();
sort(v.begin(), v.end()); // sortiert alle Elemente
```

2. Beim Aufruf von *sort* für Arrays werden die Grenzen des zu sortierenden Bereichs als Zeiger auf diese Arrayelemente übergeben (Zeigerarithmetik). Diese Syntax erscheint zunächst vielleicht etwas ungewöhnlich:

```
#include <algorithm> // notwendig für sort
T a[max]; //T ist der Datentyp der Elemente von a
srand(0);// damit immer dieselben Werte sortiert werden
for (int i=0; i<max; i++) a[i]=rand();
sort(a,a+max); // sortiert von Index 0 bis max-1
```

4.2.2 Iteratoren

Im ersten der letzten beiden Beispiele ist der Rückgabewert von **v.begin()** und **v.end()** ein sogenannter **Iterator**. Iteratoren zeigen auf die Elemente eines Containers und haben Ähnlichkeiten mit einem Zeiger auf ein Element eines Arrays. Insbesondere kann man mit dem Operator * das entsprechende Element des Containers ansprechen. Ein Iterator wird definiert wie in

```
vector<T>::iterator i; // ein Iterator i für einen Vektor
```

Falls man einen Container und einen Iterator öfters benötigt, kürzt man die langen Namen oft mit *typedef* ab:

```
typedef vector<double> Container;
typedef Container::iterator Iterator;
```

Für einen Iterator ist der Operator ++ definiert. Er bewirkt, dass der Iterator anschließend auf das nächste Element zeigt. Deshalb kann man alle Elemente eines Vektors folgendermaßen mit einem Iterator i durchlaufen:

```
for (Iterator i=v.begin(); i!=v.end(); i++)
   Form1->Memo1->Lines->Add(*i);
```

Da man auf die Elemente eines Vektors auch mit dem Indexoperator zugreifen kann, haben die nächsten Anweisungen denselben Effekt:

```
for (int i=0; i<v.size(); i++)
   Form1->Memo1->Lines->Add(v[i]);
```

Wir werden allerdings im nächsten Abschnitt andere Container kennen lernen, die keinen Indexoperator haben. Wenn man alle Elemente eines solchen Containers durchlaufen will, muss man einen Iterator verwenden.

Der Rückgabewert von *v.begin()* zeigt immer auf das erste Element des Containers v, während *v.end()* auf die erste Position nach dem letzten Element zeigt. Deshalb wird als Abbruchbedingung beim Durchlaufen aller Elemente eines Bereichs immer wie oben die Bedingung

    i!=v.end()

verwendet. Auch die folgenden Elementfunktionen zum Einfügen und Löschen von Elementen verwenden Iteratoren:

*iterator **insert**(iterator position, const T& x = T());// fügt x vor position ein*
*iterator **erase**(iterator position);// löscht das Element an der Position position*
*iterator **erase**(iterator first, iterator last); // löscht alle Elemente im Bereich*

Der **Rückgabewert** von *insert* ist ein Iterator, der auf das eingefügte Element im Container zeigt. Der von *erase* zeigt auf das Element, das auf das gelöschte folgt. Falls kein solches Element existiert, ist der Funktionswert *end()*.

Mit dem oben definierten Vektor v werden durch die folgenden Anweisungen jeweils ein Element am Anfang und am Ende eingefügt:

```
v.insert(v.begin(),1);
v.insert(v.end(),2);
```

Die nächsten beiden Anweisungen löschen das erste bzw. alle Elemente von v:

```
v.erase(v.begin());
v.erase(v.begin(),v.end());
```

Die Beschreibung von Elementbereichen wie in diesem letzten Beispiel ist charakteristisch für alle Container und Algorithmen der STL: Ein Paar von Iteratoren [*first, last*) beschreibt einen **Bereich** von **aufeinander folgenden Elementen eines Containers,** der mit *first* beginnt und alle Elemente bis ausschließlich *last* enthält, die man ausgehend von *first* mit dem Operator ++ erhält. Der zweite Wert *last* des Paares gehört also nicht mehr zum Bereich. Ein solches Wertepaar entspricht einem **halb offenen Intervall** [n,m) aus der Mathematik, das aus allen Werten x besteht, für die $n \leq x < m$ gilt.

Die folgenden Beispiele gelten für beliebige Container und nicht nur für einen Vektor v:

1. Da *v.end()* immer auf die Position unmittelbar nach dem letzten Element des Containers v zeigt, stellt der Bereich *v.begin(), v.end()* immer **alle Elemente** des Containers v dar.

2. In einem leeren Container gilt *v.begin()==v.end()*. In einem nicht leeren Container hat **das letzte Element** die Position *v.end()–1*.

3. Wenn eine Funktion eine Parameterliste wie

   *void **sort**(RandomAccessIterator first, RandomAccessIterator last);*

   hat, dann stehen die Iteratoren *first* und *last* meist für einen solchen Bereich. Der Name *RandomAccessIterator* sagt etwas über die Anforderungen aus, die für den Iterator gelten müssen, damit *sort* aufgerufen werden kann. Diese sind bei einem *vector* und einem Array erfüllt, aber nicht beim Container *list*.

4. Alle Algorithmen der STL haben die Vorbedingung, dass die Argumente für einen Bereich [*first,last*) einen zulässigen Bereich darstellen. Ein solcher Bereich ist dadurch charakterisiert, dass man ausgehend von *first* mit ++ *last* erreicht. Paare wie

   v.end(), v.begin()
   v1.begin(), v2.end() // zwei verschiedene Container v1 und v2

   sind kein zulässiger Bereich. Für solche Bereiche sind die Algorithmen der STL nicht definiert.

Zu einem Iterator i eines *vector* kann man einen Ganzzahlwert n addieren. Das Ergebnis i+n ist dann analog zur **Zeigerarithmetik** ein Iterator, der auf das Element zeigt, das sich n Positionen weiter befindet als das Element, auf das i zeigt.

1. Der Bereich

    v.begin(), v.begin()+3

    enthält die Positionen der ersten 3 Elemente

    *(v.begin()), *(v.begin()+1), *(v.begin()+2),

    aber nicht mehr die Position *v.begin()+3* des vierten Elements.

2. Mit einem Zeiger bzw. einem Array a stellen die beiden Iteratoren

    a, a+n

    den Bereich der n Elemente *a, *(a+1), ..., *(a+(n-1)) (Zeigerarithmetik) bzw. a[0], a[1], ..., a[n-1] dar. Die Analogie von Iteratoren und Zeigern sieht man insbesondere an einem Beispiel wie

    ```
    char* p="123";
    char* e=p+3; //Zeiger auf das Element nach dem letzten
    for (char* i=p; i!=e; i++)
       Memo1->Lines->Add(*i);
    ```

    Hier ist e die Position nach dem letzten Element des Strings "123". Die Schleife entspricht weitgehend der schon oben vorgestellten Schleife, mit der alle Elemente des Containers v durchlaufen wurden:

    ```
    for (Iterator i=v.begin(); i!=v.end(); i++)
       Memo1->Lines->Add(*i);
    ```

3. Für Iteratoren ist ihre **Subtraktion** definiert. Sie ist wie in der Zeigerarithmetik der Ganzzahlwert mit der Differenz ihrer Positionen. So erhält man die Anzahl der Elemente eines Containers als die Differenz der Iteratoren *begin()* und *end()*:

    v.size() = v.end()–v.begin() // Anzahl der Elemente

Alle Containerklassen haben Konstruktoren, bei denen man über Iteratoren einen Bereich angeben kann, dessen Elemente bei der Konstruktion des Containers in den Container kopiert werden. Solche Konstruktoren werden insbesondere gern zum Testen verwendet, um einen Vektor mit Daten aus einem initialisierten Array zu füllen.

Beispiel: ```
int a[5]={1,5,2,4,3};
vector<int> v(a,a+5); // einfacher als 5 push_back
```
```

Durch das Einfügen oder Löschen von Elementen können **Iteratoren** eines Containers **ungültig** werden. Das bedeutet aber nicht nur, dass der Iterator *pos* nach

```
Iterator pos = v.end()-1; // letztes Element
v.erase(pos);             // löscht das letzte Element
```

nicht mehr auf das letzte Element zeigt. Vielmehr hat ein ungültiger Iterator einen **unbestimmten** Wert. Deswegen erreicht man auch z.B. durch

```
pos--;
```

nicht, dass er anschließend wieder auf das letzte Element zeigt. Ein Iterator muss deshalb nach jeder solchen Operation wieder auf einen definierten Wert gesetzt werden. Oft sind dafür die Funktionswerte von *erase* oder *insert* geeignet, die auf das eingefügte Element zeigen bzw. auf das nächste nach dem gelöschten:

```
pos=v.insert(pos,x);
pos=v.erase(pos);
```

Beispiel: Um alle Elemente mit einem bestimmten Wert zu löschen, liegt auf den ersten Blick eine Schleife wie diese nahe:

```
vector<int> v;
// ...
for (vector<int>::iterator i=v.begin();
                              i!=v.end(); i++)
    if (*i==17) v.erase(i);
```

Da hier aber der Iterator i nach dem Aufruf von *erase* ungültig werden kann, kann die Operation i++ zu einer Zugriffsverletzung führen. Deshalb muss i nach dem Löschen auf einen definierten Wert gesetzt werden. Dafür bietet sich der Funktionswert von *erase* an, der auf das nächste Element nach dem gelöschten zeigt:

```
vector<int>::iterator i=v.begin();
while (i!=v.end())
    if (*i==17) i=v.erase(i);
    else i++;
```

In Abschnitt 9.6.9 werden STL-Algorithmen wie *remove_if* vorgestellt, die solche Probleme vermeiden.

4.2.3 Algorithmen der Standardbibliothek

Zur Standardbibliothek gehören zahlreiche **Algorithmen** für Container (siehe Abschnitt 9.5). Das sind keine Elementfunktionen der Container-Klassen, sondern sogenannte Funktions-Templates (siehe Abschnitt 9.1), die wie gewöhnliche globale Funktionen aufgerufen werden können. Sie stehen nach

```
#include <algorithm>
using namespace std;
```

zur Verfügung und sind meist so konstruiert, dass sie als Argumente Iteratoren beliebiger Container akzeptieren. Die folgenden Beispiele zeigen nur einen Teil dieser Algorithmen und verwenden die beiden Container a und v:

```
const int max=10;
vector<T> v(max); // reserviere Platz für max Elemente
T a[max];         // T ist der Datentyp der Elemente
```

Der Algorithmus *copy* kopiert die Elemente aus dem Bereich [*first, last*) in den Bereich der *last–first* Elemente ab *result*.

*OutputIterator **copy**(InputIterator first,InputIterator last,OutputIterator result)*

Sein Ergebnis entspricht dem der Anweisungen:

```
while (first != last) *result++ = *first++;
```

Da *copy* keine Elemente in den Zielbereich einfügt, müssen die Elemente in diesem Bereich vor dem Aufruf von *copy* existieren. Da die Anforderungen für einen *InputIterator* für die Elemente des Vektors v und für einen Zeiger auf die Elemente des Arrays a erfüllt sind, können nicht nur Vektoren, sondern auch Arrays und nullterminierte Strings mit *copy* kopiert werden:

```
copy(v.begin(),v.end(),a); // kopiert v nach a
char* str1="12345";
char str2[120];// reserviere genügend Platz für die Kopie
copy(str1, str1 + strlen(str1) + 1, str2);
```

Mit **equal** kann man prüfen, ob zwei Bereiche dieselben Elemente enthalten.

*bool **equal**(InputIterator1 first1, InputIterator1 last1, InputIterator2 first2);*

equal vergleicht *first1* mit *first2*, *first1*+1 mit *first2*+1 usw. Deshalb müssen auf das Argument für *first2* mindestens *last1–first1* Elemente folgen.

```
if (equal (str1, str1 + strlen(str1) + 1, str2)) ...
```

Die Algorithmen *copy* und *equal* haben für Arrays die Funktionalität eines Zuweisungsoperators bzw. einer Prüfung auf Gleichheit. Im Unterschied zu *memcpy* und *memcmp* funktionieren sie auch für Arrays mit Elementen eines Klassentyps.

Mit *find* kann man nach einem Wert in einem Container suchen:

*InputIterator **find**(InputIterator first, InputIterator last, const T& value);*

Der Rückgabewert ist dann die Position des ersten Elements mit dem Wert *value* im Bereich [*first, last*). Falls das gesuchte Element nicht gefunden wurde, ist der Funktionswert das Argument für den zweiten Parameter *last*:

```
vector<T>::iterator p1=find(v.begin(), v.end(), 7);
if (p1!=v.end()) Memo1->Lines->Add(*p1);
else Memo1->Lines->Add("nicht gefunden");

T* p2=find(a, a+max, 7);
if (p2!=a+max) Memo1->Lines->Add(*p2);
else Memo1->Lines->Add("nicht gefunden");
```

Die nächsten drei Algorithmen setzen **sortierte Container** voraus. Ihre Laufzeit ist proportional zum Logarithmus der Elementanzahl. Mit *binary_search* kann man im Bereich [*first,last*) nach dem Wert *value* binär suchen. *lower_bound* und *upper_bound* liefern die untere bzw. obere Grenze des Bereichs, in den *value* eingefügt werden kann, ohne dass die Sortierfolge verletzt wird.

> bool **binary_search** (ForwardIterator first, ForwardIterator last,
> const T& value);
> ForwardIterator **lower_bound**(ForwardIterator first, ForwardIterator last,
> const T& value);
> ForwardIterator **upper_bound**(ForwardIterator first, ForwardIterator last,
> const T& value);

Vergleichen wir zum Abschluss Arrays und Vektoren zur Verwaltung von Daten. Die folgenden Argumente gelten auch für die meisten anderen Container der Standardbibliothek:

Vorteile der Containerklassen gegenüber Arrays:
– Durch die automatische Speicherverwaltung und die zahlreichen Element-funktionen ist die Verwaltung von Daten meist wesentlich einfacher.
– Die Möglichkeit, Container einander zuzuweisen und als Parameter an Funktionen zu übergeben.
– Bei einem Vektor die Möglichkeit, mit *at* Indizes zu überprüfen.
– Bietet im Wesentlichen nur Elementfunktionen, die einigermaßen effizient sind (z.B. *push_back* mit konstanter Komplexität). Da ein Array überhaupt keine Elementfunktionen anbietet, muss man bei jeder Funktion selbst darauf achten, ob sie effizient ist.

Nachteile von Containerklassen gegenüber Arrays:
– Die etwas längeren Übersetzungszeiten und Laufzeiten fallen oft nicht ins Gewicht.
– Gelegentlich haarsträubende Fehlermeldungen des Compilers.
– Bei manchen Containern können Iteratoren ungültig werden.
– Container können bei ihrer Definition nicht wie ein Array mit Werten wie in {1, 2, 3} initialisiert werden.

Falls diese Nachteile tragbar sind, sollte man die Container-Klassen verwenden. Falls die Vorteile nicht ins Gewicht fallen (z.B. bei Aufgaben wie „Sieb des Eratosthenes" oder „Monte-Carlo-Simulation" in Abschnitt 3.10.2) kann man sich die höhere Geschwindigkeit von Arrays zugute kommen lassen.

Aufgaben 4.2.3

1. Überarbeiten Sie eine Kopie Ihrer Lösung der Aufgabe 3.10.2, 1. (Sieb des Eratosthenes) so, dass anstelle eines Arrays ein *vector* verwendet wird. In drei verschiedenen Varianten der Lösung soll auf die Elemente folgendermaßen zugegriffen werden:

    a) mit dem Indexoperator,
    b) mit *at*
    c) mit Iteratoren.

2. Verwenden Sie für die Aufgaben in a) bis c) geeignete Algorithmen der STL. Um den Aufwand für diese Aufgabe klein zu halten, können sie hart kodierte Arrays verwenden.

    a) Sortieren Sie ein Array mit 10 Werten des Datentyps *int*. Geben Sie alle Werte des Arrays nach dem Sortieren aus.
    b) Kopieren Sie alle Elemente eines Arrays in ein anderes, das genügend groß ist.
    c) Prüfen Sie, ob zwei Arrays dieselben Elemente haben.

3. Lösen Sie Aufgabe 3.10.4, 1. (ohne c) und j)) mit einem Vektor anstelle eines Arrays. Verwenden Sie Iteratoren und vordefinierte Bibliotheksfunktionen, wo immer das möglich ist.

4. Überarbeiten Sie die Funktion *tokenize* von Aufgabe 4.1, 3. so, dass sie die gefundenen Teilstrings in einem *vector* zurückgibt. Eine zweite Version der Funktion *tokenize* soll einen AnsiString zerlegen und die Teilstrings in einem *vector* mit AnsiStrings zurückgeben. Damit diese Funktionen später zur Lösung weiterer Aufgaben verwendet werden können, sollen sie in eine Datei *\Loesungen_CB2006\CppUtils\StringUt.h* aufgenommen werden, die mit *#include* in ein Programm eingebunden werden kann.

Entwerfen Sie geeignete Testfälle und testen Sie diese Funktionen mit Testfunktionen.

5. **Ein einfaches Programm zur Datenverwaltung**

Schreiben Sie ein Programm, mit dem man Datensätze des in Abschnitt 3.11.1 vorgestellten Datentyps *Kontobewegung* ein- und ausgeben kann. Zur Verwaltung der Datensätze soll als Container ein *vector* verwendet werden.

Dieses Programm soll etwa folgendermaßen aussehen:

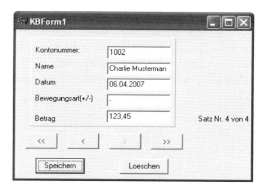

Die Namen der Edit-Fenster sollen den Namen der Elemente der Struktur entsprechen, ebenso die Namen der Labels. Die Tab-Reihenfolge soll von oben nach unten laufen. Damit der Aufwand für diese Aufgabe nicht zu groß wird, kann auf Plausibilitätsprüfungen der Eingaben (z.B. mit einer Edit-Maske) verzichtet werden.

a) Schreiben Sie die beiden Funktionen:

```
Kontobewegung FormToKB()
{ // gibt die Werte des Formulars Form1 zurück
Kontobewegung k;
k.KontoNr = StrToInt(Form1->EKontoNr->Text);
// ... usw.
return k;
}

void KBToForm(Kontobewegung k)
{ // überträgt die Daten von k in das Formular Form1
Form1->EKontoNr->Text=IntToStr(k.KontoNr);
// ... usw.
}
```

Die erste soll die Daten aus den Edit-Feldern des Formulars als Funktions-wert zurückgeben. Die zweite soll die Daten des Parameters k den Edit-Feldern des Formulars zuweisen. Zur Umwandlung des Datumsstrings in Ganzzahlwerte können Sie sich an Aufgabe 4.1,1. orientieren.

Damit der Datentyp *Kontobewegung* auch in anderen Programmen verwen-det werden kann, soll er in einer eigenen Datei definiert werden (z.B. mit dem Namen *KBDecl.h* im Verzeichnis *Loesungen_CB2006\CppUtils*). Diese Datei soll dann in das aktuelle Projekt mit einer *include*-Anweisung eingebunden werden, z.B.

```
#include "\Loesungen_CB2006\CppUtils\KBDecl.h"
```

Entsprechend sollen die Funktionen *KBToForm* und *FormToKB* in einer Datei mit dem Namen *KBForms.h* enthalten sein.

b) Beim Anklicken des Buttons mit der Aufschrift „Speichern" sollen die Daten der Eingabemaske unter Verwendung der Funktion *FormToKB* in den Container eingefügt werden.

c) Beim Anklicken des Buttons mit der Aufschrift „<" soll der Datensatz angezeigt werden, der sich im Container eine Position vor der des aktuell angezeigten Datensatzes befindet.

d) Beim Anklicken des Buttons mit der Aufschrift „>" soll der Datensatz angezeigt werden, der im Container auf den aktuell angezeigten Datensatz folgt.

e) Beim Anklicken der Buttons mit der Aufschrift „<<" bzw. „>>" soll der erste bzw. letzte Datensatz des Containers angezeigt werden.

f) Beim Anklicken des Buttons mit der Aufschrift „Löschen" soll der aktuell angezeigte Datensatz aus dem Container gelöscht werden.

g) Aktivieren bzw. deaktivieren Sie die Buttons mit der Aufschrift „<<", „<", „>", „>>" und „Löschen" in Abhängigkeit vom aktuellen Datenbestand im Container. Falls der Container leer ist, sollen alle diese Buttons deaktiviert werden. Andernfalls:

   – Die Buttons << und >> sollen immer aktiviert sein.
   – Falls vor dem aktuell angezeigten Datensatz kein weiterer kommt, soll der Button < deaktiviert sein und andernfalls aktiviert.
   – Falls nach dem aktuell angezeigten Datensatz kein weiterer kommt, soll der Button > deaktiviert sein und andernfalls aktiviert.

   Fassen Sie die Aktivierung und Deaktivierung der Buttons in einer Funktion *EnableButtons* zusammen. Diese kann dann nach jedem Anklicken eines der Buttons aufgerufen werden.

h) Nach dem Einfügen oder Löschen eines Datensatzes können die bisherigen Werte der Iteratoren des Containers ungültig werden. Damit der Iterator für die aktuelle Position auch nach einer dieser Operationen einen definierten Wert hat, soll er auf einen plausiblen Wert gesetzt werden. Beispielsweise wäre die Position des letzten Elements ein plausibler Wert nach dem Speichern eines Datensatzes. Nach dem Löschen kann der Datensatz nach dem gelöschten angezeigt werden.

i) Geben Sie die Nummer des aktuell angezeigten Datensatzes auf einem Label an. Sie kann als Differenz des Iterators für die aktuelle Position und des Iterators für das erste Element bestimmt werden. Diese Differenz ist dann wie bei einer Subtraktion von Zeigern ein Ganzzahlwert.

5. Schreiben Sie eine Funktion *Sum*, der als Parameter ein *vector* mit *double*-Elementen übergeben wird, und deren Funktionswert die Summe dieser Elemente

ist. Vergleichen Sie an diesem Beispiel die Parameterübergabe von Vektoren mit der von Arrays (siehe Abschnitt 3.12.8).

4.2.4 Die Speicherverwaltung bei Vektoren Θ

Ein *vector* reserviert den für neue Elemente notwendigen Speicher automatisch immer dann, wenn der bisher reservierte Speicher nicht mehr ausreicht. Damit der Zeitaufwand für die Reservierung von Speicherplatz nicht mit jedem neuen Element anfällt, wird meist mehr Speicher reserviert als nur der für das nächste Element. Die Elementfunktion *capacity* gibt die Anzahl der Elemente zurück, die der Container aufnehmen kann, ohne dass neuer Speicher reserviert werden muss:

   size_type ***capacity()*** *const*

Mit *max_size* erhält man die maximale Anzahl von Elementen, die der Container überhaupt aufnehmen kann:

   size_type ***max_size()*** *const;*

Wenn man im Voraus weiß, wie viele Elemente im Lauf der Zeit anfallen, kann man den für diese Elemente notwendigen Speicherplatz mit ***reserve*** reservieren und so den Zeitaufwand für die wiederholte Anforderung von Speicherplatz reduzieren:

   void ***reserve****(size_type n);*

Die Funktion ***reserve*** darf nicht mit dem Konstruktor mit einem Ganzzahlargument verwechselt werden, der die angegebene Anzahl von Elementen im *vector* ablegt: Durch *reserve* werden keine Elemente im *vector* abgelegt.

Beispiel:
```
         int max=1000;
         vector<T> v2,v1(max);
         // v1.size()==1000, v1.capacity>=1000
         v2.reserve(max);
         // v2.size() == 0, v2.capacity>=1000
```

Ein Vektor gibt den für seine Elemente reservierten Speicherplatz grundsätzlich nicht mehr frei. Das gilt insbesondere auch für den Aufruf von *reserve* mit einem kleineren Argument als *capacity()*. Auch durch *erase* wird der Speicherplatz für die gelöschten Elemente nicht freigegeben.

Beispiel: Mit den Vektoren des letzten Beispiels gelten nach den folgenden Anweisungen die danach als Kommentar angegebenen Bedingungen:

```
         v1.reserve(0);
         // v1.size() ==1000, v1.capacity>=1000
         v1.clear(); // wie v1.erase(v1.begin(),v1.end());
         // v1.size()==0, v1.capacity>=1000
```

Um den nicht benötigten Speicherplatz eines Vektors wieder freizugeben, kann man sich mit dem „Trick" behelfen, dass man den Vektor in einen anderen, leeren Vektor kopiert. Dabei wird im anderen Vektor nur der Speicherplatz für die benötigten Elemente reserviert. Vertauscht man dann die beiden Vektoren, übernimmt der ursprüngliche Vektor die Kapazität für die tatsächlich enthaltenen Elemente.

Beispiel: Nach dem Aufruf der Funktion

```
void ShrinkToFit(vector<int>& v)
{
vector<int> tmp(v); // tmp ist eine Kopie von v
v.swap(tmp);        // vertausche v und tmp
}
```

mit dem Argument v1 aus dem letzten Beispiel hat v1 die *capacity* 0:

```
ShrinkToFit(v1);
// v1.size()==0, v1.capacity>=0
```

Das Ergebnis der Elementfunktion

*void **resize**(size_type sz, T c = T());*

ist im C++-Standard folgendermaßen beschrieben:

```
if (sz > size())       insert(end(), sz-size(), c);
else if (sz < size()) erase(begin()+sz, end());
else;                  //do nothing
```

Deshalb wird auch durch diese Funktion kein Speicherplatz freigegeben, obwohl man das aufgrund ihres Namens eventuell erwarten könnte.

Der Speicherbereich für die Elemente eines Vektors ist wie der für die Elemente eines Arrays zusammenhängend. Deshalb gilt für alle $0 \le n < v.size()$

&v[n] == &v[0] + n

Dieser Ausdruck darf aber nicht mit &v + n verwechselt werden: Das erste Element eines Vektors kann eine andere Adresse haben als der Vektor.

Ein Vektor *vector<bool>* (mit Elementen des Datentyps *bool*) unterscheidet sich von Vektoren mit Elementen anderer Datentypen dadurch, dass möglichst viele (also 8) Werte in ein Byte gepackt werden. Deswegen gilt die Identität für &v[n] für solche Vektoren nicht. Außerdem gelten einige weitere Einschränkungen.

4.2.5 Mehrdimensionale Vektoren Θ

Vektoren, deren Elemente wieder Vektoren sind, werden als mehrdimensionale
Vektoren oder Matrizen bezeichnet. Zwei- und dreidimensionale Vektoren mit
Elementen des Datentyps T erhält man mit den Datentypen

```
vector<vector<T> > // Das Leerzeichen zwischen > und > ist
                   // notwendig!
vector<vector<vector<T> > > // dreidimensionaler Vektor
```

Die Elemente eines mehrdimensionalen Vektors m kann man mit einem mehrfachen Indexoperator oder der Elementfunktion *at* ansprechen:

```
m[i][j]   // wie bei einem mehrdimensionalen Array
m.at(i).at(j)
```

Durch die Definition

```
vector<vector<T> > m;
```

erhält man einen zweidimensionalen Vektor m, der allerdings noch keine Elemente
enthält. Analog zur Definition von v3 aus Abschnitt 4.2.1 erhält man mit

```
vector<vector<T> > m1(n);
```

einen Vektor m1 mit n Elementen, die alle leere Vektoren sind. Analog zur Definition von v4 erhält man für einen ganzzahligen Wert m≥0 mit

```
vector<vector<T> > m2(n, vector<T>(m));
```

einen zweidimensionalen Vektor m2 mit n Elementen (Zeilen), die jeweils Vektoren mit m Elementen (Spalten) sind. Die letzte Definition kann man im C++-
Builder 6 und 2007 (aber nicht im C++Builder 2006) auch noch vereinfachen zu

```
vector< vector<int> > m3(10, 10);
```

Die Definition von m2 lässt sich im Unterschied zu der von m3 auf drei- und
höherdimensionale Vektoren übertragen:

```
vector<vector<vector<T> > > m3d(n,
                    vector<vector<T> >(m,17));
```

Aufgabe 4.2.5

1. Schreiben Sie eine Funktion, die in einer Schleife nacheinander Elemente in
   einen Vektor ablegt und bei jeder Änderung der *capacity* die Anzahl der
   Elemente und die *capacity* ausgibt.

2. Überarbeiten Sie die Funktion *GaussElimination* von Aufgabe 3.10.5.3 so,
   dass sie für ein beliebiges n ein lineares Gleichungssystem mit n Gleichungen

und n Unbekannten löst. Die Koeffizientenmatrix a, n, die rechte Seite b, der Lösungsvektor x und der Vektor p für die Probe sollen als Parameter übergeben werden. Übernehmen Sie möglichst viele Anweisungen aus der Lösung von Aufgabe 3.10.5.3.

Lesen Sie die Koeffizienten und die rechte Seite des Gleichungssystems aus einem StringGrid (Tool-Palette Seite „Zusätzlich") ein. In die Zellen *cells[i][j]* eines StringGrid kann man Werte eingeben, wenn die Option *goEditing* unter *Options* auf *true* gesetzt wird. Die Größe des StringGrid soll während der Laufzeit des Programms gesetzt werden können. Informieren Sie sich dazu in der Online-Hilfe über die Eigenschaften *RowCount* und *ColCount*. Beachten Sie, dass ein StringGrid seine Zellen mit *[Spalte][Zeile]* adressiert und nicht wie C++ mit *[Zeile][Spalte]*.

3. Definieren Sie eine Dreiecksmatrix mit n Zeilen, deren i-te Zeile i Spalten hat (i=1 ... n). Setzen Sie die Elemente am Rand dieser Matrix auf den Wert 1. Jedes Element im Inneren der Dreiecksmatrix soll die Summe der beiden Elemente aus der Zeile darüber sein, die links und über diesem Element stehen (Pascal Dreieck):

```
1
1  1
1  2  1
1  3  3  1
usw.
```

4.2.6 Die Container-Klassen *list* und *deque*

Wie schon in Abschnitt 3.10.4 gezeigt wurde, hängt der durchschnittliche Zeitaufwand für bestimmte Operationen bei einem Container von seiner internen Organisation ab. So ist z.B. in einem nicht sortierten Array der Aufwand für das Suchen nach einem Element relativ groß, während der Aufwand für das Einfügen und Löschen relativ gering war. Dagegen ist in einem sortierten Array der Aufwand für die Suche relativ gering und der für das Einfügen und Löschen höher.

Der C++-Standard verlangt für viele Operationen nicht nur ein bestimmtes Ergebnis, sondern im Unterschied zu vielen anderen Bibliotheken auch Obergrenzen für ihre durchschnittliche Ausführungszeit. Die Anforderungen an den maximalen Zeitaufwand für eine Operation werden dabei immer auf die Anzahl der Elemente im Container bezogen und als **Komplexität** bezeichnet. Wenn der Zeitaufwand für eine Operation proportional zur Anzahl der Elemente im Container ist, bezeichnet man die Komplexität der Operation als linear. Wenn er dagegen von der Anzahl der Elemente des Containers unabhängig ist, bezeichnet man sie als konstant. Beim Auswahlsort haben wir gesehen, dass seine Komplexität quadratisch ist. Die Komplexität des binären Suchens ist dagegen logarithmisch.

Die Komplexität der meisten Algorithmen fällt in eine der folgenden Kategorien:

Komplexität	n=1	n=10	n=100	n=1000
konstant	1	1	1	1
logarithmisch	1	4	7	10
linear	1	10	100	1000
n*log(n)	1	40	700	10000
quadratisch		1	100	10000	1000000

Diese Tabelle enthält ab der zweiten Spalte den Faktor, um den sich der Zeitaufwand gegenüber einem Container mit einem Element vervielfacht. Daraus kann man natürlich keine Aussagen über den absoluten Zeitaufwand ableiten. Im Einzelfall kann ein Algorithmus mit quadratischer Komplexität schneller sein als einer mit linearer Komplexität. Bei großen Werten von n ist die Komplexität aber der entscheidende Faktor für den Zeitaufwand einer Operation.

Die Standardbibliothek enthält neben *vector* weitere Container-Klassen, die sich unter anderem auch durch die Komplexität ihrer Operationen unterscheiden. Für die meisten Funktionen eines Containers enthält der C++-Standard Anforderungen an ihr Zeitverhalten:

– Der Container *list* wird intern durch eine doppelt verkettete Liste implementiert (siehe Abschnitt 3.12.11). Deshalb hat das Einfügen und Löschen an beliebigen Positionen eine konstante Komplexität. Allerdings besitzt dieser Container keinen Indexoperator, mit dem man ein Element über seine Position im Container adressieren kann.

– Der Container *deque* („double ended queue") wird intern meist durch zwei oder mehr dynamisch erzeugte Arrays implementiert. Deshalb hat das Einfügen und Löschen von Elementen am Anfang und am Ende eine konstante Komplexität. An anderen Positionen ist die Komplexität dieser Operationen dagegen linear. Außerdem ist der Indexoperator definiert.

– Ein *vector* wird intern durch ein dynamisch erzeugtes Array implementiert. Deshalb ist die Komplexität von Einfüge- und Löschoperationen am Ende konstant und in den anderen Positionen linear. Auch hier ist der Indexoperator definiert.

Die Container *list* und *deque* stehen nach diesen #*include*-Anweisungen zur Verfügung:

```
#include <list>
#include <deque>
using namespace std;
```

Iteratoren eines *list*-Container werden beim Einfügen nie ungültig (siehe Seite 476). Beim Löschen wird nur ein Iterator auf das gelöschte Element ungültig. Das ergibt sich daraus, dass bei diesen Operationen die Position der anderen Elemente des Containers nicht verändert wird. Da *list* durch eine verkettete Liste implementiert ist, werden die eingefügten Elemente in die Liste eingehängt und die gelöschten aus ihr ausgehängt (siehe Abschnitt 3.12.11).

4.2.7 Gemeinsamkeiten und Unterschiede der sequenziellen Container

Diese Container-Klassen werden zusammenfassend auch als **sequenzielle Container** bezeichnet, da sie ihre Daten in einer linearen Anordnung verwalten. Für alle diese Container sind unter anderem die folgenden Operationen definiert. Dabei stehen a und b für Variablen, deren Datentyp eine Container-Klasse ist, p und q für Iteratoren und t für ein Element eines Containers:

Ausdruck	Datentyp	Bedeutung	Komplexität
a.begin()	Iterator	Zeiger auf erstes Element	konstant
a.end()	Iterator	Zeiger auf das Element nach dem letzten	konstant
a.size()	size_type	Anzahl der Elemente	konstant
a.empty()	bool	a.size()==0	konstant
a.insert(p,t)	Iterator	fügt eine Kopie von t vor p ein	verschieden
a.erase(p)	Iterator	löscht das Element an Position p	verschieden
a.erase(p,q)	Iterator	löscht Elemente im Bereich p, q	verschieden
a.clear()	void	a.erase(begin(),end())	verschieden
a==b	bool	a und b haben gleich viel Elemente, die alle gleich sind	linear
a!=b	bool	!(a==b)	linear
a<b	bool	a lexikografisch vor b	linear

Nach dem C++-Standard sind die folgenden Operationen nur für solche Container definiert, für die ihre **Ausführungszeit konstant** ist. Diese Container sind in der letzten Spalte aufgeführt:

Ausdruck	Datentyp	Bedeutung	Container
a.front()	T&	*a.begin()	vector, list, deque
a.back()	T&	*--a.end()	vector, list, deque
a.push_front(x)	void	a.insert(a.begin(),x)	list, deque
a.push_back(x)	void	a.insert(a.end(),x)	vector, list, deque
a.pop_front()	void	a.erase(a.begin())	list, deque
a.pop_back()	void	a.erase(--a.end())	vector, list, deque
a[n]	T&	*(a.begin()+n)	vector, deque
a.at(n)	T&	*(a.begin()+n)	vector, deque

Viele Aufgabenstellungen lassen sich mit verschiedenen Containern lösen. Im C++-Standard wird ein *vector* für den Normalfall empfohlen.

Die Container *list* und *deque* besitzen die meisten Funktionen, die oben für einen Vektor vorgestellt wurden. Ersetzt man in den Beispielen des letzten Abschnitts die Definition

```
vector<T> v; // T ein Datentyp
```

durch eine der folgenden beiden,

```
list<T>  v;
deque<T> v;
```

werden die meisten dieser Beispiele ebenso übersetzt. Lediglich die Operationen, die den Indexoperator verwenden, werden für *list* nicht übersetzt. Außerdem steht der globale Algorithmus *sort* für *list* nicht zur Verfügung. An seiner Stelle muss die **Elementfunktion** *sort* verwendet werden:

```
v.sort(); // sortiert die Liste v
```

Die nächste Tabelle enthält die Ausführungszeiten für das Einfügen von verschieden großen Elementen am Anfang und am Ende verschiedener Container.

C++Builder 2006, Release Build 10000 Operationen:	*vector*	*deque*	*list*
1. push_back int	0,00018 sec.	0,00054 sec.	0,0019 sec.
2. push_back 100 Bytes	0,0047 sec.	0,0019 sec.	0,0024 sec
3. push_back 1000 Bytes	0,049 sec.	0,015 sec.	0,012 sec.
4. push_back 1000 Bytes, mit *reserve*	0,011 sec.	–	–
5. push_front int	0,057 sec.	0,00054 sec.	0,0019 sec.
6. push_front 100 Bytes	2,02 sec.	0,0019 sec.	0,0024 sec.

- Die Zeilen 1.-3. enthalten die Zeiten für das Einfügen von Elementen des Datentyps *int* sowie von 100 und 1000 Bytes großen Strukturen. Wie man sieht, ist das Einfügen von kleinen Elementen mit *push_back* in einen *vector* schneller als in eine Liste, während bei größeren Elementen eine Liste schneller sein kann.

- Die Zeile 4 zeigt, dass ein *vector* die meiste Zeit für die Reservierung von Speicher benötigt. Wenn dieser im Voraus mit der Elementfunktion *reserve* reserviert wird, ist ein *vector* schneller als die anderen Container.

- Die Zeilen 5 und 6 zeigen, dass ein *vector* nicht verwendet werden sollte, um Elemente an anderen Positionen als am Ende einzufügen. Da ein *vector* kein *push_front* hat, wurde *v.insert(v.begin(), x)* verwendet.

Bei komplexen Aufgaben ist es oft nicht einfach, im Voraus zu entscheiden, welcher Container schnell genug ist. Wenn man nur Operationen verwendet, die in allen Containern verfügbar sind, kann der Zeitaufwand bei verschiedenen Containern verglichen werden, indem man einfach nur den Datentyp ändert.

Aufgabe 4.2.7

Übertragen Sie die Lösung der Aufgabe 4.2.3, 2 mit möglichst wenigen Änderungen auf *list* und *deque*.

4.2.8 Die Container-Adapter *stack*, *queue* und *priority_queue* ⊖

Die sogenannten **Container-Adapter** sind Container, die andere Container zur Speicherung ihrer Elemente verwenden. Nach dem C++-Standard stehen die Adapter *stack, queue* und *priority_queue* zur Verfügung. Variablen dieser Container können nach

```
#include <stack>
#include <queue>
using namespace std;
```

folgendermaßen definiert werden:

```
stack<T> s; // T ein Datentyp
queue<T> q;
priority_queue<T> pq;
```

Mit diesen Definitionen verwenden *stack* und *queue* einen *deque* zur Speicherung und *priority_queue* einen *vector*.

Bei einem Stack kann man anstelle von *deque* auch *vector* oder *list* verwenden, bei einer Queue auch *list*, und bei einer *priority_queue* auch *deque*. Dazu gibt man die Container-Klasse nach dem Datentyp der Elemente an. Die folgenden Definitionen entsprechen denen des letzten Beispiels:

```
stack<T, deque<T> > s; // Das Leerzeichen nach <T>
queue<T, deque<T> > q; // ist notwendig!
priority_queue<T,vector<T> > pq;
```

Ein **Stack** hat die folgenden Elementfunktionen:

bool empty()	// *true*, falls der Stack leer ist, andernfalls *false*
size_type size()	// Anzahl der Elemente im Stack
value_type& top()	// das oberste Element
void push(const value_type& x)	// legt das Argument auf den Stack
void pop()	// entfernt das oberste Element

Hier ist zu beachten, dass *pop* (im Unterschied zu vielen anderen Implementationen von Stacks) den Wert des obersten Elements nicht zurückliefert.

Alle Container-Adapter haben keine Iteratoren. Ein Zugriff auf die Elemente ist nur über die Funktion *top* möglich.

Legt man die Elemente e_1, e_2, ..., e_n der Reihe nach mit *push* auf einen Stack, erhält man diese durch n *top*- und *pop*-Operationen in der umgekehrten Reihenfolge zurück, in der man sie auf den Stack gelegt hat. Deswegen bezeichnet man einen Stack auch als *last-in-first-out*-Struktur (LIFO).

Eine **Queue** hat bis auf *top* dieselben Funktionen wie ein Stack. Der Zugriff auf das erste bzw. letzte Element ist mit den folgenden Funktionen möglich:

> *value_type& front()*
> *value_type& back()*

Da man hier die Elemente mit *front* wieder in derselben Reihenfolge aus dem Container entfernen kann, in der man sie eingefügt hat, kann man mit einer *queue* eine *first-in-first-out*-Struktur (FIFO) realisieren.

Eine **Priority_Queue** ordnet ihre Elemente in einer Reihenfolge an. Mit *top* wird dann immer das oberste Element in dieser Anordnung entnommen. Die Reihenfolge ergibt sich in

```
priority_queue<T> p; // T ist der Datentyp der Elemente
```

aus dem Vergleich der Elemente mit dem Operator „<". Dieser Operator kann aber in der Definition durch einen anderen ersetzt werden:

```
priority_queue<T,vector<T>,greater<T> > p;
```

Beispiel: Die folgenden Anweisungen werden für die Container *stack* und *priority_queue* übersetzt:

```
stack<AnsiString> p;
// priority_queue<AnsiString> p; // geht auch

p.push("Daniel");
p.push("Alex");
p.push("Kathy");
while (!p.empty())
  {
    Memo1->Lines->Add(p.top());
    //  Memo1->Lines->Add(p.front());
    p.pop();
  }
```

Ersetzt man *p.top* durch *p.front*, kann man auch eine *queue* verwenden. Für die einzelnen Container werden die Werte dann in der folgenden Reihenfolge ausgegeben:

stack:	„Kathy", „Alex", „Daniel" (LIFO)
priority_queue:	„Kathy", „Daniel", „Alex" (alphabetisch geordnet)
queue:	„Daniel", „Alex", „Kathy" (FIFO)

4.2.9 Container mit Zeigern

Wenn ein Container Zeiger enthält, wird beim Löschen von Container-Elementen (z.B. mit *erase*) nur der Speicherbereich für die Zeiger freigegeben. Der Speicherbereich, auf den die Zeiger zeigen, wird dadurch nicht berührt und bleibt weiterhin reserviert. Wenn die Zeiger auf dynamisch erzeugte Variablen zeigen, ist ein Speicherleck die Folge:

```
vector<int*> v;
v.push_back(new int(17));
v.erase(v.begin()); // Speicherleck
```

Die zu einem Zeiger gehörenden Speicherbereiche müssen deshalb explizit wieder freigegeben werden:

```
for (vector<int*>::iterator i=v.begin(); i!=v.end(); i++)
    delete *i;
```

Da beim Löschen eines *shared_ptr* (siehe Abschnitt 3.12.5) auch der Speicherbereich gelöscht wird, auf den er zeigt, muss man bei einem Container mit *shared_ptr* Elementen den zugehörigen Speicherbereich nicht explizit freigeben.

Beispiel: Mit dem Verlassen der Funktion f wird nicht nur der vom *vector* vs belegte Speicher wieder freigegeben, sondern auch der Bereich, auf den die Zeiger zeigen:

```
void f()
{
using boost::shared_ptr;
vector<shared_ptr<int> > vs;
shared_ptr<int> s1(new int);
vs.push_back(s1);
vs.push_back(shared_ptr<int>(new int));
} // auch ohne delete kein Speicherleck
```

Deshalb ist es meist vorteilhaft, Zeiger auf dynamisch reservierte Speicherbereiche mit *shared_ptr* zu verwalten.

4.2.10 Die verschiedenen STL-Implementationen im C++Builder Θ

Die verschiedenen Versionen des C++Builders wurden immer wieder mit verschiedenen Versionen der Standardbibliothek ausgeliefert:

C++Builder 5: Mit einer Implementation von Rogue Wave.
C++Builder 6: Mit der freien STLPort Implementation (http://stlport.source-forge.net).
C++Builder 2006 und 2007: Mit einer Implementation von Dinkumware (http://-www.dinkumware.com)

Alle diese Bibliotheken erfüllen nahezu alle Anforderungen des C++-Standards. Da die neueren Implementationen die Anforderungen des Standards aber meist etwas besser einhalten als die älteren, kann es beim Wechsel von einer älteren zu einer neueren Version mit Abweichungen verbunden sein. Erfahrungsgemäß sind diese aber gering.

4.2.11 Die Container-Klasse *bitset* Θ

Ein *bitset* ist ein Array von Bits, also der Werte 0 oder 1. Im Unterschied zu einem Array von Elementen des Datentyps *int* oder *bool*, das diese Werte genauso darstellen kann, werden in einem *bitset* alle Bits einzeln ausgenutzt. Ein *bitset* belegt also intern nur ca. 1/8 bzw. 1/32 des Speicherplatzes eines Arrays mit Elementen des Datentyps *bool* bzw. *int*. Außerdem sind für die Klasse *bitset* zahlreiche Funktionen definiert, die bei der Arbeit mit Bitleisten oft auftreten.

Das Klassen-Template *bitset* gehört zur C++-Standardbibliothek und steht nach

```
#include <bitset>
using namespace std;
```

zur Verfügung. Mit diesem Template wird dadurch eine Klasse definiert, dass man nach *bitset* in spitzen Klammern die Anzahl der Bits des Bitsets angibt. Im Unterschied zu den bisher vorgestellten Container-Klassen wird hier also kein Datentyp angegeben, sondern eine ganzzahlige Konstante:

```
const int n=10;
bitset<n> b0;         // b0=0000000000
bitset<n> b1(7);      // b1=0000000111
bitset<n> b2("1001"); // b2=0000001001
```

Ein *bitset* besitzt die folgenden Konstruktoren:

> **bitset** *();* // Alle Bits der Variablen werden auf 0 gesetzt.
> **bitset** *(unsigned long val);* // initialisiert die Bits mit dem Bitmuster von *val*
> explicit **bitset** *(const string& str, size_t pos = 0, size_t n = size_t(–1));*
> // initialisiert die Bits mit den Zeichen des Strings (nur '0' oder '1')

Mit der Elementfunktion

> unsigned long ***to_ulong**() const;*

erhält man den zu einem Bitmuster gehörenden Wert. Damit kann man ein mit dem dritten Konstruktor angegebenes Bitmuster in einen Ganzzahlwert umwandeln:

```
int i=b2.to_ulong(); // i=9
```

Entsprechend erhält man mit der Elementfunktion

> string ***to_string**() const;* // Datentyp *string* aus der Standardbibliothek

das Bitmuster als String. Da es sich dabei um den Datentyp *string* der Standardbibliothek handelt, muss er mit *c_str()* angesprochen werden, wenn man ihn in Funktionen verwendet, die einen *AnsiString* erwarten:

```
Memo1->Lines->Add(b0.to_string().c_str());
```

Zahlreiche Elementfunktionen und Operatoren decken häufig auftretende Operationen mit Bitsets ab. Ein Auszug:

> *reference operator[] (size_t pos);* // Indexoperator, Bit an Position *pos*
> *size_t **count**() const;* // Anzahl der gesetzten Bits
> *size_t **size**() const;* // Anzahl der reservierten Bits
> *bool **test**(size_t pos) const;* // true, falls das Bit an Position *pos* den Wert 1 hat
> *bool **any**() const;* // true, falls irgendein Bit den Wert 1 hat
> *bool **none**() const;* // true, falls kein Bit den Wert 1 hat
> *bitset<N>& **set**();* // setzt alle Bits auf 1
> *bitset<N>& **set**(size_t pos, int val = 1);* // setzt das Bit an Position *pos*
> *bitset<N>& **reset**();* // setzt alle Bits auf 0
> *bitset<N>& **reset**(size_t pos);* // setzt das Bit an Position *pos* auf 0
> *bitset<N>& **flip**();* // schaltet alle Bits um (von 0 auf 1 und umgekehrt)
> *bitset<N>& **flip**(size_t pos);* // schaltet das Bit an Position *pos* um.

4.3 Dateibearbeitung mit den Stream-Klassen

Daten in einem Programm wurden bisher vor allem in Variablen dargestellt. Diese Variablen stellen Speicherbereiche im Hauptspeicher des Rechners dar, deren Reservierung am Ende des Programms wieder aufgehoben wird. Deshalb kann man danach nicht mehr auf die Daten zugreifen. Will man Daten über die Laufzeit eines Programms hinaus erhalten, müssen sie auf sogenannten **externen Datenträgern** gespeichert werden. Das sind meist Magnetplatten (Festplatten oder Disketten), Magnetbänder, Speicherchips, optische Speichermedien (CD-ROMs, MO-Disks, DVDs usw.) oder einfach Papier, auf dem Daten ausgedruckt werden.

Neben der dauerhaften Speicherung von Daten unterscheiden sich externe Datenträger meist auch durch ihre größere Speicherkapazität vom Hauptspeicher. Allerdings ist der Zugriff auf extern gespeicherte Daten oft langsamer als der auf Daten im Hauptspeicher. So muss bei einer Festplatte der Schreib-/Lesekopf mechanisch positioniert werden.

Das Speichermedium bestimmt auch die Zugriffsmöglichkeiten auf die Daten:

- Über einen Drucker können Daten nur ausgegeben werden.
- Bei Magnetbändern kann man meist nur einen Datensatz nach dem anderen schreiben bzw. in der gespeicherten Reihenfolge lesen. Diese Art der Bearbei-

tung einer Datei wird als **sequenziell** bezeichnet und steht für alle Speichermedien zur Verfügung.
- Auf Festplatten kann man auf Daten an einer bestimmten Position direkt zugreifen, ohne dass man alle Daten davor lesen muss. Diese Zugriffsmethode wird als **Direktzugriff** oder **wahlfreier Zugriff** bezeichnet (siehe Abschnitt 4.3.6). Sie wird oft verwendet, wenn alle Datensätze dieselbe Länge haben und deshalb die Adresse eines Datensatzes auf dem Datenträger berechnet werden kann.

In diesem Abschnitt werden zunächst die Klassen des C++-Standards zur Dateibearbeitung vorgestellt. Abschließend werden dann auch noch kurz die entsprechenden Funktionen der Programmiersprache C gezeigt, da sie auch oft in C++-Programmen verwendet werden.

4.3.1 Stream-Variablen, ihre Verbindung mit Dateien und ihr Zustand

Eine Gesamtheit von Daten, die auf einem externen Datenträger unter einem Namen gespeichert ist, wird als Datei oder File bezeichnet. In einem C++-Programm kann man eine Datei mit einer Variablen der Klassen *fstream*, *ifstream* oder *ofstream* ansprechen. Diese Klassen stehen nach

```
#include <fstream>
using namespace std;
```

zur Verfügung und haben die folgenden Konstruktoren:

fstream();
fstream(const char* s,ios_base::openmode mode=ios_base::in|ios_base::out);
ifstream();
ifstream(const char* s, openmode mode = in);
ofstream();
ofstream(const char* s, openmode mode = out);

Das Argument für den Parameter s muss ein zulässiger Dateiname sein, der z.B. nach diesem Schema aufgebaut ist:

Drive:\DirName\...\DirName\FileName

Hier kann man die Angaben für das Laufwerk und den Pfad bei Dateien im aktuellen Verzeichnis auch weglassen. Da das Zeichen „\" in einem String eine Escape-Sequenz einleitet, muss es doppelt angegeben werden:

```
ofstream f("c:\\test\\test1.dat");
```

Durch die Definition einer Stream-Variablen mit einem solchen Konstruktor wird die **Datei** mit dem für den String s übergebenen **Dateinamen** geöffnet. Das bedeutet, dass die Stream-Variable anschließend diese Datei darstellt, und dass die Datei mit den Funktionen für die Stream-Klasse bearbeitet werden kann. Eine geöffnete Datei wird beim Betriebssystem registriert, damit verhindert werden kann, dass sie gleichzeitig von einem anderen Programm geöffnet wird.

Die Konstruktoren ohne Parameter definieren eine Stream-Variable, ohne dass eine Datei geöffnet wird. Diese Stream-Variable kann man dann anschließend durch einen Aufruf der Elementfunktion *open* mit einer Datei verbinden. Der Parameter s von *open* entspricht dem der Konstruktoren:

> *void **open** (const char*s,ios_base::openmode*
> $$mode=ios\_base::in|ios\_base::out);$$

Hier und bei den entsprechenden Konstruktoren hat der Parameter *mode* ein sogenanntes **Default-Argument**: Setzt man beim Aufruf der Funktion für diesen Parameter kein Argument ein, wird das Default-Argument verwendet. Setzt man aber Werte ein, werden diese anstelle der Default-Werte verwendet. Ein *ifstream* verwendet als Default-Argument im Konstruktor und in der Funktion *open* für *mode* den Wert *ios::in* und ein *ofstream* den Wert *ios::out*.

Beispiel: Wenn man den Namen einer Datei in einem OpenDialog festlegen will, kann man z.B. folgendermaßen vorgehen:

```
fstream f;
if (OpenDialog1->Execute())
   {
      f.open(OpenDialog1->FileName.c_str(),
                         ios::binary|ios::out);
 ...
```

Das Argument für ***mode*** legt fest, welche Operationen mit der Datei möglich sind. Zulässig sind die folgenden Werte sowie eine Kombination davon:

in   öffnet eine Datei zum Lesen. Falls die Datei beim Öffnen nicht existiert oder z.B. kein Zugriffsrecht besteht, hat das einen Fehler zur Folge.

out   erzeugt eine Datei zum Schreiben. Falls eine Datei mit diesem Namen bereits existiert, wird sie überschrieben.

app   öffnet eine Datei zum Schreiben. Falls die Datei bereits existiert, wird sie geöffnet, ansonsten wird sie erzeugt. Neue Daten werden immer am Ende der Datei geschrieben.

trunc löscht die Daten einer bereits bestehenden Datei beim Öffnen.

ate   öffnet eine Datei und setzt den Positionszeiger an das Ende der Datei.

binary Mit diesem Wert wird die Datei im **Binärmodus** (siehe Abschnitt 4.3.3) geöffnet, und ohne ihn im **Textmodus** (siehe Abschnitt 4.3.4).

Diese Werte sind Ganzzahlkonstanten, bei denen immer genau ein Bit gesetzt ist. Mit dem Operator „|" können verschiedene Modi kombiniert werden.

Beispiel: Mit *ios::out* wird immer eine neue Datei mit dem angegebenen Namen angelegt, unabhängig davon, ob *ios::out* mit *ios::binary* kombiniert wird oder nicht:

```
fstream f1(fn1,ios::binary|ios::out); // char* fn1
```

Kombiniert man bei einem *fstream ios::out* mit *ios::in*, wird eine neue Datei mit dem angegebenen Namen erzeugt, falls noch keine Datei mit diesem Namen existiert. Falls eine solche Datei aber bereits existiert, wird sie geöffnet. Eine Kombination mit *ios::binary* hat darauf keinen Einfluss:

```
fstream f2(fn2,ios::binary|ios::out|ios::in);
```

Die folgende Tabelle enthält die zulässigen Kombinationen. Jede dieser Kombinationen kann außerdem mit *binary* und *ate* kombiniert werden. Andere Kombinationen führen zu einem Fehler beim Öffnen der Datei. Alle diese Werte müssen nach „ios::" angegeben werden.

in	*out*	*trunc*	*app*	C
	+			"w"
	+		+	"a"
	+	+		"w"
+				"r"
+	+			"r+"
+	+	+		"w+"

Die letzte Spalte enthält die entsprechenden Modi der Programmiersprache C.

Zwischen den Stream-Klassen bestehen im Wesentlichen die folgenden Unterschiede:

- Die Klasse *ifstream* hat keine Elementfunktionen zum Schreiben und kombiniert das Argument für *mode* immer mit *ios::in*. Deshalb kann man einen *ifstream* verwenden, wenn man eine Datei nur lesen will.
- Entsprechend hat die Klasse *ofstream* keine Funktionen zum Lesen und kombiniert das Argument für *mode* immer mit *ios::out*.
- Ein *fstream* hat dagegen sowohl die Funktionen eines *ifstream* zum Lesen als auch die eines *ofstream* zum Schreiben. Allerdings verwendet ein *fstream* nur das Argument für *mode* und kombiniert es nicht mit den Voreinstellungen. Obwohl ein *fstream* immer die Funktionen zum Lesen bzw. Schreiben enthält, ist ihr Aufruf ein Fehler, wenn beim Öffnen nicht der entsprechende Modus gesetzt wurde.

Diese unterschiedlichen Kombinationen des Arguments für *mode* mit den Voreinstellungen haben die folgenden Konsequenzen:

- Bei einem *fstream* muss man immer alle Modi angeben, wenn man nicht die Voreinstellungen verwenden will. So muss man *ios::out* angeben, wenn man eine Binärdatei zum Schreiben öffnen will:

```
fstream f("c:\\test1.dat",ios::binary|ios::out);
```

Wenn man einen *fstream* nur mit *ios::binary* öffnet, führt das Schreiben in die Datei zu einem Fehler.

– Da bei einem *ifstream* oder einem *ofstream* dagegen der angegebene Modus mit den Voreinstellungen kombiniert wird, kann man nach

```
ofstream f("c:\\test1.dat",ios::binary);
```

in eine Datei schreiben, ohne dass das zu einem Fehler führt.

Die Verbindung zwischen einer Datei und einer Stream-Variablen kann man mit der Elementfunktion

*void **close**(); //* schließt die Datei

wieder trennen. Sie schreibt eventuell noch nicht gespeicherte Daten aus Zwischenpuffern in die Datei und hebt die Reservierung der Datei beim Betriebssystem auf. Deshalb ruft man diese Funktion meist auf, wenn man alle Operationen mit einer Datei beendet hat. Da *close* aber auch immer automatisch beim Verlassen der Verbundanweisung aufgerufen wird, in der die Stream-Variable definiert wurde, muss nicht auf jedes *open* ein *close* folgen. Allerdings ist ein überflüssiger Aufruf von *close* auch kein Fehler.

```
void ProcessFile(char* fn)
{
ifstream f(fn);
// bearbeite die Datei
f.close(); // überflüssig, aber nicht falsch
}
```

Die Stream-Klassen stellen die Daten einer Datei als einen **Stream** (Datenstrom) von Zeichen (Bytes) dar. Für die Arbeit mit Dateien ist es oft hilfreich, sich diese Daten als eine Folge von Datensätzen auf einem **Magnetband** vorzustellen. Im einfachsten Fall ist ein solcher Datensatz ein einzelnes Zeichen:

| Datensatz | Datensatz | Datensatz ... |

Dieses Modell liegt (vor allem aus historischen Gründen) vielen Operationen mit Dateien zugrunde und gilt auch für Dateien auf Festplatten.

Zu einem Stream gehört insbesondere ein **Positionszeiger**, der immer auf eine bestimmte Position der Datei zeigt. Man kann sich diesen Positionszeiger als einen Schreib-/Lesekopf vorstellen, der immer an einer bestimmen Position über dem Magnetband steht. Wenn ein Datensatz in die Datei geschrieben wird, wird dieser ab der momentanen Position des Schreib-/Lesekopfs auf das Magnetband geschrieben. Der Schreib-/Lesekopf steht anschließend am Anfang des nächsten Datensatzes.

Nach dem Öffnen einer Datei steht der Positionszeiger am Anfang der neuen, leeren Datei. Im Modell mit dem Magnetband kann man sich das so vorstellen, dass der zur Datei gehörende Schreib-/Lesekopf am Anfang eines leeren Magnetbands steht:

| (Magnetband)
^ (Schreib-/Lesekopf)

Das Modell mit dem Magnetband zeigt einige wichtige Unterschiede zwischen Arrays und Files:

- In einem **Array** kann man ein bestimmtes Element direkt über seinen Index ansprechen (z.B. a[i]).
- In einem **Stream** kann man ein bestimmtes Element nie direkt ansprechen. Stattdessen muss der Positionszeiger („Schreib-/Lesekopf") an den Anfang des entsprechenden Elements positioniert werden. Anschließend kann das Element gelesen bzw. an dieser Stelle geschrieben werden.
- Im Unterschied zu einem Array muss die Anzahl der Elemente eines Files nicht im Voraus angegeben werden.

4.3.2 Fehler und der Zustand von Stream-Variablen

Eine Stream-Variable enthält zahlreiche Daten. Dazu gehören z.B. ein Puffer für die Daten aus der Datei und der Positionszeiger. Ein Feld für den „**Zustand**" enthält Informationen darüber, ob die bisherigen Operationen erfolgreich waren. Wenn bei einer Operation mit einer Stream-Variablen ein **Fehler** auftritt, wird in diesem Feld ein Bit für die Kategorie des Fehlers gesetzt.

Diesen Zustand kann man mit der booleschen Elementfunktion *good* abfragen. Ihr Wert ist *true*, falls bisher kein Fehler aufgetreten ist, und sonst *false*.

```
fstream f("c:\\\\test1.dat");
if (!f.good()) ShowMessage("Fehler beim Öffnen");
```

Hier wird nach dem Öffnen einer Datei geprüft, ob das möglich war. Da das Argument kein zulässiger Dateiname ist, erhält man eine Fehlermeldung.

Den Funktionswert von *good* kann man auch über den Namen der Stream-Variablen abfragen. Dieser Wert ist ungleich Null (*true*), wenn bisher kein Fehler aufgetreten ist, bzw. Null (*false*), falls ein Fehler aufgetreten ist:

```
fstream f("c:\\\\test1.dat");
if (f); // kein Fehler
else ShowMessage("Fehler beim Öffnen");
```

Nach dem C++-Standard werden im Feld für den Zustand die folgenden Bits bei den jeweils angegebenen Fehlerkategorien gesetzt:

- *eofbit*: Wenn über das Ende einer Datei hinaus gelesen wurde.
- *failbit*: Wenn eine Lese- oder Schreiboperation nicht die gewünschte Anzahl von Zeichen lesen oder schreiben konnte.
- *badbit*: Bei einem schwerwiegenden Fehler, bei dem jede weitere Operation mit der Stream-Variablen keine Aussicht auf Erfolg hat.

Bei den ersten beiden Kategorien kann z.B. eine weitere Leseoperation sinnvoll sein, wenn man die Fehlerbits mit der Elementfunktion

*void **clear**();*

zurücksetzt und den Positionszeiger auf den Anfang der Datei setzt.

Den Zustand der Bits erhält man auch als Funktionswert der Elementfunktionen:

```
bool eof()      // true, falls eofbit gesetzt ist
bool fail()     // true, falls failbit oder badbit gesetzt ist
bool bad()      // true, falls badbit gesetzt ist
```

Wenn in einer Stream-Variablen der Fehlerzustand gesetzt ist, sind **alle weiteren Operationen** mit der Datei **wirkungslos**. Deshalb sollte man vor jeder Operation mit einer Stream-Variablen prüfen, ob die bisherigen Operationen erfolgreich waren.

Mit der Elementfunktion

*void **exceptions**(iostate except);*

kann man erreichen, dass eine Exception (siehe Abschnitt 3.19.2 und Kapitel 7) ausgelöst wird, wenn bei einer Operation mit einer Stream-Variablen ein Fehler auftritt. Ihr übergibt man als Argument das Bitmuster für die Fehlerkategorien, bei denen eine Exception ausgelöst werden soll:

```
f.exceptions(ios::failbit|ios::badbit|ios::eofbit);
```

4.3.3 Lesen und Schreiben von Binärdaten mit *read* und *write*

Mit dem Parameter *mode* kann man beim Öffnen einer Datei (siehe Seite 495) festlegen, ob sie im Textmodus (indem man *ios::binary* nicht setzt) oder im Binärmodus (indem man *ios::binary* setzt) geöffnet wird.

- Bei einer im **Textmodus** geöffneten Datei werden beim Lesen und Schreiben bestimmte Zeichen in Abhängigkeit vom Betriebssystem, von Landeseinstellungen usw. in andere Zeichen konvertiert. So wird z.B. das Zeichen für einen Zeilenumbruch '\n' unter Windows durch zwei Zeichen '\r'\n' dargestellt, während es unter UNIX nicht konvertiert wird. Beim Lesen einer Textdatei wird ein EOF-Zeichen (ctrl-Z, Ascii Nr. 26) als Dateiende interpretiert, auch wenn anschließend noch weitere Zeichen folgen.

– Bei einer im **Binärmodus** geöffneten Datei werden keine solchen Konversionen durchgeführt.

Das ist bereits der einzige Unterschied zwischen dem Text- und Binärmodus. Man kann sowohl Klartext als auch Binärdaten in eine Datei schreiben, unabhängig davon, in welchem Modus sie geöffnet wurde. Wenn man allerdings Binärdaten in eine Datei schreibt, die im voreingestellten **Textmodus** geöffnet wurde, können bestimmte Zeichen konvertiert werden. Wenn man diese Datei später wieder liest, erhält man andere Werte als die geschriebenen. Deswegen werden **Binärdateien** meist im Binärmodus und **Textdateien** im Textmodus geöffnet.

Als Nächstes werden einige Anweisungen vorgestellt, mit denen man Binärdaten in eine Datei schreiben und aus einer Datei lesen kann. Im nächsten Abschnitt werden dann Textdaten betrachtet.

Die Elementfunktion der Stream-Klassen *fstream* und *ofstream*

> *ostream& **write**(const char* s, streamsize n);*

schreibt n Zeichen des Datentyps *char* ab der Adresse in s in die zum Stream gehörende Datei. Diese Funktion ist aber nicht auf Daten des Datentyps *char* beschränkt. Man kann auch Daten eines anderen Datentyps schreiben, wenn man sie mit der **Typkonversion *(char*)*** als Daten des Typs *char* interpretiert.

Der Rückgabewert dieser Funktion ist die aktuelle Stream-Variable. Da eine Stream-Variable den Wert ihrer Elementfunktion *good* darstellt, kann man den Funktionswert zur Prüfung verwenden, ob *write* erfolgreich ausgeführt wurde.

Beispiele:

1. Durch die folgenden Anweisungen wird eine Datei mit dem Namen „test1.dat" angelegt. In sie werden 20 Mal *sizeof(int)* Bytes mit der Binärdarstellung der Variablen i geschrieben.

```
fstream f("c:\\test1.dat",ios::binary|ios::out);
if (!f) ShowMessage("Fehler bei open");
for (int i=0; i<20; i++)
  {
    f.write((char*)&i,sizeof(int));
    if (!f) ShowMessage("Fehler bei write");
  }
f.close();
```

Hier wird nach jeder Dateioperation abgefragt, ob sie erfolgreich war. Alternativ kann man auch Exceptions aktivieren und diese Anweisungen im Rahmen einer *try*-Anweisung aufrufen, die diese Exceptions abfängt.

Da in diesem Beispiel nur in die Datei geschrieben wird, kann man anstelle von *fstream* auch die Klasse *ofstream* verwenden. Man spart so die Angabe *ios::out* bei der Definition der Stream-Variablen:

```
ofstream f("c:\\test1.dat",ios::binary);
```

2. Da der Rückgabewert von *write* die aktuelle Stream-Variable ist und eine Stream-Variable zur Abfrage ihres Zustand (wie *f.good()*) verwendet werden kann, sind die beiden Anweisungen der *for*-Schleife des letzten Beispiels gleichwertig mit dieser einen *if*-Anweisung:

```
for (int i=0; i<20; i++)
  if (f.write((char*)&i,sizeof(int)));
  else ShowMessage("Fehler bei write");
```

3. Oft verwendet man Strukturen als Datensätze einer Datei:

```
Kontobewegung K={1000,"ich",{1,7,2007},'+',100};
ofstream f("c:\\test\\test2.dat",ios::binary);
f.write((char*)&K,sizeof(K));
```

Strukturen sollte man aber nur dann mit *write* in eine Datei schreiben, wenn sie alle Daten enthalten. **Wenn die Struktur Zeiger** auf die Daten **enthält**, werden nur die Zeiger in die Datei geschrieben, während die Daten, auf die sie zeigen, nach dem Ende des Programms verloren sind. Deshalb sollte ein String in einer Struktur z.B. mit dem Datentyp *char[20]* definiert sein.

```
struct Kontobewegung {
  int KontoNr;
  char NameInhaber[20];
  // ...
};
```

Hätte man anstelle von *char[20]* eine Stringklasse gewählt, die einen Zeiger auf einen nullterminierten String enthält, würde nur der Zeiger in die Datei geschrieben. Deshalb kann man auch die Elemente einer Container-Klasse der Standardbibliothek nicht mit *write* und der Adresse des Containers in eine Datei schreiben.

4. Wenn man Daten aus einem Array in eine Datei schreibt, ist der Adressoperator in *write* nicht notwendig. Durch die folgenden Anweisungen wird eine Datei mit den ersten 5 Elementen des Arrays a angelegt:

```
int a[10]={0,1,2,3,4,5,6,7,8,9};
fstream f("c:\\test3.dat",ios::binary|ios::out);
f.write((char*)a,5*sizeof(int));
f.close();
```

Nach jedem Aufruf von *write* steht der Positionszeiger am Anfang des nächsten Datensatzes. Falls der Positionszeiger vor dem Schreiben am Ende der Datei steht, wird die Datei erweitert.

Datensatz	
∧	

Durch *write* wird ein Datensatz allerdings nur „logisch" und nicht unbedingt physikalisch in die externe Datei geschrieben: Genau genommen wird der Datensatz nur dem Betriebssystem übergeben und in einen Zwischenpuffer abgelegt. Das Betriebssystem schreibt die Daten erst dann in die externe Datei, wenn der Zwischenpuffer voll ist. Auf die Programmlogik hat diese Zwischenspeicherung keine Auswirkungen. Falls aber ein Programm abstürzt, bevor der Zwischenpuffer in die Datei geschrieben wurde, kann es vorkommen, dass Daten nach dem Aufruf von *write* trotzdem nicht in der externen Datei gespeichert wurden.

Die Elementfunktion *flush* schreibt den gesamten Inhalt des Zwischenpuffers in die Datei:

>   *ostream& flush();*

Ruft man diese Funktion nach jedem *write* auf, ist die Gefahr wesentlich geringer, dass bei einem Programmabsturz Daten verloren gehen. Dadurch wird das Programm allerdings auch etwas langsamer. Falls das akzeptabel ist, wird der Aufruf von *flush* **immer empfohlen**.

Nachdem wir jetzt gesehen haben, wie man Daten in eine Datei schreibt, soll als Nächstes gezeigt werden, wie man eine **Datei lesen** kann. Dazu muss sie zum Lesen geöffnet sein. Wenn der Positionszeiger nicht explizit auf eine andere Position gesetzt wurde, steht er danach am Anfang der Datei:

Mit der Elementfunktion der Stream-Klassen *fstream* und *ifstream*

>   *istream& read(char* s, streamsize n);*

kann man n Zeichen des Datentyps *char* ab der aktuellen Position des Positionszeigers in den Speicherbereich ab der Adresse in s einlesen. Auch diese Funktion ist wie *write* nicht auf Daten des Datentyps *char* beschränkt. Wenn man Daten eines anderen Datentyps lesen will, interpretiert man sie mit der **Typkonversion *(char*)*** als Daten des Typs *char*.

| Datensatz | Datensatz | Datensatz | ... |

Falls *read* so viele Zeichen lesen konnte, wie im Argument für n angegeben wurden, ist beim Aufruf dieser Funktion kein Fehler aufgetreten. Den Erfolg von *read* kann man mit der Funktion *good* prüfen. Da der Funktionswert von *read* wie der von *write* die aktuelle Stream-Variable ist und eine Stream-Variable den Wert von *good* darstellt, kann man auch den Funktionswert von *read* für eine solche Prüfung verwenden.

Da man bei einer Datei zunächst meist nicht weiß, wie viele Datensätze sie enthält, liest man meist so lange Daten aus einer Datei, bis der Zustand der Stream-

Variablen einen Fehler anzeigt. Diese Ursache des Fehlers ist dann entweder das Dateiende oder ein anderer Fehler. Mit der Funktion

    *bool **eof**();*

kann man abfragen, ob der Positionszeiger hinter dem letzten Zeichen der Datei steht. Ihr Funktionswert ist genau dann *true*, wenn über das Ende der Datei hinaus gelesen wurde. Im Unterschied zu manchen anderen Programmiersprachen wird das Ende der Datei noch nicht angezeigt, nachdem der letzte Datensatz gelesen wurde.

Die folgenden Beispiele zeigen, wie die in den Beispielen zu *write* angelegten Dateien gelesen werden können:

1. Mit den folgenden Anweisungen kann man eine Datei lesen, bei der immer *sizeof(int)* Bytes als Werte des Datentyps *int* interpretiert werden. Anstelle von *fstream* kann man auch *ifstream* verwenden, da die Datei nur gelesen wird. Dann ist das *mode*-Argument *ios::in* überflüssig.

```
int i;
fstream f("c:\\test1.dat",ios::binary|ios::in);
if (!f) ShowMessage("Fehler bei open");
f.read((char*)&i,sizeof(int));
while (f)
  {
    Memo1->Lines->Add(i);
    f.read((char*)&i,sizeof(int));
  }
if (!f.eof()) ShowMessage("Fehler bei read");
else ; // f.eof(): kein Fehler
f.close();
```

Hier sieht man ein typisches **Schema für das Lesen von Dateien**, das man oft anwenden kann:

– Vor der Schleife wird ein erster Datensatz gelesen.
– In der Schleife wird zunächst der zuletzt gelesene Datensatz bearbeitet.
– Am Ende der Schleife wird der nächste Datensatz gelesen.

Das Ende einer Datei kann man nur erkennen, indem man über ihr letztes Zeichen hinaus liest. Danach hat die Funktion *good* den Wert *false*, obwohl inhaltlich kein Fehler aufgetreten ist. Wenn man nur auf „echte" Fehler reagieren will, ist dazu eine Prüfung wie nach der Schleife notwendig.

Nach einem Fehler beim Öffnen einer Datei wird das *failbit* und nicht das *eofbit* gesetzt. Würde man eine Schleife wie oben mit der Bedingung *f.eof()* kontrollieren, hätte das nach einem Fehler beim Öffnen der Datei eine Endlosschleife zur Folge, da *read* nach einem Fehler wirkungslos ist.

```
fstream f("c:\\test1.dat",ios::binary|ios::in);
if (!f) ShowMessage("Fehler bei open");
```

```
f.read((char*)&i,sizeof(int));
while (!f.eof())//Endlosschleife bei Fehler nach open
{
   Memo1->Lines->Add(i);
   f.read((char*)&i,sizeof(int));
}
```

2. Denselben Programmablauf wie im letzten Beispiel erhält man auch, wenn man den Rückgabewert von *read* als Bedingung dafür verwendet, ob *read* erfolgreich ausgeführt werden konnte.

```
int i;
ifstream f("c:\\test1.dat",ios::binary);
if (!f) ShowMessage("Fehler bei open");
while (f.read((char*)&i,sizeof(int)))
   Memo1->Lines->Add(i);
if (!f.eof()) ShowMessage("Fehler bei read");
f.close();
```

3. Die nächsten Anweisungen lesen eine Datei mit Datensätzen des Datentyps *Kontobewegung*:

```
Kontobewegung K;
fstream f("c:\\test2.dat",ios::binary|ios::in);
if (!f) ShowMessage("Fehler bei open");
while (f.read((char*)&K,sizeof(K)))
   Memo1->Lines->Add(K.KontoNr);
if (!f.eof()) ShowMessage("Fehler bei read");
f.close();
```

4. Die folgenden Aufrufe von *read* lesen jeweils fünf *int*-Werte in ein Array ein. Diese Vorgehensweise ist aber nur sinnvoll, wenn man weiß, dass die Datei auch fünf solche Werte enthält, bzw. ein Vielfaches davon.

```
int a[10];
fstream f("c:\\test3.dat",ios::binary|ios::in);
if (!f) ShowMessage("Fehler bei open");
while (f.read((char*)a,5*sizeof(int)))
   for (int i=0;i<5;i++)Memo1->Lines->Add(a[i]);
if (!f.eof()) ShowMessage("Fehler bei read");
f.close();
```

Anmerkungen für Pascal-Programmierer: Den Streams von C++ entsprechen die untypisierten Dateien von Turbo- und Object-Pascal. In C++ gibt es keine typisierten Dateien. Wie in den Beispielen gezeigt wurde, kann man aber mit *read* und *write* auch ganze Datensätze (Strukturen) in eine Datei schreiben bzw. lesen.

Die Bedeutung von *eof* in C++ und in Pascal unterscheidet sich in einem kleinen, aber entscheidenden Punkt: In Pascal liefert *eof* den Wert *true*, wenn der letzte Datensatz einer Datei gelesen wurde. In C++ erhält man diesen Wert erst dann, wenn über das Dateiende hinaus gelesen wurde.

Aufgaben 4.3.3

Für diese Aufgaben werden die folgenden Vorbereitungen empfohlen:

- Damit nicht versehentlich Dateien gelöscht werden, soll zunächst ein Testverzeichnis (z.B. „c:\test") angelegt werden. Alle Dateioperationen sollen nur mit Dateien in diesem Verzeichnis durchgeführt werden. Im jeweiligen Open-Dialog (siehe Abschnitt 2.10) soll dieses Verzeichnis als Voreinstellung gesetzt werden.
- Damit Dateinamen im Windows-Explorer vollständig angezeigt werden, sollte im Windows-Explorer die Markierung unter *Extras|Ordneroptionen|Ansicht|-Erweiterungen bei bekannten Dateitypen ausblenden* entfernt werden.

Überprüfen Sie bei jeder Aufgabe nach jeder Dateioperation, ob sie erfolgreich war. Wenn nicht, soll z.B. mit *ShowMessage(" ... ")* eine Fehlermeldung ausgegeben werden.

1. In einem Projekt mit dem Namen *Files* sollen die folgenden Funktionen nach dem Anklicken eines Buttons aufgerufen werden. Die Namen der Dateien werden am einfachsten hart kodiert ins Programm geschrieben. Sie können aber auch über einen OpenDialog erfragt und mit der Elementfunktion *c_str* (z.B. *OpenDialog1->FileName.c_str()*) an die Streamklassen übergeben werden.

   Kopieren Sie zuerst einige Text- und Binärdateien (z.B. die cpp- und exe-Datei einer ersten Version des Projekts *Files*) in das Testverzeichnis und testen Sie damit die folgenden Funktionen.

   a) Eine Funktion *countBytes* soll die Größe einer Datei (die Anzahl der Bytes) als Funktionswert zurückgeben, deren Name als Parameter übergeben wird. Dazu soll die Datei im Binärmodus geöffnet werden und ein Zeichen nach dem anderen gelesen werden. Eine weitere Funktion *countBytesTxt* soll sich von *countBytes* nur dadurch unterscheiden, dass die Datei im Textmodus geöffnet wird.
   Vergleichen Sie die Ergebnisse dieser Funktionen jeweils für Textdateien (z.B. „c:\test\FilesU.cpp") und Binärdateien (z.B. „c:\test\Files.exe") mit der Anzeige im Windows-Explorer.
   Bei einer weiteren Variante der Funktion *countBytes* soll ein *bool*-Parameter übergeben werden, mit dem gesteuert wird, ob die Datei im Text- oder Binärmodus geöffnet wird.
   b) Eine Funktion *copyFile* soll eine Datei zeichenweise in eine andere kopieren. Die Namen der Dateien sollen als Parameter übergeben werden.
   c) Eine Funktion *compareFiles* soll für zwei als Parameter übergebene Dateien prüfen, ob sie identisch sind.
   d) Eine Funktion *writeNTString* soll einen nullterminierten String (Datentyp *char**) einschließlich des Nullterminators in einen *ofstream* schreiben. Sowohl der String als auch der Stream sollen als Parameter übergeben werden. Eine Funktion *readNTString* soll ab der aktuellen Dateiposition in

einem als Parameter übergebenen *ifstream* alle Zeichen bis zum nächsten Nullterminator '\0' lesen und alle Zeichen in einem *string* als Funktionswert zurückgeben.

2. Ein einfaches Programm zur Datenverwaltung mit Dateien

Schreiben Sie ein Programm (z.B. mit dem Namen *SimpleDB*), mit dem man Datensätze des Typ *Kontobewegung* in einer Datei speichern und anzeigen kann. Das Formular dieses Programms soll eine Eingabemaske für eine Kontobewegung enthalten (wie in Aufgabe 4.2.3, 5.). Sie können die Eingabemaske in dieses Programm kopieren (mit gedrückter linker Maustaste die Maske im Formular markieren, dann mit *Strg+C* kopieren und mit *Strg+V* in das neue Formular einfügen).

In einem Menü *Datei* sollen die folgenden Menüpunkte angeboten werden:

    Neu
    Öffnen
    Schließen
    Zufallsdatei

Das Formular soll Buttons mit der Aufschrift „>" und „speichern" erhalten, die beim Start des Programms zunächst alle deaktiviert sind (Eigenschaft *Enabled*).

a) Daten in eine Datei schreiben

Nach der Auswahl der Menüoption *Datei|Neu* soll in einem SaveDialog nach einem Dateinamen gefragt und eine neue Datei mit diesem Namen angelegt werden. Damit nicht jedes Mal mühsam ein neuer Name eingetippt werden muss, soll der Name "kb.dat" im Verzeichnis "c:\test" vorgeschlagen werden.

Nach dem Anlegen der Datei soll ein Button mit der Aufschrift „Speichern" aktiviert werden. Wenn er angeklickt wird, sollen die Daten der Eingabemaske in die Datei geschrieben (am Ende angefügt) werden.

Über die Menüoption *Datei|Schließen* soll die Datei geschlossen werden. Dabei sollen auch alle Buttons deaktiviert werden.

b) Daten aus einer Datei lesen

Mit der Menüoption *Datei|Öffnen* soll eine bestehende Datei geöffnet werden. Wenn sie nicht leer ist, soll der erste Datensatz angezeigt werden.

Nach dem Öffnen der Datei soll der Button mit der Aufschrift „>" aktiviert werden. Wenn er angeklickt wird, soll der jeweils nächste Datensatz angezeigt werden. Nachdem alle Datensätze gelesen wurden (*f.eof()==true*), soll der Button „>" deaktiviert werden.

Wäre es sinnvoll, den Button *speichern* zu aktivieren, um den aktuell angezeigten Datensatz korrigieren und korrigiert in die Datei schreiben zu können?

c) Testdateien anlegen

Unter *Datei|Zufallsdatei* soll nach einem *OpenDialog* eine Datei von Konto-
bewegungen erzeugt werden. Mit einem *InputQuery*-Fenster kann zunächst
gefragt werden, wie viele Datensätze in die Datei geschrieben werden sollen.

Schreiben Sie dazu eine Funktion *Zufalls_KB*, die einen Datensatz des Typs
Kontobewegung mit zufälligen, aber plausiblen Daten als Funktionswert hat.
Die einzelnen Werte können z.B. folgendermaßen bestimmt werden:

KontoNr: ein zufälliger Wert zwischen 1000 und 1099
Tag: ein zufälliger Wert zwischen 1 und 31
Monat: ein zufälliger Wert zwischen 1 und 12
Jahr: ein zufälliger Wert zwischen 2007 und 2008
BewArt: '+' oder '–'
Betrag: ein zufälliger Wert zwischen 0,01 und 300

Damit einige Ausdrucke, die in späteren Aufgaben erzeugt werden, einigermaßen realistisch aussehen, soll zu einer bestimmten Kontonummer immer
derselbe Kontoinhaber gehören. Das kann man dadurch erreichen, dass man
den Namen des Kontoinhabers aus einem Array von je 10 Vor- und Nachnamen zusammensetzt, wobei die vorletzte Ziffer der Kontonummer den Nachnamen und die letzte Ziffer den Vornamen bestimmt.

Damit diese Funktion auch in anderen Programmen verwendet werden kann,
soll sie in die Datei *KBDecl.h* aufgenommen werden.

d) Linear suchen

Erweitern Sie das Formular um einen Button *LinSuchen*. Nach dem Anklicken
dieses Buttons soll in der Datei ab der aktuellen Position nach dem nächsten
Datensatz gesucht werden, dessen Namen den String enthält, der für den
Namen des Kontoinhabers in einem Edit-Fenster eingegeben wurde.

Falls ein Datensatz gefunden wird, soll er angezeigt werden. Andernfalls soll
mit *ShowMessage* darauf hingewiesen werden, dass kein solcher Datensatz
gefunden wurde.

Die bisher vorgestellten Sprachelemente bieten keine Möglichkeit, eine Datei
rückwärts zu durchlaufen. Entsprechende Optionen werden in späteren Aufgaben
ergänzt.

4.3.4 Lesen und Schreiben von Daten mit den Operatoren << und >>

Nachdem wir im letzten Abschnitt gesehen haben, wie man Dateien mit Binärdaten
anlegt und liest, werden diesem Abschnitt Dateien behandelt, die Daten im Klartext enthalten. Solche Dateien kann man mit einem beliebigen Texteditor bearbeiten und nicht nur mit einem speziellen Programm, das den Datentyp der Datensätze kennt.

In einen *ofstream* oder *fstream* kann man mit dem **Ausgabeoperator** << Daten der
vordefinierten Datentypen als Texte ausgeben. So wird durch die Anweisungen

```
ofstream fs("c:\\test\\int-bin.dat", ios::binary);
for (int i=0; i<20; i++)
  fs<<i;
fs.close();
```

eine Datei mit den folgenden 30 Ziffern im Klartext angelegt:

```
012345678910111213141516171819
```

Dabei ist es unerheblich, ob die Datei wie oben im Binärmodus oder im
Textmodus geöffnet wurde:

```
ofstream fs("c:\\int-t.dat");//ohne ios::binary Textdatei
```

In beiden Fällen erhält man exakt dieselbe Datei.

Da die Zahlen in dieser Datei ohne Trennzeichen aufeinander folgen, kann man
allerdings beim Lesen der Datei nicht mehr feststellen, welche Zahlen in die Datei
geschrieben wurden. Bei den im letzten Abschnitt behandelten Binärdateien
bestand dieses Problem nicht, da dort alle Datensätze gleich lang sind. Bei solchen
Dateien kann man die Daten, die gemeinsam einen Datensatz bilden, leicht als
Blöcke derselben Länge identifizieren.

Mit dem Ausgabeoperator << können mehrere Ausdrücke in einer einzigen Anweisung zusammengefasst werden. So wird durch

```
ofstream f("c:\\test2.txt");
f<<"int:"<<5<<" float: "<<3.14f<<" double: "<<3.14<<endl;
f<<"long double: "<<5.1L<<" char: "<<'c'<<'\n';
f<<"string: \n neue Zeile"<<endl;
f.close();
```

eine Textdatei mit den folgenden Zeilen angelegt:

```
int:5 float: 3.14 double: 3.14
long double: 5.1 char: c
string:
 neue Zeile
```

Hier ist *endl* ein sogenannter **Manipulator**, der die Escape-Sequenz '\n' in die Datei einfügt. Weitere Manipulatoren und Funktionen zur Formatierung von Text werden im nächsten Abschnitt vorgestellt.

Ein Ausdruck mit dem Ausgabeoperator stellt wie die Funktion *write* die Stream-Variable dar und kann deshalb zur Prüfung verwendet werden, ob die Operation erfolgreich war:

```
if (f<<1<<"xyz"<<endl);
else ShowMessage("Fehler");
```

Die folgende Anweisung schreibt einen Datensatz des Typs *Kontobewegung* in eine Textdatei. Dabei wird der Name des Inhabers linksbündig (wegen *left* und *setw(20)*) in einem 20 Zeichen breiten Feld ausgegeben. Aller anderen Werte werden rechtsbündig in die Felder der jeweils mit *setw* gesetzten Breite geschrieben. Da eine gesetzte Ausrichtung erhalten bleibt, bis sie neu gesetzt wird, reichen dafür zwei Aufrufe. Die mit *setw* gesetzte Feldbreite gilt dagegen nur für die jeweils nächste Ausgabe und muss deswegen jedes Mal gesetzt werden:

```
Kontobewegung k;
f<<setw(4)<<k.KontoNr<<" "<<left<<setw(20)
        <<k.NameInhaber<<right<<setw(2)<<k.Datum.Tag<<"."
        <<setw(2)<<k.Datum.Monat<<"."<<setw(2)
        <<k.Datum.Jahr<<" "<<k.BewArt<<setprecision(8)
        <<k.Betrag<<endl;
```

Offensichtlich sind diese Funktionen mit relativ viel Schreibaufwand verbunden. Deswegen werden zur Formatierung von Strings oft andere Funktionen verwendet wie z.B. die Funktion *sprintf* aus der Programmiersprache C. Die so erzeugten Strings werden dann als Ganzes in die Textdatei geschrieben:

```
char s[100];
sprintf(s,"%4d %-20s  %2d.%2d.%2d  %c %8.2f\n",
        K.KontoNr, K.NameInhaber, K.Datum.Tag,
        K.Datum.Monat, K.Datum.Jahr, K.BewArt, K.Betrag);
f<<s; // wegen '\n' im Formatstring kein endl notwendig
```

Auch wenn die formatierte Ausgabe mit dem **Operator** << etwas umständlich aussieht, hat sie doch gegenüber den beiden anderen Funktionen den **Vorteil**, dass sie **typsicher** ist: Wenn man z.B. am Anfang eines größeren Programm eine Variablendeklaration hat und weiter hinten den Wert dieser Variablen mit *sprintf* formatiert, vergisst man bei einer eventuell notwendigen Änderung des Datentyps dieser Variablen leicht, dass man auch die Formatangabe ändern muss. Da der Compiler bei einem solchen Fehler keine Fehlermeldung ausgibt, muss man das gesamte Programm mühsam nach allen Stellen durchsuchen, an denen diese Variable verwendet wird. Bei einer Ausgabe mit << wird das Ausgabeformat dagegen automatisch an den neuen Datentyp angepasst.

Der Operator << funktioniert auch für Dateien, die im Binärmodus geöffnet wurden. Ersetzt man im ersten Beispiel die Zeile zum Öffnen durch

```
fstream f("c:\\test2.txt",ios::out|ios::binary);
```

unterscheidet sich die erzeugte Datei nur durch die Zeichen, die für die Escape-Sequenz '\n' erzeugt werden:

'\n' bei einer Textdatei: Carriage Return + Linefeed (CR/LF)
'\n' bei einer Binärdatei: Linefeed (LF)

Liest man eine so erzeugte Datei in einen Editor ein, wird man oft keinen Unterschied zwischen einer Textdatei und einer Binärdatei feststellen: Viele Editoren interpretieren sowohl die Zeichenfolge CR/LF als auch ein einfaches LF als Zeilenende. Bei der Ausgabe einer Datei auf einem Drucker ist das aber oft anders: Die meisten Drucker können so eingestellt werden, dass sie entweder nur ein LF oder die Zeichen CR/LF als Zeilenende interpretieren. Wenn der Drucker dann die Zeichen CR/LF als Zeilenende erwartet, aber nur LF findet, erfolgt nur ein Zeilenvorschub, ohne dass die nächste Zeile am linken Rand der Seite beginnt.

In Abschnitt 5.8.4 wird gezeigt, wie man den Ausgabeoperator für selbstdefinierte Datentypen so überladen kann, dass sie wie die vordefinierten Datentypen mit diesem Operator ausgegeben werden können.

Aus einem zum Lesen geöffneten Stream kann man mit dem **Eingabeoperator >>** Daten der elementaren Datentypen lesen. Diese Daten müssen im Wesentlichen das Format von Literalen des entsprechenden Datentyps haben. Mit einem überladenen Operator für selbstdefinierte Datentypen kann man auch solche Daten mit diesem Operator einlesen.

Durch die folgenden Anweisungen werden Ganzzahlliterale aus einer Datei gelesen. Diese Werte werden dann der Variablen i zugewiesen. Da der Operator >> führende Whitespace-Zeichen überliest, können so Zahlen gelesen werden, die durch Leerzeichen, Tabulatoren usw. getrennt sind:

```
int i;
ifstream f("c:\\test1-int.txt");
f>>i;
while (f)
  {
    Memo1->Lines->Add(i);
    f>>i;
  }
if (!f.eof()) ShowMessage("Fehler bei read");
f.close();
```

Da der Rückgabewert des Eingabeoperators die Stream-Variable ist und diese als Bedingung dafür verwendet werden kann, ob erfolgreich gelesen werden konnte, ist folgende Variante gleichwertig:

```
int i;
ifstream f("c:\\test1-int.txt");
while (f>>i)
  Memo1->Lines->Add(i);
if (!f.eof()) ShowMessage("Fehler bei read");
f.close();
```

Eine solche Datei kann z.B. mit

```
ofstream f("c:\\test1-int.txt");
for (int i=0; i<100; i++)
  f<<i<<" ";
f.close();
```

angelegt werden. Dabei wird nach jeder Zahl ein Leerzeichen als Trennzeichen geschrieben.

Liest man mit dem Eingabeoperator >> ein Zeichen in eine Variable des **Datentyps** *char* ein, werden zunächst sämtliche **Whitespace-Zeichen** überlesen. Das nächste Zeichen wird dann der Variablen zugewiesen. So wird aus der mit

```
ofstream f("c:\\str.txt");
f<<" Ist das nicht schön?"<<endl;
f.close();
```

angelegten Datei durch

```
ifstream f("c:\\str.txt");
char s;
f>>s;   // Ergebnis: s='I' und nicht das Leerzeichen!
f.close();
```

der Variablen s das Zeichen 'I' und nicht etwa ein Leerzeichen ' ' zugewiesen. Entsprechend werden auch bei einem String (z.B. in eine Variable des Datentyps *char**) führende Whitespace-Zeichen überlesen. Außerdem wird das Einlesen eines Strings immer durch das nächste Whitespace-Zeichen beendet. So wird aus der oben angelegten Datei durch

```
ifstream f("c:\\str.txt");
char s[20];
f>>s;   // Ergebnis: s="Ist" (ohne führende Leerzeichen!)
f.close();
```

nur der String bis zum ersten Leerzeichen in die Variable s eingelesen.

Die nächste Anweisung liest einen Datensatz des Typs *Kontobewegung* aus einer Textdatei, die wie in den Beispielen oben angelegt wurde:

```
f>>k.KontoNr>>Nachname>>Vorname>>k.Datum.Tag>>Punkt1>>
 k.Datum.Monat>>Punkt2>>k.Datum.Jahr>>k.BewArt>>k.Betrag;
```

Hier wurden die Hilfsvariablen

```
char Vorname[20], Nachname[20];
char Punkt1,Punkt2;
```

verwendet, da der Nachname und der Vorname des Kontoinhabers durch ein Leerzeichen getrennt sind und dieses Leerzeichen das Einlesen eines Strings abschließt. Die als Trennzeichen nach Tag und Monat eingefügten Dezimalpunkte werden in Punkt1 und Punkt2 eingelesen und anschließend nicht weiterverwendet. Offensichtlich funktioniert diese Anweisung aber nicht mehr, wenn der Name des Kontoinhabers mehr als ein Leerzeichen enthält. Deshalb sollte man eine Datei nur dann mit dem Operator >> lesen, wenn man ihr Format genau kennt.

Mit den **globalen *getline*-Funktionen** kann man Zeichen aus einer Textdatei in einen *string* der Standardbibliothek einlesen. Diese Funktionen lesen so lange, bis das Ende der Datei erreicht wurde oder das nächste Zeichen den Wert *delim* hat. Mit *delim*='\n' bzw. der zweiten Version erhält man die einzelnen Zeilen einer Textdatei.

> *istream&* ***getline****(istream& is, string & str, charT delim);* // #include <string>
> *istream&* ***getline****(istream& is, string& str)*
> *{ return getline(is, str, is.widen('\n')); }*

Die Stream-Klassen haben auch **Elementfunktionen** mit dem Namen ***getline***:

> *istream&* ***getline****(char_type* s, streamsize n, char_type delim);*
> *istream&* ***getline****(char_type *s, streamsize n)*

Diese unterscheiden sich von den globalen Funktionen dadurch, dass sie ihre Daten nicht in einen String der Standardbibliothek schreiben, sondern in den Speicherbereich ab der Adresse in s. Dieser Speicherbereich muss zuvor reserviert worden sein. Da man aber oft nicht weiß, wie lang eine Zeile werden kann, ist die Arbeit mit den globalen Funktionen meist einfacher.

Beispiel: Die Funktion *CopyText* liest die als *ifn* übergebene Datei zeilenweise ein und schreibt die Zeilen in die Datei mit dem Namen *ofn*:

```
#include <string>
void CopyText(char* ifn, char* ofn)
{
using std::string;
ifstream fin(ifn);
if (fin)
  {
    ofstream fout(ofn);
    string z;
    while (getline(fin,z))
      fout<<z<<endl;
    if (!fin.eof())ShowMessage("Fehler bei read");
    fout.close();
```

```
        }
    fin.close();
    }
```

Wie die bisherigen Ausführungen gezeigt haben, kann man Daten sowohl im **Klartext** als auch in **Binärformat** speichern. Welche der beiden Formen man vorzieht, hängt von den Anforderungen im Einzelnen ab:

– Die Speicherung im Klartext hat den **Vorteil**, dass die Daten auch ohne ein spezielles Programm mit einem einfachen Editor gelesen und gegebenenfalls sogar bearbeitet werden können. Da dieses Datenformat auf allen Rechnerplattformen gleich ist, kann man solche Daten auch leicht zwischen verschiedenen Plattformen austauschen (z.B. UNIX, Windows oder zwischen Programmen, die auf demselben Betriebssystem laufen, aber mit verschiedenen Compilern geschrieben wurden).

  Allerdings ist es manchmal etwas mühsam, die einzelnen Datenfelder wieder auseinanderzudröseln (z.B. bei Strings).

– Das Lesen von Daten im Binärformat lässt sich dagegen bei den üblicherweise verwendeten festen Blocklängen meist einfacher programmieren. Wenn man die Daten nie zwischen verschiedenen Plattformen austauschen will, kann es vorteilhafter sein, dieses Format zu verwenden. Außerdem werden die Dateien meist kleiner, und oft ist es auch besser, wenn ein Anwender keine einfache Möglichkeit hat, die Daten zu manipulieren. Allerdings kann man mit *read* und *write* meist keine Klassen mit Zeigern in eine Datei schreiben. Das trifft nicht nur für Datenelemente des Typs char* zu, sondern auch für String- und Containerklassen, da diese intern Zeiger auf ihre Daten enthalten.

Anmerkung für Delphi-Programmierer: In Pascal erhält man Textdateien mit dem Datentyp *Text*. Wenn man in solche Dateien mit *Write* schreibt, werden die Daten im Klartext ausgegeben. Mit *Read* kann man aus solchen Dateien Daten einlesen, die im Klartext vorliegen. Mit *Writeln* werden Daten zeilenweise ausgegeben (wie mit *endl*). Der Funktion *getline* entspricht *Readln*.

Delphi verwendet für eine mit *AssignPrn* geöffnete Textdatei die Einstellungen des Printerobjekts *Printer*:

```
Printer->Canvas->Font->Size = i;
```

Damit kann man auch in einer Funktion wie *PrintText* die Einstellungen der Schriftgröße usw. setzen.

Aufgabe 4.3.4

1. Das HTML-Format ist ein Textformat, das unter anderem für Internetseiten verwendet wird. Damit es auf möglichst vielen verschiedenen Rechner- und

Betriebssystemen eingesetzt werden kann, verwendet es nur Zeichen des ASCII-Zeichensatzes. Formatangaben werden auch als Markierungen bezeichnet und bestehen aus einem Paar von spitzen Klammern <>, zwischen denen Schlüsselworte und eventuell noch Parameter stehen.

Ein HTML-Dokument beginnt mit der Markierung <HTML> und endet mit </HTML>. Wie bei diesem Paar von Markierungen werden Bereiche oft durch Markierungen begrenzt, bei denen die Markierung für das Ende des Bereichs mit dem Zeichen „/" beginnt, und bei der das Schlüsselwort in der Ende-Markierung gleich oder ähnlich ist wie in der Anfangsmarkierung.

Bereiche können verschachtelt werden. So kann ein HTML-Dokument einen durch <HEAD> und </HEAD> begrenzten Bereich mit Angaben enthalten, die das gesamte Dokument betreffen. In einem solchen Bereich kann z.B. zwischen <TITLE> und </TITLE> der Text stehen, der in der Titelzeile des Browsers angezeigt wird.

Der im Hauptfenster des Browsers angezeigte Text ist in einem durch <BODY> und </BODY> begrenzten Bereich des HTML-Dokuments enthalten.

So wird zum Beispiel das HTML-Dokument

```
<HTML>
  <HEAD>
    <TITLE>
      Mein HTML Dokument
    </TITLE>
  </HEAD>
  <BODY>
    Text in meinem
    HTML-Dokument
    <BR>Neue Zeile
  </BODY>
</HTML>
```

in einem HTML-Browser folgendermaßen dargestellt:

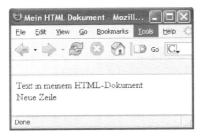

Die Einrückungen im HTML-Dokument wirken sich nicht auf die Formatierung aus und wurden hier nur zur besseren Übersichtlichkeit aufgenommen.

Zeilenvorschübe im Text werden ebenfalls ignoriert und nur durch die Markierung <BR> erzeugt.

Da die Umlaute nicht zum ASCII-Zeichensatz gehören, werden sie durch spezielle Zeichenkombinationen dargestellt:

ä: ä   ö: ö   ü: ü   ß: ß
Ä: Ä   Ö: Ö   Ü: Ü

Beispiel: „In München steht ein Hofbräuhaus."

a) Schreiben Sie eine Funktion *TextToHtml*, die aus einer Textdatei ein HTML-Dokument erzeugt. Dazu sollen die notwendigen Markierungen erzeugt und der gesamte Text der Textdatei in einen durch <BODY> und </BODY> begrenzten Bereich kopiert werden. Die Titelzeile des Browsers soll den Dateinamen anzeigen. Die einzelnen Zeilen der Textdatei sollen im Browser ebenfalls als einzelne Zeilen dargestellt werden. Die Umlaute sollen durch die entsprechenden Zeichenkombinationen ersetzt werden.

b) Durch die Markierungen <TABLE BORDER> und </TABLE> werden Tabellen in einem HTML-Dokument begrenzt. In einem solchen Bereich wird

— eine Spaltenüberschrift durch <TH> eingeleitet
— eine neue Tabellenzeile durch <TR> eingeleitet
— in einer Tabellenzeile ein neues Datenelement durch <TD> eingeleitet.

Alle diese Markierungen brauchen keine Ende-Markierung, da sie durch die nächste Markierung dieser Art begrenzt werden.

Schreiben Sie eine Funktion *KBToHtml*, die aus einer Datei von Kontobewegungen (Datentyp *Kontobewegung*) eine HTML-Datei erzeugt, die die Daten der Datei in einer Tabelle darstellt.

2. Schreiben Sie eine Funktion *Listendruck*, die aus einer Datei von Kontobewegungen (Datentyp *Kontobewegung*) eine Textdatei erzeugt, die etwa folgendermaßen aussieht:

```
Datei: c:\test\kb.dat                              Seite 1
Kto. Kontoinhaber              Datum        Betrag

1004 Duestrip, Donald       31. 9.2004   +    21.75
1099 Prince, Charlie        15. 1.2005   -   168.61
1011 Mieze, Alexander        6.11.2004   -   174.06
```

a) Jede Seite soll mit einem „Blattkopf" beginnen, der in der ersten Zeile den Dateinamen und die aktuelle Seitenzahl enthält und in der zweiten Zeile die Bedeutung der darunter aufgeführten Daten erläutert. Darauf soll eine Leerzeile folgen. Die dazu erforderlichen Anweisungen sollen in einer Funktion *Blattkopf* zusammengefasst werden.

b) Die Anzahl der Zeilen, die auf eine Seite gedruckt werden können, hängt von der Schriftgröße und vom Papierformat ab. Nehmen Sie deshalb an, dass auf eine Seite 72 Zeilen gedruckt werden können. Davon sollen maximal 60 bedruckt werden. Damit diese Funktion ohne großen Aufwand an andere Papierformate angepasst werden kann, sollen die Anzahl der Druckzeilen pro Seite sowie die Anzahl der Zeilen pro Seite als Variablen vereinbart werden.

Sobald auf eine Seite mehr Zeilen gedruckt sind, als die Variable *Druckzeilen_pro_Seite* angibt, soll ein Blattvorschub (z.B. als eine Folge von Leerzeilen) erfolgen, ebenso nach dem Ausdruck des letzten Datensatzes der Datei. Der Blattvorschub soll in einer Funktion mit dem Namen *Blattvorschub* ausgeführt werden.

c) Am Ende jeder Seite soll die Summe der Beträge aller Kontobewegungen mit der Bewegungsart '+' und die aller Kontobewegungen mit der Bewegungsart '–' gedruckt werden.

d) Die letzte Seite soll (außer wenn eine leere Datei ausgedruckt wird) nicht nur aus einem Blattkopf bestehen können.

Da der Ausdruck in eine Datei erfolgt und nicht auf einen Drucker, wird auf alle Feinheiten der Druckgestaltung verzichtet.

Diese Funktion kann in dem Programm von Aufgabe 4.3.3.2 unter *Datei|Drucken* angeboten werden. Den Namen der auszudruckenden Datei kann man in einem *OpenDialog* erfragen.

4.3.5 Manipulatoren und Funktionen zur Formatierung von Texten Θ

Mit Manipulatoren kann man Angaben zur Formatierung von Ein- und Ausgaben in eine Kette von Ein- und Ausgabeoperatoren >> bzw. << einfügen. Neben den im letzten Abschnitt vorgestellten Manipulatoren *endl* und *setw* stehen weitere zur Verfügung nach

```
#include <iomanip>
using namespace std;
```

Die Manipulatoren *oct*, *dec* und *hex* setzen die **Basis des Zahlensystems** für die Ausgabe von Ganzzahlwerten. Mit der folgenden Anweisung erhält man die als Kommentar angegebene Ausgabe:

```
f<<"dezimal: "<<123<<" hexadezimal: "<<hex<<123
  <<" oktal: "<<oct<<123 <<" dezimal: "<<dec<<123<<endl;
// dezimal: 123 hexadezimal: 7b oktal: 173 dezimal: 123
```

Der Manipulator *showbase* bewirkt, dass vor einer Ganzzahl im Oktalsystem eine führende Null und im Hexadezimalsystem „0x" ausgegeben wird. Diese Einstellung kann man mit **noshowbase** wieder zurücksetzen. Ersetzt man in der letzten Anweisung „f" durch

```
f<<showbase
```

erhält man

```
dezimal: 123 hexadezimal: 0x7b oktal: 0173 dezimal: 123
```

Das Ausgabeformat von Werten des Datentyps **bool** kann mit dem Manipulator **boolalpha** auf alphabetisch gesetzt und mit **noboolalpha** wieder zurückgesetzt werden. Durch die Anweisungen

```
f<<"true="<<true<<" false="<<false<<endl;
f<<boolalpha<<"true="<<true<<" false="<<false<<endl;
f<<noboolalpha<<"true="<<true<<" false="<<false<<endl;
```

erhält man die Zeilen

```
true=1 false=0
true=true false=false
true=1 false=0
```

Die Anzahl der Zeichen, die für die nächste Ausgabe verwendet wird, kann man mit dem Manipulator **setw** setzen. Im Unterschied zu den bisher vorgestellten Manipulatoren gilt diese Angabe aber immer nur für die nächste Ausgabe. Als Füllzeichen wird dabei das mit **setfill** gesetzte Zeichen verwendet. Die Ausrichtung innerhalb des Ausgabebereichs erfolgt mit **left** und **right**. Durch die nächsten beiden Anweisungen erhält man die als Kommentar angegebene Ausgabe:

```
f<<setw(5)<<1<<"2"<<setfill('$')<<setw(5)<<"3"<<endl;
f<<right<<setw(5)<<1<<"2"<<setfill('.')<<left<<setw(5)
                                              <<"3"<<endl;
//     12$$$$3
// $$$123....
```

Für Gleitkommawerte stehen drei Formate zur Verfügung:

- Das Normalformat ist die Voreinstellung und entspricht der Formatangabe %G in *printf*.
- Das sogenannte wissenschaftliche Format erhält man mit dem Manipulator **scientific**. Es entspricht der Formatangabe %e in *printf* und stellt den Wert mit einer Stelle vor dem Komma und einem Exponenten dar.
- Das Format **fixed** stellt eine Zahl durch die Stellen vor dem Komma, einen Dezimalpunkt und die Nachkommastellen dar. Es entspricht der Formatangabe %f in *printf*.

Diese Formate können mit

resetiosflags(ios::fixed)
resetiosflags(ios::scientific)

wieder zurückgesetzt werden. Der mit *setprecision* gesetzte Wert bedeutet beim Normalformat die Anzahl der insgesamt verwendeten Stellen. Bei den anderen beiden Formaten bedeutet er die maximale Anzahl der Nachkommastellen. Auf Ganzzahlwerte wirkt sich dieser Wert nicht aus. Die Anweisungen

```
f<<"N1:" <<setprecision(5)<<123.45678
  <<" N2:"<<setprecision(10)<<123.45678<<endl;
f<<"S1:" <<setprecision(5)<<scientific<<123.45678
  <<" S2:"<<setprecision(10)<<123.45678<<endl;
f<<"F1:" <<setprecision(5)<<fixed<<123.45678
  <<" F2:"<<setprecision(10)<<123.45678<<endl;
```

erzeugen die folgende Ausgabe:

```
N1:123.46 N2:123.45678
S1:1.23457e+02 S2:1.2345678000e+02
F1:123.45678 F2:123.4567800000
```

Mit den Manipulatoren *uppercase* bzw. *nouppercase* wird das „E" beim Exponenten einer Gleitkommadarstellung sowie das „X" bei der Hexadezimaldarstellung einer Ganzzahl in Groß- bzw. Kleinbuchstaben dargestellt. Nach dem Manipulator *showpos* wird auch bei positiven Ganzzahlen ein führendes Pluszeichen angezeigt. Diese Einstellung wird mit *noshowpos* wieder zurückgesetzt.

Der Manipulator *showpoint* bewirkt, dass bei einer Gleitkommazahl immer ein Dezimalpunkt angezeigt wird. Diese Einstellung kann mit *noshowpoint* wieder zurückgesetzt werden. So erhält man mit

```
f<<"NS"<<setprecision(7)<<123.0<<endl;
f<<"S1:" <<showpoint<<123.0<<endl<<"S2:"<<12.0<<endl;
f<<"S3:" <<1.0<<endl;
```

die folgende Ausgabe:

```
NS123
S1:123.0000
S2:12.00000
S3:1.000000
```

Das Überlesen von Whitespace-Zeichen kann mit *noskipws* unterbunden und mit *skipws* wieder auf die Voreinstellung zurückgesetzt werden. Durch

```
char c,c1;
f>>noskipws>>c>>skipws>>c1;
```

wird aus der Datei mit dem Text

```
"  Ist das nicht schön?"
```

das erste Leerzeichen in die Variable c eingelesen. Das zweite Leerzeichen wird dann überlesen, und c1 wird das Zeichen 'I' zugewiesen.

4.3.6 Dateibearbeitung im Direktzugriff Θ

Wenn man die Daten aus einer Datei mit Funktionen wie *read* oder dem Einga-beoperator liest bzw. mit *write* oder dem Ausgabeoperator schreibt, wird der Posi-tionszeiger mit jeder solchen Operation nach vorne bewegt. Deshalb kann man mit diesen Funktionen die Daten aus einer Datei nur in ihrer Reihenfolge in der Datei bearbeiten. Man spricht dann auch von sequenzieller Dateibearbeitung.

Bei Dateien auf Magnetplatten ist im Unterschied zu Dateien auf Magnetbändern auch ein **Direktzugriff** an einer beliebigen Position in einer Datei möglich. Damit kann der Schreib-/Lesekopf an den Anfang eines bestimmten Datensatzes gesetzt werden, ohne dass sämtliche Elemente davor sequenziell gelesen werden müssen. Diese Zugriffsmöglichkeit wird auch als **wahlfreier Zugriff (random access)** bezeichnet. Voraussetzung dafür ist allerdings, dass man die Positionen der Datensätze kennt. Bei Binärdateien, bei denen alle Datensätze der Datei gleich groß sind, lässt sich diese Position leicht berechnen. Bei Textdateien mit unterschiedlich langen Datensätzen ist eine solche Berechnung meist nicht möglich.

Der Direktzugriff auf Daten an einer bestimmten Position ist bei einem *fstream* und *ifstream* mit den Funktionen

> *istream&* **seekg***(pos_type offs); //* „g" für get
> *istream&* **seekg***(off_type offs, ios_base::seekdir mode);*

und bei einem *ofstream* und *fstream* mit den Funktionen

> *ostream&* **seekp***(pos_type offs);// *„p" für put
> *ostream&* **seekp***(off_type offs, ios_base::seekdir mode);*

möglich. Diese Funktionen setzen den zum Stream gehörenden Positionszeiger auf die Position, die *offset* Bytes von der durch *mode* angegebenen Position entfernt ist. Für *mode* sind die folgenden drei Konstanten definiert:

C++	C	Dateiposition
ios::beg	SEEK_SET	relativ zum Dateianfang
ios::cur	SEEK_CUR	relativ zur aktuellen Position
ios::end	SEEK_END	relativ zum Dateiende

Nach der Ausführung von *seekg* steht der Positionszeiger an der angegebenen Position, und eine darauf folgende *read*-Anweisung liest dann ab dieser Position. Entsprechend überschreibt eine auf *seekp* folgende *write*-Anweisung die Datei ab der Position, die mit *seekp* gesetzt wurde.

Beispiel: Durch die folgenden Anweisungen wird eine Binärdatei mit 10 *int*-Werten angelegt:

```
ofstream f("c:\\direkt.dat",ios::binary);
for (int i=0; i<10; i++)
  f.write((char*)&i,sizeof(int));
f.close();
```

In dieser Datei wird dann durch die folgenden Anweisungen die vierte Zahl durch den Wert 100 überschrieben:

```
ofstream f("c:\\test\\direkt.dat",ios::binary);
int i=100;
f.seekp(3*sizeof(int));
f.write((char*)&i,sizeof(int));
f.close();
```

Hier muss man insbesondere darauf achten, dass das n-te Element einer Datei an der Position n–1 beginnt.

Beim Direktzugriff zeigt sich der Unterschied zwischen den beiden Modi *app* und *ate*, die man beim Öffnen einer Datei angeben kann. Bei einer mit *app* geöffneten Datei finden alle Schreiboperationen immer am Ende der Datei statt, unabhängig davon, ob der Positionszeiger mit *seekp* positioniert wurde. Bei einer mit *ate* geöffneten Datei wird der Positionszeiger zunächst auf das Ende der Datei gesetzt. Er kann aber auch auf eine andere Position gesetzt werden.

Wenn der Zustand eines Streams gut ist, erhält man die aktuelle Position des Positionszeigers mit

> *pos_type* **tellp** (); // die Position beim Schreiben
> *pos_type* **tellg** (); // die Position beim Lesen

Diese Funktionen liefern den Funktionswert -1, falls der Zustand des Streams nicht gut ist.

Beispiel: Durch die folgenden Anweisungen erhält man die **Größe einer Datei**, ohne dass man mühsam alle Zeichen lesen und zählen muss:

```
f.seekp(0, ios::end);
int length = f.tellp();
```

Mit dem Direktzugriff ist es insbesondere möglich, einen Datensatz wieder an derselben Position in eine Datei zu schreiben, von der er gelesen wurde. Dazu muss nur der Positionszeiger vor dem Schreiben auf die Anfangsposition zurückgesetzt werden. Diese Position kann vor dem Lesen mit *tellg* bestimmt werden.

Damit ist auch die in Aufgabe 4.3.3, 2 b) aufgeworfene Frage beantwortet, wie man die Datensätze einer Datei korrigieren kann. Mit den Techniken der sequenziellen Dateiverarbeitung ist es nicht möglich, einen Datensatz aus einer Datei zu lesen, zu korrigieren und ihn dann an dieselbe Stelle in der Datei zurückzuschreiben.

Dateizugriff über Schlüsseltabellen

Der Direktzugriff ist die Grundlage vieler Verfahren für einen schnellen und effizienten Zugriff auf die Daten einer Datei. Solche Verfahren beruhen im Wesentlichen darauf, dass man die Schlüsselwerte (z.B. die Kontonummer) der Daten einer Datei zusammen mit ihren Dateipositionen im Hauptspeicher (z.B. in einem vector oder einem Array) speichert. Wenn man dann nach einem Datensatz mit einem bestimmten Schlüsselwert sucht, sucht man zuerst im Hauptspeicher und greift dann über die Dateiposition im Direktzugriff auf die Daten in der Datei zu. Allerdings setzt dieses Verfahren voraus, dass im Arbeitsspeicher des Rechners genügend Platz für alle Schlüsselwerte der Datei ist.

Eine solche Schlüsseltabelle kann man mit der folgenden Struktur aufbauen:

```
struct KeyPos {
  int key; // Schlüsselbegriff
  int pos; // Dateiposition
};
```

Diese Datensätze kann man in einem *vector* oder Array verwalten,

```
vector<KeyPos> v;
```

in dem man dann die Schlüsselwerte und Positionen aus der Datei ablegt:

```
Kontobewegung k;
KeyPos kp;
fstream f("c:\\kb.dat",ios::in|ios::out|ios::binary);
while (f.read((char*)&k,sizeof(k)))
  {
    kp.key=k.KontoNr;
    kp.pos=f.tellg()-int(sizeof(k));
    v.push_back(kp);
  }
f.clear(); // setzt eof zurück
```

Hier wird am Schluss die Funktion ***clear*** aufgerufen, damit das beim Lesen über das Ende der Datei hinaus gesetzte Zustandsbit wieder gelöscht wird. Das ist notwendig, damit weitere Operationen mit der Datei durchgeführt werden können.

Mit den folgenden Anweisungen kann man dann nach den Daten zu einem Schlüsselwert suchen:

```
int gesucht=1017;
for (int i=0; i<v.size(); i++)
  if (v[i].key==gesucht)
    {
      f.seekg(v[i].pos);
```

```
      f.read((char*)&K,sizeof(k));
      KBForm1->Memo1->Lines->Add(KBToString(k));
   }
```

Eine effizientere Variante als hier mit einem *vector*, in dem man linear sucht, wird
in Aufgabe 4.4, 5. gezeigt.

Aufgaben 4.3.6

Erweitern Sie das Programm *SimpleDB* (Aufgabe 4.3.3, 2.) um folgende Optionen:

a) Die Erweiterungen unter b) bis e) sind unabhängig davon, ob eine neue oder
   eine bereits bestehende Datei geöffnet wird. Falls Sie eine neue Datei bisher
   nur zum Schreiben oder eine bestehende Datei nur zum Lesen geöffnet haben,
   passen Sie die Modi beim Öffnen der Datei so an, dass die folgenden Erweiterungen in beiden Fällen funktionieren.
b) Beim Anklicken eines Buttons mit der Aufschrift „<" soll der Datensatz
   angezeigt werden, der in der Datei vor dem aktuell angezeigten kommt. Falls
   der aktuell angezeigte Datensatz der erste in der Datei ist, soll dieser Button
   deaktiviert werden.
c) Beim Anklicken eines Buttons mit der Aufschrift „<<" soll der erste Datensatz
   der Datei angezeigt werden.
d) Beim Anklicken eines Buttons mit der Aufschrift „>>" soll der letzte Datensatz
   der Datei angezeigt werden.
e) Beim Anklicken eines Buttons mit der Aufschrift „Korrektur" soll der aktuell
   angezeigte Datensatz an der Position in die Datei zurückgeschrieben werden,
   von der er gelesen wurde.

4.3.7 Sortieren, Mischen und Gruppenverarbeitung Θ

Viele Aufgaben in Zusammenhang mit der Verarbeitung von Dateien setzen
voraus, dass die Dateien sortiert sind.

Um eine **Datei** zu **sortieren**, kann man alle Datensätze in einen Container einlesen, diesen dann sortieren und die sortierten Daten dann wieder in eine Datei
schreiben. Zum Sortieren verwendet man am einfachsten die Funktion *sort* der
Standardbibliothek. Diese setzt allerdings voraus, dass für die zu sortierenden Datensätze der **Operator** < definiert ist.

Wie man solche Operatoren definiert, wird in Abschnitt 5.8 noch ausführlich
dargestellt. Damit wir aber auch jetzt schon selbst definierte Datenstrukturen mit
der Funktion *sort* sortieren können, soll das als kleiner Vorgriff kurz gezeigt werden. Man schreibt dazu eine Funktion, die einen Wert des Datentyps *bool* zurückgibt. Als Name der Funktion verwendet man das Schlüsselwort *operator*, das
von dem Operator gefolgt wird, der definiert wird. Dieser Funktion übergibt man
zwei Parameter des Datentyps, für die der Operator definiert wird. Als Rückgabewert der Funktion gibt man den booleschen Ausdruck an, der beim Aufruf der

Funktion ausgewertet werden soll. Die folgende Funktion definiert das Ergebnis eines Vergleichs von zwei Kontobewegungen durch den Vergleich der Konto-nummern:

```
bool operator<(const Kontobewegung& k1,
                          const Kontobewegung& k2)
{
return k1.KontoNr < k2.KontoNr;
}
```

Diese Funktion wird dann aufgerufen, wenn man zwei Datensätze des Typs *Kontobewegung* mit dem Operator < vergleicht. Die beiden Operanden werden dann dieser Funktion als Parameter übergeben:

```
Kontobewegung K1, K2;
if (K1<K2) ... // wie der Aufruf if (operator<(K1,K2))
```

Wenn man Datensätze des Datentyps *Kontobewegung* nicht nur nach der Kon-tonummer sortieren will, sondern auch nach anderen Ordnungsbegriffen, kann man eine globale Variable für den Sortierbegriff definieren und dann in Abhängigkeit von ihrem Wert das Vergleichsergebnis bestimmen:

```
enum TSortierbegriff {sbKontoNr, sbName, sbDatum,
              sbKontonrUndDatum} Sortierbegriff=sbKontoNr;

bool operator<(Kontobewegung k1,Kontobewegung k2)
{
if (Sortierbegriff==sbKontoNr)
  return k1.KontoNr < k2.KontoNr;
else if (Sortierbegriff==sbName)
  return k1.NameInhaber < k2.NameInhaber;
...
}
```

Mischen von Dateien

Falls der Container weniger Elemente aufnehmen kann, als die Datei Datensätze hat, kann man diese Vorgehensweise mehrfach wiederholen. Man erhält dann eine Folge von sortierten Dateien, die insgesamt dieselben Daten enthalten wie die ursprüngliche Datei. Mit den anschließend beschriebenen Mischverfahren können die sortierten Teildateien dann wieder zu einer einzigen sortierten Datei zusammengefügt werden. Auf diese Weise können beliebig große Dateien unab-hängig vom verfügbaren Hauptspeicher sortiert werden.

Beginnen wir zunächst damit, zwei sortierte Dateien zu einer einzigen sortierten Datei zusammenzumischen. Diese Vorgehensweise lässt sich nicht nur zum Sor-tieren von Dateien einsetzen, sondern auch in vielen anderen Fällen, z.B. beim Abgleich von Bestandsdateien mit Bewegungsdateien.

Beispiel: Aus den beiden Dateien

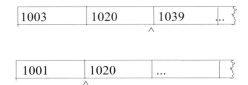

soll durch das Mischen die folgende neue Datei erzeugt werden:

Dazu kann man folgendermaßen vorgehen:

Falls beide Dateien mindestens einen Datensatz enthalten, wird von jeder Datei
ein Datensatz gelesen. Wenn der Vergleich des zuletzt von Datei[0] gelesenen
Datensatzes K[0] mit dem zuletzt aus Datei[1] gelesenen Satz K[1] ergibt, dass
K[0] bezüglich der Sortierfolge vor K[1] kommt, wird K[0] in die Mischdatei
übertragen und anschließend der nächste Satz von Datei[0] gelesen. Andernfalls wird K[1] in die Mischdatei übertragen und der nächste Satz von Datei[1]
gelesen.

Mit den Definitionen

```
const int n=2; // Anzahl der zu mischenden Dateien
ifstream D[n]; // ein Array der zu mischenden Dateien
ofstream M;    // die durch Mischen erzeugte Datei
Kontobewegung K[n];// K[i]: aktueller Datensatz der
                   // i-ten Datei
```

wird der Datensatz aus der i-ten Datei durch die folgenden Anweisungen in die
Mischdatei übertragen. Anschließend wird aus dieser Datei der nächste Datensatz
gelesen:

```
M.write((char*)&K[i],sizeof(K[i]));
D[i].read((char*)&K[i],sizeof(K[i]));
```

Damit enthält K[i] immer den zuletzt gelesenen und noch nicht übertragenen
Datensatz der i-ten Datei. Dieses Verfahren wird so lange wiederholt, wie noch
nicht alle Datensätze der beteiligten Dateien gelesen sind:

```
while (D[0] || D[1])
   {
   int i=MinIndex(2);
   M.write((char*)&K[i],sizeof(K[i]));
   D[i].read((char*)&K[i],sizeof(K[i]));
   }
```

Die Auswahl des kleinsten Datensatzes erfolgt dabei in der Funktion *MinIndex*:

```
int MinIndex(int n)
{ // wegen der Schleifenbed. gilt für ein i: D[i]
int m=0;
for (int i=1; i<n; i++)
  if (!D[m]) m=i; // if (!D[0]) m=1 ...
  else if (D[i] || D[m])
    if (K[i]<K[m]) m=i;
return m;
}
```

Hier wird von allen den Dateien, die noch nicht vollständig übertragen wurden, der
Index desjenigen Datensatzes bestimmt, der bezüglich dem Operator < der kleinste
ist. Dieses Verfahren ist offenbar analog zur Bestimmung des minimalen Index
beim Auswahlsort. Allerdings dürfen bei der Suche nach dem kleinsten Arrayelement von K nur die Elemente zum Vergleich herangezogen werden, für die in den
entsprechende Dateien nicht bereits der letzte Satz übertragen wurde. Dieses
Verfahren lässt sich leicht auf mehr als zwei Dateien übertragen.

```
void Mischen()
{ // für 2 Dateien
D[0].open("c:\\test\\KB0.sor",ios::binary);
D[1].open("c:\\test\\KB1.sor",ios::binary);
M.open("c:\\test\\M.sor",ios::binary);
D[0].read((char*)&K[0],sizeof(K[0]));
D[1].read((char*)&K[1],sizeof(K[1]));
while (D[0] || D[1])
  {
    int i=MinIndex(2);
    M.write((char*)&K[i],sizeof(K[i]));
    D[i].read((char*)&K[i],sizeof(K[i]));
  }
D[0].close();
D[1].close();
M.close();
}
```

Gruppenverarbeitung

Bei vielen Aufgaben der Array- bzw. Dateiverarbeitung sind in einer Folge von
Datensätzen aufeinander folgende Datensätze mit einem gemeinsamen Merkmal
als zusammengehörig zu betrachten. Solche zusammengehörigen Daten werden
dann auch als Gruppe bezeichnet und eine Änderung der Gruppe als Gruppenwechsel.

Wenn z.B. eine Datei von Kontobewegungen nach der Kontonummer sortiert ist,
können Datensätze mit derselben Kontonummer als eine Gruppe betrachtet
werden. In diesem Fall würde man eine Gruppe von Datensätzen mit derselben
Kontonummer als Gruppe der Stufe 1 bezeichnen. Eine typische Aufgabe dieser
Art wäre es dann, aus einer solchen Datei den folgenden Ausdruck zu erzeugen:

```
Datei: c:\test\KB0.sor        Ein-/Auszahlungen Seite 1

1000 Duestrip, Daniel
        2004    17. 5      +      67,17
        2004    23. 4      -      60,64
     Summe Kontonummer 1000:...........    6,53

1001 Duestrip, Alek
        2004    11. 5      -     239,35
        2004    29. 4      +     141,05
        2003    21. 3      +     284,39
     Summe Kontonummer 1001:...........  186,09

1002 Duestrip, Q.
        2004     3. 3      +     146,72
        2003    28. 3      -      49,66
        2003     2. 3      +      62,76
        2003    27. 5      +     297,83
     Summe Kontonummer 1002:...........  457,65
```

Eine solche Gruppenverarbeitung kann man durch zwei verschachtelte Schleifen erreichen, bei der die äußere Schleife der äußeren Gruppenbedingung (Dateiende) und die innere der inneren Gruppenbedingung (gleiche Kontonummer) entspricht. Jede Schleifenbedingung der inneren Schleife besteht aus der Schleifenbedingung der umgebenden Schleife sowie einer weiteren Bedingung für die jeweilige Gruppenstufe. Dieses **Staffelschema** ist in der Funktion *GW1* realisiert:

```
void GW1(char* infn, char* outfn)
{ // Die Parameter sind die Dateinamen
VorlGS0(infn,outfn);
Lese_naechsten_Satz();
while (in)
   {
      VorlGS1();
      Setze_Gruppenkennzeichen_fuer_Stufe_1(); // damit die
               // Schleife mindestens einmal ausgeführt wird
      while (!GW_Stufe_1()&& (in))
         {
            Bearbeite_DS_Stufe_1(infn);
            Lese_naechsten_Satz();
         }
      NachlGS1();
   }
NachlGS0();
}
```

Ist die Datei innerhalb einer Gruppe noch nach einem weiteren Kriterium sortiert, können diese Datensätze ebenfalls als Gruppe betrachtet werden. In unserem Programm erhält man durch Sortieren mit dem Sortierbegriff *sbKontonrundDatum* eine solche Datei, in der man Datensätze mit derselben Kontonummer und Jahreszahl als Gruppe betrachtet kann. Da hier eine Gruppe bereits in einer „Obergruppe" enthalten ist, spricht man auch von einer **Gruppe der Stufe 2**:

```
Datei: c:\test\KB2.sor        Ein-/Auszahlungen Seite 1

1000 Duestrip, Daniel
        2004    23. 4      -      60,64
        2004    17. 5      +      67,17
        Summe  2004:..............    6,53

        Summe Kontonummer 1000:...........    6,53

1001 Duestrip, Alek
        2003    21. 3      +     284,39
        Summe  2003:..............  284,39

        2004    29. 4      +     141,05
        2004    11. 5      -     239,35
        Summe  2004:..............   -98,3

        Summe Kontonummer 1001:...........  186,09

1002 Duestrip, Q.
        2003     2. 3      +      62,76
        2003    28. 3      -      49,66
        2003    27. 5      +     297,83
        Summe  2003:..............  310,93

        2004     3. 3      +     146,72
        Summe  2004:..............  146,72

        Summe Kontonummer 1002:...........  457,65
```

Einen solchen Gruppenwechsel der Stufe 2 erhält man mit dem Staffelschema

```
void GW2(char* infn, char* outfn)
{
VorlGS0(infn,outfn);
Lese_naechsten_Satz();
while (in)
   {
     VorlGS1();
     Setze_Gruppenkennzeichen_fuer_Stufe_1();// damit
             // die Schleife mindestens einmal ausgeführt wird
     while (!GW_Stufe_1()&& (in))
        {
          VorlGS2();
          Setze_Gruppenkennzeichen_fuer_Stufe_2(); // damit
             // die Schleife mindestens einmal ausgeführt wird
          while (!GW_Stufe_2() && !GW_Stufe_1() && in)
             {
               Bearbeite_DS_Stufe_2(infn);
               Lese_naechsten_Satz();
             }
          NachlGS2();
        }
     NachlGS1();
   }
```

```
NachlGS0();
}
```

Falls man eine Folge von Daten nicht in Gruppen unterteilt, spricht man auch von
einer **Gruppe der Stufe 0**. Die sequenzielle Bearbeitung aller Datensätze einer
Datei ist in diesem Sinn eine Gruppenverarbeitung der Stufe 0 (z.B. die Funktion
Listendruck). Sie entspricht einem Staffelschema mit einer einzigen Schleife:

```
void GW0(char* infn, char* outfn)
{
VorlGS0(infn,outfn);
Lese_naechsten_Satz();
while (in)
   {
      Bearbeite_DS_Stufe_0(infn);
      Lese_naechsten_Satz();
   }
NachlGS0();
};
```

Aufgaben 4.3.7

1. **Dateien sortieren**

   Schreiben Sie eine Funktion *SortiereKBDatei*, die eine Datei von Datensätzen
   des Datentyps *Kontobewegung* in einen Container einliest (z.B. in ein Array
   oder in einen *vector* der Standardbibliothek), diesen sortiert und die sortierten
   Daten dann wieder in eine Datei schreibt. Verwenden Sie zum Sortieren einen
   für Kontobewegungen überladenen Operator <, der die Datensätze in
   Abhängigkeit vom Wert einer Variablen *Sortierbegriff*

   ```
   enum TSortierbegriff {sbKontoNr, sbName, sbDatum,
             sbKontonrUndDatum} Sortierbegriff=sbKontoNr;
   ```

folgendermaßen sortiert:

   a) *sbKontoNr*: nach der Kontonummer
   b) *sbName*: nach dem Namen des Kontoinhabers
   c) *sbDatum*: nach dem Datum
   d) *sbKontonrUndDatum*: nach der Kontonummer, und wenn diese gleich ist,
      nach dem Datum.

2. **Mischen mit Folgeprüfung**

   Wenn man die Funktion *Mischen* auf Dateien anwendet, die nicht sortiert sind,
   wird die gemischte Datei auch nicht sortiert sein. Erweitern Sie diese Funktion
   deswegen so, dass die Sortierfolge der Mischdatei beim Schreiben eines neuen
   Satzes dadurch geprüft wird, dass dieser neue Satz mit dem zuletzt in die
   Mischdatei geschriebenen Satz verglichen wird.

Da beim Schreiben des ersten Satzes kein zuletzt in die Mischdatei geschriebener Satz zum Vergleich auf die Sortierfolge zur Verfügung steht, soll in diesem Fall eine Prüfung der Sortierfolge unterbleiben. Die Anzahl der Sortierfehler soll mitgezählt und am Schluss am Bildschirm ausgegeben werden.

3. Gruppenwechsel

Schreiben Sie eine Funktion *GW1*, die eine nach der Kontonummer sortierte Datei von Kontobewegungen wie im Beispielausdruck zum Gruppenwechsel der Stufe 1 ausdruckt. Sie soll die folgenden Anforderungen erfüllen:

1. Jede Seite soll mit einem Blattkopf beginnen (wie in *Listenausdruck*).
2. Eine Seite bietet Platz für 72 Druckzeilen, von denen nicht mehr als 60 mit Kontobewegungen bedruckt werden sollen. Ab der 60sten Zeile sollen nur Summenzeilen gedruckt werden.
3. Auf einer neuen Seite dürfen unmittelbar nach dem Blattkopf keine Summenzeilen gedruckt werden.
4. Aufeinander folgende Kontobewegungen mit derselben Kontonummer sollen als Gruppe betrachtet werden. Am Anfang einer Gruppe sollen die Kontonummer und der Name des Kontoinhabers in einer eigenen Zeile gedruckt werden.
5. Alle Datensätze in derselben Gruppe sollen ohne die Kontonummer gedruckt werden, außer wenn es der erste Satz auf einer neuen Seite ist. In diesem Fall soll auch die Kontonummer gedruckt werden.
6. Am Ende einer Gruppe soll der Saldo der Beträge dieser Gruppe ausgedruckt werden.
7. Nach der letzten Kontobewegung soll der Gesamtsaldo aller Kontobewegungen ausgedruckt werden.

Damit (wie in 5. gefordert) die Daten einer Kontobewegung sowohl mit als auch ohne die Kontonummer ausgedruckt werden können, kann die zu verarbeitende Kontobewegung einer Variablen zugewiesen werden, die zum Drucken aufbereitet wird. In diesem „Drucksatz" wird z.B. die Kontonummer auf 0 gesetzt, wenn sie nicht gedruckt werden soll. Der Drucksatz wird dann durch eine Funktion ausgedruckt, die z.B. *Drucke_Zeile* heißt. In dieser Funktion wird die Kontonummer des Drucksatzes nur gedruckt, wenn sie von 0 verschieden ist.

4.3.8 C-Funktionen zur Dateibearbeitung Θ

Zum Abschluss dieses Kapitels werden kurz die Funktionen der Programmiersprache C zur Dateibearbeitung vorgestellt. Da sie noch aus der Urzeit von C stammen und deshalb recht bekannt sind, findet man sie auch oft in C++-Programmen. Mit ihnen kann man dieselben Dateien lesen oder schreiben wie mit den Klassen von C++. Allerdings haben diese Klassen einige Vorteile, so dass man sie den Funktionen von C vorziehen sollte:

- Die Operatoren >> und << ermöglichen im Unterschied zu den *printf*-Funktionen eine typsichere Ein- und Ausgabe.
- Die Trennung in *istream*- und *ostream*-Klassen ermöglicht bereits dem Compiler die Prüfung, ob in eine zum Lesen geöffnete Datei auch tatsächlich nicht geschrieben wird. Mit den C-Funktionen kann ein solcher Fehler erst zur Laufzeit entdeckt werden.
- Fehler können über Exceptions abgefangen werden.

In einem C-Programm wird eine Datei durch einen Zeiger auf eine in <stdio.h> definierte Struktur des Datentyps **FILE** dargestellt:

```
#include <stdio.h>
FILE* f; // f kann eine Datei darstellen
```

Ein solcher Zeiger wird erzeugt durch einen erfolgreichen Aufruf von

   *FILE *fopen(const char *filename, const char *mode);*

Zulässige Werte für *mode* und deren Bedeutung ergeben sich aus der Tabelle in Abschnitt 4.3.1. Die Datenstruktur FILE enthält Informationen über Schreib- und Lesepuffer, die aktuelle Position in der Datei usw. Falls die Datei nicht geöffnet werden konnte wird der Wert NULL zurückgegeben.

Der bei einem erfolgreichen Aufruf von *fopen* zurückgegebene Zeiger auf die Struktur FILE stellt die als *filename* angegebene Datei im Programm dar. Er wird bei allen Funktionen (Lesen, Schreiben usw.) angegeben, mit denen die Datei bearbeitet wird. Die Verbindung zwischen diesem Zeiger und der externen Datei gilt bis zum nächsten Aufruf von *fclose* mit diesem Zeiger:

   *int fclose(FILE *stream);*

Ein Aufruf dieser Funktionen hat im Wesentlichen denselben Effekt wie ein Aufruf der Methode *open* oder *close* für eine *fstream*-Variable.

In einen zum Schreiben geöffneten Stream kann man mit der Funktion

   *size_t fwrite(const void *ptr, size_t size, size_t n, FILE *stream);*

n Datenblöcke der Größe *size* schreiben. Dadurch werden die Bytes ab der Adresse in *ptr* in die durch *stream* bezeichnete Datei geschrieben. Der Funktionswert von *fwrite* ist die Anzahl der erfolgreich geschriebenen Datenblöcke. Die folgenden Beispiele zeigen, wie man Daten in eine Datei schreibt. Durch

```
int i=17;
FILE* f = fopen("c:\\test1.dat","wb");
if (f==NULL) // f=NULL ist ein gemeiner Fehler, besser !f
  ShowMessage("Fehler bei fopen");
fwrite(&i,sizeof(int),1,f); // Funktionswert 1
fclose(f);
```

wird eine Datei mit dem Namen „test1.dat" angelegt. Sie enthält *sizeof(int)* Bytes mit der Binärdarstellung der Zahl 17.

Die Funktion *fflush* schreibt alle Zwischenpuffer in die Datei:

> int **fflush**(*FILE *stream*);

Mit der Funktion *fread* kann man einen oder mehrere Datensätze aus einer Datei einlesen:

> size_t **fread**(*void *ptr, size_t size, size_t n, FILE *stream*);

Hier ist *ptr* die Adresse der Variablen, in die der gelesene Datensatz geschrieben werden soll. *size* gibt die Größe des zu lesenden Datenblocks an und n die Anzahl der zu lesenden Datenblöcke.

Mit der Funktion *feof* kann man abfragen, ob der Positionszeiger hinter dem letzten Zeichen der Datei steht.

> int **feof**(*FILE *stream*);

Diese Funktion liefert dann einen von 0 verschiedenen Funktionswert, wenn über das Ende der Datei hinaus gelesen wurde.

Mit *ferror* kann man feststellen, ob bisher ein Fehler aufgetreten ist. In diesem Fall stellt dieses Makro einen von 0 verschiedenen Wert dar:

> int **ferror**(*FILE *stream*);

Die folgenden Beispiele zeigen, wie die oben mit *fwrite* angelegten Dateien gelesen werden können:

```
int i=0;
FILE* f = fopen("c:\\test1.dat","rb");
if (!f) ShowMessage("Fehler bei fopen");
n1=fread(&i,sizeof(int),1,f);
while (f)
   {
      Form1->Memo1->Lines->Add(IntToStr(i));
      n1=fread(&i,sizeof(int),1,f);
   }
fclose(f);
```

Im nächsten Beispiel wird eine Datei gelesen, deren Datensätze Strukturen sind:

```
Kontobewegung k;
FILE* f = fopen("c:\\test2.dat","rb");
if (!f) ShowMessage("Fehler bei fopen");
n2=fread(&k,sizeof(k),1,f);
while (f)
   {
```

```
        Form1->Memo1->Lines->Add(KBToString(k));
        n2=fread(&K,sizeof(k),1,f);
   }
  fclose(f);
```

Die Funktion *fseek* setzt den zum Stream gehörenden Positionszeiger auf die Position, die *offset* Bytes von der durch *whence* angegebenen Position entfernt ist (**Direktzugriff**). Für *whence* sind die drei Konstanten SEEK_SET, SEEK_CUR, SEEK_END definiert, die in der Tabelle in Abschnitt 4.3.6 beschrieben wurden.

   *int **fseek**(FILE *stream, long offset, int whence);*

Ein darauf folgendes *fread* liest dann ab dieser Position, und ein darauf folgendes *fwrite* überschreibt die Datei ab dieser Position. Mit

   *long int **ftell**(FILE *stream);*

erhält man die aktuelle Position des Positionszeigers.

Zur Ausgabe von Daten im Klartext verwendet man vor allem die Funktion *fprintf*:

   *int **fprintf**(FILE *stream, const char *format[, argument, ...]);*

Sie wird bis auf den ersten Parameter wie die schon in Abschnitt 3.12.10 vorgestellte Funktion *sprintf* aufgerufen.

Mit der Funktion *fscanf* kann man Daten aus einem Stream einlesen, wenn das Format der Daten bekannt ist:

   *int **fscanf**(FILE *stream, const char *format[, address, ...]);*

Da *fscanf* aber abbricht, sobald ein Zeichen gelesen wird, das nicht den Formatangaben im Formatstring entspricht, sollte diese Funktion nur mit Vorsicht verwendet werden. Da *fscanf* außerdem das Lesen einer Zeichenfolge beendet, sobald ein Leerzeichen gelesen wird, können mit dieser Funktion keine Strings gelesen werden, die Leerzeichen enthalten.

Der Funktion *getline* entspricht in C die Funktion

   *char ***fgets**(char *s, int n, FILE *stream);*

4.4 Assoziative Container

Die Standardbibliothek enthält die **assoziativen Container** *set*, *multiset*, *map* und *multimap*. Sie verwalten ihre Elemente sortiert nach einem Schlüsselwert in einem balancierten Binärbaum und ermöglichen so einen schnellen Zugriff (meist mit logarithmischer Komplexität) auf diese.

In Abschnitt 3.12.12 wurde gezeigt, wie man solche Binärbäume konstruieren kann. Allerdings sind die assoziativen Container aufgrund ihrer ausgefeilten internen Struktur meist effizienter und einfacher zu verwenden als selbstgestrickte Binärbäume. Deshalb besteht normalerweise keine Notwendigkeit, selbst Binärbäume zu schreiben.

4.4.1 Die Container *set* und *multiset*

Die Containerklassen *set* und *multiset* stehen nach

```
#include <set>
using namespace std; // or: using std::set;
```

zur Verfügung. Container dieser Datentypen können wie in

```
set<T> s;       // T: Der Datentyp der Elemente
multiset<T> ms;
```

definiert werden und stellen Mengen im Sinn der Mathematik dar. Container der Typen *set* und *multiset* unterscheiden sich im Wesentlichen nur dadurch, dass ein Schlüsselwert in einem *set* nur einmal enthalten sein kann, während ein *multiset* mehrere Elemente mit demselben Schlüsselwert enthalten kann.

Zum Einfügen und Löschen von Elementen stehen die Elementfunktionen

> *pair<iterator,bool>* **insert***(const value_type& x);*
> *size_type* **erase***(const key_type& x);*

zur Verfügung. Mit der in allen assoziativen Containern definierten Elementfunktion

> *iterator* **find***(const key_type& x) const;*

kann man feststellen, ob ein Element mit dem als Argument übergebenen Schlüsselwert in der Menge enthalten ist oder nicht. Falls ein solches Element in der Menge enthalten ist, gibt *find* die Position dieses Elements zurück und andernfalls den Iterator *end()*. Da ein assoziativer Container seine Daten sortiert nach den Schlüsselwerten verwaltet, verwendet die *find* die Technik des binären Suchens und hat eine logarithmische Komplexität. Sie ist deshalb deutlich schneller als die globale Funktion *find*, die linear nach einem Element sucht.

Beispiel: Mit Mengen, die Strings enthalten, sind diese Operationen möglich:

```
s.insert("Daniel");
s.insert("Alex");
s.insert("Kathy");
if (s.find("Alex")!=s.end())
  Form1->Memo1->Lines->Add("gefunden");
else Form1->Memo1->Lines->Add("nicht gefunden");
```

Bei einem *set* oder *multiset* kann man im Wesentlichen nur feststellen, ob ein Element enthalten ist oder nicht. Da diese Prüfung mit *find* relativ schnell ist, bieten sich diese Container an, wenn es lediglich um solche Prüfungen geht. Einige Beispiele für die Anwendung dieser Container:

- Eine Rechtschreibprüfung, bei der die Wörter aus einem Wörterbuch in einem *set* abgelegt werden. Bei dem zu überprüfenden Text wird dann für jedes Wort geprüft, ob es im Wörterbuch enthalten ist.
- Da ein *set* einen bestimmten Wert höchstens einmal aufnimmt, kann man mit einem *set* leicht einen Container mit eindeutigen Elementen erzeugen.

Da die binäre Suche nur wenige ($\log_2(n)$) Schritte benötigt, kann man mit einem sortierten *vector* und mit *binary_search* ein gesuchtes Element ähnlich schnell wie in einem *set* oder *multiset* finden.

4.4.2 Die Container *map* und *multimap*

Die assoziativen Containerklassen ***map*** und ***multimap*** stehen nach

```
#include <map>
using namespace std;
```

zur Verfügung. Container dieser Klassen verwalten Wertepaare, die aus einem Schlüsselbegriff und zugeordneten Daten bestehen. Aufgrund ihrer internen Organisation ermöglichen *map* und *multimap* einen schnellen Zugriff auf die Daten, die zu einem Schlüsselbegriff gehören. Mit Schlüsselwerten des Datentyps T1 und zugehörigen Daten des Datentyps T2 werden solche Container folgendermaßen definiert:

```
map<T1,T2> m; // Hier sind T1 und T2 beliebige Datentypen
multimap<T1,T2> mm;
```

Wie ein *set* kann ein *map* nur ein einziges Paar mit einem bestimmten Schlüsselwert enthalten. Ein *multimap* kann dagegen mehrere Paare mit demselben Schlüsselwert enthalten. Die folgenden Beispiele verwenden sowohl für T1 als auch für T2 den Datentyp *string*. Die Wertepaare sind dann etwa folgendermaßen definiert:

```
struct pair { //T1 und T2: aus map<T1,T2> bzw. multimap
  T1 first;     // Schlüsselbegriff
  T2 second;    // zugehörigen Daten
};
```

Wie bei allen anderen Containern kann man auch einem *map* oder *multimap* mit *insert* Elemente hinzufügen. Da die Elemente hier Wertepaare sind, müssen Wertepaare eingefügt werden. Diese können durch den etwas umständlichen Aufruf eines Konstruktors des Klassen-Templates *pair*

```
m.insert(pair<string,string>("Daniel","13.11.79"));
```

oder durch den etwas einfacheren Aufruf des Funktions-Templates *make_pair* erzeugt werden:

```
m.insert(make_pair("Daniel","13.11.79"));
```

Bei einem *map* (aber nicht bei einem *multimap*) ist das mit dem Indexoperator

reference operator[](const key_type& x);

einfacher. Die Zuweisungen

```
m["Daniel"]="13.11.79";
m["Alex"]="17.10.81";
```

legen die Paare ("Daniel","13.11.79") und ("Alex","17.10.81") in m ab. Der Operator [] liefert als Funktionswert die Daten zum Schlüsselwert zurück. Deswegen erhält man bei einem *map* mit

```
string result="Daniel: "+m["Daniel"];
```

den String "Daniel: 13.11.79". Damit kann man ein *map* wie ein Array ansprechen, ohne dass die Indexwerte wie bei einem Array ganzzahlig sein müssen. Bei einem *multimap* ist der Indexoperator nicht definiert.

Allerdings unterscheidet sich der Indexoperator bei einem *map* folgendermaßen von diesem Operator für ein Array: Falls zu dem als Index verwendeten Wert kein Element im Container enthalten ist, wird ein Standardwert eingefügt. Nach der Abfrage

```
string result="Alex: "+m["Alexx"]; // Schreibfehler
```

hat m drei Elemente und nicht wie vor dieser Abfrage zwei. Deswegen sucht man Elemente meist besser mit *find*:

iterator find(const key_type& x);

Diese Funktion liefert einen Iterator auf ein Wertepaar mit dem gesuchten Schlüsselwert zurück, wenn es gefunden wurde, und andernfalls den Iterator *end*. Die Daten zum Schlüsselwert sind dabei das Element *second* des Wertepaares:

```
map<T1,T2>::iterator pos; // Definition des Iterators
pos=m.find("Daniel");
if (pos!=m.end())
  result="Daniel: "+pos->second;
else result="Daniel: nicht gefunden";
```

Der Funktionswert der in allen assoziativen Containern verfügbaren Elementfunktionen

> *iterator* **lower_bound**(const key_type& x);
> *iterator* **upper_bound**(const key_type& x);

ist ein Iterator, der auf das erste Element zeigt, dessen Schlüsselwert nicht kleiner (bei *lower_bound*) bzw. größer (bei *upper_bound*) ist als das Argument. Bei einem *multimap*, in dem ein oder mehrere Paare mit dem Schlüsselwert x enthalten sind, besteht der Bereich (*lower_bound(x)*, *upper_bound(x)*) aus allen Elementen mit dem Schlüsselwert x. Die Komplexität dieser Funktionen ist wie die von *find* logarithmisch.

4.4.3 Iteratoren der assoziativen Container

Auch für die assoziativen Container erhält man mit *begin()* die Position des ersten Elements und mit *end()* die auf das letzte Element folgende. Für einen Iterator i erhält man mit i++ die Position des nächsten Elements und mit *i seinen Wert. Da die Elemente eines assoziativen Containers Paare (siehe Seite 534) sind, erhält man den Schlüsselwert zu einem Iterator i mit *i->first* und den zugehörigen Datenwert mit *i->second*.

Da die Elemente nach den Schlüsselwerten sortiert verwaltet werden, ist das nächste Element immer das mit dem nächsten Schlüsselwert. Deshalb erhält man mit der folgenden *for*-Schleife immer eine nach dem Schlüsselbegriff sortierte Ausgabe der Elemente des Containers:

```
typedef map<string,int> MType;
MType m;

for (MType::iterator i=m.begin();i!=m.end();i++)
  Memo1->Lines->Add(i->first.c_str());
```

Ein *multimap* kann mehrere Paare mit demselben Schlüsselwert enthalten. Mit den Elementfunktionen *lower_bound* und *upper_bound* erhält man Iteratoren, die den Bereich von Paaren im *multimap* darstellen, die alle als Schlüsselwert den als Argument übergebenen Wert haben. Wenn man zu allen verschiedenen Schlüsselwerten in einem *multimap* die jeweiligen Daten ausgeben will, erreicht man dann wie in dieser Schleife:

```
typedef multimap<AnsiString,int> MMType;
MMType mm;
```

```
for (MMType::iterator i=mm.begin(); i!=mm.end(); )
  { // i->first ist der Schlüsselwert
    MMType::iterator first=mm.lower_bound(i->first);
    MMType::iterator j, last=mm.upper_bound(i->first);
    for (j=first; j!=last; j++)
      { //j->second ist ein Datenwert zum Schlüsselwert
        i++; // Mit jedem gefundenen Wert hochzählen
      };
  }
```

Hier muss man insbesondere beachten, dass man den Iterator für die äußere Schleife nicht in der äußeren Schleife weiterzählt, sondern mit jedem gefundenen Datenwert. Da man mit i++ immer die Position des nächsten Elements erhält, wird sonst die innere Schleife so oft wiederholt, wie Daten zum jeweiligen Schlüsselwert vorhanden sind.

Iteratoren eines assoziativen Containers werden beim Einfügen nie ungültig (siehe Seite 476). Beim Löschen wird nur ein Iterator auf das gelöschte Element ungültig. Das ergibt sich daraus, dass diese Container intern mit Binärbäumen implementiert sind, in die neue Knoten eingehängt und gelöschte ausgehängt (siehe Abschnitt 3.12.12) werden. Die Position anderer Elemente des Containers wird dadurch nicht verändert.

Aufgaben 4.4

1. Ein **Informationssystem** soll zu einem eindeutigen Schlüsselbegriff eine zugehörige Information finden, z.B. zu einer Artikelnummer den zugehörigen Preis.

   Schreiben Sie als **einfachen Prototyp** für ein solches System eine Funktion

   ```
   bool ValueToKey(KeyType key,ValueType& value)
   ```

   deren Rückgabewert *true* ist, wenn zum Argument für *key* ein passender Wert gefunden wurde. Der gefundene Wert soll dann als Argument für *value* zurückgegeben werden. Falls kein passender Wert gefunden wird, soll der Rückgabewert *false* sein. Verwenden Sie dazu einen geeigneten Container.

   Testen Sie diese Funktion. Damit man leicht sieht, ob der gesuchte Begriff auch tatsächlich gefunden wurde, sollen der Schlüsselbegriff und die Daten identisch sein. Am einfachsten wählt man 1000 bzw. 100 000 **aufeinander folgende** Werte des Datentyps *int*. Um welchen Faktor dauert die Suche in einem Container mit 1000 000 Elementen etwa länger als die in einem Container mit 1000 Elementen?

2. Beim wiederholten Aufruf eines Zufallszahlengenerators wie *rand* oder *random* kann es vorkommen, dass sich die erzeugten Zufallszahlen wiederholen. Für manche Anwendungen braucht man allerdings **Zufallszahlen, die sich nicht wiederholen**.

Schreiben Sie eine Funktion *NewRand*, die bei jedem Aufruf eine neue Zufallszahl liefert. Die bisher erzeugten Zufallszahlen sollen in einem geeigneten Container abgelegt werden.

3. Schreiben Sie eine **Rechtschreibprüfung**. Dabei soll zuerst ein Wörterbuch aus einer Textdatei erstellt werden, indem diese Datei zeilenweise eingelesen und alle Wörter daraus mit einer Funktion wie *tokenize* (siehe Aufgabe 4.2.3, 4.) bestimmt werden. Diese Wörter sollen dann in einem geeigneten Container abgelegt werden.

   Anschließend soll die zu prüfende Datei als Textdatei zeilenweise eingelesen werden. Auch hier sollen die einzelnen Wörter mit einer Funktion wie *tokenize* bestimmt werden. Für jedes Wort soll dann geprüft werden, ob es in dem Container mit den Wörtern aus dem Wörterbuch enthalten ist.

   Testen Sie diese Funktion und insbesondere auch ihr Zeitverhalten, indem Sie aus einer relativ großen Textdatei eine Kopie erstellen und in dieser Datei dann einzelne Wörter verändern. Verwenden Sie die ursprüngliche Datei als Wörterbuch.

4. Mit dem assoziativen Container *multimap* kann man leicht eine **Konkordanzliste** aus einem Text erstellen. Eine solche Liste ist ein alphabetisch geordnetes Verzeichnis aller Wörter aus einem Text, die zu jedem Wort die Nummer einer jeden Seite bzw. Zeile enthält, in der es vorkommt. Wenn man z.B. jedes Wort aus dem folgenden Text zusammen mit seiner Zeilennummer als Paar in einen solchen Container einträgt

   ```
   "Alle meine Entchen"
   "schwimmen auf dem See,"
   "schwimmen auf dem See,"
   ```

   und dann alle diese Worte zusammen mit den zugehörigen Nummern ausgibt, erhält man diese Konkordanzliste:

   ```
   Alle      1
   Entchen   1
   See       2   3
   auf       2   3
   dem       2   3
   meine     1
   schwimmen    2   3
   ```

   Eine Konkordanzliste aus dem Quelltext eines Programms bezeichnet man auch als **Cross-Reference-Liste**. Mit einer solchen Liste kann man feststellen, in welchen Zeilen eines Programms welche Namen (Variablen usw.) verwendet werden.

   Schreiben Sie eine Funktion *MakeXRef*, die jeden String aus einem *vector* mit Strings mit der Funktion *tokenize* (siehe Aufgabe 4.2.3, 4.) in Worte zerlegt und jedes solche Wort zusammen mit seiner Zeilennummer in eine geeignete Variable des Typs *multimap* ablegt. Eine Funktion **PrintXRef** soll jedes Wort aus dem mit *MakeXRef* angelegten *multimap* ausgeben sowie zu jedem solchen Wort die zugehörigen Zeilennummern.

Testen Sie diese Funktionen mit den Strings von oben. Eine zweite Variante der Funktion **MakeXRef** soll alle Zeilen einer Textdatei einlesen und zerlegen.

5. **Mit *multimaps* in einer Schlüsseltabelle suchen und eine Datei sortieren**

Wenn man als Schlüsselwerte eines Containers der Klasse *multimap* die Schlüsselwerte von Datensätzen einer Datei nimmt und als zugehörige Werte die Dateiposition des jeweiligen Datensatzes, kann man den Datensatz zu einem Schlüsselwert in einer Datei schnell finden.

a) Schreiben Sie eine Funktion *MMReadKeys*, die aus einer Datei von Kontobewegungen die Kontonummer und die Position eines Datensatzes in einen Container des Datentyps *multimap* einliest.

b) Eine Funktion *MMFind* soll in diesem Multimap-Container nach einer Kontobewegung mit einer bestimmten Kontonummer suchen.

c) Wenn man die Datensätze einer Datei im Direktzugriff lesen und schreiben kann ist es zwar technisch möglich, diese so zu vertauschen, dass sie anschließend sortiert sind. Da jedoch die Lese- und Schreibzugriffe relativ zeitaufwendig sind, kann man auf diese Weise keine optimalen Ausführungszeiten für das Sortieren einer Datei erwarten.

Schreibt man die Datensätze dagegen in der Reihenfolge in eine neue Datei, die sich aus dem in a) erzeugten Multimap-Container ergibt, geht das schneller. Die Dateiposition zu einem Datensatz mit einem Schlüsselwert ergibt sich dann aus dem zweiten Wert eines Wertepaares.

Schreiben Sie eine Funktion *MMSort*, die auf diese Weise aus einer nicht sortierten Datei von Kontobewegungen eine nach der Kontonummer sortierte Datei erzeugt.

4.5 Die numerischen Klassen der Standardbibliothek

Die numerischen Klassen der Standardbibliothek sind Klassen für komplexe Zahlen und Arrays mit numerischen Werten. Sie ermöglichen bei vielen Aufgaben aus dem Bereich der Linearen Algebra einfache und effiziente Lösungen.

4.5.1 Komplexe Zahlen Θ

Die im C++-Standard definierten Klassen für **komplexe Zahlen** erhält man mit

```
#include <complex>
using namespace std;
```

Bei der Definition von Variablen dieser Klassen gibt man nach *complex* in spitzen Klammern den Datentyp des Real- und Imaginärteils an. Dafür sind die Datentypen *float*, *double* und *long double* zulässig:

```
complex<float> cf=-1;
complex<double> cd=-1;
complex<long double> cl=-1;
```

Aus diesen komplexen Zahlen, die alle den Wert −1 haben, kann man mit der Funktion *sqrt* die Wurzel ziehen:

```
cf=sqrt(cf);
cd=sqrt(cd);
cl=sqrt(cl);
```

Dabei erhält man die Ergebnisse

```
-4,37113882867379E-8+1i   // Darstellung mit der Funktion
6,1257422745431E-17+1i    // ComplexToStr von unten
6,1257422745431E-17+1i
```

die zwar nicht genau dem Wert i=0+1i (der sogenannten imaginären Einheit) entsprechen, aber doch relativ genau. Zieht man dagegen die Wurzel aus dem Wert −1 des Datentyps *double*, hat das einen Laufzeitfehler zur Folge:

```
cd =sqrt(-1);
```

Eine komplexe Zahl besteht aus einem **Real-** und **Imaginärteil** des Datentyps, der bei der Definition der Variablen angegeben wurde. Dieser Datentyp wird im Folgenden mit T bezeichnet und steht für *float*, *double* oder *long double*. In jeder dieser Klassen werden der Real- und Imaginärteil durch die Datenelemente

T re_, im_; // interne Datenelemente für den Real- und Imaginärteil

dargestellt. Allerdings besteht keine Möglichkeit, diese Datenfelder direkt anzusprechen. Man erhält sie aber sowohl mit den Elementfunktionen

*T **imag**() const { return im_; }*// Die Anweisungen in geschweiften Klammern
*T **real**() const { return re_; }* // werden beim Aufruf der Funktion ausgeführt

als auch mit gleichnamigen globalen Funktionen. Damit kann man eine komplexe Zahl durch die Funktion *ComplexToStr* als *AnsiString* darstellen:

```
AnsiString ComplexToStr(complex<long double> c)
{// erste Zeile mit globalen Funktionen ist gleichwertig
//return FloatToStr(real(c))+"+"+FloatToStr(imag(c))+"i";
return FloatToStr(c.real())+"+"+FloatToStr(c.imag())+"i";
}
```

Variablen komplexer Zahlen können mit dem **Konstruktor**

complex(const T& re = T(), const T& im = T());

definiert werden. Ruft man ihn ohne Argument auf, werden Real- und Imaginärteil auf Null gesetzt. Mit einem Argument wird dieses zum Realteil, und der Imaginärteil wird Null:

```
complex<float> cf;        // cf.real()=0,  cf.imag()=0;
complex<double> cd=-1;    // cd.real()=-1, cd.imag()=0;
complex<double> cd(-1);   // wie cd=-1;
complex<long double> cl(1,-1);//cl.real()=1,cl.imag()=-1;
```

Für komplexe Zahlen sind die Operatoren +, −, *, /, +=, −= usw. definiert. Ausdrücke mit diesen Operatoren können auch komplexe Zahlen und Gleitkommadatentypen verbinden:

```
cf=cf+1.0f;
cd=cd+1.0;
```

Allerdings können keine verschiedenen Typen komplexer Zahlen kombiniert werden:

```
// cf=cf+1.0;// complex<float> + double geht nicht
// cd=cd+1;  // complex<double> + int geht nicht
// cd=cd+cf; // complex<float>+complex<double> geht nicht
```

Mit den Operatoren == und != können komplexe Zahlen auf Gleichheit oder Ungleichheit geprüft werden. Da komplexe Zahlen aber nicht wohlgeordnet sind, können sie nicht mit einem der Operatoren <, <=, > und >= verglichen werden.

Für die üblichen Operationen mit komplexen Zahlen stehen globale Funktionen zur Verfügung:

*template <class T>inline T **norm** (const complex<T>& a)*
{ // Rückgabewert: das Quadrat des Betrags
   *return a.real()*a.real() + a.imag()*a.imag();}*

*template <class T> inline T **abs** (const complex<T>& a)*
{ // Rückgabewert: Betrag, die Wurzel aus norm(a)
   return (sqrt(norm(a))); }

*template <class T>complex<T> **conj** (const complex<T>& a)*
{ // Rückgabewert: der konjugierte Wert von a
   return complex<T>(a.real(), −a.imag());}

template <class T>inline T **arg** *(const complex<T>& a)*
{ // Rückgabewert: Winkel in Polarkoordinaten
*   return a == complex<T>(0,0) ? T(0) : atan2(a.imag(), a.real());}*

template <class T> inline complex<T> **polar** *(const T& r, const T& theta)*
{ // Rückgabewert: komplexe Zahl zu Polarkoordinaten (r,theta)
*   return complex<T>(r*cos(theta), r*sin(theta));}*

Beispiele: `complex<double> c(3,4);` `// c=3+4i`
           `double d=norm(c);`   `// d=25`
           `d=abs(c);`   `// d=5`
           `c=conj(c);`   `// c=3-4i`
           `c=polar(1.0,M_PI/2);`   `// c=0+i`
           `d=arg(c);`   `// d=pi/2`

Außerdem sind zahlreiche mathematische Funktionen für komplexe Zahlen definiert:

complex<T> **exp***(const complex<T>& x);//* e^x
complex<T> **log10***(const complex<T>& x);* // Logarithmus zur Basis 10
complex<T> **log***(const complex<T>& x);* // natürlicher Logarithmus
complex<T> **pow***(const complex<T>& x, int y);* // x^y
complex<T> **pow***(const complex<T>& x, T y);* // x^y
complex<T> **pow***(const complex<T>& x, const complex<T>& y);* // x^y
complex<T> **pow***(T x, const complex<T>& y);* // x^y
complex<T> **sqrt***(const complex<T>& x)*
die trigonometrischen Funktionen *sin, cos, tan, asin, acos, atan*
die Hyperbelfunktionen *sinh, cosh, tanh*

Aufgaben 4.5.1

1. Die **quadratische Gleichung**

   $ax^2+bx+c=0$

   hat die beiden Lösungen

   $x = (-b \pm sqrt(b^2 - 4ac))/2a$

   Schreiben Sie ein Programm, das die Lösung dieser Gleichung zu den komplexen Koeffizienten a=2+3i, b=4–5i und c=–7+8i ausgibt. Außer der Lösung soll auch noch die Probe angezeigt werden.

2. Die Gleichung vom Grad n (n >= 1, ganzzahlig)

   $x^n-1=0$

   hat n komplexe Lösungen, die mit

$$w = \cos(2\pi/n) + i*\sin(2\pi/n)$$

durch $x_0=1$, $x_1=w$, $x_2=w^2$, ..., $x_{n-1}=w^{n-1}$ gegeben sind. Geben Sie (z.B. für n=10) für jede dieser **Einheitswurzeln** x_i^n in einem Memo aus.

4.5.2 Valarrays Θ

Die Klasse *valarray* der Standardbibliothek steht nach

```
#include <valarray>
using namespace std;
```

zur Verfügung. Ein *valarray* ist ein Array von Werten, ähnlich wie die Container-Klasse *vector*. Während ein *vector* aber vor allem der Verwaltung von Daten dient, sind für Variablen des Typs *valarray* auch Rechenoperation definiert. Diese Operationen werden dann für alle Elemente des Arrays durchgeführt. So haben nach der Definition

```
int n=8;
valarray<double> v1(n), v2(n);
for (int i=0; i<n; i++) v1[i]=i; // v1[0]=0, ..., v1[7]=7
```

die Anweisungen

```
v2=v1;    // for (int i=0; i<n; i++) v2[i]=v1[i];
v2=v1+v2; // for (int i=0; i<n; i++) v2[i]=v1[i]+v2[i];
```

denselben Effekt wie die als Kommentar angegebenen *for*-Schleifen. Damit ist mit Valarrays die in der Mathematik für Vektoren übliche Schreibweise möglich. Diese Schreibweise ist oft übersichtlicher als eine Folge von *for*-Schleifen mit „normalen" Arrays (wie „double a[n]").

Im C++-Standard wird explizit darauf hingewiesen, dass diese Operationen intern möglichst so implementiert werden sollen, dass sie auf Mehrprozessorsystemen parallel abgearbeitet werden können. Das wird zwar von vielen Implementationen nicht umgesetzt. Es zeigt aber, dass *valarray* und die zugehörigen Klassen für schnelle numerische Berechnungen gedacht sind. Zeitmessungen haben gezeigt, dass manche Operationen sogar etwas schneller sind als gleichwertige Schleifen mit „normalen" Arrays. Allerdings gilt das nicht für alle Operationen: Manche sind auch langsamer als normale Arrays.

Neben dem Operator + sind die Operatoren

−, *, /, %, ^, &

sowie

die trigonometrischen Funktionen *sin, cos, tan, acos, asin, atan,*
die Hyperbelfunktionen *sinh, cosh, tanh*
und die mathematischen Funktionen *exp, log, log10, pow, sqrt, abs*

definiert. Damit sind z.B. die folgenden Operationen möglich:

```
v1=sin(v1); // v1[0]=sin(0), ..., v1[7]=sin(7)
v1=sqrt(sin(v1)*sin(v1) + cos(v1)*cos(v1));
```

Sie haben dasselbe Ergebnis, wie wenn man die entsprechenden Operationen mit
allen Elementen durchführt. Mit Funktionen wie *min, max, sum* usw. erhält man
das Minimum, Maximum und die Summe der Elemente eines Valarrays:

```
double Min=v1.min();
double Max=v1.max();
double Sum=v1.sum();
```

Aufgabe 4.5.2

Bei manchen Experimenten (Physik, Psychologie usw.) besteht ein linearer Zusammenhang der Art

$$y = a*x + b$$

zwischen einer unabhängigen Variablen x und einer abhängigen Variablen y.
Allerdings sind die Werte von a und b oft nicht bekannt. Man versucht sie deswegen zu schätzen, indem man das Experiment mit n verschiedenen Werten von
$x_0, x_1, ..., x_{n-1}$ wiederholt und dabei die Werte $y_0, y_1, ..., y_{n-1}$ für y ermittelt. Falls
die Messwerte für y durch Störungen und/oder Messfehler verfälscht werden, kann
man jedoch nicht erwarten, dass die Punkte $(x_0, y_0), (x_1, y_1), ..., (x_{n-1}, y_{n-1})$ alle auf
einer Geraden liegen.

Zur Lösung dieses Problems hat der Mathematiker Gauß vorgeschlagen, die Werte
für a und b so zu bestimmen, dass das Quadrat der Abweichungen

$$F(a,b)= (y_0 - (ax_0+b))^2 + (y_1 - (ax_1+b))^2 + ... + (y_{n-1} - (ax_{n-1}+b))^2$$

möglichst klein wird (**Methode der kleinsten Quadrate**). Die so ermittelte Gerade wird auch als **Regressionsgerade** bezeichnet. Mit

$$s_{xy} = x_0y_0 + x_1y_1 + ... + x_{n-1}y_{n-1}$$
$$s_x = x_0 + x_1 + ... + x_{n-1}$$
$$s_y = y_0 + y_1 + ... + y_{n-1}$$
$$s_{xx} = x_0x_0 + x_1x_1 + ... + x_{n-1}x_{n-1}$$
$$x_M = s_x/n$$
$$y_M = s_y/n$$

führt dieser Ansatz auf die folgenden Werte für a und b:

$$a = (n*s_{xy} - s_x*s_y)/(n*s_{xx} - s_x*s_x)$$
$$b = y_M - a*x_M$$

1. Formulieren Sie diese Gleichungen

   a) mit Valarrays und den zugehörigen Funktionen (*sum* usw.)
   b) mit Schleifen und dem Indexoperator wie mit normalen Arrays.

2. Testen Sie die Lösungen für a und b mit n (2, 100, 10 000) Messwerten, die

   a) auf einer Geraden y = ax + b liegen. Die berechneten Werte müssen dann die ursprünglichen Werte für a und b ergeben.
   b) um kleine Zufallswerte von der Geraden y = ax + b abweichen. Die berechneten Werte müssen dann in der Nähe der Werte für a und b liegen.

4.6 C++0x-Erweiterungen der Standardbibliothek Θ

Im Folgenden werden einige Erweiterungen der C++-Standardbibliothek vorgestellt, die voraussichtlich Bestandteil des nächsten C++-Standards sind. Siehe dazu auch die Internetseite *http://www.open-std.org/jtc1/sc22/WG21* des C++ Standardisierungskomitees.

Diese Erweiterungen gehören noch nicht zum derzeitigen (2007) C++-Standard (C++03). Sie sind aber vom Standardisierungskomitee als Entwurf für einen Technical Report TR1 verabschiedet und bereits im C++Builder 2006 enthalten bzw. über die Boost-Bibliotheken (siehe Abschnitt 4.6.2) verfügbar.

4.6.1 Ungeordnete Assoziative Container (Hash Container)

Hash container sind assoziative Container, bei denen die Position der Elemente mit einer sogenannten Hash-Funktion aus dem Schlüsselwert berechnet wird. Diese Form der Speicherung wird auch als **gestreute Speicherung** bezeichnet.

Beispiel: Das Prinzip der gestreuten Speicherung kann man mit einem Array mit verketteten Listen illustrieren, deren Knoten

```
struct Listnode {
  string data;    // user data
  Listnode* next; // pointer to the next node
};
```

Werte des Datentyps *string* speichern:

```
const int MaxN=100;
Listnode* HashTable[MaxN]={0}; // alle 0
```

Eine Hash-Funktion berechnet dann zu einem Schlüsselwert die Position im Array:

```
int HashFunction(const string& s)
{ // eine sehr einfache Hash-Funktion
int sum=0;
for (int i=0; i<s.length(); ++i) sum+=s[i];
return sum%MaxN;
}
```

Ein Name wird dann in die Liste an der Position im Array eingehängt, die von der Hash-Funktion berechnet wird (siehe Abschnitt 3.12.11):

```
string x="Anton";
int pos=HashFunction(x);
HashTable[pos]=newListnode(x,HashTable[pos]);
```

Obwohl dieses Beispiel eine starke Vereinfachung ist, zeigt es bereits die wesentlichen Charakteristika der Hash-Container:

— Falls nicht viele Schlüsselwerte dieselbe Position haben, ist der Zeitaufwand für die Suche nach einem Element unabhängig von der Anzahl der Elemente im Container (konstante Komplexität). Das ist oft schneller als die logarithmische Komplexität bei der Suche in Bäumen.
— Es wird eine Funktion benötigt, die zu einem Schlüsselwert einen *int*-Wert berechnet.
— Damit Kollisionen nicht häufig auftreten, muss normalerweise wesentlich mehr Platz reserviert werden als benötigt wird (Geschwindigkeit wird mit Speicherplatz erkauft).

Im C++Builder 2006 stehen Hash-Container nach

```
#include <hash_map>
#include <hash_set>
using namespace std;
```

unter den Namen *hash_set*, *hash_map*, *hash_multiset* and *hash_multimap* zur Verfügung. Nach dem Entwurf für die Erweiterungen der Standardbibliothek (Draft Technical Report on Standard Library Extensions TR1) sollen sie unter den Namen

unordered_set, unordered_map, unordered_multiset, unordered_multimap

verfügbar sein. Diese Container haben viele Gemeinsamkeiten mit den sortierten Containern *set*, *map*, *multiset* und *multimap*:

— *set* und *hash_set* (bzw. *unordered_set*) speichern eindeutige Schlüsselwerte *multi_set* und *hash_multiset* (bzw. *unordered_multi_set*) speichern Schlüsselwerte, die mehrfach vorkommen können.

map und *hash_map* (bzw. *unordered_map*) speichern Wertepaare mit eindeutigen Schlüsselwerten.

multi_map und *hash_multimap* (bzw. *unordered_multimap*) speichern Wertepaare, bei denen die Schlüsselwerte mehrfach vorkommen können.

Der wesentliche **Unterschied** zwischen den beiden Container-Kategorien besteht darin, dass *set*, *map*, *multiset* und *multimap* intern in einem geordneten Binärbaum gespeichert sind, während die interne Position eines Elements in einem der Hash-Container durch eine Hash-Funktion berechnet wird. Deshalb ist die **Komplexität** für die Suche nach einem Element in der ersten Gruppe **logarithmisch** und in der zweiten Gruppe **konstant**, wenn keine Kollisionen auftreten. Außerdem ist für die Elemente der Hash-Container kein <-Operator notwendig.

Viele Operationen (z.B. *insert*, *find*), Iteratoren und Konstruktoren sind in beiden Container-Kategorien verfügbar und haben auch dieselbe Bedeutung.

Beispiel: Die folgenden Anweisungen können sowohl mit Hash-Containern (*USE_HASHCONTAINER=1*) als auch mit den assoziativen Containern auf der Basis von Binärbäumen ausgeführt werden (*HASHCONTAINER=0*) und haben auch jeweils dasselbe Ergebnis:

```
#include <set>
#include <map>

void example_1()
{
#define USE_HASHCONTAINER 1
#if USE_HASHCONTAINER
typedef hash_set<int> AssSetCont;
typedef hash_multiset<double> AssMSetCont;
typedef hash_map<string, int> AssMapCont;
typedef hash_multimap<double,string> AssMMapCont;
#else
typedef set<int> AssSetCont;
typedef multiset<double> AssMSetCont;
typedef map<string, int> AssMapCont;
typedef multimap<double,string> AssMMapCont;
#endif

typedef AssSetCont::iterator   SIterator;
typedef AssMSetCont::iterator  MSIterator;
typedef AssMapCont::iterator   MIterator;
typedef AssMMapCont::iterator  MMIterator;

AssSetCont s;
s.insert(17);
for (SIterator i=s.begin(); i!=s.end(); ++i)
  Form1->Memo1->Lines->Add(*i);

AssMSetCont ms;
ms.insert(3.14);
for (MSIterator i=ms.begin(); i!=ms.end(); ++i)
  Form1->Memo1->Lines->Add(*i);
```

```
AssMapCont m;
m.insert(make_pair("three", 3));
m["four"]=4;
for (MIterator i=m.begin(); i!=m.end(); ++i)
  cout<<i->first<<", "<<i->second<<endl;
// equivalent:
for (MIterator i=m.begin(); i!=m.end(); ++i)
  Form1->Memo1->Lines->Add(i->first.c_str()+
                     AnsiString(", ")+i->second);

AssMMapCont mm;
mm.insert(make_pair(3.14,string("pi")));
for (MMIterator i=mm.begin(); i!=mm.end(); ++i)
  Form1->Memo1->Lines->Add(FloatToStr(i->first)+
                     ", "+i->second.c_str());
}
```

Eine Hash-Funktion ist eine Funktion mit einem Parameter des Datentyps der Schlüsselwerte, die einen Wert des Typs *std::size_t* (*unsigned int*) zurückgibt. Nach dem aktuellen TR1 Entwurf enthalten nur Hash-Container mit Schlüsselwerten der folgenden Datentypen vordefinierte Hash-Funktionen: Ganzzahl- oder Gleitkomma-Datentyps, beliebige Zeiger, *string* und *wstring*.

Beispiel: Da für selbstdefinierte Datentypen keine Hash-Funktionen vordefiniert sind, wird das nächste Beispiel nicht übersetzt:

```
class C { int x; }; // ein selbstdefinierter Typ

void example_2()
{
hash_set<C> hsc;   // das wird noch kompiliert
C c;
// hsc.insert(c); // aber das nicht mehr
}
```

Im Prinzip kann man zwar auch für selbstdefinierte Datentypen Hash-Funktionen schreiben und dann die Hash-Container verwenden. Aber die Wahl einer guten Hash-Funktion ist oft nicht einfach, und eine schlechte Hash-Funktion hat eine schlechtere Performance als ein geordneter assoziativer Container. Deshalb werden Hash-Container meist nur mit den oben aufgeführten Datentypen verwendet.

Die nächste Tabelle enthält die Laufzeiten für dieselben Operationen mit einem *set* und einem *hash_set*. Überraschenderweise sind diese im Hash-Container aber nicht wesentlich schneller:

C++Builder 2007 Release Build	*insert*	*find*
set<int>	0,15 Sek.	0,17 Sek.
hash_set <int>	0,16 Sek.	0,11 Sek.
set<double>	0,17 Sek.	0,20 Sek.
hash_set <double>	0,22 Sek.	0,15 Sek.

4.6.2 Die Installation der Boost-Bibliotheken Θ

Boost (http://www.boost.org) ist eine Sammlung von über 50 Bibliotheken, die alle im Quelltext verfügbar sind und frei (d.h. ohne Gebühren, im Rahmen der Boost Lizenz) verwendet werden können. Sie enthalten viele Funktionen, Klassen usw., die in vielerlei Anwendungsbereichen nützlich sein können.

Das Boost Projekt geht auf eine Initiative von Mitgliedern des C++-Standardisierungskomitees zurück, die damit unter anderem das Ziel verfolgten, Referenzimplementationen für zukünftige C++-Erweiterungen zur Verfügung zu stellen und mit diesen praktische Erfahrun¬gen zu sammeln. Ein wichtiges Entwurfsziel ist Portabilität. Alle Bibliotheken können mit jedem weitgehend standardkonformen C++-Compiler unabhängig von der Plattform verwendet werden. Sie gehören zu den qualitativ hochwertigsten C++-Bibliotheken. Durch ihre große Verbreitung ist ihr Design und ihre Funktionalität auf einer breiten Basis erprobt.

Die Version 1.34 der Boost-Bibliotheken enthält auch eine Implementierung eines großen Teils des sogenannten TR1 (Technical Report 1). Dabei handelt es sich um Erweiterungen der C++-Standardbibliothek, die voraussichtlich auch in die nächste Version des C++-Standards übernommen werden. Einige dieser Erweiterungen sowie einige Elemente der Boost-Bibliothek werden in den nächsten Abschnitten vorgestellt. Zu den wichtigsten TR1-Erweiterungen gehört die schon in Abschnitt 3.12.5 vorgestellte Klasse *shared_ptr*.

Bedauerlicherweise lassen sich nicht alle Boost Bibliotheken mit der Version 2007 und mit früheren Versionen des C++Builders kompilieren. Es besteht aber die Hoffnung, dass sich in Zukunft verbessert.

Die Installation der meisten Boost-Bibliotheken ist einfach und wird jetzt für die Version 1.34.1 beschrieben. Für weitere Informationen (und insbesondere für neuere Versionen) wird auf die Installationsanweisung auf http://www.boost.org verwiesen.

a) Download der aktuellen Boost-Version von

```
http://www.boost.org
```

Für die folgenden Ausführungen wird angenommen, dass *boost_1_34_1.zip* (Version 1.34.1) in das Verzeichnis

```
c:\boost
```

entpackt wurde. Da die unter c) beschriebene Installationsroutine das Verzeichnis *c:\boost* benötigt bzw. selbst anlegt, wird empfohlen, genau dieses und kein anderes Verzeichnis zu wählen, obwohl das auch möglich wäre. Beim Entpacken wird dann das Verzeichnis

```
c:\boost\boost_1_34_1
```

angelegt. Tragen Sie dieses Verzeichnis im C++Builder unter

Projekt|Optionen|C++Compiler/Pfade und Definitionen|Include-Suchpfad

ein. Dann können Sie die Boost-Bibliotheken mit einer *#include*-Anweisung wie

```
#include <boost/shared_ptr.hpp>
```

verwenden.

b) Die **Dokumentation** zu den Boost-Bibliotheken finden Sie in diesem Verzeichnis unter *libs/index.html* sowie unter *www.boost.org*.

c) Die unter a) beschriebene Installation ist für die meisten Boost Bibliotheken ausreichend. Für einige (bei der Boost-Version 1.34: *date_time*, *filesystem*, *iostreams*, *program_options*, *regex*, *serialization*, *signals*, *thread*, *prg_exec_- monitor*, *test_exec_monitor*, *unit_test_framework* und *wave*) sind Bibliotheken erforderlich, deren Erstellung etwas aufwendiger ist. Dazu können Sie folgendermaßen vorgehen:

c1) *boost-jam* downloaden. Für die Boost Version 1.34.1 ist das *boost-jam- 3.1.11-1-ntx86.zip*. Ein Link darauf ist auf der Seite „Getting started" (oder ähnlich). Die Datei *bjam.exe* in dieses Verzeichnis entpacken:

```
c:\boost\boost_1_34_1
```

c2) Einen Microsoft Windows Befehlsprozessor *cmd.exe* (*Start|Programme|- Zubehör|Eingabeaufforderung*, mit *4Dos* oder *Take Command* funktioniert das nicht) starten. Falls hier noch kein Pfad auf das *bin*-Verzeichnis des C++Builders gesetzt ist, kann man ihn setzen mit einer Anweisung wie

```
PATH=%PATH%;c:\CBuilder\bin
```

c3) Unter *cmd.exe* im Verzeichnis *c:\boost\boost_1_34_1* dann

```
bjam "-sTOOLS=borland" install
```

starten. Auf meinem 1,7 GHz Rechner hat das ca. 2 Stunden gedauert. Dabei wird das Verzeichnis *c:\boost\lib* mit ca. 200 MB lib- und dll-Dateien angelegt. Die Namen dieser Dateien sind zusammengesetzt aus dem Namen der Boost-Bibliotheken, zu denen sie gehören, dem Compiler (z.B. „bcb" für den Borland C++Builder) und weiteren Kürzeln wie „mt" für multithread, „s" für static und „d" für „debug" Versionen. Außerdem wird durch *bjam* das Verzeichnis *c:\boost\include* angelegt, das im Wesentlichen eine Kopie von *c:\boost\boost_1_34_1\include* ist.

c4) Fügen Sie die für Ihr Projekt benötigten Bibliotheken (Endung „.lib") mit

> *Projekt|Dem Projekt hinzufügen*

dem Projekt hinzu. Dadurch werden diese Bibliotheken beim Erstellen zum Projekt gelinkt. Alternativ können Sie auch eine „#pragma link"-Anweisung wie

```
#pragma link "NameDerBibliothek.lib"
```

verwenden (siehe auch Abschnitt 3.23.6).

Beispiel: Nach der Auswahl des Dateityps „Bibliotheksdatei (*.lib)" können solche Dateien mit *Projekt|Dem Projekt hinzufügen* ausgewählt werden:

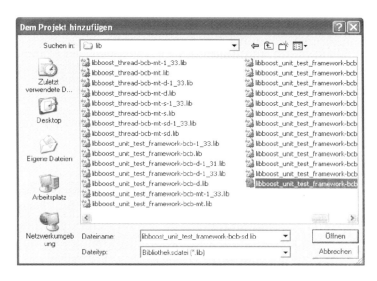

Oder Sie nehmen Sie in eine Quelltextdatei Ihres Projekts eine Anweisung wie

```
#pragma link "libboost_unit_test_framework-bcb-sd.lib"
```

auf. Falls unter *Projekt\Optionen\Linker\Pfade und Definitionen\Biblio-theksuchpfad* das Verzeichnis *c:\boost\lib* eingetragen wurde, reicht der Dateiname aus. Ohne diesen Eintrag muss nach „link" der volle Pfad angeben werden. Beachten Sie, dass dabei ein „\" im Unterschied zu einer *#include*-Anweisung doppelt angegeben werden muss:

```
#pragma link "c:\\cpplib\\utils.obj"  // "\\", nicht "\"
```

4.6.3 Fixed Size Array Container Θ

Ein Arraycontainer fester Größe („fixed size array container") ist ein Klassen-Template für Arrays, das auf gewöhnlichen Arrays wie "int a[100]" beruht und eine konstante Anzahl von Elementen hat. Nach der Installation der Boost-Bibliothek wie in Abschnitt 4.6.2 a) steht es nach

```
#include <boost/array.hpp>
using boost::array; // bzw. using namespace boost;
```

zur Verfügung, und nach dem C++0x-Standard unter

```
#include <array>
using std::array; // bzw. using namespace std;
```

Da ein fixed size array große Ähnlichkeiten mit einem gewöhnlichen Array und einem *vector* hat, sollen hier nur die wichtigsten Unterschiede zu diesen Containern vorgestellt werden.

– Ein fixed size array container mit n (eine Konstante) Elementen des Datentyps T erhält man mit dem Datentyp

```
array<T,n>
```

Ein Array dieses Typs entspricht einem gewöhnlichen Array bzw. *vector* des Typs

```
T[n] bzw. vector<T>
```

– Im Unterschied zu *vector*-Containern haben Arrays fester Größe keine Konstruktoren außer den implizit erzeugten. Sie können deshalb wie gewöhnliche Arrays initialisiert werden:

```
array<double,5> a = { 1,2,3,4,5 };
array<double,5> b;// Undefinierte Werte der Elemente
```

– Der Speicher für die Elemente wird bei der Definition reserviert, und nicht dynamisch mit Funktionen wie *push_back*.

– Die Elemente können wie bei einem *vector* oder einem gewöhnlichen Array mit dem Index-Operator angesprochen werden:

```
for (unsigned int i=0; i<a.size(); ++i)
   a[i] = i;
```

Beim Zugriff mit *at* auf nicht vorhandene Indizes wird eine Exception ausgelöst.

– Ein fixed size array hat im Wesentlichen dieselben Elementfunktionen wie ein *vector*. So gibt z.B. *size* die Anzahl der Elemente zurück (die Konstante, die bei der Definition angegeben wurde).

– Im Unterschied zu gewöhnlichen Arrays können fixed sized arrays desselben Typs mit dem Zuweisungsoperator kopiert und mit == auf Gleichheit geprüft werden.

```
array<double,5> c(a);   // Initialisierung
array<double,5> d=a;
c=d;                    // Zuweisung
if (c==d) ...           // Abfrage auf Gleichheit
```

Ein fixed size array kann so einfach wie ein *vector* als Parameter an eine Funktion übergeben werden.

– Da diese Klasse im Wesentlichen ein reversibler Container ist, gibt es STL-Algorithmen, die mit solchen Arrays aufgerufen werden können, aber nicht mit gewöhnlichen Arrays.

Die Laufzeit mit einem fixed size array ist normalerweise nicht schlechter als die mit einem gewöhnlichen Array. Meist ist sie deutlich besser als bei einem *vector*.

C++Builder 2006 Release Build	[]	*at*
C array	0,09 Sek.	–
vector	3,64 Sek.	3,42 Sek.
fixed size array	0,08 Sek.	1,29 Sek.

Mehrdimensionale fixed sized arrays sind mit verschachtelten Arrays möglich:

```
array< array<int,max> ,max> m;
m[1][2]=17;
```

4.6.4 Tupel ⊖

Ein *tuple* ist eine Zusammenfassung von Elementen, die verschiedene Datentypen haben können, wie z.B. Paare, Tripel, Quadrupel usw. Tupel sind im Entwurf für Erweiterungen der C++-Standardbibliothek (TR1) enthalten und stehen in der in der Boost-Bibliothek nach

```
#include "boost/tuple/tuple.hpp"
using namespace boost;
```

zur Verfügung. Einen Tupel-Typ erhält man durch die Angabe der Datentypen der Elemente in spitzen Klammern nach *tuple*.

Beispiel: Die *tuple*-Variable t1 besteht aus einem Element des Datentyps *int* mit dem Wert 1. t2 besteht aus einem *double* und einem *int* mit den Werten 1 und 2:

```
tuple<int> t1(1);
tuple<double, int> t2(1,2);
```

Tupel eignen sich als Rückgabetypen für Funktionen, die mehrere Werte zurückgeben:

```
tuple<int, double> f1()
{
return tuple<int, double>(1,2);
}
```

Mit **make_tuple** kann man wie mit *make_pair* Tupel erzeugen, ohne dass man die Datentypen der Elemente angeben muss:

```
tuple<int, double> f2()
{
return make_tuple(1,2);
}
```

Die Elemente eines Tupels kann man mit der Elementfunktion oder der globalen Funktion **get** und ihrem Index in spitzen Klammern ansprechen:

```
tuple<int, double> t=f2();
int x=t.get<0>();    // Index 0 für das erste Element
double y=get<1>(t);  // Index 1 für das zweite Element
```

Vergleichsoperatoren für Tupel stehen nach

```
#include "boost/tuple/tuple_comparison.hpp"
```

zur Verfügung. Das Ergebnis ergibt sich aus dem elementweisen Vergleich. Bei den Operatoren <, <=, > und >= werden die Elemente lexikografisch verglichen:

```
tuple<int, double> t1=example_3();
tuple<int, double> t2=t1;
t2.get<0>()=3;
if (t1==t2) ...
if (t1!=t2) ...
if (t1<t2) ...
```

Die Ein- und Ausgabe von Tupeln ist nach

```
#include "boost/tuple/tuple_io.hpp"
```

möglich. Das Ergebnis von

```
cout<<"tuple t1: "<<example_3()<<endl;
```

ist

tuple t1: (1 2)

5 Funktionen

Mit Funktionen können Anweisungen unter einem eigenen Namen zusammengefasst und unter diesem Namen wieder aufgerufen werden. Dieses einfache Konzept hat viele Vorteile:

- **Mehrfach auszuführende Anweisungsfolgen** können über einen Namen aufgerufen werden. Da man sie nicht jedes Mal ins Programm schreiben muss, spart das Schreibarbeit und man erhält kürzere, übersichtlichere Programme.
- Wenn **Änderungen** einer solchen mehrfach auszuführenden Anweisungsfolge notwendig werden, muss man sie nur einmal durchführen.
- Eine Programmiersprache kann um selbst definierte, **problemangemessene Sprachelemente** erweitert werden.
- Bei der Suche nach der Lösung eines komplexeren Problems kann man systematisch die Strategie der **schrittweisen Verfeinerung** anwenden. Dabei versucht man die Lösung eines Gesamtproblems dadurch zu finden, dass man es in einfachere Teilprobleme zerlegt, die dann isoliert gelöst werden. Diese Vorgehensweise ist die wohl wichtigste allgemeine Lösungsstrategie.
- Wenn man die Lösung jedes Teilproblems in einer Funktion zusammenfasst, wird die **Struktur der Lösung explizit** im Programm dokumentiert.

Funktionen bieten aber mehr als nur die Zusammenfassungen von Anweisungen:

- Mit **Parametern** können die Anweisungen einer Funktion mit verschiedenen Werten bzw. Variablen durchgeführt werden.
- **Lokale Deklarationen** von Variablen usw. in einer Funktion sind von den Deklarationen in anderen Funktionen getrennt und damit auf die Lösung eines einzigen Teilproblems beschränkt.

Neben diesen Möglichkeiten, die in den meisten Programmiersprachen bestehen, gibt es in C++ noch weitere:

- Default-Argumente und *inline*-Funktionen.
- Verschiedene Funktionen mit hinreichend unterschiedlichen Parametern können denselben Namen haben (**überladene Funktionen**).
- Mit **Operatorfunktionen** können Operatoren für Operanden eines selbst definierten Datentyps definiert werden.

5.1 Die Verwaltung von Funktionsaufrufen über den Stack

Die einführende Darstellung von Funktionen und Parametern in den Abschnitten 3.4.3 und 3.18 ist für viele Anwendungen ausreichend. Für ein Verständnis von gegenseitigen Funktionsaufrufen, rekursiven Funktionen und Funktionszeigern ist aber ein Verständnis der internen Implementation von Funktionen und Funktionsaufrufen hilfreich.

Funktionsaufrufe und ihre Rücksprungadressen werden über einen **Stack** verwaltet (siehe Abschnitte 3.10.4 und 4.2.8). Für einen Stack stehen im Wesentlichen nur die beiden Operationen **push** und **pop** zur Verfügung. Mit ihnen wird ein Element oben auf dem Stack abgelegt bzw. das oberste Element vom Stack genommen.

Der Programmablauf bei Funktionsaufrufen wird folgendermaßen realisiert: Jedes laufende Programm besitzt einen Aufruf-Stack, auf dem der **Prozessor** immer die Adresse der auf den aktuellen Funktionsaufruf folgenden Anweisung findet. Sobald er die letzte Anweisung in einer Funktion ausgeführt hat, holt er diese Adresse vom Stack und führt als Nächstes diese Anweisung aus. Der Aufruf-Stack wird folgendermaßen verwaltet:

– Bei der Übersetzung einer **Funktionsdefinition** merkt sich der **Compiler** zunächst die Adresse der ersten Anweisung, die zur Funktion gehört. Danach übersetzt er alle Anweisungen dieser Funktion bis zum Ende der Funktionsdefinition. Das entsprechende „*}*" erkennt der Compiler dadurch, dass er die Klammern „*{*"und „*}*" seit dem Beginn der Funktionsdefinition mitzählt: Sobald er so viele „*}*" wie „*{*" gesehen hat, erzeugt er eine Sprunganweisung an die aktuelle Rücksprungadresse auf dem Stack. Auch bei einer *return*-Anweisung wird eine solche Anweisung erzeugt.
– Wenn der **Compiler** einen **Funktionsaufruf** übersetzt, erzeugt er eine Anweisung, durch die der Prozessor die Adresse der nächsten auszuführenden Anweisung (nach dem Funktionsaufruf) auf den Stack legt. Anschließend erzeugt er einen Sprung auf die erste Anweisung der aufgerufenen Funktion.
– Außerdem werden die Argumente auf dem Stack übergeben.

Beispiel: Nummeriert man die Anweisungen der folgenden Funktionen der Reihe nach mit @1, @2 usw. durch, erhält man in der rechten Spalte die entsprechenden *push-*, *pop-* und *goto-*Anweisungen:

```
void P1()
{
@1:...Add("In P1 angekommen");
@2:} // Rücksprung                    pop
```

```
void P2()
{
@3:P1();                              push @4  (=P1)
                                      goto @1
@4:P1();                              push @5
                                      goto @1
@5:};                                 pop

void P3()
{
@6:P1();                              push @7  (=P2)
                                      goto @1
@7:P2();                              push @8
                                      goto @3
@8:};                                 pop
```

Die folgende Tabelle enthält in der linken Spalte die Anweisungen, die bei einem Aufruf von P3 ausgeführt werden. Die rechte Spalte enthält die Rücksprungadressen auf dem Stack (oberster Eintrag rechts) nach der Ausführung der jeweiligen Anweisung. Hier sieht man, wie der Stack während des Programmablaufs „pulsiert".

Anweisung	Stack-Operation	aktueller Stack
`@6:P1();`	`push @7` `goto @1`	`@7`
`@1:...Add("In P1 ...");`		`@7`
`@2:} // Rücksprung`	`pop`	
`@7:P2();`	`push @8` `goto @3`	`@8`
`@3:P1();`	`push @4` `goto @1`	`@8    @4`
`@1:...Add("In P1 ...");`		`@8    @4`
`@2:} // Rücksprung`	`pop`	`@8`
`@4:P1();`	`push @5` `goto @1`	`@8    @5`
`@1:...Add("In P1 ...");`		`@8    @5`
`@2:} // Rücksprung`	`pop`	`@8`
`@5:} // Rücksprung`	`pop`	

Nach der **Ausführung eines Funktionsaufrufs** wird die auf den Funktionsaufruf folgende Anweisung ausgeführt. Ein Funktionsaufruf wirkt sich also so aus, als ob die unter dem aufgerufenen Namen vereinbarten Anweisungen an der aufrufenden Stelle in das Programm kopiert wären (**copy rule**).

Beispiel: Nach den Funktionsdefinitionen

```
void P1()
{
Form1->Memo1->Lines->Add("In P1 angekommen");
Form1->Memo1->Lines->Add("P1 wird verlassen");
}
```

```
void P2()
{
Form1->Memo1->Lines->Add("In P2 angekommen");
P1();
P1();
Form1->Memo1->Lines->Add("P2 wird verlassen");
}

void P3()
{
Form1->Memo1->Lines->Add("In P3 angekommen");
P1();
P2();
Form1->Memo1->Lines->Add("P3 wird verlassen");
}
```

werden nach einem Aufruf von P3 die Anweisungen folgendermaßen abgearbeitet:

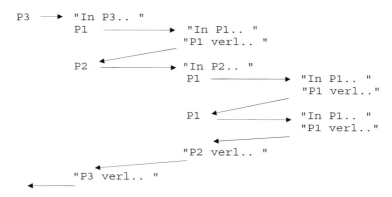

Wenn man nur darstellen will, welche Funktionen aufgerufen werden, verwendet man oft ein **Strukturdiagramm**. Ein solches Strukturdiagramm wird ausgehend vom obersten Knoten durchlaufen. Wenn von einem Knoten mehrere Zweige ausgehen, werden sie von links nach rechts abgearbeitet. Jeder Zweig wird bis zu seinem Endpunkt durchlaufen. Danach geht die Kontrolle an den aufrufenden Knoten zurück.

Beispiel: Für die Funktion P3 aus dem letzten Beispiel erhält man das Struktur-diagramm:

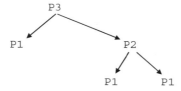

Mit *Ansicht|Debug-Fenster|Aufruf-Stack* wird der aktuelle Stack angezeigt:

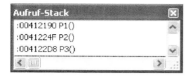

Hier steht die zuletzt aufgerufene Funktion (also die, in der man sich gerade befindet) ganz oben. Darunter stehen die Funktionen, deren Adressen sich noch auf dem Stack befinden. So kann man feststellen, über welche Funktionen man in die aktuelle Funktion gekommen ist.

5.1.1 Aufrufkonventionen Θ

Mit den folgenden Schlüsselwörtern kann man bestimmen, wie die Parameter bei einem Funktionsaufruf auf dem Stack übergeben werden. Normalerweise sollte man die Voreinstellungen des Compilers aber nicht ändern. Siehe auch Abschnitt 3.24.6.

_cdecl	bewirkt, dass die Parameter von rechts nach links auf den Stack gelegt werden. Der Stack wird von der aufrufenden Funktion wieder abgeräumt. Diese Art der Parameterübergabe ist z.B. für Funktionen mit einer unspezifizierten Anzahl von Parametern notwendig.
_stdcall	wie _cdecl. Allerdings ist damit keine unspezifizierte Anzahl von Argumenten möglich.
_pascal	bewirkt, dass die Parameter von links nach rechts auf den Stack gelegt werden. Der Stack wird von der aufgerufenen Funktion wieder abgeräumt.
_fastcall	bewirkt, dass die ersten drei Parameter in Registern übergeben werden.

5.2 Funktionszeiger und der Datentyp einer Funktion

Mit Funktionszeigern kann man Variablen definieren, denen man Funktionen zuweisen kann. Außerdem kann man mit Funktionszeigern einer Funktion auch **Funktionen als Parameter** übergeben. Da dafür der Datentyp einer Funktion grundlegend ist, wird zunächst dieser Begriff vorgestellt.

5.2.1 Der Datentyp einer Funktion

Formal gehören Funktionen zu den zusammengesetzten Datentypen. Der **Datentyp einer Funktion** ergibt sich aus dem Datentyp der Parameter und dem Rückgabetyp. Da der Compiler aber bei einem Parameter bestimmte Datentypen in andere konvertiert oder Angaben ignoriert, können Funktionen denselben Datentyp haben, obwohl sie auf den ersten Blick verschieden aussehen. Die wichtigsten Faktoren in diesem Zusammenhang sind:

1. Jeder Parameter des Datentyps „Array mit Elementen des Datentyps T" wird in den Datentyp „Zeiger auf T" konvertiert (siehe auch Abschnitt 3.12.8). Deshalb haben die folgenden Funktionen alle denselben Datentyp „Zeiger auf Funktion mit einem Parameter des Datentyps *int** und Rückgabetyp *double*" bzw. kürzer „*double(*)(int*)*":

```
double f11(int* a) {} // Datentyp f11: double(*)(int*)
double f12(int x[]){}
double f13(int a[10]){}
double f14(int a[11]){}
```

Bei mehrdimensionalen Arrays geht dagegen die zweite und jede weitere Dimension in den Datentyp des Parameters ein. Die Datentypen der folgenden vier Funktionen sind deshalb alle verschieden:

```
int f15(int* x[21]) {return x[3][0];}
int f16(int x[][20]) {return x[2][0];}
int f17(int x[17][18]) {return x[0][0];}
int f18(int x[17][19]) {return x[1][0];}
```

2. Beim Datentyp eines Parameters werden *const-* oder *volatile*-Angaben auf der „äußersten Ebene des Datentyps" ignoriert. Diese Formulierung aus dem C++-Standard bezieht sich auf die Position von *const* bzw. *volatile* in der verbalen Beschreibung des Datentyps und nicht auf die Position in der Deklaration. Da der Parameter x in f22 bzw. f23 den Datentyp „const int" bzw. „volatile int" hat und die Angaben „const" bzw. „volatile" hier außen stehen, wirken sich diese Angaben nicht auf den Funktionstyp aus. Deshalb haben die Funktionen f21, f22 und f23 alle denselben Datentyp „int(*)(int)":

```
int f21(int x) {return x*x;}
int f22(const int x) {return x+1;}
int f23(volatile int x) {return x;}
```

Wenn solche Angaben wie in „Zeiger auf const T" im Inneren der verbalen Beschreibung des Datentyps des Parameters „enthalten" sind, werden die Datentypen sehr wohl unterschieden. Insbesondere sind für jeden Datentyp T die Parametertypen „Zeiger auf T" und „Zeiger auf const T" sowie „Referenz auf T" und „Referenz auf const T" verschieden. Deswegen haben die Funktionen g1 und g2 sowie g3 und g4 einen verschiedenen Datentyp:

```
void g1(int& i) {}       // Datentyp g1: void(*)(int&)
void g2(const int& i) {} // DT g2: void(*)(const int&)
void g3(int* i) {}       // DT g3: void(*)(int*)
void g4(const int* i) {} // DT g4: void(*)(const int*)
```

In der verbalen Beschreibung des Parametertyps der Funktionen g5 bzw. g6 steht *const* dagegen auf der äußersten Ebene: „const Zeiger auf int" bzw. „const Referenz auf T". Deshalb hat g5 denselben Datentyp wie g1 und g6 denselben wie g3.

```
void g5(int& const i) {}  // DT g5: void(*)(int&)
void g6(int* const i) {}  // DT g6: void(*)(int*)
```

3. Da ein mit *typedef* deklarierter Name für einen Datentyp nur ein Synonym für diesen Datentyp ist, sind für den Compiler zwei Datentypen gleich, die sich nur dadurch unterscheiden, dass einer der beiden mit *typedef* als Synonym für den anderen Datentyp definiert wurde. Deshalb haben die Funktion f31 und f32 denselben Datentyp:

```
typedef int Tint;
int f31(int x)  {return x*x;} // DT f31: int(*)(int)
int f32(Tint x) {return x+1;} // DT f32: int(*)(int)
```

4. Jeder Parameter des Datentyps „Funktion mit Rückgabetyp T" wird in den Datentyp „Zeiger auf eine Funktion mit Rückgabetyp T" konvertiert (siehe auch Abschnitt 5.2.2). Deshalb haben die folgenden beiden Funktionen denselben Datentyp „double (*)(double (*)(double))":

```
double sum1(double f(double x)) {}
double sum2(double (*f)(double x)) {}
```

5. Default-Argumente und Exception-Spezifikationen (siehe Abschnitt 7.11) gehören nicht zum Datentyp einer Funktion. Deshalb haben die folgenden Funktionen alle denselben Datentyp:

```
double f1(int a) {}         // DT double(*)(int)
double f2(int a=0) {}       // DT double(*)(int)
double f3(int a) throw () {} // DT double(*)(int)
```

6. Die Speicherklassenspezifizierer *auto* oder *register* bei einem Parameter wirken sich nicht auf den Datentyp der Funktion aus.

Der hier als abgekürzte Schreibweise angegebene Funktionstyp wird auch bei den Fehlermeldungen des C++Builders oder bei *typeid* verwendet. Durch

```
// #include <typeinfo> ist vorher notwendig
Memo1->Lines->Add(typeid(f1).name());
```

wird der String „double(*)(int)" ins Memo geschrieben.

5.2.2 Zeiger auf Funktionen

In Zusammenhang mit der Verwaltung von Funktionsaufrufen (siehe Abschnitt 5.1) wurde gezeigt, dass ein Funktionsaufruf zu einem Sprung an die Adresse der ersten Anweisung einer Funktion führt. Diese Adresse wird auch als die **Adresse der Funktion** bezeichnet. Nach diesem Sprung werden die Anweisungen der Funktionsdefinition ausgeführt.

Die Adresse einer Funktion f erhält man in C++ mit dem Ausdruck **&f**. Der Datentyp dieses Ausdrucks ist ein Zeiger auf den Datentyp dieser Funktion. Diese

Adresse kann einer Variablen zugewiesen werden, die denselben Datentyp wie der Ausdruck &f hat. Ein Zeiger auf einen Funktionstyp kann z.B. folgendermaßen definiert werden:

```
int (*g)(int);
```

Hier ist g ein Zeiger auf eine Funktion mit einem Parameter des Datentyps *int* und dem Rückgabetyp *int*. Die Klammern um *g sind notwendig, weil der Operator () stärker bindet als * und g sonst als Prototyp für eine Funktion interpretiert wird, die wie die Funktion h einen Zeiger auf *int* als Funktionswert hat:

```
int* h(int); // ein Prototyp und kein Funktionszeiger
```

Dem Funktionszeiger g kann die Adresse einer Funktion zugewiesen werden, die denselben Datentyp hat. Der Aufruf von g führt dann zum Aufruf der zugewiesenen Funktion. Außerdem kann der Wert 0 (Null) jedem Zeiger auf eine Funktion zugewiesen werden. Er wird aber meist nur verwendet, um auszudrücken, dass der Zeiger auf keine Funktion zeigt.

Beispiel: Nach den Definitionen

```
int f1(int i)
{
return i;
}

int f2(int i)
{
return i*i;
}

int (*f)(int);
```

erhält der Funktionszeiger f durch die Zuweisung

```
f=&f1;
```

den Wert der Adresse von f1. Der Aufruf von f führt dann zum Aufruf von f1:

```
int x=f(2); // x=2
```

Nach der Zuweisung

```
f=&f2;
```

führt der Aufruf von f dagegen zum Aufruf der Funktion f2:

```
int y=f(2); // y=4
```

Verwendet man den Namen einer Funktion auf der rechten Seite einer Zuweisung, wird er durch eine Standardkonversion in einen Zeiger auf die Funktion konvertiert. Deshalb muss man im letzten Beispiel den Adressoperator nicht angeben. Die folgenden beiden Zuweisungen sind gleichwertig:

```
f=f1;
f=&f1;
```

Beim Aufruf einer Funktion über einen Funktionszeiger muss dieser nicht dereferenziert werden. Das ist zwar möglich. Man erhält so aber dasselbe Ergebnis, wie wenn man nur den Namen der Funktion verwendet:

```
double x=(*f)(1);
double x=f(1);
```

Funktionstypen lassen sich meist **übersichtlicher** formulieren, wenn man mit *typedef* ein Synonym für den Funktionstyp definiert. Dabei wird der Name des Funktionstyps an der Stelle angegeben, an der bei einer Funktionsdeklaration der Name der Funktion steht. Mit

```
typedef double TDoubleFunction(double);
```

sind die folgenden beiden Definitionen der Funktionszeiger f und g gleichwertig:

```
TDoubleFunction *f;
double (*g)(double);
```

Diesen beiden Funktionszeigern kann dann z.B. die Funktion

```
double id(double a)
{
return a;
}
```

zugewiesen werden:

```
f=id;
g=id;
```

Mit durch *typedef* definierten Funktionstypen lassen sich insbesondere **Arrays mit Funktionszeigern einfacher** definieren als mit explizit angegebenen Funktionstypen. Die folgenden beiden Definitionen sind gleichwertig:

```
TDoubleFunction *fktArr1[10]={sin,cos};
double (*fktArr2[10])(double) = {sin,cos};
```

Der ersten dieser beiden Definitionen sieht man unmittelbar an, dass hier ein Array mit 10 Funktionszeigern definiert wird, dessen erste beide Elemente mit den Funktionen *sin* und *cos* initialisiert werden Die gleichwertige zweite Definition mutet dagegen eher kryptisch an. Wenn man eine solche Definition hinschreiben will, ist nicht immer auf Anhieb klar, in welcher Reihenfolge der Operator *, der Name des Arrays, der Operator [] und die Klammern () aufeinander folgen müssen.

Mit Funktionszeigern kann man einer Funktion insbesondere auch **Funktionen als
Parameter** übergeben. In der Funktion *sum1* ist der Datentyp des Parameters f ein
Zeiger auf eine Funktion:

```
double sum1(double (*f)(double x))
{
double s=0;
for (int i=0; i<10; i++) s = s+(*f)(i);
return s; // s=f(0)+f(1)+...+f(9)
}
```

Der Funktion *sum1* kann man dann eine Funktion mit einem Parameter und einem
Funktionswert des Datentyps *double* übergeben, wie z.B. die Funktionen *id* (siehe
Seite 565) und *sin*:

```
double d1=sum1(id);  // d1=0+1+2+3+...+9=45
double d2=sum1(sin); // d2=sin(0)+sin(1)+...+sin(9)
```

Aus den schon im Zusammenhang mit Funktionsaufrufen angegebenen Gründen
braucht man einen als Parameter übergebenen Funktionszeiger nicht zu dereferenzieren. Deshalb werden Parameter, die Zeiger auf Funktionen sind, meist mit
derselben Syntax wie Funktionen definiert:

T D (*parameter-declaration-clause*) *cv-qualifier-seq* opt *exception-specification* opt

Die folgende Definition der Funktion *sum2* ist gleichwertig mit der von *sum1*:

```
double sum2(double f(double x))
{
double s=0;
for (int i=0; i<10; i++) s = s+f(i);
return s; // s=f(0)+f(1)+...+f(9)
}
```

Funktionen mit Parametern eines Funktionstyps sind oft sehr vielseitig. Die
Funktion *Wertetabelle* gibt für eine beliebige Funktion f des Datentyps *double
(*)(double)* eine Wertetabelle in einem Memo-Fenster aus:

```
typedef double TDoubleFunction(double);

void Wertetabelle(double a, double b, double delta,
                                    TDoubleFunction f)
// Wertetabelle der Funktion f von a bis b mit der
// Schrittweite delta.
{
for (double x=a; x<=b; x+=delta)
  Form1->Memo1->Lines->Add(
          "f("+ FloatToStrF(x,ffFixed,2,2)+
          ")="+ FloatToStrF(f(x),ffFixed,5,5));
}
```

Diese Funktion kann dann folgendermaßen aufgerufen werden:

```
double xhoch3(double x) { return x*x*x; }

void __fastcall TForm1::WerteTabClick(TObject *Sender)
{
Wertetabelle(0, 1, 0.1, xhoch3);
Wertetabelle(0, 1, 0.1, sin);
}
```

Mit einem Array von Funktionszeigern lassen sich verschiedene Funktionen auch in einer Schleife ansprechen:

```
TDoubleFunction *fktArr1[10]={sin,cos};

for (int i=0; i<2; i++)
    Wertetabelle(0, 1, 0.1, fktArr1[i]);
```

Anmerkung für Pascal-Programmierer: Den Funktionszeigern von C++ entsprechen in Pascal die Prozedur- bzw. Funktionstypen.

Aufgaben 5.2

Weitere Aufgaben zu Funktionszeigern finden sich in Abschnitt 10.13

1. Beim **Newton-Verfahren** zur Bestimmung einer Nullstelle der Funktion $f: R \rightarrow R$ ersetzt man einen Näherungswert x_0 für die Lösung durch die Nullstelle der Tangente im Punkt $(x_0, f(x_0))$:

$$y = f'(x_0)(x - x_0) + f(x_0) = 0$$

Damit wird x_0 durch den folgenden Wert ersetzt:

$$x = x_0 - f(x_0)/f'(x_0)$$

Diese Schritte werden so lange wiederholt, bis man einen genügend guten Näherungswert für die Lösung hat oder bis eine maximale Anzahl von Iterationen durchgeführt ist. Wenn das Newton-Verfahren konvergiert, verdoppelt sich ab einer genügend guten Näherung die Anzahl der richtigen Stellen bei jeder Iteration.

Implementieren Sie das Newton-Verfahren unter Verwendung von Funktionszeigern in den zwei Varianten a) und b). Der erste Näherungswert soll als Parameter übergeben werden. Die Iterationen sollen abgebrochen werden, wenn zwei aufeinanderfolgende Werte genügend nahe beieinander liegen. Sie können das mit der Funktion *NearlyEqual* von Abschnitt 3.6.6 prüfen.

a) Die Ableitung wird durch einen Näherungswert ersetzt.
b) Die Ableitung wird ebenfalls als Funktion übergeben.

c) Testen Sie die beiden Verfahren mit einigen Funktionen (z.B. mit Poly-
   nomen) und prüfen Sie das Ergebnis, indem Sie die gefundene Nullstelle in
   die Funktion einsetzen. Das Ergebnis sollte dann 0 sein.

2. Um einen Näherungswert für das Integral einer Funktion f:R$\rightarrow$ R im Intervall
   von a bis b zu finden, kann man folgendermaßen vorgehen:

   − Man ersetzt die Funktion f durch eine Gerade durch die Punkte (a,f(a)) und
     (b,f(b)) und berechnet die Fläche des so erhaltenen Trapezes **(Trapez-
     regel)**.

   Zur Erhöhung der Genauigkeit kann man das Intervall [a,b] in n−1 Teilintervalle [a,a+h], [a+h,a+2h] ... usw. mit h = (b−a)/n zerlegen. Summiert
   man die Trapezflächen der Teilintervalle auf, erhält man die **Trapezsumme**
   (siehe auch Aufgabe 3.6.5, 5.):

   $$T_n = h*[f(a)/2 + f(a+h) + ... + f(b−h) + f(b)/2]$$

   − Man ersetzt die Funktion f durch ein quadratisches Polynom durch die
     Punkte (a,f(a)), ((a+b)/2,f((a+b)/2)) und (b,f(b)) **(Simpson-Regel)**. Zerlegt
     man das Intervall wie bei der Trapezregel in Teilintervalle und summiert
     man diese Flächen auf, erhält man die Summe

   $$S_n = h*[f(a)+4f(a+h)+2f(a+2h)+4f(a+3h)+...+2f(b−2h)+4f(b−h)+f(b)]/3$$

   a) Schreiben Sie die Funktionen *Trapezsumme* und *Simpsonsumme*. Dabei
      sollen a, b, n und f als Parameter übergeben werden.

   b) Da man oft nicht entscheiden kann, wie gut die so berechneten Näherungs-
      werte sind, erhöht man n sukzessive (z.B. durch Verdoppeln), bis sich zwei
      aufeinander folgende Näherungswerte um weniger als eine vorgegebene
      Schranke unterscheiden. Zum Vergleich von zwei Näherungswerten kann
      die Funktion *NearlyEqual* von Abschnitt 3.6.6 verwendet werden.

      Schreiben Sie eine Funktion *iterate*, die diese Iterationen für die Funktio-
      nen *Trapezsumme* und *Simpsonsumme* durchführen. Beide sollen als Para-
      meter übergeben werden.

   c) Testen Sie diese Funktionen, indem Sie die so erhaltenen Näherungswerte
      mit den exakten Werten vergleichen, die man über die Stammfunktion er-
      hält (z.B. für Polynome).

3. In je einem Array sollen Funktionen dargestellt werden, die denselben Datentyp haben wie die Funktionen

   i)   void f1(void){};
   ii) int f2(int,int){};

     iii) double f3(double){};
     iv) char* f4(char*){};

a) Definieren Sie für jeden dieser Funktionstypen ein solches Array mit 10 Elementen. Verwenden Sie dazu

     a1) mit *typedef* deklarierte Namen für die Funktionstypen.
     a2) keine mit *typedef* deklarierte Namen für die Funktionstypen.

b) Weisen Sie die 4 Funktionen f1, f2 f3 und f4 jeweils dem ersten Element der unter a1) und a2) definierten Arrays zu und rufen Sie diese Funktionen über die Arrayelemente auf. Überprüfen Sie mit dem Debugger, ob jedes Mal die richtige Funktion aufgerufen wird.

c) Geben Sie die Namen der Datentypen der Funktionen f1, f2, f3 und f4 mit der *typeid* Elementfunktion *name* in einem Memo aus. Damit Sie *typeid* verwenden können, müssen Sie die Header-Datei <typeinfo> mit einer *#include*-Anweisung in das Programm einbinden.

5.3 Rekursion

Wenn eine Funktion in dem Block aufgerufen wird, der zu ihrer Definition gehört, bezeichnet man sie als rekursiv. Rekursive Funktionen ermöglichen oft einfache Lösungen rekursiv formulierter Probleme.

Beispiel: Die Summe s(n) der ersten n Zahlen

$$s(n) \quad = 0 + 1 + 2 + ... + (n{-}1) + n$$

$$= \quad \underbrace{s(n{-}1)} \qquad + n$$

kann rekursiv definiert werden durch

$$s(n) \quad = \begin{cases} 0, \text{ falls } n <= 0 \\ s(n{-}1) + n, \text{ falls } n > 0 \end{cases}$$

In diesem Beispiel sind die Funktionswerte für n<=0 explizit definiert und können unmittelbar bestimmt werden. Die nicht explizit definierten Funktionswerte für n>0 können dagegen nicht direkt aus der Definition bestimmt werden und erfordern rekursive Zwischenschritte:

Beispiel: s(2) = 2 + s(1)   // s(2) ist nach der rekursiven Definition 2 + s(1)
                = 2 + 1 + s(0) // s(1) ist nach der rekursiven Definition 1 + s(0)
                = 2 + 1 + 0   // s(0) ist nach der rekursiven Definition 0
                = 3   // Jetzt erst kann man die Summanden summieren.

Die rekursive Definition von s(n) aus dem ersten Beispiel lässt sich unmittelbar in
eine rekursive Funktion übersetzen:

```
int s(int n)
{
if (n <= 0) return 0;    // Abbruchbedingung
else return s(n-1) + n; // rekursiver Aufruf
}
```

Ruft man diese Funktion mit einem Argument n<=0 auf, wird unmittelbar der
Funktionswert 0 zurückgegeben. Für n>0 wird dagegen beim Aufruf von s(n) auch
s(n–1) aufgerufen. Falls auch n–1>0 ist, wird beim Aufruf von s(n–1) auch noch
s(n–2) aufgerufen. Diese Verschachtelung von Aufrufen wird so lange fortgeführt,
bis n=0 ist.

5.3.1 Grundlagen

Anfänger sehen rekursive Funktionen oft als etwas Mysteriöses an und wundern
sich, wie das überhaupt funktionieren kann. Rekursive Aufrufe sind aber einfach
deswegen möglich, weil bei jedem Aufruf einer Funktion die Rücksprungadresse
(die Adresse der auf den Aufruf folgenden Anweisung) auf den Stack gelegt wird.
Diese Technik wurde in Abschnitt 5.1 vorgestellt und funktioniert für rekursive
Aufrufe genauso wie für nichtrekursive. Außerdem werden alle lokalen Variablen
auf den Stack gelegt, und dazu gehören insbesondere auch die Parameter.

Beispiel: Ein Aufruf von s(2) führt zu den in der linken Spalte aufgeführten An-
            weisungen. In den rechten Spalten ist angegeben, wie die lokalen Vari-
            ablen auf dem Stack abgelegt werden (ohne die Rücksprungadressen):

Stack ---->

Aufruf s(2)	n	s				
n = Argument	2					
Aufruf s(1)	–	–	n	s		
n = Argument	–	–	1			
Aufruf s(0)	–	–	–	–	n	s
n = Argument	–	–	–	–	0	
s = 0	–	–	–	–		0
// s(0)=0 berechnet	–	–	–	–		
s = s(0) + n	–	–		1		
// s(1)=1 berechnet	–	–				
s = s(1) + n		3				
// s(2)=3 berechnet						

Beim Aufruf von s(2) werden zuerst die lokalen Variablen n und s auf dem Stack angelegt. Dann erhält n den Wert des Arguments. In der nächsten Anweisung

$$s = n + s(n–1)$$

wird zuerst die rechte Seite ausgewertet. Da diese Auswertung mit einem erneuten Aufruf der Funktion s verbunden ist, werden neue lokale Variablen s und n auf dem Stack angelegt. Sie verdecken die vorher angelegten Variablen s und n, was durch „–" dargestellt wird.

Diese Schritte werden so lange wiederholt, bis ein Aufruf von n nicht mehr mit einem rekursiven Aufruf verbunden ist. Der dabei berechnete Wert s(0) wird dann zur Berechnung von s im Aufruf von s(1) usw. verwendet, bis schließlich der Wert von s(2) zurückgegeben wird.

Offensichtlich können rekursive Funktionen den **Stack kräftig beanspruchen**. Wollte man mit der rekursiven Funktion s die Summe der ersten 100 000 Zahlen berechnen, würde man 100 000 Mal ca. 10 Bytes auf den Stack legen. Das ist aber unter MS-DOS und 16-bit-Windows überhaupt nicht möglich (Stack Overflow) und auch unter dem relativ großen Stack von Win32 alles andere als optimal, da die Verwaltung des Stacks auch ihre Zeit braucht.

Außerdem besteht bei rekursiven Funktionen die Möglichkeit, dass die rekursiven Aufrufe wie bei einer **Endlosschleife** nicht abbrechen, wenn eine Abbruchbedingung vergessen oder falsch formuliert wird. Bei der Funktion s wäre das etwa dann der Fall, wenn die Abbruchbedingung

```
if (n<=0) s = 0
```

durch

```
if (n==0) s = 0
```

ersetzt würde und s mit einem negativen Argument aufgerufen wird.

Im Unterschied zur rekursiven hat die iterative Lösung

```
int s(int n)
{
int sum = 0;
for (int i=1; i<=n; i++) sum = sum + i;
return sum;
}
```

den Vorteil, dass sie wesentlich weniger Speicherplatz auf dem Stack erfordert und deutlich schneller ist. Die rekursive Version der Funktion s ist also äußerst ineffektiv. Sie wurde nur behandelt, um die Funktionsweise rekursiver Funktionen an einem besonders einfachen Beispiel aufzuzeigen.

Unabhängig von irgendwelchen technischen Einschränkungen ist **ein Problem** dann durch eine **rekursive** Funktion **lösbar**, wenn die folgenden beiden Voraussetzungen erfüllt sind:

1. Es kann in bestimmten Spezialfällen explizit gelöst werden. Diese Spezialfälle entsprechen den Abbruchbedingungen.
2. Alle anderen Fälle führen in endlich vielen Schritten auf eine Abbruchbedingung (Rekursionsschritte).

Iterative und rekursive Lösungen sollen anhand eines weiteren Beispiels verglichen werden. Das sogenannte **Pascal-Dreieck** (nach dem Mathematiker Blaise Pascal) entsteht dadurch, dass man zunächst die Zahl 1 in eine Zeile schreibt. Die nächste Zeile entsteht dann aus der vorhergehenden, indem man die Summe der darüber stehenden bildet, wobei man sich links von der ersten und rechts von der letzten eine Null denkt.

```
                    1
                1       1
            1       2       1
        1       3       3       1
      1     4       6       4       1
    1     5      10      10      5       1
                  ..............
```

Bezeichnet man die k-te Zahl in der n-ten Zeile des Pascal-Dreiecks mit $p(n,k)$, dann ist $p(n,k)$ für $0 <= k <= n$ definiert durch:

$$p(n,k) = \begin{cases} 1, \text{ falls } (n=0) \text{ oder } (k=n) \\ p(n-1,k-1) + p(n-1,k) \text{ sonst} \end{cases}$$
// eine Zahl ist die Summe der
// beiden darüber stehenden

Sowohl n als auch k werden dabei ab 0 gezählt.

Beispiel: $p(0,0) = 1$

$p(1,0) = 1$ $p(1,1) = 1$

$p(2,0) = 1$ $p(2,1) = 2$ $p(2,2) = 1$ usw.

Eine rekursive Funktion zur Berechnung von p(n,k) lässt sich unmittelbar aus der rekursiven Definition von p(n,k) ableiten. Bei dieser Lösung muss man gar nicht viel überlegen – es genügt, die Definition abzuschreiben:

```
int p(int n, int k)
{
if ((0 <= k) && (k <= n))
   if ((k == 0) || (k == n)) return 1;
   else return p(n-1,k-1) + p(n-1,k);
else return 0;//außerhalb des Dreiecks alles auf 0 setzen
}
```

Eine Messung der Rechenzeiten von p(n,k) ergab etwa die folgenden Werte:

ca. 1982 auf einem AppleII+ mit Apple Pascal		2000 auf einem Pentium 333 mit dem C++Builder 5	
p(14,7)	18 Sek	p(24,12)	0,49 Sek.
P(15,7)	33 Sek	p(25,12)	0,95 Sek.
P(16,8)	65 Sek	p(26,13)	1,91 Sek.
P(17,8)	130 Sek	p(27,13)	3,67 Sek.

Unabhängig von den tatsächlichen Zeiten zeigen beide Vergleiche dasselbe Grundverhalten: Erhöht man n in der Mitte des Pascal-Dreiecks um 1, verdoppelt sich die Rechenzeit. Dieses Verhalten wird sofort verständlich, wenn man sich die Struktur der Aufrufe veranschaulicht, z.B. bei der Berechnung von p(4,2):

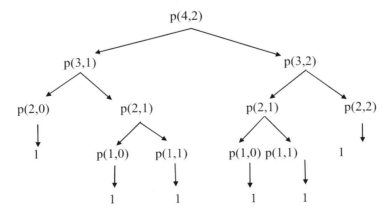

Hier wird p(2,1) zweimal berechnet, da sich die rekursive Funktion nicht „merken kann", dass sie diesen Wert bereits berechnet hat. Solche Mehrfachberechnungen führen dazu, dass bei der Berechnung von p(16,8) die kompletten Verzweigungen unter p(15,7) und p(15,8) durchgerechnet werden, wodurch sich der Rechenaufwand bei jeder Erhöhung von n um 1 verdoppelt.

Während sich die rekursive Version der Funktion p direkt aus der Definition des Pascal-Dreiecks ergab, ist kaum unmittelbar einsichtig, dass eine iterative Funktion zur Berechnung von p(n,k) durch die Funktion *bin* (Binomialkoeffizient) gegeben ist:

```
int bin(int n, int k)
{ // Berechnet den Binomialkoeffizienten "n über k"
int b;
if ((0 <= k) && (k <= n)) b = 1;
else b = 0;
for (int i = 1; i<= k; i++)
   b = b*(n-i+1)/i;
return b;
}
```

Diese Funktion liefert ihre Ergebnisse im Unterschied zur rekursiven Lösung im Bruchteil einer Sekunde, da höchstens (n–k) Multiplikationen und Divisionen notwendig sind.

Das Beispiel zeigt, dass **rekursive Lösungen oft einfacher** und eleganter als iterative formuliert werden können. Allerdings ist die Funktion p derart **ineffektiv**, dass man sie kaum in einem realen Programm verwenden kann. Sie kann aber nützlich sein, um die Ergebnisse einer nichtrekursiven mit denen einer rekursiven Version zu vergleichen:

```
void test()
{
for (int n=0; n<=10; n++)
   for (int k=0; k<=n; k++)
      {
         int p1=p(n,k), b=bin(n,k);
         if (p1 != b) Form1->Memo1->Lines->Add(
                "("+IntToStr(n)+","+k+"): p="+p1 +" b="+b);
      }
}
```

Allerdings muss **nicht jede rekursive Lösung ineffektiv** sein. Wie die Beispiele in den nächsten Abschnitten zeigen, gibt es auch rekursive Algorithmen, bei denen die Rekursionstiefe nicht allzu groß wird und bei denen keine unnötigen Mehrfachberechnungen auftreten. Wenn diese dann noch wesentlich einfacher sind als entsprechende iterative Verfahren, ist die rekursive Lösung vorzuziehen. Oft ist auch die in Abschnitt 3.10.6 vorgestellte dynamische Programmierung eine effiziente Alternative zu rekursiven Funktionen.

Aufgaben 5.3.1

1. Schreiben Sie die folgenden Funktionen als rekursive Funktionen. Alle diese Aufgaben sind lediglich Übungen zur Formulierung rekursiver Funktionen. Keine der so erhaltenen Lösungen ist bezüglich der Effizienz mit der iterativen Lösung vergleichbar.

   a) Fakultät (siehe Aufgabe 3.6.5, 3.).
   b) Fibonacci-Zahlen (siehe Aufgabe 3.4.6, 2.).
   c) Die Funktion *ggT* soll den größten gemeinsamen Teiler von zwei Werten als Funktionswert zurückgeben (siehe Aufgabe 3.7.4, 3.).
   d) Schreiben Sie eine Funktion, die die Ergebnisse der Funktionen von a) bis c) mit denen von entsprechenden iterativen Funktionen vergleicht.

2. Die Ackermann-Funktion

$$\text{ack}(n,m) = \begin{cases} \text{m+1} & \text{für n=0} \\ \text{ack}(n-1,1) & \text{für m=0} \\ \text{ack}(n-1,\text{ack}(n,m-1)) & \text{sonst} \end{cases}$$

setzt mit dem Index n (ab n=1) in gewisser Weise die „Folge" Addition, Multiplikation, Potenzierung fort. Für die ersten Werte von n gilt:

$$\text{ack}(0,m) = m + 1$$
$$\text{ack}(1,m) = m + 2$$
$$\text{ack}(2,m) = 2*m + 3$$
$$\text{ack}(3,m) = 2^{m+3} - 3$$

Definieren Sie die rekursive Funktion *ack* und vergleichen Sie ihre Werte bis n=3 und m=10 mit den expliziten Formeln. Wegen

$$\text{ack}(4,m) = \text{ack}(3,\text{ack}(4,m-1)) = 2\text{^}(\text{ack}(4,m-1)+3) - 3 \quad // \; 2^{\text{ack}(4,m-1)+3} - 3$$

$$= 2\text{^}\{2\text{^}(\text{ack}(4,m-2)+3) - 3\} + 3) - 3$$

ergibt sich für ack(4,m) ein Wert in der Größenordnung

$$\text{ack}(4,m) = 2^{2^{2^{\cdots}}}$$

wobei der „Turm der Potenzen" m+3 Glieder hoch ist. Offensichtlich wächst diese Funktion sehr schnell: Bereits ack(4,2) hat 19729 Dezimalstellen. Mit n>4 erhält man ein noch schnelleres Wachstum.

5.3.2 Quicksort

Der sogenannte „Quicksort" ist einer der schnellsten Algorithmen, mit dem man ein Array sortieren kann. Dieses Verfahren ist auch unter dem Namen „Sortieren durch Zerlegen" bekannt.

Das zu sortierende Array sei gegeben durch

A[0]..A[n]

Beim „Sortieren durch Zerlegen" geht man folgendermaßen vor:

1. Zerlege A[0]..A[n] so in zwei Teile A[0]..A[L] und A[L+1]..A[n], dass alle Elemente des ersten Teils kleiner oder gleich allen Elementen des zweiten Teils sind.
2. Falls der linke Teil des Arrays A[0]..A[L] noch nicht sortiert ist, wendet man 1. auf diesen linken Teil an.
3. Falls der rechte Teil des Arrays A[L+1]..A[n] noch nicht sortiert ist, wendet man 1. auf diesen rechten Teil an.

Ein so entstandenes Teilarray A[L]..A[R] braucht nicht weiter sortiert zu werden, wenn es bereits sortiert ist. Ein einfaches Kriterium dafür ist, dass es höchstens noch aus einem Element besteht, d.h. L >= R gilt.

Wenn jetzt noch eine Funktion *Zerlege(L,R,L1,R1)* zur Verfügung steht, die das Teilarray

A[L]..A[R]

so in zwei Teilarrays A[L]..A[L1] und A[R1]..A[R] zerlegt, dass jedes Element des linken Teilarrays kleiner oder gleich jedem Element des rechten Teilarrays ist, kann man dieses Verfahren für das Arrays A[L]..A[R] wie folgt beschreiben:

```
void sortiere(int L, int R)
{
int L1, R1;
zerlege(L,R,L1,R1);
if (L < L1) sortiere(L,L1);
if (R1 < R) sortiere(R1,R);
}
```

Das gesamte Array A wird dann durch den Aufruf *Sortiere(0,n)* sortiert.

Damit die Funktion *Zerlege* das Array A[L]..A[R] so umordnet, dass für ein Arrayelement X anschließend

A[L]..A[L1] <= X <= A[R1]..A[R]

gilt, kann man so vorgehen:

1. Zuerst wählt man ein beliebiges Arrayelement X aus, z.B. X=A[(L+R)/2].
2. Anschließend sucht man ausgehend von A[L] nach dem ersten Element A[R1], für das A[R1] >= X gilt.
3. Dann sucht man ausgehend von A[R] nach dem ersten Element A[L1], für das A[L1] <= X gilt.
4. Falls nicht schon A[R1] rechts und A[L1] links von X liegt, werden A[R1] und A[L1] vertauscht.

Die Schritte 2. bis 4. werden dann so lange wiederholt, bis R1 > L1 ist.

Beispiel: (L = 10 und R = 17)

```
                      X = A[13] = 10
A[10]   A[11]   A[12]   A[13]   A[14]   A[15]   A[16]   A[17]
  10      5       13      10      18      4       10      6
  ^R1                                                    ^L1
```

Vertausche A[10] und A[17]:

```
   6      5       13      10      18      4       10      10
                  ^R1                             ^L1
```

Vertausche A[12] und A[16]:

```
   6      5       10      10      18      4       13      10
                          ^R1             ^L1
```

Vertausche A[13] und A[15]:

```
   6      5       10      4       18      10      13      10
                          ^R1     ^L1
```

Dieses Verfahren wird durch die folgende Funktion realisiert:

```
void vertausche(int& k1,int& k2)
{
int H = k1;
k1 = k2;
k2 = H;
}

void zerlege(int L, int R, int& L1, int& R1)
{
int X = A[(L+R)/2];      // Vergleichselement
R1 = L;
L1 = R;
while (R1 <= L1)
   {
     while (A[R1] < X) Ru++;
     // A[L]..A[R1-1] < X und A[R1] >= X
     while (X < A[L1]) L1--;
     // A[L1] >= X und X < A[L1-1]..A[R]
     if (R1 <= L1)
        {
```

```
        vertausche(A[R1],A[L1]);
        // A[L]..A[R1] <= X <= A[R1]..A[R]
        R1++;
        L1--;
        // A[L]..A[R1-1] <= X <= A[L1+1]..A[R]
      }
    // A[L]..A[R1-1] <= X <= A[L1+1]..A[R]
  }
// R1 > L1 und A[L]..A[R1-1] <= X <= A[L1+1]..A[R]
}
```

Damit ist die Funktion *Quicksort* mit den beiden Funktionen *Zerlege* und *Sortiere* gegeben durch

```
void Quicksort()
{
sortiere(0,n); // n: Anzahl der zu sortierenden Elemente
}
```

Der Quicksort ist eines der schnellsten und damit wichtigsten Sortierverfahren. Er steht deshalb über vordefinierte Bibliotheksfunktionen zur Verfügung:

1. In den auch zum C++-Standard gehörenden Bibliotheken der Programmiersprache C ist der Quicksort in der vordefinierten Funktion *qsort* definiert:

   *void **qsort**(void *base, size_t nelem, size_t width, int (_USERENTRY*
   *fcmp)(const void *, const void *)); // nach #include <stdlib.h>

Die Bedeutung der einzelnen Parameter:

   base   die Adresse des zu sortierenden Arrays
   nelem die Anzahl der zu sortierenden Elemente
   width die Größe jedes Elements (in Bytes)
   fcmp   eine Funktion, die zwei Arrayelemente vergleicht, deren Adressen
            als Parameter übergeben werden. Der ganzzahlige Funktionswert
            stellt das Ergebnis des Vergleichs der beiden Elemente **elem1* und
            *elem2 so dar:

            *elem1 < *elem2   Rückgabewert < 0
            *elem1 == *elem2   Rückgabewert = 0
            *elem1 > *elem2   Rückgabewert > 0

Die Funktion *compare* ist ein Beispiel für eine solche Vergleichsfunktion. Sie vergleicht zwei Datensätze des Typs *Kontobewegung* bezüglich ihres Daten-felds *Kontonummer*:

```
int compare( const void *a, const void *b)
{
if      ( ((Kontobewegung*)a)->KontoNr <
                ((Kontobewegung*)b)->KontoNr ) return  -1;
else if ( ((Kontobewegung*)b)->KontoNr <
                ((Kontobewegung*)a)->KontoNr ) return   1;
else return 0;
}
```

Damit kann man ein Array mit n Elementen des Datentyps *Kontobewegung* folgendermaßen sortieren:

```
const int Max_KB = 100000;
Kontobewegung A[Max_KB];

qsort(A, n, sizeof(Kontobewegung), compare);
```

2. Ein Aufruf der Funktion *sort* aus der Standardbibliothek von C++ ist einfacher als ein Aufruf von *qsort*. Sie verwendet ebenfalls einen Quicksort und setzt lediglich voraus, dass der Operator „<" für die Arrayelemente definiert ist. Für selbstdefinierte Datentypen kann man diesen leicht durch eine Operatorfunktion definieren (siehe Abschnitt 5.8):

```
inline bool operator<(const Kontobewegung& k1,
                        const Kontobewegung& k2)
{
return k1.KontoNr < k2.KontoNr;
}
```

Dann werden die Elemente i bis k eines Arrays a sortiert durch

```
#include <algorithm>    // notwendig für sort
using namespace std;

Kontobewegung a[100];
sort(a+i,a+k);
```

Insbesondere werden durch

```
sort(a,a+n);
```

die ersten n Elemente des Arrays a sortiert. Diese Funktion ist auch für einige **Containerklassen** der Standardbibliothek definiert (siehe Abschnitte 4.2.1, 4.2.2 und 9.5.14).

In der folgenden Tabelle sind die Laufzeiten für das Sortieren verschieden großer Arrays zusammengestellt. Die Zeiten in den einzelnen Spalten ergaben sich mit den Funktionen:

AS: Auswahlsort (siehe Abschnitt 3.10.2)
QS: Quicksort (wie oben)

qsort: *qsort* (aus der Standardbibliothek von C)
sort: *sort* (aus der Standardbibliothek von C++)

	AP, II 1984	Apple	TP 3, Apple II		BP 7, 486/33	C++Builder 5.0 (Projekt|Option Endgültig, Pentium 333)			
n	AS	QS	AS	QS	AS	AS	QS	qsort	sort
25	4	2	1	?					
50	12	4	3	?					
100	43	8	8	2					
200	166	19	31	4					
400	646	43	118	9	1,25				
800					4,98				
1600					19,92	0,50			
3200						2,05			
6400						8,34	0,02	0,35	0,02
12800							0,05	0,71	0,04
25600							0,11	1,42	0,09

Da ich diese beiden Sortierverfahren schon seit über 20 Jahren in meinen Vorlesungen vergleiche, wollte ich Ihnen meine historische Sammlung von Laufzeiten auf verschiedenen Plattformen nicht vorenthalten (AP: Apple Pascal, TP: Turbo Pascal, BP: Borland Pascal). Ursprünglich sollte diese Tabelle nur demonstrieren, dass eine Verdoppelung der Arrayelemente beim Auswahlsort etwa eine Vervierfachung der Laufzeit mit sich bringt, beim Quicksort dagegen nur etwa eine Verdoppelung.

Eine ausführliche Darstellung und Diskussion zahlreicher **Sortierverfahren** findet man bei Wirth (1983, Algorithmen ...), Knuth (1973, Vol. 3) und Cormen (2001).

5.3.3 Ein rekursiv absteigender Parser

Im Folgenden soll eine Funktion

*double **expression**(AnsiString s);*

entwickelt werden, die einen Ausdruck aus beliebig vielen Zahlen, Operatoren (+, −, * oder /), Klammern und Leerzeichen auswerten kann. Dabei sollen die multiplikativen Operatoren stärker binden als die additiven, außerdem sollen geklammerte Teilausdrücke möglich sein. Die Syntax, nach der solche Ausdrücke gebildet werden können, soll sich an der **Syntax von C++** orientieren.

Beispiel: Die folgenden Aufrufe sollen den als Kommentar angegebenen Wert zurückgeben:

```
expression("1+(2 + 3 )    "); // 6
expression(" 1+2/(1 +    1 )   "); // 2
expression("1.05+(1.88+341.01)/1.07");//321.5079..
```

Bei der Zerlegung des Strings fallen immer wieder die folgenden Teilaufgaben an:

– whitespace (z.B. Leerzeichen und Tabs) ueberlesen
– prüfen, ob ein Zeichen zu einer bestimmten Gruppe gehört
– die nächste Zahl einlesen
– das nächste Zeichen einlesen

Führt man diese in eigenen Funktionen durch, muss natürlich darauf geachtet werden, dass sie zusammenpassen und das Gesamtproblem lösen. In diesem Beispiel heißt das vor allem, dass beim Lesen des Strings keine Zeichen ausgelassen oder doppelt gelesen werden.

Dies kann man dadurch erreichen, dass jede dieser Funktionen einen Zähler i mitführt, so dass s[i] immer das nächste, bisher noch nicht verarbeitete Zeichen von s ist. Damit sieht man am Anfang jeder dieser Funktionen, ob als nächstes Zeichen eine Zahl, ein Operand oder etwas anderes kommt.

Wenn diese Bedingung „s[i] ist das nächste, bisher noch nicht verarbeitete Zeichen von s" dann nach dem Verlassen jeder dieser Funktionen gilt und sonst nicht verändert wird, gilt sie auch beim nächsten Aufruf jeder dieser Funktionen. Diese Bedingung ist also eine **Invariante** (siehe Abschnitt 3.7.3), die zwischen verschiedenen Aufrufen unverändert gültig ist. Würde man diese Funktionen in einer Klasse zusammenfassen, wäre diese Bedingung eine **Klasseninvariante** (siehe Abschnitt 6.1.7).

Diese Invariante wird durch *skipWhitespace* hergestellt:

```
void skipWhitespace(AnsiString s, int& i)
{ // lässt sich auf Tabs usw. erweitern
while ((i <= s.Length()) && (s[i]==' ')) i++;
} // (s[i] != ' ') or "i > s.Length()"
```

Da die folgenden Funktionen (bis auf *isOneOf*) als letzte Anweisung immer *skipWhitespace* aufrufen, gilt diese Invariante nach jedem dieser Aufrufe:

```
bool isOneOf(char c, AnsiString Str)
{ // true, falls c in Str enthalten ist
return Str.Pos(c)>0;
// isOneOf('a',"abc");  // true
// isOneOf('a',"bcd");  // false
} // verändert die Invariante nicht

double readNumber(AnsiString s, int& i)
{
AnsiString sep=DecimalSeparator;
AnsiString t;
while ((i<=s.Length())&& isOneOf(s[i],"0123456789"+sep))
  t = t + s[i++]; // s[i] zuweisen, anschließend i++
// (s[i] keine Ziffer) or (i > s.Length())
skipWhitespace(s,i); // stellt die Invariante her
```

```
try {return StrToFloat(t);}
catch(...)
  {
    ShowMessage("Unexpected char: '"+AnsiString(s[i])+"'");
  }
}

char nextChar(AnsiString s, int& i)
{ // gibt das  Zeichen an Position I zurück und i++
char result=0;
if (i <= s.Length())
  result= s[i];
i++;
skipWhitespace(s,i); // stellt die Invariante her
return result;
}
```

Ein **Ausdruck** soll dabei wie ein additiver Ausdruck in C++ gebildet werden können: entweder als multiplikativer Ausdruck oder als Verknüpfung von zwei oder mehr Ausdrücken mit einem der additiven Operatoren + oder – wie in

> *additive-expression:*
>   *multiplicative-expression*
>   *additive-expression + multiplicative-expression*
>   *additive-expression - multiplicative-expression*

Das ist die Syntaxregel aus Abschnitt 3.20.7. Sie wird durch die Funktion *additiveExpr* implementiert. Da man am nächsten zu verarbeitenden Zeichen s[i] erkennen kann, dass ein multiplikativer Ausdruck vorliegt, kann man ihn mit dem ersten *multiplicativeExpr* bearbeiten. Anschließend prüft man, ob darauf ein + oder – folgt. Trifft das zu, addiert man diesen Ausdruck zum Ergebnis:

```
double additiveExpr(AnsiString s, int& i)
{
double result = multiplicativeExpr(s,i);
while ((i<=s.Length()) && (isOneOf(s[i],"+-")))
  {
    char op = nextChar(s,i);
    if (op=='+')
      result = result + multiplicativeExpr(s,i);
    else if (op=='-')
      result = result - multiplicativeExpr(s,i);
  }
return result;
}
```

Ein multiplikativer Ausdruck ist entweder ein primärer Ausdruck oder eine Ver-
knüpfung von zwei oder mehr primären Ausdrücken mit einem der multiplikativen
Operatoren * oder /. Die folgende Syntaxregel ist eine Vereinfachung gegenüber
C++:

> *multiplicative-expression:*
>> *primary-expression*   *// Vereinfachung*
>> *multiplicative-expression* * *primary-expression* *// Vereinfachung*
>> *multiplicative-expression* / *primary-expression* *// Vereinfachung*

Diese Syntax wird durch die Funktion *multiplicativeExpr* implementiert:

```
double multiplicativeExpr(AnsiString s, int& i)
{
double result = primaryExpr(s,i);
while ( (i <= s.Length()) && (isOneOf(s[i],"*/")) )
   {
     char op = nextChar(s,i);
     if (op=='*')
       result = result * primaryExpr(s,i);
     else if (op=='/')
       result = result / primaryExpr(s,i);
   }
return result;
}
```

Durch diese Aufteilung in additive und multiplikative Ausdrücke wird die stärkere
Bindung der multiplikativen gegenüber den additiven Operatoren erreicht.

Ein primärer Ausdruck soll schließlich wie in

> *primary-expression:*
>> *literal*
>> (*expression*)
>> *postfix-expression* (*expression-list* opt)

entweder ein Literal für eine Zahl, ein geklammerter Ausdruck oder ein Minuszei-
chen sein, auf das ein Ausdruck in Klammern folgt:

```
double primaryExpr(AnsiString s, int& i)
{
double result;
AnsiString sep=DecimalSeparator;
if (isOneOf(s[i],"1234567890"+sep))
  result=readNumber(s,i);
else if (s[i]=='(')
   {
     nextChar(s,i); // skip '('
     result = additiveExpr(s,i);
     if (!nextChar(s,i)== ')')
       errormessage(i,"')' expected: ",s);
   }
```

```
else if (s[i]=='-')
  {
    nextChar(s,i); // skip '-'
    result = -primaryExpr(s,i);
  }
else ErrorMessage(i,"",s);
return result;
}
```

Offensichtlich ermöglichen die gegenseitig rekursiven Aufrufe dieser Funktionen eine direkte Übersetzung der ebenfalls schon rekursiven Syntaxregeln. Ohne Rekursion wäre das sicher nicht so einfach.

Diese Funktionen können in dieser Reihenfolge definiert werden:

```
// Prototypen für die rekursiven Aufrufe
double multiplicativeExpr(AnsiString s, int& i);
double primaryExpr(AnsiString s, int& i);

void errormessage(int i, AnsiString msg, AnsiString s)
{
AnsiString m=s;
m.Insert("<---",i+1);
if (msg=="") ShowMessage("Syntaxfehler bei Pos. "+
                             IntToStr(i)+"\n"+m);
else ShowMessage(msg+IntToStr(i)+"\n"+m);
}

double additiveExpr(...)         { /* wie oben */ }
double multiplicativeExpr (...)  { /* wie oben */ }
double primaryExpr ()            { /* wie oben */ }

double expression(AnsiString t)
{
for (int j=1; j<=t.Length();j++)
  if (t[j]=='.'||t[j]==',')
    t[j]=DecimalSeparator;
int i=1;
skipWhitespace(t,i);
return additiveExpr(t,i);
}
```

Mit der Funktion *expression* kann man einen Ausdruck aus einem Edit-Fenster auswerten und das Ergebnis zusammen mit dem Ausdruck in einem Memo anzeigen (siehe Aufgabe 5.3.3). Damit sieht man im Unterschied zu ähnlichen Rechnern wie z.B. *calc* nicht nur das Ergebnis, sondern auch, was man eingetippt hat:

Aufgaben 5.3.3

Legen Sie ein Projekt (z.B. mit dem Namen *CalcEx*) an, dessen Formular etwa folgendermaßen aussieht.

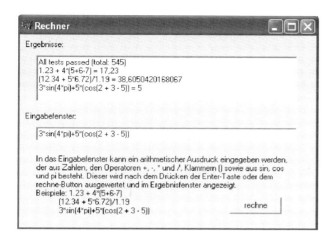

a) Implementieren Sie dazu die in diesem Abschnitt vorgestellt Funktion
   expression und rufen Sie diese nach dem Anklicken des Buttons mit dem String
   im Eingabefeld auf. Zeigen Sie den Eingabestring zusammen mit dem Ergebnis
   im Ergebnisfenster an.
b) Entwerfen Sie einige Tests, die zumindest die Grundfunktionalität der Funktion
   expression testen. Führen Sie diese Tests mit automatischen Testfunktionen
   (z.B. wie in Abschnitt 3.5.2) durch.
c) Erweitern Sie die Funktion *expression* so, dass der auszuwertende String auch
   Funktionen wie *sin*, *cos* usw. enthalten kann. Die Argumente dieser Funktionen
   sollen wiederum ein zulässiger Ausdruck im Rahmen der implementierten
   Syntaxregeln sein können.

5.3.4 Rekursiv definierte Kurven Θ

Rekursive definierte Kurven sind ein weiteres Beispiel dafür, dass rekursiv for-
mulierte Probleme oft einfach mit rekursiven Programmen gelöst werden können.
Betrachten wir dazu die sogenannten **Schneeflockenkurven**, die folgendermaßen
definiert sind:

> Eine Gerade wird in drei gleich große Teile unterteilt. Im mittleren Teil wird
> ein gleichseitiges Dreieck ohne dessen Grundlinie gezeichnet. Wiederholt man
> diese Konstruktion mit jeder Teilgeraden, erhält man eine Folge von Kurven
> k_0, k_1, k_2 usw.

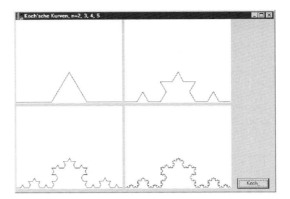

Diese „Schneeflockenkurven" wurden von dem schwedische Mathematiker Helge
von Koch (1870–1924) erfunden und werden deshalb auch als **Kochsche Kurven**
bezeichnet.

Sie werden durch die Funktion *Koch* auf einen Canvas (siehe Abschnitt 10.13)
gezeichnet. Diese Funktion zeichnet nur dann eine Linie, wenn die Abbruchbedingung erfüllt ist. In allen anderen Fällen wird die Funktion rekursiv aufgerufen. Die
Endpunkte des gleichseitigen Dreiecks werden als Parameter übergeben:

```
int round(double x)
{
return int(x+0.5);
}

#include <cmath>  // für sqrt
void Koch(TCanvas* C, int n, double leftx, double lefty,
                double rightx, double righty)
{
const double r = std::sqrt(3.0)/6;//ca. r=0.29;
if (n<=1)
  {
    C->MoveTo(round(leftx), round(lefty));
    C->LineTo(round(rightx), round(righty));
  }
else
  {
    Koch(C,n-1, leftx, lefty,
      (rightx + 2.0*leftx)/3.0,(righty + 2.0*lefty)/3.0);
    Koch(C,n-1,
      (rightx + 2.0*leftx)/3.0,(righty + 2.0*lefty)/3.0,
      0.5*(rightx + leftx) - r*(lefty - righty),
      0.5*(righty + lefty) + r*(leftx - rightx));
    Koch(C,n-1,
      0.5*(rightx + leftx) - r*(lefty - righty),
      0.5*(righty + lefty) + r*(leftx - rightx),
      (2.0*rightx + leftx)/3.0,(2.0*righty + lefty)/3.0);
```

```
    Koch(C,n-1,
       (2.0*rightx + leftx)/3.0,(2.0*righty + lefty)/3.0,
       rightx, righty);
  }
}
```

Die Abbildung von oben wurde durch die folgende Funktion gezeichnet:

```
void __fastcall TForm1::Koch_Click(TObject *Sender)
{
Form1->Caption = "Koch'sche Kurven, n=2, 3, 4, 5";
int W=Image1->ClientWidth-1;
int H=Image1->ClientHeight-3;
Koch(Form1->Image1->Canvas,2,0,H,W,H);
Koch(Form1->Image2->Canvas,3,0,H,W,H);
Koch(Form1->Image3->Canvas,4,0,H,W,H);
Koch(Form1->Image4->Canvas,5,0,H,W,H);
}
```

Die Kochschen Kurven konvergieren gegen eine stetige Funktion K, die nirgendwo differenzierbar ist. Die Kurve K hat einige weitere interessante Eigenschaften: Obwohl alle Kurven K_n durch ein endliches Rechteck begrenzt sind, wird ihre Länge mit n beliebig groß. Deswegen ist K unendlich lang und trotzdem durch ein endliches Rechteck begrenzt. Mit einer Verallgemeinerung des Dimensionsbegriffs (durch den Mathematiker Hausdorff) von ganzzahligen auf reelle Werte hat diese Kurve die Dimension $\log(4)/\log(3) \cong 1.26$. Mandelbrot bezeichnet Mengen, deren Dimension nicht ganzzahlig ist, als Fraktal (nach Peitgen/Richter, 1986).

Aufgaben 5.3.4

1. Die folgenden Figuren entstehen rekursiv aus einem gleichseitigen Dreieck. Falls die Abbruchbedingung nicht erreicht ist, wird das Dreieck in 4 weitere Teildreiecke unterteilt, von denen die drei äußeren gezeichnet werden (ähnlich wie die Koch'schen Kurven).

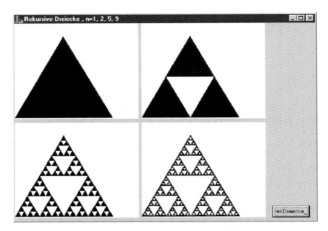

Schreiben Sie ein Programm, das diese Dreiecke zeichnet. Zum Zeichnen eines Dreiecks kann die Funktion *Polygon* des Canvas verwendet werden.

5.3.5 Indirekte Rekursion Θ

Eine Funktion kann ab ihrer Deklaration aufgerufen werden. Diese Deklaration muss keine Definition sein: Ein Prototyp reicht aus. Wenn eine Funktion vor ihrer Definition in einer anderen Funktion aufgerufen wird, die wiederum in der Definition der ersten Funktion aufgerufen wird, spricht man von **indirekter Rekursion**.

Beispiel:
```
void Flop(int N)
   {
   void Flip(int N);             // Funktionsprototyp
   Form1->Memo1->Lines->Add("Flop");
   if (N>0) Flip(N-1);
   }

   void Flip(int N)
   {
   Form1->Memo1->Lines->Add("Flip");
   if (N>0) Flop(N-1);
   }
```

5.3.6 Rekursive Datenstrukturen und binäre Suchbäume

Eine Klasse, die einen oder mehrere Zeiger auf sich selbst enthält, wird in Analogie zu rekursiven Funktionen auch als **rekursiver Datentyp** bezeichnet.

Beispiel: Die in Abschnitt 3.12.11 und 3.12.12 vorgestellten Klassen *Listnode* und *Treenode* sind rekursive Datentypen:

```
typedef AnsiString T;// Datentyp der Nutzdaten
```

```
struct Listnode {
  T data;              // die Nutzdaten
  Listnode* next;
};

struct Treenode {
  T data;              // die Nutzdaten
  Treenode* left;
  Treenode* right;
};
```

Sie enthalten außer den Zeigern noch weitere Elemente mit den Daten.

Mit solchen Knoten kann man verkettete Listen und Baumstrukturen erzeugen, indem man mit *new* Variablen dieser Datentypen erzeugt und den Zeigern die Adresse des nächsten Knotens zuweist. Ausgehend von einem Zeiger *first*, der auf den ersten Knoten der Liste zeigt, kann man dann alle Knoten der Liste durchlaufen. Der letzte Knoten ist durch den Wert *next==0* gekennzeichnet. Grafisch wird dieser Wert meist durch einen schwarzen Punkt dargestellt:

Mit einer Klasse wie *Treenode* kann man **Baumstrukturen** darstellen:

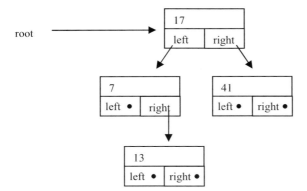

Die Arbeit mit rekursiven Datenstrukturen ist mit rekursiven Funktionen oft einfacher als mit iterativen. Bei balancierten Binärbäumen ist das meist auch nicht viel ineffizienter als eine iterative Version, da die Rekursionstiefe nicht groß wird.

Im Folgenden werden rekursive Varianten von einigen iterativen Funktionen für Binärbäume aus Abschnitt 3.12.12 vorgestellt. Alle diese Funktionen arbeiten nach dem gleichen Schema:

– wenn das Argument 0 ist, wird die Rekursion beendet und eine entsprechende Aktion ausgeführt (z.b. ein neuer Knoten eingefügt oder ein Wert zurückgegeben).

– bei einem von 0 verschiedenen Argument wird im linken oder rechten Teilbaum weitergesucht.

Die Funktion *insertBinTreenode_rec* fügt wie die Funktion *insertBinTreenode* einen neuen Knoten in den Binärbaum ein, dessen Wurzel als Argument übergeben wird:

```
void insertBinTreenode_rec(Treenode*& b, const T& x)
{
if (b==0) b=newTreenode(x,0,0);
else if (x<b->data) insertBinTreenode_rec(b->left,x);
else insertBinTreenode_rec(b->right,x);
}
```

traverseTree **durchläuft alle Knoten** von links nach rechts (in sortierter Reihenfolge) und führt mit jedem Knoten die Anweisungen von *processTreenode* aus:

```
void processTreenode(Treenode* n)
{
Form1->Memo1->Lines->Add(n->data);
}

void traverseTree(Treenode* n)
{
if (n!=0)
  {
    traverseTree(n->left);
    processTreenode(n);
    traverseTree(n->right);
  }
}
```

Die Funktion *searchBinTree_rec* sucht wie die Funktion *searchBinTree* einen Knoten mit den als Argument übergebenen Daten. Der Rückgabewert ist ein Zeiger auf diesen Knoten, wenn er gefunden wird, und andernfalls der Wert 0. Da der Binärbaum so aufgebaut ist, dass alle kleineren Schlüsselwerte links und alle größeren rechts vom aktuellen Knoten eingehängt sind, braucht man nach einem kleineren Schlüssel nur links und nach einem größeren nur rechts weitersuchen:

```
Treenode* searchBinTree_rec(Treenode* n, const T& x)
{
if (n==0) return 0;
else if (x==n->data) return n;
else if (x<n->data) return searchBinTree_rec(n->left,x);
else return searchBinTree_rec(n->right,x);
}
```

Falls der Baum ausgeglichen ist, halbiert sich der verbleibende Suchbereich mit jedem Rekursionsschritt. Der Knoten mit dem gesuchten Schlüsselwert wird in einem Baum mit n Knoten dann in etwa $\log_2(n)$ Rekursionsschritten gefunden.

Damit ist die Suche in einem binären Suchbaum ähnlich schnell wie die binäre
Suche in einem sortierten Array.

Wenn zu einem Schlüsselbegriff verschiedene Daten gehören können, kann man in
jedem Baumknoten eine verkettete Liste mit diesen Daten aufbauen. Verwaltet
man diese Liste über zwei Zeiger *first* und *last*, die auf den ersten und letzten
Knoten zeigen, sieht ein Baumknoten etwa folgendermaßen aus:

```
struct TreenodeWithList {
  keyType key;
  Listnode *first,
           *last;
  Treenode *left,
           *right;
};

struct Listnode {
  dataType data;
  Listnode* next;
};
```

In einen Baum mit solchen Knoten kann man dann mit einer Funktion wie
insertTreenode einen neuen Knoten einfügen. Die hier aufgerufene Funktion
insertLastListnode wurde in Abschnitt 3.12.11 vorgestellt.

```
void insertTreenode(TreenodeWithList*& n, keyType key,
                                           dataType data)
{
if (n==0)
  {
    n = new TreenodeWithList;
    n->key   = key;
    n->left  = 0;
    n->right = 0;
    n->first = 0;
    n->last  = 0;
    // Erzeuge einen neuen Listenknoten, auf den n->first
    // und n->last anschließend zeigen:
    insertLastListnode(n->first, n->last,data);
  }
else if (key < n->key) insertTreenode(n->left,key,data);
else if (key > n->key) insertTreenode(n->right,key,data);
else insertLastListnode(n->first, n->last,data);
}
```

Hier bewirken die rekursiven Aufrufe, dass ein neuer Baumknoten gemäß dem
Ordnungsbegriff *key* im linken oder rechten Teilbaum eingehängt wird. Falls ein
Baumknoten mit dem Schlüsselwert *key* bereits existiert, wird ein neuer Listen-
knoten in die Liste zu diesem Schlüsselwert eingehängt.

Im Zweig nach „if (n==0)" wird ein neuer Baumknoten erzeugt, dessen Zeiger alle
auf 0 gesetzt werden. Außerdem wird der Schlüsselwert eingetragen, und ein

Listenknoten in die verkettete Liste eingehängt, auf die *n->first* und *n->last* zeigen.

Die Liste in einem Baumknoten kann man dann mit einer Funktion wie

```
void printNode(TreenodeWithList* n)
{
AnsiString s=n->key+": ";
for (Listnode* i=n->first; i!=0; i=i->next)
  s=s+i->data+"  ";
Form1->Memo1->Lines->Add(s);
}
```

durchlaufen. Durch den Aufruf einer Funktion wie *printTree* (mit der Wurzel des Baums als Argument) werden alle Baumknoten und zu jedem Baumknoten die zugehörigen Listenknoten durchlaufen.

```
void printTree(TreenodeWithList* n)
{  // wie traverseTree
if (n!=0)
   {
     printTree(n->left);
     printNode(n);
     printTree(n->right);
   }
}
```

Wie schon am Ende von Abschnitt 3.12.12 erwähnt wurde, lassen sich Binärbäume oft durch die assoziativen Containerklassen der Standardbibliothek ersetzen.

Aufgaben 5.3.6

1. Ergänzen Sie Ihre Lösung der Aufgabe 3.12.12 um die folgenden rekursiven Funktionen und rufen Sie diese Funktionen beim Anklicken eines Buttons auf:

   a) Die Funktion *insertBinTreenode_rec* soll wie *insertBinTreenode* (Aufgabe 3.12.12, 1. b) einen Knoten mit den als Argument übergebenen Werten für *key* und *data* in einen Binärbaum einhängen.
   b) Die Funktion *traverseTree_rec* soll für alle Knoten im Baum die Werte für *key* und *data* ausgeben.
   c) Die Funktion *searchBinTree_rec* soll wie *searchBinTree* (Aufgabe 3.12.12, 1. c) einen Zeiger auf einen Knoten mit dem als Argument übergebenen Schlüsselbegriff zurückgeben, wenn ein solcher Knoten gefunden wird, und andernfalls den Wert 0.

2. Entwerfen Sie eine Baumstruktur, die als Schlüsselwert einen String enthält, und als zugehörige Daten Zeiger auf eine verkettete Liste, deren Daten ebenfalls Strings sind.

Erstellen Sie mit diesen Datenstrukturen eine Liste mit allen verschiedenen Wörtern aus einem Text, die zu jedem Wort alle Zeilennummern enthält, in der das Wort vorkommt (**Konkordanzliste**). Diese Wörter sollen dann alphabetisch sortiert ausgegeben werden, wobei auf jedes Wort die Zeilennummern folgen sollen.

Dazu können Sie folgendermaßen vorgehen: Lesen Sie die Textdatei mit der globalen Funktion *getline* (siehe Abschnitt 4.3.4) zeilenweise ein. Zerlegen Sie jede Zeile mit der Funktion *tokenize* von Aufgabe 4.2.3, 4. in einzelne Wörter. Tragen Sie dann jedes so gefundene Wort als Schlüsselwert in den binären Suchbaum ein und zu jedem Wort die Zeilennummern in der verketteten Liste.

In Aufgabe 4.4, 4. wurde eine solche Konkordanzliste mit dem Container *multimap* gelöst. Vergleichen Sie den Aufwand für diese beiden Lösungen.

5.3.7 Verzeichnisse rekursiv nach Dateien durchsuchen Θ

Ein Verzeichnis (Laufwerk, Unterverzeichnis) kann mit den beiden Funktionen

> *HANDLE* **FindFirstFile(**
>   *LPCTSTR lpFileName,   // Zeiger auf Pfad und Suchmaske*
>   *LPWIN32_FIND_DATA lpFindFileData)   // Zeiger auf struct*

> *BOOL* **FindNextFile(**
>   *HANDLE hFindFile,   // Handle - Rückgabewert von FindFirstFile*
>   *LPWIN32_FIND_DATA lpFindFileData)   // Zeiger auf struct*

nach allen Dateien durchsucht werden, deren Name einem bestimmten Muster entspricht (z.B. „*.*" oder „*.cpp"). Dazu wird zuerst *FindFirstFile* aufgerufen, wobei das Argument für *lpFileName* auf einen nullterminierten String mit dem Pfad und der Suchmaske zeigt (z.B. auf "c:*.*").

Falls eine solche Datei gefunden wird, gibt diese Funktion einen von INVALID_-HANDLE_VALUE verschiedenen Wert zurück. Er wird bei einem Aufruf von *FindNextFile* für den Parameter *hFindFile* eingesetzt. Diese Funktion sucht dann nach der nächsten Datei mit diesem Muster. Falls eine solche Datei gefunden wurde, ist ihr Funktionswert von Null verschieden und andernfalls Null.

Über den zweiten Parameter wird ein Zeiger auf diese Datenstruktur zurückgegeben:

```
typedef struct _WIN32_FIND_DATA { // wfd
    DWORD    dwFileAttributes; // Dateiattribute
    FILETIME ftCreationTime;
    FILETIME ftLastAccessTime;
    FILETIME ftLastWriteTime;
    DWORD nFileSizeHigh; // Dateigröße (obere 32 Bit)
    DWORD nFileSizeLow;  // Dateigröße (untere 32 Bit)
```

```
    TCHAR cFileName[MAX_PATH];      // langer Dateiname
    TCHAR cAlternateFileName[14]; // 8.3-Dateiname
} WIN32_FIND_DATA;
```

Sie enthält in *dwFileAttributes* die Attribute und in *cFileName* den Namen der Datei. Wenn die gefundene Datei ein Verzeichnis ist, ist in den Attributen dasselbe Bit gesetzt wie in der vordefinierten Konstanten FILE_ATTRIBUTE_DIREC-TORY. Dieses Verzeichnis kann man dann rekursiv durchsuchen, ebenso alle weiteren Unterverzeichnisse. Die Verzeichnisse mit den Namen „." und „.." muss man dabei ignorieren.

FindFirstFile sucht immer nur nach Dateien mit der angegebenen Suchmaske. Das gilt auch für Verzeichnisse. Wenn man z.b. die Suchmaske „*.cpp" angibt, werden auch nur Unterverzeichnissen gefunden, deren Name auch zu dieser Maske passt. Bei der Suche nach allen Dateien mit einem bestimmten Namensmuster in allen Unterverzeichnissen geht man deshalb meist in zwei Schritten vor: Die Unterverzeichnisse sucht man mit der Maske „*.*" bzw. „*". Die Dateien sucht man dagegen mit einer Suchmaske, die zum Namensmuster passt.

Nachdem man ein Verzeichnis durchsucht hat, sollte man das mit *FindFirstFile* reservierte Handle mit *FindClose* wieder schließen und freigeben:

    BOOL **FindClose***(HANDLE hFindFile)*   *// file search handle*

Weitere Informationen zu diesen Funktionen findet man in der Online-Hife zum Windows-SDK (siehe Abschnitt 1.7).

Aufgaben 5.3.7

1. Die Funktionen in a) und b) sollen Namen von Dateien aus einem als Parameter übergebenen Laufwerk bzw. Verzeichnis einschließlich aller Unterverzeichnisse anzeigen. Die Anzahl der gefundenen Dateien soll als Funktionswert zurückgegeben werden. Verwenden Sie zur Anzeige ein RichEdit-Fenster. Ein Memo ist zu klein, wenn das Laufwerk viele Dateien enthält.

   a) Eine Funktion *searchSubdirs_all* soll alle Dateien (Maske „*") des als Parameter übergebenen Laufwerks oder Verzeichnisses ausgeben.
     Zum Testen können Sie die Anzahl der gefundenen Dateien mit der im Kontextmenü des Windows-Explorers unter Eigenschaften angezeigten Anzahl vergleichen. Am einfachsten geben Sie den Namen des Array hart kodiert im Quelltext an.

   b) Eine Funktion *searchSubdirs* soll alle Dateien des als Parameter übergebenen Laufwerks oder Verzeichnisses ausgeben, deren Name einer ebenfalls als Parameter übergebenen Maske (z.B. „*.cpp") entspricht.
     Zum Testen können Sie die Anzahl der gefundenen Dateien mit der Anzahl vergleichen, die nach einem entsprechenden *dir*-Befehl wie z.B.

```
dir \*.cpp /s
```

ein einer Eingabeaufforderung (*Start|Programme|Zubehör*) angezeigt wird.
Am einfachsten geben Sie den Namen des Arrays hart kodiert im Quelltext
an.

c) Zeigen Sie mit der Funktion *searchSubdirs* alle Dateinamen eines Laufwerks an, die einer in einer Edit-Komponente eingegebenen Maske
   entsprechen. Das Laufwerk soll über eine DriveComboBox (Tool-Palette,
   Kategorie Win.3.1) ausgewählt werden.

In Aufgabe 10.4 wird die Funktion *searchSubdirs* so überarbeitet, dass alle
Verzeichnisse eines Laufwerks wie im Windows Explorer in einem TreeView
angezeigt werden, und nach dem Anklicken eines solchen Verzeichnisses alle
Dateien des Verzeichnisses in einem ListView.

2. Schreiben Sie ein Programm (z.B. mit dem Namen ***DupFiles***), das alle **doppelten Dateien** auf einer oder mehreren Festplatten findet.

   Dabei stellt sich die Frage, wann zwei Dateien als gleich betrachtet werden
   sollen. Der Name ist dafür nicht unbedingt als Kriterium geeignet: Zwei
   Dateien mit demselben Namen können verschiedene Inhalte haben und zwei
   Dateien mit verschiedenen Namen denselben.

   Am sichersten wäre es, wenn man alle Dateien mit derselben Größe zeichenweise vergleichen würde. Das wäre allerdings sehr zeitaufwendig. Ein prag-
   matischer Kompromiss ist ein Schlüssel, bei dem die Dateigröße und der
   Dateiname zu einem einzigen String zusammengesetzt werden (z.B.
   „325config.sys", wenn die Datei „config.sys" 325 Bytes groß ist). Mit diesem
   Schlüssel werden nur diejenigen Dateien als gleich betrachtet, die denselben
   Namen und dieselbe Dateigröße haben.

   a) Lösen Sie diese Aufgabe mit einem binären Suchbaum, der in jedem Kno-
      ten den Schlüssel (aus der Dateigröße und dem Namen) einer Datei enthält.
      Jeder Baumknoten soll außerdem zwei Zeiger *first* und *last* enthalten, die
      auf das erste und letzte Element einer verketteten Liste zeigen, deren
      Knoten als Daten den Dateinamen (einschließlich der Pfadangaben) enthal-
      ten. Ein solcher Baumknoten enthält also die Elemente:

      – *key*: Der Schlüsselwert (ein String aus dem Dateinamen und der Datei-
        größe).
      – *first* und *last*: Zeiger auf das erste und letzte Element einer verketteten
        Liste, deren Knoten als Daten den Dateinamen (einschließlich der
        Pfadangaben) enthält.
      – *left* und *right*: Zeiger auf den linken und rechten Teilbaum. Der linke
        Teilbaum enthält nur kleiner und der rechte nur größere Schlüsselwerte
        als der aktuelle Knoten. Alle gleichen Werte werden in die verkettete
        Liste eingehängt.

b) Lösen Sie diese Aufgabe mit einem *multimap* Container der C++-Standard-
bibliothek (siehe Abschnitt 4.4).

5.4 Funktionen und Parameter Θ

Dieser Abschnitt fasst einige Themen zusammen, die für die meisten Anwendungen nicht so wichtig sind.

5.4.1 Seiteneffekte und die Reihenfolge von Auswertungen Θ

Beginnen wir diesen Abschnitt zunächst mit einer **Aufgabe**: Versuchen Sie vor
dem Weiterlesen herauszufinden, welche Ausgabe das folgende Programm erzeugt:

```
int z;

int f(int x)
{
z = z - x;
return x*x;
}

void Seiteneffekt(TMemo* Memo1)
{ // nach Jensen/Wirth 1974, S. 80
z = 10;
Memo1->Lines->Add(IntToStr(f(z)+f(10))+", "+IntToStr(z));
z = 10;
Memo1->Lines->Add(IntToStr(f(10)+f(z))+", "+IntToStr(z));
}
```

Mit einem Ablaufprotokoll kann man sich das Ergebnis dieser Funktionsaufrufe
meist wesentlich leichter als ohne veranschaulichen.

Ablaufprotokoll für f(z) + f(10):

			z
z = 10			10
f(z): Aufruf von f mit dem Argument z			
	x	f	
x = z; // Parameter=Argument	10		
z = z – x			0
return x*x		100	
// f(z) = 100			
f(10): Aufruf von f mit dem Argument 10			
	x	f	
x = 10; // Parameter=Argument	10		
z = z – x			–10
return x*x		100	
// f(10) = 100			

Damit ergibt sich f(z) + f(10) = 200 und z = –10.

Ablaufprotokoll für f(10) + f(z):

			z
z = 10			10
f(10): Aufruf von f mit dem Argument 10			
	x	f	
x = z; // Parameter=Argument	10		
z = z – x			0
return x*x		100	
// f(10) = 100			
f(z): Aufruf von f mit dem Argument z			
	x	f	
x = 0; // Parameter=Argument	0		
z = z – x			0
return x*x		0	
// f(z) = 0			

Damit ergibt sich f(10) + f(z) = 100 und z= 0.

Diese Ergebnisse sind insofern überraschend, als z vor jeder der beiden Additionen den Wert 10 hat und man üblicherweise erwartet, dass die Reihenfolge, in der zwei Ausdrücke addiert werden, keinen Einfluss auf das Ergebnis hat (Kommutativgesetz).

Die Ursache für diesen heimtückischen Effekt ist die Veränderung der globalen Variablen z in der Funktion f. Generell wird jede Auswirkung, die sich bei einem

Funktionsaufruf nicht direkt aus dem Rückgabewert ergibt, als **Seiteneffekt** bezeichnet. Seiteneffekte können deshalb nur auftreten, wenn eine Funktion globale Variable verändert. Falls sie **nur lokale Variablen** verändert, können keine Seiteneffekte auftreten.

Ein Seiteneffekt kann zu unerwarteten Ergebnissen führen, wenn globale Variablen verändert und mehrere Funktionsaufrufe in einem einzigen Ausdruck verwendet werden. Das heißt aber nicht, dass jeder Aufruf einer Funktion mit Seiteneffekten unerwartete Ergebnisse hat:

– Wenn ein Argument für einen Referenzparameter durch eine Funktion verändert wird, oder sich die Anzeige am Bildschirm oder der Inhalt einer Datei aufgrund einer Ausgabeanweisung verändert, ist das meist unproblematisch.
– Da mehrere Aufrufe von Funktionen des Rückgabetyps *void* nicht in einem einzigen Ausdruck verwendet werden können, sind bei solchen Funktionen keine Überraschungen zu befürchten. Solche Funktionen können nur als Folge von Anweisungen aufgerufen werden, und bei einer solchen Folge ist man sich meist darüber im Klaren, dass sich die Reihenfolge der Anweisungen auf das Ergebnis auswirkt.

Wenn Sie die Funktion *Seiteneffekt* aufrufen und das Ergebnis mit den Ablaufprotokollen vergleichen, werden Sie wahrscheinlich noch mehr überrascht sein: Sie erhalten mit dem C++Builder nämlich nicht, wie nach den Ablaufprotokollen zu erwarten wäre,

200 , 10
100 , 0

sondern

200 , 10
100 , 10

Die Ursache für dieses überraschende Ergebnis ist, dass der Compiler die Teilausdrücke eines Ausdrucks keineswegs von links nach rechts auswerten muss. Im C++-Standard ist ausdrücklich festgelegt, dass die einzelnen Teilausdrücke eines Ausdrucks in keiner bestimmten Reihenfolge ausgewertet werden müssen (siehe dazu auch die Ausführungen in Abschnitt 3.19.1). Auch die Compiler anderer Programmiersprachen nehmen sich derartige Freiheiten heraus, um ihre Arbeit nach mehr oder weniger durchschaubaren Kriterien optimieren zu können.

Funktionen sind nicht die einzigen Ausdrücke, die Seiteneffekte haben können. Einige **vordefinierte Operatoren** wie ++ oder -- **haben ebenfalls Seiteneffekte**. So hat z.B. die Anweisung

```
j=i++; // analoge Seiteneffekte für -- und Präfix
```

nicht nur den Effekt, dass j den Wert i++ erhält, sondern außerdem den Seiteneffekt, dass i um 1 erhöht wird.

Wenn ein Ausdruck Teilausdrücke mit Seiteneffekten enthält, wirkt sich die
Reihenfolge ihrer Auswertung auf den Gesamtausdruck aus. Bei Teilausdrücken
ohne Seiteneffekte kann das nicht passieren. Man sollte deswegen **Teilausdrücke**
(z.B. Funktionen) **mit Seiteneffekten** in einem Ausdruck **vermeiden**.

Beispiele: Da beim Aufruf einer Funktion die Reihenfolge nicht festgelegt ist, in
der die Argumente ausgewertet werden, ist undefiniert, ob durch

```
int i=0;
f(i,i++);
```

die Funktion f(0,1) oder f(1,0) aufgerufen wird. Ebenso ist undefiniert,
in welcher Reihenfolge die Operanden eines Operators ausgewertet werden. Das gilt auch für den Zuweisungsoperator. Deshalb ist in

```
int a[10], i=0;
while (i<10) a[i]=i++;
```

nicht festgelegt, in welcher Reihenfolge a[i] und i++ in

```
a[i]=i++
```

ausgewertet werden: Wenn zuerst i++ ausgewertet wird und dann a[i]
diesen Wert erhält, wird a[0] nicht initialisiert, und das nicht definierte
Arrayelement a[10] wird mit 9 überschrieben. Wenn dagegen der Index
von a[i] vor der Auswertung von i++ bestimmt wird, erhält man das
vermutlich erwartete Ergebnis.

Selbst wenn man mit einer bestimmten Version eines Compilers das erwartete
Ergebnis erhält, kann das bei der nächsten Version oder bei einem anderen Compiler ganz anders sein.

5.4.2 Syntaxregeln für Funktionen Θ

Eine Funktionsdefinition wird durch die folgende Syntaxregel beschrieben:

function-definition:
    decl-specifier-seq opt *declarator ctor-initializer* opt *function-body*
    decl-specifier-seq opt *declarator function-try-block*

function-body:
    compound-statement

Vorläufig werden wir nur die erste Variante mit dem *function-body* verwenden.
Hier steht die optionale *decl-specifier-seq* für eine Folge von einer oder mehreren
der folgenden Angaben:

decl-specifier:
   storage-class-specifier
   type-specifier
   function-specifier
   `friend`
   `typedef`

Diese Folge enthält meist einen Datentyp, der dann der **Datentyp des Funktions-wertes** ist, und der auch als **Rückgabetyp** der Funktion bezeichnet wird. Das kann ein beliebiger Datentyp außer einem Array- oder Funktionstyp sein. Falls kein Datentyp angegeben wird, hat die Funktion den Rückgabetyp *int*. Die Angabe *typedef* ist in einer Funktionsdefinition nicht möglich.

Der *declarator* muss die folgende Form haben:

   F (*parameter-declaration-clause*)   *cv-qualifier-seq* $_{opt}$ *exception-specification* $_{opt}$

Hier steht F für den Namen der Funktion. Unter diesem Namen kann die Funktion dann aufgerufen werden.

Beispiel: Da bei der Funktion

```
f() // impliziter Rückgabetyp: int
{
}//Warnung: Funktion sollte einen Wert zurückgeben
```

kein Rückgabetyp angegeben wurde, ist dieser *int* und nicht etwa *void*. Deshalb erhält man am Ende der Funktion auch die angegebene Warnung. Diese Funktion kann folgendermaßen aufgerufen werden und hat einen undefinierten Funktionswert:

```
int i=f();
```

Nach dem Namen der Funktion kann man eine **Parameterliste** angeben:

parameter-declaration-clause:
   parameter-declaration-list $_{opt}$ . . . $_{opt}$
   parameter-declaration-list , . . .

parameter-declaration-list:
   parameter-declaration
   parameter-declaration-list , *parameter-declaration*

Eine Parameterliste besteht aus einer oder mehreren durch Kommas getrennten Parameterdeklarationen:

parameter-declaration:
   decl-specifier-seq declarator
   decl-specifier-seq declarator = *assignment-expression*
   decl-specifier-seq abstract-declarator $_{opt}$
   decl-specifier-seq abstract-declarator $_{opt}$ = *assignment-expression*

In der *decl-specifier-seq* einer Parameterdeklaration kann als *decl-specifier* nur ein Datentyp und einer der Speicherklassenspezifizierer *auto* und *register* angegeben werden. Da hier andere Speicherklassenspezifizierer nicht zulässig sind und *auto* die Voreinstellung ist und *register* ignoriert wird, besteht sie meist nur aus einem Datentyp. Die Syntaxregeln für einen *declarator* wurden schon in Abschnitt 3.9 vorgestellt.

Dieser Datentyp ist dann der **Datentyp des Parameters**. Im Unterschied zur Programmiersprache C ist der Datentyp in C++ nicht automatisch *int*, wenn er ausgelassen wird. Auf den Datentyp in einer Parameterdeklaration kann ein Bezeichner folgen. Dieser ist dann der Name einer **lokalen Variablen** in der Verbundanweisung der Funktionsdefinition.

Im C++-Standard werden die **Begriffe „Argument" und „Parameter"** folgendermaßen verwendet: Die Deklaratoren aus einer Parameterdeklaration heißen „Parameter", „formale Argumente" oder „formale Parameter". Ein Ausdruck in einem Funktionsaufruf heißt „Argument", „aktuelles Argument" oder „aktueller Parameter".

Falls bei einer Parameterdeklaration in einer Funktionsdefinition nach dem Datentyp kein Bezeichner angegeben wird, gehört zu diesem Parameter keine lokale Variable. Solche Parameter sind bei Funktionsdefinitionen nicht üblich. Sie werden aber oft bei Funktionsdeklarationen verwendet, die keine Definitionen sind. Eine solche Deklaration wird auch als **Funktionsprototyp** oder **Prototyp** bezeichnet (siehe auch Abschnitt 3.23.3).

Beispiel: Die folgenden drei Prototypen für die Funktion s3 sind gleichwertig:

```
double s3(int, double, int);
double s3(int a, double b, int c);
double s3(int x, double y, int z);
```

Eine Parameterliste kann auch lediglich aus dem Datentyp *void* bestehen wie in

```
int f(void) { /* ... */ }
```

Diese Parameterliste ist gleichwertig mit einer leeren Parameterliste. Deshalb kann eine solche Funktion nur ohne Argumente aufgerufen werden. Außer in diesem Sonderfall darf der Datentyp *void* nicht in einer Parameterdeklaration verwendet werden, da beim Aufruf für den Parameter kein Argument eingesetzt werden kann. Von *void* abgeleitete Datentypen wie *void** sind aber möglich.

In C++ können **Funktionen nur global** definiert werden. Im Unterschied zu Pascal kann man Funktionen nicht lokal innerhalb von Funktionen definieren.

Ein **Funktionsaufruf** besteht aus dem Namen der Funktion, auf den das Klammerpaar „()" (der Aufrufoperator) folgt. Zwischen den Klammern wird für jeden Parameter, der kein Default-Argument (siehe Abschnitt 5.5) hat, ein Argument angegeben. Die Parameter werden dann mit den Argumenten initialisiert. Die Zuordnung ergibt sich aus ihrer Reihenfolge.

Für eine ohne Parameterliste definierte Funktion besteht ein **Funktionsaufruf** aus dem Namen der Funktion, auf den das Klammerpaar „()" folgt.

Ein Funktionsaufruf ist ein Ausdruck, der durch ein darauf folgendes Semikolon zu einer Ausdrucksanweisung wird. Deshalb ist der folgende Aufruf auch dann zulässig, wenn die Funktion f3 einen Rückgabewert hat. Dabei wird die Verbundanweisung aus der Funktionsdefinition ausgeführt. Der Rückgabewert wird nicht verwendet.

```
f3();
```

Der Name einer Funktion ist auch ohne den Aufrufoperator () ein zulässiger Ausdruck. Er hat den Datentyp „Zeiger auf eine Funktion ..." (siehe Abschnitt 5.2.2). Sein Wert ist die Adresse der Funktion. Deswegen wird mit der Funktion f3 auch der folgende Ausdruck vom Compiler ohne Fehlermeldung akzeptiert. Seine Auswertung führt aber nicht zur Ausführung der Verbundanweisung aus der Funktionsdefinition:

```
f3; // keine Fehlermeldung oder Warnung
```

5.4.3 Der Funktionsbegriff in der Mathematik und in C++ ⊖

Vergleichen wir kurz den Funktionsbegriff in C++ mit dem in der **Mathematik**: In der Mathematik ist eine Funktion f:D→W eine Vorschrift, die jedem Element x des **Definitionsbereichs** D eindeutig ein Element f(x) des **Wertebereichs** W zuordnet.

Beispiel: Die Sinusfunktion *sin* ordnet jeder reellen Zahl x wieder eine reelle Zahl *sin(x)* zu, z.B.

$$\sin(1) = 0{,}84147... \qquad \sin(2) = 0{,}90930... \qquad \sin(3) = 0{,}14112...$$

Der Funktionswert bestimmt sich dabei aus den Parametern aufgrund bestimmter Rechenvorschriften.

Dem Definitionsbereich der Mathematik entspricht in C++ der Datentyp der Parameter und dem Wertebereich der Rückgabetyp. Die Zuordnung des Funktionswertes erfolgt durch die *return*-Anweisungen in der Funktion. Während der Funktionswert in der Mathematik für jeden Wert des Definitionsbereichs definiert ist, muss das bei Funktionen in C++ nicht gelten. In der Funktion *id* ist *id(x)* für x ≤ 0 undefiniert. Der Compiler weist darauf durch die als Kommentar angegebene Warnung hin:

```
int id(int x)
{
if (x > 0) return x; // Warnung: Funktion sollte einen
}                    //          Wert zurückgeben
```

5.4.4 Der Aufruf von Funktionen aus Delphi im C++Builder Θ

In ein Projekt des C++Builders können mit *Projekt|Dem Projekt hinzufügen* auch Units eingebunden werden, die mit Delphi in Object Pascal geschrieben wurden. Der C++Builder erzeugt dann eine Datei mit der Endung „.hpp", die für alle Deklarationen aus dem Interface-Teil der Pascal-Unit die entsprechenden Deklarationen in C++ enthält. Im Folgenden werden kurz die wichtigsten Regeln für den Aufruf solcher Funktionen im C++Builder zusammengestellt. Eine genauere Beschreibung dieser Parametertypen findet man bei Kaiser (1997).

1. Prozeduren aus Pascal werden in Funktionen mit dem Rückgabetyp *void* übersetzt. So wird z.B. für die Pascal-Funktion

   ```
   procedure Werteparameter(i:integer);
   begin
   Form1.Memo1.Lines.Add(IntToStr(i));
   end;
   ```

   in der Datei mit der Endung „.hpp" die folgende Deklaration erzeugt:

   ```
   extern PACKAGE void __fastcall Werteparameter(int i);
   ```

2. Variablenparameter aus Pascal werden in Referenzparameter übersetzt. Für die Funktion

   ```
   procedure VarParameter(var i:integer);
   begin
   inc(i);
   end;
   ```

   wird in der Datei mit der Endung „.hpp" die folgende Deklaration erzeugt:

   ```
   extern PACKAGE void __fastcall VarParameter(int &i);
   ```

3. Ein Parameter, der für einen Datentyp T mit der Syntax „array of T" deklariert wird, ist ein sogenannter **offener Arrayparameter**. Einem solchen Parameter entspricht eine lokale Variable des Typs „array[0..n–1] of T", wobei n die Anzahl der Arrayelemente des Arguments ist. Der Index des ersten Arrayelements ist 0 oder *low(A)* und der des letzten *high(A)*.

```
function Summe(A:array of Extended):Extended;
var i:integer;
begin
result:=0;
for i:=low(A) to high(A) do
 result := result+A[i];
end;
```

Für einen offenen Arrayparameter kann als Argument ein beliebiges Array *A* des jeweiligen Elementtyps eingesetzt werden. Der C++Builder erzeugt dazu den folgenden Prototyp:

```
extern PACKAGE Extended __fastcall Summe(const
                        Extended * A, const int A_Size);
```

Der Index des letzten Arrayelements muss im C++Builder als zusätzliches Argument übergeben werden. Dazu kann sowohl ein expliziter Wert als auch das vordefinierte Makro ARRAYSIZE verwendet werden.

```
const int max=100;
long double d[max];
Memo1->Lines->Add(FloatToStr(Summe(d,max)));
```

bzw.

```
Memo1->Lines->Add(FloatToStr(Summe(d,ARRAYSIZE(d)-1)))
```

4. Parameter des Datentyps ***array of const*** (sogenannte typvariante offene Arrayparameter) sind offene Arrays des Datentyps *TVarRec* (siehe Abschnitt 3.11.3) und können Werte verschiedener Datentypen darstellen. Für die Pascal-Deklaration

```
function MakeStr(const Args: array of const): string;
```

erzeugt der C++Builder den folgenden Prototyp:

```
extern PACKAGE AnsiString __fastcall MakeStr(
    System::TVarRec const * Args, const int Args_Size);
```

Die Argumente für eine solche Funktion können mit dem Makro OPENARRAY erzeugt werden:

```
MakeStr(OPENARRAY(TVarRec,(17,"Hall",'o',34.0))));
```

5.4.5 Unspezifizierte Anzahl und Typen von Argumenten Θ

Eine Parameterliste kann mit „..." (diese drei Punkte werden auch als „ellipsis" oder „Auslassungszeichen" bezeichnet) abgeschlossen werden:

parameter-declaration-clause:
    parameter-declaration-list opt . . . *opt*
    parameter-declaration-list , . . .

Beim Aufruf einer so deklarierten Funktion kann dann für „...“ eine beliebige Anzahl von Argumenten verschiedener Typen eingesetzt werden.

Die Verarbeitung der Parameter erfolgt mit den folgenden in <stdarg.h> definierten Datentypen und Makros:

va_list: der Datentyp, der die Liste der variablen Argumente darstellt.

void va_start (va_list ap, lastfix): ein Makro, das *ap* mit dem ersten variablen Argument initialisiert. *lastfix* ist hier das letzte feste (d.h. nichtvariable) Argument. *va_start* muss vor *va_arg* und *va_end* aufgerufen werden.

type va_arg (va_list ap, type): Dieses Makro interpretiert das nächste variable Argument in der Liste *ap* als Wert des als *type* angegeben Datentyps und setzt den Zeiger in *ap* auf das nächste Element.

void va_end (va_list ap): sollte aufgerufen werden, nachdem die Liste der variablen Argumente bearbeitet wurde.

Beispiel: Die Funktion *intsum* berechnet die Summe der als Parameter des Datentyps *int* übergebenen variablen Elemente bis zum Argument mit dem Wert 0:

```
int intsum(char* msg,...)
{
int arg, sum = 0;
va_list ap;
va_start(ap, msg);
while ((arg = va_arg(ap,int)) != 0) sum += arg;
va_end(ap);
return sum;
}
```

    Diese Funktion kann folgendermaßen aufgerufen werden:

```
int i1=intsum("",1,2,0);       // 3
int i2=intsum("",1,2,3,0);     // 6
int i3=intsum("",1,2,3,4,0);   // 10
```

Allerdings wird auch der folgende Aufruf vom Compiler akzeptiert, da er nicht überprüfen kann, ob der Typ der Argumente *int* ist:

```
int i=intsum("",1.1,1.2,3,4,0));
```

Das Ergebnis dieser Funktion wird dann sicher nicht die Summe der übergebenen Parameter sein. Man sollte deswegen **Funktionen mit einer unspezifizierten Anzahl von Argumenten nur mit Vorsicht einsetzen**.

Mit unspezifizierten Argumenten ist z.B. die Familie der *printf*-Funktionen definiert, die in C vor allem zur Ausgabe von Text verwendet werden.

```
int printf(const char* format,  ...);
```

Anmerkung für Pascal-Programmierer: In Pascal gibt es keine Möglichkeit, Funktionen mit einer unspezifizierten Anzahl von Argumenten zu definieren.

5.4.6 Die Funktionen *main* bzw. *WinMain* und ihre Parameter Θ

Eine **Konsolenanwendung** (siehe Abschnitt 1.11.1) enthält eine *main* Funktion mit der folgenden Parameterliste:

> int **main**(int argc, char * argv[])

Hier enthält der Parameter *argc* die Anzahl der beim Start des Programms übergebenen Kommandozeilenparameter. Der Parameter *argv* ist ein Array von *argc* Zeigern auf Strings. Sie enthalten:

- argv [0]:   den vollständigen Pfadnamen des aktuellen Programms,
- argv[1]:   den ersten Kommandozeilenparameter, der nach dem Namen des Programms angegeben wurde,
- argv[2]:   den zweiten Kommandozeilenparameter,
- argv[argc-1]: den letzten Kommandozeilenparameter,
- argv[argc]:   NULL.

Startet man z.B. die Textbildschirm-Anwendung *Test.exe*

```
int main(int argc, char **argv)
{
for (int i=0; i<argc; i++)
  cout<<argv[i]<<endl;
return 0;
}
```

vom Verzeichnis „c:\test" mit den Kommandozeilenparametern "a b" durch

```
test a b
```

erhält man die folgende Ausgabe:

```
C:\TEST>TEST.EXE
a
b
```

Die vom C++Builder erzeugte Parameterliste der Funktion *main* kann man auch durch eine der folgenden Varianten ersetzen:

```
int main()
int main(int argc)
int main(int argc, char **argv, char **env)]
```

Die erste dieser Varianten wird man nur wählen, wenn keine Kommandozeilen-parameter berücksichtigt werden, und die zweite, wenn nur ihre Anzahl, aber nicht ihr Inhalt von Bedeutung ist. Bei der letzten Variante ist *env* ebenfalls ein Array von Zeigern auf Strings. Jedes Element von *env[i]* enthält einen String der Form "Env=Value", wobei

– *Env* der Name einer Umgebungsvariablen ist, z.B. PATH oder COMSPEC,
– *Value* der Wert der Umgebungsvariablen ist.

Ergänzt man die Parameterliste von *main* um „char **env", erhält man durch

```
int main(int argc, char **argv, char **env)
{
for (int i=0; env[i];i++)
  cout<<env[i]<<endl;
return 0;
}
```

z.B. die folgende Ausgabe:

```
winbootdir=C:\WINDOWS
COMSPEC=C:\WINDOWS\COMMAND.COM
PROMPT=$p$g
PATH=C:\WINDOWS;C:\WINDOWS\COMMAND;
```

Das Argument *env* ist im C++Builder auch über die globale Variable *_environ* verfügbar:

```
void showEnvironment()
{
for (int i=0;_environ[i]; i++)
  Form1->Memo1->Lines->Add(_environ[i]);
}
```

Beim Start eines **Windows-Programms** wird nicht die Funktion *main*, sondern die Funktion ***WinMain*** aufgerufen. Sie ist in der Datei mit der Erweiterung „.cpp" enthalten, deren Name beim Speichern des Projekts als Projektname angegeben wurde:

```
WINAPI WinMain(HINSTANCE, HINSTANCE, LPSTR, int)
{
   try
   {
     Application->Initialize();
     Application->CreateForm(__classid(TForm1), &Form1);
     Application->Run();
   }
   catch (Exception &exception)
   {
     Application->ShowException(&exception);
   }
   return 0;
}
```

Hier sind alle Parameter außer dem dritten meist nicht von Bedeutung (siehe dazu die Online-Hilfe, Abschnitt 1.7). Der dritte Parameter ist ein Zeiger auf die Kommandozeile. Da man diese aber auch über die in der Unit System vordefinierte Variable

   char *CmdLine;

sowie die einzelnen Teilstrings und ihre Anzahl mit den Funktionen

   *AnsiString __fastcall **ParamStr**(int Index);*   // der i-te Teilstring
   *int __fastcall **ParamCount**(void);*   // die Anzahl

erhält, besteht meist keine Veranlassung, die Parameter aus *WinMain* zu verwenden. Die folgende Funktion gibt sowohl die gesamte Kommandozeile als auch ihre Teilstrings in einem Memo-Fenster aus:

```
void __fastcall TForm1::Button1Click(TObject *Sender)
{
Memo1->Lines->Add(CmdLine);
for (int i=0; i<=ParamCount(); i++)
  Memo1->Lines->Add(ParamStr(i));
}
```

Unter *Start|Parameter* kann man auch in der Entwicklungsumgebung des C++-Builders einen String eingeben, der dann als Kommandozeilenparameter an das Programm übergeben wird.

Anmerkung für Delphi-Programmierer: Die Funktionen *ParamStr* und *ParamCount* stehen auch in Delphi zur Verfügung.

5.4.7 Traditionelle K&R-Funktionsdefinitionen Θ

Vor dem ersten ANSI-Standard (1990) für die Programmiersprache C war die sogenannte traditionelle Schreibweise für Funktionsparameter verbreitet, die früher von Kernighan und Ritchie eingeführt wurde. Dabei werden in der Parameterliste einer Funktion nur die Namen der Parameter ohne ihren Datentyp angegeben. Der Datentyp folgt erst anschließend vor dem Block, der zur Definition der Funktion gehört.

Beispiel: Die traditionelle Funktionsdefinition

```
f(i,j) // Warnung: Stil der Funktionsdefinition
int i, j;                // ist nun veraltet
{ return i+j; }
```

entspricht der heute üblichen Schreibweise:

```
f(int i,int j)
{ return i+j; }
```

Die traditionelle Schreibweise wird von älteren Versionen (bis Version 5) des C++Builders übersetzt. Man findet sie oft noch in älteren C-Programmen oder Büchern über C.

Aufgabe 5.4

1. Die folgenden Anweisungen wurden ohne Fehler übersetzt. Nach dem Aufruf der Funktion f hat die Variable a allerdings immer noch denselben Wert wie vorher. Wieso?

```
int a=0;
void Init1()
{
a=1; // globale Variable
}

void f()
{
Init1;
}
```

2. Bestimmen Sie für die Funktionen

```
int f(int& x)            int g(int& x)
{                        {
x++;                     x=2*x;
return x;                return x;
}                        }
```

das Ergebnis der Ausdrücke y1 und y2:

```
int x = 0;
int y1=f(x)+g(x);
x = 0;
int y2=g(x)+f(x);
```

5.5 Default-Argumente

Gibt man in einer Parameterdeklaration nach einem Parameter und einem Gleichheitszeichen einen Ausdruck an, ist der Ausdruck ein Default-Argument.

parameter-declaration: // nur ein Auszug
    decl-specifier-seq declarator = assignment-expression

Für einen Parameter mit einem Default-Argument muss beim Aufruf der Funktion
kein Argument angegeben werden. Lässt man ein Argument aus, wird das Default-
Argument als Argument verwendet. Die Zuordnung der Argumente zu den
Parametern ergibt sich dabei aus der Reihenfolge von links nach rechts.

In der Funktion *Datum* haben alle drei Parameter Default-Argumente:

```
Datum_t Datum(int Tag=0, int Monat=0, int Jahr=0)
{ // Datum_t ist eine Struktur mit "int Tag, Monat, Jahr"
unsigned short year, month, day;
TDateTime aktDatum=Date();  // aktuelles Datum
aktDatum.DecodeDate(&year, &month, &day);
if (Tag==0)   Tag=day;
if (Monat==0) Monat=month;
if (Jahr==0)  Jahr=year;
Datum_t d={Tag,Monat,Jahr};
return d;
}
```

Die Funktion *Datum* kann deshalb sowohl ohne Argumente als auch mit einem,
zwei oder drei Argumenten aufgerufen werden. Für die am Ende der Parameterliste fehlenden Argumente werden dann die Default-Argumente verwendet:

```
Datum_t d1=Datum();          // wie Datum(0,0,0)
Datum_t d2=Datum(31);        // wie Datum(31,0,0)
Datum_t d3=Datum(31,2);      // wie Datum(31,2,0)
Datum_t d4=Datum(31,2,2003); // wie Datum(31,2,2003)
```

Alle auf einen Parameter mit Default-Argumenten folgenden Parameter müssen
ebenfalls Default-Argumente haben. Sonst könnte der Compiler die Argumente
nicht den Parametern zuordnen.

```
void f(int i, int j=0, int k)
{ // Fehler: Vorgabewerte für nachfolgende Parameter 'j'
}                                               // fehlen
```

Im Unterschied zu manchen anderen Sprachen kann man ausgelassene Parameter
nicht durch Kommas markieren:

```
f(1, ,3); // in C++ nicht möglich
```

Wie die folgenden Beispiele zeigen, können auch Strukturen, Konstanten- und
Referenzparameter Default-Argumente haben:

```
Kontobewegung k1={1000,""};
void StructDefArg(int i=1, Kontobewegung k=k1){};
void RefDefArg(int& i=j){};
void ConstDefArg(const int& i=j){};
```

In Programmiersprachen ohne Default-Argumente wird der Effekt von Default-Argumente meist mit speziellen Argumenten erzielt.

Beispiel: Wenn man in einer Programmiersprache ohne Default-Argumente bei einer Funktion wie *Datum* für bestimmte Argumente das Systemdatum will, muss man spezielle Werte festlegen (z.B. −1) und diese dann beim Aufruf angeben. Diese kann man aber verwechseln. Bei Default-Argumenten besteht die Gefahr einer Verwechslung nicht, da man die Argumente einfach nur auslassen muss.

Anmerkung für Delphi-Programmierer: In Delphi gibt es ab Version 4 Default-Argumente.

Aufgaben 5.5

Durch eine Funktion *InitPunkt* soll eine Variable des Datentyps

```
struct Punkt {
  int x, y;
};
```

initialisiert werden. Falls diese Funktion ohne Argumente aufgerufen wird, sollen beide Koordinaten auf 0 gesetzt werden. Bei einem Aufruf mit einem Argument soll x den Wert des Arguments erhalten und y den Wert 0. Beim Aufruf mit zwei Argumenten soll x den Wert des ersten und y den Wert des zweiten Arguments erhalten.

5.6 Inline-Funktionen

Gibt man bei einer Funktionsdeklaration vor dem Namen der Funktion das Schlüsselwort *inline* an, bezeichnet man diese Funktion als *inline*-Funktion.

Beispiel:
```
inline bool less(const Kontobewegung& x,
                              const Kontobewegung& y)
{
return (x.KontoNr < y.KontoNr);
}
```

Eine solche Angabe ist eine Aufforderung an den Compiler, einen Aufruf der Funktion durch ihre Anweisungen zu ersetzen. Das wird auch als **inline Expansion** bezeichnet. Er soll diese Anweisungen also nicht nur ein einziges Mal übersetzen und dann immer wieder aufrufen (siehe Abschnitt 5.1). Das hat die folgenden Auswirkungen:

– Durch eine Expansion wird der Aufwand für den Funktionsaufruf und die Übergabe der Parameter auf dem Stack gespart. Dadurch werden die Funktionsaufrufe etwas schneller. Der Geschwindigkeitsvorteil ist aber nur bei kleinen Funktionen spürbar, die häufig aufgerufen werden. Bei Funktionen mit einem großen Anweisungsteil ist er meist kaum messbar.
– Falls die Expansion zu mehr Code führt als ein Aufruf, wird die Exe-Datei größer. Bei einer kleinen Funktion kann der Code für die Anweisungen der Funktion aber auch kleiner sein als der für die Übergabe der Parameter auf dem Stack.

Eine *inline*-Angabe muss keine **Auswirkungen** haben:

– Da es Funktionen gibt, die nicht inline expandiert werden können, lässt der C++-Standard ausdrücklich zu, dass der Compiler den Aufruf einer *inline*-Funktion nicht expandiert. Ein gewöhnlicher Aufruf ist ebenfalls konform zum Standard.
– Manche Compiler expandieren eine Funktion, auch ohne dass sie mit *inline* gekennzeichnet ist. Das Ergebnis eines Funktionsaufrufs ist aber immer unabhängig davon, ob es sich um eine *inline*-Funktion handelt oder nicht.
– Bei einer Debug-Konfiguration werden *inline*-Funktionen nicht expandiert, sondern immer wie gewöhnliche Funktionsaufrufe übersetzt.

Die meisten Compiler expandieren nur „einfache" Funktionen. Deshalb kann man nur bei **kleinen** und **einfachen Funktionen Vorteile** durch *inline* erwarten.

Beispiel: Die meisten Compiler sollten die Funktion *less* vom Beispiel oben expandieren können. Dann wird der Aufruf mit zwei Kontobewegungen k1 und k2

```
if (less(k1,k2)) ...
```

ersetzt durch

```
if (k1.KontoNr<k2.KontoNr) ...
```

Für die Funktion *less* ergaben sich bei einer Implementierung mit und ohne *inline* sowie als Makro die folgenden Laufzeiten:

C++Builder 2006, Release Build	mit *inline*	ohne *inline*	Makro
less	1,85 Sek.	2,89 Sek.	1,29 Sek.

Bei der Übergabe von Werteparametern hat die Verwendung von *inline* dagegen zu längeren Laufzeiten geführt:

C++Builder 2006, Release Build	mit *inline*	ohne *inline*
less (mit Werteparametern)	10,9 Sek.	3,46 Sek.

Dieses überraschende Ergebnis wurde auch bei anderen Compilern beobachtet.

Der Compiler verwendet eine *inline*-Funktion nur bei ihrem Aufruf. Er erzeugt aus einer solchen Funktion insbesondere keine Anweisungen, die in die Object-Datei aufgenommen werden. Deswegen reichen ein Prototyp und eine Object-Datei, die zum Programm gelinkt wird, nicht aus. Falls man eine *inline*-Funktion in eine getrennte Datei auslagern will, muss man sie in eine Header-Datei aufnehmen, die mit einer #include-Anweisung in den Quelltext eingebunden wird.

Beispiel: Die linke und die rechte Spalte zeigen die Unterschiede bei der Definition von *inline*-Funktionen und gewöhnlichen Funktionen in der Header-Datei (z.B. utils.h) und der Implementationsdatei (z.B. utils.cpp):

```
utils.h                             utils.h
    inline int f(int x)                 int f(int x);
    {                                   // nur der Prototyp
    return x++;
    }

utils.cpp                           utils.cpp
    // f kommt nicht vor                int f(int x)
                                        {
                                        return x++;
                                        }
```

In der **Programmiersprache C** gab es bis zum C99-Standard keine *inline*-Funktionen. Dann hat man zu diesem Zweck parametrisierte **Makros** verwendet. Diese werden vom Präprozessor (und nicht vom Compiler) durch ihre Anweisungen ersetzt.

Beispiel: `#define Max(a,b)   (((a)>(b))?(a):(b))`
           `#define Murx(a,b)  (((a)>(b))??(a):(b))`

Obwohl ein Makro denselben Code wie eine *inline*-Funktion erzeugen kann, haben Makros oft gravierende Nachteile gegenüber *inline*-Funktionen:

– Da der Präprozessor kein C++ kann und nur Zeichenfolgen ersetzt, kann er bei der Definition eines Makros nicht die Syntax von C++ und bei seinem Aufruf nicht die Konsistenz der Argumente mit den Parametern prüfen.
– Makros können undefinierte Seiteneffekte haben
– *inline*-Funktion können im Unterschied zu Makros schrittweise im Debugger ausgeführt werden.

Beispiel: Das Makro *Murx* aus dem letzten Beispiel erzeugt erst bei seinem Aufruf eine Fehlermeldung. Mit dem Makro *Max* erhält man für *int*-Argu-
mente richtige Ergebnisse. Für Argumente eines Zeigertyps werden
dagegen die Zeiger (d.h. die Adressen) und nicht die Werte verglichen,
auf die sie zeigen. Das Ergebnis hängt deshalb von der Reihenfolge ab,
in der die Argumente definiert werden:

```
AnsiString s=Max("B","A"); // s="A"
AnsiString t=Max(1,2);
```

Das Ergebnis des nächsten Makros ist undefiniert:

```
int a=17, b=18;
int x=Max(a++,b--);
```

Deshalb sollte man in C++ *inline*-Funktionen gegenüber Makros bevorzugen.

5.7 Überladene Funktionen

Der Name einer Funktion sollte immer so gewählt werden, dass er ihre Aufgabe
klar zum Ausdruck bringt. Mit der Möglichkeit, verschiedenen Funktionen denselben Namen zu geben (**überladene Funktionen**), ist das auch dann möglich,
wenn verschiedene Funktionen dieselbe Aufgabe haben. Die verschiedenen überladenen Funktionen werden dann durch ihre Parameterlisten unterschieden, die
hinreichend unterschiedlich sein müssen.

Beispiel: In der Programmiersprache C steht zur Bestimmung des Absolutbetrags
($-x$ für x<0, sonst x) einer *int*-Zahl die Funktion

*int **abs**(int x);* // in der Datei „include\stdlib.h"

zur Verfügung. In der Umgangssprache (zumindest der mathematischen) wird der Name *abs* aber nicht nur für den Absolutbetrag von *int*-
Werten verwendet, sondern unabhängig vom Datentyp auch für den von
Gleitkommawerten, komplexen Zahlen usw. Da in C alle Funktionen
verschiedene Namen haben müssen und der Name *abs* bereits vergeben
war, mussten für die anderen Varianten dieser Funktion andere Namen
gewählt werden. Für die *double*-Variante wurde der Name *fabs* gewählt,
der die Aufgabe dieser Funktion kaum noch erkennen lässt:

*double **fabs**(double x);* // in der Datei „include\math.h"

Hier kommt der Anfangsbuchstabe f noch aus der Zeit, als der Standard-
Gleitkommadatentyp *float* war. Falls man diese Funktion nicht kennt,
kann es sehr mühsam sein, sie zu finden, insbesondere wenn man die
double Version unter dem Namen *dabs* sucht.

Die *abs*-Funktionen sind nicht das einzige Beispiel. Die C-Funktionen aus string.h (z.B. *strcpy*) wurden irgendwann einmal um die wide-char-Funktionen ergänzt, die mit w beginnen (z.B. *wcscpy*), beide um die Versionen mit maximal n Zeichen (z.B. *strncpy* und *wcsncpy*), und alle diese die secure-Versionen (z.B. *strcpy_s*, *wcscpy_s*, *strncpy_s* und *wcsncpy_s*). Alle diese Funktionen machen im Wesentlichen dasselbe, nur immer ein wenig anders.

In C++ kann derselbe Name für verschiedene Funktionen mit verschiedenen Parameterlisten verwendet werden. Der Compiler entscheidet dann beim Aufruf einer solchen Funktion anhand des Datentyps der Argumente, welche Funktion aufgerufen wird. Eine solche mehrfache Verwendung desselben Namens für verschiedene Funktionen bezeichnet man als **Überladen von Funktionsnamen**.

Überladene Funktionen sind **sinnvoll** und angemessen, wenn für verschiedene Funktionen derselbe Name zutreffend ist, und diese Funktionen unterschiedliche Parametertypen haben. In Programmiersprachen, die keine überladenen Funktionen kennen, muss man solche Namen durch zusätzliche Angaben „künstlich" unterscheiden. Diese Namen beschreiben dann die Funktion oft nicht mehr treffend.

In C++ werden überladene Funktionen oft verwendet:

- Die meisten mathematischen Funktionen sind für die Datentypen *float*, *double* und *long double* überladen. Dazu muss man diese über *cmath* und nicht über *math.h* einbinden:

  ```
  #include <cmath> // nicht: #include <math.h>
  using namespace std;
  ```

- Da die Konstruktoren einer Klasse (siehe Abschnitt 6.1.5) dadurch charakterisiert sind, dass sie alle denselben Namen wie die Klasse haben, ermöglichen überladene Funktionen verschiedene Konstruktoren.
- Alle Operatorfunktionen (siehe Abschnitt 5.8) für einen Operator haben denselben Namen.

Durch die folgenden beiden Definitionen werden zwei verschiedene Funktionen definiert, die beide den Namen f haben:

```
int f(int x) {return x*x;}
double f(double x) {return x+1;}
```

Die nächsten beiden Funktionsaufrufe führen dann zum Aufruf der im Kommentar angegebenen Funktion, da es zu jedem Argumenttyp eine Funktion mit diesem Parametertyp gibt:

```
s=f(1);    // Aufruf von f(int)
s=f(1.0);  // Aufruf von f(double)
```

Falls eine überladene Funktion aber mit einem Argument eines anderen Datentyps aufgerufen wird, stellt sich die Frage, ob überhaupt eine dieser Funktionen aufgerufen wird, und wenn ja, welche:

```
s=f(1.0f); // Wird float in double oder int konvertiert?
```

Die Regeln, nach denen eine überladene Funktion ausgewählt wird, folgen in Abschnitt 5.7.2.

5.7.1 Funktionen, die nicht überladen werden können

Damit der Compiler verschiedene überladene Funktionen unterscheiden kann, müssen sie verschiedene Parameterlisten haben. In den folgenden Fällen können Funktionen nicht überladen werden, und der Compiler erzeugt eine Fehlermeldung:

1. Falls die Parameter nur unterschiedlich aussehen, aber vom Compiler in denselben Typ konvertiert werden. Einige Beispiele (siehe auch Abschnitt 5.2.1):

– Da ein Name für ein Array in einen Zeiger auf das erste Element konvertiert wird, hat für den Compiler ein eindimensionaler Arrayparameter denselben Datentyp wie ein Zeiger des Elementtyps. Deshalb führt die zweite Definition zu einer Fehlermeldung des Compilers

```
int f(int x[]) {return x[0];}
int f(int* x) {return x[3];} // Fehler: Für die Funktion
//                 existiert bereits ein Funktionsrumpf
```

– Wenn sich die Parameter nur durch *const* oder *volatile* auf der „äußersten Ebene des Datentyps" unterscheiden, sind sie für den Compiler gleich. Deshalb haben die folgenden Funktionen denselben Datentyp:

```
int f(int x) {return x*x;}
int f(const int x) {return x+1;} //Fehler: Für die ...
```

Wenn solche Angaben dagegen wie in „Zeiger auf const T" im Inneren der verbalen Beschreibung des Datentyps des Parameters „enthalten" sind, werden die Datentypen dagegen unterschieden. Deswegen sind die folgenden Funktionen verschieden und damit zulässig:

```
void f(int& i) {}
void f(const int& i) {}
void g(int* i) {}
void g(const int* i) {}
```

2. Falls sich nur der Rückgabetyp unterscheidet. Der Compiler kann nach den beiden Definitionen

```
int f(int x) {return x*x;}
double f(int x) {return x+1;} // Fehler: Redeklaration
                             // von 'f(int)' mit anderem Typ
```

nicht entscheiden, welche dieser Funktionen er hier aufrufen soll:

```
double x=f(3);
```

3. Zwei Parameterlisten, die sich nur in ihren Default-Argumenten unterscheiden,
    sind gleichwertig. Nach den beiden Definitionen

```
int f() {return 1;}
int f(int x=1) {return x*x;}
```

kann der Compiler nicht entscheiden, welche Funktion er hier aufrufen soll:

```
f();//Fehler:Mehrdeutigkeit zwischen 'f()' und 'f(int)'
```

5.7.2   Regeln für die Auswahl einer passenden Funktion

Beim Aufruf einer überladenen Funktion sucht der Compiler nach einer **am besten
passenden Funktion**. Als Ergebnis dieser Suche gibt es drei Möglichkeiten:

—   Es wird keine solche Funktion gefunden, und der Compiler erzeugt eine Feh-
    lermeldung.
—   Es wird genau eine solche Funktion gefunden, die dann aufgerufen wird.
—   Es wird mehr als eine solche Funktion gefunden. Dann ist der Funktionsaufruf
    mehrdeutig und der Compiler erzeugt eine Fehlermeldung.

Die Entscheidung, welche Funktion am besten zu einem Funktionsaufruf passt,
erfolgt nach einem umfangreichen Regelwerk des C++-Standards. Die wichtigsten
dieser **Regeln für Funktionen** mit **einem einzigen Parameter** sind unter den
Punkten 1 - 5 zusammengefasst. Da von diesen Regeln in den meisten
Anwendungen nur die ersten drei von Bedeutung sind, und die ersten beiden
einfach sind, ist dieses Regelwerk doch recht überschaubar.

Die Nummerierung dieser Regeln definiert ihre **Rangfolge**. Die erste Regel, nach
der ein Funktionsaufruf zu einer Funktionsdefinition passt, legt fest, welche Funktion aufgerufen wird. Falls nach dieser ersten Regel mehrere Funktionen passen,
kann der Aufruf mehrdeutig sein (Compilerfehler). Weitere Regeln, die hier nicht
aufgeführt sind, können aber auch eine eindeutige Auflösung ermöglichen.

1. **Exakt passende Funktion:** Das Argument hat denselben Datentyp wie der
    Parameter. Dabei werden auch Array- und Zeigertypen sowie Funktionen und
    Funktionszeiger als gleich betrachtet.

    Beispiel: Nach den Funktionsdefinitionen

```
void f(char* s) { };
void f(const char* s) { };
void f(double g(double)) { }
```

führen die folgenden Aufrufe zum Aufruf der jeweils im Kommentar angegebenen Funktion:

```
const char s[20]="123";
f(s);        // Aufruf von f(const char*)
f("Hallo"); // Aufruf von f(const char*)
f(sin);      // Aufruf von f(double f(double))
```

Unter Win32 wird allerdings im Unterschied zum C++-Standard ein Stringliteral als zum Typ *char** passend betrachtet:

```
f("Hallo"); // Aufruf von f(char*) unter Win32
```

Eine Variable passt zu einem konstanten oder nichtkonstanten Referenzparameter (siehe Abschnitt 3.18.2) und einem Werteparameter desselben Typs. Sie passt besser zu einem Referenz- oder Werteparameter als zu einem konstanten Referenzparameter. Eine Konstante (dazu gehört auch ein Literal), passt zu einem konstanten Referenzparameter und einem Werteparameter desselben Typs.

Beispiel: Falls nur eine dieser drei Funktionen

```
void f(int& s) { };
void f(const int& s) { };
void f(int s) { }
```

definiert ist, führt der Aufruf

```
int i;
f(i);
```

zum Aufruf dieser Funktion. Falls alle drei definiert sind, ist dieser Aufruf mehrdeutig, da diese beiden Funktionen

```
void f(int& s) { };
void f(int s) { }
```

passen. Zu einer Konstanten passen nur Werte- und konstante Referenzparameter. Falls die zweite und dritte Variante von f definiert sind, ist der nächste Aufruf mehrdeutig:

```
f(17);
```

Für selbstdefinierte Datentypen (wie z.B. Klassen) ohne benutzerdefinierte Konversionen ist das bereits die einzige Regel. Falls Ihre überladenen Funktionen nur selbstdefinierte Datentypen als Parameter verwenden, ist die Gefahr von Verwechslungen gering.

2. **Typangleichungen** für Werteparameter oder konstante Referenzparameter: Bei einem *int*-Parameter werden Argumente der Datentypen *bool*, *char*, *signed char*, *unsigned char*, *short int* oder *unsigned short int* oder von Aufzählungstypen durch eine ganzzahlige Typangleichung („integral promotion") in *int* konvertiert. Durch eine Gleitkomma-Typangleichung wird *float* in *double* konvertiert.

   Beispiel: Nach den Definitionen

   ```
   void f(int x) { }
   void f(unsigned char x) { }
   void f(double x) { }
   ```

   werden die folgenden Aufrufe wie angegeben aufgelöst:

   ```
   short int si;
   f(si);      // Aufruf von f(int)
   f('c');     // Aufruf von f(int) -
                           // nicht f(unsigned char)
   enum E {e1,e2} e;
   f(e);       // Aufruf von f(int)
   f(3.14f); // Aufruf von f(double)
   ```

3. **Standardkonversion** für Werteparameter oder konstante Referenzparameter: Der Datentyp des Arguments kann durch eine der folgenden Konversionen in den Datentyp des Parameters konvertiert werden:

   – ein beliebiger arithmetischer Datentyp oder Aufzählungstyp in einen beliebigen anderen arithmetischen Datentyp,
   – der Wert 0 sowohl in einen Zeigertyp als auch in einen arithmetischen Datentyp,
   – ein Aufzählungstyp in einen beliebigen numerischen Datentyp,
   – ein beliebiger Zeigertyp in den Datentyp *void**.

   Beispiel: Nach den Definitionen

   ```
   void f(char* x) { }
   void f(double x) { }
   ```

   führen die folgenden Aufrufe alle zum Aufruf von *f(double)*:

   ```
   f(true);
   f('c');
   f(1);
   ```

   Da das Argument 0 sowohl zu einem Zeiger als auch zu einem arithmetischen Datentyp passt, ist der folgende Aufruf zweideutig:

   ```
   f(0); // Fehler: Mehrdeutigkeit zwischen
                    // 'f(char*)' und 'f(double)'
   ```

   Dagegen führt der folgende Aufruf zum Aufruf von *f(char*)*:

```
char* p=0;
f(p);
```

Obwohl die Datentypen *long* und *int* beim C++Builder denselben Wertebereich haben, sind sie verschiedene Datentypen. Bei einem *int*-Parameter wird das Argument durch eine Typangleichung konvertiert, während bei einem *long*-Parameter eine Standardkonversion stattfindet. Deshalb ist mit den Definitionen der linken Spalte

```
void f(double x) { }          void f(double x) {}
void f(int x){};              void f(long x){};
```

der Aufruf

```
f(1);
```

eindeutig. Mit den Definitionen der rechten Spalte ist er dagegen mehrdeutig, weil der Wert 1 durch eine Standardkonversion sowohl in *double* als auch *long* konvertiert werden kann.

Das nächste Beispiel zeigt die Auflösung bei Funktionen mit Referenz- und Werteparametern desselben Typs und Argumenten eines konvertierbaren Typs:

Beispiel: Von den drei Funktionen

```
void f(int& s) { };
void f(const int& s) { };
void f(int s) { }
```

passen nur die letzten beiden zu einem Argument, das in den Parameter konvertiert werden kann. Da beide gleich gut zu einem konstanten Argument eines solchen Typs passen, ist der nächste Aufruf mehrdeutig:

```
const char c='x'´;
f(c);
```

4.   **Benutzerdefinierte Konversion:** Das Argument kann durch eine benutzerdefinierte Konversion in den Parameter konvertiert werden. Solche Konversionen werden mit einem Konstruktor oder mit einem Konvertierungsoperator definiert (siehe die Abschnitte 6.1.5 und 6.2.7).

Beispiel: Nach den Definitionen

```
void f(double x) { }

class MyClass {
  public:
    operator int() { return 1;};
};

MyClass m;
```

führt der folgende Ausdruck zum Aufruf von f(1):

```
f(m);
```

5. Das Argument passt zu einer Funktion mit einer unspezifizierten Anzahl von Argumenten.

Beispiel: Nach den Definitionen

```
void f(double x) { }
void f(...) { }
```

führt der folgende Ausdruck zum Aufruf von f(...):

```
f("");
```

Bei **Funktionen mit mehreren Parametern** werden diese Regeln auf jeden Parameter angewandt. Wenn für einen Funktionsaufruf mehrere Funktionen in Frage kommen, wird diejenige aufgerufen, bei der

– jedes Argument genauso gut oder besser passt als bei allen anderen, und
– mindestens ein Argument besser passt als bei allen anderen.

Falls es keine passende Funktion oder mehrere solcher Funktionen gibt, erzeugt der Compiler eine Fehlermeldung.

Beispiel: Nach den beiden Definitionen

```
int f(int i, int j){return i;}        // f1
int f(double c, double i){return i;} // f2
```

gibt es beim Aufruf

```
f('a',1.1); // Fehler: Mehrdeutigkeit ..
```

keine am besten passende Funktion: 'a' passt besser zu *f1* und 1.1 passt besser zu *f2*. Dagegen gibt es bei dem Aufruf

```
f(1L,1L); // Fehler: Mehrdeutigkeit ..
```

zwei am besten passende Funktionen: 1L passt sowohl zu *f1* als auch zu *f2*.

Wenn man einem **Funktionszeiger** eine überladene Funktion zuweisen will, müssen die Datentypen der beiden Funktionen exakt übereinstimmen.

Beispiel: Mit den beiden Funktionen f aus dem letzten Beispiel und den Definitionen

```
int (*fp1)(int i, int j);
int (*fp2)(char i, int j);
```

ist nur die erste der folgenden beiden Zuweisungen möglich:

```
fp1 = f; // OK, da die Typen exakt übereinstimmen
fp2 = f; // Fehler: Zeiger stimmen nicht überein
```

Angesichts der vielfältigen Kombinationsmöglichkeiten von Argumenten und Parametern ist ein umfangreiches Regelwerk notwendig, damit sich verschiedene Compiler einheitlich verhalten. Das bedeutet aber nicht, dass man alle **diffizilen Feinheiten** dieser Regeln ausnutzen sollte. Vielmehr sollte man beim Entwurf der Parameterlisten immer darauf achten, die Gefahr von **Missverständnissen** zu minimieren. Das erreicht man oft einfach dadurch, dass alle überladenen Funktionen

- eine unterschiedliche Anzahl von Parametern haben oder
- nur Parameter eines selbstdefinierten Datentyps ohne benutzerdefinierte Konversionsfunktionen haben, da dann nur die Regel 1 (exakt passende Funktion) in Frage kommt.

Anmerkung für Delphi-Programmierer: In Delphi gibt es ab Version 4 überladene Funktionen.

Aufgaben 5.7

1. In der Datei „include\stddefs.h" sind die Konstanten TRUE und FALSE so definiert:

```
#ifndef TRUE
#  define TRUE   1
#  define FALSE  0
#endif
```

Welche der beiden Funktionen

```
void f(bool b) { }
void f(int i)  { }
```

wird durch die folgenden Ausdrücke aufgerufen?

   a) `f(true);`
   b) `f(TRUE);`

2. Default-Argumente können als einfache Möglichkeit zur Definition von überladenen Funktionen betrachtet werden, die sich in der Anzahl der Parameter unterscheiden. Lösen Sie die Aufgabe 5.5 mit überladenen Funktionen.

3. Der math.h-Header der C-Standardbibliothek stellt für jede Funktion wie *sqrt* eine einzige Variante mit *double*-Argumenten

   ```
   double sqrt(double x);
   ```

   zur Verfügung. Der cmath-Header der C++-Standardbibliothek stellt dagegen drei überladene Varianten mit *float*, *double* und *long double* Argumenten und Rückgabewerten wie

   ```
   float sqrt(float x);
   double sqrt(double x);
   long double sqrt (long double x);
   ```

   zur Verfügung. Welches Ergebnis haben die folgenden Funktionsaufrufe

   ```
   double x1=sqrt(1);
   double x2=sqrt(1.0);
   double x3=sqrt(1.0l);
   ```

   a) nach   include <math.h>
   b) nach   include <cmath>
             using namespace std;

4. Geben Sie jeweils zwei verschiedene überladene Funktionen an, deren Aufruf

   1. mit einer Variablen
   2. mit einer Konstanten

   a) eines selbstdefinierten Datentyps eindeutig ist
   b) eines selbstdefinierten Datentyps mehrdeutig ist
   c) des Datentyps *long* eindeutig ist
   d) des Datentyps *long* mehrdeutig ist
   e) des Datentyps *int* eindeutig ist
   f) des Datentyps *int* mehrdeutig ist

5.8 Überladene Operatoren mit globalen Operatorfunktionen

Die meisten Operatoren können durch eine sogenannte **Operatorfunktion** überladen werden. Durch eine Operatorfunktion wird dann der Operator für einen oder zwei Operanden eines selbst definierten Datentyps definiert. Der Name einer solchen Funktion setzt sich dabei aus dem Schlüsselwort *operator* und einem der folgenden Operatoren zusammen:

operator-function-id:
    operator *operator*

```
operator: one of
  new delete new[] delete[] + - * / % ^ & | ~ ! = < > +=
  -= *= /= %= ^= &= |= << >> >>= <<= == != <= >= && ||
  ++ -- , ->* -> () []
```

Beispiel: Schon in Zusammenhang mit den Containerklassen der Standardbibliothek wurde erwähnt, dass die Funktion *sort* zum Sortieren den
Operator „<" verwendet. Sobald dieser Operator für einen Datentyp
definiert ist, kann ein Container oder ein Array mit Elementen dieses
Datentyps mit dieser Funktion sortiert werden.

```
#include <algorithm>
Kontobewegung a[10];
std::sort(a,a+10);
```

Für zwei Operanden des Datentyps

```
struct Kontobewegung {int KontoNr; /* usw. */ };
```

kann man den Operator „<" durch diese Operatorfunktion definieren:

```
inline bool operator<(const Kontobewegung& x,
                      const Kontobewegung& y)
{
return (x.KontoNr < y.KontoNr);
}
```

Nach dieser Definition kann man den Operator „<" auf zwei Operanden
des Datentyps *Kontobewegung* anwenden:

```
Kontobewegung k1, k2;
if (k1<k2) ... // Aufruf von operator<(k1,k2)
```

Ein solcher Ausdruck wird dann als Aufruf der Funktion mit dem Namen „operator<" ausgewertet, der der linke Operand als erstes und der
rechte Operand als zweites Argument übergeben wird. Diese Funktion
kann sogar unter diesem Namen aufgerufen werden. Allerdings ist diese
umständliche Schreibweise nicht üblich:

```
if (operator<(k1,k2)) ... // umständlich
```

Ein durch eine Operatorfunktion definierter Operator hat **dieselbe Priorität, Assoziativität** und Anzahl von Operanden wie dieser Operator für einen vordefinierten Datentyp. Es ist nicht möglich, diese Eigenschaften zu verändern. Es ist auch
nicht möglich, **andere Operatoren** als die hier aufgeführten zu definieren. Deshalb kann weder ein neuer Operator ** für die Potenzierung noch ein unärer
Operator „/" definiert werden. Da in dieser Liste die Operatoren

```
  .   .*   ::   ?:
```

nicht enthalten sind, können diese nicht überladen werden. Bei den ersten drei Operatoren liegt das darin begründet, dass sie als Operanden einen Namen und nicht einen Ausdruck haben.

Es ist außerdem nicht möglich, die Bedeutung der Operatoren für die vordefinierten Datentypen zu verändern. Mindestens einer der Parameter einer Operatorfunktion muss einen selbst definierten Datentyp haben.

Eine Operatorfunktion kann sowohl als **globale Funktion** als auch als **Elementfunktion einer Klasse** definiert werden. Da Elementfunktionen erst in Abschnitt 6.1.1 vorgestellt werden, wird in diesem Abschnitt nur gezeigt, wie man globale Operatorfunktionen definiert. Allerdings können die Operatoren „=" (Zuweisung), „()" (Funktionsaufruf), „[]" (Indexoperator) und „->" (Zugriff auf ein Klassenelement) nicht mit globalen Funktionen überladen werden, sondern nur mit Elementfunktionen (siehe Abschnitt 6.2.4).

Überladene Operatoren sind **nicht nur für mathematische Operationen** geeignet. Ihre eingängigen Symbole ermöglichen oft auch für andere Operationen kurze und prägnante Ausdrücke. So verwenden die **Iteratoren** der Containerklassen aus der Standardbibliothek unter anderem die folgenden Operatoren:

– Der Operator ++ rückt den Iterator auf das nächste Element im Container vor.
– Der Operator – – setzt den Iterator auf die vorangehende Position.
– Der Operator * liefert das Element im Container, auf das der Iterator zeigt.

Diese Operatoren stehen bei den verschiedenen Containerklassen für völlig verschiedene Anweisungen. Da sie aber in allen Containern dieselbe Bedeutung haben, kann man sie in allen Containern mit derselben Syntax verwenden, ohne dass man sich um die Details der Implementierung kümmern muss. Diese einheitliche Schnittstelle der Iteratoren ist die Grundlage der Algorithmen der Standardbibliothek. Alle Algorithmen sind ausschließlich mit Hilfe von Iteratoren definiert.

Da die Operatoren der Iteratoren außerdem dieselben sind wie bei Zeigern und diese auch dort dieselbe Bedeutung haben, funktionieren alle Algorithmen der Standardbibliothek auch mit Datenstrukturen, die über Zeiger angesprochen werden. Da dazu auch Arrays gehören, funktionieren alle solchen Algorithmen auch mit Arrays.

Anmerkung für Delphi-Programmierer: In Object Pascal gibt es keine überladenen Operatoren.

5.8.1 Globale Operatorfunktionen

Das letzte Beispiel zeigt bereits das Schema, nach dem eine globale Operatorfunktion für einen **binären Operator** @ definiert wird. Hier wird das Zeichen @ als Symbol für einen der Operatoren von oben verwendet. Nach der Definition

```
T operator@(T1 p1, T2 p2) // @ steht für einen Operator
{ // T, T1 und T2 stehen für Datentypen
return ...
}
```

kann der Operator @ mit einem ersten Operanden des Typs T1 und einem zweiten Operanden des Typs T2 verwendet werden. Der Ausdruck

```
x @ y  // Datentyp von x bzw. y: T1 bzw. T2
```

wird dann vom Compiler in einen Aufruf der Funktion

```
operator@(x,y)
```

übersetzt. Dabei wird der linke Operand als erstes und der rechte Operand als zweites Argument übergeben. Der Wert des Ausdrucks ist der Rückgabewert und hat den Datentyp T.

Entsprechend wird ein **unärer Operator** durch eine globale Funktion mit einem Parameter überladen. Für einen Operanden x ist der Wert des Ausdrucks

@x

der Rückgabewert

operator@(p1)

Die Operatoren

+   -   *   &

können sowohl als unäre als auch als binäre Operatoren überladen werden. Die Anzahl der Operanden entscheidet dann wie bei einer überladenen Funktion darüber, welche Funktion aufgerufen wird.

Bei überladenen Operatoren gelten die **Identitäten** der Operatoren für die vordefinierten Datentypen **nicht automatisch**. Wenn für überladene Operatoren und beliebige Operanden x, y immer

x +=y und x=x+y bzw.
++x und x+1

gleich sein soll, muss dies durch entsprechende Definitionen sichergestellt werden. Bei manchen Operatoren kann man diese Identitäten dadurch herstellen, dass man sie auf andere Operatoren zurückführt.

Wenn z.B. der Operator „==" definiert ist, kann man den Operator „!=" folgendermaßen durch diesen Operator definieren:

```
inline bool operator!=(const T& x, const T& y)
{
return !(x == y);
}
```

Entsprechend lassen sich die Operatoren „>", „>=" und „<="auf den Operator „<"
zurückführen:

```
inline bool operator>(const T& x, const T& y)
{
return y < x;
}

inline bool operator<=(const T& x, const T& y)
{
return !(y < x);
}

inline bool operator>=(const T& x, const T& y)
{
return !(x < y);
}
```

Diese Beispiele wurden mit leichten Änderungen aus der Datei der C++-Standard-
bibliothek übernommen, die man mit „#include <utility>" erhält.

5.8.2 Die Inkrement- und Dekrementoperatoren

Die Operatoren „++" und „--" können im Unterschied zu den anderen Operatoren
sowohl als Präfix- als auch als Postfixoperator verwendet werden. Um den Präfix-
vom Postfixoperator zu unterscheiden, wird beim Postfixoperator ein zusätzlicher
Parameter des Datentyps *int* angegeben. Dieser zusätzliche Parameter erhält beim
Aufruf über den Operator automatisch den Wert 0. Beim Aufruf über den Namen
operator++ erhält er dagegen den Wert des Arguments.

Beispiel: Nach den Definitionen

```
struct C {
  int x;
};

C operator++(C& c) // Präfixoperator
{ // siehe dazu auch das nächste Beispiel
c.x++;
return c;
}

C operator++(C& c, int i) // Postfixoperator
{
c.x+=10; // Unsinn - nur zur Illustration
return c;
}
```

werden durch die folgenden Ausdrücke die jeweils als Kommentar angegebenen Funktionen aufgerufen:

```
++c; // operator++(c)
c++; // operator++(c,0)
operator++(c,2); // operator++(c,2)
```

Aufgaben 5.8.2

1. Auf den ersten Blick erscheint es vielleicht als naheliegend, mit dem Operator
   ^ Potenzen zu realisieren, so dass x^n für x^n steht. Welcher Wert würde sich
   dabei für den folgenden Ausdruck ergeben?

   x^n – 1

2. Eine rationale Zahl (ein Bruch im Sinne der Bruchrechnung) besteht aus einem
   ganzzahligen Zähler und einem Nenner und kann deshalb durch die folgende
   Klasse dargestellt werden:

```
struct Bruch {
   int z,n; // z: Zähler, n: Nenner
};
```

Die Bruchrechnung ist auf Rechnern nicht sehr verbreitet, da die Rechnungen
leicht zu einem Überlauf führen. Sie ist aber ein einfaches Beispiel dafür, wie
man überladene Operatoren definieren kann.

Zur Vereinfachung werden Brüche im Folgenden durch Wertepaare wie (1,2)
dargestellt und nicht mit einem Bruchstrich wie in ½.

a) Zwei Brüche (pz,pn) und (qz,qn) sind gleich, wenn pz*qn==pn*qz gilt.
   Definieren Sie die Operatoren „==" und „!=" für Operanden des Datentyps
   Bruch. Stellen Sie sicher, dass zwischen diesen Operatoren die üblichen
   Beziehungen gelten.

b) Der Bruch (pz,pn) ist kleiner als (qz,qn), wenn pz*qn<pn*qz gilt. Definieren Sie die Operatoren „<", „>=", „<=" und „>" für Operanden des Datentyps *Bruch*. Stellen Sie sicher, dass zwischen diesen Operatoren die
   üblichen Beziehungen gelten.

c) Definieren Sie Operatorfunktionen für die folgenden Operationen.

   (pz,pn) + (qz,qn) = (pz*qn + pn*qz, pn*qn)
   (pz,pn) – (qz,qn) = (pz*qn – pn*qz, pn*qn)
   (pz,pn) * (qz,qn) = (pz*qz,pn*qn)
   (pz,pn) / (qz,qn) = (pz*qn,pn*qz)

Bei diesen Operationen sollen der Zähler und Nenner gekürzt werden, indem man beide durch den größten gemeinsamen Teiler dividiert. Dazu kann die Funktion *ggT* (siehe auch Aufgabe 3.7.4, 3.) verwendet werden:

```
int ggT(int a, int b)
{
int x=a;
int y=b;
while (y != 0)
   {
    int r = x%y;
    x = y;
    y = r;
   }
return x; // ggT(a,b)==x;
}
```

d) Sie können diese Operatoren testen, indem Sie die Werte vergleichen, die sich bei der geometrischen Reihe

$$1 + p + p^2 + \dots p^N = (p^{N+1} - 1)/(p-1) \quad // \text{ p=z/n}$$

durch Aufsummieren (linke Seite) und mit der Summenformel (rechte Seite) ergeben. Sie können diese Werte außerdem mit dem Bruch vergleichen, den man beim Einsetzen von z/n für p in die Summenformel erhält.

5.8.3 Referenzen als Funktionswerte

Der **Rückgabetyp** einer Funktion kann nicht nur ein Wertetyp, sondern auch ein **Referenztyp** sein. Dann ist der Funktionswert ein anderer Name für den Ausdruck nach *return*:

```
int& f(int& i)
{
i=i+10;
return i;
}
```

Der Aufruf einer solchen Funktion kann auf der linken Seite einer Zuweisung stehen.

```
int x=0;
f(x)=1; // x=1 und nicht etwa 10 oder 11
```

Offensichtlich hat eine Zuweisung an einen Funktionsaufruf nicht viel mit der üblichen Verwendung von Funktionen gemein und wird meist als recht verwirrend angesehen. Diese Zuweisung ist nur wegen dem Referenzzeichen & beim Rückgabetyp möglich. Entfernt man es wieder, ist sie nicht möglich.

Funktionswerte auf der linken Seite von Zuweisungen sind im Wesentlichen nur mit den Operatoren „*" (Dereferenzierung), „=" (Zuweisung), „[]" (Indexopera-

tor), den Ein- und Ausgabeoperatoren << bzw. >>, den kombinierten Zuweisungsoperatoren („+=", „*=", „&=" usw.) und den Präfixoperatoren ++ und -- üblich.
Für andere Operatoren oder gewöhnliche Funktionen werden sie dagegen nur
selten eingesetzt.

Beispiel: Normalerweise sollte man die Operatorfunktionen für selbstdefinierte
            Datentypen so definieren, dass sie wie die vordefinierten Datentypen
            verwendet werden können. Da der Präfixoperator „++" mit einer
            Variablen eines vordefinierten Datentyps auf der linken Seite einer
            Zuweisung stehen kann

```
int x;
++x=17; // operator++(x)=17, Ergebnis x=17
```

            sollte das auch mit einem selbstdefinierten Datentyp möglich sein, wenn
            der diesen Operator benötigt. Das ist möglich, wenn der **Rückgabetyp**
            ein **Referenztyp** ist:

```
struct C {
  int x;
};

C& operator++(C& c) // Präfix
{
c.x++;
return c;
}
```

Operatorfunktionen, die auf der linken Seite einer Zuweisung stehen können, sind
nicht die einzige Anwendung von Referenzrückgabetypen. Weitere Anwendungen
ergeben sich daraus, dass bei der Rückgabe eines Funktionswertes durch eine
return-Anweisung die folgende **Analogie zur Parameterübergabe** bei einem
Funktionsaufruf besteht (siehe dazu auch Abschnitt 6.2.5):

-   Falls der **Rückgabetyp keine Referenz** ist, wird der Ausdruck nach *return* in
    den Speicherbereich des Funktionswerts kopiert, ähnlich wie das Argument für
    einen Werteparameter bei einem Funktionsaufruf in die entsprechende lokale
    Variable kopiert wird.
-   Wenn der **Rückgabetyp** dagegen **ein Referenztyp** ist, wird nur die Referenz
    (also die Adresse) zurückgegeben, ähnlich wie beim Aufruf einer Funktion mit
    einem Referenzparameter.

Referenzen für Rückgabetypen sind außerdem bei Funktionen notwendig, die
einen Referenzparameter haben, für den wieder ein Aufruf dieser Funktion eingesetzt werden soll. Damit das Argument denselben Datentyp wie der Parameter hat,
muss der Rückgabetyp ein Referenztyp sein. Mit einer Funktion wie g

```
T& g(T& x, int y) // T irgendein Datentyp
{
...
return x;
}
```

erreicht man dann, dass bei dem **verschachtelten Aufruf**

```
g(g(g(f,x),y),z)
```

g jedes Mal dieselbe Variable f verwendet. Ohne Referenztypen würde bei jedem Aufruf von g eine Kopie des Ausdrucks nach *return* zurückgegeben. Beispiele für solche Funktionen folgen im nächsten Abschnitt.

Referenzen als Rückgabetypen sind meist nur bei Operatorfunktionen sinnvoll. Dieser Hinweis soll allerdings **nicht** dazu verleiten, **alle** Operatorfunktionen mit einem Referenzrückgabetyp zu definieren. Solche Rückgabetypen sind meist nur bei den Ein- und Ausgabeoperatoren, dem Indexoperator [], Präfix-++ bzw. ── und dem Zuweisungsoperator angemessen.

5.8.4 Die Ein- und Ausgabe von selbst definierten Datentypen

Die Ein- und Ausgabeoperatoren „>>" und „<<" lassen sich leicht auf selbst definierte Datentypen erweitern. Dazu definiert man Operatorfunktionen für diese Operatoren nach dem folgenden Schema:

```
ostream& operator<<(ostream& f, const T& K)
{          // T ist ein selbst definierter Datentyp
return f<< // Ausgabe der Elemente von K
}

istream& operator>>(istream& f, T& K)
{   // T ist ein selbst definierter Datentyp
f>> // Einlesen der Elemente von T
    // zum selbst definierten Datentyp zusammensetzen
return f;
}
```

Da sich alle selbst definierten Datentypen letztendlich aus vordefinierten Datentypen zusammensetzen, für die die Operatoren „<<" und „>>" vordefiniert sind, kann man diese Elemente nach den Ausdrücken „f<<" bzw. „f>>" angeben.

Bei diesen Operatorfunktionen haben der Funktionswert und der erste Parameter denselben Datentyp. Deshalb kann man den Funktionswert einer solchen Funktion wieder als erstes Argument in diese Funktion einsetzen:

```
operator<<(operator<<(operator<<(f,x),y),z)
```

Dieser verschachtelte Funktionsaufruf ist aber nur eine andere Schreibweise für den Ausdruck

```
(((f<<x)<<y)<<z)
```

und dieser Ausdruck ist gleichwertig zu

```
f<<x<<y<<z
```

da die Shift-Operatoren << und >> linksassoziativ sind. Deswegen kann man diese Operatoren wie bei den vordefinierten Datentypen verketten, wenn man sie nach dem Schema von oben definiert.

Ähnlich wie im Beispiel in Abschnitt 4.3.4 kann man z.B. die Operatorfunktion für die Ausgabe von Variablen des Datentyps *Kontobewegung* definieren:

```
ostream& operator<<(ostream& f, const Kontobewegung& K)
{
return f<<setw(4)<<K.KontoNr<<" "<<left<<setw(20)
       <<K.NameInhaber<<right<<setw(2)<<K.Datum.Tag<<"."
       <<setw(2)<<K.Datum.Monat<<"."<<setw(2)
       <<K.Datum.Jahr<<" "<<K.BewArt<<setprecision(8)
       <<double(K.Betrag)<<endl;
}
```

Mit dieser Funktion kann man eine Variable dieses Datentyps folgendermaßen in einen *ostream* (z.B. einen *ofstream* oder einen *ostringstream*) schreiben:

```
ofstream f("c:\\test\\kb.dat");
f<<K; // K eine Variable des Datentyps Kontobewegung
```

Den Eingabeoperator für eine *Kontobewegung* kann man so z.B. definieren:

```
istream& operator>>(istream& f, Kontobewegung& K)
{
char Vorname[20] ,Nachname[20], BetragStr[20], Punkt1,
     Punkt2;
f>>K.KontoNr>>Nachname>>Vorname>>K.Datum.Tag>>Punkt1
 >>K.Datum.Monat>>Punkt2>>K.Datum.Jahr>>K.BewArt
 >>BetragStr;
K.Betrag=StrToCurr(BetragStr);
strcpy(Vorname,K.NameInhaber);
return f;
}
```

Aufgaben 5.8.4

1. Definieren Sie für die Klasse *Bruch* aus Aufgabe 5.8.2 überladene Operatoren << und >>, so dass ein Bruch sowohl aus einem *istream* eingelesen als auch über einen *ostream* (z.B. *cin* oder *cout*) ausgegeben werden kann.

a) Verwenden Sie diese Operatoren, um Brüche in eine Datei zu schreiben bzw. aus einer Datei zu lesen. Eine Datei kann zum Schreiben über eine Variable der Klasse *ofstream* und zum Lesen über eine Variable der Klasse *ifstream* angesprochen werden. Diese Klassen stehen zur Verfügung nach

```
#include <fstream>
using namespace std;
```

b) Verwenden Sie diese Operatoren in zwei Funktionen *BruchToStr* und *StrTo-Bruch*, die einen *Bruch* über einen *ostringstream* in einen *string* der Standard-bibliothek von C++ umwandeln bzw. über einen *istringstream* einen Bruch aus einem *string* einlesen.

6 Objektorientierte Programmierung

Die objektorientierte Programmierung erweitert die in den letzten Kapiteln dargestellten Konzepte der strukturierten Programmierung um Begriffe wie **Klassen**, **Objekte**, **Vererbung** und **Polymorphie**. Diese relativ abstrakten Konzepte finden sich in ähnlicher Form in vielen modernen Programmiersprachen. Sie werden auch als Kriterium dafür betrachtet, dass man eine Programmiersprache als objektorientiert bezeichnen kann.

- **Klassen** ermöglichen die Zusammenfassung von Daten und Funktionen. Damit kann man explizit zum Ausdruck bringen, dass bestimmte Daten und Funktionen zusammengehören. Eine solche Zusammenfassung ist in nicht objektorientierten Programmiersprachen in der Regel nicht möglich.
- **Vererbung** ermöglicht die Konstruktion neuer Klassen aus vorhandenen. Die neuen Klassen übernehmen die Elemente der Basisklassen und können zusätzliche Elemente haben. Sie unterscheiden sich in den zusätzlichen Elementen von den Basisklassen und sind in den geerbten mit ihnen identisch. Auf diese Weise kann man eine Basisklasse als Baustein wiederverwenden und die abgeleitete Klasse als Erweiterung der Basisklasse betrachten.
- Vererbung ist außerdem die Grundlage für die **Polymorphie**, die unter anderem eine einfache Erweiterung von Programmen ermöglicht.

Klassen können sehr hilfreiche Programmbausteine sein. In den letzten Jahren hat sich die Überzeugung durchgesetzt, dass anspruchsvolle und komplexe Programme (wie mit grafischen Benutzeroberflächen) ohne die objektorientierten Konzepte kaum mehr mit vertretbarem Aufwand realisiert werden können.

Damit Klassen hilfreich sind, müssen sie allerdings richtig entworfen sein. Es ist meist einfach, irgendwelche Klassen zu schreiben, die der Compiler übersetzen kann. Schwieriger ist es dagegen, sie so zu gestalten, dass sie sich auch in späteren Phasen eines Projekts bewähren. Deshalb werden auch die Grundbegriffe der objektorientierten **Analyse** und des objektorientierten **Designs** behandelt. Dabei zeigt sich, dass man oft nur mit den erst in Abschnitt 6.4.8 behandelten abstrakten Basisklassen ein tragfähiges Konzept erhält. Die Dramaturgie vieler Beispiele und Aufgaben soll verschiedene Design-Alternativen und die Schwierigkeiten bei der Auswahl der richtigen zeigen. In Abschnitt 6.4.8 zeigt sich dann, dass alles doch nicht so schwierig ist, wie es zunächst gelegentlich ausgesehen haben mag.

6.1 Klassen

In der objektorientierten Programmierung ist ein **Objekt** eine Zusammenfassung von Daten und Funktionen. Dieser Begriff hat der objektorientierten Programmierung den Namen gegeben.

In C++ ist ein Objekt eine Variable, deren Datentyp eine Klasse ist. Anstelle von Objekt sind auch die Bezeichnungen **Klassenobjekt**, **Klasseninstanz** oder **Instanz** verbreitet, die aber im Folgenden nicht verwendet werden. Zur Vermeidung von umständlichen Formulierungen werden Objekte auch als Variablen bezeichnet und umgekehrt, falls es nicht darauf ankommt, ob ein Datentyp eine Klasse ist.

Klassen werden meist mit dem Schlüsselwort *class* definiert:

> *class-specifier:*
>   *class-head* { *member-specification* opt }
>
> *class-head:*
>   *class-key identifier* opt *base-clause* opt
>   *class-key nested-name-specifier identifier base-clause* opt
>
> *class-key:*
>   class
>   struct
>   union

Anstelle von *class* kann man auch *struct* oder *union* verwenden. Bei mit *union* definierten Klassen sind allerdings zahlreiche Einschränkungen zu beachten. Deshalb werden solche Klassen im Rahmen der objektorientierten Programmierung nur selten verwendet und im Folgenden auch nicht weiter berücksichtigt.

6.1.1 Datenelemente und Elementfunktionen

Die Elemente einer Klasse werden durch geschweifte Klammern zusammengefasst. Wie die Syntaxregel für eine *member-declaration* zeigt, können hier Funktionsdefinitionen, Datenelemente sowie weitere Deklarationen angegeben werden.

> *member-specification:*
>   *member-declaration member-specification* opt
>   *access-specifier* : *member-specification* opt
>
> *member-declaration:*
>   *decl-specifier-seq* opt *member-declarator-list* opt ;
>   *function-definition* ; opt
>   *qualified-id* ;
>   *using-declaration*

member-declarator-list:
    member-declarator
    member-declarator-list ,   *member-declarator*

member-declarator:
    declarator pure-specifier opt
    declarator constant-initializer opt
    identifier opt :   *constant-expression*

pure-specifier:
    = 0

constant-initializer:
    = *constant-expression*

In der Programmiersprache C können mit *struct* nur Datenelemente zusammengefasst werden (siehe Abschnitt 3.11.1). In diesem Kapitel werden vor allem Klassen
definiert, die auch Funktionen enthalten. Eine Funktion, die zu einer Klasse gehört,
wird als **Elementfunktion** (member function) bezeichnet.

Beispiel: Die Klasse *C2DPunkt* soll einen zweidimensionalen Punkt darstellen.
          Sie fasst dessen Koordinaten x und y (Datenelemente) sowie die Funk-
          tionen *Init*, *toStr* und *anzeigen* zusammen.

```
class C2DPunkt{
    double x,y;
    void Init(double x_, double y_);
    string AnsiString toStr();
    void anzeigen();
};
```

          Anstelle von *class* kann bei einer Klassendefinition auch *struct* ver-
          wendet werden:

```
struct C2DPunkt{
    double x,y;
    void Init(double x_, double y_);
    AnsiString toStr();
    void anzeigen();
};
```

          Die Unterschiede zwischen einer Klassendefinition mit *struct* und *class*
          werden in Abschnitt 6.1.3 beschrieben.

Eine Elementfunktion kann innerhalb oder außerhalb der Klasse definiert werden.
Wenn sie **außerhalb der Klasse definiert** wird, gibt man vor ihrem Namen den
Namen der Klasse und den Bereichsoperator „::" an. Sie muss dann zuvor in der
Klasse durch die Angabe ihres Prototyps deklariert werden.

Beispiele: Nach den Deklarationen des letzten Beispiels können die Funktionen für
          die Klasse *C2DPunkt* folgendermaßen definiert werden:

```
void C2DPunkt::Init(double x_, double y_)
{
x = x_;
y = Y_;
}

AnsiString C2DPunkt::toStr()
{
return "("+FloatToStr(x)+"|"+FloatToStr(y)+")";
} // z.B. (2,345|3,45678)

void C2DPunkt::anzeigen()
{
Form1->Memo1->Lines->Add(toStr());
}
```

Wenn eine **Elementfunktion** nicht außerhalb, sondern **innerhalb der Klasse definiert** (und nicht nur deklariert) wird, ist sie automatisch eine *inline-*Funktion.
Wie bei globalen *inline-*Funktionen muss der Compiler den Aufruf einer *inline-*
Elementfunktion nicht durch ihre Anweisungen ersetzen. Ein solcher Aufruf kann
auch als „gewöhnlicher" Funktionsaufruf übersetzt werden.

Beispiel: Die folgende Klassendefinition unterscheidet sich von der aus dem
           letzten Beispiel nur dadurch, dass die Funktionen hier *inline-*Funktionen
           sind. Dabei ist es unerheblich, ob die Klasse mit *class* oder *struct*
           definiert wird.

```
class C2DPunkt{
    double x,y;

    void Init(double x_, double y_)
    {
    x = x_;
    y = Y_;
    }

    AnsiString toStr()
    {
    return "("+FloatToStr(x)+"|"+FloatToStr(y)+")";
    } // z.B. (2,345|3,45678)

    void anzeigen()
    {
    Form1->Memo1->Lines->Add(toStr());
    }

};
```

Damit eine Elementfunktion eine *inline-*Funktion ist, muss man sie allerdings nicht
in der Klasse definieren. Man kann sie auch außerhalb der Klasse mit dem
Schlüsselwort *inline* definieren (siehe auch Abschnitt 6.2.11):

Beispiel:
```
inline void C2DPunkt::Init(double x_, double y_)
{
x = x_;
y = y_;
}
```

Default-Argumente kann man sowohl bei der Deklaration in der Klasse als auch bei der Definition außerhalb angeben, wenn die Klassen nicht auf eine Header-Datei und in eine Implementationsdatei verteilt wird (siehe Abschnitt 6.2.11).

Normalerweise definiert man alle Klassen global. Es ist aber auch möglich, eine Klasse lokal in einer Funktion zu definieren. Dann müssen aber alle Element-funktionen der Klasse innerhalb der Klasse definiert werden.

Beispiel: Die lokale Definition der Klasse C in der Funktion f1 ist zulässig, da alle Elementfunktionen von C innerhalb der Klasse definiert werden:

```
void f1()
{
  class C {
    void g() {}
  };
}
```

Dagegen ist die lokale Klassendefinition in f2 nicht möglich, da eine Elementfunktion außerhalb der Klasse definiert wird:

```
void f2()
{
  class C {
    void g();
  };

  void C::g() {}//Fehler: Bezeichner g darf keinen
  //              Typqualifizierer besitzen
}
```

Für den Compiler wird durch **jede Definition einer Klasse** ein **neuer Datentyp** erzeugt. Deshalb werden durch die beiden Klassendefinitionen in

```
struct { int i;} s1;
struct { int i;} s2;
```

zwei verschiedene Datentypen erzeugt, obwohl man auch erwarten könnte, dass die Datentypen von *s1* und *s2* gleich sind. Da die Datentypen von *s1* und *s2* verschieden sind, verweigert der Compiler die Übersetzung der Zuweisung

```
s1=s2; // Fehler: Konvertierung nicht möglich
```

Verwendet man dagegen denselben Klassennamen bei der Definition von Variablen, haben sie denselben Datentyp und können einander zugewiesen werden. Nach der Definition

```
C2DPunkt p1;
C2DPunkt p2;
```

wird die folgende Zuweisung vom Compiler akzeptiert:

```
p1=p2;
```

Anmerkung für Delphi-Programmierer: Den Klassen von C++ entsprechen in Object Pascal die mit *class* oder *object* definierten Klassen. In Object Pascal kann man keine Elementfunktionen innerhalb einer Klasse definieren.

6.1.2 Der Gültigkeitsbereich von Klassenelementen

Die Zusammengehörigkeit der Elemente einer Klasse kommt insbesondere dadurch zum Ausdruck, dass man in einer Elementfunktion die Elemente der Klasse allein über ihren Namen ansprechen kann. Es ist dabei nicht notwendig, die Klasse in irgendeiner Form anzugeben.

Beispiel: In der Funktion *Init* sind x und y die Datenelemente der Klasse *C2DPunkt*. In der Funktion *anzeigen* wird die Elementfunktion *toStr* aufgerufen:

```
class C2DPunkt{
    double x,y;
    void Init(double x_, double y_);
    AnsiString toStr();
    void anzeigen();
};

void C2DPunkt::Init(double x_, double y_)
{
x = x_; // x und y sind die Datenelemente aus der
y = y_; // Klasse C2DPunkt
}

AnsiString C2DPunkt::toStr()
{
return "("+FloatToStr(x)+"|"+FloatToStr(y)+")";
} // z.B. (2,345|3,45678)

void C2DPunkt::anzeigen()
{
Form1->Memo1->Lines->Add(toStr());
}
```

Der Bereich im Quelltext, in dem der Name eines Klassenelements dieses Element bezeichnet, wird als **Klassengültigkeitsbereich** (*class scope*) bezeichnet. Er erstreckt sich:

— nicht nur von der Deklaration des Namens bis zum Ende der Klasse, sondern auch
— **auf alle Elementfunktionen** der Klasse, in denen der Name nicht durch eine lokale Deklaration desselben Namens verdeckt wird. Dabei ist es unerheblich, ob die Funktionsdefinition vor oder nach der Deklaration des Namens steht und ob die Funktion innerhalb oder außerhalb der Klasse definiert wird.
— Falls in einer Elementfunktion derselbe Name wie in der Klasse deklariert wird, **verdeckt** die lokale Deklaration in der Funktion die der Klasse.

Ein in einer Elementfunktion verdecktes Klassenelement kann man mit dem Bereichsoperator ansprechen. Dazu gibt man vor seinem Namen den Namen der Klasse und den Bereichsoperator „::" an. Deshalb stehen alle Klassenelemente in allen Elementfunktionen zur Verfügung.

Beispiele:

1. Der Klassengültigkeitsbereich ermöglicht es, **Variablen**, Klassen, typedefs usw. zu definieren, die nur in **ganz bestimmten Funktionen** einer Über-setzungseinheit zur Verfügung stehen, aber in anderen Funktionen nicht. Dazu muss man nur diese Variablen usw. und Funktionen zu einer Klasse zusammen-fassen.

   In nicht objektorientierten Sprachen wie C besteht diese Möglichkeit nicht. Wenn man da Variable, Klassen usw. definieren will, die in mehr als einer Funktion verfügbar ist, muss man sie global definieren. Dann sind sie aber auch in allen anschließend definierten Funktionen verfügbar. Es ist nicht möglich, eine Variable x zu definieren, die nur in zwei Funktionen f1 und f2 verfügbar ist, aber nicht in einer anschließend definierten Funktion f3:

```
                              class C {
   int x ;                      int x ;

   void f1()                    void f1()
   {x=17;}                      {x=17;}

   void f2()                    void f2()
   {x=18;}                      { x=18;}
                              };

   void f3()                    void f3()
   {x=19;} // ok                {x=19;} // Fehler
```

Die Zugriffsrechte auf die Elemente eines Objekts einer Klasse werden in Abschnitt 6.1.3 beschrieben.

2. Ein Klassenelement kann auch vor seiner Definition in der Klasse verwendet werden:

```
int x,y;

class C2DPunkt{

    void Init(double x_, double y_)
    {
    x = x_;
    y = y_;
    }

    double x,y;
};
```

Hier werden in der Elementfunktion *Init* die Klassenelemente x und y und nicht etwa die globalen Variablen x und y angesprochen.

3. Wenn man in einer Elementfunktion denselben Namen wie in der Klasse lokal deklariert, verdeckt die lokale Deklaration die der Klasse:

```
void C2DPunkt::Init(double x_, double y_)
{
double x;
x = x_; // hier ist x die lokale Variable
y = y_;
}
```

Das gilt insbesondere auch für die Parameter einer Elementfunktion:

```
void C2DPunkt::Init(double x, double y)
{
x = x; // hier sind x und y die Parameter aus der
y = y; // Parameterliste der Elementfunktion
}
```

Deshalb wählt man für die Parameter einer Elementfunktion meist andere Namen als für die Datenelemente.

4. Die durch eine lokale Deklaration verdeckten Namen der Klassenelemente kann man mit dem Namen der Klasse und dem Bereichsoperator ansprechen. Deswegen muss man für die Parameter einer Elementfunktion nicht zwingend andere Namen wie für die Elemente wählen:

```
void C2DPunkt::Init(double x, double y)
{
C2DPunkt::x = x;
C2DPunkt::y = y;
}
```

Allerdings ist diese Art der Benennung von Elementen nicht sehr verbreitet. Insbesondere muss man so bei einer Änderung des Namens der Klasse diesen auch beim Zugriff auf die Elemente ändern.

Der **Klassengültigkeitsbereich** ist neben dem **blockbezogenen** (lokalen) **Gültigkeitsbereich** (der durch eine Verbundanweisung { ... } begrenzt ist, siehe Abschnitt 3.17.2) und dem Gültigkeitsbereich in einem **Namensbereich** (siehe Kapitel 3.21) ein weiterer Gültigkeitsbereich. Ein Gültigkeitsbereich

- definiert einen Bereich im Quelltext, in dem eine deklarierte Einheit (z.B. eine Variable) allein mit ihrem Namen angesprochen werden kann.
- kann eine weitere Deklaration desselben Namens enthalten. In diesem verschachtelten Gültigkeitsbereich wird die Deklaration aus dem umgebenden Gültigkeitsbereich verdeckt.

Eine Klasse kann außer Datenelementen und Elementfunktionen auch verschachtelte Klassen, Aufzählungstypen und *typedef*-Deklarationen enthalten. Diese können dann in allen Elementfunktionen verwendet werden. Außerhalb einer Elementfunktion kann man sie mit dem Namen der Klasse und dem Bereichsoperator verwenden, wenn ein Zugriffsrecht (siehe Abschnitt 6.1.3) besteht.

Beispiel: Die Klasse C enthält die verschachtelte Klasse D, den Aufzählungstyp E und die *typedef*-Deklaration F, die in der Elementfunktion f verwendet werden:

```
class C {
  class D { }; // eine verschachtelte Klasse
  enum E {e1, e2 };
  typedef int F;

  void f()
  {
  D d;
  E e;
  F f;
  }
};
```

In der globalen Funktion g kann man sie nur verwenden, wenn sie in C *public* sind:

```
void g()
{
C::D d;
C::E e;
C::F i=C::e1;
}
```

Gelegentlich ist es notwendig, Klassen zu definieren, die sich gegenseitig voraussetzen. Das ist mit einer **Vorwärtsdeklaration** möglich, die nur aus dem Schlüsselwort *class* bzw. *struct* und dem Namen der Klasse besteht.

Beispiel: Hier ist *Vektor* für *Matrix* und *Matrix* für *Vektor* notwendig:

```
class Vektor; // Vorwärtsdeklaration

class Matrix {
   Vektor mult(const Matrix&,const Vektor&);
};

class Vektor {
   Vektor mult(const Matrix&,const Vektor&);
};
```

Anmerkung für Delphi-Programmierer: Der Gültigkeitsbereich von Klassenelementen entspricht in C++ dem von Object Pascal.

6.1.3 Datenkapselung: Die Zugriffsrechte *private* und *public*

Eine Klasse ist ein Datentyp und ein Objekt eine Variable, deren Datentyp eine Klasse ist. Deshalb kann man ein Objekt wie eine Variable eines einfachen Datentyps definieren. Es enthält dann alle Elemente der Klasse. Diese kann man unter dem Namen des Objekts ansprechen, auf den ein Punktoperator „." und der Name des Elements folgt. Mit einem Zeiger auf ein Objekt kann man auch den Pfeiloperator „->" verwenden.

Beispiel: Mit der Klasse *C2DPunkt* erhält man durch die folgenden Definitionen zwei Objekte p bzw. *pc dieser Klasse:

```
C2DPunkt p;
C2DPunkt* pc=new C2DPunkt;
```

Diese Objekte enthalten dann die Datenelemente

p.x und *p.y*

bzw.

pc->x und *pc->y*

Solange eine Klasse keine virtuellen Elementfunktionen oder statischen Elemente (mehr darüber später) enthält, ergibt sich der **Speicherplatzbedarf** für ein Objekt nur aus dem für seine Datenelemente. Die Elementfunktionen tragen nicht dazu bei. Falls der Compiler für die Elemente eines Objekts nicht mehr Platz als notwendig reserviert, belegt ein Objekt genauso viel Speicherplatz wie alle Datenelemente seiner Klasse zusammen:

sizeof(C2DPunkt) = sizeof(double) + sizeof(double) = *16*

Mit den **Zugriffsrechten** *private, protected* und *public* kann man für jedes Klassenelement explizit festlegen, ob man über ein Objekt darauf zugreifen kann.

access-specifier:
```
     private
     protected
     public
```

Diese Spezifizierer definieren ab ihrer Angabe einen Abschnitt mit Zugriffsrechten, die für alle folgenden Elemente bis zum nächsten solchen Spezifizierer oder bis zum Ende der Klasse gelten. Ein Element aus einem *private, protected* oder *public* Abschnitt heißt auch *private, protected* oder *public* Element.

– Ein **public** Element kann ohne Einschränkungen angesprochen werden, d.h. sowohl über ein Objekt als auch in einer Elementfunktion der Klasse.
– Ein *private* Element kann nur in einer Element- oder *friend*-Funktion (siehe Abschnitt 6.2.3) der Klasse angesprochen werden, aber nicht über ein Objekt.
– Ein **protected** Element kann wie ein *private* Element und außerdem noch in einer abgeleiteten Klasse (siehe Abschnitt 6.3.2) angesprochen werden.

Ohne die Angabe eines Zugriffsrechts sind alle Elemente einer mit *class* definierten Klasse *private*, während alle Elemente einer mit *struct* definierten Klasse *public* sind. Dieses voreingestellte Zugriffsrechte ist der **einzige Unterschied** zwischen einer mit *class* und einer mit *struct* definierten Klasse.

Beispiel: Alle Elemente der Klassen C0 und C1 haben dieselben Zugriffsrechte:

```
class C0 {
  int x;
  int f() { return x; }
};

struct C1 {
 private:
  int x;
  int f() { return x; }
};
```

Jeder Zugriff auf diese Elemente über ein Objekt führt zu einer Fehlermeldung:

```
void test(C0 a, C1 b)
{
a.x=1;//Fehler: Zugriff auf 'C0::x' nicht möglich
a.f();//Fehler: Zugriff auf 'C0::f()' nicht mögl.
b.x=1;//Fehler: Zugriff auf 'C1::x' nicht möglich
b.f();//Fehler: Zugriff auf 'C1::f()' nicht mögl.
}
```

Mit dem Zugriffsrecht *public* sind alle diese Zugriffe zulässig:

```
class C0 {
 public:
  int x;
  int f() { return x; }
};

struct C1 {
  int x;
  int f() { return x; }
};
```

Der Compiler prüft das Zugriffsrecht auf ein Klassenelement allerdings nur bei der Verwendung seines Namens. Wenn man den Speicherbereich eines *private* Elements über seine Adresse anspricht, kann man die Zugriffsrechte umgehen. Von solchen Manipulationen kann nur abgeraten werden.

Eine Klasse kann eine **beliebige Anzahl von Abschnitten** mit verschiedenen Zugriffsrechten in einer beliebigen **Reihenfolge** enthalten. Die Reihenfolge der Abschnitte ist dabei ohne Bedeutung. Es wird aber gelegentlich empfohlen, sie in der Reihenfolge *public*, *protected* und *private* aufzuführen. Dann kommen die Elemente zuerst, die für einen Anwender der Klasse von Bedeutung sind, und dieser muss dann den Rest der Klasse überhaupt nicht mehr anschauen, der nur für einen Entwickler von abgeleiteten Klassen (*protected* Elemente) oder dieser Klasse (*private* Elemente) von Bedeutung ist.

Beispiel: Die beiden Klassen *C1* und *C2* sind gleichwertig. Oft werden die verschiedenen Abschnitte wie bei *C1* in der Reihenfolge *private*, *protected* und *public* aufgeführt. Wenn man sie aber wie bei *C2* in der umgekehrten Reihenfolge anordnet, kommen die Elemente, die für das breiteste Publikum interessant sind, am Anfang:

```
class C1 {                    class C2 {
  int x;                       public:
 public:                        int f(C p);
  int f(C p);                  private:
};                              int x;
                              };
```

Ein **Benutzer** einer Klasse ist dadurch charakterisiert ist, dass er eine Variable des Klassentyps definiert (ein Objekt) und dann auf ihre Elemente zugreift (z.B. Elementfunktionen aufruft). Da man über ein Objekt nur auf die *public* Elemente zugreifen kann, werden diese auch als **Schnittstelle** der Klasse bezeichnet.

Beispiel: Die Schnittstelle der Klasse *Datum_1* besteht aus den Datenelementen *Tag*, *Monat* und *Jahr*, und die der Klasse *Datum_2* aus den Funktionen *setze*, *Tag*, *Monat* und *Jahr*. Über ein Objekt der Klasse *Datum_2* ist kein Zugriff auf die Elemente *Tag_*, *Monat_* und *Jahr_* möglich.

```
class Datum_1 {
public:
  int Tag, Monat, Jahr;
};

class Datum_2 {
public:
  bool gueltigesDatum(int Tag,int Monat,int Jahr)
  {
  int MaxTag=31;
  if ((Monat==4)||(Monat==6)||(Monat==9)||
                          (Monat==11)) MaxTag=30;
  else if (Monat==2)
     {
       bool Schaltjahr =((Jahr%4 == 0) &&
              (Jahr%100 != 0)) || (Jahr%400 == 0);
       if (Schaltjahr) MaxTag=29;
       else MaxTag=28;
     }

  return ((1<=Monat) && (Monat<=12) && (1<=Tag) &&
                          (Tag<=MaxTag));
  }
  void setze(int Tag, int Monat, int Jahr)
  {
  if (gueltigesDatum(Tag, Monat, Jahr))
     {
       Tag_=Tag;
       Monat_=Monat;
       Jahr_=Jahr;
     }
  else Fehlermeldung("Ungültiges Datum");
  }
  int Tag()   { return Tag_;}
  int Monat() { return Monat_;}
  int Jahr()  { return Jahr_;}
private:
  int Tag_, Monat_, Jahr_;
};
```

Obwohl es auf den ersten Blick unsinnig erscheinen mag, den Zugriff auf Datenelemente zu beschränken (**Datenkapselung, information hiding**), können Schnittstellen ohne Datenelemente gravierende **Vorteile** haben:

– Das Zugriffsrecht *private* ermöglicht die **Trennung** der **Implementation** einer
  Klasse von ihrer **Schnittstelle**. Dann kann ein Benutzer die Klasse auch nach
  einer Änderung ihrer Implementation wie bisher verwenden, ohne seine Aufrufe zu ändern.

  Beispiel: Um mit Kalenderdaten rechnen zu können, stellt man ein Datum oft
            durch die Anzahl der Tage seit einem bestimmten Stichtag dar. Bei
            einer Klasse wie *Datum_2* kann man die interne Darstellung und die
            Implementation der Funktionen ändern, so dass ein Anwender den

bisher geschriebenen Code weiterverwenden kann. Bei einer Klasse wie *Datum_1* ist das dagegen nicht möglich.

Obwohl solche Änderungen nach einer vollständigen Problemanalyse eigentlich nicht vorkommen dürften, sind sie in Praxis nicht selten: Oft erkennt man erst während der Entwicklung eines Systems alle Anforderungen, bzw. nach der Fertigstellung, dass Algorithmen zu langsam sind und optimiert werden müssen. Bei großen Projekten ändern sich die Anforderungen oft während ihrer Realisierung (z.B. durch neue Gesetze).

– Bei *private* Datenelementen ist der **Bereich** im Quelltext eines Programms, in dem sie verändert werden können, **kleiner** als bei *public* Elementen. Je kleiner dieser Bereich ist, desto kleiner ist der Bereich, in dem sie einen Fehler verursachen können und in dem man nach seiner Ursache suchen muss.

   Beispiel: In der Klasse *Datum_2* können die Datenelemente nur in der Funktion *setze* verändert werden. Falls ein Objekt dieser Klasse ein ungültiges Datum darstellt, muss die Ursache dieses Fehlers in der Funktion *setze* sein. Mit der Klasse *Datum_1* kann ein ungültiges Datum dagegen durch jedes Objekt dieser Klasse verursacht werden.

– Oft müssen verschiedene Datenelemente einer Klasse immer in einer bestimmten **Beziehung** zueinander stehen. Wenn diese Datenelemente *private* sind und der Entwickler jede *public* Elementfunktion so schreibt, dass diese Beziehung nach ihrem Aufruf gilt, hat der Anwender keine Möglichkeit, eine **Konsistenzbedingung** zu verletzen (siehe Abschnitt 6.1.7).

   Beispiel: Da die Datenelemente der Klasse *Datum_2* nur in der Funktion *setze* verändert werden können, und in dieser Funktion die Konsistenz der Daten geprüft wird, ist sichergestellt, dass der Anwender nicht mit inkonsistenten Daten arbeiten kann.

Mit *public* Datenelementen oder globalen Variablen kann der Entwickler dem Anwender dagegen keine solche Garantie geben. **Datenkapselung** bietet dem Entwickler also die Möglichkeit, den Zugriff auf die Datenelemente so zu beschränken, dass der Anwender überhaupt **keine Möglichkeit** hat, solche **Fehler** zu machen.

– Bei einem *private* Datenelement kann man gezielt festlegen, ob es nur gelesen oder auch geändert werden kann, indem man entsprechende Elementfunktionen zur Verfügung stellt.

   Beispiel: In der Klasse *Datum_2* können die einzelnen Datenelemente nur gelesen, aber nicht geändert werden.

Deshalb wird oft empfohlen, **alle Datenelemente** einer Klasse *private* zu deklarieren, und den Zugriff auf die *private* Elemente nur über *public* **Elementfunktion** zur ermöglichen. Falls durch den Zugriff auf Datenelemente eine Konsistenzbedingung verletzt werden kann, ist das aber nicht nur eine gut gemeinte Empfehlung, sondern ein Muss.

Oft sind auch *private* **Elementfunktionen** sinnvoll. Das sind meist Hilfsfunktionen, die nur in den Elementfunktionen aufgerufen werden, aber einem Benutzer der Klasse ausdrücklich nicht zur Verfügung stehen sollen.

Im Laufe dieses Kapitels wird als Beispiel immer wieder eine Stringklasse *MeinString* verwendet, die ähnlich wie *AnsiString* oder die Stringklasse *string* der Standardbibliothek verwendbar sein soll. Diese Klasse soll einen String intern als Zeiger s auf einen nullterminierten String und ein Längenfeld darstellen.

Beispiel: Wenn die Länge wie hier ein *public* Datenelement ist,

```
class MeinString {
   char* s; // Zeiger auf nullterminierten String
 public:
   int Laenge;   // Länge des Strings
};
```

kann sie über jedes Objekt verändert werden, ohne dass dieser Wert der Länge entsprechen muss, auf die der Zeiger s zeigt. Um solche Inkonsistenzen zu vermeiden, muss jeder Anwender der Klasse (das sind bei den Strings der Standardbibliothek recht viele) in jeder Programmzeile, in der er auf einen String zugreifen kann, auf Inkonsistenzen achten.

Stellt man die Länge dagegen durch ein *private* Datenelement n dar und gibt diesen Wert durch eine Funktion zurück, kann der Anwender der Klasse die Länge nur lesen, aber nicht verändern. Dann hat er auch keine Möglichkeit, n und s in einen inkonsistenten Zustand zu bringen:

```
class MeinString {
   char* s; // Zeiger auf nullterminierten String
   int n;   // Länge des Strings
 public:
   int Laenge(){ return n; } // Länge des Strings
};
```

Wenn der Entwickler dann in allen *public* Elementfunktionen der Klasse darauf achtet, dass s und n nie inkonsistent werden, kann der Anwender sicher sein, dass n und s nie inkonsistent sind. Der Aufwand für einen solchen Nachweis durch den Entwickler ist viel geringer als der für alle Anwender.

Im C++Builder (aber nicht in Standard-C++) gibt es außerdem noch das Zugriffsrecht **__published**. Elemente in einem solchen Abschnitt haben dieselben Zugriffsrechte wie in einem *public* Abschnitt. Der C++Builder fügt alle Komponenten, die mit den Mitteln der visuellen Programmierung auf ein Formular gesetzt werden, in einen solchen Abschnitt ein. Die Einträge in diesem Abschnitt sollten nicht manuell verändert werden:

```
class TForm1 : public TForm {
__published: // Komponenten, die von der IDE verwaltet
    TButton *Button1;                              // werden
    void __fastcall Button1Click(TObject *Sender);
private:    // Benutzerdeklarationen
public:     // Benutzerdeklarationen
    __fastcall TForm1(TComponent* Owner);
};
```

Wie die vom C++Builder nach *private:* oder *public:* in die Header-Datei eingefügten Kommentare andeuten sollen, kann man die Klasse hier um **eigene Elemente** ergänzen.

Beispiel: Nimmt man eine selbst definierte Funktion in die Formularklasse auf

```
    private: // Benutzerdeklarationen
        void f();
```

kann man die Elemente der Formularklasse wie in der linken Spalte direkt mit ihrem Namen ansprechen. Bei einer globalen Funktion muss man dagegen auch den Namen des Formulars angeben:

```
void TForm1::f()          void f()
{                         {
Edit1->Text="xx";         Form1->Edit1->Text= "xx";
}                         }
```

Anmerkung für Delphi-Programmierer: Die Zugriffsrechte *private* und *public* von C++ entsprechen denen von Object Pascal.

6.1.4 Der Aufruf von Elementfunktionen und der *this*-Zeiger

Da zu einer Klasse Datenelemente gehören können, auf die die Elementfunktionen zugreifen, kann eine nicht statische Elementfunktion außerhalb einer Klasse nur nach der Definition eines Objekts aufgerufen werden. Es ist nicht möglich, eine Elementfunktion wie eine globale Funktion allein über den Namen aufzurufen, mit dem sie definiert wurde:

Beispiel: Der Aufruf einer nicht statischen Elementfunktion allein über ihren Namen führt zu einer Fehlermeldung des Compilers:

```
        C2DPunkt::Init(0,0); // Fehler: Verwenden Sie .
              // oder -> zum Aufruf von C2DPunkt::Init
```

Mit dem Objekt p bzw. einem Zeiger q auf ein Objekt

```
C2DPunkt p;
C2DPunkt* q = new C2DPunkt;
```

kann eine Elementfunktion mit dem Punkt- oder Pfeiloperator nach dem
Namen des Objekts aufgerufen werden:

```
p.Init(0,0);
q->Init(0,0);
```

Beim **Aufruf einer** nicht virtuellen **Elementfunktion** bestimmt der Compiler die
aufzurufende Funktion über den Datentyp, der bei der Definition des Objekts
angegeben wurde. Wie bei einer gewöhnlichen Funktion steht so bereits zum
Zeitpunkt der Kompilation fest, welche Funktion aufgerufen wird. Deshalb
bezeichnet man diese Art der Auflösung von Funktionsaufrufen auch als **frühe
Bindung**. Im Unterschied dazu spricht man bei den später vorgestellten virtuellen
Funktionen von **später Bindung**, da sich hier erst während der Laufzeit des Programms ergibt, welche Funktion aufgerufen wird.

Beispiel: Nach der Definition der Objekte

```
C2DPunkt p1,p2;
```

wird jeder der beiden Aufrufe

```
p1.Init(0,0);
p2.Init(1,1);
```

in einen Aufruf von *C2DPunkt::Init* übersetzt, da *p1* und *p2* beide den
Datentyp *C2DPunkt* haben.

In diesem Zusammenhang stellt sich die Frage, woher die Elementfunktion
C2DPunkt::Init weiß, dass sie beim ersten Aufruf die Datenelemente von *p1* und
beim zweiten die von *p2* verwenden soll. Die Antwort ergibt sich daraus, dass der
Compiler jeder nicht statischen Elementfunktion automatisch die Adresse des
aktuellen Objekts als zusätzlichen Parameter ***this*** übergibt. Über diesen Zeiger wer
den dann alle Klassenelemente adressiert.

Beispiel: Der Compiler übersetzt die Elementfunktion

```
void C2DPunkt::Init(double x_, double y_)
{
x = x_;
y = y_;
}
```

so, als ob sie mit einem zusätzlichen Parameter *this* vereinbart wäre,
dessen Datentyp ein Zeiger auf ihre Klasse ist. Alle Klassenelemente
werden über diesen Parameter *this* adressiert :

```
void C2DPunkt::Init(double x_, double y_,
                                        C2DPunkt* this)
{
this->x = x_;
this->y = y_;
}
```

Beim Aufruf einer Elementfunktion wird dann automatisch ein Zeiger auf das aktuelle Objekt für den Parameter *this* übergeben. Der Aufruf

```
p1.Init(0,0);
```

wird übersetzt als

```
C2DPunkt::Init(0, 0, &p1);
```

Der Parameter *this* kann in einer nicht statischen Elementfunktion verwendet werden. Das ist zwar nur selten notwendig. Wir werden jedoch später einige solche Situationen kennen lernen.

Beispiel: Die folgende Definition wird vom Compiler akzeptiert:

```
void C2DPunkt::Init(double x, double y)
{
this->x = x;
this->y = y;
};
```

Anmerkung für Delphi-Programmierer: Dem *this*-Zeiger von C++ entspricht in Object Pascal der Zeiger *self*.

6.1.5 Konstruktoren und Destruktoren

In den bisherigen Beispielen wurde die Elementfunktion *Init* dazu verwendet, die Datenelemente eines Objekts zu initialisieren. Damit man den Aufruf einer solchen Initialisierungsfunktion nicht versehentlich vergisst, kann man in C++ sogenannte Konstruktoren definieren. Der Compiler akzeptiert dann die Definition eines Objekts nur, wenn dabei ein Konstruktor aufgerufen wird.

Ein **Konstruktor** ist eine Elementfunktion der Klasse, die dadurch charakterisiert ist, dass sie denselben Namen wie die Klasse hat. Er darf keinen Rückgabetyp haben (auch nicht *void*) und nicht *virtual* oder *static* sein (siehe Abschnitt 6.4.2 und 6.2.9). Eine Klasse kann mehrere Konstruktoren haben. Diese müssen sich dann wie alle anderen überladenen Funktionen durch hinreichend verschiedene Parameter unterscheiden. Die Parameter können auch Default-Argumente haben.

Ein Konstruktor wird in den folgenden Situationen automatisch aufgerufen:

1. Wenn man **ein Objekt durch eine Definition erzeugt**. Dabei muss nach dem Namen des Objekts eine Liste von Argumenten angeben werden, die zur Parameterliste des Konstruktors passt. Bei der Definition des Objekts wird dann der Konstruktor mit diesen Argumenten aufgerufen.

Beispiel: Mit der Klassendefinition

```
class C2DPunkt{
  double x,y;
 public:
  C2DPunkt(double x_)
  { // ein Parameter: x-Wert
  x=x_;
  y=0;
  }

  C2DPunkt(double x_, double y_)
  {
  x=x_;
  y=y_;
  }
};
```

können folgendermaßen Objekte dieser Klasse definiert werden:

```
C2DPunkt p(3);   // p=(3,0)
C2DPunkt q(5,6); // q=(5,6)
```

Dagegen wird diese Definition vom Compiler nicht akzeptiert:

```
C2DPunkt p;//Fehler: Keine Übereinstimmung für
           // 'C2DPunkt::C2DPunkt()' gefunden
```

Die beiden Konstruktoren von *C2DPunkt* können auch durch einen einzigen mit einem Default-Argument ersetzt werden:

```
class C2DPunkt{
  double x,y;
 public:
  C2DPunkt(double x_, double y_=0)
  {
  x=x_;
  y=y_;
  }
};
```

Der Zeitpunkt des Konstruktoraufrufs hängt von der Art der Definition ab:

- Bei einer globalen Definition wird der Konstruktor ein einziges Mal beim Start des Programms aufgerufen.
- Bei einer lokalen nicht statischen Definition wird er bei jeder Ausführung der Deklarationsanweisung aufgerufen.

– Bei einer lokalen statischen Definition wird er bei der ersten Ausführung der Definition aufgerufen.

2. Wenn ein **Objekt mit *new* erzeugt** wird. Dabei muss man nach *new* den Namen der Klasse und anschließend eine Liste von Argumenten für einen Konstruktor angeben. Bei der Ausführung der *new*-Anweisung wird dann der Konstruktor aufgerufen, der zu den Argumenten passt.

Beispiel: Mit der Klasse *C2DPunkt* aus dem letzten Beispiel sind die ersten beiden Definitionen möglich. Die dritte wird dagegen vom Compiler abgelehnt:

```
C2DPunkt* pp=new C2DPunkt(3);     // *pp=(3,0)
C2DPunkt* pq=new C2DPunkt(5,6);   // *pq=(5,6)
C2DPunkt* p=new C2DPunkt;         // Fehler
```

3. Ein **Konstruktor** kann **explizit** mit seinem Namen (also dem Namen der Klasse) **aufgerufen** werden. Dabei wird ein **temporäres Objekt** erzeugt, das keinen Namen hat. Solche Ausdrücke werden oft in einer Zuweisung, bei einer *return*-Anweisung, als Argument oder als Default-Argument verwendet.

Beispiel: In den mit 1, 2, 3 und 4 gekennzeichneten Anweisungen werden temporäre Objekte erzeugt:

```
C2DPunkt Nullpunkt()
{
return C2DPunkt(0,0);   // 1
}

void f(const C2DPunkt& r=C2DPunkt(0,0))
{
}

void test()
{
C2DPunkt p(1,2);
p=C2DPunkt(3,4);     // 2
f(C2DPunkt(5,6));    // 3
f();                 // 4
}
```

Die temporären Objekte in diesem Beispiel existieren nur während der Ausführung des Ausdrucks, in dem sie erzeugt werden. Ein temporäres Objekt, das eine Referenz initialisiert, existiert während der gesamten Lebensdauer des initialisierten Objekts. Deshalb existiert das beim Aufruf f() erzeugte temporäre Objekt bis zum Ende des Blocks der Funktion f.

Ein Konstruktor, der mit einem einzigen Argument aufgerufen werden kann, heißt **konvertierender Konstruktor**, da sein Aufruf wie eine Typkonversion aussieht. Dabei wird ein temporäres Objekt erzeugt. Solche Konstruktoren gehören zu den **benutzerdefinierten Konversionen** (siehe Abschnitt 6.2.7) und werden oft dazu verwendet, einem Ausdruck einen bestimmten Datentyp zu geben:

```
AnsiString s=AnsiString("a")+"b"; // das geht;
s="a"+"b"; // Fehler: unzulässige Zeigeraddition
```

Ein temporäres Objekt wird außerdem durch einen *throw*-Ausdruck erzeugt.

4. Wenn eine Funktion einen Parameter hat, dessen Datentyp eine Klasse mit einem konvertierenden Konstruktor ist, dann kann die Funktion auch mit einem Argument für diesen Konstruktor aufgerufen werden. Der Compiler erzeugt dabei aus dem Argument mit dem konvertierenden Konstruktor ein temporäres Objekt, das der Funktion als Argument übergeben wird.

Beispiel: Die Klasse *C2DPunkt* von oben hat einen konvertierenden Konstruktor, der mit einem Ganzzahlargument aufgerufen werden kann. Deshalb kann man die Funktion

```
void f(C2DPunkt x)
{}
```

auch mit einem Ganzzahlargument aufrufen. Dieser Aufruf führt dann zum Aufruf des Konstruktors, der aus dem Argument y ein temporäres Objekt *C2DPunkt(y)* erzeugt:

```
f(1); // f(C2DPunkt(1));
```

Solche Konversionen kann man mit *explicit* (siehe Abschnitt 6.2.8) unterbinden.

5. Bei der Definition eines **Arrays von Objekten** wird **für jedes Arrayelement** in der Reihenfolge der Indizes ein Konstruktor aufgerufen. Die Konstruktoren kann man in einer Initialisiererliste angeben. Für Konstruktoren mit einem Parameter genügt ein Argument für den Konstruktor.

Beispiel: Mit der Klasse *C2DPunkt* erzeugt die folgende Definition die als Kommentar angegebenen Arrayelemente:

```
C2DPunkt a[2]= {C2DPunkt(1,2),3};
// a[0]=(1,2), a[1]=(3,0)
```

Enthält diese Liste weniger Elemente als das Array, werden die restlichen Elemente durch den sogenannten Standardkonstruktor initialisiert. Das ist ein Konstruktor, der ohne Argumente aufgerufen werden kann (siehe Abschnitt 6.1.6). Bei einem Array ohne eine solche Liste und einem mit *new* angelegten Array, bei dem man keine Initialisiererliste angeben kann, werden alle Elemente mit dem Standardkonstruktor initialisiert. Falls die Klasse keinen Standardkonstruktor hat, bringt der Compiler eine Fehlermeldung.

Beispiel: Die folgende Definition führt zum zweifachen Aufruf des Standardkonstruktors der Klasse *C2DPunkt*, falls dieser definiert ist, bzw. zu einer Fehlermeldung:

```
C2DPunkt* pa=new C2DPunkt[2];
```

6. Wenn eine Klasse Datenelemente eines Klassentyps enthält, wird beim Erzeugen eines Objekts der umgebenden Klasse ein Konstruktor für jedes enthaltene Objekt aufgerufen (siehe Abschnitt 6.2.2).

Normalerweise ist es die **Aufgabe eines Konstruktors**, alle Datenelemente eines Objekts der Klasse so zu initialisieren, dass sie beim Aufruf einer beliebigen Elementfunktion **konsistent** sind. Falls die Klasse keine Konsistenzbedingung hat, sollten sie zumindest in einem definierten Zustand sein. Wenn eine Elementfunktion der Klasse Datenelemente verwendet, die nach dem Aufruf eines Konstruktors nicht initialisiert sind, ist das meist ein **Fehler**.

Beispiel: Nach der Definition

```
class C2DPunkt{
  double x,y;
 public:
  C2DPunkt(double x_, double y_=0)
  {
  x=x_; // Initialisierung von y wurde vergessen
  }

  AnsiString toStr()
  {
  return "("+FloatToStr(x)+"|"+FloatToStr(y)+")";
  } // z.B. (2,345|3,45678)
};
```

wird beim Aufruf von *toStr* ein undefinierter Wert von y verwendet.

Die von einem Objekt reservierten Ressourcen (z.B. Speicher) müssen am Ende seiner Existenz auch wieder freigegeben werden. Damit das nicht versehentlich vergessen wird, kann man diese Freigabe in einem **Destruktor** durchführen.

Ein Destruktor ist dadurch charakterisiert, dass sein Name mit dem Zeichen „~" (Tilde) beginnt, auf das der Name der Klasse folgt. Ein Destruktor muss *public* sein und darf weder eine Parameterliste noch einen Rückgabetyp (auch nicht *void*) haben. Während eine Klasse also mehrere verschiedene Konstruktoren haben kann, kann sie nur einen einzigen Destruktor haben.

Ein Destruktor wird in den folgenden Situationen automatisch aufgerufen:

1. Beim Verlassen des Blocks, in dem ein lokales, nicht statisches Objekt durch eine Definition erzeugt wurde. Das gilt auch, wenn der Block verlassen wird,

weil eine Exception ausgelöst wird. Für ein Array von Objekten wird der Destruktor für jedes Element des Arrays aufgerufen.

2. Wird während der Ausführung eines Konstruktors eine Exception ausgelöst, dann wird für alle bisher konstruierten Objekte ihr Destruktor aufgerufen.

3. Am Ende des Programms für ein Objekt, das durch eine globale oder eine lokale statische Definition erzeugt wurde.

4. Wenn für ein mit *new* erzeugtes Objekt *delete* aufgerufen wird.

5. Für ein mit *new[]* erzeugtes Array von Objekten wird durch den Aufruf von *delete[]* der Destruktor für jedes Objekt des Arrays aufgerufen.

6. Wenn ein Objekt Element eines anderen Objekts ist, ruft der Destruktor des umgebenden Objekts die Destruktoren aller Elemente auf.

7. Bei einem temporären Objekt mit dem Ende der Ausdrucksanweisung, in der es erzeugt wurde. Falls das temporäre Objekt eine Referenz initialisiert, wird der Destruktor am Ende der Lebensdauer der Referenz aufgerufen.

Man kann einen Destruktor auch explizit aufrufen. Das ist aber meist nicht notwendig.

Beispiel: Der Aufruf der Funktion *test*

```
class C{
 public:
   ~C () // Destruktor
   {
      Form1->Memo1->Lines->Add("Destruktor");
   }
};

void test()
{
C* pc=new C;
delete pc;     // 1.
C c;
Form1->Memo1->Lines->Add("vor dem Blockende");
}              // 2.
```

führt zur folgenden Ausgabe:

```
Destruktor
vor dem Blockende
Destruktor
```

Falls für eine Klasse kein Destruktor definiert wird, erzeugt der Compiler einen als *public inline* Funktion mit einem leeren Anweisungsteil:

C:: ~C() { }

Dieser **automatisch erzeugte Destruktor** ist ausreichend, falls alle von einem Objekt reservierten Ressourcen am Ende seiner Lebenszeit automatisch wieder freigegeben werden. Das gilt insbesondere dann, wenn in den Konstruktoren nur Elemente initialisiert werden. Deshalb muss man nicht für jede Klasse, die einen oder mehrere Konstruktoren hat, auch einen Destruktor definieren. Ein mit *new* reservierter Speicherbereich wird allerdings nicht automatisch wieder freigegeben. Deshalb benötigt jede Klasse einen Destruktor, die in einem Konstruktor oder in einer Elementfunktion mit *new* Speicher reserviert.

Da eine Klasse nur einen einzigen Destruktor hat, muss die Reservierung der Ressourcen in allen Konstruktoren so erfolgen, dass sie im Destruktor wieder freigegeben werden können. Falls z.B. ein Konstruktor eine bestimmte Ressource reserviert, während ein anderer Konstruktor sie nicht reserviert, muss sich im Destruktor feststellen lassen, ob sie freigegeben werden muss. Solche Fallunterscheidungen können vermieden werden, indem die Ressourcen in allen Konstruktoren durch dieselben Anweisungen reserviert werden.

Konstruktoren und Destruktoren unterliegen denselben **Zugriffsrechten** wie alle anderen Klassenelemente: Damit ein Objekt mit einem Konstruktor angelegt werden kann, muss dieser *public* sein.

Betrachten wir als weiteres Beispiel die am Ende von Abschnitt 6.1.3 vorgestellte **einfache Stringklasse** *MeinString*. Diese soll jetzt um einen Konstruktor erweitert werden, mit dem ein *MeinString* wie ein *string* oder ein *AnsiString* aus einem als Argument übergebenen Zeiger auf einen nullterminierten String erzeugt wird:

```
string s("abc");
AnsiString a("abc");
```

Der interne Zeiger soll auf eine Kopie des Arguments zeigen, und der dafür notwendige Speicherplatz soll auf dem Heap reserviert werden.

```
class MeinString {
  char* s; // Zeiger auf nullterminierten String
  int n;   // Länge des Strings
 public:
  MeinString(const char* p)  // 1
  { // p muss auf einen nullterminierten String zeigen
    n=strlen(p);
    s=new char[n+1];
    strcpy(s,p);
  };
```

Der nächste Konstruktor ermöglicht die Initialisierung eines Strings mit einem einzigen Zeichen des Datentyps *char*:

```
  MeinString(char c)
  {
    n=1;
    s=new char[n+1];
    *s=c;
    *(s+1)='\0';
  };
```

Dieser Destruktor gibt den von einem String reservierten Speicher wieder frei:

```
~MeinString()
{
  delete[] s;
};
};
```

Anmerkung für Delphi-Programmierer: In Object Pascal sind Konstruktoren nicht durch denselben Namen wie die Klasse gekennzeichnet, sondern durch das Schlüsselwort *constructor*. Ein solcher Konstruktor muss dann wie eine normale Elementfunktion explizit aufgerufen werden. Er wird insbesondere nicht wie in C++ automatisch aufgerufen, wenn ein Objekt definiert wird.

Aufgaben 6.1.5

1. Beschreiben Sie die Aufgaben eines Konstruktors und Destruktors. Werden diese Aufgaben in der folgenden Klasse erfüllt?

```
class C {
    int n, max;
    int* a;
 public:
  C()
  {
   max=100;
   a=new int[max];
  }

  C(int i)
  {
   n=1;
   a=new int[100];
   a[0]=i;
  };

  C(int i,int j)
  {
   n=2;
   max=100;
   a=new int[100];
   a[1]=i;
   a[2]=j;
  };

  void add_data(int d)
  {
  if (n<max-1)
   {
     ++n;
     a[n]=d;
   }
  }
```

```
void show_data()
{
for (int i=0; i<n; ++i)
  Form1->Memo1->Lines->Add(IntToStr(a[i]));
}
};
```

2. Welche der folgenden Klassen benötigen einen Destruktor?

a) ```
class C1 {
    int x,y,z;
    public:
    C1(int x_=0, int y_=0, int z_=0)
    {
    x=x_; y=y_; z=z_;
    }
};
```

b) ```
class C2 {
    int* x;
    public:
    C2(int n)
    {
    x=new int[n];
    }
};
```

c) ```
#include <fstream>
using std::ifstream;

class C3 {
    ifstream f; // eine Klasse der C++-Standardbibliothek
    public:
    C3(const char* FileName)
    {
     f.open(FileName);
    }
};
```

3. Definieren Sie die folgenden Klassen. Jede soll geeignete Konstruktoren sowie bei Bedarf auch einen Destruktor enthalten. Legen Sie mit jedem Konstruktor der unter a) bis c) definierten Klassen zwei Objekte an. Das erste soll durch eine Definition und das zweite mit *new* angelegt werden. Rufen Sie jede Funktion, die Sie geschrieben haben, für jedes dieser Objekte auf.

a) Die Klasse *Kreis* soll einen Kreis darstellen und als *private* Datenelement den Radius (Datentyp *double*) enthalten. Ein Konstruktor und die Elementfunktion *setzeRadius* sollen einen Parameter des Datentyps *double* haben, der den Radius setzt. Der Konstruktor soll auch ohne ein Argument aufgerufen werden können und dann den Radius auf 1 setzen. Die Elementfunktion *Radius()* soll den Radius als Funktionswert zurückgeben. Alle Elementfunktionen von *Kreis* sollen innerhalb der Klasse definiert werden.
```

b) Die Klasse *Quadrat* soll ein Quadrat darstellen und als *private* Datenelement die Seitenlänge (Datentyp *double*) enthalten. Ein Konstruktor und die Elementfunktion *setzeSeitenlaengen* sollen einen Parameter des Datentyps *double* haben, der die Seitenlänge setzt. Der Konstruktor soll auch ohne ein Argument aufgerufen werden können und dann die Seitenlänge auf 1 setzen. Die Elementfunktion *Seitenlaenge()* soll die Seitenlänge als Funktionswert haben. Alle Elementfunktionen sollen außerhalb der Klasse definiert werden.

c) Die Klasse *Rechteck* soll ein Rechteck darstellen und als *private* Datenelemente die Seitenlängen a und b (Datentyp *double*) enthalten, die durch einen Konstruktor initialisiert werden. Diese sollen auch mit der Funktion *setzeSeitenlaengen* gesetzt werden können, die zwei Parameter des Datentyps *double* hat. Die jeweiligen Seitenlängen sollen als Funktionswert der Funktionen *Seitenlaenge_a()* und *Seitenlaenge_b()* zurückgegeben werden.

d) Ergänzen Sie jede der unter a) bis c) definierten Klassen um die Elementfunktionen *Flaeche()*, *Umfang()* und *toStr()*. Die Funktion *toStr()* soll einen String der Art „Kreis mit Radius 5" oder „Rechteck mit a=6 und b=7" zurückgeben.

4. Bei dieser Aufgabe soll nur eine der Klassen (z.B. *Grundstueck*) programmiert werden. Die anderen sollen nur skizziert werden (z.B. grafisch mit Bleistift und Papier). Für eine solche Gesamtheit von Klassen werden wir später bessere Techniken kennen lernen und dann wieder auf diese Aufgabe zurück kommen.

Ein einfaches Programm zur Verwaltung von Immobilien soll die Klassen *Grundstueck*, *Eigentumswohnung* usw. enthalten, mit denen Grundstücke usw. dargestellt werden können.

Jede dieser Klassen soll ein Datenelement *Anschrift* des Datentyps *char** und ein Datenelement *Kaufpreis* des Datentyps *double* enthalten. Zusätzlich zu diesen beiden Feldern sollen diese Klassen auch noch die folgenden Datenelemente enthalten:

- Die Klasse *Grundstueck* soll das Datenelement *Flaeche* enthalten.
- Die Klasse *Eigentumswohnung* soll die Datenelemente *Wohnflaeche* und *AnzahlZimmer* enthalten.
- Die Klasse *Schloss* soll das *int*-Element *AnzahlSchlossgeister* enthalten.
- Die Klasse *Einfamilienhaus* soll die Datenelemente *Wohnflaeche, Grundstuecksgroesse* und *AnzahlZimmer* enthalten.
- Die Klasse *Gewerbeobjekt* soll das Datenelement *Nutzflaeche* und *Nutzungsart* (Datentyp *char**, z.B. für „Büro", „Restaurant") enthalten.

Jede Klasse soll Funktionen haben, die ihre Datenelemente zurückgeben.

5. a) Welche Ausgabe erzeugt ein Aufruf der Funktion *test1*?

```
void display(AnsiString s, int i=-1)
{
if (i>=0) s=s+IntToStr(i);
Form1->Memo1->Lines->Add(s);
}

class C{
   int a;
  public:
   C (int a_=0)
   { // Beim Aufruf ohne Argument ein Standard-
     a=a_;                              // konstruktor
     display("Konstruktor: ", a);
   }
   ~C ()
   { display("Destruktor: ",a);   }
};

void f1(C c)
{
display("  in f1(): Werteparameter");
};

void f2(const C& c)
{
display("  in f2(): Referenzparameter");
};

C f3(int i)
{
display("  in f3(): return-Wert");
return C(i);
};

void test1()
{
C x(1);
C* z=new C(2);
display("vor x=C(3)");
x=C(3);
display("vor f1(4)");
f1(4);
display("vor f2(x)");
f2(x);
display("vor f3(5)");
x=f3(5);
delete z;
display("Ende von test()");
}
```

Vergleichen Sie ihre Vermutungen anschließend mit dem Ergebnis eines Programms, das die Funktion *test1* aufruft.

b) Wenn Speicher mit *new[]* reserviert wird, muss er mit *delete[]* wieder freigegeben werden. Gibt man mit *new* reservierten Speicher mit *delete[]* wieder frei, ist das Ergebnis undefiniert, ebenso, wie wenn man mit *new[]*

reservierten Speicher mit *delete* wieder freigibt. Beschreiben Sie zunächst, welche Ausgabe Sie von einem Aufruf der Funktion *test2* erwarten. Vergleichen Sie Ihre Vermutungen dann mit dem Ergebnis eines Programms, das die Funktion *test2* aufruft.

```
void test2()
{
display("vor p1");
C* p1=new C[2];
delete[] p1;

display("vor p2");
C* p2=new C[2];
delete p2;

display("vor p3");
C* p3=new C;
delete[] p3;

display("vor p4");
C* p4=new C(4);
delete[] p4;
display("Ende von test()");
}
```

6. Definieren Sie für die Klasse *MeinString* eine Elementfunktion *c_str*. Sie soll wie bei den Stringklassen *string* bzw. *AnsiString* den Zeiger auf den internen nullterminierten String zurückgeben und damit auch Argumente des Typs *MeinString* bei den Stringfunktionen wie *strcpy* usw. ermöglichen.

7. In der folgenden Klasse soll der Datentyp T ein großer Datentyp sein. Um den Zeitaufwand für die Funktion *data* zu minimieren, gibt diese als Funktionswert eine Referenz und keine Kopie des Elements x zurück. Beurteilen Sie diesen Ansatz.

```
class C {
  T x;
  public:
  C(T x_) { x=x_; }

  T& data() // T data() wäre zu langsam
  {
  return x;
  }
};
```

8. Was halten Sie von dem folgenden Trick, den ich im Internet gefunden habe (http://home.att.net/~robertdunn/CodeSamples/CheapTricks.html): „Borland, for some unfathomable reason, decided to make member data private in many classes. Here is a rather clever way to get around it:"

```
#define private public
#define protected public
#include <theworld.h>
#undef private
#undef public
```

6.1.6 OO Analyse und Design: Der Entwurf von Klassen

Eine Klasse ist eine Zusammenfassung von Daten und Funktionen. Deshalb liegt es nahe, in einer Klasse solche Variablen und Funktionen zusammenzufassen, die inhaltlich zusammengehören. Das bedeutet aber nicht, dass jede solche Zusammenfassung auch eine „gute" Klasse ist, die zur Lösung des Problems beiträgt. Deshalb stellt sich die Frage, wie man zu einer gegebenen Problemstellung solche Klassen findet.

Diese Fragen sind Gegenstand der objektorientierten Analyse und des objektorientierten Designs (OOAD). Die folgenden Ausführungen sollen nur einen kleinen Einblick in dieses Thema geben. Für eine ausführlichere Darstellung wird auf Booch (1994), Meyer (1997) und Stroustrup (1997, Kap. 23 und 24) verwiesen.

Dazu wird oft die folgende Vorgehensweise empfohlen:

1. Ausgangspunkt ist eine Spezifikation (Pflichtenheft), die meist in schriftlicher Form vorliegt und die die Aufgabenstellung präzise beschreibt. Bei kleineren Projekten oder bei Projekten mit einer vagen Aufgabenstellung kann aber auch ein gedankliche Vorstellung ausreichen, die nicht schriftlich vorliegt.

2. Versuchen Sie, in der Problemstellung („der Realität", der Spezifikation usw.) „**reale Objekte**" zu finden, die eine **Identität**, einen **Zustand** und **Operationen** haben. Hier steht der Begriff „reales Objekt" für ein Konzept der Realität (z.B. einen Gegenstand) und nicht für ein Objekt (eine Variable eines Klassentyps) in einem Programm.
    – Der Zustand eines Objekts wird durch die Werte von Eigenschaften beschrieben.
    – Die Operationen sind Aktionen, die mit dem Objekt durchgeführt werden. Sie verändern den Zustand oder beruhen auf ihm.
    Versuchen Sie, die Operationen zu finden, die ein Anwender ausführen muss, um das Problem zu lösen Dabei sollte man sich auf Objekte, Eigenschaften und Operationen beschränken, die für die Lösung des Problems notwendig sind.

    Die Suche nach den Klassen und ihren Operationen wird oft durch das Durchspielen von typischen Anwendungsfällen erleichtert.

3. Alle realen Objekte mit denselben Eigenschaften und Operationen werden dann im Programm durch eine **Klasse** modelliert. Die Klasse stellt dann ein **Konzept der Realität** dar. Der **Zustand** eines realen Objekts wird durch **Datenelemente** dargestellt, und die **Operationen** durch Elementfunktionen.

Die **realen Objekte** werden im Programm durch **Objekte** (Variablen des Klassentyps) gestellt. Die Identität eines realen Objekts kommt im Namen des Programmobjekts zum Ausdruck.

4. Neben den Klassen, die sich aus den realen Objekten ergeben, sind oft auch Klassen notwendig, die nur Hilfsmittel zur Realisierung des Programms sind. Solche Klassen werden auch als **Implementationsklassen** bezeichnet. Dazu gehören z.B. Containerklassen, die Daten verwalten, oder Stringklassen, die Text darstellen. Solche Container findet man oft nicht direkt in der Problemstellung, sondern nur indirekt aufgrund der Notwendigkeit, Daten zu verwalten.

5. Das Ziel der Analyse sind Klassen und Objekte, die das Gesamtproblem gemeinsam lösen.

Es gibt Vertreter einer „reinen Lehre" der Objektorientierung, die verlangen, dass ein Programm nur aus Klassen und Objekten besteht. Andere sehen das nicht so eng und lassen auch Funktionen zu, die nicht zu einer Klasse gehören. Die C++-Standardbibliothek enthält zahlreiche Algorithmen, die wie solche Funktionen verwendet werden können.

Beispiele: Bei den Problemstellungen

1. Ein Programm für einen Bauernhof soll die Schweine Franz und Grunz, das Huhn Frieda und die Kühe Milka und Rittersport darstellen.
2. Für eine Bank sollen Ein- und Auszahlungen auf Spar- und Girokonten verbucht werden.

findet man so z.B. diese realen Objekte und Klassen:

1. Die realen Objekte sind „Bauernhof", „Franz", „Grunz", „Frieda", „Milka" und „Rittersport". Sie haben alle eine eigene Identität, obwohl z.B. die beiden Schweine für einen Außenstehenden vielleicht nicht einmal unterscheidbar sind.

Um die relevanten Eigenschaften und Operationen zu identifizieren, müsste die Aufgabenstellung präziser sein. Falls sich der Bauernhof als Fleischlieferant versteht, könnte das Gewicht und die Anzahl der Koteletts eine relevante Eigenschaft sein. Wenn die Schweine dagegen eine Attraktion für Ferien auf dem Bauernhof sind, sind vielleicht ihr Name und ihre Augenfarbe wichtig. Für ein Computerspiel, das Ferien auf dem Bauernhof simuliert, sind z.B. die Operationen „gehen", „fressen" oder „grunzen" denkbar.

Für die Schweine ist eine Klasse *Schwein* naheliegend, für die Kühe eine Klasse *Kuh* usw. Falls die verschiedenen Tierarten nicht durch Eigenschaften und Operationen unterschieden werden, kann auch eine Klasse *Tier* angemessen sein.

2. Reale Objekte sind z.B. „mein Girokonto" oder „das Sparkonto von Bill Gates" mit den Eigenschaften Kontostand und Kontonummer und den Operationen Einzahlung und Auszahlung.

    Diese Konten können dann durch Klassen wie *Sparkonto* oder *Girokonto* modelliert werden. Falls nur gemeinsame Eigenschaften dieser Konten von Bedeutung sind, kann aber auch eine Klasse *Konto* angemessen sein.

3. Falls man einen Kandidaten für eine Klasse gefunden hat, für den man aber keine Elementfunktionen findet, ist das meist ein Hinweis darauf, dass das keine geeignete Klasse ist. Auf den ersten Blick könnte man auch Einzahlungen und Auszahlungen als reale Objekte betrachten. Falls man für sie aber keine Operationen findet, sollte man sie doch besser als Operationen der Konten und nicht als eigenständige Objekte betrachten.

4. In beiden Aufgaben kann es sinnvoll sein, die Schweine, Hühner, Konten usw. in einem Container zu verwalten, obwohl die Aufgabenstellung auf den ersten Blick keinen Hinweis auf eine solche Containerklasse enthält.

Diese Beispiele zeigen insbesondere, dass man Klassen nur vor dem Hintergrund einer konkreten Aufgabenstellung entwickeln man. Ohne eine solche Aufgabenstellung kann man weder ihre Eigenschaften noch ihre Operationen festlegen.

Die Suche nach den Klassen, die für die Lösung eines Problems angemessen sind, ist meist ein **iterativer Prozess**: In einem ersten Schritt entwickelt man Klassen und Objekte, die eine erste Näherung der Lösung darstellen. Diese wird dann immer weiterentwickelt, bis die Aufgabe gelöst ist. **Booch** (1994, S. 136) gesteht freimütig ein, dass er es **außer in trivialen Fällen nie geschafft hat, eine Klasse auf Anhieb richtig zu entwerfen**.

Falls man sich mit der Problemstellung auskennt, ist es oft einfach, Klassen und Objekte zu finden. Falls man sich aber neu einarbeiten muss, kann es recht aufwendig sein, die wesentlichen Elemente zu identifizieren. Deshalb ist es bei anspruchsvollen Aufgaben oft von Vorteil, wenn sie von Mitarbeitern programmiert werden, die sich in der Problemstellung auskennen. Die Auslagerung der Programmierung an externe Firmen erfordert ein präzises Pflichtenheft, dessen Erstellung oft aufwendiger ist als die Programmierung der Lösung. Und die Lerneffekte, die sich während der Entwicklung der Lösung einstellen, können sich überhaupt nicht einstellen. Dadurch wird oft ein großes Potential für Innovation verschenkt, ohne dass die oft erhofften Kosteneinsparungen eintreten.

Die oben beschriebene Vorgehensweise ist ziemlich allgemein und lässt oft einen größeren Interpretationsspielraum zu. „Gute" Klassen sind oft dadurch charakterisiert, dass sie vom Anwender leicht verstanden und vom Entwickler leicht an neue Anforderungen angepasst werden können. Die folgenden Regeln tragen oft dazu bei, „gute" Klassen zu finden (Booch 1994, Abschnitt 3.6; Meyer 1997, S. 730; Stroustrup 1997, Abschnitt 23.4.2):

1. Eine Klasse soll ein **einziges, klar umrissenes, einfaches Konzept** darstellen

    Falls eine Klasse verschiedene Konzepte darstellt, ist beim Aufruf einer Elementfunktion eventuell nicht klar, auf welches der Konzepte sich diese Funktion bezieht. Das führt leicht zu unübersichtlichen Programmen.

2. Die **Schnittstelle** einer Klasse soll **vollständig und minimal** sein.

    Sie soll für alle Operationen Elementfunktionen enthalten, die ein Anwender für die Lösung des Problems benötigt. Sie soll aber auch keine unnötigen Funktionen haben. Dazu gehören oft Funktionen, die einfache Anweisungen zusammenfassen, die man genauso gut und ohne jeden Verlust an Einfachheit anstelle des Funktionsaufrufs verwenden könnte.

    Das verlangt vom Designer bzw. Entwickler Weitsicht und ein Problemverständnis aus der Sicht des Benutzers.

3. Die Datenelemente dürfen keine **Konsistenzbedingungen** verletzen. Das wird mit *private* Datenelementen erreicht, auf die nur mit *public* Elementfunktionen zugegriffen wird, die diese Bedingungen herstellen (**Datenkapselung,** siehe Abschnitt 6.1.3).

Die **Namen** der Klassen und ihrer Elemente sollten immer so gewählt werden, dass sie ihre Bedeutung beschreiben (z.B. x für die x-Koordinate). Diese Empfehlung ist aber sehr allgemein und lässt sich in vielen Varianten umsetzen, die meist noch weitere Ziele verfolgen, wie z.B. Namenskonflikte von Datenelementen und Elementfunktionen zu vermeiden:

–   Früher wurde oft empfohlen, alle Namen von Datenelementen mit „m" oder „m_" zu beginnen (also *mx* oder *m_x* für die x-Koordinate). Da solche Namen aber oft die Lesbarkeit mindern, wird in neueren Richtlinien meist von solchen Namen abgeraten. Solche Namen werden im Folgenden nicht verwendet.
–   Oft werden für Datenelemente Namen empfohlen, die mit „_" enden, wie z.B. *x_*.
–   In UML (UML 2005) beginnen die Namen von Datenelementen und Elementfunktionen mit einem Kleinbuchstaben.
–   Der C++Builder verwendet in seiner VCL Bibliothek für die Datenelemente und die Elementfunktionen Namen, die mit einem Großbuchstaben beginnen (z.B. *Memo1*, *Lines* und *Add*).
–   Microsoft verwendet in seiner .NET Bibliothek für die Datenelemente Namen, die mit einem Kleinbuchstaben beginnen (z.B. *textBox1*). Die Namen von Elementfunktionen beginnen dagegen immer mit einem Großbuchstaben (z.B. *AppendText*).
–   Die strikte Umsetzung von englischen Namensrichtlinien führt wegen der unterschiedliche Groß- und Kleinschreibung in der deutschen Sprache oft zu sperrigen Begriffen. Deswegen wird auch empfohlen, für alle Klassen und Klassenelemente englische Namen zu wählen.

Für welche Varianten Sie sich entscheiden ist nicht so wichtig. Das oberste Ziel sollte aber auf jeden Fall die **Verständlichkeit** des Programms und eine einheitliche Namensgebung sein. Zur Namensgebung bei Klassen und **Elementfunktionen** siehe außerdem die Abschnitte 6.1.3 und 6.1.6.

Da Klassen und Objekte in einem Programm meist Konzepte und Objekte der Realität darstellen, die in der Umgangssprache mit Substantiven bezeichnet werden, wird oft empfohlen (z.b. Meyer 1997, S. 727 und S. 881; Booch, 1994, S. 164),

– für die Namen von Klassen und Objekten Substantive zu verwenden.

Die Empfehlungen für die grammatikalische Kategorie von Namen für Elementfunktionen ergeben sich meist aus dem Rückgabetyp:

– Verben für die Namen von Funktionen, die für eine Aktion stehen (Rückgabetyp *void*).
– Adjektive für Namen von Funktionen mit einem booleschen Rückgabewert.
– Substantive für die Namen von Funktionen, die einen Wert zurückgeben.

Allerdings werden diese Empfehlungen nicht überall befolgt: In der UML wird der erste Buchstabe eines Klassennamens groß und der von Attributen und Elementfunktionen klein geschrieben.

Beispiel: Alle in den bisherigen Beispielen und Aufgaben mit aussagekräftigen Namen bezeichneten Klassen stellen ein Konzept der Realität dar:

C2DPunkt, Kreis, Rechteck, Grundstueck, MeinString usw.

Dagegen sollen die mit Namen wie C, D usw. bezeichneten Klassen lediglich Sprachelemente von C++ illustrieren.

Gelegentlich findet man die Empfehlung, Klassen und Objekte dadurch zu identifizieren, dass man im Pflichtenheft die **Substantive markiert**. Verben deuten auf Funktionen hin. Von dieser Technik sollte man jedoch nicht allzu viel erwarten, da sie leicht zu „falschen" Klassen führt oder wichtige Klassen übersieht:

– Die Umgangssprache bietet oft verschiedene Möglichkeiten, denselben Sachverhalt auszudrücken. So kann die inhaltliche Bedeutung von zwei Sätzen gleich sein, bei denen der erste andere Substantive und Verben enthält als der zweite.
– Wir werden später sehen, dass oft Klassen hilfreich sind, die Oberbegriffe mit gemeinsamen Datenelementen und Elementfunktionen modellieren. Solche Klassen modellieren Abstraktionen, die aber oft nicht im Text der Aufgabenstellung enthalten sind und deshalb mit dieser Vorgehensweise nicht gefunden werden können.

Beispiel: Da im Beispiel mit der Bank die Substantive „Einzahlung" und „Auszahlung" vorkommen, würde man mit dieser Vorgehensweise die Klassen *Einzahlung* und *Auszahlung* erhalten. Oben wurde aber bereits
darauf hingewiesen, dass diese Klassen meist nicht hilfreich sind.

Im Beispiel mit dem Bauernhof kommen nur die Schweine Franz und
Grunz usw. vor. Oberbegriffe wie Tier, Wirbeltier usw. kommen
dagegen bei solchen Aufgabenstellungen oft überhaupt nicht vor, obwohl Klassen für solche Oberbegriffe oft hilfreich sind.

Die Suche nach den richtigen Elementfunktionen ist nicht immer einfach.

a) Die oft verwendeten Funktionen mit *get* und *set* im Namen klingen oft etwas
spröde. Mit etwas weniger formalen Namen wie *setzeY* und *Y* ist der Aufwand
für das Schreiben der Funktionen zwar nicht geringer, aber der Programmtext
klingt etwas flüssiger.

```
class C2DPunkt{
   double x,y;
public:
   void setX(double x_){x=x_;}
   double getX(){return x;}
   void setzeY(double y_){y=y_;}
   double Y(){return y;}
};

void test_c2d()
{
C2DPunkt p;
p.setX(17);
double k=p.getX();

p.setzeY(17);
k=p.Y();
}
```

b) Bei Datenelementen, die nicht inkonsistent werden können, können Funktionen
mit Referenzrückgabetypen eine Alternative sein (Sutter 2005, Item 17:
Encapsulation, außerdem http://www.gotw.ca/gotw/070.htm):

```
class C2DPunkt{
   double x,y;
public:
   double& X() { return x; }
   double& Y() { return y; }
};

void test_c2d()
{
C2DPunkt p;
p.X()=17; // Zuweisung an Funktion: etwas ungewöhnlich
double y=p.Y();
}
```

Da durch den Referenzrückgabetyp jedes Element unabhängig von den anderen Elementen geändert werden kann, sollte man solche Zugriffsfunktionen nicht verwenden, wenn die Datenelemente inkonsistent werden können. Diese Funktionen haben aber gegenüber *public* Datenelementen den Vorteil, dass man die interne Darstellung der Daten ändern kann, ohne dass ein Anwender der Klasse seine Zugriffe ändern muss.

c) Falls mit *public* Datenelementen keinerlei Nachteile verbunden sind, kann man sich mit *public* anstelle von *private* Datenelementen die Arbeit ersparen, Zugriffsfunktionen zu schreiben. Das setzt vor allem voraus, dass sich die interne Darstellung nie ändern wird. Diese Voraussetzung ist aber bei realen Projekten (im Unterschied zu den Übungsaufgaben in einem Lehrbuch) nur selten erfüllt. *public* Datenelemente sind meist nur bei mit *struct* definierten Klassen gerechtfertigt, die keine Elementfunktionen enthalten.

- Um die Beispiele kurz und einfach zu halten werden, werden in diesem Buch gelegentlich *public* Datenelemente benutzt.
- Die C++-Standardbibliothek verwendet vereinzelt einfache Klassen mit *public* Datenelementen, die nicht inkonsistent werden können (z.B. das Klassen-Template *pair*).

d) Viele VCL-Klassen haben Eigenschaften, die wie *public* Datenelemente angesprochen werden können:

```
Form1->Edit1->Text="Hallo";
```

Solche Eigenschaften sind syntaktisch sogenannte „properties" (siehe Abschnitt 8.2). Sie werden vom Compiler in den Aufruf einer Funktion übersetzt, die zugehörige *private* Datenelemente setzt oder liest. Diese Funktionen ermöglichen wie in b) die Änderung der internen Datenelemente, ohne dass die Schnittstelle geändert werden muss. Properties stehen nur für Datenelemente zur Verfügung, die nicht zu Inkonsistenzen führen können.
Die Möglichkeit, properties wie *public* Datenelemente zu verwenden, hat den Vorteil, dass man in einer Komponente, die wie ein Formular ein Element dieses Typs enthält, keine Zugriffsfunktionen definieren muss. Wäre *Edit1* ein *private* Element eines Formulars *TForm1*, müsste man für jedes Element, das man von einem *TEdit* verwenden will, eine eigene Zugriffsfunktion schreiben.

e) Gelegentlich werden auch zwei überladene Funktionen mit demselben Namen zum Setzen und Lesen von Datenelementen verwendet. Eine der beiden Funktionen hat einen Parameter und wird zum Setzen verwendet, während die andere keine Parameter hat und den Wert zurückgibt.

```
class C2DPunkt{
  double x,y;
public:
  void X(double x_){x=x_;}
  double X(){return x;}
  void Y(double y_){y=y_;}
  double Y(){return y;}
};
```

Die x-Koordinate kann man dann folgendermaßen setzen und lesen:

```
p.X(17)         // setze die x-Koordinate auf 17
int x=p.X();    // lese die x-Koordinate
```

Aufgabe 6.1.6

1. Bei diesen Aufgaben, die starke Vereinfachungen der Realität darstellen, sollen nur die Klassen und ihre Elemente identifiziert werden. Es ist nicht notwendig, sie zu implementieren.

a) Suchen Sie die realen Objekte und Klassen (einschließlich Datenelementen und Elementfunktionen) für ein Zeichenprogramm, mit dem man Kreise, Quadrate und Rechtecke zeichnen, verschieben, löschen, vergrößern und verkleinern kann.

b) Ein Programm mit einer grafischen Benutzeroberfläche soll aus einem Formular bestehen, das Buttons, Eingabefelder und Ausgabefelder enthält.

c) Ein Programm soll eine Waschmaschine steuern, die aus einem Motor mit einem Drehzahlregler, einem Temperaturfühler mit einem Temperaturregler und einem Wasserzu- und Abfluss mit einem Wasserstandsregler besteht. Die Regler sollen die Drehzahl, Temperatur und den Wasserstand durch die Vorgabe eines Sollwerts regeln sowie die aktuellen Werte zurückgeben können. Eine Uhr soll die Zeit seit dem Start des Programms messen.

2. Ist die Klasse *Datum_2* aus Abschnitt 6.1.3 vollständig, wenn sie dazu verwendet werden soll, ein Kalenderdatum darzustellen?

3. Schreiben Sie eine Klasse *C2DPunkt*, die wie in den Beispielen einen zweidimensionalen Punkt darstellt. Diese Klasse soll später in zahlreichen Beispielen und Aufgaben zur Darstellung einer Position verwendet werden. Versuchen Sie, diese Klasse möglichst vollständig zu schreiben, ohne dass diese Anforderungen jetzt schon bekannt sind. Andererseits soll sie auch keine unnötigen Elemente enthalten.

4. Was halten Sie von einem Design-Tool, mit dem man Klassen und ihre Datenelemente definieren kann, und das zu jedem Datenelement (z.B. *int* x) automatisch die beiden *public* Elementfunktionen

```
int getx() { return x; };
void setx(int x_) { x=x_; };
```

erzeugt.

6.1.7 Programmierlogik: Klasseninvarianten und Korrektheit

Die folgenden Ausführungen ergeben sich im Wesentlichen einfach daraus, dass ein Objekt eines Klassentyps ein Objekt der Realität darstellen soll.

Die folgenden Ausführungen sollen zeigen, worauf man achten muss, damit eine Klasse **korrekt implementiert** ist, und dass das **oft** sogar recht **einfach** ist. Daraus ergeben sich auch einige konkrete und hilfreiche Hinweise für das Design einer Klasse. Siehe dazu auch Meyer (1997).

Eine Klasse wird als korrekt implementiert bezeichnet, wenn für einen Anwender

- jeder Aufruf einer Elementfunktion ihre Spezifikation erfüllt, und wenn
- ein Objekt der Klasse immer in einem konsistenten Zustand ist.

Bei vielen Klassen ist der Wertebereich der Datenelemente größer ist als bei den realen Objekten, die sie darstellen sollen. Damit eine Variable des Klassentyps ein Objekt der Realität darstellt, müssen für die Datenelemente oft **Konsistenzbedingungen** gelten. Falls ein Objekt diese Bedingungen nicht erfüllt, ist es in einem inkonsistenten Zustand und stellt kein Objekt der Realität dar.

Der erste und wichtigste Schritt ist, die **Konsistenzbedingung** zu **finden und** zu **formulieren**. Danach kann man sie oft ohne großen Aufwand im Kopf überprüfen.

Beispiele:

1. Bei einer Klasse, die ein Kalenderdatum durch drei *int*-Werte für den Tag, den Monat und das Jahr darstellt, ist die Konsistenzbedingung $1 \leq \text{Monat} \leq 12$ und $1 \leq \text{Tag} \leq \text{MaxTag}$ (siehe Abschnitt 6.1.3).

2. Da ein Punkt der Ebene beliebige Koordinaten aus dem Wertebereich von *double* haben kann, stellt jede Kombination von Koordinaten x und y eines Objekts der Klasse *C2DPunkt* einen Punkt dar. Man sagt dann auch, dass die Konsistenzbedingung immer erfüllt, d.h. *true* ist.

3. Ein Objekt der Klasse

   ```
   class MeinString {
     char* s; // Zeiger auf nullterminierten String
     int n;   // Länge des Strings
   public:
     // ...
   };
   ```

ist in einem inkonsistenten Zustand, wenn s nicht auf einen reservierten Speicherbereich mit n+1 Zeichen ($n \geq 0$) zeigt, bei dem das letzte Zeichen der Nullterminator '\0' ist:

4. Damit die Klasse *Kreis* einen Kreis darstellt, liegt die Bedingung Radius r ≥ 0 nahe. Falls ein solcher Kreis in einem Grafikprogramm verwendet wird, bei dem man den Radius durch Ziehen am Rand über den Mittelpunkt hinaus verändern kann, ist eventuell auch ein negativer Radius sinnvoll.

5. Während der Ausführung einer *public* Elementfunktion, nach einer *private* oder *protected* Elementfunktion und nach der Ausführung des Destruktors muss die Konsistenzbedingung nicht gelten.

   Wenn z.B. die Datenelemente *Tag_* und *Monat_* bei der Klasse *Datum_2* (siehe Abschnitt 6.1.3) die konsistenten Werte 1 und 2 haben, und die Funktion *setze* mit den konsistenten Argumenten 31 und 1 für *Tag* und *Monat* aufgerufen wird, ist die Konsistenzbedingung nach der Ausführung der ersten Anweisung verletzt:

```
// Tag_==1, Monat_==2, Tag==31, Monat=1
Tag_=Tag;
// Tag_==31, Monat_==2, Tag==31, Monat=1
Monat_=Monat;
```

   Deshalb muss man beim Aufruf einer Elementfunktion in einer Elementfunktion beachten, dass man in diesem Fall die Konsistenzbedingung nicht immer voraussetzen kann.

Da ein Objekt nur mit einem Konstruktor erzeugt werden kann, muss also jeder Konstruktor die Konsistenzbedingung als Nachbedingung haben.

Falls **alle Datenelemente** der Klasse *private* sind, kann der Entwickler ihre Konsistenz nachweisen (zumindest im Prinzip), da nur er auf sie zugreifen kann. Dann reicht es für einen Nachweis der Konsistenzbedingung aus, dass sie nach jedem Aufruf einer Elementfunktion der Schnittstelle gilt. Bei *public* Datenelementen ist ein solcher Nachweis nicht möglich, da auch ein Benutzer auf die Datenelemente zugreifen und sie jederzeit verändern kann.

Da ein Anwender eine Klasse benutzt, indem er

– eine Variable des Klassentyps definiert und dann
– die Elemente ihrer Schnittstelle verwendet (d.h. normalerweise nur *public* Elementfunktionen aufruft),

ergeben sich die notwendigen Schritte für den Nachweis der korrekten Implementation einer Klasse aus dem typischen „**Lebenslauf**" eines Objekts, der rechts von den Punkten 1. bis 3. für ein Objekt c einer Klasse C mit den Elementfunktionen f1, f2 skizziert ist:

1. Ein Objekt wird immer mit einem Konstruktor erzeugt. Deshalb muss jedes Objekt nach seiner Konstruktion in einem konsistenten Zustand sein.
   Außerdem muss jeder Konstruktor seine Spezifikation erfüllen.

   ```
   C c(Argumente);
        ↓
   ```

2. Nach dem Erzeugen des Objekts werden Elementfunktionen aus der Schnittstelle der Klasse aufgerufen. Deswegen muss jedes Objekt nach dem Aufruf einer solchen Elementfunktion in einem konsistenten Zustand sein.
   Außerdem muss jede Elementfunktion ihre Spezifikation erfüllen.

   ```
   c.f1(Argumente)
        ↓
   c.f2(Argumente)
   ```

3. Nach dem Aufruf seines Destruktors ist ein Objekt nicht mehr verfügbar. Deswegen muss der Destruktor die Konsistenzbedingung nicht herstellen.

   ```
   // Aufruf des
   // Destruktors
   ```

Meist verlangt man für den **Test** einer Funktion, dass sie mit mindestens solchen Argumenten getestet wird, dass

a) jede Anweisung mindestens einmal ausgeführt wird
b) jeder Zweig einer bedingten Anweisung mindestens einmal ausgeführt wird
c) jede Schleife
   - nie durchgeführt wird,
   - genau einmal durchgeführt wird,
   - mehr als einmal durchgeführt wird, und
   - mit einer typischen Anzahl von Wiederholungen durchgeführt wird.

Beim **Testen von Elementfunktionen** besteht gegenüber dem Test von Nicht-Elementfunktionen der folgende Unterschied:

- Falls alle Datenelemente *private* sind, kann man sich beim Test auf die Elementfunktionen der Schnittstelle beschränken. Ein Test der private Elementfunktionen ist nicht notwendig. Das ist einfacher als bei Nicht-Elementfunktionen, die alle aufgerufen werden können und deshalb auch alle getestet werden müssen.
- Bei gewöhnlichen Funktionen, die keine globalen Variablen verwenden, ergibt sich der Ablauf der Anweisungen immer aus den Werten der Argumente. Bei Elementfunktionen kann er aber auch von Daten abhängen, die nicht als Argument übergeben werden, sondern die von einem Konstruktor gesetzt werden. Deswegen können für die verschiedenen Testfälle auch verschiedene Objekte notwendig sein, die durch unterschiedliche Konstruktoraufrufe erzeugt werden.
- Neben der Spezifikation ist auch immer die Konsistenz der Daten zu prüfen.

Falls alle Datenelemente, für die eine **Konsistenzbedingung** gelten muss, *private* sind, ist der **Nachweis** dieser Bedingung mit den folgenden Schritten möglich:

1. Für jeden **Konstruktor** wird nachgewiesen, dass er aus den Vorbedingungen für seine Parameter die **Konsistenzbedingung** herstellt und seine Spezifikation erfüllt:

```
C::C(Parameter) // Notation von Abschnitt 3.7.5
{ // Vorbedingungen für die Parameter
Anweisungen des Konstruktors
};// Konsistenzbedingung und Spezifikation
```

Dann kann die Konsistenzbedingung beim ersten Aufruf einer Elementfunktion vorausgesetzt werden, da eine Elementfunktion nur mit einem Objekt aufgerufen werden kann, und ein Objekt immer mit einem Konstruktor erzeugt wurde.

2. Für jede Elementfunktion der Schnittstelle wird nachgewiesen, dass nach ihrem Aufruf ihre Spezifikation und die Konsistenzbedingung gilt. Dabei kann man neben den Vorbedingungen für ihre Parameter außerdem voraussetzen, dass die Konsistenzbedingung auch vor dem Aufruf der Elementfunktion gültig war.

```
T C::f(Parameter) // wie in Abschnitt 3.7.5
{ // Konsistenzbedingung und Vorbedingungen für die
//                                          Parameter
Anweisungen der Funktion
};// Konsistenzbedingung und Spezifikation
```

Die Konsistenzbedingung ist dann unter den Elementfunktionen der Klasse invariant. Sie wird deshalb auch als **Klasseninvariante** bezeichnet und oft durch das Symbol I dargestellt.

Ein solcher Nachweis ist nur deshalb möglich, weil ein Objekt in C++ nur mit einem Konstruktor erzeugt werden kann. Könnte man ein Objekt wie in manchen anderen Programmiersprachen auch ohne den Aufruf eines Konstruktors erzeugen, könnte man nicht sicherstellen, dass die Klasseninvariante vor dem ersten Aufruf einer Elementfunktion gilt.

Mit einem solchen Nachweis kann der Entwickler dem Anwender garantieren, dass seine Objekte immer in einem konsistenten Zustand sind. Der Anwender hat überhaupt keine Möglichkeit, inkonsistente Objekte zu erzeugen.

Beispiele:

1. Die auf Seite 658 vorgestellten Konstruktoren der Klasse *MeinString* sind so implementiert, dass man unmittelbar sieht, dass sie die Klasseninvariante herstellen:

```
class MeinString {
   // Klasseninvariante I: s zeigt auf einen reservier-
   //    ten Speicherbereich mit n+1 Zeichen, wobei das
   //    letzte Zeichen der Nullterminator ist.
   char* s;
   int n;
public:
```

```
MeinString(const char* p)
{// Vorbedingung: p zeigt auf einen nullterminierten
  n=strlen(p);                              // String
  s=new char[n+1];
  strcpy(s,p);
}; // I

MeinString(char c)
{ // keine besondere Vorbedingung notwendig
  n=1;
  s=new char[n+1];
  *s=c;
  *(s+1)='\0';
}; // I
};
```

Solche Konstruktoren findet man für viele Klassen. Wenn man die Klassen-invariante formuliert hat, ist es oft leicht, die Konstruktoren so zu schreiben, dass sie hergestellt wird.

2. Da die Klasseninvariante von *C2DPunkt* immer erfüllt ist, wird sie durch jeden Konstruktor hergestellt und gilt nach dem Aufruf jeder Elementfunktion.

3. Falls ein Konstruktor mit Argumenten aufgerufen wird, die die Konsistenz-bedingung verletzen, kann man eine Exception auslösen (siehe Abschnitt 7.6).

```
class Datum {
 public:
  bool gueltigesDatum(int Tag,int Monat,int Jahr)
  { // wie in Abschnitt 6.1.3 */ }

  Datum(int Tag, int Monat, int Jahr)
  {
  if (gueltigesDatum(Tag, Monat, Jahr))
    {
      Tag_=Tag;
      Monat_=Monat;
      Jahr_=Jahr;
    }
  else throw invalidDateException();
  }
 private:
  int Tag_, Monat_, Jahr_;
};
```

4. Da sich eine Klasseninvariante immer aus dem Zustand der Datenelemente er-gibt, kann sie nur durch Funktionen verletzt werden, die den Wert der Daten-elemente verändern. Viele Elementfunktionen geben aber wie die Funktion *Flaeche* nur Informationen zurück und verändern den Zustand des Objekts nicht:

```
double Kreis::Flaeche() const
{
return r*r*3.14;
}; // I
```

In C++ kann man solche Funktionen durch das Schlüsselwort *const* nach der
Parameterliste kennzeichnen. Sie werden dann als **konstante Elementfunktio-**
nen bezeichnet (siehe Abschnitt 6.2.10). Der Compiler prüft bei einer solchen
Funktion, ob sie auch wirklich keine Datenelemente verändert.

Für den Nachweis, dass die *public* Elementfunktionen und Konstruktoren ihre Spezifikation erfüllen, kann man wie bei gewöhnlichen Funktion vorgehen (siehe Abschnitt 3.7.5). Dabei kann man vor dem Aufruf einer Elementfunktion auch noch
die Konsistenzbedingung voraussetzen.

Beispiele: Bei den nächsten beiden Funktionen sieht man unmittelbar und ohne
großen formalen Aufwand, dass sie die gewünschte Nachbedingung erfüllen:

1. Der Konstruktor der Klasse *Meinstring*

   ```
   MeinString s(const char* p);
   ```

   soll nach dem Aufruf mit einem Zeiger auf einen nullterminierten String ein
   Objekt erzeugen, dessen interner Zeiger s auf eine Kopie des Stringarguments
   zeigt. Diese Nachbedingung wird offensichtlich durch den folgenden Konstruktor hergestellt. Außerdem gilt danach die Klasseninvariante:

   ```
   MeinString::MeinString(const char* p)
   { // Vorbedingung: I und "p zeigt auf einen null-
     //              terminierten String"
     n=strlen(p);
     s=new char[n+1];
     strcpy(s,p);
     // Nachbedingung: I und "s zeigt auf eine Kopie des
   };//              nullterminierten Strings, auf den p zeigt"
   ```

2. Die Elementfunktion *Append* soll die Aufgabe haben, den nullterminierten
   String, auf den p zeigt, an den String anzuhängen, auf den s (der interne Zeiger
   auf den String) vor dem Aufruf von *Append* zeigt:

   ```
   void MeinString::Append(const char* p)
   { // Vorbedingung: I und "p zeigt auf einen null-
   n=n+strlen(p);                // terminierten String"
   char* s1=new char[n+1];
   strcpy(s1,s); // Voraussetzung: Die Klasseninvariante
   s1=strcat(s1,p);
   delete[] s;
   s=s1; // Nachbedingung: I und "s zeigt auf einen null-
     //           terminierten String mit einer Kopie der
   };   //           Zeichen von s und p vor dem Aufruf"
   ```

Falls alle Elementfunktionen und Konstruktoren von *MeinString* die Klasseninvariante herstellen, kann man diese beim Aufruf von *strcpy* voraussetzen, da
s in dieser Funktion zuvor nicht verändert wurde. Wäre *Append* keine Elementfunktion, sondern eine globale Funktion, könnte der Entwickler der Klasse dem
Anwender nicht garantieren, dass diese Voraussetzung immer erfüllt ist, und
der Anwender könnte diese Funktion aufrufen, ohne dass die Vorbedingung für
strcpy erfüllt ist.

Diese Beispiele zeigen,

1. wie der Entwickler verhindern kann, dass der **Anwender** bestimmte **Fehler**
   macht. Das ist aber mit viel weniger Aufwand verbunden, als wenn jeder
   Anwender vor jedem Aufruf einer Funktion prüfen muss, ob die notwendigen
   Vorbedingungen erfüllt sind. Das gilt insbesondere für eine Klassenbibliothek,
   die von vielen Anwendern genutzt wird.
2. dass der **Aufwand** für den Nachweis der Klasseninvarianten **oft gering ist**. In
   den Beispielen mit den Konstruktoren und den Elementfunktionen der Klasse
   MeinString sieht man unmittelbar und ohne irgendeinen formalen Aufwand,
   dass die Klasseninvariante erfüllt ist.
   Deshalb sollten Sie alle Konstruktoren und Elementfunktionen Ihrer Klassen
   immer so schreiben, dass man unmittelbar sieht, dass sie die Klasseninvariante
   als Nachbedingung haben. Das ist oft viel einfacher, als man das auf den ersten
   Blick erwarten mag.
3. dass die **größte Schwierigkeit** bei dieser Vorgehensweise meist die ist, die
   Klasseninvariante überhaupt zu finden und zu formulieren.
   Aber auch das ist meist nicht so schwierig. Die Klasseninvariante ergibt sich
   oft direkt aus der systematischen Suche nach den Werten der Datenelemente,
   die kein reales Objekt (im Sinne von Abschnitt 6.1.6) darstellen.

Die **explizite Formulierung** einer Klasseninvarianten und der Vor- und Nachbedingungen für jede Elementfunktion ist auch dann hilfreich, wenn man sich nicht
so tief auf die Programmierlogik einlassen will.

– Allein schon ihre explizite Formulierung trägt zu einem **besseren Verständnis**
  der Klasse und zu einer Konzentration auf ihre Aufgaben bei. Diese Bedingungen sind eine hilfreiche Programmdokumentation, die man als **Kommentar**
  in den Quelltext übernehmen sollte.
– Falls sich diese Bedingungen mit Ausdrücken aus Datenelementen der Klasse
  formulieren lassen, kann man sie vor dem Verlassen einer *public* Elementfunktion überprüfen und eventuell eine Exception auslösen.

Ohne eine explizite Formulierung dieser Bedingungen

– werden leicht spezielle Kombinationen von Werten der Datenelemente übersehen, die kein reales Objekt darstellen.

- meint man beim Schreiben der Funktion Nummer 17, dass der reservierte Speicherbereich n+1 Zeichen groß ist, während man beim Schreiben der Funktion Nummer 1 vor vier Wochen nur n Zeichen reserviert hat.
- passiert es leicht, dass einzelne Funktionen nicht richtig zusammenpassen.

Aufgabe 6.1.7

1. Entwerfen Sie systematische Tests für die Klasse *C2DPunkt* von Aufgabe 6.1.6, 3.

2. a) Geben Sie Konsistenzbedingungen für die Klassen von Aufgabe 6.1.5, 3. an.
   b) Prüfen Sie, ob die Elementfunktionen Ihrer Lösung von Aufgabe 6.1.6, 1. diese Konsistenzbedingungen erfüllen.
   c) Was halten Sie davon, die Fläche und den Umfang bei diesen Klassen nicht in entsprechenden Elementfunktionen zu berechnen, sondern sie in Datenelementen zu speichern und deren Wert zurückzugeben? Formulieren Sie die Konsistenzbedingungen für diese Variante.
   d) Was halten Sie von einer Funktion *setzeTag*, mit der man den Kalendertag in der Klasse *Datum* auf einen als Argument übergebenen Tag setzen kann?
   Geben Sie Konsistenzbedingungen für Ihre Klasse *Grundstueck* (Aufgabe 6.1.5, 4.) an, wenn
   e) die Anschrift den Datentyp *char** hat.
   f) der Datentyp der Anschrift eine Stringklasse (*string* oder *AnsiString*) ist.

6.1.8 UML-Diagramme mit Together im C++Builder 2007

Die *Unified Modeling Language* (UML) ist eine Sprache zur Spezifikation, Modellierung, Dokumentation und Visualisierung von Software-Systemen. Sie fasst verschiedene Konzepte zu einem einheitlichen Standard zusammen, die sich im Lauf der Zeit unabhängig voneinander entwickelt haben.

Da sich UML inzwischen weitgehend durchgesetzt hat, werden in diesem Abschnitt die Diagramme vorgestellt, mit denen im *UML Notation Guide* Klassen und Objekte dargestellt werden. UML ist allerdings mehr als nur diese Diagramme. Für weitere Informationen wird auf die Veröffentlichungen der Object Management Group (www.omg.com) verwiesen. Dort findet man auch den UML-Standard.

Eine **Klasse** wird als Rechteck dargestellt, das meist durch zwei horizontale Linien in drei Abschnitte unterteilt ist. Der obere Abschnitt enthält den Namen der Klasse, der mittlere die Datenelemente und der untere die Elementfunktionen.

Die einzelnen Abschnitte brauchen nicht alle Elemente der Klasse enthalten. Ein Diagramm soll immer nur die Elemente darstellen, die im jeweiligen Zusammenhang benötigt werden. Deshalb können die unteren beiden Abschnitte oder einzelne Elemente auch ausgelassen werden. Bei Bedarf kann man auch weitere Abschnitte in das Diagramm aufnehmen.

Da die UML nicht an eine spezielle Programmiersprache gebunden ist, verwendet sie teilweise Begriffe, die in C++ nicht üblich sind. So werden z.B. die **Datenelemente** einer Klasse in UML als **Attribute** bezeichnet.

Attribute werden nach folgendem Schema dargestellt:

visibility name : *type-expression = initial-value { property-string }*

Hier steht *visibility* für das **Zugriffsrecht**. Dabei werden die folgenden Symbole

+ public
# protected
- private

oder auch die Bezeichner *public*, *protected* und *private* verwendet. Der Name des Attributs wird durch *name* dargestellt, sein Datentyp durch *type-expression* und sein eventueller Anfangswert durch *initial-value*.

Die **Elementfunktionen** werden in UML als **Operationen** bezeichnet und nach folgendem Schema dargestellt:

visibility name (parameter-list) : return-type-expression { property-string }

Hier steht *name* für den Namen der Funktion, *parameter-list* für die Parameterliste und *return-type-expression* für den Datentyp des Funktionswertes. Falls eine Funktion keinen Wert zurückgibt (in C++ *void*), wird der *return-type-expression* ausgelassen. Die einzelnen Parameter werden nach dem folgenden Schema angegeben:

kind name : *type-expression = default-value*

Hier steht *kind* für *in*, *out* oder *inout* und bezeichnet die Art der Parameterübergabe (Werte- bzw. Referenzparameter). Der Name des Parameters wird mit *name* bezeichnet, sein Datentyp mit *type-expression* und *default-value* steht für ein Default-Argument.

Für die folgenden Beispiele wird die Klasse *C2DPunkt* verwendet:

```
class C2DPunkt{
  double x,y;
  void moveTo(double x_=0, double y_=0);
 public:
  C2DPunkt(double x_=0, double y_=0);
  double distance();
  AnsiString toStr();
};
```

Diese Klasse kann dann durch die folgenden Diagramme dargestellt werden:

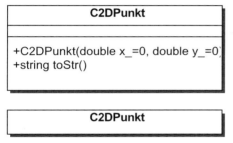

Der Detaillierungsgrad kann auch reduziert werden:

Im C++Builder 2007 ist das UML-Tool **Together** integriert, mit dem man Klassen grafisch darstellen kann. Im Unterschied zur Vollversion von Together ist es aber mit dieser Version nicht möglich, Klassen grafisch zu designen und daraus C++-Quellcode zu erzeugen.

Nachdem man eine Unit mit einer Klassendefinition zu einem Projekt hinzugefügt hat, kann man diese nach einer Aktivierung der Together-Unterstützung (entweder mit *Projekt|Together-Unterstützung* oder als Antwort auf eine Dialog-Abfrage) mit *Ansicht|Modellansicht* anzeigen. Die nächste Abbildung erhält man dann mit der Option *Im Diagramm auswählen* aus dem Kontextmenü der Modellansicht:

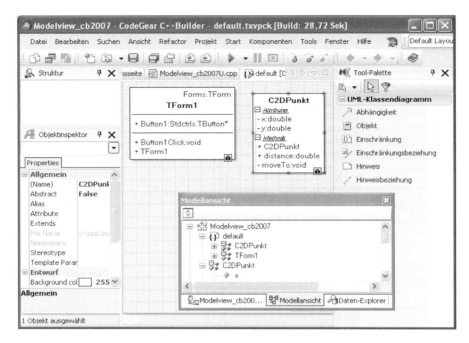

Unter *Tools|Optionen|Together* findet man zahlreiche Optionen, mit denen man die Darstellung der Diagramme gestalten kann.

6.2 Klassen als Datentypen

In C++ dienen Klassen nicht nur dazu, die Konzepte der objektorientierten Programmierung zu realisieren. Vielmehr sollen sie einem Programmierer auch „die Möglichkeit zu geben, neue Datentypen zu schaffen, die er genauso einfach wie die eingebauten Datentypen verwenden kann" (Stroustrup, 1997, Abschnitte 10.1 und 10.3).

Selbstverständlich ist es schwierig, eine klare Grenze zwischen diesen beiden Zielen zu ziehen, da sie eng miteinander verwoben sind. Verzichtet man aber auf eine solche Differenzierung, entsteht bei einigen Sprachelementen der Eindruck, als ob sie etwas mit objektorientierter Programmierung zu tun hätten, obwohl das überhaupt nicht zutrifft.

Deshalb wurde das Thema „Klassen" in diesen und den letzten Abschnitt unterteilt. Ein Vergleich mit anderen objektorientierten Sprachen zeigt, dass man die Konzepte des letzten Abschnitts in allen diesen Sprachen findet. Für die Konzepte aus diesem Abschnitt findet man aber oft keine Entsprechungen.

6.2.1 Der Standardkonstruktor

Ein Konstruktor, der ohne Argumente aufgerufen werden kann, wird als **Standardkonstruktor** oder auch als **Default-Konstruktor** bezeichnet. Der Standardkonstruktor einer Klasse C wird dann bei der Definition eines Objekts wie in

```
C c; // initialisiert c mit dem Standardkonstruktor
```

aufgerufen. Diese Schreibweise entspricht allerdings nicht dem üblichen Schema, nach dem eine Funktion ohne Parameter immer mit einem leeren Paar runder Klammern aufgerufen wird:

```
C c(); // Funktionsdeklaration, keine Definition eines
       //                                      Objekts
```

Im C++-Standard ist ausdrücklich festgelegt, dass diese Schreibweise als Funktionsdeklaration und nicht als Variablendeklaration interpretiert wird. Wenn ein Objekt dagegen mit *new* erzeugt wird, ist es ohne Bedeutung, ob die Klammern angegeben oder weggelassen werden:

```
C* p=new C;   // Diese beiden Definitionen
C* q=new C(); // sind gleichwertig
```

Ein Standardkonstruktor kann ein Konstruktor **ohne Parameter** oder einer **mit Default-Argumenten** sein:

```
struct C {
  C() { } // Standardkonstruktor
};

struct C1 {
  C1(int i=0, int j=0) { } // Standardkonstruktor
};
```

Bei der schon früher betrachteten Stringklasse *MeinString* wird man normalerweise erwarten, dass der String s nach der Definition

```
MeinString s;
```

ein leerer String ist. Das erreicht man durch den einen Standardkonstruktor, der Platz für ein einziges Zeichen reserviert, das dann den Nullterminator '\0' erhält:

```
class MeinString {
  char* s;
  int n; // Länge des Strings
 public:
  MeinString()
  {
    n=0;
    s=new char[n+1];
    *s='\0';
  }// Stellt die Klasseninvariante her (siehe Seite 675)
};
```

Definiert man für eine Klasse keinen Konstruktor, **erzeugt** der **Compiler** einen **Standardkonstruktor**, wenn dieser benötigt wird. Er ist eine *public inline* Funktion mit einem leeren Anweisungsteil. Für eine Klasse C ohne einen Konstruktor erzeugt der Compiler also den Standardkonstruktor

```
C::C() { };
```

Deshalb kann man ein Objekt der Klasse C folgendermaßen definieren:

```
C c;
```

Falls eine Klasse jedoch einen oder mehrere Konstruktoren enthält, erzeugt der Compiler keinen Standardkonstruktor. Deshalb wird für die Klasse

```
struct C {
  C(int i) { }
};
```

die folgende Definition vom Compiler zurückgewiesen:

```
C c;//Fehler: Keine Übereinstimmung für 'C::C()' gefunden
```

Ein **Standardkonstruktor** wird immer dann aufgerufen, wenn sich aus der Definition eines Objekts nicht ergibt, dass ein anderer Konstruktor aufgerufen werden soll. Dadurch wird gewährleistet, dass jedes Objekt durch einen Konstruktoraufruf initialisiert wird. Das gilt insbesondere auch dann,

— wenn ein Array von Objekten ohne Initialisiererliste definiert wird oder
— wenn ein Objekt in einer Klasse enthalten ist, deren Konstruktor keinen Elementinitialisierer (siehe Abschnitt 6.2.2) für dieses Objekt enthält.

Wir werden später im Zusammenhang mit virtuellen Funktionen sehen, wie wichtig die Initialisierung eines Objekts mit solchen Funktionen durch einen Konstruktor ist.

Der aufgerufene Konstruktor wird anhand der Argumente bestimmt, die bei der Definition des Objekts als Initialisierer angegeben werden. Die Definition eines Objekts ohne solche Argumente führt zum Aufruf des Standardkonstruktors. Deshalb ist ein **Standardkonstruktor immer dann notwendig**, wenn man ein Objekt ohne Argumente für einen Konstruktor definiert.

Beispiel: Da die Klasse C keinen Standardkonstruktor hat,

```
struct C {
  C(int n) {};
};

class D {
  C e;
};
```

sind die folgenden Definitionen nicht zulässig:

```
C a[5]; // Fehler: Standardkonstruktor ... nicht
        //                              gefunden
D d;    // Fehler: Compiler konnte Standard-
        //         konstruktor nicht generieren
```

6.2.2 Objekte als Klassenelemente und Elementinitialisierer

Klassen werden oft als Bausteine für weitere Klassen verwendet, z.B. als Datentyp
von Elementen. Im Folgenden wird gezeigt, wie man Datenelemente eines
Klassentyps mit ihrem Konstruktor initialisieren kann.

Wenn eine Klasse C wie in

```
class C{
  E e;   // führt zum Aufruf des Standardkonstruktors
 public:
  C(int n) { };
};
```

ein **Element** enthält, **dessen Datentyp eine Klasse** E ist, wird bei der Definition
eines Objekts der Klasse C automatisch der Standardkonstruktor von E aufgerufen.
Meist will man das Element e jedoch mit einem anderen Wert als dem initialisieren, der sich mit dem Standardkonstruktor ergibt. Das ist mit dem Aufruf
eines entsprechenden Konstruktors von E im Konstruktor von C möglich:

```
class C{ // initialisiert e doppelt
  E e;   // führt zum Aufruf des Standardkonstruktors
 public:
  C(int n)
  {
    e=E(n); // zweiter Aufruf eines Konstruktors für e
  };
};
```

Allerdings wird dadurch der automatische Aufruf des Standardkonstruktors nicht
unterbunden. Deshalb werden so zwei Konstruktoren für e aufgerufen. Dabei ist
der erste Aufruf des Standardkonstruktors überflüssig und kostet unnötig Zeit, da
der von ihm gesetzte Wert gleich anschließend überschrieben wird.

Den **automatischen Aufruf** des Standardkonstruktors kann man **mit** einem **Konstruktorinitialisierer** (*ctor-initializer*) **verhindern**:

ctor-initializer:
    : *mem-initializer-list*

mem-initializer-list:
    mem-initializer
    mem-initializer , *mem-initializer-list*

mem-initializer:
    mem-initializer-id (*expression-list* *opt*)

mem-initializer-id:
    : : *opt* *nested-name-specifier* *opt* *class-name*
    identifier

Einen Konstruktorinitialisierer gibt man nach der Parameterliste eines Konstruktors an. Er beginnt mit einem Doppelpunkt, auf den durch Kommas getrennte **Elementinitialisierer** (*mem-initializer*) für jedes zu initialisierende Element folgen.

Ein Elementinitialisierer besteht aus dem Namen des zu initialisierenden Elements und einer eventuell leeren Liste von Ausdrücken:

−   Wenn der Datentyp des Elements eine Klasse ist, muss diese Liste eine zulässige Liste von Argumenten für einen Konstruktor des Elements sein. Der Elementinitialisierer initialisiert dann das Element mit diesem Konstruktor.
−   Ein Element e eines skalaren Datentyps kann mit höchstens einem Argument initialisiert werden. Der Ausdruck e(a) entspricht dabei einer Zuweisung e=a und der Ausdruck e() der Zuweisung e=0.

Ein nicht statisches Datenelement einer Klasse, dessen Datentyp eine Klasse ist, wird also folgendermaßen initialisiert:

−   Wenn ein Elementinitialisierer für das Element angegeben ist, wird der entsprechende Konstruktor aufgerufen und **nicht** sein **Standardkonstruktor.**
−   Wenn kein Elementinitialisierer für das Element angegeben ist, wird **automatisch** sein **Standardkonstruktor aufgerufen.** Da ein Elementinitialisierer mit einer leeren Liste von Ausdrücken zum Aufruf des Standardkonstruktors führt, kann man einen solchen Elementinitialisierer ebenso gut auch auslassen.

Deshalb werden alle Elemente einer Klasse, deren Datentyp eine Klasse ist, entweder durch ihren Standardkonstruktor oder den Konstruktor initialisiert, der durch einen Elementinitialisierer aufgerufen wird. Elemente, deren Datentyp keine Klasse ist, werden dagegen nur mit Elementinitialisierern initialisiert.

Beim Aufruf eines Konstruktors für eine Klasse C, die mehrere Elemente eines Klassentyps enthält, werden zuerst die Elemente in der **Reihenfolge** initialisiert, in der sie in der Klasse definiert werden. Die Reihenfolge ihrer Elementinitialisierer hat darauf keinen Einfluss. **Danach** werden die Anweisungen des **Konstruktors** von C ausgeführt. Da die Elemente vor den Anweisungen des Konstruktors initialisiert werden, kann man im Konstruktor von C voraussetzen, dass alle Elemente von C, deren Datentyp eine Klasse ist, durch einen Konstruktor initialisiert sind. Die **Destruktoren** werden immer in der umgekehrten Reihenfolge der Konstruktoren aufgerufen.

Beispiel: Mit den Klassen

```
class E {
public:
  E(int n)
  {
    Form1->Memo1->Lines->Add("Konstruktor E");
  }
};

class C{
  int i;
  double d;
public:
  C(int n):e(n),i(3),d()
  { // hier kann vorausgesetzt werden, dass e, i
    // und d initialisiert sind
    Form1->Memo1->Lines->Add("Konstruktor C");
  };
  E e; // führt nicht zum Aufruf des Standard-
}; // konstruktors von E, da e oben angegeben ist

C c(5);
```

erhält man die Ausgabe

```
Konstruktor E
Konstruktor C
```

Die Elemente werden in der Reihenfolge ihrer Definition in der Klasse initialisiert (also zuerst i, dann d und dann e) und nicht in der Reihenfolge ihrer Elementinitialisierer (also nicht zuerst e, dann i und dann d). Da e in der Liste der Elementinitialisierer des Konstruktors von C enthalten ist, wird der Standardkonstruktor für e nicht aufgerufen.

Dieses Beispiel zeigt insbesondere auch, wie ein Argument für einen Konstruktor von C an einen Konstruktor eines Elements weitergegeben wird:

```
C(int n):e(n),...
```

Wenn ein Konstruktorinitialisierer aus mehreren Elementinitialisierern besteht, erweckt das bei einem Leser eventuell den Eindruck, dass die Elemente in der Reihenfolge der Elementinitialisierer initialisiert werden. Um dem vorzubeugen, empfiehlt es sich, die **Elementinitialisierer in derselben Reihenfolge wie die Definition der Elemente** aufzuführen.

Definiert man einen Konstruktor außerhalb der Klasse, gibt man die Elementinitialisierer bei der Definition und nicht bei der Deklaration an:

```
C::C(int n):i(3),d(),e(n){} // Reihenfolge der Definition
```

Wenn ein Konstruktor nur Datenelemente initialisiert und dazu Elementinitialisierer verwendet, erhält man einen Konstruktor mit einem **leeren Anweisungsteil**.

Der implizit definierte **Standardkonstruktor** ist eine Funktion mit einem leeren Anweisungsteil, die insbesondere keine Elementinitialisierer enthält. Deshalb werden durch diesen Konstruktor alle Datenelemente einer Klasse, deren Datentyp selbst eine Klasse ist, mit ihrem Standardkonstruktor initialisiert.

Beispiel: Die Klasse C soll zwei nicht statische Datenelemente des Typs C1 und C2 und keinen explizit definierten Standardkonstruktor haben:

```
struct C {
  C1 c1;
  C2 c2;
};
```

Dann hat der vom Compiler implizit erzeugte Standardkonstruktor

```
C::C() { };
```

denselben Effekt wie

```
C::C(): c1(),c2() { }
```

Obwohl der implizit erzeugte Standardkonstruktor so aussieht, als ob er nichts tun würde, können mit seinem Aufruf doch umfangreiche und zeitaufwendige Operationen verbunden sein.

Mit einem Elementinitialisierer kann man auch **Datenelemente der Art „const T"**, **„T&"**, **„T* const" initialisieren**, an die keine Zuweisungen möglich sind:

```
class C{
  const int a;
 public:
  // C(int n){a=n;}; // Fehler: const-Objekt kann nicht
                     //                modifiziert werden
    C(int n):a(n) {}
};
```

Anmerkung für Delphi-Programmierer: Da Konstruktoren in Object Pascal nicht automatisch aufgerufen werden, sondern wie alle anderen Funktionen explizit aufgerufen werden müssen, ist in Object Pascal kein Sprachelement notwendig, das den Elementinitialisierern entspricht.

Aufgaben 6.2.2

1. Die Klasse E soll in einem Standardkonstruktor die Meldung „Standardkonstruktor" und in einem Konstruktor mit einem *int*-Parameter die Meldung „int-Konstruktor" ausgeben.

```
class 1 {
  E e1,e2;
 public:
  C() { }
  C(int i):e1(i) { }
  C(int i,int j):e1(i),e2(j) { }
};
```

Welche Meldungen erhält man dann durch die folgenden Definitionen:

```
C c0;
C c1(1);
C c2(1,2);
```

2. Überarbeiten Sie die Klassen *Kreis*, *Quadrat* und *Rechteck* von Aufgabe 6.1.5, 3. sowie *C2DPunkt* aus Aufgabe 6.1.6, 3. so, dass die Konstruktoren alle Elemente mit Elementinitialisierern initialisieren.

3. Überarbeiten Sie die Klasse *Kreis* aus Aufgabe 6.1.5, 3. zu einer Klasse *C2DKreis*. Sie soll als zusätzliches Element einen *C2DPunkt* mit der Position des Kreises enthalten und in einem Zeichenprogramm verwendet werden können, in dem man Kreise zeichnen, verschieben, vergrößern und verkleinern kann.

   Definieren Sie für diese Klasse Konstruktoren, bei denen für die Position ihre Koordinaten oder ein *C2DPunkt* angegeben werden können. Falls nur ein Argument für den Radius übergeben wird, soll die Position der Nullpunkt sein. Ein Standardkonstruktor soll den Radius 1 setzen. Verwenden Sie für möglichst viele Elemente Elementinitialisierer.

4. Im Konstruktor der Klasse *Rechteck1* soll der Mittelpunkt des Rechtecks angegeben werden. In der Klasse soll allerdings nicht der Mittelpunkt, sondern der linke obere Eckpunkt gespeichert werden:

```
class Rechteck1 {
  C2DPunkt LinksOben; // Eckpunkt links oben
  double a,b; // Seitenlängen
 public:
  Rechteck1(C2DPunkt Mittelpunkt, double a_, double b_):
    a(a_),b(b_), LinksOben(Mittelpunkt.X()-a/2,
                           Mittelpunkt.Y()-b/2){ }
  AnsiString toStr()
  {
  return "Links oben: "+LinksOben.toStr();
  }
};
```

Mit dieser Definition erhält der Punkt *LinksOben* jedoch nicht den beabsichtigten Wert. Finden Sie die Ursache dieses Fehlers und korrigieren Sie die Definition so, dass ein Objekt dieser Klasse das gewünschte Ergebnis hat.

5. In Abschnitt 6.2.1 wurde als Ergänzung zu den Konstruktoren aus Abschnitt 6.1.5 der folgende Standardkonstruktor für die Klasse *MeinString* definiert:

```
class MeinString {
  char* s;
  int n; // Länge des Strings
 public:
  MeinString()
  {
    n=0;
    s=new char[n+1];
    *s='\0';
  };
};
```

Da hier nur Platz für ein einziges Zeichen '\0' reserviert wird, hätte man ebenso gut den folgenden Standardkonstruktor verwenden können:

```
class MeinString {
  // ...
  MeinString():n(0)
  {
    s=new char('\0');
  };
};
```

Vergleichen Sie diese beiden Konstruktoren. Ist einer besser als der andere?

6.2.3 *friend*-Funktionen und -Klassen

In Abschnitt 6.1.3 wurde empfohlen, alle Datenelemente einer Klasse *private* zu deklarieren. Dann kann man diese Elemente mit den bisher vorgestellten Sprachelementen nur in einer Elementfunktion der Klasse ansprechen. Wie das nächste Beispiel zeigt, ist die Zugriffsbeschränkung auf Elementfunktionen aber manchmal zu streng.

Beispiel: Angenommen, die Klasse

```
class C2DPunkt{
  double x,y;
 public:
  C2DPunkt(double x_, double y_): x(x_),y(x_){};
};
```

hätte keine Funktionen zum Setzen der Koordinaten, und Sie hätten die Aufgabe, für die Klasse

```
class C2DKreis{
  C2DPunkt position;  // Position des Kreises
  double r;           // Radius
 public:
  C2DKreis(C2DPunkt p, double r_):
                      position(p), r(r_){}
};
```

eine globale Funktion zu schreiben, die den Kreis an eine bestimmte Position setzt. Dann ist die naheliegende Lösung

```
void setToPosition(C2DKreis& k, const C2DPunkt& p)
{
k.position.x=p.x;  // Fehler: Zugriff auf
k.position.y=p.y;  //         'C2DKreis::position'
}                  //         nicht möglich
```

nicht möglich, weil auf die *private* Elemente von k und p nicht zugegriffen werden kann. Da hier auf die Elemente von zwei verschiedenen Klassen zugegriffen wird, lässt sich dieses Problem nicht dadurch lösen, dass man diese Funktion als Elementfunktion einer der beiden Klassen definiert. Es erscheint aber auch nicht als angemessen, die Datenelemente nur wegen dieser einen Funktion *public* zu definieren.

Solche Probleme können mit einer **friend-Funktion** gelöst werden. Eine *friend*-Funktion einer Klasse ist eine Funktion, die kein Element der Klasse ist und die trotzdem auf *private* und *protected* Elemente der Klasse zugreifen kann. Sie wird mit dem Schlüsselwort *friend* in der Klasse deklariert, auf deren Elemente sie zugreifen können soll:

```
class C {
  int i;
  friend void f(C& x);
};

void f(C& x) // nicht: void C::f(C& x)
{
x.i=0; // bei nicht-friend nicht möglich, da i private
}
```

Dabei spielt es keine Rolle, ob sie in einem *private*, *public* oder *protected* Abschnitt der Klasse aufgeführt wird. Sie hat keinen *this*-Zeiger und wird wie eine gewöhnliche Funktion aufgerufen, d.h. ohne den Punkt- oder Pfeiloperator mit einem Objekt:

```
void call_f()
{
C c;
f(c); // nicht: c.f(c)
}
```

Eine Funktion wird dadurch zum *friend* einer Klasse, dass man eine *friend*-Deklaration in die Klasse aufnimmt. Man sagt deshalb auch, dass sich eine Klasse ihre Freunde auswählt, und nicht etwa die Freunde die Klasse wählen. Und das Zugriffsrecht auf *private* Elemente wird auch durch die Formulierung beschrieben, dass Freunde einer Klasse in die Taschen greifen dürfen.

Auch eine Elementfunktion einer Klasse kann ein *friend* einer Klasse sein:

```
class C {
   void g(C& c);
};

class D {
   friend void C::g(C& x);
};
```

Wenn alle Elementfunktionen einer Klasse C *friend* einer Klasse D sein sollen, deklariert man die **Klasse C als *friend*** der Klasse D:

```
class D {
   double d;
   friend C;
};

C::g(C& c)
{
D x;
x.d = 1;
}
```

Damit lässt sich das Problem mit der Funktion *setToPosition* dadurch lösen, dass man sie als *friend* der beiden Klassen *C2DPunkt* und *C2DKreis* deklariert:

```
class C2DPunkt{
   double x,y;
   friend void setToPosition(C2DKreis&k,const C2DPunkt&p);
   // ...
};

class C2DKreis{
   C2DPunkt position; // Position des Kreises
   friend void setToPosition(C2DKreis&k,const C2DPunkt&p);
   // ...
};
```

Hätte man *setToPosition* folgendermaßen realisiert, würde es ausreichen, diese Funktion nur als *friend* der Klasse *C2DKreis* zu definieren:

```
void setToPosition(C2DKreis& k, const C2DPunkt& p)
{
k.position=p;
}
```

Da hier nur auf ein Element der Klasse *C2DKreis* zugegriffen wird, kann man diese Funktion auch durch eine Elementfunktion dieser Klasse realisieren:

```
class C2DKreis{
  C2DPunkt position;
  double r; // Radius
 public:
  void setToPosition(const C2DPunkt& p)
  {
  position=p;
  }
};
```

Wie dieses Beispiel zeigt, kann man eine Aufgabe manchmal sowohl mit einer *friend*-Funktion als auch mit einer Elementfunktion lösen. Da Elementfunktionen aber unter anderem den Vorteil haben,

– dass sie den Gültigkeitsbereich von Klassenelementen nicht auf Funktionen erweitern, die nicht zur Klasse gehören, und
– viel offensichtlicher zur Klasse gehören und deshalb bei einer Änderung der Klasse eventuell ebenfalls geändert werden müssen,

sollte man eine **Elementfunktion bevorzugen**.

Diese Alternative besteht oft auch dann, wenn man zunächst nur eine *friend*-Funktion als Lösung gefunden hat. Dann sollte man immer gezielt nach einer Lösung mit einer Elementfunktion suchen. Eine solche Funktion kann man oft finden.

Beispiel: Eine Funktion wie *setToPosition* gehört für eine Klasse wie *C2DKreis* normalerweise zu einer vollständigen Schnittstelle, und man kann es als Designfehler betrachten, wenn eine solche Funktion vergessen wird. Viele umfangreiche C++-Bibliotheken (wie z.B. die Standardbibliothek) kommen mit relativ wenigen *friend*-Funktionen aus.

Es gibt allerdings auch Situationen, in denen man eine globale Funktion benötigt, die auf die Elemente einer Klasse zugreifen kann und die deshalb ein *friend* der Klasse sein muss. Beispiele dafür sind einige der im nächsten Abschnitt vorgestellten binären Operatorfunktionen.

Anmerkung für Delphi-Programmierer: Den *friend*-Funktionen von C++ entsprechen in Object Pascal die Funktionen, die in derselben Unit definiert sind.

6.2.4 Überladene Operatoren als Elementfunktionen

Nachdem in Abschnitt 5.8 gezeigt wurde, wie man eine **Operatorfunktion** als **globale Funktion** definiert, werden jetzt Operatorfunktionen vorgestellt, die als **Elementfunktion** definiert sind.

Zur Erinnerung: Mit dem Symbol @ für einen binären Operator wird eine **globale Operatorfunktion** folgendermaßen definiert (T, C1 und C2 sind die Datentypen des Funktionswertes und der Operanden):

> T operator@(C1 p1, C2 p2)

Diese Funktion wird dann durch den Ausdruck

> x@y

aufgerufen. Der Compiler übergibt den linken Operanden als erstes und den rechten als zweites Argument:

> operator@(x,y)

Der Funktionswert ist der Wert des Ausdrucks. Dabei müssen die Datentypen von x und y nicht identisch mit C1 und C2 sein: Es reicht aus, wenn sie in die Datentypen der Parameter konvertiert werden können und zu einem eindeutigen Funktionsaufruf führen.

Falls C1 und C2 Klassen sind und die Operatorfunktion auf *private* oder *protected* Elemente zugreifen muss, deklariert man sie als *friend* der Klassen C1 und C2.

Für alle überladbaren Operatoren kann man eine Operatorfunktion auch als **Elementfunktion** einer Klasse definieren. Eine Elementfunktion der Klasse C1 für einen **binären Operator** @ hat einen Parameter, für den beim Aufruf der dann der zweite Operand eingesetzt wird:

> T C1::operator@(C2 p2)

Diese Operatorfunktion wird dann durch den Ausdruck

> x@y

aufgerufen, wenn der linke Operand x den Datentyp C1 hat. Der rechte Operand y wird als Argument für p2 übergeben:

> x.operator@(y)

Entsprechend wird ein **unärer Operator** @ durch eine Elementfunktion ohne Parameter überladen. Für ein Objekt x einer Klasse C führt dann der Ausdruck

> @x

zum Aufruf der Funktion

> x.operator@()

Die Präfix- und Postfix-Versionen der Operatoren ++ und – – werden wie bei globalen Funktionen durch einen zusätzlichen *int*-Parameter unterschieden:

```
T& operator++();        // präfix Elementfunktion
T& operator– –();       // präfix Elementfunktion
T operator++(int);      // postfix Elementfunktion
T operator– –(int);     // postfix Elementfunktion
```

Im C++-Standard ist festgelegt, dass die Operatoren = (Zuweisung), () (Funktionsaufruf), [] (Indexoperator) und -> (Zugriff auf ein Klassenelement) nicht mit globalen Funktionen überladen werden können, sondern **nur mit Elementfunktionen**. Alle anderen Operatoren können sowohl mit globalen Funktionen als auch mit Elementfunktionen als auch mit beiden Formen überladen werden.

Damit x@y zum Aufruf der Elementfunktion führt, muss der Datentyp des linken Operanden x die Klasse sein. Falls x einen anderen Datentyp hat, wird eine globale Operatorfunktion aufgerufen, falls sie existiert. Dann muss der Datentyp von x nicht einmal identisch mit dem Datentyp des ersten Parameters sein: Wie bei jedem anderen Funktionsaufruf reicht es aus, wenn er in den Datentyp des Parameters konvertiert werden kann.

Beispiel: Für die Klasse *MeinString* kann der Operator < durch die globale Funktion definiert werden:

```
bool operator<(const MeinString& s,
                           const MeinString& t)
{// muss friend von MeinString sein
return (strcmp(s.s, t.s) < 0);
}// sehr einfach: funktioniert nicht mit Umlauten
```

Eine entsprechende Elementfunktion ist:

```
class MeinString {
  char* s;
  int n; // Länge des Strings
 public:
  bool operator<(const MeinString& t)
  {
  return (strcmp(s, t.s) < 0);
  }
};
```

Falls beide Funktionen definiert sind, wird nach der Definition

```
MeinString s1,s2;
```

bei den folgenden Ausdrücken die als Kommentar angegebene Funktion aufgerufen:

```
s1<s2      // s1.operator<(s2)
s1<"123"   // s1.operator<(MeinString("123"))
"123"<s1   // operator<(MeinString("123"),s1)
```

Zwischen globalen Operatorfunktionen und Elementfunktionen besteht also insbesondere der **Unterschied**, dass die globale Operatorfunktion nicht nur mit einem ersten Operanden eines einzigen Datentyps aufgerufen werden kann.

Beispiel: Für zwei Strings s1 und s2 der Klasse *MeinString* sind mit einer Elementfunktion für den Operator + nur die ersten drei der folgenden Operationen möglich.

```
s1 + s2
s1 + "char*"
s1 + 'c'
"char*" + s2
'c' +s2
```

Da bei den letzten beiden der Datentyp des linken Operanden nicht die Stringklasse ist, sind diese nur mit einer globalen Operatorfunktion möglich.

Diese **Asymmetrie** wird von einem Anwender der Klasse meist als störend empfunden. Normalerweise will man mit einem binären Operator verschiedene Datentypen kombinieren können, ohne dass man die Reihenfolge der Operanden beachten muss. Deshalb realisiert man **binäre Operatoren oft mit globalen Operatorfunktionen und nicht mit Elementfunktionen**. Das ist eine Ausnahme von der Empfehlung des letzten Abschnitts, Elementfunktionen gegenüber globalen Funktionen zu bevorzugen.

Damit man mit einem binären Operator n verschiedene Datentypen kombinieren kann, ist es nun **keineswegs notwendig**, bis zu n*n verschiedene Operatorfunktionen mit **allen Kombinationen** der Datentypen der Parameter zu definieren:

```
MeinString operator+(const MeinString& s,
                                const MeinString& t);
MeinString operator+(const MeinString& s, const char* t);
MeinString operator+(const MeinString& s, const char t);
MeinString operator+(const char* s,const MeinString& t);
MeinString operator+(const char s,const MeinString& t);
// Kombinationen wie (char,char) sind hier nicht möglich,
// da Operatoren für eingebaute Datentypen nicht überladen
// werden können.
```

Da eine Funktion mit einem Parameter eines Typs C auch mit einem Argument eines Typs D aufgerufen werden kann, wenn eine Konversion von D nach C definiert ist (z.B. ein konvertierender Konstruktor, siehe Abschnitt 6.1.5), reicht es aus,

— eine einzige globale Operatorfunktion mit zwei Parametern des Datentyps der Klasse zu definieren sowie
— für jeden Datentyp, der als Operand zulässig sein soll, einen Konstruktor, der einen Parameter dieses Datentyps hat.

Mit diesen Funktionen (maximal n+1) kann dann der Ausdruck $x@y$ mit allen Datentypen gebildet werden, für die ein solcher Konstruktor definiert ist.

Beispiel: Mit den Konstruktoren

```
class MeinString {
 public:
    MeinString(char* p);
    MeinString(char c);
};
```

und der globalen Operatorfunktion

```
MeinString operator+(const MeinString& s,
                     const MeinString& t)
{ // Muss ein friend von MeinString sein
MeinString tmp;
tmp.n=s.Laenge()+t.Laenge();
tmp.s=new char[tmp.n+1];
strcpy(tmp.s, s.s);
strcat(tmp.s, t.s);
return tmp; // tmp erfüllt die Klasseninvariante
}           // (siehe Seite 675)
```

können alle Ausdrücke aus dem letzten Beispiel gebildet werden.

Bisher wurden vor allem binäre Operatoren betrachtet, mit denen Operanden verschiedener Datentypen symmetrisch kombiniert werden können. Das ist allerdings nicht bei allen binären Operatoren notwendig. So ist der linke Operand der Operatoren +=, —=, *= und /= üblicherweise ein Objekt der Klasse, für die sie definiert werden. Deswegen werden diese Operatoren meist **mit Elementfunktionen** realisiert.

Beispiel: Der Operator += für die Klasse *MeinString* kann folgendermaßen implementiert werden:

```
MeinString& MeinString::operator+=(
                                const MeinString& t)
{
if (t.s)
  {
    MeinString tmp(*this); //Aufruf des Copy-
    n+=t.n;                        // Konstruktors
    delete[] s;
    s=new char[n+1];
    strcpy(s,tmp.s);
    strcat(s,t.s);
  }
return *this; //Die Klasseninvariante ist erfüllt.
}
```

Der hier verwendete Copy-Konstruktor erzeugt eine Kopie des Strings und wird im nächsten Abschnitt beschrieben.

Mit dem Operator += kann man dann den Operator + definieren:

```
MeinString operator+(const MeinString& s,
                                const MeinString& t)
{
return MeinString(s)+=t; // s+=t geht nicht wegen const
}
```

Da in dieser Funktion nicht auf die Elemente von *MeinString* zugegriffen wird, muss sie auch kein *friend* dieser Klasse sein. Die Operatorfunktionen +=, −=, *= und /= werden deshalb oft zur Definition der Operatoren +, −, * und / verwendet, da man dann **keine *friend*-Funktionen** braucht.

Als weiteres Beispiel für eine als Elementfunktion definierte Operatorfunktion wird jetzt der **Indexoperator []** für die Klasse *MeinString* definiert. Dieser Operator ist ein binärer Operator, der nur als nicht statische Elementfunktion einer Klasse und nicht durch eine globale Funktion überladen werden kann:

```
class MeinString {
  char* s;
  int n; // Länge des Strings
 public:

  char& operator[](int i)
  {   // Vorbedingung: 0<=i<n
  return *(s+i);
  }; // Die Klasseninvariante ist erfüllt.
};
```

Nach dieser Definition ist der Aufruf der Operatorfunktion

```
s.operator[](i) // z.B. nach MeinString s("123"); int i;
```

gleichwertig mit dem indizierten Ausdruck:

```
s[i]
```

Da der Rückgabetyp der Operatorfunktion ein Referenztyp ist, kann man einen solchen Ausdruck auch auf der linken Seite einer Zuweisung verwenden:

```
s[1]='A';
```

Diese Operatorfunktion kann man leicht so erweitern, dass der Zugriff auf einen unzulässigen Index erkannt wird und z.B. eine Exception auslöst:

```
char& operator[](int i)
{
if (i<0||i>=n) throw std::out_of_range("String-Index");
return *(s+i);
};
```

Der Parameter des Indexoperators kann einen **beliebigen Datentyp** haben und muss nicht wie bei einem Array ein Ganzzahldatentyp sein. Auf diese Weise kann man Klassen realisieren, die sich wie assoziative Container verhalten. Der gesuchte Wert wird dabei als Argument übergeben, und der gefundene Wert ist der Funktionswert der Operatorfunktion. Siehe dazu Aufgabe 2.

Der **Pfeiloperator** -> für den Zugriff auf ein Klassenelement kann nur mit einer nicht statischen Elementfunktion ohne Parameter überladen werden. Falls diese Funktion definiert ist, wird der Ausdruck x->m interpretiert als

```
(x.operator->())->m
```

Bei der Implementation dieses Operators sollte man darauf achten, dass wie bei Zeigern die üblichen Identitäten gelten:

p->m == (*p).m == p[0].m

Aufgaben 6.2.4

1. Die Operatorfunktionen für die Ein- und Ausgabeoperatoren << bzw. >> einer selbstdefinierten Klasse C können prinzipiell sowohl als Elementfunktionen der Klasse C als auch als globale Funktionen definiert werden. Vergleichen Sie die beiden Alternativen im Hinblick auf die Syntax beim Aufruf.

2. Ein Bruch kann durch eine Struktur

```
struct Bruch {
   int z,n; // z: Zähler, n: Nenner
};
```

dargestellt werden, bei der alle Datenelemente *public* sind (siehe auch Aufgabe 5.8.2) und bei der die Operatoren etwa folgendermaßen implementiert sind:

```
Bruch operator+(const Bruch& p, const Bruch& q)
{
Bruch result={p.z*q.n + q.z*p.n , p.n*q.n};
return result; // besser: Den Bruch noch kürzen
}

Bruch operator-(const Bruch& p, const Bruch& q)
{
Bruch result={p.z*q.n - q.z*p.n , p.n*q.n};
return result; // besser: Den Bruch noch kürzen
}
```

Überarbeiten Sie die Klasse *Bruch* so, dass die Datenelemente *private* sind. Ergänzen Sie diese Klasse um einen geeigneten Konstruktor.

a) Machen Sie die Funktion für den Operator – zu einer *friend*-Funktion.

b) Definieren Sie die Operatorfunktion += als Elementfunktion und verwenden Sie diese zur Definition des +-Operators, so dass Sie keine *friend*-Funktion benötigen.

3. Ein assoziativer Container ist eine Datenstruktur, die Paare von Schlüsselwerten und Daten verwaltet. In der Klasse *AssozContainer* heißen die Schlüsselwerte und Daten wie in der Standardbibliothek *first* und *second*:

```
class AssozContainer { // alles sehr einfach
   int n; // Anzahl der Elemente im Container
   typedef AnsiString T1;// Datentyp der Schlüsselwerte
   typedef AnsiString T2;// Datentyp der Daten
   struct Paar {
     T1 first;  // Schlüsselwert
     T2 second; // Daten
   };
   Paar a[100]; // nur zur Vereinfachung so einfach
public:
   AssozContainer():n(0) {};

   void showAll()
   {
   for (int i=0; i<n; ++i)
     Form1->Memo1->Lines->Add(a[i].first+
": "+a[i].second);
   }
};
```

Die Arbeit mit einem solchen Container ist mit einem Indexoperator besonders einfach, der zu einem als Index verwendeten Schlüsselwert die zugehörigen Daten liefert. Mit einem Index, zu dem keine Daten gehören, soll ein neues Paar im Container abgelegt werden.

Die folgenden Beispiele sollen die Arbeit mit einem solchen Operator illustrieren. Die Ergebnisse der Operationen sind jeweils anschließend als Kommentar angegeben:

```
AssozContainer a;
a.showAll();
// Keine Ausgabe, da der Container leer ist.

a["Luigi Mafiosi"]="Luigi@palermo.net";
a.showAll();
// Luigi Mafiosi: Luigi@palermo.net

a["Karl Erbschleicher"]="Karl@aahoohell.kom";
a.showAll();
// Luigi Mafiosi: Luigi@palermo.net
// Karl Erbschleicher: Karl@aahoohell.kom

a["Luigi Mafiosi"]="Luigi@Bankers.net"; // palermo.net
// war zu langsam
a.showAll();
// Luigi Mafiosi: Luigi@Bankers.net
// Karl Erbschleicher: Karl@aahoohell.kom

Memo1->Lines->Add(a["Karl Erbslaicher"]); // Schreib-
a.showAll();                               // fehler
// Luigi Mafiosi: Luigi@Bankers.net
// Karl Erbschleicher: Karl@aahoohell.kom
// Karl Erbslaicher:

// Nicht schön: Karl ist ohne Adresse eingetragen.
// Aber bei std::map ist das auch nicht anders.
```

a) Definieren Sie zu der Klasse *AssozContainer* einen Indexoperator, der dieselben Ergebnisse wie in diesem Beispiel hat.

b) Ein Iterator ist eine Klasse, die eine Position in einem Container darstellt. Sie enthält meist

   - einen Zeiger (der die Position darstellt) auf ein Element im Container
   - einen Konstruktor, der den Zeiger mit einem anderen Zeiger für eine Position in diesem Container initialisiert
   - einen Operator ++, der den Zeiger auf das nächste Element im Container setzt
   - einen Operator − −, der den Zeiger auf das vorangehende Element im Container setzt
   - einen Operator *, der das Element im Container zum Zeiger im Iterator liefert
   - einen Operator ->, der den Zeiger im Iterator liefert
   - einen Operator !=, der die Zeiger zweier Iteratoren vergleicht

   Für die Klasse *AssozContainer* ist die Klasse *iterator* ein solcher Iterator:

   ```
   class iterator {
     Paar* p;
   public:
   ```

```
iterator(Paar* p_):p(p_) { }
bool operator!= (const iterator& y);
iterator& operator++(int);
Paar& operator* ();
Paar* operator-> ();
};
```

Nehmen Sie *iterator* als verschachtelte Klasse in die Klasse *AssozContainer* auf. Definieren Sie die Operatorfunktionen so, dass man den Container wie in dem folgenden Beispiel mit dem Operator ++ durchlaufen kann:

```
AssozContainer::iterator i=a.begin();
for (i=a.begin(); i!=a.end();++i)
  s=i->second;// ebenso: Paar p=*i;
```

Außerdem sollen in der Klasse *AssozContainer* noch die Elementfunktionen *begin* und *end* definiert werden. Sie sollen einen *iterator* zurückliefern, der auf das erste Element im bzw. nach dem Container zeigt.

6.2.5 Der Copy-Konstruktor

Ein Objekt kann bei seiner Definition mit einem anderen Objekt derselben oder einer abgeleiteten Klasse (siehe Abschnitt 6.3.6) initialisiert werden:

```
class C { // ...
} c;        // definiere c für die nächste Anweisung

C d=c; // keine Zuweisung: Initialisierung, da Definition
```

Eine solche **Initialisierung** mit dem Zuweisungsoperator führt ebenso wie die in der Funktionsschreibweise

```
C d(c); // gleichwertig mit C d=c;
```

zum Aufruf des sogenannten Copy-Konstruktors. Beide Schreibweisen sind gleichwertig. Obwohl eine Initialisierung syntaktisch und inhaltlich eine gewisse Ähnlichkeit mit einer Zuweisung

```
d=c;
```

hat, ist sie eine andere Operation als eine Zuweisung. Bei einer Zuweisung wird der Zuweisungsoperator (siehe dazu den nächsten Abschnitt) und nicht der Copy-Konstruktor der Klasse aufgerufen.

Da eine solche Initialisierung immer mit einer Definition verbunden ist, müssen die dabei definierten Datenelemente initialisiert werden wie bei jedem anderen Konstruktor auch. Bei einer Zuweisung werden dagegen die bisherigen Werte der linken Seite ungültig. Falls das Objekt auf der linken Seite Zeiger enthält, müssen die Speicherbereiche freigegeben werden, auf die sie zeigen. Diesen unterschiedlichen Anforderungen kann man in einem Zuweisungsoperator und in einem Copy-Konstruktor nachkommen.

Ein **Copy-Konstruktor** einer Klasse C ist dadurch charakterisiert, dass sein erster Parameter den Datentyp *C&*, *const C&*, *volatile C&* oder *const volatile C&* hat. Weitere Parameter können vorhanden sein. Sie müssen aber alle Default-Argumente haben.

Beispiele:

1. Alle Konstruktoren der Klasse C außer dem ersten sind Copy-Konstruktoren:

```
class C {
 public:
   C()                  { };
   C(C& c)              { };
   C(C& c, int i=0)     { };
   C(const C& c)        { };
};
```

Mit

```
const C c;
```

führt dann die Initialisierung

```
C d=c;
```

zum Aufruf des Konstruktors mit dem *const*-Parameter. Dabei wird die rechte Seite als erstes Argument übergeben. Hätte man das Objekt c ohne *const* definiert, könnte der Compiler nicht entscheiden, ob er den zweiten oder den dritten Konstruktor von C aufrufen soll.

2. Dagegen ist der zweite Konstruktor von C1 kein Copy-Konstruktor. Der dritte Konstruktor ist deswegen nicht zulässig, da sein Aufruf zu einer endlosen Rekursion führen würde:

```
class C1 {
 public:
   C1(C1& c, int i);
   C1(C1 c); // Fehler: Konstruktor ... nicht zulässig
};
```

Bei den meisten Klassen reicht ein einziger Copy-Konstruktor der Form

```
C::C(const C&);
```

aus. Objekte dieser Klassen kann man dann sowohl mit konstanten als auch mit nicht konstanten Ausdrücken initialisieren. Außerdem ist dann sichergestellt, dass der initialisierende Ausdruck nicht verändert wird. Wenn eine Klasse dagegen nur den Konstruktor

```
C::C(C&);
```

besitzt, kann ein Objekt dieser Klasse nicht mit konstanten Ausdrücken initialisiert werden.

Wenn man für eine Klasse **explizit keinen** Copy-Konstruktor definiert, erzeugt der Compiler einen, wenn er benötigt wird. Dieser **implizit** erzeugte Copy-Konstruktor bewirkt, dass bei einer Initialisierung alle nicht statischen Datenelemente mit den entsprechenden Werten der Elemente des initialisierenden Ausdrucks initialisiert werden.

Beispiel: Die Klasse C soll zwei nicht statische Datenelemente des Typs C1 und C2 haben:

```
struct C {
  C1 c1;
  C2 c2;
};
```

Dann erzeugt der Compiler für diese Klasse einen Copy-Konstruktor, der alle Elemente wie in dem folgenden Copy-Konstruktor initialisiert:

```
C(const C& x): c1(x.c1),c2(x.c2) { }
```

Falls das Element eine Klasse ist, wird zur Initialisierung der Copy-Konstruktor des Elements ausgerufen. Bei einem Array werden alle Elemente einzeln initialisiert. Ein Element eines skalaren Datentyps wird mit dem vordefinierten Zuweisungsoperator initialisiert.

Beispiel: Auch wenn man für die Klasse *C2DPunkt* keinen Copy-Konstruktor definiert, ist nach der Definition

```
C2DPunkt p1(2,3);
```

die folgende Initialisierung möglich:

```
C2DPunkt p2=p1;
```

Dabei werden alle Datenelemente von p2 mit den entsprechenden Werten von p1 initialisiert, so dass diese Initialisierung denselben Effekt hat wie

```
p2.x = p1.x;
p2.y = p1.y;
```

Bei einer Klasse, die **keine Zeiger** enthält, ist der vom Compiler **implizit erzeugte Copy-Konstruktor ausreichend**, wenn jedes Element eines Klassentyps durch seinen Copy-Konstruktor richtig initialisiert wird. Wenn eine Klasse jedoch Zeiger enthält, zeigen sie in beiden Objekten auf denselben Speicherbereich.

Beispiel: Falls für die Klasse *MeinString* wie bisher kein Copy-Konstruktor defi-
            niert ist, wird bei der Initialisierung von t mit s der implizit definierte
            Copy-Konstruktor aufgerufen:

```
MeinString s("123");
MeinString t=s;
```

            Diese Initialisierung bewirkt, dass die Zeiger t.s und s.s beide auf den-
            selben Speicherbereich zeigen.

Eine solche Kopie wird auch als „**flache Kopie**" bezeichnet. Sie hat die folgenden,
meist unerwünschten Konsequenzen:

– Jede Veränderung von s bewirkt auch eine Veränderung von t (und umgekehrt).
– Wenn der Speicherbereich für eines der beiden Objekte freigegeben wird, zeigt
   das andere auf einen nicht reservierten Speicherbereich.
– Nach dieser Zuweisung besteht keine Möglichkeit mehr, den Speicherbereich
   freizugeben, auf den t vor der Zuweisung gezeigt hat.

Entsprechende Ergebnisse des vom Compiler erzeugten Copy-Konstruktors erhält
man bei allen Klassen, die Zeiger enthalten. Diese lassen sich durch einen explizit
definierten Copy-Konstruktor vermeiden. Deshalb wird für eine Klasse meist dann
ein **expliziter Copy-Konstruktor benötigt, wenn sie Zeiger enthält**.

Betrachten wir als Beispiel wieder die Klasse *MeinString*. Da der Copy-Konstruktor bei einer Definition (aber nicht bei einer Zuweisung) aufgerufen wird,

```
C x=y; // ruft den Copy-Konstruktor der Klasse C auf
x=y;   // ruft den Zuweisungsoperator auf
```

muss er Speicherplatz für das neue Objekt reservieren und diesen mit den Daten
der rechten Seite füllen:

```
class MeinString {
   char* s;
   int n; // Länge des Strings
 public:
 // ...
 MeinString (const MeinString& x)
 {
   n=x.n;              // 1
   s=new char[n+1];    // 2
   strcpy(s,x.s);      // 3
 };//dieser Konstruktor stellt die Klasseninvariante her
};
```

Auf die Kommentare kommen wir beim überladenen Zuweisungsoperator für diese
Klasse zurück.

Da der Compiler nicht darauf hinweist, wenn er einen **Copy-Konstruktor** erzeugt, sollte man **für jede Klasse mit Zeigern** einen solchen Konstruktor **definieren**. Sonst kann es vorkommen, dass der implizit erzeugte Copy-Konstruktor verwendet wird, ohne dass man es bemerkt, und dessen flache Kopien unerwünschte Folgen haben.

Bei einer Initialisierung durch ein **temporäres Objekt** wie in

```
C d=C(1); // C(1) ist ein temporäres Objekt
```

lässt der C++-Standard explizit offen, ob d durch einen Aufruf des Copy-Konstruktors mit dem temporären Objekt initialisiert wird

```
C d=C(C(1)); // C(1) als Argument des Copy-Konstruktors
```

oder ob C(1) direkt in dem Speicherbereich von d konstruiert wird. Viele moderne Compiler (auch der C++Builder) nutzen diese Möglichkeit zur **Optimierung** und sparen den Aufruf des Copy-Konstruktors, so dass lediglich der Konstruktor für das temporäre Objekt aufgerufen wird.

Bisher wurde nur die Initialisierung von Objekten betrachtet, deren Datentyp kein Referenztyp ist. Bei der **Initialisierung einer Referenzvariablen**

```
C& d=c;
```

mit einer Variablen c desselben Datentyps oder dem einer von C abgeleiteten Klasse wird der Copy-Konstruktor nicht aufgerufen. Diese Initialisierung hat zur Folge, dass die Referenz d so an c gebunden wird, dass d ein anderer Name für c ist. Auch die **Initialisierung einer konstanten Referenz**

```
const C& d=c;
```

führt normalerweise nicht zum Aufruf des Copy-Konstruktors. Hier kann c auch ein konstanter Ausdruck sein.

Im Unterschied zum C++-Standard akzeptiert der C++Builder auch die Initialisierung einer Referenzvariablen mit einer Konstanten. Er erzeugt dann aus der Konstanten mit dem Copy-Konstruktor ein temporäres Objekt und bindet die Referenz an dieses. Durch eine Warnung der Art „Temporäre Größe... verwendet" wird auf diese Abweichung vom Standard hingewiesen.

Der Copy-Konstruktor wird nicht nur bei der Ausführung einer Deklarationsanweisung mit einer **Initialisierung** wie in

```
C d=c;
```

aufgerufen. Die folgenden Punkte beschreiben weitere Situationen, die zum **Aufruf** eines **Copy-Konstruktors** führen können. In den Beispielen wird die Klasse C verwendet:

```
class C {
 public:
  C(int);
};
```

1. Bei einem Funktionsaufruf wird ein Parameter (die lokale Variable) mit seinem Argument initialisiert. Für einen **Werteparameter** führt diese Initialisierung zum Aufruf des Copy-Konstruktor mit dem Argument:

```
void f1(C c)
{ // das lokale Objekt c wird beim Aufruf der Funktion
  // f1 mit dem Argument a wie in C c=a initialisiert.
}

C c(1); // Aufruf des Konstruktors C::C(int)
f1(c);  // Führt zum Aufruf des Copy-Konstruktors
```

Falls das Argument für den Werteparameter ein **temporäres Objekt** ist, kann dieses durch die oben beschriebene **Optimierung** direkt in dem Speicherbereich konstruiert werden, der zur lokalen Variablen in der Funktion gehört. Dann unterbleibt der Aufruf des Copy-Konstruktors:

```
f1(C(1)); // Kein Aufruf des Copy-Konstruktors mit dem
          // temporären Objekt C(1)
```

Bei einem **Referenzparameter** wird der Copy-Konstruktor nicht aufgerufen:

```
void f2(const C& c) { }

C c(1);  // Definiere das Objekt c
f2(c);   // Kein Aufruf des Copy-Konstruktors
```

Im Unterschied zu f1 wird so der Aufruf des Copy-Konstruktors und des Destruktors immer gespart. Deswegen sollte man konstante Referenzparameter gegenüber Werteparametern bevorzugen.

2. Auch die Rückgabe eines Funktionswerts mit *return* ist eine Initialisierung. Wenn dabei ein **nicht temporäres Objekt** zurückgegeben wird, führt das zum Aufruf des Copy-Konstruktors:

```
C f3()
{
C c(1);
return c; // Initialisiert den Funktionswert mit c
};

C c(1);
c=f3(); // Aufruf des Copy-Konstruktors bei return
```

Ein **temporäres Objekt** kann der Compiler direkt im Speicherbereich des Funktionswertes konstruieren:

```
C f4()
{
return C(1);//Initialisiert den Funktionswert mit C(1)
};
```

Das spart den Aufruf des Copy-Konstruktors und des Destruktors für das lokale Objekt, so dass die Funktion f4 schneller ist als f3.

Falls der Datentyp des Funktionswerts ein **Referenztyp** ist, wird wie bei einer Parameterübergabe ebenfalls kein Objekt erzeugt und deswegen auch kein Konstruktor aufgerufen. Allerdings muss man hier darauf achten, dass keine Referenz auf ein lokales Objekt zurückgegeben wird. Im C++Builder weist der Compiler auf einen solchen Fehler hin.

3. Wenn in einem *throw*-Ausdruck ein Konstruktor angegeben wird, erzeugt dieser ein Objekt, das ein weiteres temporäres Objekt initialisiert. Die Lebensdauer dieses temporären Objekts erstreckt sich von der Ausführung des *throw*-Ausdrucks bis zur Ausführung eines passenden Exception-Handlers. Deshalb wird auch durch

```
throw C(1);
```

der Copy-Konstruktor von C aufgerufen.

Wenn man in der *exception-declaration* eines Exception-Handlers ein Objekt definiert, wird dieses mit dem Wert des *throw*-Ausdrucks initialisiert, der die Exception ausgelöst hat. Deshalb wird in dem folgenden Programmfragment das Objekt e über den Copy-Konstruktor initialisiert:

```
try { // ...
    }
catch (C& e)//initialisiert e mit dem Copy-Konstruktor
    {
    }
```

4. Die Initialisierung in einem *new*-Ausdruck, einem *static_cast*-Ausdruck, einer Typkonversion in Funktionsschreibweise und bei einem Elementinitialisierer entspricht der bei einer Deklaration

```
C c(a);
```

Hier wird der am besten passende Konstruktor aufgerufen. Das kann der Copy-Konstruktor sein, muss es aber nicht.

Ein Copy-Konstruktor wird also nicht nur bei einer Definition mit einer Initialisierung aufgerufen, sondern auch in vielen anderen Situationen, denen man das eventuell nicht unmittelbar ansieht. Deshalb wird nochmals an die Empfehlung von oben erinnert, für jede Klasse mit Zeigern einen expliziten Copy-Konstruktor zu definieren.

Anmerkung für Delphi-Programmierer: In Object Pascal gibt es keine Möglichkeit, ein Objekt bei seiner Definition durch eine Zuweisung mit einem anderen zu initialisieren.

6.2.6 Der Zuweisungsoperator = für Klassen

Da Zuweisungen und Initialisierungen ähnlich aussehen,

```
C d=c; // Initialisierung, da Deklaration
d=c;   // Zuweisung, da keine Deklaration
```

soll unmittelbar im Anschluss an den Copy-Konstruktor gezeigt werden, wie man den Zuweisungsoperator „=" für Klassen definieren kann. Diese Funktion wird bei einer Zuweisung aufgerufen.

Der Zuweisungsoperator für eine Klasse C wird durch eine Elementfunktion

```
C::operator=
```

definiert, die genau einen Parameter des Typs C, C&, *const C&*, *volatile C&* oder *const volatile C&* hat. Eine Klasse kann mehr als einen Zuweisungsoperator haben. Dieser muss eine nicht statische **Elementfunktion** sein. Es ist nicht möglich, ihn als globale Operatorfunktion zu definieren. Deshalb ist der linke Operand dieses Operators immer das Objekt **this*, mit dem der Operator aufgerufen wird.

Wenn man für eine Klasse **explizit keinen** Zuweisungsoperator definiert, erzeugt der Compiler einen, wenn er benötigt wird. Dieser **implizit** erzeugte Zuweisungsoperator hat eine der beiden Formen

```
C& operator=(C& x)
C& operator=(const C& x)
```

und bewirkt, dass allen nicht statischen Datenelementen die Werte der entsprechenden Elemente des Ausdrucks auf der rechten Seite zugewiesen werden. Er gibt über den Rückgabetyp C& das Objekt zurück, an das die Zuweisung erfolgt.

Beispiel: Die Klasse C soll zwei nicht statische Datenelemente des Typs C1 und C2 und keinen Zuweisungsoperator haben:

```
struct C {
  C1 c1;
  C2 c2;
};
```

Dann erzeugt der Compiler für diese Klasse einen Zuweisungsoperator, der alle Elemente wie im folgenden Zuweisungsoperator kopiert:

```
C& operator=(const C& x)
{
c1=x.c1;
c2=x.c2;
return *this;
}
```

Falls das Element eine Klasse ist, wird dabei der Zuweisungsoperator des Elements ausgerufen. Bei einem Array werden alle Elemente einzeln zugewiesen. Für ein Element eines skalaren Datentyps wird der vordefinierte Zuweisungsoperator verwendet.

Beispiel: Auch wenn man für die Klasse *C2DPunkt* keinen Zuweisungsoperator definiert, ist nach der Definition

```
C2DPunkt p1,p2;
```

die Zuweisung

```
p1 = p2;
```

möglich. Dabei werden die Werte aller Datenelemente von p2 an p1 zugewiesen, so dass diese Zuweisung denselben Effekt hat wie

```
p1.x = p2.x;
p1.y = p2.y;
```

Bei einer Klasse, die keine Zeiger enthält, ist der implizit erzeugte Zuweisungsoperator ausreichend, wenn jedes Element eines Klassentyps durch seinen Zuweisungsoperator richtig kopiert wird. Wenn eine Klasse jedoch Zeiger enthält, erhält man mit dem vom Compiler erzeugten Operator eine „**flache Kopie**". Die damit verbundenen Probleme wurden schon im letzten Abschnitt beschrieben.

Beispiel: Falls für die Klasse *MeinString* wie bisher kein Zuweisungsoperator definiert ist, wird bei der folgenden Zuweisung der implizit definierte Zuweisungsoperator aufgerufen:

```
t=s; // z.B. nach: MeinString s("123"),t("xyz");
```

Diese Zuweisung bewirkt, dass die Zeiger t.s und s.s beide auf denselben Speicherbereich zeigen.

Eine Klasse benötigt einen explizit überladenen Zuweisungsoperator meist dann, wenn sie Zeiger enthält. Dieses Kriterium wurde auch schon für den Destruktor und den Copy-Konstruktor angegeben. Generell kann man sagen: **Wenn eine Klasse eine dieser Funktionen benötigt, benötigt sie meist auch die beiden anderen.** Bei Klassen, die keine Zeiger enthalten, kann man sich die Definition aller dieser Funktionen sparen, da die vom Compiler erzeugten Funktion reichen.

Flache Kopien können mit einem Zuweisungsoperator vermieden werden. In dieser Operatorfunktion kann dann der zur linken Seite gehörende Speicherbereich freigegeben und durch eine Kopie der rechten Seite ersetzt werden. Diese Operatorfunktion wird für eine Klasse C normalerweise nach folgendem Schema definiert:

```
C& operator=(const C& x)
{
if (this==&x) return *this;
// 1. alten Speicherbereich freigeben
// 2. neuen Speicherbereich reservieren
// 3. x in das aktuelle Objekt kopieren
return *this;
};
```

Der Rückgabe von *this* ermöglicht es, einen Zuweisungsausdruck wieder auf der linken Seite einer Zuweisung zu verwenden und so Zuweisungsketten wie bei den eingebauten Datentypen zu bilden:

```
x=y=z  // x=(y=z)
```

Da der Zuweisungsoperator rechtsassoziativ ist, wird dieser Ausdruck vom Compiler wie der verschachtelte Funktionsaufruf

```
x.operator=(y.operator=(z))
```

behandelt. Dieser Ausdruck zeigt, dass der Funktionswert des Ausdrucks (y=z) das Argument für den äußeren Funktionsaufruf ist. Deshalb liegt es nahe, für den Rückgabetyp denselben Datentyp wie für das Argument zu wählen, also den Referenztyp C&.

Allerdings sind solche Zuweisungsketten auch mit dem Rückgabetyp C anstelle von C& möglich. Die Notwendigkeit für den Referenztyp ergibt sich lediglich aus der Klammerregel, nach der durch

```
(x=y)=z;
```

zunächst x den Wert von y erhält, und x anschließend durch den Wert von z überschrieben wird. Dieses Ergebnis erhält man nur mit einem Referenztyp. Mit dem Rückgabetyp C erhält x in dieser Zuweisung nur den Wert von y, aber nicht den von z, da der Funktionswert von (x=y) ein temporäres Objekt ist und diesem z zugewiesen wird.

Da man solche diffizilen Feinheiten leicht übersieht, sollte man den **Zuweisungs-operator immer nach dem Schema von oben definieren**.

Betrachten wir als Beispiel einen Zuweisungsoperator für die Klasse *MeinString*. Dieser kann folgendermaßen definiert werden:

```
class MeinString {
  char* s;
  int n; // Länge des Strings
public:
  // ...
  MeinString& operator=(const MeinString& x)
  {
  if (this!=&x)            // a
    {
      delete[] s;          // b
      n=x.n;               // 1
      s=new char[n+1];     // 2
      strcpy(s,x.s);       // 3
    }
  return *this;            // c
  }; // dieser Operator stellt die Klasseninvariante her
};
```

In der Zeile b dieser Operatorfunktion wird zunächst der Speicherbereich wieder freigegeben, auf den der Zeiger s bisher gezeigt hat. Die Zeilen 1 bis 3 konstruieren den neuen String aus der rechten Seite der Zuweisung und sind mit den entsprechenden Anweisungen im Copy-Konstruktor identisch. Eine Prüfung wie in Zeile a ist notwendig, damit ein Objekt auch sich selbst zugewiesen werden kann. Ohne eine solche Abfrage würde die Zuweisung

```
s = s;
```

dazu führen, dass der Speicherbereich mit den Zeichen des Strings zuerst (Zeile b) freigegeben und dann in Zeile 3 als Quelle für die Kopie verwendet wird. Das Ergebnis eines Zugriffs auf einen mit *delete* freigegebenen Speicherbereich ist aber undefiniert.

Abschließend soll nochmals auf den **Unterschied** zwischen dem **Zuweisungsoperator** und dem **Copy-Konstruktor** hingewiesen werden: Der Copy-Konstruktor wird nur bei einer Initialisierung aufgerufen und nicht bei einer Zuweisung. Der Zuweisungsoperator wird dagegen nur bei einer Zuweisung aufgerufen:

```
C x=y; // ruft den Copy-Konstruktor der Klasse C auf
x=y;   // ruft den Zuweisungsoperator auf
```

Die beiden Funktionen der Klasse *MeinString* zeigen die typischen Unterschiede:

— Bei der Initialisierung wird der Speicher für ein Objekt nur reserviert, während bei einer Zuweisung der für den linken Operanden reservierte Speicher auch freigegeben werden muss. Deswegen ist die mit // b gekennzeichnete Anweisung im Copy-Konstruktor nicht notwendig.
— Der Copy-Konstruktor kann wie jeder andere Konstruktor keinen Funktionswert zurückgeben. Deswegen hat er keine Anweisung wie in // c.
— Mit dem Copy-Konstruktor sind keine Zuweisungen wie s=s möglich. Deshalb ist die mit // a gekennzeichnete Anweisung nicht notwendig.

Im Unterschied zu allen anderen Operatorfunktionen wird ein überladener Zuweisungsoperator nicht an eine abgeleitete Klasse vererbt (siehe Abschnitt 6.3.5).

Aufgaben 6.2.6

1. Begründen Sie für jede der folgenden Klassen, ob für sie ein Copy-Konstruktor, ein überladener Zuweisungsoperator oder ein Destruktor explizit definiert werden muss. Falls eine solche Funktion notwendig ist, definieren Sie diese.

   a) Die Klassen *Kreis*, *Quadrat* und *Rechteck* von Aufgabe 6.1.5, 3.
   b) Die Klassen *Grundstueck, Eigentumswohnung, Einfamilienhaus* und *Gewerbeobjekt* von Aufgabe 6.1.5, 4.
   c) Wie wäre ihre Antwort, wenn die Strings in den Klassen von b) nicht mit *char**, sondern durch eine Stringklasse wie *string* oder *AnsiString* definiert wäre.
   d) Kann es mit Nachteilen verbunden sein, diese Funktionen zu definieren, obwohl das nicht notwendig ist, weil sie vom Compiler erzeugt werden?
   e) Oft kann man eine Klasse sowohl mit Zeigern als auch ohne Zeiger definieren, ohne dass eine dieser beiden Varianten Nachteile gegenüber der anderen hat. Vergleichen Sie den Aufwand für die Implementation der beiden Varianten.

2. Beschreiben Sie am Beispiel der Funktionen *test1* und *test2*, wann welche Konstruktoren der folgenden Klassen aufgerufen werden:

```
void display(AnsiString s, int i=-1)
{
if (i>=0) s=s+IntToStr(i);
Form1->Memo1->Lines->Add(s);
}

class C{
  int x;
 public:
  C (int x_=0)
  { // Beim Aufruf ohne Argument ein Standard-
    x=x_;                              // konstruktor
    display(" Konstruktor: ", x);
  }

  C (const C& c)
  {
    x=c.x;
    display(" Kopierkonstruktor: ", x);
  }
```

```
      C& operator=(const C& c)
      {
        x=c.x;
        display("  operator=: ", x);
        return *this;
      }

      ~C ()
      {
        display("  Destruktor: ",x);
      }

      friend int f3(C c);
      friend int f4(const C& c);
    };

C f1(int i)
{
return C(i);
}

C f2(int i)
{
C tmp(i);
return tmp;
}

int f3(C c)
{
return c.x;
}

int f4(const C& c)
{
return c.x;
}
```

a) Welche Ausgabe erzeugt ein Aufruf der Funktion *test1*:

```
void test1()
{
display("vor C x=C(1)");
C x=C(1);
C y=x;
display("vor x=y");
x=y;
display("vor C z(x)");
C z(x);
display("vor f1(2)");
f1(2);
display("vor f2(3)");
f2(3);
display("vor f3(4)");
f3(4);
display("vor f3(x)");
f3(x);
```

```
display("vor f4(4)");
f4(4);
display("vor f4(x)");
f4(x);
display("Ende von test1");
}
```

b) Welche Ausgabe erzeugt ein Aufruf der Funktion *test2*:

```
class D {
 C c1;
 C c2;
};

void test2()
{
display("vor D d1");
D d1;
display("vor D d2=d1");
D d2=d1;
display("vor d2=d1");
d2=d1;
display("nach d2=d1");
}
```

3. In der Programmiersprache C werden ganze Arrays wie

```
T a[10], b[10]; // T ein Datentyp
```

oft mit

```
memcpy(a,b,10*sizeof(T));
```

kopiert. Beurteilen Sie dieses Vorgehen, wenn der Datentyp T eine Klasse ist.

4. Das Ergebnis des Präfixoperators ++ ist das veränderte Objekt. Mit einer
   Variablen x eines vordefinierten Datentyps kann der Ausdruck ++x auch auf
   der linken Seite einer Zuweisung verwendet werden. Deshalb ist der Funktionswert dieses Operators meist ein Referenztyp. Für eine Klasse C wird der
   Operator meist mit einer Elementfunktion nach diesem Schema definiert:

```
C& C::operator++() // Präfix ++
{
// erhöhe das Objekt
return *this;
}
```

Der Postfix-Operator liefert dagegen das ursprüngliche Objekt und kann nicht
auf der linken Seite einer Zuweisung verwendet werden. Er wird meist nach
diesem Schema definiert:

```
C C::operator++(int) // Postfix ++
{
C temp=*this;
++(*this); // Aufruf des Präfix-Operators
return temp;
}
```

Vergleichen Sie die Laufzeit der beiden Operatoren.

5. Für kaufmännische Rechnungen sind Gleitkommadatentypen wie *float* oder *double* ungeeignet, da ihre Ergebnisse nicht exakt sind (siehe auch Abschnitt 3.6.5). Eine Alternative ist ein Festkommadatentyp, der Geldbeträge in ganzzahligen Cent-Beträgen darstellt.

Definieren Sie eine Klasse *FixedP64*, die Dezimalzahlen mit bis zu 4 Nachkommastellen durch das 10000-fache ihres Wertes ganzzahlig darstellt. Verwenden Sie dazu den 64-bit Ganzzahldatentyp *long long*. Die Grundrechenarten +, −, * und / sollen durch überladene Operatoren zur Verfügung gestellt werden. Dazu können die Rechenoperationen von *long long* verwendet werden. Geeignete Konstruktoren sollen Argumente der Datentypen *int* und *double* in diesen Datentyp konvertieren. Eine Funktion *toStr* soll eine solche Festkommazahl als String darstellen.

Testen Sie diesen Datentyp mit der Funktion

```
Festkomma64 Est2005(Festkomma64 x) //
{ // Einkommensteuertarif 2005 nach § 32a (1)
Festkomma64 est;
if (x <= 7664) est = 0;
else if (x <= 12739)
   {
      Festkomma64 y = (x-7664.0)/10000;
      est = (883.74*y+1500)*y;
   }
else if (x <= 52151)
   {
      Festkomma64 z = (x-12739.0)/10000;
      est = (228.74*z + 2397)*z +989;
   }
else est = 0.42*x - 7914;
return est;
};
```

Dabei müssen sich zu den Werten unter x die jeweils rechts davon unter *Est* angegebenen Werte ergeben (aus der Grundtabelle zum Einkommensteuergesetz):

x	Est	x	Est	x	Est
7 664	0	20 000	2 850	100 000	34 086
7 704	6	40 000	9 223	120 000	42 486
7 740	11	52 092	13 964	140 000	50 886
12 708	981	60 000	17 286	160 000	59 286
12 744	990	80 000	25 686	180 000	67 686

6. Für eine Klasse ohne einen explizit definierten Copy-Konstruktor bzw. Zuweisungsoperator erzeugt der Compiler diese Funktionen, falls sie verwendet
   werden. Da diese Funktionen leicht aufgerufen werden, ohne dass man es bemerkt, kann es sinnvoll sein, ihren Aufruf zu unterbinden, um flache Kopien zu
   vermeiden. Wie kann man den Aufruf dieser Funktionen verhindern?

7. Wenn in einem Ausdruck ein **temporäres Objekt** erzeugt wird, ruft der
   Compiler einen **Konstruktor** für das Objekt auf. Am Ende der Auswertung des
   Ausdrucks wird dann der **Destruktor** für jedes so erzeugte Objekt aufgerufen.
   Deshalb können auch bei einfachen Ausdrücken relativ viele Konstruktoren
   und Destruktoren aufgerufen werden.

   Beschreiben Sie die Ausgabe der Funktion *test3* für die Klasse C aus Aufgabe
   2, wenn für C der Operator + definiert wird:

```
C operator+(const C& c1,const C& c2)
{ // friend in der Klasse C
display("  operator+: ", c1.x+c2.x);
return C(c1.x+c2.x);
}

void test3()
{
C s1,s2,s3,s4;
display("1. vor + ");
s1=C(1)+C(3);
display("2. vor + ");
C x=C(5),y=C(7);
s2=x+y;
display("3. vor + ");
s3=C(9);
s3=s3+C(11);
display("4. vor + ");
s4=x;
s4=s4+y;
display("Ende von test");
}
```

6.2.7 Benutzerdefinierte Konversionen

In Zusammenhang mit dem Copy-Konstruktor (siehe Abschnitt 6.2.5) wurden nur
Initialisierungen der Form

```
C d=c;
```

betrachtet, bei denen c den Datentyp C hatte oder den einer von C abgeleiteten Klasse. Mit sogenannten benutzerdefinierten Konversionen ist eine solche Initialisierung aber auch mit einem anderen Datentyp von c möglich.

Ein Konstruktor einer Klasse C, der mit genau einem Argument eines Datentyps T aufgerufen werden kann, definiert eine **Konversion** des Datentyps T in den Datentyp C und wird deshalb auch als **konvertierender Konstruktor** bezeichnet. Der Compiler ruft einen solchen Konstruktor automatisch dann auf, wenn er einen Ausdruck des Datentyps C erwartet, aber einen des Datentyps T vorfindet. Dabei erzeugt er aus dem Ausdruck c ein temporäres Objekt C(c) und verwendet dieses als Argument für den Copy-Konstruktor:

```
C d=C(c);
```

Da das Argument für den Copy-Konstruktor hier ein temporäres Objekt ist, muss der Compiler den Copy-Konstruktor hier nicht einmal unbedingt aufrufen. Wie schon in Abschnitt 6.2.5 beschrieben wurde, kann er diesen Aufruf wegoptimieren und das temporäre Objekt direkt im Speicherbereich von d konstruieren.

Beispiele:

1. Die Klasse *AnsiString* hat einen Konstruktor mit einem Parameter des Datentyps *char**. Dieser ermöglicht die Initialisierung und die Zuweisung:

```
AnsiString s="1,23|5,67"; //s=AnsiString("1,23|5,67");
s="1,23|5,67"; //s=AnsiString("1,23|5,67");
```

2. Die Klasse

```
class C2DPunkt{
  double x,y;
 public:
  C2DPunkt (AnsiString s)
  {
  int p=s.Pos("|");
  if (p>0)
    {
      x=StrToFloat(s.SubString(1,p-1));
      y=StrToFloat(s.SubString(p+1,s.Length()-p));
    }
  };
};
```

konvertiert mit ihrem Konstruktor den Datentyp *AnsiString* in die Klasse *C2DPunkt*. Dieser Konstruktor wird dann aufgerufen, wenn ein Objekt des Datentyps *C2DPunkt* mit einem *AnsiString* initialisiert wird:

```
C2DPunkt p=s; // p=C2DPunkt(s), s wie in 1.
```

Durch die Definition eines entsprechenden Konstruktors kann so für jeden Datentyp eine Konversion in eine Klasse definiert werden. Da aber nur Klassen Konstruktoren haben, ist es auf diese Weise nicht möglich, eine Konversion eines Datentyps T1 in einen Datentyp T2 zu definieren, der keine Klasse ist.

Die Konversion einer Klasse in einen beliebigen Datentyp ist dagegen mit einer **Konversionsfunktion** möglich. Eine solche Funktion wird als **Operatorfunktion** der zu konvertierenden Klasse definiert, bei der nach dem Schlüsselwort *operator* der Datentyp angegeben wird, in den Klasse konvertiert werden soll:

conversion-function-id:
    `operator` *conversion-type-id*

conversion-type-id:
    type-specifier-seq conversion-declarator opt

conversion-declarator:
    ptr-operator conversion-declarator opt

Hier steht *conversion-type-id* für den Datentyp, in den die Klasse konvertiert wird. Er darf kein Funktions- oder Arraytyp sein. Die Konversionsfunktion darf keine Parameter und auch keinen Rückgabetyp haben und muss eine Elementfunktion sein. Sie gibt einen Ausdruck des konvertierten Datentyps als Funktionswert zurück.

Beispiele:

1. In der Klasse *C2DPunkt* ist die Operatorfunktion eine Konversionsfunktion:

```
class C2DPunkt{
  double x,y;
 public:
  C2DPunkt(double x_, double y_):x(x_),y(y_) {  };

  operator AnsiString()    // Konversionsfunktion
  {
  return "("+FloatToStr(x) +"|"+ FloatToStr(y)+")";
  }
};
```

Sie wird in den nächsten beiden Anweisungen automatisch aufgerufen. Ohne eine solche Konversionsfunktion wäre dazu der explizite Aufruf einer Funktion wie *toStr* wie in den früheren Beispielen notwendig:

```
AnsiString s=C2DPunkt(1,2);
s=C2DPunkt(3,4);
```

Diese Konversionen hätte man auch durch eine Erweiterung der Klasse *Ansi-String* um einen Konstruktor mit einem Parameter des Datentyps *C2DPunkt* erreichen können. Allerdings sind Änderungen an fertigen Klassen oft eine heikle Angelegenheit. Außerdem ist dazu ihr Quelltext notwendig.

2. In der Standardbibliothek ist *basic_ios* eine Basisklasse der Klassen *ifstream*, *ofstream, fstream* usw. Diese hat die Konversionsfunktion

```
class basic_ios ... {
   // ...
   public:operator void*() const
```

die einen Nullzeiger zurückgibt, wenn die boolesche Elementfunktion *fail* den Wert *true* zurückgibt, und andernfalls einen von 0 (Null) verschiedenen Zeiger. Deshalb kann man mit dem Namen eines Stream-Objekts prüfen, ob weitere Operationen mit dem Stream sinnvoll sind:

```
fstream f;
while (f)
   {
      // ...
   }
```

Die mit einem Konstruktor oder einer Konversionsfunktion definierten Konversionen werden auch als **benutzerdefinierte Konversionen** bezeichnet. Wenn eine solche Konversion des Datentyps T1 in den Datentyp T2 definiert ist, verwendet der Compiler in den folgenden Fällen automatisch maximal eine solche Konversion. In den Beispielen soll t1 ein Ausdruck des Datentyps T1 sein:

1. Bei einer **Initialisierung** (siehe Abschnitt 6.2.5) wie in der Definition

```
T2 x=t1;
```

Da eine solche Initialisierung insbesondere auch bei einer Parameterübergabe und der Rückgabe eines Funktionswertes stattfindet, kann eine Funktion mit einem Parameter des Datentyps T2 auch mit einem Argument des Datentyps T1 aufgerufen werden. Deshalb kann man die Funktion

```
void f(AnsiString s);
```

auch mit einem Argument der Klasse *C2DPunkt* aufrufen, wenn diese wie im Beispiel oben eine entsprechende Konversionsfunktion hat:

```
f(C2DPunkt(3,4));
```

2. Wenn der Compiler als Operand eines Operators einen Ausdruck des Datentyps T2 erwartet, aber einen Ausdruck des Datentyps T1 vorfindet. Die folgende Zuweisung von t1 an die Variable i des fundamentalen Datentyps *int* ist nur mit einer benutzerdefinierten Konversion von T1 nach *int* möglich:

```
int i;
T1 t1;
i=t1; // t1 ist kein Argument einer Operatorfunktion
```

3. Bei einer **expliziten Typkonversion**. Alle folgenden Konversionen rufen die Konversionsfunktion von *C2DPunkt* auf:

```
AnsiString(C2DPunkt(3,4));
(AnsiString)C2DPunkt(3,4);
static_cast<AnsiString>(C2DPunkt(3,4));
```

4. Da immer nur maximal eine solche Konversion durchgeführt wird, ist

```
C2DPunkt p="1,234|5,678";// Fehler: Konvertierung ...
```

nicht möglich, da hier zwei Konversionen notwendig sind. Wie im Beispiel oben gezeigt wurde, ist jede der beiden Konversionen einzeln möglich:

```
AnsiString s="1,234|5,678";
C2DPunkt p=s;
```

Die **benutzerdefinierten Konversionen** werden zusammen mit den für die fundamentalen Datentypen vordefinierten **Standardkonversionen** auch als **implizite Konversionen** bezeichnet, da der Compiler sie automatisch durchführt.

Auf den ersten Blick ist es vielleicht verlockend, eine Elementfunktion wie *toStr* durch eine Konversionsfunktion zu ersetzen, da diese automatisch aufgerufen wird und man sich deshalb den expliziten Aufruf von *toStr* sparen kann. Wie das folgende Beispiel zeigt, führen Konversionsfunktionen aber leicht zu Mehrdeutigkeiten, vor allem in Verbindung mit Operatorfunktionen:

```
class C2DPunkt{
 double x,y;
public:
 C2DPunkt(double x_, double y_):x(x_),y(y_) {  };
 C2DPunkt (AnsiString s);  // wie oben
 operator AnsiString();    // wie oben
 friend C2DPunkt operator+(const C2DPunkt& p1,
                                const C2DPunkt& p2);
};

C2DPunkt operator+(const C2DPunkt& p1,const C2DPunkt& p2)
{
return C2DPunkt(p1.x+p2.x,p1.y+p2.y);
};

AnsiString s("1,234|5,678");
C2DPunkt p(1,2);
```

Mit diesen Definitionen ist dann der erste der nächsten beiden Ausdrücke mehrdeutig und hat eine Fehlermeldung des Compilers zur Folge, während der zweite ohne Beanstandung übersetzt wird:

```
s+p; // Fehler: Mehrdeutigkeit ...
p+s; // kein Fehler, (2,234|7,678)
```

Hier kann der Compiler offensichtlich nicht entscheiden, ob er den Operator + für die Klasse *AnsiString* oder den für *C2DPunkt* verwenden soll:

```
C2DPunkt(s)+p;     // (2,234|7,678)
s+AnsiString(p);   // 1,234|5,678(1|2)
```

Da solche Mehrdeutigkeiten vom Compiler erkannt werden, kommt es nicht zu
unerwarteten Ergebnissen. Da man außerdem wie in den letzten beiden Anweisungen durch eine explizite Konversion festlegen kann, welche Interpretation man
will, lässt sich auch jede gewünschte Interpretation realisieren. Das Ziel,
Funktionsaufrufe zu sparen, wird aber letztendlich doch nicht erreicht.

6.2.8 Explizite Konstruktoren Θ

Wenn die Klasse C einen Konstruktor hat, der mit genau einem Argument eines
Datentyps T aufgerufen werden kann, ist das ein konvertierender Konstruktor. Er
wird bei einer Initialisierung in der Form

```
C c=t;
```

automatisch vom Compiler aufgerufen, um das Objekt c mit dem Ausdruck t des
Datentyps T zu initialisieren. Diesen impliziten Aufruf des Konstruktors bei einer
solchen Initialisierung kann man unterbinden, indem man ihn mit dem
Schlüsselwort *explicit* als **expliziten Konstruktor** definiert:

```
struct C{
  explicit C(T x) { };
};
```

Ein expliziter Konstruktor wird bei einer Initialisierung in der Form

```
C c=t;
```

nicht automatisch aufgerufen, um t in den Datentyp C zu konvertieren. Deswegen
ist diese Initialisierung dann nur noch möglich, wenn t den Datentyp C hat bzw.
den einer von C abgeleiteten Klasse. Ein expliziter Konstruktor kann nur explizit
in der Form

```
C c(t);
```

mit einem Argument des Datentyps T aufgerufen werden. Er wird außerdem bei
einer expliziten Typkonversion aufgerufen.

Beispiel: Deklariert man den Konstruktor von

```
class MeinString {
  // ...
  public:
    explicit MeinString(char c);
};
```

als *explicit*, sind die folgenden Initialisierungen alle nicht möglich:

```
MeinString m1='y';
MeinString m2=1.1;
MeinString m3=17;
```

Ohne die Angabe *explicit* werden sie dagegen alle vom Compiler akzeptiert. Die nächsten Initialisierungen sind dagegen unabhängig davon möglich, ob der Konstruktor explizit ist oder nicht:

```
MeinString m1('y');
MeinString m2=m1;
```

Da bei einem Funktionsaufruf ein Werteparameter durch eine Initialisierung der Form

```
C c=t;
```

mit dem Argument initialisiert wird, kann man durch einen expliziten Konstruktor insbesondere verhindern, dass dieser bei einem Funktionsaufruf das Argument in den Datentyp des Parameters konvertiert.

Beispiel: Die folgenden Aufrufe der Funktion

```
void f(const MeinString& s)  { }
```

werden vom Compiler abgelehnt, wenn der Konstruktor explizit ist:

```
f('y'); // Fehler: 'const MeinString&' kann nicht
f(1.1);         // mit 'char' initialisiert werden
f(17);
```

Mit einem nicht expliziten Konstruktor werden sie dagegen akzeptiert.

Da implizite Konversionen oft durchgeführt werden ohne dass man es erwartet, sollten alle **Konstruktoren** *explicit* sein, die mit einem **einzigen Argument** aufgerufen werden können.

6.2.9 Statische Klassenelemente

Datenelemente und Elementfunktionen einer Klasse können mit dem Schlüsselwort *static* deklariert werden. Sie sind dann **statische Klassenelemente** und unterscheiden sich grundlegend von nicht statischen, da sie wie globale Variablen oder Funktionen unabhängig davon angesprochen werden können, ob ein Objekt der Klasse definiert wurde oder nicht.

Deshalb gelten viele Aussagen über nicht statische Elemente für statische Elemente nicht, weshalb diese bisher auch immer wieder explizit ausgeschlossen wurden. Zu den wenigen Gemeinsamkeiten gehört die Syntax, mit der ein Element über ein Objekt oder in einer Elementfunktion angesprochen wird. Außerdem müssen bei einem Zugriff die üblichen **Zugriffsrechte** gegeben sein.

Für ein **statisches Datenelement** gilt:

– Seine Deklaration in einer Klasse ist **keine Definition**. Deshalb muss man es außerdem noch global oder in einem Namensbereich definieren. Dazu muss der Name der Klasse und der Bereichsoperator „::" verwendet werden:

```
struct C {
  static int ReferenceCount; // keine Definition
  C()
  {
  ++ReferenceCount;
  };
  ~C()
  {
  --C::ReferenceCount;
  };
};

int C::ReferenceCount=0;  // Definition
```

– Es hat eine statische Lebensdauer und existiert wie eine globale oder lokale statische Variable während der gesamten Laufzeit eines Programms. Insbesondere existiert es unabhängig davon, ob ein Objekt der Klasse definiert wurde oder nicht. Deswegen kann man statische Datenelemente auch mit dem Bereichsoperator und dem Namen der Klasse ansprechen:

```
void test()
{
Form1->Memo1->Lines->Add(C::ReferenceCount);       // 0
  { C c;
    Form1->Memo1->Lines->Add(c.ReferenceCount); // 1
    C d;
    Form1->Memo1->Lines->Add(d.ReferenceCount); // 2
  } // Ruft den Destruktor für c und d auf
Form1->Memo1->Lines->Add(C::ReferenceCount);       // 0
C c;
Form1->Memo1->Lines->Add(c.ReferenceCount);       // 1
}
```

Wenn mehrere Objekte einer Klasse angelegt werden, verwenden alle für ein statisches Datenelement denselben Speicherbereich. Deshalb wird in der Funktion *test* immer dieselbe Variable angesprochen. Aufgrund der Anweisungen im Konstruktor und im Destruktor zeigt diese an, wie viele Objekte einer Klasse angelegt sind.

– Es gehört nicht zu dem Speicherbereich, der für ein Objekt reserviert wird. Der von *sizeof* für eine Klasse zurückgegebene Wert berücksichtigt keine statischen Datenelemente.

Für eine **statische Elementfunktion** gilt:

- Sie kann unabhängig davon aufgerufen werden, ob ein Objekt angelegt wurde oder nicht. Ihr Aufruf ist sowohl mit dem Namen der Klasse und dem Bereichsoperator „::" als auch über ein Objekt möglich:

```
struct C {
  static void f() {};
};

void test()
{
C::f();
C c;
c.f();
}
```

- Da sie ohne ein Objekt aufgerufen werden kann, wird ihr kein *this*-Zeiger übergeben. Sie kann deshalb auch keine nicht statischen Datenelemente ansprechen oder *virtual* oder *const* sein:

```
struct C {
  int i;
  static void f()
  {
  i=1; // Fehler: Kein Zugriff auf C::i möglich
  };
};
```

Statische Datenelemente und Elementfunktionen können also im Wesentlichen wie globale Variablen und Funktionen verwendet werden. Sie haben aber gegenüber diesen die **Vorteile**:

- Die Anzahl der globalen Namen wird reduziert und damit auch die Gefahr von Namenskonflikten.
- Man kann explizit zum Ausdruck bringen, zu welcher Klasse ein Element inhaltlich gehört.
- Durch ihre Deklaration in einem *private* oder *protected* Abschnitt kann der Zugriff auf sie begrenzt werden.

6.2.10 Konstante Klassenelemente und Objekte

Datenelemente und Elementfunktionen einer Klasse können mit dem Schlüsselwort *const* deklariert werden und sind dann **konstante Klassenelemente**.

Einem **konstanten Datenelement** kann weder in einer Initialisierung bei seiner Definition noch in einer Zuweisung ein Wert zugewiesen werden, sondern nur mit einem Elementinitialisierer in einem Konstruktor:

```
struct C {
  const int k=100; //Fehler:Initialisierung nicht möglich
  const int j;
  C(int n):j(n) {} // initialisiert j mit dem Wert n
};
```

Ein konstantes Datenelement ist kein konstanter Ausdruck, der z.B. für eine Arraydefinition verwendet werden kann:

```
struct C {
  const int max;
  int a[max]; // Fehler: Konstantenausdruck erforderlich
};
```

Dagegen kann ein mit *static* und *const* deklariertes Element eines Ganzzahl- oder Aufzählungstyps mit einer Ganzzahlkonstanten initialisiert werden. Es ist dann ein „konstanter Ausdruck" und kann für eine Arraydefinition verwendet werden. Mit einem nicht ganzzahligen Datentyp ist eine solche Initialisierung nicht möglich:

```
struct C {
  static const int max=100;
  int a[max];                 // das geht
  static const double pi=3.14; // Compiler-Fehlermeldung
  static const double PI;      // das geht
};

const double C::PI=3.14;
```

Außerdem ist ein Enumerator eines **Aufzählungstyps** ein konstanter Ausdruck, den man für Arraydefinitionen verwenden kann. Bei einer **enum**-Deklarationen in einer Klasse sind sowohl der Datentyp als auch die Enumeratoren Elemente der Klasse. Ein Enumerator kann wie ein statisches Datenelement sowohl mit dem Namen der Klasse und dem Bereichsoperator „::" als auch über ein Klassenelement und dem Punkt- oder Pfeiloperator angesprochen werden.

Beispiel: Enumeratoren eines Aufzählungstyps können wie in der Definition der
          Arrays a1, a2 und a3 angesprochen werden:

```
class C1 {
  enum E {max=100};
  void Arraydefinitionen()
  {
  int a1[C1::max]; // Array mit max Elementen
  C1 c;
  int a2[c.max];   // Array mit max Elementen
  C1* pc;
  int a3[pc->max]; // Array mit max Elementen
  }
};
```

Deklariert man eine **Elementfunktion** einer Klasse mit *const*, übergibt der Compiler den *this*-Zeiger als *const this** an die Funktion. Deshalb können in einer **konstanten Elementfunktion** keine Datenelemente verändert werden:

```
struct C {
    int i;
    void f(int j) const
    {
    i=j;//Fehler:const-Objekt kann nicht modifiziert werden
    }
};
```

Durch die Kennzeichnung einer Elementfunktion als *const* kann man explizit zum Ausdruck bringen, dass sie keine Datenelemente verändert. Eine solche Kennzeichnung wird immer empfohlen, da man so der Klassendefinition unmittelbar ansieht, ob eine Funktion den Zustand eines Objekts und die Klasseninvariante (siehe auch Seite 677) verändert oder nicht.

Einem Element eines **konstanten Objekts** kann nur in einem Konstruktor ein Wert zugewiesen werden. Mit einem solchen Objekt können außerdem **nur konstante Elementfunktionen** aufgerufen werden. Der Aufruf einer nicht ausdrücklich als *const* gekennzeichneten Funktion ist nicht möglich, auch wenn sie keine Datenelemente verändert. Deshalb sind die beiden Funktionsaufrufe in *test* ein Fehler, wenn die aufgerufenen Funktionen wie hier nicht konstant sind:

```
class C {
    int i;
    int Daten[100];
  public:
    C(int n) { } // initialisiere die Daten
    int set_index(int i_) { i=i_; }
    int get_data()
    { return Daten[i]; }
};

void test()
{
const C c(17);
c.set_index(10); // Fehler: set_index ist nicht const
Form1->Memo1->Lines->Add(c.get_data()); // ebenso Fehler
}
```

Der C++Builder bringt bei einem solchen Fehler allerdings nur eine Warnung.

Da man die meisten Elementfunktionen auch mit einem konstanten Objekt aufrufen können will, sollte man möglichst viele Elementfunktionen als *const* definieren oder eine *const* Variante der Funktion anbieten. Das gilt auch für Operatorfunktionen Für die Klasse *MeinString* kann eine konstante Operatorfunktion für den Indexoperator z.B. folgendermaßen aussehen:

```
const char operator[](int i) const
```

```
{ // analog zu Abschnitt 6.2.4
return *(s+i);
};
```

Mit dem Schlüsselwort **mutable** kann man für ein Datenelement einer Klasse eine *const*-Angabe für ein Objekt oder eine Elementfunktion unwirksam machen. Deshalb kann man das Element i in der Klasse C als *mutable* kennzeichnen und die Funktion *set_index* als *const*, obwohl sie i verändert. Damit können die Funktionen wie in *test* aufgerufen werden.

Ein *public mutable* Element kann auch in einem konstanten Objekt verändert werden:

```
struct C {
    mutable int x;
};

const C c;
c.x=17; // zulässig, da x mutable
```

Offensichtlich sollte man *mutable* nur dann verwenden, wenn sich das nicht vermeiden lässt.

6.2.11 Klassen und Header-Dateien

Wenn man eine Klasse in verschiedenen Quelltextdateien eines Programms bzw. Projekts verwenden will, verteilt man die Klassendefinition und die Definitionen der Elementfunktionen auf zwei verschiedene Dateien.

- Die Klassendefinition (einschließlich der innerhalb der Klasse definierten Funktionen, die *inline*-Funktionen sind) nimmt man in eine sogenannte **Header-Datei** oder **Interfacedatei** auf, die üblicherweise einen Namen hat, der mit „.h" endet.
- Die außerhalb der Klasse definierten Elementfunktionen nimmt man in eine sogenannte **Implementationsdatei** auf. Diese hat üblicherweise denselben Namen wie die Header-Datei, aber eine andere Endung, z.B. „.cpp" anstelle von „.h". Die zugehörige Header-Datei wird vor der ersten Definition mit einer *#include*-Anweisung in die cpp-Datei übernommen.

Oft definiert man jede Klasse in einem eigenen Paar solcher Dateien. Diese Dateien verwendet man dann so:

- Die Header-Datei übernimmt man mit einer *#include*-Anweisung in alle Quelltexte, die diese Klasse benötigen.
- Die cpp-Datei wird kompiliert und die dabei erzeugte Object-Datei wird zum Projekt gelinkt. Diese Schritte werden nach *Projekt|Dem Projekt hinzufügen|-Dateityp: C++-Datei* automatisch durchgeführt.

Für *inline*-Funktionen und Default-Argumente muss man dabei beachten:

– Da der Compiler eine **inline-Funktion** nicht in die Object-Datei aufnimmt muss eine *inline*-Funktion in eine Header-Datei aufgenommen werden. Definiert man eine *inline*-Funktion in einer Implementationsdatei (Endung „cpp"), hat das eine Fehlermeldung des Linkers („unresolved external") zur Folge.

– **Default-Argumente** gibt man in der Header-Datei an und nicht in der Implementationsdatei, da der Compiler die Default-Argumente sehen muss.

Auch der C++Builder geht so vor und legt für jedes Formular eines Programms eine Klasse in einer eigenen Header-Datei an. Diese Klasse ist in der Datei mit dem Namen der Unit und der Endung „.h" enthalten. Sie wird im Kontextmenü des Quelltexteditors (das man mit der rechten Maustaste erhält) unter der Option „Quelltext-/Headerdatei öffnen Strg+F6" angeboten. Der C++Builder nimmt in diese Klasse automatisch alle Komponenten auf, die dem Formular mit den Mitteln der visuellen Programmierung hinzugefügt wurden.

Beispiel: Für ein Formular mit einem Button, einem Edit-Fenster und einem Label, dessen Unit unter dem Namen „Unit1" gespeichert wird, erzeugt der C++Builder die folgende Datei „Unit1.h" (leicht gekürzt):

```
class TForm1 : public TForm
{
__published: // Komponenten, die von der IDE
// verwaltet werden
    TButton *Button1;
    TEdit *Edit1;
    TLabel *Label1;
    void __fastcall Button1Click(TObject*Sender);
private:    // Benutzerdeklarationen
public:    // Benutzerdeklarationen
    __fastcall TForm1(TComponent* Owner);
};
```

Hier sind nach *__published:* alle Komponenten aufgeführt, die dem Formular im Rahmen der visuellen Programmierung hinzugefügt wurden. Der Name einer Komponente ist dabei der Wert der Eigenschaft *Name*, wie er im Objektinspektor gesetzt wurde. Es ist meist nicht notwendig und auch nicht empfehlenswert, die Einträge im Abschnitt nach *__published:* zu verändern.

Die Elementfunktionen werden in der Datei definiert, deren Name aus dem Namen der Unit und der Endung „.cpp" besteht. In diese Datei wird die Header-Datei mit einer #*include*-Anweisung aufgenommen. Der C++Builder fügt die Rahmen der Funktionen, die als Reaktion auf ein Ereignis definiert werden, ebenfalls in diese Datei ein.

Beispiel: Die Elementfunktion *Button1Click* der Klasse *TForm1* aus der Header-Datei „Unit1.h" wird in der Datei „Unit1.cpp" definiert:

```
#include <vcl.h>
#include "Unit1.h"
//-----------------------------------------------
TForm1 *Form1;
//-----------------------------------------------
__fastcall TForm1::TForm1(TComponent* Owner)
    : TForm(Owner)
{}
//-----------------------------------------------
void __fastcall TForm1::Button1Click(TObject
*Sender)
{
}
```

Hier wird außerdem ein Zeiger *Form1* definiert. Das vom C++Builder automatisch erzeugte Hauptprogramm (in der Datei, deren Name aus dem Projektnamen und der Endung „.cpp" besteht), benutzt diesen über das *USEFORM*-Makro: Dieses Makro ist in „include\vcl\sysdefs.h" definiert und bewirkt, dass *Form1* über eine *extern*-Deklaration im Hauptprogramm verfügbar ist. Mit *CreateForm* wird dann beim Start des Programms das Formular erzeugt.

Beispiel:
```
USEFORM("Unit1.cpp", Form1);
WINAPI WinMain(HINSTANCE, HINSTANCE, LPSTR, int)
{
    try
    {
        Application->Initialize();
        Application->CreateForm(__classid(TForm1),
                                           &Form1);
        Application->Run();
    }
    catch (Exception& exception)
    {
        Application->ShowException(&exception);
    }
    return 0;
}
```

Der C++Builder enthält die Header für alle visuellen Komponenten in Dateien mit der Endung „.hpp". Wenn man ein Formular mit den Mitteln der visuellen Programmierung gestaltet, fügt der C++Builder die notwendigen *#include*-Anweisungen in die Unit ein:

Beispiel:
```
#include <Classes.hpp>      // unit1.h, wie oben
#include <Controls.hpp>
#include <StdCtrls.hpp>
#include <Forms.hpp>
```

Anmerkungen für Delphi-Programmierer: In Object Pascal werden Klassendefinitionen nicht auf zwei verschiedene Dateien verteilt. Der Header-Datei von C++ entspricht der Interface-Teil und der cpp-Datei der Implementationsteil der Unit.

Aufgaben 6.2.11

1. In Aufgabe 6.1.5, 3. wurden die Elementfunktionen der Klasse *Kreis* innerhalb und die Elementfunktionen der Klasse *Quadrat* außerhalb der Klasse definiert.

   a) Legen Sie für jede der beiden Klassen eine Header-Datei (Namensendung „.h") mit der Klassendefinition und für die Klasse *Quadrat* eine Datei *Quadrat.cpp* mit den Funktionsdefinitionen an.

   b) Nehmen Sie die cpp-Datei mit *Projekt|Dem Projekt hinzufügen* in ihr Projekt auf und binden Sie die Header-Dateien mit einer *#include*-Anweisung ein. Verwenden Sie diese Klassen wie in Aufgabe 6.1.5, 3.

   c) Vergleichen Sie diese beiden Alternativen (alle Funktionsdefinitionen bzw. nur die Deklarationen in die Header-Datei) in Hinblick auf Aufwand für den Compiler sowie in Hinblick auf die Laufzeit.

2. Kennzeichnen Sie möglichst viele Elementfunktionen der Klassen *Quadrat* und *Kreis* aus Aufgabe 1 als *const*.

3. Definieren Sie eine Klasse *Singleton*, von der nur ein einziges Objekt erzeugt werden kann. Dazu soll sie eine Funktion *Instance* haben, die einen Zeiger auf dieses Objekt zurückliefert. Beim ihrem ersten Aufruf soll *Instance* ein neues Objekt erzeugen.

   Die Verwaltung von Daten in einer solchen Klasse kann eine Alternative zu einer globalen Definition der Daten sein. Dadurch kann sichergestellt werden, dass mehrere (auch lokale) Definitionen (durch einen Aufruf von *Instance*) immer dieselben Daten verwenden. Siehe dazu Gamma (1995, S. 127).

6.3 Vererbung und Komposition

Neben der Klassenbildung ist die Vererbung ein weiteres grundlegendes Konzept der objektorientierten Programmierung. Sie ermöglicht es, neue Klassen auf der Basis vorhandener Klassen zu definieren. Die neuen Klassen übernehmen (erben) die Elemente der Basisklassen und können zusätzliche Elemente enthalten. Sie unterscheiden sich durch die zusätzlichen Elemente von den Basisklassen und sind in den übernommenen mit ihnen identisch.

Vererbung ermöglicht die Erweiterung einer Basisklasse, indem sie in der abgeleiteten Klasse wiederverwendet wird:

— Dadurch erspart man sich die Wiederholung von Deklarationen.
— Da die abgeleitete Klasse nur die Erweiterungen enthält, kommen die Unterschiede der beiden Klassen explizit zum Ausdruck.
— Die abgeleitete Klasse unterscheidet sich von der Basisklasse nur in den Elementen, die nicht von ihr übernommen wurden. Auf diese Weise kann man

Klassen konstruieren, bei denen bestimmte Elemente definitiv mit denen einer Basisklasse übereinstimmen, während andere Elemente diese erweitern.

Vererbung ist außerdem die Grundlage für virtuelle Funktionen, die dann im nächsten Abschnitt vorgestellt werden. Eine ausführliche Diskussion der grundlegenden Konzepte der Vererbung findet man bei Martin (1996 und 2000), Meyer (1997) und Taivalsaari (1996).

6.3.1 Die Elemente von abgeleiteten Klassen

Eine Klasse kann von einer oder mehreren Klassen abgeleitet werden. Dazu gibt man bei der Definition der abgeleiteten Klasse nach einem „:" und dem Zugriffsrecht den oder die Namen der Basisklassen an:

base-clause:
   : *base-specifier-list*

base-specifier-list:
   base-specifier
   base-specifier-list , base-specifier

base-specifier:
   :: opt nested-name-specifier opt class-name
   virtual access-specifier opt :: opt nested-name-specifier opt class-name
   access-specifier virtual opt :: opt nested-name-specifier opt class-name

access-specifier:
```
   private
   protected
   public
```

Die abgeleitete Klasse enthält dann alle **Elemente** der Basisklassen **außer** den **Konstruktoren** sowie den Funktionen, die der Compiler automatisch für die Klasse erzeugt. Diese Übergabe von Elementen an abgeleitete Klassen bezeichnet man als **Vererbung**. Da *friend*-Funktionen keine Klassenelemente sind, werden diese auch nicht vererbt.

Beispiel: Die Klasse D wird von der Klasse C abgeleitet:

```
class C { // Basisklasse C
  int a, b, c;
 public:
  void f() {};
};

class D : public C {// von C abgeleitete Klasse D
  double d;
};
```

D enthält die Datenelemente a, b, c und d. Die Funktion f kann sowohl über ein Objekt der Klasse C als auch über ein Objekt der Klasse D aufgerufen werden:

```
void test(C x, D y)
{
x.f();
y.f();
}
```

Eine abgeleitete Klasse kann wiederum als Basisklasse verwendet werden. So kann man eine im Prinzip unbegrenzte Folge von abgeleiteten Klassen konstruieren, die man auch als **Klassenhierarchie** bezeichnet.

Die bei der Definition einer abgeleiteten Klasse angegebene Basisklasse bezeichnet man auch als **direkte Basisklasse**. Eine Basisklasse, die keine direkte Basisklasse ist, heißt **indirekte Basisklasse**. Mit einer von C abgeleiteten Klasse D und einer von D abgeleitete Klasse E ist dann auch E eine von C abgeleitete Klasse. Die Relation (im mathematischen Sinn) „ist abgeleitet von" ist deshalb eine transitive Relation.

Beispiel: Mit den Klassen C und D aus dem letzten Beispiel ist E eine sowohl von C als auch von D abgeleitete Klasse:

```
class E : public D {// von D abgeleitete Klasse E
  double e;
};
```

E enthält die Datenelemente a, b, c, d und e. C ist eine direkte Basisklasse von D und eine indirekte von E.

Zur grafischen Darstellung der Ableitungen in einer Klassenhierarchie verwenden der C++-Standard und UML Pfeile, die von einer abgeleiteten Klasse zur direkten Basisklasse zeigen. Die Pfeilrichtung bedeutet hier „ist direkt abgeleitet von". Manche Autoren verwenden Pfeile, die gerade in die entgegengesetzte Richtung zeigen. Die Klassenhierarchie aus dem letzten Beispiel würde man dann wie in der Abbildung rechts darstellen:

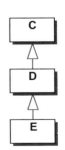

Oft stellt man eine Klassenhierarchie aber auch dadurch dar, dass man abgeleitete Klassen eingerückt unter die Basisklasse schreibt:

C
$\vdash\ D$
$\quad \vdash\ E$

Im C++Builder erhält man eine ähnliche Darstellung in der Struktur-Ansicht (*Ansicht|Struktur, Klassen*).

Ein Objekt einer abgeleiteten Klasse enthält ein Objekt jeder Basisklasse, von der es abgeleitet wird. Dieses besteht aus den Elementen, die von der Basisklasse geerbt werden. Im C++-Standard wird ein solches Objekt einer Basisklasse auch als **Teilobjekt** („sub-object") bezeichnet. Ein solches Teilobjekt hat keinen eigenen Namen, unter dem man es ansprechen kann. Der Compiler verwendet es aber z.B. bei den in Abschnitt 6.3.9 beschriebenen Konversionen. Das folgende Diagramm soll die verschiedenen Teilobjekte für ein Objekt der Klasse E aus den letzten Beispielen veranschaulichen. Die Gruppierung der Teilobjekte durch die gestrichelten Linien entspricht aber nicht dem UML-Standard.

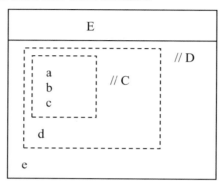

In anderen Programmiersprachen werden anstelle von „Basisklasse" und „abgeleitete Klasse" oft andere Begriffe verwendet: In Object Pascal „Vorgänger" und „Nachfolger", in Eiffel „Vorfahr" (ancestor) und „Nachkomme" (descendant) und in UML „Oberklasse" (super class) und „Unterklasse" (sub class) .

6.3.2 Zugriffsrechte auf die Elemente von Basisklassen

Wie die Syntaxregel für einen *base-specifier* zeigt, kann man vor der Basisklasse eines der **Zugriffsrechte** *public*, *protected* oder *private* angeben.

```
class C {
};

class D : public C { // anstelle von public ist auch
};                   // private oder protected möglich
```

In Abhängigkeit vom hier angegebenen Zugriffsrecht bezeichnet man die Basisklasse auch als *public* **Basisklasse**, *protected* **Basisklasse** oder *private* **Basisklasse**. Die abgeleitete Klasse nennt man dann auch eine *public*, *protected* oder *private* abgeleitete Klasse.

Diese Art der Ableitung wirkt sich unter anderem auf die Zugriffsrechte auf die Elemente der Basisklassen aus. Vorläufig werden allerdings nur *public* abgeleitete Klassen verwendet. Die Zugriffsrechte auf die Elemente von *private* und *protected* Basisklassen werden in Abschnitt 6.3.10 beschrieben. Da sie wesentlich beschränkter sind als bei *public* Basisklassen, ist die Angabe *public* bei der Ableitung in den folgenden Beispielen wichtig. Erfahrungsgemäß wird sie von Anfängern leicht vergessen, was dann zu Fehlermeldungen des Compilers führt.

Für eine *public* abgeleitete Klasse haben die in der Klasse angegebenen Zugriffsrechte *private, protected* und *public* für die Elemente (wie in Abschnitt 6.1.3) die folgende Bedeutung:

— In einer abgeleiteten Klasse kann man nur auf die *public* und *protected* Elemente der Basisklasse zugreifen, aber nicht auf ihre *private* Elemente.
— Über ein Objekt einer abgeleiteten Klasse kann man nur auf *public* Elemente der Basisklasse zugreifen, aber nicht auf ihre *private* und *protected* Elemente.
— Eine *friend*-Funktion kann die *private* und *protected* Elemente verwenden.

Die Zugriffsrechte in einer Elementfunktion und über ein Objekt der eigenen Klasse wurden in Abschnitt 6.1.3 beschrieben.

Beispiel: In einer Elementfunktion der Klasse *D* kann man nicht auf das *private* Element der Basisklasse C zugreifen:

```
class C {
  int priv; // private, da class
 protected:
  int prot;
 public:
  int publ;
};

class D : public C {
  int f()
  {
  int i=priv; // Fehler: Zugriff nicht möglich
  int j=prot; // das geht
  int k=publ; // das geht
  }
};
```

Über ein Objekt der Klasse *D* kann man nur auf das *public* Element von C zugreifen:

```
D d;
d.priv=1; // Fehler: Zugriff nicht möglich
d.prot=1; // Fehler: Zugriff nicht möglich
d.publ=1; // das geht
```

In Abschnitt 6.1.3 wurde empfohlen, Datenelemente *private* und nicht *public* zu deklarieren, um den Bereich möglichst klein zu halten, in dem das Element verändert werden kann. Deshalb sollte man auch **protected Elemente vermeiden**, da sie nicht nur in der eigenen Klasse, sondern auch in einer abgeleiteten Klasse verändert werden können. Eine Klasse, die Datenelemente einer Basisklasse verwendet, stellt kein in sich geschlossenes Konzept dar.

Man bezeichnet die Elemente aus einem *protected* Abschnitt auch als Entwickler-schnittstelle, da sie vor einem Benutzer der Klasse verborgen sind und nur von einem Entwickler in einer abgeleiteten Klasse verwendet werden können.

Anmerkung für Delphi-Programmierer: Das Konzept der Vererbung entspricht in Object Pascal dem von C++. Auch die Zugriffsrechte auf die Elemente von Basis-klassen sind im Wesentlichen gleichwertig.

6.3.3 Die Bedeutung von Elementnamen in einer Klassenhierarchie

Da eine abgeleitete Klasse außer den in ihr definierten Elementen alle Elemente der Basisklassen enthält, ist ein Element aus einer Basisklasse auch in einer abgeleiteten Klasse enthalten, ohne dass es in der abgeleiteten Klasse definiert wird. Falls der Name eines Elements einer Basisklasse nicht für ein Element einer abgeleiteten Klasse verwendet wird, kann man das Element der Basisklasse wie ein Element der abgeleiteten Klasse verwenden.

Beispiel: Die von der Klasse C geerbten Elemente der Klasse D

```
struct C {
    int a;
    void f() {};
};

struct D : public C {
    double b;
};
```

kann man wie Elemente der Klasse D ansprechen:

```
void test(D y)
{
y.a=17;
y.f();
}
```

Allerdings kann man in einer abgeleiteten Klasse auch Elemente mit demselben Namen wie in einer Basisklasse definieren. Die folgenden Ausführungen zeigen, wie der Name eines solchen Elements einer Klasse zugeordnet wird.

Definiert man in einer abgeleiteten Klasse ein **Element mit demselben Namen** wie in einer Basisklasse, **verdeckt** dieses in der abgeleiteten Klasse das Element der Basisklasse. Das heißt aber nicht, dass es in der abgeleiteten Klasse nicht vorhanden ist. Ein verdecktes Element kann mit dem Namen seiner Klasse und dem Bereichsoperator „::" angesprochen werden, wenn ein Zugriffsrecht besteht.

Beispiel:
```
class C {
  public:
    int i;
    void f(char* s) { };
    int f(int j)  { i=j; }
};

class D: public C {
   int i;
  public:
   int f(int j)
   {
    i=j;
    Form1->Memo1->Lines->Add("D::i="+IntToStr(i));
    C::f(j+1); // f aus C
    Form1->Memo1->Lines->Add("C::i="+IntToStr(C::i));
   }
};

D d;
d.f(3);     // Aufruf von D::f(int)
d.C::f(2);  // Aufruf von C::f(int)
```

Eine **verdeckte Funktion** aus einer Basisklasse **wird** bei der Auflösung eines Funktionsaufrufs **nie berücksichtigt**. Das gilt auch dann, wenn die Argumente exakt zu den Parametern der aufgerufenen Funktion in der Basisklasse und überhaupt nicht zu denen in der abgeleiteten Klasse passen.

Beispiel: Mit der Klassenhierarchie aus dem letzten Beispiel führt der folgende Funktionsaufruf zu einer Fehlermeldung, da die Funktion f(char*) in der Basisklasse verdeckt wird.

```
D d;
d.f("bla bla bla");
```

Wenn der **Name** eines Klassenelements verwendet wird, berücksichtigt der Compiler bei der Suche nach seiner **Bedeutung** alle Deklarationen der aktuellen Klasse sowie alle nicht verdeckten Deklarationen der Basisklassen. Bei einem mit einer Klasse und dem Bereichsoperator „::" qualifizierten Namen werden alle Elemente ab dieser Klasse entsprechend berücksichtigt.

Falls er dabei eine eindeutige Deklaration findet, wird diese verwendet. Falls keine oder mehr als eine gefunden wird, erzeugt er eine Fehlermeldung.

Beispiel: Die Klassen C, D und E sollen folgendermaßen definiert sein:

```
struct C {
  void f1() {};
  void f2() {};
  void f3() {};
};
```

```
struct D : public C {
  void f1() {};
  void f3() {};
};

struct E : public D {
  void f1() {};
};
```

Die nächste Tabelle fasst zusammen, wie Aufrufe der Funktionen f1, f2 und f3 für Objekte der Klassen C, D und E übersetzt werden:

	C	D	E
f1	C::f1	D::f1	E::f1
f2	C::f2	C::f2	C::f2
f3	C::f3	D::f3	D::f3

In diesem Beispiel wurden in den abgeleiteten Klassen Funktionen mit dem gleichen Namen wie in den Basisklassen definiert, um zu illustrieren, wie ein Name einer Klasse zugeordnet wird. In Abschnitt 6.3.9 wird allerdings gezeigt, dass man **einer Funktion in einer abgeleiteten Klasse nie denselben Namen wie den in einer Basisklasse geben sollte, außer wenn die Funktion virtuell ist.**

Anmerkung für Delphi-Programmierer: Die Bedeutung von Elementnamen aus einer Basisklasse entspricht in Object Pascal der von C++.

6.3.4 *using*-Deklarationen in abgeleiteten Klassen Θ

Die in diesem Abschnitt vorgestellten Möglichkeiten werden normalerweise nur selten benötigt.

Mit einer *using*-**Deklaration** kann man die Deklaration eines Namens aus einer Basisklasse in eine abgeleitete Klasse übernehmen. Dadurch wird das Element der Basisklasse in der abgeleiteten Klasse so behandelt, wie wenn es in der abgeleiteten Klasse deklariert wäre. Damit kann man erreichen, dass auch eine verdeckte Funktion aus einer Basisklasse bei einem Funktionsaufruf berücksichtigt wird. Da verdeckte Funktionen aber sowieso nicht verwendet werden sollen, dürfte auch kein Grund bestehen, von dieser Möglichkeit Gebrauch zu machen.

Beispiel: Die folgende *using*-Deklaration bewirkt, dass die Funktion f aus der Klasse C in der Klasse D so behandelt wird, wie wenn sie in D deklariert wäre. Deshalb wird sie auch beim Aufruf f('x') berücksichtigt. Ohne die *using*-Deklaration würde sie wie C::g nicht berücksichtigt.

```
struct C {
  void f(char) { };
  void g(char) { };
};
```

```
struct D : C {
  using C::f;
  void f(int) { f('x'); } //Aufruf von C::f(char)
  void g(int) { g('x'); } //Aufruf von D::g(int)
};
```

Durch eine *using*-Deklaration erhält das Element das **Zugriffsrecht** des Abschnitts, in dem sie sich befindet. Deshalb kann man so das Zugriffsrecht auf ein Element einer Basisklasse in der abgeleiteten Klasse **ändern**. Voraussetzung dafür ist ein Zugriffsrecht auf das Element der Basisklasse.

Beispiel:
```
class C {
    int priv; // private, da class
  protected:
    int prot;
  public:
    int publ;
};

class D : public C {
  public:
    using C::priv; // Fehler: Zugriff nicht möglich
    using C::prot;
  protected:
    using C::publ;
};

void test()
{
D d;
d.prot=0;
d.publ=0; // Fehler: Zugriff nicht möglich
}
```

6.3.5 Konstruktoren, Destruktoren und implizit erzeugte Funktionen

Eine abgeleitete Klasse enthält alle Elemente ihrer Basisklassen. In einem Objekt einer abgeleiteten Klasse können die Elemente einer Basisklasse gemeinsam als ein Objekt der Basisklasse betrachtet werden. Ein solches Objekt einer direkten Basisklasse kann mit einem Elementinitialisierer initialisiert werden, der den Namen der Basisklasse und Argumente für einen Konstruktor der Basisklasse hat.

– Solche Elementinitialisierer für Basisklassen unterscheiden sich von den in Abschnitt 6.2.2 vorgestellten Elementinitialisierern für ein **Datenelement** einer Klasse nur dadurch, dass sie den Namen der Basisklasse und nicht den Namen des Datenelements verwenden.
– Wenn man für eine Basisklasse keinen solchen Elementinitialisierer angibt, wird das Objekt der Basisklasse mit seinem **Standardkonstruktor** initialisiert. Dann muss die Basisklasse einen solchen Konstruktor haben.
– Da man so keine Teilobjekte von indirekten Basisklassen initialisieren kann, muss man in jeder Klasse immer die der direkten Basisklassen initialisieren.

Beispiel: In den Klassen D und E initialisieren die Elementinitialisierer mit dem
           Namen der Basisklasse die Teilobjekte der jeweiligen Basisklasse:

```
class C {
  int i,j;
 public:
  C(int x,int y):i(x),j(y) { }
};

class D : public C {
  int k,a;
  C c;
 public:
  D(int x,int y,int z):C(x,y),a(1),c(x,y),k(z) {}
}; // C(x,y) initialisiert das Teilobjekt
   // zur Basisklasse C

class E : public D {
  int m;
 public:
  E(int x,int y, int z):D(x,3,z),m(z) { }
}; // D(x,3,z) initialisiert das Teilobjekt
   // zur Basisklasse D
```

Die **Reihenfolge**, in der die Elementinitialisierer angegeben werden, hat keinen
Einfluss auf die Reihenfolge, in der die **Konstruktoren** ausgeführt werden. Diese
werden bei Klassen ohne Mehrfachvererbung immer in der folgenden Reihenfolge
ausgeführt:

1. Die Konstruktoren der Basisklassen in der Reihenfolge, in der die Klassen
   voneinander abgeleitet sind (im letzten Beispiel also der von C zuerst).
2. Die nicht statischen Datenelemente in der Reihenfolge, in der sie in der Klasse
   definiert wurden.
3. Als letztes die Verbundanweisung des Konstruktors.

Damit beim Leser eines Programms nicht eventuell der irreführende Eindruck erweckt wird, dass die Elemente in der Reihenfolge der Elementinitialisierer initialisiert werden, wird empfohlen, diese Initialisierer immer in derselben Reihenfolge
anzugeben, in der die Elemente in der Klasse definiert werden.

Die **Destruktoren** werden immer in der umgekehrten Reihenfolge ausgeführt, in
der die Konstruktoren ausgeführt wurden. Durch diese Reihenfolge wird sichergestellt, dass ein später aufgerufener Destruktor keine Speicherbereiche anspricht,
die von einem schon früher aufgerufenen Destruktor freigegeben wurden.

Betrachten wir nun ein etwas praxisnäheres Beispiel. Einen Punkt der Ebene kann
man durch zwei Koordinaten x und y beschreiben und einen Punkt im Raum durch
drei Koordinaten x, y und z. Die Koordinaten eines *C2DPunkt* kann man in einem
C3DPunkt wiederverwenden:

```
class C2DPunkt{
  double x,y;
 public:
  C2DPunkt(double x_, double y_):x(x_), y(y_) {  }

  void setzeX(double x_) {x=x_;}
  double X() const { return x; }
  void setzeY(double y_) { y=y_; }
  double Y() const { return y; }

  AnsiString toStr() const
  {
  return "("+FloatToStr(x) + "|" + FloatToStr(y)+")";
  }

  void anzeigen() const
  {
  Form1->Memo1->Lines->Add(toStr());
  }
};
```

Diese Klasse kann man als Basisklasse für die Klasse *C3DPunkt* verwenden:

```
class C3DPunkt : public C2DPunkt{
  double z;
 public:
  C3DPunkt (double x_,double y_,double z_);
  AnsiString toStr() const;
  void anzeigen() const;
};
```

C3DPunkt erbt von der Basisklasse *C2DPunkt* die Datenelemente x und y, die hier in der Definition von *toStr* angesprochen werden:

```
AnsiString C3DPunkt::toStr()
{
return "("+FloatToStr(X()) + "|" +
             FloatToStr(Y())+ "|" + FloatToStr(z)+")";
}
```

Den Konstruktor der Basisklasse kann man beim Konstruktor der abgeleiteten Klasse als Elementinitialisierer angeben:

```
C3DPunkt::C3DPunkt(double x_, double y_, double z_):
                      C2DPunkt(x_,y_), z(z_) {   }
```

Die Elementfunktionen *toStr* und *anzeigen* der Basisklasse werden verdeckt:

```
void C3DPunkt::anzeigen()
{
Form1->Memo1->Lines->Add(toStr());
};
```

Mit den Definitionen

```
C2DPunkt p2(1,2);
C3DPunkt p3(1,2,3);
```

und den Anweisungen

```
p2.anzeigen();
p3.anzeigen();
```

erhält man dann die Ausgabe:

```
(1|2)
(1|2|3)
```

Konstruktoren, Destruktoren und die Operatorfunktion für den Zuweisungsoperator werden nicht an eine abgeleitete Klasse vererbt. Da sie nur die Elemente ihrer Klasse kennen, können sie zusätzliche Elemente der abgeleiteten Klasse nicht berücksichtigen und deshalb ihre Aufgaben nicht erfüllen.

Deshalb werden auch bei abgeleiteten Klassen vom Compiler Funktionen für einen Standard- oder Copy-Konstruktor, einen Zuweisungsoperator oder einen Destruktor **implizit erzeugt**, wenn diese nicht explizit definiert werden:

- Der implizit definierte **Standardkonstruktor** ist eine Funktion mit einem leeren Anweisungsteil (siehe Abschnitt 6.2.1). Da er keine Elementinitialisierer enthält, werden alle Teilobjekte der Klasse mit ihrem Standardkonstruktor initialisiert.
- Der implizit definierte **Copy-Konstruktor** kopiert alle Teilobjekte der Klasse. Falls diese Teilobjekte Klassen sind, wird dazu der Copy-Konstruktor für diese Klassen verwendet.
- Der implizit definierte **Zuweisungsoperator** kopiert alle Teilobjekte der Klasse. Falls sie Klassen sind, wird dazu ihr Zuweisungsoperator verwendet.
- Der implizit definierte **Destruktor** ruft die Destruktoren aller Teilobjekte auf.

Falls eine abgeleitete Klasse keine Elemente (z.B. zusätzliche Zeiger) enthält, für die spezielle Operationen notwendig sind, reichen die implizit erzeugten Funktionen aus. Falls sie aber solche Elemente enthält, müssen diese Funktionen explizit definiert oder ihr Aufruf durch eine *private*-Deklaration unterbunden werden. Vergisst man die Definition einer dieser Funktionen in der abgeleiteten Klasse, wird man vom Compiler allerdings nicht auf diesen Fehler hingewiesen: Er ruft dann einfach die implizit erzeugten Funktionen auf.

Bei der Definition dieser Funktionen müssen alle Elemente der Klasse berücksichtigt werden, also nicht nur die der abgeleiteten Klasse, sondern auch die der Basisklasse. Falls man diese einzeln anspricht, besteht die Gefahr, dass nach einer Erweiterung der Basisklasse vergessen wird, die zusätzlichen Elemente auch in der abgeleiteten Klasse zu berücksichtigen. Diese Gefahr kann man vermeiden, indem man die entsprechende Funktion der Basisklasse aufruft:

— Bei den Konstruktoren ist das mit einem Elementinitialisierer möglich. Das gilt insbesondere auch für den Copy-Konstruktor, der so den Copy-Konstruktor der Basisklasse aufrufen kann:

```
D(const D& d):C(d) // Aufruf des Copy-Konstruktors für
{                  // das Teilobjekt der Basisklasse C
// ... Konstruiere die zusätzlichen Elemente von D
}
```

— Im Zuweisungsoperator ruft man den Zuweisungsoperator der Basisklasse auf. Dadurch werden die Elemente der Basisklasse zugewiesen:

```
D& operator=(const D& rhs) // Basisklasse C,
{                          // abgeleitete Klasse D
if (this==&rhs) return *this;
C::operator=(rhs); // Aufruf von this->C::operator=
// ... Kopiere die zusätzlichen Elemente von D
return *this;
};
```

Hier wird der Zuweisungsoperator der Basisklasse über den Namen *operator=* aufgerufen, da man die Basisklasse nicht vor dem Operator angeben kann (*C::=rhs* geht nicht).

Aufgaben 6.3.5

1. Welche Ausgabe erhält man durch einen Aufruf der Funktion *test*?

```
class C {
  int i,j;
  public:
  C(int x,int y): i(x),j(y)
  {
  Form1->Memo1->Lines->Add("Konstruktor C");
  }

  C(): i(0),j(0)
  {
  Form1->Memo1->Lines->Add("Standardkonstruktor C");
  }

  ~C()
  {
  Form1->Memo1->Lines->Add("Destruktor C");
  }
};

class D : public C {
  int k,a,b;
  C c;
  public:
```

```
D(int x=1):c(x,1),a(x),b(0),k(19)
{
Form1->Memo1->Lines->Add("Konstruktor-1 D");
}

D(int x,int y, int z):C(x,y),a(1),b(2),c(x,y),k(z)
{
Form1->Memo1->Lines->Add("Konstruktor-2 D");
}

~D()
{
Form1->Memo1->Lines->Add("Destruktor D");
}
};

class E : public D {
   int m;
   C c;
   D b;
 public:
   E(int x,int y):b(y),c(2,3),m(x+y)
   {
   Form1->Memo1->Lines->Add("Konstruktor E");
   }

   ~E() {
   Form1->Memo1->Lines->Add("Destruktor E");
   }
};

void test()
{
C c(1,2);
D d(1,2,3);
E e(1,2);
}
```

2. Einen eindimensionalen Punkt kann man sich als Zahl auf einem Zahlenstrahl vorstellen. Definieren Sie analog zu den Beispielen im Text eine Klasse *C1DPunkt*, die eine Zahl darstellt. Von dieser Klasse soll *C2DPunkt* und von *C2DPunkt* soll *C3DPunkt* abgeleitet werden. Definieren Sie für jede dieser Klassen Konstruktoren, die alle Koordinaten initialisieren, sowie Funktionen *toStr* und *anzeigen* wie im Text. Die weiteren Elementfunktionen von Aufgabe 6.1.6, 3. brauchen hier nicht enthalten sein.

3. a) Skizzieren Sie für die Klassen *Grundstueck* usw. von Aufgabe 6.1.5, 4. eine Klassenhierarchie. Es ist nicht notwendig, diese in C++ zu schreiben. Falls Sie mehrere Alternativen finden, skizzieren sie alle und überlegen Sie, für welche Sie sich entscheiden würden.

   b) Welche dieser Klassen benötigt einen explizit definierten Copy-Konstruktor, Zuweisungsoperator und Destruktor, wenn die Strings durch

   b1)   eine Stringklasse (z.B. *string* bzw. *AnsiString*)

b2)   einen nullterminierten String
dargestellt werden.
b3) Definieren Sie diese für eine Basisklasse und eine abgeleitete Klasse.
c) Vergleichen Sie diese Hierarchie mit den Klassen aus Aufgabe 6.1.5, 4.

4. Manchmal hat man mehrere Möglichkeiten, verschiedene Klassen voneinander abzuleiten:

   a) Da ein Quadrat eine und ein Rechteck zwei Seitenlängen hat, kann man eine Klasse für ein Rechteck von einer Klasse für ein Quadrat ableiten und so die Seitenlänge des Quadrats im Rechteck verwenden.

   b) Man kann ein Quadrat aber auch als Rechteck mit zwei gleichen Seiten betrachten. Definieren Sie eine Basisklasse für ein Rechteck und leiten Sie von dieser eine Klasse für ein Quadrat ab, bei der im Konstruktor die beiden Seitenlängen auf denselben Wert gesetzt werden.

   c) Vergleichen Sie die Vor- und Nachteile der beiden Hierarchien.

5. Die Klassen der C++-Standardbibliothek kann man ebenso wie jede andere Klasse als Basisklasse für eigene abgeleitete Klassen verwenden. Da die Klasse *string* z.B. keinen Konstruktor hat, der ein *int*- oder *double*-Argument in einen String umwandelt, kann man eine abgeleitete Klasse mit einem solchen Konstruktor definieren. Welche Vor- und Nachteile sind mit einer solchen Erweiterung verbunden?

6. Wie kann man erreichen, dass von der Basisklasse keine Objekte angelegt werden können, sondern nur von den abgeleiteten Klassen?

6.3.6 Vererbung bei Formularen im C++Builder

Für jedes Formular, das der C++Builder anlegt, erzeugt er eine von der Klasse *TForm* abgeleitete Klasse. In diese werden alle Elemente aufgenommen, die man aus der Tool-Palette auf das Formular gesetzt hat:

```
class TForm1 : public TForm
{
__published: // Komponenten, die von der IDE verwaltet
    TButton *Button1;                              // werden
    TMemo *Memo1;
    void __fastcall Button1Click(TObject *Sender);
private:    // Benutzerdeklarationen
public:     // Benutzerdeklarationen
    __fastcall TForm1(TComponent* Owner);
};
```

Da diese Klasse von *TForm* abgeleitet ist, enthält sie alle Elemente dieser Basisklasse. Durch diese Ableitung ist sichergestellt, dass sich *TForm1* in den geerbten Elementen wie ein Formular der Klasse *TForm* verhält.

Im C++Builder kann man auch ein visuell gestaltetes **Formular als Basisklasse** verwenden. Unter *Datei|Neu|Weitere|Vererbbare Elemente* werden die Formulare des aktuellen Projekts angezeigt. Nach dem Anklicken eines Formulars wird ein neues Formular erzeugt, das von der Basisklasse (hier *TForm1*) abgeleitet ist:

```
class TForm2 : public TForm1
{
__published:// Von der IDE verwaltete Komponenten
    void __fastcall FormCreate(TObject *Sender);
private:         // Anwender-Deklarationen
public:          // Anwender-Deklarationen
    __fastcall TForm2(TComponent* Owner);
};
```

6.3.7 OO Design: *public* Vererbung und „ist ein"-Beziehungen

Vererbung bedeutet, dass eine abgeleitete Klasse alle Elemente der Basisklasse enthält. Sie kann auch mehr Elemente enthalten, aber nie weniger. Daraus ergeben sich die folgenden Beziehungen zwischen einer Basisklasse und einer abgeleiteten Klasse:

1. Da eine abgeleitete Klasse alle Elemente der Basisklasse enthält, kann ein Objekt einer abgeleiteten Klasse wie ein Objekt der Basisklasse verwendet werden, wenn in der abgeleiteten Klasse keine Elemente aus der Schnittstelle der Basisklasse verdeckt werden. Insbesondere können über ein Objekt der abgeleiteten Klasse alle Elementfunktionen aus der Schnittstelle der Basisklasse aufgerufen werden.

   In Abschnitt 6.3.9 wird gezeigt, dass man verdeckte Funktionen vermeiden sollte. Dann ist jedes Objekt einer abgeleiteten Klasse auch ein Objekt der Basisklasse. Man sagt deshalb auch, dass zwischen einer abgeleiteten Klasse und einer Basisklasse eine **„ist ein"-Beziehung** besteht.

2. Da eine abgeleitete Klasse mehr Elemente als die Basisklasse haben kann, ist die abgeleitete Klasse eine speziellere Klasse als die Basisklasse. Die Basisklasse ist dagegen eine allgemeinere Klasse als eine abgeleitete Klasse, da sie alle Gemeinsamkeiten der abgeleiteten Klassen enthält. Deshalb bezeichnet man eine Basisklasse auch als **Verallgemeinerung** oder **Generalisierung** einer abgeleiteten Klasse und eine abgeleitete Klasse als **Spezialisierung** der Basisklasse.

   Die **Konsistenzbedingungen** für ein Objekt einer abgeleiteten Klasse bestehen aus denen für ein Objekt der Basisklasse sowie eventuell weiteren Bedingungen für die Datenelemente der abgeleiteten Klasse. Die **Klasseninvariante** einer abgeleiteten Klasse besteht also aus der Klasseninvarianten der Basisklasse, die mit einem logischen *und* mit weiteren Bedingungen verknüpft ist.

Da eine Funktion aus einer Basisklasse auch mit einem Objekt einer abgeleiteten Klasse aufgerufen werden kann, muss der **Aufruf einer Funktion der Basisklasse auch mit jedem Objekt einer abgeleiteten Klasse das richtige Ergebnis** haben. Deshalb muss man bei einer Vererbung immer prüfen, ob jede Funktion aus der Schnittstelle der Basisklasse auch für ein Objekt einer abgeleiteten Klasse sinnvoll ist. Falls das nicht zutrifft, sollte man die Klassen auch nicht voneinander ableiten. Außerdem darf eine Funktion der Basisklasse **nie** die **Klasseninvariante** der abgeleiteten Klasse **zerstören**.

Beispiele: 1. Ein Quadrat kann als Rechteck mit zwei gleichen Seiten dargestellt werden:

```
class Rechteck{
  double a,b;
 public:
  Rechteck(double a_,double b_):a(a_),b(b_){};
  double Flaeche() {return a*b; };
  double Umfang()  {return 2*(a+b); };
};

class Quadrat:public Rechteck {
 public:
  Quadrat(double a_):Rechteck(a_,a_) {}
};
```

In dieser Hierarchie liefern die Funktionen *Flaeche* und *Umfang* auch für ein Objekt der abgeleiteten Klasse richtige Ergebnisse.

Die Klasseninvariante von *Quadrat* besteht hier aus der Klasseninvarianten *true* für das Rechteck und der zusätzlichen Bedingung a==b.

2. Ergänzt man die Klasse *Rechteck* aus 1. um die Funktion *setzeSeitenlaengen*, dann kann diese Funktion auch über ein *Quadrat* aufgerufen werden. Da ein solcher Aufruf im Quadrat die Gleichheit der beiden Seitenlängen zerstören kann, ist die Ableitung eines Quadrats von einem solchen Rechteck nicht angemessen:

```
class Rechteck{
  double a,b;
 public:
  Rechteck(double a_,double b_):a(a_),b(b_){};
  void setzeSeitenlaengen(double a_,double b_)
  {
    a=a_;
    b=b_;
  }
  double Flaeche() {return a*b; };
  double Umfang()  {return 2*(a+b); };
```

```
AnsiString toStr()
{
   return "Rechteck mit den Seitenlängen "+
      FloatToStr(a)+ " und " + FloatToStr(b);
}
};
```

Auch die Funktion *toStr* ist für ein Quadrat nicht unbedingt korrekt. Zwar ist die Meldung „Rechteck mit den Seitenlängen 1 und 1" für ein Quadrat nicht falsch. Aber spezieller Text für ein Quadrat wie „Quadrat mit der Seitenlänge 1" wäre besser.

Offensichtlich kann die Funktion *setzeSeitenlaengen* die Klasseninvariante der abgeleiteten Klasse zerstören.

Eine Klasse stellt meist ein Konzept der Realität dar (siehe Abschnitt 6.1.6). In diesem Beispiel werden die Konzepte „Quadrat" und „Rechteck" durch die Klassen *Quadrat* und *Rechteck* dargestellt. Dabei ist im ersten Fall eine Vererbung gerechtfertigt und im zweiten Fall nicht. Deshalb zeigt dieses Beispiel, dass **die Konzepte allein keine Entscheidung darüber ermöglichen**, ob eine Vererbung bei den Klassen sinnvoll ist, die diese Konzepte darstellen.

Bei der Klassenhierarchie des letzten Beispiels kommen zwei renommierte Autoren mit ähnlichen Namen zu völlig unterschiedlichen Ergebnissen und haben trotzdem beide Recht:

– Scott Meyers (1998, S. 159) leitet eine Klasse für ein Quadrat von einer Klasse für ein Rechteck ab und definiert für die Basisklasse eine Funktion, die wie die Funktion *setzeSeitenlaengen* die beiden Seitenlängen des Rechtecks setzt. Da ein Aufruf dieser Funktion in einem *Quadrat* die Bedingung zerstört, dass beide Seitenlängen gleich sind, ist nach seiner Meinung die *public* Ableitung eines Quadrats von einem Rechteck völlig falsch.
– Betrand Meyer (1997, S. 826-827) leitet ebenfalls eine Klasse für ein Quadrat von einer Klasse für ein Rechteck ab. Allerdings verlangt er, dass alle Funktionen, die mit einem Quadrat aufgerufen werden können, die Gleichheit der Seitenlängen nicht zerstören. Deshalb ist hier eine *public* Vererbung korrekt. Der Preis für diese Hierarchie ist aber, dass die Klasse *Rechteck* keine Funktion haben darf, die die beiden Seitenlängen auf verschiedene Werte setzt. Bei einem Zeichenprogramm, bei dem die Größe der Figuren verändert werden muss, ist eine solche Einschränkung aber oft nicht akzeptabel.

Stroustrup (1997, Abschnitt 23.4.3.1) vertritt am Beispiel von Kreisen und Ellipsen die Ansicht, dass man meistens weder ein Rechteck von einem Quadrat noch ein Quadrat von einem Rechteck ableiten soll. Wir werden auf dieses Beispiel in Abschnitt 6.4.8 zurückkommen und dann eine Hierarchie finden, die nicht mit diesen Problemen verbunden ist.

Booch (1994, Kapitel 4) und Meyer (1997) beschäftigen sich ausführlich mit der historischen Entwicklung der Klassifikationen in der Biologie, Chemie, Philosophie usw. Diese Entwicklung zeigt, dass verschiedene Sichtweisen und Zielsetzungen zu völlig anderen Hierarchien führen können.

Beispiel: Nach Booch (1994, S. 148) wurden in früheren Klassifikationen der Biologie Tiere nach ihrem Körperbau, inneren Merkmalen und evolutionären Beziehungen klassifiziert. Neuere Klassifikationen beruhen auf Ähnlichkeiten der DNA. Nach den DNA-Klassifikationen haben Lungenfische mehr Gemeinsamkeiten mit Kühen als mit Forellen.

Wenn eine **Klasse** ein Konzept der Realität darstellt, **wird** sie meist **mit** diesem **Konzept identifiziert**. Dann sollte man darauf achten, dass zwischen den Klassen dieselben Beziehungen bestehen wie zwischen den Konzepten, die sie darstellen. Da zwischen einer Basisklasse und einer abgeleiteten Klasse eine „ist ein"-Beziehung besteht, sollte deshalb auch zwischen ihren Konzepten eine „ist ein"-Beziehung bestehen. Deswegen sollte man **nur solche Klassen voneinander ableiten**, bei denen auch **für die Konzepte eine „ist ein"-Beziehung** besteht und die **Verallgemeinerungen bzw. Spezialisierungen** voneinander **sind**. Falls das nicht gilt, führt die Hierarchie leicht zu **Problemen**. Typische Probleme mit einer solchen Hierarchie werden in Abschnitt 6.4.8 gezeigt.

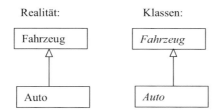

In dieser Abbildung soll der Pfeil eine „ist ein"-Beziehung darstellen. Diese Beziehung soll nicht nur für die Klassen, sondern auch für die Konzepte der Realität gelten.

Wenn eine Klasse von einer Basisklasse abgeleitet wird, damit sie ihre Datenelemente verwenden kann, besteht zwischen den Konzepten, die die Klassen darstellen, oft keine „ist ein"-Beziehung.

Beispiel: In Abschnitt 6.3.5 wurde die Klasse *C3DPunkt* von *C2DPunkt* abgeleitet, damit sie Datenelemente der Basisklasse wiederverwenden kann:

```
class C2DPunkt {
  double x,y;
  // ...
};
```

```
class C3DPunkt : public C2DPunkt {
  double z;//C3DPunkt enthält die Elemente x,y,z
  // ...
};
```

Allerdings wird kaum jemand sagen, dass jeder Punkt im Raum auch ein Punkt in der Ebene ist. Ein 3D-Punkt hat 3 Koordinaten, und ein 2D-Punkt 2.

Als **Kriterium für eine „ist ein"-Beziehung** sollten also **nicht nur die Konzepte an sich** oder **die Datenelemente** betrachtet werden, sondern vor allem die **Elementfunktionen ihrer Schnittstelle**. Eine Klasse hat meist nur den Sinn und Zweck, von einem Anwender benutzt zu werden. Dafür stehen ihm die Elemente ihrer Schnittstelle zur Verfügung, und das sind normalerweise Elementfunktionen und keine Datenelemente.

Booch (1994, S. 59 und S. 112) bezeichnet eine „ist ein"-Beziehung als Lackmus-Test für die Vererbung: Falls für zwei Klassen C und D die Beziehung „D ist ein C" nicht gilt, soll D auch nicht von C abgeleitet werden. Meyer (1997, S. 811) ist nicht ganz so streng und verlangt lediglich, dass sich vernünftige Gründe für eine solche Interpretation finden lassen sollten.

Allerdings muss nicht jede Klassenhierarchie, die keine „ist ein"-Beziehung darstellt, zu Problemen führen. Wir werden die Hierarchie mit dem *C2DPunkt* und dem *C3DPunkt* in Abschnitt 6.4.2 ganz nützlich finden. Probleme mit solchen Hierarchien werden wir in Abschnitt 6.4.8 sehen und sie dann durch eine andere Hierarchie ersetzen.

Die bisherigen Beispiele in diesem Abschnitt waren nicht immer einfach und sollten vor allem zeigen, worauf man beim Entwurf einer Klassenhierarchie achten sollte. Das bedeutet aber nicht, dass der Entwurf einer Klassenhierarchie immer kompliziert ist. Im realen Leben findet man viele Konzepte, die **Verallgemeinerungen bzw. Spezialisierungen** voneinander sind. Solche Konzepte lassen sich **meist ohne Probleme** durch Klassen in einer Hierarchie darstellen.

Beispiele: Jedes Auto ist ein Fahrzeug. Deswegen kann eine Klasse für ein Auto meist von einer Klasse für ein Fahrzeug abgeleitet werden. Da ein Girokonto ein spezielles Konto ist, spricht meist nichts gegen die Ableitung einer Klasse für ein Girokonto von einer Klasse für ein Konto.

Dass zwischen einer abgeleiteten Klasse und einer Basisklasse eine „ist ein"-Beziehung bestehen soll, darf allerdings **nicht** dazu verleiten, **jede umgangssprachliche „ist ein"-Formulierung** durch eine Vererbung darzustellen.

– Eine „ist ein"-Beziehung darf nur als **notwendige Bedingung** verstanden werden: Ist sie für die zugrundeliegenden Konzepte nicht erfüllt, ist das ein Hinweis darauf, dass die Klassenhierarchie zu Problemen führen kann.

– Wenn dagegen eine „ist ein"-Beziehung besteht, muss das noch lange nicht bedeuten, dass eine Vererbung sinnvoll ist.

Beispiele: 1. Die Aussage „Tübingen ist eine Stadt" sollte nicht dazu führen, eine Klasse für die Stadt Tübingen von einer Klasse für eine Stadt abzuleiten. Vererbung ist eine Beziehung zwischen Klassen. Eine spezielle Stadt wird besser durch ein Objekt einer Klasse *Stadt* als durch eine eigene Klasse dargestellt. Dass die Definition einer eigenen Klasse für ein spezielles Objekt wie eine Stadt nicht sinnvoll ist, sieht man außerdem daran, dass es in der Realität keine verschiedenen Objekte einer Klasse wie *Tuebingen* gibt.

2. Die Aussage „Jedes Quadrat ist ein Rechteck" legt diese Klassenhierarchie nahe, für die schon auf Seite 747 gezeigt wurde, dass sie nicht unproblematisch ist:

Diese Beispiele zeigen, dass die unbedachte Übertragung von umgangssprachlichen „ist ein"-Formulierungen leicht zu unpassenden Hierarchien führen kann.

Offensichtlich kann man sich in der Suche nach „der richtigen" Hierarchie grenzenlos verlieren. Deshalb soll dieser Abschnitt mit einem Rat von Meyer (1997, S. 862) abgeschlossen werden: Das **Ziel einer Klassenhierarchie** ist die **Konstruktion von Software** und **nicht Philosophie**. Selten gibt es nur eine einzige Lösung. Und falls es mehrere gibt, ist es oft nicht einfach, die beste zu finden. Das wichtigste Kriterium ist hier, dass die Klassen ihren Zweck für bestimmte Anwendungen gut erfüllen. Und das kann auch mit Klassen möglich sein, die in einem philosophischen Sinn nicht perfekt sind.

6.3.8 OO Design: Komposition und „hat ein"-Beziehungen

Wenn man ein Quadrat zusammen mit einem *C2DPunkt* für seine Position darstellen will, hat man die Wahl zwischen den folgenden beiden Möglichkeiten:

1. Man nimmt in *C2DQuadrat* ein Element des Typs *C2DPunkt* auf (wie in der Klasse *C2DKreis* von Aufgabe 6.2.2):

```
class C2DQuadrat1 {
  C2DPunkt Position;
  double Seitenlaenge;
  // ...
};
```

2. Man leitet die Klasse *C2DQuadrat* von der Klasse *C2DPunkt* ab:

```
class C2DPunkt {
  double x,y;
 public:
  double Abstand() { return sqrt(x*x+y*y); }
  // ...
};

class C2DQuadrat2:public C2DPunkt {
  double Seitenlaenge;
  // ...
};
```

Diese beiden Klassen haben die folgenden Unterschiede und Gemeinsamkeiten:

1. Objekte der beiden Klassen haben **denselben Informationsgehalt**. Die Datenelemente eines Objekts *q1* der Klasse *C2DQuadrat1* unterscheiden sich nur
durch ihre Namen von denen eines Objekts *q2* der Klasse *C2DQuadrat2*:

```
q1.Position.x            q2.x
q1.Position.y            q2.y
q1.Seitenlaenge          q2.Seitenlaenge
```

2. Die beiden Klassen unterscheiden sich durch ihre Schnittstelle, da eine abgeleitete Klasse die Schnittstelle der Basisklasse erbt. Über ein Objekt der Klasse
C2DQuadrat2 kann man auf die Funktion *Abstand* zugreifen:

```
q2.Abstand();
```

Über ein *private* Datenelement wie *Position* hat man dagegen keinen Zugriff
auf die Funktion *Abstand*:

```
q1.Position.Abstand(); // Fehler: Kein Zugriff möglich
```

Allerdings kann man kaum sagen, dass in der Realität jedes Quadrat ein Punkt ist.
Das würde insbesondere bedeuten, dass jede Elementfunktion eines Punktes (z.B.
Abstand) auch für ein Quadrat sinnvoll ist (siehe Aufgabe 6.3.9, 2.).

Deshalb besteht zwischen den durch diese Klassen dargestellten Konzepten keine
„ist ein"-Beziehung. Nach den Ausführungen des letzten Abschnitts ist dann auch
keine Ableitung angemessen.

Stattdessen wird man eher sagen, dass ein Quadrat eine Position **hat**.

Falls eine Klasse D ein Datenelement einer Klasse C enthält, bezeichnet man die
Beziehung zwischen den beiden Klassen auch als **„hat ein"-Beziehung** oder als
Komposition. Eine „hat ein"-Beziehung unterscheidet sich von einer „ist ein"-
Beziehung zwischen D und C dadurch, dass

1. die Schnittstelle von C über ein Objekt der Klasse D nicht verfügbar ist,
2. die Klassen C und D keine „ist ein"-Beziehung darstellen müssen,
3. die Klasse D mehr als ein Element der Klasse C enthalten kann.

Beim Entwurf von Klassen hat man oft die **Qual der Wahl** zwischen einer **Komposition und** einer *public* **Vererbung**. Da man mit beiden Alternativen denselben Informationsgehalt darstellen kann, geben die Datenelemente meist keinen Hinweis darauf, welche Alternative besser ist. Oft geben aber die letzten drei Punkte einen Hinweis auf eine solche Entscheidung:

1. Falls man in der einen Klasse die Schnittstelle der anderen benötigt, muss man eine Vererbung wählen. Andernfalls ist oft eine Komposition besser.
2. Eine *public* Vererbung sollte man nur dann wählen, wenn zwischen den Konzepten, die die Klassen darstellen, eine „ist ein"-Beziehung besteht. Kriterien dafür wurden in Abschnitt 6.3.7 angegeben. Falls zwischen den Konzepten eine „hat ein"-Beziehung besteht, sollte man dagegen eine Komposition wählen.
3. Falls ein Objekt einer Klasse D prinzipiell mehrere Elemente einer Klasse C enthalten kann, ist in der Regel eine Komposition angemessener.

6.3.9 Konversionen zwischen *public* abgeleiteten Klassen

In Abschnitt 6.3.7 wurde gezeigt, dass man ein Objekt einer *public* abgeleiteten Klasse wie ein Objekt einer Basisklasse verwenden kann, wenn in der abgeleiteten Klasse keine Elementfunktion der Basisklasse verdeckt wird. Deshalb sollte man ein Objekt einer *public* abgeleiteten Klasse auch anstelle eines Objekts einer Basisklasse verwenden können. Das ist in C++ tatsächlich möglich:

— Ein **Objekt** einer *public* abgeleiteten Klasse kann man einem Objekt einer Basisklasse zuweisen. Dabei wird das Objekt der abgeleiteten Klasse in das Teilobjekt der Basisklasse konvertiert, das in der abgeleiteten Klasse enthalten ist.
— Einen **Zeiger** auf ein Objekt einer abgeleiteten Klasse kann man einem Zeiger auf ein Objekt einer Basisklasse zuweisen. Der Zeiger auf das Objekt der abgeleiteten Klasse wird dann in einen Zeiger auf das Teilobjekt der Basisklasse konvertiert, das im Objekt der abgeleiteten Klasse enthalten ist.
— Eine **Referenz** auf eine Basisklasse kann mit einem Objekt einer abgeleiteten Klasse initialisiert werden.
— Eine Funktion mit einem **Parameter** eines Basisklassentyps kann mit einem Argument aufgerufen werden, dessen Typ eine abgeleitete Klasse ist. Der Parameter kann dabei ein Werteparameter, ein Zeiger oder eine Referenz sein.

Das sind die einzigen Konversionen, die der Compiler ohne eine benutzerdefinierte Konversionsfunktion (siehe Abschnitt 6.2.7) zwischen verschiedenen Klassen durchführt. Deshalb werden Klassen in der umgekehrten Reihenfolge (von der Basisklasse zur abgeleiteten Klasse) oder nicht voneinander abgeleitete Klassen nicht ineinander konvertiert.

Beispiele: Hier wird eine *public* von der Klasse *C2DPunkt* abgeleitete Klasse *C3DPunkt* vorausgesetzt. Außerdem sollen diese Variablen definiert sein:

```
C2DPunkt p2(1,2);
C3DPunkt p3(3,4,5);

C2DPunkt* pp2=new C2DPunkt(1,2);
C3DPunkt* pp3=new C3DPunkt(3,4,5);
```

1. Dann ist die Zuweisung

   ```
   p2=p3;
   ```

   möglich. Dabei wird der Wert p3.z ignoriert. Die folgende Zuweisung wird dagegen vom Compiler zurückgewiesen:

   ```
   p3=p2; // Fehler: Konversion nicht möglich
   ```

2. Auch von den nächsten beiden Zuweisungen ist nur die erste möglich:

   ```
   pp2=pp3;
   pp3=pp2; // Fehler: Konversion nicht möglich
   ```

3. Die Funktion *show* kann man nicht nur mit einem Argument des Datentyps *C2DPunkt*, sondern auch mit einem des Typs *C3DPunkt* aufrufen:

   ```
   void show(const C2DPunkt& p)
   {
   Form1->Memo1->Lines->Add(p.toStr());
   }

   show(p2); // (1,2) mit p2 von oben
   show(p3); // (3,4) mit p3 von oben
   ```

Wie schon in Abschnitt 6.3.3 gezeigt wurde, führt der Aufruf einer nicht virtuellen Elementfunktion immer zum Aufruf der Funktion, die zum Datentyp des Objekts gehört, mit dem sie aufgerufen wird. Deshalb kann man eine nicht virtuelle Funktion aus einer abgeleiteten Klasse nicht über ein Objekt einer Basisklasse aufrufen. Das gilt auch dann, wenn die Funktion aus der Basisklasse in einer abgeleiteten Klasse verdeckt wird und wenn sie über einen Zeiger oder eine Referenz auf ein Objekt der abgeleiteten Klasse aufgerufen wird. In Abschnitt 6.4.2 wird aber gezeigt, wie genau das mit virtuellen Funktionen möglich ist.

Beispiel: Mit den Zeigern *pp2* und *pp3* aus dem letzten Beispiel erhält man mit den folgenden Anweisungen die jeweils als Kommentar aufgeführte Ausgabe für einen *C2DPunkt*:

```
pp2=&p3;
pp2->toStr(); // (3,4)
```

Obwohl *pp2* wie *pp3* auf einen *C3DPunkt* zeigt, wird beim Aufruf über *pp2* nicht die Funktion *C3DPunkt::toStr* aufgerufen:

```
pp3->toStr(); // (3,4,5)
```

Auch der Aufruf der Funktion *show* führt unabhängig vom Datentyp des Arguments immer zum Aufruf der Funktion *C2DPunkt::toStr*:

```
show(p2); // (1,2)
show(p3); // (3,4)
```

Von einer Funktion, die wie *show* mit Argumenten verschiedener Klassen aufgerufen werden kann, erwartet man aber normalerweise, dass sie für jedes Argument das richtige Ergebnis hat. Das richtige Ergebnis wäre hier die Ausgabe aller Koordinaten des Arguments, und das würde man durch einen Aufruf der Elementfunktion des Arguments erreichen. Ein solches Ergebnis ist deshalb mit nicht virtuellen Funktionen nicht möglich.

Wenn eine Funktion aus einer Basisklasse in einer abgeleiteten Klasse verdeckt wird, entsteht beim Aufruf der Funktion über einen Zeiger oder eine Referenz auf ein Objekt der Basisklasse eventuell der falsche Eindruck, dass die Funktion aus der abgeleiteten Klasse aufgerufen wird, wenn der Zeiger oder die Referenz auf ein Objekt der abgeleiteten Klasse zeigt.

Beispiel: Da die Funktion *toStr* aus *C3DPunkt* die Funktion der Basisklasse verdeckt, erwartet man eventuell bei den beiden Aufrufen

```
pp2=&p3;
pp2->toStr(); // (1,2)
show(p3); // (3,4)
```

dass die Funktion *toStr* aus der Klasse *C3DPunkt* aufgerufen wird, da *pp2* und das Argument von *show* auf ein Objekt dieser Klasse zeigen.

Um diesen falschen Eindruck zu verhindern, sollte man **verdeckte Funktionen vermeiden**. **Stattdessen** sollte man **virtuelle Funktionen** (siehe Abschnitt 6.4.2) verwenden, wenn man eine Funktion aus einer Basisklasse in einer abgeleiteten Klasse mit demselben Namen, aber mit anderen Anweisungen implementieren will.

Anmerkung für Delphi-Programmierer: In Object Pascal sind dieselben Zuweisungen im Rahmen einer Klassenhierarchie möglich wie in C++.

Aufgaben 6.3.9

1. Besteht zwischen den Konzepten unter a) bis d) eine „ist ein"- oder eine „hat ein"-Beziehung? Da es oft nicht einfach ist, sich für eine der beiden zu entscheiden, sollen Sie möglichst für beide Sichtweisen Argumente suchen.

   a) Automobil, Motor, Räder
   b) Katze, Hund, Tier

c) Fahrzeug, Landfahrzeug, Wasserfahrzeug, Automobil, Segelboot
d) Mitarbeiter, Abteilungsleiter, Sekretärin

2. In Aufgabe 6.3.5, 4. wurde eine Klasse für ein Quadrat von einer Klasse für ein Rechteck abgeleitet und auch umgekehrt. In Abschnitt 6.3.7 wurde gezeigt, dass die Ableitung eines Quadrats von einem Rechteck mit einer Element- funktion wie *setzeSeitenlaengen* nicht unproblematisch ist. Prüfen Sie, ob die Elementfunktionen *Flaeche* und *Umfang* aus der Basisklasse in jeder der beiden Hierarchien auch in der abgeleiteten Klasse korrekt sind?

3. Zur Lösung der Aufgabe 6.3.5, 3. werden oft die Hierarchien a) bis e) vorge- schlagen (diese Diagramme wurden mit Borland Together erzeugt). Für welche dieser Hierarchien scheint die „ist ein"-Beziehung auch für die Konzepte gerechtfertigt zu sein?

a)

b)

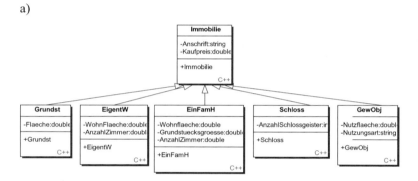

c)

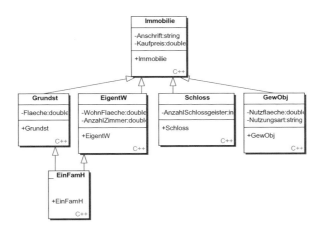

d)

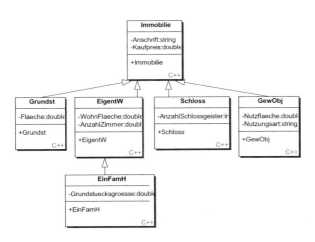

e)

4. Wieso gibt es keine implizite Konversion einer Basisklasse in eine abgeleitete Klasse?

6.3.10 *protected* und *private* abgeleitete Klassen Θ

Gibt man in einem *base-specifier* vor der Basisklasse eines der **Zugriffsrechte** *public*, *protected* oder *private* an, bezeichnet man diese auch als **public, protected** oder **private Basisklasse**. Die abgeleitete Klasse nennt man dann eine *public, protected* oder *private* abgeleitete Klasse und die Art der Vererbung eine *public, protected* oder *private* Vererbung. Ohne eine explizite Angabe eines solchen Zugriffsrechts ist eine mit *class* deklarierte Klasse eine *private* abgeleitete Klasse und eine mit *struct* deklarierte eine *public* abgeleitete.

Die Art der Ableitung wirkt sich einerseits darauf aus, ob eine Konversion einer abgeleiteten Klasse in eine Basisklasse definiert ist. Eine solche **Konversion** ist **nur bei einer *public* Ableitung** definiert. Deshalb kann ein Objekt einer abgeleiteten Klasse nur einem Objekt einer *public* Basisklasse zugewiesen werden. Eine *private* oder *protected* Ableitung unterbindet solche Zuweisungen.

Beispiel: Objekte der *protected* oder *private* von C abgeleiteten Klassen können nicht an ein Objekt der Basisklasse zugewiesen werden:

```
class C {};
class D_publ : public    C {};
class D_prot : protected C {};
class D_priv : private   C {};
```

```
void test(D_publ& d1, D_prot& d2, D_priv& d3)
{
C c=d1;
c=d2; // Fehler: Konvertierung nicht möglich
c=d3; // Fehler: Konvertierung nicht möglich
}
```

Eine **protected Ableitung** unterscheidet sich von einer *private* Ableitung nur dadurch, dass eine Konversion in einer *friend*- oder Elementfunktion einer *protected* abgeleiteten Klasse definiert ist. Allerdings wird die *protected* Vererbung nur selten eingesetzt. Scott Meyers meint dazu: „... no one seems to know what protected inheritance is supposed to mean" (Meyers 1997, S. 156).

Die Art der Ableitung wirkt sich außerdem auf das **Zugriffsrecht** auf *public* oder *protected* Elemente der Basisklasse aus. Auf *private* Elemente besteht in der abgeleiteten Klasse unabhängig von der Art der Vererbung kein Zugriffsrecht. Im Einzelnen gilt:

— In einer *public* abgeleiteten Klasse kann auf die *public* bzw. *protected* Elemente der Basisklasse wie auf *public* bzw. *protected* Elemente der abgeleiteten Klasse zugegriffen werden.
— In einer *protected* abgeleiteten Klasse kann auf die *public* und *protected* Elemente der Basisklasse wie auf *protected* Elemente der abgeleiteten Klasse zugegriffen werden.
— In einer *private* abgeleiteten Klasse kann auf die *public* und *protected* Elemente der Basisklasse wie auf *private* Elemente der abgeleiteten Klasse zugegriffen werden.

In einer Elementfunktion einer abgeleiteten Klasse können deshalb unabhängig von der Art der Vererbung nur *public* und *protected* Elemente der Basisklasse angesprochen werden, aber keine *private* Elemente.

Beispiel: Mit der Basisklasse

```
class C {
  int priv; // private, da class
 protected:
  int prot;
 public:
  int publ;
};
```

bestehen in einer Elementfunktion einer *public* abgeleiteten Klasse die folgenden Zugriffsrechte auf die Elemente der Basisklasse:

```
class D : public C {// mit protected oder private
  void f()            // dasselbe Ergebnis
  {
  int i=priv; // Fehler: Zugriff nicht möglich
  int j=prot;
  int k=publ;
  }
};
```

Mit einer *protected* oder *private* Ableitung hätte man dasselbe Ergebnis erhalten.

Da man **über ein Objekt** einer Klasse nur ein Zugriffsrecht auf die *public* Elemente der Klasse hat, kann man nur bei einer *public* abgeleiteten Klasse auf die *public* Elemente einer Basisklasse (ihre Schnittstelle) zugreifen.

Beispiel: Mit der *public* abgeleiteten Klasse aus dem letzten Beispiel erhält man:

```
D d;
d.priv=1; // Fehler: Zugriff nicht möglich
d.prot=1; // Fehler: Zugriff nicht möglich
d.publ=1; // das geht
```

Hätte man D *protected* oder *private* von C abgeleitet, wäre auch der Zugriff auf das *public* Element nicht zulässig:

```
D d; // D private oder protected von C abgeleitet
d.priv=1; // Fehler: Zugriff nicht möglich
d.prot=1; // Fehler: Zugriff nicht möglich
d.publ=1; // Fehler: Zugriff nicht möglich
```

Merkmale einer *private* Ableitung einer Klasse D von einer Klasse C sind also:

– Es ist keine Konversion von D nach C definiert.
– Über ein Objekt der Klasse D kann man nicht auf die Schnittstelle von C zugreifen.

Am Ende von Abschnitt 6.3.8 wurde gezeigt, dass eine Komposition mit einem *private* Element dieselben Eigenschaften hat. Deshalb besteht diesbezüglich **kein Unterschied** zwischen einer *private* **Vererbung** und einer **Komposition**.

Beispiel: Mit einer Klasse *C2DPunkt* besteht hinsichtlich dieser beiden Eigenschaften kein Unterschied zwischen den folgenden beiden Klassen:

```
class C2DQuadrat1 {
  C2DPunkt Position;
  double Seitenlaenge;
}

class C2Dquadrat2:private C2DPunkt {
  double Seitenlaenge;
}
```

Wegen dieser Gemeinsamkeiten werden Komposition und *private* Ableitung gelegentlich als Alternativen betrachtet. Da eine **Komposition** aber meist als einfacher angesehen wird, sollte man diese **bevorzugen**. Außerdem ist *private* Vererbung kein besonders bekanntes Sprachelement. Manche Autoren, wie z.B. Rumbaugh (1999, S. 395), empfehlen, auf *private* Vererbung generell zu verzichten.

Es gibt allerdings gelegentlich Aufgaben, die man nur mit einer *private* Vererbung lösen kann. Dazu gehören Klassen, bei denen sichergestellt werden soll,

— dass von ihnen **keine Objekte** angelegt werden und
— dass sie **nur als Basisklassen** verwendet werden.

Man erhält eine solche Klasse, indem man alle ihre Konstruktoren in einem *protected* Abschnitt deklariert. Dann können von dieser Klasse keine eigenständigen Objekte erzeugt werden. Die Konstruktoren können aber mit Elementinitialisierern im Konstruktor einer abgeleiteten Klasse aufgerufen werden:

```
class C {
 protected:
   C(int x) { };
};

class D: private C {
 public:
   D(int x):C(x) { }
};
```

Anmerkung für Delphi-Programmierer: In Object Pascal gibt es keine *protected* und *private* Vererbung. Die einzige Art der Vererbung ist die *public* Vererbung.

6.3.11 Mehrfachvererbung und virtuelle Basisklassen

In allen bisherigen Beispielen hatte eine abgeleitete Klasse nur eine einzige direkte Basisklasse. Diese Art der Vererbung wird auch als **Einfachvererbung** (single inheritance) bezeichnet. In C++ ist es aber auch möglich, eine Klasse nicht nur aus einer Basisklasse abzuleiten, sondern aus mehreren:

```
class C1 {
 int a;
};

class C2 {
 int a;
};

class D : public C1, public C2 {
};
```

Diese Art der Vererbung bezeichnet man als **Mehrfachvererbung** (multiple inheritance). Wie in diesem Beispiel gibt man dabei mehrere Basisklassen einschließlich ihrer Zugriffsrechte nach dem „:" an und trennt sie durch Kommas. In der grafischen Darstellung der Klassenhierarchie zeigen dann zwei oder mehr Pfeile von der abgeleiteten Klasse auf ihre Basisklassen:

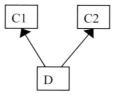

Die abgeleitete Klasse enthält wie bei einer Einfachvererbung alle Elemente der Basisklassen. Falls wie in diesem Beispiel mehrere Basisklassen Elemente desselben Namens enthalten, kann es leicht zu Mehrdeutigkeiten kommen. Spricht man z.B. in einer Elementfunktion von D das Element a an, ist ohne weitere Angaben nicht klar, ob es sich um das Element aus C1 oder das aus C2 handelt:

```
class D : public C1, public C2{
  void f(int i)    // Dazu muss a in den Basisklassen
  {                // public oder protected sein.
  a=i; // Fehler: Element ist mehrdeutig: 'C1::a' und
  }                                        // 'C2::a'
};
```

Solche Mehrdeutigkeiten kann man durch eine Qualifizierung des Elementnamens mit dem Klassennamen auflösen:

```
class D : public C1, public C2{
  void f(int i)
  {
  C1::a=17;
  C2::a=17;
  }
};
```

Außerhalb einer Elementfunktion kann man die Elemente wie in der Funktion f ansprechen:

```
void f(D d, D* pd)
{
d.C1::a=17;
pd->C1::a=17;
}
```

Der Compiler prüft die Eindeutigkeit eines Namens vor den Zugriffsrechten auf diesen Namen. Deshalb kann man Mehrdeutigkeiten nicht dadurch verhindern, dass man die Elemente in der einen Basisklasse als *private* deklariert.

Eine Klasse kann keine mehrfache direkte Basisklasse einer abgeleiteten Klasse sein, da man dann die Elemente der Basisklassen nicht unterscheiden kann:

Eine Klasse kann keine mehrfache direkte Basisklasse einer abgeleiteten Klasse sein, da man dann die Elemente der Basisklassen nicht unterscheiden kann:

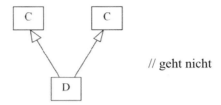

// geht nicht

Als indirekte Basisklasse kann dieselbe Klasse jedoch mehrfach vorkommen:

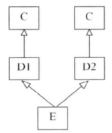

Hier enthält die Klasse E zwei Basisklassen des Typs C und deshalb alle Elemente von C doppelt. Falls C ein Element a enthält, kann man die beiden von C geerbten Elemente über D1 und D2 unterscheiden:

```
void f(E e, E* pe)
{
e.D1::a=17;      // nicht e.D1::C::a
pe->D2::a=17;    // nicht pe->D2::C::a
}
```

Manchmal möchte man allerdings nicht, dass ein Objekt einer mehrfach verwendeten Basisklasse mehr als einmal in einem Objekt der abgeleiteten Klasse enthalten ist. Damit eine Basisklasse von verschiedenen abgeleiteten Klassen gemeinsam benutzt wird, definiert man sie als **virtuelle Basisklasse**.

Eine mehrfach verwendete Basisklasse C ist eine virtuelle Basisklasse von F, wenn sie in allen Basisklassen von F als virtuell gekennzeichnet ist. Dazu gibt man vor oder nach dem Zugriffsrecht auf die Klasse das Schlüsselwort *virtual* an:

```
class D3: virtual public C {
};

class D4: public virtual C { // umgekehrte Reihenfolge
};

class F: public D3, public D4 {
};
```

Diese Klassenhierarchie wird durch das rechts abgebildete Diagramm dargestellt. Da die Klasse C in dieser Klassenhierarchie nur einmal an die Klasse F vererbt wird, ist das Element a in F eindeutig. Es ist nicht wie oben notwendig, beim Zugriff auf dieses Element anzugeben, von welcher Klasse es geerbt wurde:

```
void f(F f, F* pf)
{
f.a=17;        // f.D3::a=17 nicht notwendig

pf->D4::a=1; // ebenfalls nicht notwendig, aber möglich
}
```

Ein Objekt einer virtuellen Klasse unterscheidet sich nicht von dem einer nicht virtuellen. Der Unterschied zwischen virtuellen und nicht virtuellen Basisklassen kommt erst dann zum Tragen, wenn eine virtuelle Klasse als Basisklasse einer weiteren Klasse verwendet wird.

Eine Klasse kann eine Basisklasse sowohl als virtuelle als auch als nicht virtuelle Basisklasse enthalten. Definiert man zusätzlich zu den Klassen C, D3, D4 und F noch die Klassen

```
class D5: public C {
};

class G: public D3, public D4, public D5 {
};
```

erhält man das Hierarchiediagramm

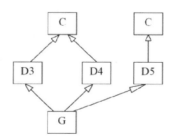

Die **Reihenfolge**, in der die Basisklassen bei der Definition einer Klasse angegeben werden, bestimmt die Reihenfolge, in der die Konstruktoren und Destruktoren aufgerufen werden: Die Konstruktoren werden in derselben und die Destruktoren in der umgekehrten Reihenfolge aufgerufen. Dabei werden die Konstruktoren der virtuellen Basisklassen vor den anderen aufgerufen.

Bei der Definition eines Objekts der Klasse G werden die Konstruktoren in der folgenden Reihenfolge aufgerufen:

```
C       // Konstruktor für die virtuelle Basisklasse C
D3
D4
C       // Konstruktor für die nicht virtuelle Basisklasse C
D5
G
```

Bei der einfachen *public* Vererbung wurde darauf hingewiesen (siehe Abschnitt 6.3.7), dass sie einer „ist ein"-Beziehung entspricht. Nach diesem Schema entspricht die mehrfache Vererbung einer „ist sowohl ein ... als auch ein .."- Beziehung (Booch 1994, S. 124). Betrachten wir dazu zwei Beispiele:

1. Zur Lösung der Immobilienaufgabe (siehe Aufgabe 6.3.9, 2 d) wird immer wieder die rechts abgebildete Mehrfachvererbung vorgeschlagen.

   Die hier nicht angemessene doppelte Vererbung der Elemente der Klasse Immobilie kann man mit einer virtuellen Vererbung vermeiden. Bei der Lösung dieser Aufgabe wurde darauf hingewiesen, dass diese Hierarchie keine „ist ein"-Beziehung ist.

   Sie entspricht den folgenden Definitionen:

```cpp
class Immobilie {
  string Anschrift;
  double Kaufpreis;
 public:
  Immobilie(const string& a, double k):
Anschrift(a),Kaufpreis(k) {}
};

class Grundst:public virtual Immobilie {
  double Flaeche;
 public:
  Grundst(const string& a, double k, double f):
                       Immobilie(a,k),Flaeche(f) {}
};

class EigentW:public virtual Immobilie {
  double WohnFlaeche;
  double AnzahlZimmer;
 public:
  EigentW(const string& a, double k, double w,double z):
       Immobilie(a,k), WohnFlaeche(w),AnzahlZimmer(z) {}
};
```

```
class EinFamH:public EigentW,public Grundst {
public:
  EinFamH(const string& a, double k, double w, double g,
          double n): Grundst(a,k,n), EigentW(a,k,w,n){}
};
```

2. In der C++-Standardbibliothek wird mehrfache Vererbung bei I/O-Streams folgendermaßen verwendet (stark vereinfacht):

   a) Die Klasse *basic_ios* stellt Operationen und Datentypen zur Verfügung, die für alle Dateien sinnvoll sind, unabhängig davon, ob sie zum Lesen oder zum Schreiben geöffnet sind. Dazu gehören u.a. die Funktionen

      void clear(iostate state = goodbit);
      void setstate(iostate state);
      bool good() const;
      bool eof() const;
      bool fail() const;
      bool bad() const;
      iostate exceptions() const;
      void exceptions(iostate except);

   b) In der Klasse *basic_istream* werden Eingabefunktionen definiert, z.B. *get*, *getline*, *read*, *seekg* und der Operator >>:

      ```
      class basic_istream : virtual public basic_ios {
      // ...
      };
      ```

   c) In der Klasse *basic_ostream* werden Ausgabefunktionen definiert, z.B. *put*, *write*, *seekp* und der Operator <<:

      ```
      class basic_ostream : virtual public basic_ios {
      // ..
      }
      ```

   d) Die Klasse *basic_iostream* definiert außer einem Konstruktor keine eigenen Funktionen, sondern erbt nur die Elemente der beiden Basisklassen:

      ```
      class basic_iostream : public basic_istream, public
                                                    basic_ostream {
      // ..
      };
      ```

Diese Klassenhierarchie wird dann durch das folgende Diagramm dargestellt:

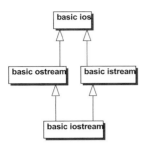

Da eine von zwei Klassen C1 und C2 abgeleitete Klasse im Sinne einer „ist ein"-Beziehung sowohl ein C1 als auch ein C2 ist, führt eine Mehrfachvererbung leicht dazu, dass die abgeleitete Klasse kein einziges, in sich geschlossenes Konzept mehr darstellt. Dieses Kriterium war aber in Abschnitt 6.1.6 als eines der wichtigsten dafür genannt worden, dass eine Klasse „gut" und einfach ist. Andererseits zeigt gerade das letzte Beispiel, dass sie doch nützlich sein kann.

Mehrfache Vererbung war Gegenstand zahlreicher Kontroversen (siehe dazu z.B. Stroustrup, 1994, Abschnitt 12.6). Viele halten sie für zu kompliziert und bezweifeln ihren Nutzen. Stroustrup (1994, Abschnitt 2.1) hält sie für nicht besonders wichtig und insbesondere für wesentlich weniger wichtig als Templates oder das Exception-Handling.

Booch meint (1994, S. 64), dass mehrfache Vererbung oft unnötig verwendet wird. Meyers (1998, Item 43) illustriert das an einem umfangreichen Beispiel, für das zunächst eine Lösung mit einer Mehrfachvererbung naheliegend erscheint. Nach weiteren Überlegungen findet er aber eine wesentlich einfachere Lösung, die nur eine Einfachvererbung verwendet.

In den Programmiersprachen Smalltalk und Object Pascal gibt es keine mehrfache Vererbung. In Java und anderen modernen Programmiersprachen gibt es Mehrfachvererbung nur für sogenannte Interface-Klassen (siehe Abschnitt 6.4.11).

Aufgabe 6.3.11

1. Eine Klasse *Kreis* soll die Funktionen *Flaeche*, *Umfang* und *toStr* haben, und ein *C2DPunkt* die Funktionen *Abstand* und *toStr*. Vergleichen Sie die folgenden Design-Alternativen für eine Klasse, die einen Kreis zusammen mit seiner Position darstellt:

   a) Die Klasse *C2DKreis* soll durch Mehrfachvererbung von einem *Kreis* und einem *C2DPunkt* abgeleitet werden.
   b) Die Klasse *C2DKreis* soll einen *Kreis* und einen *C2DPunkt* als Element enthalten.
   c) Die Klasse *C2DKreis* soll von einem *Kreis* abgeleitet werden und einen *C2DPunkt* als Element enthalten.

d) Die Klasse *C2DKreis* soll wie in Aufgabe 6.2.2, 2. den Radius und die Position des Kreises als Element des Typs *C2DPunkt* enthalten.

Definieren Sie die Klassen in a) bis d) mit Konstruktoren, die wie in Aufgabe 6.2.2, 2. aufgerufen werden können. Welche dieser Alternativen ist am besten geeignet, einen Kreis mit seiner Position darzustellen?

6.4 Virtuelle Funktionen, späte Bindung und Polymorphie

Ein entscheidender Unterschied zwischen objektorientierten und nicht objektorientierten Sprachen ist die Möglichkeit, Aufrufe von Elementfunktionen nicht schon zum Zeitpunkt der Kompilation aufzulösen, sondern erst während der Laufzeit des Programms. Die dazu verwendete Technik wird als **späte Bindung** bezeichnet. Elementfunktionen, die diese Technik verwenden, heißen in C++ **virtuelle Elementfunktionen**.

6.4.1 Der statische und der dynamische Datentyp

Im Zusammenhang mit virtuellen Funktionen ist immer wieder der Begriff **dynamischer Datentyp** nützlich. Dieser unterscheidet sich nur bei einem Zeiger oder einer Referenz auf ein Objekt vom statischen Datentyp. Der dynamische Datentyp ist bei einem Zeiger der Datentyp des Objekts, auf den der Zeiger zeigt. Bei einer Referenz ist er der Datentyp des Objekts, mit dem die Referenz initialisiert wird. Der dynamische Datentyp kann sich während der Laufzeit eines Programms ändern, da einem Zeiger auf eine Basisklasse auch ein Zeiger auf ein Objekt einer abgeleiteten Klasse zugewiesen werden kann. Eine Referenz kann mit einem Objekt einer abgeleiteten Klasse initialisiert werden.

Wenn man explizit zum Ausdruck bringen will, dass man mit dem Begriff „Datentyp" nicht den dynamischen Datentyp meint, spricht man vom **statischen Datentyp**. Mit dem Begriff „Datentyp" (ohne das Attribut „dynamisch") ist meist der statische Datentyp gemeint. Dieser ergibt sich allein aus einer Deklaration und verändert sich während der Laufzeit eines Programms nicht.

Beispiel: Wenn D eine von C abgeleitete Klasse ist, haben die folgenden Objekte den als Kommentar angegebenen statischen Datentyp:

```
C c;   // C
C* pc; // Zeiger auf C
D d;   // D
D* pd; // Zeiger auf D
```

Nach der Zuweisung

```
pc=&d;
```

hat pc den dynamischen Datentyp „Zeiger auf D" und nach

```
pc=&c;
```

„Zeiger auf C". Der statische Datentyp wird durch keine dieser Zuweisungen verändert.

Bei einem Referenzparameter ist der dynamische Datentyp der Datentyp des Arguments, mit dem die Funktion aufgerufen wird. Dieser ergibt sich erst beim Aufruf der Funktion und nicht schon bei ihrer Definition.

Beispiel: Wenn die Funktion f mit einem Argument aufgerufen wird, dessen Datentyp eine von C abgeleitete Klasse ist, ist der dynamische Datentyp von c in f der des Arguments:

```
void f(const C& c)
{
// der dynamische Datentyp von c ist der Datentyp
// des Arguments, mit dem f aufgerufen wird.
}
```

6.4.2 Virtuelle Funktionen

Eine mit dem Schlüsselwort *virtual* gekennzeichnete nicht statische Elementfunktion wird als **virtuelle Funktion** oder manchmal auch als **Methode** bezeichnet. Wenn dann in einer abgeleiteten Klasse eine Funktion

- mit demselben Namen,
- derselben Parameterliste und
- im Wesentlichen demselben Datentyp des Funktionswertes

wie eine virtuelle Funktion einer direkten oder indirekten Basisklasse definiert wird, ist diese **ebenfalls virtuell**. Man sagt dann, dass die Funktion in der abgeleiteten Klasse die der Basisklasse **überschreibt**. Falls die Funktion in der abgeleiteten Klasse nur denselben Namen, aber eine andere Parameterliste hat, überschreibt sie die Funktion der Basisklasse dagegen nicht, sondern **verdeckt** sie.

Beispiel: Sowohl C::f als auch E::f sind virtuelle Funktionen, da E::f dieselbe Parameterliste wie C::f hat. Dagegen ist D::f nicht virtuell, da diese Funktion eine andere Parameterliste hat und deshalb C::f verdeckt:

```
struct C {
  virtual void f() {};
};

struct D : public C {
  void f(int i) {};
};
```

```
struct E : public D {
  void f () {};
};
```

Dieses Beispiel zeigt insbesondere, dass E::f die Funktion C::f über-schreibt, obwohl D::f die Funktion C::f verdeckt.

In einer überschreibenden Funktion ist die Angabe *virtual* zulässig, aber **ohne** jede **Bedeutung**. Deswegen hätte man im letzten Beispiel *virtual* ebenso gut auch bei der Funktion f in der Klasse E angeben können:

```
struct E : public D {
  virtual void f () {};
};
```

Virtuelle Funktionen werden vererbt. Deshalb ist eine virtuelle Funktion aus einer Basisklasse, die in einer abgeleiteten Klasse nicht überschrieben wird, auch eine virtuelle Funktion der abgeleiteten Klasse.

Beispiel: In der Klassenhierarchie im letzten Beispiel ist auch C::f eine virtuelle Funktion von D, da C::f in D nicht überschrieben wird.

Der Aufruf einer **virtuellen Funktion** über einen Zeiger oder eine Referenz führt immer zum Aufruf der Funktion, die zum **dynamischen Datentyp** des Zeigers oder der Referenz gehört. Das ist der wesentliche Unterschied zu einer **nicht virtuellen Funktion**, die immer über den **statischen Datentyp** des verwendeten Objekts aufgerufen wird.

Beispiel: Mit den Klassen aus dem letzten Beispiel werden nach den folgenden Zuweisungen die jeweils als Kommentar angegebenen Funktionen auf-gerufen:

```
C* pc=new C; // stat. DT von pc: Zeiger auf C

pc->f(); // C::f
pc=new E; // dyn. Datentyp von pc: Zeiger auf E
pc->f();  // E::f
C c;
pc=&c;    // dyn. Datentyp von pc: Zeiger auf C
pc->f();  // C::f
```

Wäre die Funktion f hier nicht virtuell, würde immer die Funktion *C::f* aufgerufen, da *pc* den statischen Datentyp „Zeiger auf C" hat.

Da die Funktion f in D nicht überschrieben wird, ist die letzte über-schreibende Funktion von f in der Klasse D die Funktion *C::f*. Der fol-gende Aufruf führt deshalb zum Aufruf von *C::f*:

```
D d;
pc=&d;    // dyn. Datentyp von pc: Zeiger auf D
pc->f();  // C::f
```

Die so aufgerufene Funktion wird auch als „**letzte überschreibende Funktion**" bezeichnet:

– Falls die aufgerufene Funktion im dynamischen Datentyp definiert wird, ist diese Funktion die letzte überschreibende Funktion.
– Andernfalls muss die aufgerufene Funktion in einer Basisklasse definiert sein. Dann ist die letzte überschreibende Funktion die erste Funktion, die man ausgehend vom dynamischen Datentyp in der nächsten Basisklasse findet.

Wenn eine virtuelle Funktion nicht über einen Zeiger oder eine Referenz, sondern über ein „**gewöhnliches**" **Objekt** aufgerufen wird, führt das zum **Aufruf** der Funktion, die zum statischen Datentyp gehört.

Beispiel: Die Objekte c und e sind weder Zeiger noch Referenzen. Deshalb wird immer die Funktion aufgerufen, die zum statischen Typ gehört:

```
E e;
C c=e; // statischer Datentyp von c: C
c.f(); // C::f(&c)
```

Dasselbe Ergebnis würde man auch beim Aufruf über einen Zeiger oder eine Referenz erhalten, wenn f nicht virtuell wäre.

Da die beim Aufruf einer virtuellen Funktion aufgerufene Funktion immer vom aktuellen Objekt abhängt, können nur Funktionen virtuell sein, die in Verbindung mit einem Objekt aufgerufen werden müssen. Das sind gerade die nicht statischen **Elementfunktionen**. Gewöhnliche (globale) Funktionen, statische Elementfunktionen oder *friend*-Funktionen können nicht virtuell sein.

Der Aufruf einer virtuellen Funktion über einen Zeiger oder eine Referenz unterscheidet sich also grundlegend von dem einer nicht virtuellen Funktion:

– Der Aufruf einer nicht virtuellen Funktion wird bereits bei der Kompilation in den Aufruf der Funktion übersetzt, die sich aus dem Datentyp des entsprechenden Objekts ergibt. Da diese Zuordnung bereits bei der Kompilation stattfindet, wird sie auch als **frühe Bindung** bezeichnet.
– Im Unterschied dazu ergibt sich diese Zuordnung beim Aufruf einer virtuellen Funktion nicht schon bei der Kompilation, sondern erst während der Laufzeit. Deshalb bezeichnet man diese Zuordnung auch als **späte Bindung**.

Da sich der dynamische Datentyp eines Objekts während der Laufzeit eines Programms ändern kann, kann derselbe Funktionsaufruf zum Aufruf von verschiedenen Funktionen führen. Dieses Verhalten virtueller Funktionen wird auch als **Polymorphie** („viele Formen") bezeichnet. Eine Klasse mit virtuellen Funktionen heißt auch **polymorphe Klasse**.

Im Unterschied zu nicht virtuellen Funktionen kann man also beim Aufruf einer virtuellen Funktion dem Quelltext nicht entnehmen, welche Funktion tatsächlich aufgerufen wird. Um die damit verbundene Gefahr von Unklarheiten zu vermei-

den, muss der Name aller der Funktionen, die eine virtuelle Funktion überschreiben, für alle Funktionen zutreffend sein. Deshalb sollte eine Funktion nur durch
solche Funktionen überschrieben werden, die dieselben Aufgaben haben, und für
die deshalb auch derselbe Name angemessen ist. Siehe Abschnitt 6.4.6 und 6.4.8.

Der **typische Einsatzbereich** von virtuellen Funktionen ist eine Klassenhierarchie,
in der die verschiedenen Klassen Funktionen mit derselben Aufgabe und derselben
Schnittstelle haben, wobei die Aufgabe in jeder Klasse durch unterschiedliche Anweisungen gelöst wird. Definiert man dann jede dieser Funktionen mit den für die
jeweilige Klasse richtigen Anweisungen virtuell, wird beim Aufruf einer solchen
Funktion über einen Zeiger oder eine Referenz automatisch **immer „die richtige"
Funktion** aufgerufen.

In der folgenden Klassenhierarchie haben die beiden Klassen *C2DPunkt* und
C3DPunkt eine solche Funktion *toStr*. Diese hat in beiden Klassen dieselbe Aufgabe, einen Punkt durch einen String darzustellen. Wegen der unterschiedlichen
Anzahl von Koordinaten sind dafür aber in den beiden Klassen verschiedene Anweisungen notwendig:

```
class C2DPunkt{
  double x,y;
 public:
  C2DPunkt(double x_, double y_):x(x_),y(y_) {  };

  double X(){ return x; };
  double Y(){ return y; };

  virtual AnsiString toStr()
  {
  return "("+FloatToStr(x) + "|" + FloatToStr(y)+")";
  }
};

class C3DPunkt : public C2DPunkt{
  double z;
 public:
  C3DPunkt (double x_,double y_,double z_):
                      C2DPunkt(x_,y_),z(z_) { };

  AnsiString toStr() // ebenfalls virtuell
  {
  return "("+FloatToStr(X()) + "|" + FloatToStr(Y())+"|"+
                      FloatToStr(z)+")";
  }
};
```

Diese Klassen unterscheiden sich von denen in Abschnitt 6.3.5 nur durch das Wort
„virtual". Diese kleine Änderung hat zur Folge, dass bei den folgenden Beispielen
immer automatisch „die richtige" Funktion aufgerufen wird:

1. In einem Container (z.B. einem Array oder einem Vektor) mit Zeigern auf Objekte einer Basisklasse kann man auch **Zeiger auf Objekte** einer abgeleiteten Klasse ablegen:

```
const int n=2;
C2DPunkt*a[n]={new C2DPunkt(1,2),new C3DPunkt(1,2,3)};
```

Obwohl die Elemente des Containers auf Objekte verschiedener Klassen zeigen, kann man alle in einer einzigen Schleife bearbeiten:

```
for (int i=0; i<n; ++i)
  Form1->Memo1->Lines->Add(a[i]->toStr());
```

Da hier eine virtuelle Funktion aufgerufen wird, erhält man die Ausgabe:

```
(1|2)
(1|2|3)
```

2. In einer Funktion ist der dynamische Datentyp eines **Referenzparameters** der Datentyp des Arguments, mit dem die Funktion aufgerufen wird. Der Aufruf einer virtuellen Funktion des Parameters führt so zum Aufruf der entsprechenden Funktion des Arguments. Deshalb wird beim Aufruf der Funktion

```
void show(const C2DPunkt& p) // Der dynamische Daten-
{             // typ von p ist der Datentyp des Arguments.
Form1->Memo1->Lines->Add(p.toStr());
}
```

die Elementfunktion *toStr* des Arguments aufgerufen. Mit den folgenden Anweisungen erhält man so dieselbe Ausgabe wie im letzten Beispiel:

```
C2DPunkt p2(1,2);
C3DPunkt p3(1,2,3);
show(p2); // ruft C2DPunkt::toStr auf
show(p3); // ruft C3DPunkt::toStr auf
```

Wäre die Funktion *toStr* hier nicht virtuell, würde sie auch beim Aufruf mit einem Zeiger auf eine abgeleitete Klasse die Werte zur Basisklasse ausgeben:

```
C2DPunkt* pp2=new C3DPunkt(1,2,3);
pp2->toStr();// nicht virtuell: Aufruf von C2::toStr
```

Das war gerade das Beispiel aus Abschnitt 6.3.9. Mit der virtuellen Funktion *toStr* erhält man also die richtigen Werte. Deshalb kann die Hierarchie der Klassen *C2DPunkt* usw. mit der virtuellen Funktion *toStr* sinnvoll sein, obwohl in Abschnitt 6.3.7 festgestellt wurde, dass sie nicht unbedingt eine „ist ein"-Beziehung darstellt. In Abschnitt 6.4.8 werden wir eine weitere Hierarchie betrachten, bei der dann zwischen den Klassen eine „ist ein"-Beziehung besteht.

Offensichtlich ist die Polymorphie von virtuellen Funktionen eine der wichtigsten Eigenschaften objektorientierter Programmiersprachen. Deshalb ist in vielen anderen objektorientierten Sprachen (z.B. Java) späte Bindung die **Voreinstellung** für alle Elementfunktionen. Auch die Unified Modelling Language (UML) geht davon aus, dass alle Funktionen mit derselben Signatur in einer Klassenhierarchie normalerweise polymorph sind. Meyer (1997, S. 513-515) kritisiert heftig, dass in C++ frühe Bindung die Voreinstellung ist und dass man späte Bindung nur mit der zusätzlichen Angabe *virtual* erhält. Da sich ein Programmierer oft darauf verlässt, dass die Voreinstellungen einer Sprache richtig sind, entsteht der Eindruck, dass späte Bindung etwas Spezielles ist. Mit früher Bindung ist aber die Gefahr von Fehlern wie bei der Funktion *toStr* verbunden. Er empfiehlt deshalb, alle Elementfunktionen virtuell zu definieren, falls es nicht einen expliziten Grund gibt, der dagegen spricht.

Für den Einsatz von virtuellen Funktionen müssen die folgenden **Voraussetzungen** erfüllt sein:

1. Die Funktionen müssen **Elementfunktionen einer Klassenhierarchie** sein. Ohne Vererbung ist auch keine Polymorphie möglich. Falls eine virtuelle Funktion in einer abgeleiteten Klasse nicht überschrieben wird, unterscheidet sich ihr Aufruf nicht von dem einer nicht virtuellen Funktion.
2. Die virtuellen Funktionen müssen **dieselbe Schnittstelle** haben.
3. Der Aufruf der virtuellen Funktionen muss **über Zeiger oder Referenzen** erfolgen. Deshalb werden Objekte oft über Zeiger angesprochen, obwohl ansonsten kein Grund dazu besteht.
4. Sowohl die Klassenhierarchie als auch die virtuellen Funktionen müssen gefunden werden. Dafür ist meist ein umfassenderes Verständnis des Problems und eine **gründlichere Problemanalyse** notwendig als für eine Lösung, die diese Techniken nicht verwendet. Eine falsche oder unpassende Hierarchie kann die Lösung eines Problems aber behindern.

Die Ausführungen über objektorientierte Analyse und objektorientiertes Design haben gezeigt, dass weder die Klassen noch ihre Hierarchien vom Himmel fallen. Allerdings wird in den nächsten Abschnitten gezeigt, wie man solche Hierarchien oft systematisch konstruieren kann.

Der direkte Aufruf einer virtuellen Funktion führt nur dann zum Aufruf der letzten überschreibenden Funktion, wenn dieser Aufruf über einen Zeiger oder eine Referenz erfolgt. Beim **Aufruf** einer virtuellen Funktion **in einer Elementfunktion** derselben Klasse wird die zugehörige letzte überschreibende Funktion aber auch dann aufgerufen, wenn die Elementfunktion über ein Objekt aufgerufen wird, das kein Zeiger oder keine Referenz ist. Der Grund dafür ist, dass der Aufruf einer Elementfunktion immer über den *this*-Zeiger erfolgt (siehe Abschnitt 6.1.4), und deshalb jeder Aufruf einer Elementfunktion immer ein Aufruf über einen Zeiger ist.

Beispiel: Die Funktion g der Klasse C

```
struct C {
  void g(){f();};
  virtual void f() {};
}c;

E e;
```

wird vom Compiler folgendermaßen übersetzt:

```
void g(C* this)
{
this->f();
};
```

Beim Aufruf einer solchen Funktion wird dann der Zeiger auf das aktuelle Objekt als Argument für den *this*-Parameter übergeben:

```
c.g(); // C::f(&c)
e.g(); // E::f(&e)
```

Obwohl f hier jedes Mal über ein Objekt (und nicht über einen Zeiger oder eine Referenz) aufgerufen wird, ruft diese beim ersten Aufruf eine andere Funktion auf als beim zweiten Aufruf.

Ergänzt man die Klasse *C2DPunkt* um eine nicht virtuelle Funktion *anzeigen*, die die virtuelle Funktion *toStr* der Klassenhierarchie aufruft

```
void C2DPunkt::anzeigen() // nicht virtuell
{
Form1->Memo1->Lines->Add(toStr());
};
```

führt der Aufruf von *anzeigen* dann zum Aufruf der Funktion *toStr*, die zum dynamischen Datentyp des *this*-Zeigers gehört. Das ist gerade der Datentyp des Objekts, mit dem *anzeigen* aufgerufen wird:

```
C2DPunkt p2(1,2);
C3DPunkt p3(1,2,3);
p2.anzeigen(); // ruft p2->toStr() auf
p3.anzeigen(); // ruft p3->toStr() auf
```

Auf diese Weise kann man virtuelle Funktionen auch über „gewöhnliche" Variablen aufrufen, ohne dass dafür Zeiger oder Referenzen notwendig sind.

Betrachten wir noch zwei Beispiele zur **letzten überschreibenden Funktion**:

1. Die Klassen C, D und E unterscheiden sich von denen in dem Beispiel von Abschnitt 6.3.3 nur dadurch, dass alle Funktionen außer C::f3 virtuell sind:

```
struct C {
  virtual void f1() {};
  virtual void f2() {};
  void f3() {};
};

struct D : public C {
  void f1() {};
  virtual void f3() {};
};

struct E : public D {
  void f1() {};
};
```

Dann stellen die folgenden Tabellen die über ein Objekt des jeweiligen dynamischen Datentyps aufgerufenen virtuellen Funktionen dar.

a) Nach der nächsten Definition hat *pc* den statischen Datentyp „Zeiger auf C". Der dynamische Datentyp ändert sich mit jeder der folgenden Zuweisungen:

```
C* pc=new C; // dynamischer Datentyp: Zeiger auf C
pc=new D;    // dynamischer Datentyp: Zeiger auf D
pc=new E;    // dynamischer Datentyp: Zeiger auf E
```

Ein Aufruf der virtuellen Funktionen

```
pc->f1();
pc->f2();
```

führt dann in Abhängigkeit vom dynamischen Datentyp von *pc* zum Aufruf der in der Tabelle angegebenen Funktion:

	C
f1	C::f1
f2	C::f2

	D
f1	D::f1
f2	C::f2

	E
f1	E::f1
f2	C::f2

Der Aufruf von f3 führt dagegen immer zum Aufruf von C::f3, da f3 keine virtuelle Funktion ist und der Aufruf solcher Funktionen immer über den statischen Datentyp aufgelöst wird.

b) Nach der nächsten Definition hat *pd* hat den statischen Datentyp „Zeiger auf D" und den jeweils als Kommentar angegebenen dynamischen Datentyp.

```
D* pd=new D; // dynamischer Datentyp: Zeiger auf D
pd=new E;    // dynamischer Datentyp: Zeiger auf E
```

Der Aufruf von

```
pd->f1();
pd->f2();
pd->f3();
```

führt dann zum Aufruf der in der Tabelle angegebenen Funktion:

	D
f1	D::f1
f2	C::f2
f3	D::f3

	E
f1	E::f1
f2	C::f2
f3	D::f3

Im Unterschied zu a) wird hier auch der Aufruf von *f3* über den dynamischen Datentyp aufgelöst, da *f3* in D eine virtuelle Funktion ist.

Diese Tabellen enthalten die letzte überschreibende Funktion zum jeweiligen dynamischen Datentyp. Sie entsprechen im Wesentlichen den Tabellen in Abschnitt 6.3.3, mit denen die Bedeutung eines Namens in einer Klassenhierarchie gezeigt wurde. Diese ergab sich aus dem statischen Datentyp.

2. Die letzte überschreibende Funktion ist bei einer einfachen Vererbung immer eindeutig bestimmt. Bei einer **Mehrfachvererbung** kann sie auch **mehrdeutig** sein. In der Klassenhierarchie

```
struct C {
  virtual void f() { } ;
};

struct D1: virtual C {
  void f() { } ;
};

struct D2:virtual C {
  void f() { } ;
};

struct E: D1, D2 {
};
```

hat die Funktion f in E zwei letzte überschreibende Funktionen, worauf der Compiler mit einer entsprechenden Fehlermeldung hinweist. Hätte man die f in E überschrieben, wäre die Mehrdeutigkeit aufgelöst, und die Klasse E würde kompiliert werden:

```
struct E: D1, D2 {
  void f() { } ;
};
```

Fassen wir noch **einige technische Einzelheiten** im Zusammenhang mit virtuellen Funktionen zusammen:

1. Wenn man eine virtuelle Funktion mit dem Bereichsoperator und dem Namen einer Klasse aufruft, führt das zum Aufruf der letzten überschreibenden Funktion, die zu dieser Klasse gehört. Deshalb wird in der Funktion g immer C::f aufgerufen, unabhängig vom Datentyp des Objekts, über das g aufgerufen wird:

```
struct C {
  virtual void f() {};
  void g() {C::f();}
};

struct D : public C {
    void f() {};
};
```

2. Da die beim Aufruf einer virtuellen Funktion aufgerufene Funktion immer erst während der Laufzeit bestimmt wird, kann der Aufruf einer **virtuellen *inline*-Funktion** nie durch die Anweisungen der Funktion ersetzt werden.

3. Das Schlüsselwort *virtual* darf nur bei der Deklaration oder Definition einer Funktion innerhalb der Klassendefinition angegeben werden. Bei der Definition einer Funktion außerhalb der Klasse ist es ein Fehler:

```
struct C {
  virtual void f();
};

virtual void C::f(){} // Fehler: Speicherklasse
                      // 'virtual' ist hier nicht erlaubt
```

4. Das Zugriffsrecht auf eine virtuelle Funktion ergibt sich aus dem Zugriffsrecht in dem Objekt, über das sie aufgerufen wird. Dieses wird durch das Zugriffsrecht einer überschreibenden Funktion nicht beeinflusst. Deshalb ist nach den Definitionen

```
struct C {
  virtual void f() {};
};

struct D : public C {
 private:
  void f() {};
};

C* pc=new D;
D* pd=new D;
```

nur der erste der folgenden beiden Aufrufe möglich:

```
pc->f(); // zulässig, da f in C public ist
pd->f(); // Fehler: Zugriff nicht möglich
```

Dabei wird die Funktion D::f aufgerufen, obwohl f in D *private* ist. Der zweite Aufruf ist dagegen nicht zulässig, da sie in der Klasse D *private* ist.

5. Eine virtuelle Funktion verwendet die **Default-Argumente** der Funktion, die zum statischen Typ des Objekts gehört, mit dem sie aufgerufen wird. Eine überschreibende Funktion übernimmt keine Default-Argumente aus einer Funktion einer Basisklasse.

```
struct C {
  virtual void f(int a = 17);
};

struct D : public C {
  void f(int a);
};

void m()
{
D* pd = new D;
C* pc = pd;
pc->f(); // Aufruf von D::f(17)
pd->f(); // Fehler: Zu wenige Parameter im Aufruf von
};                                  // D::f(int)
```

Deshalb sollte ein Default-Argument in einer überschreibenden virtuellen Funktion nie einen anderen Wert wie in einer Basisklasse haben.

6. Damit eine Funktion D::f eine Funktion C::f mit derselben Parameterliste in einer Basisklasse überschreibt, müssen die Datentypen der Funktionswerte nicht identisch sein. Es reicht aus, dass sie **kovariant** sind. Das bedeutet, dass die folgenden Abweichungen zulässig sind:

   – Beide sind Zeiger oder Referenzen auf Klassen, und
   – der Rückgabetyp von C::f ist eine Basisklasse des Rückgabetyps von D::f, und
   – der Rückgabetyp von D::f hat dieselbe oder eine geringere Anzahl *const*- oder *volatile*-Angaben als der von C::f.

   Der Rückgabewert wird dann entsprechend konvertiert.

7. Damit eine Funktion D::f eine Funktion C::f in einer Basisklasse überschreibt, müssen die Datentypen aller Parameter identisch sein. Es reicht nicht aus, dass sie **kovariant** sind. Siehe dazu Aufgabe 6.4.3, 6.

8. Eine mit einer *using*-Deklaration aus einer Basisklasse übernommene virtuelle Funktion wird bei der Auswahl der aufzurufenden Funktion ignoriert. Deshalb wird in der Funktion *test* D::f aufgerufen und nicht C::f.

```
struct C {
  virtual void f() { } ;
};

struct D : public C {
  void f() { };
};
```

```
struct E : public D {
  using C::f;
};

void test()
{
C* pc=new E;
pc->f(); // Aufruf von D::f
};
```

9. Virtuelle Funktionen können auch über eine Object-Datei zu einem Programm gelinkt werden.

10. Auch **Operatorfunktionen** können virtuell sein. Der Zuweisungsoperator einer abgeleiteten Klasse überschreibt aber wegen der unterschiedlichen Parametertypen nie den der Basisklasse.

Anmerkung für Delphi-Programmierer: Virtuelle Methoden sind in Object Pascal genauso durch späte Bindung realisiert wie in C++. Da in Object Pascal alle Objekte von Klassen automatisch über Zeiger angesprochen werden, auch wenn man sie nicht mit *new* angelegt hat, wird der Aufruf jeder virtuellen Elementfunktion mit später Bindung aufgelöst.

6.4.3 Die Implementierung von virtuellen Funktionen: *vptr* und *vtbl*

Für viele Anwendungen von virtuellen Funktionen sind die Ausführungen im letzten Abschnitt ausreichend. Gelegentlich ist es aber doch hilfreich, wenn man sich vorstellen kann, wie diese intern realisiert werden. Da diese interne Realisierung im C++-Standard nicht festgelegt ist, muss kein Compiler so vorgehen, wie das anschließend beschrieben wird. Allerdings gehen viele, wenn nicht sogar alle Compiler nach diesem Schema vor.

Späte Bindung kann folgendermaßen realisiert werden:

1. Für jede Klasse mit virtuellen Funktionen legt der Compiler eine **Tabelle** mit den Adressen **der virtuellen Funktionen** (die *virtual function table* oder *vtbl*) an. Diese Tabellen können nach diesem einfachen Schema konstruiert werden:

   – Für eine Basisklasse werden die Adressen der virtuellen Funktionen eingetragen.
   – Für eine abgeleitete Klasse wird zuerst die Tabelle der direkten Basisklasse kopiert. Dann werden die Adressen der entsprechenden virtuellen Funktionen in dieser Tabelle überschrieben. Außerdem wird die Tabelle um die in der abgeleiteten Klasse definierten virtuellen Funktion ergänzt.

Beispiel: Für die Klassen C, D und E aus dem Beispiel des letzten Abschnitts

```
struct C {
  virtual void f1() {};
  virtual void f2() {};
  void f3() {};
};

struct D : public C {
  void f1() {};
  virtual void f3() {};
};

struct E : public D {
  void f1() {};
};
```

erhält man so folgenden Tabellen:

	C
f1	C::f1
f2	C::f2

	D
f1	D::f1
f2	C::f2
f3	D::f3

	E
f1	E::f1
f2	C::f2
f3	D::f3

Das sind aber gerade die Tabellen, in den im Beispiel des letzten Abschnitts die aufgerufenen Funktionen dargestellt wurden.

2. In jedem Objekt einer Klasse mit virtuellen Funktionen legt der Compiler einen Zeiger auf die *vtbl* seiner Klasse an. Dieser Zeiger wird auch als **vptr** (*virtual table pointer*) bezeichnet.

Beispiel: Ein Objekt einer Klasse mit virtuellen Methoden unterscheidet sich von dem einer Klasse ohne virtuelle Methoden um die zusätzliche Adresse für den *vptr*. Deshalb ist ein Objekt der Klasse C2 um die für einen Zeiger notwendigen Bytes größer Wert als eines von C1:

```
class C1 { // sizeof(C1)=4 (bei 32-bit Windows)
  void f(){};
  int i;
};

class C2 { // sizeof(C2)=8 (bei 32-bit Windows)
  virtual void f(){};
  int i;
};
```

Da ein Konstruktor die Aufgabe hat, alle Datenelemente eines Objekts zu initialisieren, erzeugt der Compiler für jeden Konstruktor Anweisungen, die den *vptr* mit der Adresse seiner *vtbl* initialisieren. Diese Initialisierung ist einer der wesentlichen Unterschiede zwischen einem Konstruktor und einer Funktion.

3. Wenn der Aufruf einer virtuellen Funktion über einen Zeiger oder eine Referenz erfolgt, wird er in einen Aufruf der entsprechenden Funktion aus der *vtbl* übersetzt, auf die der *vptr* im aktuellen Objekt zeigt.

Beispiel: Die *vtbl* ist ein Array von Funktionszeigern. Bezeichnet man den *vptr* mit seiner Adresse als *vptr* und den zu einer virtuellen Funktion f gehörenden Index mit i, wird der Aufruf p->f() vom Compiler folgendermaßen behandelt (etwas vereinfacht, siehe 6.4.11):

```
vptr[i](p); // p ist das Argument für this
```

Eine virtuelle Funktion gehört also über den *vptr* zu einem Objekt. Man kann das auch so sehen, dass **ein Objekt seine virtuellen Funktionen „enthält"**.

Der **indirekte Funktionsaufruf** ist der wesentliche Unterschied zwischen dem Aufruf einer virtuellen und dem einer nicht virtuellen Funktion. Über diesen wird die späte Bindung eines Funktionsaufrufs an die aufgerufene Funktion realisiert.

Durch die indirekte Sprungtechnik sind virtuelle Elementfunktionen etwas langsamer als nicht virtuelle. Der zusätzliche Zeitaufwand ist aber nicht allzu groß und dürfte bei den meisten Programmen nicht ins Gewicht fallen. Außerdem werden virtuelle Funktionen **nicht *inline*** expandiert. Die folgenden Zeiten wurden mit Funktionen mit einem leeren Anweisungsteil gemessen. Wenn sie Anweisungen enthalten, sind die Unterschiede noch geringer:

C++Builder 2006, Release Build	virtuelle Funktion	nicht virtuelle
100 000 000Aufrufe	0,74 Sek.	0,53 Sek.

Im Zusammenhang mit virtuellen Funktionen zeigt sich insbesondere, wie wichtig es ist, dass jedes Objekt durch den Aufruf eines Konstruktors initialisiert wird. Nur so ist gewährleistet, dass jede virtuelle Funktion über einen initialisierten *vptr* aufgerufen wird. Deshalb wird in C++ auch so genau darauf geachtet, dass **jedes Objekt durch den Aufruf eines Konstruktors initialisiert wird**. Das gilt sowohl für ein eigenständiges Objekt als auch für ein Teilobjekt, das als Datenelement oder als Basisklasse in einem Objekt enthalten ist:

– Mit Elementinitialisierern kann ein Teilobjekt mit einem seiner Konstruktoren initialisiert werden.
– Gibt man bei der Definition eines Objekts keine Argumente für einen Konstruktor an, wird es immer mit seinem Standardkonstruktor initialisiert.

Polymorphie ist **nur über Zeiger** möglich. Das ist nicht nur in C++ so. Da ein Objekt d einer abgeleiteten Klasse D mehr Elemente als ein Objekt c einer Basisklasse C haben kann, können bei einer Zuweisung

```
c=d;
```

nicht alle Elemente von d nach c kopiert werden. Wenn der Aufruf einer virtuellen Funktion von C nach einer solchen Zuweisung zum Aufruf einer überschreibenden Funktion aus der abgeleiteten Klasse D führen würde, könnte diese Funktion auf Elemente ihrer Klasse D zugreifen, die es in C überhaupt nicht gibt.

Bei der Zuweisung von Zeigern besteht dieses Problem nicht: Wenn pc und pd Zeiger auf Objekte der Klassen C und D sind, werden bei der Zuweisung

```
pc=pd;
```

nur die Zeiger kopiert. Diese sind aber immer gleich groß (4 Bytes bei einem 32-Bit-System) und können einander deshalb problemlos zugewiesen werden. Beim Aufruf einer Funktion über die vtbl der Klasse werden dann immer nur Elemente der aktuellen Klasse angesprochen:

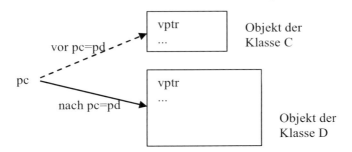

Deswegen übersetzt ein C++-Compiler den Aufruf einer virtuellen Funktionen nur beim Aufruf über einen Zeiger in einen Aufruf der letzten überschreibenden Funktion. Beim Aufruf über ein Objekt ruft er dagegen die Funktion auf, die zum statischen Datentyp des Objekts gehört.

In manchen Programmiersprachen (z.B. in Java, wo man überhaupt keine Zeiger definieren kann, oder in Object Pascal) führt der Aufruf einer virtuellen Funktion immer zum Aufruf der Funktion, die zum dynamischen Datentyp gehört. Das wird intern dadurch realisiert, dass alle Objekte Zeiger sind, ohne dass sie explizit als Zeiger definiert werden müssen. Dieser „Trick", der auch als **Referenzsemantik** bezeichnet wird, macht den Umgang mit virtuellen Funktionen einfacher und erspart die Unterscheidung von Funktionsaufrufen über Zeiger und Objekte.

Allerdings hat die Referenzsemantik auch ihren Preis. Wenn alle Objekte Zeiger sind, führt eine Zuweisung von Objekten zu einer Kopie der Zeiger und nicht zu einer Kopie der Objekte.

Beispiel: In einer Programmiersprache mit Referenzsemantik sollen c und d Objekte derselben Klasse sein und ein Datenelement x haben. Dann zeigen c und d nach einer Zuweisung auf dasselbe Objekt, und eine Veränderung eines Elements des einen Objekts führt auch zu einer Veränderung dieses Elements des anderen Objekts:

```
c.x=0;
c=d; // Zuweisung
d.x=1;
// c.x=1, obwohl c.x nicht verändert wurde
```

Wenn man in einer solchen Programmiersprache die Objekte und nicht nur die Zeiger kopieren will, muss man dafür Funktionen schreiben, die meist das tun, was in C++ der vom Compiler erzeugte Zuweisungsoperator macht. Diese Funktionen werden in Java oder Object Pascal nicht automatisch erzeugt.

Nachdem nun der Begriff „**überschreiben**" vorgestellt wurde und dieser gelegentlich mit den Begriffen „**verdecken**" und „**überladen**" verwechselt wird, sollen die Unterschiede dieser drei Begriffe kurz hervorgehoben werden: Alle drei Begriffe sind durch Funktionen mit einem gemeinsamen Namen gekennzeichnet.

–   „**Überschreiben**" wird nur im Zusammenhang mit virtuellen Funktionen in einer Klassenhierarchie verwendet, die dieselbe Parameterliste und im Wesentlichen denselben Rückgabetyp haben. Die aufgerufene Funktion ergibt sich aus dem dynamischen Datentyp eines Zeigers oder einer Referenz.
–   „**Verdeckte Funktionen**" sind nicht virtuelle Funktionen in einer Klassenhierarchie und sollten vermieden werden.
–   „**Überladene Funktionen**" sind unabhängig von einer Klassenhierarchie und werden über unterschiedliche Parameter unterschieden.

Aufgabe 6.4.3

1. Überarbeiten Sie die Klassen *C1DPunkt*, *C2DPunkt* und *C3DPunkt* der Lösung von Aufgabe 6.3.5, 2. so, dass die in jeder Klasse definierte Funktion *toStr* virtuell ist.

    a) Rufen Sie *toStr* nacheinander über einen einzigen Zeiger auf ein Objekt der Basisklasse auf, der nacheinander auf ein Objekt der Klassen *C1DPunkt*, *C2DPunkt* und *C3DPunkt* zeigt. Verfolgen Sie im Debugger (schrittweise Ausführung mit F7), welche der Funktionen t*oStr* dabei aufgerufen werden.
    b) Schreiben Sie eine Funktion *show*, die mit Argumenten der Typen *C1DPunkt*, *C2DPunkt* und *C3DPunkt* aufgerufen werden kann und jeweils den Rückgabewert der Elementfunktion *toStr* ausgibt.
    c) Ergänzen Sie die Klasse *C1DPunkt* um eine nicht virtuelle Elementfunktion *anzeigen*, die *toStr()* ausgibt. Rufen Sie *anzeigen* mit Argumenten der Typen *C1DPunkt*, *C2DPunkt* und *C3DPunkt* auf. Die Klassen sollen *C2DPunkt* und *C3DPunkt* sollen diese Funktion nicht enthalten.
    d) Legen Sie einen *shared_ptr* (siehe Abschnitt 3.12.5) an, der wie in a) nacheinander auf einen *C1DPunkt*, *C2DPunkt* und *C3DPunkt* zeigt, und rufen Sie jedes Mal die Funktion *toStr* auf. Überzeugen Sie sich davon, dass man so dasselbe Ergebnis wie in a) (über einen gewöhnlichen Zeiger) erhält.
    e) Erweitern Sie diese Klassen um Funktionen, die die Länge eines Punktes (d.h. seinen Abstand vom Nullpunkt) zurückgeben:

        – bei *C1DPunkt*: Absolutbetrag von x
        – bei *C2DPunkt*: sqrt(x*x + y*y);
        – bei *C3DPunkt*: sqrt(x*x + y*y + z*z)

2. Die Klassen *C1DPunkt* usw. sollen wie in Aufgabe 1 definiert sein. Sie sollen alle um eine Funktion *setze* erweitert werden, die einen Punkt an die als Argument übergebene Position setzen, wie z.B.:

```
void C1DPunkt::setze(C1DPunkt Ziel);
void C2DPunkt::setze(C2DPunkt Ziel);
```

Kann man diese Funktionen virtuell definieren und so erreichen, dass immer die richtige Funktion zu einem Objekt aufgerufen wird?

3. Damit eine Funktion in einer abgeleiteten Klasse eine gleichnamige Funktion in einer Basisklasse überschreibt, muss die Parameterliste in beiden Funktionen identisch sein. Falls einer der Parameter einen anderen Datentyp hat, verdeckt die Funktion in der abgeleiteten Klasse die der Basisklasse. Das gilt insbesondere auch dann, wenn der Datentyp des Parameters eine abgeleitete Klasse des Parameters der Basisklasse ist.

Welche Probleme könnten entstehen, wenn eine Funktion f in einer abgeleiteten Klasse D eine gleichnamige Funktion in einer Basisklasse C überschreiben würde und ein Parameter von D::f eine abgeleitete Klasse des entsprechenden Parameters von C::f ist? Sie können dazu die folgenden Klassen und die Funktion g verwenden:

```
struct C {
  virtual void f(C& c) { };
};

struct D : public C {
  int e;
  void f(D& d) { d.e=0; };
};

void g(C& x, C& y)
{
x.f(y);
};
```

4. Welche Werte erhalten i und j bei den Initialisierungen:

```
struct C {
  virtual int f(int i=1)  { return i; }
};

struct D:public C {
  virtual int f(int i=2)  { return i; }
};

C* pc=new D;
int i=pc->f();
C* pd=new D;
int j=pd->f();
```

6.4.4 Virtuelle Konstruktoren und Destruktoren

Im C++-Standard ist ausdrücklich festgelegt, dass ein **Konstruktor nicht virtuell** sein kann. Stroustrup (1997, Abschnitt 15.6.2) begründet das damit, dass ein Konstruktor den exakten Typ des Objekts kennen muss, das er konstruiert. Da ein Konstruktor außerdem anders als gewöhnliche Funktionen mit der Speicherverwaltung zusammenarbeitet, gibt es auch keine Zeiger auf einen Konstruktor.

In anderen Programmiersprachen (z.B. Object Pascal und Smalltalk) gibt es aber dagegen virtuelle Konstruktoren. Da die Klassen der VCL in Object Pascal geschrieben sind, können im C++Builder auch die Klassen der VCL virtuelle Konstruktoren haben (siehe Abschnitt 8.6).

Allerdings kann man in C++ **virtuelle Konstruktoren** leicht **simulieren**. Stroustrup (1997, Abschnitt 15.6.2) verwendet dazu virtuelle Funktionen, die ein Objekt mit einem Konstruktor erzeugen und als Funktionswert zurückgeben:

```
class C {
  public:
    C()                         {}
    C(const C&)                 {}
    virtual C* make_new()  { return new C(); }
    virtual C* clone()     { return new C(*this); }
};

class D : public C {
  public:
    D()         {}
    D(const D&)  {}
    D* make_new()  { return new D(); }
    D* clone()     { return new D(*this); }
};

void f(C* pc)
{
C* pn=pc->make_new();
C* c=pc->clone();
}
```

Hier entspricht *make_new* einem virtuellen Standardkonstruktor und *clone* einem virtuellen Copy-Konstruktor. Obwohl die Datentypen der Funktionswerte nicht gleich sind, überschreiben diese Funktionen in der abgeleiteten Klasse die der Basisklasse, da sie kovariant sind. Deshalb entscheidet bei ihrem Aufruf wie in der Funktion f der dynamische Datentyp des Arguments darüber, welchen Datentyp das konstruierte Objekt hat.

Im Unterschied zu einem Konstruktor kann ein **Destruktor virtuell** sein. Da vor seinem Aufruf immer ein Konstruktor aufgerufen wurde, kann ein vollständig initialisiertes Objekt vorausgesetzt werden.

Obwohl ein Destruktor nicht vererbt wird und obwohl er in der abgeleiteten Klasse einen anderen Namen als in der Basisklasse hat, überschreibt ein Destruktor in einer abgeleiteten Klasse den virtuellen Destruktor einer Basisklasse. Ein virtueller Destruktor in der Basisklasse hat zur Folge, dass die Destruktoren in allen abgeleiteten Klassen ebenfalls virtuell sind.

Wie das folgende Beispiel zeigt, sind virtuelle Destruktoren oft notwendig:

```
class C {
  int* pi;
public:
  C()  { pi=new(int); }
  ~C() { delete pi; }
};

class D : public C {
  double* pd;
public:
  D()  { pd=new(double); }
  ~D() { delete pd; }
};

void test()
{
C* pc=new D;
delete pc;
}
```

Da der Destruktor hier eine nicht virtuelle Funktion ist, wird in *test* durch „delete pc" der Destruktor aufgerufen, der sich aus dem statischen Datentyp von pc ergibt, und das ist der Destruktor von C. Deshalb wird der für *pd reservierte Speicherplatz nicht freigegeben, obwohl das durch die Definition des Destruktors von D wohl gerade beabsichtigt war.

Dieses Problem lässt sich mit einem virtuellen Destruktor in der Basisklasse lösen. Wie bei jeder anderen virtuellen Funktion wird dann der zum dynamischen Datentyp gehörende Destruktor aufgerufen. Falls dieser Datentyp eine abgeleitete Klasse ist, werden auch noch die Destruktoren aller Basisklassen aufgerufen:

```
class C {
  int* pi;
public:
  C()  { pi=new(int); }
  virtual ~C() { delete pi; }
};
```

Der **Destruktor** einer Klasse sollte **immer dann virtuell** sein, wenn

1. von dieser Klasse weitere Klassen abgeleitet werden, die einen explizit definierten Destruktor benötigen, und
2. für einen Zeiger auf ein Objekt dieser Klasse *delete* aufgerufen wird.

Da man bei der Definition einer Klasse aber oft nicht abschätzen kann, wie sie später verwendet wird, sollte man alle Destruktoren virtuell definieren. Der Preis für einen unnötig virtuellen Destruktor ist nur der zusätzliche Speicherplatz für den *vptr* und der etwas größere Zeitaufwand für den indirekten Funktionsaufruf.

Ein Destruktor wird außerdem oft dann virtuell definiert, wenn die Klasse polymorph sein soll, aber keine andere virtuelle Funktion hat. Das ist manchmal für die Operatoren *typeid* und *dynamic_cast* notwendig (siehe Abschnitt 6.5.1).

In diesem Zusammenhang ist es bemerkenswert, dass **alle Containerklassen** der Standardbibliothek (*string*, *vector*, *list*, *map* usw.) **nichtvirtuelle Destruktoren** haben. Deshalb sollte man von diesen Klassen nie Klassen ableiten, die einen Destruktor benötigen.

6.4.5 Virtuelle Funktionen in Konstruktoren und Destruktoren

Da ein Konstruktor einer abgeleiteten Klasse immer alle Konstruktoren der Basisklassen in der Reihenfolge aufruft, in der sie in der Klassenhierarchie voneinander abgeleitet sind, erhält der *vptr* eines Objekts nacheinander in dieser Reihenfolge die Adresse der *vtbl* einer jeden Basisklasse. Am Schluss dieser Initialisierung erhält er die Adresse der *vtbl* der aktuellen Klasse. Er erhält insbesondere nicht die Adresse der *vtbl* einer eventuell von der aktuellen Klasse abgeleiteten Klasse. Das hat zur Folge, dass der Aufruf einer virtuellen Funktion in einem Konstruktor nicht zum Aufruf einer diese Funktion überschreibenden Funktion führen kann. Deswegen werden Aufrufe von virtuellen Funktionen in einem Konstruktor immer wie Aufrufe von nicht virtuellen Funktionen nach ihrem **statischen Datentyp** aufgelöst.

Beispiel: Der Aufruf von f im Konstruktor von D führt zum Aufruf von C::f:

```
struct C {
  C()  {  f();  }
  virtual void f()
  {
    Form1->Memo1->Lines->Add("C");
  }
};

struct D : public C {
  D():C() { } // Aufruf von C::f und nicht D::f
  void f()
  {
    Form1->Memo1->Lines->Add("D");
  }
};

D* pd=new D;
```

Dasselbe gilt auch für den Aufruf einer virtuellen Funktion in einem **Destruktor**. Hier ist der Grund allerdings nicht der, dass der *vptr* noch nicht die Adresse der richtigen *vtbl* enthält. Dieser enthält immer noch die Adresse der richtigen *vtbl*, so dass immer die richtige virtuelle Funktion aufgerufen wird. Da die Destruktoren aber in der umgekehrten Reihenfolge der Konstruktoren aufgerufen werden, verwendet diese Funktion eventuell Speicherbereiche, die durch den Destruktor einer abgeleiteten Klasse bereits wieder freigegeben wurden. Damit ein solcher Zugriff auf nicht reservierte Speicherbereiche nicht stattfinden kann, wird der Aufruf einer virtuellen Funktion in einem Destruktor ebenfalls nach dem statischen Datentyp aufgelöst.

6.4.6 OO-Design: Einsatzbereich und Test von virtuellen Funktionen

Vergleichen wir nun den **Einsatzbereich** von virtuellen und nicht virtuellen Funktionen.

Eine **virtuelle Funktion** kann in einer abgeleiteten Klasse durch eine Funktion mit demselben Namen und derselben Parameterliste überschrieben werden. Da der Name einer Funktion ihre Aufgabe beschreiben soll, kann man so **dieselbe Aufgabe in verschiedenen Klassen einer Hierarchie mit unterschiedlichen Funktionen** lösen. Beim Aufruf über einen Zeiger oder eine Referenz auf ein Objekt einer Basisklasse wird dann die Funktion aufgerufen, die zum dynamischen Datentyp gehört.

Beispiel: In den beiden Klassen dieser Hierarchie wird die Fläche durch unterschiedliche Anweisungen bestimmt. Diese Aufgabe kann mit virtuellen Funktionen gelöst werden, weil beide dieselbe Parameterliste haben:

```
class Quadrat{
 protected:
  double a;
 public:
  Quadrat(double a_):a(a_){};
  virtual double Flaeche() {return a*a; };
};

class Rechteck:public Quadrat{
 double b;
 public:
  Rechteck(double a_, double b_): Quadrat(a_),
                                  b(b_) {}
  double Flaeche() {return a*b; };
};
```

In den folgenden Fällen ist **keine virtuelle Funktion notwendig**:

- falls sie in allen abgeleiteten Klassen das richtige Ergebnis liefert und deswegen in keiner abgeleiteten Klasse überschrieben werden muss.
- falls von dieser Klasse nie eine Klasse abgeleitet wird.

In diesen Fällen kann man genauso gut auch eine virtuelle Funktion verwenden. Der Programmablauf ist dann derselbe wie bei einer nicht virtuellen Funktion.

Eine nicht virtuelle Funktion hat den Vorteil, dass ihr Aufruf ein wenig schneller ist und kein Speicherplatz für den *vptr* benötigt wird. Das fällt aber normalerweise nicht ins Gewicht.

Beispiele: 1. In dieser Klassenhierarchie liefert die Funktion *Flaeche* auch in der abgeleiteten Klasse richtige Ergebnisse.

```
class Rechteck{
  double a,b;
  public:
    Rechteck(double a_,double b_):a(a_),b(b_){};
    double Flaeche() {return a*b; };
};

class Quadrat:Rechteck {
  public:
    Quadrat(double a_):Rechteck(a_,a_) {}
};
```

2. Die Container-Klassen der Standardbibliothek (*string, vector, list, map* usw.) sind nicht dafür konstruiert, als Basisklassen verwendet zu werden (siehe Abschnitt 6.4.4). Deshalb können alle ihre Elementfunktionen auch nicht virtuell sein.

Normalerweise ist es kein Fehler, wenn man alle Funktionen in einer Klasse virtuell definiert. Das hat gegenüber nicht virtuellen Funktionen den Vorteil, dass man sie in einer abgeleiteten Klasse überschreiben kann.

Da der Aufruf einer **virtuellen Funktion** zum Aufruf verschiedener Funktionen führen kann, muss man auch beim **Testen** alle diese Funktionen berücksichtigen. Um eine virtuelle Funktion zu testen, muss man sie mit Objekten aller Klassen aufrufen, in denen sie definiert ist.

Beispiel: Die virtuellen Funktionen f der Klassen C und D sind ganz bestimmt kein gutes Beispiel für virtuelle Funktionen, da sie nicht dieselbe Aufgabe lösen. Sie sollen nur zeigen, wie zwei Tests aussehen können.

```
struct C {
  virtual int f(int x)
  {if (x<0) return -x; else return x;}
};

struct D:public C{
  virtual int f(int x)
  {if (x<17) return x; else return 17;}
};
```

Die Testfälle für C::f werden dann über einen dynamischen Typ C aufgerufen und die für D::f über einen dynamischen Typ D.

```
C* p=new C;
// teste p->f mit Argumenten, die zu einer
// Pfadüberdeckung für C::f führen:
p->f(-1);
p->f(0);
p=new D;
// teste p->f mit Argumenten, die zu einer
// Pfadüberdeckung für D::f führen:
p->f(16);
p->f(17);
```

6.4.7 OO-Design und Erweiterbarkeit

Da man mit virtuellen Funktionen dieselbe Aufgabe in verschiedenen Klassen einer Hierarchie mit verschiedenen Funktionen lösen kann, bieten solche Funktionen oft die Möglichkeit, die Funktionalität eines Programms auf einfache Art zu erweitern.

Beispiel: In einem Zeichenprogramm für zwei- und dreidimensionale Punkte sollen die Punkte in einem Container (z.B. ein Array oder ein Vektor) verwaltet und durch eine Funktion wie *zeigePunkte* angezeigt werden.

```
class Zeichnung {
    int n; // Anzahl der Punkte
    C2DPunkt* a[Max];
 public:
  void zeigePunkte()
  {
  for (int i=0; i<n; ++i)
    Form1->Memo1->Lines->Add(a[i]->toStr());
  }
}
```

Angesichts des enormen Markterfolgs dieses Zeichenprogramms hat die Marketingabteilung beschlossen, dass Sie es auf vierdimensionale Punkte erweitern sollen.

Für eine solche Erweiterung muss nur eine Klasse für die vierdimensionalen Punkte von der Klasse *C3DPunkt* abgeleitet und mit einer virtuellen Funktion *toStr* ausgestattet werden. Dann können in den Container a Objekte dieser Klasse abgelegt und mit der bisherigen Version der Funktion *zeigePunkte* angezeigt werden. Dafür ist keine Änderung dieser Funktion notwendig.

Ohne Vererbung und virtuelle Funktionen wäre der Aufwand für eine solche Erweiterung beträchtlich größer. Betrachten wir dazu als Beispiel eine nicht objektorientierte Variante des Zeichenprogramms.

Beispiel: In der Programmiersprache C würde man die Funktionen z.B. mit einer Struktur mit einem **Typfeld** und einer *union* implementieren. Die *union* enthält dann einen der vorgesehenen Datentypen, und das Typfeld gibt an, welcher Datentyp das ist. In der Ausgabefunktion kann man dann über das Typfeld entscheiden, welcher Fall vorliegt.

```
struct S2DPunkt {
  double x,y;
};

struct S3DPunkt {
  double x,y,z;
};

enum TTypfeld {P2D,P3D};

struct SPunkt {
  TTypfeld Typfeld;
  union {
    S2DPunkt p2;
    S3DPunkt p3;
  };
};

AnsiString toStr(SPunkt p)
{
switch (p.Typfeld) {
  case P2D:return "("+FloatToStr(p.p2.x)+"|"+
           FloatToStr(p.p2.y)+")";
         break;
  case P3D:return "("+FloatToStr(p.p3.x)+"|"+
    FloatToStr(p.p3.y)+"|"+FloatToStr(p.p3.z)+")";
         break;
  default: return "Fehler";
  }
};
```

Um diese Version der Funktion *toStr* auf vierdimensionale Punkte zu erweitern, ist eine Änderung dieser Funktion notwendig.

In diesem einfachen Beispielprogramm ist eine solche Änderung ziemlich unproblematisch. Im Rahmen eines großen Projekts kann aber schon eine an sich einfache Erweiterung recht aufwendig werden. Außerdem bringt jeder Eingriff in ein Programm immer die Gefahr mit sich, dass Programmteile, die bisher funktioniert haben, anschließend nicht mehr funktionieren. Dazu kommt ein unter Umständen recht umfangreicher und kostspieliger Test.

Bei der objektorientierten Version ist dagegen keine Änderung des bisherigen Programms notwendig. Eine solche Erweiterung der Funktionalität eines Programms erreicht man durch dieses Programmdesign:

– Die zusätzliche Funktionalität wird durch eine virtuelle Funktion in einer abgeleiteten Klasse implementiert; die über
– einen Zeiger oder eine Referenz auf ein Objekt der Basisklasse aufgerufen wird.

Dann wird beim Aufruf der virtuellen Funktion immer die Funktion aufgerufen, die das Objekt über seinen *vptr* „mitbringt".

Dazu muss die abgeleitete Klasse bei der Kompilation der Funktionsaufrufe über die Basisklasse noch nicht einmal bekannt sein. Die Klassendefinitionen in einer Header-Datei und die Object-Datei mit den kompilierten Elementfunktionen reichen dafür aus. Deshalb kann der Entwickler einem Anwender eine Klassenbibliothek in Form einer Object-Datei und der Header zur Verfügung stellen, ohne den Quelltext der Elementfunktionen preisgeben zu müssen.

Offensichtlich ist es ein **großer Vorteil**, wenn man ein Programm **erweitern** kann, **ohne** dass man den **Quelltext ändern** muss. Dadurch ist sichergestellt, dass seine bisherige Funktionalität nicht beeinträchtigt wird. Das systematische Design mit diesem Ziel wird auch als **design for extensibility** bezeichnet und kann ein wichtiger Beitrag zur **Qualitätssicherung** sein. Deshalb entwirft man Klassenhierarchien oft so, dass eine Erweiterung einfach nur dadurch möglich ist, dass man neue Klassen in die Hierarchie einhängt.

Das ist eine neue Sicht beim Design einer **Klassenhierarchie**:

– Bisher waren die Klassen aus der Problemstellung vorgegeben. Die Konstruktion einer Klassenhierarchie bestand vor allem aus der Suche nach einer Anordnung dieser vorgegebenen Klassen in einer Hierarchie.

– Bei der Konstruktion einer Klassenhierarchie mit dem Ziel der Erweiterbarkeit wird sie dagegen systematisch konstruiert: **Jede Funktion, die eventuell später einmal in einer spezielleren Klasse dieselbe Aufgabe mit anderen Anweisungen lösen soll, ist ein Kandidat für eine virtuelle Funktion.** Alle Klassen, die eine solche Funktion haben, werden dann von einer gemeinsamen Basisklasse abgeleitet, in der diese Funktion virtuell definiert ist.

Dabei müssen die spezielleren Klassen bei der Konstruktion der Hierarchie überhaupt noch nicht bekannt sein. Oft kann man aber vorhersehen, in welcher Richtung spätere Erweiterungen eines Programms möglich sind. Dann sollte man beim Design einer Klassenhierarchie solche potenziellen Erweiterungen möglichst berücksichtigen.

Die systematische Konstruktion von Klassen liegt oft auch bei Konzepten nahe, die verschieden sind, aber trotzdem Gemeinsamkeiten haben. Dann fasst man die Gemeinsamkeiten in einer Basisklasse zusammen, die nur den Zweck hat, diese Gemeinsamkeiten zusammenzufassen. Die Klassen, um die es eigentlich geht, sind dann Erweiterungen dieser Klassen. Gleichartige Operationen mit unterschiedlichen Anweisungen werden dann durch virtuelle Funktionen implementiert.

Beispiel: Im C++Builder sind alle Klassen der VCL (der Bibliothek der visuellen Komponenten), deren Namen mit *TCustom* beginnen, Basisklassen, die Gemeinsamkeiten von abgeleiteten Klassen implementieren.

Die Klasse *TCustomEdit* ist die Basisklasse für die beiden Klassen *TEditMask* und *TEdit*.

Wiederverwendbarkeit, **Erweiterbarkeit** und **Qualitätssicherung** sind Schlüsselbegriffe für eine erfolgreiche Softwareentwicklung. Diese Ziele werden durch die Techniken der objektorientierten Programmierung unterstützt. Die dafür notwendigen Klassenhierarchien erhält man allerdings nicht mehr allein aus der Analyse der Problemstellung. Vielmehr muss man sie systematisch konstruieren.

Die Abschnitte 6.4.2 und 6.4.3 haben gezeigt, dass es nicht einfach ist, den Begriff „virtual" in einem einzigen Satz zu beschreiben. Bjarne Stroustrup, der Entwickler von C++, hat die Frage, wieso virtuelle Funktionen eigentlich „virtuell" heißen, gelegentlich so beantwortet: „well, **virtual means magic**" („virtuell bedeutet Zauberei", Stroustrup 1994, Abschnitt 12.4.1). Angesichts der Möglichkeit, eine Funktion ohne Änderung ihres Quelltextes zu erweitern, ist dieser Satz nicht einmal so falsch.

6.4.8 Rein virtuelle Funktionen und abstrakte Basisklassen

Eine einheitliche Schnittstelle findet man oft auch bei Klassen, die keine inhaltlichen Gemeinsamkeiten haben und die nicht von einer gemeinsamen Basisklasse abgeleitet sind. Betrachten wir als Beispiel eine Tierhandlung, die Tiere und Autos besitzt und diese in den folgenden Klassen darstellt:

```
class Tier {
  double Lebendgewicht;
  double PreisProKG;
 public:
  Tier(double LGewicht_, double PreisProKG_):
    Lebendgewicht(LGewicht_), PreisProKG(PreisProKG_) {}
  double Wert()      {return Lebendgewicht*PreisProKG;}
  AnsiString toStr(){return "Wert: "+FloatToStr(Wert());}
};

class Auto {
  int Sitzplaetze;
  double Wiederverkaufswert;
 public:
  Auto(int Sitzpl_, double WVK_): Sitzplaetze(Sitzpl_),
                     Wiederverkaufswert(WVK_) {}
  double Wert() { return Wiederverkaufswert; }
  AnsiString toStr(){return "Wert: "+FloatToStr(Wert());}
};
```

Wenn diese beiden Klassen eine gemeinsame Basisklasse hätten, könnte man Funktionen für die Basisklasse definieren und diese Funktionen auch mit den abgeleiteten Klassen aufrufen. In diesen Funktionen könnte man dann die virtuellen Funktionen *toStr* und *Wert* verwenden.

Allerdings ist es auf den ersten Blick nicht unbedingt naheliegend, wie eine solche Basisklasse aussehen soll: Für welche Klasse C kann man schon sagen, dass sowohl ein *Auto* als auch ein *Tier* ein C ist? Außerdem besitzen diese Klassen keine gemeinsamen Datenelemente. Deshalb kann auch die Basisklasse keine Datenelemente enthalten. Und wenn die Basisklasse keine Datenelemente enthält – was sollen dann ihre Elementfunktionen machen?

Die Lösung ist so einfach, dass sie oft gar nicht so leicht gefunden wird: Die Elementfunktionen der Basisklasse sollen am besten nichts machen. Wenn eine Basisklasse nur den Zweck hat, eine gemeinsamen Basisklasse für die abgeleiteten Klassen zu sein, braucht sie auch nichts zu machen: Man wird die Funktion *Wert* auch nie für diese **Basisklasse** aufrufen wollen. Deshalb ist die Klasse

```
class Basisklasse {
 public:
   virtual ~Basisklasse(){};
   virtual double Wert()  {};
   virtual AnsiString toStr(){};
};
```

als gemeinsame Basisklasse völlig ausreichend:

```
class Tier : public Basisklasse {
  // Rest wie oben
};

class Auto : public Basisklasse{
  // Rest wie oben
};
```

Bemerkenswert an der Elementfunktion der Basisklasse ist ihr leerer Anweisungsteil. In der nicht objektorientierten Programmierung sind solche Funktionen meist völlig sinnlos, da ihr Aufruf nur eine etwas umständliche Art ist, nichts zu machen. In der objektorientierten Programmierung können sie sinnvoll sein: Der Sinn besteht einzig und allein darin, in einer abgeleiteten Klasse überschrieben zu werden.

Von einer solchen Basisklasse wird man nie ein Objekt anlegen. Außerdem ist es immer ein Fehler, eine solche leere Funktion aufzurufen. Wenn das trotzdem geschieht, hat man vergessen, sie in einer abgeleiteten Klasse zu überschreiben. Deshalb wäre es naheliegend, beim Aufruf einer solchen Funktion eine Fehlermeldung ausgeben. Allerdings würde der Fehler dann erst zur Laufzeit entdeckt.

Damit derartige Fehler schon bei der Kompilation erkannt werden können, kann man eine solche Funktion mit dem *pure-specifier* „*=0*" als **rein virtuelle Funktion** kennzeichnen:

pure-specifier:

```
= 0
```

Für eine rein virtuelle Funktion ist keine Definition notwendig, so dass die „leeren" Funktionsdefinitionen von oben überflüssig sind:

```
class Basisklasse {
 public:
  virtual ~Basisklasse(){};
  virtual double Wert()=0;
  virtual AnsiString toStr()=0;
};
```

Eine Klasse, die mindestens eine rein virtuelle Funktion enthält, wird als **abstrakte Klasse** bezeichnet. Von einer abstrakten Klasse können keine Objekte definiert werden. Auf diese Weise wird durch den Compiler sichergestellt, dass eine rein virtuelle Funktion nicht aufgerufen wird.

Eine abstrakte Klasse kann nur als Basisklasse verwendet werden. Wenn in einer Klasse, die von einer abstrakten Klasse abgeleitet wird, nicht alle rein virtuellen Funktionen überschrieben werden, ist die abgeleitete Klasse ebenfalls abstrakt.

Abstrakte Klassen stellen **Abstraktionen** dar, bei denen ein Oberbegriff nur einge-führt wird, um Gemeinsamkeiten der abgeleiteten Klassen hervorzuheben. Solche Abstraktionen findet man auch in umgangssprachlichen Begriffen wie „Wirbeltier" oder „Säugetier". Auch von diesen gibt es keine Objekte, die nicht zu einer abgeleiteten Klasse gehören.

Die Funktion *Wert* wurde in den beiden Klassen von oben durch jeweils unter-schiedliche Anweisungen realisiert. Deshalb kann sie in der Basisklasse nur als rein virtuelle Funktion definiert werden. Bei der Funktion *toStr* ist das anders: Sie besteht in beiden Klassen aus denselben Anweisungen und kann deshalb auch schon in der Basisklasse definiert werden:

```
class Basisklasse {
 public:
  virtual ~Basisklasse(){};
  virtual double Wert()=0;
  virtual AnsiString toStr()
    { return "Wert: "+FloatToStr(Wert()); }
};
```

Dieses Beispiel zeigt, dass eine rein virtuelle Funktion auch schon in einer Basis-klasse aufgerufen werden kann. Der Aufruf der Funktion *toStr* führt dann zum Aufruf der Funktion *Wert*, die zu dem Objekt gehört, mit dem *toStr* aufgerufen wird.

Damit kann eine Funktion in einer Basisklasse ein einheitliches Verhalten in ver-schiedenen abgeleiteten Klassen definieren, wobei erst in den abgeleiteten Klassen festgelegt wird, was die aufgerufenen Funktionen im Einzelnen machen.

Meyer (1997, S. 504) bezeichnet eine abstrakte Basisklasse, in der rein virtuelle Funktionen aufgerufen werden, auch als **Verhaltensklasse** („behavior class"), da sie das Verhalten von abgeleiteten Klassen beschreibt. Andere Autoren (z.B. Meyers, S. 150) sprechen von **Protokollklassen**. Solche Klassen haben oft keine Konstruktoren, keine Datenelemente und nur rein virtuelle Funktionen sowie einen virtuellen Destruktor.

Falls eine größere Anzahl von Klassen nach diesem Schema aufgebaut ist, um gemeinsam die Architektur einer Anwendung oder eines Programmbausteins zu definieren, spricht man auch von einem **Programmgerüst**. Solche Programmgerüste realisieren oft komplette Anwendungen, deren Verhalten der Anwender im Einzelnen dadurch anpassen kann, dass er die richtige Funktion überschreibt. Das ist meist wesentlich einfacher als die komplette Anwendung zu schreiben.

Selbstverständlich ist der Name *Basisklasse* für eine solche Basisklasse normalerweise nicht angemessen. Der Name einer Klasse sollte immer die realen Konzepte beschreiben, die die Klasse darstellt. Da eine Basisklasse eine Verallgemeinerung der abgeleiteten Klassen sein soll, sollte dieser Name so allgemein sein, dass für jede abgeleitete Klasse eine „ist-ein"-Beziehung besteht. Denkbar wären hier Namen wie *Buchung* oder *Wirtschaftsgut*.

Wenn für den **Destruktor** einer Basisklasse keinerlei Anweisungen sinnvoll sind, aber aus den in Abschnitt 6.4.4 aufgeführten Gründen ein virtueller Destruktor notwendig ist, liegt es nahe, diesen als **rein virtuell** zu definieren. Dadurch erhält man allerdings beim Linken die Fehlermeldung, dass der Destruktor nicht definiert wurde („Unresolved external ..."), da der Destruktor einer Basisklasse immer automatisch vom Destruktor einer abgeleiteten Klasse aufgerufen wird. Diese Fehlermeldung muss man mit einem Anweisungsteil unterbinden, der auch leer sein kann:

```
class C {
  public:
    virtual ~C(){};
};
```

Mit einem rein virtuellen Destruktor kann man verhindern, dass ein Objekt dieser Klasse angelegt wird, indem man ihn zusätzlich mit einer leeren Verbundanweisung definiert:

```
class C {
  public:
    virtual ~C()=0
    {};
};
```

Das ist eine der wenigen Situationen, in der eine rein virtuelle Funktion mit einem Anweisungsteil notwendig ist.

Anmerkung für Delphi-Programmierer: Den rein virtuellen Funktionen von C++ entsprechen in Object Pascal die abstrakten Methoden. Im Unterschied zu C++ können in Object Pascal auch Objekte von Klassen angelegt werden, die solche abstrakten Methoden enthalten. Beim Aufruf einer abstrakten Funktion wird dann eine Exception ausgelöst.

6.4.9 OO-Design: Virtuelle Funktionen und abstrakte Basisklassen

Oft benötigt man in verschiedenen Klassen einer Hierarchie verschiedene Funktionen, die alle dieselbe Aufgaben, aber verschiedene Parameterlisten haben. Das ist dann mit den folgenden Problemen verbunden:

- Wegen der verschiedenen Parameterlisten können diese Funktionen nicht eine virtuelle Funktion der Basisklasse überschreiben.
- Würde man sie nicht virtuell definieren, würden sie sich gegenseitig verdecken, was auch nicht wünschenswert ist (siehe Abschnitt 6.3.9).
- Wenn man allen diesen Funktionen verschiedene Namen gibt, würde das Prinzip verletzt, dass der Name ihre Bedeutung beschreibt. Außerdem könnte eine Funktion der Basisklasse über ein Objekt einer abgeleiteten Klasse aufgerufen werden.

Beispiel: Für die praktische Arbeit mit den Klassen der rechts ab-
            gebildeten Hierarchie ist meist eine Funktion notwendig,
            die einen Punkt dieser Klassen an eine bestimmte Posi-
            tion setzt. Da diese Funktion (z.B. mit dem Namen *setze*)
            in allen diesen Klassen einen anderen Parametertyp hat
            (einen *C1DPunkt* in der Klasse *C1DPunkt*, einen
            C2DPunkt in *C2DPunkt* usw.), sind mit ihr die oben
            dargestellten Probleme verbunden (siehe auch Aufgabe
            6.4.3, 2). Unterschiedliche Namen (wie z.B. *setze1*,
            setze2 usw.) wären auch keine Lösung, da der Aufruf
            von *setze1* auch über einen *C3DPunkt* möglich ist.

Solche Probleme treten oft bei Hierarchien auf, die keine „ist ein"-Beziehungen darstellen, aber leicht damit verwechselt werden. Coplien (1992, S. 227) bezeichnet solche Beziehungen als **„ist ähnlich wie ein"-Beziehungen** (is-like-a relationship). Man erkennt sie oft an Elementfunktionen, die in allen Klassen der Hierarchie dieselbe Aufgabe haben, aber in jeder Klasse eine andere Parameterliste. Er empfiehlt, die Hierarchie durch eine andere zu ersetzen, bei der eine „ist ein"-Beziehung besteht.

Dass diese Hierarchie keine „ist ein"-Beziehung darstellt, haben wir schon in Abschnitt 6.3.7 festgestellt, da sich ein dreidimensionaler Punkt kaum als zweidimensionaler Punkt interpretieren lässt. Trotzdem konnten wir von dieser Hierarchie in Abschnitt 6.4.2 profitieren, da sie die Möglichkeit bietet, einen Punkt einer abgeleiteten Klasse anstelle eines Punkts der Basisklasse zu verwenden und die **virtuelle Funktion *toStr*** über ein Objekt der Basisklasse aufzurufen.

Das ist **typisch**: Die Konsequenzen der falschen Hierarchie zeigen sich oft erst recht **spät**, wenn ein Projekt schon weit fortgeschritten ist. Dann kann der **Aufwand für eine Korrektur** recht **hoch** sein. Deswegen sollte man beim Entwurf einer Klassenhierarchie **immer** darauf achten, dass sie eine „ist ein"-Beziehung darstellt.

Mit einer abstrakten Basisklasse *Punkt* bietet sich die folgende Alternative an:

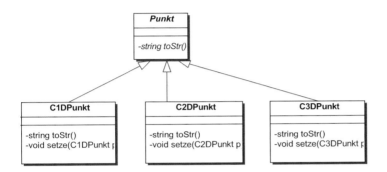

In der Basisklasse *Punkt* definiert man dann alle diejenigen Funktionen als rein virtuell, die man in allen abgeleiteten Klassen der Hierarchie benötigt und überschreibt. Dann kann man diese Funktionen auch über einen Zeiger oder eine Referenz auf ein Objekt der Basisklasse für Objekte abgeleiteter Klassen aufrufen.

Diese Hierarchie hat gegenüber der von oben einige Vorteile:

— Man kann sie problemlos im Sinn einer „ist ein"-Beziehung interpretieren: Sowohl ein *C1DPunkt* als auch ein *C2DPunkt* oder ein *C3DPunkt* stellt einen Punkt dar. Die Gesamtheit aller Punkte umfasst sowohl die ein- als auch die zwei- und dreidimensionalen Punkte. Der Begriff „Punkt" ist eine Verallgemeinerung der ein-, zwei- oder dreidimensionalen Punkte.

— Wenn die verschiedenen Klassen gleichnamige Funktionen mit unterschiedlichen Parametern haben (wie z.B. eine Funktion *setze*, die einen Punkt an eine Position setzt), können diese Funktionen in den abgeleiteten Klassen definiert werden, ohne dass sie sich gegenseitig verdecken.

Eine **gemeinsame Basisklasse** mit rein virtuellen Funktionen ist oft **die Lösung der mit „ist ähnlich wie ein"-Beziehungen verbundenen Probleme**. Die Basisklasse stellt dann einen **Oberbegriff** mit den Gemeinsamkeiten der Klassen dar, die im Programm benötigt werden. Da die Basisklasse nie als Datentyp von Objekten benötigt wird, sondern nur als Basisklasse bei einer Vererbung, kann sie auch **rein virtuell** sein. Sie entspricht einem Oberbegriff, von dem es keine realen Objekte gibt, die nicht zu einer spezielleren Kategorie gehören, und der nur dazu dient, Gemeinsamkeiten auszudrücken.

Beispiel: In der Umgangssprache findet man viele solche Oberbegriffe: „Wirbel-
            tier", „Lebewesen", „Punkt", „Fahrzeug" usw. bezeichnen Oberbegriffe,
            von denen es keine Objekte gibt, die nicht zu einer konkreteren (abge-
            leiteten) Klasse gehören.

Die **Suche** nach den zur Lösung eines Problems hilfreichen **Abstraktionen** und
Oberbegriffen ist der **Schlüssel** der objektorientierten Analyse und des objekt-
orientierten Designs. Abstrakte Basisklassen und rein virtuelle Funktionen sind das
Sprachelement, diese Abstraktionen und Gemeinsamkeiten auszudrücken.

Das gilt auch beim Design einer Klassenhierarchie mit dem Ziel, ihre Funktionen
später einmal ohne Änderung des Quelltextes erweitern zu können (siehe Abschnitt
6.4.7). Auch eine solche Funktion sollte immer eine rein virtuelle Funktion in der
Basisklasse sein.

Stroustrup (1997, Abschnitt 12.5) bezeichnet abstrakte Basisklassen „as a clean
and powerful way of expressing concepts". Meyers (1996, Item 33) und Riel
(1996, Heuristic 5.7) empfehlen sogar, **alle Basisklassen abstrakt** zu definieren
(„All base classes should be abstract classes", „make non-leaf classes abstract"),
da solche Klassen leicht erweitert werden können.

Viele Klassenbibliotheken verwenden eine gemeinsame Basisklasse, von der dann
alle Klassen abgeleitet werden. In den Microsoft Foundation Classes (MFC) heißt
diese Klasse *CObject*, in der Visual Component Library (VCL) des C++Builders
TObject und in der .NET Klassenbibliothek *Object*. Diese Basisklasse ist zwar
nicht immer abstrakt. Innerhalb einer solchen Hierarchie gibt es aber oft zahlreiche
abstrakte Klassen, die das Verhalten abgeleiteter Klassen definieren.

6.4.10 OOAD: Zusammenfassung

Mit den bisherigen Ausführungen dieses Kapitels sind alle Konzepte der objektorientierten Programmierung vorgestellt. Das soll der Anlass für einen kurzen
Rückblick sein, der die Verwendung dieser Konzepte in die beiden Gruppen der
konkreten und abstrakten Datentypen zusammenfasst.

–   Die letzten Abschnitte haben gezeigt, dass Vererbung und Polymorphie außer-
    ordentlich hilfreich sein können. Das heißt aber nicht, dass alle Klassen diese
    Konzepte verwenden müssen.

    Es gibt viele nützliche Klassen, die nicht in einer Hierarchie enthalten sind und
    die unabhängig von anderen Klassen existieren. Solche Klassen stellen meist
    ein relativ einfaches, in sich geschlossenes Konzept der Realität mit allen dafür
    notwendigen Funktionen dar. Sie werden auch als **konkrete Typen** bezeichnet
    und haben oft Ähnlichkeiten mit den fundamentalen Datentypen. Dazu gehören
    z.B. Stringklassen, Containerklassen usw. Auch Klassen wie *C1DPunkt*,
    C2DPunkt, *Kreis*, *Quadrat* usw. sind konkrete Typen, wenn sie nicht in einer
    Klassenhierarchie enthalten sind.

Konkrete Typen benutzen Klassen, um Daten und Funktionen zusammenzufassen. Da sie normalerweise nicht als Basisklassen dienen, können ihre Funktionen ebenso gut virtuell wie auch nicht virtuell sein. Deshalb sind sie meist nicht virtuell und damit etwas schneller. Wenn konkrete Typen von anderen Klassen verwendet werden, dann meist als Datentypen von Elementen und nicht als Basisklassen. Manche Autoren sprechen von **objektbasierter Programmierung**, wenn nur das Klassenkonzept ohne Vererbung verwendet wird.

– Wenn mehrere Klassen eine gemeinsame Schnittstelle haben, kann man diese in einer Basisklasse zusammenfassen. Die Funktionen der Schnittstelle der Basisklasse sind oft rein virtuell. Dann wird die Basisklasse auch als **abstrakter Typ** bezeichnet. Abstrakte Typen haben oft **keine Konstruktoren, keine Datenelemente** und **nur rein virtuelle Funktionen** sowie **einen virtuellen Destruktor**.

Die Basisklasse stellt dann einen Oberbegriff (eine Abstraktion) dar, und die abgeleiteten Klassen implementieren dann spezifische Varianten der Schnittstelle. Diese Funktionen sind über die Technik der späten Bindung an ihre Klassen gebunden und verhalten sich dadurch so, als ob sie in der Klasse enthalten wären.

Die spezifischen Varianten können auch noch später geschrieben werden. Wenn die Möglichkeit besteht, dass eine Funktion später einmal erweitert werden muss, sollte man sie als virtuelle Funktion schreiben, da man die Erweiterung dann ohne Änderung des Quelltextes der Basisklasse implementieren kann.

Vererbung ohne virtuelle Funktionen ist nur selten sinnvoll. Wenn Klassen voneinander abgeleitet werden, dann haben sie meist auch virtuelle Funktionen. In einer Basisklasse sind die virtuellen Funktionen oft rein virtuell. Deswegen ergänzen sich **Vererbung**, **virtuelle Funktionen** und **rein virtuelle Funktionen** und **treten oft gemeinsam auf**.

Es ist sicher nicht leicht, beim Entwurf eines Buchhaltungsprogramms für eine Tierhandlung vorauszuahnen, dass sie später auch einmal mit Autos handeln wird. Wenn man aber die Abstraktion findet, dass die Objekte eines Buchhaltungsprogramms Buchungen sind, kann man vermutlich einen großen Teil des Programms auf eine entsprechende Basisklasse aufbauen. Und von dieser kann man dann leicht auch Klassen für Immobilien und Grundstücke ableiten, wenn der geschäftstüchtige Händler in diese Bereiche expandiert.

Deshalb fallen viele Klassen in eine dieser beiden Kategorien (siehe auch Sutter 2005, Item 32): **Entweder** soll eine Klasse nicht als **Basisklasse** verwendet werden. Dann

–   stellt sie ein Konzept der Realität vollständig (und minimal) dar.
–   hat sie keine virtuellen Funktionen und auch keinen virtuellen Destruktor.
–   wird sie vor allem wie ein fundamentaler Datentyp als Wertetyp verwendet
    (z.B. als Datentyp einer Variablen oder eines Klassenelements).
–   hat sie einen *public* Destruktor, Copy-Konstruktor und Zuweisungsoperator mit
    Werte-Semantik.

Oder sie wird als **Basisklasse** verwendet und

–   stellt einen Oberbegriff für ein Konzept der Realität (eine Abstraktion, die
    Gemeinsamkeiten) dar, das in abgeleiteten Klassen konkretisiert oder später
    erweitert wird.
–   hat virtuelle und meist auch rein virtuelle Funktionen
–   hat einen virtuellen Destruktor
–   wird sie vor allem für dynamisch erzeugte Variablen verwendet und über
    Zeiger (am besten smart pointer) angesprochen.

Zu den wenigen **Ausnahmen** gehören Exception-Klassen (siehe Abschnitt 7) und
im Zusammenhang mit Templates traits- und policy-Klassen(siehe Abschnitt
9.2.5).

Programmierer, die die Konzepte Vererbung und Polymorphie neu kennengelernt
haben, neigen oft dazu, sie bei jeder nur denkbaren Gelegenheit einzusetzen. Das
führt dann oft zu völlig unangemessenen Klassenhierarchien, bei denen oft keine
„ist-ein"-Beziehung besteht.

–   In vielen praktischen Projekten sind **konkrete Klassen**, die dann als Daten-
    typen von Datenelementen (**Komposition**) oder Variablen verwendet werden,
    viel häufiger die richtige Wahl als **Basisklassen**, die zusammen mit **Ver-
    erbung** eingesetzt werden.
–   Objektorientierte Programmierung ist nicht nur Vererbung und Polymorphie.
    Oft sind die mit der Zusammenfassung von Daten und Funktionen zu **Klassen**
    und die mit einer **Datenkapselung** verbundenen Vorteile völlig ausreichend.

Außerdem sind die in Kapitel 9.2 vorgestellten Templates oft (z.B. für Containerklassen) eine bessere Alternative zu Klassenhierarchien. Die C++-Standardbiblio-
thek beruht maßgeblich auf Templates und verwendet Vererbung und Polymorphie
nur selten.

Aufgabe 6.4.10

1. Entwerfen Sie eine Klassenhierarchie für ein Programm, mit dem man
    Zeichnungen mit Geraden, Kreisen, Quadraten, Rechtecken usw. verwalten und
    zeichnen kann.

a) Diese Hierarchie soll insbesondere die mit „ist ähnlich wie ein"-Beziehungen verbundenen Probleme vermeiden (siehe Abschnitt 6.4.9) Stellen Sie für diese Klassen die Funktionen *Flaeche* und *Umfang* zur Verfügung.

b) Schreiben Sie die Klassen *Gerade*, *Kreis*, *Quadrat* und *Rechteck*. Alle diese Klassen sollen die Funktionen *toStr* (die eine Figur als String darstellt) und *zeichne* haben. Falls Sie wissen, wie man eine solche Figur auf einem *TImage* (siehe Abschnitt 10.13) zeichnet, sollen Sie die Figur zeichnen. Es reicht aber auch völlig aus, wenn die Funktion *zeichne* nur eine Meldung wie „zeichne Quadrat mit Mittelpunkt (0,0) und Radius 17" ausgibt.

c) Eine Zeichnung soll durch eine Klasse *Zeichnung* dargestellt werden, in der die verschiedenen Figuren in einem Container (z.B. einem Array oder einem *vector*) enthalten sind. Ihre Elementfunktion *zeichne* soll alle Figuren der Zeichnung zeichnen. Falls das Zeichenprogramm später einmal um weitere Figuren erweitert wird, sollen auch diese ohne eine Änderung des Quelltextes der Klasse *Zeichnung* gezeichnet werden können. Testen Sie diese Funktionen mit einer einfachen Zeichnung, in die sie mit einer Funktion *einfuegen* neue Figuren einfügen.

d) Erweitern Sie die Klassen *Gerade*, *Kreis* usw. um die folgenden Funktionen:
   - *loesche* soll eine Figur auf der Zeichnung löschen, indem sie diese in der Hintergrundfarbe übermalt
   - *verschiebe_Position_um* soll die Position der Figur um den als Argument übergebenen C2DPunkt verschieben

   Erweitern Sie die Klasse *Zeichnung* um die folgenden Funktionen:
   - *loesche* soll alle Figuren der Zeichnung durch den Aufruf ihrer Elementfunktion *loeschen* löschen.
   - *verschiebe_um* soll die Zeichnung zuerst löschen, dann jede Figur um einen als Parameter übergebenen Punkt verschieben, und dann neu zeichnen.

e) Damit eine Zeichnung in einer Datei gespeichert werden kann, sollen die Klassen um eine Funktion *write* erweitert werden. Diese Funktion soll bei einer Figur die Figur und bei einer Zeichnung alle Figuren der Zeichnung in einen *ofstream* schreiben. Damit man beim Lesen der Datei erkennen kann, zu welcher Figur die Daten gehören, soll vor den Daten eines Objekts der Name der Figur stehen (z.B. im Klartext „Gerade", „Kreis" usw.).

f) Eine mit den Funktionen von c) angelegte Datei soll mit einer Funktion *LeseZeichnung* der Klasse *Zeichnung* gelesen werden. Dabei muss immer zuerst der Name der Figur gelesen werden. Danach können die Daten zur Figur gelesen werden. Die entsprechende Figur kann mit einem Konstruktor erzeugt werden, der die Daten aus der Datei liest.

g) Testen Sie diese Klassen mit einer einfachen Zeichnung, die durch entsprechende Anweisungen im Programm angelegt wird.

h) Beschreiben Sie für eine Erweiterung dieses Programm um neue Figuren (z.B. Dreieck, Ellipse) notwendigen Schritte.

2. Skizzieren Sie eine Klassenhierarchie

a) für die verschiedenen Konten (Sparkonten, Girokonten, Darlehenskonten usw.) bei einer Bank.

b) für die Steuerelemente (Buttons, Eingabefelder, Anzeigefelder usw.) einer grafischen Benutzeroberfläche wie Windows. Wie können diese Steuerelemente auf einem Formular verwendet werden?

c) Für die Bauteile (z.B. Motoren, Temperaturfühler, Wasserstandsregler) und die Steuerung einer Waschmaschine. Diese Bauteile sollen in verschiedenen Waschmaschinen verwendet werden (z.B. ein schwacher Motor und ein einfacher Temperaturfühler in einem einfachen Modell, und ein starker Motor in einem Modell der Luxusklasse).

Welche virtuellen bzw. rein virtuellen Funktionen sind in der Klassenhierarchie von a), b) und c) bzw. der Immobilienaufgabe (Aufgabe 6.3.9, 3.a)) vorstellbar?

6.4.11 Interfaces und Mehrfachvererbung

Eine Klasse, die nur aus rein virtuellen Funktionen besteht, wird auch als **Interface-Klasse** bezeichnet. Solche Interface-Klassen werden vor allem dazu verwendet, die Schnittstellen zu definieren, die alle abgeleiteten Klasse in einer Hierarchie definieren müssen.

Interfaces gehören zu den wenigen Klassen, für die **Mehrfachvererbung** sinnvoll sein kann. Da ein Interface keine Datenelemente und nur rein virtuelle Methoden enthält, können keine Mehrdeutigkeiten entstehen. In C++/CLI ist Mehrfachvererbung bei sogenannten *ref*-Klassen nur für Interfaces erlaubt.

Beispiel: Die Klassen *ICloneable* und *IComparable* definieren ein Interface. Jede Klasse, die diese beiden Interface-Klassen erbt, muss die abstrakten Methoden implementieren.

```
struct ICloneable {
  virtual TObject* Clone()=0;
};

struct IComparable{
  virtual bool CompareTo()=0;
};

class MyClass :public ICloneable, IComparable {
  virtual TObject* Clone()
  {
  // ... must be implemented
  };
  virtual bool CompareTo()
  {
  // ... must be implemented
  };
};
```

6.4.12 Zeiger auf Klassenelemente Θ

Dieses Thema hat zunächst nur wenig mit virtuellen Funktionen zu tun und hätte auch schon früher behandelt werden können. Da Zeiger auf Elementfunktionen aber auch auf virtuelle Funktionen zeigen können, soll das an einem Beispiel illustriert werden.

In Abschnitt 5.2 wurde gezeigt, wie man einem Funktionszeiger eine Funktion zuweisen kann, die denselben Datentyp (d.h. denselben Rückgabetyp und dieselben Parameter) hat. Damit kann man auch Funktionen als Parameter übergeben.

Beispiel: Die Funktion

```
double f1(int i)
{
return 3.14*i;
}
```

kann dem Funktionszeiger f zugewiesen

```
double(*f)(int);
f=&f1;
```

und über diesen aufgerufen werden.

```
double x=f(2); // x=6.28
```

Da einer gewöhnlichen (d.h. nicht statischen) Elementfunktion immer der ***this*-Zeiger** als zusätzlicher Parameter übergeben wird (siehe Abschnitt 6.1.4), hat eine solche Funktion einen **anderen Datentyp** als eine globale Funktion mit demselben Rückgabetyp und denselben Parametern. Da statische Elementfunktionen keinen *this*-Parameter haben, können sie wie gewöhnliche Funktionen verwendet werden.

Beispiel: Die Elementfunktionen f und v der Klasse C

```
class C {
 public:
   static  double s(int x) {return 0; }
           double f(int x) {return 1; }
   virtual double v(int x) {return 2; }
};
```

können dem Funktionszeiger f im Unterschied zu der statischen Elementfunktion s nicht zugewiesen werden:

```
void test_FP1()
{
double (*f)(int);
C c;
```

```
f=&c.s;  // das geht
f=&c.f;  // Fehler:Konvertierung von 'double(*
f=&c.v;  //          (_closure)(int))(int)' nach
}        //          'double(*)(int)' nicht möglich
```

Ein **Zeiger auf** eine nicht statische **Elementfunktion** muss mit einer etwas anderen Syntax definiert werden. Diese unterscheidet sich von der eines Zeigers auf eine Funktion nur dadurch, dass man vor dem * die Klasse angibt, zu der die Elementfunktion gehört, sowie den Bereichsoperator „::":

```
typedef double (* FP)(double);    // Zeiger auf Funktion
typedef double (C::* PMF)(double);// Zeiger auf Element-
                                  // funktion der Klasse C
```

Einen Zeiger auf eine Elementfunktion f der Klasse C erhält man mit dem Ausdruck **&C::f**. Im Unterschied zu gewöhnlichen Funktionen kann man diesen Ausdruck nicht durch den Ausdruck C::f (ohne den Adressoperator) ersetzen.

Einen Zeiger auf ein Element der Klasse C kann man als rechte Seite der Operatoren „.*" bzw. „->*" an ein Objekt binden, das den Datentyp C oder den einer von C abgeleiteten Klasse hat:

pm-expression:
   cast-expression
   pm-expression .* cast-expression
   pm-expression ->* cast-expression

Das Ergebnis eines solchen Ausdrucks ist dann das Element des Objekts, das durch den Zeiger auf das Element beschrieben wird. Wie später noch gezeigt wird, muss das Element keine Funktion sein, sondern kann auch ein Datenelement sein. Da der Aufrufoperator () stärker bindet als die Operatoren „.*" bzw. „->*", müssen die Operanden eines solchen Operators geklammert werden.

Beispiel: Mit den Deklarationen von oben kann man einen Zeiger auf eine Elementfunktion als Parameter an die Funktion *call* übergeben und diesen Parameter mit einem dieser Operatoren an das Objekt binden:

```
void call(PMF x)
{
C c;
(c.*x)(1.0);
C* p=&c;
(p->*x)(1.0);
}
```

Diese Funktion kann man folgendermaßen aufrufen:

```
call(&C::f); // Aufruf c.f(1.0) und (&c)->f(1.0)
```

Hätte man in der Funktion *call* anstelle der Operatoren „.*" bzw. „->*" die Operatoren „." bzw. „->" verwendet sowie einen Parameter, der denselben Name wie eine Elementfunktion hat, würde unabhängig vom Wert des Arguments immer die Elementfunktion f aufgerufen:

```
void call1(PMF f)
{
C c;
(c.f)(1.0); // f ist eine Elementfunktion von C
C* p=&c;
(p->f)(1.0);
}
```

In Abschnitt 6.3.6 wurde gezeigt, dass man einem Objekt c einer Basisklasse C ein Objekt d einer abgeleiteten Klasse D zuweisen kann:

```
D* d;
C* c=d;
```

Bei Zeigern auf Elementfunktionen gilt allerdings die entgegengesetzte Regel. Könnte man einem Zeiger *pmc* auf ein Element einer Basisklasse einen Zeiger auf ein Element *pmd* einer abgeleiteten Klasse zuweisen, würde man über *pmc* eventuell das in C nicht vorhandene Element ansprechen, auf das *pmd* zeigt. Dieser Sachverhalt wird auch als **Kontravarianz** bezeichnet.

Beispiel: Die zweite dieser beiden Zuweisungen wird vom Compiler abgelehnt:

```
PMF p=&C::f;
p=&D::f;// Konvert. von 'double (D::*)(double)'
// nach 'double (C::*)(double)' nicht möglich
```

Angesichts der etwas kryptischen Syntax werden Zeiger auf Elementfunktionen nicht besonders oft verwendet. Ein typischer Einsatzbereich ist aber, wenn während der Laufzeit eine von mehreren Elementfunktionen desselben Datentyps ausgewählt wird, die später aufgerufen wird.

Beispiel: Die Klasse *Basisklasse* enthält einen Zeiger auf eine Elementfunktion, der in einer Elementfunktion wie *Select* gesetzt und in einer Funktion wie *Call* aufgerufen wird. Dieses Beispiel zeigt insbesondere auch, dass Zeiger auf Elementfunktionen auch auf virtuelle Funktionen zeigen können.

```
class Basisklasse{
  void (Basisklasse::*f)(void);

  virtual void anzeigen()=0;
  virtual void drucken() =0;

public:
  void selectFunction()
  {
  f=&Basisklasse::anzeigen;
  }
```

```
void callFunction()
{
(this->*f)(); // f() ist nicht zulässig. Sowohl
}            // der Aufruf über this als auch
};      // die Klammern um this->*f sind notwendig

class Bestellung : public Basisklasse{
 public:
  void anzeigen() {};
  void drucken()  {};
};

void test()
{
Basisklasse* pc=new Bestellung();
pc->selectFunction();
pc->callFunction();
};
```

Ohne Zeiger auf Elementfunktionen müsste man eine Hilfsvariable wie *Selection* einführen, über die die ausgewählte Funktion aufgerufen wird:

```
enum {s_anzeigen,s_drucken,s_aendern} Selection;
void selectFunction1()
{
Selection = s_anzeigen;
};

void callFunction1()
{
if (Selection==s_anzeigen) anzeigen();
else if (Selection==s_drucken) drucken();
};
```

Bei dieser Auswahl ist man allerdings nicht auf Funktionen desselben Datentyps beschränkt.

Die **vtbl** (siehe Abschnitt 6.4.3) ist nichts anderes als ein Array mit Zeigern auf Elementfunktionen, und der **vptr** die Adresse eines solchen Arrays.

Beispiel: Wenn die Klassen C, D und E wie im Beispiel von Abschnitt 6.4.3 voneinander abgeleitet sind und die folgenden Funktionen haben,

```
struct C {          struct D:public C struct E:
{                   {                  public D{
virtual void f1(){}; void f1(){};      void f1(){};
virtual void f2(){};
void f3(){};        virtual void f3(){};
};                  };                 };
```

erzeugt der Compiler für jede Klasse ein Array mit Zeigern auf ihre
virtuellen Funktionen

```
typedef void (C::* VfC)();
VfC vtbl_C[]={&C::f1, &C::f2};

typedef void (D::* VfD)();
VfD vtbl_D[]={&D::f1, &C::f2, &D::f3};

typedef void (E::* VfE)();
VfE vtbl_E[]={&E::f1, &C::f2, &D::f3};
```

und übersetzt jeden Aufruf einer virtuellen Funktion als Aufruf einer Funktion aus dem Array:

```
C* c;
(c->*vtbl_C[0])(); // C::f1()
(c->*vtbl_C[1])(); // C::f2()

D* d;
(d->*vtbl_D[0])(); // D::f1()
(d->*vtbl_D[1])(); // C::f2()
(d->*vtbl_D[2])(); // D::f3()

E* e;
(e->*vtbl_E[0])(); // E::f1()
(e->*vtbl_E[1])(); // C::f2()
(e->*vtbl_E[2])(); // D::f3()
```

Zeiger auf Klassenelemente können nicht nur auf Elementfunktionen zeigen, sondern auch auf Datenelemente. Da dafür in Praxis nur selten Bedarf besteht, soll die Syntax nur an einem kurzen Beispiel illustriert werden. Wenn eine Klasse C ein Datenelement des Datentyps T hat, ist *pmd* nach der Deklaration

T C::* pmd

ein **Zeiger auf** ein **Datenelement** des Datentyps T der Klasse C. Einem solchen x kann dann die Adresse eines beliebigen Elements e des Datentyps T der Klasse C zugewiesen werden:

pmd = &C::e;

Dieses Element kann dann in einem Objekt der Klasse C mit einem der Operatoren „.*" bzw. „->*" angesprochen werden.

Beispiel: Mit der Klasse

```
struct C1 { // alles public
  int i1;
  int i2;
  double d1;
};
```

sind *pmd_i* und *pmd_d* Zeiger auf Elemente des Datentyps *int* bzw. *double* der Klasse *C1*:

```
int C1::* pmd_i;
double C1::* pmd_d;
```

Einem solchen Zeiger auf ein Element kann man dann ein Element des entsprechenden Datentyps der Klasse *C1* zuordnen. Andere Datentypen werden nicht akzeptiert. Mit der Funktion *get_int* kann man z.B. auswählen, welchen *int*-Wert man haben möchte:

```
int get_int(C1 c, int C1::* pmd_i)
{
return c.*pmd_i;
};
```

Diese Funktion kann folgendermaßen aufgerufen werden:

```
C1 c; int i; double d;
i=get_int(c,&C1::i1);
i=get_int(c,&C1::i2);
// d=get_int(c,&C1::d1); //Fehler: Konvertierung
// 'double C1::*' nach 'int C1::*' nicht möglich
```

Aufgabe 6.4.12

Definieren Sie eine Klassenhierarchie mit einer Basisklasse und zwei davon abgeleiteten Klassen, ähnlich wie die Klassen *Basisklasse*, *Bestellung* und *Lagerbestand* im Text. Alle Elementfunktionen der Basisklasse sollen rein virtuell sein, denselben Datentyp haben und in den abgeleiteten Klassen überschrieben werden. Bei ihrem Aufruf sollen sie eine Meldung ausgeben, aus der hervorgeht, welche Funktion aufgerufen wurde und zu welcher Klasse sie gehört. In einer Funktion wie *dispatch* soll eine dieser Funktionen über ein Array von Zeigern auf Elementfunktionen aufgerufen werden.

Rufen Sie *dispatch* für alle Kombinationen von Klassen und Elementfunktionen auf. Überprüfen Sie, ob so auch tatsächlich die erwarteten Funktionen aufgerufen werden.

6.4.13 UML-Diagramme für Vererbung und Komposition

In der Unified Modelling Language (UML) wird die **Vererbung** auch als Generalisierung bezeichnet. Eine Basisklasse wird als Oberklasse (super class) und eine abgeleitete Klasse als Unterklasse (sub class) bezeichnet.

Zur grafischen Darstellung der Vererbung werden Pfeile verwendet, die von der abgeleiteten Klasse zur Basisklasse zeigen:

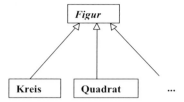

Dabei werden ausdrücklich umrandete Dreiecke △ als Pfeilspitzen verlangt und keine gefüllten ▲.

Anstelle eines Pfeils von jeder abgeleiteten Klasse zu ihren Basisklassen können die abgeleiteten Klassen auch durch Linien verbunden werden, so dass nur eine einzige Pfeilspitze auf eine Basisklasse zeigt:

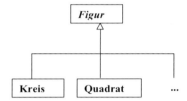

Wie schon in Abschnitt 6.1.6 gezeigt wurde, kann der Detaillierungsgrad der Darstellung den jeweiligen Bedürfnissen angepasst werden. Nimmt man Operationen (Elementfunktionen) in die Diagramme auf, sind gleichnamige Operationen mit derselben Schnittstelle in der Regel polymorph. Abstrakte Klassen und rein virtuelle Elementfunktionen werden durch kursiv geschriebene Namen gekennzeichnet:

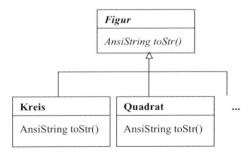

In dieser Klassenhierarchie ist also wegen der kursiven Schrift *Figur* eine abstrakte Basisklasse mit der rein virtuellen Funktion *toStr*. Die Klassen *Kreis* und *Quadrat* sind dagegen nicht abstrakt, und die hier definierten Funktionen *toStr* überschreiben die Funktion aus der Basisklasse.

Das Dreieck an der Spitze als Pfeil zur Basisklasse wird auch als **Diskriminator** bezeichnet. Neben diesem Diskriminator kann man auch durch einen Text zum Ausdruck bringen, nach welchem Kriterium die Hierarchie gebildet wurde:

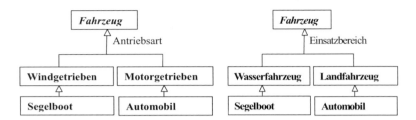

Wenn eine Klasse Elemente enthält, die wiederum Klassen sind (**Komposition**), werden diese im einfachsten Fall durch Attribute dargestellt, ohne dass besonders hervorgehoben wird, dass ihr Datentyp eine Klasse ist. Die Elemente können aber auch durch Rechtecke umrandet werden:

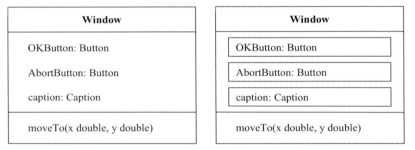

Außerdem können bei einer Komposition die Elemente außerhalb der enthaltenden Klasse gezeichnet werden. Diese verbindet man mit einem Pfeil, an dessen Ende eine gefüllte Raute auf die enthaltende Klasse zeigt. Die Namen der Klassenelemente kann man links vom Pfeil angeben, muss es aber nicht.

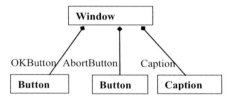

6.5 Laufzeit-Typinformationen

Wenn man in Abhängigkeit vom dynamischen Datentyp eines Zeigers oder einer Referenz auf ein Klassenobjekt bestimmte Anweisungen ausführen will, fasst man diese meist in virtuellen Funktionen zusammen. Der Aufruf einer solchen Funktion führt dann zum Aufruf der Funktion, die zum dynamischen Datentyp des Objekts gehört.

Es gibt jedoch auch Situationen, in denen man den dynamischen Datentyp unabhängig von virtuellen Funktionen benötigt. Deshalb wird jetzt gezeigt, wie man diesen mit den Operatoren *typeid* bestimmen oder ein Objekt mit *dynamic_cast* in den dynamischen Datentyp konvertieren kann.

Diese Operatoren verwenden die sogenannten Laufzeit-Typinformationen („runtime type information", „RTTI"), die nur für polymorphe Klassen zur Verfügung stehen. Durch diese im C++-Standard festgelegte Voraussetzung wird die Implementierung dieser Typinformationen vereinfacht. Sie können dann über einen Zeiger in der *virtual function table* (*vtbl*) adressiert werden.

Damit der C++Builder den für die Laufzeit-Typinformationen notwendigen Code erzeugt, muss unter *Projekt|Optionen|C++* die Checkbox „RTTI aktivieren" markiert sein.

6.5.1 Typinformationen mit dem Operator *typeid* Θ

Schon in Abschnitt 3.14 wurde erwähnt, dass der Operator *typeid*

```
typeid ( expression )
typeid ( type-id )
```

ein Ergebnis des Datentyps *type_info* liefert. Diese Klasse ist im C++-Standard folgendermaßen definiert

```
class type_info {
 public:
   virtual ~type_info();
   bool operator==(const type_info& rhs) const;
   bool operator!=(const type_info& rhs) const;
   bool before(const type_info& rhs) const;
   const char* name() const;
 private:
   type_info(const type_info& rhs);
   type_info& operator=(const type_info& rhs);
};
```

und steht nach

```
#include <typeinfo>
using namespace std;
```

zur Verfügung. Mit den Operatoren == bzw. != kann man prüfen, ob zwei Datentypen gleich sind. Die Funktion *name()* gibt den Namen des Datentyps zurück. Dieser Name ist aber nicht standardisiert und kann bei verschiedenen Compilern verschieden sein. Da die Klasse einen *private* Copy-Konstruktor hat, kann man keine Objekte dieses Datentyps definieren.

Beispiel: Die folgenden Anweisungen geben „int" und „int*" aus:

```
int i;
if (typeid(i)==typeid(int))
  Memo1->Lines->Add(typeid(123).name());
typedef int* Pint;
if (typeid(int*)==typeid(Pint))
  Memo1->Lines->Add(typeid(int*).name());
```

Alle *const*- oder *volatile*-Angaben auf der obersten Ebene werden von *typeid* ignoriert. Unterhalb der obersten Ebene werden sie dagegen berücksichtigt. Mit den nächsten beiden Datentypen erhält man mit *typeid(i).name* bzw. *typeid(Pint).name* die als Kommentar angegebenen Strings:

```
const int i=17;          // "int"
typedef const int* Pint; // "const int *"
```

Wie bei *sizeof* wird der Operand von *typeid* nicht ausgewertet. Deswegen hat i nach der Ausführung von *typeid(i++)* denselben Wert wie zuvor.

Der Wert von *typeid(x)* ergibt sich nach den folgenden Regeln:

- Falls x ein Ausdruck und dessen Datentyp eine **polymorphe Klasse** ist, ergibt sich *typeid(x)* aus dem **dynamischen Datentyp** von x.
- Für einen Nullzeiger x löst *typeid(*x)* die Exception *bad_typeid* aus.
- Für alle anderen Operanden ergibt sich der Wert aus ihrem **statischen Datentyp**. Das gilt insbesondere bei einem Zeiger auf eine polymorphe Klasse.

Deshalb kann man mit *typeid* über einen Zeiger oder eine Referenz auf ein Objekt einer polymorphen Basisklasse dessen dynamischen Datentyp bestimmen.

Beispiel: Mit den Definitionen

```
class C {
  virtual void f(){}; // damit C polymorph ist
};

class D : public C {
};

D d;
C* pc=&d;
C& c=d;
```

erhält man die jeweils als Kommentar angegebenen Ergebnisse:

```
typeid(*pc).name(); // D
typeid(c).name());  // D
typeid(pc).name();  // C*
```

Die Typinformationen des dynamischen Typs erhält man also nur mit einem Objekt einer polymorphen Klasse und nicht mit einem Zeiger auf ein solches Objekt. Das ist gerade anders als bei virtuellen Funktionen, die man nur über einen Zeiger und nicht über das Objekt aufruft:

```
pc->f();  // ruft f zum dynamischen DT von pc auf
```

In den letzten Abschnitten wurde gezeigt, wie man mit virtuellen Funktionen die zum jeweiligen dynamischen Datentyp gehörende Funktion aufrufen kann. Nachdem wir nun gesehen haben, dass man den dynamischen Datentyp auch mit *typeid* abfragen kann, besteht diese Möglichkeit auch mit einer expliziten Abfrage des Datentyps.

Beispiel: Falls die Klasse *C2DPunkt* polymorph ist (z.B. aufgrund des virtuellen Destruktors), kann man mit einer nicht virtuellen Funktion *toStr* dasselbe Ergebnis wie mit der virtuellen Funktion aus dem Beispiel in Abschnitt 6.4.1 erzielen:

```
class C2DPunkt{
 public:
   double x,y;
   C2DPunkt(double x_, double y_):x(x_),y(y_) { };
   AnsiString toStr();
   void anzeigen();
   virtual ~C2DPunkt(){};
}; // polymorphe Klasse, da virtueller Destruktor

class C3DPunkt : public C2DPunkt{
   // wie bisher
};
```

Dazu führt man in Abhängigkeit von dem mit *typeid* bestimmten Datentyp des aktuellen Objekts die entsprechenden Anweisungen aus. Falls dazu Elemente aus einer abgeleiteten Klasse benötigt werden, konvertiert man die aktuelle Klasse mit *static_cast* oder *dynamic_cast* in die abgeleitete Klasse.

```
AnsiString C2DPunkt::toStr()
{
if (typeid(*this)==typeid(C2DPunkt))
   return "("+FloatToStr(x)+"|"+FloatToStr(y)+")";
else if (typeid(*this)==typeid(C3DPunkt))
   {
   C3DPunkt p3=*static_cast<C3DPunkt*>(this);
   return "("+FloatToStr(p3.x) + "|" +
       FloatToStr(p3.y)+"|"+FloatToStr(p3.z)+")";
   }
};
```

Obwohl man so dasselbe Ergebnis wie mit virtuellen Funktionen erreicht, unterscheiden sich die beiden Ansätze gravierend. Da hier die gesamte Funktionalität der abgeleiteten Klassen bereits in der Basisklasse enthalten ist, erfordert eine Erweiterung eine Änderung im Quelltext der Basisklasse (wie bei der Lösung in

Abschnitt 6.4.7 mit einem Typfeld). Der **Nachteil** dieser Variante ist der **vollständige Verlust der Erweiterbarkeit ohne Quelltextänderung**. Deshalb wird von dieser Variante abgeraten. **Erweiterbarkeit ohne Quelltextänderung lässt sich nur mit virtuellen Funktionen erreichen**.

6.5.2 Typkonversionen mit *dynamic_cast* Θ

Das Ergebnis von

```
dynamic_cast<T>(v)
```

ergibt sich aus dem Versuch, den Ausdruck v in den Datentyp T zu konvertieren. Dabei muss entweder

– T ein Zeiger auf eine Klasse oder der Datentyp *void** sein und v ein Zeiger auf einen Ausdruck eines Klassentyps, oder
– T eine Referenz auf eine Klasse und v eine Variable eines Klassentyps

sein. Deshalb akzeptiert der Compiler einen *dynamic_cast* nur in einer der beiden Formen

```
dynamic_cast<T*>(v)  // T: eine Klasse oder void, v: Zeiger
dynamic_cast<T&>(v)  // T. eine Klasse; v: Variable eines Klassentyps
```

Das Ergebnis ist dann ein Ausdruck des nach *dynamic_type* in spitzen Klammern angegebenen Datentyps (also T* oder T&) und wird jetzt für die verschiedenen zulässigen Kombinationen von T und v im Einzelnen beschrieben.

Das Ergebnis der ersten drei Fälle kann man auch ohne einen *dynamic_cast* erhalten und sich die Schreibarbeit dafür sparen:

1 Falls der Datentyp von *v die Klasse T oder eine von T abgeleitete Klasse ist, ist das Ergebnis

```
dynamic_cast<T*>(v)
```

ein Zeiger auf das Teilobjekt des Typs T, das in *v enthalten ist. Deshalb ist das Ergebnis der beiden Zuweisungen identisch:

```
T* p=dynamic_cast<T*>(v)
T* p=v
```

Entsprechendes gilt auch für Referenzen.

Eine solche Konversion bezeichnet man auch als **upcast**, da v in einen Datentyp konvertiert wird, der in den üblichen Klassendiagrammen darüber liegt.

2. Falls v ein Nullzeiger ist, ist das Ergebnis ein Nullzeiger des Typs T.

3. Falls T der Datentyp *void** und v ein Zeiger auf eine polymorphe Klasse (d.h. eine Klasse mit mindestens einer virtuellen Funktion) ist, ist das Ergebnis von

```
void* p=dynamic_cast<void*>(v);
```

die Adresse des Objekts, auf das der dynamische Datentyp von v zeigt.

In allen anderen Fällen muss v ein **Zeiger** oder eine **Referenz** auf eine **polymorphe Klasse** sein. Dann wird während der Laufzeit geprüft, ob das Objekt, auf das v zeigt, ein Teilobjekt des Datentyps T enthält. Falls das zutrifft, ist das Ergebnis der Konversion

```
dynamic_cast<T>(v);
```

bei Zeigern ein Zeiger auf dieses in *v enthaltene Objekt des Typs T. Bei Referenzen ist es eine Referenz auf das in v enthaltene Objekt. Falls die Konversion nicht möglich ist, ist das Ergebnis bei Zeigern der Wert 0, während bei Referenzen eine Exception ausgelöst wird. Das sind die beiden Fälle 4 und 5, die nur für Zeiger beschrieben werden, aber für Referenzen analog gelten.

In den nächsten beiden Punkten wird der statische Datentyp des Zeigers v mit C* und sein dynamischer Datentyp mit X* bezeichnet.

4. Für C, T und X gilt

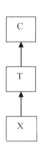

   — C ist eine *public* Basisklasse von T und
   — T ist eine *public* Basisklasse von X und
   — T ist nur einmal von C abgeleitet.

Eine solche Konversion wird auch als **downcast** bezeichnet. .

Beispiel: Mit den Klassen

```
class C {
  virtual f(){};
};

class D:public C {
};
```

ist das Ergebnis der Konversion

```
C* pc=new D;
D* pd=dynamic_cast<D*>(pc); // pd!=0
```

der Zeiger auf das durch *new* erzeugte Objekt des Typs D. Nach der Zuweisung an *pc* in

```
pc=new C;
pd=dynamic_cast<D*>(pc);     // pd=0
```

zeigt *pc* nicht mehr auf ein Objekt des Typs D, und das Ergebnis der Konversion ist der Wert 0.

Ohne den Operator *dynamic_cast* würde die Zuweisung von *pc* an *pd* würde diese vom Compiler abgelehnt.

5. Für C, T und X gilt

    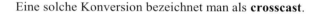

    – C ist eine *public* Basisklasse von X und
    – T ist eine eindeutige *public* Basisklasse von X

Eine solche Konversion bezeichnet man als **crosscast**.

Beispiel: Mit den Klassen

```
class C1 {
  virtual f(){};
};

class C2 { // nicht polymorph
};

class D : public C1,public C2 {
};
```

erhält man mit

```
D d;
C1* c1=&d;
C2* c2=dynamic_cast<C2*>(c1);
```

für c2 einen Zeiger auf das Teilobjekt des Typs C2 von d. Dieses Beispiel zeigt insbesondere, dass nur der Datentyp des Ausdrucks eine polymorphe Klasse sein muss, nicht jedoch der Datentyp, in den konvertiert wird.

Bei einer Mehrfachvererbung können mehrere Objekte der Klasse, in die konvertiert wird, in *v enthalten sein. Bei einer solchen Mehrdeutigkeit ist das Ergebnis der Konversion der Wert 0.

Bei Zeigern bringt das Ergebnis 0 zum Ausdruck, dass eine Konversion nicht möglich war. Deswegen kann man mit einer *if*-Anweisung wie

```
if (dynamic_cast<T>(p))
   p->...// Zugriff auf ein Element des TypsT
```

über einen Zeiger auf eine Basisklasse auf ein Element einer abgeleiteten Klasse zugreifen.

Für Variablen gibt es dagegen keinen ausgezeichneten Wert wie 0 (Null) bei Zeigern. Deshalb wird dann die Exception *std::bad_cast* ausgelöst, wenn die Konversion nicht möglich ist.

Beispiel: Mit den Klassen aus dem Beispiel und der Funktion

```
void Ref(C& cr)
{
D d;
try {
      d=dynamic_cast<D&>(cr); // d!=0
      Form1->Memo1->Lines->Add("geht ");
}
catch (...)
{
Form1->Memo1->Lines->Add("geht nicht");
}
}
```

erhält man mit

```
C c;
D d;
Ref(c);
Ref(d);
```

beim ersten Aufruf der Funktion *Ref* die Ausgabe „geht" und beim zweiten Aufruf die Ausgabe „geht nicht".

6.5.3 Anwendungen von Laufzeit-Typinformationen Θ

Eine Einsatzmöglichkeit von Laufzeit-Typinformationen soll am Beispiel der folgenden Klassenhierarchie mit nicht virtuellen Elementfunktionen illustriert werden:

```
class C {
 public:
  // virtual
  void f(TMemo* Memo)
  {
    Memo->Lines->Add("C");
  }
};

class D : public C{
 public:
  void f(TMemo* Memo)
  {
    Memo->Lines->Add("D");
  }
};
```

```
class E : public D {
 public:
  void f(TMemo* Memo)
  {
    Memo->Lines->Add("E");
  }
};
```

Mit dieser Hierarchie und den Funktionen

```
void g2(C* p)
{
if (typeid(*p)==typeid(C))       p->f(Form1->Memo1);
else if (typeid(*p)==typeid(D))  ((D*)p)->f(Form1->Memo1);
else if (typeid(*p)==typeid(E))  ((E*)p)->f(Form1->Memo1);
}

void g3(C* p)
{
if (dynamic_cast<E*>(p))
  dynamic_cast<E*>(p)->f(Form1->Memo1);
else if (dynamic_cast<D*>(p))
  dynamic_cast<D*>(p)->f(Form1->Memo1);
else if (dynamic_cast<C*>(p))
  dynamic_cast<C*>(p)->f(Form1->Memo1);
}
```

haben die folgenden Aufrufe dasselbe Ergebnis:

```
C* p=new C;   C* p=new C;
g2(p);        g3(p);
p=new D;      p=new D;
g2(p);        g3(p);
p=new E;      p=new E;
g2(p);        g3(p);
```

wie die folgenden Aufrufe

```
C* p=new C;
g1(p);
p=new D;
g1(p);
p=new E;
g1(p);
```

mit einer virtuellen Funktion

```
void g1(C* p)
{
p->f();
}
```

Da die Funktion *g1* einfacher ist und außerdem im Unterschied zu den anderen beiden ohne Quelltextänderung erweitert werden kann, empfiehlt es sich, diese den beiden anderen vorzuziehen. Allerdings müssen für *g1* Voraussetzungen erfüllt sein, die für die anderen beiden nicht notwendig sind:

1. Die in *g1* aufgerufene Funktion muss bereits in der Basisklasse definiert sein, die *g1* als Parameter übergeben wird.
2. Alle Funktionen, die eine virtuelle Funktion der Basisklasse überschreiben, müssen dieselbe Parameterliste und im Wesentlichen denselben Rückgabetyp haben.

Falls diese Voraussetzungen nicht erfüllt sind, kann man zur Laufzeit prüfen, ob der dynamische Typ eines Zeigers oder einer Referenz von einer bestimmten Klasse abgeleitet ist, und dann die Elemente der abgeleiteten Klasse verwenden. Diese Voraussetzungen sind gelegentlich bei vordefinierten Klassen (wie z.B. der VCL) nicht erfüllt, bei denen man im Unterschied zu eigenen Klassen auch keine Möglichkeit hat, das Design nachträglich zu ändern und auf diese Anforderungen anzupassen.

Beispiel: Mit der VCL-Eigenschaft

> *__property TControl * **Controls** = {read=GetControl};*

erhält man alle Komponenten eines Formulars *Form1* durch

> *Form1->Components[i]*

als Zeiger des Typs *TControl**. Wenn man den Text alle Edit-Steuerelemente auf einem Formular löschen will, kann man mit *dynamic_cast* prüfen, ob sie von *TCustomEdit* abgeleitet sind. Trifft das zu, kann man sie mit *dynamic_cast* in diesen Datentyp konvertieren und die die Methode *Clear* aufrufen:

```
void ClearAll()
{
for (int i=0; i<Form1->ComponentCount; i++)
  if (dynamic_cast<TCustomEdit*>(Form1->
                                Components[i]))
    dynamic_cast<TCustomEdit*>(Form1->
                              Components[i])->Clear();
} // siehe auch Abschnitt 8.3
```

Ein weiteres Beispiel wäre eine Ereignisbehandlungsroutine, in der man bei bestimmten Argumenten für das Argument *Sender* (Datentyp *TObject**) spezifisch reagieren will.

6.5.4 *static_cast* mit Klassen Θ

Der Operator *static_cast* hat zwar nichts mit Laufzeit-Typinformationen zu tun. Da er jedoch mit Klassen ähnlich wie ein *dynamic_cast* zu einem downcast verwendet werden kann, soll diese Möglichkeit jetzt vorgestellt werden.

Bezeichnet man den statischen Datentyp von v mit C, ist das Ergebnis von

```
static_cast<T>(v)
```

ein Zeiger auf das in v enthaltene Objekt des Datentyps T, falls

– C ein Zeiger bzw. eine Referenz auf eine Klasse ist und
– T ein Zeiger bzw. eine Referenz auf eine von C abgeleitete Klasse ist und
– eine Standardkonversion von T* nach C* existiert und
– C keine virtuelle Basisklasse von T ist.

Andernfalls ist das Ergebnis der Konversion undefiniert.

Allerdings ist das Ergebnis eines *static_cast* im Unterschied zu einem *dynamic_-cast* nicht vom dynamischen, sondern nur vom statischen Datentyp von v abhängig. Deshalb kann man mit einem *static_cast* Elemente der konvertierten Klasse ansprechen, die überhaupt nicht definiert sind. Deshalb sollte man einen downcast nur dann mit einem *static_cast* durchführen, wenn man wirklich sicher ist, dass der konvertierte Ausdruck den gewünschten Datentyp hat. Ein *dynamic_cast* ist meist sicherer.

Beispiel: Mit den Klassen

```
class C {
};

class D : public C {
 public:
   int x;
};
```

wird in der Funktion g das in C nicht definierte Element x angesprochen:

```
void g()
{
C* pc=new C;
D* pd=static_cast<D*>(pc);
pd->x=17;// Zugriff auf nicht definiertes Element

C c;
D d=static_cast<D&>(c);
d.x=17; // Zugriff auf nicht definiertes Element
}
```

Falls der Datentyp in *static_cast* kein Zeiger oder keine Referenz ist, wird die Konversion vom Compiler abgelehnt. Mit den Definitionen aus der Funktion g ist diese Konversion nicht möglich:

```
D d1=static_cast<D>(c); // Fehler: Konvertierung
                        // 'C' nach 'D' nicht möglich
```

Schon in Abschnitt 3.20.20 wurde darauf hingewiesen, dass eine Typkonversion in der Funktions- oder Typecast-Schreibweise durch die erste der folgenden Konversionen interpretiert wird:

– *const_cast*
– *static_cast*
– *static_cast* gefolgt von einem *const_cast*
– *reinterpret_cast*
– *reinterpret_cast* gefolgt von einem *const_cast*

Beispiel: Mit den Definitionen aus dem letzten Beispiel entsprechen die folgenden Typkonversionen einem *static_cast*:

```
pd=(D*)(pc);
d=(D&)(c);
```

Da bei dieser Schreibweise die Art der Konversion nicht explizit zum Ausdruck kommt, wird bei Klassen von dieser Schreibweise allgemein abgeraten.

6.5.5 Laufzeit-Typinformationen für die Klassen der VCL Θ

Alle Klassen der VCL sind von der vordefinierten Klasse *TObject* abgeleitet. Dazu gehören z.B. Klassen wie *TEdit* und *TLabel*, aber auch selbst definierte Klassen, die von *TObject* abgeleitet sind. *TObject* besitzt unter anderem die folgenden Elementfunktionen, die ähnliche oder auch weiter gehende Informationen wie der Operator *typeid* liefern:

*static ShortString __fastcall **ClassName**(TClass cls);*
*ShortString __fastcall **ClassName**(){ return ClassName(ClassType());}*

*static long __fastcall **InstanceSize**(TClass cls);*
*long __fastcall **InstanceSize**(){ return InstanceSize(ClassType()); }*

Mit *ClassName* erhält man den Namen und mit *InstanceSize* die Größe (in Bytes) eines Objekts.

Beispiel: Durch die Anweisungen

```
Memo1->Lines->Add(typeid(TEdit).name());
Memo1->Lines->Add(Edit1->ClassName());
Memo1->Lines->Add(TObject::ClassName
                           (Edit1->ClassType()));
Form1->Memo1->Lines->Add(Form1->Edit1->
InstanceSize());
Form1->Memo1->Lines->Add(TObject::
InstanceSize(Form1->Edit1->ClassType()));
```

erhält man die Ausgabe

Stdctrls::TEdit
TEdit
TEdit
304
304

Siehe dazu auch Abschnitt 8.3.

Anmerkung für Delphi-Programmierer: In Delphi sind alle mit *class* definierten Klassen von der Klasse *TObject* abgeleitet. Diese enthält wie im C++Builder die Elementfunktionen *ClassInfo*, *ClassType*, *ClassName* usw., die zur Laufzeit Typinformationen wie *typeid* in C++ liefern.

Mit den Operatoren *is* und *as* kann man feststellen, ob der dynamische Datentyp eines Ausdrucks eine bestimmte Klasse ist oder von einer bestimmten Klasse abgeleitet ist. Den Operator *is* kann man in der Form

c is C // c ist ein Objekt und C eine Klasse

verwenden. Dieser Ausdruck stellt einen booleschen Wert dar, der *true* ist, falls der dynamische Datentyp von c von C abgeleitet oder C ist, und andernfalls *false*. Der Operator *as* kann wie in

c as C // c ist ein Objekt und C eine Klasse

verwendet werden und liefert eine Referenz auf C, falls „c is C" den Wert *true* hat. Falls das nicht zutrifft, wird eine Exception des Typs *EInvalidCast* ausgelöst. Die folgenden C++-Anweisungen entsprechen den als Kommentar angegebenen Anweisungen in Object Pascal:

```
if (dynamic_cast <TEdit*> (Sender) ...
// if Sender is TEdit ...
TEdit& ref_b = dynamic_cast <TEdit&> (*Sender)
// b := Sender as TEdit;
```

Aufgaben 6.5

1. Die folgenden Teilaufgaben verwenden die Klassen:

```
class C {
  virtual void f(){}; // damit C1 polymorph ist
} c;

class D1:public C {
} d1;

class D2:public C {
} d2;
```

a) Geben Sie den Wert der booleschen Variablen b1, ..., b9 an:

```
c=d1;
bool b1= typeid(c)==typeid(d1);
c=d2;
bool b2= typeid(c)==typeid(d2);

D1* pd1=&d1;
D2* pd2=&d2;
C* pc=pd1;
bool b3= typeid(*pc)==typeid(d1);
bool b4= typeid(pc)==typeid(pd1);
pc=&c;
bool b5= typeid(*pc)==typeid(d1);

C& rc=c;
bool b6= typeid(rc)==typeid(d1);
bool b7= typeid(c)==typeid(d1);
rc=d1;
bool b8= typeid(rc)==typeid(d1);
C& rc1=d1;
bool b9= typeid(rc1)==typeid(d1);
```

b) Welche Ergebnisse würde man in Aufgabe a) erhalten, wenn die Funktion f in der Klasse C nicht virtuell wäre?

c) Zusätzlich zu den Klassen von oben sollen die Klassen E1 und E2 sowie die Zeiger *pd1* usw. definiert sein:

```
class E1:public D2 {
} e1;

class E2:public D2 {
} e2;

D1* pd1=&d1;
D2* pd2=&d2;
E1* pe1=&e1;
E2* pe2=&e2;
C* pc=&c;
```

Geben Sie an, ob die Zeiger p1, ..., p4 nach den folgenden Anweisungen den Wert 0 (Null) oder einen anderen Wert haben:

```
D2* p1= dynamic_cast<D2*>(pc);
pc=pd1;
D2* p2= dynamic_cast<D2*>(pc);
pc=pe1;
D2* p3= dynamic_cast<D2*>(pc);
pc=pe2;
D2* p4= dynamic_cast<D2*>(pc);
```

d) Welche der folgenden *dynamic_cast*-Ausdrücke lösen eine Exception aus?

```
C& rc=c;
C& rd1=d1;
C& rd2=d2;
C& re1=e1;
C& re2=e2;
D2 x1= dynamic_cast<D2&>(c);
D2 x2= dynamic_cast<D2&>(rd1);
D2 x3= dynamic_cast<D2&>(rd2);
D2 x4= dynamic_cast<D2&>(re1);
D2 x5= dynamic_cast<D2&>(re2);

rd1=e1;
D2 x6= dynamic_cast<D2&>(rd1);
```

2. Was wird beim Aufruf der Funktion *test* ausgegeben:

```
class C {
 public:
  virtual void f()
  {
  Form1->Memo1->Lines->Add(typeid(*this).name());
  };

  C()   { f(); }
  ~C()  { f(); }
};

class D:public C {
 public:
  D()   { f(); }
  ~D()  { f(); }
};

void test()
{
D d;
}
```

7 Exception-Handling

Die üblichen Kontrollstrukturen (*if*, *while* usw.) sind für die Steuerung eines normalen Programmablaufs angemessen und ausreichend. Sie führen allerdings schnell zu komplizierten und unübersichtlichen Programmstrukturen, wenn man damit alle möglichen Fehler abfangen will. Wenn z.B. bei der Berechnung

```
m = s_x/n;
s = sqrt(s_xx/(n-1));
```

einer der beiden Divisoren 0 oder *s_xx* negativ ist, bewirkt der von vielen Compilern erzeugte Code einen Programmabbruch aufgrund einer „Division by Zero" oder „Invalid Floating Point Operation". Die Folge sind entnervte und nervende Kunden, die am Montagmorgen anrufen, weil das Programm abgestürzt ist. Um solche Programmabstürze zu verhindern, müssen alle möglichen Fehler abgefangen werden. Außerdem sollte man den Anwender auf die Ursache des Fehlers hinweisen:

```
if (n > 0)
   {
      m = s_x/n;
      //hier folgen Anweisungen, die nur m verwenden
      if (n > 1)
         {
            if (s_xx >= 0)
               {
                  s = sqrt(s_xx/(n-1));
                  // hier Anweisungen, die m und s verwenden
               }
            else
               {
                  ShowMessage("s_xx < 0, setze s = 0");
                  s = 0;
               }
         }
      else
         {
            ShowMessage("n <= 1, setze s = 0");
            s = 0;
         }
   }
else
```

```
{
    ShowMessage("n <= 0, setze m = 0");
    m = 0;
}
```

Dadurch wird das Programm, in dem eigentlich nur zwei Anweisungen ausgeführt werden sollen, beträchtlich **aufgeblasen**. Bei der Arbeit mit Dateien oder dynamischen Datenstrukturen entstehen oft noch wesentlich tiefer verschachtelte Strukturen, bei denen man dann vor lauter Sicherungsmechanismen kaum noch sieht, was eigentlich gemacht wird. Dabei besteht die Gefahr, dass sich durch die zusätzlichen Anweisungen **neue Fehler** in das Programm **einschleichen**. Um diese zusätzlichen Fehlerquellen zu vermeiden, kann es sogar besser sein, auf das konsequente Abfangen aller denkbaren Fehler zu verzichten.

Außerdem ist es nicht immer einfach, wirklich alle möglichen Fehler vorherzu-sehen: Die Voraussetzung x >= 0 für den Aufruf der Funktion *sqrt* wird leicht vergessen. Und die Prüfung, ob ein String eine zulässige Zahl darstellt, ist oft nicht wesentlich einfacher als seine Konvertierung. Hinzu kommt, dass jeder Program-mierer oft unbewusst implizite Annahmen macht, wie z.B. die, dass vor dem Aufruf einer Auswertungsfunktion immer zuerst Daten eingegeben werden. Wenn ein Anwender dann an einem blauen Montagmorgen die Auswertung ohne eine vorhergehende Dateneingabe aufruft, klingelt schnell das Telefon.

Kurzum: **Es ist gar nicht so einfach, fehlerfreie Programme zu schreiben.**

Wenn man aber Fehler schon nicht mit 100%iger Sicherheit vermeiden kann, sollte man wenigstens versuchen, ihre Auswirkungen zu begrenzen, um die Programme so möglichst fehlertolerant zu machen. Das ist mit **Exceptions** möglich. Wenn ein Programm entdeckt, dass die Voraussetzungen für eine sinnvolle weitere Ausführung nicht gegeben sind, kann es eine Exception auslösen und dadurch an einer anderen Stelle fortgesetzt werden, an der auf diese Situation reagiert wird. Damit kann man auf Fehler, die an verschiedenen Stellen in einem Programm auftreten, an einer zentralen Stelle reagieren. Insbesondere kann man die Anweisungen zur Reaktion auf einen Fehler zusammenfassen und von den eigentlich auszuführenden Anweisungen trennen. Dadurch lassen sich so unüber-sichtliche Programmstrukturen wie im Beispiel oben vermeiden.

Das Wort „Exception" kann man mit „Ausnahme" übersetzen. Es steht für Ereig-nisse, die normalerweise nicht vorkommen und die deshalb Ausnahmen vom Regelfall sind. Häufig sind das Laufzeitfehler wie eine Division durch Null, eine Bereichsüberschreitung, eine allgemeine Schutzverletzung usw.

7.1 Die *try*-Anweisung

Eine **try-Anweisung** (*try*-Block) besteht aus dem Schlüsselwort *try* und einer Ver-bundanweisung, auf die ein oder mehrere Exception-Handler (*handler*) folgen:

try-block:
    `try` *compound-statement handler-seq*

handler-seq:
    handler handler-seq ₒₚₜ

handler:
    `catch` (*exception-declaration*) *compound-statement*

exception-declaration:
    type-specifier-seq declarator
    type-specifier-seq abstract-declarator
    type-specifier-seq
    . . .

Bei der Ausführung der *try*-Anweisung werden die Anweisungen aus der Verbundanweisung nach *try* der Reihe nach abgearbeitet. Falls dabei keine Exception
ausgelöst wird, werden die Exception-Handler der *handler-seq* übergangen.

Löst jedoch eine dieser Anweisungen eine Exception aus, werden unmittelbar nach
der Exception alle Exception-Handler der Reihe nach daraufhin geprüft, ob die
Exception zu ihnen passt. Beim ersten passenden Handler wird dann die Ver-
bundanweisung nach *catch* ausgeführt. Damit ist die Ausführung der gesamten *try*-
Anweisung beendet. Sowohl die Anweisungen, die in der *try*-Anweisung auf die
Exception folgen, werden übergangen, als auch alle weiteren Handler.

Der C++Builder löst bei den meisten **Laufzeitfehlern eine Exception** aus. Solche
Laufzeitfehler können eine Division durch Null sein, Konversionsfehler (z.B. bei
StrToInt("eins")), nicht genügend Speicher bei *new*, allgemeine Schutzver-
letzungen usw. Wenn man solche Anweisungen in einem *try*-Block ausführt, kann
man in einem Exception-Handler gezielt darauf reagieren. Ohne Exception-
Handling führen solche Laufzeitfehler zu einem Programmabbruch.

Die allgemeinste (aber auch undifferenzierteste) Form einer Exception-Deklaration
ist „...". Gibt man diese nach *catch* an, passt der Handler zu jeder Exception.

Beispiel:
```
void Auswertung()
{
int n = 0;
double m, s, s_x=17, s_xx=18;
try {
    m = s_x/n; // löst wegen n=0 eine Exception aus
    s = sqrt(s_xx/(n-1));
  }
catch(...)      // passt zu jeder Exception
  {
    ShowMessage("Fehler ...");
    // weitere Anweisungen
  }
}
```

In diesem Beispiel tritt wegen n=0 bei der Berechnung von m eine Exception auf. Daraufhin wird die Ausführung der Verbundanweisung nach *try* ohne die Berechnung von s beendet. Da die Exception-Deklaration „...“ zu jeder Exception passt, wird nach der Exception die Verbundanweisung nach *catch* ausgeführt.

Im C++-Standard ist festgelegt, dass die Funktionen aus den Bibliotheken von ANSI-C keine Exceptions auslösen sollen, damit diese Bibliotheken auch von C-Programmen verwendet werden können. Deshalb löst *sqrt* mit einem negativen Argument keine Exception aus. Der C++-Standard lässt aber Erweiterungen zu, die das ermöglichen.

Exceptions sind nicht nur nützlich, um Fehler wie bei einer Division durch 0 abzufangen. Zwei Beispiele dazu:

1. Die Funktionen zur Konvertierung eines Strings wie *StrToInt*, *StrToFloat*, *StrToDate* usw. lösen eine Exception aus, wenn sie das String-Argument nicht in den gewünschten Datentyp konvertieren können. Deshalb kann man mit einer *try*-Anweisung prüfen, ob ein von einem Anwender eingegebener String einen zulässigen Wert darstellt:

```
try { t = StrToDateTime(Edit1->Text); }
catch(...)
  {
    ShowMessage("Unzulässiges Datum");
    Edit1->SetFocus();
  }
```

Wenn *Edit1->Text* hier ein unzulässiges Kalenderdatum (z.B. „29.2.07“) enthält, wird der Anwender durch eine Meldung darauf hingewiesen. Anschließend erhält das Eingabefeld den Fokus, damit der Anwender die Eingabe korrigieren kann:

2. Wenn unter *Tools|Optionen|Debugger Optionen|Sprach-Exceptions* die CheckBox „Bei Sprach-Exceptions benachrichtigen“ markiert ist (Voreinstellung), hält das Programm nach seinem Start im Debugger (z.B. mit *F9*) nach einer Exception an.

Dabei erhält man zunächst eine vom C++Builder erzeugte Meldung:

Nach der Ausführung der nächsten Anweisung (z.B. mit *F7, F8* oder *F9*) hält das Programm in der Verbundanweisung nach *catch* an. Hier kann man sich die Werte aller Variablen anzeigen lassen.

Diese einfachste Form der *try*-Anweisung kann also bereits bei der Programmentwicklung sehr hilfreich sein, da man mit den Werten der Variablen die Ursache für einen Fehler finden kann. Das ist ein wichtiger Vorteil gegenüber älteren Compilern wie Borland Pascal 7.0 oder Borland C++ 3.1, bei denen lokale Variablen nach einem Laufzeitfehler im Debugger nicht angezeigt wurden. Wenn man mit einem solchen Debugger die Werte der Variablen ansehen wollte, musste man das Programm erneut starten und sich dann mühsam zu der Stelle vortasten, an der der Fehler aufgetreten ist.

Anmerkungen für Delphi-Programmierer: Der *try*-Anweisung von C++ entspricht die *try-except*-Anweisung von Delphi.

7.2 Exception-Handler und Exceptions der Standardbibliothek

Ein Exception-Handler behandelt nur die Exceptions, die zu ihm passen. Ob eine Exception zu einem Exception-Handler **passt**, ergibt sich dabei aus dem **Datentyp**, den jede Exception hat. Wenn dieser Datentyp mit dem Datentyp in der *exception-declaration* übereinstimmt oder eine davon abgeleitete Klasse ist, passt die Exception zum Exception-Handler. Auf Seite 845 wird gezeigt, dass man für den Datentyp oft am besten einen Referenztyp verwendet.

> *handler:*
>   `catch` (*exception-declaration*) *compound-statement*
>
> *exception-declaration:*
>   *type-specifier-seq declarator*
>   *type-specifier-seq abstract-declarator*
>   *type-specifier-seq*
>   . . .

Nachdem ein zu einer Exception passender Exception-Handler gefunden wurde, wird seine Verbundanweisung ausgeführt und anschließend die Exception gelöscht. Falls der erste Exception-Handler jedoch nicht passt, bleibt die Exception so lange bestehen, bis ein passender Exception-Handler gefunden wird. Wie später noch gezeigt wird, kann man so mit einer *try*-Anweisung nicht nur feststellen, dass eine Exception aufgetreten ist, sondern auch auf Exceptions unterschiedlicher Datentypen unterschiedlich reagieren

Die folgenden Beispiele zeigen den Datentyp einiger Exceptions der Standardbibliothek und einen passenden Exception-Handler. Alle diese Exceptions sind von der Klasse *exception* der Standardbibliothek von C++ abgeleitet.

1. Wenn man in einen Container der Standardbibliothek (dazu gehören in diesem Zusammenhang auch Strings) an einer nicht vorhandenen Position einen String einfügt oder löscht, wird die Exception **std::out_of_range** ausgelöst:

```
string s; // s ist ein leerer String
try{ s.insert(1,"lll");}//Exception: std::out_of_range
catch(out_of_range&)
{ Memo1->Lines->Add("out of range");}
```

2. Wenn man bei einem Container mit der Funktion *at* eine nicht vorhandene Position anspricht, wird ebenfalls die Exception **std::out_of_range** ausgelöst:

```
vector<double> v;    // v ist ein leerer Vektor
try { v.at(1)=17; } // Exception: std::out_of_range
catch(out_of_range&)
{ Memo1->Lines->Add("vector out of range"); }
```

Verwendet man dagegen den Indexoperator, wird von der Standardbibliothek keine Exception ausgelöst.

```
v[1]=17;        // Zugriffsverletzung
```

Das hat eine Zugriffsverletzung zur Folge, falls dabei nicht reservierte Speicherbereiche angesprochen werden.

3. Falls der mit *new* angeforderte Speicherplatz nicht zur Verfügung gestellt werden kann, erhält man eine Exception der Klasse **std::bad_alloc**:

```
struct T2GB { int b[1024*1024*511];}; // ca. 2 GB
try { T2GB* p=new T2GB; } // Exception: std::bad_alloc
catch(bad_alloc&)
{ Memo1->Lines->Add("new ging schief "); }
```

4. Die **Stream-Klassen** der Standardbibliothek lösen bei einem Fehler (siehe Abschnitt 4.3.2) eine Exception aus, wenn zuvor durch einen Aufruf der Elementfunktion

    *void **exceptions**(iostate except);*

die Fehlerkategorie festgelegt wurde, bei der eine Exception ausgelöst werden soll. Diese Fehlerkategorien wurden schon in Abschnitt 4.3.2 beschrieben:

– *eofbit*: Wenn über das Ende einer Datei hinaus gelesen wurde.
– *failbit*: Wenn eine Leseoperation nicht die gewünschte Anzahl von Zeichen lesen oder eine Schreiboperation nicht die gewünschte Anzahl schreiben konnte.
– *badbit*: Bei einem schwerwiegenden Fehler, bei dem jede weitere Operation mit der Stream-Variablen keine Aussicht auf Erfolg hat.

Die Klassen *ios_base* und *ios* enthalten die Symbole **eofbit**, **failbit** und **badbit** für die Bits, die der Funktion *exceptions* einzeln oder kombiniert als Argument übergeben werden können, damit bei einem entsprechenden Fehler eine Exception ausgelöst wird. Deshalb muss man eine dieser Klassen zusammen mit dem Bereichsoperator angeben, wenn man diese Symbole verwenden will. Der Datentyp jeder so ausgelösten Exception ist die von *exception* abgeleitete Klasse *ios::failure*:

```
ifstream f;
f.exceptions(ios::eofbit|ios::failbit|ios::badbit);
try {
  f.open("c:\\test\\test.dat");
  char c;
  while (f>>c)
    // bearbeite c
  f.close();
}
catch (ios::failure&) { // Im C++Builder 4: exception
  if (f.eof());// Dateiende nicht unbedingt ein Fehler
  if (f.bad())  ShowMessage("Ganz schlecht");
  if (f.fail()) ShowMessage("Fehler");
}
```

Hier wird im Exception-Handler mit den Funktionen *bad*, *fail* und *eof* abgefragt, zu welcher Kategorie der Fehler gehört, der die Exception ausgelöst hat.

Aufgrund der Beschreibung zu *badbit* könnte man eventuell erwarten, dass beim Öffnen einer nicht existierenden Datei zum Lesen eine Exception ausgelöst wird. Das ist aber nicht so. Öffnet man nach

```
f.exceptions(ios::badbit);
```

eine nicht existierende Datei, wird keine Exception ausgelöst. Wenn man dagegen eine solche Datei nach

```
f.exceptions(ios::failbit);
```

öffnet, wird eine Exception ausgelöst. Außerdem könnte man eventuell erwarten, dass bei einem nicht gesetzten *eofbit* keine Exception ausgelöst wird, wenn man wie in der *while*-Schleife oben über das Ende der Datei hinausliest. Aber auch das trifft nicht zu, da in diesem Fall ebenfalls eine Exception ausgelöst wird. Deshalb führt man im Exception-Handler auf eine Exception nach *eof* oft wie im Beispiel oben keine weiteren Aktionen durch.

Ruft man die Elementfunktion *exceptions* ohne Parameter auf, ist der Funktionswert das Bitmuster der gesetzten Bits:

> *iostate **exceptions**() const;*

5. Auch die Stringstream-Klassen (siehe Abschnitt 4.1.3) gehören zu den Stream-Klassen. Sie haben viele gemeinsame Elementfunktionen und unterscheiden sich von diesen im Wesentlichen nur dadurch, dass sie aus einem String lesen bzw. in einen String schreiben. Die gemeinsamen Funktionen lösen bei

denselben Fehlern wie die Filestream-Klassen eine Exception aus, wenn sie durch die Funktion *exceptions* entsprechend initialisiert wurden.

Eine *try*-Anweisung kann **mehrere Exception-Handler** enthalten. Diese werden dann bei einer Exception alle der Reihe nach daraufhin überprüft, ob die Exception zu ihnen passt. Beim ersten zur Exception passenden Handler wird dann die zugehörige Verbundanweisung ausgeführt und die Exception gelöscht. Auf diese Weise kann man **auf verschiedene Exceptions**, die in einer einzigen *try*-Anweisung auftreten, **unterschiedlich reagieren**.

Da eine Exception auch zu einem Datentyp passt, der eine Basisklasse der Exception ist, kann man in einem einzigen Exception-Handler auf alle von der Basisklasse abgeleiteten Klassen und damit **auf verschiedene Exceptions einheitlich reagieren**. Da der Datentyp einer Basisklasse und der einer abgeleiteten Klasse verschieden sind, ist aber auch eine unterschiedliche Reaktion möglich.

Die Standardbibliothek stellt ihre Exception-Klassen in *<stdexcept>* zur Verfügung, um über bestimmte Fehler zu informieren. Sie sind alle von der Klasse *exception* aus *<exception>* abgeleitet. Einige dieser Fehler sind in Gruppen zusammengefasst: Logikfehler gehen auf Fehler in der internen Logik eines Programms zurück und sind Programmierfehler, die im Prinzip vermeidbar sind. Laufzeitfehler können dagegen erst während der Laufzeit eines Programms entdeckt und nur schwer vermieden werden. Die folgende Hierarchie enthält die Beschreibung der Exception-Klassen aus dem C++-Standard. Falls Ihnen diese Beschreibungen etwas knapp vorkommen: Im Standard steht auch nicht mehr.

exception
├─ *logic_error* // nicht eingehaltene Vorbedingungen und Klasseninvarianten
│   ├─ *domain_error* // Bereichsfehler
│   ├─ *invalid_argument* // unzulässige Argumente
│   ├─ *length_error* // ein Objekt soll erzeugt werden, dessen Länge die maximal zulässige überschreitet
│   ├─ *out_of_range* // ein Argument ist nicht im erwarteten Bereich
├─ *runtime_error* // Laufzeitfehler
│   ├─ *range_error* // Bereichsfehler bei internen Berechnungen
│   ├─ *overflow_error* // Überlauf bei arithmetischen Berechnungen
│   ├─ *underflow_error* // Unterlauf bei arithmetischen Berechnungen
├─ *bad_alloc* // wenn der mit *new* angeforderte Speicher nicht verfügbar ist
├─ *bad_cast* // bei einem *dynamic_cast* mit einem unzulässigen Referenztyp
├─ *bad_typeid*   // bei der Ausführung von *type_id* mit einem Nullzeiger
├─ *bad_exception* // wird von der Funktion *unexpected* ausgelöst
├─ *ios_base::failure* // kann von den *iostream*-Klassen ausgelöst werden

Abgeleitete Klassen sind hier eingerückt dargestellt. So sind *logic_error* und *runtime_error* direkt von *exception* abgeleitet, und *domain_error* von *logic_error*.

Beispiel: In der folgenden *try*-Anweisung wird die Exception *out_of_range* aus-
            gelöst. Diese passt nicht zum ersten Exception-Handler mit dem Da-
            tentyp *range_error*. Da *exception* eine Basisklasse von *out_of_range*
            ist, passt sie aber zum Handler mit dem Datentyp *exception*:

```
string s;
try { s.insert(1,"lll"); }
catch (range_error&)
  { ShowMessage("range error"); }
catch(exception&)
  { ShowMessage("exception"); }
catch (...)
  { ShowMessage("Was war das?"); }
```

Da die Exception-Handler in der aufgeführten **Reihenfolge** geprüft werden, sollten
die spezielleren vor den allgemeineren Handlern stehen. Wird diese Reihenfolge
nicht eingehalten, wird die Exception durch den Handler für die allgemeinere
Exception behandelt und gelöscht, ohne dass der Handler für die speziellere
Exception jemals erreicht werden kann. Ein Handler mit der Exception-Deklaration „..." muss deshalb immer der letzte sein, da er alle Exceptions behandelt.

Beispiel: In der ersten *try*-Anweisung wird die Anweisung nach *length_error* nie
            erreicht, da eine Exception schon durch den übergeordneten Handler
            mit dem Datentyp *logic_error* abgefangen wird:

```
try { ... } // falsch
catch (logic_error&) // fängt auch length_error
  { ShowMessage("logisch"); }
catch (length_error&) // wird nie erreicht
  { ShowMessage("Mich kriegt keiner"); }
```

            In der nächsten *try*-Anweisung wird ein *length_error* vom ersten
            Handler abgefangen. Ein *logic_error*, der kein *length_error* ist, wird
            vom zweiten, und alle anderen werden vom letzten abgefangen.

```
try { ... } // richtig
catch (length_error&)
  { ShowMessage("Längenfehler"); }
catch (logic_error&)
  { ShowMessage("logic, aber nicht length"); }
catch (...)
  { ShowMessage("alles andere"); }
```

Für alle diese Klassen sind im Standard außer einem Konstruktor keine weiteren
Elemente definiert. Sie erben alle von der Basisklasse *exception* die Elementfunktion *what*, die in Abschnitt 7.6 beschrieben wird. Deswegen kann ein Programm nur diese Funktion verwenden, wenn es portabel sein soll.

7.3 Vordefinierte Exceptions der VCL

Die Exceptions der VCL sind wie in der Standardbibliothek in einer Klassenhierarchie definiert. Hier ist die **Basisklasse** die Klasse *Exception*. Eine unvollständige Übersicht über diese Klassenhierarchie:

```
Exception                        |-  EMathError
|-  EAbort                       |-  EInvalidOp
|-  EOutOfMemory                 |-  EZeroDivide
|-  EIntError                    |-  EOverflow
    |-  EDivByZero               |-  EUnderflow
    |-  ERangeError          |-  EConvertError
    |-  EIntOverflow         |-  EAccessViolation
(Fortsetzung rechts)             ...
```

Die folgenden Beispiele illustrieren den Datentyp einiger Exceptions des C++-Builders und einen passenden Exception-Handler. Für weitere Informationen wird auf die Online-Hilfe verwiesen (z.B. ab „EAbort" mit „>>" durchblättern, oder auf der Hilfe-Seite zu *EAbort* oder im Hilfe-Index "SysUtils Unit" anklicken).

1. Bei einem Zugriff auf einen Speicherbereich, auf den man keine Zugriffsberechtigung hat, wird die Exception *EAccessViolation* ausgelöst.

```
try {
   int* i=0;// auf Adresse 0 kann man nicht zugreifen
   *i=17;   // das geht schief
}
catch (EAccessViolation&)
   { ShowMessage("Unzulässiger Speicherzugriff"); }
```

2. Falls ein Argument einer Konvertierungsfunktion nicht entsprechend konvertiert werden kann, wird eine Exception der Klasse *EConvertError* ausgelöst. Jede der folgenden Konvertierungen löst eine solche Exception aus:

```
try {
   TDateTime t = StrToDateTime("29.2.2007");
   int i = StrToInt("Eins");
   double d = StrToFloat("1.1");//Fehler, falls das
          // Dezimaltrennzeichen "," in Systemsteuerung|
          // Ländereinstellungen|Währung gesetzt wurde.
   AnsiString s=Format("e=%4i",OPENARRAY(TVarRec,(d)));
   }
catch (EConvertError&) // Referenztyp notwendig
   { ShowMessage("Konvertierungsfehler"); }
```

Die Funktion

> AnsiString **Format**(const AnsiString Format, const TVarRec * Args,
>   const int Args_Size);

bietet im Wesentlichen dieselben Möglichkeiten zur Formatierung wie die *printf*-Funktionen. Allerdings löst sie im Unterschied zu diesen eine Exception *EConvertError* aus, wenn ein Argument nicht zu seiner Formatangabe passt.

3. Für Ganzzahl- und Gleitkommadivisionen durch Null werden unterschiedliche Exceptions erzeugt: *EDivByZero* bzw. *EZeroDivide*. Die ähnlichen Namen kann man leicht verwechseln:

```
int n=0;
double m;
try { m = 1.0/n; // Gleitkommadivision
}
catch (EDivByZero&) // fängt nur Ganzzahldivisionen
{          // durch 0 ab, die es hier aber nicht gibt
  ShowMessage("Div by 0");
}
```

Durch die Gleitkommadivision 0/0.0 (ebenso 0.0/0 und 0.0/0.0) wird keine der beiden Exceptions *EDivByZero* bzw. *EZeroDivide* ausgelöst, sondern *EInvalidOp*. Eine Ganzzahldivision 0/0 löst die Exception *EDivByZero* aus.

4. Wenn man auf dem Stack mehr Speicher reservieren will als verfügbar ist, erhält man einen Stack-Overflow (Exception *EStackOverflow*). Das ist sowohl bei zu großen lokalen Variablen

```
void zu_gross()
{
int a[10*1024*1024];
ShowMessage(a[1]);
}
```

als auch bei rekursiven Funktionen möglich:

```
void recurse()
{
recurse();
}
```

5. Auch die visuellen Komponenten lösen bei einem Fehler eine Exception aus. So wird z.B. die Exception *EStringListError* ausgelöst, wenn man ein nicht existierendes Listenelement anspricht:

```
ListBox1->Items->Clear(); // löscht alle Zeilen
try { ListBox1->Items[1] = "Zeile 1 gibt es nicht"; }
catch (EStringListError&)
  { ShowMessage("Fehler"); }
```

Im Unterschied zu Delphi werden durch den C++Builder in den folgenden Fällen keine Exceptions ausgelöst:

1. Da es in C++ es keine Möglichkeit gibt, wie in Pascal mit dem Compilerbefehl {$R+} Range-Checks zu aktivieren, lösen in C++ Bereichsüberschreitungen bei einem Array keine Exceptions der Klasse *ERangeError* aus:

```
int a[10],i=10;
try { a[i] = 0; }      // a[10] gibt es nicht: Trotzdem
catch (ERangeError&)   // wird keine Exception ausgelöst
   { ShowMessage("i="+IntToStr(i)); }
```

Da der C++Builder aber auch Pascal-Units verwenden kann (mit *Projekt|Zum Projekt hinzufügen*), kann eine solche Exception auch in einem C++-Programm auftreten, wenn sie in einer Pascal-Unit ausgelöst wird.

2. Im C++Builder kann man nicht wie in Delphi mit {$Q+} Overflow-Checks aktivieren und eine Exception der Klasse *EIntOverflow* auslösen:

```
int i=0x7FFFFFFF;
double x=i+i;
```

Verwendet man eine Pascal-Unit, in der die Compiler-Option {$Q+} gesetzt ist, kann man auch in einem Programm des C++Builders die Exception *EIntOverflow* erhalten.

7.4 Der Programmablauf bei Exceptions

Eine *try*-Anweisung ist eine Anweisung wie jede andere auch und kann deshalb auch wieder in einer *try*-Anweisung enthalten sein. Wenn bei einer solchen Verschachtelung von *try*-Anweisungen in einem inneren Block eine Exception auftritt, wird zuerst geprüft, ob ein Exception-Handler in diesem Block zur Exception passt. Falls das nicht zutrifft, wird ein passender Exception-Handler im umgebenden Block gesucht, usw.

Beispiel: Im C++Builder werden bei einer Gleitkomma- bzw. Ganzzahldivision durch Null die Exception *EZeroDivide* bzw. *EDivByZero* ausgelöst:

```
void verschachtelt()
{
double s = 0;
try { // äußerster Block
  for (int i=-2;i<=2;i++)
    try { // äußere Schleife
      for (int j=-2;j<=2;j++)
        try { // innere Schleife
          s = s + 1.0/j + 10/i;
        }
        catch (EZeroDivide&) // Gleitkomma/0
        { ShowMessage("j wars"); }
    }
    catch (EDivByZero&) // Ganzzahl/0
    { ShowMessage("i wars"); }
}
catch(...)
  { ShowMessage("wer war das?"); }
}
```

Deshalb wird hier die mit j=0 durch 1.0/j ausgelöste Exception durch den Exception-Handler der inneren Schleife abgefangen, und der Exception-Handler des äußersten Blocks wird nicht aufgerufen. Die durch 10/0 ausgelöste Exception wird dagegen nicht vom Exception-Handler der inneren Schleife, sondern von dem der äußeren Schleife behandelt.

Wird eine Exception in der aktuellen Funktion nicht behandelt, dann wird in der Funktion, die diese aufgerufen hat, nach einem passenden Exception-Handler gesucht. Das wird so lange wiederholt, bis ein passender Exception-Handler gefunden wird oder bis der Aufruf-Stack komplett durchsucht ist. Im letzten Fall wird die vordefinierte Funktion *terminate* aufgerufen, die das Programm abbricht. Diese Suche nach einem Exception-Handler in einer aufrufenden Funktion wird auch als „stack unwinding" bezeichnet.

Beispiel: Beim Aufruf der Funktion f(0) wird eine Exception ausgelöst:

```
int f(int i)
{
return 1/i;
};
```

Diese wird in der nächsten *try*-Anweisung der Aufrufhierarchie abgefangen:

```
int t()
{
try { return f(0); }
catch(...) { ShowMessage("da ging was schief"); }
};
```

Da eine Exception in dem Handler gelöscht wird, in dem sie abgefangen wird, ist sie in höheren Stufen der Aufrufhierarchie nicht mehr

vorhanden. Deshalb führt ein Aufruf der Funktion u zur Meldung „da
ging was schief" und nicht zu der „uhuhuhu":

```
int u()
{
try { return t();}
catch(...) { ShowMessage("uhuhuhu"); }
}
```

Der Programmablauf nach einer Exception unterscheidet sich grundlegend von
dem bei den üblichen Kontrollstrukturen: Wenn eine Exception auftritt, springt das
Programm sowohl über Blockgrenzen als auch über Funktionsaufrufe hinweg in
den Exception-Handler der nächsten umgebenden *try*-Anweisung. Auf diese Weise
kann man Fehler, die an verschiedenen Stellen in einem Programm auftreten, an
einer zentralen Stelle behandeln.

Beispiel: Viele Funktionen aus den Bibliotheken von C setzen die globale Va-
           riable *errno* auf einen von Null verschiedenen Wert, um anzuzeigen,
           dass bei ihrem Aufruf ein Fehler aufgetreten ist. Oft will man mehrere
           solche Funktionen f1, f2 usw. nacheinander aufrufen, aber nur dann,
           wenn beim Aufruf zuvor kein Fehler aufgetreten ist. Dazu wird dann
           z.B. die folgende Programmstruktur verwendet:

```
errno=0;
f1(); // setzt bei einem Fehler errno auf != 0
if (errno!=0) ShowMessage("Fehler bei f1")
else
  {
  f2(); // setzt bei einem Fehler errno auf != 0
  if (errno!=0) ShowMessage("Fehler bei f2")
  else
    {
    f3();// setzt bei einem Fehler errno auf != 0
    if (errno!=0) ShowMessage("Fehler bei f3")
    }
  }
```

Wenn die Funktionen f1, f2 usw. die Exceptions *exception1*, *exception2*
usw. auslösen, erreicht man mit der folgenden Programmstruktur denselben Effekt. Diese ist offensichtlich einfacher und übersichtlicher:

```
try {
    f1();
    f2();
    f3();
  }
catch(exception1&){ShowMessage("Fehler bei f1")}
catch(exception2&){ShowMessage("Fehler bei f2")}
catch(exception3&){ShowMessage("Fehler bei f3")}
```

7.5 Das vordefinierte Exception-Handling der VCL

Im C++Builder sind alle Funktionen, die direkt oder indirekt als Reaktion auf ein
Ereignis von Windows (z.B. das Anklicken eines Buttons) aufgerufen werden, in
eine *try*-Anweisung eingebettet. Diese *try*-Anweisung ist in der Funktion
MainWndProc enthalten, die alle Windows-Steuerelemente von ihrer Basisklasse
TWinControl erben:

```
void __fastcall MainWndProc(Messages::TMessage &Message);
{ // sinngemäß aus source\vcl\controls.pas übertragen
try {
  // ...
  WindowProc(Message);  // ruft die Ereignisbehandlungs-
  // ...                           // routine auf
}
catch(...)
  { Application->HandleException(this); }
  // ähnlich wie ShowMessage(E.Message)
}
```

Die Funktion *MainWndProc* wird von Windows aufgerufen, wenn das Steuerelement eine Botschaft erhält (z.B. ein Button, nachdem er angeklickt wurde). Der
Aufruf von *WindowProc(Message)* führt dann zum Aufruf der Ereignisbehandlungsroutine (z.B. *Button1Click*), die für das Ereignis definiert wurde.

Wenn beim Aufruf der Ereignisbehandlungsroutine eine **Exception** auftritt, **die** in
dieser Funktion **nicht behandelt wird**, greift schließlich das Exception-Handling
von *MainWndProc*. Deshalb stürzt ein Programm nach dem Aufruf der folgenden
Funktion nicht einfach ab, obwohl sie kein explizites Exception-Handling enthält:

```
void __fastcall TForm1::Button1Click(TObject *Sender)
{ // diese Funktion enthält kein explizites Exception-
int i = StrToInt("Das ist keine Zahl");  // Handling
}
```

Das gilt genauso für **Funktionen, die** von einer Ereignisbehandlungsroutine **aufgerufen werden**. Wenn in der Funktion *Create_GPF* eine der allseits beliebten
allgemeinen Schutzverletzungen stattfindet, wird diese ebenfalls durch das vordefinierte Exception-Handling abgefangen, ohne dass deswegen gleich das ganze
Programm abstürzt:

```
void Create_GPF()
// erzeugt oft eine allgemeine Schutzverletzung
{
int i, a[10];// Die Initialisierung von i wird vergessen.
a[i] = 17;   // Das wird meist schief gehen, da i einen
}            // undefinierten Wert hat.
```

Das so in der VCL vordefinierte Exception-Handling fängt damit praktisch alle
Laufzeitfehler ab. Deshalb sind Programme, die mit dem C++Builder entwickelt

wurden, weitgehend absturzsicher, auch ohne dass man explizit ein Exception-Handling einbaut. Sie unterscheiden sich dadurch von Programmen, die mit den meisten anderen C++-Compilern entwickelt wurden. In solchen Programmen führen alle Fehler, die nicht explizit im Rahmen eines *try*-Blocks ausgeführt werden, zu einem Programmabbruch.

Beide Ansätze haben ihre **Vor- und Nachteile:** Ein Programm ohne vordefiniertes Exception-Handling kann durch einen unbedeutenden Fehler auf einem Nebenschauplatz abstürzen und wichtige Daten mit in die Tiefe reißen. Bei einem Programm mit einem vordefinierten Exception-Handling bleibt dagegen eventuell unklar, welche der Anweisungen nach einer Exception nicht ausgeführt wurden. Dadurch können gravierende Folgen eines Fehlers verdeckt werden.

7.6 *throw*-Ausdrücke und selbst definierte Exceptions

Eine Exception wird immer durch einen ***throw*-Ausdruck** ausgelöst. Es gibt keine andere Möglichkeit, eine Exception auszulösen. Da die Anweisungen in einem Exception-Handler nur ausgeführt werden, nachdem eine dazu passende Exception ausgelöst wurde, kann man diese nur über einen *throw*-Ausdruck erreichen.

> *throw-expression:*
>   throw *assignment-expression* opt

Der Datentyp eines *throw*-Ausdrucks ist *void*. Deshalb wird ein solcher Ausdruck meist nur in einer Ausdrucksanweisung verwendet. Da C++ hier das Schlüsselwort „throw" verwendet, sagt man anstatt „eine Exception auslösen" oft auch „eine Exception auswerfen". Nach Stroustrup (1994, Abschnitt 16.3) wurde das Wort „throw" nur deshalb gewählt, weil das eigentlich zutreffendere Wort „raise", das man mit „auslösen" übersetzen kann, schon von C belegt ist.

Bei der Ausführung des *throw*-Ausdrucks wird eine temporäre Variable erzeugt und mit dem Wert des Zuweisungsausdrucks initialisiert. Sie existiert bis zur Abarbeitung eines passenden Exception-Handlers, falls sie nicht mit „throw;" weitergegeben wird und in diesem Fall weiterhin existiert. Ihr **Datentyp** ergibt sich aus dem des Zuweisungsausdrucks.

Durch das Auslösen einer Exception wird der aktuelle Block verlassen. Dabei wird der Speicherplatz aller in diesem Block definierten nicht statischen Variablen wieder freigegeben. Für Variablen, deren Datentyp eine Klasse ist, wird ihr **Destruktor** aufgerufen (siehe Abschnitt 6.1.5). Als **nächste Anweisung** wird dann der erste passende Exception-Handler der *try*-Anweisung ausgeführt, die in einem umgebenden Block bzw. der Aufrufhierarchie als letzte begonnen und noch nicht beendet wurde.

Beispiel: Der *throw*-Ausdruck in der Funktion f löst eine Exception des Daten-typs *int* aus. Die dabei erzeugte Variable hat den Wert 1 und existiert auch noch nach dem Verlassen des Blocks, der zur Funktion f gehört. Der Speicherplatz für die lokale Variable x wird mit dem Verlassen des Blocks wieder freigegeben:

```
void f()
{
int x=1;
throw x;
}
```

Die in einem *throw*-Ausdruck erzeugte temporäre Variable kann man in einem Exception-Handler verwenden, wenn man in der Exception-Deklaration nach dem Datentyp einen Bezeichner angibt. Dieser ist dann der Name einer **Variablen dieses Datentyps**, die mit dem Wert der temporären Variablen initialisiert wird. Diese Variable erhält so den Wert des Zuweisungsausdrucks, der im *throw*-Ausdruck angegeben wurde.

Diese Initialisierung ist deshalb möglich, weil ein Exception-Handler nur dann zu einer Exception passt, wenn er denselben Datentyp hat oder eine Basisklasse davon ist. Da die im Exception-Handler definierte Variable so den Wert des Zu-weisungsausdrucks erhält, der im *throw*-Ausdruck angegeben wurde, können auf diese Weise **Informationen** von der Stelle, an der die Exception ausgelöst wird, an den Exception-Handler **übergeben** werden. Wie die letzten beiden der folgen-den Beispiele zeigen, sind das oft Informationen über die Ursache der Exception.

Beispiele:

1. Die Ausdrücke nach *throw* in der Funktion f passen in der aufgeführten Rei-henfolge zu den Exception-Handlern in g und initialisieren dort die jeweiligen Variablen:

```
void f(int i)
{
if (i==1) throw "Hallo"; // Datentyp char*
if (i==2) throw 1.7;     // Datentyp double
if (i==3) throw 17;      // Datentyp int
}

void g(int i)
{
try { f(i); }
catch (char* s)   {ShowMessage(s);} // s="Hallo"
catch (double d) {ShowMessage(FloatToStr(d));} //d=1.7
catch (int i)     {ShowMessage(IntToStr(i));} // i=17
}
```

Dieses Beispiel soll lediglich zeigen, wie Daten vom *throw*-Ausdruck an den Exception-Handler übergeben werden können. Diese Übergabe von Daten aus einer Funktion unterscheidet sich grundlegend von den üblichen Techniken, bei denen Daten aus einer Funktion über Parameter oder globale Variablen weitergegeben werden.

2. Diese Klasse *exception* der Standardbibliothek von C++ besitzt eine Elementfunktion *what*, die einen Zeiger auf einen nullterminierten String zurückgibt:

```
string s;
try { s.insert(1,"lll"); }
catch(exception& e)
  { Memo1->Lines->Add(e.what()); }
```

Dieser String enthält hier den Text „string index out of range in function: basic_string::replace". Hier wird also offensichtlich die Funktion *replace* von der Funktion *insert* aufgerufen.

3. Damit man auch von mathematischen Funktionen bei einem Fehler eine Exception erhält, ist es oft am einfachsten, die Funktionen aus <math.h> durch eigene Funktionen zu ersetzen, die bei einem Fehler eine Exception auslösen:

```
double Sqrt(double d) // Ersatz für sqrt
{
if (d<0) throw "negatives Argument bei Sqrt";
errno=0;        // Bibliotheksfunktionen setzen errno
d=sqrt(d);                        // nie auf Null
if (errno!=0) // falls ein Fehler aufgetreten ist
  throw "Fehler bei Sqrt";
return d;
}
```

Hier wird die globale Variable *errno* verwendet, die von den Bibliotheksfunktionen auf einen von Null verschiedenen Wert gesetzt wird, wenn bei ihrem Aufruf ein Fehler aufgetreten ist. Da diese Variable nur bei einem Fehler in den Bibliotheksfunktionen einen Wert erhält, wird sie vor dem Aufruf von *sqrt* auf Null gesetzt.

Meist wählt man für den Zuweisungsausdruck nach *throw* einen **Ausdruck**, dessen Datentyp eine **Klasse** ist und der durch den Aufruf eines Konstruktors erzeugt wird. Dabei werden oft Klassen verwendet, die nur den Zweck haben, als Exceptions verwendet zu werden. Bei einem bestimmten Fehler wird dann eine bestimmte Exception ausgelöst, so dass der Fehler über die Exception eindeutig identifiziert werden kann. In der Standardbibliothek von C++ ist in der Header-Datei <exception> die Klasse *exception* definiert:

```
class exception {
 public:
   exception() throw();// hier ist throw eine Exception-
   exception(const exception&) throw();   // Spezifikation
   exception& operator=(const exception&) throw();
   virtual ~exception() throw();
   virtual const char* what() const throw();
};
```

Diese Klasse ist die **Basisklasse** der schon in Abschnitt 7.2 vorgestellten Exception-Klassen der Standardbibliothek aus der Header-Datei <stdexcept>. Alle diese Klassen besitzen wie die Klasse *logic_error* einen Konstruktor, dem man den von der Elementfunktion *what* zurückgegebenen String übergeben kann:

```
class logic_error : public exception {
 public:
   logic_error (const string& what_arg);
};
```

Von der Klasse *exception* kann man auch eigene Klassen ableiten. In der Klasse *my_exception* wird die virtuelle Funktion *what* der Basisklasse überschrieben:

```
#include <exception>
class my_exception:public exception {
   string str;
 public:
   my_exception(const string& msg):str(msg) { };
   const char* what() const throw(){return str.c_str(); }
};
```

Da ein Exception-Handler mit einer Basisklasse auch zu einer Exception einer abgeleiteten Klasse passt, kann man alle Exceptions von abgeleiteten Klassen auch über einen Exception-Handler mit einer Basisklasse abfangen und so auf ganze Gruppen von Exceptions in einem einzigen Handler reagieren. Wenn man dabei die Variable im Exception-Handler als **Referenz** oder als Zeiger deklariert und eine **virtuelle Funktion** dieser Variablen aufruft, führt das zum Aufruf der letzten überschreibenden Funktion (siehe Abschnitt 6.4.2) der Variablen, die im *throw*-Ausdruck angegeben wurde. Deshalb wird durch

```
void f()
{
throw my_exception("ich bin's");
}

try { f(); }
catch (exception& e) // Referenz Basisklasse
{ ShowMessage(e.what());}// Aufruf my_exception::what
```

die Meldung „ich bin's" ausgegeben. Es ist insbesondere nicht notwendig, auf jede Exception der Hierarchie in einem eigenen Exception-Handler zu reagieren:

```
try { f(); }
catch (my_exception& e) // unnötig umständlich
 { ShowMessage(e.what()); }
catch (exception& e)
 { ShowMessage(e.what()); }
```

Beim Aufruf über eine **Nicht-Referenz** wird dagegen die Funktion aufgerufen, die zum statischen Datentyp der Variablen gehört. Deshalb erhält man durch

```
try { f(); }
catch (exception e) // keine Referenz
{ ShowMessage(e.what()); } // Aufruf exception::what
```

die Meldung, die zur Basisklasse *exception* gehört.

Es ist auch möglich, bei einem *throw*-Ausdruck einen **Zeiger** zu übergeben

```
void f()
{
exception e;
throw &e;
}
```

und diesen über einen Zeiger abzufangen:

```
try { f();}
catch (exception* e)
{
// *e existiert nicht mehr
}
```

Da dabei aber nur eine Kopie des Zeigers und keine der dereferenzierten Variablen *e an den Exception-Handler übergeben wird, existiert *e nach dem Verlassen der Funktion f nicht mehr, falls e dort nicht statisch definiert wird.

Deshalb sollte man als **Datentyp** für die in einem Exception-Handler definierte Variable **immer einen Referenztyp** wählen, wenn man Datenelemente dieser Variablen verwendet. Über einen Referenztyp einer Basisklasse führt außerdem der Aufruf einer **virtuellen Funktion** zum Aufruf der letzten überschreibenden Funktion der Variablen, die im *throw*-Ausdruck angegeben wurde. So kann man **mit einem einzigen Exception-Handler differenziert** auf verschiedene Exceptions **reagieren**. Reagiert man dagegen mit nicht virtuellen Funktionen auf jede Exception in einem eigenen Handler, muss man nach jeder Änderung eines Programms, durch die eine neue Exception ausgelöst wird, irgendwo oben in der Aufrufhierarchie einen Exception-Handler einbauen.

Auch **in einem Exception-Handler** kann man wieder eine **Exception auslösen**. Gibt man dabei nach *throw* keinen Ausdruck an, wird die aktuelle Exception an den nächsthöheren Exception-Handler weitergegeben. Wird dagegen ein Ausdruck angegeben, wird die aktuelle Exception gelöscht und eine neue Exception mit dem angegebenen Ausdruck ausgelöst.

Beispiele: Eine von einem *logic_error* abgeleitete Exception wird weitergegeben:

```
try { /*...*/ }
catch (logic_error&)
{
  ShowMessage("logisch");
  throw; // gibt die Exception weiter
}
```

Eine von einem *logic_error* abgeleitete Exception wird hier als *runtime_error* weitergegeben:

```
try { /*...*/ }
catch(logic_error&)
{   throw runtime_error("Ausgetrickst!");
} // gibt runtime_error weiter
```

Falls man nicht sicher ist, ob nur Exceptions auftreten, die von bestimmten Basisklassen abgeleitet sind, sollte man alle übrigen Exceptions mit „..." abfangen:

```
try { f(); }
catch (exception& e)
{ ShowMessage(e.what());}// Information verwenden
catch (...) // Alle restlichen Exceptions abfangen
{ ShowMessage("Was war das?"); }
```

In der Programmiersprache C kann man mit *setjmp* und *longjmp* einen ähnlichen Programmablauf wie mit *throw* erreichen. Der Aufruf von *longjmp* hat allerdings in einem C++-Programm ein undefiniertes Verhalten zur Folge, wenn dadurch ein Block verlassen wird, in dem Variablen definiert wurden, deren Destruktor beim normalen Verlassen des Blocks aufgerufen wird.

Im C++Builder ist die Klasse *Exception* die Basisklasse der in der VCL ausgelösten Exceptions. Sie und die abgeleiteten Klassen haben zahlreiche Konstruktoren zur Formatierung der Meldung, die als Eigenschaft *Message* (Datentyp *AnsiString*) zur Verfügung steht. Zwei Beispiele für ihre Konstruktoren:

Exception*(const AnsiString Msg);*
Exception*(const AnsiString Msg, const TVarRec *Args, const int Args_Size);*

Definiert man in einem Exception-Handler eine Variable eines von *Exception* abgeleiteten Datentyps, **muss** ihr Datentyp immer ein **Referenztyp** sein. Für weitere Einzelheiten wird auf die Online-Hilfe verwiesen.

Beispiele:

1. Bei einer Division durch Null erzeugt der Exception-Handler

```
int n=0; double m, s_x=17;
try { m = s_x/n; // löst wegen n=0 eine Exception aus
}
catch (Exception& E) // Referenztyp notwendig
{ ShowMessage("Fehler: "+E.Message); }
```

eine Meldung der Art:

```
"Fehler: EDivByZero"
```

2. Die nächsten beiden *throw*-Ausdrücke sollen lediglich zeigen, wie man die
   beiden Konstruktoren verwenden kann:

```
try {
  throw Exception("Da ging was schief");
  throw Exception("i=%d f=%f",OPENARRAY(TVarRec,(i,f)));
}
catch (Exception& E) { ShowMessage(E.Message); }
```

3. Die Exception *EAbort* unterscheidet sich von den anderen Exceptions der VCL
   dadurch, dass sie kein Meldungsfenster erzeugt. Sie kann auch durch einen
   Aufruf der Funktion *Abort* ausgelöst werden.

```
void rechne()
{
if (Gewinn < 0)
  {
    Gewinn = 100;
    throw EAbort("Super");
  }
}
```

Diese Exception kann man dann folgendermaßen abfangen:

```
void Abrechnung()
{
try { rechne(); }
catch(Exception&)
  { /* keiner hat's gemerkt */ };
}
```

7.7 Fehler, Exceptions und die Korrektheit von Programmen

Bisher wurde immer nur relativ undifferenziert davon gesprochen, dass eine Exception bei einem „Fehler" ausgelöst wird. Nachdem wir nun gesehen haben, wie
man an einer beliebigen Stelle eine Exception auslösen kann, stellt sich die Frage,
wann das sinnvoll und was in diesem Zusammenhang überhaupt ein „Fehler" ist.

Dazu ist die Überlegung hilfreich, dass jede Anweisung und jede Funktion **eine
bestimmte Aufgabe** (ihre Spezifikation) hat, da sie sonst gar nicht geschrieben
worden wäre. Wenn der Aufruf der Funktion dann nicht dazu führt, dass sie ihre
Aufgabe erfüllt, ist es meist sinnlos, weitere Anweisungen auszuführen, die vom
Ergebnis dieses Aufrufs abhängen, da sie Folgefehler nach sich ziehen können.

Wenn man **alle Funktionen** in einem Programm **so konstruiert**, dass sie **genau
dann eine Exception** auslösen, wenn sie **ihre Aufgabe nicht erfüllen**, kann man
mit einer einzigen *try*-Anweisung überprüfen, ob in einer Folge von Funktionsaufrufen alle ihre Aufgabe erfüllen:

```
try {
    y=Sqrt(x);
    z=f1(y);
    result=f2(y,z);
}
catch(...) { }
```

Tritt dann bei der Ausführung einer solchen *try*-Anweisung keine Exception auf, kann man sicher sein, dass alle Funktionen im *try*-Block ihre Aufgabe erfüllt haben. Das ist **einfacher und übersichtlicher**, als wenn man diese Prüfung vor und nach jedem Funktionsaufruf durchführt. Bei Funktionen, die oft aufgerufen werden, kann das mit der Wiederholung zahlreicher gleichartiger Prüfungen verbunden sein, die ebenfalls wieder die Ursache von Fehlern sein können.

```
bool errorflag=false;
errno=0;
if (x>=0) y=sqrt(x);
else errorflag=true;
if (errno!=0) errorflag=true;
if (y>0 && y<max && !errorflag) z=f1(y);
else errorflag=true;
if (!errorflag) result=f2(y,z)
else errorflag=true;
```

Alle bisher betrachteten Exceptions werden bei solchen Fehlern ausgelöst, bei denen eine Funktion ihre Aufgabe nicht erfüllt:

- Die Funktion *Sqrt* von Seite 844 löst eine Exception aus, wenn die Vorbedingung d<0 nicht erfüllt ist oder wenn die Variable *errno* darauf hinweist, dass der Funktionswert nicht die Wurzel des Arguments ist.
- Wenn der mit *new* angeforderte Speicher nicht zur Verfügung gestellt werden kann, hat die Anweisung mit *new* ihre Aufgabe nicht erfüllt.
- Wenn beim Lesen aus einem Stream die erwarteten Zeichen nicht gelesen werden konnten, hat die Lese-Funktion ihre Aufgabe nicht erfüllt.
- Wenn die Funktion *exp* aus <math.h> mit einem zu großen Argument aufgerufen wird, kann sie das Ergebnis nicht im Datentyp des Funktionswertes darstellen. Ein solcher Fehler ist nur schwer vor dem Aufruf der Funktion festzustellen und passt deshalb zu einer von *runtime_error* abgeleiteten Klasse.

Oft kann man für eine Funktion nachweisen, dass sie ihre Aufgabe erfüllt, wenn bei der Ausführung ihrer Anweisungen bestimmte Bedingungen (die Vorbedingungen) erfüllt sind. Dann beschränkt sich der Nachweis ihrer Richtigkeit auf den **Nachweis ihrer Vorbedingungen**.

Die Standardbibliothek stellt für verletzte Vorbedingungen, die man vor dem Aufruf einer Funktion entdecken kann, die Klasse *logic_error* (siehe Seite 834) zur Verfügung. Die Klasse **runtime_error** ist dagegen für Fehler gedacht, die man nur schwer vor dem Aufruf einer Funktion entdecken kann und die erst während ihrer Laufzeit festgestellt werden können. Dazu gehört z.B. der Aufruf einer

Funktion wie *exp*, bei der man nur schwer vorher feststellen kann, welche Argumente zu einem Überlauf führen.

Meyer (1997, Kap. 11) betrachtet die Beziehungen zwischen einer Funktion und ihrem Aufrufer unter dem Stichwort „**design by contract**" als formalen Vertrag, bei dem jeder Beteiligte Rechte und Pflichten hat. Eine Funktion hat die Pflicht, ihre Spezifikation zu erfüllen, wenn der Aufrufer ihre Vorbedingungen einhält. Und der Aufrufer hat die Pflicht, beim Aufruf einer Funktion ihre Vorbedingungen einzuhalten. Wenn einer der Beteiligten seine Pflicht nicht erfüllt, ist der Vertrag zwischen den beiden gebrochen („**When the contract is broken**", Kap. 12). Er empfiehlt, genau bei einer solchen Vertragsverletzung eine Exception auszulösen.

In einem *try*-Block fasst man oft solche Anweisungen zusammen, die voneinander abhängig sind und bei denen ein Fehler Folgefehler nach sich zieht. Anweisungen, die dagegen von einander unabhängig sind, können in getrennten *try*-Blöcken enthalten sein: Wenn ein Fehler in einem Teil eines Programms keine Auswirkungen auf einen anderen Teil eines Programms hat, braucht der andere Teil nach einem Fehler im einen Teil des Programms auch nicht abgebrochen werden.

In **Programmiersprachen ohne Exception-Handling** wird meist folgendermaßen auf Fehler reagiert:

–   Nach einem besonders schweren Fehler (z.B. einer Division durch Null) wird das Programm meist abgebrochen. Dadurch wird aber auch die Ausführung von Anweisungen unterbunden, die von diesem Fehler überhaupt nicht betroffen sind.
–   Bei weniger schweren Fehlern wird eine Statusvariable wie *errno* in der Programmiersprache C gesetzt oder ein spezieller Funktionswert wie bei vielen Funktionen der Windows-API zurückgegeben. Allerdings wird die Abfrage der Statusvariablen oft vergessen. So prüfen nur die wenigsten Programme nach einem Aufruf von *sqrt* den Wert von *errno*. Sie rechnen deshalb nach einem Fehler eventuell mit völlig sinnlosen Werten weiter, ohne dass das bemerkt wird.
–   In der Programmiersprache C werden Vor- und Nachbedingungen oft mit dem Makro *assert* (siehe Abschnitt 3.22.3) überprüft. Falls dabei eine Bedingung nicht erfüllt ist, wird das Programm abgebrochen. Diese Reaktion ist aber oft zu drakonisch und schließt die Verwendung von *assert* aus.

Ein Exception-Handling ermöglicht also gegenüber diesen konventionellen Techniken eine **differenziertere** und **weniger fehleranfällige** Reaktion. Gegenüber *assert* kann man Exceptions als **Verfeinerung** betrachten. Außerdem kann man mit Exceptions an einer **zentralen Stelle** auf die Fehler reagieren.

Der Programmablauf bei einer Exception ist allerdings **weniger strukturiert** als bei den üblichen Kontrollstrukturen und deshalb schwerer aus dem Programmtext abzuleiten. Während mit *if*, *while* usw. immer ein ganzer Block kontrolliert wird, kann man mit *throw* aus einem tiefer verschachtelten Block oder einer Funktion in den Block des Exception-Handlers einer umgebenden *try*-Anweisung springen. Da ein Programm mit einem Exception-Handling außerdem langsamer ist, sollten **Exceptions nur dann** verwendet werden, wenn mit den üblichen Kontrollstrukturen keine zufriedenstellende Lösung möglich ist. Insbesondere sollte man *throw*-Ausdrücke nicht dazu verwenden, trickreiche Programmabläufe wie ein *goto* in eine aufrufende Funktion zu realisieren.

Beispiel: Wenn beim Lesen nach dem Ende einer Datei eine Exception ausgelöst wird, kann man alle Daten einer Datei auch in einer Endlosschleife lesen und die Schleife mit einer Exception verlassen:

```
try {
  ifstream f("c:\\test\\test.dat");
  f.exceptions(ios::eofbit|ios::failbit);
  char c;
  while (true) // nicht while (f)
    f>>c;
  f.close();
}
catch (ios_base::failure& e)
{
if (f.eof()); // eof ist hier kein Fehler
// ...
}; // ...
```

Die Schleifenbedingung *f* ist allerdings meist leichter verständlich, da sie direkt zum Ausdruck bringt, dass eine Datei ganz gelesen wird.

7.8 Die Freigabe von Ressourcen bei Exceptions

Wenn ein Programm Ressourcen (Hauptspeicher, Dateien usw.) reserviert, sollten diese nach Gebrauch wieder freigegeben werden, damit sie für andere Anwendungen zur Verfügung stehen. Eine solche Freigabe sollte auch nach einer Exception erfolgen.

In der folgenden Funktion werden zunächst 4 KB RAM reserviert. Falls dann beim Aufruf der Funktion f eine Exception auftritt, wird *delete* nicht erreicht und der Speicher nicht mehr freigegeben.

```
void MemoryLeak()
{
int* p = new int[1024];
f(); // löst eventuell eine Exception aus
delete[] p;
}
```

Eine unnötige Reservierung von 4 KB Hauptspeicher hat meist keine gravierenden Auswirkungen und wird oft nicht einmal bemerkt. Falls das aber oft geschieht, kann die Auslagerungsdatei groß und das Programm langsamer werden. Wenn eine Datei reserviert und nicht mehr freigegeben wird, können andere Anwender eventuell nicht mehr auf sie zugreifen, bis man das Programm beendet und neu startet.

Auf den ersten Blick mag der folgende Ansatz zur Lösung dieses Problems naheliegend erscheinen:

```
int* p = new int[1024] ;    // reserviere die Ressource
try {
  // verwende die Ressource
}
catch(...)
{
  delete[] p; // bei einer Exception freigeben
  throw; // damit das zweite delete übersprungen wird
}
delete[] p;// p freigeben, falls keine Exception auftritt
```

Hier wird die Ressource vor der *try*-Anweisung reserviert und ausschließlich im Block nach *try* verwendet. Falls dabei eine Exception auftritt, wird sie im Block nach *catch* wieder freigegeben. Falls dagegen keine Exception auftritt, wird dieser Block nie ausgeführt und die Ressource nach der *try*-Anweisung freigegeben. Durch „throw;" wird sichergestellt, dass sie nicht zweimal freigegeben wird und dass die Exception in einem umgebenden *try*-Block behandelt werden kann.

Dieser Ansatz ist allerdings recht aufwendig. Man kann den Aufwand aber reduzieren, wenn eine Ressource nur in einem Block benötigt wird. Beim Verlassen eines Blocks wird für eine in diesem Block definierte nicht statische Variable eines Klassentyps immer ihr Destruktor (siehe Abschnitt 6.1.5) aufgerufen. Das gilt auch dann, wenn der Block aufgrund einer Exception verlassen wird. Deshalb kann man eine Klasse definieren, die die **Ressource in ihrem Destruktor freigibt**. Wenn man dann eine Variable dieser Klasse in dem Block definiert, ist sichergestellt, dass die Ressource auch bei einer Exception wieder freigegeben wird. Stroustrup (1997, Abschnitt 14.4.1) bezeichnet diese Technik als „resource acquisition is initialization (RAII)" („**Ressourcenbelegung ist Initialisierung**").

Beispiel: Der für ein Objekt der Klasse

```
class myVerySimpleSmartPointer{
  int* v;
  public:
    myVerySimpleSmartPointer() {v=new int;};
    virtual ~myVerySimpleSmartPointer(){delete v;};
};
```

reservierte Speicher wird beim Verlassen des Blocks wieder freigegeben, in dem eine Variable dieser Klasse definiert wird, und zwar auch dann, wenn beim Aufruf von f eine Exception auftritt:

```
void g()
{
myVerySimpleSmartPointer a;
f(); // löst eventuell eine Exception aus
}
```

Viele **Klassen der Standardbibliothek** sind nach diesem Schema konstruiert und geben die von ihnen reservierten Ressourcen im Destruktor wieder frei. Dadurch ist automatisch sichergestellt, dass jede lokale, nicht statische Variable einer solchen Klasse ihre Ressourcen auch bei einer Exception wieder freigibt.

– Alle **Stream-Klassen** der Standardbibliothek heben die Reservierung einer Datei im Destruktor wieder auf. Im Unterschied zu den C-Funktionen zur Dateibearbeitung besteht mit diesen Klassen also keine Gefahr, dass eine Datei nach einer Exception unnötig reserviert bleibt.
– Die Destruktoren der **Container-Klassen** aus der Standardbibliothek geben den gesamten Speicherbereich wieder frei, den ein Container belegt. Dabei wird der Destruktor für jedes Element des Containers aufgerufen.

Die Freigabe von Ressourcen im Destruktor findet automatisch in der **richtigen Reihenfolge** statt. Werden mehrere Ressourcen reserviert, kann eine später reservierte eine früher reservierte verwenden. Deshalb muss die später reservierte Ressource vor der früher reservierten freigegeben werden. Diese Anforderung wird erfüllt, da die Destruktoren immer in der umgekehrten Reihenfolge ihrer Konstruktoren ausgeführt werden (siehe Abschnitt 6.2.2).

Neben den bisher vorgestellten Möglichkeiten von Standard-C++ kann man im C++Builder die Freigabe von Ressourcen auch mit ***try-__finally*** sicherstellen. Dabei werden die Anweisungen in dem Block nach *__finally* immer ausgeführt, und zwar unabhängig davon, ob in dem Block nach *try* eine Exception auftritt oder nicht. Da durch eine *try-__finally*-Anweisung keine Exceptions behandelt werden, verwendet man sie meist in einer *try-catch*-Anweisung.

Beispiel:
```
void test_tryFin(int i)
{
int* p;
try {
  try {
    p=new int;
    f(); // löst eventuell eine Exception aus
  }
  __finally
  { delete p; }// hier Ressource freigeben
}
catch(...)
{ }; // hier Exception behandeln
}
```

Damit lassen sich die Programmstrukturen *try-finally* von Delphi bzw. __try-__finally__ von C leicht auf den C++Builder übertragen. Da dieses Sprachelement aber nicht im C++-Standard enthalten ist, sind solche Programme nicht portabel.

7.9 Exceptions in Konstruktoren und Destruktoren

Wenn **im Konstruktor** einer Klasse eine **Exception** auftritt, wird für alle Elemente der Klasse, deren Konstruktor zuvor vollständig ausgeführt wurde, ihr Destruktor aufgerufen. Da für alle Elemente eines Klassentyps ihr Konstruktor immer vor der Ausführung der Anweisungen im Konstruktor aufgerufen wird (siehe Abschnitt 6.2.2), sind alle solchen Elemente vor der Ausführung der Anweisungen im Konstruktor vollständig konstruiert. Deshalb werden die von Elementen eines Klassentyps reservierten Ressourcen bei einer Exception im Konstruktor wieder freigegeben. Exceptions während der Ausführung eines Konstruktors können mit einem *function-try*-Block abgefangen werden (siehe Abschnitt 6.1.5).

Beispiel: Wenn die Funktion *init* im Konstruktor von C1 eine Exception auslöst, wird der zuvor mit *new* reservierte Speicher nicht wieder freigegeben:

```
class C1 {
  int* p;
public:
  C1()
  {
  p=new int[100];
  init(); // löst eventuell eine Exception aus
  }
}
```

Da vor dem Aufruf der Anweisungen im Konstruktor von C2 der Standardkonstruktor für den *vector* v aufgerufen wird, ist das Element v beim Aufruf von *init* vollständig konstruiert. Wenn dann der Aufruf von *init* eine Exception auslöst, wird der von v belegte Speicher wieder vollständig freigegeben:

```
class C2 {
  vector<int> v;
public:
  C2() // Konstruktor von C2
  {
  v.push_back(17);
  init(); // löst eventuell eine Exception aus
  }
}
```

Wenn man ein Element e einer Klasse C mit einem Elementinitialisierer initialisiert, wird der Konstruktor für e vor den Anweisungen im Konstruktor von C ausgeführt. Deshalb kann man eine Exception im Konstruktor von e nicht in einer *try*-Anweisung im Konstruktor von C abfangen.

Beispiel: Wenn im Konstruktor von E eine Exception ausgelöst wird, tritt sie vor
             der *try*-Anweisung im Konstruktor von C auf und kann deshalb nicht in
             ihrem Handler behandelt werden:

```
class C {
  E e;
 public:
  C():e()
  {
    try       {   /* ... */  }
    catch(...) {   /* ... */  }
  }
}
```

Damit man in einem Konstruktor auch die Exceptions in den Elementinitialisierern behandeln kann, stellt der C++-Standard das Sprachkonstrukt ***function-try-block*** zur Verfügung. Dieses kann nur in einem Konstruktor verwendet werden:

function-try-block:
       `try` *ctor-initializer* ₒₚₜ *function-body handler-seq*

Wenn man einen Konstruktor mit einem *function-try-block* definiert, führen nicht nur die in einem Elementinitialisierer ausgelösten Exceptions, sondern auch die im Konstruktor ausgelösten Exceptions zur Ausführung des zugehörigen Handlers.

Beispiel: Wenn ein Objekt der Klasse C mit dem Argument 0 für i_ erzeugt wird,
             führt das beim Aufruf der Funktion f zu einer Division durch 0:

```
int f(int i)
{
return 1/i;
}

class C {
  int i;
  double d;
 public:
  C(int, double);
};

C::C(int i_, double d_)
try
  : i(f(i_)), d(d_)
  {
    // ... Anweisungen des Konstruktors von C
  }
catch (...) // Dieser Handler behandelt alle
  {// Exceptions, die im Konstruktor oder in einem
   // seiner Elementinitialisierer auftreten
   // ...
  }
```

Im C++Builder 2007 stehen *function-try-blocks* allerdings nicht zur Verfügung.

Ein **Destruktor** sollte normalerweise **keine Exceptions weitergeben.** Der Grund dafür ist, dass ein Destruktor auch als Folge einer Exception aufgerufen wird, wenn ein Block verlassen wird, und dass das dazu führen kann, dass dann zwei oder mehr Exceptions bearbeitet werden müssen. Beim nächsten Exception-Handler stellt sich dann die Frage, welche dieser Exceptions abgefangen werden soll. Da diese Entscheidung nicht generell gelöst werden kann, führt das zum Aufruf der Funktion *terminate* (siehe Abschnitt 7.11), die einen Programmabbruch zur Folge hat. Deshalb wird generell empfohlen, in einem Destruktor keine Exceptions auszulösen.

Beispiel: Es spricht aber nichts gegen Exceptions in einem Destruktor, wenn sie im Destruktor abgefangen werden:

```
~C()
{
try { f(); } // f soll eine Exception auslösen
catch(...)
{ /* reagiere auf die Exception */ }
}
```

Anmerkung für Delphi- und C-Programmierer: In Delphi kann die Freigabe von Ressourcen mit *try-finally* und in C mit *__try-__finally* sichergestellt werden.

Aufgaben 7

1. Geben Sie an, welche Anweisungen beim Aufruf der Funktion f

```
void f()
{
try { try {
          f1();
          f2();
        }
      catch(...)
        {
          f3();
        }
      f4();
    }
catch (...)
    {
      f5();
    }
}
```

ausgeführt werden, wenn

   a) in keiner der Funktionen f1, f2 usw. eine Exception ausgelöst wird
   b) in f1 eine Exception ausgelöst wird
   c) in f2 eine Exception ausgelöst wird
   d) in f1 und f3 eine Exception ausgelöst wird
   e) in f1 und f4 eine Exception ausgelöst wird.

2. Definieren Sie eine Funktion mit einem *int*-Parameter, die in Abhängigkeit
    vom Wert des Arguments eine Exception des Datentyps

a) *int*	d) *char**
b) *char*	e) *exception*
c) *double*	f) *logic_error*

    auslöst und zeigen sie den jeweils übergebenen Wert bzw. den der Funktion
    what in einem Exception-Handler an.

3. Die Funktion f soll in Abhängigkeit vom Wert des Arguments eine Exception
    der Datentypen *exception, logic_error, range_error* oder *out_of_range* aus-
    lösen. Welche Ausgabe erzeugt ein Aufruf der Funktion in a)? Von welcher
    Klasse wird die Funktion *what* in b) bis d) aufgerufen?

    a)
```
void g1(int i)
{
try { f(i); }
catch(logic_error& e)
  { Form1->Memo1->Lines->Add("logisch"); }
catch(out_of_range& e)
  { Form1->Memo1->Lines->Add("range"); }
catch(exception& e)
  { Form1->Memo1->Lines->Add("exception"); }
};
```

    b)
```
void g2(int i)
{
try { f(i); }
catch(logic_error& e)
  { Form1->Memo1->Lines->Add(e.what()); }
catch(out_of_range& e)
  { Form1->Memo1->Lines->Add(e.what()); }
catch(exception& e)
  { Form1->Memo1->Lines->Add(e.what()); }
};
```

    c)
```
void g3(int i)
{
try { f(i);  }
catch(exception e)
  { Form1->Memo1->Lines->Add(e.what()); }
};
```

```
d) void g4(int i)
   {
   try { f(i); }
   catch(exception& e)
     { Form1->Memo1->Lines->Add(e.what()); }
   catch(...)
     { Form1->Memo1->Lines->Add("irgendeine Exception"); }
   };
```

4. Beim Aufruf einer Funktion f sollen Exceptions ausgelöst werden können, die sowohl von *Exception* (VCL-Exceptions), von *exception* (Standard-C++ Exceptions) als auch von einer Klasse *myException* abgeleitet sind. Rufen Sie diese Funktion entsprechend auf.

5. Erweitern Sie die Funktionen ***stringToDouble*** und ***stringToInt*** (Aufgabe 4.1, 1.) so, dass eine Exception ausgelöst wird, wenn nicht alle Zeichen konvertiert werden können

6. Definieren Sie eine von der Klasse *exception* abgeleitete Klasse *MeineException*, deren Elementfunktion *what* einen im Konstruktor angegebenen Text zurückgibt. Lösen Sie in einer Funktion eine Exception dieser Klasse aus und zeigen Sie den Text an.

7. Beurteilen Sie die Funktion *Sqrt*:

```
class ENegative {};

double Sqrt(double d)
{
try {
   if (d<0) throw ENegative();
   return sqrt(d);
}
catch(...)
{
   ShowMessage("negativ");
   return 0;
}
}
```

8. Eine Eingabemaske wie

soll verschiedene Edit-Fenster mit Strings enthalten. Bei der Übernahme der Daten aus dieser Maske sollen die Strings mit Funktionen wie *StrToInt*, *StrToFloat*, und *StrToDate* in Ganzzahl-, Gleitkomma- und Datumswerte umgewandelt werden. Diese Funktionen sollen eine Exception auslösen, wenn die Umwandlung nicht möglich ist.

Entwerfen Sie eine Funktion *GetData*, die die Daten aus der Eingabemaske übernimmt und in die entsprechenden Datentypen konvertiert. Diese Funktion soll von einer Funktion *SaveData* aufgerufen werden können, die die konvertierten Daten z.B. in einem Container speichert. Falls die Konvertierung nicht möglich ist, soll der Anwender durch eine Meldung darauf hingewiesen werden.

a) In einer ersten Variante der Funktion *getData* soll der Anwender nur darauf hingewiesen werden, dass eine der Umwandlungen nicht möglich war.

b) In einer zweiten Variante der Funktion *getData* soll der Anwender gezielt auf die Umwandlung hingewiesen werden, die nicht möglich war.

9. Bei einem Aufruf der Funktion f soll gelegentlich die Gefahr bestehen, dass eine Exception ausgelöst wird. Stellen Sie sicher, dass der mit *new* reservierte Speicher auch wieder freigegeben wird.

```
void h()
{
vector<int*> v;
int* p=new int(17);
v.push_back(p);
f();//falls hier eine Exception auftritt, Speicherleck
for (vector<int*>::iterator i=v.begin(); i!=v.end();
 i++)
  delete i;
}
```

7.10 Exception-Spezifikationen

Bei einer Funktionsdeklaration kann man nach der Parameterliste eine Exception-Spezifikation mit einer Liste von Datentypen angeben:

exception-specification:
    throw (*type-id-list* *opt*)

Die Funktion darf dann nur Exceptions der angegebenen oder davon abgeleiteter Datentypen auslösen. Ohne eine Exception-Spezifikation darf sie jede Exception auslösen. Wenn in der Funktion eine Exception ausgelöst wird, die nicht in ihrer Exception-Spezifikation enthalten ist, führt das zum Aufruf der Funktion *std::unexpected()*, die wiederum *std::terminate()* (siehe Abschnitt 7.11) aufruft und nach der Voreinstellung das Programm abbricht.

Das folgende Beispiel zeigt, wie sich eine Exception-Spezifikation auswirkt:

```
typedef int X;        // X und Y sind irgendwelche
typedef exception Y;  // Datentypen

void f() throw (X, Y)
{
// ...
}
```

Diese Exception-Spezifikation hat denselben Effekt, wie wenn der Block aus der Funktionsdefinition in der folgenden *try*-Anweisung enthalten wäre:

```
void f()
{
try {
  // ...
  }
catch (X) { throw; } // gibt die Exception weiter
catch (Y) { throw; } // gibt die Exception weiter
catch (...)
  {
  std::unexpected(); // Programmabbruch
  }
}
```

Da ein Aufruf von *std::unexpected()* normalerweise nicht erwünscht ist, gibt man in einer Exception-Spezifikation alle Exceptions an, die beim Aufruf der Funktion vorkommen können.

Eine Exception-Spezifikation bietet also vor allem die Möglichkeit, explizit zu dokumentieren, welche Exceptions in einer Funktion zu erwarten sind. Der C++-Standard verwendet Exception-Spezifikationen häufig. Einige Beispiele:

> *void* operator **new**(std::size_t size) throw(std::bad_alloc);*
> *void operator **delete**(void* ptr) throw();*
> *void* operator **new[]**(std::size_t size) throw(std::bad_alloc);*
> *void operator **delete[]**(void* ptr) throw();*

Hier wird explizit zum Ausdruck gebracht, dass der Operator *new* die Exception *bad_alloc* auslösen kann, während der Operator *delete* keine Exceptions auslöst.

Wenn man bei einer Funktion eine Exception-Spezifikation angibt, sollte man darauf achten, dass in ihr keine Funktionen aufgerufen werden, die andere Exceptions auslösen.

7.11 Die Funktion *terminate* Θ

In bestimmten Situationen muss die Behandlung einer Exception abgebrochen werden. Dann wird die Funktion **terminate** aufgerufen, die nach der Voreinstellung die Funktion *abort* aufruft. Diese bricht das Programm ab, ohne weitere Destruktoren aufzurufen.

Die Funktion *terminate* wird aufgerufen, wenn

- eine Exception durch **keinen** passenden **Exception-Handler** abgefangen wird
- bei der Definition einer **globalen Variablen** eine Exception auftritt, weil ihr Konstruktor eine Exception auslöst
- in einem ***throw*-Ausdruck** eine Klasse verwendet wird, deren Konstruktor oder Destruktor eine Exception auslöst
- ein ***throw*-Ausdruck ohne Operand** außerhalb eines Exception-Handlers ausgeführt wird
- ein Destruktor als Folge einer Exception aufgerufen wird und dieser selbst wieder eine Exception auslöst. Das ist insbesondere dann der Fall, wenn ein Block aufgrund einer Exception verlassen wird und für die in diesem Block definierten Objekte ihr Destruktor aufgerufen wird, der dann eine Exception auslöst. Deshalb sollte **jeder Destruktor** alle Funktionen, die eine Exception auslösen können, in einer *try*-Anweisung aufrufen.

Beispiel: In der Klasse C soll der Aufruf einer Funktion im Destruktor eine Exception auslösen, die nicht abgefangen wird. Dann führt ein Aufruf der Funktion f zu einem Programmabbruch.

```
void f()
{ // das sieht eigentlich ganz harmlos aus
C c;
throw exception();
}
```

Die von *terminate* aufgerufene Funktion kann mit der Funktion

*terminate_handler **set_terminate**(terminate_handler f) throw();*

gesetzt werden, der ein Funktionszeiger des Typs

typedef void (*terminate_handler)();

als Argument übergeben wird. Dazu besteht aber meist kein Grund.

7.12 Das Win32-Exception-Handling mit *try-__except* Θ

Im C++Builder steht auch das strukturierte Exception-Handling von Win32 mit der *try-__except*-Anweisung zur Verfügung. Dabei handelt es sich um eine Erweiterung von Microsoft für die Programmiersprache C. Sie unterscheidet sich unter anderem folgendermaßen von einer *try-catch*-Anweisung:

1. Im Block nach *__except* werden nur solche Exceptions erkannt, die mit *RaiseException* ausgelöst wurden. Mit *throw* ausgelöste Exceptions werden dagegen nicht erkannt.
2. Mit *RaiseException* können nur Exceptions des Datentyps *int* ausgelöst werden, mit *throw* dagegen Exceptions eines beliebigen Datentyps.
3. Falls ein Programm eine mit *RaiseException* ausgelöste Exception nicht behandelt, wird das Exception-Handling von Win32 aufgerufen und nicht die Funktion *terminate*.

Microsoft empfiehlt in der Online-Hilfe zu Visual C++, in C++-Programmen das Exception-Handling von C++ (mit *try-catch*) zu bevorzugen.

8 Die Bibliothek der visuellen Komponenten (VCL)

Alle visuellen und nicht visuellen Komponenten der Tool-Palette sowie zahlreiche weitere Klassen im C++Builder werden zusammen als „Bibliothek der visuellen Komponenten" (Visual Component Library, **VCL**) bezeichnet. Dabei ist das Wort „visual" etwas irreführend, da die VCL auch Klassen enthält, die keine sichtbaren Komponenten erzeugen.

Die spezielle Architektur dieser Klassenbibliothek ist die Grundlage für die einfache Bedienbarkeit und die Vielseitigkeit des C++Builders. Da die VCL in die Entwicklungsumgebung des C++Builders integriert ist, können Komponenten aus der Tool-Palette auf ein Formular gesetzt und ohne Schreibarbeit in ein Programm aufgenommen werden. Dabei werden die beim Entwurf eines Formulars gesetzten Eigenschaften in das Programm übernommen. Die Tool-Palette kann man außerdem um eigene Komponenten ergänzen, die dann ebenfalls in die Entwicklungsumgebung integriert werden. Auch von solchen selbstdefinierten Komponenten können Eigenschaften im Objektinspektor gesetzt werden.

Dieses Kapitel gibt einen Überblick über den Aufbau und die wichtigsten Sprachelemente in Zusammenhang mit der VCL. Die Klassen der VCL sind in Object Pascal für Delphi geschrieben. Delphi ist ein weitgehend mit dem C++Builder identisches Entwicklungssystem, das aber anstelle von C++ die Programmiersprache Object Pascal verwendet. Da der Compiler des C++Builders auch Object Pascal übersetzen kann (siehe Abschnitt 5.4.4), können diese Klassen auch hier verwendet werden.

Die VCL ist eine umfangreiche Klassenhierarchie. Das sieht man schon am Umfang und der Vielzahl der Header mit der Endung *.hpp im Verzeichnis „include\vcl" des C++Builders. Angesichts dieses Umfangs ist keine vollständige Beschreibung dieser Klassen und ihrer Elemente beabsichtigt. Für weitere Informationen wird auf die Online-Hilfe verwiesen.

In Object Pascal ist anstelle von „Elementfunktion" der Begriff „Methode" verbreitet. Da man diesen Begriff auch in der Online-Hilfe des C++Builders häufig findet, werden die beiden Begriffe hier gleichbedeutend verwendet.

8.1 Besonderheiten der VCL

Die Klassen der VCL sind in Object Pascal für Delphi geschrieben. Solche Klassen unterscheiden sich im Wesentlichen in den folgenden Punkten von Klassen nach dem von C++-Standard.

1. In Object Pascal werden alle Klassen von der vordefinierten Klasse **TObject** abgeleitet, auch wenn *TObject* nicht als Basisklasse angegeben wird.

    ```
    class DELPHICLASS TObject
    {                              //aus "include\vcl\systobj.h"
     public:
       __fastcall  TObject(); // Body provided by VCL
       __fastcall Free();
       // ...
       virtual __fastcall ~TObject();//Body provided by VCL
    };
    ```

    Einige weitere Elemente von *TObject* werden in Abschnitt 8.3 vorgestellt. In dieser Definition bewirkt das in „include\vcl\sysmac.h" definierte Makro

    ```
    #define DELPHICLASS  __declspec(delphiclass, package)
    ```

    dass diese Klasse nach den Konventionen von Object Pascal erzeugt wird. Sie unterscheidet sich dann von Klassen nach dem C++-Standard in den Laufzeit-Typinformationen, beim Exception-Handling sowie im Verhalten der Konstruktoren und Destruktoren.

    Alle Klassen, die von der Basisklasse *TObject* abgeleitet sind, gehören zur VCL. Das sind z.B. alle Klassen der Tool-Palette wie *TEdit* oder *TMemo*. Da alle von dieser Basisklasse abgeleitet sind, kann einem Zeiger auf ein Objekt dieser Klasse ein Zeiger auf eine beliebige Klasse der VCL zugewiesen werden. Deswegen kann eine Funktion wie

    ```
    void f(TObject *Sender) { }
    ```

    mit einem Zeiger auf ein Edit-Fenster aufgerufen werden:

    ```
    f(Edit1);
    ```

2. In Object Pascal werden alle Objekte von Klassen, die von *TObject* abgeleitet sind, dynamisch durch den Aufruf eines Konstruktors auf dem Heap angelegt. Alle Variablen eines Klassentyps sind intern Zeiger, auch wenn sie wie Variablen definiert und angesprochen werden, die keine Zeiger sind.

    Im C++Builder müssen alle **Objekte** von Klassen der VCL mit *new* **auf dem Heap** angelegt werden. Es ist nicht möglich sie in einer Definition ohne *new* zu definieren. Das gilt insbesondere für alle vordefinierten Klassen der VCL wie *TEdit*, *TButton* usw.

Beispiel: Da alle direkt oder indirekt von *TObject* abgeleiteten Klassen mit *new* angelegt werden müssen, ist nur die erste der folgenden beiden Definitionen möglich:

```
class C :public TObject {
};

C* pc=new C;
C c; // Fehler: Klassen im VCL-Stil müssen mit
     // dem Operator new erstellt werden
```

3. Für Klassen, die von *TObject* abgeleitet sind und die sogenannte *properties* enthalten (siehe Abschnitt 8.2), erzeugt der Compiler weder einen Copy-Konstruktor noch einen Zuweisungsoperator.

Da alle von *TComponent* abgeleiteten Klassen *properties* enthalten, können Objekte solcher Klassen ohne einen explizit definierten Zuweisungsoperator oder Copy-Konstruktor nicht kopiert werden. Das gilt insbesondere für die Klassen der Tool-Palette, die alle von *TComponent* abgeleitet sind.

```
void f(TEdit *Edit1, TEdit *Edit2)
{
*Edit1=*Edit2; // Fehler: Klassen mit Eigenschaften
};   // dürfen nicht über ihren Wert kopiert werden
```

Da die Klasse C dagegen keine *properties* enthält, können Objekte dieser Klassen kopiert werden:

```
class C :public TObject {};

void g(C* c1, C* c2)
{
*c1=*c2;
}
```

Viele Klassen der VCL haben eine Funktion **Assign**, die Objekte der Klasse kopiert.

4. In Object Pascal überschreibt eine Funktion in einer abgeleiteten Klasse eine Funktion mit demselben Namen aus einer Basisklasse nur dann, wenn sie mit dem Schlüsselwort *override* gekennzeichnet ist. Deshalb kann eine Funktion in einer abgeleiteten Klasse denselben Namen wie eine Funktion in einer Basisklasse haben, ohne sie zu überschreiben. Mit __*declspec(hidesbase)* erreicht man das auch im C++Builder.

Beispiel: Ohne __*declspec(hidesbase)* überschreibt f in D die virtuelle Funktion f der Basisklasse C.

```
struct C {
  virtual void f(){};
};
```

```
struct D: public C {
  void f(){};
};

C* pc=new D;
```

Der Aufruf von c->f() führt deshalb zum Aufruf von D::f(). Mit

```
struct D: public C {
  __declspec(hidesbase) void f(){};
};
```

führt derselbe Aufruf dagegen zum Aufruf von C::f().

5. Nach dem C++-Standard werden die Konstruktoren aller Basisklassen und Teilobjekte immer automatisch in der Reihenfolge aufgerufen, in der sie definiert wurden (siehe Abschnitt 6.3.5). In Object Pascal werden die Konstruktoren dagegen nicht automatisch aufgerufen, sondern müssen explizit aufgerufen werden. Deswegen werden sie in der Reihenfolge ihrer Aufrufe ausgeführt.

   Wenn von einer Klasse der VCL eine Klasse in C++ abgeleitet wird, betrachtet der Compiler die letzte Pascal-Klasse als Basisklasse der C++-Klassen. Deshalb wird ihr Konstruktor zuerst aufgerufen. Da dieser Konstruktor eventuell die Konstruktoren ihrer Basisklassen aufruft, werden diese danach aufgerufen. Nachdem dann schließlich der leere Konstruktor von *TObject* aufgerufen wurde, werden die Konstruktoren der C++-Klassen in der Reihenfolge ihrer Definition aufgerufen.

6. Nach dem C++-Standard führt der Aufruf einer virtuellen Elementfunktion im Konstruktor einer Klasse immer zum Aufruf der Funktion, die zum statischen Datentyp der Klasse des Konstruktors gehört (siehe Abschnitt 6.4.5). Bei einer von *TObject* abgeleiteten Klasse wird dagegen in einem Konstruktor immer die virtuelle Funktion aufgerufen, die zum dynamischen Datentyp der konstruierten Klasse gehört.

   Beispiel: Die Klasse CPP unterscheidet sich von der Klasse VCL nur dadurch, dass sie von *TObject* abgeleitet ist:

```
struct C { // C++-Basisklasse
  C() { show(); }
  virtual void show()
    { Form1->Memo1->Lines->Add("C"); }
};

struct CPP : public C {
  void show(){Form1->Memo1->Lines->Add("CPP");}
};
```

```
struct T : public TObject {// VCL-Basisklasse
 T() { show(); }
 virtual void show()
   { Form1->Memo1->Lines->Add("T"); }
};

struct VCL : public T {
 void show(){Form1->Memo1->Lines->Add("VCL");}
};
```

Wenn man dann von jeder dieser Klassen ein Objekt erzeugt

```
CPP* c=new CPP;
VCL* v=new VCL;
```

wird im ersten Fall die virtuelle Funktion der Basisklasse und im zweiten die der abgeleiteten Klasse aufgerufen.

C
VCL

7. Nach dem C++-Standard werden nach einer Exception im Konstruktor einer Klasse die Destruktoren für alle vollständig konstruierten Objekte aufgerufen (siehe Abschnitt 6.1.5). Bei Klassen der VCL wird der Destruktor dagegen für alle Elemente aufgerufen, auch wenn sie nicht vollständig konstruiert sind.

8. Klassen, die von *TObject* abgeleitet sind, können virtuelle Konstruktoren haben. Siehe dazu Abschnitt 8.6.

9. **Mehrfache Vererbung** ist bei Klassen der VCL **nicht zulässig**.

```
class C1:public TObject {
};

class C2:public TObject {
};

class D:public C1,public C2 { // Fehler: VCL-Klassen
};            // dürfen nicht mehrere Basisklassen haben
```

10. Klassen der VCL dürfen **keine virtuellen Basisklassen** haben.

```
class C : virtual TObject {// Fehler: Virtuelle Basis-
}; // klassen werden bei VCL-Klassen nicht unterstützt
```

11. Bei von *TObject* abgeleiteten Klassen kann man späte Bindung nicht nur mit *virtual*, sondern auch mit __*declspec(dynamic)* erreichen bzw.

```
#define DYNAMIC __declspec(dynamic)//aus vcl\sysmac.h
```

Der Aufruf einer damit deklarierten Funktion führt zum Aufruf derselben Funktion wie bei einer Deklaration mit *virtual*. Die beiden Deklarationen haben nur einen anderen internen Aufbau der *vtbl* zur Folge. Für jede mit *virtual* deklarierte Funktion wird in der *vtbl* ihrer Klasse sowie in jeder davon abgeleiteten Klasse ein Eintrag angelegt. Bei mit *dynamic* deklarierten Funktionen wird ein solcher Eintrag nur in der Klasse angelegt, in der die Funktion definiert wird. Bei Klassen in einer umfangreichen Klassenhierarchie wie der VCL wird so die *vtbl* kleiner. Der Aufruf wird dafür aber auch etwas langsamer, da in den Basisklassen nach der Funktion gesucht werden muss. DYNAMIC wird in vielen Klassen der VCL verwendet (siehe z.B. die in „vcl\controls.hpp").

8.2 Visuelle Programmierung und Properties (Eigenschaften)

Properties (Eigenschaften) sind spezielle Klassenelemente, die im C++Builder, aber nicht in Standard-C++ zur Verfügung stehen. Wir haben sie bereits bei der ersten Begegnung mit dem Objektinspektor kennen gelernt und wie Variablen bzw. Datenelemente benutzt: Einer *Property* wurde ein Wert zugewiesen, und eine *Property* wurde wie eine Variable in einem Ausdruck verwendet.

8.2.1 Lesen und Schreiben von Eigenschaften

Eine *Property* ist allerdings mehr als eine Variable: Mit einer *Property* können Methoden und Datenelemente zum Lesen bzw. Schreiben verbunden sein. Wenn mit einer *Property*

– eine Methode zum Lesen verbunden ist, wird diese Methode aufgerufen, wenn die *Property* in einem Ausdruck verwendet (gelesen) wird.
– eine Methode zum Schreiben verbunden ist, wird diese aufgerufen, wenn der *Property* ein Wert zugewiesen wird.
– ein Datenelement zum Lesen verbunden ist, wird der Wert dieses Datenelements verwendet, wenn die *Property* in einem Ausdruck verwendet (gelesen) wird.
– ein Datenelement zum Schreiben verbunden ist, wird der an die *Property* zugewiesene Wert diesem Datenelement zugewiesen.

Die mit einer *Property* verbundenen Methoden oder Datenelemente werden bei der Deklaration der *Property* nach *read=* oder *write=* angegeben. Diese Möglichkeiten entsprechen den folgenden Syntaxregeln:

```
<property declaration> ::=
    __property<type><id>[<prop dim list>] = "{" <prop attrib list> "}"
<prop dim list> ::= "[" <type> [ <id> ] "]" [ <prop dim list> ]
<prop attrib list> ::= <prop attrib> [ , <prop attrib list> ]
<prop attrib> ::=    read = <data/function id>
<prop attrib> ::=    write = <data/function id>
```

Diese Syntaxregeln aus der Online-Hilfe des C++Builders unterscheiden sich von denen, die sonst zur Beschreibung der Sprachelemente aus dem C++-Standard verwendet wurden. Zusammen mit den Beispielen dürfte ihre Bedeutung aber klar werden.

Beispiel: In der Klasse

```
class C {
  int fx;
  void setx(int x_){fx=x_*x_;};
 public:
   __property int x = {read=fx, write=setx};
};
```

wird eine *Property* x des Datentyps *int* definiert. Durch die Angabe *write=setx* wird festgelegt, dass bei einer Zuweisung an die *Property* (also an x) die Funktion *setx* aufgerufen wird.

Da in *read=fx* keine Methode angegeben wird, sondern ein Datenelement, wird beim Lesen der Eigenschaft x (also z.B. bei der Zuweisung v=x an eine Variable v) keine Methode aufgerufen, sondern der Wert von fx zugewiesen.

Die Klasse C kann folgendermaßen verwendet werden:

```
C c;
c.x=2;     // führt zum Aufruf von c.setx(2)
int y=c.x; // wie y=c.fx
```

Wie dieses Beispiel zeigt, können Properties in Klassen definiert werden, die nicht von *TObject* abgeleitet sind. Normalerweise verwendet man sie aber nur in Klassen der VCL.

Für einen Entwickler sieht eine *Property* wie ein „ganz normales Datenelement" aus. Sie unterscheidet sich von einem solchen Datenelement aber dadurch, dass der Zugriff auf eine *Property* (wenn sie gelesen oder beschrieben wird) mit Anweisungen verbunden werden kann.

Die Angaben nach *read* oder *write* legen für eine *Property* fest, wie auf sie zugegriffen wird. Eine *Property* muss mindestens eine *read*- oder *write*-Angabe enthalten. Wenn eine *Property* nur eine *read*-Angabe enthält, kann diese nur gelesen werden, und wenn sie nur eine *write*-Angabe enthält, kann sie nur beschrieben werden. Die Angaben nach *read* oder *write* müssen Datenelemente oder Methoden aus derselben Klasse oder aus einer Basisklasse sein. Deshalb muss eine *Property* auch immer ein Klassenelement sein.

Der Datentyp einer *Property* kann beliebig sein. Er bestimmt die Parameter und den Rückgabetyp der **Funktionen** zum Lesen bzw. Schreiben der Eigenschaft eindeutig:

– Wird nach *read* eine Funktion angegeben, muss das eine Funktion ohne Parameter sein, deren Funktionswert denselben Datentyp hat wie die *Property*. Verwendet man die Eigenschaft in einem Ausdruck, wird diese Funktion aufgerufen. Ihr Funktionswert ist dann der Wert der *Property*.

– Wird nach *write* eine Funktion angegeben, muss das eine Funktion mit Rückgabetyp *void* und einem einzigen Werte- oder Konstantenparameter sein, der denselben Datentyp hat wie die *Property*. Bei einer Zuweisung an die *Property* wird dann diese Funktion mit dem Argument aufgerufen, das zugewiesen wird.

Beispiel: Für die Eigenschaft e des Datentyps T müssen die Lese- und Schreibmethoden r und w die folgenden Funktionstypen haben:

```
typedef int T; // irgendein Datentyp

class CT {
  T fx;
  T r() {return fx;}; // Lesemethode
  void w(T x){fx=x;}; // Schreibmethode
 public:
  __property T e = {read=r, write=w};
};
```

Wird nach *read* oder *write* ein **Datenelement** angegeben, muss es denselben Datentyp wie die *Property* haben.

Die Funktionen zum Lesen oder Schreiben einer **Property** können **virtuell** sein und in abgeleiteten Klassen überschrieben werden. So kann die Verwendung einer Eigenschaft in verschiedenen Klassen einer Klassenhierarchie mit verschiedenen Anweisungen verbunden sein.

Beispiel:
```
class C {
    virtual void w(T x) { fx=x; };
   protected:
    T fx;
   public:
    __property T x={read=fx, write=w};
};

class D:public C {
    void w(T x) { fx=x*x; };
   public:
    __property T x={read=fx, write=w};
};
```

Eine Eigenschaft unterscheidet sich also grundlegend von einer Variablen, obwohl sie wie eine solche verwendet werden kann. Diese Unterschiede haben insbesondere zur Folge, dass man von einer Eigenschaft nicht mit dem Adressoperator & die Adresse bestimmen kann. Das geht selbst dann nicht, wenn nach *read* und *write* ein Datenelement angegeben wird, da ein Nachfolger diese Datenelemente durch Lese- und Schreibmethoden überschreiben kann. Deshalb kann man eine Property auch nicht als Referenz an eine Funktion übergeben.

Das Konzept der **Properties** ist eng mit der **visuellen Programmierung** verbunden. Da mit einer Zuweisung an eine Property Anweisungen ausgeführt werden können, lässt sich mit der Änderung einer Eigenschaft direkt die visuelle Darstellung der Komponente ändern.

Beispiel: Wird die Eigenschaft *Top* einer visuellen Komponente verändert, ändert sich nicht nur der Wert des zugehörigen Datenelements, sondern außerdem die grafische Darstellung dieser Komponente: Sie wird an der alten Position entfernt und an der neuen Position neu gezeichnet.

Eine Eigenschaft mit dem Zugriffsrecht **_published** wird im **Objektinspektor** angezeigt, wenn die Klasse in die Tool-Palette installiert wurde (siehe Abschnitt 8.5). Da auch beim Setzen einer Eigenschaft im Objektinspektor zur Entwurfszeit die zugehörige Funktion zum Schreiben aufgerufen wird, kann so auch ihre visuelle Darstellung aktualisiert werden. Properties bilden deshalb die Grundlage für die visuelle Gestaltung eines Formulars zur Entwurfszeit.

Properties haben Ähnlichkeiten mit einem überladenen Zuweisungsoperator. Ein solcher Operator ist allerdings im Unterschied zu einer Property immer für die ganze Klasse definiert und nicht nur für ein einzelnes Datenelement.

Aufgabe 8.2.1

Definieren Sie eine einfache Klasse mit einer Eigenschaft mit Lese- und Schreibmethoden. Verfolgen Sie im Debugger schrittweise, zu welchen Aufrufen Zuweisungen von und an diese Eigenschaft führen.

8.2.2 Array-Properties Θ

Über sogenannte *Array-Properties* kann man Eigenschaften mit Parametern definieren. Dazu wird bei der Definition einer Eigenschaft nach ihrem Namen in eckigen Klammern eine Parameterliste angegeben:

```
<property declaration> ::=
    __property<type><id>[<prop dim list>] = "{" <prop attrib list> "}"
    <prop dim list> ::= "[" <type> [ <id> ] "]" [ <prop dim list> ]
```

Bei einer Array-Property dürfen nach *read*- oder *write* nur Funktionen und keine Datenelemente angegeben werden.

— Die Funktion nach *read* muss dabei eine Funktion mit derselben Parameterliste sein, wie sie in eckigen Klammern in der Eigenschaft angegeben wurde. Der Rückgabetyp der Funktion muss derselbe sein wie der Datentyp der *Property*. Wenn der Wert der Eigenschaft gelesen wird (also z.B. einer Variablen zugewiesen wird), müssen nach der Eigenschaft in eckigen Klammern Ausdrücke angegeben werden. Diese Ausdrücke sind dann die Argumente, mit denen die *read*-Funktion aufgerufen wird, und der zugewiesene Wert ist der Rückgabewert dieser Funktion.

– Die Funktion nach *write* muss eine Funktion sein, deren Parameterliste mit denselben Parametern wie die *read*-Funktion beginnt. Zusätzlich muss sie einen weiteren Parameter des Datentyps der *Property* haben. Wenn der Eigenschaft ein Wert zugewiesen wird, müssen in eckigen Klammern Ausdrücke angegeben werden. Diese Ausdrücke sind dann die ersten Argumente der *write*-Prozedur. Der zugewiesene Wert ist das letzte Argument.

Beispiel: Nach den Definitionen

```
class A {
    void put(AnsiString p1, double f) { };
    double get(AnsiString p) { };
    public:
    __property double prop[AnsiString p]={read=get,
                                          write=put};
};

A a;
double x;
```

entsprechen die folgenden Zuweisungen jeweils den als Kommentar angegebenen Funktionsaufrufen:

```
a.prop["lll"] = 1.3; // a.put("lll",1.3);
x = a.prop["lll"];   // x=a.get("lll");
```

Bei *Array-Properties* muss der Index also kein ganzzahliger Wert sein.

Array-Properties sind nicht auf Parameterlisten mit einem einzigen Parameter beschränkt:

Beispiel:
```
class A { // sehr einfach, nur zur Illustration
    AnsiString Vorname[10];                    // der Syntax
    AnsiString Nachname[10];
    int Alter[10];
    int n;
    void put(AnsiString p1, AnsiString p2, int f)
    {
      Vorname[n]=p1;
      Nachname[n]=p2;
      Alter[n]=f;
      ++n;
    };
    int get(AnsiString p1, AnsiString p2)
    {
      for (int i=0;i<n; ++i)
        if (Vorname[i]==p1&&Nachname[i]==p2)
          return Alter[i];
      return -1;
    }
    public:
```

```
            A():n(0){}
            __property int prop[AnsiString p][AnsiString pq] =
                                     {read=get, write=put};
        };

        A a;
        a.prop["Daniel"]["Kaiser"] = 17;
        // a.put("Daniel","Kaiser",17);
        int x=a.prop["Daniel"]["Kaiser"];   // x=17
        x=a.prop["D."]["Kaiser"];           // x=-1
```

Anmerkung für Delphi-Programmierer: In Delphi kann man bei einer einzigen Array-Eigenschaft in einer Klasse nach der Definition das Wort *default* angeben. Diese *Property* kann dann allein über den Namen eines Objekts der Klasse angesprochen werden. Die VCL verwendet *default Array-Properties* vor allem für *TStrings* und ermöglicht so die folgende Abkürzung:

```
Memo1.Lines[1]:='';
```

Im C++Builder muss eine Array-Eigenschaft dagegen immer über ihren vollen Namen angesprochen werden:

```
Memo1->Lines->Strings[1]="";
```

8.2.3 Indexangaben Θ

Bei der Definition einer *Property* kann man nach dem Schlüsselwort *index* einen konstanten Ganzzahlwert angeben.

    <prop attrib> ::=   *index = <const int expression>*

Wenn man eine solche Indexangabe verwendet, darf man nach *read* und *write* nur Funktionen und keine Datenelemente angeben. Beim Zugriff auf eine Eigenschaft mit einer Indexangabe wird automatisch der jeweilige Index als Argument an die Lese- oder Schreibfunktion übergeben. Deshalb müssen diese Funktionen einen Parameter für den Index haben. In der Lesemethode ist das der letzte und in der Schreibmethode der vorletzte.

Beispiel: Nach den Deklarationen

```
        typedef AnsiString T; // ein beliebiger Datentyp

        class C {
          void put(int i, T f)    { };
          T get(int i)    { };
         public:
           __property T m1={read=get, write=put, index=0};
           __property T m2={read=get, write=put, index=1};
        };

        C c;
```

entsprechen die folgenden Zuweisungen den als Kommentar angegebenen Funktionsaufrufen:

```
c.m1="17";    // c.put(0,"17")
T x = c.m1; // x = ti.get(0)
c.m2="19";    // c.put(1,"19")
x = c.m2;     // x = ti.get(1)
```

Mit Indexangaben kann man verschiedene *Properties* über eine einzige Funktion
ansprechen. Welche Eigenschaft gemeint ist, erkennt man dann am Indexpa-
rameter. Über diesen kann man die entsprechenden Anweisungen für die Eigenschaft auswählen (z.B. in einer *switch*-Anweisung).

8.2.4 Die Speicherung von Eigenschaften in der Formulardatei Θ

Der C++Builder speichert die Eigenschaften eines Formulars und seiner Komponenten in einer sogenannten Formulardatei. Diese Datei mit der Endung „dfm"
enthält die Komponenten und ihre Werte in einem Textformat. Für ein Formular
mit einem Button und einem Memo erhält man z.B. die folgende Datei:

```
object Form1: TForm1
  Left = 304
  Top = 158
  Width = 468
  Height = 461
  Caption = 'Form1'
  Color = clBtnFace
... // gekürzt
  object Button1: TButton
    Left = 286
    Top = 59
    Width = 92
    Height = 31
    Caption = 'Aufg. 2.2'
    TabOrder = 0
    OnClick = Button1Click
  end
  object Memo1: TMemo
    Left = 0
    Top = 0
    Width = 227
    Height = 428
    Lines.Strings = (
      'Memo1')
    TabOrder = 1
  end
end
```

Diese Datei kann man auch mit der Option „Ansicht als Text" im Kontextmenü des
Formulars anzeigen und bearbeiten. Sie wird vom C++Builder in die exe-Datei des
Programms aufgenommen. Beim Start des Programms wird aus diesen Angaben
das Formular aufgebaut.

Offensichtlich enthält die Formulardatei wesentlich weniger Einträge für eine Komponente als sie Eigenschaften im Objektinspektor hat. Das liegt daran, dass die meisten Eigenschaften default-Werte oder stored-Angaben enthalten.

\<prop attrib\> ::=	*stored = \<data/function id\>*
\<prop attrib\> ::=	*stored = \<boolean constant\>*
\<prop attrib\> ::=	*default = \<constant\>*
\<prop attrib\> ::=	*nodefault*

Die Angabe eines Wertes nach dem Schlüsselwort **default** bewirkt, dass eine Eigenschaft nur dann in die Formulardatei aufgenommen wird, wenn ihr Wert von diesem Wert abweicht. Da z.B. die Eigenschaft

  *__property TAlign **Align** = {read=FAlign, write=SetAlign, default=0};*

den default-Wert 0 hat, wird ihr Wert nur dann in der Formulardatei gespeichert, wenn er vom Wert 0 abweicht. Würde man die Eigenschaft *Align* des Memos im Objektinspektor z.B. auf den Wert *alLeft* setzen, würde sie außerdem die Zeile

```
Align = alLeft
```

enthalten. Mit **nodefault** kann man eine Eigenschaft in einer abgeleiteten Klasse ihren von einer Basisklasse geerbten default-Wert wieder nehmen. Ansonsten ist *nodefault* gleichbedeutend mit der Angabe keines default-Wertes. Arrayeigenschaften können keine default-Angaben enthalten.

Durch die Angabe eines booleschen Wertes oder einer booleschen Funktion nach dem Schlüsselwort **stored** kann man festlegen, ob bzw. unter welchen Bedingungen eine Eigenschaft gespeichert wird:

  *__property AnsiString **Name** = {read=FName, write=SetName, stored=false};*

default-Angaben verkürzen lediglich die Formulardatei. Sie bewirken nicht, dass eine Eigenschaft auf ihren default-Wert gesetzt wird. Solche Initialisierungen müssen zusätzlich (üblicherweise im Konstruktor) durchgeführt werden.

In der VCL ist jede Komponente selbst dafür verantwortlich, die im Objektinspektor gesetzten Eigenschaften einzulesen und zu speichern. Aber das bedeutet nicht, dass Sie für Ihre selbst definierten Komponenten entsprechende Funktionen schreiben müssen. Da sie diese Funktionen von ihren Basisklassen erben, speichern ihre Eigenschaften automatisch wie die vordefinierten Komponenten in der Formulardatei. Durch *stored* und *default* Angaben kann die Formulardatei auch bei selbst definierten Komponenten verkürzt werden.

8.2.5 Die Redeklaration von Eigenschaften

In einer abgeleiteten Klasse können die Zugriffsrechte, Zugriffsmethoden und Speicherangaben einer Eigenschaft gegenüber einer Basisklasse geändert werden. Im einfachsten Fall gibt man dazu nur das Wort _property und den Namen einer ererbten *Property* an. Wenn diese Angabe in einem *public* Abschnitt gemacht wird und die *Property* in der Basisklasse in einem *protected* Abschnitt war, hat sie für die aktuelle Klasse das Zugriffsrecht *public*. Außerdem kann *read*, *write*, *stored*, *default* oder *nodefault* angegeben werden. Jede solche Angabe überschreibt die entsprechenden Angaben der Basisklasse.

So sind z.B. in der Klasse *TControl* der VCL viele Eigenschaften in einem *protected* Abschnitt definiert. Sie werden nur in den Klassen im Objektinspektor angezeigt, in denen sie in einem _published-Abschnitt redeklariert werden.

8.3 Die Klassenhierarchie der VCL

Alle Klassen der VCL sind von *TObject* abgeleitet. Viele Elementfunktionen dieser Klasse sind nur für den internen Gebrauch vorgesehen und nicht für einen Aufruf durch den Anwender. Deshalb werden hier auch nicht alle diese Funktionen vorgestellt. Für eine vollständige Beschreibung wird auf die Online-Hilfe verwiesen.

```
class __declspec(delphiclass) TObject
{ // nur ein Auszug aus "include\VCL\systobj.h"
 public:
  __fastcall TObject() { ... }
  __fastcall Free();
  TClass __fastcall ClassType();
  static ShortString __fastcall ClassName(TClass cls);
  static long __fastcall InstanceSize(TClass cls);
  static bool __fastcall ClassNameIs(TClass cls,
                                 const AnsiString string);
  ShortString __fastcall ClassName() { ... }
  bool __fastcall ClassNameIs(const AnsiString string);
  long __fastcall InstanceSize(){}
  virtual void __fastcall Dispatch(void *Message);
  virtual void __fastcall DefaultHandler(void* Message);
  virtual void __fastcall FreeInstance();
  virtual __fastcall ~TObject() {}
  // ...
};
```

Viele Elementfunktionen von *TObject* stellen zur **Laufzeit Typinformationen** über eine Klasse zur Verfügung. So kann man z.B. mit der Funktion *ClassNameIs* bestimmen, ob eine Klasse der VCL einen bestimmten Typ hat.

Die statischen Elementfunktionen wie z.B. *InstanceSize* können sowohl über die Klasse mit __*classid* (siehe Abschnitt 8.6) als auch über ein Objekt aufgerufen werden.

Beispiel: *InstanceSize* gibt die Anzahl der Bytes zurück, die ein Objekt der Klasse belegt.

```
int i1=TObject::InstanceSize(__classid(TEdit));
int i2=Edit1->InstanceSize(); // i1=i2=516
```

Entsprechend erhält man mit *ClassName* den Namen einer Klasse bzw. den Namen der Klasse eines Objekts als *ShortString*:

```
ShortString s1, s2;
s1=TObject::ClassName(__classid(TEdit));
s2=Edit1->ClassName(); // s1=s2="TEdit"
```

Die Elementfunktionen *DefaultHandler* und *Dispatch* werden in Abschnitt 8.7 beschrieben.

Von *TObject* sind unter anderem die folgenden Klassen direkt abgeleitet:

TObject
|– *Exception*
|– *TParser*
|– *TPersistent*
|– *TPrinter*
... // und viele weitere Klassen

Einige dieser Klassen werden vom C++Builder intern verwendet und sind weder in der Online-Hilfe noch in den Handbüchern dokumentiert (z.B. *TParser*). Die meisten Objekte sind jedoch beschrieben, so dass hier nur ein Überblick über die Klassenhierarchie gegeben wird:

– **Exception** ist die Basisklasse für alle Exceptions (siehe Abschnitt 7.3) der VCL. Daraus lassen sich eigene Exception-Klassen ableiten wie

```
class EMyException : public Exception{};
class EMyDivByInt0ExC : public EDivByZero{};
```

– **TPrinter** stellt die Schnittstelle zu einem Drucker unter Windows zur Verfügung. Dieser Drucker hat eine Zeichenfläche (Canvas), auf die man wie auf die Zeichenfläche eines *TImage*-Objekts zeichnen kann. Siehe dazu das Beispiel in Abschnitt 10.13.

– **TPersistent** ist eine abstrakte Basisklasse für alle Objekte, die in Streams geladen und gespeichert werden können. Über diese Klasse können Elemente der VCL in eine DFM-Datei geschrieben bzw. aus ihr gelesen werden.

TObject
|– *Exception*
|– *TParser*
|– ***TPersistent***
   |– *TCanvas*
   |– *TComponent*
   |– *TStrings*
   ... //
|– *TPrinter*
...

TComponent (in „include\vcl\classes.hpp") ist die Basisklasse für alle Komponenten der Tool-Palette, und zwar sowohl der visuellen (vor allem die Nachfolger von *TControl*) als auch der nicht visuellen (wie *TTimer* oder *TApplication*). Damit eine Komponente in die Tool-Palette installiert werden kann, muss sie von *TComponent* abgeleitet werden.

TObject
|– *Exception*
|– *TParser*
|– *TPersistent*
   |– *TCanvas*
   |– ***TComponent***
      |– *TApplication*
      |– *TControl*
      |– *TMenu*
      |– *TTimer*
      ... // und viele weitere Klassen
   |– *TStrings*
   ... //
|– *TPrinter*
...

Jedes Objekt der Klasse *TComponent* sowie einer davon abgeleiteten Klasse hat einen **Eigentümer**, der im **Konstruktor** angegeben werden muss:

   *__fastcall virtual **TComponent**(TComponent* AOwner);*

Der Eigentümer einer Komponente ist dafür verantwortlich, dass der Speicherplatz für eine Komponente freigegeben wird, wenn er selbst z.B. durch einen Aufruf von *Free* freigegeben wird. Normalerweise gehören alle Komponenten eines Formulars dem Formular. Ein Formular gehört wiederum der *Application*, die im Hauptprogramm von der Funktion *WinMain* gestartet wird. Den Eigentümer erhält man mit der Eigenschaft *Owner*:

   __property TComponent **Owner** = {read=FOwner};*

Die Eigenschaft *Components* ist das Array der Komponenten, die zu dieser Komponente gehören, und ihre Anzahl *ComponentCount*. Diese Eigenschaft enthält die Anzahl der Komponenten, die bezüglich der Eigenschaft *Owner* zu dieser Komponente gehören.

>__*property int* **ComponentCount** = *{ ... }*;
>__*property TComponent** **Components***[int Index]* = *{ ... }*;

Die Komponenten können angesprochen werden durch

>*Components[0] .. Components[ComponentCount–1]*

Beispiel: Die Funktion *ClearAllEdits* löscht alle Edit-Felder einer Komponente:

```
void ClearAllEdits(TComponent* c)
{ // lösche alle Edit-Felder von c
for (int i=0; i<c->ComponentCount; ++i)
  if (c->Components[i]->ClassNameIs("TEdit"))
    ((TEdit*)(c->Components[i]))->Clear();
}
```

Ruft man diese Funktion mit einem Zeiger auf ein Formular auf, werden alle Edit-Felder des Formulars gelöscht:

```
ClearAllEdits(Form1);
```

Die Eigenschaft *Name* enthält den Namen der Komponente, also z.B. „Button1":

>__*property AnsiString* **Name** = *{ ... }*;

Beispiel: *ShowNames* schreibt die Namen sämtlicher Komponenten von c in ein Memo-Fenster:

```
void ShowNames(TComponent* c)
{
for (int i=0; i<c->ComponentCount; ++i)
Form1->Memo1->Lines->Add(c->Components[i]->Name);
}
```

Die Funktion *FindComponent* gibt die Komponente mit dem als Argument übergebenen Namen zurück. Damit kann man die Komponenten eines Formulars allein über ihren Namen ansprechen.

>*TComponent* __fastcall* **FindComponent***(const AnsiString AName)*

Beispiel: Der Funktionswert von *FindComponent* ist die Komponente mit dem angegebenen Namen. Sie kann mit einem Typecast in den entsprechenden Datentyp konvertiert werden kann:

```
TComponent* c=FindComponent("Button1");
((TButton*)(c))->Caption="ll";
```

TControl (in „include\vcl\controls.hpp") ist die Basisklasse für die sogenannten Steuerelemente (Controls). Das sind visuelle (also sichtbare) Komponenten. Viele zusätzliche Elemente dieser Klasse befassen sich damit, wie das Steuerelement dargestellt wird: Ort, Größe, Farbe und Aufschrift.

```
TObject
├─ Exception
├─ TParser
├─ TPersistent
     ├─ TCanvas
     ├─ TComponent
          ├─ TApplication
          ├─ TControl
               ├─ TGraphicsControl
               ├─ TWinControl
          ├─ TMenu
          ├─ TTimer
          ...
     ├─ TStrings
     ...
├─ TPrinter
...
```

Zusätzliche Eigenschaften und Methoden von *TControl* gegenüber *TComponent* sind insbesondere die folgenden für die Position und Größe:

> *__property int **Top** = { ... }*   // y-Koordinate der linken oberen Ecke
> *__property int **Left** = { ... }*   // x-Koordinate der linken oberen Ecke
> *__property int **Height** = { ... }*   // Höhe des Steuerelements
> *__property int **Width** = { ...}*   // Breite des Steuerelements

Alle diese Angaben sind in Pixeln und beziehen sich auf das Formular. Für Formulare beziehen sie sich auf den Bildschirm. Da sie *__published* sind, stehen sie auch im Objektinspektor zur Verfügung. Alle diese Eigenschaften können mit einem einzigen Aufruf der Funktion

> *virtual void __fastcall **SetBounds**(int ALeft, int ATop, int AWidth, int AHeight);*

gesetzt werden. Die *Client*-Eigenschaften beziehen sich auf den sogenannten Client-Bereich des Steuerelements. Das ist der nutzbare Bereich, und dieser ist für die meisten Steuerelemente (außer Formularen) derselbe wie der durch *Top*, *Left*, *Width* und *Height* definierte Bereich:

> *__property int **ClientHeight** = { ... };*
> *__property int **ClientWidth** = {... };*
> *__property Windows::TRect **ClientRect** = {...};*
> *__property POINT **ClientOrigin** = { ... };*

Ob die Komponente angezeigt wird oder nicht, ergibt sich aus dem Wert der Eigenschaft

> __property bool **Visible** = { ... };

Diese Eigenschaft wird auch durch die Funktionen *Show* und *Hide* gesetzt:

> void __fastcall **Show**(void);
> void __fastcall **Hide**(void);

Mit *Enabled* kann man steuern, ob die Komponente auf Maus-, Tastatur- oder Timer-Ereignisse reagiert:

> __property bool **Enabled** = { ... };

Alle bisher für *TControl* dargestellten Eigenschaften sind *public* oder *published* und stehen damit in jeder abgeleiteten Klasse zur Verfügung. Weitere Eigenschaften sind *protected*. Sie werden nur in bestimmten Nachfolgern als *published* freigegeben:

> __property Graphics::TColor **Color** = { ... };
> __property Graphics::TFont* **Font** = { ... };
> __property bool **ParentColor** = { ... };
> __property bool **ParentFont** = { ... };
> __property Menus::TPopupMenu* **PopupMenu** = { ... };
> __property AnsiString **Text** = { ... };

Steuerelemente der Klasse *TControl* können in einem Windows-Steuerelement der Klasse *TWinControl* enthalten sein. Das enthaltende Element kann mit der Eigenschaft **Parent** gesetzt oder gelesen werden:

> __property TWinControl* **Parent** = {...};

Parent ist oft ein Formular, eine GroupBox oder ein Panel. Ändert man die Position einer Komponente K, wird auch die aller Komponenten verschoben, die K als *Parent* haben.

Die Eigenschaft *Parent* von *TControl* darf nicht mit der Eigenschaft *Owner* von *TComponent* verwechselt werden. *Owner* ist für die Freigabe der untergeordneten Komponenten verantwortlich. *Parent* und *Owner* können verschiedene Komponenten sein: Für einen Button in einer GroupBox ist meist das Formular der *Owner* und die GroupBox der *Parent*. Für einen Button auf einem Formular ist das Formular sowohl der *Owner* als auch der *Parent*.

Weitere Eigenschaften von *TControl* definieren die **Ereignisse**, auf die ein Steuerelement reagieren kann. Auch diese Eigenschaften sind *protected* und werden erst in abgeleiteten Klassen als *published* freigegeben:

   __*property Classes::TNotifyEvent **OnClick** = { ... };*__
   __*property Classes::TNotifyEvent **OnDblClick** = { ... };*__
   __*property TMouseEvent **OnMouseDown** = { ... };*__
   __*property TMouseMoveEvent **OnMouseMove** = { ... };*__
   __*property TMouseEvent **OnMouseUp** = { ... };*__

Die von *TControl* abgeleitete Klasse ***TWinControl*** (in „include\vcl\controls.hpp")
ist die Basisklasse für alle Steuerelemente von Windows (*TButton*, *TBitBtn* usw.).

TObject
 |– *TPersistent*
    |– *TComponent*
       |– *TControl*
          |– *TGraphicsControl*
          |– ***TWinControl***
       |– *TMenu*
       |– *TTimer*
       ... // und viele weitere Klassen

TWinControl hat zusätzlich zu den Eigenschaften von *TControl* unter anderem die
Eigenschaft ***Handle***:

   __*property HWND **Handle** = { ... };*__

Ein *Handle* ist eine interne, eindeutige Nummer eines Fensters unter Windows, die
von manchen Funktionen der Windows-API benötigt wird. Mit diesem Handle
können solche Funktionen aufgerufen werden. Da die VCL die meisten Windows-
Funktionen in ihren Komponenten enthält, benötigt man diese Funktionen bei
vielen Anwendungen nicht. Mit dem Handle stehen aber auch sie im C++Builder
zur Verfügung.

Beispiele:

1. Die VCL verwendet das Handle intern, um viele ihrer Funktionen zu imple-
   mentieren. Beispielsweise ist in "CBuilder\Source\vcl\graphics.pas" die
   Elementfunktion *MoveTo* (siehe Abschnitt 10.13.2) von *TCanvas* mit der
   Windows API Funktion *MoveToEx* implementiert:

   ```
   void TCanvas::MoveTo(int X, int Y)
   {// übersetzt aus Object Pascal
   MoveToEx(FHandle, X, Y, nil);
   };
   ```

2. Windows stellt viele Funktionen von Steuerelementen über Botschaften zur
   Verfügung, die mit *SendMessage* gesendet werden. und dazu das Handle des
   Steuerelements benötigen. Siehe Abschnitt 8.7.5.

3. Die VCL stellt eine einfache und leicht zu benutzende Schnittstelle für die
    wichtigsten Windows API Funktionen zur Verfügung. Er es gibt zahlreiche
    weitere API-Funktionen, die nicht durch die VCL abgedeckt sind. Mit

> int **SetMapMode(**
>   *HDC hdc, // handle of device context*
>   *int fnMapMode); // new mapping mode*

und dem mapping mode MM_LOMETRIC wird ein ganzzahliges Argument,
das an eine Zeichenfunktion wie *MoveTo* oder *Rectangle* übergeben wird, auf
0,1 Millimeter abgebildet. Positive x gehen nach rechts, positive y gehen nach
oben. Auf diese Weise kann man die Einheiten beim Aufruf von
Zeichenfunktionen unabhängig von der Bildschirmauflösung in absoluten
Maßen angeben. Mit

```
SetMapMode(Form1->Image1->Canvas->Handle, MM_LOMETRIC);
Form1->Image1->Canvas->Rectangle (0,0,100,-100);
```

wird ein Quadrat mit der Seitenlänge von einem Zentimeter gezeichnet. Für
zahlreiche weitere Funktionen (wie *SetWindowOrgEx*) in diesem
Zusammenhang wird auf die Win32 SDK Onlinehilfe verwiesen.

Ein Windows-Steuerelement kann den **Fokus** haben. Dann werden ihm alle Tastatureingaben zugeteilt. Die folgenden Methoden hängen direkt damit zusammen:

bool __fastcall **Focused***(void);//* gibt an, ob das Steuerelement den Fokus hat
virtual void __fastcall **SetFocus***(void); //* gibt dem Steuerelement den Fokus

TabOrder ist die Position des Steuerelements in der Tab-Ordnung des *Parent*-
Steuerelements. Diese Position gibt an, in welcher Reihenfolge die Komponenten
den Fokus erhalten, wenn die Tab-Taste gedrückt wird. Der Wert von **TabStop**
entscheidet, ob das Steuerelement durch das Drücken der Tab-Taste erreicht werden kann.

> *__property TTabOrder* **TabOrder** *= { ... };*
> *__property bool* **TabStop** *= { ... };*

Zusätzlich zu den Ereignissen von *TControl* sind die folgenden Ereignisse
definiert:

> *__property Classes::TNotifyEvent* **OnEnter***={..};//*wenn die Komponente den
> *__property Classes::TNotifyEvent* **OnExit***={...};//* Fokus erhält oder verliert

> *__property TKeyEvent* **OnKeyDown** *= { ... }; //* wenn die Komponente den
> *__property TKeyPressEvent* **OnKeyPress** *= { ... }; //* Fokus hat und eine
> *__property TKeyEvent* **OnKeyUp** *= { ... }; //* Taste gedrückt wird

Aufgabe 8.3

Verändert man die Größe eines Formulars während der Laufzeit eines Programms, behalten die Komponenten dieses Fensters ihre ursprüngliche Position und Größe. Dann kann ein Button, der beim Entwurf des Programms in der Mitte des Formulars zentriert war, völlig außerhalb der Mitte liegen.

Schreiben Sie eine Unit *ResizeUnit* mit einer Klasse *TResize* und einer Methode *Resize*. Beim ersten Aufruf von *Resize* sollen die Positionen *Top*, *Left*, *Width* und *Height* aller Komponenten des Formulars in einem Array gespeichert werden. Bei jedem Aufruf von *Resize* sollen dann die Positionsangaben aufgrund der aktuellen Größe des Fensters neu berechnet und gesetzt werden (z.B. mit *SetBounds*).

Ruft man *Resize* beim Ereignis *OnResize* auf, werden die Positionen aller Komponenten bei jeder Änderung der Größe des Formulars angepasst.

8.4 Selbst definierte Komponenten und ihre Ereignisse

Mit dem C++Builder verwendet man normalerweise die Hilfsmittel der visuellen Programmierung (Objektinspektor, Formular- oder Menüdesigner usw.) um Formulare und Komponenten zu gestalten. Beim Start des Programms werden diese dann entsprechend diesem Design automatisch erzeugt. Aber man kann Formulare und Komponenten auch ohne die Hilfsmittel der visuellen Programmierung während der Laufzeit eines Programms erzeugen. Auf diese Weise können Bedingungen berücksichtigt werden, die sich erst während der Laufzeit ergeben und die zur Entwurfszeit noch nicht bekannt sind.

Beispiel: Die Funktion *MakeEdit* erzeugt ein Edit-Fenster:

```
TEdit* MakeEdit(TForm* F,int l,int t,int w,int h)
{
TEdit* E = new TEdit(F);
E->Parent = F;
E->SetBounds(l, t, w, h);
return E;
};
```

Hier wird der Eigentümer *Owner* beim Aufruf des Konstruktors gesetzt. Die Zuweisung an *Parent* ist notwendig, damit das Fenster angezeigt wird. Diese Funktion kann dann so aufgerufen werden:

```
TEdit* E1=MakeEdit(Form1,10,10,100,100);
E1->Text= "blablabla";
```

In einer Elementfunktion des Eigentümerformulars kann man den *Owner* auch mit *this* anstelle von *Form1* setzen:

```
TEdit* E1=MakeEdit(this,10,10,100,100);
```

Eine Komponente kann auch von einer geeigneten Basisklasse abgeleitet und in ihrem Konstruktor initialisiert werden.

Beispiel: Die von *TEdit* abgeleitete Komponente *TEdit1* erhält ihre Positionsangaben im Konstruktor:

```
class TEdit1: public TEdit {
 public:
   __fastcall TEdit1(TForm *Form,
            int l,int t,int w,int h) :TEdit(Form)
   {
   Parent = Form;
   SetBounds(l,t,w,h);
   };
};
```

Die folgenden Anweisungen entsprechen denen des letzten Beispiels:

```
TEdit1* E2=new TEdit1(Form1,80,80,200,100);
E2->Color = clYellow;
E2->Text  = "blublub";
```

Diese Vorgehensweise kann auf alle Komponenten übertragen werden. Da so alle Eigenschaften wie im Objektinspektor gesetzt werden können, hat man dieselben Gestaltungsmöglichkeiten wie bei der visuellen Programmierung. Man kann solche Klassen aber nicht nur dynamisch während der Laufzeit des Programms erzeugen: Im nächsten Abschnitt wird gezeigt, wie man solche Klassen **in die Tool-Palette installieren** und dann wie die vordefinierten Komponenten verwenden kann.

Eine aus der Tool-Palette auf ein Formular gesetzte Komponente wird beim Start des Programms mit einem **Konstruktor** initialisiert, der **genau einen *Owner*-Parameter des Typs *TComponent*** hat. Deswegen müssen alle Komponenten, die in die Tool-Palette installiert werden sollen, einen solchen Konstruktor haben. Der *Owner* Parameter **muss** die Basisklasse mit einem Elementinitialisierer initialisieren, und außerdem alle Elemente, die nicht im Objektinspektor initialisiert werden.

```
class TMyComponent: public TBase {
 public:
   __fastcall TMyComponent(TComponent* Owner) :TBase(Owner)
   { };
};
```

Beispiel: Damit die Komponente *TEdit1* aus dem letzten Beispiel in die Tool-Palette installiert werden kann, muss sie einen solchen Konstruktor haben:

```
class TEdit1: public TEdit {
 public:
 __fastcall TEdit1(TComponent* Owner):TEdit(Owner)
  { };
 ..// hier können weitere Konstruktoren folgen
};
```

In diesem Konstruktor sind meist keine weiteren Initialisierungen notwendig, da die Eigenschaften mit ihren zur Entwurfszeit im Objektinspektor gesetzten Werten initialisiert werden.

Wenn man ein **Formular** zur Laufzeit erzeugen will, muss man den Konstruktor

   *__fastcall **TForm**(TComponent* AOwner, int Dummy); //* **zwei Parameter**

mit einem beliebigen Argument für *dummy* verwenden. Er erzeugt ein Formular,
das nicht aus einer DFM-Datei geladen wird, die im Rahmen der visuellen Programmierung erzeugt wird. Verwendet man stattdessen den Konstruktor

   *__fastcall virtual **TForm**(TComponent* AOwner); //* **ein Parameter**

wird ein visuell erzeugtes Formular gesucht. Da das nicht existiert, wird die Exception *EResNotFound* ausgelöst. In der zugehörigen Meldung wird dann darauf
hingewiesen, dass die entsprechende Ressource nicht gefunden wurde.

Beispiel: Der Konstruktor dieser Klasse erzeugt ein Formular mit einem Button,
            das nicht aus der DFM-Datei geladen wird:

```
class TFormWithButton: public TForm {
  public:
    TFormWithButton(TForm* AOwner);
    TButton* B;
    void __fastcall BClick(TObject* Sender);
}; // BClick wird auf Seite 887 beschrieben

TFormWithButton::TFormWithButton(TForm* AOwner):
                  TForm(AOwner, 0) // 0 für Dummy
{
Parent = AOwner;
Show(); // damit das Formular angezeigt wird
B = new TButton(this);
B->Parent = this;
B->Caption = "xxx";
};
```

Ein solches Formular wird dann z.B. folgendermaßen erzeugt:

```
void __fastcall TForm1::Button1Click(TObject
                                       *Sender)
{
TFormWithButton* BF=new TFormWithButton(Form1);
}
```

Alle Klassen, die von *TControl* abgeleitet sind, können auf **Ereignisse** reagieren. Sie enthalten dazu spezielle Zeiger auf Elementfunktionen wie

> *__property Classes::TNotifyEvent **OnClick** = {... };*//wenn die Komponente
> *__property Classes::TNotifyEvent **OnDblClick** = {...};* // angeklickt wird

> *__property Classes::TNotifyEvent **OnEnter**={..};*//wenn die Komponente den
> *__property Classes::TNotifyEvent **OnExit**={...};*// Fokus erhält oder verliert

> *__property TKeyEvent **OnKeyDown** = { ... };* // wenn die Komponente den
> *__property TKeyPressEvent **OnKeyPress** = { ... };* // Fokus hat und eine
> *__property TKeyEvent **OnKeyUp** = { ... };* // Taste gedrückt wird

Solche Funktionszeiger werden in der Online-Hilfe des C++Builders auch als **Closure** bezeichnet. Diese Datentypen sind z.B. in „include\vcl\classes.hpp" definiert:

> *typedef void __fastcall (__closure ***TNotifyEvent**)(TObject*Sender);*
> *typedef void __fastcall (__closure ***TKeyEvent**)*
> > *(TObject* Sender, Word &Key, TShiftState Shift);*
> *typedef void __fastcall (__closure ***TKeyPressEvent**)*
> > *(TObject* Sender, char &Key);*
> *typedef void __fastcall (__closure ***TMouseEvent**) (TObject* Sender,*
> > *TMouseButton Button, TShiftState Shift, int X, int Y);*

Einem mit **__closure** definierten Funktionszeiger kann man auch die Adresse einer entsprechenden Elementfunktion aus einem Objekt einer abgeleiteten Klasse zuweisen. Mit einem ohne *__closure* definierten Zeiger auf eine Elementfunktion ist das nicht möglich. Siehe dazu die Ausführungen zum Thema Kontravarianz auf Seite 807.

Weist man einer solchen Eigenschaft die Adresse einer Funktion zu, dann wird diese Funktion aufgerufen, wenn das entsprechende Ereignis eintritt. Mit diesem Mechanismus reagieren alle Komponenten auf Ereignisse.

– Nach einem Doppelklick auf die rechte Spalte der Seite Ereignisse im Objektinspektor erzeugt der C++Builder eine solche Funktion und weist ihre Adresse dem entsprechenden Funktionszeiger zu.
– Schreibt man eine solche Funktion für eine selbst definierte Komponente selbst und weist man ihre Adresse dem entsprechenden Funktionszeiger zu, kann die selbst definierte Komponente auf Ereignisse reagieren.

Beispiel: In der Klasse *TFormWithButton* von oben hat die Elementfunktion

```
void __fastcall  TFormWithButton::BClick
                             (TObject* Sender)
{
B->Caption = "Button clicked";
};
```

den Datentyp *TNotifyEvent* und kann deshalb der Eigenschaft *OnClick* zugewiesen werden:

```
TFormWithButton(Classes::TComponent* AOwner,
        int Dummy) : Forms::TForm(AOwner, Dummy)
{
// Rest wie oben
B->OnClick = BClick;
};
```

Die VCL verwendet Closures vor allem für Ereignisbehandlungsroutinen.

Auch die Klasse **TApplication** enthält zahlreiche Zeiger auf Elementfunktionen. Da diese Klasse nicht im Objektinspektor angezeigt wird, ist die Zuweisung von Methoden die einzige Möglichkeit, eigene Reaktionen auf die entsprechenden Ereignisse zu definieren:

class TApplication : public Classes::TComponent
{ // Auszug aus include\vcl\forms.hpp
  // ...
  *__property Classes::TNotifyEvent **OnActivate** ...*
    /* Dieses Ereignis tritt ein, wenn die Anwendung aktiv wird. Eine Anwendung wird aktiv, wenn sie gestartet wird oder wenn der Fokus von einer anderen Anwendung auf sie umgeschaltet wird. */
  *__property TExceptionEvent **OnException** ...*
  // wenn eine unbehandelte Exception auftritt
  *__property TIdleEvent **OnIdle** ...*

Beispiel: Das Ereignis *OnIdle* tritt ein, wenn die Anwendung gerade „untätig" ist, weil sie z.B. keine Benutzereingabe zu bearbeiten hat. Wenn man *OnIdle* die Funktion

```
void __fastcall TForm1::MyIdleHandler(TObject
                                *Sender, bool &Done)
{
static int i=0;
Button2->Caption=IntToStr(i);
i++;
Done=false;
}
```

zuweist, zählt die Anwendung in ihrer „freien Zeit" den Zähler i hoch und zeigt seinen Wert auf einem Button an:

```
void __fastcall TForm1::FormCreate(TObject
                                *Sender)
{
Application->OnIdle=MyIdleHandler;
}
```

OnIdle weist man vor allem Funktionen zu, die immer dann ausgeführt werden sollen, wenn Windows gerade keine Benutzereingaben verarbeiten soll. Diese Funktionen (z.B. Grafik-Animationen) laufen dann in gewisser Weise „im Hintergrund" und ermöglichen dem Anwender trotzdem Eingaben.

Anmerkungen für Delphi-Programmierer: Die im C++Builder mit __closure definierten Funktionszeiger werden in Delphi mit „of object" definiert und als Methodenzeiger bezeichnet. Sie enthalten die Adresse der Methode und eine Referenz auf das Objekt, zu dem die Methode gehört.

Aufgabe 8.4

1. Die Reaktion auf ein Ereignis kann während der Laufzeit eines Programms dadurch verändert werden, dass man dem Methodenzeiger für dieses Ereignis eine andere Methode zuweist.

   Realisieren Sie dies mit einem Formular, das einen Button und drei Radio-Buttons enthält. Durch das Anklicken eines der RadioButtons soll eine von drei Ereignisbehandlungsroutinen für das Ereignis *OnClick* des Buttons ausgewählt werden.

2. Definieren Sie eine Klasse *MyForm*, deren Konstruktor ein Formular wie das Folgende ohne die Hilfsmittel der visuellen Programmierung erzeugt:

   Als Reaktion auf ein Anklicken des Buttons mit der Aufschrift

   – *Daten speichern* soll von jedem Edit-Fenster das Textfeld gelesen werden, ohne die Daten weiter zu verwenden.
   – *Eingabe löschen* soll jedes Edit-Fenster mit *Clear* gelöscht werden.
   – *Programm beenden* soll das Formular durch einen Aufruf von *Close* geschlossen werden.

3. Ein Menüeintrag wird durch ein Objekt der VCL-Klasse *TMenuItem* dargestellt und kann durch die folgenden Anweisungen erzeugt werden:

```
TMenuItem *NewMenuItem=new TMenuItem(Form1); // Owner
NewMenuItem->Caption = "Text"; // Menütext
```

Hier wird der *Owner* auf *Form1* gesetzt. Ein solcher Menüeintrag kann sowohl ein Eintrag in der Menüleiste als auch ein Eintrag in einem Menü sein. Im ersten Fall wird er durch die Funktion *Items->Add* eines Hauptmenüs (hier *MainMenu1*) in die Menüleiste aufgenommen:

```
MainMenu1->Items->Add(NewMenuItem);
```

Im zweiten Fall wird er durch die Elementfunktion *Add* eines Menüs *Menu* in das Menü aufgenommen:

```
Menu->Add(NewMenuItem);
```

a) Schreiben Sie eine Funktion *NewMenuBarItem*, die einen Menüeintrag erzeugt und in eine Menüleiste einhängt.

b) Schreiben Sie eine Funktion *NewMenuItem*, die einen Menüeintrag erzeugt und in ein Menü einhängt.

c) Beim Anklicken eines der Menüeinträge soll eine Funktion aufgerufen werden, die einen Text in ein Memo schreibt.

d) Setzt man die Eigenschaft *Visible* eines Menüeintrags auf *false*, wird dieser Eintrag im Menü nicht mehr angezeigt. Blenden Sie als Reaktion auf einen Buttonclick so einen Menüeintrag aus.

e) Der Menüeintrag mit der Nummer n kann mit der Elementfunktion

MenuItem::Delete(n-1)

gelöscht werden. Löschen Sie so als Reaktion das Anklicken eines weiteren Buttons einen der zuvor erzeugten Menüeinträge.

Damit die in den nächsten beiden Aufgaben erzeugten Komponenten im nächsten Abschnitt ohne Änderungen in die Tool-Palette installiert werden können (Aufgabe 8.5), schreiben Sie ihre Klassendefinition in eine Headerdatei (z.B. mit dem Namen „CompU.h")

```
class TColBorder1label {
...
}

class TValueEdit{
...
}
```

und die Definition ihrer Elementfunktionen in eine Datei mit der Endung „cpp". Diese Dateien verwenden Sie in der Lösung dieser Aufgabe mit einer *#include*-Anweisung.

4. Schreiben Sie eine von *TEdit* abgeleitete Klasse *TValueEdit* mit einer *double*-Eigenschaft *Value*. Ein dieser Eigenschaft zugewiesener Wert soll mit der

Anzahl von Nachkommastellen als Text der Edit-Komponente angezeigt werden, die einer Eigenschaft *Nachkommastellen* entspricht. Zur Formatierung des Wertes können Sie die Funktion *FormatFloat* mit einem Formatstring der Art "0.00" (für zwei Nachkommastellen) verwenden.

5. Schreiben Sie eine von *TCustomLabel* abgeleitete Komponente *TColBorder-Label*, die ein Label mit einem farbigen Rand darstellt. *TCustomLabel* hat einen Canvas, in den man die Randlinien zeichnen kann. Die Farbe der Randlinien soll durch eine Eigenschaft *BorderColor* und deren Dicke durch die Eigenschaft *BorderWidth* dargestellt werden. Die boolesche Eigenschaft *ShowBorder* soll entscheiden, ob der farbige Rand dargestellt wird oder nicht.

   Falls der Eigenschaft *BlinkIntervall* (Datentyp *int*) ein Wert größer Null zugewiesen wird, soll der Rand blinken. Dazu kann ein Timer verwendet werden, der mit dem in *BlinkIntervall* angegebenen Zeitintervall tickt: Bei jedem Tick wird der Rand neu gezeichnet.

   Machen Sie die Eigenschaften *Align*, *AutoSize*; *Caption* und *Color* aus *TControl* durch eine Redeklaration in *TColBorderLabel* verfügbar (siehe Abschnitt 8.2.5).

6. Selbstdefinierte Komponenten haben oft einen Konstruktor mit zwei Parametern für den *Owner* und den *Parent*:

```
class TMyEdit:public TEdit {
 public:
   __fastcall TMyEdit(TComponent* AOwner,
               TWinControl* Parent_):TEdit(AOwner){};
};
```

   Da die Argumente für *Parent* und *Owner* oft gleich sind (e.g. *Form1*), scheint es oft als zu aufwendig, jedes Mal zwei Argumente für den Konstruktor anzugeben. Diskutieren Sie diese beiden Alternativen:

```
   __fastcall TMyEdit(TComponent* AOwner):TEdit(AOwner)
   { // ...
   };

   __fastcall TMyEdit(TWinControl* AOwner):TEdit(AOwner)
   { // ...
   }
```

   Finden Sie noch eine weitere Alternativen?

8.5 Die Erweiterung der Tool-Palette

Die Tool-Palette des C++Builders kann einfach um eigene Komponenten erweitert werden. Solche selbst definierten Komponenten sind im Prinzip „ganz normale Klassen". Bei ihrer Definition müssen lediglich die folgenden Besonderheiten berücksichtigt werden:

1. Eine selbst definierte Komponente muss von *TComponent* abgeleitet werden. Um den Anpassungsaufwand gering zu halten, wird man allerdings nur selten *TComponent* als direkte Basisklasse wählen. Stattdessen wird man aus den in der VCL verfügbaren Komponenten diejenige auswählen, die mit der selbst definierten die meisten gemeinsamen Eigenschaften hat.

   Als einfaches Beispiel soll jetzt eine Komponente **TTacho** entwickelt werden, die wie eine Tachonadel auf einem Tachometer Werte in einem Bereich zwischen *min* und *max* anzeigt;

   Da die Komponente *TShape* rund ist und einen *Canvas* hat, wird *TShape* als Basisklasse für *TTacho* gewählt.

2. Die selbst definierte Komponente wird in einer Unit implementiert, die die Funktion *Register* enthält. Diese Funktion muss in einem Namensbereich enthalten sein, der denselben Namen hat wie die Datei, in der die Komponente enthalten ist (alle Buchstaben außer dem ersten sind klein). Die Funktion *Register* enthält einen Aufruf von *RegisterComponents* mit der Seite der Tool-Palette, auf der die Komponente eingetragen wird.

   Diese Anweisungen erzeugt der C++Builder automatisch, wenn man in der Menüleiste *Komponenten|Neue VCL-Komponente* auswählt. Es empfiehlt sich, zuvor alle offen Projekte mit *Datei|Alle schließen* zu schließen, da man sonst leicht die Übersicht verlieren kann. Dann wird in einem Dialogfenster nach dem Namen der Basisklasse (Vorfahrtyp) gefragt, aus dem die selbst definierte Komponente mit dem als „Klassenname" angegebenen Namen abgeleitet werden soll:

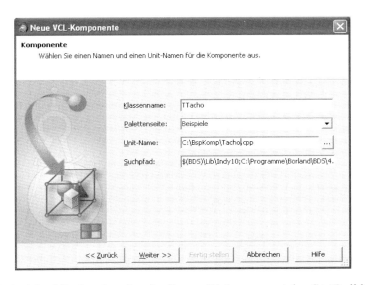

Beispiel: Mit den Angaben in diesem Dialog erzeugt der C++Builder im Verzeichnis „C:\BspKomp" die beiden Dateien „Tacho.h":

```
#ifndef TachoH
#define TachoH
//-----------------------------------------------------
#include <SysUtils.hpp>
#include <Controls.hpp>
#include <Classes.hpp>
#include <ExtCtrls.hpp>
//-----------------------------------------------------
class PACKAGE TTacho : public TShape
{
private:
protected:
public:
   __fastcall TTacho(TComponent* Owner);
__published:
};
//-----------------------------------------------------
#endif
```

und „Tacho.cpp":

```
#include <vcl.h>
#pragma hdrstop

#include "Tacho.h"
#pragma package(smart_init)
//-----------------------------------------------------
// Mit ValidCtrCheck wird sichergestellt, dass die
// erzeugten Komponenten keine rein virtuellen
// Funktionen besitzen.
//
```

```
static inline void ValidCtrCheck(TTacho *)
{
        new TTacho(NULL);
}
//-----------------------------------------------------
__fastcall TTacho::TTacho(TComponent* Owner)
        : TShape(Owner)
{
}
//-----------------------------------------------------
namespace Tacho
{
    void __fastcall PACKAGE Register()
    {
    TComponentClass classes[1] = {__classid(TTacho)};
    RegisterComponents("Beispiele", classes, 0);
    }
}
```

In einer einzigen Unit können auch **mehrere Komponenten** definiert werden. Sie werden dann bei der Installation (siehe 5.) gemeinsam installiert. Dazu kann man wie in der nächsten Version von *Register* vorgehen. Das letzte Argument beim Aufruf von *RegisterComponents* ist immer der Index des letzten Elements im Array:

```
void __fastcall PACKAGE Register()
{
// Array für die zwei Komponenten TKomp1 und TKomp2:
TComponentClass c1[2] = {__classid(TKomp1),
                         __classid(TKomp2)};
//Komp1 und Komp2 der Seite "Verschiedenes" hinzufügen
RegisterComponents("Verschiedenes", c1, 1);
// Ein zweites Array für die Komponente TKomp3:
TComponentClass c2[1] = {__classid(TKomp3)};
// Komp1 der Seite "Beispiele" hinzufügen:
RegisterComponents("Beispiele", c2, 0);
}
```

3. Dann ergänzt man die Klasse um alle notwendigen Konstruktoren, Datenelemente, Ereignisse und Elementfunktionen. Diejenigen Datenelemente und Ereignisse, die im Objektinspektor verfügbar sein sollen, werden in einen __*published* Abschnitt aufgenommen, sofern sie nicht schon in der Basisklasse __*published* sind. Diese Definitionen werden für *TTacho* nach 5. zusammen dargestellt.

Eine Klasse, die in die Tool-Palette installiert wird, **muss einen Konstruktor mit genau einem Parameter des Typs *TComponent* haben**. Dieser Parameter für den *Owner* muss zur Initialisierung der Basisklasse in einem Elementinitialisierer verwendet werden:

```
__fastcall TTacho::TTacho(TComponent* Owner)
          : TShape(Owner)
{
}
```

Dieser Konstruktor wird automatisch aufgerufen, wenn eine aus der Tool-Palette auf ein Formular gesetzte Komponente beim Start des Programms erzeugt wird. In ihm müssen alle Elemente initialisiert werden, die nicht im Objektinspektor initialisiert werden. Meist sind hier keine weiteren Initialisierungen notwendig. Die Klasse kann noch weitere Konstruktoren haben, die man explizit aufrufen kann, um Komponenten zur Laufzeit zu erzeugen.

4. Vor der Installation in die Tool-Palette sollte man die Komponente zunächst gründlich **testen**. Dazu kann man folgendermaßen vorgehen:

Die Header-Datei der zu testenden Komponente wird in das Projekt aufgenommen und ein Zeiger auf die Komponente in einen *public* Abschnitt eines Formulars (siehe 1. und 2. im Beispiel). Als Reaktion auf ein Ereignis (z.B. in *FormCreate*) wird die Komponente über einen expliziten Aufruf ihres Konstruktors mit *new* erzeugt (siehe 3.). Anschließend wird der Eigenschaft *Parent* ein Wert zugewiesen (meist *this*). Die letzten beiden Schritte werden für Komponenten auf einem Formular beim Start des Programms automatisch ausgeführt.

Beispiel:

```
#include "tacho.h" // <-- 1. manuell einfügen

class TForm1 : public TForm
{
__published:// IDE-verwaltete Komponenten
  TButton *Button1;
  // ...
  void __fastcall FormCreate(TObject *Sender);
private: // Benutzer-Deklarationen
public:       // Benutzer-Deklarationen
    TTacho* Tacho1; // <-- 2. manuell einfügen
};

void __fastcall TForm1::FormCreate(TObject *Sender)
{
Tacho1 = new TTacho(this); // <-- 3. Komp. erzeugen
Tacho1->Parent = this; // <-- 4. nicht vergessen !!!
 // hier kann man der Komponente weitere Eigenschaften
}// zuweisen, die man später im Objektinspektor setzt
```

5. Mit *Datei|Neu|Package C++Builder* legt man ein neues Package an und fügt diesem über das Kontextmenü der Projektverwaltung die oben angelegte Unit hinzu:

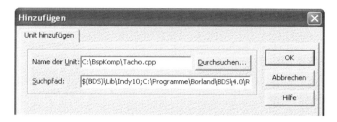

Mit der Option **Installieren** im Kontextmenü der Projektverwaltung wird die Tacho-Komponente auf der unter 2. angegebenen Palettenseite der Tool-Palette installiert:

Nach der Installation kann sie wie die vordefinierten Komponenten durch einfaches Anklicken in ein Formular übernommen werden. Weist man der Komponente kein eigenes Icon zu, wird in der Tool-Palette das Icon der Basisklasse angezeigt:

Die als *published* deklarierten Eigenschaften von *TTacho* und der Basisklasse *TShape* werden im Objektinspektor angezeigt:

Betrachten wir nun die Funktionen, die eine neue Tachonadel zeichnen. Die Klasse *TShape* besitzt in einem *protected* Abschnitt die virtuelle Funktion

   virtual void __fastcall **Paint***(void);*

Sie wird automatisch aufgerufen, wenn das *Shape* neu gezeichnet wird. Das ist z.B. dann der Fall, wenn das zugehörige Fenster neu gezeichnet werden muss, weil es zuvor verdeckt war. Wenn man auf den *Canvas* von *TShape* zeichnen will, muss man *Paint* überschreiben und in der überschreibenden Funktion die Zeichenfunktionen aufrufen. Damit das *TTacho* zugrunde liegende *Shape* gezeichnet wird, muss zuerst die Funktion *Paint* der Basisklasse aufgerufen werden:

```
void __fastcall TTacho::Paint(void)
{
TShape::Paint(); // zeichne Shape
Canvas->Font->Color = clGray;
Canvas->TextOut(Height/2,Width/2,IntToStr(fpos)+"   ");

Canvas->Pen->Color=Brush->Color;//Hintergrundfarbe lösch
DrawLine(fpos_alt);          //   den alten Zeiger
Canvas->Pen->Color=color;    // zeichnet neuen Zeiger
DrawLine(fpos);
}
```

Hier wird die neue Tachonadel einfach dadurch gezeichnet, dass die alte Tachonadel in der Hintergrundfarbe übermalt wird (und damit nicht mehr sichtbar ist) und dann die neue Tachonadel gezeichnet wird. Die Tachonadel wird dabei durch eine einfache Linie dargestellt:

```
void TTacho::DrawLine(int y0)
{ // zeichne die Linie von unten-Mitte zum Endpunkt
Canvas->MoveTo(Height/2,Width);
TPoint P = y(y0);
Canvas->LineTo(P.x,P.y);
}
```

Der aufwendigste Teil ist hier die Berechnung des Endpunkts der Tachonadel auf dem Kreisbogen in der Funktion y:

```
TPoint TTacho::y(double x0)
{ // berechne den Endpunkt auf dem Kreisbogen
// min <= x0 <= max (Vorbedingung)
double x = Width*(x0-min)/(max-min);
// 0 <= x <= Width
double r = Width/2.0;
// 0 <= x <= 2r
double y = round(r-sqrt(r*r - (x-r)*(x-r)));
return TPoint(x,y);
}
```

Die zugehörige Header-Datei:

```
#ifndef TachoH
#define TachoH
//---------------------------------------------------------
#include <vcl\SysUtils.hpp>
#include <vcl\Controls.hpp>
#include <vcl\Classes.hpp>
#include <vcl\ExtCtrls.hpp>
```

```
//---------------------------------------------------------
class TTacho : public TShape
{
 private:
  int fpos,fpos_alt,
      fmin,fmax;
  TColor fcolor;
  void __fastcall setpos(int i);
  TPoint y(double x0);
  void DrawLine(int y0);

 protected:
 public:
  __fastcall TTacho(TComponent* Owner);
  void __fastcall Paint(void);
  __published:
  __property OnClick;
  __property TColor color={read=fcolor,
                             write=fcolor,default=0};
  __property int min={read=fmin, write=fmin, default=0};
  __property int max={read=fmax,write=fmax, default=100};
  __property int pos={read=fpos, write=setpos};
};
//---------------------------------------------------------
#endif
```

Aufgabe 8.5

Erweitern Sie die Tool-Palette um die in den Aufgaben des letzten Abschnitts entwickelten Komponenten

TValueEdit
TColBorderLabel

Schreiben Sie diese Komponenten nicht neu, sondern übernehmen Sie „CompU.cpp" und „Compu.h" mit *#include*. Verwenden Sie die in die Tool-Palette installierten Komponenten in einer eigenen kleinen Anwendung, in der Sie die von Ihnen definierten und einige der vordefinierten Eigenschaften im Objekt-inspektor und im Programm setzen.

8.6 Klassenreferenztypen und virtuelle Konstruktoren

Wie schon in Abschnitt 8.1 erwähnt wurde, können Klassen der VCL virtuelle Konstruktoren haben:

```
class C : public TObject {
  public:
    virtual C(){};
};
```

Bei nicht von *TObject* abgeleiteten Klassen ist das nicht möglich:

```
class C {
  public:
    virtual C(){}; // Fehler: Speicherklasse 'virtual'
};                 //         ist hier nicht erlaubt
```

Virtuelle Konstruktoren können in Object Pascal mit sogenannten **Klassenreferenztypen** aufgerufen werden. Mir ist nicht bekannt, wie das mit dem C++Builder geht (vielleicht kann mir ein Leser weiterhelfen), und ich vermute, dass es nicht möglich ist. Deshalb wird zunächst gezeigt, wie man in Object Pascal virtuelle Konstruktoren aufruft. Da man mit dem C++Builder auch Funktionen aufrufen kann, die in Object Pascal geschrieben sind, ist über diesen Umweg auch im C++Builder der Aufruf virtueller Konstruktoren möglich.

In Object Pascal sind Klassenreferenztypen Datentypen, die nach dem Schema

CLASS OF Typname

definiert werden, wobei „Typname" für den Namen einer Klasse steht. Einer Variablen eines Klassenreferenztyps kann dann eine Klasse (also ein Datentyp) zugewiesen werden. Die zugewiesene Klasse muss dabei mit der Klasse zuweisungskompatibel sein, mit der die Klassenreferenz definiert wurde.

Beispiele: Object Pascal verwendet unter anderem die Klassenreferenztypen

```
TFormClass      = class of TForm;
TControlClass   = class of TControl;
TComponentClass = class of TComponent;
```

Einer Variablen eines solchen Klassenreferenztyps

```
var fcv:TFormClass;
    contcv:TControlClass;
    compcv:TComponentClass;
```

kann dann eine Klasse zugewiesen werden:

```
fcv := TForm;
contcv := TControl;
compcv := TComponent;
```

Die Zuweisung eines Datentyps an eine Variable ist auf den ersten Blick ungewöhnlich: Bei anderen Datentypen als VCL Klassen geht das nicht. Diese Möglichkeit beruht darauf, dass eine Variable eines Klassenreferenztyps die Adresse der *vtbl* (siehe Abschnitt 6.4.3) der Klasse enthält und diese Adresse bei einer Zuweisung kopiert wird.

Wenn mit einer Variablen eines Klassenreferenztyps ein **virtueller Konstruktor** aufgerufen wird, führt das zum Aufruf des Konstruktors der Klasse, die der Variablen zugewiesen wurde. Auf diese Weise können virtuelle Konstruktoren wie virtuelle Funktionen aufgerufen werden. Dabei wird während der Laufzeit des Programms ein Objekt der Klasse erzeugt, die der Variablen zugewiesen wurde.

Beispiel: Die Klassen der Klassenreferenztypen aus dem letzten Beispiel haben virtuelle Konstruktoren mit dem Namen *Create*. Deshalb wird beim Aufruf der Funktion *CreateControl* ein Objekt der Klasse erzeugt, die als Argument für den ersten Parameter übergeben wird.

```
function CreateControl(C:TControlClass;
      const ControlName: string;
      X, Y, W, H: Integer): TControl;
begin
Result := C.Create(Form1);
Result.Parent := Form1;
Result.Name := ControlName;
Result.SetBounds(X, Y, W, H);
Result.Visible := true;
end;
```

Die folgenden beiden Aufrufe von *CreateControl* erzeugen Objekte der von *TControl* abgeleiteten Klassen *TEdit* oder *TButton*. In *CreateControl* werden dabei *TEdit.Create* bzw. *TButton.Create* aufgerufen:

```
procedure TForm1.CreateClick(Sender: TObject);
begin
CreateControl(TEdit,'Ed1',1,1,100,25);
CreateControl(TButton,'But1',1,100,100,25);
end;
```

Will man die so erzeugten Steuerelemente im Programm ansprechen, kann man den Funktionswert von *CreateControl* einem Steuerelement zuweisen. Da *TEdit* bzw. *TButton* von *TControl* abgeleitet sind und nicht umgekehrt, ist hier ein Typecast notwendig:

```
var E1:TEdit;
    B1:TButton;

procedure TForm1.CreateClick(Sender: TObject);
begin
E1:=TEdit(CreateControl(TEdit,'Ed1',1,1,100,25));
E1.Text := 'xxx';
B1 := TButton(CreateControl(TButton,'But1',
                                1,100,100,25));
B1.Caption := 'yyy';
B1.OnClick := Button1Click;
end;
```

Im **C++Builder** werden Klassenreferenztypen durch die Klasse *TMetaClass* dargestellt. Die Namen der Klassenreferenztypen von Object Pascal sind mit *typedef* deklariert und deshalb nur ein anderer Name für *TMetaClass**:

```
typedef TMetaClass* TFormClass; // include\vcl\Forms.hpp
typedef TMetaClass* TControlClass;
typedef TMetaClass* TComponentClass;
```

Mit __*classid* erhält man im C++Builder die Adresse der *vtbl* einer Klasse. Diese Adresse kann man einer Variablen des Datentyps *TMetaClass** zuweisen:

```
TMetaClass* mc=__classid(TLabel);
```

Der C++Builder verwendet __*classid* z.B. beim Aufruf von *CreateForm* von *TApplication* in *WinMain*.

Fügt man einem Projekt im C++Builder die Pascal-Unit mit der oben vorgestellten Funktion *CreateControl* hinzu (über die Option *Projekt* in der Menüleiste), erzeugt der C++Builder eine Header-Datei (Endung .hpp) mit der Funktionsdeklaration:

```
extern Controls::TControl* __fastcall CreateControl(
    TMetaClass* C, Forms::TForm* Form, const AnsiString
    ControlName, int X, int Y, int W, int H);
```

Dieser Funktion kann man mit __*classid(ClassName)* die *vtbl* einer Klasse übergeben. Deshalb kann man die in Object Pascal geschriebene Funktion *Create-Control* im C++Builder folgendermaßen aufrufen:

```
CreateControl(__classid(TButton),Form1,"But",1,1,100,25);
CreateControl(__classid(TLabel),Form1,"Lab",200,1,90,25);
```

Ein virtueller Konstruktor einer Basisklasse wird in einer abgeleiteten Klasse durch einen Konstruktor mit derselben Parameterliste überschrieben.

Beispiel: Da der Konstruktor von *TEdit* virtuell ist und der von *TEdit2* dieselbe Parameterliste hat, ist dieser ebenfalls virtuell:

```
class TEdit2: public TEdit {
  public:
    __fastcall TEdit2(Classes::TComponent* AOwner);
    {
    Parent = (TForm*)Form;
    Text = "bloplob";
    Show();
    };
};
```

Deshalb wird durch den Aufruf

```
CreateControl(__classid(TEdit2),Form1,"Ed2",
                                   1,100,100,25);
```

ein Objekt der Klasse *TEdit2* erzeugt.

Die **Elementfunktionen von** *TMetaClass* entsprechen den statischen Elementfunktionen von *TObject*:

```
class PACKAGE TMetaClass
{    // aus vcl/systobj.h
 public:
   // ...
   ShortString __fastcall ClassName()
   {
    return TObject::ClassName(this);
   }
   TClass __fastcall ClassParent()
   {
    return TObject::ClassParent(this);
   }
   // ...
}
```

Sie haben dieselben Namen wie die statischen Elementfunktionen aus *TObject*,
aber einen Parameter weniger, für den immer der *this*-Zeiger eingesetzt wird.
Diese Funktionen können wie in *ShowBaseNames* aufgerufen werden:

```
void ShowBaseNames(TMetaClass* M)
{
for (TMetaClass* C=M;C!=0; C=C->ClassParent())
  Form1->Memo1->Lines->Add(C->ClassName());
}
```

Da *ClassParent* immer die direkte Basisklasse und *ClassName* den Namen der
Klasse als String zurückgibt, erhält man bei einem Aufruf von *ShowBaseNames*
die Namen aller Basisklassen in ihrer Reihenfolge in der Klassenhierarchie. Für
TObject hat *ClassParent* den Wert 0, da *TObject* keine Basisklasse hat. Deshalb
wird *TObject* als letztes ausgegeben. *ShowBaseNames* kann mit dem Namen einer
Klasse aufgerufen werden, ohne dass zuvor ein Objekt definiert wurde:

```
ShowBaseNames(__classid(TEdit));
```

In *TObject* und damit in allen Klassen der VCL steht die Elementfunktion *Class-
Type* zur Verfügung. Sie gibt die Metaklasse eines Objekts zurück und kann deshalb als Argument in *ShowBaseNames* eingesetzt werden:

```
void __fastcall TForm1::Button3Click(TObject *Sender)
{
ShowBaseNames(Sender->ClassType());
}
```

Aufgabe 8.6

Zeigen Sie wie in *ShowBaseNames* für eine Klasse (z.B. *TButton*) und alle ihre
Basisklassen den jeweils von einem Objekt der Klasse belegten Speicherplatz an.
Sie können dazu die Funktion *InstanceSize* von *TMetaClass* verwenden.

8.7 Botschaften (Messages)

Windows ist ein ereignisgesteuertes System, das alle Benutzereingaben (z.B. Mausklicks, Tastatureingaben) usw. für alle Programme zentral entgegennimmt. Bei jedem solchen Ereignis sendet Windows dann eine Botschaft an das Programm, für das sie bestimmt sind.

Obwohl es in Zusammenhang mit Botschaften üblich ist, von „versenden" zu sprechen, ist dieser Begriff in gewisser Weise irreführend: Wenn Windows eine Botschaft an eine Anwendung sendet, hat das nichts mit einem E-Mail-System oder Ähnlichem zu tun. Vielmehr stehen hinter dem Begriff **Versenden von Botschaften** die folgenden beiden Techniken:

- Entweder werden Botschaften (vor allem für Benutzereingaben) in eine Warteschlange (die sogenannte *message queue*) der Anwendung abgelegt,
- oder Windows ruft direkt eine sogenannte *Window-Prozedur* in der Anwendungauf, die die Botschaften für das Fenster dann verarbeitet.

8.7.1 Die Message Queue und die Window-Prozedur

Windows verwaltet für jede gerade laufende Anwendung eine *message queue*, in die es alle Botschaften ablegt, die zu Benutzereingaben (Mausklicks, Mausbewegungen, Tastatureingaben usw.) gehören. Die Botschaften aus der *message queue* werden dann von der Anwendung in einer Schleife verarbeitet, die meist als *message loop* bezeichnet wird. In der VCL ist sie in der Funktion *TApplication::Run* enthalten, die im Hauptprogramm aufgerufen wird:

```
procedure TApplication.Run; // aus source\vcl\forms.pas,
// C++: void __fastcall TApplication::Run()
begin // C++: {
// ...
repeat if not ProcessMessage then Idle;
until Terminated;
// C++: do if (!ProcessMessage()) Idle();
// C++: while (!Terminated);
// ...
end; // C++: }
```

ProcessMessage holt mit *PeekMessage* eine Botschaft nach der anderen aus der Warteschlange. Falls der Ereignisbehandlungsroutine *OnMessage* von *TApplication* eine Funktion zugewiesen wurde, hat *Assigned(FOnMessage)* den Wert *true*. Dann wird zunächst diese Funktion über *FOnMessage* aufgerufen:

```
function TApplication.ProcessMessage:Boolean;
// C++: bool __fastcall TApplication::ProcessMessage()
var Handled: Boolean; // aus source\vcl\forms.pas
    Msg: TMsg;
begin
  Result := false;
  if PeekMessage(Msg, 0, 0, 0, PM_REMOVE) then
  begin
    ...
    Handled := false;
    if Assigned(FOnMessage) then FOnMessage(Msg,Handled);
    if not Handled and ... then
      begin
        ...
        TranslateMessage(Msg);
        DispatchMessage(Msg);
      end;
    ...
  end;
end;
```

Wenn die Funktion *FOnMessage* die boolesche Variable *Handled* nicht auf *true* setzt, wird anschließend *TranslateMessage* aufgerufen. Diese Funktion übersetzt Botschaften mit „rohen" Tastaturcodes in Botschaften mit dem Zeichen der gedrückten Taste und legt diese wieder in die *message queue* der Anwendung (siehe unten).

DispatchMessage sendet die Botschaft an das Fenster (Formular, Edit-Fenster usw.), für das sie bestimmt ist, indem dessen sogenannte **Window-Prozedur** aufgerufen wird. Jedes Steuerelement besitzt eine eigene *Window-Prozedur*, so dass in einem Programm mit einem Formular, einem Edit-Fenster und einem Button jede dieser drei Komponenten eine eigene *Window-Prozedur* hat. In dieser Funktion reagiert das Steuerelement auf die Botschaft. Ihr Aufruf führt insbesondere zum Aufruf der Ereignisbehandlungsroutinen für das Steuerelement. Alle VCL Ereignisbehandlungsroutinen wie *Button1Click* usw. werden über *DispatchMessage* aufgerufen. Mehr dazu in Abschnitt 8.7.3.

Der Parameter *Msg* hat den Datentyp

```
typedef struct tagMSG  // aus wtypes.h
{
  HWND hwnd;   // das Handle (interne Nummer) des Fensters,
               //   für das die Botschaft bestimmt ist
  UINT message;  // identifiziert die Art der Botschaft
  WPARAM wParam; // die Bedeutung der wParam und lParam
  LPARAM lParam; //   Daten ist abhängig vom Wert message
  DWORD time;    // Zeitpunkt der Botschaft
  POINT pt;    // Struktur mit den Mauskoordinaten x und y
} MSG;
```

Sein Element *message* identifiziert die Art der Botschaft und hat z.B. den Wert *WM_KEYDOWN* oder *WM_KEYUP* wenn eine Taste gedrückt oder wieder losgelassen wird. Für solche Botschaften ist das Element *wParam* der sogenannte

„virtual key code" der Taste, die das Ereignis ausgelöst hat. Solche Botschaften werden durch *TranslateMessage* in Botschaften mit dem *message* Wert *WM_CHAR* übersetzt. In einer solchen Botschaft enthält *wParam* das Zeichen der gedrückten Taste ('a' wenn die Taste 'a' gedrückt wurde). Diese drei *message* Werte entsprechen den VCL Ereignissen *OnKeyDown*, *OnKeyUp* und *OnKeyPressed*. Es gibt zahlreiche weitere Werte für *message*. Für jede solche Botschaft enthalten dann *wParam* und *lParam* Daten, die für die jeweilige Botschaft spezifisch sind.

Das Element *message*, das die Botschaft identifiziert, wird in der Online Hilfe zum C++Builder auch als "Botschaftsindex" bezeichnet, und in der Win32 SDK Online Hilfe als "message identifier" (Botschaftsnummer). Eine Botschaft mit der Botschaftsnummer x wird oft auch als "x Botschaft" bezeichnet (z.B. *WM_KEYDOWN* Botschaft oder *WM_CHAR* Botschaft).

In „include\winuser.rh" sind für alle von Windows vordefinierten Botschaften symbolische Konstanten definiert. Die Bedeutung dieser ca. 200 Konstanten ist in der Online-Hilfe zum Win32 SDK beschrieben. Alle Botschaften von Windows beginnen mit WM_ für „windows message". Einige Beispiele:

```
#define WM_KEYDOWN      0x0100  // wenn eine Taste gedrückt wird
#define WM_KEYUP        0x0101  // wenn eine Taste gedrückt wird
#define WM_MOUSEMOVE    0x0200  // wenn sich die Maus bewegt
#define WM_RBUTTONDOWN  0x0204  // wenn die rechte Maustaste
                                                gedrückt wird
#define WM_RBUTTONUP    0x0205  // wenn die rechte Maustaste
                                                losgelassen wird
#define WM_RBUTTONDBLCLK 0x0206 // Doppelklick auf die rechte
                                                Maustaste
```

Diese Art der Bearbeitung von Botschaften in der *message loop* ist übrigens auch Grund dafür, dass ein Programm, das längere Zeit in einer Schleife verbringt, nicht auf Eingaben reagiert und auch keine Aus: Da Benutzereingaben meist in die *message queue* abgelegt werden, werden sie ohne einen expliziten Aufruf von *Application->ProcessMessages* einfach nicht abgeholt, bevor der Aufruf von *DispatchMessage* beendet ist.

Nach diesen Ausführungen bestehen also die folgenden Möglichkeiten, Botschaften abzufangen und auf sie zu reagieren:

1. auf Botschaften für eine Anwendung, indem man das Ereignis *OnMessage* für *TApplication* definiert;
2. auf Botschaften für ein Steuerelement in seiner *Window-Prozedur* oder einer davon aufgerufenen Funktion.

Diese Möglichkeiten werden in den nächsten beiden Abschnitten beschrieben.

8.7.2 Botschaften für eine Anwendung

Wird der Eigenschaft *OnMessage* von *TApplication* die Adresse einer Funktion des Typs *TMessageEvent* zugewiesen, dann wird diese Funktion in *ProcessMessage* vor *DispatchMessage* aufgerufen. In dieser Funktion kann man auf alle Botschaften für die Anwendung reagieren, bevor sie an die *Window-Prozedur* des Steuerelements weitergeleitet werden.

```
typedef void __fastcall (__closure *TMessageEvent)
                        (tagMSG &Msg, bool &Handled);
```

Mit dem Parameter *Handled* kann man festlegen, ob die Botschaft anschließend an die *Window-Prozedur* weitergeleitet wird oder nicht. Setzt man *Handled* auf *true*, wird eine anschließende Behandlung der Botschaft in der Window Prozedur des Steuerelements unterbunden. In den nächsten beiden Beispielen haben die Funktionen *ShowXY* und *ShowMsg* den Datentyp *TMessageEvent* und können dem Funktionszeiger *OnMessage* zugewiesen werden wie in

```
void __fastcall TForm1::Button1Click(TObject *Sender)
{
Application->OnMessage = ShowXY;
}
```

1. Die Funktion *ShowXY* zeigt die aktuelle Mauskoordinate an, wenn sich der Mauszeiger über einem beliebigen Fenster der Anwendung befindet:

```
void __fastcall TForm1::ShowXY(TMsg& M,bool& Handled)
{
AnsiString x = IntToStr(M.pt.x);
AnsiString y = IntToStr(M.pt.y);
Label1->Caption = "("+x+","+y+")";
}
```

Setzt man in *ShowXY* außerdem noch *Handled* auf *true*, werden die Botschaften anschließend nicht an die Anwendung weitergegeben. Dann kann man das Programm aber nicht mehr mit der Tastenkombination Alt-F4 beenden.

2. Die Funktion *ShowMsg* schreibt alle Botschaften für die aktuelle Anwendung in ein Memo-Fenster. Man erhält so einen Eindruck von der Vielzahl der Botschaften, die Windows einer Anwendung sendet:

```
void __fastcall TForm1::ShowMsg(TMsg& M,bool& Handled)
{
static int n=0;
++n;
Memo1->Lines->Add(IntToStr(n)+": "
+IntToStr(M.message));
};
```

Mit dem C++Builder wird das Programm **WinSight32** ausgeliefert. Damit kann man sich die Meldungen wesentlich „luxuriöser" als mit *ShowMsg* anzeigen lassen.

8.7.3 Botschaften für ein Steuerelement

Im letzten Abschnitt wurde gezeigt, wie Windows Botschaften an eine Anwendung übergibt und wie man auf sie reagieren kann. Jetzt geht es darum, wie Botschaften an die Steuerelemente einer Anwendung weitergegeben werden und wie man auf sie in den Klassen der VCL reagieren kann.

TWinControl und jede abgeleitete Klasse (und damit jedes Steuerelement von Windows) enthalten eine sogenannte *Window-Prozedur*, die alle Botschaften von Windows für dieses Steuerelement entgegennimmt. Diese Funktion ist die Elementfunktion *MainWndProc*, die selbst keinerlei Behandlung der Botschaften durchführt, sondern lediglich für das vordefinierte Exception-Handling sorgt:

```
procedure TWinControl.MainWndProc(var Message: TMessage);
begin
  try
    try
      WindowProc(Message);
    finally
      FreeDeviceContexts;
      FreeMemoryContexts;
    end;
  except // C++: catch(...)
    Application.HandleException(this);
  end;
end;
```

Hier ist *WindowProc* eine Eigenschaft, die im Konstruktor von *TControl* mit der Adresse der virtuellen Funktion *WndProc* initialisiert wird. Da *WndProc* virtuell ist, führt ihr Aufruf zum Aufruf der Funktion, die *WndProc* in der aktuellen Klasse überschreibt. Das ist z.B. bei einem Button die Funktion *WndProc* aus *TButtonControl*, da *WndProc* in *TButton* nicht überschrieben wird:

```
procedure TButtonControl.WndProc(var Message: TMessage);
begin // Basisklasse von TButton, source\vcl\StdCtrls.pas
  case Message.Msg of // C++: switch(Message.Msg)
    WM_LBUTTONDOWN, WM_LBUTTONDBLCLK:
      if ... and not Focused then
      begin
        FClicksDisabled := true;
        Windows.SetFocus(Handle);
        FClicksDisabled := false;
        if not Focused then Exit;
      end;
  ...
  inherited WndProc(Message);
  // C++: TWinControl::WndProc(Message);
end;
```

Der Datentyp *TMessage* enthält die Daten von *Msg* (siehe Abschnitt 8.7.1) ohne die Zeit *time* und die Mauskoordinaten *pt*:

```
struct TMessage
{
   Cardinal Msg;   // message in MSG
   union
   {
      struct
      {
         Word WParamLo;  Word WParamHi;  Word LParamLo;
         Word LParamHi;  Word ResultLo;  Word ResultHi;
      };
      struct
      {  int WParam;     int LParam;     int Result; };
   };
} ;
```

Mit *inherited* wird die Funktion *WndProc* aus der nächsten Basisklasse aufgerufen. Das ist hier die Funktion *TWinControl.WndProc*:

```
procedure TWinControl.WndProc(var Message: TMessage);
                                             { override }
begin
// ...
inherited WndProc(Message);
// C++: TControl::WndProc(Message);
end;
```

Auch hier wird mit *inherited* die Funktion *WndProc* aus der Basisklasse aufgerufen, was zum Aufruf der Funktion *WndProc* aus *TControl* führt, die unter anderem bei einer Bewegung der Maus *Application->HintMouseMessage* aufruft:

```
procedure TControl.WndProc(var Message: TMessage);
// C++: void TControl::WndProc(TMessage& Message)
begin
// ...
   case Message.Msg of
     WM_MOUSEMOVE: Application.HintMouseMessage(this,
                                            Message);
// ...
Dispatch(Message);
end;
```

Als letzte Anweisung wird in *TControl.WndProc* die virtuelle Funktion **Dispatch** aufgerufen. Dieser Aufruf führt zum Aufruf der letzten überschreibenden Funktion der in *TObject* definierten virtuellen Funktion *Dispatch*:

```
class   __declspec(delphiclass) TObject {
   // ...
   virtual void __fastcall Dispatch(void *Message);
   virtual void __fastcall DefaultHandler(void* Message);
   // ...
```

Dispatch enthält Anweisungen, die gezielt auf einzelne Botschaften reagieren. Falls in der so aufgerufenen Funktion *Dispatch* keine Reaktion auf eine Botschaft definiert ist, wird *Dispatch* aus der Basisklasse aufgerufen. Falls in allen so aufgerufenen Funktionen keine Reaktion auf diese Botschaft definiert ist, wird die virtuelle Funktion *DefaultHandler* aufgerufen. Sie realisiert den größten Teil des Standardverhaltens von Fenstern unter Windows.

Wir fassen zusammen: Beim Aufruf der Window-Prozedur *MainWndProc* eines Steuerelements (meist durch *SendMessage* oder *DispatchMessage*) werden nacheinander die folgenden Funktionen aufgerufen:

1. *WndProc* des aktuellen Steuerelements sowie *WndProc* von allen Basisklassen
2. *Dispatch* des aktuellen Steuerelements sowie *Dispatch* von allen Basisklassen.
3. Falls eine Botschaft in *Dispatch* nicht behandelt wird, führt das zum Aufruf der Elementfunktion *DefaultHandler* des aktuellen Steuerelements sowie eventuell von *DefaultHandler* der Basisklassen.

8.7.4 Selbst definierte Reaktionen auf Botschaften

Eine selbst definierte Komponente schreibt man dadurch, dass man sie von einer VCL-Komponente ableitet. Die abgeleitete Komponente enthält dann alle Elemente der Basisklasse einschließlich der Zeiger auf die Ereignisbehandlungsroutinen. Wenn Ihre Komponente dann auf solche Ereignisse reagieren soll, weist man den Zeigern für die Ereignisbehandlungsroutinen eine Ereignisbehandlungsroutine zu, wie das schon in Abschnitt 8.4 gezeigt wurde:

Beispiel: Dieses Beispiel ist eine Wiederholung von Abschnitt 8.4. Es wird hier vorgestellt,
- um die Beziehungen zwischen Botschaften und den Funktionszeigern für die Ereignisbehandlungsroutinen zu zeigen,
- und explizit darauf hinzuweisen, wie Ereignisbehandlungsroutinen für Botschaften geschrieben und zugewiesen werden, für die eine Komponente bereits Zeiger enthält.

Die an *OnMouseMove* zugewiesene Ereignisbehandlungsroutine wird aufgerufen, wenn das Steuerelement eine *WM_MOUSEMOVE* Botschaft erhält. Eine solche Elementfunktion

```
void __fastcall TForm1::MyMouseMove(
  TObject *Sender, TShiftState Shift, int X, int Y)
{ // die Deklaration in der Klasse nicht vergessen
Label1->Caption=IntToStr(X)+","+IntToStr(Y);
}
```

kann z.B. in *FormCreate* zugewiesen werden:

```
void __fastcall TForm1::FormCreate(
                              TObject *Sender)
{
OnMouseMove=MyMouseMove;
}
```

Für eine in die Tool-Palette installierte Komponente kann man eine solche Funktion auch durch einen Doppelklick auf das entsprechende Ereignis im Objektinspektor vom C++Builder erzeugen lassen. Der C++Builder weist diese Funktion dann auch dem Funktionszeiger zu.

Einige weitere Botschaftsnummern und ihre entsprechenden VCL Ereignisse:

WM_KEYDOWN	*OnKeyDown*
WM_KEYUP	*OnKeyUp*
WM_CHAR	*OnKeyPress*

Da die VCL Komponenten Zeiger auf Ereignisbehandlungsroutinen für die wichtigsten Ereignisse haben, besteht meist keine Notwendigkeit, eigene Funktionen zur Reaktion auf Botschaften zu schreiben. Man sollte solche Erweiterungen auch nur mit Bedacht einsetzen, da ein Programm sonst vom üblichen Verhalten von Windowsprogrammen abweicht. Aber falls es doch einmal notwendig sein sollte, ist das nicht schwierig.

Nach den Ausführungen des letzten Abschnitts kann man jede dieser virtuellen Funktionen überschreiben:

1. In *WndProc* reagiert man meist auf ganze Gruppen von Botschaften, um für eine Klasse und alle davon abgeleiteten Klassen ein einheitliches Verhalten zu implementieren. Damit alle in der überschreibenden *WndProc*-Funktion nicht behandelten Botschaften in den *WndProc*-Funktionen der Basisklassen behandelt werden können, muss man am Ende dieser Funktion immer *WndProc* aus der Basisklasse aufrufen.
2. In *Dispatch* reagiert man dagegen gezielt auf bestimmte Botschaften. Am Ende muss man immer die Funktion *Dispatch* der Basisklasse aufrufen. Diese Technik wird üblicherweise zur Reaktion auf einzelne Botschaften verwendet.
3. In *DefaultHandler* kann man auf Botschaften reagieren, auf die in *WndProc* oder *Dispatch* nicht reagiert wird. Diese Funktion wird in einigen Klassen der VCL überschrieben. In selbst definierten Klassen überschreibt man aber meist *Dispatch* und nicht *DefaultHandler*.

Die nächsten Beispielen zeigen die ersten beiden dieser Techniken am Beispiel eines Formulars, das auf einen Doppelklick der rechten Maustaste reagiert. Für dieses Ereignis enthält *TForm1* keine Zeiger auf eine Elementfunktion.

1. Dieses Beispiel ist nicht typisch, da in *WndProc* meist auf ganze Gruppen von Botschaften reagiert wird.

```
class TForm1 : public TForm {
  // ...
  void __fastcall WndProc(Messages::TMessage &Message);
  // ...
}
```

```
void __fastcall TForm1::WndProc(TMessage &Message)
{
if (WM_RBUTTONDBLCLK == Message.Msg)
  {
   int x = Message.LParamLo;
   int y = Message.LParamHi;
   Form1->Caption="("+IntToStr(x)+","+IntToStr(y)+")";
  };
TForm::WndProc(Message);
}
```

2. Überschreibt man *Dispatch* wie hier, hat das denselben Effekt wie im ersten
   Beispiel:

```
class TForm1 : public TForm {
// ...
void __fastcall Dispatch(void *Message);
// ...
}

void __fastcall TForm1::Dispatch(void *Message)
{
int x,y;
switch  (((TMessage*)Message)->Msg)
  {
     case WM_RBUTTONDBLCLK:
        x=((TMessage*)Message)->LParamLo;
        y = ((TMessage*)Message)->LParamHi;
        Form1-> Caption=IntToStr(x)+","+IntToStr(y);
        TForm::Dispatch(Message);
        break;
     default:
        TForm::Dispatch(Message);
        break;
  }
}
```

Um die Implementation der Funktion *Dispatch* zu erleichtern, stellt der
C++Builder in „include\vcl\sysmac.h“ die folgenden Makros zur Verfügung:

```
#define BEGIN_MESSAGE_MAP \
        virtual void __fastcall Dispatch(void *Message) \
        {\
         switch  (((PMessage)Message)->Msg) \
         {
#define VCL_MESSAGE_HANDLER(msg,type,meth) \
           case    msg: \
           meth(*((type *)Message));      \
           break;
#define END_MESSAGE_MAP(base) \
           default:\
              base::Dispatch(Message);     \
              break;                        \
         }\
        }
```

Ruft man diese Makros mit den richtigen Argumenten auf, erzeugen sie eine vollständige *Dispatch*-Funktion, die der Compiler übersetzen kann:

1. Die Ganzzahlkonstante *msg* ist die Nummer der Botschaft, deren Verhalten überschrieben wird. (z.B. *WM_CHAR*, *WM_RBUTTONDBLCLK*).
2. Der Parameter *type* steht für den Datentyp der Botschaft.
3. Für *meth* wird der Name der Funktion angegeben, die als Reaktion auf die Botschaft aufgerufen werden soll. Ihr Name kann frei gewählt werden. Borland empfiehlt allerdings, als Namen für einen Message-Handler den Namen der Botschaft ohne das Unterstrichzeichen zu verwenden. Diese Funktion muss immer die Funktion *Dispatch* der Basisklasse aufrufen.
4. Für *base* wird der Name der Basisklasse angegeben. Dadurch wird die Funktion *Dispatch* dieser Klasse aufgerufen.

Im C++Builder sind für die meisten Botschaften Datentypen definiert, die die Parameter *wParam* und *lParam* auf aussagekräftige Namen abbilden (siehe "include/VCL/Messages.hpp"). Die Namen dieser Botschaftstypen beginnen mit einem "T" und werden vom Namen der Botschaft gefolgt (ohne das Unterstreichungszeichen "_" und in gemischter Groß- und Kleinschreibung). Beispielsweise ist *TWMChar* der Botschaftstyp für *WM_CHAR*-Botschaften. Er wird im *VCL_MESSAGE_HANDLER* Makro mit einer Typkonversion in den Datentyp *Message* konvertiert. Diese Datentypen werden in der Online-Hilfe ausführlich beschrieben.

Beispiele: Alle Mausbotschaften haben den Botschaftstyp *TWMMouse*:

```
struct TWMMouse {
  unsigned Msg; // ID der Windows-Botschaft
  int Keys;     // die gedrückten Maustasten
  union {
    struct {
      Windows::TSmallPoint Pos;// Mauskoordinaten
      int Result;//für manche Botschaften
    };                         // notwendig
    struct {
      short XPos; // Mauskoordinaten
      short YPos;
    };
  };
};
```

Alle Tastaturbotschaften haben den Botschaftstyp

```
struct TWMKey {
  unsigned Msg;  // ID der Windows-Botschaft
  Word CharCode; // virtueller Tastencode
  Word Unused;
  int KeyData; // Flags für erweiterte Tasten usw.
  int Result;    // Rückgabewert der Anwendung
};
```

Mit diesen Botschaftstypen kann man die Makros von oben wie in dieser Edit-Komponente verwenden, die auch rechte Mausklicks behandelt (im Unterschied zu *TEdit*):

```
class TRButtonEdit: public TEdit {
  public:
    __fastcall TRButtonEdit(Forms::TForm* AOwner):
                       TEdit(AOwner){ Parent=AOwner;};
  protected:
    void __fastcall WMRButtonDown(Messages::TWMMouse
                                            &Message);

    BEGIN_MESSAGE_MAP
      VCL_MESSAGE_HANDLER(WM_RBUTTONDOWN, TWMMouse,
                                      WMRButtonDown);
    END_MESSAGE_MAP(TEdit);
};

void __fastcall TRButtonEdit::WMRButtonDown
(Messages::TWMMouse &Message)
{
Form1->Memo1->Lines->Add("RB down");
TEdit::Dispatch(Message);
}
```

Die hier mit den Makros definierte Funktion *Dispatch* entspricht der selbst definierten Funktion *Dispatch* von Seite 911. Man kann auch mehr als ein Ereignis behandeln, indem man das Makro *VCL_MESSAGE_HANDLER* mehrfach angibt.

Auf ihrem Weg durch die verschiedenen Funktionen kann man eine **Botschaft** auch **manipulieren** und so das Verhalten von Steuerelementen verändern. Das soll am Beispiel der Botschaft *WM_NCHitTest* („Non Client Hit Test") gezeigt werden, die immer dann an ein Fenster gesendet wird, wenn die Maus über dem Fenster bewegt oder eine Maustaste gedrückt oder losgelassen wird.

Auf dieses Ereignis wird in der Funktion *DefaultHandler* reagiert, die nach *Dispatch* aufgerufen wird. Diese Botschaft enthält im Element *Result* einen Wert, der angibt, in welchem Teil des Fensters sich der Cursor befindet. Ein Auszug aus diesen Werten (eine vollständige Liste findet man in „win32.hlp" unter *WM_NCHitTest*):

HTBOTTOM	Der Cursor befindet sich am unteren Rand eines Fensters
HTCAPTION	Der Cursor befindet sich in der Titelzeile
HTCLIENT	Der Cursor befindet sich im Client-Bereich
HTHSCROLL	Der Cursor befindet sich in einem horizontalen Scrollbalken
HTMENU	Der Cursor befindet sich in einem Menü

Ändert man jetzt den Rückgabewert *HTCLIENT* auf *HTCAPTION*, wird Windows „vorgeschwindelt", dass der Cursor über der Titelzeile ist, obwohl er sich tatsächlich im Client-Bereich befindet:

```
void __fastcall TForm1::Dispatch(void *Message)
{
switch (((TMessage*)Message)->Msg)
  {
    case .. :
      // ..
      break;
    default:
      TForm::Dispatch(Message);
      if (((TMessage*)Message)->Result == HTCLIENT)
        ((TMessage*)Message)->Result = HTCAPTION;
      break;
  }
};
```

Damit kann das Fenster auch mit einer gedrückten linken Maustaste bewegt werden, wenn sich der Cursor über dem Client-Bereich befindet. Ein Doppelklick auf den Client-Bereich vergrößert das Fenster auf Maximalgröße, und der nächste Doppelklick verkleinert das Fenster wieder.

Dieses Beispiel sollte lediglich illustrieren, wie man die Botschaften von Windows manipulieren und so in das Verhalten von Windows eingreifen kann. Es wird nicht zur Nachahmung empfohlen, da sich solche Steuerelemente anders verhalten als das der Anwender normalerweise erwartet.

8.7.5 Botschaften versenden

Botschaften spielen unter Windows eine zentrale Rolle. Viele Funktionen, die Windows zur Verfügung stellt, werden über Botschaften aufgerufen. Für das Versenden von Botschaften stehen vor allem die folgenden Funktionen der Windows-API zur Verfügung:

*LRESULT **SendMessage**(*	// aus win32.hlp
HWND hWnd,	// handle of destination window
UINT Msg,	// message to send
WPARAM wParam,	// first message parameter
LPARAM lParam);	// second message parameter

*BOOL **PostMessage**(*	// aus win32.hlp
HWND hWnd,	// handle of destination window
UINT Msg,	// message to post
WPARAM wParam,	// first message parameter
LPARAM lParam);	// second message parameter

PostMessage legt eine Botschaft in die *message queue* desjenigen Programms ab, zu dem das Fenster gehört, dessen *Handle* als Argument für *hWnd* angegeben wird. Diese Botschaft wird aus der *message queue* im Rahmen der *message loop* entnommen und bearbeitet.

SendMessage ruft die *Window-Prozedur* des Fensters auf, dessen *Handle* als erster Parameter übergeben wird. Ihr Funktionswert ist der Wert von *Result* in der Botschaft. Im Unterschied zu *PostMessage* ist dieser Aufruf erst dann beendet, wenn die Botschaft verarbeitet wurde. Der Aufruf von *PostMessage* ist dagegen beendet, ohne dass die Botschaft bearbeitet wurde. Da eine mit *SendMessage* versandte Botschaft nicht in die *message queue* abgelegt wird, kann man sie nicht in *TApplication::OnMessage* abfangen.

Die Argumente *wParam* und *lParam* sind die Elemente des in Abschnitt 8.7.1 beschriebenen Botschaftstyps, und *Msg* ist die Botschaftsnummer. In der Win32 SDK Online-Hilfe ist für jede Botschaftsnummer (wie z.B. *WM_CHAR*) die Bedeutung der *wParam* und *lParam* Argumente ausführlich beschrieben.

Diese Funktionen (vor allem *SendMessage*) werden von Windows selbst ausgiebig benutzt und stehen auch für eigene Anwendungen zur Verfügung. Das folgende Beispiel soll nur einen Eindruck davon vermitteln, wie ein großer Teil des Grundverhaltens von Steuerelementen bereits in Windows definiert ist und von dort über Botschaften aufgerufen werden kann:

Beispiel: In der Win32 SDK Online-Hilfe zu *EM_LINEFROMCHAR* ist beschrieben, dass mit einer solchen Botschaft an ein Memo der Rückgabewert von *SendMessage* der Index der Zeile ist, in der sich das Zeichen mit der als *wParam* übergebenen Position (genauer: seinem Index, d.h. der ab 0 gezählten Position) befindet.

Mit *EM_LINEINDEX* und einer Zeilennummer von einem Memo als *wParam* Argument erhält man die Anzahl der Zeichen vom Anfang des Memos bis zum Anfang der angegebenen Zeile.

Mit *EM_LINELENGTH* erhält man die Länge der Zeile, die das Zeichen mit der angegebenen Position enthält.

Da die Eigenschaft *SelStart* eines Memos die Position eines eingefügten Zeichens zurückgibt, zeigt die folgende Funktion bei jeder Änderung im Memo die aktuelle Zeilen- und Spaltenposition des gerade eingefügten Zeichens als Aufschrift auf *Label1* an:

```
void __fastcall TForm1::Memo1Change(TObject
                                        *Sender)
{
int Z,S,L;
Z=SendMessage(Memo1->Handle,EM_LINEFROMCHAR,
                          Memo1->SelStart,0);
S=SendMessage(Memo1->Handle,EM_LINEINDEX,Z,0);
L=SendMessage(Memo1->Handle,EM_LINELENGTH,S,0);
S=Memo1->SelStart-S;
Label1->Caption = "Zeile="+IntToStr(Z)+" Spalte="
                +IntToStr(S)+" Len="+IntToStr(L);
}
```

Unter der Beschreibung der Botschaft *EM_SETLIMITTEXT* findet man den Hinweis, dass einzeilige Edit-Fenster auf 32766 Bytes beschränkt sind und mehrzeilige (z.B. Memos) unter Windows 95/98/ME auf 65535 Bytes und unter NT/2000/XP auf ca. 2 GB. Mit dieser Botschaft ist die Elementfunktion *DoSetMaxLength* eines Memos oder einer RichEdit-Komponente implementiert.

Ein Aufruf der Elementfunktion **Perform** von *TControl*

```
function TControl.Perform(Msg: Cardinal;
WParam, LParam: Longint): Longint;
var Message: TMessage; // aus Source\vcl\controls.pas
begin
  Message.Msg := Msg;
  Message.WParam := WParam;
  Message.LParam := LParam;
  Message.Result := 0;
  if Self <> nil then WindowProc(Message);
  Result := Message.Result;
end;
```

hat denselben Effekt wie ein Aufruf von *SendMessage*. Sie ruft die Window-Prozedur des Steuerelements direkt auf, ohne die Botschaft in die message queue zu legen.

Für die verschiedenen Botschaften sind in „include\winuser.rh" Namen als Makros definiert. Sie beginnen mit den Anfangsbuchstaben:

Window Messages:	WM_*	Button Notification Codes:	BN_*
ListBox Messages:	LB_*	Combo Box Messages:	CB_*
Edit Control Messages:	EM_*	Scroll Bar Messages:	SBM_*
Dialog Messages:	DM_*		

Über diese Anfangsbuchstaben findet man in der Online-Hilfe zum Win32 SDK alle verfügbaren Botschaften. Dort wird auch die Bedeutung der jeweiligen *wParam* und *lParam* Argumente detailliert beschrieben.

Man kann auch eigene Botschaften zu definieren, die man dann mit *SendMessage* oder *PostMessage* versendet und auf die man dann in einem eigenen Message-Handler oder in einer eigenen *Window-Prozedur* reagiert. Damit die Konstanten, die man für solche Botschaften vergibt, nicht zufällig mit denen für andere Botschaften identisch sind, ist die Konstante *WM_User* definiert:

```
/* NOTE: All Message Numbers below 0x0400 are RESERVED.
 * Private Window Messages Start Here:
 */ // aus "include\winresrc.h"
#define WM_USER                        0x0400
```

Die Nummern ab *WM_User* bis zu 0x7FFF kann man für eigene Botschaften vergeben. Mit der Windows API Funktion *RegisterWindowMessage* erhält man eine auf dem aktuellen System garantiert eindeutige Botschaftsnummer.

Aufgaben 8.7

1. Wie schon erwähnt wurde, stellt Windows einen großen Teil seiner Funktionen über Botschaften zur Verfügung. Dazu gehören für Eingabefenster (*TEdit* und *TMemo*) die Botschaften

   WM_COPY   // kopiert den markierten Bereich in die Zwischenablage
   WM_CUT   // löscht den markierten Bereich
   WM_PASTE // kopiert die Zwischenablage in das Eingabefenster

   Schreiben Sie Funktionen, die diese Operationen mit *SendMessage* realisieren. Die *wParam*- und *lParam*-Argumente für *SendMessage* sind dabei 0.

2. In einem Formular mit verschiedenen Edit-Fenstern soll nach dem Drücken der Enter-Taste automatisch das nächste Edit-Fenster den Fokus erhalten, ohne dass extra die Tab-Taste gedrückt wird.

   Die Weitergabe des Fokus kann man dadurch erreichen, dass man dem Formular die Botschaft *WM_NEXTDLGCTL* sendet, wobei die Parameter *wParam* und *lParam* den Wert 0 bekommen. Diese Botschaft kann man von jedem Edit-Fenster an das Formular senden, wenn das Ereignis *OnKeyPress* eintritt und die Enter-Taste (*CharCode* = 13) gedrückt wird.

   Noch einfacher ist es, wenn man für das Formular die Eigenschaft *KeyPreview* auf *true* setzt und diese Botschaft beim Ereignis *OnKeyPress* versendet, wenn die Enter-Taste gedrückt wird.

3. Wenn man den Schließen-Button in der rechten oberen Ecke eines Fensters anklickt oder Alt-F4 drückt, sendet Windows eine *WM_CLOSE* Botschaft an die Anwendung. Wie können Sie verhindern, dass eine Anwendung auf diese Weise geschlossen wird?

Damit die in den nächsten vier Aufgaben erzeugten Komponenten in Aufgabe 8. ohne Änderungen in die Tool-Palette installiert werden können, schreiben Sie ihre Klassendefinition

```
class TTabedit {
...
}
```

in eine Headerdatei (z.B. mit dem Namen „CompU.h") und die Definition ihrer Elementfunktionen in eine Datei mit der Endung „cpp". Diese Dateien verwenden Sie in der Lösung dieser Aufgabe mit einer *#include*-Anweisung.

4. Schreiben Sie eine von *TEdit* abgeleitete Komponente *TTabEdit*. Über eine boolesche Eigenschaft *EnterNextDlgCtl* soll entschieden werden können, ob das Drücken der Enter-Taste den Fokus auf das nächste Steuerelement setzt oder nicht. Sie können sich dazu an Aufgabe 2 orientieren.

5. Schreiben Sie eine von *TEdit* abgeleitete Komponente *TFocusColorEdit*. Diese
    soll automatisch eine auswählbare Hintergrundfarbe erhalten, sobald sie den
    Fokus erhält. Verliert sie den Fokus, soll sie wieder die in *Color* festgelegte
    Hintergrundfarbe erhalten und ansonsten mit *TEdit* identisch sein. Sie können
    dazu die Botschaften *WM_SetFocus* und *WM_Killfocus* abfangen. Diese
    werden einem Dialogelement immer dann zugesandt, wenn es den Fokus erhält
    oder verliert.

6. Schreiben Sie eine von *TMemo* abgeleitete Komponente *TResizableMemo*.
    Wenn die linke Maustaste über dieser Komponente gedrückt wird, soll der
    rechte Rand bei jeder Mausbewegung an die aktuelle x-Koordinate der Maus-
    position angepasst werden.

7. Viele Zeichenprogramme verwenden zum Zeichnen von Figuren (Linien,
    Rechtecken, Kreisen usw.) sogenannte „Gummibandfiguren". Dabei merkt sich
    das Programm beim Drücken der linken Maustaste die Anfangsposition der zu
    zeichnenden Figur. Bei jeder Mausbewegung wird dann die zuvor gezeichnete
    Figur wieder gelöscht und bis zur aktuellen Mausposition neu gezeichnet.
    Durch dieses Neuzeichnen bei jeder Mausbewegung entsteht der Eindruck,
    dass die Figur mit einem Gummiband gezogen wird.

    Das Löschen und Neuzeichnen der Figur ist besonders einfach, wenn für
    Canvas->Pen->Mode der Wert *pmNot* gewählt wird (siehe dazu außerdem die
    Beschreibung von *SetROP2* in der Online-Hilfe zum Windows SDK). Dieser
    Modus bewirkt, dass anschließende Zeichenoperationen mit der inversen
    Bildschirmfarbe durchgeführt werden. Damit bewirken zwei aufeinander fol-
    gende Zeichenoperationen, dass der ursprüngliche Zustand wieder hergestellt
    wird, ohne dass man sich um die Hintergrundfarbe kümmern muss (was bei
    einem mehrfarbigen Hintergrund recht mühsam sein kann).

    Entwerfen Sie eine Komponente *TRubberShape* als Nachfolger von *TImage*,
    auf der man so Linien, Kreise und Rechtecke zeichnen kann. Diese Kompo-
    nente ist bereits ein kleines Grafikprogramm, mit dem man einfache Zeich-
    nungen erstellen kann:

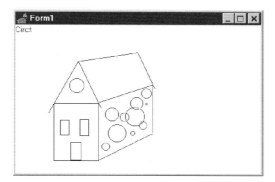

8. Erweitern Sie die Tool-Palette um die in den Aufgaben 4. bis 7. entwickelten Komponenten

  TTabEdit   *TFocusColorEdit*
TResizableMemo *TRubberShape*

Nehmen Sie dazu die Dateien mit den Lösungen in die Lösung der Aufgabe 8.5 auf.

9 Templates und die STL

Templates sind Vorlagen für Funktionen oder Klassen, denen man als Parameter Datentypen übergeben kann. Aus einem Template und einem Argument für den Datentyp eines Parameters erzeugt der Compiler dann eine Funktion oder Klasse, die anstelle des Parameters das Argument als Datentyp enthält. Die Verwendung von Datentypen als Parameter bezeichnet man auch als **generische Programmierung**, und Templates werden auch als generische Funktionen bzw. Klassen, Schablonen oder Vorlagen bezeichnet.

Generische Programmierung bietet eine beträchtliche Flexibilität, die man allein aus der Verwendung von Datentypen als Parametern zunächst vielleicht gar nicht erwartet. Das sieht man insbesondere an den Containerklassen und Algorithmen der C++-Standardbibliothek, die alle mit Templates realisiert sind. Dieser Teil der Standardbibliothek wird deshalb auch als **STL** (Standard Template Library) bezeichnet. Die STL ist aber nicht nur eine Sammlung nützlicher Funktionen und Datenstrukturen (z.B. Container). Sie bietet durch ihre spezielle Architektur eine Allgemeinheit und Vielseitigkeit, die ohne Templates wohl kaum erreichbar ist. Das zeigt sich insbesondere daran, dass fast jeder Algorithmus mit jedem Container verwendet werden kann. Außerdem kann man leicht eigene Algorithmen definieren, die mit allen Containern funktionieren.

In diesem Kapitel wird zunächst gezeigt, wie man Funktions- und Klassen-Templates definieren und verwenden kann. Die Architektur der STL beruht außerdem auf Funktionsobjekten und Iteratoren, die anschließend vorgestellt werden. Zum Schluss kommen dann die Algorithmen der STL, die alle diese Konzepte verbinden.

Dazu werden oft Beispiele aus der STL verwendet, um zu zeigen, wie Templates dort eingesetzt werden. Da die STL in vielerlei Hinsicht vorbildlich ist, erhält man so Anregungen für eigene Templates. Außerdem sieht man, wie die STL aufgebaut ist und wie man sie verwenden kann.

Die STL wurde von Alexander **Stepanov** und Meng **Lee** entwickelt und Ende 1993 dem Standardisierungskomitee für C++ vorgestellt. Der Standard war damals kurz vor seiner Verabschiedung. Nach Plauger (1999, S. 10) waren die Teilnehmer von der STL derart beeindruckt, dass die Verabschiedung des Standards aufgeschoben und die STL 1994 als Teil der Standardbibliothek in den C++-Standard aufgenommen wurde. Die STL hat dann eine Flut von Änderungen des damaligen Entwurfs für den Standard ausgelöst. Als Folge wurden dann die Klassen für Strings, komplexe Zahlen und I/O-Streams als Templates realisiert.

Um die Möglichkeiten und den Aufbau der STL zu zeigen, haben Stepanov und Lee eine Version der STL von 1995 frei zur Verfügung gestellt (siehe „ftp://butler.hpl.hp.com/stl/stl.zip"). Diese stimmt zwar nicht mehr in allen Einzelheiten, aber doch weitgehend mit dem 1998 verabschiedeten C++-Standard überein. Da Teile aus ihr in den Beispielen und Lösungen übernommen wurden und dort verlangt wird, die folgende „copyright notice" abzudrucken, sei dieser Pflicht hiermit nachgekommen:

Eine ausführliche Darstellung der STL findet man bei Austern (1999) und Jossutis (1999). Weitere Informationen über die STL findet man bei Meyers (2001) und über Templates bei Vandevoorde/Josuttis (2003).

9.1 Generische Funktionen: Funktions-Templates

Wenn ein Compiler eine Funktionsdefinition wie

```
void vertausche(int& a, int& b)
{
int h = a;
a = b;
b = h;
}
```

übersetzt, erkennt er an den Datentypen der Parameter, wie viele Bytes er bei den einzelnen Zuweisungen in der Funktion kopieren muss. Deswegen kann diese Version der Funktion *vertausche* auch nicht dazu verwendet werden, die Werte von zwei Variablen anderer Datentypen als *int* zu vertauschen.

Eine Funktion, die die Werte von zwei *double*-Variablen vertauscht, kann aus denselben Anweisungen bestehen. Sie muss sich nur im Datentyp der Parameter und der lokalen Variablen h von der Funktion oben unterscheiden.

Mit einem **Funktions-Template** kann man sich nun die Arbeit ersparen, zwei Funktionen zu schreiben, die sich lediglich im Datentyp der Parameter unterscheiden. Ein solches Template wird ähnlich wie eine Funktion definiert und kann wie eine Funktion aufgerufen werden. Der Compiler erzeugt dann aus einem Funktions-Template eine Funktion mit den entsprechenden Datentypen und ruft diese Funktion dann auf.

Einem Template werden Datentypen als Parameter übergeben. Das erspart aber nicht nur Schreibarbeit, sondern ermöglicht auch, Algorithmen unabhängig von Datentypen zu formulieren. Darauf beruht die Allgemeinheit der STL-Algorithmen.

9.1.1 Die Deklaration von Funktions-Templates mit Typ-Parametern

Eine Template-Deklaration beginnt mit dem Schlüsselwort *template*, auf das in spitzen Klammern Template-Parameter und eine Deklaration folgen. Falls die Deklaration eine Funktionsdeklaration oder -definition ist, ist das Template ein **Funktions-Template**. Der Name der Funktion ist dann der **Name** des Templates.

template-declaration :
  export*opt* template < *template-parameter-list* > *declaration*

template-parameter-list :
  template-parameter
  template-parameter-list , *template-parameter*

template-parameter:
  type parameter
  parameter declaration

type-parameter
  class *identifieropt*
  class *identifieropt* = *type-id*
  typename *identifieropt*
  typename *identifieropt* = *type-id*
  template < *template-parameter-list* > *declaration* class *identifieropt*
  template < *template-parameter-list* > *declaration* class *identifieropt* =
                                                                 type-id

Das Schlüsselwort *export*, wird vom C++Builder 2007 und vielen anderen Compilern nicht unterstützt wird. Zu den wenigen Ausnahmen gehört der Comeau-Compiler (http://www.comeaucomputing.com).

Ein **Typ-Parameter** ist ein **Template-Parameter**, der aus einem der Schlüsselworte *typename* oder *class* und einem Bezeichner besteht. Der Bezeichner kann dann in der Funktions-Deklaration des Templates wie ein Datentyp verwendet werden. Dabei sind *typename* und *class* gleichbedeutend. In älteren C++-Compilern war nur *class* zulässig. Neuere Compiler akzeptieren auch *typename*. Da *typename* explizit zum Ausdruck bringt, dass ein Datentyp gemeint ist, der nicht unbedingt eine Klasse sein muss, wird im Folgenden meist *typename* verwendet.

Beispiel: Die folgenden beiden Templates sind semantisch gleichwertig:

```
template <class T>
inline void vertausche(T& a, T& b)
{
   T h = a;
   a = b;
   b = h;
}

template <typename T>
inline void vertausche(T& a, T& b)
{
   T h = a;
   a = b;
   b = h;
}
```

Alle Algorithmen der STL sind Funktions-Templates, die in einer Datei definiert sind, die mit #include <algorithm> eingebunden wird. Dazu gehört auch das Funktions-Template *swap*, das genau wie *vertausche* definiert ist.

Bei der Definition von Funktions-Templates ist insbesondere zu beachten:

– Spezifizierer wie *extern*, *inline* usw. müssen wie im letzten Beispiel nach „template < ... >" angegeben werden.
– Parameter von Funktions-Templates können Templates sein, die wiederum Templates enthalten. Falls bei der Kombination von zwei Templates zwei spitze Klammern aufeinander folgen, werden diese als der Operator „>>" interpretiert, was eine Fehlermeldung zur Folge hat. Diese kann man verhindern, wenn man die beiden spitzen Klammern durch ein Leerzeichen trennt:

```
template <typename T> void f(vector<complex<T>> a)
// Fehler: undefiniertes Symbol 'a'
template <typename T> void f(vector<complex<T> > a)
// "> >": kein Fehler
```

9.1.2 Spezialisierungen von Funktions-Templates

Ein Funktions-Template kann wie eine gewöhnliche Funktion aufgerufen werden, die kein Template ist.

Beispiel: Das im letzten Beispiel definierte Funktions-Template *vertausche* kann folgendermaßen aufgerufen werden:

```
int i1=1, i2=2;
vertausche(i1,i2);
string s1,s2;
vertausche(s1,s2);
```

Der Compiler erzeugt aus einem Funktions-Template dann eine Funktionsdefinition, wenn diese in einem bestimmten Kontext notwendig ist und nicht schon zuvor erzeugt wurde. Ein solcher Kontext ist z.B. der **Aufruf eines Funktions-Templates**, da durch den Aufruf des Templates die erzeugte Funktion aufgerufen wird.

Wenn der Compiler beim Aufruf eines Funktions-Templates eine Funktionsdefinition erzeugt, bestimmt er den Datentyp der Template-Argumente aus dem Datentyp der Argumente des Funktions-Templates, falls das möglich ist. Die Datentypen der Template-Argumente werden dann in der Funktionsdefinition anstelle der Template-Parameter verwendet. Eine aus einem Funktions-Template erzeugte Funktion wird als **Spezialisierung** des Templates bezeichnet.

Beispiel: Aus dem ersten Aufruf von *vertausche* im letzten Beispiel erzeugt der Compiler die folgende Spezialisierung und ruft diese auf:

```
inline void vertausche(int& a,  int& b)
{
    int h = a;
    a = b;
    b = h;
}
```

Aus dem zweiten Aufruf von *vertausche* wird eine Spezialisierung mit dem Datentyp *string* erzeugt:

```
inline void vertausche(string& a,string& b)
{
    string h = a;
    a = b;
    b = h;
}
```

Wenn ein Funktions-Template mit Argumenten aufgerufen wird, für die schon eine Spezialisierung erzeugt wurde, wird keine neue erzeugt, sondern die zuvor erzeugte Spezialisierung erneut aufgerufen.

Beispiel: Beim zweiten Aufruf von *vertausche* wird die Spezialisierung aus dem ersten Aufruf aufgerufen:

```
int i1=1, i2=2;
vertausche(i1,i2);
vertausche(i1,i2); // keine neue Spezialisierung
```

Funktions-Templates unterscheiden sich von Funktionen insbesondere bei der Konversion von Argumenten:

– Ein Parameter einer Funktion hat einen Datentyp, in den ein Argument beim Aufruf der Funktion gegebenenfalls konvertiert wird.
– Ein Template-Parameter hat dagegen keinen Datentyp. Deshalb kann ein Argument beim Aufruf eines Funktions-Templates auch nicht in einen solchen Parametertyp konvertiert werden.

Der Compiler verwendet den Datentyp des Arguments beim Aufruf eines Funktions-Templates meist unverändert in der erzeugten Funktion. Nur für Argumente, deren Datentyp kein Referenztyp ist, werden die folgenden **Konversionen** durchgeführt:

– Ein Arraytyp wird in einen entsprechenden Zeigertyp konvertiert,
– ein Funktionstyp wird in einen entsprechenden Funktionszeigertyp konvertiert,
– *const*- oder *volatile*-Angaben der obersten Ebene werden ignoriert,

Deswegen werden bei Aufrufen eines Funktions-Templates mit verschiedenen Argumenttypen auch verschiedene Spezialisierungen erzeugt. Insbesondere wird ein Argument nicht in den Datentyp des Parameters einer zuvor erzeugten Spezialisierung konvertiert.

Die in einem Template verwendeten Datentypen kann man mit der nach

```
#include <typeinfo>
```

verfügbaren Elementfunktion

const char **name**() const;*

von ***typeid*** anzeigen lassen. Sie gibt zu einem Typbezeichner oder einem Ausdruck den Namen des Datentyps zurück:

typeid(T).name();
typeid(x).name();

Die Funktion *Typenames* gibt die Namen der im Template verwendeten Datentypen als String zurück:

```
#include <typeinfo>

template <typename T, typename U>
string TypeNames(T x, U y)
{ // returns the template argument typenames
return string(typeid(x).name())+","+ typeid(y).name();
}
```

Beispiel: Der erste Aufruf zeigt die Konversion eines Array-Arguments in einen Zeiger:

```
int a[10]; int* p;
Typenames(a,p); // int*,int*
```

Die nächsten beiden Aufrufe zeigen, dass für *int* und *char*-Argumente verschiedene Spezialisierungen erzeugt werden, obwohl *char* in *int* konvertiert werden kann:

```
int i;char c;
Typenames(i,a); // int,int*
Typenames(c,a); // char,int*
```

Der Compiler kann ein Template-Argument auch aus komplexeren Parametern und Argumenten ableiten. Dazu gehören diese und zahlreiche weitere Formen:

> *const* T   T*   T&   T [*integer-constant*]

Beispiel: Mit

```
template <typename T, typename U>
string Typenames2a(vector<T> x, U* y)
{ // returns the template argument typename
return string(typeid(T).name())+","+
                              typeid(U).name();
};

vector<int> v; double* p;
```

erhält man den als Kommentar angegebenen String:

```
Typenames2a(v,p); // int,double
```

Falls mehrere Funktionsparameter eines Funktions-Templates denselben Template-Parameter als Datentyp haben, müssen die beim Aufruf **abgeleiteten Datentypen** ebenfalls **gleich** sein.

Beispiel: Bei dem Funktions-Template

```
template <typename T> void f(T x, T y){ }
```

haben die beiden Funktionsparameter x und y beide den Template-Parameter T als Datentyp. Beim Aufruf

```
f(1.0, 2); // Fehler: Keine Übereinstimmung
           // für 'f<T>(double,int)' gefunden
```

dieses Templates leitet der Compiler für das erste Argument den Datentyp *double* und für das zweite *int* ab. Da diese verschieden sind, erzeugt der Compiler eine Fehlermeldung.

Da der Compiler den Datentyp eines Template-Arguments aus dem Datentyp der Funktionsargumente ableitet, kann er nur Template-Argumente ableiten, die zu Parametern gehören. Aus einem Rückgabetyp können keine Argumente abgeleitet werden.

Beispiel   Beim Aufruf des Templates *New*

```
template <typename T>T* New()
{
return new T;
}
```

erhält man eine Fehlermeldung:

```
int* p=New(); // Fehler: 'New()' nicht gefunden
```

Die Ableitung der Template-Argumente durch den Compiler ist nur eine (die einfachere) von zwei Möglichkeiten, Template-Argumente zu bestimmen. Die andere ist die Angabe von **explizit spezifizierten Template-Argumenten** in spitzen Klammern nach dem Namen des Templates.

Beispiel: Durch das explizit spezifizierte Template-Argument erreicht man mit

```
int* p=New<int>();
```

dass die Spezialisierung der Funktion *New* mit dem Datentyp *int* erzeugt wird.

Explizit spezifizierte Template-Argumente oft für den Rückgabetyp eines Funktions-Templates verwendet.

Template-Argumente werden nur abgeleitet, wenn sie nicht explizit spezialisiert sind. Gibt man mehrere Template-Argumente explizit an, werden sie den Template-Parametern in der aufgeführten Reihenfolge zugeordnet.

Beispiel: Aus dem Funktions-Template

```
template<typename T, typename U>
void f(T x, T y, U z) { }
```

werden durch die folgenden Aufrufe Spezialisierungen mit den als Kommentar angegebenen Parametertypen erzeugt:

```
f(1, 2, 3.0);             // f(int,int,double);
f<char>(1.0, 2, 3.0);     // f(char,char,double);
f<double,int>(1.0,2,3.0);// f(double,double,int);
```

Während der Datentyp von Funktionsargumenten, die denselben Template-Parametertyp haben, bei abgeleiteten Typargumenten gleich sein muss, kann er bei explizit spezifizierten Template-Argumenten auch verschieden sein. Die Funktionsargumente werden dann wie bei gewöhnlichen Funktionen in den Datentyp des Template-Arguments konvertiert.

Beispiel: Bei dem Funktions-Template f aus dem letzten Beispiel haben die ersten
           beiden Funktionsparameter a und b beide den Template-Parameter T als
           Datentyp. Beim Aufruf

```
f(1.0, 2, 3.0); // Fehler: Keine Übereinstimmung
                // für 'f<T,U>(double,int,double)' gefunden
```

           dieses Templates leitet der Compiler aus dem ersten Argument den
           Datentyp *double* und beim zweiten *int* ab. Da diese verschieden sind,
           erzeugt der Compiler eine Fehlermeldung.

           Mit explizit spezifizierten Template-Argumenten werden die Funktions-
           Argumente dagegen in den Typ der Template-Argumente konvertiert.
           Deshalb ist der folgende Aufruf möglich:

```
f<int>(1.0, 2, 3.0); // f(int,int,double);
```

Damit der **Compiler** aus einem Funktions-Template eine Funktion erzeugen kann,
muss er **seine Definition kennen**. Deshalb muss jedes Programm, das ein
Template verwendet, den Quelltext der Template-Definition enthalten. Es reicht
nicht wie bei gewöhnlichen Funktionen aus, dass der Compiler nur eine Deklaration sieht, deren Definition dann zum Programm gelinkt wird.

Der Compiler kann die aus einem Funktions-Template erzeugte Funktion nur dann
übersetzen, wenn die **Anweisungen der Funktion definiert** sind. Andernfalls
erhält man eine Fehlermeldung.

Beispiel: Aus dem Funktions-Template *max* (das man auch in der STL findet)

```
template <typename T>
inline T max(const T& x,const T& y)
{
return ((x>y)?x:y);
}
```

           kann mit dem Template-Argument *int* eine Funktion erzeugt werden, da
           die Anweisungen dieser Funktion für *int*-Werte definiert sind:

```
max(1,2);
```

           Dagegen wird beim Aufruf dieses Funktions-Templates mit Argumenten
           des Typs

```
struct S { int i; };
```

           die Funktion

```
inline S max(const S& x,const S& y)
{
return ((x>y)?x:y);
}
```

erzeugt, in der der Ausdruck x>y für Operanden des Datentyps S nicht definiert ist. Das führt zu der Fehlermeldung

„'operator>' ist im Typ 'S' nicht implementiert"

Bei dieser Fehlermeldung kann es irritierend sein, dass sie bei der *return*-Anweisung in der Definition des Templates angezeigt wird, da diese Anweisung für andere Template-Argumente kein Fehler sein muss. Es kann ziemlich mühsam sein, allein aus der Angabe, dass ein Argument vom Typ S verwendet wurde, den Aufruf herauszufinden, der zu der fehlerhaften Spezialisierung führt. Falls man Funktions-Templates der Standardbibliothek aufruft, wird der Fehler oft in Dateien diagnostiziert, von denen man nicht einmal wusste, dass es sie gibt.

Jede Spezialisierung eines Funktions-Templates enthält ihre eigenen **statischen lokalen Variablen**.

Beispiel: Mit dem Funktions-Template

```
template <typename T> int f(T j)
{
static int i=0;
return i++;
}
```

erhält man mit den folgenden Funktionsaufrufen die jeweils als Kommentar angegebenen Werte:

```
int i1=f(1);   // 0
int i2=f(1);   // 1
int i3=f(1.0); // 0
```

Eine aus einem Funktions-Template erzeugte Funktion unterscheidet sich nicht von einer „von Hand" geschriebenen Funktion. Deshalb sind Funktions-Templates eine einfache Möglichkeit, Funktionen mit identischen Anweisungen zu definieren, die sich nur im Datentyp von Parametern, lokalen Variablen oder dem des Funktionswertes unterscheiden.

Die nächste Tabelle enthält die Laufzeiten für eine gewöhnliche Funktion und ein Funktions-Template mit denselben Anweisungen. Obwohl man identische Laufzeiten erwarten könnte, unterscheiden sie sich doch geringfügig:

C++Builder 2007, Release Build	Funktion	Funktions-Template
Auswahlsort, n=40000	1,37 Sek.	1,48 Sek.

Ausdrücke mit *static_cast*, *const_cast* usw. sind zwar keine Aufrufe von Funktions-Templates. Sie verwenden aber die Syntax explizit spezifizierter Template-Argumente, um den Datentyp des Rückgabewerts der Konversion festzulegen:

```
static_cast<int>(3.5); // Datentyp int
```

9.1.3 Funktions-Templates mit Nicht-Typ-Parametern

Wie die letzte Zeile der Syntaxregel

template-parameter:
  type parameter
  parameter declaration

zeigt, kann ein Template-Parameter nicht nur ein Typ-Parameter sein, sondern auch ein gewöhnlicher Parameter wie bei einer Funktionsdeklaration. Solche Template-Parameter werden auch als **Nicht-Typ-Parameter** bezeichnet und müssen einen der Datentypen aus der Tabelle von Abschnitt 9.2.3 haben. Vorläufig werden nur die folgenden Parameter und Argumente verwendet.

Datentyp	Argument
Ganzzahldatentyp	konstanter Ausdruck eines Ganzzahltyps
Zeiger auf eine Funktion	eine Funktion mit externer Bindung

Im Template sind **ganzzahlige Nicht-Typ-Parameter** konstante Ausdrücke. Sie können deshalb z.B. zur Definition von Arrays verwendet und nicht verändert werden. In *GetValue* wird beim ersten Aufruf ein Array initialisiert, dessen Elementanzahl über einen Ganzzahlparameter definiert ist. Bei jedem weiteren Aufruf wird dann nur noch der Wert eines Arrayelements zurückgegeben:

```
template <typename T, int max>inline T GetValue(int n)
{
static T a[max];
static bool firstCall=true;
if (firstCall)
  { // berechne die Werte nur beim ersten Aufruf
    for (int i=0; i<max; i++)
      a[i]=i*i; // bzw. eine zeitaufwendige Berechnung
    firstCall=false;
  }
return a[n];
}
```

Dieses Funktions-Template kann dann folgendermaßen aufgerufen werden:

```
int x=GetValue<int,100>(10);      // x==100
double y=GetValue<int,1000>(100); // y==10000
```

Mit einem **Funktionszeiger** kann man einem Funktions-Template eine Funktion als Template-Argument übergeben:

```
const int Max=100;
template <double (*f)(double)> double sum2()
{
double s=0;
for (int i=0; i<Max; i++) s = s+f(i);
return s; // s=f(0)+f(1)+...+f(Max-1)
};
```

Dieses Funktions-Template kann man z.B. mit

```
inline double g(double x)
{
return x;
}
```

aufrufen wie in

```
double s2=sum2<g>();
```

Wenn man ein Funktions-Template mit einem Funktionszeiger aufrufen will, muss man den Template-Parameter aber nicht als Funktionszeiger angeben. Da der Compiler den Typ des Template-Parameters aus dem Template-Argument ableitet, ist *sum3* gleichwertig zu *sum2*:

```
template <typename Function> double sum3(Function f)
{
double s=0;
for (int i=0; i<Max; i++) s = s+f(i);
return s; // s=f(0)+f(1)+...+f(Max-1)
};
```

Auf diese Weise ist nicht nur die Definition einfacher, sondern auch der Aufruf:

```
double s3=sum3(g);
```

Template-Parameter, für die man wie in *sum3* Funktionen einsetzen kann, werden von **vielen STL Algorithmen** verwendet.

9.1.4 Explizit instanziierte Funktions-Templates Θ

Durch eine **explizite Instanziierung** eines Funktions-Templates wird aus dem Template eine Funktion erzeugt, auch ohne dass man das Template aufruft.

explicit-instantiation:
    `template` *declaration*

Dazu gibt man nach dem Wort *template* als *declaration* eine Spezialisierung eines zuvor definierten Funktions-Templates an.

Beispiel: Mit den Definitionen

```
struct C {};

template <typename T> T Add(T x,T y)
{
return x+y;
};
```

führt die explizite Instanziierung

```
template C Add(C,C);
```

zu einer Fehlermeldung, falls für C der Operator + nicht definiert ist.

Normalerweise besteht **keine Notwendigkeit** für eine explizite Instanziierung, da die Funktion vom Compiler bei Bedarf automatisch erzeugt wird. Mit einer expliziten Instanziierung kann man aber auch ohne den Aufruf einer Funktion

a) **überprüfen**, ob ihre Anweisungen für die angegebenen Typ-Argumente übersetzt werden können, sowie
b) erreichen, dass die erzeugte Funktion in eine **Object-Datei** aufgenommen wird. Wenn ein Funktions-Template nur definiert, aber nicht aufgerufen wird, erzeugt der Compiler keine Funktion aus dem Template und kann dann auch keine Funktion in die Object-Datei aufnehmen.

9.1.5 Explizit spezialisierte und überladene Templates

Mit den bisher vorgestellten Möglichkeiten werden alle Spezialisierungen eines Templates aus einer einzigen Template-Definition erzeugt. Deshalb bestehen alle diese Spezialisierungen aus denselben Anweisungen und unterscheiden sich nur in ihren Datentypen. Das ist aber oft unzureichend, da man für verschiedene Datentypen oft auch verschiedene Funktionen benötigt. Solche unterschiedlichen Varianten von Templates sind mit explizit spezialisierten und überladenen Templates möglich.

Eine **explizite Spezialisierung** ist ein Template, das der Compiler für spezielle Template-Argumente verwendet. Sie beginnt mit dem Schlüsselwort *template* und einem leeren Paar von spitzen Klammern. Die darauf folgende *declaration* muss ein Template deklarieren, dessen Name der eines bereits zuvor deklarierten Templates ist. Nach dem Namen des Templates können in spitzen Klammern die Template-Argumente angegeben werden, für die die Spezialisierung verwendet werden soll. Falls die Template-Argumente aus den Argumenten beim Aufruf eines Funktions-Templates abgeleitet werden können, kann man sie auch weglassen.

explicit-specialization:
    template < > *declaration*

Beispiel: Für das Template

```
template <typename T> bool kleiner(T x,T y)
{
return x<y;
}
```

ist

```
template <> bool kleiner<char*>(char* x,char* y)
{
return strcmp(x,y)<0;
}
```

eine explizite Spezialisierung für das Template-Argument *char**. Da der Compiler diesen Datentyp auch aus dem der Argumente beim Aufruf ableiten kann, ist *<char*>* hier nicht notwendig:

```
template <> bool kleiner(char* x,char* y)
{
return strcmp(x,y)<0;
}
```

Ruft man dann das Template mit den Argumenten der Spezialisierung auf, wird die explizite Spezialisierung verwendet.

```
kleiner("ab","cd");//abgeleitetes Argument: char*
```

Explizite Spezialisierungen sind auch bei Nicht-Typ-Parametern möglich:

```
template<int n> int f(int x){return 0;}
template<> int f<0>(int x){return 1;}

int x=f<10>(0); // x==0
int y=f<0>(0);  // y==1
```

Da die Template-Argumente bei einer expliziten Spezialisierung vollständig festgelegt sind, bezeichnet man eine explizite Spezialisierung auch als **vollständige Spezialisierung**.

Ebenso wie Funktionen können auch **Funktions-Templates überladen** werden. Falls mehrere Funktions-Templates und „gewöhnliche" Funktionen aufgrund ihrer Parameter usw. für einen Funktionsaufruf in Frage kommen, wird zunächst von jedem Funktions-Template eine Spezialisierung erzeugt. Dabei werden die Template-Argumente aus den Funktionsargumenten abgeleitet. Alle so erzeugten Spezialisierungen sind dann zusammen mit den gewöhnlichen Funktionen Kandidaten für den Aufruf.

Aus diesen Kandidaten wird dann die am besten passende Funktion nach dem
unter 1. bis 4. beschriebenen Verfahren ausgewählt. Dieses Verfahren wird am
Beispiel der überladenen Funktionen *kleiner* illustriert:

```
template <typename T> bool kleiner(T x, T y) // 1
{
return x<y;
}

template <typename T> bool kleiner(T* x, T* y) // 2
{                          // überladenes Funktions-Template
return *x<*y;
}

template <> bool kleiner (char* x, char* y) // 3
{                          // explizite Spezialisierung von 2
return strcmp(x,y)<0;
}

bool kleiner(char* x,char* y) // 4
{                          // gewöhnliche Funktion
return strcmp(x,y)<0;
}
```

1. Falls eine „gewöhnliche" Funktion existiert, die zu den Argumenten passt, wird
   die „gewöhnliche" Funktion aufgerufen.

   Beispiel: Mit den vier Definitionen von oben wird beim Aufruf

   ```
   kleiner("aa","bb"); // 4, kleiner(char*,char*)
   ```

   die Funktion (4) und keine der Spezialisierungen des Funktions-
   Templates aufgerufen. Die überladenen und spezialisierten
   Templates werden bei der Auswahl nicht berücksichtigt.

   Für Typ-Parameter eines Funktions-Templates kann man sowohl mit einer
   expliziten Spezialisierung als auch mit einer gewöhnlichen Funktion erreichen,
   dass für spezielle Argumente eine bestimmte Funktion aufgerufen wird. Wir
   werden aber gleich anschließend sehen, dass das mit gewöhnlichen Funktionen
   am besten erreicht wird.

   Für Nicht-Typ-Parameter besteht diese Möglichkeit aber nur mit einer
   expliziten Spezialisierung.

2. Falls keine gewöhnliche Funktion passt, wird von allen überladenen Templates
   das am meisten spezialisierte ausgewählt. Dabei ist ein erstes Template **mehr
   spezialisiert** als ein zweites, wenn das zweite mit allen Datentypen aufgerufen
   werden kann, mit denen man auch das erste aufrufen kann, aber nicht
   umgekehrt.

Explizite Spezialisierungen werden erst in einem zweiten Schritt berücksichtigt, nachdem eines der überladenen Templates ausgewählt wurde: Falls das ausgewählte Template eine zu den Argumenten passende explizite Spezialisierung hat, wird diese explizite Spezialisierung aufgerufen.

Beispiel: Durch den nächsten Aufruf wird das Funktions-Template (2) aufgerufen, da es am meisten spezialisiert ist:

```
int *x, *y;
kleiner(x,y); // kleiner<int*>(x,y)
```

3. Bei der Entscheidung, zu welchem Funktions-Template eine explizite Spezialisierung gehört, werden nur die im Quelltext davor definierten Funktions-Templates berücksichtigt.

Beispiel: Entfernt man von den Funktionsdefinitionen oben die letzte (4), dann wird durch den nächsten Aufruf die Spezialisierung (3) aufgerufen, da sie das am besten passende überladene Funktions-Template spezialisiert:

```
kleiner("aa","bb"); // kleiner<char*>(x,y)
```

Vertauscht man dagegen die Reihenfolge der Funktionen (2) und (3), ist (3) ein explizite Spezialisierung von (1) und nicht mehr eine von (2). Deswegen wird dann durch den letzten Aufruf das überladene Template (2) aufgerufen und nicht mehr (3).

4. Falls die ersten beiden Schritte zu keiner oder mehr als einer passenden Funktion führen, hat das eine Fehlermeldung des Compilers zur Folge.

Offensichtlich sind die Regeln 2. und 3. verwirrend, da die Reihenfolge im Quelltext einen Einfluss darauf haben kann, welche Funktion ausgewählt wird. Deswegen sollte man Funktionen, die für einen ganz bestimmten Datentyp ausgewählt werden sollen, **immer** als **gewöhnliche Funktionen** und nicht als explizite Spezialisierungen definieren.

Diese Beispiele zeigen, wie man erreichen kann, dass für spezielle Template-Argumente auch spezielle Funktionen aufgerufen werden. Wäre nur die erste Version der Funktion *kleiner* definiert, würden in der Funktion *Minimum* bei Arrays mit Zeigern die Zeiger (mit den Adressen) verglichen und nicht die Werte, auf die sie zeigen.

Im Funktions-Template *Minimum* werden so in Abhängigkeit vom Datentyp der Arrayelemente immer die entsprechenden überladenen Versionen von *kleiner* aufgerufen.

```
template <typename T> T Minimum(T A[],int n)
{ // gibt das kleinste Element von A[0].. A[n-1] zurück
int iMin = 0;
for (int j=iMin+1;j<n;j++)
  if (kleiner(A[j],A[iMin])) iMin=j;
return A[iMin];
}
```

Für ein Array mit Werten erhält man so den minimalen Wert. Mit einem Array mit Zeigern erhält man den minimalen dereferenzierten Wert und mit einem Array von Zeigern auf *char* den bezüglich *strcmp* minimalen Wert:

```
int a[5]={5,4,6,2,1};
int x=Minimum(a,5);      // x=1
int* p[5]={new int(5),new int(4),new int(6),new int(2)};
int* y=Minimum(p,4);     // *y=2
char* n[5]={"15","14","16","02","01"};
char* z=Minimum(n,5); // z="01"
```

9.1.6 Rekursive Funktions-Templates Θ

Mit ganzzahligen Nicht-Typ-Parametern können rekursive Funktions-Templates definiert werden. Diese Technik soll hier nur an einem einfachen Beispiel vorgestellt werden.

In dem Funktions-Template *Sum<n>* wird *Sum<n–1>* aufgerufen:

```
template<int n>
inline double Sum(double (*f)(double))
{
return f(n)+ Sum<n-1>(f);
};
```

Die rekursiven Aufrufe können mit einer expliziten Spezialisierung beendet werden:

```
template<>
inline double Sum<0>(double (*f)(double))
{
return f(0);
};
```

Dieses Template kann man dann mit einer Funktion wie

```
inline double g(double x)
{
return x;
}
```

und einer Konstanten als Argument für n aufrufen:

```
const int Max=3;
double y= Sum<Max>(g); // y=g(3)+g(2)+g(1)+g(0);
```

Dieser Aufruf des Funktions-Templates *Sum* führt dann bereits bei der Kompilation zur rekursiven Berechnung des als Kommentar angegebenen Ausdrucks. Während der Laufzeit dauert diese Zuweisung nicht länger als die Zuweisung einer Konstanten. Dabei darf der Wert für *Max* aber nicht allzu groß sein: Für größere Werte als ca. 500 wird dieser Ausdruck für die meisten Compiler zu komplex.

Solche rekursiven Templates kann man als **Code-Generatoren** verwenden, die bereits **bei der Kompilation Ausdrücke berechnen**, die gewöhnlich nur während der Laufzeit eines Programms berechnet werden. Diese Technik wird auch als **Template-Metaprogrammierung** bezeichnet.

Veldhuizen (1999) verwendet solche Templates für Berechnungen, bei denen es auf höchste Geschwindigkeit ankommt und nicht auf die Dauer einer Kompilation. Für ausführlichere Informationen zu diesem Thema wird auf die Internetseite „http://extreme.indiana.edu/~tveldhui/papers/" von Veldhuizen verwiesen.

Aufgabe 9.1

1. Überarbeiten Sie die Funktion *Auswahlsort*

```
void AuswahlSort(int A[],int n)
{
for (int i=0;i<n-1;i++)
  {
    int iMin = i;
    for (int j=iMin+1;j<n;j++)
      if (kleiner(A[j],A[iMin])) iMin=j;
    vertausche(A[iMin],A[i]);
  }
}
```

zu einem Funktions-Template, mit dem man Arrays beliebiger Elementtypen sortieren kann, wenn für die Elemente der Operator < und die Funktions-Templates *kleiner* wie in Abschnitt 9.1.5 definiert sind. Die Funktion *kleiner* ist hier deswegen notwendig, weil der Operator < für die fundamentalen Datentypen nicht überladen werden kann.

2. Für die Lösung der Aufgabe a) können Sie sich an diesen Funktionen orientieren (siehe Aufgabe 4.1, 1.):

```
#include <sstream>
int stringToInt(const string& s)
{
std::istringstream is(s);
int result=0;
is>>result;
if (s.length()!=is.tellg())
  throw invalid_argument(
                "Cannot convert '"+s+"' to int");
return result;
}
```

```
string tostring(int x)
{
std::ostringstream os;
os<<x;
return os.str();
}
```

a) Definieren Sie zwei Funktions-Templates **string_to** und **to_string**, die Argumente aller Datentypen, für die die Ein- und Ausgabeoperatoren >> und << definiert sind, in einen *string* konvertieren bzw. einen *string* in den Datentyp.

Testen Sie diese Funktionen mit einigen elementaren Datentypen und einem selbstdefinierten Datentyp wie z.B. der Klasse *Bruch* aus Aufgabe 5.8.3

```
struct Bruch {
   int z,n; // z: Zähler, n: Nenner
};

ostream& operator<<(ostream& f, const Bruch& b)
{
return f<<b.z<<"|"<<b.n;
}

istream& operator>>(istream& f, Bruch& b)
{
char Bruchstrich;
f>>b.z>>Bruchstrich>>b.n;
return f;
}
```

b) Für Argumente des Datentyps **bool** soll *to_string* die Strings „true" und „false" zurückgeben. *string_to<bool>* soll für das Argument „true" den Wert *true*, für das Argument „false" den Wert *false* und für alle anderen Strings *success==false* zurückgeben.

c) Für Argumente des Datentyps **AnsiString** soll *to_string* den *string* bzw. *string_to<AnsiString>* den *AnsiString* mit den Zeichen des Arguments zurückgeben.

d) Informieren Sie sich in der Dokumentation zur Boost-Bibliothek (http://-www.boost.org) über die Klasse *lexical_cast*.

3. Die Funktions-Templates *max* und *for_each* sind in der STL etwa folgendermaßen definiert:

```
template <class T>
inline T max(const T& a, const T& b)
{
   return  a < b ? b : a;
}
```

```
template <class InputIterator, class Function>
Function for_each(InputIterator first,
InputIterator last, Function f)
{
  while (first != last) f(*first++);
  return f;
}
```

Außerdem soll die Funktion *print* und die Klasse *Print* definiert sein:

```
void print(int x)                        struct Print{
{                                          Print(){};
Form1->Memo1->Lines->Add(IntToStr(x));    // ...
}                                        };
```

Geben Sie für die Aufrufe unter a) bis f), die der Compiler übersetzen kann, die Funktionen an, die er dabei erzeugt. Begründen Sie für jeden Aufruf, der nicht übersetzt werden kann, wieso das nicht geht, und mit welchen Änderungen im Programm das doch noch möglich wäre.

a) `max(2,3);`
b) `max(4.4, 5.5);`
c) `max(6,7.8);`
d) `int a[10];`
   `for_each(a,a+10,print);`
e) `vector<int> v;`
   `for_each(v.begin(),v.end(),print);`
f) `vector<int> v;`
   `for_each(v.begin(),v.end(),Print());`

4. Definieren Sie globale Operatorfunktionen als Funktions-Templates, die

   a) den Operator „!=" auf den Operator „==" zurückführen und
   b) die Operatoren „<=", „>" und „>=" auf den Operator „<"zurückführen.

   Überzeugen Sie sich am Beispiel einer selbstdefinierten Klasse mit den Operatoren „==" und „<" (z.B. der Klasse *Bruch* aus Aufgabe 2) davon, dass die anderen Operatoren über diese Templates verfügbar sind.

9.2 Generische Klassen: Klassen-Templates

Wenn man eine Klasse für einen Stack definieren will, der *int*-Werte verwaltet, dann hat diese Klasse dieselben Elemente wie eine Klasse für einen Stack mit *double*-Werten. Die Elemente der beiden Klassen unterscheiden sich lediglich durch ihren Datentyp.

```
class MeinStack
{
  typedef int T; // Datentyp der Elemente
  int SPtr;    // Index des "obersten" Elements
  T* Array;    // Zeiger auf das erste Element
  int Max;     // Anzahl der reservierten Arrayelemente
 public:
  MeinStack(int s):SPtr(-1),Max(s) { Array=new T[s];}
  ~MeinStack()    { delete [] Array; }
  void push(T a)  { Array[++SPtr]=a; }
  T pop()         { return Array[SPtr--]; }
  bool full()     { return SPtr>=Max; }
  bool empty()    { return SPtr<0; }
};
```

Mit einem Klassen-Template kann man sich nun die Arbeit ersparen, zwei Klassen zu definieren, die sich lediglich im Datentyp der Elemente unterscheiden, da man dem Template den Datentyp der Elemente als Parameter übergeben kann. Bei der Verwendung des Klassen-Templates gibt man dann einen Datentyp als Argument für den Parameter an. Der Compiler erzeugt dann aus dem Klassen-Template eine Klasse mit dem Datentyp des Arguments anstelle des entsprechenden Parameters.

Anstelle von generischen Datentypen spricht man auch von parametrisierten Datentypen, Schablonen oder Klassenvorlagen.

9.2.1 Die Deklaration von Klassen-Templates mit Typ-Parametern

Eine Template-Deklaration beginnt mit dem Schlüsselwort *template*, auf das in spitzen Klammern Template-Parameter und eine Deklaration folgen. Falls diese Deklaration eine Klassendeklaration oder -definition ist, ist das Template ein **Klassen-Template**. Der Name der Klasse ist dann der **Name** des Klassen-Templates.

> *template-declaration:*
>   export*opt* template < *template-parameter-list* > *declaration*

Die Parameterliste eines Klassen-Templates wird im Wesentlichen genau so wie bei einem Funktions-Template gebildet. Ein Typ-Parameter kann dann in der Template-Definition wie ein Datentyp verwendet werden.

Beispiel: Das Klassen-Template T hat zwei Typ-Parameter T1 und T2, die als Datentypen für die Parameter der Elementfunktion f sowie für zwei Datenelemente verwendet werden:

```
template <typename T1, typename T2> class T {
 public:
  T1 x;
  T2* py;
  int f(T1 x, T2 y) {return x+y; }
};
```

Auch ein Klassen-Template kann ein Template-Parameter sein:

```
template<typename T,template<typename U> class C>
class V {
 public:
   C<T> Container;
}
```

9.2.2 Spezialisierungen von Klassen-Templates

Nach dem Namen eines Klassen-Templates kann man wie in der Syntaxregel für eine *template-id* in spitzen Klammern Template-Argumente angeben. Für einen Typ-Parameter muss das Argument ein Datentyp sein.

 template-id:
  template-name < template-argument-list >

 template-name:
  identifier

 template-argument-list:
  template-argument
  template-argument-list , template-argument

 template-argument:
  assignment-expression
  type-id
  template-name

Eine solche *template-id* kann man als Name einer Klasse verwenden. Die *template-id* wird dann auch als **Spezialisierung** des Templates bezeichnet:

 class-name:
  identifier
  template-id

Beispiel: Mit den Klassen-Templates aus dem letzten Beispiel kann man die folgenden Spezialisierungen bilden:

```
T<int,int>
T<int,double>
T<C,D> // C und D sollen hier Klassen sein
```

Für einen Template-Parameter muss ein Template eingesetzt werden:

```
V<int,list> // list aus der Standardbibliothek
```

Da die Parameter der Konstruktoren eines Klassen-Templates oft ganz andere Datentypen haben als die Elemente des Templates, können die Template-Argumente nicht aus den Argumenten eines Konstruktors abgeleitet werden. Im Unterschied zu einem Funktions-Template müssen die Template-Argumente immer explizit angegeben werden.

Eine Template-Spezialisierung ist eine Klasse und damit ein Datentyp. Deshalb kann man sie wie einen Datentyp zur Definition eines Objekts verwenden. Der Compiler erzeugt aus der Spezialisierung eines Klassen-Templates dann eine Klassendefinition, wenn diese in einem bestimmten Kontext notwendig ist und nicht schon zuvor erzeugt wurde. Für die Template-Parameter werden dabei die Template-Argumente eingesetzt. Er erzeugt für die Klasse außerdem alle Elemente, die verwendet werden. Die Definition einer Klasse ist insbesondere dann notwendig, wenn die Spezialisierung zur Definition eines Objekts verwendet wird. Eine Elementfunktion wird z.B. durch einen Aufruf verwendet.

Beispiele:

1. Aus dem Klassen-Template T des Beispiels von oben erzeugt der Compiler mit der Definition

   ```
   T<int,int> t;
   ```

   die folgende Klasse sowie ein Objekt t dieser Klasse, falls alle Elemente verwendet werden:

   ```
   class T {
    public:
     int x;
     int* py;
     int f(int x, int y) {return x+y; }
   };
   ```

   Aus der Definition

   ```
   T<int,double> u;
   ```

   erzeugt er die folgende Klasse sowie ein Objekt u dieser Klasse:

   ```
   class T {
    public:
     int x;
     double* py;
     int f(int x, double y) {return x+y; }
   };
   ```

   Falls die Elementfunktion f nicht aufgerufen wird, erzeugt der Compiler sie auch nicht. Da zur Definition der Objekte t und u ein Standardkonstruktor notwendig ist, wird dieser für beide Spezialisierungen erzeugt.

2. Aus dem Klassen-Template *MeinStack*

```
template <class T> class MeinStack {
  int SPtr;  // Index des "obersten" Elements
  T* Array;  // Zeiger auf das erste Element
  int Max;   // Anzahl der reservierten Arrayelemente
 public:
  MeinStack(int s):SPtr(-1),Max(s) { Array=new T[s];}
  ~MeinStack()    { delete [] Array; }
  void push(T a)  { Array[++SPtr]=a; }
  T pop()         { return Array[SPtr--]; }
  bool full()     { return SPtr>=Max; }
  bool empty()    { return SPtr<0; }
};
```

erzeugt der Compiler in der Funktion *test* eine Klasse, die anstelle des Typ-Parameters T das Argument *int* enthält, sowie ein Objekt dieser Klasse:

```
void test()
{
MeinStack<int> si(10);
for (int i=1;i<10; ++i) si.push(i);
while (!si.empty())
  Form1->Memo1->Lines->Add(IntToStr(si.pop()));
}
```

In der Funktion *test* wird der Copy-Konstruktor und die Funktion *full* nicht aufgerufen. Deswegen werden diese auch nicht erzeugt.

3. Die STL **Container-Klassen** *vector*, *list*, *map*, *set* usw. sind als Klassen-Templates definiert. Die Typ-Argumente bei ihrer Definition sind die Datentypen der Elemente, die in ihnen abgelegt werden können. Diese Klassen haben viele Elementfunktionen, die aber meist nicht alle benötigt werden. Da die nicht verwendeten Funktionen nicht erzeugt werden, führt die üppige Ausstattung dieser Klassen weder zu einem unnötigen Zeitaufwand beim Kompilieren noch zu einem unnötigen Platzbedarf für das ausführbare Programm.

4. Die STL verwendet das Klassen-Template *pair*, um Paare von Werten darzustellen. Solche Paare werden z.B. in den assoziativen Containern *map*, *set* usw. verwendet:

```
template <class T1, class T2> // in <utility>
struct pair {
  typedef T1 first_type;
  typedef T2 second_type;
  T1 first;
  T2 second;
  pair(){};
  pair(const T1& x,const T2& y):first(x),second(y) {};
  template<class U,class V>pair(const pair< U, V> & p)
      : first(p.first), second(p.second){ ; }
};
```

Hier ist der letzte Konstruktor der Copy-Konstruktor. Wäre er nicht mit den Template-Parametern U und V definiert, könnte ein *pair* nur mit einem *pair* mit denselben Template-Argumenten initialisiert werden.

```
pair<int,int> p1;
pair<int,int> p2=p1;
pair<int,double> p3=p1;// Error: Cannot convert
 // 'pair<int,int>' to 'pair<int,double>'
```

Für Paare sind die Operatoren == und < als Funktions-Template definiert:

```
template <class T1, class T2>
bool operator==(const pair<T1, T2>& x,
const pair<T1, T2>& y)
{
return x.first == y.first && x.second == y.second;
}

template <class T1, class T2>
bool operator<(const pair<T1, T2>& x,
const pair<T1, T2>& y)
{
return x.first < y.first ||
(!(y.first < x.first) && x.second <y.second);
}
```

Das STL Funktions-Template *make_pair* erzeugt ein solches Paar aus seinen Argumenten (siehe auch Aufgabe 9.2.3).

```
template <class T1, class T2>
inline pair<T1,T2> make_pair(const T1& x,const T2& y);
```

Da *make_pair* ein Funktions-Template ist, können die Template-Argumente aus den Funktions-Argumenten abgeleitet werden:

```
make_pair(5, 3.1415926);
```

Bei der Definition eines Klassen-Templates mit einem Konstruktor ist das nicht möglich. Hier müssen die Template-Argumente immer explizit angegeben werden. Das ist mit etwas mehr Schreibarbeit verbunden:

```
pair<int, double>(5, 3.1415926);
```

5. Ein String stellt eine Folge von Zeichen dar. Diese Zeichen können z.B. den Datentyp *char* oder *wchar_t* haben. Da der interne Aufbau eines Strings und seine Operationen vom Datentyp der Zeichen unabhängig sind, liegt es nahe, die Stringklasse als Klassen-Template zu definieren. Der C++-Standard verwendet dazu dass Klassen-Template *basic_string* und definiert dann die Datentypen *string* und *wstring* mit diesem Template:

```
typedef basic_string<char> string;
typedef basic_string<wchar_t> wstring;
```

Wenn man also im C++-Standard nach einer Beschreibung der Elemente eines Strings sucht, findet man diese in der Klasse *basic_string*. Der folgende Auszug aus dem C++-Standard zeigt den Aufbau dieses Templates:

```
template<class charT,class traits = char_traits<charT>,
                 class Allocator = allocator<charT> >
 class basic_string { // nur ein Auszug
  public:
  // einige typedefs:
  typedef traits traits_type;
  // ...
  // einige Konstruktoren:
  explicit basic_string(const Allocator& a=Allocator());
  basic_string(const basic_string& str,size_type pos=0,
       size_type n=npos, const Allocator& a=Allocator());
  basic_string(const charT* s, size_type n, const
                         Allocator& a=Allocator());
  basic_string(const charT* s, const Allocator& a =
                         Allocator());
  ~basic_string();
  // ...
};
```

Hier steht *charT* für den Datentyp der Zeichen. Bei einem *string* ist das der Datentyp *char* und bei einem *wstring* der Datentyp *wchar_t*. Dieser Template-Parameter wird auch in vielen Elementfunktionen verwendet:

```
size_type find(const charT* s, size_type pos=0) const;
```

Für die Default-Argumente von *basic_string* wird normalerweise kein Argument übergeben. Ein *string* bzw. ein *wstring* verwendet deshalb

char_traits<char> und *allocator<char>* bzw.
char_traits<wchar_t> und *allocator< wchar_t>*

Das Klassen-Template **char_traits** enthält Datentypen und Funktionen, auf denen die Implementation von *basic_string* beruht. Sie ist mit der Vorwärtsdeklaration

template<class T> struct char_traits;

nur für die Datentypen *char* und *wchar_t* spezialisiert:

template<> struct char_traits<char> { / .. */ };*
template<> struct char_traits<wchar_t>{ / .. */ };*

Da sie für andere Datentypen als *char* oder *wchar_t* nicht definiert ist, kann man für andere Datentypen auch keine Klassen aus einem *basic_string* erzeugen. Die folgende Definition wird deshalb nicht übersetzt, außer man definiert die Klasse *char_traits* für den Datentyp *int*:

```
basic_string<int> is; // Fehler ohne char_traits<int>
```

Das Klassen-Template *allocator* fasst Datentypen und Funktionen zur Speicherverwaltung zusammen.

Damit der **Compiler** aus einem Klassen-Template eine Klasse erzeugen kann, **muss** er **seine Definition kennen**. Deshalb muss jedes Programm, das ein Template verwendet, den Quelltext der Template-Definition enthalten. Da die Container-Klassen und Algorithmen der **STL** Templates sind, müssen diese immer im **Quelltext** vorliegen. Man findet sie im Verzeichnis „include" des Compilers.

Eine aus einem Klassen-Template erzeugte Elementfunktion kann Anweisungen enthalten, die der Compiler für bestimmte Template-Argumente nicht übersetzen kann, obwohl das für andere Template-Argumente durchaus möglich ist.

Beispiel: Mit dem Template T von oben erhält man z.B. mit

```
T<int,char*> w;
```

die Fehlermeldung

```
int f(T1 x, T2 y)
{return x+y; }//Fehler: Konvertierung von 'char*'
            //          nach 'int' nicht möglich
```

Diese Fehlermeldung wird in der Definition des Klassen-Templates angezeigt. Offensichtlich ist hier aber nicht die Definition des Templates die Fehlerursache, da man mit zwei Template-Argumenten *int* keine Fehler erhalten würde:

```
T<int,int> w;
```

Vielmehr hat mit den Template-Argumenten *int* und *char** der Ausdruck x+y den Datentyp *char**, und dieser kann nicht dem *int*-Funktionswert zugewiesen werden. Falls mehrere Spezialisierungen eines Templates erzeugt werden, kann es eventuell etwas mühsam sein, die Spezialisierung herauszufinden, die zu dem Fehler führt. Es wäre in diesem Beispiel falsch, den Fehler an der Stelle zu beheben, an der die Fehlermeldung angezeigt wird.

Um die **Fehler** bei der Entwicklung von Templates zu **minimieren**, ist es oft empfehlenswert, zuerst eine Klasse ohne Template-Parameter zu schreiben. Wenn diese dann gründlich getestet ist, kann man sie meist ohne großen Aufwand in ein Klassen-Template zu ändern. Den Schreibaufwand für die Änderung der Typnamen kann man dadurch gering halten, dass man die Namen der Typ-Parameter zuvor mit *typedef* deklariert und diese Klasse dann mit den Datentypen kompiliert, mit denen das Template später verwendet werden soll.

Beispiel: Bei der Entwicklung der Klasse T von oben könnte man z.B. folgendermaßen anfangen:

```
typedef int T1;
```

```
typedef char* T2;
class T {
 public:
  T1 x;
  T2* py;
  int f(T1 x, T2 y) {return x+y; }
};
```

Bei einem Klassen-Template kann man nach dem Template-Parameter und einem „=" ein **Default-Template-Argument** angeben. Auf ein solches Default-Argument dürfen keine weiteren Parameter ohne Default-Argumente folgen. Ein Funktions-Template kann im Unterschied zu einem Klassen-Template keine Default-Argumente haben.

Beispiel: Mit dem Template

```
template <typename T1, typename T2=int> class T {
// ...
};
```

sind die folgenden beiden Spezialisierungen gleichwertig:

```
T<double,int> c1;
T<double> c2;
```

Bei zwei verschiedenen Deklarationen eines Templates darf nur eine Default-Argumente haben.

Beispiel: Die zweite der nächsten beiden Deklarationen führt zu einem Fehler beim Kompilieren, da schon die erste ein Default-Argument hat:

```
template <typename T1, typename T2=int> class T;
template <typename T1, typename T2=int> class T {
// ...
};
```

In einem Template können nicht nur die Template-Parameter selbst verwendet werden, sondern auch **Namen, die von einem Template-Parameter abhängig sind**. Vor einem solchen Namen muss *typename* angegeben werden, damit er vom Compiler als Name eines Datentyps betrachtet wird. Ohne *typename* wird ein solcher Name nicht als Datentyp betrachtet. Das Schlüsselwort *typename* kann nur in der Definition oder Deklaration eines Templates verwendet werden.

Beispiel: In dem Klassen-Template

```
template <typename T> class C {
  typename T::X  i;
};
```

wird T::X als Datentyp gekennzeichnet, der im Template-Argumente definiert ist. Dieses Template muss mit einem Template-Argument verwendet werden, das einen Datentyp X enthält wie z.B. die Klasse S:

```
struct S {
  struct X { int i;  };
};
```

Alle Container-Klassen der Standardbibliothek enthalten wie die Klasse *deque* den Namen *value_type* für den Datentyp der Elemente des Containers:

```
template <class T, class Allocator = allocator<T> >
class deque {
 public:
  typedef T value_type;
// ...
}
```

Dieser Name wird dann z.B. in der Definition der Container-Adapter **stack** und *queue* verwendet:

```
template <class T, class Container = deque<T> >
class stack {
 public:
  typedef typename Container::value_type value_type;
  typedef typename Container::size_type size_type;
  typedef typename Container container_type;
 protected:
  Container c;
 public:
  explicit stack(const Container& = Container());
  bool empty() const            { return c.empty(); }
  size_type size() const        { return c.size(); }
  value_type& top()             { return c.back(); }
  const value_type& top() const { return c.back(); }
  void push(const value_type& x) { c.push_back(x); }
  void pop()                    { c.pop_back(); }
};
```

Diese Definition ist übrigens die vollständige Definition des Klassen-Templates *stack* aus der STL. Auch die Definition des Containeradapters **queue** besteht nur aus wenigen Zeilen und ist weitgehend identisch mit der von *stack*. Sie enthält lediglich anstelle der Funktionen *top* und *pop* die folgenden:

```
value_type& front()            { return c.front(); }
const value_type& front() const { return c.front(); }
value_type& back()             { return c.back(); }
const value_type& back() const { return c.back(); }
void pop()                     { c.pop_front(); }
```

Der Name eines Klassen-Templates kann in seiner eigenen Definition bei einer Deklaration verwendet werden und stellt hier den Namen des Templates mit den Template-Parametern dar:

```
template<typename T> struct C {
  C* x; // C bedeutet hier C<T>
};
```

9.2.3 Templates mit Nicht-Typ-Parametern

Wie die letzte Zeile der Syntaxregel

template-parameter:
  type parameter
  parameter declaration

zeigt, kann ein Template-Parameter nicht nur ein Typ-Parameter sein, sondern auch ein gewöhnlicher Parameter wie bei einer Funktionsdeklaration. Solche Template-Parameter werden auch als **Nicht-Typ-Parameter** bezeichnet und müssen einen der Datentypen aus der linken Spalte der folgenden Tabelle haben. Als Argument für einen solchen Parameter können dann Ausdrücke wie in der rechten Spalte angegeben werden. Andere Datentypen (insbesondere Gleitkommadatentypen oder *void*) sind nicht zulässig.

Datentyp	Argument
Ganzzahldatentyp oder Aufzählungstyp	konstanter Ausdruck eines Ganzzahl- oder Aufzählungstyps
Zeiger auf ein Objekt oder eine Funktion	Die Adresse eines Objekts oder einer Funktion mit externer Bindung
Referenz auf ein Objekt oder eine Funktion	Ein Objekt oder eine Funktion mit externer Bindung
Zeiger auf ein Element	Zeiger auf ein Element

Beispiele: Mit den Definitionen

```
class C {};
template <C* pc> class CP {};
template <int (*f)(int) > class Cf{};

int f(int x){return x;};
C c; // lokales c geht nicht, keine externe Bind.
```

können die folgenden Spezialisierungen erzeugt werden:

```
CP<&c> cp;
Cf<f> cf;
```

Ein ganzzahliger Nicht-Typ-Parameter ist im Template eine Konstante und kann nicht verändert werden. Er kann z.B. wie in *MeinStackA* zur Definition eines Arrays als Elementanzahl dienen. Dieses Template realisiert einen Stack, dem die Anzahl der Elemente als Template-Parameter übergeben wird:

```
template <typename T, int Max> class MeinStackA {
  int SPtr;        // Index des "obersten" Elements
  T Array[Max]; // Array mit Max Elementen des Typs T
public:
  MeinStackA():SPtr(-1){ }
  void push(T a) { Array[++SPtr]=a; }
  T pop()        { return Array[SPtr--]; }
  bool full()    { return SPtr>=Max; }
  bool empty()   { return SPtr<0; }
};

MeinStackA<int,10> si; // definiert das Objekt si
```

Die Standardbibliothek verwendet Nicht-Typ-Parameter bei der Klasse *bitset*. Diese Klasse kann eine als Template-Argument übergebene Anzahl von Bits darstellen und ist etwa so definiert:

```
template<size_t N> class bitset { // nur ein Auszug
public:
  // Einige Konstruktoren:
  bitset();
  bitset(unsigned long val);
  // Einige Operationen:
  bitset<N>& operator&=(const bitset<N>& rhs);
  bitset<N>& operator|=(const bitset<N>& rhs);
  bitset<N>& operator^=(const bitset<N>& rhs);
  bitset<N>& operator<<=(size_t pos);
  bitset<N>& operator>>=(size_t pos);
  bitset<N>& set(size_t pos, int val = true);
  bitset<N>& reset(size_t pos);
  bitset<N>& flip(size_t pos);
  // Zugriff auf Elemente:
  reference operator[](size_t pos); // for b[i];
  bool operator==(const bitset<N>& rhs) const;
  bool test(size_t pos) const;
  bitset<N> operator<<(size_t pos) const;
  bitset<N> operator>>(size_t pos) const;
};
```

Beispiel: Ein *bitset* mit 10 Bits wird folgendermaßen definiert:

```
bitset<10> bits;
```

9.2.4 Explizit instanziierte Klassen-Templates Θ

Da der Compiler nur diejenigen Elementfunktionen eines Klassen-Templates erzeugt, die auch aufgerufen werden, wird ein Syntaxfehler in einer nicht aufgerufenen Funktion eventuell nicht entdeckt, da die Funktion nicht erzeugt wird.

Beispiel: Nach der Definition des Objekts c kann der Compiler nicht erkennen, dass er den Wert in der *return*-Anweisung der Funktion f nicht dem *int*-Funktionswert zuweisen kann:

```
template <typename T > class C {
 public:
   int f(T x, int y) {return x+y; }
};

C<char*> c;
```

Dieser Nachteil kann mit einer **expliziten Instanziierung** vermieden werden. Sie bewirkt, dass alle Elemente einer Spezialisierung eines Klassen-Templates erzeugt werden. So werden auch alle Funktionen erzeugt, ohne dass man sie aufruft:

explicit-instantiation :
   template declaration

Bei einem Klassen-Template besteht die *declaration* aus dem Wort *class* und einer Spezialisierung des Templates, das erzeugt werden soll.

Beispiel: Mit dem Template von oben müsste die explizite Instanziierung

```
template class C<char*>;
```

eine Fehlermeldung erzeugen. Der C++Builder 2007 akzeptiert diese allerdings.

9.2.5   Partielle und vollständige Spezialisierungen Θ

Es ist nicht immer sinnvoll, alle Spezialisierungen eines Klassen-Templates nach demselben Schema zu erzeugen. So kann z.B. für ein Typ-Argument, das ein Zeiger ist, eine andere Spezialisierung notwendig oder effizient sein als für eines, das kein Zeiger ist. In Abschnitt 9.1.5 wurde gezeigt, wie man bei Funktions-Templates verschiedene Varianten mit überladenen Funktions-Templates und expliziten Spezialisierungen erzeugen kann.

Klassen und Klassen-Templates können allerdings **nicht überladen** werden, da das eine Ableitung der Template-Argumente aus den Argumenten für den Konstruktor erfordern würde. Als Alternative gibt es für Klassen-Templates sogenannte **partielle Spezialisierungen**. Bei einer partiellen Spezialisierung gibt man ein Muster vor, aus dem dann abgeleitet wird, ob die Template-Argumente dazu passen.

Eine partielle Spezialisierung setzt eine Deklaration eines Klassen-Templates voraus, bei der der Name wie in allen bisherigen Beispielen ein Bezeichner ist. Eine solche Deklaration nennt man auch **primäre** Deklaration. Nach einer primären Deklaration kann man ein Template deklarieren, dessen Name eine *template-id* mit dem Namen eines primären Templates ist:

template-id :
   template-name < *template-argument-list* >

Dann ist das so deklarierte Klassen-Template eine **partielle Spezialisierung**. Eine partielle Spezialisierung unterscheidet sich nur dadurch von einem gewöhnlichen (primären) Template, dass ihr Name kein Bezeichner, sondern eine *template-id* ist.

Bisher wurde eine *template-id* nur zur Definition von Spezialisierungen (siehe Abschnitt 9.2.2) verwendet. Dabei waren die Template-Argumente die Argumente, mit denen die Spezialisierung erzeugt wurde. Bei einer partiellen Spezialisierung beschreiben die Argumente der *template-id* das Muster, nach dem entschieden wird, ob eine Spezialisierung zu einer partiellen Spezialisierung passt. Diese Argumente sind oft Template-Parameter oder davon abgeleitete Typen.

Bei den folgenden Deklarationen ist die erste (#1) eine primäre Deklaration. Die weiteren (#2 bis #5) sind partielle Spezialisierungen:

```
template<class T1, class T2, int I> struct A {int x;};//#1
template<class T, int I> struct A<T, T*, I> {int y;}; //#2
template<class T1,class T2,int I>struct A<T1*,T2,I>{};//#3
template<class T> struct A<int, T*, 5> { int z; };    //#4
template<class T1,class T2,int I>struct A<T1,T2*,I>{};//#5
```

Wenn der Compiler aus einem Template eine Klasse erzeugen will, sucht er anhand der Template-Argumente nach einer passenden partiellen oder primären Spezialisierung:

- Falls er genau eine passende partielle Spezialisierung findet, erzeugt er die Klasse aus dieser Spezialisierung.
- Falls er mehr als eine passende partielle Spezialisierung findet, wählt er von diesen das am meisten spezialisierte Template aus. Dabei ist ein zweites Template **mehr spezialisiert** als ein erstes, wenn jede Liste von Template-Argumenten, die zur ersten Spezialisierung passt, auch zur zweiten passt, aber nicht umgekehrt. Nach diesen Regeln wird auch bei überladenen Funktions-Templates das am meisten spezialisierte ausgewählt (siehe Abschnitt 9.1.5). Falls keine der partiellen Spezialisierungen mehr spezialisiert ist als alle anderen, ist die Verwendung des Templates mehrdeutig.
- Falls er keine passende partielle Spezialisierung findet, nimmt er das primäre Template.

Nach den Definitionen von oben werden für a1, ..., a5 die jeweils angegebenen Templates verwendet:

```
A<int, int, 1>  a1; // #1
A<int, int*, 1> a2; // #2: T int, I 1
A<int, char*, 5> a3; // #4, T char
A<int, char*, 1> a4; // #5, T1 int, T2 char, I 1
A<int*, int*, 2> a5; // mehrdeutig: #3 und #5 passen
```

Ein partiell spezialisiertes Template ist ein völlig eigenständiges Template, das mit dem primären, nicht spezialisierten Template nur den Namen gemeinsam hat. Es besitzt nur die Elemente, die für die Spezialisierung definiert werden, und übernimmt keine Elemente vom primären Template. Deshalb haben a1, a2 und a4 jeweils genau ein Element:

```
a1.x=17; a2.y=18; a4.z=19;
```

Als zweite Möglichkeit, verschiedene Klassen-Templates mit demselben Namen zu definieren, stehen wie bei Funktions-Templates **explizite** oder **vollständige Spezialisierungen** zur Verfügung. Mit einer solchen Spezialisierung kann man ein Klassen-Template deklarieren, das nur für bestimmte Template-Argumente verwendet wird. Diese können bei Typ-Parametern spezielle Datentypen und bei Nicht-Typ-Parametern spezielle Werte sein.

> *explicit-specialization*:
>   `template < >` *declaration*

Bei einer expliziten Spezialisierung eines Klassen-Templates ist der Name in der *declaration* eine Spezialisierung (*template-id*) eines bereits zuvor deklarierten Templates. In dieser Spezialisierung werden die Datentypen oder Werte als Argumente angegeben, für die die explizite Spezialisierung verwendet werden soll.

Beispiel: Das Template #2 ist eine explizite Spezialisierung von #1:

```
template<typename T> struct C { // #1
  T i;
};

template<> struct C<int> { // #2
  int x;
};
```

Die folgenden Spezialisierungen werden dann aus den als Kommentar angegebenen Definitionen erzeugt:

```
C<int> i;    // #2
C<double> d; // #1
```

Wie ein partiell spezialisiertes Template ist auch ein vollständig spezialisiertes ein eigenständiges Template, das mit dem nicht spezialisierten nur den Namen gemeinsam hat.

Die folgenden Beispiele zeigen, wie explizite Spezialisierungen von Klassen-Templates in der **C++-Standardbibliothek** verwendet werden:

1. Die Klasse *numeric_limits* enthält für die fundamentalen Datentypen Informationen, die für den jeweiligen Compiler charakteristisch sind. Dazu gehören z.B. die maximal und minimal darstellbaren Werte. Diese Klasse steht zur Verfügung nach

```
#include <limits>
```

Sie ist im Standard so definiert (nur ein Auszug):

```
template<class T> class numeric_limits {
public:
  static const bool is_specialized = false;
  // ... unwichtige Default-Werte
};
```

Für jeden fundamentalen Datentyp existiert eine explizite Spezialisierung:

```
namespace std {
  template<class T> class numeric_limits;
  enum float_round_style;
  template<> class numeric_limits<bool>;
  template<> class numeric_limits<char>;
  template<> class numeric_limits<signed char>;
  // usw. für unsigned char, wchar_t, short, int,
  // long, unsigned short, unsigned int,
  // unsigned long, float, double, long double
}
```

In jeder dieser Spezialisierungen hat das Element *is_specialized* den Wert *true*. Deswegen kann man mit diesem Element feststellen, ob die aktuell verwendete Klasse eine Spezialisierung ist oder ob sie aus dem nicht spezialisierten Template erzeugt wurde.

Als Beispiel für eine mögliche Spezialisierung findet man im Standard:

```
class numeric_limits<float> { // nur ein Auszug
 public:
  static const bool is_specialized = true;
  inline static float min() throw()
 { return 1.17549435E-38F; }
  inline static float max() throw()
 { return 3.40282347E+38F;
  static const int digits = 24;
  static const int digits10 = 6;
  static const bool is_signed = true;
  static const bool is_integer = false;
  static const bool is_exact = false;
  static const int radix = 2;
  inline static float epsilon() throw()
 { return 1.19209290E-07F; }
  inline static float round_error() throw()
 { return 0.5F; }
  static const int min_exponent = -125;
  static const int min_exponent10 = - 37;
  static const int max_exponent = +128;
  static const int max_exponent10 = + 38;
  static const bool has_infinity = true;
  static const bool has_quiet_NaN = true;
};
```

2. Für die Klasse **char_traits**

   ```
   template<class charT> struct char_traits;
   ```

   sind nur die folgenden beiden expliziten Spezialisierungen definiert:

   ```
   template<> struct char_traits<char>;
   template<> struct char_traits<wchar_t>;
   ```

   Sie enthalten Datentypen und Funktionen, auf denen die Implementation der Stringklassen und der I/O-Streams beruht.

3. Die Klassen *complex<float>*, *complex<double>* und *complex<long double>* sind explizite Spezialisierungen des primären Templates *complex*. Der C++-Standard sagt ausdrücklich, dass Spezialisierungen mit anderen Datentypen spezifiziert sind. Deswegen kann man zwar *complex<int>* verwenden. Die Ergebnisse von Rechnungen mit solchen Variablen sind aber nicht definiert.

Die Klasse *char_traits* ist ein Beispiel für die in der Standardbibliothek häufiger verwendeten **traits**-Klassen. Solche Klassen fassen meist eine größere Anzahl Datentypen, Funktionen usw. zusammen, die für einen bestimmten Datentyp charakteristisch sind. Die für einen bestimmten Datentyp charakteristischen Elemente werden dann in einer expliziten Spezialisierung für diesen Datentyp definiert.

Diese Technik soll an einem einfachen Beispiel illustriert werden, das von Veldhuizen (ohne Jahresangabe) übernommen wurde. Den Mittelwert von n Werten eines Arrays kann man mit dem Funktions-Template *Average* berechnen:

```
template<class T>
T Average(const T* data, int numElements)
{
   T sum = 0;
   for (int i=0; i < numElements; ++i)
      sum += data[i];
   return sum / numElements;
};
```

Allerdings liefert *Average* nur für Arrays mit Gleitkommatypen korrekte Gleitkommaergebnisse. Für Arrayelemente eines Ganzzahltyps ist auch das Ergebnis ganzzahlig. Der naheliegende Ausweg, immer den Datentyp *double* zurückzugeben, schließt Arrays mit komplexen Elementen aus.

Mit der traits-Klasse

```
template<class T> struct float_trait {
   typedef T     T_float;
};
```

und expliziten Spezialisierungen für alle relevanten Datentypen

```
template<> struct float_trait<int> {
   typedef double T_float;
};

template<> struct float_trait<char> {
   typedef double T_float;
};
```

kann man einem Datentyp die Elemente der Templates zuordnen. Deshalb liefert
die folgende Version von *average* ihr Ergebnis immer im richtigen Datentyp:

```
template<class T>
typename float_trait<T>::T_float average(const T* data,
                                         int numElements)
{
   typename float_trait<T>::T_float sum = 0;
   for (int i=0; i < numElements; ++i)
      sum += data[i];
   return sum / numElements;
}
```

In diesem Beispiel hat die traits-Klasse nur ein Element und kann leicht durch
einen Template-Parameter ersetzt werden. Die traits-Klasse *char_traits* hat aber
fast 20 Elemente, die nur mühsam als Parameter übergeben werden können.

Partielle Spezialisierungen sind nur für Klassen, aber nicht Elemente einer Klasse
möglich. Explizite Spezialisierungen sind dagegen für die folgenden **Elemente
eines Klassen-Templates** möglich:

- statische Elemente   – Elementfunktionen
- Elementklassen   – Klassen-Templates
- Funktions-Templates

Die folgenden Beispiele illustrieren die Syntax anhand des Klassen-Templates C:

```
template <typename T> class C {
 public:
  static T x;
  int f();
};
```

1. Wie bei Klassen, die keine Templates sind, wird ein **statisches Element** in
   einer Klasse nur deklariert und nicht definiert. Die Definition muss außerhalb
   der Klasse erfolgen. Die folgende Definition definiert das statische Element für
   alle Template-Argumente:

   ```
   template<typename T> T C<T>::x=0;
   ```

Jede Klasse, die aus einem Klassen-Template erzeugt wird, hat ihre eigenen
statischen Elemente. Deshalb besitzen im folgenden Beispiel c1 und c3 dasselbe statische Element x, während c2 ein anderes statisches Element enthält:

```
C<int> c1;
C<double> c2;
C<int> c3;
```

Durch die folgenden Definitionen wird das statische Element x der Klasse C für die Template-Argumente *int* und *double* explizit spezialisiert. Eine explizite Spezialisierung eines statischen Elements ist nur dann eine Definition, wenn sie einen Initialisierer enthält:

```
template<typename T> T C<T>::x=0;
template<> int C<int>::x=1;
template<> double C<double>::x=2;
```

Für die folgenden Objekte hat das statische Element die als Kommentar angegebenen Werte

```
C<char> cc;   // cc.x: 0
C<int> ci;    // ci.x; 1
C<double> cd; // cd.x; 2
```

2. Die **Elementfunktion** f der Klasse C

```
template<typename T> int C<T>::f() {return 0;}
```

wird durch

```
template<> int C<int>::f(){return 1;}
template<> int C<double>::f(){return 2;}
```

für die Template-Argumente *int* und *double* explizit spezialisiert. Für die Objekte aus 1. erhält man die als Kommentar angegebenen Funktionswerte:

```
int fc=cc.f(); // 0
int fi=ci.f(); // 1
int fd=cd.f(); // 2
```

Die explizite Spezialisierung von Elementen eines Klassen-Templates kann die Definition eines kompletten Klassen-Templates ersparen, wenn einzelne Elemente für spezielle Template-Argumente anders als für andere implementiert werden müssen und alle anderen gleich sind.

9.2.6 Elemente und *friend*-Funktionen von Klassen-Templates Θ

Ein Klassen-Template kann als Elemente insbesondere Klassen, Funktionen und wiederum Templates enthalten. Solche Elemente sind dann Templates mit den Template-Parametern der Klasse, zu der sie gehören.

Alle solchen Elemente können sowohl im Klassen-Template definiert als auch im Klassen-Template nur deklariert und außerhalb des Klassen-Templates definiert werden. Wenn sie außerhalb der Klasse definiert werden, muss man nach dem

Namen des Klassen-Templates die Template-Argumente in spitzen Klammern angeben.

Beispiele:

1. Eine **Klasse**, die **Element** eines Klassen-Templates ist, ist ebenfalls ein **Klassen-Template**. In der C++-Standardbibliothek ist die Containerklasse *list* etwa folgendermaßen definiert:

```
template <typename T> class list {// stark vereinfacht
  struct node {
    T data;      // T: der Datentyp der "Nutzdaten"
    node* next;
  };
  node *first, *last;
};
```

Wenn man die Klasse *node* **außerhalb** des Klassen-Templates definiert, muss der Name des Templates mit den Template-Parametern spezialisiert werden:

```
template <typename T> class list {
  struct node; // nur Deklaration, keine Definition
  node *first, *last;
};

template <typename T>
class list<T>::node { // list<T>, nicht list
  T data;
  node* next;
};
```

Diese Schreibweise zeigt explizit, dass *node* ein Klassen-Template ist.

2. Eine **Elementfunktion** eines Klassen-Templates ist ein **Funktions-Template**. Die Elementfunktion *insert* des Klassen-Templates

```
template <typename T> class list {
  // ...
 public:
  void insert(const T& x);
};
```

kann man außerhalb des Templates so definieren:

```
template <typename T>
void list<T>::insert(const T& x)// list<T>, nicht list
{
// ...
}
```

3. Ein in einer Klasse oder einem Klassen-Template deklariertes Template heißt auch **Element-Template**.

```
template <typename T> class C {
  public:

  template<typename V> class E1 // eine Definition
  {
   T x;
   V y;
  };

  template<typename W>class E2;    // eine Deklaration
  template<typename U>void f(T i);// Funktions-Template
};
```

Definiert man ein Element-Template außerhalb der Klasse, muss man die Template-Parameter des umgebenden Templates und des Elements wie in den nächsten beiden Definitionen angeben:

```
template <typename T> template<typename W>
class C<T>::E2
{
T x;
W y;
};

template <typename T> template<typename U>
void C<T>::f(T i)
{
T x;
U y;
};
```

In der C++-Standardbibliothek werden Funktions-Templates gelegentlich als Elemente-Templates verwendet. Falls die Template-Parameter Iteratoren sind, wird durch Namen wie *InputIterator* zum Ausdruck gebracht, welche Anforderungen ans sie gestellt werden (siehe Abschnitt 9.4.1):

```
template <class T, class Allocator = allocator<T> >
class vector {
  // ...
  template <class InputIterator>
    vector(InputIterator first, InputIterator last,
                      const Allocator& = Allocator());
  // ...
  template <class InputIterator>
    void insert(iterator position, InputIterator first,
                                   InputIterator last);
  // ...
}
```

Mit diesem Konstruktor kann ein Vektor mit Elementen aus dem Bereich [*first*, *last*) eines anderen Containers initialisiert werden. Die Funktion *insert* fügt die Elemente aus dem Bereich [*first, last*) an der Position *position* ein.

Bei der Definition eines **Copy-Konstruktors** für ein Klassen-Template ist zu beachten, dass der Datentyp eines Template-Arguments aus dem Datentyp beim Aufruf abgeleitet wird. Deswegen wird der mit #1 gekennzeichnete Copy-Konstruktor nur dann aufgerufen, wenn sein Argument wie in #3 der Datentyp der Klasse ist. Mit einem anderen Datentyp, der in die Klasse konvertiert werden kann wie in #4, wird dieser nicht aufgerufen. Für Initialisierungen mit konvertierbaren Datentypen wird deshalb meist zusätzlich eine Element-Template Funktion wie #2 definiert. Diese wird dann bei einer Konversion wie in #4 aufgerufen:

```
template <typename T>
struct C {
  C(){ }
  C(const C& x){} // gleichwertig: C(const C<T>& x) // #1
  template <typename U> C(const C<U>& x) {}          // #2
};

void test()
{
C<double> d;
C<int> i;
C<double> d1(d);// ruft den Nicht-Template-CC auf  // #3
C<double> d2(i);// ruft den Template-CC auf        // #4
};
```

Im C++-Standard ist ausdrücklich festgelegt, dass eine Element-Template Funktion **nie** ein **Copy-Konstruktor** ist. Würde man #1 weglassen, dann würde in #3 der vom Compiler implizit erzeugt Copy-Konstruktor aufgerufen und nicht #2.

Entsprechend ist auch eine Element-Template Funktion **nie** ein **Zuweisungsoperator** für die Klasse.

Ein **Funktions-Template**, das **Element** eines Klassen-Templates ist und andere Template-Parameter als das Klassen-Template hat, kann **nicht virtuell** sein. Wenn das zulässig wäre, könnten virtuelle Funktionen nicht über eine *vtbl* aufgerufen werden, da für jeden Aufruf mit einem neuen Typ-Argument eine neue *vtbl* angelegt werden müsste. Elementfunktionen mit denselben oder weniger Template-Parametern wie das Klassen-Template können dagegen virtuell sein:

```
template <typename T> class C {
 public:
  template<typename U> virtual void f(U i); // Fehler:
// 'virtual' nur für Nicht-Template-Elementfunktionen
  virtual void g(T i); // das geht
};
```

Deshalb überschreibt auch ein Funktions-Template, das Element eines Klassen-Templates ist, nie eine virtuelle Funktion einer Basisklasse:

```
class C {
  virtual void f(int i) {}
};
```

```
class D: public C {
  void f(int i) // virtuell, überschreibt C::f
    {f<>(i);}; // Aufruf der Funktions-Templates
  template<typename T> void f(T i) {}; // nicht virtuell
};
```

Hier sieht man in D::f auch, wie man die Funktions-Templates aufrufen kann.

Ein *friend* einer Klasse oder eines Klassen-Templates kann ein Funktions- oder Klassen-Template sein, eine explizite oder partielle Spezialisierung oder eine gewöhnliche Funktion oder Klasse:

So ist z. B. eine gewöhnliche *friend*-Funktion eines Klassen-Templates ein *friend* einer jeden aus dem Template erzeugten Klasse:

```
template <typename T> class C {
  friend int f();
  friend T F(C<T> x);
  T c;
};

int f()
{
C<int> c;
C<double> d;
return c.c+d.c; // soll nur die Zugriffsrechte zeigen
};
```

9.2.7 Ableitungen von Templates Θ

Klassen-Templates und gewöhnliche Klassen können Basisklassen von Klassen-Templates und gewöhnliche Klassen sein.

– Aus einer gewöhnlichen Klasse kann man ein Klassen-Template ableiten. Mit so aus einem Nicht-Template abgeleiteten Klassen-Template kann man allen aus dem Template erzeugten Klassen gemeinsame Elemente zur Verfügung stellen.

Beispiel: Jede aus D1 erzeugte Klasse hat ein *int*-Element c1.

```
struct C1 {
  int c1;
};

template <typename T> struct D1: public C1 {
  T c2;
};
```

Die Boost-Bibliotheken verwenden die Klasse

```
class noncopyable { // from boost\noncopyable.hpp
  protected:
    noncopyable() {}
    ~noncopyable() {}
  private://emphasize the following members are private
    noncopyable( const noncopyable& );
    const noncopyable& operator=( const noncopyable& );
};
```

als *private* Basisklasse von gewöhnlichen Klassen und Klassen-Templates, wenn für Objekte solcher Klassen verhindert werden soll, dass sie kopiert werden können.

— Aus einem Klassen-Template kann man eine gewöhnliche Klasse ableiten:

```
template <typename T> struct C2 {
  T c2;
};

struct D2a:public C2<int> {
  int d2a;
};

template <typename T> struct D2b:public C2<T> {
  T d2b;
};
```

— Aus einem Klassen-Template kann man ein Klassen-Template ableiten:

```
template <typename T> struct D3a:public C2<T> {
  T d3a;
};

template <typename T, typename U>
struct D3b:public C2<U> {
  T d3b;
};
```

9.2.8 UML-Diagramme für parametrisierte Klassen Θ

In der UML werden die Template-Parameter eines Klassen-Templates in einem gestrichelten Rechteck in der rechten oberen Ecke des Klassendiagramms angegeben (wie im Diagramm der Klasse *MeinStackA* aus Abschnitt 9.2.3). Wenn die Parameterliste aus mehreren Parametern besteht, werden sie durch Kommas getrennt. Typ-Parameter bestehen nur aus einem Namen, während bei Nicht-Typ-Parametern auch der Datentyp angegeben wird.

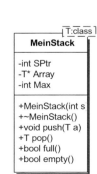

Aufgabe 9.2

1. Definieren Sie ein Klassen-Template *Array*, das im Wesentlichen wie ein gewöhnliches Array verwendet werden kann. Der Datentyp und die Anzahl der Elemente sollen als Template-Parameter übergeben werden:

```
Array<int, 100> a; // Ein Array a mit 100 int-Elementen
```

Der Zugriff auf ein Element soll wie bei einem gewöhnlichen Array mit dem Indexoperator möglich sein:

```
for (int i=0;i<100;i++) a[i]=i;
```

Im Gegensatz zu einem gewöhnlichen Array soll eine Exception (z.B. des Typs *std::range_error*) ausgelöst werden, wenn der Index nicht im Bereich der definierten Elemente liegt.

2. Bei einem Klassen-Template müssen die Datentypen der Template-Argumente immer explizit angegeben werden. Deshalb ist es etwas umständlich, mit dem Klassen-Template *pair* der Standardbibliothek ein Objekt zu definieren, das man z.B. in einem assoziativen Container *ac* ablegen will:

```
map<string,string> ac;
ac.insert(pair<string,string>("Daniel","13.11.79"));
```

Bei einem Funktions-Template werden die Datentypen der Template-Argumente dagegen aus den Datentypen der Funktionsargumente abgeleitet. Schreiben Sie ein Funktions-Template ***makePair***, das ein *pair* aus den Funktionsargumenten erzeugt und das wie *make_pair* aus der Standardbibliothek verwendet werden kann:

```
ac.insert(makePair("Daniel","13.11.79"));
```

3. Welche der Aufrufe unter a) bis f) sind mit diesen beiden Templates möglich?

```
template <typename T>
struct Punkt1 {
  T x,y;
  Punkt1(const T& a,const T& b):x(a),y(b) {}
  Punkt1(const Punkt1& p):x(p.x),y(p.y){ };
};

template <typename T>
struct Punkt2 {
  T x,y;
  Punkt2(const T& a,const T& b):x(a),y(b) {}
  template <typename U>
  Punkt2(const Punkt2<U>& p):x(p.x),y(p.y){ };
};
```

a) `Punkt1<int> p1a(1,2);`   d) `Punkt2<int> p2a(1,2);`
b) `Punkt1<int> p1b=p1a;`   e) `Punkt2<int> p2b=p2a;`
c) `Punkt1<double> p1c=p1a;`   f) `Punkt2<double> p3b=p2a;`

4. Schreiben Sie ein Klassen-Template *MyVerySimpleSmartPointer*, das einen Zeiger auf einen mit *new* angelegten Speicherbereich enthält und diesen Speicherbereich im Destruktor wieder freigibt. Auf diese Weise wird eine einfache Form von garbage collection erreicht: Für einen solchen Zeiger muss *delete* nicht aufgerufen werden und kann deshalb auch nicht vergessen werden.

   Der Zeiger soll im Konstruktor initialisiert werden und mit den Operatorfunktionen * und -> den internen Zeiger bzw. den dereferenzierten internen Zeiger zurückgeben. Um die bei der Zuweisung von Zeigern möglichen Probleme zu vermeiden, sollen Zuweisungen von *MyVerySimpleSmartPointer*–Objekten unterbunden werden.

   Für praktische Anwendungen sollten Sie aber besser die Klassen **scoped_ptr** und **shared_ptr** der Boost-Bibliothek als die Lösung dieser Aufgabe verwenden.

5. Die verschiedenen Rückgabetypen der Funktion *Average* von Abschnitt 9.2.5 kann man nicht nur mit einem Template wie *float_trait* erreichen, sondern auch mit überladenen Funktions-Templates. Implementieren Sie beide Varianten. Welche ist Ihrer Meinung nach einfacher?

6. Schreiben Sie ein Klassen-Template *NurIntDouble*, das nur mit Template-Argumenten der Datentypen *int* und *double* erzeugt werden kann. Für alle anderen Argumenttypen soll der Compiler eine Fehlermeldung erzeugen.

7. Der Aufruf der **Binärmodus**-Funktionen *read* und *write* der Stream-Klassen *ifstream*, *ofstream* und *fstream* ist ein wenig umständlich, da man die Daten nach *char** konvertieren und die Anzahl der Bytes angeben muss:

```
f.write((char*)&x,sizeof(x));
f.read((char*)&x,sizeof(x));
```

Definieren Sie Klassen-Templates *binary_ifstream binary_ofstream* und *binary_fstream*, die wie in *test_binary_stream* verwendet werden können:

```
void test_binary_stream()
{
binary_ofstream<int> fout("c:\\test\\bin1");
if (fout)
  {
    for (int i=0; i<10; i++)
      if (!fout.write_bin(i))
        ShowMessage("Fehler write fout");
    fout.close();
```

```
  }
else
  ShowMessage("Fehler open bin1");
}
```

Die Elementfunktionen *read_bin* und *write_bin* sollen eine Variable vom Typ des Template-Parameters im Binärmodus lesen bzw. schreiben. Außer diesen Funktionen sollen auch alle Funktionen der entsprechenden Stream-Klassen *ifstream*, *ofstream* und *fstream* verfügbar sein. Die Konstruktoren sollen eine Datei immer im Binärmodus öffnen.

9.3 Funktionsobjekte in der STL

Die Containerklassen und Algorithmen der STL erreichen ihre Vielseitigkeit einerseits dadurch, dass sie als Klassen- und Funktions-Templates implementiert sind und so mit fast beliebigen Datentypen verwendet werden können. Mit Funktionsobjekten lassen sie sich an weitere Aufgabenstellungen anpassen.

Funktionsobjekte sehen auf den ersten Blick etwas seltsam und kompliziert aus. Wir werden aber bald sehen, dass viele vordefinierte Funktionsobjekte der STL sehr einfach mit den STL-Algorithmen verwendet werden können, und dass sie die STL noch vielseitiger und leistungsfähiger machen.

9.3.1 Der Aufrufoperator ()

Wenn man für eine Klasse den **Aufrufoperator** definiert, kann man ein Objekt dieser Klasse wie eine Funktion verwenden. Mit dieser Formulierung ist aber nicht gemeint, dass „das Objekt aufgerufen" wird. Ein Aufrufoperator ermöglicht lediglich die Verwendung derselben Syntax wie bei einem Funktionsaufruf. Dabei wird dann die für den Aufrufoperator definierte Operatorfunktion aufgerufen.

Der Aufrufoperator muss eine nicht statische Elementfunktion sein. Bei seiner Definition steht ein erstes Klammerpaar ohne Parameter für den Aufrufoperator. Im zweiten Klammerpaar wird die Parameterliste angegeben. Ein Objekt einer Klasse, für die der Aufrufoperator definiert ist, bezeichnet man auch als **Funktionsobjekt**.

Beispiel: Die Klasse C hat zwei überladene Aufrufoperatoren mit einem und mit zwei Parametern:

```
class C {
  public:
    int operator()(int x){};
    double operator()(int x, double y){};
};
```

Deshalb ist ein Objekt der Klasse C ein Funktionsobjekt, das man mit einem oder zwei Argumenten „aufrufen" kann:

```
C c;
int x1;
double y1;
int y=c(x1);
double z=c(x1,y1);
```

Wenn in einem Funktions-Template ein Funktionsparameter aufgerufen wird, dessen Datentyp ein Template-Parameter ist, kann man das Funktions-Template sowohl **mit einer Funktion** als auch **mit einem Funktionsobjekt** aufrufen. So hat z.B. das Funktions-Template *for_each* den Template-Parameter ***Function***. In *for_each* wird der Funktionsparameter f des Datentyps *Function* aufgerufen:

```
template <class InputIterator, class Function>
Function for_each (InputIterator first,
                                 InputIterator last, Function f)
{
    while (first != last) f(*first++);
    return f;
}
```

Dieses Funktions-Template kann man mit der Funktion *print* als Argument für den Parameter f aufrufen, da *print* ebenso einen Parameter hat wie f in *for_each*:

```
void print(const double& v)
{
Form1->Memo1->Lines->Add(FloatToStr(v));
}

vector<double> v;
for_each(v.begin(), v.end(), print);
```

Man kann für f aber auch ein Funktionsobjekt übergeben. In der Funktion *test* unten wird die Klasse *Print* verwendet:

```
class Print{
  int n;
 public:
  Print():n(0) {}
  void operator()(const double& v)
  {
   Form1->Memo1->Lines->Add(FloatToStr(v));
   n++;
  }
  int Count() { return n; }
};
```

Bei Aufruf von *for_each* wird ein temporäres Objekt *Print()* übergeben, das mit dem Standardkonstruktor erzeugt wird:

```
void test(vector<double> v)
{
Print p=for_each(v.begin(),v.end(),Print());
Form1->Memo1->Lines->Add("Anzahl ausgegebene Werte: "+
IntToStr(p.Count()));
};
```

Das Argument für den Werteparameter f initialisiert die lokale Variable f in *for_each*. Diese lokale Variable hat den Datentyp *Print* und existiert während der gesamten Ausführung von *for_each*. Jeder Aufruf von f ruft die Funktion *operator()* dieser lokalen Variablen auf und erhöht den Wert des Datenelements n. Nach dem Ende der Schleife wird eine Kopie der lokalen Variablen als Funktionswert von *for_each* zurückgegeben. Diese initialisiert die Variable p in *test*, so dass *p.Count()* die Anzahl der von *for_each* ausgegebenen Werte ist.

Da alle Algorithmen der STL immer **Werteparameter** verwenden, wenn Funktionsobjekte als Argumente möglich sind, kann man beim Aufruf eines STL-Algorithmus immer solche temporären Objekte wie *Print()* übergeben. Deswegen muss man nach dem Namen eines Funktionsobjekts auch immer ein Klammerpaar () angeben, was leicht vergessen wird.

Die Funktion *print* und ein Funktionsobjekt des Typs *Print* zeigen den wesentlichen Unterschied zwischen Funktionen und Funktionsobjekten:

- Da die nicht statischen lokalen Variablen einer Funktion bei jedem Aufruf neu angelegt werden, kann eine Funktion zwischen zwei verschiedenen Aufrufen keine Daten in solchen Variablen speichern. Will man in einer Funktion Variablen verwenden, die zwischen den verschiedenen Aufrufen existieren, müssen das globale oder statische lokale Variablen sein. Deshalb ruft man ein Funktions-Template wie *for_each* meist nur mit solchen Funktionen auf, die als Daten nur Parameter verwenden.
- Wenn dagegen zwischen verschiedenen Aufrufen Daten erhalten bleiben sollen, verwendet man meist ein Funktionsobjekt. In einem Objekt der Klasse *Print* wird so die Anzahl n zwischen verschiedenen Aufrufen gespeichert.

Wie in *for_each* deutet der Name des Template-Parameters in den STL-Algorithmen meist auf Anforderungen an die Argumente hin. Hier bedeutet *Function*, dass das Argument eine Funktion oder ein Funktionsobjekt sein muss.

Beachten Sie bitte den kleinen Unterschied bei der Übergabe von Funktionsobjekten und von Funktionen: Funktionsobjekte werden oft als temporäre Objekte übergeben, die mit ihrem Standardkonstruktor erzeugt werden. Dann muss nach dem Namen der Klasse ein Paar von Klammern angegeben werden.

Beispiel: Im den Beispielen oben wird die Funktion *print* ohne Klammern übergeben, während das Funktionsobjekt ein temporäres Objekt *Print()* (mit Klammern) ist. Diese syntaktischen Feinheiten werden leicht übersehen und können dann die Ursache von Fehlermeldungen sein, die nicht immer auf die Ursache des Problems hinweisen.

Die Algorithmen der STL sind nicht langsamer als selbst geschriebene Schleifen. Übergibt man für *Function* eine *inline*-Funktion oder ein *inline*-Funktionsobjekt, können die Aufrufe der Funktion inline expandiert werden und schneller sein als gewöhnliche Funktionsaufrufe über einen Funktionszeiger (siehe Abschnitt 9.1.3).

Beispiel: Die nächste Tabelle enthält die Laufzeiten der Anweisungen unter a) bis d) nach den folgenden Definitionen:

```
const int max=100000;
TSum a[max]; // TSum: z.B. int oder double
for (int i=0; i<max; i++) a[i]=i;
vector<TSum> v(a,a+max);
```

a) *sum* ist eine Funktion, die die Werte des Arrays in eine globale Variable summiert:

```
for_each(v.begin(),v.end(), sum);
```

b) Anstelle der Funktion *sum* wird ein Funktionsobjekt *SumClass* verwendet, bei dem im Aufrufoperator dieselben Anweisungen ausgeführt werden:

```
r=for_each(v.begin(),v.end(), SumClass());
```

c) Eine *for*-Schleife, bei der bei jeder Wiederholung die Funktion *end* aufgerufen wird, ist langsamer:

```
for (vector<TSum>::iterator i=v.begin();
                                i!=v.end(); ++i)
    Summe+=(*i); // c)
```

d) Ersetzt man den Aufruf von *end* durch eine Variable, erhält man dieselben Laufzeiten wie in a) oder b).

```
vector<TSum>::iterator b=v.begin(), e=v.end();
for (vector<TSum>::iterator i=b; i!=e; ++i)
    Summe+=(*i);
```

C++Builder 2007, Release	a)	b)	c)	d)
	0.0030	0.0030	0.0060	0.0030

9.3.2 Prädikate und arithmetische Funktionsobjekte

Funktionsobjekte oder Funktionen, bei denen der Datentyp des Aufrufoperators bzw. des Rückgabewertes *bool* ist, werden auch als **Prädikate** bezeichnet. In den STL-Algorithmen haben Template-Parameter für Prädikate oft den Namen ***Predicate***:

```
template <class InputIterator, class Predicate>
InputIterator find_if(InputIterator first,
                      InputIterator last, Predicate pred)
{
while (first != last && !pred(*first)) ++first;
    return first;
}
```

In *find_if* steht **Predicate** für ein Prädikat mit einem Parameter. Der Funktionswert von *find_if* ist dann der erste Iterator im Bereich [*first, last*), für den das Prädikat *pred* erfüllt ist, bzw. *last*, falls kein Element in diesem Bereich diese Bedingung erfüllt.

Andere Algorithmen wie z.B. *adjacent_find* haben Prädikate mit zwei Parametern. Der Template-Parameter hat dann meist den Namen **BinaryPredicate**:

```
template <class ForwardIterator, class BinaryPredicate>
ForwardIterator adjacent_find (ForwardIterator first,
  ForwardIterator last, BinaryPredicate binary_pred)
{
  if (first == last) return last;
  ForwardIterator next = first;
  while (++next != last)
  {
    if (binary_pred(*first, *next)) return first;
    first = next;
  }
  return last;
}
```

Dieser Algorithmus liefert als Funktionswert den ersten Iterator zurück, für den das binäre Prädikat *binary_pred* für zwei aufeinander folgende Elemente des Bereichs [*first, last*) erfüllt ist. Falls keine solchen Werte gefunden werden, ist der Funktionswert das Argument für *last*.

In der Standardbibliothek sind **unary_function** und **binary_function** Basisklassen für zahlreiche Templates:

```
template <class Arg, class Result> // in <functional>
struct unary_function {
  typedef Arg argument_type;
  typedef Result result_type;
};

template <class Arg1, class Arg2, class Result>
struct binary_function {
    typedef Arg1 first_argument_type;
    typedef Arg2 second_argument_type;
    typedef Result result_type;
};
```

Von diesen Basisklassen sind z.B. die folgenden Prädikate abgeleitet:

```
template <class T>
struct greater : binary_function<T, T, bool>
{
bool operator()(const T& x, const T& y) const
{ return x > y; }
};
```

Für die elementaren Vergleichsoperatoren sind nach

```
#include <functional>
```

ähnliche Prädikate definiert, die sich nur im Rückgabewert unterscheiden:

Name des Prädikats	Basisklasse	Rückgabewert
greater	*binary_function*	x>y
less	*binary_function*	x<y
greater_equal	*binary_function*	x>=y
less_equal	*binary_function*	x<=y
equal_to	*binary_function*	x= =y
not_equal	*binary_function*	x!=y
logical_and	*binary_function*	x&&y
logical_or	*binary_function*	x||y
logical_not	*unary_function*	!x

Beispiel: Für das Prädikat

```
greater<int> g;
```

hat der Ausdruck

```
g(2,3) // bool
```

denselben Wert wie

```
(2>3)
```

Mit einem solchen Prädikat kann dann ein Algorithmus aufgerufen werden, der ein binäres Prädikat erwartet:

```
typedef vector<int> Container;
typedef Container::iterator Iterator;
Container v;
Iterator p;
p=adjacent_find(v.begin(),v.end(),g);
p=adjacent_find(v.begin(),v.end(),greater<int>());
```

Mit den Prädikaten *greater* bzw. g wird dem Algorithmus der Operator „>" zum Vergleich von zwei aufeinander folgenden Elementen übergeben. Deshalb zeigt p nach dem Aufruf auf das erste Element in v, das größer ist als das nächste.

Einige Algorithmen haben Template-Parameter mit dem Namen **Compare**:

template<class RandomAccessIterator, class Compare>
*void **sort**(RandomAccessIterator first, RandomAccessIterator last,*

Compare comp);

Für solche Parameter kann eine Funktion oder ein Funktionsobjekt mit zwei Parametern und einem Rückgabetyp eingesetzt werden, der in den Datentyp *bool* konvertiert werden kann. Das kann auch ein binäres Prädikat sein.

Beispiel: Gibt man bei *sort* für *comp* das Prädikat *greater* an, wird der Container absteigend sortiert:

```
string s2="1523467";
sort(s2.begin(), s2.end(),greater<char>());
// s2="7654321"
```

Das Argument für den Parameter *comp* muss die folgenden Anforderungen erfüllen, die im C++-Standard als „**strict weak ordering**" („strenge schwache Ordnung") bezeichnet werden:

a) comp(x,x) == *false* für alle x (d.h. *comp* ist irreflexiv).
b) aus *comp(a,b)* und *comp(b,c)* folgt *comp(a,c)* (d.h. *comp* ist transitiv).
c) Definiert man *equiv(a,b)* durch *!(comp(a,b) && !comp(b,a)*, muss *equiv* transitiv sein, d.h. aus *equiv(a,b)* und *equiv(b,c)* folgt *equiv(a,c)*

Falls diese Voraussetzungen nicht erfüllt sind, kann das Ergebnis von *sort* eine falsche Sortierfolge sein.

Beispiel: Wegen a) wird durch die Operatoren <= oder >= bzw. die Prädikate *greater_equal* oder *less_equal* keine strenge schwache Ordnung definiert. Deshalb ist die Anordnung der Elemente nach dem Aufruf von *sort* standardkonform:

```
string s3="1523467";
sort(s3.begin(), s3.end(),greater_equal<char>());
// s2="7654321"
```

Die Operatoren < oder > bzw. die Prädikate *greater* oder *less* erfüllen dagegen die Anforderungen an eine strenge schwache Ordnung. Die Voraussetzung c) sieht schlimmer aus als sie ist. Sie entspricht bei den arithmetischen Datentypen Gleichheit:

equiv(a,b)=(!(a<b)) && (!(b<a)) = (a>=b) && (b>=a) = a==b

Falls man Strings des Datentyps *char** mit der Funktion *strcmp* sortieren will, ist das mit dem Prädikat *comp* möglich:

```
bool comp(const char* s1, const char* s2)
{
return strcmp(s1,s2)<0;
}
```

Ersetzt man hier < durch <=, ist *comp* keine strenge schwache Ordnung.

Die assoziativen Container, die ihre Elemente in einer sortierten Reihenfolge verwalten (*set*, *multiset*, *map*, *multimap*, *priority_queue*), haben Konstruktoren mit Template-Parametern mit dem Namen *Compare*. Diese Parameter haben das Prädikat *less<key>* als Default-Argument, wobei *key* der Datentyp des Schlüsselwerts ist:

> **multimap***(const Compare& comp = Compare(),*
> *const Allocator& = Allocator());*

Beispiel: Gibt man bei der Definition eines Containers für *comp* das Prädikat *greater* an, werden die Elemente im Container absteigend sortiert:

```
set<int, greater<int> > s;
multiset<int, greater<int> > ms;
map<int, string, greater<int> > m;
multimap<int, AnsiString, greater<int> > mm;
priority_queue<int,deque<int>,greater<int> > pq;
```

Der Algorithmus ***transform*** hat einen Template-Parameter *binary_op* für binäre Operatoren:

```
template <class InputIterator1, class InputIterator2,
  class OutputIterator, class BinaryOperation>
OutputIterator transform (InputIterator1 first1,
  InputIterator1 last1, InputIterator2 first2,
  OutputIterator result, BinaryOperation binary_op)
{
  while (first1!=last1)
    *result++ = binary_op(*first1++, *first2++);
  return result;
}
```

Für die binäre Operation kann man z.B. ein arithmetisches Funktionsobjekt einsetzen:

Name des arithmetischen Funktionsobjekts	Basisklasse	Rückgabewert
plus	*binary_function*	x+y
minus	*binary_function*	x−y
multiplies	*binary_function*	x*y
divides	*binary_function*	x/y
modulus	*binary_function*	x%y
negate	*unary_function*	−x

Die Klassen-Templates in dieser Tabelle unterscheiden sich von dem für *plus* im Wesentlichen nur durch den Rückgabewert:

```
template <class T>
struct plus : public binary_function<T, T, T>
{
 T operator() (const T& x, const T& y) const {return x+y;}
};
```

Beispiel: Mit dem Funktionsobjekt p

```
        plus<double> p;
        double d=p(2,3);
```

erhält d den Wert 5. Es kann wie *plus<double>* im Funktions-Template *transform* verwendet werden. Dadurch erhält jedes Element im Container v3 die Summe der entsprechenden Werte von v1 und v2:

```
        transform(v1.begin(), v1.end(), v2.begin(),
                                      v3.begin(), p);
        transform(v1.begin(), v1.end(), v2.begin(),
                              v3.begin(), plus<double>());
```

9.3.3   Binder, Funktionsadapter und C++0x-Erweiterungen

Vorbemerkung: In diesem Abschnitt werden zuerst die etwas umständlichen Sprachelemente des C++98-Standards vorgestellt. Lassen Sie sich davon bitte nicht abschrecken. Später wird alles wieder einfacher.

Die an einen STL-Algorithmus übergebenen Funktionen bzw. Funktionsobjekte müssen immer mit derselben Anzahl von Argumenten aufgerufen werden können, mit der sie im Algorithmus aufgerufen werden.

Beispiel: Der Algorithmus *find_if* erwartet für *pred* eine Funktion oder ein Funktionsobjekt, das mit genau einem Argument aufgerufen werden kann:

```
        template <class InputIterator, class Predicate>
        InputIterator find_if(InputIterator first,
                        InputIterator last, Predicate pred)
        {
        while (first != last && !pred(*first)) ++first;
            return first;
        }
```

Diese Anforderung schränkt die Anwendbarkeit der Algorithmen auf den ersten Blick ein, da man *find_if* keine Funktion mit einer anderen Anzahl von Argumenten übergeben kann.

Beispiel: Wenn man mit *find_if* in einem Container nach dem ersten Element suchen will, das größer als ein bestimmter Wert ist, kann man für *pred*

keine Funktion mit zwei Parametern übergeben, die als zweiten
Parameter das Vergleichselement hat:

```
bool Groesser(int x, int y) { return x>y; };
```

Solche Einschränkungen kann man mit einem Funktionsobjekt umgehen, das einen
der beiden Parameter als Datenelement enthält und im Aufrufoperator das
Argument mit diesem Wert vergleicht.

Beispiel: Das Funktionsobjekt *Groesser* initialisiert das Datenelement *value* im
           Konstruktor mit dem Konstruktorargument:

```
class Groesser{
  int value;
 public:
  Groesser(int y):value(y) {};
  bool operator()(int x) { return x>value; };
};
```

Der Aufrufoperator vergleicht dann das Argument mit diesem Datenelement. Da der Aufrufoperator mit einem Argument aufgerufen werden
kann, kann man ein Funktionsobjekt der Klasse *Groesser* an *find_if*
übergeben und so das erste Element suchen, das größer ist als der beim
Anlegen des Objekts gesetzte Vergleichswert:

```
find_if(v.begin(),v.end(), Groesser(5));
```

Ein solches Funktionsobjekt wird auch als **Binder** bezeichnet, da es einen der
beiden Parameter als Datenelement bindet. Der C++98-Standard stellt dazu die
vordefinierten Binder ***binder1st***, ***bind1st***, ***bind2nd*** zur Verfügung, die das erste
(*bind1st*) bzw. zweite Argument (*bind2nd*) beim Aufruf von f in das Funktionsobjekt eingebunden wird. Für eine Funktion oder ein Funktionsobjekt f mit zwei
Parametern ist dann

```
bind1st(f,x)
```

ein Funktionsobjekt, das mit einem Argument aufgerufen werden kann. Der Aufruf
von

```
bind1st(f,x)(y)
```

hat dann denselben Wert wie

```
f(x,y)
```

oder

```
bind2nd(f,y)(x)
```

Beispiel: Mit den folgenden Anweisungen kann man in einem Container v nach
           der Position p des ersten Elements suchen, das größer als der Wert x ist:

```
Iterator p=find_if(v.begin(),v.end(),
        bind2nd(greater<double>(),x)); // element > x
```

Offensichtlich ist die Verwendung dieser Binder recht umständlich und tendenziell kryptisch. Inzwischen hat man bessere Alternativen gefunden, die unter dem Namen *bind* (mehrere Funktions-Templates) in die nächste Version des C++-Standards aufgenommen werden sollen und die auch in der Boost-Bibliothek nach

```
#include <boost/bind.hpp>
```

im Namensbereich *boost* bzw. *tr1* zur Verfügung stehen. Die Funktionsobjekte *bind1st* und *bind2nd* sollten nicht mehr verwendet werden.

bind erzeugt aus beliebigen Funktionen, Funktionszeigern, Funktionsobjekten und Zeigern auf Elementfunktionen ein Funktionsobjekt.

Beispiel: Mit den Funktionen

```
int f(int a, int b)       int g(int a, int b, int c)
{                         {
return a + b;             return a + b + c;
}                         }
```

ist *bind(f,1,2)* ein Funktionsobjekt ohne Parameter, das f(1,2) zurückgibt, und *bind(g,1,2,3)* ein Funktionsobjekt ohne Parameter, das g(1,2,3) zurückgibt:

```
int x=bind(f,1,2)(); // gleichwertig zu x=f(1,2)
int y=bind(g,1,2,3)();//gleichwertig zu y=g(1,2,3)
```

Platzhalter (Placeholder) sind Datentypen mit den Namen _1, _2 usw. (in der Boost-Bibliothek bis zu maximal _9), die man *bind* übergeben kann. Jeder solche Platzhalter steht dann ein für einen Parameter, den man dem *bind*-Funktionsobjekt übergeben kann. Das erste Parameter des *bind*-Funktionsobjekts wird dann an der Position des Platzhalters _1, der zweite an der Position des Platzhalters _2 usw. übergeben.

Beispiel: Mit den Funktionen des letzten Beispiels sind die nächsten beiden Ausdrücke Funktionsobjekte, die man mit einem bzw. zwei Argumenten aufrufen kann:

```
bind(f,_1,2)    //ein Parameter, da ein Platzhalter
bind(g,_2,2,_1)//zwei Parameter, da zwei Platzhalter
```

Die beim Aufruf des Funktionsobjekts angegebenen Argumente werden dann der Reihe nach den Platzhaltern zugeordnet: Das erste Argument dem Platzhalter _1, das zweite dem Platzhalter _2 usw.

Beispiel: Mit den Funktionsobjekten des letzten Beispiels entsprechen diese beiden Ausdrücke den als Kommentar angegebenen Funktionsaufrufen:

```
int x=7, y=8;
bind(f,_1,2)(x);        // f(x,2)
bind(g,_2,2,_1)(x,y); // g(y,2,x);
```

Mit *bind* und Platzhaltern kann man Funktionen usw. an Algorithmen übergeben, die eine andere Anzahl von Parametern haben als die im Algorithmus aufgerufenen. Dazu übergibt man dem *bind*-Ausdruck so viele Platzhalter, wie die im Algorithmus aufgerufene Funktion Argumente braucht.

Beispiel: Mit den Definitionen

```
bool Groesser(int x, int y)
{
return x>y;
}

int a[5]={1,2,3,4,5};
vector<int> v(a,a+5);
int x=1;
```

gibt der nächste Aufruf von *find_if* die Position des ersten Elements in v zurück, das größer als der Wert von x ist:

```
vector<int>::iterator p=find_if(v.begin(),v.end(),
                        bind(Groesser,_1,x));
```

Dieser Ausdruck ist offensichtlich deutlich einfacher als der Ausdruck mit *bind1st* am Anfang dieses Abschnitts.

In den bisherigen Beispielen wurden nur globale Funktionen und Funktionsobjekte an Algorithmen übergeben. Als nächstes wird gezeigt, wie man Elementfunktionen aufrufen kann. In den Beispielen dazu werden die folgenden Klassen verwendet:

```
string result;

struct C {                        struct D:public C {
  virtual void f0()                 void f0()
  { result+=" C::f0 "; }            { result+=" D::f0 "; }
  virtual void f1(string s)         void f1(string s)
  { result+=" C::f1 "+s; }          { result+=" D::f1 "+s; }
  virtual void f1r(string& s)       void f1r(string& s)
  { result+=" C::f1r "+s; }         { result+=" D::f1r "+s; }
  virtual void f1cr(                void f1cr(const string& s)
          const string& s)
  { result+=" C::f1cr "+s; }        { result+=" D::f1cr "+s; }
};                                };
```

Die Elementfunktionen dieser Klassen schreiben ihre Ergebnisse in die globale Variable *result*. Eine solche Verwendung von globalen Variablen ist ganz bestimmt nicht schön und wird auch nicht zur Nachahmung empfohlen. Sie wurde hier nur gewählt, um die Beispiele kurz und knapp zu halten.

In einem Container v werden dann Objekte und in den Containern *vp* und *vs* Zeiger bzw. *shared_ptr* auf Objekte dieser Klassen abgelegt:

```
vector<C> v;
v.push_back(C());  v.push_back(D());  v.push_back(C());

vector<C*> vp;
vp.push_back(new C); vp.push_back(new D);
vp.push_back(new C);

vector<shared_ptr<C> > vs;
shared_ptr<C> s1(new C);
vs.push_back(shared_ptr<C>(new C));
vs.push_back(shared_ptr<D>(new D));
vs.push_back(shared_ptr<C>(new C));
```

Für den **Aufruf von Elementfunktionen** stellt der C++98-Standard die Funktionsadapter ***mem_fun*** und ***mem_fun_ref*** zur Verfügung. Die Elementfunktion f einer Klasse C kann man mit *mem_fun_ref(&C::f)* über ein Objekt und mit *mem_fun(&C::f)* über einen Zeiger auf ein Objekt der Klasse C aufrufen.

Beispiel: Da *v* Objekte enthält, muss man *mem_fun_ref* verwenden:

```
for_each(v.begin(), v.end(), mem_fun_ref(&C::f0));
// result="C::f0  C::f0  C::f0"
```

Da *vp* Zeiger enthält, muss man *mem_fun* verwenden:

```
for_each(vp.begin(), vp.end(), mem_fun(&C::f0));
// result="C::f0  D::f0  C::f0"
```

Der Aufruf der Elementfunktionen über *shared_ptr* wie in *vs* ist mit keiner dieser Funktionen möglich.

Der hier nach jedem Aufruf angegebene String *result* zeigt, dass beim Aufruf über einen Zeiger auch jeweils die zum dynamischen Datentyp gehörende virtuelle Funktion aufgerufen wird.

Auch zu *mem_fun* und *mem_fun_ref* wurden inzwischen eine bessere Alternative gefunden, die unter dem Namen ***mem_fn*** in die nächste Version des C++-Standards aufgenommen werden soll und die auch in der Boost-Bibliothek nach

```
#include <boost/bind.hpp>
```

im Namensbereich *boost* bzw. *tr1* zur Verfügung stehen. Damit ist ein Aufruf in einer einheitlichen Schreibweise für alle drei Varianten möglich:

Beispiel: Mit *mem_fn* können die Elementfunktionen der Objekte in *v*, *vp* und *vs* auf dieselbe Weise aufgerufen werden:

```
for_each(v.begin(),   v.end(),   mem_fn(&C::f0) );
for_each(vp.begin(),  vp.end(),  mem_fn(&C::f0) );
for_each(vs.begin(),  vs.end(),  mem_fn(&C::f0) );
```

Hier erhält man für *result* dasselbe Ergebnis wie im letzten Beispiel. Beim Aufruf über *vs* werden dieselben Funktionen wie über *vp* aufgerufen.

Mit *bind* kann man Argumente für den Aufruf der Elementfunktionen übergeben. Da

> *bind<R>(mem_fn(&C:f), args) // hier ist* R der Rückgabetyp von C:f

aber gleichwertig ist zu

> *bind(&C:f, args)*

ist *mem_fn* oft nicht einmal notwendig und kann durch *bind* ersetzt werden. Dabei ist es nur ein wenig umständlicher, dass man einen Platzhalter übergeben muss.

Beispiel: Die Aufrufe im letzten Beispiel sind gleichwertig zu den folgenden:

```
for_each(v.begin(),   v.end(),   bind(&C::f0,_1) );
for_each(vp.begin(),  vp.end(),  bind(&C::f0,_1) );
for_each(vs.begin(),  vs.end(),  bind(&C::f0,_1) );
```

Parameter kann man an die Elementfunktionen über Platzhalter übergeben.

Beispiel: Die Elementfunktion f1 (mit einem Parameter) kann folgendermaßen aufgerufen werden:

```
for_each(v.begin(),   v.end(),   bind(&C::f1,_1,"A"));
for_each(vp.begin(),vp.end(),bind(&C::f1,_1,"A"));
for_each(vs.begin(),vs.end(),bind(&C::f1,_1,"A"));
```

Referenzparameter müssen mit *ref* und konstante Referenzparameter mit *cref* übergeben werden.

Beispiel: Die Klasse C hat eine Elementfunktion *f1r* mit einem Referenzparameter und eine Elementfunktion *f1cr* mit einem konstanten Referenzparameter. Diese können folgendermaßen aufgerufen werden (mit *vp* und *vs* genauso):

```
for_each(v.begin(), v.end(), bind(&C::f1r,_1,
                                    ref(par)) );
for_each(v.begin(), v.end(), bind(&C::f1cr,_1,
                                    cref(" A ")) );
```

Offensichtlich sind also *bind* und *mem_fn* weitreichende Erweiterungen, die eine einfache und einheitliche Möglichkeit für den Aufruf von Elementfunktionen bieten.

Aufgabe 9.3

1. Die Windows-API-Funktion

   > *int **lstrcmp**(LPCTSTR lpString1, // address of first null-terminated string*
   > *LPCTSTR lpString2); // address of second null-terminated string*

   vergleicht die beiden als Argument übergebenen nullterminierten Strings gemäß dem Zeichensatz, der sich aus den Ländereinstellungen in der Systemsteuerung von Windows ergibt. Bei der Ländereinstellung Deutsch werden so auch Umlaute berücksichtigt. Der Funktionswert von *lstrcmp* ist kleiner als Null, falls das erste Argument vor dem zweiten kommt, gleich Null, falls beide gleich sind, und andernfalls größer als Null.

   a) Definieren Sie mit *lstrcmp* eine Funktion, die bei *sort* für *Compare* eingesetzt werden kann, um zwei Strings des Datentyps *string* zu vergleichen.
   b) Verwenden Sie die Funktion von a) zum Sortieren eines *vector* v1 mit Elementen des Datentyps *string*. Damit der Unterschied zu c) deutlich wird, sollen diese Strings auch Umlaute enthalten.
   c) Sortieren Sie einen Vektor v2 mit denselben Elementen wie v1 mit der Funktion *sort*, wobei für *Compare* kein Argument übergeben wird.

2. Schreiben Sie zwei Funktions-Templates mit dem Namen *is_sorted*, die genau dann den Funktionswert *true* zurückgeben, wenn die Elemente im Bereich [*first,last*) aufsteigend sortiert sind. Verwenden Sie dazu den STL-Algorithmus *adjacent_find*.

   a) Eine erste Variante soll den Operator „<" verwenden.
   b) Eine zweite Variante soll einen weiteren Parameter *compare* haben, der die Reihenfolge der Elemente prüft.
   c) Testen Sie diese Funktionen mit einigen Arrays und STL-Containern.
   d) Verwenden Sie diese Funktionen, um die Sortierfolge in Aufgabe 1. zu prüfen.

3. Definieren Sie eine Klassenhierarchie, in der eine virtuelle Funktion f einer Basisklasse C in einer abgeleiteten Klasse D und in einer von D abgeleiteten Klasse E überschrieben wird. Die Funktion f soll keine Parameter haben.

   a) Ein Container v soll Zeiger auf Objekte dieser Klassenhierarchie enthalten. Überzeugen Sie sich davon, dass mit

   ```
   for_each(v.begin(),v.end(),mem_fun(&C::f));
   ```

   die virtuelle Funktion f für jedes Element aus dem Container aufgerufen wird. Geben Sie dazu in jeder Funktion den Namen der Klasse aus, zu der sie gehört.

b) Erweitern Sie diese Klassenhierarchie um eine virtuelle Funktion g mit einem Parameter des Datentyps *int* und rufen Sie g mit *for_each* auf.

c) Ein Container soll Objekte dieser Klassenhierarchie enthalten. Rufen Sie die virtuelle Funktion f mit *for_each* und *mem_fun_ref* für jedes Element des Containers auf.

9.4 Iteratoren und die STL-Algorithmen

Neben Templates und Funktionsobjekten sind Iteratoren das dritte Grundkonzept, auf dem die STL beruht. Ein Iterator ist eine Variable bzw. ein Datentyp, der auf ein Element eines Containers zeigt. Für Iteratoren sind bestimmte Operationen definiert, die es ermöglichen, die Elemente eines Containers zu durchlaufen. So bewirkt z.B. der Operator ++, der für jeden Iterator definiert, dass der Iterator anschließend auf das nächste Element des Containers zeigt. Mit den ebenfalls in allen Iteratoren definierten Operatoren * und -> kann man das Element ansprechen, auf das er zeigt.

Alle STL Containerklassen haben Iteratoren. Das sind Klassen, die in den Containerklassen definiert sind und die in jeder Containerklasse den Namen *iterator* haben. Deshalb können sie in beliebigen Containerklasse verwendet werden wie in

```
typedef vector<int> Container;
typedef Container::iterator Iterator;
```

Da die verschiedenen Container (z.B. *list*, *vector* oder *set*) intern völlig unterschiedlich implementiert sind, ist auch der Operator ++ in jeder Containerklasse unterschiedlich implementiert. Da jeder Operator aber in allen Containern dieselbe Bedeutung hat, kann man alle Container mit derselben Syntax durchlaufen, ohne dass man sich um die Details der Implementierung kümmern muss.

Damit eine Klasse ein Iterator ist, müssen lediglich die entsprechenden Operatoren definiert sein. Deshalb sind alle Klassen Iteratoren, die diese Operatoren haben. Da die STL-Algorithmen nur diese Operatoren verwenden, können alle Algorithmen mit allen Containern arbeiten, die die jeweils notwendigen Iteratoren haben.

Mit dieser eigentlich sehr einfachen, aber doch auch recht abstrakten Technik wird die Vielseitigkeit der STL erreicht. Sie beruht insbesondere nicht auf einem objektorientierten Ansatz, bei dem alle Containerklassen von einer gemeinsamen Basisklasse abgeleitet sind.

Da ein Iterator nur einen Teil der Operatoren eines Zeigers hat, werden Iteratoren auch als verallgemeinerte Zeiger bezeichnet. Deshalb können viele STL-

Algorithmen auch mit konventionellen Arrays aufgerufen werden. Der Begriff „verallgemeinerter Zeiger" sollte aber nicht zu philosophischen Grübeleien über verallgemeinerte Zeiger „an sich" verleiten. Viele Leute haben schon genügend Schwierigkeiten, mit gewöhnlichen Zeigern richtig umzugehen.

9.4.1 Die verschiedenen Arten von Iteratoren

Verschiedene Algorithmen benötigen Iteratoren, für die unterschiedliche Operationen zulässig sind. So müssen z.B. für die Iteratoren *first* und *last* in

```
template <class InputIterator, class Function>
Function for_each (InputIterator first,
InputIterator last, Function f)
{
  while (first != last) f(*first++);
  return f;
}
```

die Operatoren ++ und != definiert sein. In *replace* muss außerdem eine Zuweisung an das Element *first* möglich sein:

```
template <class ForwardIterator, class T>
void replace(ForwardIterator first, ForwardIterator last,
const T& old_value, const T& new_value) {
while (first != last)
  {
    if (*first == old_value) *first = new_value;
    ++first;
  }
}
```

Die unterschiedlichen Anforderungen der Algorithmen an die Iteratoren werden in der STL in den folgenden fünf Kategorien zusammengefasst. Damit ein Iterator zu einer dieser Kategorien gehört, muss seine Komplexität für jede dieser Operationen konstant sein.

	Output-Iterator	Input-Iterator	Forward-Iterator	Bidirectio-nalIterator	RandomAccess-Iterator
Lesen		=*p	=*p	=*p	=*p
Zugriff		–>	–>	–>	–>, []
Schreiben	*p=		*p=	*p=	*p=
Iteration	++	++	++	++, – –	++, – –, +, –, +=, –=
Vergleich		= =, !=	= =, !=	= =, !=	= =, !=, <, >, >=, <=

Diese Kategorien lassen sich so anordnen:

Hier bedeutet ein Pfeil, dass der Iterator, von dem der Pfeil ausgeht, alle Operationen des Iterators hat, auf den er zeigt. Deswegen kann z.b. ein ForwardIterator überall dort verwendet werden, wo ein Input- oder OutputIterator notwendig ist.

Beispiele: Die Container *list*, *map*, *multimap*, *set* und *multiset* haben bidirektionale Iteratoren und die Container *string*, *deque* und *vector* Random-AccessIteratoren. Da Zeiger auf nicht konstante Arrays RandomAccess-Iteratoren sind, können alle Algorithmen der STL auch mit solchen Arrays aufgerufen werden. Ein Zeiger auf ein konstantes Array ist dagegen nur ein InputIterator. Die später vorgestellten Einfügeiteratoren und die OstreamIteratoren sind OutputIteratoren, und die IstreamIteratoren sind InputIteratoren.

Die Iterator-Kategorie wird in der STL als Name für einen Template-Parameter verwendet. Wenn ein Algorithmus wie *transform* zwei verschiedene Iteratortypen derselben Kategorie als Parameter hat, können die Argumente verschiedene Datentypen haben und Bereiche in Containern verschiedener Elementtypen beschreiben.

```
template <class InputIterator1, class InputIterator2,
   class OutputIterator, class BinaryOperation>
OutputIterator transform (InputIterator1 first1,
   InputIterator1 last1, InputIterator2 first2,
   OutputIterator result, BinaryOperation binary_op)
{
   while (first1!=last1)
      *result++ = binary_op(*first1++, *first2++);
   return result;
}
```

Deswegen kann dieser Algorithmus verschiedene Container kombinieren. Dabei müssen die Datentypen der Elemente nicht gleich sein: Es reicht aus, wenn alle Operationen im Algorithmus ausgeführt werden können:

```
Beispiel:  vector<int> v;
           v.push_back(1);
           set<double> s;
           s.insert(2);
           list<char> l(10); // Platz reservieren
           transform(v.begin(),v.end(),s.begin(),l.begin(),
                                               plus<double>());
           for (list<char>::iterator i=l.begin(); i!=l.end();
                                                            ++i)
              Memo1->Lines->Add(int(*i));
```

Viele STL-Algorithmen operieren auf einem **Bereich** von Werten, die durch ein Paar von Iteratoren **[first, last)** beschrieben werden. Ein solcher Bereich enthält außer *last* alle Werte ab dem ersten Element *first*, die man ausgehend von *first* mit dem Operator ++ erhält.

9.4.2 Umkehriteratoren

Bidirektionale und RandomAccessIteratoren haben **Umkehriteratoren**, die einen Bereich in der umgekehrten Richtung durchlaufen. In diesen Iteratoren mit dem Namen *reverse_iterator* sind die Operatoren ++, −− usw. dann durch die jeweils „entgegengesetzten" Operationen definiert:

```
template <class Iterator>
class reverse_iterator // nur ein vereinfachter Auszug
{
  Iterator current;
public:
  reverse_iterator() {}
  explicit reverse_iterator(Iterator x): current(x){}

  reverse_iterator<Iterator>& operator++()
  {
    --current; // nicht ++
    return *this;
  }
// ...
}
```

Die in allen STL-Containern definierten Elementfunktionen *rbegin()* und *rend()* haben einen Umkehriterator als Rückgabewert:

```
reverse_iterator rbegin()
  { return reverse_iterator(end()); }
reverse_iterator rend()
  { return reverse_iterator(begin()); }
```

Mit **Umkehriteratoren** können die **Algorithmen** der STL einen Bereich **rückwärts** durchlaufen.

Beispiel: Der folgende Aufruf von *for_each* gibt die Elemente des Containers s in der umgekehrten Reihenfolge aus:

```
void print(char c)
{
Form1->Memo1->Lines->Add(c);
}

string s="12345";
for_each(s.rbegin(), s.rend(), print)
```

9.4.3 Einfügefunktionen und Einfügeiteratoren

Die Elementfunktionen der STL-Container (*insert*, *push_back* usw.) erzeugen automatisch immer dann neue Elemente im Container, wenn das notwendig ist. Im Unterschied dazu führen die STL-Algorithmen keine solchen Erweiterungen durch, da sie so entworfen sind, dass sie auch mit Arrays arbeiten, die nicht erweitert werden können.

Wenn die Algorithmen der STL Daten ausgeben, schreiben sie diese meist in einen Bereich, der durch Iteratoren beschrieben wird.

Beispiel: *copy* kopiert die Werte im Bereich [*first, last*) in den Bereich ab *result*:

```
template <class InputIterator,
class OutputIterator>
   OutputIterator copy(InputIterator first,
    InputIterator last, OutputIterator result)
   {
    while (first != last) *result++ = *first++;
    return result;
   }
```

Da hier *result* überschrieben wird, muss *result* vor der Zuweisung existieren, da sonst nicht reservierte Speicherbereiche angesprochen werden.

Es ist allerdings meist etwas umständlich, die Elemente im Zielbereich vor dem Aufruf des Algorithmus zu erzeugen. Diese Notwendigkeit lässt sich mit Einfügefunktionen vermeiden. Sie rufen in einem überladenen Zuweisungsoperator eine Funktion wie *push_back* auf, die den zugewiesenen Wert in den Container einfügt. Damit können die STL-Algorithmen auch Werte in einen Container einfügen.

Eine solche Einfügefunktion ist ***back_inserter***:

```
template <class Container>
back_insert_iterator<Container> back_inserter(
Container& x)
{
  return back_insert_iterator<Container>(x);
}
```

Dieses Funktions-Template gibt einen Einfügeiterator zurück, der aus dem Klassen-Template *back_insert_iterator* erzeugt wird. Der Zuweisungsoperator dieser Klasse fügt das zugewiesene Element mit *push_back* in den Container ein:

```
template <class Container>// nur ein vereinfachter Auszug
class back_insert_iterator : public output_iterator {
  protected:
   Container* container;
  public:
   back_insert_iterator(Container& x) : container(&x) {}
```

```
back_insert_iterator<Container>& operator=
            (typename Container:: const_reference value)
{
  container->push_back(value);
  return *this;
}
// ...
};
```

Weitere Einfügefunktionen werden von den Funktions-Templates **front_inserter** bzw. **inserter** erzeugt, die einen *front_insert_iterator* bzw. einen *insert_iterator* zurückgeben. Der Zuweisungsoperator dieser Klassen fügt ein neues Element mit *push_front* am Anfang bzw. mit *insert* an einer bestimmten Position des Containers ein, der als Argument für *Container* übergeben wird:

```
template <class Container>
front_insert_iterator<Container> front_inserter(
                                       Container& x)
{
return front_insert_iterator<Container>(x);
}

template <class Container, class Iterator>
insert_iterator<Container> inserter(Container& x,
                                    Iterator i)
{
return insert_iterator<Container>(x,
                         Container::iterator(i));
}
```

Alle diese Iteratoren gehören zur Kategorie OutputIterator und können deshalb anstelle von OutputIteratoren verwendet werden.

Beispiel: Da alle STL-Container die Funktionen *push_back* und *insert* haben, können *back_inserter* und *front_inserter* mit allen Containern verwendet werden:

```
string s1="abc", s2,s3,s4;
copy(s1.begin(),s1.end(),back_inserter(s2));
// s2="abc";
copy(s1.begin(),s1.end(),inserter(s3,s3.begin()));
// s3="cba";
```

Da ein *string* kein *push_front* hat, kann ein *front_inserter* nicht mit einem *string* verwendet werden:

```
copy(s1.begin(),s1.end(),front_inserter(s4));
// nicht mit string, aber mit anderen Containern
```

9.4.4 Stream-Iteratoren

Die Stream-Iteratoren *ostream_iterator* und *istream_iterator* sind ähnlich wie die Einfügeiteratoren konstruiert. Eine Zuweisung an einen *ostream_iterator* bewirkt, dass der zugewiesene Wert in einen *ostream* geschrieben wird:

```
template <class T> // nur ein vereinfachter Auszug
class ostream_iterator : public iterator<...> {
 private:
  out_stream* stream;
  const char* delim;
 public:
  ostream_iterator(ostream& s):out_stream(&s),delim(0) {}
  ostream_iterator(ostream& s, const char* delimiter):
                   out_stream(&s), delim(delimiter)  {}
  ostream_iterator<T>& operator=(const T& value)
  {
   *out_stream << value;
   if (delim!=0) *out_stream << delim;
   return *this;
  }
  // ...
};
```

Beim zweiten Konstruktor dieses Iterators kann man eine zusätzliche Zeichenfolge angeben, die nach jedem Element in den Stream geschrieben wird.

Ein *ostream_iterator* ist ein OutputIterator. Mit einem solchen Iterator kann ein STL Algorithmus wie *copy* in einen Stream schreiben.

Beispiel: Der folgende Aufruf von *copy* schreibt alle Elemente des Containers s zusammen mit jeweils einem Leerzeichen in eine Datei:

```
string s="abc";
ofstream fo("c:\\test\\outit.txt");
copy(s.begin(),s.end(),ostream_iterator<char>
                                        (fo," "));
```

Mit "\n" anstelle von " " wird jedes Zeichen in eine neue Zeile geschrieben. Bei einer Konsolenanwendung kann man die Daten auch nach *cout* schreiben.

Ein *istream_iterator* liest Daten aus dem Stream, der bei seinem Konstruktor angegeben wurde. Jeder Aufruf des Operators ++ liest das nächste Element aus dem Stream. Am Ende des Streams liefert der Iterator einen speziellen eindeutigen Wert zurück, den sogenannten *end-of-stream* Iterator. Diesen Wert erhält man auch von einem mit dem Standardkonstruktor erzeugten *istream_iterator*. Deshalb kann man das Objekt *istream_iterator<T>()* immer als Iterator für das Ende eines Streams verwenden. Dieser Iterator ist **der einzig zulässige**, der in einer Abfrage auf das Ende eines Streams verwendet werden darf.

```
template <class T, ... > // nur ein vereinfachter Auszug
class istream_iterator:public input_iterator<T, ...>{
  istream* in_stream;
  T value;
 public:
  istream_iterator();//erzeugt den end-of-stream Iterator
  istream_iterator(istream& s);
    // initialisiert in_stream mit s
  const T& operator*() const { return value; }

  istream_iterator<T, ...>& operator++();
  {
    *in_stream >> value;
    return *this;
  }

  istream_iterator<T, ...> operator++(int)
  {
    istream_iterator<T, Distance> tmp = *this;
    *in_stream>>value;
    return tmp;
  }
};
```

Stream-Iteratoren sind offensichtlich ziemlich „trickreich" konstruierte Iteratoren. Sie ermöglichen aber, **Container und Streams** mit denselben STL-Algorithmen und damit **einheitlich zu behandeln**. Bei den konventionellen Containern und Streams, die in einer Programmiersprache wie C den Arrays und den durch FILE* dargestellten Streams entsprechen, ist eine solche einheitliche Behandlung nicht möglich.

Beispiel: Der STL-Algorithmus *copy* kann einen Stream in einen Container einlesen:

```
ifstream fi("c:\\test\\faust.txt");
vector<string> v;
copy(istream_iterator<string>(fi),
    istream_iterator<string>(),back_inserter(v));
```

Hier wird ein mit dem Standardkonstruktor erzeugter *istream_iterator* verwendet, um bis zum letzten Element des Streams zu lesen.

9.4.5 Container-Konstruktoren mit Iteratoren

Alle STL-Container haben Konstruktoren, denen man ein Paar von Iteratoren übergeben kann. Der Container wird dann bei der Konstruktion mit den Elementen aus dem Bereich gefüllt, den die Iteratoren beschreiben.

Beispiel: Der *vector* v wird mit den ersten drei Elementen des Arrays a gefüllt:

```
int a[5]={1,2,3,4,5};
vector<int> v(a,a+3);
```

Mit der nach dem letzten *copy*-Beispiel naheliegenden Schreibweise ist *vs* allerdings ein Funktionszeiger und kein *vector*:

```
ifstream fi("c:\\test\\faust.txt");
vector<string> vs(istream_iterator<string>(fi),
 istream_iterator<string>() );
```

Mit der folgenden Schreibweise ist *vs* dagegen ein *vector*, der bei seiner Konstruktion mit den Elementen der Datei gefüllt wird:

```
ifstream fi("c:\\test\\faust.txt");
istream_iterator<string> it1(fi), it2;
vector<string> vs2(it1,it2);
```

9.4.6 STL-Algorithmen für alle Elemente eines Containers

Viele Algorithmen der STL operieren auf einem **beliebigen Bereich** von Elementen eines Containers, der durch zwei Iteratoren beschrieben wird. Angesichts der Vielseitigkeit von Iteratoren, die Bereiche in Containern der STL, in Dateien und in Arrays darstellen können, sind diese Algorithmen sehr allgemein.

Durch diese Allgemeinheit ist ihr Aufruf aber oft etwas unbequem. Wenn man alle Elemente eines STL-Containers c bearbeiten will, muss man immer *c.begin()* und *c.end()* angeben. Und für Dateien benötigt man die etwas unhandlichen Stream-Iteratoren.

Diese Unbequemlichkeiten lassen sich oft vermeiden, indem man auf der Basis dieser Algorithmen neue Funktions-Templates definiert, die nicht ganz so allgemein sind, aber dafür einfacher aufgerufen werden können. Da man z.B. oft alle Elemente eines Containers bearbeiten will, bieten sich solche Templates für Bereiche an, die **alle Elemente eines Containers** enthalten. In verschiedenen Versionen dieser Templates kann man dann die unterschiedlichen Iteratoren berücksichtigen, die Bereiche in Containern der STL, in Dateien und in Arrays begrenzen.

Die folgenden Beispiele zeigen solche Versionen für den Algorithmus *for_each*. Sie lassen sich auf viele andere Algorithmen der STL übertragen.

1. Alle Elemente eines **Containers der STL** kann man mit der folgenden Version von *for_each* bearbeiten:

```
template<typename Container, typename Function>
inline Function for_each(Container c, Function f)
{
return std::for_each(c.begin(),c.end(),f);
}
```

Diesem Funktions-Template kann ein beliebiger Container der STL als Argument übergeben werden. Es kann so verwendet werden, als ob alle Container von einer gemeinsamen Basisklasse abgeleitet wären:

```
int a[5]={1,5,2,4,3};
vector<int> v(a,a+5);
set<double> s(a,a+5);
for_each(v,print);
for_each(s,print);
```

Hier kann *print* ein Funktionsobjekt oder eine Funktion sein, z.B.:

```
void print(const int& v)
{
Form1->Memo1->Lines->Add(IntToStr(v));
}
```

2. Wenn man alle Elemente einer **Datei** bearbeiten will, kann man den Dateinamen als Argument übergeben:

```
template<typename T, typename Function>
inline Function for_each(char* fn, Function f)
{
ifstream s(fn);
return std::for_each(istream_iterator<T>(s),
istream_iterator<T>(),f);
}
```

Beim Aufruf dieser Version von *for_each* muss man keine Stream-Iteratoren angeben:

```
for_each<int>("c:\\test\\u.txt",print);
```

3. Um alle Elemente eines **Arrays** zu bearbeiten, kann man das Array und die Anzahl seiner Elemente übergeben:

```
template<typename T, typename Function>
void for_each(T* a, int n, Function f)
{
for_each(a, a+n, f);
}
```

Wie in diesen Beispielen sind die Parameter solcher Funktions-Templates oft so unterschiedlich, dass sie alle **denselben Namen** wie der ursprüngliche Algorithmus der STL haben können, **ohne** dass dies zu **Namenskonflikten** führt.

Aufgabe 9.4

1. Verwenden Sie zur Definition der folgenden Funktions-Templates die STL-Algorithmen *sort* und *copy* sowie geeignete Iteratoren. Alle Datensätze, die in eine Datei geschrieben werden, sollen in eine eigene Zeile geschrieben werden.

a) Das Funktions-Template *writeToFile* soll die Elemente aus dem Bereich [*first, last*) in eine Datei schreiben, deren Name als Parameter übergeben wird.

```
int a[3]={1,2,3};
writeToFile<int>(a,a+3,"c:\\test\\s.txt");
```

b) Das Funktions-Template *copyFile* soll eine Datei in eine zweite kopieren. Die Namen der Dateien sollen als Parameter übergeben werden.

```
copyFile<int>("c:\\test\\s.txt","c:\\test\\sc.txt");
```

c) Das Funktions-Template *sortFile* soll eine Datei sortieren. Dazu sollen die Elemente in einen *vector* eingelesen und dieser dann sortiert werden. Der sortierte *vector* soll dann in die Zieldatei geschrieben werden.

```
sortFile<int>("c:\\test\\s.txt","c:\\test\\ss.txt");
```

d) Das Funktions-Template *FileIsSorted* soll den booleschen Wert *true* zurückgeben, wenn die Datei sortiert ist, deren Name als Parameter übergeben wird, und andernfalls *false*. Verwenden Sie dazu die Funktion *is_sorted* aus Aufgabe 9.3, 2.

```
bool b1=FileIsSorted<int>("c:\\test\\s.txt");
```

e) Das Funktions-Template *showFile* soll die Elemente einer Datei, deren Namen als Parameter übergeben wird, am Bildschirm ausgeben.

f) Testen Sie die Funktions-Templates von a) bis d) mit einer sortierten, einer unsortierten, einer leeren und einer Datei mit einem Element des Datentyps *int*. Geben Sie die dabei erzeugten Dateien mit *showFile* aus.

g) Testen Sie *writeToFile* mit einem selbstdefinierten Datentyp, für den der Ein- und Ausgabeoperator definiert ist (wie z.B. *Bruch* von 5.8.3)

2. Ergänzen Sie das Klassen-Template *Array* (Aufgabe 9.2, 1.) um einen Datentyp *iterator* sowie um die beiden Elementfunktionen *begin* und *end*. Diese Funktionen sollen einen Zeiger (Datentyp *iterator*) auf das erste bzw. auf das Element nach dem letzten zurückgeben. Mit diesen Ergänzungen soll ein Array dann mit dem folgenden Aufruf des STL-Algorithmus *sort* sortiert werden können:

```
const int n=100;
Array<int, n> a;
for (int i=0;i<n;i++) a[i]=n-i;
sort(a.begin(),a.end() );
```

2. Konstruieren Sie einen *vector<int>* und einen *vector<Bruch>* mit den Werten aus einer Datei, die in Aufgabe 1 angelegt wurde.

9.5 Die Algorithmen der STL

Die STL enthält ca. 60 Algorithmen für viele Aufgaben, die vor allem bei der Arbeit mit Containern immer wieder anfallen. Diese Algorithmen sind Funktions-Templates, denen meist Iteratoren als Parameter übergeben werden. Da Iteratoren Bereiche in Containern der STL, in Arrays und in Dateien beschreiben können, kann man diese Algorithmen mit vielen Containern fast beliebiger Elementtypen aufrufen. Die Operationen, die ein Algorithmus mit den Elementen eines Containers durchführt, sind oft Parameter, für die man Funktionsobjekte einsetzen kann. Deshalb kann ein Algorithmus nahezu beliebige Anweisungen ausführen.

Im Folgenden werden nicht alle Algorithmen ausführlich dargestellt. Da viele Algorithmen ähnlich aufgebaut sind, dürfte es nicht schwer fallen, auch die anderen zu verwenden. Für weitere Informationen wird auf die Online-Hilfe verwiesen. Die Algorithmen findet man im Verzeichnis *include\dinkumware* des C++Builders in *algorithm*.

Die Beispiele zu den Algorithmen verwenden oft die Strings der Standardbibliothek als Container, da sich diese mit einem Einzeiler initialisieren lassen und deshalb relativ kurz werden. In der Praxis wird man diese Algorithmen aber eher mit anderen Containern (z.B. *vector*) verwenden. Um darauf explizit hinzuweisen, werden die Strings in den Beispielen oft als Container bezeichnet.

Die Algorithmen bis Abschnitt 9.5.5 werden auch als nicht modifizierende Algorithmen bezeichnet, da sie keine Werte in dem als Parameter übergebenen Bereich verändern. Die übrigen Algorithmen verändern Werte oder ihre Anordnung und werden deshalb auch als mutierende Algorithmen bezeichnet.

9.5.1 Lineares Suchen

Der Algorithmus *find* sucht in einem durch zwei Iteratoren beschriebenen Bereich [*first, last*) nach einem bestimmten Wert. Das Ergebnis ist ein Iterator auf das erste gefundene Element. Falls das Element nicht gefunden wird, ist der Funktionswert das Argument für *last*:

```
template <class InputIterator, class T>
InputIterator find(InputIterator first,
  InputIterator last, const T& value)
{
    while (first != last && *first != value) ++first;
    return first;
}
```

Um alle Elemente mit einem bestimmten Wert zu suchen, ruft man *find* wiederholt auf und sucht jeweils ab der Position, die auf die zuletzt gefundene folgt.

Beispiel: Einen Container s durchsucht man folgendermaßen nach allen Elementen eines bestimmten Wertes:

```
string s="123 und 123";
string::iterator p=find(s.begin(),s.end(),'2');
while (p!=s.end())
  {
    Form1->Memo1->Lines->Add(*p);
    p=find(p+1,s.end(),'2');
  }
```

Aus der Definition von *find* ergibt sich eine lineare Komplexität. Die **assoziativen Container** *map, multimap, set* und *multiset* haben eine Elementfunktion, die ebenfalls *find* heißt. Diese nutzt die Baumstruktur dieser Container aus und hat eine logarithmische Komplexität. In einem **sortierten Container**, der nicht notwendig assoziativ sein muss, sucht man ebenfalls mit logarithmischer Komplexität mit den binären Suchfunktionen *lower_bound(), upper_bound(), equal_range()* und *binary_search()* (siehe Abschnitt 9.5.15).

In der Praxis ist *find* nicht so wichtig, da man genau den gesuchten Wert erhält. Oft sucht man nach Werten, die eine bestimmte Bedingung erfüllen. Das ist mit dem schon in Abschnitt 9.3.2 vorgestellten Algorithmus ***find_if*** möglich, dem man eine Bedingung als Prädikat übergeben kann:

template<class InputIterator, class Predicate>
*InputIterator **find_if**(InputIterator first, InputIterator last,Predicate pred);*

Die ***find_first_of***-Algorithmen liefern einen Iterator auf das erste Element im Bereich [*first1, last1*), das im Bereich [*first2, last2*) enthalten ist. In der ersten Version werden die Elemente auf Gleichheit geprüft und in der zweiten mit dem binären Prädikat.

template<class ForwardIterator1, class ForwardIterator2>
*ForwardIterator1 **find_first_of**(ForwardIterator1 first1,   // Version 1*
   ForwardIterator1 last1, ForwardIterator2 first2, ForwardIterator2 last2);

template<class ForwardIterator1, class ForwardIterator2,
   class BinaryPredicate>
*ForwardIterator1 **find_first_of** (ForwardIterator1 first1,   // Version 2*
   ForwardIterator1 last1, ForwardIterator2 first2, ForwardIterator2 last2,
   BinaryPredicate pred);

Bei diesen Algorithmen werden die beiden Bereiche durch verschiedene Typen von Iteratoren beschrieben. Deshalb können sie aus verschiedenen Containern sein, die Elemente verschiedener Datentypen enthalten.

Beispiel:
```
int a[10] ={1,2,3,4,5,6,7,8,9,10};
double d[3]={4,2,6};
int* i=find_first_of(a, a+10, d, d+3); // *i=2
```

Mit **adjacent_find** kann man benachbarte Werte finden, die gleich sind (Version 1) bzw. für die ein binäres Prädikat den Wert *true* hat (Version 2). Der Funktionswert ist dann ein Iterator auf das erste gefundene Element des ersten solchen Paars. Falls kein solches Paar gefunden wird, ist der Funktionswert *last*.

> *template<class ForwardIterator>*   // Version 1
> *ForwardIterator **adjacent_find**(ForwardIterator first, ForwardIterator last);*
>
> *template<class ForwardIterator, class BinaryPredicate>*   // Version 2
> *ForwardIterator **adjacent_find**(ForwardIterator first, ForwardIterator last,*
>   *BinaryPredicate pred);*

Beispiel:
```
string s="122333416";
string::iterator
 i=adjacent_find(s.begin(),s.end()), // *i='2'
 j=adjacent_find(s.begin(),s.end(),greater<char>());
// *j= '4'
```

Falls das binäre Prädikat bei einer Ungleichheit der beiden Argumente den Wert *true* zurückgibt, kann man mit *adjacent_find* auch benachbarte Werte finden, die verschieden sind.

9.5.2 Zählen

Der Funktionswert von **count** bzw. **count_if** ist die Anzahl der Elemente im Bereich [*first*, *last*), die den Wert *value* haben bzw. das Prädikat *pred* erfüllen. Sein Datentyp ist ein Ganzzahltyp mit Vorzeichen.

> *template<class InputIterator, class T>*
> *iterator_traits<InputIterator>::difference_type **count**(InputIterator first,*
>   *InputIterator last, const T& value);*
>
> *template<class InputIterator, class Predicate>*
> *iterator_traits<InputIterator>::difference_type*
> ***count_if**(InputIterator first, InputIterator last, Predicate pred);*

Die Komplexität dieser Algorithmen ist linear. Die assoziativen Container (*set*, *multiset*, *map* und *multimap*) haben eine Elementfunktion mit dem Namen *count* mit einer logarithmischen Komplexität.

Beispiel: Bei einem sequentiellen Container s kann man *count* folgendermaßen aufrufen:

```
string s="12223456";
int i=count(s.begin(),s.end(),'2'), // i=3
j=count_if(s.begin(),s.end(),
            bind2nd(greater<char>(),'2')); // j=4
```

Bei einem *set* oder *map* verwendet man besser die Elementfunktion. Sie liefert bei einem *map* die Anzahl der Elemente mit einem bestimmten Schlüsselwert:

```
set<int> s, map<int,int> m;
s.count(2);
m.count(2);
```

9.5.3 Der Vergleich von Bereichen

Mit *equal* kann man prüfen, ob zwei Bereiche dieselben Elemente enthalten bzw. ob alle Elemente bezüglich eines binären Prädikats gleich sind:

template<class InputIterator1, class InputIterator2>
*bool **equal**(InputIterator1 first1, InputIterator1 last1, InputIterator2 first2);*

template<class InputIterator1, class InputIterator2,class BinaryPredicate>
*bool **equal**(InputIterator1 first1, InputIterator1 last1, InputIterator2 first2,*
BinaryPredicate pred);

Hier wird für den zweiten Bereich nur ein Iterator auf das erste Element angegeben. Diese Algorithmen setzen voraus, dass im zweiten Bereich mindestens *last1 – first1* Elemente auf den Iterator *first2* folgen. Da die Iteratortypen *InputIterator1* und *InputIterator2* verschieden sind, können mit *equal* auch Bereiche aus Containern verschiedener Datentypen verglichen werden:

Beispiel: Der Wert von b1 gibt an, ob beide Container dieselben Elemente enthalten, und der von b2, ob alle Elemente des ersten kleiner oder gleich allen Elementen des zweiten Containers sind:

```
string s1="12223456",s2="12323456";
bool b1=equal(s1.begin(),s1.end(),s2.begin());
// b1=false
bool b2=equal(s1.begin(),s1.end(),s2.begin(),
        less_equal<char>()); // b2=true
```

Die nächsten Anweisungen prüfen die Gleichheit der ersten drei Elemente von zwei Arrays bzw. von einem Array mit *int*-Werten und einem Vektor mit *double*-Werten:

```
int a[3]={1,2,3}, b[5]={1,2,3,4};
bool b3=equal(a,a+3,b); // b3=true

vector<double> v(a,a+3);
bool b4=equal(a,a+3,v.begin()); // b3=true
```

Der Funktionswert von ***mismatch*** ist ein Paar von Iteratoren auf die ersten nicht übereinstimmenden Elemente. Falls die beiden Bereiche identisch sind, ist er das Paar (*last1*,*end*). Dabei ist *end* der Ende-Iterator des zweiten Bereichs.

template<class InputIterator1, class InputIterator2>
*pair<InputIterator1, InputIterator2>**mismatch**(InputIterator1 first1,*
    InputIterator1 last1, InputIterator2 first2);

template<class InputIterator1, class InputIterator2,
class BinaryPredicate> pair<InputIterator1, InputIterator2>
mismatch*(InputIterator1 first1, InputIterator1 last1,InputIterator2 first2,*
    BinaryPredicate pred);

Beispiel:
```
string s1="12223456", s2="12323456";
pair<string::iterator,string::iterator>
p=mismatch(s1.begin(),s1.end(),s2.begin());
// p.first="223456", p.second="323456"
```

Die lexikografische Anordnung der Elemente von zwei Bereichen kann mit den nächsten beiden Funktionen bestimmt werden:

template<class InputIterator1, class InputIterator2>
*bool **lexicographical_compare** (InputIterator1 first1, InputIterator1 last1,*
    InputIterator2 first2, InputIterator2 last2);

template<class InputIterator1, class InputIterator2, class Compare>
*bool **lexicographical_compare**(InputIterator1 first1, InputIterator1 last1,*
    InputIterator2 first2, InputIterator2 last2,Compare comp);

Der Funktionswert dieser beiden Algorithmen ist *true*, falls die erste Folge lexikografisch vor der zweiten kommt. Falls die erste Folge kürzer ist als die zweite und in allen Elementen mit der zweiten übereinstimmt, kommt die erste vor der zweiten.

9.5.4 Suche nach Teilfolgen

Mit **search** und **find_end** kann man prüfen, ob eine Folge von Werten in einem Bereich enthalten ist. Der Funktionswert von *search* ist dann ein Iterator auf die Position des ersten Elements in der ersten so gefundenen Folge. Im Unterschied zu *search* sucht *find_end* von hinten und liefert die Position des ersten Elements in der letzten so gefundenen Teilfolge. Falls die gesuchte Folge nicht gefunden wird, ist der Funktionswert *last1*.

template<class ForwardIterator1, class ForwardIterator2>
*ForwardIterator1 **search** (ForwardIterator1 first1, ForwardIterator1 last1,*
    ForwardIterator2 first2, ForwardIterator2 last2);

template<class ForwardIterator1, class ForwardIterator2,
    class BinaryPredicate>
*ForwardIterator1 **search**(ForwardIterator1 first1, ForwardIterator1 last1,*
    ForwardIterator2 first2, ForwardIterator2 last2,BinaryPredicate pred);

template<class ForwardIterator1, class ForwardIterator2>
*ForwardIterator1 **find_end** (ForwardIterator1 first1, ForwardIterator1 last1,*
*   ForwardIterator2 first2, ForwardIterator2 last2);*

template<class ForwardIterator1, class ForwardIterator2,
*   class BinaryPredicate>ForwardIterator1 **find_end**(ForwardIterator1 first1,*
*   ForwardIterator1 last1, ForwardIterator2 first2, ForwardIterator2 last2,*
*   BinaryPredicate pred);*

Beispiel:
```
string s1="12342356", s2="23";
string::iterator i=search(s1.begin(),s1.end(),
  s2.begin(),s2.end()); // i-s1.begin() = 1
string::iterator j=find_end(s1.begin(),s1.end(),
  s2.begin(),s2.end()); // j-s1.begin() = 4
```

Der Funktionswert von ***search_n*** ist die Position des ersten von n gleichen Elementen im Bereich [*first,last*):

template<class ForwardIterator, class Size, class T>
*ForwardIterator **search_n**(ForwardIterator first, ForwardIterator last,*
*   Size count, const T& value);*

template<class ForwardIterator, class Size, class T, class BinaryPredicate>
*ForwardIterator **search_n**(ForwardIterator first, ForwardIterator last,*
*   Size count, const T& value, BinaryPredicate pred);*

9.5.5 Minimum und Maximum

Mit *min* und *max* erhält man das **Minimum** bzw. **Maximum** von zwei Werten:

```
template <class T>
inline const T& min (const T& a, const T& b)
{
  return b < a ? b : a;
}

template <class T, class Compare>
inline const T& min (const T& a, const T& b,Compare comp)
{
  return comp(b, a) ? b : a;
}
```

Die Algorithmen ***min_element*** bzw. ***max_element*** geben einen Iterator auf den minimalen bzw. maximalen Wert im Bereich [*first, last*) zurück. ***max_element*** hat dieselben Parameter und denselben Rückgabetyp wie *min_element*:

template<class ForwardIterator>
*ForwardIterator **min_element**(ForwardIterator first, ForwardIterator last);*

template<class ForwardIterator, class Compare>
*ForwardIterator **min_element**(ForwardIterator first, ForwardIterator last,*
   Compare comp);

Aufgabe 9.5.5

Bei den Aufgaben 1. bis 3. können Sie sich an den Ausführungen in Abschnitt 9.4.6 orientieren. Die Lösungen sollen Algorithmen der STL verwenden.

1. Schreiben Sie die folgenden Funktions-Templates:

    a) *Equal* soll genau dann den Wert *true* zurückgeben, wenn zwei als Parameter übergebene Container der STL dieselben Elemente enthalten. Diese Container sollen verschieden sein können, z.B. ein *vector* und ein *set*.
    b) *Count* soll die Anzahl der Elemente als Funktionswert zurückgeben, die in einem als ersten Parameter übergebenen STL-Container enthalten sind und einen als zweiten Parameter übergebenen Wert haben.
    c) *CountFileElements* soll die Anzahl der Elemente als Funktionswert zurückgeben, die in einer Datei, deren Name als Parameter übergeben wird, einen ebenfalls als Parameter übergebenen Wert haben.

2. Schreiben Sie jeweils ein Funktions-Template *MinValue*, das den minimalen Wert

    a) aus einer Datei zurückgibt, deren Name als Parameter übergeben wird.
    c) eines Containers zurückgibt, der als Parameter übergeben wird.
    b) eines Arrays zurückgibt, das als Parameter übergeben wird. Dieser Funktion soll außerdem die Anzahl der Elemente des Arrays übergeben werden.

3. Schreiben Sie in a) bis c) jeweils ein Funktions-Template *for_each_if*, das für alle Werte aus einem Container, für die ein als Argument übergebenes Prädikat den Wert *true* hat, eine ebenfalls als Parameter übergebene Operation f aufruft. Die Operation soll eine Funktion oder ein Funktionsobjekt sein können.

    a) *for_each_if* soll mit einem Container der STL aufgerufen werden können.
    b) *for_each_if* soll mit einer Datei aufgerufen werden können, deren Name als Parameter übergeben wird.
    c) *for_each_if* soll mit einem Array aufgerufen werden können, das ebenso wie die Anzahl seiner Elemente als Parameter übergeben wird.

4. Definieren Sie die folgenden Funktions-Templates der STL selbst. Sie können sich dazu an den Algorithmen orientieren, deren Quelltext in diesem Abschnitt gezeigt wurde. Testen Sie diese mit verschiedenen Containerklassen, z.B. *vector*, *list*, *set*, *string* sowie mit einem Array.

```
template<class InputIterator, class T>
iterator_traits<InputIterator>::difference_type
count(InputIterator first, InputIterator last,
   const T& value);

template<class InputIterator, class Predicate>
iterator_traits<InputIterator>::difference_type
count_if(InputIterator first, InputIterator last,
   Predicate pred);

template<class ForwardIterator>
ForwardIterator min_element(ForwardIterator first,
   ForwardIterator last);

template<class ForwardIterator>
ForwardIterator adjacent_find(ForwardIterator first,
   ForwardIterator last);
```

9.5.6 Elemente vertauschen

swap vertauscht die Werte der beiden als Argument übergebenen Variablen. Im Unterschied zu den meisten anderen Algorithmen der STL arbeitet *swap* nicht mit Elementen aus einem Bereich, sondern mit einzelnen Variablen.

*template<class T> void **swap**(T& a, T& b);*

swap_ranges vertauscht die Werte des Bereichs [*first1*, *last1*) mit denen im Bereich [*first2*, *first2+last1–first1*):

template<class ForwardIterator1, class ForwardIterator2>
*ForwardIterator2 **swap_ranges**(ForwardIterator1 first1,*
ForwardIterator1 last1, ForwardIterator2 first2);

```
Beispiel:  string s="12345";
           char a[]="abcdef";
           swap_ranges(s.begin(), s.begin()+3, a);
           // s="abc45"; a="123def"
```

iter_swap vertauscht die Werte, die auf die beiden als Argument übergebenen Iteratoren zeigen. Diese Funktion ist lediglich aus historischen Gründen in der STL enthalten und sollte nicht mehr verwendet werden:

template<class ForwardIterator1, class ForwardIterator2>
*void **iter_swap**(ForwardIterator1 a, ForwardIterator2 b);*

9.5.7 Kopieren von Bereichen

copy kopiert die Elemente im Bereich [*first*, *last*) in den Bereich ab *result*:

```
template <class InputIterator, class OutputIterator>
OutputIterator copy(InputIterator first,
   InputIterator last, OutputIterator result)
{
  while (first != last) *result++ = *first++;
  return result;
}
```

Wie diese Anweisungen zeigen, werden dabei die Elemente im Bereich ab *result*
überschrieben. Deshalb muss ab *result* bereits Platz reserviert sein oder ein Einfügeiterator verwendet werden.

copy_backward kopiert die Elemente im Bereich [*first,last*) in den Bereich, der
mit *result* endet. *copy* und *copy_backward* unterscheiden sich nicht im Ergebnis,
sondern nur in der Reihenfolge, in der die Elemente kopiert werden.

```
template <class BidirectionalIterator1, class
BidirectionalIterator2>BidirectionalIterator2
copy_backward(BidirectionalIterator1 first,
   BidirectionalIterator1 last,
   BidirectionalIterator2 result)
{
  while (first != last) *--result = *--last;
  return result;
}
```

Bei beiden Algorithmen darf *result* nicht im Bereich [*first,last*) enthalten sein.
Falls sich der Quellbereich und der Zielbereich überlappen und der Quellbereich
vor dem Zielbereich liegt, muss *copy* verwendet werden. Wenn der Quellbereich
hinter dem Zielbereich liegt, muss *copy_backwards* verwendet werden.

Die folgenden Beispiele verwenden die Container

```
string s="abc", s1="12345", s2=s1,s3;
vector<char> v;
```

1. Diese beiden Aufrufe überschreiben die Elemente im Zielbereich:

    ```
    copy(s.begin(),s.end(),s1.begin()); // s1="abc45"
    copy_backward(s.begin(),s.end(),s2.end());//s2="12abc"
    ```

2. Falls die kopierten Elemente in den Zielbereich eingefügt werden sollen, ver-
    wendet man einen Einfügeiterator:

    ```
    copy(s.begin(),s.end(),back_inserter(s3)); // s3="abc"
    ```

3. Mit einem Stream-Iterator können die kopierten Elemente in eine Datei ge-
    schrieben werden:

    ```
    #include <fstream>
    fstream f("c:\\test\\outit.txt");
    copy(s.begin(),s.end(),ostream_iterator<char>(f," "));
    ```

4. Die beiden Bereiche können aus verschiedenen Containern sein. Deswegen kann ein Array in einen Container der Standardbibliothek kopiert werden oder ein Array auf ein anderes:

```
char a[5]="xyz", b[10]; string c;
copy(a,a+4,c.begin()); // c="xyz";
copy(a,a+4,b);         // b="xyz";
```

5. Falls der Zielbereich ein STL-Container ist, erreicht man mit den Elementfunktionen *insert* bzw. einem Konstruktor mit Iteratoren dasselbe Ergebnis wie mit *copy*. Die folgenden Anweisungen haben alle dasselbe Ergebnis. Bei den meisten Compilern sind die Anweisungen unter b), c) und d) aber um den Faktor 2 bis 4 schneller als die unter a).

```
vector<ElType> src, dst;
```

a) `copy(src.begin(),src.end(),back_inserter(dst));`

b) `dst.reserve(src.size()); // Nur bei einem Vektor möglich`
   `copy(src.begin(),src.end(),back_inserter(dst));`

c) `vector<ElType> dst(src.begin(),src.end())`

d) `dst.insert(dst.end(), src.begin(),src.end());`

9.5.8 Elemente transformieren und ersetzen

Die Algorithmen **transform** sind ähnlich aufgebaut wie *copy*. Der einzige Unterschied zwischen den beiden ist der, dass bei *transform* das Ergebnis einer Operation in den *result*-Iterator geschrieben wird:

```
template <class InputIterator, class OutputIterator,
class UnaryOperation> OutputIterator
transform(InputIterator first, InputIterator last,
        OutputIterator result, UnaryOperation op)
{
    while (first != last) *result++ = op(*first++);
    return result;
}
```

Der Quelltext für die Version mit einem binären Prädikat und Beispiele dazu wurden bereits auf Seite 972 gezeigt.

template <class InputIterator1, class InputIterator2, class OutputIterator,
   class BinaryOperation>
*OutputIterator **transform**(InputIterator1 first1, InputIterator1 last1,*
   InputIterator2 first2, OutputIterator result, BinaryOperation binary_op);

replace ersetzt jedes Element im Bereich [*first*, *last*), das den Wert *old_value* hat, durch den Wert *new_value*:

```
template <class ForwardIterator, class T>
void replace(ForwardIterator first, ForwardIterator last,
  const T& old_value, const T& new_value)
{
while (first != last)
  {
   if (*first == old_value) *first = new_value;
   ++first;
  }
}
```

replace_if ersetzt die Werte, für die das Prädikat *pred* den Wert *true* hat:

```
template <class ForwardIterator, class Predicate,class T>
void replace_if(ForwardIterator first, ForwardIterator
 last, Predicate pred, const T& new_value)
{
while (first != last)
  {
   if (pred(*first)) *first = new_value;
   ++first;
  }
}
```

Die *replace*-Algorithmen mit *copy* im Namen

template<class InputIterator, class OutputIterator, class T>
OutputIterator **replace_copy** *(InputIterator first, InputIterator last,*
 OutputIterator result, const T& old_value, const T& new_value);

template<class Iterator, class OutputIterator, class Predicate, class T>
OutputIterator **replace_copy_if** *(Iterator first, Iterator last,*
 OutputIterator result, Predicate pred, const T& new_value);

verändern die Werte im Bereich [*first, last*) nicht, sondern schreiben die Werte, die man mit dem entsprechenden Algorithmus ohne *copy* erhalten würde, in den Bereich ab *result*. Der Funktionswert ist wie bei allen Algorithmen mit *copy* im Namen ein Zeiger auf das letzte Element, also *result + last − first*.

```
Beispiel: string s1="12345", s2=s1, s3=s1, s5=s1, s4,s6;
          replace(s1.begin(),s1.end(),'2','b'); // s1="1b345"
          replace_if(s2.begin(),s2.end(),
          bind2nd(greater<char>(),'2'),'b'); // s2="12bbb"
          replace_copy(s1.begin(),s1.end(),back_inserter(s4),
          '2','b'); // s4="1b345";
          replace_copy_if(s5.begin(),s5.end(),back_inserter
          (s6),bind2nd(greater<char>(),'2'),'b');//s6="12bbb";
```

Die *replace*-Funktionen mit *copy* im Namen benötigen nur InputIteratoren und können deswegen im Unterschied zu den anderen *replace*-Funktionen auch mit Stream-Iteratoren aufgerufen werden.

9.5.9   Elementen in einem Bereich Werte zuweisen

fill weist allen Elementen im Bereich [*first*, *last*) den Wert *value* zu:

> *template<class ForwardIterator, class T>*
> *void **fill**(ForwardIterator first, ForwardIterator last, const T& value);*

fill_n weist n Elementen ab der Position *first* den Wert *value* zu:

> *template<class OutputIterator, class Size, class T>*
> *void **fill_n**(OutputIterator first, Size n, const T& value);*

Beispiel:
```
string s1="1234567", s2;
fill(s1.begin(), s1.end(),'*');   // s1="*******";
fill_n(back_inserter(s2),3,'*'); // s2="***";
```

generate weist allen Elementen im Bereich [*first*, *last*) einen von einem Funktionsobjekt oder einer Funktion *gen* erzeugten Wert zu.

> *template<class ForwardIterator, class Generator>*
> *void **generate**(ForwardIterator first, ForwardIterator last, Generator gen);*

generate_n weist n Elementen ab *first* den von *gen* erzeugten Wert zu:

> *template<class OutputIterator, class Size, class Generator>*
> *void **generate_n**(OutputIterator first, Size n, Generator gen);*

Beispiel: Die Klasse

```
class next_char { // für den Generator
  char c;
 public:
  succ_char(char c_):c(c_) {}
  char operator()() {return c++;}
};
```

wird in *generate* als Funktionsobjekt verwendet:

```
string s1="1234567", s2;
generate(s1.begin(), s1.end(),next_char('e'));
// s1="efghijk";
generate_n(back_inserter(s2), 5, next_char('e'));
// s2="efghi";
```

9.5.10 Elemente entfernen

Alle Container der STL haben Elementfunktionen mit dem Namen *erase*, die Elemente aus dem Container entfernen. Aus einem Array oder einer Datei kann man dagegen keine Elemente entfernen.

Den meisten Algorithmen der STL werden Iteratoren als Parameter übergeben. Diese können sowohl einen Bereich in einem Container der STL als auch einen in einem Array oder in einer Datei darstellen. Deswegen können diese Algorithmen keine Elemente aus einem Bereich entfernen. Deshalb entfernt auch

> *template<class ForwardIterator, class T>*
> *ForwardIterator **remove**(ForwardIterator first, ForwardIterator last,*
>   *const T& value);*

keine Elemente aus dem Bereich [*first, last*). Vielmehr ordnet *remove* die Elemente in diesem Bereich nur so um, dass die Elemente mit dem Wert *value* anschließend am Ende des Bereichs stehen. Der Funktionswert ist dabei ein Zeiger auf das erste Element dieses Endbereichs. Aus einem Container der STL kann man diese Elemente dann mit der Elementfunktion *erase* entfernen.

Beispiel:
```
string s1="1224567";
s1.erase(remove(s1.begin(), s1.end(),'2'),s1.end());
// s1="14567"
```

Entsprechend ordnet *remove_if* alle Elemente, für die das Prädikat *pred* gilt, an das Ende des Bereichs um. Auch hier ist der Funktionswert ein Zeiger auf den Anfang dieses Bereichs.

> *template<class ForwardIterator, class Predicate>*
> *ForwardIterator **remove_if**(ForwardIterator first, ForwardIterator last,*
>   *Predicate pred);*

unique ordnet unmittelbar aufeinander folgende gleiche Elemente im Bereich [*first, last*) an das Ende dieses Bereichs um. Aus einem sortierten Container können so alle Duplikate entfernt werden.

> *template<class ForwardIterator>*
> *ForwardIterator **unique**(ForwardIterator first, ForwardIterator last);*

> *template<class ForwardIterator, class BinaryPredicate>*
> *ForwardIterator **unique**(ForwardIterator first, ForwardIterator last,*
>   *BinaryPredicate pred);*

Beispiel:
```
string s2="1234567";
s2.erase(remove_if(s2.begin(),s2.end(),
 bind1st(greater<char>(),'3')),s2.end());
// s2="34567"
string s3="1223222422";
s3.erase(unique(s3.begin(),s3.end()),s3.end());
// s3="123242"
```

Auch von den ***remove-*** und ***unique***-Algorithmen gibt es Varianten mit ***copy*** im Namen (siehe auch Seite 1001). Sie kopieren die Werte, die man in der Version ohne *copy* erhalten würde, in den Bereich ab *result*. Der Funktionswert ist *result* + *last – first*.

>*template<class InputIterator, class OutputIterator, class T>*
>*OutputIterator* **remove_copy**(*InputIterator first, InputIterator last,*
>   *OutputIterator result, const T& value);*

>*template<class InputIterator, class OutputIterator, class Predicate>*
>*OutputIterator* **remove_copy_if**(*InputIterator first, InputIterator last,*
>   *OutputIterator result, Predicate pred);*

>*template<class InputIterator, class OutputIterator>*
>*OutputIterator* **unique_copy**(*InputIterator first,*
>   *InputIterator last,OutputIterator result);*

>*template<class InputIterator, class OutputIterator,class BinaryPredicate>*
>*OutputIterator* **unique_copy**(*InputIterator first, InputIterator last,*
>   *OutputIterator result, BinaryPredicate pred);*

Beispiel:
```
string s1="1224567", s2;
remove_copy(s1.begin(), s1.end(), back_inserter(s2),
 '2');
// s2="14567"
string s3="1234567",s4;
remove_copy_if(s3.begin(),s3.end(), back_inserter
 (s4),bind1st(greater<char>(),'3'));
// s4="34567"
string s5="1223222422",s6;
unique_copy(s5.begin(),s5.end(),back_inserter(s6));
// s6="123242"
```

9.5.11 Die Reihenfolge von Elementen vertauschen

reverse kehrt die Reihenfolge der Elemente im Bereich [*first,last*) um:

>*template<class BidirectionalIterator>*
>*void* **reverse**(*BidirectionalIterator first, BidirectionalIterator last);*

rotate rotiert die Elemente im Bereich [*first,last*) so, dass *middle* anschließend das erste Element ist:

>*template<class ForwardIterator>*
>*void* **rotate**(*ForwardIterator first, ForwardIterator middle,*
>   *ForwardIterator last);*

Beispiel:
```
string s1="1234567";
reverse(s1.begin()+1, s1.end()-2); // s1="1543267"
string s2="1234567";
string::iterator p=find(s2.begin(),s2.end(),'3');
rotate(s2.begin(), p, s2.end());
// s2="3456712"
```

Auch von diesen Algorithmen gibt es Varianten mit ***copy*** im Namen (siehe auch Seite 1001). Sie kopieren die Werte, die man in der Version ohne *copy* erhalten würde, in den Bereich ab *result*. Der Funktionswert ist *result + last – first*.

template<class BidirectionalIterator, class OutputIterator>
*OutputIterator **reverse_copy**(BidirectionalIterator first,*
*   BidirectionalIterator last, OutputIterator result);*

template<class ForwardIterator, class OutputIterator>
*OutputIterator **rotate_copy**(ForwardIterator first, ForwardIterator middle,*
*   ForwardIterator last, OutputIterator result);*

Mit ***random_shuffle*** können die Elemente eines Bereich durchmischt werden:

template<class RandomAccessIterator>
*void **random_shuffle** (RandomAccessIterator first,*
*   RandomAccessIterator last);*

template<class RandomAccessIterator, class RandomNumberGenerator>
*void **random_shuffle**(RandomAccessIterator first,*
*   RandomAccessIterator last, RandomNumberGenerator& rand);*

Beispiel:
```
string s="1234567";
random_shuffle(s.begin()+1, s.end()-2); // s=1523467
```

9.5.12 Permutationen

Die Algorithmen

template <class BidirectionalIterator>
*bool **next_permutation**(BidirectionalIterator first, BidirectionalIterator last);*

template <class BidirectionalIterator, class Compare>
*bool **next_permutation**(BidirectionalIterator first, BidirectionalIterator last,*
*   Compare comp);*

erzeugen eine Permutation der Elemente des Bereichs [*first*, *last*). Dabei wird in der ersten der Operator < zur Bestimmung des nächsten Elements verwendet und in der zweiten die Funktion *comp*. Der Funktionswert zeigt an, ob es noch weitere Permutationen gibt.

Die verschiedenen Permutationen entsprechen den verschiedenen lexikografischen Anordnungen der Elemente. Mit *next_permutation* erhält man die nächste Anordnung und mit *prev_permutation* die vorherige:

template <class BidirectionalIterator>
*bool **prev_permutation**(BidirectionalIterator first, BidirectionalIterator last);*

template <class BidirectionalIterator, class Compare>
*bool **prev_permutation**(BidirectionalIterator first, BidirectionalIterator last,*
    Compare comp);

Beispiel: Die Anweisungen

```
string p="123",s=p;
while (next_permutation(p.begin(),p.end()))
    s = s+' '+p;
```

erzeugen den folgenden String:

```
123 132 213 231 312 321
```

9.5.13 Partitionen

partition vertauscht die Position der Elemente so, dass diejenigen am Anfang kommen, für die das Prädikat *pred* den Wert *true* hat, und alle anderen anschließend. Bezeichnet man den Bereich, für den das Prädikat gilt, mit [*first, middle*) und den Bereich, für den es nicht gilt, mit [*middle, last*), dann ist der Funktionswert der Wert *middle*.

template<class BidirectionalIterator, class Predicate>
*BidirectionalIterator **partition**(BidirectionalIterator first,*
    BidirectionalIterator last, Predicate pred);

template<class BidirectionalIterator, class Predicate>
*BidirectionalIterator **stable_partition**(BidirectionalIterator first,*
    BidirectionalIterator last, Predicate pred);

Der Unterschied zwischen *partition* und *stable_partition* besteht lediglich darin, dass *stable_partition* die ursprüngliche Anordnung der Elemente erhält, für die *pred* gilt bzw. nicht gilt.

```
Beispiel: string s1="1544256", s2=s1;
          partition(s1.begin(),s1.end(), bind1st(greater<char>
                                         (),'4' )); // s1=1244556
          stable_partition(s2.begin(),s2.end(),
              bind1st(greater<char>(),'4' )); // s1=1254456
```

9.5.14 Bereiche sortieren

sort und *stable_sort* sortieren die Elemente im Bereich [*first,last*) mit einer als Introsort bezeichneten Variante des Quicksort:

> *template<class RandomAccessIterator>*
> *void **sort**(RandomAccessIterator first, RandomAccessIterator last);*

Von jeder dieser beiden Funktionen gibt es zwei Versionen: In der ersten ohne den Parameter *Compare* werden zwei Elemente mit dem Operator < verglichen. In der zweiten Version kann für den Parameter *Compare* eine Funktion oder ein Funktionsobjekt eingesetzt werden, das mit zwei Argumenten aufgerufen werden kann und einen booleschen Wert liefert. *comp* muss die Anforderungen an eine „strict weak ordering" erfüllen (siehe Abschnitt 9.3.2). Mit dem vordefinierten Funktionsobjekt *greater* wird der Bereich dann mit dem Operator > sortiert.

> *template<class RandomAccessIterator, class Compare>*
> *void **sort**(RandomAccessIterator first, RandomAccessIterator last,*
>   *Compare comp);*

Beispiel:
```
string s1="1523467", s2=s1;
sort(s1.begin(), s1.end()); // s1="1234567",
sort(s2.begin(), s2.end(), greater<char>());
// s2="7654321"
```

Die Komplexität dieser Funktionen ist im Durchschnitt n*log(n), kann aber in ungünstigen Fällen n*n sein. Dieser ungünstigste Fall kann mit *stable_sort* ausgeschlossen werden, dessen Komplexität n*log(n)*log(n) ist. Ein weiterer Unterschied zwischen *sort* und *stable_sort* besteht darin, dass beim *stable_sort* die Anordnung gleicher Werte erhalten bleibt.

> *template<class RandomAccessIterator>*
> *void **stable_sort**(RandomAccessIterator first, RandomAccessIterator last);*

> *template<class RandomAccessIterator, class Compare>*
> *void **stable_sort**(RandomAccessIterator first, RandomAccessIterator last,*
>   *Compare comp);*

Alle diese Algorithmen benötigen RandomAccess-Iteratoren. Da der Container *list* und die assoziativen Container nur bidirektionale Iteratoren haben, können sie nicht mit *sort* oder *stable_sort* sortiert werden. Beim Container *list* steht dafür eine Elementfunktion *sort* zur Verfügung. Die assoziativen Container sortieren ihre Elemente immer automatisch.

partial_sort platziert die ersten (*middle–first*) sortierten Elemente des Bereichs [*first, last*) in den Bereich [*first, middle*). Die Reihenfolge der übrigen Elemente ist undefiniert:

template<class RandomAccessIterator>
*void **partial_sort**(RandomAccessIterator first, RandomAccessIterator middle,*
  RandomAccessIterator last); // eine weitere Version mit *Compare*

Mit **partial_sort_copy** wird der sortierte Bereich [*first, last*) in den Bereich
[*result_first, result_last*) kopiert.

template<class InputIterator, class RandomAccessIterator>
*RandomAccessIterator **partial_sort_copy**(InputIterator first,*
  InputIterator last, RandomAccessIterator result_first,
  RandomAccessIterator result_last); // eine weitere Version mit *Compare*

Beispiel:
```
string s1="1523467";
partial_sort(s1.begin(), s1.begin()+3, s1.end());
// s1="123xxxx", hier steht x für einen undefinier-
// ten Wert
```

nth_element ordnet die Elemente im Bereich [*first, last*) so um, dass sich das
Element, auf das *nth* zeigt, bezüglich der Sortierfolge anschließend an der Position
befindet, an der es sich befinden würde, wenn der ganze Bereich sortiert würde.
Alle Elemente, die kleiner sind als dieses, werden davor und alle anderen danach
angeordnet. Die Anordnung der Elemente vor und nach dem n-ten ist undefiniert.

template<class RandomAccessIterator>
*void **nth_element**(RandomAccessIterator first, RandomAccessIterator nth,*
  RandomAccessIterator last); // eine weitere Version mit *Compare*

Beispiel:
```
string s1="1523467";
nth_element(s1.begin(), s1.begin()+0, s1.end());
// s1="1yyyyyy", wobei jedes y >= 1 ist
s1="1523467";
nth_element(s1.begin(), s1.begin()+1, s1.end());
// s1="x2yyyyy", wobei x<=2 und y=>2 ist
s1="1523467";
nth_element(s1.begin(), s1.begin()+2, s1.end());
// s1="xx3yyyy", wobei x<=3 und y=>3 ist
nth_element(s1.begin(), s1.begin()+3, s1.end());
// s1="xxx4yyy", wobei x<=4 und y=>4 ist
```

9.5.15 Binäres Suchen in sortierten Bereichen

Die Algorithmen in diesem und den folgenden Abschnitten setzen voraus, dass der
jeweils als Parameter übergebene Bereich bezüglich der verwendeten Vergleichsfunktion sortiert ist. Ihre Komplexität ist für RandomAccess-Iteratoren logarithmisch und für andere Iteratoren linear.

lower_bound bzw. **upper_bound** liefern die erste bzw. die letzte Position im sortierten Bereich [*first, last*), in die *value* eingefügt werden kann, ohne dass die
Sortierfolge verletzt wird.

template<class ForwardIterator, class T> ForwardIterator
lower_bound*(ForwardIterator first, ForwardIterator last, const T& value);*
// eine weitere Version mit *Compare*

template<class ForwardIterator, class T>ForwardIterator
upper_bound*(ForwardIterator first, ForwardIterator last, const T& value);*
// eine weitere Version mit *Compare*

Diese beiden Werte erhält man als Elemente eines Paares auch durch einen einzigen Aufruf der Funktion **equal_range**:

template<class ForwardIterator, class T>
pair<ForwardIterator, ForwardIterator> **equal_range***(ForwardIterator first,*
    ForwardIterator last, const T& value);//eine weitere Version mit *Compare*

Beispiel:
```
void test()
{
string s="12378";
typedef string::iterator Iterator;
Iterator lo=lower_bound(s.begin(), s.end(),'4');
// *lo='7'
Iterator up=upper_bound(s.begin(), s.end(),'4');
// *up='7'
pair<Iterator,Iterator> p;
p=equal_range(s.begin(), s.end(),'4');
// *(p.first)='7', *(p.second)='7'
}
```

Die assoziativen Container *map*, *multimap*, *set* und *multiset* enthalten Elementfunktionen *lower_bound*, *upper_bound* und *equal_range* mit einer logarithmischen Komplexität.

Der Funktionswert von *binary_search* ist *true*, falls im sortierten Bereich [*first, last*) ein Element mit dem Wert *value* enthalten ist.

template<class ForwardIterator, class T>
bool **binary_search***(ForwardIterator first, ForwardIterator last,*
    const T& value); // eine weitere Version mit *Compare*

Beispiel:
```
string s="125";
bool b1=binary_search(s.begin(),s.end(),'2');//true
bool b2=binary_search(s.begin(),s.end(),'3');//false
```

9.5.16 Mischen von sortierten Bereichen

merge mischt die beiden sortierten Bereiche [*first1, last1*) und [*first2, last2*) zu einem sortierten Bereich zusammen. Dabei dürfen sich die beiden Bereiche nicht überlappen:

template<class InputIterator1, class InputIterator2,
    class OutputIterator>
OutputIterator **merge***(InputIterator1 first1, InputIterator1 last1,*
    InputIterator2 first2, InputIterator2 last2, OutputIterator result);
// eine weitere Version mit *Compare*

Beispiel:
```
string s1="125", s2="126", s;
merge(s1.begin(),s1.end(),s2.begin(),s2.end(),
back_inserter(s));  // s="112256"
```

Die Funktion *merge_files* mischt zwei sortierte Dateien zu einer neuen sortierten Datei zusammen. Dieses Ergebnis könnte man auch dadurch erhalten, dass man beide Dateien in einen Container einliest und diesen dann sortiert. Bei großen Dateien wäre das aber mit einem großen Speicherbedarf verbunden. Da *merge_-files* Stream-Iteratoren verwendet, wird aus jeder Datei immer nur ein Datensatz in den Hauptspeicher eingelesen.

```
template<typename T>
void merge_files(char* in1fn, char* in2fn, char* outfn)
{
ifstream in1(in1fn), in2(in2fn);
ofstream out(outfn);
merge(istream_iterator<T>(in1), istream_iterator<T>(),
      istream_iterator<T>(in2), istream_iterator<T>(),
      ostream_iterator<T>(out,"\n"));
}
```

Falls die beiden zu mischenden Bereiche in demselben Container enthalten sind und hier unmittelbar aufeinander folgen, kann man diesen mit ***inplace_merge*** so umordnen, dass der gesamte Container anschließend sortiert ist. Die beiden aufeinander folgenden Bereiche sind [*first, middle*) und [*middle, last*) und müssen bereits sortiert sein.

template<class BidirectionalIterator>
void **inplace_merge***(BidirectionalIterator first, BidirectionalIterator middle,*
    BidirectionalIterator last); // eine weitere Version mit *Compare*

Beispiel:
```
string s="456123";
inplace_merge(s.begin(),s.begin()+3,s.end());
// s="123456";
```

Ein *inplace_merge* ist z.B. vorteilhaft, wenn zwei sortierte Dateien nacheinander in einen Container eingelesen werden und der gesamte Container anschließend sortiert werden soll.

9.5.17 Mengenoperationen auf sortierten Bereichen

Die folgenden Algorithmen verallgemeinern die elementaren Operationen aus der Mengenlehre der Mathematik auf sortierte Container. Diese Container müssen keine Mengen (*set*) sein und können im Unterschied zu den Mengen der Mathematik ein Element auch mehrfach enthalten.

includes hat den Funktionswert *true*, wenn jedes Element im Bereich [*first2, last2*) im Bereich [*first1,last1*) enthalten ist, und sonst den Funktionswert *false*.

> *template<class InputIterator1, class InputIterator2>*
> *bool **includes**(InputIterator1 first1, InputIterator1 last1,*
>   *InputIterator2 first2, InputIterator2 last2);*
> // eine weitere Version mit *Compare*

Beispiel:
```
string s1="1224777", s2="34", s3="24";
bool inc1=includes(s1.begin(),s1.end(),
                   s2.begin(),s2.end()); // false
inc1=includes(s1.begin(),s1.end(),
                   s3.begin(),s3.end()); // true
```

set_union kopiert alle Elemente, die in einem der Bereiche [*first1,last1*) oder [*first2,last2*) enthalten sind, nach *result*:

> *template<class InputIterator1, class InputIterator2,class OutputIterator>*
> *OutputIterator **set_union**(InputIterator1 first1, InputIterator1 last1,*
>   *InputIterator2 first2, InputIterator2 last2, OutputIterator result);*
> // eine weitere Version mit *Compare*

Die Algorithmen ***set_intersection***, ***set_difference*** und ***set_symmetric_difference*** haben dieselben Parameterlisten wie *set_union*. Sie kopieren die folgenden Werte nach *result*:

- ***set_intersection*** kopiert alle Elemente, die in jedem der beiden Bereiche [*first1,last1*) und [*first2,last2*) enthalten sind.
- ***set_difference*** kopiert alle Elemente, die im Bereich [*first1,last1*) und nicht im Bereich [*first2,last2*) enthalten sind.
- ***set_symmetric_difference*** kopiert alle Elemente, die nur in einem der beiden Bereiche, aber nicht in beiden enthalten sind.

Beispiel:
```
string s1="122477", s2="228", u,i,d,s;
set_union(s1.begin(),s1.end(),s2.begin(),s2.end(),
  back_inserter(u)); // u="12224778"
set_intersection(s1.begin(),s1.end(),s2.begin(),
  s2.end(),back_inserter(i)); // i="22"
set_difference(s1.begin(),s1.end(),s2.begin(),
  s2.end(),back_inserter(d)); // u="12477"
set_symmetric_difference(s1.begin(),s1.end(),
  s2.begin(),s2.end(),back_inserter(s));//s="124778"
```

9.5.18 Heap-Operationen

Ein Heap ist in der STL eine Struktur, in der die Elemente so angeordnet sind, dass der Zugriff auf das größte Element schnell ist. Falls der Bereich [*first,last*) ein Heap ist, erhält man mit **first* immer das größte Element. Ein Heap ist aber kein sortierter Bereich. Ein Heap wird üblicherweise zur Implementation des Container-Adapters *priority_queue* verwendet.

Der Algorithmus **make_heap** ordnet die Elemente im Bereich [*first,last*) so um, dass dieser Bereich anschließend ein Heap ist.

> *template<class RandomAccessIterator>*
> *void **make_heap**(RandomAccessIterator first, RandomAccessIterator last);*
> // eine weitere Version mit *Compare*

Beispiel: `string s="15243";`
`            make_heap(s.begin(),s.end()); // s="54213"`

Bei einem Heap kann man mit logarithmischer Komplexität ein Element mit *push_heap* einfügen und mit *pop_heap* das größte entfernen:

> *template<class RandomAccessIterator>*
> *void **push_heap**(RandomAccessIterator first, RandomAccessIterator last);*
> // eine weitere Version mit *Compare*

> *template<class RandomAccessIterator>*
> *void **pop_heap**(RandomAccessIterator first, RandomAccessIterator last);*
> // eine weitere Version mit *Compare*

Das mit *push_heap* eingefügte Element ist dabei das, auf das *last-1* zeigt. *pop_heap* entfernt das größte Element nicht aus dem Heap, sondern setzt es an das Ende, so dass [*first, last–1*) ein Heap ist.

Beispiel: `string s="15243";`
`            make_heap(s.begin(),s.end()); // s="54213"`
`            s=s+"6";`
`            push_heap(s.begin(),s.end()); // s="645132"`
`            pop_heap(s.begin(),s.end());  // s="542136"`

sort_heap sortiert einen Heap. Dazu sind höchstens n*log(n) Vergleiche notwendig, wobei n=last-first ist.

> *template<class RandomAccessIterator, class Compare>*
> *void **sort_heap**(RandomAccessIterator first, RandomAccessIterator last);*
> // eine weitere Version mit *Compare*

9.5.19   Verallgemeinerte numerische Operationen

In <numerics> werden einige Funktions-Templates aus dem Bereich der Mathematik definiert:

```
template <class InputIterator, class T>
T accumulate(InputIterator first, InputIterator last,
T init)
{
    while (first != last)
        init = init + *first++;
    return init;
}

template <class InputIterator, class T,
  class BinaryOperation>
T accumulate(InputIterator first, InputIterator last,
T init, BinaryOperation binary_op)
{
    while (first != last)
        init = binary_op(init, *first++);
    return init;
}
```

Wie *accumulate* haben auch die folgenden Algorithmen noch eine zweite Version
mit einem zusätzlichen Parameter *binary_op*. *inner_product* hat zwei solche
Parameter.

template <class InputIterator1, class InputIterator2, class T>
*T **inner_product** (InputIterator1 first1, InputIterator1 last1,*
InputIterator2 first2, T init); // berechnet das innere Produkt

template <class InputIterator, class OutputIterator>
*OutputIterator **partial_sum** (InputIterator first, InputIterator last,*
OutputIterator result); // berechnet Teilsummen

template <class InputIterator, class OutputIterator>
*OutputIterator **adjacent_difference** (InputIterator first, InputIterator last,*
OutputIterator result); // berechnet Differenzen benachbarter Elemente

Für weitere Informationen wird auf die Online-Hilfe verwiesen.

Aufgabe 9.5.19

Verwenden Sie für die Lösungen dieser Aufgaben STL-Algorithmen.

1. In einer Folge mit einer ungeraden Anzahl von Werten ist der **Median** der
   Wert, der nach einer Sortierung der Folge in der Mitte steht. Bei einer geraden
   Anzahl von Werten ist der Median der Mittelwert der beiden mittleren Werte.
   Schreiben Sie ein Funktions-Template *Median*, das den Median der Werte aus
   einem Container der STL zurückgibt.

2. Schreiben Sie in a) bis c) jeweils ein Funktions-Template *MaxElements*, das die n größten Werte einer Quelle in einen Zielbereich kopiert. Der Zielbereich soll ein beliebiger sequentieller Container der STL sein, der ebenso wie n und die Quelle als Parameter übergeben wird. In den verschiedenen Versionen soll die Quelle sein:

   a) ein Container der STL,
   b) eine Datei, deren Name als Parameter übergeben wird,
   c) ein Array.

3. Schreiben Sie ein Funktions-Template *Remove*, das die Elemente mit einem bestimmten Wert aus einem Container der STL entfernt. Sowohl der Container als auch der Wert sollen als Parameter übergeben werden.

4. Schreiben Sie ein Funktions-Template, das zwei verschiedene sortierte Dateien zu einer einzigen sortierten Datei zusammenmischt, deren Namen als Parameter übergeben werden.

5. Eine mit 4 Parametern des Datentyps *int* definierte Funktion f soll zum Testen mit allen Permutationen der Werte 1, 2, 3 und 4 aufgerufen werden. Schreiben Sie eine Funktion, die diese Aufrufe als Datei erzeugt.

10 Verschiedenes

In diesem Kapitel werden einige Klassen und Komponenten vorgestellt, die nicht mehr zu Standard-C++, sondern zum C++Builder gehören. Diese Erweiterungen (z.B. zu den Themen Grafik, Steuerung von Microsoft Office Anwendungen, Datenbanken, Internet usw.) machen den C++Builder zu einem Werkzeug, das die Entwicklung vieler anspruchsvoller Windows-Programme mit wenig Aufwand ermöglicht.

Angesichts des teilweise beträchtlichen Umfangs dieser Themen ist keine vollständige Darstellung beabsichtigt. Stattdessen werden nur einige wichtige Aspekte an Beispielen illustriert. Sie sollen dem Leser den Einstieg erleichtern und ihn zu einer weiteren Beschäftigung mit dem jeweiligen Thema anregen.

Anders als in den vorangehenden Kapiteln stehen die Abschnitte dieses Kapitels inhaltlich in keinem Zusammenhang und bauen nicht aufeinander auf. Einige dieser Themen sind sehr einfach und hätten auch schon in Kapitel 2 behandelt werden können. Andere setzen aber auch anspruchsvollere Konzepte voraus.

10.1 Symbolleisten, Menüs und Aktionen

Viele Programme bieten ihre wichtigsten Funktionen über **Symbolleisten** (Toolbars, Werkzeugleisten) an. Eine Symbolleiste befindet sich meist unterhalb der Menüleiste und enthält Buttons mit Symbolen und andere Steuerelemente. Das Anklicken eines solchen Buttons hat meist denselben Effekt wie die Auswahl einer Menüoption, ist aber einen oder mehrere Mausklicks schneller. Oft können Symbolleisten während der Laufzeit konfiguriert und angeordnet werden.

Im C++Builder 2006 stehen für Symbolleisten vor allem die in Abschnitt 10.1.4 vorgestellten Komponenten *ActionManager, ActionMainMenuBar* und *Action-Toolbar* zur Verfügung.

10.1.1 Symbolleisten mit Panels und SpeedButtons

Die einfachsten Symbolleisten erhält man mit einem Panel, das unterhalb der Menüleiste ausgerichtet wird (setze die Eigenschaft *Align* auf *alTop*) und auf das man SpeedButtons setzt.

TSpeedButton Ein **SpeedButton** (Tool-Palette Kategorie „Zusätzlich") kann wie ein Bitmap-Button (BitBtn) eine Grafik (Eigenschaft *Glyph*) und Text anzeigen. Über die Eigenschaft *GroupIndex* können Speed-Buttons zu einer Gruppe zusammengefasst werden: Alle SpeedButtons mit demselben von Null verschiedenen *GroupIndex* sind eine Gruppe. Wenn dann einer dieser Buttons gedrückt wird, wird er als „gedrückt" angezeigt bis ein anderer Schalter derselben Gruppe gedrückt wird und in wieder zurücksetzt.

10.1.2 Symbolleisten mit Toolbars

TToolBar Eine **ToolBar**-Komponente (Tool-Palette Kategorie „Win32") wird automatisch unterhalb der Menüleiste ausgerichtet. Über ihr Kontextmenü kann man ihr Buttons (Schalter, Datentyp *TToolButton*) und Trenner hinzufügen, die dann von der ToolBar verwaltet werden:

> Neuer Schalter
>
> Neuer Trenner

Symbole können über die Eigenschaft *Images* (Typ *ImageList*) der ToolBar ausgewählt werden. Falls benachbarte ToolButtons (bis zum nächsten Trenner) eine Gruppe bilden sollen, bei ein Button so lange gedrückt bleibt, bis der nächste gedrückt wird, setzt man bei allen die Eigenschaften *Style* auf *tbsCheck* und *Grouped* auf *true*.

Oft sollen zu einem Toolbar-Button dieselben Symbole und Aktionen wie zu einer Menüoption gehören. Das erreicht man z.B. folgendermaßen:

– Über die Eigenschaft *Images* können den Buttons Bilder aus einer ImageList zugewiesen werden. Der ImageIndex des Buttons enthält die Nummer des Bildes.
– Indem man dem Ereignis *OnClick* des ToolButtons die Ereignisbehandlungsroutine der Menüoption zuweist. Diese kann im Pulldown-Menü in der rechten Spalte des Objektinspektors direkt ausgewählt werden:

10.1.3 Verschiebbare Komponenten mit CoolBar und ControlBar

TCoolBar TControlBar Eine **CoolBar** (Tool-Palette Kategorie „Win32") und eine **ControlBar** (Tool-Palette Kategorie „Zusätzlich") haben große Ähnlichkeiten: Auf beide kann man andere Komponenten setzen, die dann während der Laufzeit des Programms in der Cool-Bar bzw. ControlBar frei verschiebbar sind. Sie unterscheiden sich im Wesentlichen dadurch, dass die CoolBar auf Microsoft-Elementen beruht, während die ControlBar von Borland entwickelt wurde und oft etwas besser mit den anderen Borland-Komponenten zusammenspielt. Deshalb sollte man normalerweise ControlBar bevorzugen.

Die Komponenten, die auf eine CoolBar bzw. ControlBar gesetzt werden, erhalten am linken Rand einen Griff, mit dem man sie verschieben kann. Das ist allerdings für die meisten Steuerelemente nicht gewünscht. Deshalb setzt man meist eine ToolBar auf die CoolBar bzw. die ControlBar, und auf diese dann die Steuerelemente.

Eine ControlBar wird im Unterschied zu einer CoolBar nicht am oberen Rand des Formulars ausgerichtet. Deswegen setzt man ihre Eigenschaft *Align* auf *alTop*. Falls man ein ActionToolBar (siehe Abschnitt 10.1.4) auf eine ControlBar setzen will, sollte man die Eigenschaft *AutoSize* der ControlBar auf *false* setzen.

10.1.4 Die Verwaltung von Aktionen

Wenn Menüs und Symbolleisten dieselben Aktionen anbieten, müssen beim Anklicken eines Symbolleisten-Buttons dieselben Anweisungen ausgeführt werden wie beim Anklicken der entsprechenden Menüoption. Falls diese Anweisungen die einzige Gemeinsamkeit der verschiedenen Optionen sind, kann man das einfach dadurch erreichen, dass man dem *OnClick*-Ereignis des Symbolleisten-Buttons die Ereignisbehandlungsroutine der entsprechenden Menüoption zuweist (z.B. indem man sie in Abschnitt 10.1.2 im Objektinspektor im Pulldown-Menü des Ereignisses auswählt).

Oft sollen sie aber auch noch weitere Gemeinsamkeiten haben, wie dasselbe Symbol, denselben ShortCut usw. Dann kann es sehr aufwendig werden, diese Eigenschaften in den jeweiligen Steuerelementen einheitlich zu halten.

Der C++Builder unterstützt ab Version 6 die Verwaltung von Aktionen für Menüs und Symbolleisten mit der Komponente **ActionManager**. Mit ihr müssen die Gemeinsamkeiten nur noch ein einziges Mal definiert werden und können dann einfach in einer **ActionMainMenuBar** und **ActionToolbar** verwendet werden. Diese Komponenten unterstützen außerdem anpassbare Menüs und Symbolleisten, die Microsoft mit Office 2000 eingeführt hat. Dabei werden selten verwendete Menüoptionen zunächst ausgeblendet und erst nach einer Verzögerung angezeigt.

Diese Komponenten erweitern die schon in früheren Versionen eingeführten **Aktionslisten** (Datentyp *TActionList*, Kategorie „Standard").

Im Folgenden wird Schritt für Schritt beschrieben, wie man dazu vorgehen muss.

1. Setzen Sie einen *ActionManager* TActionManager (Tool-Palette Kategorie „Zusätzlich") auf das Formular. Mit ihm kann man dann die Aktionen von *ActionMainMenuBar* und *ActionToolbar* verwalten und konfigurieren.

2. Falls die Menüeinträge und Buttons der Symbolleisten in Schritt 4 die vordefinierten Icons bekommen sollen, muss eine *ImageList* (Tool-Palette Kategorie „Win32") auf das Formular gesetzt und diese der Eigenschaft *Images* des ActionManagers zugewiesen werden (im Pulldown-Menü des Objektinspektors auswählen). Schritt 4 funktioniert nur dann in der beschriebenen Weise, wenn diese Zuweisung vor Schritt 4 ausgeführt wird.

3. Setzen Sie eine **ActionMain-** TActionMainMenuBar TActionToolBar
   MenuBar und eine oder mehre-
   re **ActionToolBars** (Tool-Palette Kategorie „Zusätzlich") auf das Formular oder auf eine ControlBar. Die ActionMainMenuBar ist dann das Hauptmenü und jede ActionToolbar eine Symbolleiste. Wenn man die ActionMain-MenuBar und die ActionToolbar auf eine ControlBar und nicht direkt auf das Formular setzt, kann man diese zur Laufzeit frei in der ControlBar verschieben.

4. Ein Doppelklick auf den Aktionsmanager öffnet seinen Editor. Über das kleine Pulldown-Dreieck rechts neben dem Icon können vordefinierte Standardaktionen übernommen und eigene Aktionen definiert werden:

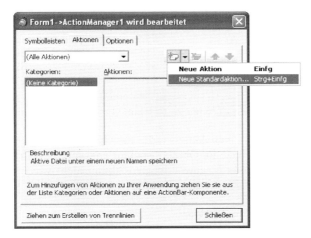

Wählt man hier „Neue Standardaktion" aus, werden über 60 Standardaktionen angeboten (linke Abbildung), die man markieren und in den Aktionsmanager übernehmen kann (rechte Abbildung):

Die Aktionen können mit der Maus von den Feldern „Kategorien" und „Aktionen" im Aktionsmanager auf die ActionMainMenuBar und die ActionToolbar gezogen werden. Zieht man einen Eintrag aus „Kategorien", wird das ganze Menü übertragen. Zieht man einen Eintrag aus „Aktionen", wird nur dieser Eintrag übertragen.

Nachdem man z.B. die Kategorien „Datei" und „Bearbeiten" auf die Action-MainMenuBar gezogen hat und die Aktionen „Öffnen", „Beenden" und „Speichern unter" auf die ActionToolbar, sehen die Menüleisten und Toolbars zur Laufzeit etwa folgendermaßen aus:

Die rechte Abbildung zeigt, wie ControlBars verschoben werden können.

5. Nach dem Anklicken einer Aktion (z.B. FileOpen) im Aktionsmanager oder
   auf dem Formular wird sie im Objektinspektor angezeigt. Das Register „Ereignisse" zeigt dann, dass z.B. eine FileOpen-Aktion nicht wie ein Menüeintrag
   eines Hauptmenüs auf das Ereignis *OnClick* reagiert:

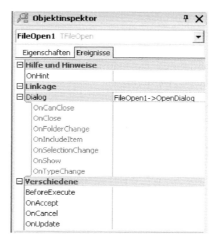

Die Ereignisse **BeforeExecute** und **OnAccept** treten ein, bevor der Dialog
ausgeführt wird bzw. nachdem er mit OK bestätigt wurde. Diese beiden
Ereignisbehandlungsroutinen

```
void __fastcall TForm1::FileOpen1BeforeExecute(TObject
                                                *Sender)
{
OpenDialog1->InitialDir = "c:\\CBuilder";
OpenDialog1->Filter = "C++ Dateien|*.CPP;*.H";
}

void __fastcall TForm1::FileOpen1Accept(TObject *Sender)
{
Memo1->Lines->LoadFromFile(FileOpen1->Dialog->FileName);
}
```

haben dann denselben Effekt wie die folgende Funktion, die für das Anklicken
einer Menüoption in einem Haupt- oder Kontextmenü typisch ist (siehe
Abschnitt 2.10)

```
void __fastcall TForm1::Oeffnen1Click(TObject *Sender)
{ // z.B. nach Datei|Oeffnen
OpenDialog1->InitialDir = "c:\\CBuilder";
OpenDialog1->Filter = "C++ Dateien|*.CPP;*.H";
if (OpenDialog1->Execute())
   {
     Memo1->Lines->LoadFromFile(OpenDialog1->FileName);
   }
}
```

6. Durch die unter 4. beschriebene Übernahme von Aktionen eines Aktionsmanagers in eine Komponente (z.B. in eine ActionMainMenuBar) werden nur Verweise auf die Aktionen im Aktionsmanager erzeugt, und nicht etwa Kopien. Nach dem Aufklappen der Eigenschaft **Action** im Objektinspektor werden die Eigenschaften im Aktionsmanager grün angezeigt. Ändert man eine dieser Eigenschaften, erfolgt die Änderung im Aktionsmanager und nicht nur in der gerade ausgewählten Komponente:

Wenn ein Menüeintrag aus einer ActionMainMenuBar und ein Button aus einer ActionToolbar auf dieselbe Aktion im Aktionsmanager verweisen, bewirkt eine Änderung des Untereintrags *Caption* von *Action* bei der Menüoption auch eine Änderung der *Caption* bei dem Toolbar-Button. Auf diese Weise ist sichergestellt, dass sich die Menüoption und der ToolBar-Button gleichartig verhalten.

7. Weist man der Eigenschaft **FileName** des Aktionsmanagers einen zulässigen Dateinamen zu, werden in dieser Datei Informationen über die Verwendungshäufigkeit der Menüeinträge gespeichert. Zusammen mit dem Wert der Eigenschaft *PrioritySchedule* wird dann daraus abgeleitet, welche Menüelemente sofort oder erst nach einer kurzen Verzögerung anzeigt werden:

8. Setzt man die Aktion „TCustomizeActionBars" (bzw. die Kategorie „Tools",
   ziemlich weit unten in der Listbox) mit dem Editor des Aktionsmanagers auf
   das Formular, kann man die Symbolleisten und Menüs während der Laufzeit
   des Programms wie zur Entwurfszeit gestalten:

Den Editor des AktionManagers kann man außerdem auch mit der Methode
Show einer ***CustomizeDlg***-Komponente (Kategorie „Zusätzlich"), wenn ihrer
Eigenschaft *ActionManager* der Aktionsmanager zugewiesen wird:

```
void __fastcall TForm1::Button1Click(TObject *Sender)
{
CustomizeActionBars1->CustomizeDlg->Show();
}
```

Die in diesem Abschnitt beschriebenen Komponenten können sich leicht gegenseitig verdecken, so dass man sie nicht mehr mit der Maus anklicken kann, um sie
im Objektinspektor anzuzeigen. Dann ist die **Struktur-Anzeige** (*Ansicht|Struktur*)
nützlich, in der die hierarchische Struktur der Komponenten auf dem Formular
angezeigt wird. Für das Beispiel aus diesem Abschnitt sieht sie etwa
folgendermaßen aus:

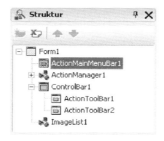

Aufgabe 10.1

Schreiben Sie ein Programm mit denselben Menüs und Aktionen wie in Aufgabe 2.10. Dabei sollen die

– Aktionen als Standardaktionen in einem Aktionsmanager verwaltet werden,
– die Menüoptionen zusammen mit den Standardsymbolen angezeigt und
– die *Datei*-Optionen *Öffnen* und *Speichern* sowie die *Bearbeiten*-Optionen auf jeweils einer verschiebbaren Symbolleiste angeboten werden und
– selten benutzte Menüoptionen ausgeblendet werden.

10.2 Eigene Dialoge, Frames und die Objektablage

Viele Programme verwenden neben dem Hauptformular und den Standarddialogen von Abschnitt 2.10 weitere Formulare zur Anzeige und Eingabe von Daten. Dieser Abschnitt zeigt, wie solche Formulare selbst definiert werden können, welche Formulare der C++Builder außerdem noch zur Verfügung stellt und wie man solche Elemente mit der Objektablage einfach wieder verwenden kann.

10.2.1 Die Anzeige von weiteren Formularen und modale Fenster

In diesem Abschnitt wird Schritt für Schritt gezeigt, wie man in einem Programm weitere Formulare anzeigen kann.

Beispiel: Als Beispiel wird ein Projekt verwendet, das ein Formular *Form1* mit den beiden Unit-Dateien *Unit1.cpp* und *Unit1.h* enthält. Durch das Anklicken des Buttons wird dann später ein weiteres Formular angezeigt.

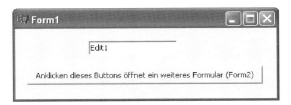

Einem Projekt kann man mit *Datei|Neu|Formular - C++Builder* ein weiteres Formular hinzufügen. Dieses Formular kann man dann wie alle bisherigen Formulare mit Komponenten aus der Tool-Palette gestalten.

Beispiel: In diesem Beispiel soll das neue Formular *Form2* heißen und die zugehörigen Dateien *Unit2.cpp* und *Unit2.h*. Auf dieses Formular soll ein Eingabefeld *Edit1*, ein *OK*-Button und ein *Abbrechen*-Button hinzugefügt werden:

Damit man in einer Funktion des einen Formulars (z.B. *Form1*) auf die Elemente eines anderen Formulars (z.B. *Form2*) zugreifen kann, muss man die **Header-Datei** des verwendeten Formulars (hier *Unit2.h*) mit einer *#include*-Anweisung in die Unit des aufrufenden Formulars (hier *Unit1.cpp*) **aufnehmen**. Diese *#include*-Anweisung kann man entweder manuell eintragen oder mit *Datei|Unit verwenden* vom C++Builder eintragen lassen. Nach diesen Vorbereitungen kann ein Formular durch einen Aufruf der Methoden *Show* und *ShowModal* angezeigt werden:

– *void **Show**();*
– *virtual int **ShowModal**();*

Diese beiden Methoden unterscheiden sich vor allem durch den Zeitpunkt, zu dem die im Quelltext auf ihren Aufruf folgende Anweisung ausgeführt wird. Bei *Show* wird sie unmittelbar anschließend ausgeführt, ohne auf das Schließen des Fensters zu warten. Bei *ShowModal* wird sie dagegen erst nach dem Schließen des Fensters ausgeführt. Damit ein anderes Fenster der Anwendung aktiviert werden kann, muss zuerst das mit *ShowModal* angezeigte Fenster geschlossen werden.

Ein mit *ShowModal* angezeigtes Formular wird als **modales Fenster**, **modaler Dialog** oder als **modales Dialogfeld** bezeichnet. *ShowModal* wird vor allem dann verwendet, wenn man Daten aus dem Fenster in die Anwendung übernehmen will. Falls man nur Daten anzeigen will, kann man auch *Show* verwenden.

Ein modales Fenster wird durch eine Zuweisung eines von Null verschiedenen Wertes an die Eigenschaft ***ModalResult*** geschlossen. Dieser Wert ist dann der Funktionswert von *ShowModal*. Über diesen Rückgabewert informiert man den Aufrufer, mit welchem Button ein modales Formular geschlossen wurde. Der C++-Builder sieht dafür Werte wie *mrCancel*, *mrOk* usw. vor. Wenn ein modales Fenster mit der Schließen-Schaltfläche ✖ geschlossen wird, erhält *ModalResult* den Wert *mrCancel*.

Beispiel: Wenn das modale Fenster *Form2* zwei Buttons *Abbrechen* und *OK* hat, mit denen man es schließen kann, weist man *ModalResult* beim An-klicken dieser Buttons zwei verschiedene Werte zu, die nicht Null sind.

```
void __fastcall TForm2::AbbrechenClick(
                         TObject *Sender)
{
ModalResult=mrCancel;
}
```

```
void __fastcall TForm2::OKClick(TObject *Sender)
{
ModalResult=mrOk;
}
```

Im aufrufenden Formular kann man über den Rückgabewert von *Show-Modal* abfragen, mit welchem Button das Formular geschlossen wurde. Normalerweise führt man nur als Reaktion auf das Anklicken des OK-Buttons irgendwelche Anweisungen aus. In der folgenden Abbildung sieht man außerdem die oben beschriebene *#include*-Anweisung:

Diese Vorgehensweise lässt sich weiter vereinfachen, indem man der Eigenschaft *ModalResult* (z.B. im Objektinspektor) der Schließen-Buttons einen Wert zuweist. Dann wird beim Anklicken der Buttons dieser Wert der Eigenschaft *ModalResult* des Formulars zugewiesen. So kann man sich die Ereignisbehandlungsroutinen *AbbrechenClick* und *OKClick* sparen.

Der C++Builder erzeugt in der CPP-Datei des Projekts für alle dem Projekt hinzugefügten Formulare Anweisungen, durch die alle diese Formulare beim Start des Programms erzeugt werden:

```
Project1  Unit1.cpp  Unit2.cpp
     #pragma hdrstop
     //-----------------------------------------------------
  6  USEFORM("Unit1.cpp", Form1);
     USEFORM("Unit2.cpp", Form2);
     //-----------------------------------------------------
     WINAPI WinMain(HINSTANCE, HINSTANCE, LPSTR, int)
 10  {
         try
         {
             Application->Initialize();
             Application->CreateForm(__classid(TForm1), &Form1);
             Application->CreateForm(__classid(TForm2), &Form2);
             Application->Run();
         }
```

Deshalb wirkt sich ein Aufruf von *Show* bzw. *ShowModal* oder das Schließen eines Formulars nur auf die Anzeige aus. Sie hat keinen Einfluss darauf, ob ein Formular und seine Daten geladen sind (und damit Speicherplatz belegen) oder nicht. Deshalb kann man die Daten eines geschlossenen Formulars wie in der Abbildung des letzten Beispiels ansprechen.

Bei Dialogfeldern werden oft auch noch die folgenden Eigenschaften gesetzt:

– Beim **OK-Button** wird die Eigenschaft *Default* auf *true* gesetzt. Dann hat ein Drücken der Enter-Taste denselben Effekt wie das Anklicken dieses Buttons.
– Beim **Abbrechen-Button** wird die Eigenschaft *Cancel* auf *true* gesetzt. Dann hat ein Drücken der ESC-Taste denselben Effekt wie das Anklicken dieses Buttons.
– Beim **Formular** wird die Eigenschaft *BorderStyle* auf *bsDialog* gesetzt. Dann kann man die Größe des Fensters nicht verändern.

10.2.2 Vordefinierte Dialogfelder der Objektablage

Die Objektablage (*Datei|Neu|Weitere|C++Builder-Projekte|C++Builder-Dateien*) enthält einige Vorlagen für selbstdefinierte Dialoge:

Dialogfeld mit   Dialogfeld mit   Dialogfeld mit zwei   Dialogfeld Passwort
Hilfe-Schaltfläc…   Registerseiten   Listenfeldern

Diese kann man auf drei Arten verwenden:

Kopieren: Übernimmt eine Kopie der Vorlage in das Projekt. Spätere Veränderungen der Vorlage wirken sich nicht im Projekt aus, ebenso wenig wie Veränderungen an der Kopie auf die Vorlage.
Benutzen: Das Projekt verwendet das Original. Änderungen am Formular im aktuellen Projekt wirken sich auf alle anderen Projekte aus, die das Formular verwenden.

Vererben: Eine Veränderung der Vorlage in der Objektablage wirkt sich auf alle Projekte aus, die die Vorlage verwenden. Eine Veränderung im Projekt wirkt sich nicht auf die anderen Projekte aus. Vererbung wird in Abschnitt 6.3 behandelt.

10.2.3 Funktionen, die vordefinierte Dialogfelder anzeigen

Einige verbreitete Standarddialoge können einfach über Funktionsaufrufe angezeigt werden.

1. Die Funktionen

*AnsiString **InputBox**(AnsiString ACaption, AnsiString APrompt,*
AnsiString ADefault);
*bool **InputQuery**(AnsiString ACaption, AnsiString APrompt,*
AnsiString & Value);

zeigen ein Dialogfeld an, das etwa folgendermaßen aussieht:

Sie werden zum Einlesen eines Strings verwendet. Bei *InputBox* ist das der Rückgabewert, während er bei *InputQuery* im Argument für *Value* zurückgegeben wird. Diese beiden Funktionen unterscheiden sich im Wesentlichen nur dadurch, dass man bei *InputQuery* feststellen kann, ob die Eingabe abgebrochen wurde (return value *false*).

Beispiel: Die letzte Abbildung wurde durch diesen Aufruf erzeugt:

```
Edit1->Text=InputBox("Titel","Text","Default");
```

2. Die verschiedenen Varianten der Funktion *ShowMessage* zeigen das Argument für den Parameter *Msg* an. Der Name der Anwendung wird in der Titelzeile des Fensters angezeigt.

*void **ShowMessage**(AnsiString Msg);*
*void **ShowMessagePos**(AnsiString Msg, int X, int Y);*
*void **ShowMessageFmt**(AnsiString Msg, const TVarRec * Params,*
int Params_Size);

Bei der Variante mit *Pos* kann man für die Parameter X und Y die Position des Fensters angeben, und bei der Variante mit *Fmt* noch Formatangaben (siehe dazu die Funktion *Format* in Abschnitt 3.13.2).

Beispiel: Das rechts abgebildete Fenster erhält man durch

```
ShowMessage("hello, world");
```

3. Die Funktion *MessageDlg* bietet vielfältige Gestaltungsmöglichkeiten für die Meldungsfenster:

> *int **MessageDlg**(AnsiString Msg, TMsgDlgType DlgType,*
> *TMsgDlgButtons Buttons, int HelpCtx);*
> *int **MessageDlgPos**(AnsiString Msg, TMsgDlgType DlgType,*
> *TMsgDlgButtons Buttons, int HelpCtx, int X, int Y);*

Die Parameter haben die folgende Bedeutung:

Msg   der im Meldungsfenster angezeigte Text
DlgType für die Art der Dialogbox und das angezeigte Bitmap:
　　　　　 mtWarning: gelbes Ausrufezeichen und Aufschrift „Warnung"
　　　　　 mtError: rotes Stop-Zeichen und Aufschrift „Fehler"
　　　　　 mtInformation: blaues „i" und Aufschrift „Information"
　　　　　 mtConfirmation: Fragezeichen und Aufschrift „Bestätigen"
　　　　　 mtCustom: kein Bitmap und als Aufschrift der Programmname
Buttons   für die angezeigten Buttons; mögliche Werte: *mbYes, mbNo, mbOK,*
　　　　　 mbCancel, mbHelp, mbAbort, mbRetry, mbIgnore und *mbAll*
HelpCtx die Nummer des Hilfetextes, der beim Drücken des Hilfe-Buttons angezeigt wird. Falls kein Hilfetext zugeordnet wird, übergibt man den Wert 0.

Beispiel: Mit dem Operator „<<" werden an die Menge (Datentyp *Set*) Werte für die anzuzeigenden Buttons übergeben. Der Aufruf

```
MessageDlg("Daten speichern?",mtInformation,
    TMsgDlgButtons()<<mbYes<<mbNo<<mbCancel,0);
```

erzeugt das Dialogfeld:

10.2.4 Die Erweiterung der Tool-Palette mit Frames

Ein **Frame** (Datentyp *TFrame*) ist eine Container-Komponente, die Ähnlichkeiten mit einem Formular oder Panel hat. Es kann wie ein Formular oder Panel gestaltet werden, indem man Komponenten der Tool-Palette darauf setzt. Im Unterschied dazu kann ein Frame aber in die Tool-Palette abgelegt und dann in anderen Anwendungen verwendet werden. Frames bieten deshalb eine einfache Möglichkeit, selbstdefinierte Komponenten zu erstellen, die dann wie die vordefinierten Komponenten aus der Tool-Palette verwendet werden können.

Ein Frame wird mit *Datei|Neu|Weitere|C++Builder-Projekte|C++Builder-Dateien|Frame* erzeugt und dann wie ein Formular gestaltet. Über die Option „Zu Palette hinzufügen" im Kontextmenü (rechte Maustaste) des Frames kann man es in die Tool-Palette ablegen. Dazu muss man einen Namen für das Frame und die Kategorie der Tool-Palette („Palettenseite") angeben. Das war schon alles: Danach kann das Frame in jedem Projekt verwendet werden.

Beispiel: In Kapitel 4 verwenden einige Aufgaben diese Eingabefelder:

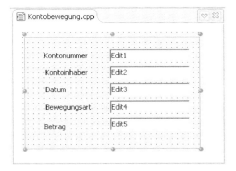

Mit einem Frame, das in die Tool-Palette abgelegt wurde, braucht man diese nicht bei jeder Aufgabe neu eingeben. Nach diesen Einträgen im zugehörigen Kontextmenü

sieht die Kategorie „Beispiele" der Tool-Palette etwa so aus:

Ein Frame, das zu einem Projekt gehört, kann in diesem Projekt auch verwendet werden, ohne dass es in die Tool-Palette abgelegt wurde. Über die Option *Frames* der Kategorie Standard der Tool-Palette werden alle Frames angeboten, die zu einem Projekt gehören.

10.2.5 Datenmodule

Ein **Datenmodul** (*Datei|Neu|Weitere|C++Builder-Projekte|C++Builder-Dateien*) ist ein Container für nichtvisuelle Komponenten, der neben den Komponenten auch noch Ereignisbehandlungsroutinen enthalten kann. Die Komponenten können dann zusammen mit den Routinen in anderen Anwendungen wieder verwendet werden. Datenmodule werden vor allem im Zusammenhang mit Datenbanken verwendet, wenn mehrere Anwendungen mit derselben Datenbankkonfiguration arbeiten.

10.2.6 Die Objektablage

Formulare, Frames usw. kann man in einem anderen Projekt mit *Projekt|Dem Projekt hinzufügen* verwenden. Allerdings findet man sie meist leichter, wenn man sie an einer zentralen Stelle ablegt. Dafür ist die **Objektablage** vorgesehen (*Datei|Neu|Weitere* bzw. in der Tool-Palette, wenn der Editor angezeigt wird). Sie enthält Vorlagen, Formulare usw. (einige wurden in den letzten Abschnitten vorgestellt), die man auf einfache Weise in einer Anwendung verwenden kann.

Mit *Projekt|Der Objektablage hinzufügen* kann man der Objektablage **Formulare, Frames usw. hinzufügen**, und über das Kontextmenü Datenmodule. Diese kann man dann wie die vordefinierten Elemente verwenden. Mit *Tools|Optionen|Umgebungsoptionen* kann die Objektablage auch anderen Entwicklern zur Verfügung gestellt werden.

Aufgaben 10.2

1. Beim Anklicken eines Buttons mit der Aufschrift *Login* soll ein modaler Dialog mit einem *OK-* und einem *Abbrechen*-Button angezeigt werden, in dem der Anwender aufgefordert wird, seinen Namen in ein Edit-Feld einzugeben. Falls der Dialog mit dem *OK*-Button oder der Enter-Taste verlassen wird, soll der Name in der Titelzeile des Hauptprogramms (Form1->Caption) angezeigt werden. Falls er mit dem *Abbrechen*-Button oder der ESC-Taste verlassen wird, sollen keine weiteren Aktionen stattfinden.

2. Ergänzen Sie das Projekt aus 1. um einen weiteren Button. Wenn er angeklickt wird, soll mit *MessageDlg* ein Dialog mit der Meldung „Bitte bestätigen Sie den Kaufvertrag", einem Informations-Symbol und den Buttons *OK* und *Abbrechen* angezeigt werden. Nach dem Anklicken des OK-Buttons soll mit *ShowMessage* die Meldung „Wir buchen den Rechnungsbetrag von Ihrem Konto ab" angezeigt werden, und nach dem Abbrechen-Button „Das werden Sie noch bereuen".

3. Erzeugen Sie das Frame von Abschnitt 10.2.4 und legen Sie es in der Tool-Palette ab. Verwenden Sie es dann in einem anderen Projekt.

10.3 Größenänderung von Steuerelementen zur Laufzeit

Die einfachste Möglichkeit, die Größe eines Steuerelements an die Größe des umgebenden Containers (z.B. Formulars) anzupassen, besteht über die schon in Abschnitt 2.3 vorgestellte Eigenschaft *Align*. Im Folgenden werden einige Eigenschaften und Komponenten vorgestellt, die flexiblere Möglichkeiten bieten. Siehe dazu auch Aufgabe 8.3.

10.3.1 Die Eigenschaften *Align* und *Anchor*

Die Eigenschaft **Align** kann Werte des Typs

> enum **TAlign** *{alNone, alTop, alBottom, alLeft, alRight, alClient, alCustom};*

annehmen. Setzt man einen von *alNone* verschiedenen Wert, wird die Größe bei einer Größenänderung des umgebenden Containers folgendermaßen angepasst:

alTop, alBottom: am oberen bzw. unteren Rand, die Höhe wird nicht verändert
alLeft, alRight: am linken bzw. rechten Rand, die Breite wird nicht verändert
alClient: an allen vier Rändern, die Höhe und Breite werden angepasst.

Bei der Verwendung der Eigenschaft *Align* haben die jeweiligen Ränder der ausgerichteten Komponente immer den Abstand Null vom Rand der umgebenden Komponente. Falls man einen anderen Abstand vom Rand der umgebenden Komponente haben will, kann man die Eigenschaft **Anchor** verwenden. Diese Eigenschaft ist ein *Set* (siehe Abschnitt 10.18) mit Elementen des Datentyps

> enum **TAnchorKind**{ *akLeft, akTop, akRight, akBottom };*

Diese Werte bedeuten, dass der entsprechende Rand des Steuerelements am entsprechenden Rand der umgebenden Komponente verankert wird. Wenn z.B. für einen Button die Werte *akLeft* und *akRight* im Objektinspektor oder mit einer Anweisung wie

```
Button1->Anchors<<akLeft<<akRight;
```

gesetzt sind, wird die Größe des Buttons bei einer Größenänderung der umgebenden Komponente so verändert, dass der Abstand zum linken und rechten Rand gleich bleibt.

10.3.2 Die Komponenten *Splitter* und *HeaderControl*

Während man mit den Eigenschaften *Align* und *Anchor* die Größe eines Steuerelements an die Größe eines Formulars anpassen kann, ermöglichen die Komponenten Splitter und HeaderControl die Aufteilung eines Bereichs auf zwei Teilbereiche. Der Windows Explorer ist ein Beispiel mit einem TreeView links und einem ListView rechts.

Mit der Komponente **Splitter** (Tool-Palette Kategorie „ „Zusätzlich", Datentyp *TSplitter*) kann man die Größe von Komponenten (typischerweise ein Panel, Memo usw.) durch Ziehen an den Rändern während der Laufzeit eines Programms verändern.

Dazu setzt man einen Splitter neben die Komponente, deren Größe veränderbar sein soll, und gibt bei beiden der Eigenschaft *Align* einen von *alNone* verschiedenen Wert. Mit dem Wert *alLeft* kann dann der linke Rand der Komponente verändert werden, mit *alTop* der untere usw. Weitere Komponenten mit *Align=alClient* füllen dann Rest des Formulars bzw. den Bereich zwischen zwei Splittern.

Die unten abgebildeten Formulare wurden erzeugt, indem die Komponenten in der angegebenen Reihenfolge auf das Formular gesetzt und die Eigenschaft *Align* im Objektinspektor auf die angegebenen Werte gesetzt wurde:

1. TreeView1: Align=*alLeft*	1. Panel1: Align=*alLeft*
2. Splitter1: Align=*alLeft*	2. Splitter1: Align=*alLeft*
3. ListView1: Align=*alClient*	3. Memo1: Align=*alLeft*
	4. Splitter2: Align=*alLeft*
	5. ListBox1: Align=*alClient*

Bei beiden Formularen kann zur Laufzeit die Größe der jeweiligen Komponenten durch Ziehen mit der Maus an den Splittern verändert werden. Die Einträge im ListView und TreeView wurden mit den Anweisungen von Abschnitt 10.4.1 und 10.4.3 erzeugt.

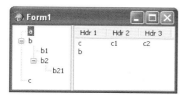 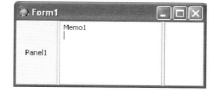

Ein **HeaderControl** (Seite „Win32") enthält Überschriften für Textspalten und wird vor allem für Tabellen verwendet. Die Breite der Spalten kann während der Laufzeit des Programms durch Ziehen mit der Maus verändert werden. Auch ein *ListView* enthält ein *HeaderControl*, wenn *ViewStyle* auf *vsReport* gesetzt ist. Die Tabellenüberschriften können nach einem Doppelklick auf die Eigenschaft *Sections* im Objektinspektor eingegeben werden.

Wenn die Breite eines Abschnitts verändert wird, tritt das Ereignis *OnSection-Track* ein. In der entsprechenden Ereignisbehandlungsroutine wird dann im Parameter *Width* die Breite des aktuellen Abschnitts bereitgestellt:

```
void __fastcall TForm1::HeaderControl1SectionTrack(
    THeaderControl *HeaderControl, THeaderSection
    *Section, int Width, TSectionTrackState State)
{
Memo1->Width= Width;
}
```

10.3.3 GridPanel: Tabellen mit Steuerelementen

TGridPanel Ein **GridPanel** (Tool-Palette Kategorie „Zusätzlich") ist eine Tabelle, deren Zellen Steuerelemente enthalten. Die Größe der Steuerelemente wird dann zur Laufzeit an die Größe des Formulars angepasst. Die Einzelheiten der Darstellung können über eine Vielzahl von Eigenschaften gesteuert werden. Für diese Komponente gibt es aber nicht allzu viele Einsatzmöglichkeiten.

Das erste Steuerelement, das auf das GridPanel gesetzt wird, kommt automatisch in die erste Spalte der ersten Zeile, das zweite in die nächste usw. Falls man die Elemente umordnen will, muss man die Eigenschaft Row und Column verwenden. Diese Eigenschaften hat nur ein Steuerelement, das auf ein GridPanel gesetzt wurde.

Durch einen Doppelklick auf die rechte Spalte der GridPanel-Eigenschaften *ColumnCollection* bzw. *RowCollection* im Objektinspektor wird eine Liste angezeigt, über deren Kontextmenü man Zeilen oder Spalten hinzufügen oder löschen kann.

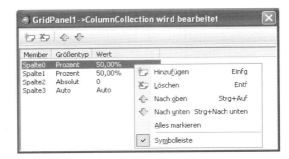

Klickt man hier eine Zeile an, werden ihre Eigenschaften im Objektinspektor angezeigt. Hier kann man den Größentyp (*SizeStyle*)und den zugehörigen Wert einstellen.

Beispiel: Das unten abgebildete GridPanel besteht aus zwei Zeilen und drei Spalten. In jede Zelle der ersten Zeile wurde ein Label gesetzt, und in die Zellen der zweiten Zeile ein Memo (links), ein Panel (in der Mitte, mit zwei Buttons) und eine Listbox (rechts). Nach der Ausführung der folgenden Anweisungen

```
GridPanel1->Align=alClient;
Panel1->Align=alClient;
Memo1->Align=alClient;
ListBox1->Align=alClient;
// Wie über GridPanel1->RowCollection
GridPanel1->RowCollection->Items[0]->SizeStyle=
                                    ssAbsolute;
GridPanel1->RowCollection->Items[0]->Value=20;
GridPanel1->RowCollection->Items[1]->SizeStyle=
                                    ssPercent;
GridPanel1->RowCollection->Items[1]->Value=100;
// Wie über GridPanel1->ColumnCollection
GridPanel1->ColumnCollection->Items[0]->SizeStyle=
                                    ssPercent;
GridPanel1->ColumnCollection->Items[0]->Value=50;
GridPanel1->ColumnCollection->Items[1]->SizeStyle=
                                    ssAbsolute;
GridPanel1->ColumnCollection->Items[1]->Value=70;
GridPanel1->ColumnCollection->Items[2]->SizeStyle=
                                    ssPercent;
GridPanel1->ColumnCollection->Items[2]->Value=50;
```

passen sich die Elemente des GridPanels, deren Eigenschaft *SizeStyle* den Wert *ssPercent* hat, bei einer Größenänderung des Formulars an dessen Größe an:

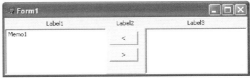

10.3.4 Automatisch angeordnete Steuerelemente: FlowPanel

Ein **FlowPanel** ist eine Container-Komponente, die ihre Elemente zur Laufzeit automatisch anordnet. Bei einer Änderung der Größe des Formulars kann die Position der Elemente neu angeordnet werden. Ein solches Formular hat Ähnlichkeiten mit einem HTML-Formular, bei dem eine Veränderung der Größe zu einer anderen Anordnung der Komponenten führen kann. Für diese Komponente gibt es aber nicht allzu viele Einsatzmöglichkeiten.

🔲 TFlowPanel Ein **FlowPanel** (Tool-Palette Kategorie „Zusätzlich") hat viele Gemeinsamkeiten mit einem gewöhnlichen Panel (siehe Abschnitt 2.8). Es unterscheidet sich im Wesentlichen nur durch die Position der darauf gesetzten Komponenten. Diese Position kann bei einem gewöhnlichen Panel frei gewählt werden. Bei einem FlowPanel werden die Komponenten dagegen automatisch angeordnet. Die Art der Anordnung ergibt sich aus dem Werte der Eigenschaft

> __property TFlowStyle **FlowStyle**

die die Werte *fsBottomTopLeftRight*, *fsLeftRightBottomTop* usw. annehmen kann.

Beispiel: Die nächsten beiden Abbildungen zeigen dasselbe Formular mit drei Buttons auf einem FlowPanel, dessen Eigenschaft FlowStyle den Wert *fsLeftRightTopBottom* hat. Die Breite des Panels ist über die die Eigenschaft *Align* an das Formular gekoppelt. Wenn man das Formular schmäler macht, ordnet das FlowPanel die Buttons auf zwei Zeilen an:

10.4 ListView und TreeView

Die Komponenten ListView und TreeView stellen Listen und Baumstrukturen zusammen mit Symbolen aus einer ImageList dar. Der Windows Explorer verwendet solche Komponenten zur Darstellung von Verzeichnisbäumen und Dateien.

10.4.1 Die Anzeige von Listen mit ListView

🔲 TListView Ein **ListView** (Tool-Palette Kategorie „Win32") zeigt eine Liste von Strings zusammen mit Icons an. Wie beim Windows-Explorer kann man zwischen verschiedenen Ansichten (*Ansicht|Liste*, *Ansicht|Details* usw.) umschalten.

Die Einträge in einem ListView kann man zur **Entwurfszeit** festlegen. Durch
einen Doppelklick auf die Eigenschaft *Items* im Objektinspektor wird der Editor
für die Einträge im *ListView* aufgerufen:

Hier kann man neue Einträge sowie Untereinträge zu den Einträgen eingeben. Die
Anzahl der Hierarchiestufen ist auf zwei begrenzt: Ein Untereintrag kann keine
weiteren Untereinträge haben.

Normalerweise wird ein ListView aber zur **Laufzeit** aufgebaut. Das ist mit den
folgenden Eigenschaften und Methoden möglich.

Die einzelnen Elemente eines ListView haben den Datentyp *TListItem**. Die
Gesamtheit der Elemente wird durch die Eigenschaft

  __property TListItems **Items***

dargestellt. Sie hat Methoden zum Einfügen und Löschen von Einträgen wie z.B.:

  TListItem **Add**();*

Der Rückgabewert von *Add* zeigt auf das erzeugte Element. Über diesen Rückgabewert kann man die Eigenschaften und Methoden eines *TListItem* ansprechen,
wie z.B.

  *__property AnsiString **Caption*** // der im ListView angezeigte Text des Eintrags
  *__property TImageIndex **ImageIndex*** // Index der zugehörigen ImageList
  __property TStrings **SubItems*** // der Text der Untereinträge

Beispiel: Die im Editor oben abgebildete Liste erhält man auch durch die folgenden Anweisungen:

```
TListItem* p=ListView1->Items->Add();
p->Caption="a";
ListView1->Items->Add()->Caption="b"; // kürzer
ListView1->Items->Add();
p->Caption="c";
p->SubItems->Add("c1");
p->SubItems->Add("c2");
```

Die Elemente des ListView kann man auch über die Eigenschaft *Item* von *TListItems* und ihren Index ansprechen (*Item[0]*, *Item[1]* usw.). Die Anzahl der Elemente ist der Wert der Eigenschaft *Count*.

Beispiel: Mit den folgenden Anweisungen erhält man dasselbe ListView wie im letzten Beispiel:

```
ListView1->Items->Add(); // erzeugt Item[0]
ListView1->Items->Add(); // erzeugt Item[1]
ListView1->Items->Add(); // erzeugt Item[2]
ListView1->Items->Item[0]->Caption="a";
ListView1->Items->Item[1]->Caption="b";
ListView1->Items->Item[2]->Caption="c";
ListView1->Items->Item[2]->SubItems->Add("c1");
ListView1->Items->Item[2]->SubItems->Add("c1");
```

Ein ListView verwendet man meist zusammen mit zwei ImageList Komponenten (siehe Abschnitt 2.9.3), die man zunächst auf das Formular setzt und dann im Objektinspektor den Eigenschaften *LargeImages* und *SmallImages* zuweist. Die Bilder aus den Bilderlisten werden dann im List-View-Eintragseditor über ihren *BildIndex* einem Listeneintrag zugeordnet.

Für die verschiedenen Werte der Eigenschaft ***ViewStyle*** wird ein ListView (mit entsprechenden Bilderlisten und den Einträgen von oben) zur Laufzeit folgendermaßen dargestellt:

— Wenn *ViewStyle* den Wert ***vsIcon*** hat, werden die Bilder aus *LargeImages* über der *Caption* des jeweiligen Listeneintrags angezeigt. Normalerweise wählt man für diese Darstellung größere Icons als in der Abbildung rechts. Im Windows-Explorer entspricht dies der Darstellung mit ***Ansicht|Miniaturansicht***. Die Untereinträge werden so nicht angezeigt.

— Mit dem Wert ***vsSmallIcon*** bzw. ***vsList*** werden die Bilder aus *SmallImages* links vom jeweiligen Listeneintrag angezeigt. Im Windows-Explorer entspricht dies der Darstellung mit ***Ansicht|-Symbole*** bzw. ***Ansicht|Liste***.

— Setzt man *ViewStyle* auf ***vsReport***, werden außer den Listeneinträgen auch noch Untereinträge und Spaltenüberschriften angezeigt. Die Überschriften können im Objektinspektor über die Eigenschaft *Columns* im *ListView* eingegeben werden oder über Anweisungen wie

```
ListView1->Columns->Add();
ListView1->Columns->Items[0]->Caption="Hdr 1";
```

```
ListView1->Columns->Add()->Caption="Hdr 2";
ListView1->Columns->Add()->Caption="Hdr 3";
```

Mit diesen Werten erhält man eine Darstellung wie die rechts abgebildete, die *Ansicht|Details* im Windows-Explorer entspricht. Die Spaltenüberschriften sind für die Anzeige der Untereinträge notwendig: Ohne Einträge in *Column* werden auch keine Untereinträge angezeigt.

Die Aktualisierung der grafischen Darstellung eines ListView ist mit einem gewissen Zeitaufwand verbunden. Diese Aktualisierung kann mit der *TListItems* Methode **BeginUpdate** unterbunden und mit **EndUpdate** wieder aktiviert werden. Das Einfügen, Verändern, Löschen usw. einer größeren Anzahl von Elementen in einem ListView wird deutlich schneller, wenn man vorher *BeginUpdate* und danach *EndUpdate* aufruft.

Ein kleiner Auszug der zahlreichen weiteren Eigenschaften von ListView:

– *MultiSelect* (Voreinstellung *true*) ermöglicht die gleichzeitige Markierung von mehreren Einträgen.
– *GridLines* (Voreinstellung *false*) steuert die Anzeige von Gitterlinien.
– Die Darstellung der Einträge kann frei gestaltet werden, indem man die Eigenschaft *OwnerDraw* auf *true* setzt und die Ereignisse *DrawItem*, *DrawSubItem* und *DrawColumnHeader* definiert.

10.4.2 ListView nach Spalten sortieren

Ein ListView soll seine Zeilen oft nach dem Anklicken einer Spaltenüberschrift nach den Werten in dieser Spalte zu sortieren. Das erreicht man mit einer **Ordnungsfunktion** wie

```
int __stdcall MyCustomSort(long p1, long p2, long p3)
{
TListItem* Item1=(TListItem*)p1; // Typecast - nicht schön
TListItem* Item2=(TListItem*)p2; // Typecast - nicht schön
int ix = p3 - 1;
if (p3 == 0)
   return CompareText(Item1->Caption,Item2->Caption);
else if (ColumnToSort == 1)
   return compareAsInt(Item1->SubItems->Strings[ix],
                       Item2->SubItems->Strings[ix]);
else
   return compareAsDate(Item1->SubItems->Strings[ix],
                        Item2->SubItems->Strings[ix]);
}
```

die man in der Ereignisbehandlungsroutine des *OnClick*-Ereignisses der Elementfunktion *CustomSort* übergibt:

```
void __fastcall TForm1::ListView1ColumnClick(
                    TObject *Sender, TListColumn *Column)
{
ListView1->CustomSort(MyCustomSort, Column->Index);
}
```

Da die Ordnungsfunktion als ein Funktionszeiger übergeben wird, muss sie genau denselben Datentyp wie *MyCustomSort* haben. Diese Funktion wird dann zum Sortieren des ListView verwendet. Ihr Rückgabewert muss

0 sein, falls Item1 bezüglich der Sortierfolge gleich ist wie Item2
>0 sein, falls Item1 bezüglich der Sortierfolge vor Item2 kommt
<0 sein, falls Item1 bezüglich der Sortierfolge nach Item2 kommt.

Das dritte Argument der Ordnungsfunktion ist das zweite Argument von *CustomSort*. Hier wird die Nummer der angeklickten Spalte verwendet, die man über die Eigenschaft *Index* des Arguments *Column* erhält.

In der Ordnungsfunktion *MyCustomSort* werden die Werte der ersten Spalte als Text verglichen, die der zweiten Spalte als *int*-Werte, und die der dritten Spalte als Kalenderdatum. Das ist z.B. mit den folgenden Funktionen verwendet werden:

```
int compareAsInt(const AnsiString& s1,const AnsiString& s2)
{
if (StrToInt(s1)< StrToInt(s2))       return -1;
else if (StrToInt(s1)> StrToInt(s2)) return 1;
else return 0;
}

int compareAsDate(const AnsiString& s1,
                              const AnsiString& s2)
{
if (StrToDateTime(s1)< StrToDateTime(s2))       return -1;
else if (StrToDateTime(s1)> StrToDateTime(s2)) return 1;
else return 0;
}
```

Aufgabe 10.4.2

In Abschnitt 5.3.7 wird gezeigt, wie man ein Verzeichnis mit den Funktionen *FindFirstFile* und *FindNextFile* nach allen Dateien durchsuchen kann. Schreiben Sie eine Funktion

void showFilesOfDirectory(TListView* lv, const AnsiString& path)

die alle Dateien des als *path* übergebenen Verzeichnisses in das als Argument übergebene ListView schreibt. Dieses ListView soll drei Spalten mit der Aufschrift *Name*, *Date* und *Size* haben, in die die Daten *cFileName*, *nFileSizeLow* und *ftLastWriteTime* aus *FindFileData* eingetragen werden.

Beim Anklicken einer Spaltenüberschrift soll das ListView nach den Werten in dieser Spalte sortiert werden.

10.4.3 Die Anzeige von Baumdiagrammen mit TreeView

Ein **TreeView** (Tool-Palette Kategorie „Win32") stellt eine Hierarchie von Knoten als Baumstruktur dar, bei der untergeordnete Baumstrukturen durch Anklicken der Knoten auf- und zugeklappt werden können.

Bei einem TreeView kann jeder Knoten untergeordnete Knoten enthalten. Ein untergeordneter Knoten hat genau einen übergeordneten Knoten. Knoten auf derselben Ebene werden auch als Geschwisterknoten bezeichnet.

Die Einträge (Knoten) können zur Entwurfszeit nach einem Doppelklick auf die Eigenschaft *Items* im Objektinspektor erzeugt werden:

In dieser Abbildung sind sowohl a, b und c Geschwisterknoten als auch b1 und b2. b1 und b2 sind untergeordnete Knoten von b.

Normalerweise wird ein TreeView aber zur **Laufzeit** aufgebaut. Das ist mit den folgenden Eigenschaften und Methoden möglich.

Die einzelnen Knoten eines TreeView haben den Datentyp *TTreeNode**. Ein *TTreeNode* hat die Eigenschaft

    __property TTreeNodes * ***Items***

mit den unmittelbar untergeordneten Knoten. Sie hat Methoden zum Einfügen und Löschen von Knoten wie z.B.

    TTreeNode **Add**(TTreeNode * Sibling, AnsiString S);*

Diese Methode erzeugt einen neuen Geschwisterknoten von *Sibling* (am Ende der Liste) mit dem als Argument für *S* übergebenen Text. Mit dem Argument

TreeView1->TopItem werden neue Knoten auf der obersten Ebene eingefügt. Die Methode

>*TTreeNode* **AddChild**(TTreeNode * Parent, AnsiString S);*

fügt einen untergeordneten Knoten unter *Parent* ein. Falls *Parent* auf einen leeren TreeView zeigt, wird ein oberster Knoten eingefügt. Der Rückgabewert zeigt jeweils auf den erzeugten Knoten. Über diesen Rückgabewert kann man die Eigenschaften und Methoden eines *TTreeNode* ansprechen, wie z.B.

>*__property AnsiString **Text** //* der im TreeView angezeigte Text des Eintrags
>*__property TImageIndex **ImageIndex** //* Index des mit dem Knoten dargestellten Bildes in der zugehörigen ImageList

Beispiel: Die im Editor oben abgebildete Liste erhält man auch durch die folgenden Anweisungen:

```
void fillTV(TTreeView* tv)
{
TTreeNode* n0=tv->Items->Add(tv->TopItem, "a");
TTreeNode* n1=tv->Items->Add(tv->TopItem, "b");
tv->Items->Add(tv->TopItem, "c");
tv->Items->AddChild(n1,"b1");
TTreeNode* n2=tv->Items->AddChild(n1,"b2");
tv->Items->AddChild(n2,"b21");
}
```

Vorsicht: *TTreeNodes* und *TTreeNode* sowie *Items* und *Item* nicht verwechseln!

Die Knoten von *Items* des Typs *TTreeNodes* können unter *Items->Item[0]*, *Items->Item[1]* usw. angesprochen werden. Jeder Knoten hat den Datentyp ***TTreeNode***, der wiederum eine Eigenschaft

>*__property TTreeNode * **Item***

mit den direkt untergeordneten Geschwisterknoten hat.

Beispiel: Ein TreeView *TreeView1* hat die Knoten (Geschwisterknoten)

>*treeView1->Items->Item[0]*, *treeView1->Items->Item[1]* usw.

Ein TTreeNode N hat die untergeordneten Knoten

>*N->Item[0]*, *N->Item[1]* usw.

Den aktuell ausgewählten und den obersten Knoten des TreeView erhält man über die TTreeView-Eigenschaften

>*__property TTreeNode* **Selected***
>*__property TTreeNode* **TopItem***

Alle diese Eigenschaften und Methoden haben den Wert *0*, falls es keinen entsprechenden Knoten gibt.

Mit den folgenden Eigenschaften und Methoden von *TTreeNode* kann man benachbarte Knoten finden:

> *TTreeNode* * **getFirstChild()**; // den ersten untergeordneten Knoten
> *TTreeNode** **getNextSibling()**; // der nächste Geschwisterknoten
> *TTreeNode** **getPrevSibling()**;// der Geschwisterknoten davor
> __*property TTreeNode** **Parent** // der übergeordnete Knoten

Weist man der Eigenschaft *Images* des TreeView eine ImageList zu, werden die Bilder aus der Imagelist links von den Einträgen angezeigt. Die Zuordnung der Bilder zu den Einträgen erfolgt auch hier über die Eigenschaft *ImageIndex*.

Wie bei einem ListView kann der Zeitaufwand für das Einfügen von Elementen in ein TreeView reduziert werden, wenn man die Aktualisierung vorher mit den TreeNodes-Methoden **BeginUpdate** unterbindet und erst anschließend wieder mit **EndUpdate** ermöglicht.

Ein TreeView wird oft mit einem ListView gekoppelt (wie z.B. im Windows Explorer): Beim Anklicken eines Knotens im TreeView (Ereignis *OnClick*) werden dann weitere Daten zu diesem Knoten im *ListView* angezeigt. Da ein Knoten beim Anklicken zum aktuell ausgewählten Knoten wird, kann man einfach über die Eigenschaft **Selected** auf diesen Knoten zugreifen.

Beispiel: Diese Funktion zeigt beim Anklicken eines Knotens die Texte des Knotens in einem Memo an:

```
void __fastcall TForm1::TreeView1Click(
                               TObject *Sender)
{
if (TreeView1->Selected!=0)
  Memo1->Lines->Add(TreeView1->Selected->Text);
}
```

Mit der Methode **SaveToFile** kann ein TreeView als Textdatei gespeichert werden. Ein so gespeicherter TreeView kann dann mit **LoadFromFile** wieder in ein TreeView geladen werden.

Manchmal will man in einem *TTreeNode* Knoten **zusätzliche Daten** speichern, die nicht angezeigt werden sollen. Dafür ist der generische Zeiger

*__property void * **Data***

vorgesehen. Diesem Zeiger kann die Adresse einer Variablen eines beliebigen Datentyps zugewiesen werden. Beim Zugriff auf die Daten muss man diese mit einer Typkonversion in den Typ der gespeicherten Daten konvertieren.

Beispiel: Wenn man dem Zeiger *Data* eines Knotens n die Adresse eines *AnsiString* zuweist

```
n->Data=new AnsiString(path+fn);
```

muss man diesen beim Zugriff auf die Daten eines Knotens n wieder konvertieren:

```
AnsiString fn=*static_cast<AnsiString*>(n->Data);
```

Aufgabe 10.4.3

1. Erzeugen Sie ein TreeView mit 10 Einträgen auf der obersten Ebene. Der Text dieser Einträge soll ihrer jeweiligen Nummer entsprechen. Jeder Eintrag soll 20 Untereinträge enthalten, und jeder dieser Untereinträge wiederum 30 Untereinträge. Der Text eines Untereintrags soll sich aus dem Text des übergeordneten Eintrags sowie dem Index des aktuellen Eintrags zusammensetzen.

2. Nehmen Sie die folgenden Funktionen in ein Projekt (z.B. mit dem Namen *DirTree*) auf. Zum rekursiv Durchsuchen der Verzeichnisse eines Laufwerks können Sie ich an Abschnitt 5.3.7 orientieren.

   a) Schreiben Sie eine Funktion *SearchSubdirs*, die den vollständigen Pfad aller Verzeichnisse und Unterverzeichnisse eines als Parameter übergebenen Verzeichnisses wie im Windows-Explorer in einen als Parameter übergebenen TreeView einhängt:

   Dabei kann wie in der Abbildung auf Icons usw. verzichtet werden. Falls Sie die Aufgabe 5.3.7 gelöst haben, können Sie die Funktion *SearchSubdirs* aus der Lösung dieser Aufgabe überarbeiten. Testen Sie diese Funktion mit einigen Verzeichnissen, die Sie hart kodiert in den Quelltext eingeben.

   b) Erweitern Sie das Formular von Aufgabe a) um ein ListView, in dem beim Anklicken eines Verzeichnisses im TreeView alle Dateien dieses Verzeichnisses angezeigt werden. Sie können dazu die Funktion *showFilesOfDirectory* von Aufgabe 10.4.2 verwenden.

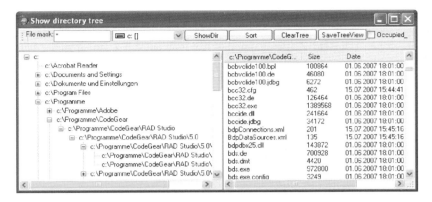

c) Überarbeiten Sie die Lösungen der Aufgabe b) so, dass im TreeView der Name des Verzeichnisses (und nicht wie in Aufgabe b) der vollständige Pfad) zusammen mit der Anzahl der in allen Unterverzeichnissen belegten Bytes angezeigt wird. Den für die rekursive Suche in den Unterverzeichnissen notwendigen Pfad können Sie über die Eigenschaft *Data* speichern.

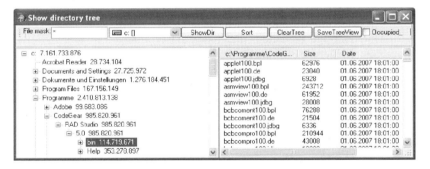

3. Ein TreeView soll ein Baumdiagramm darstellen, das während der Laufzeit des Programms aufgebaut wird. Dazu soll ein Kontextmenü zum TreeView die Optionen „Neuer Geschwisterknoten", „Neuer Unterknoten", „Knoten löschen" und „Baum löschen" anbieten.

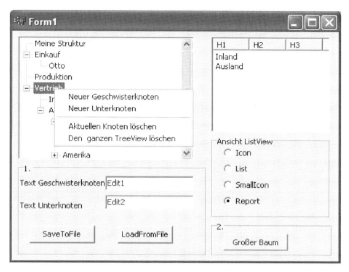

a) Beim Anklicken der Optionen
- „Neuer Geschwisterknoten" soll ein neuer Geschwister-Knoten des aktuell ausgewählten Knotens in den TreeView eingefügt werden. Sein Text soll aus einem ersten Edit-Feld *Edit1* übernommen werden.
- „Neuer Unterknoten" soll ein neuer Kind-Knoten zum aktuell ausgewählten Knoten in das TreeView eingefügt werden. Sein Text soll aus einem zweiten Edit-Feld *Edit2* übernommen werden.
- „Aktuellen Knoten löschen" soll der ausgewählte Knoten gelöscht werden.
- „Den ganzen TreeView löschen" sollen alle Knoten des TreeView gelöscht werden.

b) Beim Anklicken eines TreeView-Knotens soll der Text aller untergeordneten Knoten im ListView angezeigt werden.

c) Die Ansicht des *ListViews* soll über 4 RadioButtons zwischen *vsIcon*, *vsList*, *vsSmallIcon* und *vsReport* umgeschaltet werden können.

d) Über zwei weitere Buttons soll das TreeView als Datei gespeichert bzw. aus einer Datei geladen werden können.

10.5 Formatierte Texte mit der RichEdit-Komponente

TRichEdit Die **RichEdit**-Komponente (Tool-Palette Kategorie „Win32") ist wie ein Memo von der Basisklasse *TCustomMemo* abgeleitet. Diese Klassen haben deswegen viele gemeinsame Elemente. Im Unterschied zu einem Memo hat eine RichEdit-Komponente aber weitaus mehr Möglichkeiten zur Formatierung von Text. Insbesondere können Texte im *Rich Text Format* (RTF) dargestellt werden, bei dem einzelne Teile verschiedene Attribute (Schriftgröße, Schriftart usw.) haben. Bei einem Memo beziehen sich diese Attribute immer auf den gesamten Text. Außerdem ist die Größe des angezeigten Textes nicht wie bei einem Memo auf 30 KB begrenzt.

Texte im RTF-Format können mit vielen Textverarbeitungsprogrammen (z.B. Microsoft Word) erzeugt und dann in einem *RichEdit* angezeigt werden:

Die Textattribute können während der Laufzeit über die Eigenschaft

　　__property TTextAttributes* SelAttributes;

gesetzt werden. Diese hat unter anderem die Eigenschaften

　　__property TColor Color; // Die Farbe der Textzeichen
　　__property AnsiString Name; // Name der Schriftart
　　__property int Size; // Schriftgröße in Punkten
　　__property TFontStyles Style; // fett (*fsBold*), kursiv (*fsItalic*) usw.

Diese Attribute wirken sich auf den markierten Text aus. Fall kein Text markiert ist, wirken sie sich auf den anschließend geschriebenen Text aus:

```
RichEdit1->SelAttributes->Size=10;
RichEdit1->Lines->Add("Schriftgröße 10 Punkt");
RichEdit1->SelAttributes->Size=18;
RichEdit1->SelAttributes->Style<<fsBold; // Datentyp Set
RichEdit1->Lines->Add("Schriftgröße 18 Punkt, fett");
```

Den Text in einem *RichEdit* kann man einfach mit der Methode *Print* ausdrucken:

　　void __fastcall Print(AnsiString Caption);

Das übergebene Argument ist der Titel der Druckjobs, der als Dokumentname in einer Druckerstatusanzeige von Windows angezeigt wird.

Beispiel: Die folgende Funktion verwendet ein unsichtbares RichEdit zum Drucken:

```
void DruckenMitRichEdit()
{
TRichEdit* r=new TRichEdit(Form1);
r->Parent=Form1; // siehe Abschnitt 8.4
r->Visible=false; // RichEdit nicht sichtbar
for (int i=0; i<10; i++)
  r->Lines->Add("Line "+IntToStr(i));
```

```
      r->Print("Titel des Druck-Jobs");
      delete r;
      }
```

Ein kleiner Unterschied zwischen der RichEdit-Komponente und einem *Memo* besteht darin, dass die RichEdit-Komponente nach dem Einfügen einer Zeile mit *Lines->Add* nicht automatisch zu der zuletzt eingefügten Zeile scrollt. Verwenden Sie dazu die Eigenschaft

> __property TScrollStyle **ScrollBars**;// z.B. ssHorizontal, ssVertical, ssBoth

Wie bei einem TreeView oder ListView kann der Zeitaufwand für das Einfügen von Elementen in ein RichEdit reduziert werden, wenn man die Aktualisierung vorher mit den Methoden **Lines->BeginUpdate** unterbindet und erst anschließend wieder mit **Lines->EndUpdate** ermöglicht.

Aufgabe 10.5

Erzeugen Sie mit einer RichEdit-Komponente ein RTF-Dokument, das aus einer Überschrift (Schriftart Arial, Schriftgröße 15, fett) besteht sowie aus einigen weiteren Zeilen in der Schriftart Courier, Schriftgröße 12, nicht fett. Öffnen Sie diese Datei dann mit Microsoft Word oder einem anderen Editor, der das RTF-Format lesen kann (z.B. wordpad, aber nicht notepad).

10.6 Tabellen

TStringGrid   Mit einem **StringGrid** (Tool-Palette Kategorie „Zusätzlich") können Strings in einer Tabelle dargestellt und editiert werden. Die Anzahl der Zeilen und Spalten der Tabelle wird durch die Eigenschaften *RowCount* und *ColCount* bestimmt. Der Text in der i-ten Zeile der j-ten Spalte ist der Wert der Eigenschaft *Cells[i][j]*.

Beispiel: Die Tabelle oben wird durch die folgenden Anweisungen erzeugt:

```
void __fastcall TForm1::Button4Click(TObject *Sender)
{
StringGrid1->ColCount = 5;
StringGrid1->RowCount = 4;
for (int i=0; i<5; i++)
   for (int j=0; j<4; j++)
     { // && ist der und-Operator
      if ((i==0) && (j==0)) StringGrid1->Cells[i][j]= '*';
      else if (i==0) StringGrid1->Cells[i][j]= IntToStr(j);
      else if (j==0) StringGrid1->Cells[i][j]= IntToStr(i);
```

```
      else StringGrid1->Cells[i][j]= IntToStr(i*j);
  }
}
```

Die Eigenschaft *Options* eines *StringGrids* ist eine Menge (Datentyp **Set**) von Optionen, mit denen die Anzeige und das Verhalten des Gitters eingestellt werden kann. Solche Eigenschaften des Datentyps *Set* werden im Objektinspektor mit einem Pluszeichen vor dem Namen gekennzeichnet. Klickt man dieses an, werden die Elemente der Menge einzeln angezeigt, und man kann für jedes einzeln angeben, ob es in der Menge enthalten sein soll oder nicht.

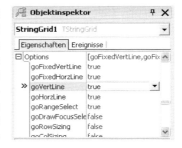

Wenn man hier z.B. *goEditing* auf *true* setzt, kann der Text in einer Zelle auch während der Laufzeit editiert werden.

TDrawGrid Ein **DrawGrid** (Tool-Palette Kategorie „Zusätzlich") hat viele Gemeinsamkeiten mit einem StringGrid, da die Klasse *TDraw-Grid* eine Basisklasse von T*StringGrid* ist. Der wesentliche Unterschied ist, dass ein DrawGrid nicht die die Eigenschaft *Cells* hat. Stattdessen zeichnet man hier in der Ereignisbehandlungsroutine *OnDrawCell* auf die Zeichenfläche Canvas des DrawGrid.

Beispiel: Diese Funktion zeichnet ein gefülltes Rechteck in die zweite Zelle der zweiten Zeile:

```
void __fastcall TForm4::DrawGridDrawCell(TObject
           *Sender, int ACol, int ARow, TRect &Rect,
                            TGridDrawState State)
{
TDrawGrid* d=static_cast<TDrawGrid*>(Sender);
if (ACol==2 && ARow==2)
  {
  d->Canvas->Brush->Color=clBlue;
  d->Canvas->FillRect(Rect);
  }
}
```

TValueListEditor Ein Wertlisteneditor (**ValueListEditor**, Tool-Palette Kategorie „Zusätzlich") ist ein StringGrid mit zwei Spalten, die Wertepaare aus einem Schlüsselbegriff (*KeyName*) und einem zugehörigen Wert (*Value*) enthalten. Solche Wertepaare können mit der Funktion *InsertRow* eingefügt werden. Dabei gibt das Argument für *Append* an, ob das neue Paar vor oder nach der aktuellen Position eingefügt wird. Mit *FindRow* kann man die Zeilennummer eines Schlüsselbegriffs bestimmen:

bool *__fastcall* **InsertRow**(const AnsiString KeyName,

const AnsiString Value, bool Append);
bool __fastcall **FindRow**(const AnsiString KeyName, int &Row);

Beispiel: Die nächsten beiden Anweisungen fügen zwei Zeilen ein:

```
ValueListEditor1->InsertRow("Luigi Mafiosi",
                    "Luigi@palermo.net",true);
ValueListEditor1->InsertRow("Karl Erbschleicher",
                    "Karl@aahoohell.kom",true);
```

10.7 Schieberegler: ScrollBar und TrackBar

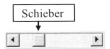 TScrollBar   Die Komponente **ScrollBar** (Tool-Palette Kategorie „Standard")
stellt einen Schieberegler dar, dessen Schieber (der auch als Positionsmarke
bezeichnet wird) mit der Maus oder mit den Pfeiltasten bewegt werden kann. Seine
aktuelle Position ist der Wert der Eigenschaft **Position**, die Werte im Bereich der
Eigenschaften **Min** und **Max** annehmen kann. Alle diese Eigenschaften haben den
Datentyp *int*.

Mit der Eigenschaft *Kind* kann man eine horizontale oder vertikale Ausrichtung
des Schiebereglers festlegen. Zulässige Werte sind *sbHorizontal* und *sbVertical*.

Scrollbars werden oft als Bildlaufleisten am Rand von Fenstern verwendet, die
nicht groß genug sind, um den gesamten Inhalt anzuzeigen. Dann zeigt die
Position des Schiebers die aktuelle Position im Dokument an. Eine weitere
typische Anwendung ist ein Lautstärkeregler.

Ein Schieberegler kann zur Eingabe von ganzzahligen Werten verwendet werden.
Mit der Maus an einem Schieber zu ziehen ist oft einfacher als das Eintippen von
Ziffern in ein Edit-Fenster. Eine solche Eingabekomponente völlig ausreichend,
wenn es nicht auf absolute Genauigkeit ankommt (wie etwa bei einem Lautstärkeregler).

Wenn der Schieberegler verschoben wird tritt das Ereignis *OnChange* ein. Die folgende Ereignisbehandlungsroutine zeigt die aktuelle Position des Schiebers im
Edit-Fenster *Edit1* an:

```
void __fastcall TForm1::ScrollBar1Change(TObject *Sender)
{
Edit1->Text=IntToStr(ScrollBar1->Position);
}
```

 TTrackBar   Ein **TrackBar** (Tool-Palette Kategorie „Win32") hat viele
Gemeinsamkeiten mit einer ScrollBar. Wie eine ScrollBar besitzt
ein TrackBar einen Schieber, dessen Position der Wert der Eigenschaft *Position*
im Bereich zwischen *Min* und *Max* ist.

Zusätzlich werden Teilstriche angezeigt, und über die Eigenschaften *SelStart* und
SelEnd kann man einen Teilbereich der Anzeige farblich hervorheben.

Aufgabe 10.7

In der frühen Steinzeit der Rechenmaschinen (bis ca. 1970) gab es nicht nur
Digitalrechner (wie heute nahezu ausschließlich), sondern auch **Analogrechner**.
Die Bezeichnung „analog" kommt daher, dass mathematische Zusammenhänge
durch physikalische Geräte dargestellt wurden, bei denen aus Eingabewerten in
Analogie zu den mathematischen Zusammenhängen Ausgabewerte erzeugt werden.
Beispiele sind der Rechenschieber oder spezielle elektrische Geräte, bei denen
man die Operanden an Drehreglern eingeben und das Ergebnis an Zeiger-
instrumenten ablesen konnte. Analogrechner wurden oft für spezielle Aufgaben
entwickelt, z.B. um mit den Kirchhoffschen Regeln Gleichungssysteme zu lösen.
Sie waren oft wesentlich schneller als die damaligen Digitalrechner.

Schreiben Sie ein Programm, mit dem man wie bei einem Analogrechner die
Koeffizienten a, b und d des symmetrischen linearen Gleichungssystems

$$ax + by = 1$$
$$bx + dy = 1$$

an Schiebereglern einstellen kann, und das bei jeder Positionsänderung eines
Schiebereglers die Lösung

$$x = (b - d)/(b*b - a*d)$$
$$y = (b - a)/(b*b - a*d)$$

ausgibt:

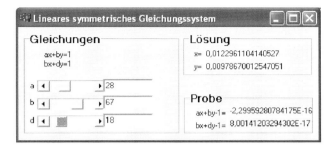

Wenn einer der Schieberegler bewegt wird (Ereignis *OnChange*), sollen die Koeffizienten in einem Edit-Feld und die Ergebnisse sowie eine Probe auf einem Label dargestellt werden.

Stellen Sie mit einer *if*-Anweisung sicher, dass keine Division durch 0 stattfindet. In diesem Fall braucht kein neuer Wert für x bzw. y angezeigt werden, und im Feld für die Lösung soll „Division durch 0" stehen.

Beachten Sie, dass eine Division von zwei *int*-Operanden mit dem Operator „/" als Ganzzahldivision (ohne Nachkommastellen im Ergebnis, z.B. 7/4=1) durchgeführt wird. Ein Ergebnis mit Nachkommastellen kann man dadurch erreichen, dass man einen der beiden Operanden (z.B. durch eine Addition mit 0.0) zu einem Gleitkommaausdruck macht.

Falls bei Ihrer Lösung mehrere Ereignisbehandlungsroutinen mit denselben Anweisungen reagieren, brauchen Sie diese Anweisungen nicht mehrfach schreiben: Es reicht, eine einzige dieser Ereignisbehandlungsroutinen zu schreiben und diese dann im Objektinspektor über das Dropdown-Menü des Ereignisses den anderen Ereignissen zuzuordnen.

10.8 Weitere Eingabekomponenten

In diesem Abschnitt werden einige weitere Komponenten zur Dateneingabe kurz vorgestellt.

10.8.1 Texteingaben mit MaskEdit filtern

TMaskEdit Mit **MaskEdit** (Tool-Palette Kategorie „Zusätzlich") kann man wie in einem Edit-Fenster Texte ein- und ausgeben. Zusätzlich kann man mit der Eigenschaft *EditMask* eine Eingabemaske definieren, die unzulässige Eingaben unterbindet.

Durch Anklicken der rechten Spalte der Eigenschaft *EditMask* im Objektinspektor (bzw. „Editor für Eingabemasken" im Kontextmenü) wird ein Maskeneditor mit einigen Standardmasken aufgerufen. Im Eingabefeld „Testeingabe" kann man die Eingabemaske testen. Über den Button „Masken" können weitere länderspezifische Eingabemasken geladen werden.

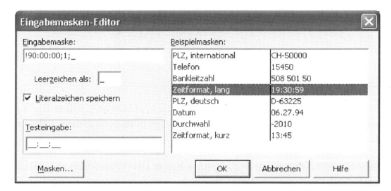

In einer Eingabemaske werden notwendige bzw. optionale Zeichen der jeweiligen Kategorie durch die Zeichen in den rechten beiden Spalten der folgenden Tabelle dargestellt. Für eine umfassende Beschreibung wird auf die Online-Hilfe verwiesen.

Kategorie	notwendig	optional
Ziffer	0	9
Ziffer, +, –		#
Buchstabe	L	l
alphanumerisches Zeichen	A	a
beliebiges Zeichen	C	c

Die folgenden Zeichen formatieren eine Eingabe:

:   Trennzeichen (in der Landeseinstellung) für Stunden, Minuten und Sekunden
/   Trennzeichen (in der Landeseinstellung) für Tag, Monat und Jahr
\>   folgende Zeichen werden in Großschreibung dargestellt
\<   folgende Zeichen werden in Kleinschreibung dargestellt
!   optionale Zeichen werden als führende Leerzeichen dargestellt

Die Eigenschaft **EditText** enthält dann die mit der Eingabemaske *EditMask* formatierten eingegeben Zeichen. Fehlende Zeichen werden in der Voreinstellung durch das Zeichen „_" dargestellt.

Beispiel: Mit diesen Anweisungen (die Zuweisungen an Text können auch über die Tastatur eingegeben werden)

```
MaskEdit1->EditMask="00/00/00";
MaskEdit1->Text="12/34";
```

```
Memo1->Lines->Add("ET:"+MaskEdit1->EditText+":"+
                               MaskEdit1->Text);
MaskEdit1->Text="1/2/34567890";
Memo1->Lines->Add("ET:"+MaskEdit1->EditText+":"+
                               MaskEdit1->Text);
```

erhält man diese Ausgaben:

```
ET:12/34/__:12/34/
ET:1_/2_/34:1 /2 /34
```

Tastatureingaben können auch mit einer gewöhnlichen Edit-Komponente gefiltert werden, indem man beim Ereignis *OnKeyPress* unerwünschte Zeichen auf 0 setzt.

Beispiel: In der TextBox mit dieser Ereignisbehandlungsroutine können nur Ziffern, Punkte und Backspace-Zeichen eingegeben werden:

```
void __fastcall TForm1::Edit1KeyPress(TObject
                               *Sender, char &Key)
{
if ((Key>='0' && Key<='9') || (Key=='.') ||
                               (Key=='\b') )
  Text=Text+Key;              // \b für backspace
else Key=0;
}
```

10.8.2 Die Auswahl von Laufwerken und Verzeichnissen

Laufwerke und Verzeichnisse können mit den Standarddialogen ausgewählt werden, die bei einem Aufruf der beiden Funktionen

> bool **SelectDirectory**(const AnsiString Caption, const WideString Root, AnsiString &Directory);
>
> bool **SelectDirectory**(AnsiString &Directory, TSelectDirOpts Options, int HelpCtx);

angezeigt werden. Beide geben den Wert *true* zurück, wenn der Dialog mit OK bestätigt wurde. Das ausgewählte Verzeichnis wird über das Argument für den Parameter *Directory* zurückgegeben. Diese Funktionen können z.B. folgendermaßen aufgerufen werden:

```
#include <FileCtrl.hpp> // nicht immer notwendig
void __fastcall TForm2::Button1Click(TObject *Sender)
{
AnsiString Directory;
const WideString Root="c:\\";
if (SelectDirectory ("Directory", Root, Directory))
  ShowMessage(Directory);
TSelectDirOpts Options;
Options<<sdAllowCreate;     //sdPerformCreate, sdPrompt
```

```
   if (SelectDirectory (Directory, Options, 0))
     ShowMessage(Directory);
}
```

Der Dialog der zweiten Funktion sieht etwa so aus:

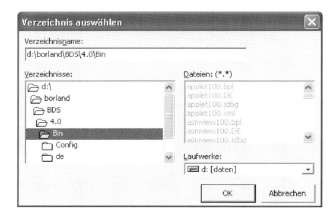

Die einzelnen Steuerelemente dieses Dialogs stehen über die folgenden Komponenten (Tool-Palette Kategorie „Win 3.1") zur Verfügung:

Eine **FileListBox** zeigt alle Dateien aus dem Verzeichnis der Eigenschaft *Directory* an. Setzt man *ShowGlyphs* auf *true*, werden Symbole neben dem Dateinamen angezeigt. Über die Eigenschaften *Mask* und *FileType* können Dateitypen und Attribute maskiert werden.

Eine **DirectoryListBox** zeigt die Verzeichnisstruktur des Laufwerks der Eigenschaft *Drive* an.

Eine **DriveComboBox** zeigt die verfügbaren Laufwerke an.

Eine **FilterComboBox** filtert die angezeigten Dateien über die Eigenschaft *Mask*.

Diese Komponenten kann man über das Ereignis *OnChange* koppeln. Dann wird bei einer Änderung des Laufwerks auch das zugehörige Verzeichnis angezeigt (wie bei dem oben abgebildeten SelectDirectory-Dialog).

```
   void __fastcall TForm1::DirectoryListBox1Change(TObject
                                                   *Sender)
   {
   FileListBox1->Directory = DirectoryListBox1->Directory;
   }
```

```
void __fastcall TForm1::DriveComboBox1Change(TObject
                                                *Sender)
{
DirectoryListBox1->Drive = DriveComboBox1->Drive;
}
```

10.9 Status- und Fortschrittsanzeigen

Die Komponente **StatusBar** (Tool-Palette Kategorie „Win32") ist eine Statusleiste, die normalerweise am unteren Rand eines Formulars Fenster Informationen anzeigt. Im einfachsten Fall setzt man die boolesche Eigenschaft *SimplePanel* auf den Wert *true*. Dann besteht die Statusleiste aus einer einfachen Textzeile, die den Wert der Eigenschaft *SimpleText* darstellt:

```
StatusBar1->SimplePanel=true;
StatusBar1->SimpleText="blabla";
```

Falls *SimplePanel* dagegen den Wert *false* hat, kann die Statusleiste in verschiedene Panel unterteilt werden. Sie können während der Entwurfszeit durch einen Doppelklick auf die Eigenschaft *Panels* im Objektinspektor gestaltet werden.

Während der Laufzeit des Programms kann die Gesamtheit der Panels über die Eigenschaft *Panels* angesprochen werden. Mit der Methode *Add* lassen sich neue Panels erzeugen:

```
StatusBar1->SimplePanel=false;
StatusBar1->Panels->Add();
```

Die einzelnen Panels können unter der Eigenschaft *Items* angesprochen werden. Ihre Anzahl ist der Wert der Eigenschaft *Count*:

StatusBar1->Panels->Items[0] ... StatusBar1->Panels->Items[Count-1]

Jedes Item hat unter anderem die Eigenschaften:

_property AnsiString **Text**; // der in der Statusleiste angezeigte Text
_property int **Width**; // die Breite des Panels in Pixeln
_property TAlignment **Alignment**; // die Ausrichtung des Textes

Die einzelnen Textfelder kann man dann wie folgt ansprechen:

```
StatusBar1->Panels->Items[0]->Text="Sie sind verhaftet!";
StatusBar1->Panels->Items[1]->Text="Geben Sie alles zu!";
```

Die Komponente **ProgressBar** (Tool-Palette Kategorie „Win32") wird vor allem bei längeren Operationen als Fortschrittsanzeige eingesetzt. Der Anwender kann dann aufgrund dieser Anzeige abschätzen, wie lange die Operation noch dauert. *ProgressBar* hat im Wesentlichen die folgenden Eigenschaften:

> __property TProgressRange **Min**; // untere Grenze der Fortschrittsanzeige
> __property TProgressRange **Max**; // obere Grenze der Fortschrittsanzeige
> __property TProgressRange **Position**; // die aktuelle Position
> __property TProgressRange **Step**; // der Wert, um den *Position* durch *Step*
> // erhöht wird

sowie die folgenden Methoden:

> void __fastcall **StepIt**(void); // erhöht *Position* um *Step*
> void __fastcall **StepBy**(TProgressRange Delta); // erhöht *Position* um *Delta*

10.10 Klassen und Funktionen zu Uhrzeit und Kalenderdatum

Im Folgenden werden einige der wichtigsten Funktionen für Uhrzeiten und Kalenderdaten vorgestellt. Zahlreiche weitere Klassen, Funktionen, Variablen usw. findet man im Namensbereich *SysUtils* (siehe Online-Hilfe) sowie in der **Boost-Bibliothek** (siehe http://boost.org). Von der Verwendung der C-Bibliotheken *time.h* wird oft abgeraten.

10.10.1 *TDateTime*-Funktionen

Die Klasse *TDateTime* (aus „include\vcl\sysdate.h") stellt ein Kalenderdatum und eine Uhrzeit in einem *double*-Wert dar, wobei die Stellen vor dem Komma die Anzahl der Tage seit dem 30.12.1899 sind. Die Nachkommastellen sind die Uhrzeit, wobei 24 Stunden dem Wert 1 entsprechen. Eine Stunde entspricht also 1/24.

Beispiele:	0	30. 12. 1899	0:00 Uhr
	2,5	1. 1. 1900	12:00 Uhr
	2,75	1. 1. 1900	18:00 Uhr
	−1,25	29. 12. 1899	6:00 Uhr

Diese Klasse hat unter anderem die folgenden Konstruktoren, mit denen man ein Datum zu einem *double*-Wert, einem String oder vorgegeben Jahres-, Monats- und Stundenzahlen erhält:

> **TDateTime**() // Datum und Uhrzeit 0
> **TDateTime**(const double src) // Datum und Uhrzeit entsprechen *src*
> **TDateTime**(const AnsiString& src, TDateTimeFlag flag = DateTime);
> **TDateTime**(unsigned short year, unsigned short month, unsigned short day);

Aktuelle Werte für Datum und Uhrzeit erhält man mit den Elementfunktionen:

> *TDateTime* **CurrentTime()**;   // aktuelle Zeit
> *TDateTime* **CurrentDate()**;   // aktuelles Datum
> *TDateTime* **CurrentDateTime()**;   // aktuelles Datum und Zeit (Date + Time)

Die so erhaltenen Zeiten sind unter Windows 9x allerdings nur auf 1/18 Sekunde genau. Unter Windows NT/20000/XP sind sie genauer, aber nicht sehr viel mehr. Dasselbe Ergebnis erhält man auch mit den globalen Funktionen:

> *TDateTime* **Time**(*void*); // aktuelle Zeit
> *TDateTime* **Date**(*void*); // aktuelles Datum
> *TDateTime* **Now**(*void*); // aktuelles Datum und Zeit (Date + Time)

Für die Konvertierung eines Kalenderdatums vom Datentyp *TDateTime* in einen AnsiString stehen ebenfalls sowohl Elementfunktionen

> *AnsiString* **TimeString**() *const;*
> *AnsiString* **DateString**() *const;*
> *AnsiString* **DateTimeString**() *const;*

als auch globale Funktionen zur Verfügung:

> *AnsiString* **TimeToStr**(*TDateTime Time*);
> *AnsiString* **DateToStr**(*TDateTime Date*);
> *AnsiString* **DateTimeToStr***TDateTime DateTime*);
> *AnsiString* **FormatDateTime**(*const AnsiString Format, TDateTime DT*);

Ein String kann mit den folgenden Elementfunktionen in ein Datum umgewandelt werden:

> *TDateTime* **StrToTime**(*const AnsiString S*);
> *TDateTime* **StrToDate**(*const AnsiString S*);
> *TDateTime* **StrToDateTime**(*const AnsiString S*);

Mit Funktionen wie

> *void* **DecodeDate**(*const TDateTime DateTime, Word &Year, Word &Month,*
> *Word &Day*);

(analog **DecodeTime** und **DecodeDateFully**) kann man aus einem Datum die Zahlen für den Tag, Monat usw. extrahieren.

Beispiele:

1. Durch das folgende Timer-Ereignis wird das aktuelle Datum und die aktuelle Zeit in eine Statusleiste geschrieben:

```
void __fastcall TForm1::Timer1Timer(TObject *Sender)
{
StatusBar1->SimplePanel = true;
StatusBar1->SimpleText = DateTimeToStr(Now());
}
```

2. Die folgenden Aufrufe weisen das aktuelle Datum und die Zeit den Variablen t und d zu:

```
TDateTime t=Time(); // aktuelle Zeit, z.B. "23:38:34"
TDateTime d=Date();//aktuelles Datum, z.B. "25.01.03"
```

3. Die einfachste Möglichkeit, die Laufzeit von Anweisungen zu messen, erhält man nach folgendem Schema. Wie oben schon bemerkt wurde, sind diese Ergebnisse aber nicht allzu genau.

```
double start=Now();
double s=0;
for (int i=0; i<100000000; i++) s=s+i;
double end=Now();
Memo1->Lines->Add(TimeToStr(end-start));
```

10.10.2 Zeitgesteuerte Ereignisse mit einem Timer

⏱ TTimer   Die Komponente **Timer** (Tool-Palette Kategorie „System") löst nach jedem Intervall von *Interval* (einer *int*-Eigenschaft von *Timer*) Millisekunden das Ereignis *OnTimer* aus. Damit kann man Anweisungen regelmäßig nach dem eingestellten Zeitintervall ausführen. Diese Anweisungen gibt man in der Ereignisbehandlungsroutine für *OnTimer* an.

Mit der booleschen Eigenschaft ***Enabled*** kann der Timer aktiviert bzw. deaktiviert werden.

Beispiel: Wenn *Interval* den Wert 1000 hat, schreibt diese Funktion die von der Funktion *Time* gelieferte aktuelle Zeit jede Sekunde auf ein Label:

```
void __fastcall TForm1::Timer1Timer(TObject*
                                            Sender)
{
Label1->Caption=TimeToStr(Time());
}
```

Die Timer-Komponente ist nicht so genau, wie man das von der Intervall-Unterteilung in Millisekunden (ms) erwarten könnte. Ihre Auflösung liegt bei 55 ms. Deshalb erhält man mit dem Wert 50 für die Eigenschaft *Interval* etwa genauso viele Ticks wie mit dem Wert 1. Man kann außerdem auch bei großen Intervallen (z.B. 1000 ms) nicht erwarten, dass nach 10 Ticks genau 10 Sekunden vergangen sind.

10.10.3 Hochauflösende Zeitmessung

Da die Zeiten, die man mit den Funktionen *Time* usw. erhält, manchmal zu ungenau sind, sollen noch zwei Funktionen der Windows-API vorgestellt werden, die eine **hochauflösende Zeitmessung** erlauben.

*BOOL **QueryPerformanceFrequency**(//* aus der Win32 SDK Online-Hilfe
 LARGE_INTEGER *lpFrequency); // Adresse der Frequenz

*BOOL **QueryPerformanceCounter** (LARGE_INTEGER*
 *lpPerformanceCount); // Adresse des aktuellen Zählerwertes

Dabei ist LARGE_INTEGER die folgende Datenstruktur:

```
typedef union _LARGE_INTEGER {
    struct {
        DWORD LowPart;
        LONG  HighPart;
    };
    LONGLONG QuadPart; // 64-bit int mit Vorzeichen
} LARGE_INTEGER;
```

Falls der Rechner, auf dem diese Funktionen aufgerufen werden, über eine hochauflösende Uhr verfügt (was heute meist zutreffen sollte), liefert *QueryPerformanceFrequency* einen von Null verschiedenen Funktionswert (*true*) und schreibt die Anzahl der Ticks pro Sekunde an die Adresse des übergebenen Arguments. Auf meinem Rechner erhielt ich den Wert 1193180, was eine Genauigkeit von etwa einer Mikrosekunde bedeutet und eine relativ genau Zeitmessung ermöglicht. Ein Überlauf des Timers ist prinzipiell möglich, findet aber angesichts der 64-bit-Werte erst nach 245 119 Jahren statt.

```
double GetHRFrequency()
{ // Der Funktionswert ist die Auflösung des HR-Timers
LARGE_INTEGER f;
BOOL bf = QueryPerformanceFrequency(&f);
if (bf) return f.QuadPart;
else return -1;
}

double HRFrequency =GetHRFrequency();

double HRTimeInSec()
{ // Der Funktionswert ist der aktuelle Wert des
  // HR-Timers in Sekunden
LARGE_INTEGER c;
BOOL bc = QueryPerformanceCounter(&c);
if (bc) return c.QuadPart/HRFrequency;
else return -1;
}
```

Mit diesen Funktionen kann man die Ausführungszeit für eine Anweisung dann z.B. folgendermaßen messen und anzeigen:

```
double Start1=HRTimeInSec();
s=Sum1(n); // die Funktion, deren Laufzeit gemessen wird
double End1=HRTimeInSec();
Form1->Memo1->Lines->Add("t="+FloatToStr(End1-Start1));
```

Auf diese Weise wurden alle in diesem Buch angegebenen Laufzeiten gemessen. Die **Genauigkeit** der Ergebnisse ist allerdings **nicht so hoch**, wie man aufgrund der Auflösung eventuell erwarten könnte. So werden die Ergebnisse dadurch leicht verfälscht, dass auch der Aufruf dieser Funktionen eine gewisse Zeit benötigt. Außerdem ist Windows ein Multitasking-Betriebssystem, das anderen Prozessen, die gerade im Hintergrund laufen, Zeit zuteilt. Deswegen erhält man bei verschiedenen Zeitmessungen meist verschiedene Ergebnisse. Siehe dazu auch Aufgabe 3.

10.10.4 Kalenderdaten und Zeiten eingeben

▦ TMonthCalendar   Ein **MonthCalendar** (Tool-Palette Kategorie „Win32") stellt einen Monatskalender dar, aus dem man ein Datum auswählen kann:

Das ausgewählte Datum ist dann der Wert der Eigenschaft

   _property TDateTime **Date**

Falls die Eigenschaft **MultiSelect** auf *true* gesetzt ist, kann auch ein Bereich von Kalenderdaten (*Date* bis **EndDate**) ausgewählt werden.

Beispiel: Diese Anweisung gibt das ausgewählte Datum in einem Memo aus:

```
Memo1->Lines->Add(DateToStr(MonthCalendar1->Date));
```


▧ TDateTimePicker   Mit einem **DateTimePicker** (Tool-Palette Kategorie „Win32")
                     kann man in Abhängigkeit vom Wert der Eigenschaft *Kind* Kalenderdaten und Uhrzeiten eingeben. Diese stehen unter den Eigenschaften *Date* und *Time* zur Verfügung:

   _property TDate **Date;**
   _property TTime **Time;**

Der angezeigte Wert ist der Wert der Eigenschaft

> *__property TDateTime **DateTime***

Über die Werte *dtkDate* oder *dtkTime* der Eigenschaft **Kind** kann man festlegen, ob *DateTime* als Kalenderdatum oder als Uhrzeit dargestellt wird. Mit dem Wert *dtkTime* wird außerdem rechts ein Auf-Ab-Schalter angezeigt, mit dem jedes einzelne Element der Anzeige erhöhen oder reduzieren kann:

Wenn *Kind* dagegen den Wert *dtkDate* hat, wird rechts ein Pulldown-Button angezeigt, über den man einen Monatskalender aufklappen kann. Aus diesem kann man wie bei einem MonthCalendar ein Datum auswählen.

Aufgabe 10.10

1. Schreiben Sie ein Programm mit den folgenden beiden Funktionen:

a) Die Hintergrundfarbe eines Edit-Fensters soll gelb blinken, wenn es den Fokus hat. Sie können dazu die Ereignisse *OnEnter* und *OnExit* verwenden.
b) Prüfen Sie Genauigkeit von Timer-Ereignissen, indem Sie die Ergebnisse von zwei Timern beobachten. Der erste Timer hat ein Intervall von 100 und erhöht den Wert einer Variablen um 1. Der zweite hat ein Intervall von 1000 und erhöht eine zweite Variable um 10. Er gibt außerdem die Werte der beiden Variablen in einem Memo aus. Im Idealfall wären die Werte von beiden Variablen gleich.
Geben Sie außerdem bei jedem Tick die mit *HRTimeInSec* gemessene Zeit seit dem Start aus.

2. Schreiben Sie eine Klasse *CHRTimer* mit den Elementfunktionen *Start*, *End* und *TimeStr*, die ohne die globale Variable *HRFrequency* auskommt. Beim Aufruf von *Start* und *End* sollen entsprechende Datenelemente der Klasse auf die aktuelle Zeit gesetzt werden. Die Funktion *TimeStr* soll die zwischen den letzten Aufrufen von *Start* und *End* vergangene Zeit als String ausgeben (in Sekunden) und folgendermaßen verwendet werden können:

```
CHRTimer t;
t.Start();
s=Sum1(n);
t.End();
Memo1->Lines->Add("t1="+t.TimeStr());
```

Legen Sie eine Datei (z.B. mit dem Namen „TimeUtils.h") an, die alle Funktionen und Deklarationen für die hochauflösende Zeitmessung enthält. Wenn man diese Datei im Verzeichnis „\CppUtils" ablegt, kann man sie mit

```
#include "\CppUtils\TimeUtils.h"
```

in ein Programm einbinden und so Ausführungszeiten messen.

10.11 Multitasking und Threads

Wenn ein Programm mit einer grafischen Benutzeroberfläche eine Funktion aufruft, sind bis zur Beendigung dieser Funktion alle Steuerelemente blockiert, und man kann keine Buttons anklicken, keinen Text in ein Eingabefeld eingeben usw. Bei „schnellen" Funktionen ist dieser Effekt kaum spürbar. Falls ihre Ausführung aber etwas länger dauert, kann diese Blockierung der Steuerelemente lästig und unerwünscht sein.

Beispiel: In Abschnitt 5.3 wurde gezeigt, dass die Funktion (siehe Aufgabe 5.3.1)

```
int rek_Fib(int n)
{ // Fibonacci-Zahlen rekursiv berechnen
if (n<=0) return 0;
else if (n==1) return 1;
else return rek_Fib(n-1) + rek_Fib(n-2);
}
```

hochgradig ineffizient ist und sehr viel länger für die Berechnung der Fibonacci-Zahlen braucht als eine iterative Version. Sie ist aber ein einfaches Beispiel für eine zeitaufwendige Funktion, mit der man die Konzepte im Zusammenhang mit Multithreading illustrieren kann. Ruft man sie mit entsprechenden Argumenten (je nach Rechner: n im Bereich 35 bis 45), ist während ihrer Ausführung die Anwendung für einige Sekunden oder Minuten blockiert:

```
void __fastcall TForm1::BtnClick(TObject *Sender)
{
Memo1->Lines->Add(IntToStr(rek_Fib(45)));
}
```

Diese Blockierung kann man vermeiden, indem man eine zeitaufwendige Funktion als eigenen **Thread** startet. Dann werden das Programm und der Thread quasiparallele ausgeführt.

In diesem Zusammenhang bezeichnet man ein Programm, das in den Hauptspeicher geladen (gestartet) wurde, als **Prozess**. Zu jedem Prozess gehören ein privater Adressraum, Code, Daten usw. Jedes Programm wird mit einem Thread (dem sogenannten primären Thread) gestartet, kann aber weitere Threads erzeugen. Viele Programme unter Windows bestehen nur aus einem einzigen Thread.

Ein Thread ist die Basiseinheit von Anweisungen, der das Betriebssystem CPU-Zeit zuteilt: Jeder Thread, der CPU-Zeit benötigt, erhält vom Betriebssystem eine Zeiteinheit (Zeitscheibe, *timeslice*) zugeteilt. Innerhalb dieser Zeit werden die Anweisungen dieses Threads ausgeführt. Sobald die Zeit abgelaufen ist, entzieht das Betriebssystem diesem Thread die CPU und teilt sie eventuell einem anderen Thread zu. Da jede Zeitscheibe relativ klein ist (Größenordnung 20 Millisekunden), entsteht so auch bei einem Rechner mit nur einem Prozessor der Eindruck, dass mehrere Programme gleichzeitig ablaufen. Auf einem Rechner mit mehreren Prozessoren können verschiedene Threads auch auf mehrere Prozessoren verteilt werden.

Die Programmierung von Threads kann allerdings fehleranfällig sein: Falls man nicht alle Regeln beachtet, kann das Fehler nach sich ziehen, die nur schwer zu finden sind, weil sie z.B. erst nach einigen Stunden Laufzeit auftreten. Deswegen sollte man Threads nur verwenden, wenn das unumgänglich ist.

10.11.1 Multithreading mit der Klasse *TThread*

Zur Ausführung von Threads verwendet man im C++Builder am einfachsten eine von der abstrakten Basisklasse *TThread* abgeleitete Klasse. *TThread* besitzt eine rein virtuelle Funktion

> *virtual void **Execute**();*

die in der abgeleiteten Klasse überschrieben werden muss. In den Anweisungsteil dieser Funktion nimmt man dann die Anweisungen auf, die als Thread ausgeführt werden sollen. Die abgeleitete Klasse kann man zwar auch manuell schreiben. Es ist aber einfacher, sie mit

> *Datei\Neu\Weitere\C++Builder-Projekte\C++Builder-Dateien\Threads*

erzeugen lassen. Dann muss man lediglich den Namen der Thread-Klasse angeben:

Der Speicherbereich für den Thread wird dann durch ein Objekt dieser Klasse dargestellt, das wie üblich mit *new* erzeugt wird. Meist übergibt man dem Konstruktor

> *__fastcall **TThread**(bool CreateSuspended);*

das Argument *true*. Dann wird der Speicherbereich für den Thread erzeugt, ohne die Funktion *Execute* zu starten.

Die Methode ***Execute*** sollte allerdings **nie manuell aufgerufen** werden. Stattdessen sollte man die Elementfunktion

> *void **Resume**();*

aufrufen, die ihrerseits dann *Execute* aufruft.

Beispiel: Nachdem so eine abgeleitete Klasse mit dem Namen *MeinThread* erzeugt und unter dem Dateinamen *Thread1* gespeichert wurde, nimmt man die Header-Datei Thread1.h entweder manuell mit einer *#include*-Anweisung oder mit *Datei|Unit verwenden* in das Programm auf.

```
int result=0;

void __fastcall MyThread1::Execute()
{
SetName();
//---- Place thread code here ----
result=rek_Fib(45);
}

void __fastcall TForm1::btnThread1Click(
                             TObject *Sender)
{
MyThread1* t=new MyThread1(true);
t->FreeOnTerminate=true;
t->Resume(); // nicht t->Execute(); aufrufen
}
```

Nach jedem Anklicken dieses Buttons sieht man im Windows Task-Manager, wie sich die Anzahl der Threads erhöht.

Über die Eigenschaft

   __property bool **FreeOnTerminate**

kann man festlegen, ob das Thread-Objekt nach seiner Beendigung automatisch freigegeben wird. Über die *TThread*-Eigenschaft

   __property TThreadPriority **Priority**

kann man die Priorität eines Threads auf einen der folgenden Werte festlegen:

   enum **TThreadPriority** *{tpIdle, tpLowest, tpLower, tpNormal, tpHigher, tpHighest, tpTimeCritical};*

Nach der Ausführung von *Execute* wird **OnTerminate** aufgerufen, falls diese Methode definiert ist.

Die Funktion *Execute* muss alle **Exceptions** abfangen, die bei ihrem Aufruf auftreten können. Falls man das vergisst, kann das zu einem unerwarteten Verhalten des Programms führen:

```
void __fastcall TMyThread::Execute()
{
try {
       //---- Place thread code here ----
```

```
        }
    catch (Exception& e)
        {//Da man über Synchronize keine Parameter übergeben
         //kann, wird ein Datenelement ExceptionMsg verwendet.
         ExceptionMsg=e.Message;
         Synchronize(&ShowMyExceptionMessage);
        }
    catch (...)
        {
         ExceptionMsg="Exception ...";
         Synchronize(&ShowMyExceptionMessage);
        }
    }
```

Hier soll *ShowMyExceptionMessage* eine Methode sein, die eine Meldung über die Exception ausgibt. Falls sie dazu VCL-Methoden verwendet, muss sie mit *Synchronize* (siehe nächster Abschnitt) aufgerufen werden.

10.11.2 Der Zugriff auf VCL-Elemente mit *Synchronize*

Die etwas umständliche Vorgehensweise mit der Variablen *result* in den Beispielen des letzten Abschnitts wurde deswegen gewählt, weil man in der Thread-Funktion *Execute* VCL-Elemente (wie z.B. *Edit1*, *Memo1* usw.) nur eingeschränkt ansprechen darf.

Beispiel: Hätte man stattdessen die nächste Variante der Funktion *Execute* gewählt, wäre das Programm eventuell hängen geblieben oder abgestürzt.

```
            void __fastcall MeinThread::Execute()
            {
            Form1->Memo1->Lines->Add(IntToStr(rek_Fib(45)));
            }
```

Der Zugriff auf VCL-Elemente ist in der Thread-Funktion *Execute* nur dann möglich, wenn er über einen Aufruf einer der *Synchronize*-Funktionen erfolgt:

>   *void **Synchronize**(TThreadMethod AMethod);*
>   *void **Synchronize**(TMetaClass * vmt, TSynchronizeRecord * ASyncRec,*
>   *bool QueueEvent);*
>   *void **Synchronize**(TMetaClass * vmt, TThread * AThread,*
>   *TThreadMethod AMethod);*

Während der Ausführung von *Synchronize* wird der primäre Thread des Programms vorübergehend angehalten, damit keine Konflikte beim Zugriff auf globale Daten eintreten können. Diese Funktion darf nicht vom primären Thread aufgerufen werden, da das zu einer Endlosschleife führt.

Wenn man also in *Execute* Elemente der VCL ansprechen will, muss man alle Anweisungen mit solchen Zugriffen in eine Funktion des Typs *typedef void __fastcall (__closure * **TThreadMethod**) (void) ;*

(eine *TThread*-Elementfunktion ohne Parameter) packen und diese dann *Synchronize* als Argument für *AMethod* übergeben. Da sie den aktuellen Prozess wie eine gewöhnliche Nicht-Thread Funktion blockiert, sollte ihr Aufruf nicht lange dauern.

Beispiel: Fasst man die Anweisungen, die auf VCL-Steuerelemente zugreifen, in einer Elementfunktion der Thread-Klasse zusammen,

```
int result; // ein Datenelement der Klasse

void __fastcall MeinThread::VCLAccess()
{
Form1->Memo1->Lines->Add(IntToStr(result));
}
```

kann man diese Elementfunktion mit *Synchronize* in *Execute* aufrufen:

```
void __fastcall MeinThread::Execute()
{
result=rek_Fib(45);
Synchronize(&VCLAccess);
}
```

Den Thread kann man dann wie in *Button1Click* starten:

```
void __fastcall TForm1::Button1Click(TObject
                                     *Sender)
{
MeinThread* t=new MeinThread(true);
t->FreeOnTerminate=true;
t->Resume();
}
```

Er gibt dann den Wert von *result* in einem Memo aus.

Würde man im letzten Beispiel anstelle von

```
Form1->Memo1->Lines->Add(IntToStr(result));
```

den Funktionsaufruf *rek_Fib(45)*

```
Form1->Memo1->Lines->Add(IntToStr(rek_Fib(45)));
```

synchronisieren, würde der primäre Thread auf das Ende dieses Funktionsaufrufs warten. Damit wäre das Programm während der Ausführung genauso blockiert wie ohne Multithreading.

Durch die Synchronisation sind Aufrufe von *Synchronize* mit einem zusätzlichen Zeitaufwand verbunden. Deshalb sollte man keine Anweisungen synchronisieren, bei denen das nicht nötig ist.

10.11.3 Kritische Abschnitte und die Synchronisation von Threads

Den verschiedenen Threads eines Programms wird die CPU vom Betriebssystem zugeteilt und wieder entzogen. Da eine C++-Anweisung vom Compiler in mehrere Maschinenanweisungen übersetzt werden kann, kann es vorkommen, dass einem Thread die CPU während der Ausführung einer C++-Anweisung entzogen wird, obwohl diese erst zum Teil abgearbeitet ist.

Wenn mehrere Threads auf gemeinsame Daten zugreifen, kann das dazu führen, dass der eine Thread mit den unvollständigen Werten eines anderen Threads weiterarbeitet. Das kann zu völlig unerwarteten und sinnlosen Ergebnissen führen.

Beispiel: Eine einfache Zuweisung kann zu zwei Maschinenanweisungen führen:

Startet man die Funktion f1 so, dass sie nicht parallel in mehreren Threads ausgeführt wird, erhält man das erwartete Ergebnis 0. Startet man sie dagegen in zwei oder mehr parallelen Threads, erhält man oft ein von 0 verschiedenes Ergebnis:

```
int g=-1;

int f1()
{
int j=0;
for (int i=0; i<1000;i++)
    {
     g++;
     Sleep(1); // warte 1 Millisekunde
     if (g != 0)
       j++;
     g--;
    }
return j;
}
```

Solche unerwünschten Effekte lassen sich dadurch vermeiden, dass man die Threads so synchronisiert, dass immer nur ein Thread auf die gemeinsamen Daten zugreifen kann. Dazu stehen verschiedene Möglichkeiten zur Verfügung:

– Einige VCL-Komponenten enthalten Elemente, mit denen andere Threads vom Zugriff auf kritische Daten ausgeschlossen werden.

Beispiele: Die Klasse *TCanvas* kann ihre kritischen Daten mit den Elementfunktionen **Lock** und **UnLock** sperren. Die Klasse

TThreadList enthält eine *TList* und die Funktionen *LockList* und *UnLockList*, mit denen man den Zugriff auf die Liste sperren kann.

Canvas und *LockList* gehören zu den wenigen VCL-Elementen, auf die man außerhalb von Synchronize zugreifen kann, falls man ihre Lock-Funktionen verwendet.

— Die Klasse **TCriticalSection** enthält die Elementfunktion

> *virtual void __fastcall* **Acquire***(void);*
> *virtual void __fastcall* **Release***(void);*

mit denen man sicherstellen kann, dass nur ein einziger Thread Zugriff auf einen kritischen Abschnitt hat. Falls ein Thread einen kritischen Bereich mit *Aquire* reserviert hat, muss jeder andere Thread, der *Aquire* mit diesem kritischen Bereich ausführen will, so lange warten, bis dieser mit *Release* kritische Bereich wieder freigegeben wird.

Ein Objekt der Klasse *TCriticalSection* muss immer global definiert werden.

Generell sind **alle globalen Variablen** kritische Bereiche, auf die ein Zugriff aus mehreren parallel ablaufenden Threads verhindert werden muss. Mit der folgenden Variante der Funktion von oben erhält man auch mit mehreren parallel ablaufenden Threads immer das Ergebnis 0:

```
int g=-1;

TCriticalSection* lock1=new TCriticalSection;

int f2()
{
int j=0;
for (int i=0; i<1000;i++)
  {
    lock1->Acquire();
      g++;
    lock1->Release();
    Sleep(1); // warte 1 Millisekunde
    lock1->Acquire();
      if (g != 0)
        j++;
      g--;
    lock1->Release();
  }
return j;
}
```

Bei der Definition von kritischen Abschnitten muss immer darauf geachtet werden, dass ein Thread einen reservierten Bereich auch wieder freigibt. Sonst kann der Fall auftreten, dass mehrere Threads gegenseitig aufeinander warten, dass ein jeweils anderer den reservierten Bereich wieder freigibt (Deadlock).

Falls die Anweisungen im kritischen Bereich eine Exception auslösen können, sollten diese Anweisungen in einem *try*-Block und die Freigabe in einem zugehörigen *__finally*-Handler erfolgen.

– Falls mehrere Threads globale Variablen nur lesen, aber nicht verändern, ist ein gemeinsamer Zugriff meist nicht mit Problemen verbunden. Dann ist oft die Klasse *MultiReadExclusiveWriteSynchronizer* angemessen. Sie enthält die Funktionen

> *void __fastcall **BeginRead**(void);*
> *void __fastcall **EndRead**(void);*

mit denen ein Lesezugriff auf einen kritischen Bereich ermöglicht wird, wenn dieser nicht gerade mit

> *void __fastcall **BeginWrite**(void);*
> *void __fastcall **EndWrite**(void);*

für Schreiboperationen reserviert ist. Falls ein *MultiReadExclusiveWrite-Synchronizer* ausreicht, erhält man oft schnellere Programme als mit *TCriticalSection*.

10.12 TrayIcon

TTrayIcon Setzt man ein **TrayIcon** (Tool-Palette Kategorie „Zusätzlich") auf ein Formular und seine Eigenschaft *Visible* auf *true*, wird das der Eigenschaft *Icon* zugewiesene Icon während der Ausführung des Programms im Infobereich (rechts der Taskleiste von Windows) angezeigt. Wenn man mit der Maus über dieses Icon fährt, wird der Wert der Eigenschaft *Hint* angezeigt. Über die Eigenschaft *PopupMenu* kann ein Kontextmenü zugeordnet werden, das beim Anklicken des Icons in der Taskleiste mit der rechten Maustaste angezeigt wird.

Beispiel: Weist man der Eigenschaft *PopupMenu* des TrayIcons ein Kontextmenü mit den folgenden Menüoptionen zu, kann man die Anwendung über das Kontextmenü minimieren oder in Normalgröße anzeigen:

```
void __fastcall TForm1::Min1Click(TObject *Sender)
{ // zeigt die Anwendung in einem minimierten
Form1->WindowState=wsMinimized;    // Fenster an
}

void __fastcall TForm1::Nrm1Click(TObject *Sender)
{ // zeigt die Anwendung in einem Fenster in
Form1->WindowState=wsNormal;    // Normalgröße an
}
```

Weist man die Eigenschaft *BalloonHint* einen Text zu, wird durch einen Aufruf der Methode

    void **ShowBalloonHint()**;

ein „Ballon" mit diesem Text angezeigt. Die Dauer der Anzeige ergibt sich aus dem Wert der *int*-Eigenschaft *BalloonTimeout*.

10.13 *TCanvas* **und** *TImage*: **Grafiken anzeigen und zeichnen**

In diesem Abschnitt werden einige Klassen vorgestellt, mit denen man Grafiken darstellen und zeichnen kann.

10.13.1 Grafiken anzeigen mit *TImage*

Mit der Komponente **Image** (Tool-Palette Kategorie „Zusätzlich") des Datentyps *TImage* kann man Bilder auf einem Formular anzeigen, die z.B. in einem der Formate JPG (dem verbreiteten komprimierten Bildformat), .ICO (Icon), .WMF (Windows Metafile) oder .BMP (Bitmap) als Bilddateien vorliegen. Über die Eigenschaft *Picture* kann ein solches Bild im Objektinspektor mit dem Bildeditor festgelegt oder während der Laufzeit geladen werden:

```
void __fastcall TForm1::Button5Click(TObject *Sender)
{
Image1->Picture->LoadFromFile("C:\\Programme\\Gemeinsame
  Dateien\\Borland Shared\\Images\\Backgrnd\\quadrill.bmp);
};
```


10.13.2 Grafiken zeichnen mit *TCanvas*

Die Klasse *TCanvas* stellt eine rechteckige Zeichenfläche dar, auf der man mit Elementfunktionen wie

    void **MoveTo**(*int X, int Y*);//Setzt den Zeichenstift auf die Pixelkoordinaten x,y.
                                                                                                   //
    void **LineTo**(*int X, int Y*); // Zeichnet eine Linie von der aktuellen Position des
                                                                                           // Zeichenstiftes nach x,y.

Linien, Kreise usw. zeichnen kann. Alle Koordinaten sind in Pixeln angegeben und beziehen sich auf den Canvas. Dabei ist der Nullpunkt (0,0) links oben und nicht (wie in der Mathematik üblich) links unten. Die Höhe und Breite der Zeichenfläche erhält man über die Methoden *Width* und *Height* der Eigenschaft

    __property TRect **ClipRect**

Beispiel: Die Funktion *ZeichneDiagonale* zeichnet eine Diagonale von links oben (Koordinaten x=0, y=0) nach rechts unten (Koordinaten x=*Canvas->ClipRect.Width(), Canvas->ClipRect.Height()*) auf die als Argument übergebene Zeichenfläche:

```
void ZeichneDiagonale(TCanvas* Canvas)
{
Canvas->MoveTo(0,0);
Canvas->LineTo(Canvas->ClipRect.Width(),
                 Canvas->ClipRect.Height());
}
```

Verschiedene Steuerelemente haben eine Eigenschaft *Canvas* des Typs *TCanvas*. Am einfachsten zeichnet man auf den *Canvas* eines *TImage*. Man kann aber auch auf den Canvas eines Formulars oder einer PaintBox (Tool-Palette Kategorie „System") zeichnen. Dazu sollte man aber die Ausführungen in Abschnitt 10.13.8 beachten.

Beispiel: Nachdem man ein TImage *Image1* und eine TPaintBox *PaintBox1* auf ein Formular gesetzt hat, kann man die Funktion *zeichneDiagonale* mit dem Canvas dieser Komponenten aufrufen:

```
void __fastcall TForm1::Button1Click(
                            TObject *Sender)
{
zeichneDiagonale(Image1->Canvas);
zeichneDiagonale(Form1->Canvas);
zeichneDiagonale(PaintBox1->Canvas);
}
```

Alle drei Aufrufe zeichnen eine Diagonale in das jeweilige Steuerelement.

10.13.3 Welt- und Bildschirmkoordinaten

Meist ist der Bereich, der gezeichnet werden soll (das sogenannte Weltkoordinatensystem), nicht mit dem Bereich der Bildschirmkoordinaten identisch. Wenn man z.B. die Funktion *sin* im Bereich von –1 bis 1 zeichnen will, würde man nur relativ wenig sehen, wenn man die Weltkoordinaten nicht transformiert.

Weltkoordinaten   Bildschirmkoordinaten

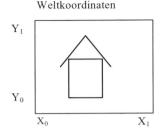 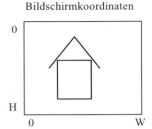

Durch die folgenden linearen Transformationen werden Weltkoordinaten in Bild-schirmkoordinaten abgebildet

```
int x_Bildschirm(double x,double x0, double x1, double W)
{ // transformiert x aus [x0,x1] in Bildkoordinaten [0,W]
return (x-x0)*W/(x1-x0);
}

int y_Bildschirm(double y,double y0, double y1, double H)
{ // transformiert y aus [y0,y1] in Bildkoordinaten [H,0]
return (y-y1)*H/(y0-y1);
}
```

und umgekehrt:

```
double x_Welt(int px, double x0, double x1, double W)
{//transformiert px aus [0,W] in Weltkoordinaten [x0,x1]
return x0 + px*(x1-x0)/W;
}

double y_Welt(int py, double y0, double y1, double H)
{//transformiert py aus [0,H] in Weltkoordinaten [y1,y0]
return y1 + py*(y0-y1)/H;
}
```

Mit diesen Transformationen kann man eine Funktion y=f(x) folgendermaßen zeichnen:

– Zu jedem x-Wert px (0, 1, 2 usw.) eines Pixels der Zeichenfläche bestimmt man die Weltkoordinaten x.
– Zu diesem x berechnet man den Funktionswert y=f(x).
– y transformiert man dann in Bildschirmkoordinaten py
– ab px=1 verbindet den Punkt (px,py) mit einer Geraden mit dem Punkt, den man im vorherigen Schritt (mit px-1) berechnet hat.

Nach diesem Verfahren wird in *zeichneFunktion* die Funktion sin(x*x) im Bereich –4 bis 4 gezeichnet:

```
void zeichneFunktion(TCanvas* Canvas)
{ // zeichnet die Funktion y=sin(x*x) im Bereich [-4,4]
double x0=-4, y0=-1, x1=4, y1=1; // Weltkoordinaten
Canvas->Pen->Color=clRed;
```

```
void ModernArts(TCanvas* Canvas)
{
Canvas->Rectangle(10,20,30,50); // Ein Rechteck
          // mit den Einstellungen von Pen und Brush.
// Voreinstellungen Pen: Farbe schwarz, Strich-
// dicke 1, Voreinstellungen Brush: Farbe weiß

Canvas->Pen->Color = clGreen;
Canvas->Rectangle(60,100,90,130);// grünes Quadrat

Canvas->Pen->Width=3;
Canvas->Ellipse(70,10,120,60); // dicker Kreis

Canvas->Brush->Color =clRed;
Canvas->Brush->Style =bsCross;
Canvas->Rectangle(20,60,80,90); // Rechteck, das
          // mit einem roten Gittermuster gefüllt ist
}
```

Mit der Elementfunktion *Draw* kann man eine Grafik in einen Canvas einfügen:

> void **Draw**(int X, int Y, TGraphic* Graphic); // Zeichnet die Grafik *Graphic*
> // an die Koordinaten (x,y)

10.13.5 Text auf einen Canvas schreiben

Mit der zur Klasse *TCanvas* gehörenden Funktion

> void __fastcall **TextOut**(int X, int Y, const AnsiString Text);

wird der als Argument übergebene Text auf dem Canvas ausgegeben. Dabei sind x und y die Koordinaten der Zeichenfläche (in Pixeln), ab denen der Text ausgedruckt wird. Will man mehrere Strings in aufeinander folgende Zeilen ausgeben, muss man die y-Koordinate jedes Mal entsprechend erhöhen. Dazu bietet sich die folgende Funktion an:

> int __fastcall **TextHeight**(const AnsiString Text);

Sie liefert die Höhe des als Argument übergebenen Strings in Pixeln zurück, wobei die aktuelle Schriftart berücksichtigt wird.

Beispiel: Die Funktion *MemoToCanvas* schreibt den Text eines Memos auf einen Canvas, falls dieser genügend groß ist:

```
void MemoToCanvas(TMemo* Memo, TCanvas* Canvas)
{
int y=0;   // y-Position der Zeile
int ZA=10; // Zeilenabstand
int LR=10; // linker Rand
for (int i=0; i<Memo->Lines->Count;i++)
  {
```

```
        AnsiString z= Memo->Lines->Strings[i];
        Canvas->TextOut(LR,y,z);
        y=y+ZA+ Canvas->TextHeight(z);
    }
}
```

TextOut verwendet die Schriftart, Schrifthöhe usw. der Eigenschaft **Font** des *Canvas*. *Font* enthält unter anderem die folgenden Eigenschaften. Diese können in einem FontDialog gesetzt oder auch direkt zugewiesen werden:

> _property TColor **Color**; // Farbe der Schrift
> _property int **Height**; // Höhe der Schrift in Pixeln
> _property int **Size**; // Größe der Schrift in Punkten
> _property TFontName **Name**; // Name der Schriftart, z.B. "Courier"

Beispiele: Eigenschaften eines Klassentyps (wie *Font*) müssen mit der Methode *Assign* zugewiesen, und nicht nur durch eine einfache Zuweisung:

```
        if (Form1->FontDialog1->Execute())
          Form1->Canvas->Font->Assign(Form1->
                                      FontDialog1->Font);
        // nicht: Image1->Canvas->Font=FontDialog1->Font;
        //        da nur die Zeiger zugewiesen werden
```

10.13.6 Drucken mit *TPrinter*

Die unter Windows verfügbaren **Drucker** können im C++Builder über die Klasse **TPrinter** angesprochen werden. Eine Variable dieser Klasse ist unter dem Namen **Printer()** vordefiniert und kann nach

```
        #include <vcl\printers.hpp>
```

ohne jede weitere Initialisierung verwendet werden. Die Klasse *TPrinter* enthält unter anderem die Eigenschaft *Canvas*: Wenn man auf diese Zeichenfläche zwischen einem Aufruf der Funktionen **BeginDoc** und **EndDoc** zeichnet, wird die Zeichnung auf dem Drucker ausgegeben:

```
        Printer()->BeginDoc(); // Initialisiert den Druckauftrag
        // zeichne auf den Canvas des Druckers (das Papier)
        Printer()->EndDoc(); // Erst jetzt wird gedruckt
```

Der Druckauftrag wird erst mit dem Aufruf von *EndDoc* an den Drucker übergeben. Durch *BeginDoc* wird er nur initialisiert, ohne dass der Drucker zu Drucken beginnt. Der Druckauftrag wird im Statusfenster des entsprechenden Druckers (unter Windows, *Arbeitsplatz|Drucker*) mit dem Titel angezeigt, der über die Eigenschaft *Title* gesetzt wurde:

```
        Printer()->Title = "Rechnung Nr. 17";
```

Eigenschaften des Druckers (wie Schriftart, Schriftgröße usw.) kann man über die Eigenschaften des *Canvas* von *Printer()* einstellen:

```
Printer()->Canvas->Font->Size=12;
```

Damit kann man ein **Memo** durch die folgenden Anweisungen **ausdrucken**:

```
Printer()->BeginDoc(); // Initialisiert Druckauftrag
MemoToCanvas(Memo1,Printer()->Canvas); // siehe 10.13.5
Printer()->EndDoc(); // Beendet Druckauftrag
```

Diese Anweisungsfolge ist allerdings oft unzureichend: Falls der gesamte Text nicht auf einer einzigen Druckseite Platz findet, wird der Text außerhalb der Seitenränder nicht gedruckt.

Mit der Eigenschaft

  __property int **PageHeight**;

erhält man die Höhe der aktuellen Druckseite. Wenn man dann vor jede Ausgabe einer Zeile prüft, ob sie noch auf die Seite passt, kann man mit

  void __fastcall **NewPage(void)**;

einen Seitenvorschub auslösen. Siehe dazu auch Aufgabe 1.

10.13.7 Grafiken im BMP- und WMF-Format speichern

In einem *Image* verwenden die Eigenschaften *Picture* und *Canvas* beide dasselbe Bild. Deshalb kann man ein Bild über die Eigenschaft *Canvas* zeichnen und anschließend über die Eigenschaft *Picture* mit *SaveToFile* speichern:

```
void writeCanvasToBMPfile(TImage* image, char* fn)
{
ZeichneFunktion(image->Canvas);
image->Picture->SaveToFile(fn);
}
```

Da die Eigenschaft *Picture* das Bild im bitmap-Format darstellt und dieses Format ein Bild durch seine Pixel darstellt, können beim Vergrößern oder Verkleinern des Bildes unschöne Rastereffekte entstehen. Dieser Nachteil besteht beim EMF-Format nicht. Dieses „enhanced windows metafile"-Format ist ein Vektor-Format, das die einzelnen Elemente der Grafik enthält. Dieses Format wird kann von vielen Windows-Anwendungen (insbesondere auch von Word) interpretiert werden und stellt Grafiken auch noch nach dem Vergrößern oder Verkleinern im Word-Dokument richtig dar. Eine solche Grafik-Datei kann wie in der nächsten Funktion erzeugt werden:

```
void writeCanvasToEMF(TImage* image, char* fn)
{
TMetafile* metafile=new TMetafile;
TMetafileCanvas* canvas=new TMetafileCanvas(metafile,0);
zeichneFunktion(canvas); // eine Funktion, die auf
delete canvas; // überträgt den MetafileCanvas in das
                                               // Metafile
metafile->SaveToFile(fn);//speichert Metafile
delete metafile;
}
```

Hier muss man vor allem beachten, dass die Grafik mit *delete* in das Metafile
überträgt wird und erst anschließend gespeichert werden kann.

10.13.8 Auf den Canvas einer PaintBox oder eines Formulars zeichnen

Außer einem *TImage* haben auch noch andere Komponenten wie *TForm* und
TPaintBox (Tool-Palette Kategorie „System") und Klassen (z.B. *TBitmap* oder
TPrint) eine Eigenschaft **Canvas** des Typs *TCanvas*, die man als Zeichenfläche
verwenden kann.

Beispiel: Alle Funktionen mit einem *TCanvas*-Parameter können auch mit dem
           Canvas eines Formulars oder einer PaintBox aufgerufen werden:

```
void __fastcall TForm1::Button1Click(
                              TObject *Sender)
{
zeichneDiagonale(Image1->Canvas);
zeichneDiagonale(Form1->Canvas);
zeichneDiagonale(PaintBox1->Canvas);
}
```

Allerdings besteht zwischen dem Canvas eines TImage und den anderen Komponenten ein kleiner **Unterschied**. Dieser Unterschied zeigt sich dann, wenn das dem
Formular entsprechende Fenster während der Laufzeit durch ein anderes Fenster
verdeckt wird und danach wieder in den Vordergrund kommt: Dann wird das Bild
im Image wieder angezeigt, während das Bild in der PaintBox und im Formular
verschwunden ist.

Der Grund für dieses unterschiedliche Verhalten ist die Behandlung des *OnPaint*-
Ereignisses, das von Windows immer dann ausgelöst wird, wenn eine Komponente
neu gezeichnet werden muss. Dieses Ereignis führt bei einem Image immer dazu,
dass der Canvas neu gezeichnet wird. Bei einem Formular oder einer PaintBox
wird der Canvas dagegen nicht neu gezeichnet. Deshalb muss man den Canvas bei
einem Formular oder einer PaintBox bei diesem Ereignis immer neu zeichnen.
Deshalb muss man die Funktionen, die auf den Canvas eines Formulars oder einer
PaintBox zeichnen, immer als Reaktion auf das Ereignis **OnPaint** der Komponente
aufrufen und nicht etwa als Reaktion auf einen ButtonClick:

```
void __fastcall TForm1::PaintBox1Paint(TObject *Sender)
{ // Ereignisbehandlungsroutine für das OnPaint Ereignis
ZeichneFunktion(PaintBox1->Canvas);
}
```

Da das Ereignis *OnPaint* von Windows ausgelöst wird und bereits beim Start des Programms eintritt, wird der Canvas schon beim Programmstart gezeichnet. Falls man den Canvas als Reaktion auf eine Benutzereingabe (z.B. einen ButtonClick) zeichnen will, kann man die Elementfunktion *Invalidate* aufrufen. Diese löst das Ereignis *OnPaint* aus:

```
void __fastcall TForm1::Button1Click(TObject *Sender)
{
PaintBox1->Invalidate();
}
```

Da hier die Funktionen, die auf den Canvas zeichnen, nicht direkt aufgerufen werden, kann man diesen Funktionen keine Parameter übergeben. Dazu kann man aber globale Variablen oder (besser) Datenelement der Formularklasse verwenden.

Zusammenfassend kann man also festhalten, dass es meist am einfachsten ist, wenn zum Zeichnen der Canvas eines *Image* verwendet wird und nicht etwa der eines Formulars oder eine PaintBox.

Aufgaben 10.13

1. Schreiben Sie eine Funktion ***PrintMemo***, die die Textzeilen eines als Parameter übergebenen Memos auf dem Drucker ausgibt. Sie können sich dazu an Abschnitt 10.13.5 orientieren.

   Am Anfang einer jeden Seite soll eine Überschriftszeile gedruckt werden, die die aktuelle Seitenzahl enthält. Prüfen Sie vor dem Ausdruck einer Zeile, ob sie noch auf die aktuelle Seite passt. Falls das nicht zutrifft, soll ein Seitenvorschub ausgelöst werden. Achten Sie insbesondere darauf, dass eine Druckseite nicht allein aus einer Überschriftszeile bestehen kann.

2. Schreiben Sie ein Programm, mit dem man mathematische **Funktionen** der Form y=f(x) **zeichnen** kann.

   a) Überarbeiten Sie die Funktion *zeichneFunction* von Abschnitt 10.13.3 so, dass sie in Abhängigkeit von einem als Parameter übergebenen Wert eine der folgenden Funktionen zeichnet:

	Funktion	x0	y0	x1	y1	dx	dy
1	y=sin (x*x)	−4	−1	4	1	1	0.2
2	y=exp(x)	−1	0	6	100	1	10
3	y=x*x	−2	−2	2	4	1	1
4	y=1/(1+x*x)	0	0	4	1	1	0.2
5	y=x*sin(x)	−2	−6	8	10	1	1

Die Eckpunkte des Weltkoordinatensystems x0, y0, x1, y1 sollen als Parameter übergeben werden.

b) Schreiben Sie eine Funktion *Clear*, die einen als Parameter übergebenen Canvas löscht. Sie können dazu die Zeichenfläche mit der Funktion

   void __fastcall FillRect(const TRect &Rect);

   mit einem weißen Rechteck füllen.

c) Schreiben Sie eine Funktion *zeichneGitternetz*, die auf einem als Parameter übergebenen Canvas ein graues Gitternetz (Farbe *clGray*) zeichnet. Dazu kann man ab dem linken Bildrand (in Weltkoordinaten: x0) jeweils im Abstand *dx* Parallelen zur y-Achse zeichnen. Entsprechend ab y0 im Abstand *dy* Parallelen zur x-Achse. Die Werte x0, x1, dx, y0, y1 und dy sollen als Parameter übergeben werden.

   Falls die x- bzw. y-Achse in den vorgegebenen Weltkoordinaten enthalten sind, soll durch den Nullpunkt ein schwarzes Koordinatenkreuz gezeichnet werden. Außerdem sollen die Schnittpunkte der Achsen und der Gitterlinien mit den entsprechenden Werten beschriftet werden.

   Falls die x- bzw. y-Achse nicht sichtbar ist, soll diese Beschriftung am Rand erfolgen.

d) An eine überladene Version der Funktion *zeichneFunktion* soll die zu zeichnende Funktion als Funktionszeiger (siehe Abschnitt 5.2) des Typs „double (*) (double)" übergeben werden.

   Dieser Version von *zeichneFunktion* soll die linke und rechte Grenze des Bereichs, in dem sie gezeichnet werden soll, als Parameter übergeben werden. Der minimale und maximale Funktionswert soll in *zeichneFunktion* berechnet werden. Die zu zeichnende Funktion soll den Canvas von unten bis oben ausfüllen.
   Auf die Zeichenfläche soll außerdem ein Gitternetz mit z.B. 10 Gitterlinien in x- und y-Richtung gezeichnet werden.
   Testen Sie diese Funktion mit den Funktionen aus a).

3. Der **Binomialkoeffizient** bin(n,k) ist der k-te Koeffizient von $(a+b)^n$ in der üblichen Reihenfolge beim Ausmultiplizieren:

$(a+b)^1 = 1*a+1*b$, d.h. bin(1,0)=1 und bin(1,1)=1
$(a+b)^2 = 1*a^2+ 2*ab+1*b^2$, d.h. bin(2,0)=1, bin(2,1)=2 und bin(2,2)=1
$(a+b)^3 = 1*a^3+3*a^2b+3*ab^2+1*b^3$, d.h. bin(3,0)=1, bin(3,1)=3 usw.

Für einen Binomialkoeffizienten gilt die folgende Formel:

bin(n,k) = n!/(k!*(n–k)!)

a) Schreiben Sie eine Funktion bin(n,k). Zeigen Sie die Werte von bin(n,k) für k=1 bis n und für n=1 bis 30 in einem Memo-Fenster an.

b) Wenn man als Zufallsexperiment eine Münze wirft und das Ergebnis „Kopf" mit 0 und „Zahl" mit 1 bewertet, sind die beiden Ergebnisse 0 und 1 möglich.

Wirft man zwei Münzen, sind die Ergebnisse

    (0,0), (0,1), (1,0) und (1,1)

möglich. Damit ist die Anzahl der Ereignisse, die zu den Summen S=0, S=1 und S=2 führen, durch

    bin(2,0) = 1, bin(2,1) = 2 und bin(2,2) = 1

gegeben. Es lässt sich zeigen, dass diese Beziehung ganz allgemein gilt: Beim n-fachen Werfen einer Münze ist die Anzahl der Ereignisse, die zu der Summe S=k führt, durch bin(n,k) gegeben (**Binomialverteilung**).

Stellen Sie die Binomialverteilung durch Histogramme grafisch dar:

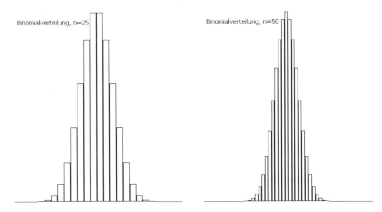

Anscheinend konvergieren diese Rechtecke gegen eine stetige Funktion. Diese Funktion unter dem Namen Gauß'sche Glockenkurve oder Normalverteilung bekannt (nach dem Mathematiker Gauß).

4. Die bekannten **Fraktalbilder** der **Mandelbrot**-Menge (nach dem Mathematiker Benoit Mandelbrot) entstehen dadurch, dass man mit den Koordinaten eines Bildpunktes (x,y) nacheinander immer wieder folgende Berechnungen durchführt:

$$x = x^2 - y^2 + x$$
$$y = 2xy + y$$

Dabei zählt man mit, wie viele Iterationen notwendig sind, bis entweder $x^2 + y^2 > 4$ gilt oder bis eine vorgegebene maximale Anzahl von Iterationen (z.B. 50) erreicht ist.

In Abhängigkeit von der Anzahl i dieser Iterationen färbt man dann den Bildpunkt ein, mit dessen Koordinaten man die Iteration begonnen hat: Falls die vorgegebene maximale Anzahl von Iterationen erreicht wird, erhält dieser üblicherweise die Farbe Schwarz (*clBlack*). In allen anderen Fällen erhält der Bildpunkt einen von i abhängigen Farbwert.

Färbt man so alle Bildpunkte von x0 = –2; y0 = 1.25; (links oben) bis x1 = 0.5; y1 = –1.25; (rechts unten) ein, erhält man das „**Apfelmännchen**".

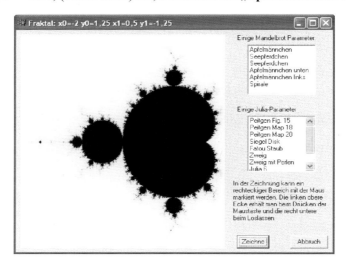

a) Schreiben Sie eine Funktion *zeichneFraktal*, die ein solches Fraktal auf ein Image (Tool-Palette Kategorie „Zusätzlich") zeichnet. Diese Funktion soll nach dem Anklicken des Buttons „Zeichne" aufgerufen werden. Sie können dazu folgendermaßen vorgehen:

Jeder Bildpunkt (px,py) des *Canvas* wird in die Koordinaten des Rechtecks mit den Eckpunkten (x0,y0) {links oben} und (x1,y1) {rechts unten} mit den Funktionen *x_Welt* und *y_Welt* (siehe Abschnitt 10.13.3) transformiert:

```
double x = x_Welt(px,x0,x1,Image->Width);
double y = y_Welt(py,y1,y0,Image->Height);
```

Mit jedem so erhaltenen Punkt (x,y) werden die oben beschriebenen Berechnungen durchgeführt. Einen Farbwert zu der so bestimmten Anzahl i von Iterationen kann man z.B. folgendermaßen wählen:

```
i=i%256; // maximal 255 Farben
int r30=i%30;    // i->[0..29]
int t=255-5*r30; // [0..29]->[255..145]
if (i<30)        return RGB(255-8*i,255,255);
else if (i<60)   return RGB(0,255-8*r30,255);
else if (i<90)   return RGB(0,0,t);
else if (i<120)  return RGB(0,t,0);
else if (i<150)  return RGB(t,0,0);
else if (i<180)  return RGB(t,t,0);
else if (i<210)  return RGB(t,0,t);
else if (i<240)  return RGB(0,t,t);
else             return RGB(t,t,t); // Graustufen
```

Hier werden z.B. Werte von i zwischen 60 und 90 auf verschiedene Blautöne abgebildet. Dabei werden Farben vermieden, die nahe bei schwarz liegen. Diese Anweisungen sind aber nur als Anregung gedacht. Mit anderen Farbzuordnungen kann man interessante Variationen erhalten.

b) Ausschnitte eines Fraktalbildes kann man folgendermaßen vergrößern („**Zoom in**"): Man verwendet die Mauskoordinaten beim Drücken bzw. Loslassen der Maustaste (Ereignisse *OnMouseDown* bzw. *OnMouseUp*) als Eckpunkte (links oben bzw. rechts unten) des neuen Bildes. Diese Koordinaten werden dann mit denselben Formeln wie unter a) in die neuen Weltkoordinaten (x0,y0) und (x1,y1) umgerechnet. Nach dem Anklicken des Buttons „Zeichne" wird das Fraktalbild dann mit den neuen Werten (x0,y0) und (x1,y1) gezeichnet.

c) Bei den Fraktalbildern der **Julia**-Menge (nach dem französischen Mathematiker Gaston Julia) verwendet man anstelle der am Anfang dieser Aufgabe angegebenen Formeln die folgenden:

$$x = x^2 - y^2 + jx$$
$$y = 2xy + jy$$

Der einzige Unterschied zu den Formeln für die Mandelbrot-Fraktale ist der, dass jx und jy konstante Werte sind (z.B. jx=-0.745 und jy=0.1125).

Erweitern Sie das Programm so, dass in Abhängigkeit von einer globalen Variablen Mandelbrot- oder Julia-Fraktale gezeichnet werden.

d) In je einer Listbox sollen Parameter für verschiedene Mandelbrot- und Julia-Fraktale zur Auswahl angeboten werden. Beim Anklicken eines

Eintrags der Listbox sollen dann die entsprechenden Parameter für die
Eckpunkte übernommen werden. Dazu kann man eine Struktur wie

```
struct TMandelbrotParam {
   char* Name;
   double x0; double y0;
   double x1; double y1;
};
```

definieren und dann ein Array mit solchen Strukturen mit den entsprechenden Parametern initialisieren:

```
const int nMBAW=13;
TMandelbrotParam MBPar[nMBAW]=
   {
      {"Apfelmännchen",   -2,      1.25,    0.5,   -1.25},
      {"Seepferdchen",    -0.88,   0.18,   -0.70,   0.0},
      // ...
      {"Spirale",         -0.750,  0.105,  -0.740,  0.095}
   };
```

5. Das sogenannte **Räuber-Beute-Modell** stellt einen quantitativen Zusammenhang zwischen einer Population von Räuber- und Beutetieren (z.B. Füchsen
   und Hasen) dar. Bezeichnet man die Anzahl der Räuber mit r und die der
   Beutetiere mit b, geht man von folgenden Voraussetzungen aus:

Die Zuwachsrate der Beutetiere soll über einen Faktor zb von ihrer Anzahl b
und über einen Faktor fb von der Anzahl der möglichen Begegnungen von
Räuber- und Beutetieren $r*b$ abhängen; zb entspricht einer zusammengefassten
Geburten- und Sterberate.

Die Räuber ernähren sich ausschließlich von den Beutetieren. Damit ist ihre
Zuwachsrate nur von ihrer Sterberate sr und ihrem „Jagderfolg" abhängig, der
mit dem Faktor fr wieder von der Anzahl der möglichen Begegnungen
zwischen Räubern und Beutetieren r*b abhängig sein soll:

```
r = r_alt - sr*r_alt + fr*r_alt*b_alt;
b = b_alt + zb*b_alt - fb*r_alt*b_alt;
```

Die beiden Gleichungen sind ein nichtlineares System von Differenzenglei-
chungen, das nach seinen Entdeckern auch als **Lotka-Volterra-System** bezeichnet wird. Es lässt sich zeigen, dass dieses System **nicht analytisch lösbar**
ist.

Schreiben Sie ein Programm, das den Verlauf der Populationen grafisch darstellt. Stellen Sie in dieser Grafik außerdem das Phasendiagramm mit den
Wertepaaren (r,b) im zeitlichen Ablauf dar. Mit den Faktoren

```
const double zb = 0.05,   fb = 0.001,
             sr = 0.05,   fr = 2*fb;
```

erhält man bei einer Skalierung der y-Werte auf den Bereich −10 bis 300:

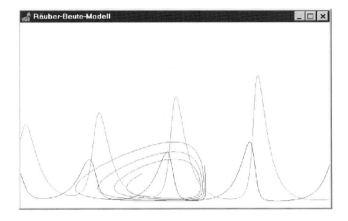

Bei diesem System können schon relativ geringe Änderungen der Parameter zu einem völlig anderen Verlauf der Populationen führen.

10.14 Die Steuerung von MS-Office: Word-Dokumente erzeugen

Die Anwendungen von MS-Office (Word, Excel, Access, Powerpoint, Outlook, Internet Explorer usw.) sind sogenannte COM-Server (Component Object Model). Das bedeutet, dass man sie von einem Programm aus starten und ihre Funktionen aufrufen kann, und dass man mit dem C++Builder Word Dokumente lesen und erzeugen kann.

Der C++Builder stellt in der Tool-Palette unter „OfficeXP" zahlreiche Klassen zur Verfügung, mit denen man die COM-Server von MS-Office starten und ihre Funktionen in einem Programm aufrufen kann.

Da diese Komponenten kaum dokumentiert sind, ist es etwas mühsam herauszufinden, wie man sie verwenden kann. Die folgenden Punkte können dabei hilfreich sein:

– Die Header-Datei der Unit bindet über eine Anweisung wie *#include "Word-_XP_srvr.h"* verschiedene weitere **Header** ein wie z.B. *#include "Word_XP.h"* mit ca. 100000 Zeilen. Die so verfügbaren Funktionen werden auch angezeigt, wenn man den Namen der Komponente und den Pfeiloperator eintippt (Code-Vervollständigung).

– Die Bedeutung dieser Elemente ist in den Dateien vba* (z.B. vbawrd8.chm für Word 2000, vbawrd9.chm für Word 2002 oder VBAWD10.CHM für Word 2003, in einem Unterverzeichnis von MS-Office) für VBA (Visual Basic for Applications) beschrieben. Es ist meist nicht schwierig, die Beschreibung für Visual Basic in C++ zu übersetzen.

Eventuell werden die vba*-Dateien bei der Installation von Office nicht automatisch installiert. Dann muss man sie manuell von der Installations-CD kopieren.

– Falls man die Namen der gesuchten Funktionen nicht kennt, ist es oft am einfachsten, in Word ein **Makro** aufzeichnen und dieses als Vorlage zu nehmen.

– Einige dieser Funktionen sind in der Datei BCB5MS97.hlp (www.borland.-com, C++Builder 5, updates) beschrieben. Diese ist zwar veraltet, aber manchmal trotzdem hilfreich.

Das folgende Beispiel soll lediglich zeigen, wie man mit den Komponenten der Seite „OfficeXP" MS Word aufrufen und Word-Dokumente erzeugen kann. Auf diese Weise kann man Ausgaben eines Programms formatieren und ausdrucken. Da sich die Funktionen für die einzelnen Versionen von Word bzw. des C++Builders teilweise leicht unterscheiden, wurden die Varianten als Kommentare nach /// angegeben.

Für dieses Beispiel wurde eine Komponente *WordApplication* mit dem Namen *WordApplication1* auf ein Formular gesetzt. Die Elementfunktion **Connect** startet Word und stellt die Verbindung mit dieser Anwendung her. Der Aufruf von *set_Visible* bewirkt, dass Word angezeigt wird (sonst würde sie im Hintergrund laufen). Mit *Documents->Add* wird ein neues Dokument erzeugt. Den Eigenschaften *Bold*, *Size* usw. von *WordApplication1->Selection->Font* kann ein boolescher Wert bzw. ein Ganzzahlwert zugewiesen werden. Mit **TypeText** wird Text in das Dokument eingefügt. Da diese Funktion Strings mit Zeichen des Typs *wchar_t* erwartet, muss ein String mit Zeichen des Typs *char* mit einer Funktion wie *StringToOleStr* konvertiert werden.

```
void __fastcall TForm1::Button1Click(TObject *Sender)
{
WordApplication1->Connect();
WordApplication1->set_Visible(true);
/// C++Builder 5: WordApplication1->Visible=true;
WordApplication1->Documents->Add(TNoParam(),TNoParam(),
                TNoParam(),TNoParam()); // neues Dokument
/// C++Builder 6: WordApplication1->Documents->Add();
WordApplication1->Selection->Font->Bold=true;
WordApplication1->Selection->Font->Size=15;
WordApplication1->Selection->TypeText(
StringToOleStr("Fette Überschrift mit 15 Punkt"));
```

```
WordApplication1->Selection->TypeParagraph();
WordApplication1->Selection->TypeParagraph();
WordApplication1->Selection->Font->Bold=false;
WordApplication1->Selection->Font->Size=10;
WordApplication1->Selection->TypeText(
StringToOleStr("Nicht fetter Text mit 10 Punkt."));
WordApplication1->Selection->TypeParagraph();
WordApplication1->ChangeFileOpenDirectory(
                         StringToOleStr("C:\\test"));
WordApplication1->ActiveDocument->SaveAs(OleVariant(
                         StringToOleStr("test.doc")));
WordApplication1->PrintOut();
}
```

Viele dieser Funktionen haben zahlreiche Parameter, wie z.B. *Printout* (hier nur ein Auszug).

> *virtual HRESULT STDMETHODCALLTYPE **PrintOut***
> *(VARIANT* Background/*[in,opt]*/= TNoParam(),*
> *VARIANT* Append/*[in,opt]*/= TNoParam(),*
> *VARIANT* Range/*[in,opt]*/= TNoParam(),*
> *VARIANT* OutputFileName/*[in,opt]*/= TNoParam(),*
> *VARIANT* From/*[in,opt]*/= TNoParam(),*
> *VARIANT* To/*[in,opt]*/= TNoParam(),*
> *VARIANT* Item/*[in,opt]*/= TNoParam(),*
> *VARIANT* Copies/*[in,opt]*/= TNoParam(),*
> *VARIANT* Pages/*[in,opt]*/= TNoParam(),*
> *// ... weitere Parameter folgen*
> *)*
> *{ ... }*

Hier sind die Werte nach dem Zeichen „=" **Default-Argumente** (siehe Abschnitt 5.5). Für einen Parameter mit einem Default-Argument muss man beim Aufruf kein Argument angeben. Falls es ausgelassen wird, verwendet der Compiler das Default-Argument. Der Wert *TNoParam()* bedeutet, dass für einen optionalen Parameter kein Argument übergeben wird. Wenn man für einen Parameter in der Parameterliste ein Argument übergeben will, aber für alle Parameter davor keine Argumente, übergibt man für die Argumente am Anfang *TNoParam*. Beim folgenden Aufruf von *PrintOut* werden 5 Exemplare gedruckt:

```
TVariant Copies=5;
WordApplication1->PrintOut(TNoParam() /* Background */,
   TNoParam() /* Append */, TNoParam() /* Range*/,
   TNoParam() /* OutputFileName*/, TNoParam() /* From */,
   TNoParam() /* To */, TNoParam() /* Item */,&Copies);
```

Falls beim Aufruf einer Funktion von Word ein Fehler auftritt, wird eine Exception ausgelöst. Deshalb sollte man alle solchen Funktionen in einer *try*-Anweisung (siehe Abschnitt 7) aufrufen:

```
try {
    // arbeite mit WordApplication1
    }
catch (Exception& e)
    {
      ShowMessage("Word error: "+e.Message );
      WordApplication1->Disconnect();
    }
```

10.15 Datenbank-Komponenten der VCL

In Zusammenhang mit der dauerhaften Speicherung von Daten auf einem Datenträger treten bestimmte Aufgaben immer wieder in ähnlicher Form auf:

– Mehrere Anwender bzw. Programme sollen auf denselben Datenbestand zugreifen können, ohne dass die Gefahr besteht, dass sie sich ihre Daten überschreiben.

– Bei großen Datenbeständen ist die sequenzielle Suche nach einem bestimmten Datensatz oft zu langsam.

– Die Anweisungen zur Bearbeitung der Datenbestände sollen leicht von einem Betriebssystem auf ein anderes portiert werden können.

– Bei einer Gruppe von Anweisungen sollen entweder alle Anweisungen oder keine ausgeführt werden. Diese Anforderung soll insbesondere auch bei einem Programmabsturz oder einem Stromausfall erfüllt werden.

Die Lösung solcher Aufgaben ist mit den Klassen und Funktionen von C++ bzw. den Systemfunktionen der Windows-API oft relativ aufwendig. Mit Datenbanksystemen sind meist einfachere Lösungen möglich.

Die folgenden Ausführungen sollen kein Lehrbuch über Datenbanken ersetzen, sondern lediglich einen kurzen Einblick geben, wie man mit den Datenbank-Komponenten der VCL arbeiten kann. Für weitere Informationen wird auf die Online-Hilfe verwiesen.

Die VCL enthält zahlreiche Klassen zur Arbeit mit Datenbanken.

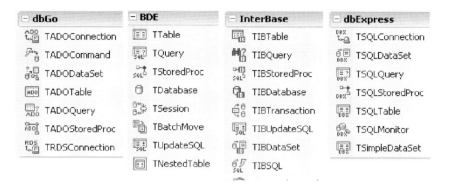

Die einzelnen Kategorien betreffen:

dbGo:Für alle Datenbanken, auf die man über die ADO Schnittstelle (Microsoft ActiveX Data Objects) zugreifen kann. Dazu gehören nahezu alle verbreiteten Datenbanken, insbesondere Datenbanken mit einem ODBC oder OLEDB-Treiber, Microsoft Access, SQL-Server, Informix und Oracle-Datenbanken.

BDE: Mit den Komponenten dieser Kategorie kann man Datenbanken im Format von Paradox, dBASE, FoxPro und im CSV-Format (kommaseparierte ASCII-Werte) ansprechen. Sie haben gegenüber SQL-Datenbanken nur einen beschränkten Funktionsumfang. Da sie keine Installation eines Datenbankservers voraussetzen, ermöglichen sie einfache Übungen ohne zusätzlichen Aufwand. Da es aber frei verfügbare SQL-Server (z.B. von MySQL, Microsoft, IBM, Oracle usw.) gibt, besteht kaum ein Grund dafür.

InterBase: Für Interbase-Datenbanken.

dbExpress: Für SQL-Datenbanken (siehe Swart 2006).

Im Folgenden werden nur ADO-Datenbanken (über die Komponenten der Kategorie *dbGo*) verwendet. Die Beispiele setzen voraus, dass entsprechende Datenbankserver installiert wurden. Für einige weitere Informationen zu einigen VCL-Datenbankkomponenten wird auf Swart (2006) verwiesen.

Die Anzeige und Verwaltung von Datenbanken ist mit dem **Daten-Explorerer** (*Ansicht|Datenexplorer*) möglich. Für die Verbindung zu der unter 10.15.1, C) angelegten MySQL-Datenbank trägt man z.B. unter BDP (Borland Data Provider) die Werte für HostName, UserName, UserPassword und Database ein. Nachdem man die Verbindung hergestellt hat, kann man hier über das Kontextmenü Tabellen usw. in die Datenbank eintragen.

10.15.1 Verbindung mit ADO-Datenbanken – der Connection-String

Nachdem man eine *TADOConnection* auf ein Formular gesetzt hat, wird nach einem Doppelklick auf die rechte Spalte der Eigenschaft *ConnectionString* im Objektinspektor dieser Dialog angezeigt:

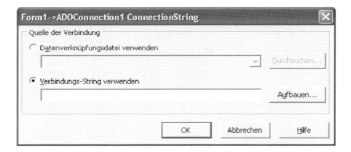

Hier kann man nach dem Anklicken des Buttons *Aufbauen* einen *ConnectionString* (Verbindungs-String) aufbauen lassen. Dazu muss man zuerst einen Datenbank-Provider auswählen:

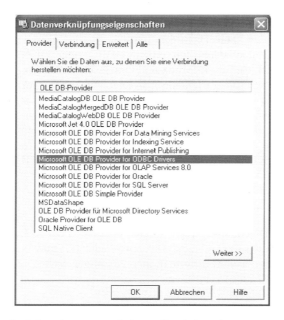

Beispielsweise ermöglichen die folgenden DB-Provider eine Verbindung der ADOConnection mit den angegebenen Datenbanken:

Microsoft Jet 4.0 OLE DB Provider: Mit einer bestehenden Microsoft Access Datenbank.
Microsoft OLE DB Provider for ODBC Drivers: Zu einer bestehenden ODBC-Datenbank

Diese wurden auch in den Beispielen verwendet (vor allem *Microsoft OLE DB Provider for ODBC Drivers*).

Die Verbindung kann man dann über das Register *Verbindung* herstellen. Das kann eine Verbindung zu einer bestehenden Datenquelle sein oder eine

Datenquelle, die neu angelegt werden soll. Die notwendigen Schritte werden für einige verbreitete Datenbanksysteme unter A), B), C) und D) beschrieben. Für andere Datenbanksysteme ist die Vorgehensweise meist ähnlich.

A) Eine Verbindung zu einer Microsoft Access Datenbank herstellen

Die Verbindung zu einer bestehenden Microsoft Access Datenbank mit dem Namen *AccessDB0.mdb* im Verzeichnis *c:\Database* (die z.B. mit Microsoft Access *Datei|Neu|Leere Datenbank* angelegt wurde), kann man mit dem Provider „Microsoft OLE DB Provider for ODBC Drivers" und den folgenden Angaben herstellen:

Dabei gibt man den Namen der Datenbank unter 3. ein. Mit dem Button *Verbindung Testen* kann man prüfen, ob eine Verbindung hergestellt werden kann. Nach dem Anklicken von OK wird der Verbindungs-String in die Eigenschaft *ConnectionString* der ADOConnection eingetragen, und Sie können mit Abschnitt 10.15.2 weitermachen.

B) Eine neue MS-Access Datenbank erzeugen

Für viele Datenbanksysteme kann man eine Datenbank auch ohne den Aufruf des zugehörigen Verwaltungsprogramms erzeugen. Dazu markiert man im Dialog *Datenverknüpfungseigenschaften* den Button *Verbindungszeichenfolge verwenden*. Nach dem Anklicken von *Erstellen* wählt man entweder eine bestehende DSN aus

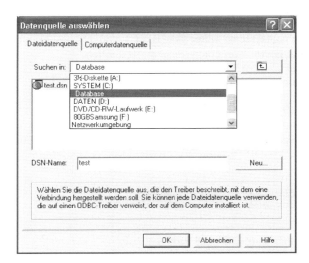

oder man legt mit *Neu* eine neue DSN an:

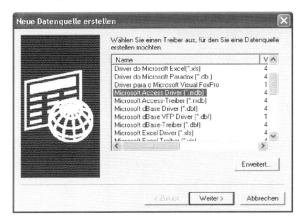

Im nächsten Dialog gibt man dann das Verzeichnis an, in dem die DSN gespeichert werden soll (z.B. c:\database). Mit der so ausgewählten bzw. erstellten DSN kann man dann eine bestehende Datenbank auswählen, eine neue erstellen usw.:

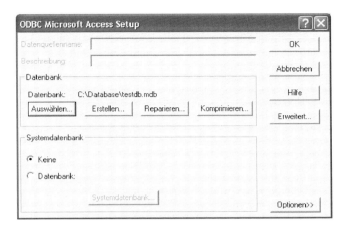

Wenn man hier *Erstellen* anklickt, gibt man den Namen der zu erstellenden Datenbank unter *Datenbankname* ein:

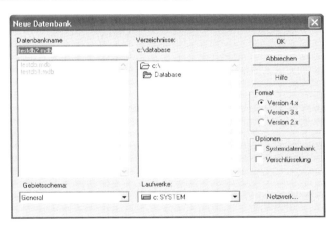

C) Eine Verbindung zu einer MySQL Datenbank herstellen

Nach der Installation des MySQL Servers und Clients, Administrator und Connector (http://www.mysql.org) kann man mit dem Administrator eine Datenbank (nach dem Anklicken von *Catalogs*, im Kontextmenü unter *Schemata* mit *Create New Schema*) und Tabellen (im Kontextmenü unter *Schema Tables*) anlegen. Im Folgenden wird die Datenbank *mysqldb* verwendet.

Die Verbindung zu dieser Datenbank ist dann mit einer TADOConnection möglich, bei der im Dialog *Datenverknüpfungseigenschaften\Verbindung* der Button *Erstellen* angeklickt und dann unter *Computerdatenquelle* die Button *Neu* angeklickt wird. Im darauf folgenden Dialog *Neue Datenquelle erstellen* wählt man dann den **MySQL ODBC Driver** aus.

Nach einigen weiteren Dialogen meldet sich der Connector, in dem man einige
Angaben von der Installation sowie die Datenbank eintragen muss. Der unter
Data Source Name eingegebene Name ist dann der Name, der später als
Datenquelle angegeben werden muss:

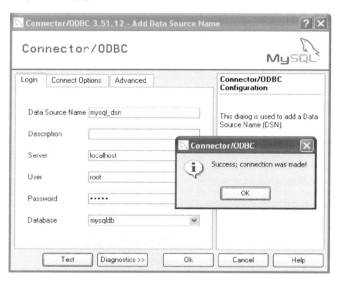

Nachdem man so eine Verbindungszeichenfolge erstellt hat, kann man diese als
Datenquellenname im Dialog *Datenverknüpfungseigenschaften* verwenden.

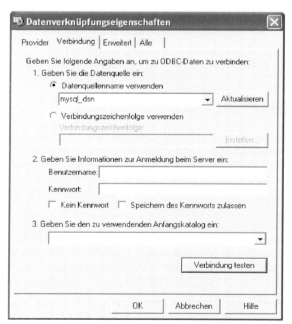

Mit der Verwendung dieser Datenquelle sind keine weiteren Angaben mehr notwendig.

D) Eine Verbindung zu einer Microsoft SQLExpress Datenbank herstellen

Nach der Installation der von Microsoft frei verfügbaren SQL Server Express Edition und der zugehörigen Tools steht auch ein Verwaltungsprogramm zur Verfügung, mit dem man Datenbanken anlegen und bearbeiten kann. In der nächsten Abbildung wird eine Datenbank mit dem Namen *SQLExpress_db1* angelegt:

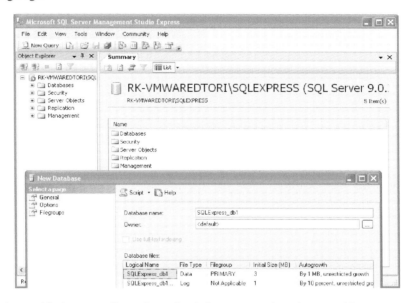

Die Verbindung zu dieser Datenbank kann man über den Provider *Microsoft OLE DB Provider for SQL Server* herstellen

Durch diese Aktionen wird dann der Eigenschaft *ConnectionString* der *ADO-Connection* ein Connection-String zugewiesen. Es soll Leute geben, die solche Strings

```
ADOConnection1->ConnectionString=
    "Provider=SQLOLEDB.1; Integrated Security=SSPI;"
    "Persist Security Info=False;Initial Catalog="
    "SQLExpress_db1;Data Source=RI-2-8-GHZ-NEU\\SQLEXPRESS";
```

manuell eintippen können ohne sich durch die vielen Dialoge zu quälen.

10.15.2 Tabellen und die Komponente *TDataSet*

Eine Datenbank besteht aus einer oder mehreren **Tabellen**, von denen jede im Wesentlichen eine Folge von Datensätzen ist, die man sich als ein *struct* vorstellen kann:

```
struct Datensatz {
    T1 f1; // ein Feld f1 eines Datentyps T1
    T2 f2; // ein Feld f2 eines Datentyps T2
    ...,
    Tn fn;
};
```

Einen Datensatz in einer Tabelle bezeichnet man auch als **Zeile** der Tabelle und die Gesamtheit der Werte zu einem Datenfeld der Struktur als **Spalte**.

Wir werden zunächst nur mit Datenbanken arbeiten, die aus einer einzigen Tabelle bestehen. Solche Datenbanken entsprechen dann einer Datei mit solchen Datensätzen. Später werden auch Datenbanken behandelt, die aus mehreren Tabellen bestehen.

In den folgenden Beispielen wird mit einer Tabelle des Namens *Kontobew* gearbeitet, die die folgenden Spalten enthält:

```
int KontoNr
DateTime Datum
char(1) Bewart
money Betrag
```

Hier wurden für die Datentypen die Namen des Microsoft SQL Server verwendet.

Bei den meisten Datenbanksystemen kann eine solche Tabelle mit dem Datenverwaltungsprogramm angelegt werden. Die nächste Abbildung zeigt, wie eine Tabelle mit dem Datenbankverwaltungsprogramm von SQLExpress angelegt wird.

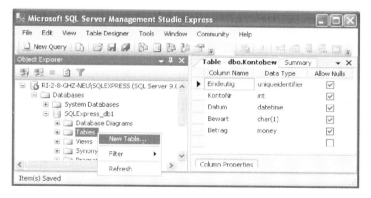

Der Daten-Explorer bietet ähnliche Möglichkeiten. Außerdem kann man eine Tabelle auch mit SQL-Anweisungen erzeugen (siehe die Funktion *CreateTable* in Abschnitt 10.15.5).

Eine Tabelle wird in der VCL durch eine Komponente des Datentyps *TTable*, *TADOTable*, *TSQLTable* oder *TIBTable* dargestellt. Alle diese Klassen sind von der Klasse **TDataSet** abgeleitet, die zahlreiche Funktionen und Eigenschaften zur Arbeit mit Datenbanken enthält. Die meisten der im Folgenden vorgestellten Operationen mit Datenbanken werden mit einem *TDataSet* formuliert. Diese Operationen können dann mit jeder abgeleiteten Klasse (also *TTable*, *TADOTable*, *TSQLTable* oder *TIBTable*) ausgeführt werden.

Spezifische Möglichkeiten der einzelnen Datenbanken ergeben sich aus den zusätzlichen Elementen der Komponenten *TTable*, *TADOTable*, *TSQLTable* oder *TIBTable*.

Eine Tabelle einer Datenbank kann man mit einer *TADOTable*-Komponente nach den folgenden Initialisierungen ansprechen:

1. Wie in Abschnitt 10.15.1 wird eine Verbindung zwischen einer Datenbank und einer *ADOConnection* hergestellt.
2. Eine *ADOTable*-Komponente wird auf das Formular gesetzt.
3. Der Eigenschaft *Connection* der ADOTable wird die ADOConnection zugewiesen.
4. Die ADOTable wird mit ihrer Methode

> *void* **Open();** // eine Methode von TDataSet

geöffnet oder indem man ihre Eigenschaft

> __*property bool* **Active**// eine Eigenschaft von TDataSet

auf *true* gesetzt hat. Beide Operationen sind vom Ergebnis her gleichwertig und setzen die Eigenschaft **State** der Tabelle auf *dsBrowse*, in dem Datensätze angezeigt, aber nicht verändert werden können.

Diese Schritte sind in der folgenden Funktion zusammengefasst:

```
void InitADOTable(TADOTable* ADOTable,
                            TADOConnection* ADOConnection)
{
SetConnectionString(ADOConnection);
ADOTable->Connection=ADOConnection;
ADOTable->Active=false; // TableName kann nur bei einer
                        // nicht aktiven Table gesetzt werden
ADOTable->TableName="Kontobew";
ADOTable->Active=true;
}
```

10.15.3 Tabellendaten lesen und schreiben

Für die folgenden Beispiele wird vorausgesetzt, dass zuvor wie in Abschnitt 10.15.2 eine Tabelle mit dem Namen „Kontobew" und den folgenden Spalten angelegt wurde:

```
int KontoNr
DateTime Datum
char(1) Bewart
money Betrag
```

Die einzelnen **Felder eines Datensatzes** kann man mit der Elementfunktion *FieldByName* von *TDataSet* unter ihrem Namen ansprechen:

> *TField* __fastcall* **FieldByName***(const AnsiString FieldName);*

Mit Eigenschaften wie den folgenden kann ein *TField* in einen Datentyp von C++ konvertiert werden:

> __property int **AsInteger**;
> __property AnsiString **AsString**;
> __property double **AsFloat**;

Ebenso kann man die Felder einer Tabelle über die Eigenschaft *FieldValues* ansprechen. Ihr Datentyp *Variant* (siehe Abschnitt 3.11.3) kann verschiedene Datentypen darstellen:

> __property Variant **FieldValues**[AnsiString FieldName]

In der Funktion *CreateKBData* wird mit **Append** ein neuer, leerer Datensatz am Ende der Tabelle erzeugt und mit **Post** in die Tabelle eingefügt. Die Felder des Datensatzes erhalten dann in den Zuweisungen einen Wert. Zur Illustration werden sie sowohl mit *FieldByName* als auch mit *FieldValues* angesprochen:

```
void fillKontobew(TDataSet* t, int n)
{
t->Active = true;
for (int i=0;i<n;i++)
  {
    t->Append();
    t->FieldByName("KontoNr")->AsInteger=1000+i;
    t->FieldByName("Datum")->AsDateTime=Date()+i;
    AnsiString PlusMinus[2]={"+","-"};
    t->FieldValues["Bewart"]=PlusMinus[i%2];
    t->FieldValues["Betrag"]=1000-i;
    t->Post();
  }
}
```

Hier werden die Spalten der in Abschnitt 10.15.2 angelegten Datenbank über ihre Namen angesprochen. Diese Funktion kann man dann folgendermaßen mit einer ADOTable aufrufen:

```
void __fastcall TForm1::btnFillTableClick(TObject *Sender)
{
InitADOTable(ADOTable1,ADOConnection1);
fillKontobew(ADOTable1, 50);
}
```

Mit den folgenden Methoden von *TDataSet* kann man **durch eine Tabelle navigieren**. Damit wird der Zeiger auf den jeweils aktuellen Datensatz verändert, der in der Online-Hilfe auch als **Cursor** oder Datensatzzeiger bezeichnet wird:

> *void **First**();* // bewegt den Cursor auf den ersten Datensatz
> *void **Next**();* // bewegt den Cursor auf den nächsten Datensatz
> *void **Prior**()* // bewegt den Cursor auf den vorigen Datensatz
> *void **Last**();* // bewegt den Cursor auf den letzten Datensatz

Mit den Eigenschaften *EOF* und *BOF* kann man feststellen, ob sich der Cursor am Anfang oder am Ende der Tabelle befindet:

> __*property bool Eof;*   // „end of file"
> __*property bool Bof;*   // „beginning of file"

Die sequenzielle Bearbeitung aller Datensätze einer Tabelle ist dann wie in den nächsten beiden Funktionen möglich:

Die Funktion *showInMemo* zeigt alle Elemente eines DataSet in einem Memo an und kann mit einer TADOTable als Argument aufgerufen werden:

```
void showInMemo(TDataSet* t)
{
t->First();
while (!t->Eof)
  {
    AnsiString s=t->FieldByName("KontoNr")->AsString+" "+
                 t->FieldByName("Datum")->AsString+" "+
                 t->FieldByName("Betrag")->AsString+" ";
    Form1->Memo1->Lines->Add(s);
    t->Next();
  }
}
```

Die Funktion *Sum* summiert die Beträge aller Datensätze eines DataSet auf:

```
Currency Sum(TDataSet* t)
{
Currency s=0;
t->First();
while (!t->Eof)
  {
    s=s+t->FieldByName("Betrag")->AsFloat;
    t->Next();
  }
return s;
}
```

In der Funktion *CreateData* werden neue Datensätze mit *Append* immer am Ende in eine Tabelle eingefügt. Mit den Elementfunktionen von *TDataSet*

> *void Insert();* // erzeugt einen neuen, leeren Datensatz
> *void Delete();* //
> *void Edit();*

kann man Datensätze auch an der Position des Cursors einfügen, löschen oder verändern. *Append* ist wie ein Aufruf von *Insert* am Ende der Tabelle. Ein geänderter Datensatz wird mit der Funktion

> *virtual void Post();*

in die Tabelle geschrieben. Diese Funktion sollte nach jedem *Edit*, *Insert* oder *Append* aufgerufen werden. Allerdings muss dieser Aufruf nicht immer explizit in das Programm geschrieben werden, da sie nach jeder Positionsänderung (z.B. mit *First*, *Next*, *Last*) sowie durch das nächste *Insert* oder *Append* implizit aufgerufen wird.

10.15.4 Die Anzeige von Tabellen mit einem *DBGrid*

Mit der Komponente **DBGrid** kann man Daten einer **Tabelle anzeigen**, verändern, löschen und neue Datensätze einfügen. Ein DBGrid wird meist zusammen mit einem **DBNavigator** (beide Tool-Palette Kategorie „Datensteuerung")

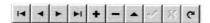

verwendet, mit dem man **durch ein *DBGrid* navigieren** und Daten eingeben, löschen und editieren kann.

Sowohl ein DBGrid als auch ein DBNavigator werden mit der Tabelle, deren Daten sie anzeigen sollen, über eine **DataSource**-Komponente (Tool-Palette Kategorie „Datenzugriff") wie in dieser Funktion verbunden:

```
void initGrid_1()
{
InitADOTable(ADOTable1,ADOConnection1); // siehe 10.15.2
Form1->DataSource1->DataSet = Form1->ADOTable1;
Form1->DBGrid1->DataSource = Form1->DataSource1;
Form1->DBNavigator1->DataSource=Form1->DataSource1;
}
```

Diese Eigenschaften werden auch im Objektinspektor der jeweiligen Komponente in einem Pulldown-Menü zur Auswahl angeboten:

Nach dem Aufruf dieser Funktion werden die Daten der Tabelle im *DBGrid* angezeigt:

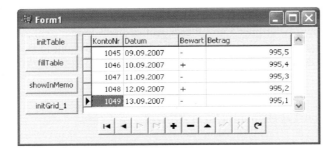

10.15.5 SQL-Abfragen

SQL („Structured Query Language" – strukturierte Abfragesprache) ist eine Sprache, die sich für Datenbanken als Standard durchgesetzt hat. Obwohl das „Query"
im Namen nahe legt, dass damit nur Abfragen möglich sind, enthält SQL auch
Anweisungen zum Erstellen von Datenbanken. Da SQL eine recht umfangreiche
Sprache ist, sollen diese Ausführungen keinen Überblick über SQL geben, sondern
lediglich einige Klassen vorstellen, mit denen man SQL-Befehle ausführen kann.

Die VCL stellt für die Ausführung von SQL-Anweisungen die folgenden Komponenten zur Verfügung:

– Für ADO-Datenbanken: ***TADOQuery*** (Tool-Palette Kategorie „dbGO")
– Für SQL-Datenbanken: ***TSQLQuery*** (Tool-Palette Kategorie „dbExpress")
– Für Interbase-Datenbanken: ***TIBQuery*** (Tool-Palette Kategorie „Interbase")
– Für BDE-Datenbanken: ***TQuery*** (Tool-Palette Kategorie „BDE")

Alle Query-Klassen sind von der Klasse *TDataSet* abgeleitet und können ähnlich
verwendet werden. Der verfügbare SQL-Umfang hängt vom Datenbanktyp und
vom Datenbankserver ab. Im Folgenden werden nur die ADO-Komponenten
vorgestellt.

Die Klasse *TADOQuery* enthält eine *TWideStrings*-Eigenschaft *SQL*, die man wie
ein *TStrings*-Objekt verwenden kann:

   __*property TWideStrings* SQL*

Den Strings dieser Eigenschaft kann man eine SQL-Anweisung als Text zuweisen.
Diese Anweisung wird dann durch einen Aufruf von *Open* oder *ExecSQL*
ausgeführt. Bevor man eine neue Anweisung ausführen kann, muss *Close*
aufgerufen werden.

```
void simpleADOQuery(int test, TADOQuery* Query)
{
Query->Close(); // beim ersten Aufruf unnötig, aber kein
Query->SQL->Clear();                            // Fehler
if (test==1)
  Query->SQL->Add("SELECT * FROM Kontobew ");
```

```
else if (test==2)
{
  Query->SQL->Add("SELECT * FROM Kontobew WHERE "
                  "KontoNr < 1020 and Betrag < 990");
  Query->SQL->Add("ORDER BY Kontobew.KontoNr, "
                                  "Kontobew. Datum");
}
Query->Open();// Mit Select Open und nicht ExecSQL
}
```

Falls der Eigenschaft SQL eine SQL-Anweisung zugewiesen wurde, die wie eine SELECT-Anweisung eine Ergebnismenge zurückgibt, stellt die Query-Komponente diese Ergebnismenge dar. Da die TQuery-Klassen von TDataSet abgeleitet sind, kann man sie wie ein DataSet (siehe Abschnitt 10.15.2) verwenden.

Beispiel: Nach

```
ADOQuery1->Connection=ADOConnection1;
simpleADOQuery(2,ADOQuery1);
```

stellt ADOQuery1 einen DataSet mit den Zeilen der Tabelle dar, die die Bedingung nach WHERE erfüllen. Übergibt man diesen DataSet der Funktion *showInMemo* von Abschnitt 10.15.3, werden die Daten in einem Memo angezeigt:

```
showInMemo(ADOQuery1);
```

Mit

```
initGrid_1(ADOQuery1);
```

werden die Daten einem DBGrid angezeigt.

Die folgenden Ausführungen sollen noch kurz die SQL-Anweisungen aus den Beispielen beschreiben:

– „SELECT *" bewirkt, dass alle Spalten der Tabelle angezeigt werden. Will man nur ausgewählte Spalten anzeigen, gibt man ihren Namen nach „SELECT" an:

```
Query1->SQL->Add("SELECT KontoNr,Betrag FROM Kontobew");
```

– Nach „WHERE" kann man eine Bedingung angeben, die die Auswahl der Datensätze einschränkt:

```
Query1->SQL->Add("SELECT * FROM Kontobew
                  WHERE KontoNr < 1020 and Betrag < 900");
```

– Mit einer *TQuery* kann man im Unterschied zu einer *TTable* **mehrere Tabellen verknüpfen**. Gleichnamige Felder in den beiden Datenbanken lassen sich mit dem Namen der Tabelle unterscheiden. Bei der folgenden Anweisung wird vorausgesetzt, dass noch eine zweite Tabelle mit Kontoständen existiert:

```
SELECT Kontobew.KontoNr,Name,Datum,Betrag
FROM Kontostaende, Kontobew WHERE
                Kontobew.KontoNr= Kontostaende.KontoNr
ORDER BY Kontobew.KontoNr, Kontobew.Datum
```

Hier werden nach "ORDER BY" die Felder angegeben, nach denen die Daten sortiert werden.

– Für eine mit einer Microsoft SQL Datenbank verbundene ADOConnection wird durch die folgenden Anweisungen dieselbe Tabelle wie in Abschnitt 10.15.2 erzeugt:

```
void CreateTable(TADOQuery* ADOQuery,
                TADOConnection* ADOConnection)
{
ADOQuery->Connection=ADOConnection;
ADOQuery->SQL->Add("Create Table Kontobew "
                "(KontoNr int, Datum DateTime,"
                " Bewart char(1), Betrag money)");
ADOQuery->ExecSQL();
ADOQuery->Close();
}
```

Diese Funktion kann dann z.B. folgendermaßen aufgerufen werden:

```
CreateTable(ADOQuery1,ADOConnection1);
```

Für SQL-Befehle, die keine Ergebnismenge zurückgeben, kann man die Komponente TADOCommand verwenden.

10.16 Internet-Komponenten

Auf den Seiten *Indy Client*, *Indy Server* und *Indy Misc* der Tool-Palette finden sich zahlreiche Komponenten, die einen einfachen Zugriff auf Internetdienste ermöglichen. Das soll für einige dieser Komponenten mit einigen einfachen Beispielen gezeigt werden.

Mit der Komponente **IdSMTP** von der Seite *Indy Client* kann man über einen Mail-Server **EMails** verschicken. Dazu sind im einfachsten Fall nur Anweisungen wie die folgenden notwendig.

```
// Mailserver Identifikation
const char* MailserverName="..."; // z.B. mail.server.com
const char* UserId="... "; // aus dem EMail-Konto
const char* Password="... ";
```

*void __fastcall **ExecWB**(Shdocvw_tlb::OLECMDID cmdID,*
    Shdocvw_tlb::OLECMDEXECOPT cmdexecopt,
    TVariant *pvaIn=TNoParam(), TVariant *pvaOut=TNoParam());

können Befehle an den Internet-Browser übergeben werden. Als Beispiel soll hier
nur gezeigt werden, wie man damit die im Browser angezeigte Seite speichern
kann:

```
void __fastcall TForm1::Button2Click(TObject *Sender)
{
TVariant fn="c:\\test1.htm";
CppWebBrowser1->ExecWB(Shdocvw_tlb::OLECMDID_SAVEAS,
          Shdocvw_tlb::OLECMDEXECOPT_DONTPROMPTUSER,&fn);
}
```

10.17 MDI-Programme

Ein **MDI**-Programm (Multiple Document Interface) besteht aus einem übergeordneten Fenster, das mehrere untergeordnete Fenster enthalten kann. Die untergeordneten Fenster werden während der Laufzeit des Programms als Reaktion auf
entsprechende Benutzereingaben (z.B. *Datei|Neu*) erzeugt. Sie haben keine
eigenen Menüs: Das Menü des übergeordneten Fensters gilt auch für die untergeordneten Fenster. Typische MDI-Programme sind Programme zur Textverarbei-
tung, in denen mehrere Dateien gleichzeitig bearbeitet werden können. Im Unterschied zu MDI-Programmen bezeichnet man Programme, die keine untergeordneten Fenster enthalten, als **SDI**-Programme (Single Document Interface). Solche
Programme erhält man mit *Datei|Neu|Anwendung* standardmäßig.

Eine MDI-Anwendung kann man mit *Datei|Neu|Anwendung* gemäß den folgenden
Ausführungen erzeugen. In manchen Versionen des C++Builderw wird auch die
Option *Datei|Neu|Weitere|C++Builder-Projekte|MDI Anwendung* angeboten.

In einem MDI-Programm kann immer nur das Hauptformular das übergeordnete
Fenster sein. Es wird dadurch als **übergeordnetes Fenster** definiert, dass man
seine Eigenschaft *FormStyle* im Objektinspektor auf *fsMDIForm* setzt. In einem
SDI-Formular hat diese Eigenschaft den Wert *fsNormal* (Voreinstellung).

Ein **MDI-Child-Formular** wird dem Projekt zunächst als ein neues Formular
hinzugefügt. Es wird dadurch als **untergeordnetes Fenster** definiert, dass seine
Eigenschaft *FormStyle* den Wert *fsMDIChild* erhält. Dieser Wert kann auch
während der Laufzeit des Programms gesetzt werden.

Das MDI-Child-Formular kann nun wie jedes andere Formular visuell gestaltet
werden. Für die folgenden Beispiele wird ein MDI-Child-Formular angenommen,
das ein Memo mit der Eigenschaft *Align = alClient* enthält. Aufgrund dieser

Eigenschaft füllt das Memo das gesamte Formular aus. Gibt man diesem Formular den Namen *MDIChildForm*, erhält man in der Unit zu diesem Formular die Klasse

```
class TMDIChildForm : public TForm
{
__published: // IDE-verwaltete Komponenten
    TMemo *Memo1;
private:   // Benutzer-Deklarationen
public:    // Benutzer-Deklarationen
    __fastcall TMDIChildForm(TComponent* Owner);
};
```

Damit dieses MDI-Child-Formular beim Start des Programms nicht automatisch erzeugt und angezeigt wird, muss man es unter *Projekt|Optionen|Formulare* aus der Liste der automatisch erzeugten Formulare in die Liste der verfügbaren Formulare verschieben:

Während der Laufzeit des Programms wird dann durch den Aufruf von

```
MDIChildForm=new TMDIChildForm(this);
```

ein Fenster erzeugt, das dem visuell entworfenen Formular entspricht. Hier ist *MDIChildForm* der Zeiger, der in der Unit zu diesem Formular vom C++Builder automatisch erzeugt wird. Da Windows die MDI-Fenster selbst verwaltet, ist hier die Zuweisung an *MDIChildForm* nicht einmal notwendig. Der Aufruf des Konstruktors reicht aus:

```
void __fastcall TForm1::Neu1Click(TObject *Sender)
{ // z.B. als Reaktion auf Datei|Neu
new TMDIChildForm(this); // this ist hier ein Zeiger auf
// das Formular, das Neu1Click aufruft
}
```

Jeder Aufruf von *new MDIChildForm* erzeugt dann ein neues Formular mit einem Memo. In jedem der Memos kann man wie in einem einfachen Editor einen eigenständigen Text schreiben:

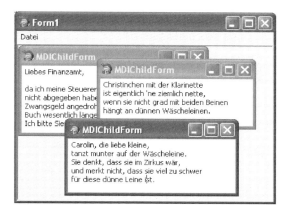

Wenn man bei einem solchen MDI-Child-Formular den Button „Schließen" rechts oben anklickt, wird das Formular allerdings nicht geschlossen, sondern nur minimiert. Dieses Verhalten ergibt sich aus der Voreinstellung der VCL für MDI-Child-Formulare. Es kann dadurch geändert werden, dass man in der Ereignisbehandlungsroutine für das Ereignis *OnClose* den Parameter *Action* auf *caFree* setzt:

```
void __fastcall TMDIChildForm::FormClose(TObject *Sender,
                                         TCloseAction &Action)
{
Action=caFree;
}
```

Die einzelnen MDI-Child-Formulare können dann als *MDIChildren[i]* angesprochen werden. Ihre Anzahl ist durch *MDIChildCount* gegeben. Mit der folgenden Methode werden alle geschlossen:

```
void __fastcall TForm1::AlleSchliessen1Click(TObject
                                             *Sender)
{
for (int i=MDIChildCount-1; i>=0; i--)
  MDIChildren[i]->Close();
} // Hier muss man von oben nach unten zählen
```

Das jeweils aktive MDI-Child-Formular ist gegeben durch

__property TForm* **ActiveMDIChild** = {read=GetActiveMDIChild};

Mit einer expliziten Typkonversion kann *ActiveMDIChild* auf den tatsächlichen Datentyp des Nachfolgers von *TForm* konvertiert werden:

```
dynamic_cast<TMDIChildForm*>(ActiveMDIChild)->Memo1->
                          Lines->Add("added");
```

Für die **Anordnung** von MDI-Child-Formularen stehen die folgenden Methoden zur Verfügung:

Cascade   // ordnet die Formulare überlappend an
Tile   // ordnet die Formulare nebeneinander an

Vor dem Aufruf von *Tile* kann man über den Wert der Eigenschaft **TileMode** festlegen, ob sie horizontal oder vertikal nebeneinander angeordnet werden.

> *enum TTileMode { tbHorizontal, tbVertical };*
> *__property TTileMode* **TileMode***;*

MDI-Programme zeigen oft in dem Menü, in dem die Fenster angeordnet werden können, eine Liste der aktuell geöffneten Dokumente an (siehe rechts). Eine solche Liste wird demjenigen Menüpunkt des Hauptformulars automatisch zur Laufzeit hinzugefügt, dessen Name der Eigenschaft *WindowMenu* des Hauptformulars zugewiesen wird:

```
Form1->WindowMenu = Fenster1;
```

Hier ist *Fenster1* derjenige Menüpunkt aus der Menüleiste des Hauptformulars, der dem Menüpunkt „Fenster" entspricht.

```
TMenuItem* Fenster1; // aus der Formular-Klassendefinition
```

Der im Menü angezeigte Text ist der Wert der Eigenschaft *Caption* der MDI-Formulare.

10.18 Die Klasse *Set*

Neben der Container-Klasse *set* der Standardbibliothek (siehe Abschnitt 4.4) gibt es im C++Builder die Klasse **Set** zur Darstellung von Mengen. Sie ist in „include\vcl\sysset.h" definiert und stellt den Datentyp *Set* von Delphi dar.

Eine Menge des Datentyps *Set* erhält man nach dem Schema:

    Set<type, minval, maxval>

Dabei ist

    type: der Datentyp der Elemente, meist *char* oder *int*
    minval: das kleinste Element, das die Menge enthalten kann (muss ≥ 0 sein)
    maxval: das größte Element, das die Menge enthalten kann (muss ≤ 255 sein).

Beispiele: `Set<int,0,17> A, B, C, D, L, Z;`
           `// alle Mengen sind zunächst leer`

Einer solchen Menge kann man mit dem Operator „<<" **Elemente hinzufügen**. Mit dem Operator „>>" kann man Elemente aus der Menge **entfernen**:

```
A<<1<<3<<5; // A = {1, 3, 5}
B<<5<<3<<7; // B = {3, 5, 7}
D<<1<<2<<4; // D = {1, 2, 4}
Z<<0<<1<<2<<3<<4<<5<<6<<7<<8<<9;
// Z = {0, 1, 2, 3, 4, 5, 6, 7, 8, 9}
```

Mit der Elementfunktion

bool __fastcall **Contains***(const T el) const;*

lässt sich feststellen, ob ein Wert in einer Menge enthalten ist:

```
for (int i=0; i<=255; i++)
  if (A.Contains(i))
    Form1->Memo1->Lines->Add(i);
```

Die üblichen Operationen mit Mengen sind über Operatoren definiert:

A + B ist die **Vereinigung** der Mengen A und B und besteht aus den Elementen, die in A oder in B enthalten sind.

A * B ist der **Durchschnitt** der Mengen A und B und besteht aus den Elementen, die in A und in B enthalten sind.

A – B ist die **Differenz** der Mengen A und B und besteht aus den Elementen, die in A, aber nicht in B enthalten sind.

Beispiele: Mit den Mengen aus den letzten beiden Beispielen ergeben sich die als Kommentar angegebenen Werte:

```
C = A + B; // C = {1, 3, 5, 7}
C = A + L; // L leere Menge, C = A
C = A + D; // C = {1, 2, 3, 4, 5}
C = D + Z; // D =Z

C = A * B; // C = {3, 5}
C = A * L; // C = {}
C = A * D; // C = {1}
C = D * Z; // C = D

C = A - B; // C = {1}
C = A - L; // C = A
C = A - D; // C = {3, 5}
C = D - Z; // D = {}
```

Der C++Builder verwendet Mengen vor allem dann, wenn eine Eigenschaft aus einer beliebigen Kombination von bestimmten Werten bestehen kann:

1. Über die Eigenschaft *Style* eines Schriftobjekts (*TFont*) wird festgelegt, ob eine Schriftart normal, fett, kursiv, unterstrichen oder durchgestrichen angezeigt wird:

> *enum TFontStyle { fsBold, fsItalic, fsUnderline, fsStrikeOut };* // Werte
> // fett, kursiv, unterstrichen, durchgestrichen
> *typedef Set<TFontStyle, fsBold, fsStrikeOut>* **TFontStyles;** // Mengentyp
> *__property TFontStyles* **Style** // Eigenschaft

2. Auch der Datentyp der Eigenschaft **BorderIcons** eines Formulars ist eine Menge:

> *enum TBorderIcon { biSystemMenu, biMinimize, biMaximize, biHelp };*
> *typedef Set<TBorderIcon, biSystemMenu, biHelp>* **TBorderIcons;**
> *__property TBorderIcons* **BorderIcons;**

Durch die Elemente dieser Menge wird festgelegt, welche Symbole in der Titelleiste eines Formulars angezeigt werden:

> *biSystemMenu*   das Formular besitzt ein Steuermenü (Systemmenü)
> *biMinimize*   das Formular hat einen Schalter „Als Symbol ausführen"
> *biMaximize*   das Formular hat einen Schalter „Vollbild".

3. Der Datentyp **TShiftState** ist eine Menge mit Werten für den Status der Umschalt-, Alt- oder Strg-Tasten sowie der Maustasten:

> *enum Classes__1 {ssShift, ssAlt, ssCtrl, ssLeft, ssRight, ssMiddle,*
> *ssDouble };*
> *typedef Set<Classes__1, ssShift, ssDouble> TShiftState;*

In den Funktionen, die als Reaktion auf die Tastatur-Ereignisse **OnKeyUp** und **OnKeyDown** sowie auf ein Drücken der Maustasten aufgerufen werden, enthält der Parameter *Shift* dann die Werte für die gedrückten Tasten:

> *void __fastcall TForm1::FormKeyDown(TObject *Sender, WORD &Key,*
> *TShiftState Shift)*

Im **Objektinspektor** erkennt man Mengen daran, dass ihre Werte in eckigen Klammern [] eingeschlossen sind und vor dem Namen der Eigenschaft ein Pluszeichen steht. Klickt man es an, werden alle potenziellen Elemente der Menge angezeigt. Diese kann man mit *true* der Menge hinzufügen und mit *false* aus der Menge entfernen.

Anmerkung für Pascal-Programmierer: Die Klasse *Set* des C++Builders ist etwas unhandlicher als der Datentyp *Set* von Pascal, da im C++Builder keine Elementbereiche angegeben werden können. So können in Pascal Abfragen der Art

```
if (('a'<=c) and (c<='z')) or (('A'<=c) and
                (c<='Z')) or (('0'<=c) and (c<='9')) then
```

mit Elementbereichen kürzer und übersichtlicher formuliert werden:

```
if c in ['a'..'z','A'..'Z','0'..'9'].
```

Aufgabe 10.18

Schreiben Sie ein Programm, das ein Fenster anzeigt wie

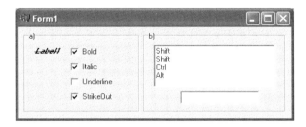

a) Falls die CheckBox *fett* markiert wird, soll die Schrift im Label in der Schriftart *fett* angezeigt werden. Wenn diese Markierung entfernt wird, soll die
   Schriftart nicht mehr *fett* angezeigt werden. Entsprechend für die anderen
   CheckBoxen.
b) Beim Ereignis *OnKeyDown* im Edit-Fenster soll im Memo angezeigt werden,
   ob die Umschalt-, Alt- oder Strg-Tasten gedrückt wurde.

10.19 3D-Grafik mit OpenGL

OpenGL (für „Open Graphics Library") ist eine Bibliothek mit 3D-Grafikfunk-
tionen, die ursprünglich unter dem Namen IRIS GL von Silicon Graphics (SGI) für
ihre Grafik-Workstations entwickelt wurde. Im Lauf der Zeit wurde diese Bibliothek auf die meisten UNIX-Varianten und viele andere Betriebssysteme portiert.
Sie ist seit 1994 in Windows NT enthalten und steht seit Oktober 1996 (SR 2)
auch für Windows 95 zur Verfügung.

Mit OpenGL kann man qualitativ hochwertige 3D-Grafiken erzeugen. Damit
wurden unter anderem die Computeranimationen in den Filmen *Terminator II* und
Jurassic Parc sowie eine Version des Computerspiels *Quake* geschrieben.
Außerdem basieren viele CAD-Programme auf OpenGL.

Da die folgenden Ausführungen nur einen kleinen Einblick in OpenGL geben
sollen, wird für weitere Informationen auf die OpenGL-Spezifikation (Segal,
1999), den „OpenGL Programming Guide" (Woo, 1997) sowie die zahlreichen
Dokumente auf www.opengl.org verwiesen. Die OpenGL-Funktionen sind auch in
der Online-Hilfe zum Win32-SDK beschrieben.

10.19.1 Initialisierungen

Für OpenGL-Programme sind einige Initialisierungen notwendig. Unter Windows muss die Anzahl der Farben auf „High Color" oder „True Color" gesetzt sein (z.B. unter *Systemsteuerung|Anzeige*). Die vor dem Aufruf von OpenGL-Funktionen notwendigen Einstellungen sind in *InitOpenGL* zusammengefasst:

```
bool UseDoubleBuffer=true; // false: flickerndes Bild
HDC dc;
HGLRC GLContext;

HDC InitOpenGL(HWND Handle,bool UseDoubleBuffer)
{
PIXELFORMATDESCRIPTOR pfd;

memset(&pfd,0,sizeof(pfd)); // setze alle Felder auf 0
pfd.nSize     = sizeof(PIXELFORMATDESCRIPTOR);
pfd.nVersion  = 1; // Versionsnummer, 1 notwendig
pfd.dwFlags   =    // Eigenschaften des Pixelpuffers
    PFD_DRAW_TO_WINDOW | // Zeichne in ein Fenster
    PFD_SUPPORT_OPENGL;  // OpenGL anstelle von GDI
if (UseDoubleBuffer)// Doppelbuffer verwenden
  pfd.dwFlags |= PFD_DOUBLEBUFFER; // flag setzen
pfd.iPixelType = PFD_TYPE_RGBA; // RGBA Pixel
pfd.cColorBits = 24; // Farbtiefe 24 Bit
pfd.cDepthBits = 32; // Tiefenpuffer 32 Bits
pfd.iLayerType = PFD_MAIN_PLANE; // Einzige Möglichkeit

HDC dc = GetDC(Handle);
int iPF = ChoosePixelFormat(dc, &pfd);
if (iPF==0) ShowMessage("Fehler bei ChoosePixelFormat");

SetPixelFormat(dc, iPF, &pfd );
GLContext= wglCreateContext(dc);
if (GLContext) wglMakeCurrent(dc, GLContext);
else ShowMessage("wglMakeCurrent nicht erfolgreich");
return dc;
}
```

Die hier verwendeten Funktionen sind in der Online-Hilfe zum Win32-SDK und bei Fosner (1997) beschrieben. Nach dem Aufruf von *InitOpenGL* wie in *Form-Create* zeichnen die OpenGL-Funktionen auf das Formular *Form1*:

```
void __fastcall TForm1::FormCreate(TObject *Sender)
{
DC=InitOpenGL(Form1->Handle,UseDoubleBuffer);
glEnable(GL_DEPTH_TEST);// notwendig für Tiefenpuffer
glClearColor(1, 1, 1, 1); // Hintergrund weiß

glMatrixMode(GL_MODELVIEW); // damit ein Betrachter
// im Ursprung die Szene sieht (siehe Abschnitt 10.19.3)
glTranslated(0,0,-2);
}
```

Der mit *wglCreateContext* erzeugte Kontext kann dann mit *wglDeleteContext* wieder gelöscht werden. Diese Anweisungen kann man beim Schließen des Formulars durchführen:

```
void __fastcall TForm1::FormDestroy(TObject *Sender)
{
ReleaseDC(Handle,dc);
wglMakeCurrent(dc, NULL);
wglDeleteContext(GLContext);
}
```

Nach diesen weitgehend für Windows spezifischen Initialisierungen können OpenGL-Funktionen aufgerufen werden. Sie stehen nach den folgenden *include*-Anweisungen zur Verfügung:

```
#include <gl\gl.h>
#include <gl\glu.h>
```

Die Darstellung einer 3D-Szene auf einem Bildschirm hat große Ähnlichkeiten mit der konventionellen Fotografie, bei der eine 3D-Szene auf einem Film abgebildet wird. Den Farbpunkten auf dem zweidimensionalen Film entsprechen die Pixel auf dem zweidimensionalen Bildschirm. Bei der konventionellen Fotografie mit einer Kamera ergibt sich das Blickfeld unter anderem aus dem Bildwinkel des Objektivs. Typische Werte sind bei einem Normalobjektiv etwa 60 Grad, bei einem Weitwinkelobjektiv 120 Grad und bei einem Teleobjektiv 30 Grad.

In OpenGL muss vor der Darstellung einer Szene das Blickfeld definiert werden. Das ist mit der Funktion *gluPerspective* möglich. Ihr Aufruf entspricht der Wahl des Objektivs bei einer Kamera.

> void ***gluPerspective*** *(GLdouble fovy, GLdouble aspect, GLdouble zNear,*
> *GLdouble zFar);*

Hier ist *fovy* der Blickwinkel (in Grad im Bereich von 0 bis 180) in der x-z-Ebene und *aspect* das Verhältnis Breite/Höhe des Blickfeldes. Diese Werte definieren zusammen mit *zNear* und *zFar* einen Pyramidenstumpf. Objekte, die innerhalb liegen, werden dargestellt und alle Objekte außerhalb nicht.

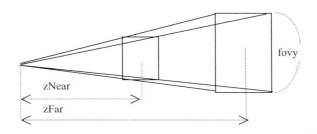

Als Argument für *aspect* sollte man das Verhältnis Breite/Höhe des Fensters wählen. Da diese Werte beim Ereignis *OnResize* gesetzt werden, liegt es nahe, *gluPerspective* in der Funktion *FormResize* aufzurufen:

```
void __fastcall TForm1::FormResize(TObject *Sender)
{ // wird nach FormCreate aufgerufen
glMatrixMode(GL_PROJECTION);
glLoadIdentity(); // Initialisiere die Projektionsmatrix
GLdouble aspect =(double)ClientWidth/ClientHeight;
// Blickwinkel 60 Grad, für z<1 und z>10 ausblenden:
gluPerspective(60, aspect, 1, 10);
// Modelview Matrix wieder zur aktuellen Matrix machen
glMatrixMode(GL_MODELVIEW);
DrawScene();
}
```

OpenGL verwendet intern Matrizen, um die Farben der Pixel zu berechnen, die auf dem Bildschirm angezeigt werden. Eine dieser Matrizen ist die sogenannte **Projektionsmatrix**, mit der die Perspektive gewählt wird. Diese Matrix muss durch den Aufruf von

```
glMatrixMode(GL_PROJECTION);
```

vor dem Aufruf von *gluPerspective* ausgewählt und durch

```
glLoadIdentity(); // Initialisiere die Projektionsmatrix
```

initialisiert werden. Eine weitere Matrix ist die **Modellierungsmatrix**, die mit

```
glMatrixMode(GL_MODELVIEW);
```

vor den Anweisungen ausgewählt werden muss, die die Objekte oder die Ansicht auf die Szene transformieren.

In den folgenden Beispielen werden die 3D-Szenen in der Funktion ***DrawScene*** zwischen *glClear* und der letzten *if*-Anweisung konstruiert:

```
void DrawScene()
{
glClear(GL_COLOR_BUFFER_BIT | GL_DEPTH_BUFFER_BIT);
// hier wird die Szene konstruiert
if (UseDoubleBuffer) SwapBuffers(dc);
else glFlush();
}
```

Hier wird durch *glClear* das bisherige Bild und der Tiefenpuffer gelöscht. Durch *glFlush* bzw. *SwapBuffers* wird erreicht, dass bisher nur zwischengepufferte Ergebnisse von OpenGL-Funktionen auch auf dem Bildschirm angezeigt werden.

Ruft man *DrawScene* wie oben in der Funktion *FormResize* auf, wird die Szene auch beim Start des Programms gezeichnet, da *FormResize* beim Start des Programms automatisch nach *FormCreate* aufgerufen wird.

10.19.2 Grafische Grundelemente: Primitive

In OpenGl werden zwei- und dreidimensionale Objekte aus Punkten, Linien und Polygonen zusammengesetzt. Diese Elemente werden in der OpenGL-Spezifikation auch als „**Primitive**" bezeichnet. Ein Primitiv wird durch einen oder mehrere dreidimensionale Punkte definiert, die zwischen *glBegin* und *glEnd* zusammengefasst werden. Bei *glBegin* legt man durch einen Parameter fest, wie die Punkte verbunden werden.

> void **glBegin**(GLenum mode);
> void **glEnd**(void);

Für *mode* sind unter anderem die folgenden Argumente zulässig:

GL_POINTS: Jeder Punkt zwischen *glBegin* und *glEnd* wird als Punkt gezeichnet. Diese Punkte werden nicht miteinander verbunden.

GL_LINES: Jedes aufeinanderfolgende Paar von Punkten zwischen *glBegin* und *glEnd* wird durch eine Linie verbunden. Durch 2n Punkte erhält man so n Linien. Bei einer ungeraden Anzahl von Punkten wird der letzte Punkt ignoriert.

GL_LINE_LOOP: verbindet je zwei aufeinanderfolgende Punkte zwischen *glBegin* und *glEnd* durch eine Linie. Der letzte Punkt wird außerdem mit dem ersten verbunden. Insgesamt werden durch n Punkte n Linien gezeichnet.

GL_TRIANGLES: zeichnet je drei aufeinanderfolgende Punkte als Dreieck.

GL_TRIANGLE_STRIP: Die ersten drei Punkte definieren das erste Dreieck. Jeder weitere Punkt definiert mit den beiden vorangehenden ein weiteres Dreieck.

GL_QUADS: Jeweils vier aufeinanderfolgende Punkte ergeben ein Viereck.

GL_POLYGON: verbindet je zwei aufeinanderfolgende Punkte zu einem Polygon

Die Punkte zwischen *glBegin* und *glEnd* werden durch den Aufruf einer der **glVertex**-Funktionen definiert: Alle diese Funktionen beginnen mit „glVertex". Darauf folgt eine der Ziffern 2, 3 oder 4. Diese Ziffer gibt an, dass beim Aufruf der Funktion 2, 3 oder 4 Argumente für die x-, y-, z- und w-Koordinaten eines Punktes angegeben werden. In der Form mit 2 Parametern wird der Wert für z immer auf Null gesetzt. Falls der Parameter w nicht Null ist, hat der Punkt (x,y,z,w) die euklidischen Koordinaten (x/w,y/w,z/w). Auf die Ziffer folgt eines der Zeichen 's', 'i', 'f' oder 'd'. Es gibt an, ob die Parameter den Datentyp *GLshort* (*short*), *GLint* (*int*), *GLfloat* (*float*) oder *GLdouble* (*double*) haben. Falls darauf noch das Zeichen 'v' folgt, wird als Parameter die Adresse eines Arrays (Vektor) mit den Punkten übergeben.

Diese Art der Namensgebung wird in OpenGL oft verwendet, z.B. in den **glColor-**Funktionen, mit denen man die Farbe der folgenden Figuren setzt. So gibt nach 'glColor' eine der Ziffern 3 oder 4 an, ob 3 RGB- oder 4 RGBA-Werte übergeben werden. Darauf folgt ein Zeichen für den Datentyp und eventuell noch das Zeichen 'v', wenn die Adresse eines Vektors mit den Farbwerten übergeben wird. Falls bei einer Farbe 4 **RGBA**-Werte angegeben werden, ist der vierte der sogenannte alpha-Wert. Dieser wirkt sich allerdings nur beim Mischen von Farben aus und wird im Folgenden ignoriert. Manchmal kürzt man die Zeichen für die Varianten durch einen Stern „*" ab und spricht dann z.B. von den **glVertex***-Funktionen.

OpenGL verwendet ein rechtshändiges Koordinatensystem, bei dem die z-Achse nach vorne (vom Bildschirm zum Betrachter) zeigt:

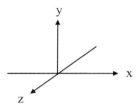

Die Funktion *CoordinateSystem* zeichnet ein 3D-Koordinatenkreuz im Nullpunkt (0,0,0) mit einer roten x-Achse, einer grünen y-Achse und einer blauen z-Achse. Zur Illustration der verschiedenen Arten der Parameterübergabe wurden Farben als Vektoren und Punkte mit drei Argumenten definiert.

```
void CoordinateSystem(GLdouble x, GLdouble y, GLdouble z)
{
glBegin(GL_LINES);
  glColor3fv(colRed);
    glVertex3d(-x, 0, 0);
    glVertex3d(x, 0, 0);
  glColor3fv(colGreen);
    glVertex3d(0, -y, 0);
    glVertex3d(0, y, 0);
  glColor3fv(colBlue);
    glVertex3d(0, 0, z);
    glVertex3d(0, 0, -z);
glEnd();
}
```

In gl.h sind die Datentypen und Konstanten von OpenGL z.B. folgendermaßen definiert:

```
typedef unsigned int GLenum; // aus gl.h
#define GL_LINES                       0x0001
#define GL_LINE_LOOP                   0x0002
```

Deswegen ist besonders darauf zu achten, dass man die Funktionen von OpenGL nicht mit falschen Werten aufruft. Der Compiler kann auf einen solchen Fehler nicht hinweisen.

In der Funktion *Koordinatenkreuz* wurden für die **Farben** die folgenden Arrays verwendet. Sie enthalten die Rot-, Grün- und Blau-Anteile der Farbe:

```
GLfloat colRed[]        = {1, 0, 0},
        colGreen[]      = {0, 1, 0},
        colBlue[]       = {0, 0, 1},
        colYellow[]     = {1, 1, 0},
        colDarkGray[]   = {0.2, 0.2, 0.2},
        colGray[]       = {0.5, 0.5, 0.5},
        colLightGray[]  = {0.8, 0.8, 0.8},
        colBlack[]      = {0, 0, 0};
```

Mit GL_TRIANGLES kann man am Ende einer Koordinatenachse ein kleines Dreieck zeichnen, das in die Richtung der positiven Achse zeigt:

```
double h=0.05;
glBegin(GL_TRIANGLES); // Pfeilspitze am Ende der x-Achse
   glColor3fv(colRed);
   glVertex3d(x-h, h, 0);
   glVertex3d(x, 0, 0);
   glVertex3d(x-h, -h, 0);
glEnd();
```

Ergänzt man das Koordinatenkreuz um Pfeilspitzen bei jeder Achse, erhält man nach einer geeigneten Drehung das Bild:

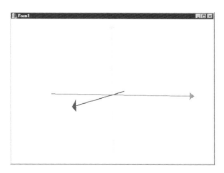

Die folgenden Anweisungen definieren ein Viereck mit den Eckpunkten v0, v1, v2 und v3. Die Normalen sind Vektoren, die senkrecht auf einer Seite stehen. Sie sind für die Darstellung des Würfels ohne Bedeutung, werden aber später für Beleuchtungseffekte benötigt.

```
void Quad(GLdouble n[], GLdouble v0[], GLdouble v1[],
          GLdouble v2[],GLdouble v3[], GLenum mode)
{ // Viereck mit den Eckpunkten v0, v1, v2 und v3
glBegin(mode);
```

```
      glNormal3dv(n);   // Normale
      glVertex3dv(v0);
      glVertex3dv(v1);
      glVertex3dv(v2);
      glVertex3dv(v3);
    glEnd();
  }
```

Aus sechs solchen Vierecken kann man einen Quader konstruieren. Sie werden hier zur Illustration in verschiedenen Farben gezeichnet:

```
void ColoredCube(GLdouble x0, GLdouble y0, GLdouble z0,
       GLdouble x1, GLdouble y1, GLdouble z1, GLenum mode)
{//Drahtwürfel: mode=GL_LINE_LOOP, volle Seiten: mode=
                                              // GL_QUADS
   // um x0<=x1, y0<=y1 und z0<=z1 sicherzustellen:
   if (x0 > x1) {GLdouble tmp = x0; x0 = x1; x1 = tmp;}
   if (y0 > y1) {GLdouble tmp = y0; y0 = y1; y1 = tmp;}
   if (z0 > z1) {GLdouble tmp = z0; z0 = z1; z1 = tmp;}
   GLdouble v[8][3] =      // Ecken         v[7] ---- v[6]
            {{x0,y0,z1}, //=v[0]            /|        /|
             {x1,y0,z1}, //=v[1]         v[3] ---- v[2] |
             {x1,y1,z1}, //=v[2]          |  |      |  |
             {x0,y1,z1}, //=v[3]          |  |      |  |
             {x0,y0,z0}, //=v[4]          |  |      |  |
             {x1,y0,z0}, //=v[5]          | v[4] ---| v[5]
             {x1,y1,z0}, //=v[6]          |/        |/
             {x0,y1,z0}};//=v[7]         v[0] ---- v[1]

   GLdouble FrontNormal[]={0,0,1}, BackNormal[]={ 0, 0,-1},
            RightNormal[]={1,0,0}, LeftNormal[]={-1, 0, 0},
            UpNormal[]   ={0,1,0}, DownNormal[]={ 0,-1, 0};

   glColor3fv(colRed);
   Quad(FrontNormal,  v[0],v[1],v[2],v[3],mode); // vorne
   glColor3fv(colGreen);
   Quad(RightNormal,v[1],v[5],v[6],v[2],mode);   // rechts
   glColor3fv(colBlue);
   Quad(BackNormal,v[5],v[4],v[7],v[6],mode);    // hinten
   glColor3fv(colYellow);
   Quad(LeftNormal, v[4],v[0],v[3],v[7],mode);   // links
   glColor3fv(colLightGray);
   Quad(UpNormal,   v[3],v[2],v[6],v[7],mode);   // oben
   glColor3fv(colDarkGray);
   Quad(DownNormal, v[1],v[0],v[4],v[5],mode);   // unten
}
```

Die folgende Version von *DrawScene* zeichnet ein Koordinatenkreuz mit einem soliden Würfel und einem Drahtgitter-Würfel:

```
void DrawScene()
{
  glClear(GL_COLOR_BUFFER_BIT | GL_DEPTH_BUFFER_BIT);
  CoordinateSystem(1,1,1);
  ColoredCube(-0.1, -0.1, -0.1, 0.1, 0.1, -0.2, GL_QUADS);
  ColoredCube(-0.3,-0.3,-0.3,-0.2,-0.2,-0.4,GL_LINE_LOOP);
```

```
if (UseDoubleBuffer) SwapBuffers(dc);
else glFlush();
}
```

Und wenn man die Funktion *City* in *DrawScene* aufruft, werden n*n Quader mit
verschiedenen Höhen gezeichnet. Das sieht dann ähnlich wie eine Großstadt aus
Hochhäusern aus (siehe die Abbildung auf Seite 1124):

```
void City()
{
srand(1); // immer dieselbe Folge von Zufallszahlen
const int n = 10;
const double w=2.0/n;
for (int x=-n/2; x<n/2; x++)
  for (int z=-n/2; z<n/2; z++)
    ColoredCube((x-w)/n, 0, (z-w)/n, (x+w)/n,
                        (1+rand()%8)/10.0, (z+w)/n, GL_QUADS);
}
```

In der Funktion *Paperplane* wird ein Papierflieger aus Dreiecken zusammengesetzt. Mit der Einstellung **glShadeModel(GL_FLAT)** erkennt man die einzelnen
Dreiecke am besten, da dann das gesamte Primitiv dieselbe Farbe bekommt. Mit
der Voreinstellung *glShadeModel(GL_SMOOTH)* werden die Farben zwischen
den Ecken interpoliert.

```
void Paperplane()
{
glShadeModel(GL_FLAT);
glBegin(GL_TRIANGLE_STRIP);
  glColor3fv(colRed);
   glVertex3d(-0.7, 0, -0.1); // linker Flügel
   glVertex3d(-0.1, 0, 0);
   glVertex3d(-0.1, 0.7, 0);
  glColor3fv(colGreen);
   glVertex3d(0,0,-0.3); // linke Seite, erstes Dreieck
  glColor3fv(colBlue);
   glVertex3d(0,0.8,-0.3);//linke Seite, zweites Dreieck
  glColor3fv(colYellow);
   glVertex3d(0.1, 0, 0); //rechte Seite, erstes Dreieck
  glColor3fv(colGreen);
   glVertex3d(0.1,0.7,0); //rechte Seite, zweites Dreieck
  glColor3fv(colRed);
   glVertex3d(0.7, 0, -0.1); // Spitze rechter Flügel
glEnd();
glShadeModel(GL_SMOOTH);//Voreinstellung wiederherstellen
}
```

10.19.3 Modelltransformationen

Für die in diesem Abschnitt betrachteten **Modelltransformationen** wird vorausgesetzt, dass die Modellierungsmatrix durch einen Aufruf von

```
glMatrixMode(GL_MODELVIEW);
```

als aktuelle Matrix gesetzt wurde. In unseren Beispielen wurde die Modellierungsmatrix in der Funktion *FormResize* (siehe Seite 1116) ausgewählt und anschließend nicht mehr verändert.

Dann kann man das Koordinatensystem, in dem ein Modell anschließend gezeichnet wird, durch die *glTranslate*-Funktionen um x, y und z Einheiten in der x-,
y- und z-Achse verschieben:

>*void **glTranslated**(GLdouble x, GLdouble y, GLdouble z);*
>*void **glTranslatef**(GLfloat x, GLfloat y, GLfloat z);*

Die *glRotate*-Funktionen drehen das Koordinatensystem um *angle* Grad im Gegen-
uhrzeigersinn um die Achse durch den Nullpunkt und den Punkt (x,y,z):

>*void **glRotated**(GLdouble angle, GLdouble x, GLdouble y, GLdouble z)*
>*void **glRotatef**(GLfloat angle, GLfloat x, GLfloat y, GLfloat z)*

Mit den *glScale*-Funktionen kann man das Koordinatensystem um die Faktoren x,
y und z in den jeweiligen Achsen skalieren:

>*void **glScaled**(GLdouble x, GLdouble y, GLdouble z);*
>*void **glScalef**(GLfloat x, GLfloat y, GLfloat z);*

Da diese Funktionen das danach gezeichnete Modell transformieren, werden sie
auch als **Modelltransformationen** („modeling transformation") bezeichnet. Bei
der Fotografie mit einer Kamera entspricht einer Modelltransformation eine Veränderung der Position oder Lage des Modells, wobei die Kamera unverändert
bleibt.

Führt man mehrere Modelltransformationen nacheinander aus, ist das Ergebnis der
früheren Transformationen der Ausgangspunkt der späteren. Deswegen erhält man
bei einer Verschiebung, auf die eine Drehung folgt, ein anderes Bild, als wenn man
zuerst die Drehung und dann die Verschiebung ausführt. Bei der linken der
nächsten beiden Abbildungen wurde das Modell zuerst verschoben und dann
gedreht:

```
void Modell()
{
CoordinateSystem(1,1,1);
ColoredCube(-0.1, -0.1, -0.1, 0.1, 0.1, 0.1, GL_QUADS);
}

void TranslateRotate ()
{
InitScene();
Modell();
// Zuerst verschieben und dann drehen:
glTranslated(1.5,0,0);
glRotated(20,0,0,1);
Modell();
}
```

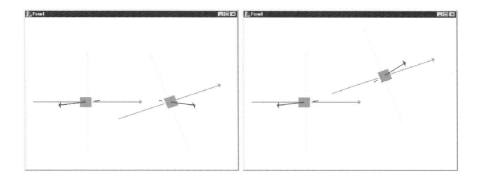

Bei der rechten Abbildung wurde das Modell dagegen zuerst gedreht und dann
verschoben. Dazu wurden in *TranslateRotate* die beiden Anweisungen nach dem
Kommentar nur vertauscht:

```
// Zuerst drehen und dann verschieben:
glRotated(20,0,0,1);
glTranslated(1.5,0,0);
```

Die Funktion *InitScene* initialisiert die Szene hier so, dass die Modelle von
TranslateRotate ins Bild passen:

```
void InitScene()
{ // Initialisiere die Szene für TranslateRotate
glLoadIdentity();
glTranslated(-0.8,-0.1,-2.5);
}
```

Durch den Aufruf der Funktion **glLoadIdentity** wird die aktuelle Matrix durch die
Einheitsmatrix ersetzt. In unserem Beispielprogramm ist das die mit *gl-
MatrixMode(GL_MODELVIEW)* in *FormResize* (siehe Seite 1116) gesetzte
Modellmatrix. Dann haben alle darauf folgenden Modelltransformationen dieselbe
Ausgangssituation wie nach dem Start des Programms.

Ruft man eine Modelltransformation wie in *FormKeyDown* als Reaktion auf ein
Drücken der Pfeiltasten auf, kann man das Modell mit den Pfeiltasten drehen oder
verschieben. Hier wird es um 0.1 Einheiten auf der x-, y- oder z-Achse verschoben
bzw. um 5 Grad um eine der Achsen gedreht:

```
enum {trRotate, trTranslate} Transformation=trTranslate;

void __fastcall TForm1::FormKeyDown(TObject *Sender,
                         WORD &Key, TShiftState Shift)
{
if (Key=='R') Transformation=trRotate;
else if (Key=='T') Transformation=trTranslate;
bool ShiftPressed=Shift.Contains(ssShift);
```

```
if (Transformation==trTranslate)
  { //VK_UP, VK_DOWN: Pfeiltasten hoch, tief usw.
    if      (Key==VK_UP && !ShiftPressed)
                              glTranslated(0, 0, 0.1);
    else if (Key==VK_DOWN && !ShiftPressed)
                              glTranslated(0, 0, -0.1);
    else if (Key==VK_UP)    glTranslated(0, 0.1, 0);
    else if (Key==VK_DOWN)  glTranslated(0,-0.1, 0);
    else if (Key==VK_LEFT)  glTranslated(-0.1, 0, 0);
    else if (Key==VK_RIGHT) glTranslated( 0.1, 0, 0);
  }
else if (Transformation==trRotate)
  {
    if(Key==VK_UP && !ShiftPressed) glRotated(-5,1,0,0);
    else if(Key==VK_DOWN && !ShiftPressed)
                              glRotated(5, 1, 0, 0);
    else if(Key==VK_UP)    glRotated(-5, 0, 0, 1);
    else if(Key==VK_DOWN)  glRotated(5, 0, 0, 1);
    else if(Key==VK_LEFT)  glRotated(-5, 0, 1, 0);
    else if(Key==VK_RIGHT) glRotated(5, 0, 1, 0);
  }
DrawScene();
}
```

Mit dieser Funktion kann man dann die Stadt oder den Papierflieger von oben und von unten betrachten:

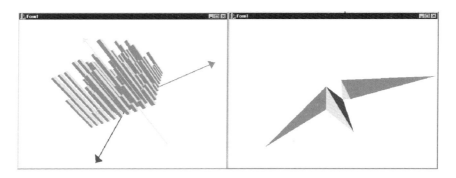

10.19.4 Vordefinierte Körper

Zu OpenGL gehören die „GL Utilities" (GLU), die in der GLU-Spezifikation (Leech, 1998) definiert sind. Diese Bibliothek steht nach

```
#include <gl/glu.h>
```

zur Verfügung und enthält unter anderem die folgenden Funktionen, die im Ursprung entsprechende Figuren zeichnen:

*void **gluSphere**(GLUquadricObj *qobj, GLdouble radius, GLint slices, GLint*
stacks);
*void **gluCylinder**(GLUquadricObj *qobj, GLdouble baseRadius, GLdouble*
topRadius, GLdouble height, GLint slices, GLint stacks);
*void **gluDisk**(GLUquadricObj *qobj, GLdouble innerRadius, GLdouble*
outerRadius, GLint slices, GLint loops);

Diese Figuren sind entlang der z-Achse aus *stacks* Scheiben zusammengesetzt,
wobei jede Scheibe aus *slices* Stücken mit ebenen Oberflächen besteht. Sie können
nur zusammen mit sogenannten Quadriken verwendet werden, die zuvor wie in
Sphere mit **gluNewQuadric** erzeugt wurden und auf die hier nicht näher eingegangen werden soll. Für eine solche Quadrik definiert man dann mit Funktionen
wie

*void **gluQuadricDrawStyle**(GLUquadricObj *qobj, GLenum drawStyle);*

die Art der Darstellung. Zulässige Argumente für *drawStyle* sind neben anderen
GLU_FILL und *GLU_LINE*. Mit *gluQuadricNormals* kann man Normalen erzeugen, die für eine Beleuchtung notwendig sind. Weitere Beispiele dieser Art findet
man im OpenGL Utility Toolkit (GLUT) von Mark Kilgard (1996).

```
void Sphere(GLdouble radius, GLint slices, GLenum style,
                                         GLfloat* color)
{ // ähnlich wie in glut-3.7\lib\glut\glut_shapes.c
static GLUquadricObj *quadObj=gluNewQuadric();
gluQuadricDrawStyle(quadObj, style);
gluQuadricNormals(quadObj, GLU_SMOOTH);
glColor3fv(color);
gluSphere(quadObj, radius, slices, slices/*stacks*/);
}

void Cylinder(GLdouble baseRadius, GLdouble topRadius,
            GLdouble height, GLenum style, GLfloat* color)
{ // ähnlich wie in glut-3.7\lib\glut\glut_shapes.c
static GLUquadricObj *quadObj=gluNewQuadric();
gluQuadricDrawStyle (quadObj, style);
gluQuadricNormals(quadObj, GLU_SMOOTH);
glColor3fv(color);
gluCylinder(quadObj,baseRadius,topRadius,height,30,10);
}
```

In der Funktion *Solarsystem* wird mit *Sphere* eine gelbe Sonne, ein blauer Planet
und ein roter Mond gezeichnet:

```
void Solarsystem(bool LocalTransf, GLenum style)
{ // ohne Drehung der Erde um ihre Achse
if (LocalTransf) glPushMatrix();//siehe Abschnitt 10.19.5
else glLoadIdentity();
static int time = 0, day = 0;
const int incr = 25; // in Stunden
time = time+incr;
day = day+time/24;
```

```
time = time%24;
day = day %365;
// Betrachte das Modell von schräg oben:
glTranslated(0, 0, -10.0);
glRotated(10, 1, 0, 0);
Sphere(1,50,GLU_FILL,colYellow); // gelbe Sonne

// Die Erde dreht sich in 365 Tagen um die Sonne:
glRotated(360.0*day/365, 0, 1, 0);// drehe um die y-Achse
glTranslated(4, 0, 0); // Abstand Erde - Sonne
// Die Erde dreht sich in 24 Sunden um ihre Achse
glRotatef(360.0*time/24.0, 0, 1, 0);

Sphere(0.5,5,style,colBlue);    // blaue Erde

// Der Mond dreht sich 12,5 Mal pro Jahr um die Erde. Er
// dreht sich dabei nicht um eine Achse und wendet der
// Erde immer dieselbe Seite zu.

glRotated((360*12.5*day)/365, 0, 1, 0);
glTranslated(2, 0, 0); // Abstand Erde - Mond
Sphere(0.2,50,GLU_FILL,colRed);// roter Mond

if (LocalTransf) glPopMatrix();
}
```

Bei jedem neuen Aufruf dieser Funktion wird dann das Solarsystem in der Konstellation zu dem Datum gezeichnet, das sich nach *time* Stunden ergibt. Allerdings hat dieses Solarsystem noch den Schönheitsfehler, dass sich die Erde nicht um eine Achse durch den Nord- und Südpol dreht, sondern um eine Achse durch den Äquator. Siehe dazu Aufgabe 10.19.1.f.

10.19.5 Lokale Transformationen

Das Solarsystem von Abschnitt 10.19.4 ließ sich deshalb so einfach erzeugen, weil das Ergebnis der bisherigen Drehungen oder Verschiebungen der Ausgangspunkt für jede weitere Drehung oder Verschiebung war. Oft ist das aber ein Nachteil. Wenn man z.B. mehrere Figuren in eine Szene setzen will, ist es oft einfacher, die Figuren relativ zu einem gemeinsamen Zentrum zu positionieren, als bei jeder Figur alle bisherigen Transformationen zu berücksichtigen.

Mit den Funktionen

> *void **glPushMatrix**();*
> *void **glPopMatrix**();*

lassen sich die Auswirkungen von Transformationen auf einfache Weise begrenzen. *glPushMatrix* legt eine Kopie der aktuellen Matrix auf einen Stack. Durch *glPopMatrix* wird das oberste Element dieses Stacks entfernt und die danach oberste Matrix auf dem Stack zur aktuellen Matrix. Da sowohl für die Modellierungs- als auch für die Projektionsmatrix ein solcher Stack existiert, muss die Modellierungsmatrix zuvor mit *glMatrixMode* ausgewählt werden.

Wenn man zwischen einem Aufruf von *glPushMatrix* und *glPopMatrix* Transformationen ausführt, sind diese nach der Ausführung von *glPopMatrix* nicht mehr der Ausgangspunkt für anschließende Transformationen. In der Funktion *Speichenrad* wird eine Figur konstruiert, die aus n Speichen mit einer Kugel besteht (siehe die linke der beiden Abbildungen auf Seite 1129):

```
void Speichenrad(int n)
{
glPushMatrix();
Sphere(0.2,20,GLU_FILL,colRed); // Kugel im Mittelpunkt
for (int i=0; i<n; i++)
   {
   glRotated(360.0/n,0,0,1); // 360/n Grad weiterdrehen
   glPushMatrix();
      glRotated(-90,1,0,0); // in die x-z-Ebene drehen
      Cylinder(0.02, 0.02, 1,GLU_FILL, colGray);
      glTranslated(0,0,1);
      Sphere(0.1,20,GLU_FILL,colBlue);
   glPopMatrix();
   }
glPopMatrix();
}
```

Die Auswirkung von Transformationen kann man also begrenzen, indem man sie zwischen *glPushMatrix* und *glPopMatrix* ausführt. Wenn man in einer Funktion alle Transformationen durch ein solches Anweisungspaar klammert, hat ein Aufruf dieser Funktion keine Auswirkung auf anschließende Transformationen. In der Funktion *Solarsystem* von Abschnitt 10.19.4 wird das mit dem Argument *true* für *LocalTransf* erreicht.

Mit mehreren Paaren von *glPushMatrix* und *glPopMatrix* lassen sich Szenen konstruieren, in denen sich **verschiedene Figuren unabhängig von einander bewegen**. In der Funktion *IndependentMotions* drehen sich zwei Speichenräder in der entgegengesetzten Richtung gegeneinander, so dass bei wiederholten Aufrufen der Eindruck entsteht, dass das eine das andere antreibt:

```
void IndependentMotions()
{
static int angle=0;
angle=angle+5;
glPushMatrix();
   glTranslated(1,0,0);
   glRotated(angle-10,0,0,1);
   Speichenrad(10);
glPopMatrix();
glPushMatrix();
   glTranslated(-1,0,0);
   glRotated(-angle,0,0,1);
   Speichenrad(10);
```

```
glPopMatrix();
}
```

Die Funktion *RecursiveTree* zeichnet einen rekursiven Baum, dessen Zweige ein Stamm mit Blättern (*StemWithLeaves*) sind. Von jedem Stamm verzweigen drei weitere Stämme im Winkel von etwa 120 Grad:

```
void RecursiveTree(int level)
{
if (level <= 0) StemWithLeaves();
else
  { Stem();
    glPushMatrix();
      glTranslatef(0, 1, 0);
      glScalef(0.7, 0.7, 0.7);
      for (int i=0; i<3; i++)
      {
        double x=(i+1)/4.0; // für kleine Abweichungen
        glPushMatrix();
          glRotatef(i*120 + x*40, 0, 1, 0);
          glRotatef(30 + x*20, 0, 0, 1);
          RecursiveTree(level - 1);
        glPopMatrix();
      }
    glPopMatrix();
  }
}
```

Dabei wird ein Stamm durch einen einfachen Zylinder dargestellt. Die hier verwendete Funktion *glMaterialfv* wird in Abschnitt 10.19.6 beschrieben:

```
void Stem()
{
GLfloat tree_mat[] = { 0.5, 0.3, 0.1, 1.0 };
glMaterialfv(GL_FRONT, GL_AMBIENT_AND_DIFFUSE, tree_mat);

glPushMatrix();
  glRotatef(-90, 1, 0, 0);
  Cylinder(0.1, 0.08, 1, GLU_FILL, colGray);
glPopMatrix();
}
```

Ein Blatt wird durch ein einfaches Dreieck dargestellt:

```
void Leaf()
{
GLfloat leaf_mat[] = { 0.0, 0.9, 0.0, 1.0 };
glMaterialfv(GL_FRONT_AND_BACK, GL_AMBIENT_AND_DIFFUSE,
                                               leaf_mat);
glBegin(GL_TRIANGLES);
  glNormal3f(-0.1, 0, 0.25);  // nicht normalisiert
  glVertex3f(0, 0, 0);
  glVertex3f(0.25, 0.25, 0.1);
  glVertex3f(0, 0.5, 0);
```

```
glEnd();
}
```

Ein *StemWithLeaves* ist ein Stamm mit sechs Blättern, die im Winkel von 120 Grad gegeneinander versetzt sind:

```
void StemWithLeaves()
{
glPushMatrix();
  Stem();
  for(int i = 0; i < 6; i++)
  {
    glTranslatef(0, 1.0/6, 0);
    glRotatef(120, 0, 1, 0);
    glPushMatrix();
      glRotatef(50, 1, 0, 0);
      Leaf();
    glPopMatrix();
  }
glPopMatrix();
}
```

Die rechte der nächsten beiden Abbildungen erhält man mit einem Aufruf von

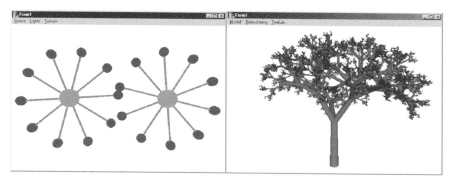

RecursiveTree(6):

10.19.6 Beleuchtungseffekte

Mit der Funktion

> void **glLightfv**(*GLenum light, GLenum pname, const GLfloat *params*);

können bis zu 8 verschiedene Lichtquellen definiert werden, die eine Szene beleuchten. Diese Lichtquellen werden durch die Argumente *GL_LIGHT0* bis *GL_LIGHT7* für *light* identifiziert. Für *pname* sind 10 verschiedene Argumente möglich, aus denen sich dann die Bedeutung des Arguments für *params* (ein Array mit 4 Elementen des Datentyps *GLfloat*) ergibt. Hier sollen nur die folgenden beschrieben werden:

GL_POSITION: Mit diesem Argument für *pname* sind die ersten drei Elemente
des Arrays für *params* die Position der Lichtquelle, falls das
vierte Element nicht den Wert Null hat. Mit dem Wert Null sind
die ersten drei Elemente die Richtung der Lichtquelle.

Jede Lichtquelle in OpenGL kann ambientes, diffuses und spiegelndes Licht aus-
strahlen. Die jeweiligen Anteile erhält man mit den folgenden Argumenten für
pname. Die RGBA-Werte ihrer Intensitäten sind dann die Elemente des Arrays,
das als Argument für *params* übergeben wird:

GL_AMBIENT: Ambientes Licht ist so stark gestreut, dass man nicht bestimmen
kann, aus welcher Richtung es kommt. Beispielsweise hat eine
Hintergrundbeleuchtung in einem Raum eine hohe ambiente
Intensität, da sie von vielen Oberflächen reflektiert wird. Wählt
man keine ambiente Lichtquelle, wird die Szene mit ambientem
Licht der Intensitäten (0,0,0,1) beleuchtet.

GL_DIFFUSE: Diffuses Licht kommt aus einer bestimmten Richtung und bewirkt eine hellere Beleuchtung der direkt angestrahlten Oberflächen. Es wird dann von der Oberfläche in alle Richtungen gestreut. Wählt man keine diffuse Lichtquelle, wird die Szene mit
diffusem Licht der Intensität (1,1,1,1) für *GL_LIGHT0* und
(0,0,0,1) für alle anderen Lichtquellen beleuchtet.

GL_SPECULAR: Spiegelndes („spekuläres") Licht kommt aus einer bestimmten
Richtung und wird von einer Oberfläche in eine bestimmte
Richtung reflektiert. Ein Laserstrahl, der auf einen Spiegel
strahlt, hat einen hohen spekulären Anteil. Wählt man keine
diffuse Lichtquelle, wird die Szene mit spekulärem Licht der
Intensität (1,1,1,1) für *GL_LIGHT0* und (0,0,0,1) für die anderen
Lichtquellen beleuchtet.

OpenGL verwendet bei der Berechnung von Beleuchtungseffekten nicht die mit
glColor gesetzten Farben, sondern die Reflektionseigenschaften der beleuchteten
Objekte. Diese können mit der Funktion

*void **glMaterialfv**(GLenum face, GLenum pname, const GLfloat *params);*

gesetzt werden. Hier kann man für *face* einen der Werte GL_FRONT, GL_BACK
oder GL_FRONT_AND_BACK wählen und so die Seite des Objekts bestimmen,
für die die folgenden Argumente gelten. Als Argument für *pname* kann man unter
anderem die Werte GL_AMBIENT, GL_DIFFUSE und GL_SPECULAR verwenden und so die ambiente, diffuse oder spiegelnde Reflektion des Materials mit
den Argumenten für *params* festlegen. Die Voreinstellungen sind (0.2,0.2,0.2,1)
für GL_AMBIENT, (0.8,0.8,0.8,1) für GL_DIFFUSE und (0,0,0,1) für GL_SPE-
CULAR.

Die mit *glLightfv* und *glMaterialfv* gesetzten Einstellungen werden von OpenGL
aber nur dann berücksichtigt, wenn sowohl die Lichtquelle als auch die Beleuch-

tung **mit *glEnable* aktiviert** wurde. In der Funktion *InitLights* wird eine Lichtquelle in der Position (1,1,1) definiert und aktiviert. Da keine diffuse, ambiente und spekuläre Intensität angegeben wird, gelten dafür die Voreinstellungen:

```
void InitLights()
{
glEnable(GL_LIGHTING);
glEnable(GL_LIGHT0);
GLfloat light_position[] = {1, 5, 5, 0};
glLightfv(GL_LIGHT0, GL_POSITION, light_position);
GLfloat mat[] = { 0, 0, 1, 1};
glMaterialfv(GL_FRONT, GL_AMBIENT, mat);
GLfloat light[] = { 0, 0, 0.7, 1.0 };
glLightfv(GL_LIGHT0, GL_AMBIENT, light);
}
```

Zur Berechnung der Beleuchtung benötigt OpenGL außerdem für jede Oberfläche die **Normale**. Das ist ein Vektor, der senkrecht zur Oberfläche steht und üblicherweise die Länge 1 hat. Er wird mit einer der Funktionen ***glNormal**** definiert und gilt anschließend für alle mit *glVertex** gesetzten Punkte. In der Funktion *ColoredCube* (siehe Seite 1120) wurden die Normalen explizit angegeben. Bei den glu-Funktionen wie *gluSphere* usw. werden sie automatisch berechnet. Für ein Dreieck kann man die Normale mit der folgenden Funktion setzen (siehe z.B. Woo 1996, Appendix E):

```
void Normal3P(const double v1[3], const double v2[3],
                               const double v3[3])
{
double v[3]={v1[0]-v2[0],v1[1]-v2[1],v1[2]-v2[2]},//v1-v2
       w[3]={v2[0]-v3[0],v2[1]-v3[1],v2[2]-v3[2]},//v2-v3
       c[3]={v[1]*w[2]-v[2]*w[1],v[2]*w[0]-v[0]*w[2],
             v[0]*w[1]-v[1]*w[0]},
       d=sqrt(c[0]*c[0]+c[1]*c[1]+c[2]*c[2]);
if (d==0) d=1; // nicht schön, aber auch nicht schlimm
double n[3]={c[0]/d,c[1]/d,c[2]/d};
glNormal3dv(n);
}
```

Nach einem Aufruf von *InitLights* erhält man für das Solarsystem von Abschnitt 10.19.4 und die drei Papierflieger von Abschnitt 10.19.2 die nächsten beiden Abbildungen. Bei den Papierfliegern wurden die Normalen mit der Funktion *Normal3P* gesetzt.

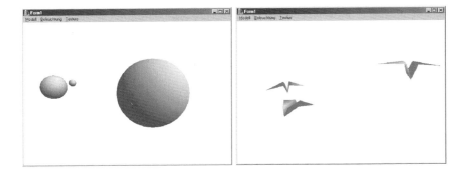

10.19.7 Texturen

Bisher haben wir alle Polygone in den Farben gezeichnet, die bei ihrer Definition
angegeben wurden. Wenn man auf diese Weise Figuren mit einer detailreichen
Oberfläche zeichnen will, kann das allerdings sehr aufwendig werden. So müsste
man z.B. eine Erdkugel aus vielen kleinen Polygonen in verschiedenen Farben
zusammensetzen.

Dieser Aufwand lässt sich mit Texturen vermindern. Eine Textur ist ein zweidimensionales Bild, das auf eine zwei- oder dreidimensionale Figur gelegt wird.
Mit geeigneten Texturen kann man so realistische Figuren erhalten.

In OpenGL muss ein Bild, das für eine Textur verwendet wird, ein zweidimensionales Array mit Farbwerten sein. Die Farbwerte können in zahlreichen Formaten
angegeben werden. Im Folgenden werden drei aufeinander folgende Bytes mit den
RGB-Werten verwendet. Die Funktion *MakeTexture* beschreibt das Array *Image*
so, dass es wie ein Schachbrett abwechselnd aus schwarzen und weißen Quadraten
besteht, die jeweils 8 Punkte breit sind. Aus den Bilddaten des Arrays wird dann
mit ***glTexImage2D*** eine Textur definiert:

```
void MakeTexture()
{
const int Width=64,Height=64; // muss Zweierpotenz sein
GLubyte Image[Width][Height][3]; // RGB
for (int i = 0; i < Width; i++)
   for (int j = 0; j < Height; j++)
      {
         int c = (((i&0x8)==0)^((j&0x8)==0)); // 0 oder 1
         Image[i][j][0] = c*255; // schwarz oder weiß
         Image[i][j][1] = c*255;
         Image[i][j][2] = c*255;
      }
glTexImage2D(GL_TEXTURE_2D, 0, 3, Width, Height,
             0, GL_RGB, GL_UNSIGNED_BYTE, Image);
}
```

Eine Textur hat meist ganz andere Maße als die Figur, auf die sie abgebildet wird. Mit *glTexParameterf* kann man festlegen, wie die Textur auf eine Oberfläche abgebildet wird. Die Kombination der Texturfarben mit den Farben der Oberfläche kann man mit *glTexEnv* festlegen. Alle Aufrufe dieser Funktion beziehen sich auf die zuletzt mit *glTexImage2D* definierte Textur. Für eine ausführliche Beschreibung dieser Funktionen und ihrer zahlreichen Parameter wird auf die Literatur verwiesen.

```
void InitTexture()
{
MakeTexture();
glPixelStorei(GL_UNPACK_ALIGNMENT, 1);
glTexParameterf(GL_TEXTURE_2D, GL_TEXTURE_MAG_FILTER,
                                        GL_LINEAR);
glTexParameterf(GL_TEXTURE_2D, GL_TEXTURE_MIN_FILTER,
                                        GL_LINEAR);
glTexEnvf(GL_TEXTURE_ENV, GL_TEXTURE_ENV_MODE, GL_DECAL);
}
```

Nach diesen Initialisierungen erzeugt die Funktion *TexturedQuad* eine Fläche mit dem Muster der Textur. Mit *glTexCoord2d* werden die Eckpunkte der Textur den folgenden mit *glVertex* angegebenen Eckpunkten der Figur zugeordnet. Dabei geht man wie hier meist davon aus, dass die Textur die Eckpunkte (0,0), (0,1), (1,1) und (1,0) hat:

```
void TexturedQuad(GLdouble v0[], GLdouble v1[],
                  GLdouble v2[], GLdouble v3[])
{ // Viereck mit den Eckpunkten v0, v1, v2 und v3
glEnable(GL_TEXTURE_2D);
glBegin(GL_QUADS);
  glTexCoord2d(0,0); glVertex3dv(v0);
  glTexCoord2d(0,1); glVertex3dv(v1);
  glTexCoord2d(1,1); glVertex3dv(v2);
  glTexCoord2d(1,0); glVertex3dv(v3);
glEnd();
glDisable(GL_TEXTURE_2D);
}
```

In *TexturedSphere* wird die Textur auf eine Kugel abgebildet:

```
void TexturedSphere(GLdouble radius)
{ // wie in glut-3.7\lib\glut\glut_shapes.c
static GLUquadricObj *quadObj=gluNewQuadric();
glEnable(GL_TEXTURE_2D);
  gluQuadricDrawStyle(quadObj, GLU_FILL);
  gluQuadricNormals(quadObj, GLU_SMOOTH);
  gluQuadricTexture(quadObj, GL_TRUE);
  GLint slices=30, stacks=30;
  gluSphere(quadObj, radius, slices, stacks);
glDisable(GL_TEXTURE_2D);
}
```

Ruft man diese beiden Funktionen wie in *TexturedFigures* auf, erhält man die linke der nächsten beiden Abbildungen:

```
void TexturedFigures()
{
glPushMatrix();
  GLdouble v0[]={-1.2,  0,  -1}, v1[]={-1.2,  1,  -1},
          v2[]={-0.2,  1,  -1}, v3[]={-0.2,  0,  -1};
  TexturedQuad(v0,v1,v2,v3);
  glTranslated(1, 0.5, -3.0);
  TexturedSphere(1);
glPopMatrix();
}
```

Dateien mit Bilddaten enthalten außer den eigentlichen Farbwerten meist noch zahlreiche andere Informationen wie z.B. die Höhe und Breite eines Bildes. Die Funktion **ReadWindowsBitmap** liest eine Bilddatei im **Bitmap-Format von Windows** ein und wandelt die Bilddaten in ein Format um, das von OpenGL verwendet werden kann. Sie verwendet dazu die Klasse *TBitmap* der VCL.

```
void LoadWindowsBitmap(char* fn)
{
Graphics::TBitmap* b=new Graphics::TBitmap();
b->LoadFromFile(fn);
GLubyte *bmp =new GLubyte[b->Width*b->Height*3];
for (int i = 0; i < b->Height; i++)
  for (int j = 0; j < b->Width; j++)
    {
      int Pixel=b->Canvas->Pixels[j][i];
      bmp[3*(i*b->Width+j)+0] = GetRValue(Pixel);
      bmp[3*(i*b->Width+j)+1] = GetGValue(Pixel);
      bmp[3*(i*b->Width+j)+2] = GetBValue(Pixel);
    }
gluBuild2DMipmaps(GL_TEXTURE_2D, GL_RGB, b->Width,
              b->Height, GL_RGB, GL_UNSIGNED_BYTE, bmp);
delete b;
delete[] bmp;
}
```

Hier wird anstelle von *glTexImage2D* die Funktion *gluBuild2DMipmaps* aufgerufen. Bei dieser Funktion müssen die Arraygrenzen keine Zweierpotenzen sein.

Bei der rechten der nächsten beiden Abbildungen wurde der Aufruf von *Make-Texture* in *InitTexture* durch einen Aufruf *LoadWindowsBitmap* ersetzt. Dabei wurde eine Mercator-Projektion der Erde geladen und die Erde so gedreht, dass der Nordpol oben ist:

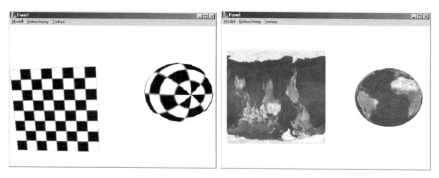

In den bisherigen Beispielen wurde immer nur eine einzige Textur verwendet. Weitere Texturen kann man mit *glGenTextures* und *glBindTexture* erzeugen.

Aufgaben 10.19

Schreiben Sie ein Programm, das in einer Menüleiste die Optionen *Scene*, *Lights* und *Texture* anbietet.

1. Unter *Scene* sollen die folgenden Optionen angeboten werden:

   a) Nach der Auswahl „coordinate system" soll ein Koordinatenkreuz gezeichnet werden. Verwenden Sie dazu eine Funktion *Arrow*, die einen Pfeil der Länge 1 vom Ursprung auf der x-Achse zeichnet. Erzeugen Sie aus drei solchen Pfeilen dasselbe Koordinatenkreuz wie mit der Funktion *CoordinateSystem* von Seite 1119.

   b) Ein Modell eines Wassermoleküls soll aus einer Kugel für das Sauerstoffatom und zwei Kugeln für die beiden Wasserstoffatome bestehen. Die Wasserstoffatome sollen mit den Sauerstoffatomen durch dünne Stäbchen (Zylinder) verbunden werden, die einen Winkel von 120 Grad einschließen.

   c) In einer Funktion *RotatingCubeAndCylinder* sollen ein Würfel und ein Kegel gezeichnet werden. Bei wiederholten Aufrufen dieser Funktion sollen sich diese Figuren unabhängig voneinander drehen.

   d) Die Stadt wie im Beispiel auf Seite 1121 soll nicht durch eine absolute Positionierung der Quader erzeugt werden, sondern durch einen Quader im Ursprung, der mit *glTranslate* an die richtige Position gesetzt wird.

   e) In einer Funktion *Robot* soll ein einfacher Roboter gezeichnet werden, der z.B. aus einer Kugel für den Kopf und Zylindern für den Körper und die Arme besteht. Bei wiederholten Aufrufen soll sich der Winkel der Arme zum Körper leicht ändern, so dass der Eindruck einer kontinuierlichen Bewegung entsteht.

   f) Ergänzen Sie das Solarsystem von Seite 1125 so, dass sich die Erde um eine Achse durch den Nord- und Südpol dreht. Außerdem soll sich ein zweiter Mond um die Erde drehen.

   g) Eine Funktion *AnimatedPaperplanes* soll einige Papierflieger (siehe Seite 1121) zeichnen. Ihre Position soll sich zwischen zwei aufeinander folgenden Aufrufen leicht verändern, so dass der Eindruck entsteht, dass sie (z.B. auf einer spiralförmigen Bahn) durch den Raum segeln.

2. Die jeweils dargestellte Szene soll mit den Pfeiltasten gedreht und verschoben werden können. Verwenden Sie dazu in der Funktion *FormKeyDown* geeignete Transformationen.

3. Unter der Menüoption *Lights* soll eine Lichtquelle aktiviert und deaktiviert werden können. Falls die Lichtquelle aktiviert ist, sollen in einem weiteren Formular die Position und Intensität der RGB-Werte des ambienten und spekulären Lichts sowie die ambienten, spekulären und diffusen Reflektionswerte der Oberflächen gesetzt werden können (z.B. mit einem ScrollBar). Dabei sollen die diffusen und spekulären Lichtwerte jeweils gleich sein, ebenso die ambienten und diffusen Materialwerte.

4. Unter der Option *Textures* sollen die folgenden Optionen angeboten werden:

   a) Ein einfaches Bild wie das Schachbrett von Seite 1132 soll als Textur geladen werden.
   b) Ein Windows-Bitmap soll mit einem *OpenPictureDialog* als Textur geladen werden.
   c) Die unter a) oder b) geladene Textur soll bei einfachen Figuren wie einem Quadrat oder einer Kugel verwendet werden.
   d) Ergänzen Sie das Solarsystem so, dass die Erde mit der unter a) oder b) gewählten Textur gezeichnet wird.
   e) Schreiben Sie eine Funktion *TexturedCube*, die einen Würfel mit der aktuell gewählten Textur auf den Seitenflächen zeichnet. In einem genügend großen Würfel kann man sich dann wie in einem Raum bewegen.

10.20 Win32-Funktionen zur Dateibearbeitung

Die in Abschnitt 4.3 vorgestellten Funktionen und Klassen zur Dateibearbeitung gehören zum Sprachumfang von C++. Sie sind so definiert, dass sie unter nahezu allen Betriebssystemen implementiert werden können. Deshalb ist ihr Leistungsumfang auf die Gemeinsamkeiten dieser Betriebssysteme beschränkt. Wenn man spezielle Möglichkeiten eines bestimmten Betriebssystems wie z.B. Windows 9x nutzen will, muss man Funktionen verwenden, die das Betriebssystem zur Verfügung stellt.

Die folgenden Ausführungen sollen einen kurzen Überblick über die Funktionen zur Dateibearbeitung unter Win32 geben. Für weitere Informationen wird auf die Online-Hilfe zum Win32-SDK verwiesen, insbesondere unter dem Stichwort „Files".

10.20.1 Elementare Funktionen

Mit *CreateFile* kann man eine neue Datei anlegen oder eine bestehende öffnen. Diese Funktion ist aber nicht auf Dateien beschränkt: Sie kann auch für den Aufbau einer Interprozesskommunikation (über sogenannte pipes oder mailslots) oder einer Datenübertragung über die serielle Schnittstelle verwendet werden.

Angesichts dieser Vielseitigkeit überrascht es wohl kaum, dass *CreateFile* wesentlich mehr Parameter als einer der Konstruktoren der *fstream*-Klassen hat:

> *HANDLE **CreateFile**(*
> *LPCTSTR lpFileName,   // Zeiger auf den Dateinamen*
> *DWORD dwDesiredAccess, // Zugriffsmodus (Lesen oder Schreiben)*
> *DWORD dwShareMode, // Share-Modus*
> *LPSECURITY_ATTRIBUTES lpSecurityAttributes, //Zeiger auf Security-*
> *// Attribute (nur unter NT)*
> *DWORD dwCreationDistribution,   // Aktion, falls die Datei existiert*
> *DWORD dwFlagsAndAttributes,// Dateiattribute*
> *HANDLE hTemplateFile); // Handle eines Files, dessen Attribute kopiert*
> *// werden (nur unter NT)*

Diese Parameter bedeuten:

– *lpFileName*: Zeiger auf einen nullterminierten String mit dem Dateinamen.

– *dwDesiredAccess*: definiert mit den vordefinierten Konstanten GENERIC_- READ und GENERIC_WRITE bzw. einer Kombination der beiden die Zugriffsrechte Lesen, Schreiben bzw. Lesen und Schreiben.

– *dwShareMode*: legt fest, ob eine bereits geöffnete Datei vor dem Aufruf von *CloseHandle* erneut geöffnet werden kann. Falls hier der Wert 0 übergeben wird, ist das nicht möglich. Mit FILE_SHARE_READ kann die Datei gleichzeitig zum Lesen und mit FILE_SHARE_WRITE zum Schreiben geöffnet werden.

– *lpSecurityAttributes*: Damit werden unter Windows NT Zugriffsrechte für einzelne Benutzer oder Gruppen von Benutzern festgelegt. Unter Windows 95 werden diese Attribute ignoriert.

– *dwCreationDistribution*: eine der folgenden vordefinierten Konstanten:

CREATE_NEW: erzeugt eine neue Datei. Falls sie schon existiert, ist der Aufruf von *CreateFile* nicht erfolgreich.
CREATE_ALWAYS: erzeugt eine neue Datei. Falls sie schon existiert, wird sie überschrieben.
OPEN_EXISTING: öffnet eine Datei. Falls sie nicht existiert, ist der Aufruf von *CreateFile* nicht erfolgreich.

OPEN_ALWAYS: öffnet eine Datei. Falls sie nicht existiert, wird sie neu angelegt.

TRUNCATE_EXISTING: öffnet eine Datei und löscht ihren Inhalt. Falls sie nicht existiert, ist der Aufruf von *CreateFile* nicht erfolgreich.

– *dwFlagsAndAttributes*: definiert die Attribute der Datei, z.B.

FILE_ATTRIBUTE_HIDDEN: setzt das Dateiattribut *Hidden*. Solche Dateien werden bei dem MS-DOS Befehl „dir" nicht angezeigt.

FILE_ATTRIBUTE_NORMAL: Es werden keine Dateiattribute gesetzt.

FILE_ATTRIBUTE_READONLY: die Datei kann nur gelesen, aber nicht geschrieben oder gelöscht werden.

– *hTemplateFile*: unter Windows NT das Handle eines Files, dessen Attribute die neu anzulegende Datei erhalten soll. Unter Windows 9x muss dieser Wert 0 sein.

Falls die Datei erfolgreich geöffnet werden konnte, ist der **Funktionswert** von *CreateFile* das Handle der neu angelegten bzw. geöffneten Datei. Dieses Handle identifiziert die Datei und wird bei den Funktionen zum Lesen, Schreiben und Schließen der Datei angegeben.

Falls der Aufruf von *CreateFile* nicht erfolgreich war, wird der Funktionswert INVALID_HANDLE_VALUE zurückgegeben. Die Nummer des letzten Fehlers erhält man dann mit

*DWORD **GetLastError**(VOID)*

Aus dieser Nummer kann man dann mit der VCL-Funktion ***SysErrorMessage*** eine Fehlermeldung im Klartext erzeugen. Diese Fehlermeldungen sind wesentlich differenzierter als die nach *open* mit einer Stream-Klasse der Standardbibliothek von C++. In den folgenden Beispielen werden sie mit der Funktion *ShowLastError* angezeigt:

```
void ShowLastError(AnsiString where)
{
MessageBox(NULL,SysErrorMessage(GetLastError()).c_str(),
                  where.c_str(),MB_OK|MB_ICONERROR);
}
```

Beispiel: Der folgende Aufruf von *CreateFile* legt eine neue Datei an. Falls dabei ein Fehler auftritt, gibt *ShowLastError* eine Meldung aus.

```
HANDLE h= CreateFile(
 "c:\\test\\test.dat",      // Dateiname
 GENERIC_READ|GENERIC_WRITE,//Lesen und Schreiben
 0, // 0: Allein benutzen
 0, // 0: keine SECURITY_ATTRIBUTES
 CREATE_ALWAYS,            // immer neu anlegen
 FILE_ATTRIBUTE_NORMAL, // Dateiattribut
```

```
     0); // keine Attribute kopieren
if (h==INVALID_HANDLE_VALUE)
   ShowLastError("CreateFile");
```

In eine zum Schreiben geöffnete Datei (*dwDesiredAccess*: GENERIC_WRITE) kann man mit **WriteFile** Daten schreiben:

> BOOL **WriteFile**(*HANDLE hFile*, // *Handle der Datei*
> *LPCVOID lpBuffer*, // *Adresse der Daten*
> *DWORD nNumberOfBytesToWrite*, // *Anzahl der zu schreibenden Bytes*
> *LPDWORD lpNumberOfBytesWritten*, // *Adresse für die Anzahl der*
> // *geschriebenen Bytes*
> *LPOVERLAPPED lpOverlapped*); // *für overlapped I/O , sonst 0*

Da die Funktionen der Windows-API in C geschrieben sind und C keine Referenzparameter kennt, wird für Parameter, über die eine Funktion einen Wert zurückgibt, ein Zeiger übergeben. So wird z.B. beim Aufruf von *WriteFile* für *lpNumberOfBytesWritten* die Adresse einer Variablen des Typs DWORD übergeben. An diese Adresse wird dann die Anzahl der geschriebenen Bytes geschrieben.

Falls *WriteFile* erfolgreich ausgeführt werden konnte, ist der Funktionswert ungleich 0 und sonst 0. Im Fehlerfall kann man mit *GetLastError* weitere Informationen über den Fehler erhalten.

Beispiel: Die folgenden Anweisungen schreiben eine Variable K in eine Datei mit dem Handle h.

```
DWORD NumberOfBytesWritten;

bool success=WriteFile(h, &K, sizeof(K),
                       &NumberOfBytesWritten, 0);
if (!success) ShowLastError("WriteFile");
```

Aus einer zum Lesen geöffneten Datei (*dwDesiredAccess*: GENERIC_READ) kann man mit **ReadFile** lesen:

> BOOL **ReadFile**(*HANDLE hFile*, // *Handle der Datei*
> *LPVOID lpBuffer*, // *Adresse des Puffers für die gelesenen Daten*
> *DWORD nNumberOfBytesToRead*, // *Anzahl der zu lesenden Bytes*
> *LPDWORD lpNumberOfBytesRead* ,// *Adresse der Anzahl gelesener Bytes*
> *LPOVERLAPPED lpOverlapped*); // *für overlapped I/O, sonst 0*

Die Parameter und der Funktionswert haben im Wesentlichen dieselbe Bedeutung wie bei der Funktion *WriteFile*. Falls die Anzahl der gelesenen Bytes nicht gleich der Anzahl der zu lesenden Bytes ist, wurde das **Ende der Datei** erreicht.

Beispiel: Die folgenden Anweisungen lesen eine Datei mit Werten des Typs T:

```
DWORD NumberOfBytesRead;
T K;
bool success = true, eof=false;
while (success && !eof)
  {
   success=ReadFile(h,&K,sizeof(K),
                            &NumberOfBytesRead,0);
   if (!success) ShowLastError();
   eof=NumberOfBytesRead<sizeof(K);
   if (!eof) // Datensatz kann bearbeitet werden
  }
```

Die Funktionen *ReadFile* bzw. *WriteFile* lesen bzw. schreiben ihre Daten immer ab der aktuellen Position des Dateizeigers. Dieser kann mit der Funktion **Set-FilePointer** auf eine bestimmte Position gesetzt werden. Damit ist dann ein Direktzugriff möglich:

*DWORD **SetFilePointer**(HANDLE hFile, // Handle der Datei*
LONG lDistanceToMove,// Anzahl der Bytes, um die der File-Pointer
*   // relativ zum Startpunkt bewegt werden soll*
PLONG lpDistanceToMoveHigh,   // Für Bewegungen > 2^{32}-2 Bytes
DWORD dwMoveMethod); // Startpunkt

Für *dwMoveMethod* kann einer der folgenden Werte angegeben werden:

    FILE_BEGIN: Der Startpunkt ist der Dateianfang.
    FILE_CURRENT: Der Startpunkt ist die aktuelle Dateiposition.
    FILE_END: Der Startpunkt ist das Dateiende.

Mit **CloseHandle** kann eine Datei wieder geschlossen werden:

*BOOL **CloseHandle**(HANDLE hObject); // Handle der Datei*

Auch hier ist der Funktionswert von Null verschieden, falls die Funktion erfolgreich ausgeführt wurde. Andernfalls erhält man mit *GetLastError* weitere Informationen über den Fehler:

```
if (!CloseHandle(h)) ShowLastError();
```

10.20.2 File-Sharing

Mit den Argumenten für *dwShareMode* und *dwDesiredAccess* kann man beim Aufruf von *CreateFile* steuern, ob eine bereits geöffnete Datei erneut geöffnet werden kann. Das ist zwar innerhalb eines Programms nur selten sinnvoll. In einem **Netzwerk** mit mehreren Benutzern kann es aber notwendig sein, dass mehrere Programme gleichzeitig auf dieselbe Datei zugreifen können. In diesem Zusammenhang ist es ohne Bedeutung, ob eine Datei von demselben Programm oder von verschiedenen Programmen mehrfach geöffnet wird.

Die Zugriffsrechte für die einzelnen Kombinationen von *dwShareMode* und *dwDesiredAccess* ergeben sich aus der Tabelle:

```
  \  Zweite und weitere Aufrufe von CreateFile
   \       Exclu- Shared Shared Shared
Erster\    sive   Read   Write  R/W
Aufruf \   R W RW R W RW  R W RW R W RW
- - - - -|- - - - - - - - - - - - - - -
Exclu- R | N N N  N N N   N N N  N N N
sive   W | N N N  N N N   N N N  N N N
       RW| N N N  N N N   N N N  N N N
- - - - -|
Shared R | N N N  Y N N   N N N  Y N N
Read   W | N N N  N N N   Y N N  Y N N
       RW| N N N  N N N   N N N  Y N N
- - - - -|
Shared R | N N N  N Y N   N N N  N Y N
Write  W | N N N  N N N   N Y N  N Y N
       RW| N N N  N N N   N N N  N Y N
- - - - -|
Shared R | N N N  Y Y Y   N N N  Y Y Y
R/W    W | N N N  N N N   Y Y Y  Y Y Y
       RW| N N N  N N N   N N N  Y Y Y
```

Hier bedeutet Y, dass der zweite Aufruf von *CreateFile* erfolgreich ist, und N, dass er nicht erfolgreich ist.

Beispiel: Die folgende Funktion öffnet eine Datei zum Lesen und zum Schreiben, so dass andere Programme sie zum Lesen, aber nicht zum Schreiben öffnen können:

```
void open(char* fn)
{
HANDLE h=CreateFile(fn, // Dateiname
           GENERIC_READ|GENERIC_WRITE,
           FILE_SHARE_READ,
           0, OPEN_ALWAYS,
           FILE_ATTRIBUTE_NORMAL, 0);
}
```

10.20.3 Record-Locking

Meist spricht nicht viel dagegen, dass mehrere Anwender eine Datei gleichzeitig lesen. Wenn aber mehrere Anwender das Recht haben, in eine Datei zu schreiben, muss sichergestellt werden, dass sie sich nicht gegenseitig Daten überschreiben.

Dazu ist es allerdings nicht notwendig, eine gesamte Datei für andere Anwender zu sperren. Unter Win32 kann mit der Funktion *LockFile* auch nur ein Teil einer Datei gesperrt werden (**Record-Locking**):

*BOOL **LockFile**(HANDLE hFile,   // Handle der Datei*
   DWORD dwFileOffsetLow,   // Anfangsadresse des zu sperrenden Bereichs

> *DWORD dwFileOffsetHigh,   // Anfangsadresse des zu sperrenden Bereichs*
> *DWORD nNumberOfBytesToLockLow,// Länge des zu sperrenden Bereichs*
> *DWORD nNumberOfBytesToLockHigh);//Länge des zu sperrenden Bereichs*

Hier wird die Anfangsposition und die Länge des zu sperrenden Bereichs in Low- und High-Anteile aufgeteilt. Für Positionen und Längen unter 4.294.967.295 Bytes wird als High-Anteil 0 übergeben. Falls der Bereich gesperrt werden konnte, ist der Funktionswert von Null verschieden.

Beim folgenden Aufruf dieser Funktion werden *RecSize* Bytes des Datensatzes mit der Nummer *RecNr* einer Datei gesperrt:

```
typedef int DataRec; // Datentyp eines Datensatzes
const int RecSize=sizeof(DataRec); // Größe Datensatz
int RecNr; // Nummer des zu sperrenden Datensatzes

if (LockFile(lfh,RecNr*RecSize,0, RecSize,0))
  {//Daten können bearbeitet werden
    // ...
  }
else
  ShowMessage("Daten gesperrt, später wieder versuchen");
```

Mit *UnlockFile* kann ein gesperrter Bereich wieder freigegeben werden. Die Bedeutung der Parameter entspricht der bei *LockFile*:

> *BOOL **UnlockFile**(HANDLE hFile,*
> *DWORD dwFileOffsetLow,   DWORD dwFileOffsetHigh,*
> *DWORD nNumberOfBytesToUnlockLow,*
> *DWORD nNumberOfBytesToUnlockHigh);*

10.20.4 VCL-Funktionen zur Dateibearbeitung und *TFileStream*

Die Unit *SysUtils* enthält einige Funktionen, die eine einfachere Benutzung der teilweise unübersichtlich vielfältigen Funktionen *CreateFile*, *ReadFile*, *WriteFile*, *SetFilePointer* und *CloseHandle* bei Dateien ermöglichen:

> *int __fastcall **FileOpen**(const AnsiString FileName, int Mode)*

Der Quelltext dieser Funktion aus „Source\vcl\SYSUTILS.PAS" zeigt, dass sie im Wesentlichen nur aus einem Aufruf von *CreateFile* besteht und dabei Argumente verwendet, die für Dateien normalerweise richtig sind:

```
function FileOpen(const FileName: string; Mode:
                                    LongWord): Integer;
const
  AccessMode: array[0..2] of LongWord = (
    GENERIC_READ, GENERIC_WRITE,
    GENERIC_READ or GENERIC_WRITE);
  ShareMode: array[0..4] of LongWord = (
```

```
      0, 0, FILE_SHARE_READ, FILE_SHARE_WRITE,
      FILE_SHARE_READ or FILE_SHARE_WRITE);
begin
Result := Integer(CreateFile(PChar(FileName),
         AccessMode[Mode and 3],
         ShareMode[(Mode and $F0) shr 4],
         nil, OPEN_EXISTING, FILE_ATTRIBUTE_NORMAL, 0));
end;
```

FileOpen öffnet die Datei mit dem als *FileName* angegebenen Namen. Als Argument für *Mode* wird eine Kombination der *fmOpen*- und *fmShare*-Konstanten erwartet. Diese ergeben dann die als Kommentar angegebenen Argumente für *CreateFile*:

```
fmOpenRead        = $0000; // GENERIC_READ
fmOpenWrite       = $0001; // GENERIC_WRITE
fmOpenReadWrite   = $0002; // GENERIC_READ|GENERIC_WRITE

fmShareCompat     = $0000; // 0
fmShareExclusive  = $0010; // 0
fmShareDenyWrite  = $0020; // FILE_SHARE_READ
fmShareDenyRead   = $0030; // FILE_SHARE_WRITE
fmShareDenyNone   = $0040; // FILE_SHARE_READ|
                                      FILE_SHARE_WRITE
```

Ein positiver Rückgabewert bedeutet, dass die Funktion erfolgreich ausgeführt wurde. Dieser ist dann das Handle der Datei. Wenn ein Fehler aufgetreten ist, wird der Wert *INVALID_HANDLE_VALUE* zurückgegeben.

Die Funktion *FileCreate* ist ähnlich konstruiert wie *FileOpen* und legt eine neue Datei an. Mit *FileClose* kann man eine Datei schließen:

> int __fastcall **FileCreate**(const AnsiString FileName);
> void __fastcall **FileClose**(int Handle);

FileRead liest *Count* Bytes aus der Datei mit dem angegebenen *Handle* in den als Buffer angegebenen Speicherbereich. Der Funktionswert ist die Anzahl der tatsächlich gelesenen Zeichen. Ist dieser kleiner als *Count*, wurde das Ende der Datei erreicht. Der Funktionswert −1 bedeutet, dass ein Fehler aufgetreten ist.

> int __fastcall **FileRead**(int Handle, void *Buffer, int Count);
> int __fastcall **FileWrite**(int Handle, const void *Buffer, int Count);
> int __fastcall **FileSeek** (int Handle, int Offset, int Origin);

Die Klasse **TFileStream** ermöglicht eine noch etwas einfachere Arbeit mit Dateien als die Funktionen *FileOpen*, *FileCreate*, *FileRead* usw., da sie das Handle einer Datei als Datenelement enthält. Deshalb muss man das Handle bei den Dateioperationen nicht angeben. Weitere Informationen zu dieser Klasse findet man in der Online-Hilfe und ihren Quelltext in „Sources\VCL\Classes.pas".

Der Konstruktor öffnet eine Datei mit dem angegebenen Dateinamen. Der Parameter *Mode* hat dieselbe Bedeutung wie in der Funktion *FileOpen*:

> *__fastcall* **TFileStream***(const AnsiString FileName, Word Mode);*

Falls die Datei nicht geöffnet werden kann, wird eine Exception der Klasse *EFCreateError* bzw. *EFOpenError* ausgelöst. Im Destruktor der Klasse *TFileStream* wird *FileClose* aufgerufen. Deshalb wird eine mit *TFileStream* in einem Block reservierte Datei auch bei einer Exception wieder freigegeben (siehe Abschnitt 7.8, „resource acquisition is initialization").

Die Elementfunktionen zum Lesen, Schreiben und zur Positionierung für einen Direktzugriff

> *virtual long __fastcall* **Write***(const void *Buffer, long Count);*
> *virtual long __fastcall* **Read***(void *Buffer, long Count);*
> *virtual long __fastcall* **Seek***(long Offset, unsigned short Origin);*

rufen die Funktionen *FileWrite*, *FileRead* und *FileSeek* auf und verwenden das Handle der Datei aus der Klasse. Wenn bei diesen Funktionen ein Fehler auftritt, wird allerdings im Unterschied zu einem Fehler im Konstruktor keine Exception ausgelöst. Die Klasse *TFileStream* kann z.B. folgendermaßen verwendet werden:

```
TFileStream* tfs=new TFileStream("c:\\t.dat",fmOpenRead);
char c=1;
tfs->Write(&c,sizeof(c));
tfs->Seek(0,FILE_BEGIN);
tfs->Read(&c,sizeof(c));
delete tfs;
```

Aufgaben 10.20

Verwenden Sie hier nur die Win32-Funktionen zur Dateibearbeitung.

1. Legen Sie eine einfache Datei (z.B. mit 10 aufeinander folgenden Werten des Datentyps *int*) an. Lesen Sie anschließend die Daten aus dieser Datei. Prüfen Sie nach jedem Aufruf einer Win32-Funktion, ob ein Fehler aufgetreten ist, und geben Sie dann mit einer Funktion wie *ShowLastError* eine Meldung aus.
2. Geben Sie einige dieser Fehlermeldungen aus, indem Sie mit *CreateFile* eine Datei mit einem unzulässigen Dateinamen öffnen oder aus einer nicht geöffneten bzw. nur zum Schreiben geöffneten Datei lesen.
3. Die Datei von Aufgabe 1 soll so geöffnet werden, dass andere Anwender sie lesen oder beschreiben können. Bieten Sie die Möglichkeit an, einzelne Datensätze der Datei zu sperren, und prüfen Sie vor dem Lesen oder Schreiben von Datensätzen, ob sie gesperrt ist. Testen Sie das Programm, indem sie es mehrfach starten.

10.21 Datenübertragung über die serielle Schnittstelle

Die seriellen und parallelen Schnittstellen gehören zu den ältesten und am weitesten verbreiteten Schnittstellen, über die Daten zwischen verschiedenen Rechnern bzw. einem Rechner und Peripheriegeräten (z.b. Drucker, Modem, Maus oder Geräten zur Messwerterfassung) übertragen werden. Die meisten PCs haben zwei serielle Schnittstellen (COM1 und COM2) und eine parallele (LPT1).

Im Folgenden werden zunächst die wichtigsten Grundbegriffe vorgestellt. Dann wird gezeigt, wie ein solcher Datenaustausch unter Windows realisiert werden kann. Weitere Informationen zu den Win32-Funktionen zur seriellen Kommunikation findet man in der Online-Hilfe zum Win32-SDK unter dem Stichwort „About Communications" sowie in dem Artikel von Denver (1995).

10.21.1 Grundbegriffe

Bei der **parallelen Datenübertragung** wird jedes Bit eines Bytes über eine eigene Leitung übertragen. Diese Art der Datenübertragung wird bei PCs vor allem für den Datenaustausch mit Druckern verwendet. Die maximale Kabellänge liegt bei ca. 5 Metern und die maximale Datenübertragungsrate bei ca. 100 KB/sek. Neben den acht Leitungen für die Daten und einer für die Masse sind außerdem noch einige Steuerleitungen für die Synchronisation notwendig.

Bei einer **seriellen Datenübertragung** werden dagegen alle Bits über eine einzige Leitung übertragen. Sie werden dabei durch verschiedene Zustände (z.B. zwei verschiedene Spannungen oder Stromstärken) im Lauf der Zeit dargestellt. Damit der Empfänger weiß, wann der Sender ein neues Bit übertragen hat, müssen die beiden synchronisiert werden.

Bei der **synchronen seriellen Datenübertragung** wird über eine zusätzliche Leitung ein Taktsignal übertragen. Allerdings steht diese Übertragungsart bei PCs normalerweise nicht zur Verfügung. Vielmehr ist die **asynchrone Datenübertragung** üblich, bei der Sender und Empfänger dieselbe Datenübertragungsrate verwenden. Diese wird meist in **Baud** gemessen und bezeichnet die Anzahl der Signaländerungen pro Sekunde. Bei zweiwertigen Signalen entspricht ein Baud einem **Bit pro Sekunde**. Wenn ein Signal aber mehr als zwei verschiedene Zustände haben kann, wird mit einem Baud mehr als ein Bit pro Sekunde übertragen. Solche Signale werden oft bei Modems verwendet.

Damit der Empfänger erkennen kann, ob der Sender mit dem Senden von Daten beginnt, hat die Datenleitung im Ruhezustand den Bitwert 1. Der Sender sendet dann vor jedem Datenpaket ein sogenanntes **Startbit** mit dem Bitwert 0. Da bei einer asynchronen Datenübertragung mindestens ein **Stopbit** notwendig ist, müssen dann für 8 Datenbits insgesamt 10 Bits übertragen werden.

Damit der Empfänger Übertragungsfehler erkennen kann, wird nach den Daten oft ein sogenanntes **Parity-Bit** gesendet. Es wird meist so gesetzt, dass die Anzahl der Einsen in einem Datenbyte immer gerade oder immer ungerade ist (Even Parity bzw. Odd Parity). Der Empfänger prüft dann nach jedem empfangenen Byte, ob das empfangene Parity-Bit dem entspricht, das sich aus der Anzahl der empfangenen Einsen ergeben müsste. Falls das nicht zutrifft, ist ein Übertragungsfehler aufgetreten. Allerdings ist die Fehlererkennungsrate mit einem Parity-Bit nicht besonders hoch (50 %). Deshalb werden bei vielen Protokollen meist ganze Datenblöcke zusammen mit einer Prüfsumme gesendet. Damit können mehr Übertragungsfehler erkannt werden. Wenn man ein solches Protokoll verwendet, ist ein Parity-Bit überflüssig.

Die Umwandlung eines zu übertragenden Bytes in serielle Signale und umgekehrt wird von einem speziellen Chip durchgeführt. In älteren PCs war das der „Universal Asynchronous Receiver/Transmitter (UART) 8250". Neuere PCs enthalten meist einen der Nachfolger 16450 oder 16550. Diese Chips führen eine asynchrone Übertragung durch und können so programmiert werden, dass sie

- die Daten mit einer bestimmten Baud-Rate senden bzw. empfangen
- beim Senden eine bestimmte Anzahl von Stopbits bzw. ein Parity-Bit in den Datenstrom einfügen und diese beim Empfang erwarten
- beim Empfang eines Bytes einen **Interrupt** auslösen. Als Reaktion darauf kann es dann in einen Puffer kopiert werden. So muss ein Programm nicht regelmäßig in den kurzen Zeitabständen, in denen zwei Zeichen aufeinander folgen können, prüfen, ob ein neues Zeichen empfangen wurde.

Unter Win32 wird dieser Chip so initialisiert, dass beim Empfang von Daten ein Interrupt ausgelöst und eine Funktion im Treiber für die Schnittstelle aufgerufen wird. Diese legt die Daten in einem Puffer ab. Falls der Puffer nicht überläuft, besteht so keine Gefahr, empfangene Daten zu verlieren.

10.21.2 Standards für die serielle Schnittstelle: RS-232C bzw. V.24

Der am weitesten verbreitete Standard für die serielle Datenübertragung ist unter den Namen RS-232C, V.24 oder EIA-232 bekannt. Alle drei bezeichnen denselben Standard und definieren

- elektrische Eigenschaften (z.B. Spannungspegel, Kurzschlusssicherheit bei weniger als 0,5 A)
- mechanische Eigenschaften (z.B. die Maße der Stecker, Stifte usw.)
- logische Eigenschaften (z.B. die Bedeutung von 25 Datenleitungen).

Dieser Standard wurde in den 60-er Jahren für die Ansteuerung von Textterminals entworfen und ermöglicht bei Übertragungsraten unter 20000 Baud und Kabellängen unter 15 m eine sichere Übertragung. In der Praxis hat man aber auch oft bei höheren Baud-Raten und längeren Kabeln eine sichere Übertragung.

Dabei wird von einer Kommunikation zwischen einem Datenendgerät (Data Terminal Equipment, DTE) und einem Datenübertragungsgerät (Data Communications Equipment, DCE) ausgegangen. Hier ist ein DTE z.B. ein Terminal oder ein Rechner, der ein Terminal emuliert, und ein DCE z.B. ein Modem.

Von den 25 Leitungen sind die meisten nur für eine synchrone Datenübertragung notwendig. Für eine asynchrone Datenübertragung reichen 9 Signale aus. Diese liegen bei den üblichen 9- und 25-poligen Steckern auf den folgenden Pins:

Lei-tung	Pin-Nr. 25-poliger Stecker	Pin-Nr. 9-poliger Stecker	
TD	2	3	Für die Sendedaten vom DTE an das DCE
RD	3	2	Für die Sendedaten vom DCE an das DTE
RTS	4	7	Das DTE signalisiert dem DCE, dass es senden will
CTS	5	8	Das DCE signalisiert dem DTE Empfangsbereitschaft
DSR	6	6	Das DCE signalisiert Betriebsbereitschaft
SG	7	5	Signalmasse
DCD	8	1	Das DCE signalisiert, dass das Trägersignal erkannt wurde
DTR	20	4	Das DTE signalisiert dem DCE Betriebsbereitschaft
RI	22	9	Das DCE signalisiert dem DCE einen eingehenden Anruf

Drucker lassen sich nicht eindeutig einer der beiden Kategorien DCE oder DTE zuordnen. Manche Drucker sind als DTE und andere als DCE konfiguriert. Deshalb müssen die Kabel oft speziell an bestimmte Druckertypen angepasst werden.

Bei einer **Kopplung von zwei Rechnern** werden zwei Datenendgeräte (DTE) verbunden. Deshalb ist für einen solchen Datenaustausch ein Kabel notwendig, bei dem die Pins für die Sende- mit denen für die Empfangsleitung verbunden sind. Ein solches Kabel wird als **Nullmodemkabel** bezeichnet. Im einfachsten Fall reichen dafür drei Leitungen (TD, RD und SG) aus:

Mit einem solchen Kabel können auch Daten zwischen zwei PCs übertragen werden. Handelsübliche Nullmodemkabel für eine Rechnerkopplung mit dem Programm LapLink verwenden oft die folgenden Verbindungen:

Stecker 1			Stecker 2
RD	2	3	TD
TD	3	2	RD
DTR	4	6	DSR
SG	5	5	SG
DSR	6	4	DTR
RTS	7	8	CTS
CTS	8	7	RTS

Die Funktionen in Abschnitt 10.21.3 wurden sowohl mit einer Dreidrahtverbindung als auch mit einem solchen Nullmodemkabel getestet.

10.21.3 Win32-Funktionen zur seriellen Kommunikation

Unter Win32 können Daten über eine serielle oder parallele Schnittstelle mit den
Funktionen zur Dateibearbeitung von Abschnitt 10.20 übertragen werden. Zur
Konfiguration einer Schnittstelle stehen weitere Funktionen zur Verfügung. Die
folgenden Beispiele wurden mit einer Dreidrahtverbindung und einem handelsübli-
chen Nullmodemkabel getestet, indem Daten von einer der beiden seriellen
Schnittstellen COM1 und COM2 an die andere gesendet wurden.

Bevor man Daten über eine serielle oder parallele Schnittstelle versenden oder empfangen kann, muss man die Schnittstelle mit *CreateFile* (siehe Seite 1119)
öffnen. Dabei gibt man den Namen der Schnittstelle (z.B. „COM1", „COM2",
„LPT1" oder „PRN") als Dateinamen an:

```
HANDLE OpenComm(char* Port)
{ // Öffnet den Port und gibt ein Handle zurück
HANDLE hCom = CreateFile(Port,// z.B. "COM1",
    GENERIC_READ|GENERIC_WRITE,//zum Senden und Empfangen
    0,   // Für comm devices exclusive-access notwendig
    0,   // Keine security attributes
    OPEN_EXISTING, // Für comm devices notwendig
    0,   // Kein overlapped I/O
    0); // Für comm devices muss hTemplate NULL sein
if (hCom == INVALID_HANDLE_VALUE)
    ShowLastError("CreateFile: "+AnsiString(Port));
return hCom;
}
```

Diese Funktion gibt ein Handle als Funktionswert zurück, das die Schnittstelle
identifiziert. Über dieses Handle wird dann die Schnittstelle beim Initialisieren,
Lesen und Schreiben von den Win32-Funktionen angesprochen. Für die folgenden
Beispiele werden die beiden Schnittstellen COM1 und COM2 dann so geöffnet:

```
HANDLE hComSend,hComReceive;
```

```
void __fastcall TForm1::FormCreate(TObject *Sender)
{
hComSend=OpenComm("COM2");
hComReceive=OpenComm("COM1");
}
```

Für Dateien ist ein Aufruf von *CreateFile* ausreichend. Für die seriellen Schnittstellen sind aber noch weitere Initialisierungen notwendig.

Die Einstellungen des UART werden durch einen sogenannten Device Control Block dargestellt. Das ist eine Struktur mit fast 30 Elementen, die den Namen DCB hat und die mit den beiden Funktionen gelesen und gesetzt werden kann:

> BOOL **GetCommState**(HANDLE hFile,   // Handle der Schnittstelle
>   LPDCB lpDCB); // Adresse einer Variablen des Datentyps DCB

> BOOL **SetCommState**(HANDLE hFile,   // Handle der Schnittstelle
>   LPDCB lpDCB); // Adresse einer Variablen des Datentyps DCB

Um die Einstellungen zu ändern, liest man zunächst die aktuellen Einstellungen in eine Variable des Typs DCB. In ihr ändert man dann die einzelnen Elemente und schreibt den gesamten Block wie in der Funktion *SetDCB* zurück:

```
void SetDCB(HANDLE hCom)
{
DCB dcb; // Device Control Block
BOOL fSuccess = GetCommState(hCom, &dcb); // DCB lesen
if (!fSuccess) ShowLastError("GetCommState");
dcb.BaudRate = 9600;       // Baudrate=9600
dcb.ByteSize = 8;          // 8 Datenbits
dcb.Parity   = NOPARITY;   // keine Parity
dcb.StopBits = ONESTOPBIT; // 1 Stopbit

// SetCommState konfiguriert die serielle Schnittstelle
fSuccess = SetCommState(hCom, &dcb);
if (!fSuccess) ShowLastError("SetCommState");
}
```

Bei anderen Endgeräten bzw. anderen Kabelverbindungen können weitere Einstellungen notwendig sein. Diese Funktion kann dann folgendermaßen aufgerufen werden:

```
void __fastcall TForm1::FormCreate(TObject *Sender)
{
hComSend=OpenComm("COM2");
hComReceive=OpenComm("COM1");
//Setze COM1 und COM2 auf dieselben Übertragungsparameter
SetDCB(hComSend);
SetDCB(hComReceive);
SetReadTimeouts(hComReceive);
}
```

Damit man von einer Schnittstelle lesen kann, müssen außerdem noch die Time-
outs für Lese- und Schreiboperationen durch einen Aufruf der Funktion

> BOOL **SetCommTimeouts** *(HANDLE hFile,* // *Handle der Schnittstelle*
> *LPCOMMTIMEOUTS lpCommTimeouts);* // *Adresse der Timeout-Struktur*

gesetzt werden. Ohne einen vorherigen Aufruf dieser Funktion gelten die Voreinstellungen des Treibers oder die Einstellungen, die ein anderes Programm gesetzt
hat. Das kann zu einem unerwarteten Verhalten der Funktion *ReadFile* führen.

```
void SetReadTimeouts(HANDLE hCom)
{
COMMTIMEOUTS t;
// Alle Wert in Millisekunden
// Werte für ReadFile:
t.ReadIntervalTimeout=100; // Zeit zwischen zwei Zeichen
t.ReadTotalTimeoutMultiplier=0; // pro Zeichen
t.ReadTotalTimeoutConstant=1;

// Werte für WriteFile: wenn beide 0 sind, kein Timeout
// beim Schreiben
t.WriteTotalTimeoutMultiplier=0;
t.WriteTotalTimeoutConstant=0;
if (!SetCommTimeouts(hCom,&t))
   ShowLastError("SetCommTimeouts");
}
```

Hier bedeutet der Wert für *ReadIntervalTimeout* die maximale Zeit in ms, die
zwischen dem Empfang von zwei Bytes verstreichen darf, ohne dass ein Timeout
eintritt. Die nächsten beiden Werte bedeuten, dass ein Timeout nach *ReadTotal-
TimeoutMultiplier*n+ReadTotalTimeoutConstant* Millisekunden eintritt, wenn mit
ReadFile n Zeichen gelesen werden sollen. Die *Write*-Werte werden meist auf Null
gesetzt.

Nach diesen Vorbereitungen kann man mit der Funktion *WriteFile* Daten über eine
Schnittstelle übertragen. Der Funktion *SendData* wird die Adresse und die Anzahl
der zu sendenden Bytes als Parameter übergeben:

```
int SendData(char Data[],int n)
{
DWORD NumberOfBytesWritten;  //Anzahl der gesendeten Bytes
bool b=WriteFile(hComSend,  // handle des Com-Ports
        Data, // Adresse der Daten
        n,      // Anzahl der zu sendenden Bytes
        &NumberOfBytesWritten, // Adresse übergeben
        0);    // kein overlapped I/O
if (!b)
   ShowLastError("WriteFile");
return NumberOfBytesWritten;
}
```

Der folgende Aufruf dieser Funktion überträgt die ersten 10 Zeichen des Strings
"abcdefghijklmno" über die zu *hComSend* gehörende serielle Schnittstelle:

```
void __fastcall TForm1::BSendenClick(TObject *Sender)
{
int n=SendData("abcdefghijklmno",10);
Memo1->Lines->Add("Written: "+IntToStr(n));
}
```

Unter Win32 speichert der Treiber für eine serielle Schnittstelle die empfangenen Daten in einem nach den Voreinstellungen 4096 Bytes großen Puffer. Diese Daten kann man dann mit *ReadFile* aus dem Puffer lesen. Der Aufruf von *ReadFile* ist beendet, wenn die angegebene Anzahl von Zeichen gelesen wurde oder ein Timeout auftritt:

```
DWORD ReceiveData(char* Data,int n)
{
DWORD NumberOfBytesRead;  // Anzahl der gelesenen Bytes
bool b=ReadFile(hComReceive, // handle des Com-Ports
        Data, // Adresse des Datenpuffers
        n,    // Anzahl der zu lesenden Bytes
        &NumberOfBytesRead, // Adresse übergeben
        0);    // kein overlapped I/O
if (!b)
  ShowLastError("ReadFile");
return NumberOfBytesRead;
}
```

Diese Funktion kann man z.B. als Reaktion auf einen Timer zyklisch aufrufen:

```
void __fastcall TForm1::Timer1Timer(TObject *Sender)
{
const int BufSize = 3;
char Buffer[BufSize]; // Puffer für die empfangenen Daten
DWORD  NumberOfBytesRead=ReceiveData(Buffer,BufSize);
if (NumberOfBytesRead > 0)
  {
  AnsiString s;
  for (DWORD i=0;i<NumberOfBytesRead;i++)
    s=s+Buffer[i];
  Memo1->Lines->Add("Gelesen n="+IntToStr
                    (NumberOfBytesRead)+" ch="+s);
  }
else
  Memo1->Lines->Add("Nichts empfangen");
}
```

Die Größe des Puffers für empfangene Zeichen kann man mit der Funktion *SetUpComm* einstellen:

*BOOL **SetupComm**(HANDLE hFile,   // Handle der Schnittstelle*
*   DWORD dwInQueue, // Größe des Eingabepuffers*
*   DWORD dwOutQueue); // Größe des Ausgabepuffers*

CloseHandle (siehe Seite 1140) schließt die serielle Schnittstelle wieder.

Aufgabe 10.21

Schreiben Sie ein Programm, das Daten über ein Kabel von der seriellen Schnittstelle COM1 an die serielle Schnittstelle COM2 sendet.

Die übertragenen Daten sollen aus einem Edit-Fenster gelesen werden. Als Reaktion auf einen Timer soll geprüft werden, ob Daten empfangen wurden. Die
empfangenen Daten sollen in einem Memo angezeigt werden.

Literaturverzeichnis

Alagic, Suad; Arbib, Michael: *The Design of Well-Structured and Correct Programs*
Springer-Verlag, New York 1978

Alexandrescu, Andrei: *Modern C++ Design*
Addison-Wesley, 2001

Arndt, Jörg; Haenel, Christoph: *Pi (π) Algorithmen, Computer, Arithmetik*
Springer-Verlag, Berlin, Heidelberg 1998

Austern, Matt: *Generic Programming and the STL*
Addison Wesley, Reading, Mass. 1999

Bauer, Friedrich L.; Wössner, Hans: *Algorithmic Language and Program Development*
Springer-Verlag, Berlin, Heidelberg 1982

Beck, Kent: *Extreme Programming Explained: Embrace Change*
Addison Wesley, Reading, Mass. 1999

Beizer, Boris: *Software Testing Techniques*
van Nostrand Reinhold, New York 1990

Böhm, C.; Jacopini, G.: *Flow Diagrams, Turing Machines and Languages with Only Two Formation Rules*, CACM, 9,5; May 1966, S. 366–371

Booch, Grady: *Object Oriented Analysis and Design with Applications*
Benjamin Cummings Publishing Company, 2nd ed, Redwood City 1994

C89: C-Standard, ANSI X3.159-1989
identisch mit ISO/IEC 9899:1990 (C90)
Published by American National Standards Institute, 11 West 42nd Street, New York, New York 10003, www.ansi.org

C99: C-Standard, ISO/IEC 9899:1999
Published by American National Standards Institute, 11 West 42nd Street, New York, New York 10003, www.ansi.org

C99-Rationale: Rationale for International Standard Programming Languages C
Revision 5.10 April-2003
http://www.open-std.org/JTC1/SC22/WG14/www/C99RationaleV5.10.pdf

C++03: C++ Standard, International Standard ISO/IEC 14882:2003
  Revised Edition, 2003
C++98: C++ Standard, International Standard ISO/IEC 14882:1998
  First Edition, 1.9.1998
  Published by American National Standards Institute, 11 West 42nd Street, New York,
  New York 10003, www.ansi.org
C++0X: Working Draft, Standard for Programming Language C++
  http://www.open-std.org/jtc1/sc22/wg21/docs/papers/2006/n2134.pdf oder neuer

C++ Performance Report: Technical Report on C++ Performance
  Technical Report, ISO/IEC DTR 18015
      http://standards.iso.org/ittf/PubliclyAvailableStandards/c043351_ISO_IEC_TR_18
  015_2006(E).zip [7.8.2007]

C++ TR1: C++ Standard Library Extensions (TR1):
  Draft Technical Report on C++ Library Extensions, ISO/IEC DTR 19768
  http://www.open-std.org/jtc1/sc22/wg21/docs/papers/2005/n1836.pdf [3.3.2007]

C++ TR 24733: C++ decimal floating point arithmetic extensions - draft:
  Draft Technical Report on C++ Library Extensions, ISO/IEC DTR 19768
  http://www.open-std.org/jtc1/sc22/wg21/docs/papers/2005/n1839.html [3.3.2007]

Coplien, James O..: *Advanced C++ Programming Styles and Idioms*
  Addison Wesley, Reading, Mass. 1991

Cormen, Thomas H., C. E. Leiserson, R. L. Rivest, C. Stein: *Introduction to Algorithms*
  MIT Press, 2001

Cowlishaw, Mike: General Decimal Arithmetic
  http://www2.hursley.ibm.com/decimal/decimal.html

Crochemore, M., T. Lecroq: *Pattern Matching and Text Compression Algorithms*
  in (*The Computer Science and Engineering Handbook*, A.B. Tucker, Jr, ed., CRC
  Press, Boca Raton, 1996

Dijkstra, Edsger W.: *A Discipline of Programming*
  Prentice Hall, Englewood Cliffs, N. J. 1976

Fosner, Ron: *OpenGL Programming for Windows 95 and Windows NT*
  Addison Wesley, Reading, Mass. 1997

Ghezzi, Carlo; Jazayeri, Mehdi; Mandrioli, Dino: *Fundamentals of Software Engineering*
  Prentice Hall, Englewood Cliffs, N. J. 1991

Goldberg, David: *What every computer scientist should know about floating-point
  arithmetic*
  ACM Computing Surveys, March 1991
  http://www.crml.uab.edu/workshop/common-tools/numerical_comp_guide/
  goldberg1.ps oder
  http://docs.sun.com/source/806-3568/ncg_goldberg.html

Grogono,Peter;Markku Sakkinen: *Copying and Comparing: Problems and Solutions*
   in Elisa Bertino (Ed.): ECOOP 2000, LNCS 1850, pp. 226-250, 2000
   Springer-Verlag Berlin Heidelberg 2000
   http://www.cs.concordia.ca/~comp746/grogono.pdf

Gries, David: *The Science of Programming*
   Springer-Verlag, New York 1991

Jensen, Kathleen; Wirth, Niklaus: *Pascal User Manual and Report*
   2nd ed., Springer-Verlag, Berlin, Heidelberg, New York 1974
   4th ed., ISO Pascal Standard, Springer-Verlag, Berlin, Heidelberg, New York 1991

Josuttis, Nicolai: *The C++ Standard Library*
   Addison-Wesley, 1999

Kaiser, Richard: *Object Pascal mit Delphi*
   Springer-Verlag, Berlin, Heidelberg, New York 1997

Kaner, Cem; Jack, Falk, Hung Quoc Nguyen: *Testing Computer Software*
   John Wiley, New York, 1999

Kernighan, Brian; Ritchie, Dennis: *The C Programming Language*
   2nd ed., Prentice Hall, Englewood Cliffs, N. J. 1988

Kilgard, Mark: *The OpenGL Utility Toolkit (Version 3)*
   1996, im Internet unter: http://www.opengl.org und http://reality.sgi.com/mjk/

Knuth, Donald: *The Art of Computer Programming*
   Vol. 1, Fundamental Algorithms, Addison-Wesley, Reading, Mass. 1973
   Vol. 2, Seminumerical Algorithms, 2nd Ed., Addison-Wesley, Reading, Mass. 1981
   Vol. 3, Sorting and Searching, Addison-Wesley, Reading, Mass. 1973

Koenig, Andrew; Barbara Moo: *Accelerated C++*
   Addison-Wesley, 2000

Lagarias, Jeff: The 3x+1 problem and its generalizations
   American Mathematical Monthly Volume 92, 1985, 3 - 23.
   http://www.cecm.sfu.ca/organics/papers/lagarias/index.html

Leech, Jon (Ed): *The OpenGL Graphics System Utility (Version 1.3)*
   1998, im Internet unter: http://www.opengl.org

Liggesmeyer, Peter: *Software-Qualität*
   Spektrum, Akad.-Verlag, Heidelberg Berlin 2002

van der Linden, Peter: Expert-C-Programmierung
   Verlag Heinz Heise, 1995

Martin, Robert C.: *The Liskov Substitution Principle*
   C++ Report, March 1996
   http://www.objectmentor.com/publications/lsp.pdf

Martin, Robert C.: *Design Principles and Design Patterns*
   http://www.objectmentor.com/publications/Principles%20and%20Patterns.PDF, 2000

Meyer, Betrand: *Object-Oriented Software Construction*
   Prentice Hall, Englewood Cliffs, N. J. 1997

Meyers, Scott: *Effective C++*
   Addison Wesley, Reading, Mass. 1998

Meyers, Scott: *Effective STL*
   Addison Wesley, Reading, Mass. 2001

Meyers, Scott: *More Effective C++*
   Addison Wesley, Reading, Mass. 1996

McConnell, Steve: *Code Complete 2*
   Microsoft Press, 2004

de Millo, Richard A.; Richard J. Lipton, Alan J. Perlis: *Social processes and proofs of
   theorems and programs*
   Communications of the ACM, Vol. 22, Number 5, May 1979, pp. 271–280.

Navarro, Gonzalo: *A Guided Tour to Approximate String Matching*
   ACM Computing Surveys, Vol. 33, No. 1, March 2001, pp. 31–88.

Park, Stephen K.; K. W. Miller: Random Number Generators: Good *ones are hard to find*
   Communications of the ACM, Vol. 31, Number 10, May 1988, pp. 1192–1201.

Peitgen, Heinz-Otto; Richter, Peter: The Beauty of Fractals
   Springer-Verlag, Berlin, Heidelberg, New York 1986

Petzold, Charles: *Programmierung unter Windows*
   Microsoft Press Deutschland, Unterschleißheim 1992

Plauger, P.J.: *Frequently Answered Questions: STL*
   C/C++ Users Journal, December 1999, S. 10-17

Rabinowitz, Stanley; Wagon, Stan: *A Spigot Algorithm for the Digits of π*
   American Mathematical Monthly, Band 102, Heft 3, 1995, S. 195–203

Riel, Arthur J.: *Object-Oriented Design Heuristics*
   Addison-Wesley, Reading, Mass. 1996

Segal, Mark; Akeley, Kurt: *The OpenGL Graphics System. A Specification (Vers. 1.2.1)*
   1999, im Internet unter: http://www.opengl.org

Stepanov, Alexander; Lee, Meng: *The Standard Template Library*
   31.10.1995, http://www.cs.rpi.edu/~musser/doc.ps

Stewart, Ian: *Mathematische Unterhaltungen*
   Spektrum der Wissenschaft, 12/1995, S. 10–14

Stroustrup, Bjarne: *The C++ Programming Language*
2nd ed., Addison-Wesley, Reading, Mass. 1991
3rd ed., Addison-Wesley, Reading, Mass. 1997

Stroustrup, Bjarne: *The Design and Evolution of C++*
Addison-Wesley, Reading, Mass. 1994

Sutter, Herb: *Exceptional C++*
Addison-Wesley, 2000

Sutter, Herb: *Exceptional C++ Style*
Addison-Wesley, 2005

Sutter, Herb: The New C++: Trip Report
C/C++ Users Journal, CUJ Online, February 2003 (nur online verfügbar)
http://www.cuj.com/documents/s=8246/cujcexp2102sutter/

Swart, Bob: Turbo C++ 2006 & C++Builder 2006 Database Development
http://www.ebob42.com/ftp/Turbo/Turbo%20C++%20Database%20Development.pdf

Taivalsaari, Antero: *On the notion of inheritance*
ACM Comput. Surv. 28, 3 (Sep. 1996), Pages 438 - 479

TR1: Siehe "C++ Standard Library Extensions"

UML: Unified Modeling Language (UML), version 1.4.2, 2005
ISO/IEC 19501/2005(E)
http://www.omg.org/docs/formal/05-04-01.pdf
http://www.omg.org/, http://www.uml.org/

Vandevoorde, David; Josuttis, Nicolai: *C++ Templates*
Addison-Wesley, 2003

Veldhuizen, Todd: *C++ Templates as Partial Evaluation*
1999 ACM SIGPLAN Workshop on Partial Evaluation and Semantics-Based Program
Manipulation (PEPM'99)
Im Internet unter: http://extreme.indiana.edu/~tveldhui/papers/

Veldhuizen, Todd: *Techniques for Scientific C++*
Im Internet unter: http://extreme.indiana.edu/~tveldhui/papers/

Wirth, Niklaus: *Systematisches Programmieren*
Teubner, Stuttgart 1983

Wirth, Niklaus: *Algorithmen und Datenstrukturen*
Teubner, Stuttgart 1983

Woo, Mason; Neider, Jackie; Davis, Tom: *OpenGL Programming Guide*
Addison Wesley, Reading, Mass. 1997

Buch-CD

Verzeichnis	Inhalt
Loesungen_CB2006	Die Lösungen der Übungsaufgaben, meist im Rahmen eines vollständigen Projekts für den C++Builder 2006. Die Projekte sind auch unter dem C++Builder 2007 lauffähig.
	Die Unterverzeichnisse entsprechen den Buchkapiteln.
Buchtext	Der Buchtext als pdf-Datei.
Boost	Die Boost-Bibliothek Version 1.34.1, siehe
	http://www.boost.org/
	Hier finden Sie auch neuere Versionen und weitere Informationen. Bitte beachten Sie die Lizenzbedingungen (weitgehend freies Nutzungsrecht)
	http://www.boost.org/more/license_info.html

Index

E

C++-Schulungen
Workshops – Beratung – Coaching

Richard Kaiser führt seit über 20 Jahren Seminare über Programmier-sprachen durch. Diese Seminare werden vor allem als Firmenseminare (inhouse) durchgeführt. Die Inhalte können an die Wünsche der Teilneh-mer angepasst werden.

Im Vordergrund stehen dabei Zusammenhänge und Sprachkonzepte. Der Lehrstoff wird durch Übungen ergänzt, in denen die Teilnehmer praxisnahe Programme entwickeln.

►C++ mit dem C++Builder

Drei aufeinander abgestimmte Seminare: Behandelt wird der gesamte Sprachumfang des C++-Standards und die wichtigsten Komponenten des C++Builders.

1. C/C++ Grundlagen mit dem C++Builder
2. Objektorientierte Programmierung
3. Templates und die STL

►Microsoft Visual C++ 2005 und .NET

Fünf aufeinander abgestimmte Seminare: Behandelt wird der gesamte Sprachumfang des C++-Standards sowie die C++/CLI-Erweiterungen und die .NET Bibliothek.

1. Einführung in Visual Studio 2005
2. C/C++ Grundlagen
3. Objektorientierte Programmierung
4. C++/CLI-Erweiterungen und .NET-Klassen
5. Templates und die C++-Standardbibliothek

►Nähere Informationen: http://www.rkaiser.de/

Druck: Krips bv, Meppel
Verarbeitung: Stürtz, Würzburg